Martin Bräuer
Handbuch der Kardinäle

Martin Bräuer

Handbuch der Kardinäle

1846–2012

DE GRUYTER

ISBN 978-3-11-048801-2
e-ISBN 978-3-11-026947-5

Library of Congress Cataloging-in-Publication Data
A CIP catalog record for this book has been applied for at the Library of Congress.

Bibliografische Information der Deutschen Nationalbibliothek
Die Deutsche Nationalbibliothek verzeichnet diese Publikation in der
Deutschen Nationalbibliografie; detaillierte bibliografische Daten sind
im Internet über http://dnb.dnb.de abrufbar.

© 2014 Walter de Gruyter GmbH, Berlin/Boston
Druck und Bindung: CPI buch bücher.de GmbH, Birkach
♾ Gedruckt auf säurefreiem Papier
Printed in Germany

www.degruyter.com

Geleitwort von Erzbischof Dr. Robert Zollitsch

Vorsitzender der Deutschen Bischofskonferenz, für das „Handbuch der Kardinäle"

Die Wahl des argentinischen Kardinals Jorge Mario Bergoglio zum neuen Papst Franziskus am 13. März 2013 hat gezeigt, dass sich das Kardinalskollegium in den letzten Jahrzehnten von einem noch bis in die Mitte des 20. Jahrhunderts italienisch dominierten Kollegium zu einem weltkirchlichen Gremium entwickelt hat, in dem die Frage der Nationalität keine zentrale Rolle mehr spielt.

Die Wandlung des Kardinalskollegiums in den letzten beiden Jahrhunderten ist vor allem an deren Lebensläufen abzulesen. Gerade der Blick auf die Biographien der Kardinäle aus den Pontifikaten von Pius IX. und Leo XIII. zeigt die Unterschiede im Vergleich zu den Kardinälen, die unter den Päpsten Paul VI., Johannes Paul II. und Benedikt XVI. ernannt wurden. Das vorliegende Handbuch der Kardinäle arbeitet mit diesen Biographien und schließt in der Bestandsaufnahme eine bisher bestehende Lücke.

Das Werk gibt mit über 900 Biographien der von 1846 bis 2012 kreierten Kardinäle einen guten Einblick in die Entwicklungen und damit auch in die Geschichte der katholischen Kirche und des Kardinalskollegiums. Vor allem ist die Entwicklung hin zu einem weltkirchlichen Denken sichtbar. Das Buch bietet einen Überblick über die bisherige Geschichte des Kardinalskollegiums und seine heutige Stellung in der Kirche. Ein Glossar erklärt wichtige Begriffe, Ordensabkürzungen und Einrichtungen der römischen Kurie und unterstreicht damit den Handbuchcharakter.

Der Autor dieses neuen Handbuches der Kardinäle, Pfarrer Martin Bräuer D.D., ist als Catholica-Referent am Konfessionskundlichen Institut des Evangelischen Bundes in Bensheim tätig. Dass dieses Werk, das sich mit einem genuin katholischen Thema befasst, aus der Hand eines evangelischen Theologen stammt, ist auch ökumenisch bedeutsam und nicht zuletzt deshalb ist das Handbuch der Kardinäle eine wichtige Neuerscheinung, der ich eine weite Verbreitung wünsche.

Freiburg, den 15. August 2013,
dem Hochfest der Aufnahme Mariens in den Himmel

+ Dr. Robert Zollitsch
Erzbischof von Freiburg und Vorsitzender der Deutschen Bischofskonferenz

Vorwort

Die Biographien von Kardinälen sind vor allem in Zeiten von Konsistorien und Papstwahlen begehrt und interessant. So geht auch diese Publikation in ihren Ursprüngen auf das Jahr 2001 und besonders auf das Konklave von 2005 zurück, welches ich in Rom für das Konfessionskundliche Institut des Evangelischen Bundes in Bensheim beobachten durfte. Wieder zuhause angekommen, begann ich, systematisch Auskünfte über die Biographien von Kardinälen zu sammeln. Aus diesen anfänglichen Sammlungen wurde im Laufe der Jahre der Grundstock für dieses Handbuch der Kardinäle.

Ein herzlicher Dank gilt meinen Kollegen im Konfessionskundlichen Institut Bensheim für alle Begleitung während der Entstehung dieses Buches. Mein Dank gilt besonders meinem Kollegen Dr. Paul Metzger, der mich auch ermutigt hat, dieses Werk in Angriff zu nehmen.

Ein herzlicher Dank gilt weiter meinem Bruder Dietrich Bräuer sowie Anna Krauß und Dr. Miriam von Nordheim-Diehl für die Hilfe beim Lesen der Korrekturen.

Herrn Dr. Albrecht Döhnert und Herrn Stefan Selbmann vom Verlag Walter de Gruyter danke ich für die aufmerksame verlegerische Betreuung.

Martin Bräuer

Inhalt

Geleitwort von Erzbischof Dr. Robert Zollitsch —— V

Vorwort —— VII

Zur Geschichte und Gegenwart des Kardinalskollegiums —— 1
A.	Die Geschichte des Kardinalskollegiums —— 1
A.1	Die Bedeutung des Wortes „Kardinal" —— 1
A.2	Die Entwicklung des Kardinalsamtes bis zum 11. Jahrhundert —— 1
A.3	Die Entwicklung des Kardinalsamtes im 11./12. Jahrhundert zum alleinigen Papstwahlgremium —— 3
A.4	Beteiligung der Kardinäle an der Kirchenleitung im Mittelalter —— 5
A.5	Die Entwicklung des Kardinalskollegiums vom Spätmittelalter bis heute —— 7
B.	Die Stellung des Kardinalskollegiums heute —— 13
B.1	Das Kardinalskollegium als ein „besonderes Kollegium" innerhalb der katholischen Kirche —— 13
B.2	Die Gliederung des Kardinalskollegiums heute —— 14
B.3	Zeremonie der Kreierung und Amtseinführung —— 17
B.4	Mit der Kardinalswürde verbundene Vorrechte —— 19
B.5	„Die Kardinäle stehen dem Papst zur Seite" – Formen der Mitarbeit der Kardinäle an der Leitung der katholischen Kirche —— 20
B.6	Die Aufgaben der Kardinäle bei Vakanz des Apostolischen Stuhls und bei der Papstwahl —— 25
C.	Schritte der Internationalisierung – der Weg des Kardinalskollegiums von einem italienisch dominierten zu einem internationalen Gremium —— 28
D.	Geographische Zusammensetzung des Kardinalskollegiums —— 30

Die Kardinäle von Papst Pius IX. (1846–1878) —— 34

Die Kardinäle von Papst Leo XIII. (1878–1903) —— 113

Die Kardinäle von Papst Pius X. (1903–1914) —— 200

Die Kardinäle von Papst Benedikt XV. (1914–1922) —— 232

Die Kardinäle von Papst Pius XI. (1922–1939) —— 253

Die Kardinäle von Papst Pius XII. (1939–1958) —— 299

Die Kardinäle von Papst Johannes XXIII. (1958–1963) —— 336

Die Kardinäle von Papst Paul VI. (1963–1978) —— **374**

Die Kardinäle von Papst Johannes Paul II. (1978–2005) —— **478**

Die Kardinäle von Papst Benedikt XVI. (2005–2013) —— **644**

Glossar wichtiger Begriffe und Einrichtungen —— **712**

Verwendete Literatur —— **745**

Verwendete Internetquellen —— **747**

Personenregister —— **748**

Zur Geschichte und Gegenwart des Kardinalskollegiums

A. Die Geschichte des Kardinalskollegiums

A.1 Die Bedeutung des Wortes „Kardinal"

Die Ursprünge des Kardinalsamtes sind heute nur noch schwer feststellbar. Das Wort „Kardinal" leitet sich ab von *cardo* und *cardinis*, mit dem im klassischen Latein ein Zapfen, eine Angel, besonders die Türangel, und im Schreinerhandwerk auch das Zapfenloch und der Zapfenstift, der Angelpunkt, gemeint war. Aus diesem Wortstamm entwickelte sich der Begriff *cardinalis*, welcher eine vielfältige und wechselvolle Geschichte hat. Klaus Ganzer[1] weist darauf hin, dass sich in den neueren Forschungen zwei Theorien über die Herkunft des Begriffes „*cardinalis*" gebildet haben. S. Kuttner[2] und M. Andrieu[3] seien unabhängig voneinander zu dem Ergebnis gekommen, dass der Begriff „*cardinalis*" ursprünglich mit *incardinare* zusammenhänge. Er sei in Verbindung mit Bischöfen, Presbytern und Diakonen gebraucht worden, die an einer fremden Kirche, für die sie nicht geweiht gewesen seien, Dienst taten. Später habe sich der Begriff „*cardinalis*" geändert und sei mit *de cardine* in Zusammenhang gebracht worden, wobei unter „Cardo" die Bischofskirche verstanden worden sei. Dagegen vertrete C. G. Fürst die Theorie,[4] dass der Begriff von Anfang an von „Cardo – Bischofskirche" abgeleitet sei und nichts mit der Inkardination in einer fremden Kirche zu tun habe. Auf diese Fragen genauer einzugehen, würde jedoch den hier gesetzten Rahmen sprengen.

A.2 Die Entwicklung des Kardinalsamtes bis zum 11. Jahrhundert

Die bis heute übliche – zumindest nominelle – Gliederung des Kardinalskollegiums in Kardinalbischöfe, Kardinalpriester und Kardinaldiakone weist auf die ursprünglichen drei Personengruppen hin, aus denen sich das spätere Kardinalskollegium entwickelt hat. Die erste Gruppe waren die sieben Bischöfe der Rom benachbarten Bistümer Ostia, Porto und Silva Candida, Albano, Frascati und Tusculum, Velletri, Prenestre (Palestrina) und Sabina. Papst Stephan III. (768–772) bestimmte, dass sie in der Lateranbasilika abwechselnd den liturgischen Wochendienst zu verrichten hatten. Diese

---

[1] Vgl. Klaus Ganzer, „Das Römische Kardinalskollegium," in *Kirche auf dem Weg durch die Zeit. Institutionelles Werden und theologisches Ringen*, Hg. Klaus Ganzer (Münster: Aschendorff, 1997), 16–42.
[2] Stephan Kuttner, „Cardinalis. The history of a canonical concept," *Traditio* 3 (1945): 129–214.
[3] Michel Andrieu, „L'origine du titre de cardinal dans l'Église romaine," in *Miscellanea Giovanni Mercati* 5 (Città del Vaticano: Biblioteca Apostolica Vaticana, 1946), 113–44.
[4] Carl G. Fürst, *Cardinalis. Prolegomena zu einer Rechtsgeschichte des Römischen Kardinalskollegiums*, (München: Fink, 1967).

Bischöfe wurden als *Episcopi cardinalis* bezeichnet.[5] Wegen des Ortes, an dem sie Dienst taten, nannte man sie auch lateranensische Bischöfe, später bezeichnete man sie als suburbikarische Bischöfe. Im Laufe der Zeit wurde dem Bischof von Ostia der höchste Rang in diesem Kreis zugestanden und er hatte gewisse Vorrechte, wie etwa die Weihe eines neuen Papstes, der ja bis ins späte 9. Jahrhundert bei seiner Wahl noch nicht Bischof war. Dieses Vorrecht des Bischofs von Ostia gilt auch heute noch, falls der zum Papst Gewählte noch nicht Bischof sein sollte (zuletzt war dies bei Kardinal Mauro Capellari der Fall, der 1831 zum Papst gewählt wurde und als Papst Gregor XVI. bis 1846 im Amt war), da der Kardinaldekan bis heute traditionsgemäß Titularbischof von Ostia ist und seit 1900 das Titularbistum Ostia noch zusätzlich zu seinem bisherigen suburbikarischen Bistum übernimmt.[6]

Die zweite Personengruppe waren die Kardinalpresbyter, die sich aus dem Titelkirchenwesen entwickelt hatten und die ihren liturgischen Dienst an den weiteren vier römischen Hauptbasiliken (St. Peter, St. Paul, S. Maria Maggiore und S. Lorenzo) taten und „*Presbyter cardinalis*" genannt wurden. Sie waren als Priester in den sogenannten Titelkirchen tätig. Titelkirchen waren „jene Gotteshäuser [...] die neben den großen Basiliken die Stätten der regelmäßigen Kultversammlungen der Gemeinde waren. Sie sind fast sämtlich aus Privathäusern entstanden, die von ihren Besitzern dem wachsenden Bedürfnis der Gläubigen geschenkt wurden, und auf diese Weise ist die Bezeichnung des spätrömischen Hauses als *titulus* seines Besitzers [...] auf sie übergegangen und an ihnen haften geblieben, auch als sie längst zu richtigen Kirchen geworden waren, in denen bestimmte Heilige verehrt wurden."[7] Ab dem 5. Jahrhundert wurde der älteste Priester einer solchen Kirche „*Presbyter cardinalis*" genannt. Die Titelkirchen waren meist in räumlicher Nähe zu den vier großen Basiliken, wo jeweils sieben Priester Dienst taten. Somit wurde die ursprüngliche Zahl von 25 Kardinalpriestern auf 28 erhöht.

Als dritte Personengruppe, aus denen sich das Kardinalskollegium entwickelte, sind die Kardinaldiakone zu nennen. Ihr Ursprung liegt in den in Rom tätigen Diakonen, die sowohl in der päpstlichen Verwaltung, als auch in den sieben römischen Diakonien tätig waren. Diese Diakonien waren gleichsam kirchliche Sozialstationen mit einem Gebetsraum, wo Kranke gepflegt, Arme verköstigt und Fremde beherbergt wurden.[8] Diese Gruppe bezeichnete sich vor dem Ende des 11. Jahrhunderts nicht als Kardinäle, sondern als *Diaconi Sanctae Romanae Ecclesiae*.[9]

---

5 Vgl. Ganzer 1997, 18, Anm. 13. u. 14; siehe auch: Markus Graulich, „Kardinalat. Altehrwürdig und funktionsfähig," in *Leitungsstrukturen der katholischen Kirche. Kirchenrechtliche Grundlagen und Reformbedarf*, Hg. Ilona Riedel-Spangenberger (Freiburg i. Breisgau: Herder, 2002), 76–100, hier: 77 f.
6 Konrad Eubel, Patrick Gauchat und Remigius Ritzler, eds., *Hierarchia Catholica medii et recentioris aevi*, 9 Bände, (Patavii: Il Messaggero di S. Antonio, 1898–1979), hier Band 8,43 A. 13. Vgl. auch: Klaus Ganzer, „Kardinäle als Kirchenfürsten?," *Stimmen der Zeit* 229 (2011): 313–323, hier: 316.
7 Vgl. Hans-Walter Klewitz, *Reformpapsttum und Kardinalskollegium* (Darmstadt: Gentner, 1957), 9–134, 47–48; hier zitiert bei Graulich 2002, 78.
8 Vgl. Ganzer 1997, 17.

Nachweisbar wurde der Begriff „*cardinalis*" seit der zweiten Hälfte des 8. Jahrhunderts auch außerhalb Roms übernommen und zur Bezeichnung für eine bestimmte Gruppe von Kathedralklerikern gebraucht. Auch in den germanischen Ländern fand der Titel „*cardinalis*" Eingang. Mit diesem Titel wurden dort Kleriker bezeichnet, die zu einer direkt dem Bischof unterstehenden Kirche gehörten, im Unterschied zu Klerikern, die an Privatkapellen und Eigenkirchen von Adligen angestellt und damit auch diesen unterstellt waren. Diese Kleriker „hingen" am Bischof, d. h. sie waren abhängig von ihm wie eine Tür von ihrer Angel, wohingegen die anderen Kleriker an den Adeligen und Eigentümern der Eigenkirchen hingen. An 46 Kirchen in 44 Diözesen übernahm man das Kardinalat *secundum Ecclesiae Romanae consuetudinem*.[10] Seit dem Aufstieg des römischen Kardinalsamtes zu gesamtkirchlicher Bedeutung sind die lokalen Kardinalsämter allmählich verschwunden.[11] Ein Überbleibsel dieser Bezeichnung hervorragender Kleriker als „kardinale" Kleriker gibt es im römisch-katholischen Sprachgebrauch insofern, als auch heute noch die Zugehörigkeit eines Klerikers zu einem Bistum bzw. einem Orden als „Inkardination" bezeichnet wird.

A.3 Die Entwicklung des Kardinalsamtes im 11./12. Jahrhundert zum alleinigen Papstwahlgremium

Im Zuge der Veränderungen des 11./12. Jahrhunderts entwickelte sich das Kardinalsamt „von einer stadtrömischen Einrichtung zu einem universalkirchlichen Kolleg, das den Rang eines päpstlichen Senates erlangte und zu einem wichtigen Glied in der hierarchischen Stufenleiter der mittelalterlichen und neuzeitlichen Kirche wurde."[12] Waren die Aufgaben dieses Gremiums bis zum 11. Jahrhundert primär liturgischer bzw. seelsorgerlicher und caritativer Natur, so gewann es im Pontifikat von Papst Leo IX. (1049–1054), ehemals Bischof von Metz in Lothringen und als Papst die erste herausragende Persönlichkeit unter den Reformpäpsten des 11. Jahrhunderts auch kirchenpolitisch an Bedeutung. Leo IX. besetzte mehrere der suburbikarischen Bistümer mit Männern der Reform. Sie stammten gerade nicht aus dem römischen Umland, sondern aus ganz Italien und darüber hinaus. Zwei der herausragenden Repräsentanten des neuen Typs der Kardinalbischöfe waren der lothringische Benediktiner-Mönch Humbert, der Kardinalbischof von Silva Candida wurde, und der italienische Benediktiner-Mönch Petrus Damiani, der als Kardinalbischof das Bistum Ostia innehatte. Diese Männer waren nicht wegen liturgischer Funktionen, sondern wegen der

---

9 Vgl. Graulich 2002, 78.
10 Vgl. ebd. 78.
11 Vgl. Carl G. Fürst, „I cardinalati non romani," in *Le istituzioni ecclesiastiche della „societas cristiana" del secolo XI–XII. Papato, Cardinalato ed Episcopato. Atti della quinta settimana internazionale di studio; Mendola 26–31 agusto 1971* (Milano: Vita e pensiero, 1974), 185–198, hier: 186.
12 Vgl. L. Spätling, „Zur institutionellen Erneuerung des Kardinalates im Hohen Mittelalter," *ThPQ* 115 (1967): 360–364, hier 360.

Stärkung des neuen Reformkurses nach Rom berufen worden. Sie unterstützten das Papsttum nicht nur in der Leitung der Kirche, sondern auch bei der Durchsetzung der Reformideen. Auch Gregor VII. (1073–1085) hatte in den Kardinalbischöfen verlässliche Helfer bei seinen Reformbemühungen.

Die Stellung der Kardinalbischöfe wurde deutlich durch die römische Synode von 1059 gestärkt. Papst Nikolaus II. (1058/59–1061) setzte auf der Lateransynode am 13. April 1059 mit dem Dekret *In nomine Domini* einen Meilenstein in der Entwicklung des Kardinalsamtes. In diesem Dekret wird den Kardinalbischöfen „ein Vorwahlrecht zugesprochen."[13] Die anderen Kardinäle, Klerus und Volk hatten der zustande gekommenen Wahl zuzustimmen. Dass die Papstwahl in erster Linie in die Hand der Kardinalbischöfe gelegt wurde, lag sicher auch die Intention zu Grunde, „das altkirchliche hierarchische Prinzip wieder zu erneuern, wonach den Metropoliten bei der Bischofswahl ein entscheidendes Mitspracherecht zukam. Die Kardinalbischöfe galten als quasi metropolitane Instanz bei der Wahl des römischen Bischofs. Diese Vorrangstellung der Kardinalbischöfe war aber nur möglich auf dem Boden der neu errungenen Stellung."[14] Das Papstwahldekret von 1059 zielte in erster Linie auf Rechtssicherheit. Die Reformer wollten im Geiste Clunys die ständigen Einmischungen weltlicher Herrscher und römischer Aristokratenclans abstellen. Langfristig begründete es eine Umformung des Kardinalskollegiums und eine neue Art der Kirchenregierung, denn für die Kardinäle – zunächst für die Kardinalbischöfe – traten nun anstelle vornehmlich liturgischer Aufgaben kirchliche Führungsaufgaben in den Vordergrund.

Die Kardinalpresbyter hatten in der ersten Phase des Reformpapsttums weiterhin vorrangig liturgische bzw. seelsorgerliche Aufgaben zu erfüllen. Aber auch ihre Stellen wurden zunehmend mit Männern aus dem Reformlager besetzt und diese strebten danach, in kirchenpolitischen Fragen vor allem ein ähnliches Gewicht zu erhalten wie die Kardinalbischöfe. Durch das Papstwahldekret von Nikolaus II. 1059 erhielten sie nur ein Bestätigungsrecht, ihr Einfluss und ihr Gewicht wurde aber durch das sogenannte Wibertinische Schisma von 1084, das durch die Wahl Wiberts von Ravenna, der als Gegenpapst Clemens III., 1073–1085 amtierte, gesteigert. In dieser Zeit gingen zahlreiche Kardinäle von Gregor VII. zu Wibert über. Bei der Wahl von Gregors Nachfolger Urban II. (1088–1099) waren die Kardinalpresbyter an der Papstwahl beteiligt, da der neue Papst in der Auseinandersetzung mit Wibert um die Obödienz der Kardinalpresbyter werben musste. Der Kampf der Päpste um die Herrschaft hat so zur Aufwertung der Kardinalpresbyter geführt. Die verschiedenen Personengruppen, die den Titel „Kardinal" trugen, wurden endgültig zum Kardinalskollegium mit der Einbindung der Kardinaldiakone, die man erst um diese Zeit als „Kardinaldiakone" bezeichnete. Um 1100 war dieser Wandlungsprozess im Wesentlichen abgeschlossen und die drei ursprünglich für Liturgie und Caritas zuständigen Kleriker waren zu einem Instrument der päpstlichen Kirchenregierung geworden. 1130 nahmen erstmals Kar-

---

13 Vgl. Ganzer 1997, 21.
14 Vgl. ebd. 21.

dinalbischöfe, Kardinalpriester und Kardinaldiakone gemeinsam die Papstwahl vor. Papst Alexander III. (1159–1181) machte schließlich 1179 auf dem III. Laterankonzil durch das Dekret *Licet de Evitanda* die Papstwahl zum alleinigen Recht des Kardinalskollegiums. Da im gleichen Dekret auch erstmalig die Zweidrittel-Mehrheit der Stimmen für eine erfolgreiche Wahl vorgeschrieben wurde, wurden die Unterschiede der Rangstufen innerhalb des Kollegiums nachgeordnet. Das Kardinalskollegium war zur exklusiven Institution für die Papstwahl geworden.

A.4 Beteiligung der Kardinäle an der Kirchenleitung im Mittelalter

Nachdem den Kardinälen das alleinige Papstwahlrecht zugefallen war, wurden sie immer mehr zu den engsten Beratern und Mitarbeitern der Päpste bei der Kirchenleitung. Die Mitwirkung der Kardinäle an der Kirchenleitung vollzog sich im Konsistorium, der unter dem Vorsitz des Papstes tagenden Vollversammlung der in Rom anwesenden Kardinäle. Im Konsistorium wurden wichtige Fragen der Politik und Verwaltung, aber auch Fragen der Glaubenslehre entschieden. Die Ursprünge des Konsistoriums reichen in die Zeit Urbans II. (1088–1099) zurück. Noch unter Urbans Vorgänger Gregor VII. wurden solche wichtigen Angelegenheiten auf den halbjährlich stattfindenden Synoden behandelt. Ab 1100 ist zu beobachten, dass das Synodalwesen in dieser Form zurückgeht und das Konsistorium diese Lücke füllt. Auch die auf der anderen Seite zu beobachtende Entwicklung der mittelalterlichen Konzilien aus den römischen Synoden führte zu einer Stärkung des Kardinalskollegiums. Denn Konzilien konnten nicht so häufig zusammentreten und deshalb füllte auch hier das Konsistorium eine Lücke. Die seit dem 1130 gewählten Papst Innozenz II. (1130–1143) übliche Mitunterzeichnung wichtiger päpstlicher Urkunden durch Kardinäle dokumentiert ebenfalls deren wachsenden Einfluss. Auf dem Höhepunkt der Bedeutung des Konsistoriums unter Innozenz III. (1198–1216) trat dieses mehrmals wöchentlich zusammen. Dabei trafen die Päpste in wichtigeren kirchlichen Angelegenheiten ihre Entscheidungen nur *de fratrum nostorum consilio*, d. h. nach Anhörung der Kardinäle.[15] Die behandelten Angelegenheiten betrafen im wesentlichen Entscheidungen in Glaubensfragen, wichtigen politischen Angelegenheiten, die Entsendung Apostolischer Legaten und Vikare, die Errichtung von Bistümern, die Ein- bzw. Absetzung von Bischöfen, die Erteilung von Klosterprivilegien, Angelegenheiten des Kirchenstaates und richterliche Entscheidungen.[16] Die Kardinäle wurden als *pars corporis papae* verstanden und von Innozenz III. mit den 70 Ältesten verglichen, welche Mose zur Seite standen.[17] Seit dem 12. Jahrhundert bürgerte sich die Unterscheidung in geheime und öffentliche Konsistorien ein. An den geheimen Konsistorien nahmen nur die Kardinäle

---

[15] Vgl. Graulich 2002, 81.
[16] Vgl. ebd. 81.
[17] Vgl. ebd. 81.

teil, während zu den öffentlichen Konsistorien auch andere Personen geladen wurden. Diese Unterscheidung gibt es bis heute.

Seit Gregor VII. pflegten die Päpste, Kardinäle als Legaten mit politischen oder kirchlichen Aufgaben zu entsenden. Diese Legaten und besonders die höchste Form der Legation, die *legati a latere* (von der Seite des Papstes) waren quasi Generalbevollmächtigte des Papstes, sie handelten an seiner Stelle und ihr Handeln galt vor Ort als päpstliches Handeln. Deshalb traten sie auch mit ähnlichem Zeremoniell auf und wurden mit ähnlichen Ehren empfangen. Durch ihre Aufgaben wurden manche Kardinäle zu Spezialisten für bestimmte Gebiete und Fragen und brachten diese Spezialkenntnisse in das Konsistorium ein. Sie trugen somit auch zur Bedeutung des Kardinalskollegiums bei. An der Kurie in Rom begannen in dieser Zeit die Kardinäle, zeitweilig oder dauerhaft die Leitung kurialer Behörden wie der Kanzlei, der Pönitentarie und später auch der Apostolischen Kammer zu übernehmen.

Im 12. Jahrhundert änderte sich auch die Stellung der Kardinäle in der kirchlichen Hierarchie. Bis dahin galt das Bischofsamt als hierarchisch höher stehend. Nun wurde das Kardinalsamt als einheitlicher Stand wahrgenommen und auch hierarchisch höher als das Bischofsamt gewertet. Die unterschiedlichen Klassen innerhalb des Kardinalskollegiums und die damit verbundenen unterschiedlichen Weihegrade zum Bischof, Priester oder Diakon traten in den Hintergrund. Was zählte, war die Zugehörigkeit zum Kardinalskollegium. Das wurde auch daran ersichtlich, dass nun auch Kleriker, die nicht aus dem römischen Klerus hervorgegangen waren oder in Rom residierten, zu Kardinälen kreiert wurden. Seit der Mitte des 12. Jahrhunderts ernannten die Päpste in größerer Zahl Äbte großer, meist italienischer Benediktinerabteien – besonders viele Kardinäle stellte die Abtei Monte Cassino – zu Kardinälen. Die Äbte gingen nach der Inbesitznahme ihrer Titelkirchen in der Regel in ihre Abtei zurück. Infolgedessen nahmen sie an den Papstwahlen wie auch an der ordentlichen Kirchenleitung nur teil, wenn sie sich gerade in Rom aufhielten.

Während bis zu Gregor VII. nur Äbte als auswärtige Kardinäle berufen wurden und damit der monastische Einfluss auf die Kurie gewährleistet war, erfolgte unter seinen Nachfolgern auch die Berufung auswärtiger Bischöfe in das Kardinalskollegium. Diese mussten auf ihre Bistümer verzichten, während umgekehrt bis zur Amtszeit von Papst Alexander III. (1159–1181) die zum Bischof ernannten Kardinalpriester und Kardinaldiakone das Kardinalsamt aufgaben. Von Papst Alexander III. an wurden auch auswärtige Bischöfe zu Kardinalpriestern und Kardinaldiakonen ernannt, die ihre Bistümer beibehielten und weiter an ihren jeweiligen Bischofssitzen residierten. Gesamtkirchliche Aufgaben nahmen sie allenfalls als Legaten oder während eines Aufenthaltes an der Kurie wahr. War bis zur zweiten Hälfte des 12. Jahrhunderts dem Bischofsamt der höhere hierarchische Wert zugeschrieben worden, so wurde er nun dem Kardinalsamt zugewiesen. Seit dem beginnenden 13. Jahrhundert hatten die auswärtigen Bischöfe für längere Zeit ausschließlich die Stellung von sogenannten Kurienkardinälen, denn nur so konnten sie an der kurialen Verwaltung teilnehmen.

Ihre Bistümer ließen sie deshalb von Legaten verwalten.[18] Seit der Mitte des 13. Jahrhunderts verschwindet das auswärtige Kardinalat vorübergehend ganz und erst vom Spätmittelalter an findet sich der Brauch, dass auswärtige Bischöfe weiterhin fernab von Rom residieren und ihre Bistümer weiter durch Legaten oder Auxiliarbischöfe/Weihbischöfe verwalten zu lassen.

Mit den wachsenden Aufgaben des Kardinalskollegiums ging die Ausgestaltung seiner Organisation einher. An seine Spitze trat nun als Dekan des Kollegiums der Bischof von Ostia. Die Kardinäle gewannen ferner auch Anteil an den Einkünften der römischen Kirche, was seit dem 12. Jahrhundert zu einer gemeinsamen Kasse und Kammer führte. Seit dem 13. Jahrhundert wurde sie von einem Kardinalkämmerer verwaltet, der für ein Jahr gewählt war.[19]

A.5 Die Entwicklung des Kardinalskollegiums vom Spätmittelalter bis heute

Im 13. und 14. Jahrhundert erreichte das Kardinalskollegium den Höhepunkt seines Einflusses und seiner kirchlichen Macht. Dies hatte seinen Grund vor allem darin, dass die Zahl seiner Mitglieder in dieser Epoche sehr gering war – es gab selten mehr als zehn Mitglieder des Kardinalskollegiums. Je weniger Mitglieder es im Kardinalskollegium gab, desto größer war der Einfluss des einzelnen Kardinals – und auch sein Einkommen. Doch trotz des großen Einflusses des Kardinalskollegiums an der Kirchenregierung, welchen es vor allem durch das Konsistorium ausübte, gelang es den Mitgliedern des Kardinalskollegiums jener Zeit nicht, das Konsistorium von einem Beratungsgremium in ein Entscheidungsgremium auszubauen.

Im 13. Jahrhundert kam es nicht zuletzt wegen dieser Konstellationen zu vielen sehr lang andauernden Sedisvakanzen und der häufigen Wahl von Päpsten im sehr hohen Alter und folglich kurzer Regierungsdauer. Dies alles führte zur Einführung des Konklaves, d.h. der Einschließung der Wähler. Ein solches Konklave fand erstmalig 1241 statt, als der römische Senator Matteo Rosso Orsini die zerstrittenen Kardinäle im Palazzo del Settizonio auf dem römischen Palatinhügel unter sehr dürftigen Bedingungen einschließen ließ. Nach 60 Tagen wurde Papst Coelestin IV. von neun eingeschlossenen Kardinälen gewählt. In der Folgezeit kam es wieder zu langen Sedisvakanzen und kurzen Pontifikaten der Päpste. Papst Gregor X. (1271–1276) führte 1274 mit der Konstitution *Ubi periculum*, welche auf dem 1274 tagenden Zweiten Konzil von Lyon angenommen wurde, das Konklave als Modus für die künftigen Papstwahlen ein. Die Konstitution schreibt vor, dass die an der päpstlichen Kurie anwesenden Kardinäle höchstens zehn Tage auf das Eintreffen auswärtiger Kardinäle zu warten und anschließend eingeschlossen und von der Außenwelt abgeschirmt die Wahl zu vollziehen

---

18 Vgl. Ganzer 1997, 41.
19 Vgl. ebd. 35 f.

haben. Die Versorgung der Kardinäle sollte mit zunehmender Dauer des Konklaves reduziert werden und sie sollten alle Einkünfte während der Sedisvakanz verlieren.

Das Kardinalsamt wurde auf dem Höhepunkt seines Einflusses nicht nur für Mitglieder römischer Adelsfamilien, sondern auch für andere Herrscher und zunehmend auch für Staaten interessant. Herrscher wie Staaten versuchten vermehrt, Einfluss auf die Berufung von Kardinälen zu nehmen, besonders Frankreich. Alle bedeutenden Päpste versuchten dagegen, die Kardinäle von der Mitregierung fernzuhalten oder zumindest deren Einfluss einzuschränken. Ein Höhepunkt der Auseinandersetzungen fiel in die Amtszeit von Bonifatius VIII. (1294–1303), der mit dem Sieg der französischen Partei und der Übersiedlung der Kurie nach Frankreich endete. Im 14. Jahrhundert wurde mittels der nun aufkommenden Wahlkapitulationen (erstmals 1352) versucht, den zukünftigen Papst vor seiner Wahl auf eine bestimmte Politik oder auf die Sicherung von Privilegien festzulegen. Bis Mitte des 17. Jahrhunderts gab es solche Wahlkapitulationen. Jedoch wurden die vor der Wahl ausgehandelten Wahlkapitulationen durch die dann gewählten Päpste nach ihrer Wahl meist als ungültig erklärt.

Die Kardinäle wurden in vielen Definitionen und Theorien dieser Zeit als dem Papst gewissermaßen einverleibt angesehen und hätten somit Anteil an dessen Vollmacht. Diese kirchenrechtliche Theorie bindet also den Papst an die Kardinäle, nicht umgekehrt. Er müsse die Kardinäle mitwirken lassen, ja, da er seine Macht von den Kardinälen erhalten habe, könne er diese ihnen nicht mehr nehmen.[20] Theologisch fand dies seinen Niederschlag darin, dass das Kardinalsamt als göttliche Stiftung angesehen wurde. Die Kardinäle seien Nachfolger der Apostel – dies waren aber auch seit alters her die Bischöfe. Theologen jener Zeit, die Anhänger einer herausgehobenen Stellung des Papstes als Stellvertreter Christi waren, so z. B. der bekannte Theologe und Kardinal Johannes de Torquemada (1388–1468), sahen die Kardinäle als die Apostel während des irdischen Lebens Jesu, während die Bischöfe für die Apostel nach der Himmelfahrt Christi standen, die in die Welt zogen, um das Evangelium zu verkünden. Die Apostel seien deshalb zuerst quasi den Kardinälen und erst nach der Himmelfahrt den Bischöfen ähnlich gewesen. Da aber das Apostelkollegium fortbestehe, werde es nun in neuer Form vom Papst als Stellvertreter Christi und den Kardinälen als Repräsentanten der Apostel abgebildet. Deshalb ständen sie auch hierarchisch höher als die Bischöfe.

Wilhelm von Ockham (1285–1349) dagegen sah als Kritiker des Papsttums das Kardinalsamt als willkürliche Einsetzung des Papsttums, das nicht notwendig in der Kirche sei. Nikolaus von Kues (1401–1464) wiederum forderte eine Wahl der Kardinäle nicht durch den Papst sondern durch die einzelnen Kirchenprovinzen. Das Kardinalskollegium solle in Rom als eine dauerhafte Vertretung der Ortskirchen und als eine Art permanentes Konzil fungieren.

---

20 Vgl. dazu: Klaus Ganzer, „Der ekklesiologische Standort des Kardinalskollegiums in seinem Wandel – Aufstieg und Niedergang einer kirchlichen Institution," *RQ* 88 (1993): 114–133, hier 122–128.

Einen weiteren Höhepunkt ihrer Macht und ihres Einflusses erreichten die Kardinäle während des großen abendländischen Schismas (1378–1417). Die Wähler Urbans VI. (1378–1389) entzogen diesem nachträglich die Anerkennung und wählten einen anderen Kandidaten, der seinen Sitz nach Avignon verlegte. Mit zwei Päpsten kam es auch zur Bildung von zwei Kardinalskollegien. Da die Kardinäle aber nicht in der Lage waren, die Kirchenspaltung zu überwinden, kam ganz gegen ihre Absicht der Konzilsgedanke auf. Auf dem Konzil von Pisa (1409) setzten die Konzilsväter und die Kardinäle zusammen die beiden Päpste ab, die Kardinäle behielten sich aber die Wahl des Nachfolgers vor. Doch dadurch wurde alles noch viel schlimmer und nun gab es anstatt einem auf einmal drei Päpste und damit auch drei Kardinalskollegien. In dieser Situation ergriff Kaiser Sigismund die Initiative und ein Konzil wurde nach Konstanz (1414–1418) einberufen. Dieses Konzil setzte alle drei Päpste ab und wählte mit Martin V. (1417–1431) einen einzigen neuen Papst. Damit war die abendländische Kirchenspaltung überwunden. Papst Martin V. kreierte erstmalig auch Kardinäle *in pectore*, (in der Brust, d.h. ohne Nennung des Namens), eine Form der Kreierung, welche zuletzt Johannes Paul II. ausgeübt hat.

Vom Niedergang des Papsttums war auch das Kardinalsamt betroffen. Auf dem Konzil in Konstanz wurden die Kardinäle scharf angegriffen und für die lange Dauer des Schismas mitverantwortlich gemacht. Deren Papstwahlrecht stellte man jedoch nicht in Frage. Sie mussten es allerdings in Konstanz mit dem Konzil teilen. Das Konzil wollte auch, dass in Zukunft das Kardinalskollegium auf 24 Mitglieder beschränkt bleiben möge. Nach dem Konzil von Konstanz versuchte das Konzil von Basel (1431) die Mitwirkung der Kardinäle an der Kirchenleitung zu normieren, indem es die Regierungsgewalt des Papstes durch die Mitwirkung des Kollegiums konstitutionell beschränkte. Nachhaltig haben sich diese Bestimmungen jedoch nicht durchgesetzt.

Die Internationalisierung und Verleihung der Kardinalswürde an nicht aus Rom oder in Rom residierende Personen war seit der avignonesischen Periode des Papsttums verstärkt zu beobachten. In dieser Zeit bildete sich auch das Amt des Kardinalprotektors heraus, welcher für bestimmte Nationen und später auch für bestimmte Orden Interessen vertrat. Dieses Amt war sehr umstritten und wurde erst Anfang des 16. Jahrhunderts anerkannt; in den sechziger Jahren des 20. Jahrhunderts wurde es wieder abgeschafft.

Die Reformanliegen des vom Konziliarismus geprägten 15. Jahrhunderts konnten sich dauerhaft nicht durchsetzen. Seit der Mitte des 15. Jahrhunderts konnte das Papsttum seine Stellung wieder ausbauen und festigen. Die Macht des Kardinalskollegiums wurde dagegen zurückgedrängt und es wurde, nachdem noch um die Mitte des 15. Jahrhunderts alle bedeutenden Nationen in ihm vertreten waren, eine Domäne von Persönlichkeiten aus den italienischen Staaten. Seit Papst Paul II. (1464–1471) hatten diese die absolute Mehrheit im Kollegium und seit Papst Sixtus IV. (1471–1484) wurde es vollends eine Domäne der Italiener. Er war es auch, der die Kurie einem fast schrankenlosen Nepotismus öffnete – so ernannte er sechs Familienangehörige zu Kardinälen. Das Kardinalskollegium wurde in die Verweltlichung des Renaissance-Papsttums hineingezogen und viele seiner Mitglieder ahmten das Mäzenatentum der

Päpste nach. In dieser Zeit setzte sich auch der Purpur als Kardinalsgewandung durch. Und auch der Stellenwert in der Hierarchie war geklärt; das Kardinalsamt galt als Schöpfung des Apostolischen Stuhls, die Kardinäle waren Kreaturen des Papstes und somit an das Papstamt gebunden.[21]

Im 16. Jahrhundert, dem Zeitalter der Reformation, konnte das Papsttum seine Stellung festigen. Papst Paul III. (1534–1549) begann, viele Vertreter der Reformbewegung in das Kardinalskollegium zu berufen und berief, auf sie gestützt, das Konzil von Trient ein. Für die Kardinäle begannen in dieser Zeit insofern weitreichende Änderungen, als sie immer mehr zu Beamten des Papstes an der Römischen Kurie wurden. In strenger Unterordnung unter den Papst und zugleich als dessen Beauftragte an der Kirchenleitung leiteten sie zunächst ad hoc, später aber auf Dauer eingerichtete Kardinalskongregationen, d.h. aus mehreren Kardinälen bestehende Kommissionen, denen bestimmte Verwaltungs- und Gerichtssachen zur eigenständigen Behandlung aufgegeben waren.

Papst Sixtus V. (1585–1590) erhöhte 1586 die Zahl der Kardinäle auf 70 (6 Bischöfe, 50 Priester, 14 Diakone) und minderte die Bedeutung des einzelnen Kardinals. Diese Zahl blieb die folgenden Jahrhunderte bindend und wurde erst von Johannes XXIII. (1958–1963) ohne Angabe von Gründen überschritten. Um den Nepotismus zu bekämpfen, wurde weiter festgelegt, dass nahe Verwandte nicht mehr gleichzeitig im Kardinalskollegium sitzen und die verschiedenen Nationen angemessen berücksichtigt werden sollten. Die Geschichte zeigt, dass diese Bestimmungen nicht immer eingehalten wurden, denn bis in die Mitte des 20. Jahrhunderts hinein stellten die Italiener die meisten Mitglieder des Kardinalskollegiums und es gab mehrfach Geschwister oder Verwandte im Kardinalskollegium, zuletzt die Gebrüder Vanutelli im 19. Jahrhundert und im 20. Jahrhundert die Gebrüder Cicognani sowie Onkel und Neffe Gasparri. Seit dem 15. Jahrhundert gab es auch sogenannte Kronkardinäle. Dies waren Männer, die auf Vorschlag des Kaisers des Heiligen Römischen Reichs Deutscher Nation und später des Kaisers von Österreich sowie der Könige von Frankreich, Portugal und Spanien, der Republik Venedig und seit 1729 auch des Königs von Sardinien ins Kollegium berufen wurden. Sie waren als Vertrauensleute ihrer Herrscher bei der Kurie oft zugleich Nationalprotektoren ihrer Länder.

Einige dieser Herrscher beanspruchten auch das sogenannte *ius exclusivum* durch das ein Herrscher mittels eines von ihm beauftragten Kardinals Einfluss auf die Papstwahl zu nehmen versuchte. Zuletzt geschah dies im Konklave von 1903, welches zur Wahl Pius X. führte. In diesem Konklave überbrachte der Krakauer Kardinal im Auftrag von Kaiser Franz Joseph I. von Österreich die Bedenken gegen die Wahl von Kardinal Rampolla, der den Habsburgern als zu franzosenfreundlich galt. Nach dem offiziellen Protest des Konklaves wählte man trotzdem statt seiner den Patriarchen von Venedig, Guiseppe Melchior Sarto, der als Papst Pius X. dieses *ius exclusivum* sofort abschaffte.

---

21 Vgl. Ganzer 1993, 129 f.

Sixtus V. ordnete 1587 das Titelkirchenwesen neu und schuf entsprechend der größeren Zahl von Kardinälen neue Titel. 1588 errichtete er 15 ständige Kardinalskongregationen – 6 für den Kirchenstaat und 9 für geistliche Angelegenheiten – und baute so die Kurie um. Dies hatte für die Kardinäle tief entscheidende Folgen. Sie waren nun Beamte im Auftrag des Papstes und nicht mehr kraft eigener Vollmacht. Der größte Teil der ordentlichen Verwaltung und Rechtsprechung verlagerte sich in die Kardinalskongregationen und sie erhielten den Titel eines Kardinalpräfekten an der Spitze der einzelnen Kongregationen mit Ausnahme der Kongregation für die Inquisition und später der Konsistorialkongregation und der Kongregation für die Ostkirchen, deren Vorsitz sich der Papst selber vorbehielt und wo sie den Titel eines Kardinalsekretärs führten. Damit trat auch die Bedeutung des Konsistoriums in den Hintergrund – das Konsistorium war nicht mehr das Gremium großer kirchlicher oder politischer Entscheidungen. Das Konsistorium trat in der Folgezeit nur noch zusammen, wenn der Papst den Kardinälen Heiligsprechungsakte und Ernennungen von neuen Kardinälen sowie die Ernennung von Bischöfen etc. verkünden wollte. Nach der Ansprache des Papstes und der Verkündigung seiner Beschlüsse fragte er die anwesenden Kardinäle: „Quod vobis videtur?" Diese Frage eröffnete aber keine Diskussion, sondern war das Zeichen dafür, dass die Kardinäle zur Zustimmung ihren roten Pileolus zu erheben und dadurch ihre Zustimmung zu bekunden hatten. So wurden die Konsistorien über 400 Jahre zu einer zeremoniellen Veranstaltung, der keine wirklich beratende oder gar mitregierende Funktion zukam. Erst Papst Johannes Paul II. belebte die Beratungsfunktion des Konsistoriums 1979 neu. Den Einfluss, den das Kardinalskollegium im Mittelalter erreicht hatte, erlangte es nie wieder. Kardinäle erlangten nun als Einzelpersonen Einfluss, aber nicht mehr als Kollegium. Der Einfluss des einzelnen Kardinals hing nun davon ab, wie viele und vor allem welche Positionen er gleichzeitig bekleidete.

Was die theologische und kirchenrechtliche Einordung des Kardinalskollegiums in die kirchliche Hierarchie betraf, so blieb nun für die kommenden Jahrhunderte die Lehre des Jesuitenkardinals Robert Bellarmin von der Hierarchie maßgebend. „Nach Bellarmin haben die Kardinäle die Aufgabe, den Papst zu wählen und ihm mit Rat und Hilfe bei der Leitung der Gesamtkirche zur Seite zu stehen [...]. Das Kardinalskollegium aber ist eine Schöpfung des Papsttums. Vom *ius divinum* des Kardinalats und der Nachfolge der Apostel ist nicht mehr die Rede."[22]

Unter den an der Kurie tätigen Kardinälen gewann seit dem 17. Jahrhundert der Kardinalstaatssekretär immer mehr an Einfluss. Daneben gewann der Präfekt der 1622 gegründeten Kongregation für die Missionsgebiete, der Kongregation Propaganda Fide, herausragende Bedeutung, da seine Kongregation für alle Angelegenheiten, für die in Europa mehrere Kongregationen beschäftigt waren, alleine behandelte. Wegen seiner umfassenden Kompetenzen und Zuständigkeiten für die Missionsgebiete wurde der Präfekt der Kongregation Propaganda Fide oft als „roter Papst" bezeichnet.

---

[22] Vgl. Ganzer 1993, 130.

In der durch Sixtus V. gegebenen Gestalt hat das Kardinalsamt die folgenden Jahrhunderte – auch über die Erschütterungen der französischen Revolution hinaus – überdauert. Für das 19. Jahrhundert waren eine langsam fortschreitende außereuropäische Internationalisierung sowie die allmähliche Loslösung von der Adelsgesellschaft kennzeichnend, wofür vor allem die Pontifikate von Pius IX. (1846–1878) und Leo XIII. (1878–1903) stehen. Unter Pius IX. kam es 1875 zur Kreierung des ersten außereuropäischen Kardinals, auch Leo XIII. und seine Nachfolger kreierten Kardinäle aus anderen Kontinenten. Aber von einer Internationalisierung des Kardinalskollegiums kann man erst nach dem Zweiten Weltkrieg sprechen, als die Päpste Pius XII., Johannes XXIII. und Paul VI. vermehrt außereuropäische Kardinäle kreierten.

Weder das Tridentinische Konzil noch das I. Vatikanische Konzil beschäftigen sich mit dem Kardinalsamt und seinem ekklesiologischen Stellenwert. Auch die Kurienreform von Pius X. und der 1917 eingeführte *Codex Iuris Canonici* berührten die Grundlagen des Kardinalsamtes nicht. Vielmehr bezeichnete der *Codex Iuris Canonici* von 1917 im Canon 230 das Kardinalskollegium als Senat des Papstes, der diesen in seinen Aufgaben bei der Leitung der Kirche unterstütze und berate.

Während des Pontifikats Papst Johannes XXIII. (1958–1963) und im Kontext des II. Vatikanischen Konzils kam es zu einschneidenden Änderungen. Papst Johannes XXIII. überschritt die traditionelle Zahl der Kardinäle von 70, ohne eine neue Zahl festzulegen. Durch ein am 11. April 1962 erlassenes Motu Proprio legte er fest, dass die Kardinalbischöfe fortan reine Titulare ihrer Bistümer seien und diese von residierenden Diözesanbischöfen geleitet werden sollten.[23]

In einem weiteren Motu Proprio vom 15. April 1962 legte er fest, dass auch Kardinaldiakone die Bischofsweihe empfangen sollen.[24] Diese Anordnung erließ er, um Präzedenzprobleme mit den unierten Patriarchen im Hinblick auf das bevorstehende Konzil zu umgehen. Bis dahin war es üblich, dass Kardinaldiakone keine Bischofsweihe erhielten. Bis ins 19. Jahrhundert hinein gab es noch einzelne Kardinaldiakone, die nicht die Priesterweihe hatten, so die Staatssekretäre von Pius VII. (1800–1823) und Pius IX., Ercole Consalvi und Giacomo Antonelli. Mit Kardinal Theodolfo Mertel starb 1899 der letzte Kardinal, der nur die Diakonenweihe und nicht die Priesterweihe empfangen hatte.

Papst Paul VI. (1963–1978) wiederum berief 1965 erstmalig vermehrt Patriarchen katholischer Ostkirchen in das Kardinalskollegium und stellte diese in einem Motu Proprio vom 11. Februar 1965 den Kardinalbischöfen gleich.[25] Sie erhielten als Titel ihren Patriarchalsitz und hießen fortan „Kardinäle der Heiligen Kirche", wohingegen alle anderen Kardinäle „Kardinäle der Heiligen Römischen Kirche" genannt werden. Paul VI. legte auch fest, dass nicht mehr das Kardinalskollegium als Ganzes, sondern

---

23 Vgl. Johannes XXIII., „Motu Proprio *Suburbicariis sedibus*," Acta Apostolicae Sedis = AAS 54 (1962): 253–256.
24 Vgl. Johannes XXIII., „Motu Proprio *Cum gravissima*," AAS 54 (1962): 256–258.
25 Vgl. Paul VI., „Motu Proprio *Ad purpuratorium Patrum*," AAS 57 (1965): 295–296.

nur die Kardinäle unter 80 Jahren das aktive Papstwahlrecht haben[26]. 1975 legte er in der neuen Konklaveordnung die Anzahl der Papstwähler auf 120 fest.[27] Auch die Kleidung wurde vereinfacht und das Zeremoniell der Kardinalskreierung verändert. Papst Johannes Paul II. bestätigte in seiner Apostolischen Konstitution *Universi Dominici Gregis* diese Vorschrift,[28] dass nur die Kardinäle das aktive Wahlrecht im Konklave haben, die das 80. Lebensjahr noch nicht vollendet haben. Ebenso soll die Gruppe der Wahlkardinäle die Zahl 120 nicht überschreiten.

Schließlich wurde in dem 1983 von Papst Johannes Paul II. approbierten neuen *Codex Iuris Canonici* (CIC) die heutige Stellung des Kardinalskollegiums festgelegt.

B. Die Stellung des Kardinalskollegiums heute

B.1 Das Kardinalskollegium als ein „besonderes Kollegium" innerhalb der katholischen Kirche

Das römisch-katholische Kirchenrecht unterscheidet zwischen *kirchlichem Amt* und *kirchlicher Würde*.[29] Ein *Kirchenamt* (*officium ecclesiasticum*) ist „jedweder Dienst, der durch göttliche oder kirchliche Anordnung auf Dauer eingerichtet ist und der Wahrnehmung eines geistlichen Zweckes dient."[30] Als solche Kirchenämter gelten im Kirchenrecht das Papstamt,[31] das Bischofskollegium[32] und das Bischofsamt.[33] Davon wird die *kirchliche Würde* (*dignitas ecclesiastica*) unterschieden: „Unter Dignität im engeren Sinn versteht man eine kirchliche Würde, die als solche kein Amt ist, z. B. Kardinalat, Ehrenprälatur, Doktorat [...]."[34] Somit ist die heutige Stellung des Kardinalskollegiums innerhalb des Kirchenrechts eine kirchliche Würde, kein kirchliches Amt.

Die Stellung des Kardinalskollegiums ist im *Codex Iuris Canonici* von 1983 in den Canones 349–359 festgelegt. Es bildet ein besonderes Kollegium und vereint die vornehmsten Berater des Papstes: „Die Kardinäle der heiligen römischen Kirche bilden ein besonderes Kollegium mit der Zuständigkeit, nach Maßgabe von besonderem Recht für

---

[26] Vgl. Paul VI., „Motu Proprio *Ingravescentem aetatem*," AAS 62 (1970) 810–813.
[27] Vgl. Paul VI., „Apostolische Konstitution *Romano Pontifici Eligendo*," AAS 67 (1975): 609–645.
[28] Vgl. Johannes Paul II., „Apostolische Konstitution *Universi Dominici Gregis*," AAS 88(1996): 305–343 (zitiert als UDG).
[29] Vgl. dazu: Philipp Riesinger, *Sanctae Ecclesiae Cardinales – Peculiari Episcoporum Coetus. Neue kirchenrechtliche Perspektiven für die Kardinäle und das Kardinalskollegium* (St. Ottilien: Eos, 2012), 73 ff.
[30] Vgl. Winfried Ayman et al., eds., *Codex des kanonischen Rechts. Lateinisch-deutsche Ausgabe mit Sachverzeichnis, 5. Neugestaltete und verbesserte Auflage* (Kevelaer: Butzon & Bercker, 2001) [zitiert als CIC 1983], Canon 145.
[31] Vgl. CIC 1983, Canon 331.
[32] Vgl. CIC 1983, Canon 336.
[33] Vgl. CIC 1983, Canon 375.
[34] Vgl. Eduard Eichmann und Klaus Mörsdorf, eds., *Lehrbuch des Kirchenrechts aufgrund des Codex Iuris Canonici*, Bd. 1 (Paderborn: Ferdinand Schöningh, 1949), 263.

die Papstwahl zu sorgen; ferner stehen die Kardinäle dem Papst zur Seite, und zwar entweder durch kollegiales Handeln, wenn sie zur Behandlung wichtigerer Fragen zusammengerufen werden, oder als einzelne in der Ausübung verschiedener Ämter, womit sie dem Papst vornehmlich in der täglichen Sorge für die Gesamtkirche Hilfe leisten."[35]

War der Umfang des Kardinalskollegiums im Canon 231 § 1 des *Codex Iuris Canonici* von 1917 noch auf 70 Kardinäle (6 Kardinalbischöfe, 50 Kardinalpriester und 14 Kardinaldiakonie) festgelegt, so ist diese Fixierung im neuen CIC von 1983 weggefallen.

Heute ist das Kardinalskollegium als Ganzes nicht mehr mit dem Papstwahlgremium in eins zu setzen. Es teilt sich vielmehr auf in die an der Papstwahl teilnahmeberechtigten Mitglieder und die nicht mehr teilnahmeberechtigten Mitglieder. Zur Papstwahl sind nur die Kardinäle zugelassen, die das 80. Lebensjahr bei Eintritt der Sedisvakanz noch nicht überschritten haben. Die Anzahl der Papstwähler soll 120 nicht überschreiten.[36] Mit der Aufnahme der orientalischen Patriarchen ist noch eine weitere Teilung eingezogen; mit ihnen gehören nun auch Kardinäle zum Kollegium, die nicht mehr „Kardinäle der Heiligen Römischen Kirche" genannt werden, sondern „Kardinäle der Heiligen Kirche" sind.

B.2 Die Gliederung des Kardinalskollegiums heute

Bis heute wird an der Fiktion festgehalten, dass Kardinäle entweder Bischöfe des römischen Umlandes und Priester bzw. Diakone des römischen Stadtklerus sind und deshalb zumindest formell in drei Klassen eingeteilt: Kardinalbischöfe, Kardinalpriester und Kardinaldiakone.

Die erste Klasse bilden die Kardinalbischöfe, das sind jene Mitglieder des Kardinalskollegiums, „denen vom Papst der Titel einer suburbikarischen Kirche übertragen ist."[37] Die Kardinalbischöfe residieren alle in Rom und sind meist verdiente und hochrangige Kurienkardinäle wie z. B. der Kardinalstaatssekretär. Bis zur Einführung eigener Diözesanbischöfe in den suburbikarischen Bistümern Albano, Frascati, Ostia, Palestrina, Porto-Santa Rufina, Sabina-Poggio Mirteto und Velletri-Segni durch Johannes XXIII. 1962[38] galten Kardinalbischöfe in ihren Diözesen als die tatsächlichen Diözesanbischöfe.[39] Heute haben die Kardinalbischöfe „keinerlei Leitungsgewalt und sie haben sich in keiner Weise in die Angelegenheiten einzumischen, die sich auf deren Vermögensverwaltung, Disziplin und kirchlichen Dienst beziehen."[40]

---

35 Vgl. CIC 1983, Canon 349.
36 Vgl. UDG, *AAS* 88 (1996): 321.
37 Vgl. CIC 1983, Canon 350 § 1.
38 Vgl. oben Anm. 23.
39 Vgl. Codex Iuris Canonici Pii Pontificis Maximi iussu digestus Benedicti Papae XV Auctoritate promulgatus, Freiburg i. Br. 1923, [zitiert als CIC 1917] Canon 240, § 1.
40 Vgl. CIC 1983, Canon 357 § 1.

Aus der Klasse der Kardinalbischöfe wird der Kardinaldekan gewählt, dessen Wahl vom Papst bestätigt werden muss und der zusätzlich zu seinem Titel noch das Bistum Ostia übernimmt.[41] Sein Stellvertreter ist der Subdekan, der ebenfalls aus der Klasse der Kardinalbischöfe stammt. Der Kardinaldekan repräsentiert das Kardinalskollegium, welches als *Universitas personarum* als juristische Persönlichkeit organisiert ist und dessen Organe der Kardinaldekan und der Subdekan sind.[42] Der Dekan steht dem Kardinalskollegium als *primus inter pares*[43] vor und hat gegenüber den anderen Kardinälen keinerlei Leitungsgewalt.[44] Innerhalb der Ordnung klärt das Berufungsdatum den Rang. Der Kardinaldekan hat immer Zugang zum Papst und seine Aufgabe ist es, das Kardinalskollegium zusammenzurufen, besonders im Falle der Vakanz des Apostolischen Stuhls. Wenn diese Vakanz durch den Tod des Papstes eintritt, hat er dessen Beisetzung zu leiten. Gemeinsam mit dem Camerlengo hat er eine führende Rolle während der Sedisvakanz, die auch durch Amtsverzicht des Papstes eintreten kann,[45] und er hat die Papstwahl zu leiten. Im Konklave hat er auch die Aufgabe, den neugewählten Papst zu fragen, ob er die Wahl annimmt und mit welchem Namen er genannt werden möchte. Wird der Kardinaldekan selbst zum Papst gewählt, wie im April 2005 Kardinal Ratzinger, so kommt diese Aufgabe dem Subdekan (2005 war dies Kardinal Angelo Sodano) zu. Gehören Kardinaldekan und Subdekan nicht mehr zum Papstwahlgremium, so tritt an deren Stelle der rangälteste Kardinalbischof, wie im Konklave vom März 2013, das Kardinal Giovanni Battista Re als rangältester Kardinalbischof leitete.

Der Klasse der Kardinalbischöfe werden „die in das Kardinalskollegium aufgenommenen orientalischen Patriarchen"[46] zugeordnet. Diese erhalten „als Titel den eigenen Patriarchalsitz."[47] Sie wirken bei der Wahl des Kardinaldekans nicht mit und werden auch nicht als *Cardinales Sanctae Romanae Ecclesiae* tituliert, sondern als *Cardinales Sanctae Ecclesiae*. Die ebenfalls als Oberhäupter ihrer Kirchen geltenden Großerzbischöfe, die in das Kardinalskollegium aufgenommen werden, werden in die Klasse der Kardinalpriester aufgenommen und als *Cardinales Sanctae Romanae Ecclesiae* tituliert. Die heutige Praxis, Großerzbischöfe, die Leiter einer Kirche eigenen Rechts (*Ecclesia sui Iuris*) sind,[48] zumindest nominell zu einem Mitglied des römischen Stadtklerus und damit zu Angehörigen einer anderen Kirche eigenen Rechts (der römisch-katholischen Kirche) zu machen, ist nicht unumstritten.

---

41 Vgl. CIC 1983, Canon 350 § 4.
42 Vgl. Graulich, 2002, 89.
43 Vgl. Anm. 25.
44 Vgl. CIC 1983, Canon 352.
45 Vgl. CIC 1983, Canon 332 § 2.
46 Vgl. CIC 1983, Canon 350 § 1.
47 Vgl. CIC 1983, Canon 350 § 3.
48 Vgl. „Codex Canonum Ecclesiarum Orientalium," *AAS* 83 (1990): 1045–1364, zitiert als CCEO; vgl. zur Definition einer *Ecclesia sui Iuris*: CCEO, Canon 27; zur Stellung eines Patriarchen: CCEO, Canon 56 ff.; zur Stellung eines Großerzbischofs: CCEO, Canon 149 ff.

Die größte Gruppe unter den Kardinälen ist die Klasse der Kardinalpriester. Sie erhalten bei ihrer Kreierung eine Titelkirche in Rom, von der sie in einem bestimmten Ritus Besitz ergreifen, aber über die sie keinerlei Leitungsvollmacht haben.[49] Stattdessen haben sie nach der Besitzergreifung „das Wohl dieser [...] Kirchen mit Rat und Schirmherrschaft zu fördern."[50] So kommt es in der Praxis oft dazu, dass den Kardinälen, die wohlhabenden Diözesen vorstehen, Kirchen zugewiesen werden, die entweder noch im Bau oder renovierungsbedürftig sind. Es sind in der Regel Pfarrkirchen, über die der Kardinalvikar von Rom oder eine Ordensgemeinschaft die Aufsicht führt. Kardinalpriester haben in ihren Titelkirchen liturgische Vorrechte und können an der Fassade der Kirche ihr Wappenschild anbringen lassen, welches meist mit dem des regierenden Papstes zu sehen ist. Weiter haben sie das sogenannte Optionsrecht.[51] Dies bedeutet, dass sie von einer Titelkirche zur anderen überwechseln können. So optierte z. B. Kardinal Jean Marie Lustiger aus Paris, der bei seiner Kreierung 1983 die Kirche S. Marcellino e Pietro zugewiesen bekommen hatte, im November 1994 für die Kirche S. Luigi dei Francesi, die als die französische Nationalkirche in Rom gilt. Nicht mehr wechseln können sie in die bischöfliche Klasse, wie es noch bis Johannes XXIII. möglich war.[52] Zur Klasse der Kardinalpriester gehören meist die Erzbischöfe und Bischöfe von großen und wichtigen Diözesen in aller Welt. Wird ein Kardinal, der Erzbischof oder Bischof einer Diözese ist, als Kurienkardinal nach Rom berufen und legt in Folge dessen sein Bischofsamt nieder, bleibt er Kardinalpriester.

Die dritte Gruppe ist die Klasse der Kardinaldiakone. Zu dieser Klasse gehören meist diejenigen Kardinäle, die in Rom residieren und ein Kurienamt innehaben. Meist sind es Mitarbeiter der Römischen Kurie, die schon die Bischofsweihe empfangen haben und Titularbischöfe sind. Bei seiner Kreierung zum Kardinal verliert ein Titularbischof sein Titularbistum und erhält nun den Titel seiner Titelkirche bzw. -diakonie. Falls sie noch keine Bischofsweihe empfangen haben, sind sie verpflichtet, sich zu Bischöfen weihen zu lassen.[53] In der Praxis wird ihnen in diesem Fall kurz vor ihrer Kreierung ein Titularbistum zugewiesen, auf das sie geweiht werden, Schon wenige Tage nach der erfolgten Weihe verlieren sie es bei der Kreierung wieder.

Den Kardinaldiakonen wird bei ihrer Kreierung „vom Papst [...] eine Diakonie in der Stadt Rom zugewiesen",[54] über die ihnen wie den Kardinalpriestern keine Leitungskompetenz zukommt.[55] Ein Kardinaldiakon hat ebenfalls ein Optionsrecht. Dieses Optionsrecht kann – wie das Optionsrecht der Kardinalpriester für eine andere Titelkirche – im Konsistorium wahrgenommen werden. Dort kann er sowohl für eine

---

49 Vgl. CIC 1983, Canon 357 § 1.
50 Vgl. CIC 1983, Canon 357 § 1.
51 Vgl. CIC 1983, Canon 350 § 5.
52 Vgl. Johannes XXIII., „Motu proprio *Ad Suburbicaris Diocesis*," AAS 53 (1961): 196.
53 Vgl. CIC 1983, Canon 351 § 1.
54 Vgl. CIC 1983, Canon 350 § 1.
55 Vgl. Anm. 45.

andere Titeldiakonie optieren als auch „zur priesterlichen Klasse überwechseln."[56] Letztere Möglichkeit hat er nach 10 Jahren in der Klasse der Kardinaldiakone. Der Ranghöchste der Kardinaldiakone wird Kardinalprotodiakon genannt. Seine Existenz nimmt die Öffentlichkeit meist erst bei einem Konklave wahr, denn „der Kardinalprotodiakon verkündet dem Volk den Namen des neugewählten Papstes."[57] Weiter „legt er in Stellvertretung des Papstes den Metropoliten die Pallien an oder übergibt sie deren Prokuratoren."[58]

Der Klasse der Kardinaldiakone werden auch die bereits über 80 Jahre alten verdienten Theologen, die aufgrund ihres Lebenswerkes seit Paul VI. und auch unter Johannes Paul II. und Benedikt XVI. zu Kardinälen kreiert wurden, zugeordnet. Aufgrund ihres Alters können sie um Dispens vom Empfang der Bischofsweihe bitten.

Wer einmal zum Kardinal kreiert ist, bleibt dies bis zum Tod – es sei denn, ein Kardinal wird zum Papst gewählt oder bittet den Papst um Rücknahme dieser Würde, die durch dessen Annahme gültig wird. Die Aberkennung der Kardinalswürde kommt selten vor – zuletzt bei Kardinal Billot S.J. durch Pius XI, 1927.[59]

B.3 Zeremonie der Kreierung und Amtseinführung

Die Kardinäle werden vom Papst frei ausgewählt, sie müssen mindestens die Priesterweihe empfangen haben und sollen sich durch „Glaube, Sitte, Frömmigkeit und Klugheit in Verwaltungsdingen"[60] auszeichnen. Weiter sind sie zum Empfang der Bischofsweihe verpflichtet. Ihre Kreierung geschieht durch ein Dekret des Papstes, welches vor dem Kardinalskollegium verkündet wird. Mit der Verkündigung ihrer Kreierung erhalten sie alle Rechte und Pflichten eines Kardinals.[61]

Auch wenn sich damit die Beschreibung eines Anforderungsprofils für dieses Amt erschöpft und der Papst offiziell frei in seiner Ernennung ist, so werden doch traditionell die Erzbischöfe und Bischöfe wichtiger Erzbistümer und Bistümer in aller Welt zu Kardinälen kreiert, z. B. in Deutschland die Erzbischöfe von Köln, München und Berlin oder in Österreich der Erzbischof von Wien. Auch die Inhaber wichtiger Kurienämter wie die Präfekten der Kongregationen werden in den allermeisten Fällen Kardinäle. Allerdings ist der Papst daran nicht gehalten und kann neue Traditionen begründen.

Einige Wochen vor der Kreierung bekundet der Papst bei einer öffentlichen Gelegenheit wie dem sonntäglichen Angelusgebet, der Generalaudienz am Mittwoch oder bei einer anderen Gelegenheit seine Absicht, zu einem bestimmten Termin ein Konsistorium einzuberufen und in diesem Konsistorium neue Kardinäle kreieren zu

---

56 Vgl. CIC 1983, Canon 350 § 5.
57 Vgl. CIC 1983, Canon 355 § 2.
58 Vgl. Ebd.
59 Vgl. dazu: *AAS* 10 (1927), 438 f.
60 Vgl. CIC 1983, Canon 351 § 1.
61 Vgl. CIC 1983, Canon 351 § 1 und § 2.

wollen, deren Namen er bei dieser Gelegenheit nennt. Mit der Nennung des Namens sind noch keinerlei Rechte verbunden. Würde der Papst vor dem anberaumten Konsistorium sterben oder sein Amt niederlegen, so wären diese Kreierungen hinfällig und die genannten Personen könnten nicht am Konklave teilnehmen. Gelegentlich kommt es – zuletzt bei Johannes Paul II. 2003 – vor, dass der Papst im Konsistorium ankündigt, noch eine und weitere Personen *in pectore*, d. h. „in der Brust", ernannt zu haben. Dabei nennt er deren Namen nicht, weil diese Personen u. U. in politisch schwierigen Situationen, z. B. in totalitären Staaten oder in Staaten, wo die katholische Kirche verfolgt wird, leben und um ihre Unversehrtheit bei erfolgter öffentlicher Namensnennung gefürchtet werden muss. Die Publikation ihres Namens wird meist erst später vorgenommen und auch in diesem Falle wird die *in pectore* ernannte Person erst Kardinal mit allen Rechten und Pflichten, wenn ihr Name in einem Konsistorium veröffentlicht wird: „Wenn der Papst jemanden zur Kardinalswürde erhoben und seine Kreierung verkündet, den Namen aber für sich behalten hat, tritt dieser vorerst in keinerlei Pflichten oder Rechte der Kardinäle ein."[62] Für diesen Fall wird er nach der Bekanntgabe nachträglich in die Rangfolge eingeordnet: „Nachdem aber sein Name vom Papst bekanntgemacht worden ist, tritt er in die Pflichten und Rechte ein, wobei jedoch seine Rangfolge vom Tage der Reservation zählt."[63]

Einige Wochen nach der Absichtserklärung des Papstes wird ein öffentliches Konsistorium gehalten. In diesem Konsistorium werden die Namen der neuen Kardinäle bekanntgegeben und diese legen das Glaubensbekenntnis ab und schwören dem Papst und seinen Nachfolgern Treue und Gehorsam. Sie erhalten die Ernennungsurkunde, den roten Pileolus und das rote Birett und seit 2012 auch den Kardinalsring. Weiter wird ihnen eine Titelkirche bzw. Titeldiakonie zugewiesen. Mit dem Akt der Bekanntgabe der Ernennung im öffentlichen Konsistorium erhalten die Kardinäle alle ihre Rechte unabhängig von der Insignienübergabe und sind zur Zusammenarbeit mit dem Papst verpflichtet. Am Nachmittag des öffentlichen Konsistoriums finden in den Räumlichkeiten des Vatikanpalastes bzw. der Audienzhalle öffentliche Empfänge statt, zu der jeder zugelassen ist und keine offizielle Einladung braucht.

Meist am Tag nach dem öffentlichen Konsistorium feiern die neuen Kardinäle mit dem Papst eine öffentliche Messe. Bis 2010 wurde ihnen in dieser Messe der Kardinalsring übergeben.

Nach dem bis Johannes XXIII. geübten Ritus der Kardinalskreierung wurde nach der öffentlichen Nennung der Namen zunächst ein geheimes Konsistorium abgehalten, in dem der Papst den anwesenden Kardinälen – die neu zu kreierenden Kardinäle waren nicht anwesend – die Namen der neuen Mitglieder des Kollegiums und die Absicht, diese zu Kardinälen zu kreieren, kundtat. Diese stimmten formell zu. Anschließend wurden die Ernannten durch ein Schreiben, welches von einem Boten überbracht wurde, an ihren Aufenthaltsorten in Rom offiziell von ihrer Kreierung

---

62 Vgl. CIC 1983, Canon 351 § 3.
63 Vgl. ebd.

informiert und gebeten, sich zu einem festgelegten Tag beim Papst einzufinden, um in einer einfachen Zeremonie das Kardinalsbirett zu empfangen. Anschließend begannen die Glückwunschbesuche der Diplomaten und der päpstlichen Mitarbeiter. Bei dem nach der Überreichung des Biretts folgenden öffentlichen Konsistorium legten die Kardinäle vor den jeweils rangältesten Kardinälen der drei Kardinalsklassen (Kardinaldekan, Kardinalprotopresbyter und Kardinalprotodiakon) sowie dem Kämmerer des Kardinalskollegiums den vorgeschriebenen Eid ab. Danach wurde ihnen vom Papst der Galero, der große Kardinalshut, der auch roter Hut genannt wurde, aufgesetzt.[64] Dem öffentlichen Konsistorium folgte ein geheimes Konsistorium, bei dem eine Zeremonie des Öffnens und Schließens des Mundes (*occlusio et aperitio oris*), die Überreichung des Kardinalsringes und die Zuweisung der Titelkirche durchgeführt wurden.[65] Am gleichen Nachmittag war die Möglichkeit zur Gratulation durch die Öffentlichkeit in den Räumen des Apostolischen Palastes gegeben.

Konnte ein Kardinal aus verschiedensten Gründen nicht nach Rom kommen, so wurde ihm der rote Pileolus und das rote Birett durch vatikanische Abgesandte überbracht und vom Nuntius überreicht. Früher besaßen die Staatsoberhäupter von Frankreich, Italien, Spanien und Portugal und bis zum Untergang der k.u.k Monarchie auch der Kaiser von Österreich-Ungarn das Vorrecht, den Kardinälen ihres Landes und auch den in ihren Ländern akkreditierten Nuntien, welche zu Kardinälen kreiert wurden, das Birett aufzusetzen. So wurde 1953 dem Nuntius in Frankreich, Angelo Roncalli, dem späteren Papst Johannes XXIII. das Birett im Elysee-Palast vom französischen Staatspräsidenten Vincent Auriol aufgesetzt.[66] Diese Kardinäle mussten innerhalb eines Jahres den Roten Hut (Galero) in Rom vom Papst in einer gesonderten Zeremonie empfangen.[67] Am 28. April 1969 wurde den genannten Regierungen mitgeteilt, dass dieses Recht abgeschafft sei.[68]

B.4 Mit der Kardinalswürde verbundene Vorrechte

Ein Mitglied des Kardinalskollegiums genießt einige Vor- und Ehrenrechte, vor allem im liturgischen Bereich. Im *Codex Iuris Canonici* von 1917 war eine Liste von Privilegien aufgeführt, die nicht so in den *Codex Iuris Canonici* von 1983 übernommen wurden: „Die in Canon 239 § 1 CIC 1917 enthaltene Liste mit 24 Privilegien der Kardinäle wurde nicht als solche in den neuen Codex übernommen. Einige der Vorrechte, die den Kardinälen zu-

---

64 Zu diesem Ritus vgl.: Ulrich Nersinger, *Liturgien und Zeremonien am Päpstlichen Hof*, Bd. 2 (Bonn: Nova & Vetera, 2011), 4–18.
65 Vgl. Nersinger 2011, 17.
66 Vgl. Nersinger 2011, 12 f.
67 Vgl. CIC 1917, Canon 234.
68 Vgl. Nersinger 2011, 13 f. u. *L'Osservatore Romano, edicion seminal en lengua Espanola*, ano I, N. 17, 27 de abril de 1969,11.

kommen, finden sich an verschiedenen Stellen des Codex."[69] Auch heute noch haben alle Kardinäle, wie der Papst selbst, das Privileg, ohne Einschränkung auf der ganzen Welt die Beichte zu hören[70] und sind keiner lokalen Jurisdiktion[71] unterworfen. Wenn sich ein Kardinal in einer anderen Diözese aufhält, untersteht er dort nicht der Leitungsgewalt des örtlichen Diözesanbischofs. Ein „einfacher Bischof" muss beispielsweise die Erlaubnis des zuständigen Ortsbischofs einholen, wenn er bei Gottesdiensten in einer fremden Diözese feierlich als Bischof in Erscheinung treten will. Ein Kardinal ist von dieser Vorschrift befreit. Bei kirchlichen Gerichtsverfahren gegen einen Kardinal – zuletzt bei Kardinal Groer aus Wien († 2003) – ist ausschließlich der Papst zuständig.[72]

Die Kardinäle haben seit 1630 das Recht, mit dem Titel „Eminenz" angeredet zu werden. Zuvor war dieser Titel, der ursprünglich Kaisern und Königen vorbehalten, im Mittelalter auch von einfachen Klerikern benutzt worden. Papst Urban VIII. reservierte diesen Titel 1630 für die Kardinäle, die Erzbischöfe von Köln, Mainz und Trier in ihrer Eigenschaft als Kurfürsten des Heiligen Römischen Reiches Deutscher Nation sowie den Großmeister des souveränen Malteserordens. Nach Auflösung des Heiligen Römischen Reiches und der Umgestaltung des Malteserordens blieb der Titel Eminenz ausschließlich den Kardinälen vorbehalten.

Weiter haben Kardinäle wie der Papst und die Diözesanbischöfe das Recht, in ihrer eigenen Titelkirche begraben zu werden.[73] Neben dem Kirchenrecht sind auch Privilegien und Befugnisse durch das Staatssekretariat festgelegt; zu diesen weiteren Rechten und Befugnissen gehören z. B. das Recht des Gebrauchs von Pontifikalien (Mitra und Bischofsstab) im Gottesdienst auch durch die Kardinäle ohne Bischofsweihe und das Recht, überall predigen zu dürfen.[74]

B.5 „Die Kardinäle stehen dem Papst zur Seite" – Formen der Mitarbeit der Kardinäle an der Leitung der katholischen Kirche

„Die Kardinäle der heiligen römischen Kirchen bilden ein besonderes Kollegium [...], ferner stehen die Kardinäle dem Papst zur Seite, und zwar entweder durch kollegiales Handeln, wenn sie zur Behandlung wichtigerer Fragen zusammengerufen werden, oder als einzelne in der Ausübung verschiedener Ämter, womit sie dem Papst vornehmlich in der täglichen Sorge für die Gesamtkirche Hilfe leisten."[75] Diese Hilfe leisten sie in der Praxis als Kurienkardinäle, die auswärtigen Kardinäle als Mitglieder in den römischen

---

69 Vgl. Graulich, Kardinalat, 88.
70 Vgl. CIC 1983, Canon 967 § 1.
71 Vgl. CIC 1983, Canon 357.
72 Vgl. CIC 1983, Canon 1405 § 1 und 2.
73 Vgl. CIC 1983, Canon 1242.
74 Vgl. Graulich, 2002, 88, dort auch Anm. 33.
75 Vgl. CIC 1983, Canon 349.

Dikasterien, als Legaten und Sondergesandte sowie als Berater des Papstes im Konsistorium.

a) Kurienkardinäle

Einige Kardinäle residieren ständig in Rom und wirken dort als reguläre und aktive Mitglieder an der Zentralregierung der katholischen Kirche, der Römischen Kurie, mit. Diese „Kurienkardinäle" genannten Mitglieder des Kardinalskollegiums sind leitend tätig in den verschiedenen Dikasterien der Kurie (Kongregationen, Gerichtshöfe, Päpstliche Räte, Kommissionen und Komitees). Wer zum Kurienkardinal berufen wird, ist verpflichtet, in Rom zu residieren und Bischöfe, die zu Kurienkardinälen ernannt werden, müssen ihr Bistum aufgeben.

Im Pontifikat von Papst Paul VI. gab es allerdings Ausnahmen von dieser Regel. So leitete z. B. der frühere Wiener Erzbischof Kardinal Franz König (1905–2004) das mittlerweile in den päpstlichen Kulturrat integrierte frühere Sekretariat für die Nichtglaubenden. Auch der Niederländer Kardinal Johannes Willebrands blieb nach seiner Ernennung zum Erzbischof von Utrecht Präsident des päpstlichen Sekretariates und späteren Rates für die Förderung der Einheit der Christen.

Die römischen Kurienbehörden sind Kollegiatsministerien, d. h. die Kurienkardinäle und andere leitende Würdenträger sind über die Leitung ihrer eigenen Behörde hinaus auch Mitglieder verschiedener kurialer Kongregationen, Räte und Kommissionen und damit untereinander vernetzt. In diese Behörden werden auch Bischöfe aus aller Welt – und als Berater auch Priester und Ordensleute sowie vereinzelt auch Laien – vom Papst für den Zeitraum von jeweils fünf Jahren berufen. Sie treffen in einem regelmäßigen Turnus zu ihren Sitzungen zusammen, um bestimmte Fragen zu diskutieren und Entscheidungen zu treffen, soweit sie dazu befugt sind. Mit der Vollendung des 75. Lebensjahres müssen die Kurienkardinäle dem Papst ihr Amt zur Verfügung stellen, der aber frei ist, den Amtsverzicht anzunehmen oder die Amtszeit zu verlängern.[76] Mit der Vollendung des 80. Lebensjahres scheiden alle Kardinäle aus den kurialen Behörden aus.[77] Im Falle der Vakanz des Apostolischen Stuhls durch Tod oder Amtsverzicht des Papstes treten „alle Leiter der Dikasterien der Römischen Kurie von der Ausübung ihrer Ämter zurück."[78] Die Behörden werden in dieser Zeit geschäftsführend von den Sekretären geführt. Im Amt bleiben im Falle der Vakanz des Apostolischen Stuhls der Kardinalgroßpönitentiar, der Camerlengo, der Kardinalvikar für Rom und der Erzpriester von St. Peter als Generalvikar für die Vatikanstadt.

---

[76] Vgl. CIC 1983, Canon 354.
[77] Vgl. Graulich 2002, 88.
[78] Vgl. UDG Nr. 14, AAS 88 (1996): 316.

b) Die nicht in Rom residierenden Kardinäle als Mitglieder römischer Behörden

„Die Kardinäle, die als Diözesanbischöfe die Sorge um eine Diözese tragen, haben sich in die Stadt Rom zu begeben, sooft sie der Papst einberuft."[79] Auch die nicht hauptamtlich an der Kurie tätigen Kardinäle nehmen in Rom in verschiedener Weise an Beratungs- und Leitungsaufgaben teil. So sind alle auswärtigen Kardinäle auch Mitglied eines oder mehrerer kurialer Behörden und entscheiden dort gemeinsam mit den Kurienkardinälen und anderen leitenden Würdenträgern der Kurie und aus aller Welt. Die Kardinäle, die eine Diözese leiten, müssen dem Papst ebenfalls mit Vollendung des 75. Lebensjahres ihren Amtsverzicht anbieten, den dieser annehmen oder ablehnen kann.[80] Auch sie scheiden mit der Vollendung des 80. Lebensjahres aus allen kurialen Behörden aus.

c) Die Kardinäle als Legaten und päpstliche Sondergesandte

Der Papst kann jeden Kardinal als seinen Gesandten zu bestimmten Anlässen bestimmen, um von diesem dort vertreten zu werden. Dies können heute im Unterschied zum Mittelalter meist Jubiläen oder besondere Anlässe sein, wie der Nationale Eucharistische Kongress 2013 in Köln, wo Kardinal Paul Josef Cordes den Papst vertrat. Der Papst kann einen Kardinal zum *legatus a latere* oder zum Sondergesandten ernennen. Dieser hat dann im Rahmen der Befugnisse zu handeln, die ihm der Papst überträgt.[81]

d) Die Mitarbeit der Kardinäle in den Konsistorien

Auch heute noch geschieht die Zusammenarbeit der Kardinäle mit dem Papst „hauptsächlich in den Konsistorien, zu denen sie sich auf Anordnung des Papstes und unter dessen Vorsitz versammeln."[82] Man unterscheidet heute zwei Arten von Konsistorien: „ordentliche" und „außerordentliche" Konsistorien, die öffentlich oder geheim sein können.[83]

„Zum ordentlichen Konsistorium werden alle, zumindest die in Rom anwesenden Kardinäle einberufen, zur Beratung gewisser schwieriger Angelegenheiten, die jedoch regelmäßiger anstehen, oder zur Durchführung gewisser feierlicher Akte."[84] Zu diesen feierlichen Akten gehören u. a. die Kreierung von Kardinälen oder die Ankündigung von Heilig- und Seligsprechungen. Es kann im Fall der feierlichen Akte öffentlich sein, wie z. B. bei der Kreierung von Kardinälen, d. h. es sind neben den Kardinälen noch weitere Personen eingeladen. Es findet i. d. R. jährlich statt und nur bei der Aufnahme neuer Mitglieder in das Kardinalskollegium wird es mit einer größeren Öffentlichkeit begangen. In den anderen Fällen, in denen es i. d. R. um Selig- und Heiligsprechungen

---

79 Vgl. CIC 1983, Canon 356.
80 Vgl. CIC 1983, Canon 401 § 1.
81 Vgl. CIC 1983, Canon 358.
82 Vgl. CIC 1983, Canon 351 § 1.
83 Vgl. CIC 1983, Canon 353, §§ 1–4.
84 Vgl. CIC 1983, Canon 353 § 2.

geht, findet es im Apostolischen Palast in einem der dortigen Säle statt. Neben den Kardinälen sind meist noch andere Angehörige der Römischen Kurie anwesend. Diese Form des Konsistoriums fand auch am 11. Februar 2013 statt und ist in die Kirchengeschichte eingegangen: Neben den zu beschließenden Heiligsprechungen verkündete Papst Benedikt XVI. in diesem Rahmen seinen Verzicht auf das Amt des Papstes zum 28. Februar 2013.

Ein ordentliches Konsistorium kann aber auch geheim stattfinden und ist dann meist der Behandlung von „schwerwiegenden Angelegenheiten, die jedoch regelmäßig anstehen" gewidmet. Diese zweite Form der ordentlichen Konsistorien hat erst unter Benedikt XVI. Gestalt gewonnen. Vor jedem ordentlichen öffentlichen Konsistorium zur Aufnahme neuer Mitglieder ins Kardinalskollegium war ein solches Konsistorium vorgeschaltet, welches sich mit aktuellen Fragen beschäftigte, z. B. im November 2010 mit Fragen des Umgangs mit sexuellem Missbrauch in der katholischen Kirche.

Neben den ordentlichen Konsistorien gibt es auch die Form des außerordentlichen Konsistoriums, zu dem die Kardinäle immer dann nach Rom berufen werden können, „wenn besondere Erfordernisse der Kirche oder die Behandlung schwerwiegender Angelegenheiten dies ratsam erscheinen lassen."[85] Das erste „außerordentliche" Konsistorium des Kardinalskollegiums berief Johannes Paul II. 1979, ein Jahr nach seiner Wahl, ein. Der Papst hatte damit gleich zu Beginn seiner Amtszeit die „außerordentlichen" Konsistorien zum Zweck der Konsultation des Kardinalskollegiums wiederaufleben lassen und damit eine allgemeine Überraschung ausgelöst. Viele hatten geglaubt, diese beratende Rolle werde längst von der Bischofssynode ausgefüllt. Es hatte sogar bereits den Vorschlag gegeben, der Synode die Wahlfunktion der Kardinäle zu übertragen.

Die außerordentlichen Konsistorien unter Johannes Paul II. fanden geheim, d. h. unter Ausschluss der Öffentlichkeit, statt und konnten im Gegensatz zu Bischofssynoden relativ kurzfristig einberufen werden. Sie dauerten meist drei Tage und dienten der besonderen Information über anstehende größere Vorhaben auf weltkirchlicher Ebene.

Insgesamt sechsmal berief Johannes Paul II. in seiner Amtszeit außerordentliche Konsistorien ein. Im November 1979 ging es um die Reform der Römischen Kurie, um Kirche und Kultur sowie um die Finanzen des Heiligen Stuhls. Im November 1982 stand die Reorganisation der Kurie wieder auf der Tagesordnung, unter besonderer Berücksichtigung der Situation der Vatikanbank, sowie die Revision des kanonischen Rechtes. Im November 1985 stand noch einmal ausschließlich die Reform der Römischen Kurie auf der Tagesordnung.

Das außerordentliche Konsistorium vom April 1991 befasste sich mit den verschiedenen Bedrohungen des menschlichen Lebens, vor allem der Abtreibung, sowie mit dem Problem der Ausbreitung neuer Sekten. Das Kardinalstreffen von 1994 galt der Vorbereitung des Heiligen Jahres 2000, besonders auch der Frage des Schuldbe-

---

85 Vgl. CIC 1983, Canon 353 § 3.

kenntnisses und der Vergebungsbitte. Beim Konsistorium im Mai 2001 ging es ganz allgemein um die „Perspektiven der Kirche für das 3. Jahrtausend".

Zu einem außerordentlichen Konsistorium werden alle Kardinäle geladen, auch die über achtzigjährigen Kardinäle nehmen daran teil. Von der Arbeitsweise ähnelt es der Bischofssynode. Es gibt Vollversammlungen, in denen jeder Kardinal Rederecht nach Rangordnung hat; daneben gibt es noch die Diskussion in Sprachgruppen, wo freier verfahren werden kann. Die Gruppensprecher erstatten dann dem Plenum Bericht. In der Plenarsitzung erfolgt nach den Gruppensitzungen eine allgemeine Diskussion, in der die verschiedenen Vorschläge gesammelt und dem Papst als Bericht übergeben werden. Schlussdokumente gibt es in der Regel nicht, aber meist gab das Pressebüro des Vatikans ein Kommuniqué heraus, das die Diskussionen und Beschlüsse zusammenfasste und einige Reden enthielt.

Die Auswirkungen von Konsistorien sind weniger klar als die von Synoden, da im Gegensatz zu den Bischofssynoden, wo es nachsynodale Schreiben gibt, hier keine nachkonsistorialen Schreiben herausgegeben wurden. Die Beratungen umzusetzen liegt allein im Ermessen des Papstes. Deutlichen Einfluss nahmen die Beratungen der Konsistorien von 1991 und 1994 auf die Enzyklika *Evangelium Vitae* von 1995. Die 1979 und 1982 beratene Situation der vatikanischen Finanzen führte zur Gründung eines Kardinalsrates, der die Finanzen prüfen sollte, sowie zur Ernennung neuer Präfekten der Präfektur für die wirtschaftlichen Angelegenheiten des Apostolischen Stuhls und zur Umstrukturierung der Vatikanbank.

e) Andere Formen der Mitarbeit

Abgesehen von diesen kirchenrechtlich fixierten Möglichkeiten der Teilnahme an der Regierung der Kirche ist die Bedeutung der Kardinäle davon abhängig, ob und in welcher Weise sie vom Papst in besondere Verantwortung genommen werden. Dafür gibt es aber keine festen Spielregeln und es hängt von der Nähe oder Distanz zum Papst ab, inwieweit die einzelnen Kardinäle in Vorgänge einbezogen werden.

Papst Benedikt XVI. beauftragte 2012 die drei Kardinäle Julian Herranz, Salvatore di Giorgio und Jozef Tomko, die bereits pensioniert und das 80. Lebensjahr vollendet hatten, mit der Untersuchung der Vorfälle um die Affäre „Vatileaks". Die drei „Kardinalkommissare" lieferten dem Papst im Dezember 2012 ihren umfänglichen Bericht ab. Papst Benedikt XVI. übergab ihn Ende März 2013 dem neuen Papst Franziskus.

Papst Franziskus wiederum schuf am 13. April 2013 eine neue Kardinalskommission mit den Kardinälen Rodriguez Maradiaga (Honduras), O'Malley (USA), Errazuris Ossa (Chile), Marx (Deutschland), Gracias (Indien), Bertello (Vatikanstadt), Pell (Australien) und Mosengo Pasinya (Kongo), die alle Erdteile repräsentieren und deren Aufgabe es ist, den Papst bei der Reform der Kurie und der Leitung der Weltkirche zu beraten. Dieser Rat wurde Ende September 2013 zu einer ständigen Einrichtung erhoben.

B.6 Die Aufgaben der Kardinäle bei Vakanz des Apostolischen Stuhls und bei der Papstwahl

„Die Kardinäle der heiligen römischen Kirche bilden ein besonderes Kollegium mit der Zuständigkeit, nach Maßgabe von besonderem Recht für die Papstwahl zu sorgen [...]."[86] Deshalb kommt die eigentliche Bedeutung des Kardinalskollegiums nach wie vor in der Papstwahl zum Vorschein. Aber „bei Vakanz des Apostolischen Stuhls hat das Kardinalskollegium in der Kirche nur die Gewalt, die ihm durch besonderes Gesetz übertragen ist."[87] Als dieses besondere Gesetz gilt die Apostolische Konstitution *Universi Dominici Gregis.*

Wie bereits mehrfach erwähnt, sind seit den Bestimmungen von Papst Paul VI. Kardinalskollegium und Papstwahlgremium nicht mehr deckungsgleich, denn Papst Paul VI. schloss diejenigen Kardinäle aus, die zu Beginn des Konklaves das 80. Lebensjahr erreicht bzw. überschritten haben. Papst Johannes Paul II. hat diese Regelung bestätigt, wenn auch dahingehend gelockert, dass er festlegte, dass nur jene Kardinäle ausgeschlossen sind, die am Tag vor dem Todestag des Papstes das 80. Lebensjahr vollendet haben. 2013 begann die Sedisvakanz am 28. Februar um 20.00 Uhr. Dank der Regelung von Johannes Paul II. konnte Kardinal Walter Kasper am Konklave von 2013 teilnehmen, obwohl er zum Konklavebeginn am 12. März 2013 das 80. Lebensjahr bereits einige Tage überschritten hatte.

Kein Kardinal, der jünger als 80 Jahre alt ist, kann vom Konklave ausgeschlossen werden, nicht einmal, wenn er exkommuniziert wurde,[88] es sei denn, er wurde mit einem kanonischen Verfahren seines Amtes enthoben oder trat mit Zustimmung des Papstes zurück. Diese Fälle sind äußerst selten und kamen zuletzt beim Konklave 1800 vor, welches Pius VII. wählte.

Wie Johannes Paul II. in seiner Apostolischen Konstitution *Universi Dominici Gregis* von 1996 festlegte, wird den Kardinälen die Leitung der Kirche während der Vakanz anvertraut, „aber nur zur Erledigung der ordentlichen Angelegenheiten oder für jene Fragen, die keinen Aufschub dulden, sowie für die Vorbereitung alles dessen, was für die Wahl des neuen Papstes erforderlich ist."[89] Bei der ersten Zusammenkunft der Kardinäle muss der Teil dieses Dokumentes, der sich mit der Sedisvakanz befasst, vorgelesen werden. Die Kardinäle schwören, ihm zu folgen und Stillschweigen zu bewahren. Falls zu dem Zeitpunkt des Todes oder Amtsverzichts des Papstes gerade ein Konzil oder eine Bischofssynode tagt, findet eine Vertagung statt, bis der neue Papst die Wiederaufnahme anordnet. Während der Sedisvakanz gibt es zwei Arten von „Kongregationen" (Zusammenkünften) der Kardinäle: Die Generalkongregation, die alle Kardinäle umfasst und an der auch die über achtzigjährigen Purpurträger teilnehmen. An diesen Generalkongregationen müssen alle unter achtzigjährigen Kardinäle teilnehmen, die nicht aus ernsten

---

[86] Vgl. CIC 1983, Canon 349.
[87] Vgl. CIC 1983, Canon 359.
[88] Vgl. UDG, Nr. 35.
[89] Vgl. UDG, Nr. 2.

Gründen verhindert sind. Den über achtzigjährigen Kardinälen ist die Teilnahme freigestellt. Die Generalkongregationen fanden 2013 in der Synodenaula, der Audienzhalle Pauls VI., statt. Sie sind vom Kardinaldekan bzw. bei dessen Verhinderung vom Subdekan zu leiten. Sie müssen während der Sedisvakanz bis zum Beginn des Konklaves täglich abgehalten werden, auch am Tag der Beisetzung des Papstes. Da mit dem Amtsverzicht von Papst Benedikt XVI. eine neue Situation eingetreten war, begannen die Generalkongregationen erst am 4. März 2013.

Drei Kardinäle unter 80 Jahren aus jeder Kardinalsklasse, die durch Los von den Kardinälen der Generalkongregation gewählt und alle drei Tage von ihr durch Los neu bestimmt werden, bilden gemeinsam mit dem Camerlengo die sogenannte „Sonderkongregation", die sich mit der ordentlichen Verwaltung der Kirche befasst.

Daneben gibt es noch eine Kommission, bestehend aus dem Camerlengo, dem ehemaligen Staatssekretär und dem ehemaligen Präsidenten der Päpstlichen Kommission für die Vatikanstadt, die für die Unterbringung der Kardinäle aus aller Welt und die Herrichtung der Sixtinischen Kapelle für die Abstimmung verantwortlich ist. Die Regeln verteilen also die Machtbefugnisse so, dass die Sedisvakanz und das Konklave unmöglich von wenigen Kardinälen kontrolliert werden kann.

Der Camerlengo ist der wichtigste Kardinal während einer Sedisvakanz. Er stellt im Falle des Eintritts der Vakanz durch den Tod des Papstes diesen offiziell im Beisein des päpstlichen Zeremonienmeisters und des Sekretärs der Apostolischen Kammer fest und sorgt dafür, dass der Totenschein ausgestellt wird. Er vernichtet den Fischerring des Papstes und das Bleisiegel, mit dem die apostolischen Schreiben versiegelt waren. Als Vorsitzender der Sonderkongregation übernimmt er die Verantwortung für die ordentliche Verwaltung der Kirche. Er ergreift symbolisch Besitz von den päpstlichen Palästen und trägt Sorge dafür, dass das Arbeitszimmer und die Privatgemächer des Papstes versiegelt werden. Er kann verfügen, dass sich das Personal des Papstes, das sich gewöhnlich in seiner Privatwohnung aufhält, bis nach der Beisetzung dort aufhalten kann und dann erst die gesamte Privatwohnung versiegeln. Er trägt Verantwortung für eine würdige Bestattung des Papstes. Im Falle des Todes des Papstes teilt er diesen dem Kardinalvikar von Rom mit, dessen Aufgabe es ist, die Bevölkerung vom Tod des Papstes zu unterrichten. Während der Sedisvakanz dürfen keine von den Päpsten erlassenen Gesetze korrigiert oder abgeändert werden. So besitzt das Kardinalskollegium auch keinerlei Vollmachten oder Jurisdiktion bezüglich der Angelegenheiten, die dem Papst zustehen.

Das Konklave hat in der Sixtinischen Kapelle stattzufinden, es sei denn, die Umstände verhindern es. Die Kardinäle setzen Datum und Zeitpunkt für den Beginn des Konklaves fest. Damit alle Kardinäle Zeit haben, nach Rom zu kommen, kann es frühestens 15 Tage, spätestens jedoch am 19. Tag nach dem Tod des Papstes stattfinden. Benedikt XVI. behielt diese Regelung grundsätzlich bei, aber er ermöglichte in dem Motu Proprio *Normas nonnullas* vom 22. Februar 2013, also kurz vor seinem Amtsverzicht noch, dass es auch früher oder später stattfinden könne.[90] Noch 1922 hatten nord- und südamerikanische Kardinäle am Konklave nicht teilnehmen können, weil sie Rom mit dem Schiff nicht schnell genug erreichten. Papst Pius XI. verlängerte darauf hin die Frist, was aber heute angesichts der Informations- und Reisemöglichkeiten nicht mehr notwendig ist. Auch heute noch können aber die Kardinäle, die zu spät kommen sollten, noch Einlass finden und an der Wahl teilnehmen. Wer erst einmal im Konklave ist, darf es nicht mehr verlassen, es sei denn, er ist krank und hat einen anderen triftigen, von der Mehrheit der Kardinäle akzeptierten Grund. Beim Konklave 2013 fehlten die Kardinäle Julius Riyadi Darmaatmadja S.J. aus Indonesien und Keith O'Brien aus Schottland.

Neben den Kardinälen sind nur wenige Personen zum Konklave zugelassen, die sich um die medizinischen, liturgischen, technischen und haushälterischen Bedürfnisse des Konklaves kümmern. Die Kardinäle können eine Pflegeperson im Fall ernsthafter Krankheit mitbringen.

Am Morgen des Konklavebeginns feiert der Kardinaldekan gemeinsam mit allen Kardinälen eine Messe im Petersdom, die als Votivmesse *Pro eligendo Papa* gestaltet ist. Am Nachmittag ziehen die Kardinäle von der paulinischen Kapelle in den eigentlichen Wahlort, die Sixtinische Kapelle, ein. Dort werden sie auf die Einhaltung der Regeln eingeschworen, die in der Konstitution *Universi Dominici Gregis* festgelegt sind, vor allem auf die Geheimhaltung, die auch für die nicht wahlberechtigten Kardinäle gilt. Nach der Vereidigung erfolgt das *extra omnes* und die Sixtinische Kapelle sowie das Domus Sanctae Marthae werden vom Camerlengo für unautorisierte Personen verschlossen. Außerhalb des Konklaves assistiert dem Camerlengo der Substitut des Staatssekretariates, der im Amt bleibt und für das vatikanische Personal und die Integrität und Sicherheit des Konklaves verantwortlich ist.

Die Wahl findet *per scrutinium* statt, d.h. durch Wahl, nicht mehr durch Akklamation oder Kompromiss. Drei Wahlhelfer werden durch Los gewählt, ebenso die Beauftragten für die kranken Kardinäle und für die Wahlprüfer, die die Arbeit der Wahlhelfer überwachen. Nach einem ersten Wahlgang am Tag des Konklavebeginns finden täglich bis zu 4 Wahlgänge statt.

Die Kardinäle schreiben auf einen rechteckigen Wahlzettel den Namen ihres Kandidaten und legen diesen in eine auf dem Altar stehende Wahlurne. Danach werden die Stimmen ausgezählt. Um die Geheimhaltung zu wahren, müssen alle Notizen abgegeben und mit den Stimmzetteln verbrannt werden. Dies geschieht durch die Wahlhelfer mit Hilfe des Sekretärs des Konklaves und des Zeremonienmeisters, der bestimmte Chemikalien beifügt, um den Rauch schwarz oder weiß zu färben. Seit dem Konklave von 1903 signalisiert weißer Rauch die Wahl eines Papstes, schwarzer Rauch dagegen eine ergebnislose Abstimmung. Die erfolgten Wahlen wurden 2005 und 2013 auch durch das Geläut der Glocken von St. Peter kundgetan.

---

90 Vgl. http://www.vatican.va/holy_father/benedict_xvi/motu_proprio/documents/hf_ben-xvi_motu-proprio_20130222_normas-nonnullas_lt.html, abgerufen am 18.07.2013.

Ist die Wahl vollzogen, ruft der letzte der Kardinaldiakone den Sekretär des Kardinalskollegiums und den päpstlichen Zeremonienmeister in den Wahlraum. Der Kardinaldekan – oder wie im Falle Benedikts XVI., der Subdekan, im Falle von Papst Franziskus Kardinal Re als ranghöchster Kardinalbischof – fragt daraufhin den Gewählten, ob er die Wahl annimmt. Sobald er die Zustimmung erhalten hat, fragt er den neuen Papst nach seinem Namen. Daraufhin fertigen der Zeremonienmeister, der als Notar wirkt, und zwei als Zeugen herbeigerufene Zeremoniare ein Schriftstück zur Annahme über die Wahl und den Namen des Gewählten an. Mit dem Moment der Annahme ist der Gewählte Papst und hat die volle und oberste Gewalt in der Kirche. Die Aufgabe der Kardinäle, einen neuen Papst zu wählen, ist damit beendet.

C. Schritte der Internationalisierung – der Weg des Kardinalskollegiums von einem italienisch dominierten zu einem internationalen Gremium

Lange war das Kardinalskollegium ein überwiegend italienisch dominiertes Gremium. Daran änderte sich auch bis in die Mitte des 20. Jahrhundert nichts wesentlich. Unter den Päpsten Pius IX. und Leo XIII. begann langsam die Ablösung des Kardinalskollegiums von der Adelsgesellschaft und es wurden vereinzelt außereuropäische Prälaten zu Kardinälen ernannt. Doch von einer Internationalisierung des Kardinalskollegiums kann hier noch nicht die Rede sein, diese geschah erst unter den Päpsten Pius XII. bis Paul VI. im größeren Stil.

Pius IX. kreierte nach dem Untergang des Kirchenstaates mit dem New Yorker Erzbischof John McCloskey 1875 den ersten außereuropäischen Kardinal. Alle anderen Kardinäle stammten aus Europa, die überwiegende Mehrheit aus dem heutigen Italien. Noch über 40 der von Pius IX. kreierten Kardinäle stammten aus dem bis 1870 bestehenden Kirchenstaat, wo sie entweder als Diözesanbischöfe oder Kurienkardinäle bzw. im diplomatischen Dienst tätig waren. Unter den Kurienkardinälen finden wir auch noch Prälaten aus der weltlichen Verwaltung des Kirchenstaates, z. B. Kardinal Roberto Roberti (1788–1867, kreiert 1850), der vor seiner Kardinalskreierung Justizminister war und auch nach seiner Kardinalskreierung noch in der weltlichen Verwaltung des Kirchenstaates tätig blieb, sowie Kardinal Theodolfo Mertel (1806–1899, kreiert 1858), der ab 1863 letzter Präsident des Staatsrates des Kirchenstaates war.

Aus den übrigen die heutige Republik Italien bildenden Staaten (habsburgisch regierte Staaten Modena, Toscana, Lombardei und Venetien und das Königreich beiderlei Sizilien) stammte ein weiterer größerer Teil der von Pius IX. kreierten Kardinäle, so dass von den 123 kreierten Kardinälen über 70 Kardinäle aus dem heutigen Italien stammten. Die übrigen von Pius IX. kreierten Kardinäle verteilten sich auf das übrige Europa: die Habsburger Monarchie außerhalb Italiens, Spanien, die deutschen Staaten, Portugal, Großbritannien und Irland sowie Belgien.

Unter Leo XIII. (1878–1903) änderte sich nichts an der italienischen Dominanz. Zwar stammten noch über 40 seiner 147 Kardinäle aus dem Gebiet des ehemaligen

Kirchenstaates, sie hatten auch teilweise noch in dessen weltlicher Verwaltung gearbeitet, aber als Kardinäle waren sie nun nach dem Untergang des Kirchenstaates als Kurienkardinäle oder als Leiter von Bistümern eingesetzt. Unter seinem Pontifikat wurde mit Charles-Martial-Allemand Lavigerie, dem Erzbischof von Algier im heutigen Algerien (damals zu Frankreich gehörend), erstmalig in der Neuzeit ein Kardinal kreiert, der in Afrika tätig war. Leo XIII. kreierte mit Kardinal Gibbons einen zweiten Kardinal aus den USA und erstmalig je einen Kardinal aus Australien (Moran) und aus Kanada (Tascherau); es war auch erstmalig ein Kardinal aus Asien, aus der heutigen Türkei, dem damaligen Osmanischen Reich (Hassoun) dabei sowie aus Europa erstmalig ein Kardinal aus der Schweiz (Mermillod).

Pius X. (1903–1914) kreierte 1905 mit dem Erzbischof Joaquim Arcoverde de Albuquerque Calvacanti von São Sebastião do Rio de Janeiro in Brasilien einen ersten Kardinal aus Lateinamerika sowie weitere zwei Kardinäle aus den USA und einen Kardinal aus Kanada. Mit Willem van Rossum wurde erstmalig auch ein Prälat aus den Niederlanden Kardinal.

Benedikt XV. (1914–1922) kreierte 1916 mit dem damaligen Erzbischof von Benevent, Alessio Ascalesi (1872–1952) den ersten Kardinal, der nach dem Untergang des Kirchenstaates geboren worden war. Mit dem Erzbischof von Warschau, Alexander Kakowski kreierte er erstmalig einen polnischen Prälaten, der zunächst im noch russisch beherrschten Teil Polens und später in der ersten polnischen Republik wirkte. Mit Erzbischof Dougherty von Philadelphia kam 1921 ein weiterer Prälat aus den USA in das Kardinalskollegium.

Unter den von Pius XI. (1922–1939) kreierten italienischen Kardinälen waren die meisten bereits im Königreich Italien geboren, nur noch sehr wenige Kardinäle hatten im Kirchenstaat oder den anderen italienischen Staaten das Licht der Welt erblickt. Pius XI. kreierte auch zwei weitere Erzbischöfe aus Lateinamerika: 1930 mit Sebastião Leme da Silveira Cintra den zweiten Brasilianer und zweiten Erzbischof von São Sebastião do Rio de Janeiro und 1935 mit dem Erzbischof von Buenos Aires, Santiago Luis Copello, den ersten Kardinal aus Argentinien. Pius XI. kreierte mit den Erzbischöfen Mundelein aus Chicago und Hayes aus New York 1924 zwei weitere Kardinäle aus den USA. 1927 kreierte er mit Erzbischof Rouleau aus Québec und 1933 mit Erzbischof Villeneuve aus Québec weitere Kardinäle aus Kanada. Auch die nach dem Ersten Weltkrieg neu entstandenen europäischen Staaten Polen (Primas Hlond aus Gnesen und Posen 1927), Tschechoslowakei (Erzbischof Kaspar aus Prag 1935) und Ungarn (Primas Seredi aus Esztergom 1927) erhielten wie zu der Zeit, als sie noch Teil der Habsburger Monarchie gewesen waren, Kardinäle. Mit dem aus dem Nahen Osten stammenden syrisch-katholischen Patriarchen Ignatius Gabriel I. Tappouni wurde 1935 ein weiterer außereuropäischer Bischof und erstmalig ein Patriarch einer mit Rom unierten Kirche in den Kardinalsstand gehoben.

Pius XII. (1939–1958) setzte die Internationalisierung des Kardinalskollegiums offensiver fort. 1946 kreierte er aus den USA die Erzbischöfe Glennon aus St. Louis, Strich aus Chicago, Mooney aus Detroit und Spellman aus New York, und aus Kanada Erzbischof McGuigan aus Toronto. Australien erhielt mit Erzbischof Norman Thomas

Gilroy seinen zweiten Kardinal und Brasilien mit den Erzbischöfen Jaime de Barros Câmara aus São Sebastião do Rio de Janeiro und Carlos Carmelo de Vasconcelos Motta von São Paulo zwei weitere Kardinäle. Weitere lateinamerikanische Kardinäle kamen aus Chile mit Erzbischof José María Caro Rodríguez aus Santiago de Chile, aus Peru mit Erzbischof Juan Gualberto Guevara aus Lima, aus Argentinien mit Erzbischof Antonio Caggiano aus Rosario und aus Kuba mit Erzbischof Manuel Arteaga y Benancourt aus Havana. Aus Ostasien wurde der Erzbischof von Peking, Thomas Tien-Ken Sin S.V.D. in das Kardinalskollegium aufgenommen. Mit dem Patriarchen der armenisch-katholischen Kirche, Grégoire-Pierre XV. Agagianian wurde ein weiterer Patriarch einer mit Rom unierten Ostkirche Kardinal. 1953 kreierte er weitere Erzbischöfe aus Lateinamerika (Brasilien, Kolumbien, Ecuador), den USA und Kanada zu Kardinälen. Mit Valerian Gracias, dem Erzbischof von Bombay, wurde 1953 zum ersten Mal ein Inder mit dem roten Hut ausgezeichnet.

Unter Papst Johannes XXIII., der auch wieder vermehrt Italiener in das Kardinalskollegium berief, kamen zum ersten Mal Prälaten aus Mexiko, Uruguay, Japan, den Philippinen und Venezuela hinzu. Johannes XXIII. kreierte mit Laurean Rugambwa aus dem heutigen Tansania auch den ersten schwarzafrikanischen Kardinal.

Papst Paul VI. setzte die Linie der Internationalisierung fort und kreierte Erzbischöfe und Bischöfe aus aller Welt. In seiner Amtszeit wurden erstmalig Prälaten aus Ägypten, Südafrika, Burkina Faso, Madagaskar, Kongo und Kongo-Zaire, Kenia, Uganda, Nigeria, dem Senegal und Algerien, aus Sri Lanka, Indonesien, Korea, Pakistan und Vietnam sowie aus Guatemala, Puerto Rico und aus Neuseeland und Apia Samoa kreiert. Bei der Wahl seines Nachfolgers war das Papstwahlgremium deshalb so international besetzt wie nie zuvor.

Johannes Paul II. und Benedikt XVI. blieben bei diesem Kurs der Internationalisierung des Kardinalskollegiums.

D. Geographische Zusammensetzung des Kardinalskollegiums

Am 1. Januar 2014 umfasste das Kardinalskollegium 199 Mitglieder aus allen Kontinenten und insgesamt 66 Ländern. 107 Kardinäle aus allen Kontinenten und 47 Ländern bilden zu diesem Zeitpunkt das Papstwahlgremium.[91]

Afrika
Aus dem afrikanischen Kontinent stammen 17 Kardinäle aus 15 Ländern, von denen 11 Kardinäle aus 10 Ländern zur Teilnahme an der Papstwahl berechtigt sind.

---

91 Zur Statistik vgl. auch: Presseamt des Heiligen Stuhls. Das Kardinalskollegium, aufgearbeitet am 20.07.2013: http://www.vatican.va/news_services/press/documentazione/documents/cardinali_index_ge.html (abgerufen am 24.07.2013, adaptiert am 02.01.2014). Die Papstwähler sind in Klammern vermerkt.

Nach Ländern geordnet:

Ägypten: 1 Kardinal (1)
Angola: 1 Kardinal
Demokratische Republik Kongo: 1 Kardinal (1)
Elfenbeinküste: 1 Kardinal
Ghana: 1 Kardinal (1)
Guinea: 1 Kardinal (1)
Kamerun: 1 Kardinal
Kenia: 1 Kardinal (1)
Mozambique: 1 Kardinal
Nigeria: 3 Kardinäle (2)
Senegal: 1 Kardinal (1)
Sudan: 1 Kardinal (1)
Südafrika: 1 Kardinal (1)
Tansania: 1 Kardinal (1)
Uganda: 1 Kardinal

Nordamerika

Aus Nordamerika stammen 22 Kardinäle aus 2 Ländern, von denen 14 Kardinäle aus 2 Ländern zur Teilnahme an der Papstwahl berechtigt sind.

Nach Ländern geordnet:

USA: 19 Kardinäle (11)
Kanada: 3 Kardinäle (3)

Mittelamerika

Aus Mittelamerika stammen 8 Kardinäle aus 5 Ländern, von denen 5 Kardinäle aus 4 Ländern zur Teilnahme an der Papstwahl berechtigt sind.

Nach Ländern geordnet:

Dominikanische Republik: 1 Kardinal (1)
Honduras: 1 Kardinal (1)
Kuba: 1 Kardinal (1)
Mexiko: 4 Kardinäle (2)
Nicaragua: 1 Kardinal

Südamerika

Aus Südamerika stammen 21 Kardinäle aus 8 Ländern, von denen 10 Kardinäle aus 7 Ländern zur Teilnahme an der Papstwahl berechtigt sind.

Nach Ländern geordnet:
Argentinien: 3 Kardinäle (1)
Bolivien: 1 Kardinal (1)
Brasilien: 9 Kardinäle (4)
Chile: 2 Kardinäle (1)
Ecuador: 1 Kardinal
Kolumbien: 3 Kardinäle (1)
Peru: 1 Kardinal (1)
Venezuela: 1 Kardinal (1)

Asien

Aus Asien stammen 19 Kardinäle aus 10 Ländern, von denen 11 Kardinäle aus 7 Ländern zur Teilnahme an der Papstwahl berechtigt sind.

Nach Ländern geordnet:
China: 2 Kardinäle (1)
Indien: 6 Kardinäle (5)
Indonesien: 1 Kardinal (1)
Irak: 1 Kardinal
Libanon: 2 Kardinäle (1)
Philippinen: 3 Kardinäle (1)
Südkorea: 1 Kardinal
Sri Lanka: 1 Kardinal (1)
Thailand: 1 Kardinal
Vietnam: 1 Kardinal (1)

Europa

Aus Europa stammen 108 Kardinäle aus 23 Ländern, von denen 55 Kardinäle aus 17 Ländern zur Teilnahme an der Papstwahl berechtigt sind.

Nach Ländern geordnet:
Belgien: 1 Kardinal
Bosnien und Herzegowina: 1 Kardinal (1)
Deutschland: 9 Kardinäle (4)

Frankreich: 8 Kardinäle (4)
Großbritannien: 2 Kardinäle (1)
Irland: 2 Kardinäle (1)
Italien: 46 Kardinäle (26)
Kroatien: 1 Kardinal (1)
Lettland: 1 Kardinal
Litauen: 1 Kardinal (1)
Malta: 1 Kardinal
Niederlande: 2 Kardinäle (1)
Österreich   1 Kardinal (1)
Polen: 6 Kardinäle (4)
Portugal: 3 Kardinäle (2)
Rumänien: 1 Kardinal
Slowakische Republik: 2 Kardinäle
Slowenien: 1 Kardinal (1)
Spanien: 9 Kardinäle (5)
Schweiz: 4 Kardinäle (1)
Tschechien: 2 Kardinäle (1)
Ukraine: 2 Kardinäle
Ungarn: 2 Kardinäle (1)

Ozeanien
Nach Ländern geordnet:
Australien: 3 Kardinäle (1)
Neuseeland: 1 Kardinal

Die Kardinäle von Papst Pius IX. (1846 – 1878)

Papst Pius IX. – Giovanni Maria Mastai Ferretti (1792 – 1878)

Mastai-Ferreti, der spätere Papst Pius IX., wurde am 13. Mai 1792 in Senigaglia im Kirchenstaat, heute Republik Italien, in einer Grafenfamilie geboren. Er war der Großneffe von Kardinal Pietro Girolamo Guglielmi (1759 kreiert). Seine Schulzeit verbrachte er 1802–1809 in Volterra. Anschließend kam er kurz nach Rom und wollte in die päpstliche Nobelgarde eintreten, was aber aufgrund seiner epileptischen Anfälle nicht möglich war. 1814 kam er erneut nach Rom und studierte bis 1818 am Seminario Romano Theologie. In dieser Zeit war er von Vinzenz Palotti und Kaspar de Bufalo sehr beeindruckt.

Am 10. April 1819 wurde er in Rom zum Priester geweiht, obwohl er sein Studium noch nicht erfolgreich abgeschlossen hatte. Er wurde Spiritual in einem Waisenhaus in Rom. 1823–1825 hielt er sich als Mitglied (offiziell: Auditor der Apostolischen Delegation in Chile) einer päpstlichen Delegation in Chile auf. 1825 wurde er Vorstand im Hospiz di S. Michele in Rom.

Am 21. Mai 1827 wurde er zum Erzbischof von Spoleto in Umbrien ernannt und kurz darauf zum Päpstlichen Thronassistenten. Die Bischofsweihe empfing er am 3. Juni 1827 in der Kirche San Pietro in Vincoli in Rom von Kardinal Francesco Xaverio Castiglioni. Am 17. Dezember 1832 wurde er Bischof von Imola und erhielt den persönlichen Titel eines Erzbischofs. In seiner Bischofszeit machte er sich einen Namen als engagierter Seelsorger und wurde als liberal eingeschätzt, denn er forderte Reformen in der Kurie und hatte Sympathien für eine nationale Einigung Italiens.

Papst Gregor XVI. kreierte ihn im Konsistorium vom 23. Dezember 1839 zum Kardinal und reservierte ihn *in pectore*. Seine Kreation zum Kardinalpriester wurde im Konsistorium vom 14. Dezember 1840 veröffentlicht und der Papst verlieh ihm am 17. Dezember 1840 den Kardinalshut und die Titelkirche SS. Marcellino e Pietro. Er nahm am Konklave von 1846, welches zum letzten Mal im Quirinalspalast stattfand, teil und wurde am 16. Juni 1846 zum Papst gewählt. Der Kaiser von Österreich, Ferdinand I., beabsichtigte, das Veto gegen ihn auszusprechen, aber der damit beauftragte Erzbischof von Mailand, Kardinal Karl Kajetan von Gaisruck kam erst nach bereits erfolgter Wahl in Rom an.

Am 21. Juni 1846 wurde er durch den Kardinalprotodiakon Tommaso Riario Sforza zum Papst gekrönt. Im Kirchenstaat gewann er aufgrund einiger Reformen zunächst hohes Ansehen. Während der Revolution 1848 floh er im November 1848 nach Gaëta im Königreich Neapel und er verlor die Macht über den Kirchenstaat, in dem die Republik ausgerufen wurde. 1849 wurde Rom durch französische Truppen besetzt, der Kirchenstaat wurde wiederhergestellt und der Papst konnte 1850 zurückkehren. Danach vertrat er eine streng restaurative Politik. Nachdem 1860 bereits die Provinzen Marken, Umbrien und Romagna in den italienischen Einheitsstaat eintraten, musste er 1870 auch die Stadt Rom aufgeben. Er zog sich – italienische Garantien ausschlagend – als „Gefangener im Vatikan" zurück.

Kirchenpolitisch setzte sich unter seinem Pontifikat die ultramontane Linie durch und die Selbständigkeit der nationalen katholischen Kirchen wurde zugunsten der zentralen Macht Roms eingeschränkt. Am 8. Dezember 1854 verkündete er das Dogma der unbefleckten Empfängnis Mariens: damit verkündete erstmalig ein Papst ohne vorherigen Konzilsbeschluss und ohne Konsultation des Weltepiskopates ein Dogma. 1864 erschien seine Enzyklika „Quanta cura" mit der Liste „Syllabus Errorum" in der er die, wie er meinte, Irrtümer der Zeit wie z. B. Demokratie, Presse-, Gewissens- und Religionsfreiheit verdammte. Er berief das I. Vatikanische Konzil ein, welches 1869 – 1870 tagte und auf dem in der Konstitution „Pastor aeternus" die Unfehlbarkeit des Papstes bei *ex-cathedra* Entscheidungen in Glaubens- und Sittenfragen sowie der päpstliche Jurisdiktionsprimat definiert wurden. Aus Protest gegen die Beschlüsse des Konzils bildete sich in Mitteleuropa die altkatholische Kirche.

In seiner Amtszeit kreierte Pius IX. in 23 Konsistorien 123 Kardinäle. 1875 kreierte er mit Erzbischof John McCloskey von New York den ersten nichteuropäischen Kardinal.

Er starb nach der bisher längsten Amtszeit eines Papstes von fast 32 Jahren am 7. Februar 1878 im Vatikan und wurde zunächst in der Petersbasilika des Vatikans, 1881 schließlich in der Basilika S. Lorenzo fuori le mura in Rom beigesetzt. 1907 begann der Seligsprechungsprozess. Am 3. Dezember 2000 wurde er von Papst Johannes Paul II. zusammen mit Papst Johannes XXIII. seliggesprochen.

Baluffi, Gaetano (1788 – 1866)

Baluffi wurde am 28. März 1788 in Ancona im Kirchenstaat, heute Republik Italien, Region Marken, geboren. Er erhielt seine Ausbildung am Seminar in Ancona.

Am 9. März 1811 wurde er in Ancona zum Priester geweiht. 1820 erwarb er das Doktorat in beiderlei Rechten (*utriusque iuris*) an der Universität Fano. Er wirkte in verschiedenen Diensten der Diözese Ancona, war Kanoniker der Kathedrale und 1824 – 1833 Pro-Generalvikar.

Am 29. Juli 1833 wurde er zum Bischof von Bagnoregio ernannt. Die Bischofsweihe empfing er am 18. August 1833 in Rom von Kardinal Carlo Odescalchi. 1834 wurde er zum Päpstlichen Thronassistenten ernannt und im September 1836 als Internuntius und Apostolischer Delegat für Nueva Granada (Kolumbien) und Südamerika mit Ausnahme von Brasilien ernannt. 1842 wurde er Erzbischof von Camerino und verließ Bogotá. 1845 wurde er Titularerzbischof von Perge und wirkte fortan an der Römischen Kurie als Sekretär der Konsistorialkongregation. Zusätzlich wurde er Kanoniker an der Petersbasilika des Vatikans. Am 21. September 1846 wurde er Bischof von Imola mit dem persönlichen Titel eines Erzbischofs.

Pius IX. kreierte ihn als seinen ersten Kardinal im Konsistorium vom 21. Dezember 1846 zum Kardinalpriester und verlieh ihm am 14. Juni 1847 den Kardinalshut und die Titelkirche SS. Marcellino e Pietro.

Er starb am 11. November 1866 in Imola und wurde auf dem dortigen Friedhof begraben.

Fornari, Raffaele (1787 – 1854)
Fornari wurde am 23. Januar 1787 in Rom im Kirchenstaat, heute Republik Italien, geboren. Seine Ausbildung erhielt er am Seminario Romano und am Collegio Romano, wo er ein Doktorat in Theologie erwarb.

Das Datum seiner erfolgten Priesterweihe ist nicht bekannt. Er war 1823 – 1838 Dozent für dogmatische Theologie am Collegio Romano und Konsultor verschiedener römischer Behörden. Er wirkte 1832 – 1838 als Kanonist und später als Datar der Apostolischen Pönitentarie. 1838 – 1842 war er Internuntius in Belgien, wo er ab März 1842 als Nuntius wirkte.

Im Januar 1842 wurde er zum Titularerzbischof von Nizäa ernannt. Er empfing die Bischofsweihe am 3. April 1842 in Melcheln/Belgien vom Erzbischof von Melcheln, Kardinal Engelbert Sterckx. Ende 1842 wurde er Nuntius in Frankreich und im Jahr darauf erhielt er den Ehrentitel eines Päpstlichen Thronassistenten.

Papst Pius IX. kreierte ihn im Konsistorium vom 21. Dezember 1846 zum Kardinal und reservierte ihn *in pectore*. Im Konsistorium vom 30. September 1850 wurde seine Kreierung zum Kardinalpriester veröffentlicht und er erhielt am 10. April 1851 den Kardinalshut und die Titelkirche S. Maria sopra Minerva verliehen. Fortan wirkte er als Präfekt der Studienkongregation.

Er starb am 15. Juni 1854 in Rom und wurde in seiner Titelkirche beigesetzt.

Marini, Pietro (1794 – 1863)
Marini wurde am 5. Oktober 1794 in Rom im Kirchenstaat, heute Republik Italien, geboren. Getauft wurde er von Kardinal Gregorius Barnabas Chiaramonti O.S.B.Cas. dem späteren Papst Pius VII. Er war ein Großonkel von Kardinal Nicolo Marini (1916 kreiert).

Zunächst schlug er eine juristische Laufbahn ein. Nach Studien am römischen Seminar und der Universität La Sapienza trat er als Advokat in die Römische Kurie ein, wirkte später als Zivilassessor für die Provinz Romagna und wurde 1820 zum Patrizier von Ravenna ernannt.

1821 empfing er die Tonsur, aber noch keine Weihen. Er wirkte weiter in der weltlichen Verwaltung des Kirchenstaates, war schließlich Gouverneur von Rom und Vizecamerlengo *S.E.R.* 1845 – 1846 war er Generaldirektor der päpstlichen Polizei.

Am 27. Mai 1844 wurde er zum Priester geweiht.

Pius IX. kreierte ihn im Konsistorium vom 21. Dezember 1846 zum Kardinaldiakon und verlieh ihm am 23. Dezember 1846 den Kardinalshut und am 12. April 1847 die Kirche S. Nicola in Carcere als Titeldiakonie. Auch anschließend wirkte Marini im administrativen Bereich des Kirchenstaates. 1852 wurde er Präfekt für die ökonomischen Belange der Kongregation Propaganda Fide und Präsident der Spolien.

Er starb am 19. August 1863 in Rom und wurde in seiner Titeldiakonie beigesetzt.

Bofondi, Giuseppe (1795 – 1867)

Bofondi wurde am 24. Oktober 1795 in Forli im Kirchenstaat, heute Republik Italien, geboren. Nach ersten Studien studierte er in Ravenna und an der Universität Bologna, wo er 1817 das Doktorat in beiderlei Rechten (*utriusque iuris*) erwarb.

Das Datum seiner erfolgten Priesterweihe ist nicht bekannt. Ab 1821 war er Prälat der Römischen Rota, deren Dekan er 1842 wurde.

Im Konsistorium vom 21. Dezember 1846 kreierte ihn Pius IX. zum Kardinal und reservierte ihn *in pectore*. Im Konsistorium vom 11. Juni 1847 wurde seine Kreierung zum Kardinaldiakon veröffentlicht und der Papst verlieh ihm am 14. Juni 1847 den Kardinalshut und die Kirche S. Cesareo in Palatio als Titeldiakonie. In der Folge wirkte er in verschiedenen Funktionen, zuletzt vor der Revolution als Kardinalstaatssekretär von Februar bis März 1848. Nach der Wiederherstellung des Kirchenstaates wirkte er als Präfekt der Indexkongregation.

Er starb am 2. Dezember 1867 in Rom und wurde in der Kirche S. Maria in Portico beigesetzt.

Giraud, Pierre (1791 – 1850)

Giraud wurde am 11. August 1791 in Clermont-Ferrand in der Auvergne im Königreich Frankreich, heute Republik Frankreich, geboren. Er erhielt seine Ausbildung am Seminar von Clermont-Ferrand und am Seminar Saint-Sulpice in Paris.

Am 23. September 1815 wurde er in Paris zum Priester geweiht. Anschließend wirkte er in seiner Heimatdiözese Clermont – zunächst als Lehrer am Knabenseminar sowie einige Jahre als Pfarrer. 1823 wurde er Pfarrer der Kathedralpfarrei von Clermont und Generalvikar.

Am 5. Juli 1830 wurde er nach der Nominierung durch den König zum Bischof von Rodez ernannt und empfing von Erzbischof Luigi Emmanuele Nicolo Lambruschini C.R.S.P., dem Nuntius in Frankreich, in Versailles am 30. November 1830 die Bischofsweihe. Am 24. Januar 1842 wurde er Erzbischof von Cambrai.

Pius IX. kreierte ihn im Konsistorium vom 11. Juni 1847 zum Kardinalpriester und verlieh ihm am 23. September 1847 den Kardinalshut und am 4. Oktober 1847 die Titelkirche S. Maria della Pace.

Er starb am 17. April 1850 in Cambrai und wurde in der dortigen Kathedrale beigesetzt.

Dupont, Jacques-Marie-Antoine-Célestin (1792 – 1859)

Dupont wurde am 1. Februar 1792 auf Sardinien im Königreich Sardinien, heute Republik Italien, geboren. Da Teile der Insel kirchlich dem Bistum Nizza unterstanden, studierte er am Seminar von Nizza, später in Lyon und an der Universität Turin, wo er den Doktor in beiderlei Rechten (*utriusque iuris*) erwarb.

Im September 1815 wurde er zum Priester geweiht und wirkte anschließend als Sekretär des Bischofs von Nizza. Im November 1821 wurde er Kanoniker an der

Kathedrale der Erzdiözese Sens und wirkte dort 1822–1829 als Archidiakon und Generalvikar. 1822 war er Ehrenkanoniker des königlichen Kapitels von Saint Denis in Paris geworden. Als Konklavist begleitete er Kardinal de La Fare, den Erzbischof von Sens, ins Konklave von 1823, welches Leo XII. wählte.

Am 3. Mai 1824 wurde er zum Titularbischof von Samosata und Weihbischof in Sens ernannt. Die Bischofsweihe empfing er am 29. Juni 1824 in Paris vom Erzbischof von Sens, Kardinal Hanna-Louis-Henri de La Fare. Am 23. Juni 1824 erhielt er die französische Staatsbürgerschaft. Am 5. Juli 1830 wurde er Bischof von Saint-Dié und am 24. Juli 1835 Erzbischof von Avignon. Am 24. Januar 1842 wurde er Erzbischof von Bourges.

Papst Pius IX. kreierte ihn im Konsistorium vom 11. Juni 1847 zum Kardinalpriester und verlieh ihm am 23. September 1847 den Kardinalshut und am 4. Oktober 1847 die Titelkirche S. Maria del Popolo.

Er starb am 26. Mai 1859 in Bourges und wurde in der dortigen Kathedrale beigesetzt.

Antonelli, Giacomo (1806–1876)
Antonelli wurde am 2. April 1806 in Sonnino bei Terracina im Kirchenstaat, heute Republik Italien, kurz darauf unter französischer Besetzung, geboren. 1820 trat er in das Seminario Romano ein. Dort studierte er bis 1824 Philosophie und Rechtswissenschaften. Weiter studierte er an der Universität La Sapienza und promovierte dort 1830 zum Doktor beiderlei Rechte (*utriusque iuris*).

1829 empfing er die niederen Weihen in Rom und trat als Prälat in die Regierung des Kirchenstaates ein. Er wirkte als Assessor beim obersten Strafgerichtshof, der Apostolischen Signatur und in weiteren kurialen Organen, bevor er 1835 Delegat in Orvieto und Viterbo und 1839 in Macerata wurde. 1840 empfing er die Diakonenweihe. Priester- und Bischofsweihe hat er nie empfangen. 1841 wurde er Unterstaatssekretär in der Verwaltung des Innern (Sostituto), 1841 Kanoniker an der Petersbasilika des Vatikans und 1845 zweiter Schatzmeister im Finanzwesen. 1847 wurde er zum Großschatzmeister (Finanzminister) ernannt. Nach der Papstwahl Pius IX. ging er eifrig auf dessen liberale Reformbestrebungen ein und gewann bald einen maßgebenden Einfluss auf diesen.

Pius IX. kreierte ihn im Konsistorium vom 11. Juni 1847 zum Kardinaldiakon und verlieh ihm am 14. Juni 1847 den Kardinalshut und die Kirche S. Agata alla Suburra als Titeldiakonie. Er wurde am 14. Juni 1847 zum Finanzminister ernannt und wurde im November 1847 Präsident des Konsultorenkollegiums. Als Anfang März 1848 die Bildung eines aus weltlichen und geistlichen Mitgliedern gemischten Ministeriums erfolgte, übernahm er den Vorsitz. Nach dem Ausbruch der Revolution 1848 floh er mit dem Papst nach Gaëta im Königreich Neapel. Dort wurde er zum Pro-Staatssekretär ernannt. 1850 kehrte er mit dem Papst nach Rom zurück und trat an die Spitze des neuerrichteten Staatsrats des Kirchenstaates. Am 18. März 1852 wurde er Kardinalstaatssekretär. Er widersetzte sich der Einigung Italiens und versuchte, Unterstützung für seinen Kurs bei anderen europäischen Mächten zu erhalten. Am 13. März 1868 übernahm er als neue Titeldiakonie S. Maria in Via Lata, behielt aber *in commendam* die Diakonie von S. Agata alla Suburra bei. Gleichzeitig wurde er Kardinalprotodiakon. Nach Ende des Kirchenstaates und der Eroberung Roms durch die italienischen Truppen 1870 blieb er an der Seite von Papst Pius IX. als „Gefangener" im Vatikan.

Er starb am 6. November 1876 in Rom und wurde im Grab seiner Familie auf dem römischen Friedhof Campo Verano beigesetzt.

Vizzardelli, Carlo (1791 – 1851)
Vizzardelli wurde am 21. Juli 1791 im Palazzo Mobili in Monte San Giovanni in Kampanien im Königreich Neapel, heute Republik Italien, geboren. Er besuchte das Seminar von Veroli und studierte an der Universität La Sapienza in Rom.

Er wurde in Veroli zum Priester geweiht (Datum unbekannt). Er wirkte als Dozent für Kanonisches Recht in Veroli, an der Universität Bologna und später an der Universität La Sapienza in Rom. 1829 wurde er als Kirchenrechtler an die Apostolische Pönitentiarie berufen sowie zum Substituten der päpstlichen Kanzlei für die Apostolischen Breven ernannt. 1830 wurde er Konsultor der Kongregation für außerordentliche kirchliche Angelegenheiten, 1832 Sigillatore (Siegelverwalter) der Apostolischen Pönitentiarie und Sekretär für die lateinischen Briefe. Er war päpstlicher Geheimkämmerer und Kanoniker des Kapitels von S. Maria Maggiore. 1839 – 1847 war er Referendariatsprälat und Datar der Apostolischen Pönitentiarie. 1846 wurde er Apostolischer Protonotar. Seit 1834 war er Konsultor der Kongregation für Bischöfe und Ordensleute und 1843 – 1847 Sekretär der Kongregation für außerordentliche kirchliche Angelegenheiten.

Papst Pius IX. kreierte ihn im Konsistorium vom 17. Januar 1848 zum Kardinalpriester und verlieh ihm am 20. Januar 1848 den Kardinalshut und die Titelkirche S. Pancrazio. Er wirkte als Präfekt der Theologischen Akademie der römischen Universität und handelte als Bevollmächtigter das Konkordat mit dem Großherzog der Toskana aus, welches kurz vor Ausbruch der Revolution 1848 unterzeichnet wurde. Am 10. April 1848 wurde er zum Präfekt der Kongregation für die Studien und zum Administrator der öffentlichen Einrichtungen ernannt. Er floh mit Papst Pius IX. nach Gaëta und wurde von diesem als Berater geschätzt.

Er starb am 24. Mai 1851 in Rom und wurde in seiner Titelkirche beigesetzt.

Astros, Paul-Thérèse-David d' (1772 – 1851)
D'Astros wurde am 15. Oktober 1772 in Tourves im Königreich Frankreich, heute Republik Frankreich, geboren. Er wurde zunächst von einem Privatlehrer erzogen; später studierte er in Marseille. 1788 erhielt er die kirchliche Tonsur, 1793 – 1794 diente er in der Armee, 1795 erhielt er die niederen Weihen.

Am 23. September 1797 wurde er in Marseille zum Priester geweiht. Er war an der Vorbereitung und Ausarbeitung des Konkordates von 1801 zwischen Napoleon und Papst Pius VII. beteiligt. 1805 – 1808 war er Generalvikar des Erzbistums Paris und verwaltete 1808–1817 das Erzbistum als Kapitularvikar. Da er die Bulle von Papst Pius VII., mit der dieser Napoleon exkommunizierte, verkündigte, wurde er 1811–1814 in Vicennes in Haft gehalten.

Nach der Restauration wurde er am 1. Oktober 1817 zum Bischof von Orange ernannt, aber dieses Bistum wurde nicht wie geplant gegründet. Deshalb wurde er am 21. Februar 1820 zum Bischof von Saint-Flour ernannt, am 29. Mai 1820 zum Bischof von Bayonne. Die Bischofsweihe empfing er am 9. Juli 1820 in Paris von Erzbischof Hyacinthe-Louis de Quélen, dem Koadjutor von Paris mit dem Recht der Nachfolge. Am 5. Juli 1830 wurde er zum Erzbischof von Toulouse ernannt.

Papst Pius IX. kreierte ihn im Konsistorium vom 30. September 1850 zum Kardinalpriester. Das rote Birett überreichte ihm ein Abgesandter des französischen Königs. Den Kardinalshut und die Titelkirche empfing er nicht mehr.

Er starb am 29. September 1851 in Toulouse und wurde in der Kathedrale von Toulouse beigesetzt.

Bonel y Orbe, Juan José (1782–1857)

Bonel y Orbe wurde am 17. März 1782 in Pinos del Rey in Andalusien im Königreich Spanien geboren. Er studierte an der Universität Granada und erwarb dort ein Doktorat in Kirchenrecht.

1805 wurde er zum Priester geweiht. Er wirkte zunächst als Gemeindepriester in Granada, dann in der Diözese von Málaga als Diözesanadministrator und wurde Kanoniker im dortigen Domkapitel. 1830 wurde er vom spanischen König für das Bistum Ibiza präsentiert, aber der Papst nahm die Ernennung nicht vor.

Kurz darauf wurde er vom König zum Bischof von Málaga nominiert und am 28. Februar 1831 vom Papst ernannt. Die Bischofsweihe empfing er am 12. Juni 1831 in der Kathedrale von Granada von Erzbischof Blas Joaquín Álvarez de Palma von Granada. Am 29. Juni 1833 erfolgte seine Ernennung zum Bischof von Córdoba. 1837 wurde er Senator für Almería. Am 18. Oktober 1838 erfolgte die Ernennung zum Erzbischof von Granada. Im gleichen Jahr wurde er Senator für die Provinz Granada, 1838–1839 war er Vizepräsident des Senats. 1839 wurde er von der spanischen Regierung ohne päpstliche Zustimmung zum Patriarchen von Westindien ernannt. Dies geschah in einer Zeit, als die diplomatischen Beziehungen zwischen Spanien und dem Kirchenstaat unterbrochen waren. So kam es, dass es kurzfristig zwei Patriarchen von Westindien gab. 1845 wurde er Senator auf Lebenszeit. Am 4. Oktober 1847 wurde er zum Erzbischof von Toledo und Primas von Spanien ernannt.

Papst Pius IX. kreierte ihn im Konsistorium vom 30. September 1850 zum Kardinalpriester. Das rote Birett empfing er vom Abgesandten des spanischen Königs. Der Papst verlieh ihm am 30. November 1854 den Kardinalshut und die Titelkirche S. Maria della Pace.

Er starb am 11. Februar 1857 in Madrid und wurde in der Kathedrale von Toledo beigesetzt.

Cosenza, Giuseppe (1788 – 1863)

Consenza wurde am 20. Februar 1788 in Neapel im Königreich Neapel, heute Republik Italien, geboren. Er studierte an der Universität Neapel und erwarb ein Doktorat in Theologie.

Am 14. März 1812 wurde er zum Priester geweiht. Er wirkte in der Erzdiözese Neapel als Protektor des städtischen Priesterseminars und als Dozent für Dogmatik und Hebräisch.

Am 2. Juli 1832 wurde er zum Bischof von Andria gewählt. Die Bischofsweihe empfing er in Rom am 8. Juli 1832 von Kardinal Giovanni Francesco Falzacappa. Am 30. September 1850 wurde er zum Erzbischof von Capua ernannt.

Pius IX. kreierte ihn im Konsistorium vom 30. September 1850 zum Kardinalpriester und verlieh ihm am 3. Oktober 1850 den Kardinalshut und die Titelkirche S. Maria in Traspontina.

Er starb am 30. März 1863 in Capua und wurde in der dortigen Kathedrale beigesetzt.

Mathieu, Jacques-Marie-Adrien-Césaire (1796 – 1875)

Mathieu wurde am 20. Januar 1796 in Paris in der Republik Frankreich, heute wieder Republik Frankreich, geboren. Er studierte zunächst Rechtswissenschaften und arbeitete eine kurze Zeit als Rechtsanwalt. Er entschied sich für die geistliche Laufbahn und studierte ab 1819 Theologie und Philosophie am Seminar Saint-Sulpice in Paris.

Am 1. Juni 1822 wurde er zum Priester geweiht und war anschließend Sekretär des Bischofs von Evreux. Danach war er Pfarrer in Paris und wurde 1828 Generalvikar der Erzdiözese Paris.

Am 17. Dezember 1832 wurde er zum Bischof von Langres ernannt und empfing in Paris am 10. Februar 1833 von Erzbischof Hyacinthe-Louis de Quélen von Paris die Bischofsweihe. Am 30. September 1834 erfolgte die Ernennung zum Erzbischof von Besançon, 1843 wurde er zum Päpstlichen Thronassistenten ernannt.

Papst Pius IX. kreierte ihn im Konsistorium vom 30. September 1850 zum Kardinalpriester. Das rote Birett empfing er vom französischen König. Der Papst verlieh ihm den Kardinalshut und die Titelkirche S. Silvestro in Capite am 18. März 1852. Er nahm am I. Vatikanischen Konzil teil und gehörte dort zu den Gegnern des Unfehlbarkeitsdogmas, allerdings nahm er es nach der Verkündigung ohne Vorbehalte an.

Er starb am 9. Juli 1875 in Besançon und wurde in der dortigen Kathedrale beigesetzt.

Romo y Gamboa, Judas José (1779 – 1855)

Romo y Gamboa wurde am 7. Januar 1779 in Cañízar bei Toledo im Königreich Spanien geboren. Er besuchte die Universität von Huesca, wo er ein Doktorat in beiderlei Rechten (*utriusque iuris*) erwarb.

Nach seiner Priesterweihe (genaue Daten unbekannt) wurde er Kanoniker im Kapitel von Sigüenza.

Am 20. Januar 1834 wurde er zum Bischof von Canarias ernannt. Die Bischofsweihe empfing er am 1. Mai 1834 in Madrid durch Erzbischof Pedro José Fonte y Hernández von Mexiko. 1834 wurde er zum Päpstlichen Thronassistenten ernannt, 1845 zum spanischen Senator auf Lebenszeit. Am 17. Dezember 1847 erfolgte seine Ernennung zum Erzbischof von Sevilla.

Papst Pius IX. kreierte ihn im Konsisitorium vom 30. September 1850 zum Kardinalpriester. Das rote Birett empfing er vom Abgesandten des spanischen Königs. Den Kardinalshut und die Titelkirche empfing er nicht mehr.

Er starb am 11. Januar 1855 in Umbrete bei Sevilla. Er wurde in der Kathedrale von Sevilla beigesetzt.

Gousset, Thomas (1792 – 1866)

Gousset wurde am 1. Mai 1792 in Montigny-Les-Cherlieux bei Besançon im Königreich Frankreich, heute Republik Frankreich, geboren. Er besuchte das College de Besançon, wo er Abschlüsse in Literatur und Philosophie erwarb und studierte anschließend von 1813 bis 1817 am Priesterseminar von Besançon. Er wurde in Theologie promoviert.

Am 22. Juli 1817 wurde er zum Priester geweiht. Er wirkte in der Erzdiözese Besançon zunächst als Kaplan, bevor er 1818 – 1830 als Dozent für Dogmatik und Moraltheologie am Priesterseminar von Besançon wirkte. 1830 – 1835 war er Generalvikar der Erzdiözese Besançon. Im Januar 1831 wurde er Mitglied der Academie de Besançon.

Am 1. Februar 1836 wurde er zum Bischof von Périgueaux ernannt und empfing am 6. März 1836 die Bischofsweihe in Paris von Erzbischof Hyacinthe-Louis de Quélen von Paris. Am 13. Juli 1840 wurde er zum Erzbischof von Reims ernannt. 1845 wurde er zum Päpstlichen Thronassistenten und römischen Grafen ernannt.

Papst Pius IX. kreierte ihn im Konsistorium vom 30. September 1850 zum Kardinalpriester. Das rote Birett empfing er vom Abgesandten des französischen Königs. Der Papst verlieh ihm am 10. April 1851 den Kardinalshut und die Titelkirche S. Callisto. 1852 wurde er Senator des Königreiches Frankreich.

Er starb am 22. Dezember 1866 in Reims. Er wurde in der St. Thomas Kirche, die er in der Stadt Reims hatte bauen lassen, beigesetzt, sein Herz wurde in der Kathedrale von Reims beigesetzt.

Sommerau Beeckh, Maximilian Joseph Gottfried (1769 – 1853)

Sommerau Beeckh wurde am 21. Dezember 1769 in Wien im Heiligen Römischen Reich Deutscher Nation, heute Republik Österreich geboren. Nach dem Besuch des Jesuitenkollegs in Wien trat er in die Armee ein und war 1788 – 1791 Kavallerieleutnant. Anschließend studierte er Theologie in Wien.

Am 10. September 1797 wurde er in Wien zum Priester geweiht. Nach Kaplansjahren sowie einer Zeit als Militärseelsorger wurde er 1810 Pfarrer von St. Leopold in Wien.

Am 27. August 1813 wurde er nichtresidierender Kanoniker des Kapitels von Olmütz in Mähren. 1815 wurde er residierender Kanoniker in Olmütz und erzbischöflicher Rat und Konsistorial-Assessor. 1827 wurde er Propst der Propstei St. Mauritius in Kremsier und 1831 Erzpriester (Dechant) und Prälat des Dekanates Olmütz.

Das Olmützer Domkapitel wählte ihn am 21. November 1836 zum Erzbischof von Olmütz. Der Papst bestätigte diese Wahl am 19. Mai 1837. Am 18. Juni 1837 empfing er in Brünn von Bischof Frantisek Gindl von Brünn die Bischofsweihe. 1842 wurde er zum Geheimrat ernannt, 1847 zum Päpstlichen Thronassistenten. 1848 beherbergte er den wegen der Wiener Revolution nach Olmütz geflohenen kaiserlichen Hof in seiner Bischofsresidenz, wo Kaiser Ferdinand I. dem 18-jährigen Franz Joseph I. die Regierung übertrug.

Papst Pius IX. kreierte ihn im Konsistorium vom 30. September 1850 zum Kardinalpriester. Das rote Birett empfing er vom Abgesandten des Kaisers von Wien. Den Kardinalshut und die Titelkirche empfing er nicht mehr.

Er starb am 31. März 1853 in Olmütz und wurde in der Stiftskirche von Kremsier beigesetzt.

Geissel, Johannes von (1796 – 1864)

Geissel wurde am 5. Februar 1796 in Gimmeldingen, heute Neustadt an der Weinstraße im Kurfürstentum Pfalz, heute Bundesland Rheinland-Pfalz, Bundesrepublik Deutschland, geboren. 1815 trat er in das Mainzer Priesterseminar ein.

Am 22. August 1818 wurde er in Mainz zum Priester für die als bayerisches Landesbistum wiederbegründete Diözese Speyer geweiht. 1818 wurde er Kaplan. 1819–1836 war er in Speyer Religionslehrer am dortigen katholischen Gymnasium. 1822 wurde er Domkapitular am Speyerer Dom und wirkte als bischöflicher Schulreferent wesentlich an der Neustrukturierung des Bistums mit. 1836 wurde er Domdekan.

Der bayerische König nominierte ihn am 20. September 1836 zum Bischof von Speyer. Die Ernennung durch den Papst erfolgte am 19. Mai 1837. Am 13. August 1837 wurde er in Augsburg durch den Erzbischof von Bamberg, Joseph Maria Johannes von Fraunberg, zum Bischof geweiht. Am 24. September 1841 wurde er zum Koadjutor mit dem Recht der Nachfolge des Erzbischofs von Köln und zum Apostolischen Administrator von Köln im Königreich Preußen ernannt. Am 23. Mai 1842 wurde er Titularerzbischof von Iconium und am 19. Oktober 1842 Erzbischof von Köln. 1845 wurde er zum Päpstlichen Thronassistenten ernannt. Er lud 1848 zur ersten Bischofskonferenz der deutschsprachigen Bistümer nach Würzburg ein und wurde dort zu deren Vorsitzenden gewählt.

Papst Pius IX. kreierte ihn im Konsistorium vom 30. September 1850 zum Kardinalpriester. Das rote Birett wurde ihm vom Abgesandten des Papstes überreicht. Der Papst verlieh ihm den Kardinalshut und die Titelkirche S. Lorenzo in Panisperna am 19. März 1857 anlässlich seiner ersten und einzigen Romreise. Er starb am 8. September 1864 in Köln und wurde im Kölner Dom beigesetzt.

Melo, Pedro Paulo de Figuereido da Cunha e (1770 – 1855)
Melo wurde am 19. Juni 1770 in Taveiro im Königreich Portugal, heute Republik Portugal, geboren. Sein Bruder Luís da Cunha war Bischof von Beja. Er genoss seine Ausbildung an der Universität von Coimbra und erwarb 1793 ein Doktorat in beiderlei Rechten (*utriusque iuris*).

Er wurde zum Priester geweiht (genaue Daten nicht bekannt), 1806 finden wir ihn als Mitglied der örtlichen Inquisitionsbehörde und als Ehrenarchidiakon des Domkapitels von Coimbra. 1816 wurde er Kanoniker des Domkapitels von Elvas und wirkte als Lehrer des Kirchenrechts und des Zivilrechts. 1822 wurde er zum Kanoniker von Portalegre ernannt und 1826 in das Abgeordnetenhaus gewählt. 1834 wurde er Dozent des kanonischen Rechts an der Universität von Coimbra.

Die portugiesische Regierung ernannte ihn 1839 zum Administrator der Erzdiözese Braga. Diese Wahl wurde durch den Papst am 15. Januar 1840 bestätigt. Am 3. April 1843 wurde er zum Erzbischof von Braga ernannt und am 10. April 1843 durch Bischof Jerónimo Barco, OFMRef., von Santiago do Cabo Verde zum Bischof geweiht.

Papst Pius IX. kreierte ihn im Konsistorium vom 30. September 1850 zum Kardinalpriester. Das rote Birett empfing er vom Abgesandten des portugiesischen Königs. Den Kardinalshut und die Titelkirche empfing er nicht mehr.

Er starb am 31. Dezember 1855 in Braga und wurde in der Kathedrale von Braga beigesetzt.

Wiseman, Nicholas (1802 – 1865)
Wiseman wurde am 2. August 1802 in Sevilla im Königreich Spanien als Sohn anglo-irischer Eltern geboren. Nach seiner Schulzeit am St. Cuthbert's College in Ushaw bei Durham in England ging er zu Studienzwecken an das englische Kolleg in Rom, wo er auch mit dem Studium orientalischer Sprachen begann. 1824 wurde er in Rom in Theologie promoviert.

Am 19. März 1825 wurde er in Rom zum Priester geweiht. Er blieb in Rom, zunächst als Vizedirektor des englischen Kollegs. 1827 wurde er Professor für Hebräisch und Syro-Chaldäisch an der Universität La Sapienza. 1828 – 1840 war er Rektor des englischen Kollegs in Rom. Er hatte maßgeblichen Einfluss auf die Konversionen der späteren Kardinäle Henry Edward Manning (1875 kreiert) und John Henry Newman (1879 kreiert)

Am 22. Mai 1840 wurde er zum Titularbischof von Milopotamus und Koadjutor des Apostolischen Vikars für Mittelengland sowie zum Präsidenten der Oscott Colleges in der Nähe von Birmingham ernannt. Die Bischofsweihe empfing er am 8. Juni 1840 in Rom durch Kardinal Giacomo Filippo Fransoni. Gleichzeitig erhielt er die Ernennung eines Päpstlichen Thronassistenten. Am 28. Juli 1848 übernahm er das Amt des Apostolischen Vikars von London. Er setzte sich für die Wiederherstellung der römisch-katholischen Hierarchie in England ein. Am 29. September 1850 wurde er zum ersten Erzbischof und Metropoliten von Westminster ernannt, gleichzeitig verwaltete er bis Juni 1851 als Apostolischer Administrator auch die Diözese Southwark.

Papst Pius IX. kreierte ihn im Konsistorium am 30. September 1850 zum Kardinalpriester und verlieh ihm am 3. Oktober 1850 den Kardinalshut und die Titelkirche S. Pudenziana. Er war der erste in England lebende Kardinal seit der Reformation.

Er starb am 15. Februar 1865 in London und wurde zunächst auf dem Kensal Green Cemetery in London beigesetzt. Am 30. Januar 1907 wurden seine Gebeine in die Kathedrale von Westminster überführt.

Pecci, Giuseppe (1776 – 1855)
Pecci wurde am 13. April 1776 in Gubbio in Umbrien im Kirchenstaat, heute Republik Italien, geboren. Er ist nicht mit den beiden späteren Kardinälen Pecci des 19. Jahrhunderts, Giachino Pecci (der spätere Papst Leo XIII.) und dessen Bruder Guiseppe Pecci, verwandt. Er besuchte das Seminar von Gubbio und die Universität von Perugia, wo er 1800 in Theologie und Philosophie promovierte.

Am 23. März 1799 wurde er zum Priester geweiht. Er war zunächst Kanonikus-Koadjutor und Pro-Generalvikar der Diözese Gubbio. 1820 wurde er Archidiakon des Kathedralkapitels und 1821 Generalvikar.

Am 22. November 1839 wurde er zum Titularbischof von Caesaropolis und Administrator von Gubbio ernannt. Die Bischofsweihe empfing er am 8. Dezember 1839 in Rom durch Kardinal Costantino Patrizzi. Am 1. März 1841 wurde er Bischof von Gubbio, kurz darauf erfolgte die Ernennung zum Päpstlichen Thronassistenten.

Papst Pius IX. kreierte ihn im Konsistorium vom 30. September 1850 zum Kardinalpriester und verlieh ihm am 3. Oktober 1850 den Kardinalshut und die Titelkirche S. Balbina.

Er starb am 21. Januar 1855 in Gubbio und wurde in der dortigen Kathedrale beigesetzt.

Diepenbrock, Melchior von (1798 – 1853)
Diepenbrock wurde am 6. Januar 1798 in Bocholt im Fürstbistum Münster in Westfalen, heute Bundesland Nordrhein-Westfalen in der Bundesrepublik Deutschland, geboren. 1810 wurde er wegen Ungehorsams vom Gymnasium in Bonn verwiesen und lebte anschließend in Bocholt. In den Befreiungskriegen wirkte er als Leutnant der preußischen Armee mit, musste aber 1815 aus der Armee ausscheiden. Eine Lebenswende erfuhr er 1817 durch die Begegnung mit dem Landshuter Professor und späteren Regensburger Bischof Johann Michael Sailer. Er studierte zunächst Kameralistik an der Universität Landshut im Königreich Bayern. 1819 begann er im Priesterseminar von Münster das Studium der Theologie, welches er später am Mainzer Priesterseminar und ab 1821 in Regensburg in der Nähe Sailers fortsetzte.

Am 27. Dezember 1823 wurde er in Regensburg durch Bischof Johann Michael Sailer, der inzwischen Koadjutorbischof *c.i.s.* von Regensburg war, zum Priester geweiht. Er war Kaplan des Karmelitinenklosters in Regensburg und 1824 – 1832 Sekretär von Bischof Johann Michael Sailer. 1830 wurde er Domkapitular im Domkapitel von Regensburg, 1835 –

1845 war er Domdekan. Neben seinen Aufgaben in der Bistumsverwaltung widmete er sich den Studien und der Herausgabe von Werken der mittelalterlichen Mystik.

Am 15. Januar 1845 wurde er durch das Breslauer Domkapitel zum Fürstbischof von Breslau gewählt, aber er lehnte die Wahl zunächst ab. Erst auf Drängen des preußischen Königs sowie des Papstes nahm er die Wahl an. Papst Gregor XVI. bestätigte seine Wahl am 21. April 1845. Am 8. Juni 1845 wurde er in Salzburg durch Kardinal Friedrich Johannes Jacob Cölestin von Schwarzenberg, den Erzbischof von Salzburg, zum Bischof geweiht. Da das Bistum Breslau neben preußischen auch österreichische Gebiete hatte, legte er auch den Treueeid vor dem österreichischen Kaiser ab. 1848 ging er als Vertreter des Kreises Oppeln in das Frankfurter Parlament. 1849–1853 war er Apostolischer Delegat für die preußische Armee.

Papst Pius IX. kreierte ihn im Konsistorium vom 30. September 1850 zum Kardinalpriester und er empfing am 4. November 1850 in Breslau das Kardinalsbirett von Nuntius Viale Prela. Den Kardinalshut und die Titelkirche empfing er nicht mehr.

Er starb am 20. Januar 1853 auf Schloss Johannesberg im österreichischen Bistumsanteil und wurde in der Kathedrale von Breslau beigesetzt.

Roberti, Roberto Giovanni F. (1788–1867)
Roberti wurde am 23. Dezember 1788 in Monte San Giusto im Kirchenstaat, heute Republik Italien, geboren.

Über seinen Ausbildungsgang haben wir keine Informationen gefunden, ebenso wenig über Weihedaten. Es ist aber bekannt, dass er niemals zum Priester geweiht wurde.

Er wurde Sekretär des späteren Kardinals Giuseppe Bofondi, als dieser Auditor der Römischen Rota war. Er nahm diverse Verwaltungsaufgaben, vor allem im juristischen Bereich, wahr. 1829 wurde er Auditor der Römischen Rota. 1832–1837 war er Konsultor der Apostolischen Kammer. 1837 wurde er Referendariatsprälat und 1838 Richter an der Apostolischen Signatur. 1839–1841 war er Leutnant und Vizepräsident der zivilen Gerichtsabteilung der Apostolischen Kammer, 1842 Leutnant und Vizepräsident des Strafgerichtshofs der Apostolischen Kammer, 1843–1844 Apostolischer Delegat in Perugia. 1845 wurde er Substitut im Staatssekretariat und Apostolischer Protonotar. 1845–1849 war er General-Auditor der Apostolischen Kammer. 1847–1848 war er Justizminister (damals: Minister für Gnade und Gerechtigkeit genannt), 1849–1850 Pro-Präsident von Rom und Umgebung.

Papst Pius IX. kreierte ihn im Konsistorium vom 30. September 1850 zum Kardinaldiakon und verlieh ihm am 3. Oktober 1850 den Kardinalshut und die Kirche S. Maria in Domnica als Titeldiakonie. 1855–1860 war er Präsident von Rom und Umgebung, 1859 wurde er Sekretär des Petitionsausschusses. Am 16. März 1863 optierte er für die Diakonie S. Maria ad Martyres.

Roberti starb am 7. November 1867 und wurde in der Kirche SS. Giovanni e Paolo in Rom beigesetzt.

Lucciardi, Domenico (1796 – 1864)

Lucciardi wurde am 9. Dezember 1796 in Sarzana in Ligurien in der Republik Genua, heute Republik Italien, geboren.

Über seine Ausbildung wissen wir nur, dass er in Rom studierte und im Kolleg der Apostolischen Protonotare lebte. Er wurde zum Doktor beiderlei Rechte (*utriusque iuris*) promoviert.

Am 30. Juli 1820 wurde er in Rom zum Priester geweiht. 1826 kam er als Auditor an die Nuntiatur in Österreich und wurde zum päpstlichen Geheimkämmerer ernannt. 1832 wurde er zunächst päpstlicher Hausprälat und schließlich Apostolischer Protonotar sowie Referendariatsprälat und Apostolischer Delegat in Camerino. Zweimal bekleidete er auch das Amt des Apostolischen Delegaten in Bologna. Er war 1834 außerordentlicher Pro-Kommissar in den vier Gesandtschaften Bologna, Ferrara und Romagna, Urbino, einschließlich der Marken, Perugia, Umbrien, und des südlichen Latiums und Velletri. 1834 – 1836 war er Pro-Legat in Ravenna, 1836 – 1839 Apostolischer Delegat in Spoleto, 1839 – 1842 Apostolischer Delegat in Ancona. 1842 – 1845 war er Präsident von Rom und Umgebung.

Am 21. Dezember 1846 wurde er zum Titularerzbischof von Damaskus ernannt und erhielt am 27. Dezember 1846 in Rom die Bischofsweihe von Kardinal Pietro Ostini. Gleichzeitig wurde er Päpstlicher Thronassistent. 1846 – 1851 wirkte er an der Kurie als Sekretär der Kongregation für die Bischöfe und Ordensleute. Am 10. April 1851 wurde er zum lateinischen Titularpatriarchen von Konstantinopel ernannt, am 5. September 1851 wurde ihm das Bistum Senigallia übertragen und er behielt den persönlichen Titel eines Erzbischofs.

Papst Pius IX. kreierte ihn im Konsistorium vom 15. März 1852 zum Kardinalpriester und verlieh ihm am 18. März 1852 den Kardinalshut und die Titelkirche S. Clemente.

Er starb am 13. März 1864 in Senigallia und wurde in der dortigen Kathedrale beigesetzt.

Donnet, François-Auguste-Ferdinand (1795 – 1882)

Donnet wurde am 16. November 1795 in Bourg-Argental bei Lyon in der Republik Frankreich, heute wieder Republik Frankreich, geboren. Er studierte am Priesterseminar von Lyon.

Am 7. März 1819 wurde er in Lyon zum Priester geweiht. Er wurde zunächst Kaplan. 1821 – 1827 wirkte er in der Volksmission in verschiedenen Städten Frankreichs. 1827 wurde er Ehrenkanoniker des Domkapitels von Blois und Pfarrer im Erzbistum Lyon. Er wurde kurz darauf Generalvikar der Erzdiözese Tours. Schließlich wurde er Generalvikar der Erzdiözese Lyon.

Am 6. April 1835 wurde er zum Titularbischof von Roso und Koadjutor mit dem Recht der Nachfolge von Nancy und Toul ernannt. Die Bischofsweihe empfing er am 31. Mai 1835 in Paris, von Bischof Charles-Joseph-Marie-Auguste de Forbin-Janson von Nancy und Toul. Am 19. Mai 1837 wurde er zum Erzbischof von Bordeaux ernannt. 1840 wurde er Päpstlicher Thronassistent.

Papst Pius IX. kreierte ihn im Konsistorium vom 15. März 1852 zum Kardinalpriester. Das rote Birett überreichte ihm ein Abgesandter des französischen Königs. Der Papst verlieh ihm am 27. Juni 1853 den Kardinalshut und die Titelkirche S. Maria in Via. Er wurde Senator von Frankreich. Er nahm am I. Vatikanischen Konzil 1869–1870 teil und war dort ein Vertreter der ultramontanen Richtung. 1878 nahm er am Konklave teil, welches Leo XIII. wählte.

Er starb am 23. Dezember 1882 in Bordeaux und wurde in der dortigen Kathedrale beigesetzt.

D'Andrea, Girolamo (1812–1868)
D'Andrea wurde am 12. April 1812 in Neapel im Königreich Neapel, heute Republik Italien, als Sohn des späteren Finanzministers des Königreiches beider Sizilien, Marchese Giovanni d'Andrea geboren. 1829 trat er in das Collegio dei Nobili, das Priesterseminar für Studenten adeliger Herkunft in Rom, ein. Weiter studierte er Philosophie am Collegio Romano. 1831–1833 besuchte er die Päpstliche Akademie für den kirchlichen Adel. Er wurde schließlich 1833 in beiderlei Rechten (*utriusque iuris*) promoviert. Am 22. August 1833 wurde er – wie damals häufig üblich – noch vor Empfang der Weihen zum Referendariatsprälaten des Obersten Gerichts der Apostolischen Signatur ernannt. 1834 war er Relator der Kongregation del Kongregation Buon Governo, 1834–1840 war er Mitarbeiter der Konzilskongregation.

Am 4. Oktober 1835 wurde er zum Priester geweiht. 1836 wurde er zweiter Assessor des Strafgerichts der Apostolischen Kammer, 1836–1852 war er Abbreviatore di Parco Maggiore und 1839–1840 Apostolischer Delegat für die Provinz Viterbo.

Am 12. Juli 1841 wurde er zum Titularerzbischof von Melitene ernannt und erhielt am 18. Juli 1841 in Rom von Kardinalstaatssekretär Luigi Lambruschini die Bischofsweihe. Am 30. Juli 1841 wurde er Nuntius in der Schweiz und kurz darauf Päpstlicher Thronassistent. 1845 kehrte er nach Rom zurück und wurde Sekretär der Konzilskongregation. 1849 war er kurzfristig außerordentlicher Kommissar für die Provinz Umbrien.

Papst Pius IX. kreierte ihn im Konsistorium vom 15. März 1852 zum Kardinalpriester und verlieh ihm am 18. März 1852 den Kardinalshut und die Titelkirche S. Agnese fuori le Mura. 1853–1868 war er Kommendatarabt der Klöster St. Benedikt und St. Scholastica in Subiaco. Am 4. Juli 1853 wurde er Präfekt der Indexkongregation. 1859 schloss er sich der patriotischen Partei für die Einigung Italiens an. Er riet dem Papst die Annahme des ihm von Napoleon III. angebotenen Vorsitzes der italienischen Konförderation und die Einführung liberaler Reformen im Kirchenstaat, woraufhin er beim Papst in Ungnade fiel.

Am 28. September 1860 wurde er zum Kardinalbischof des suburbikarischen Bistums Sabina ernannt, unter Beibehaltung seiner Titelkirche *Ad Commendam*. Im Juli 1861 trat er von seinem Amt als Präfekt der Indexkongregation zurück. Als er 1864 Rom verließ und sich nach Neapel begab, wurde er vergeblich zur Rückkehr aufgefordert. 1866 wurde er von der Verwaltung seiner Diözese Sabina und seiner Abtei Subiaco suspendiert, es wurden ihm die Kardinaleinkünfte entzogen und am 29. September 1867 auch die Privilegien und Insignien der Kardinalswürde aberkannt. Er begab sich nun nach Rom zurück, unterwarf sich dem Papst am 26. September 1867 und wurde am 14. Januar 1868 als Kardinal rehabilitiert.

Er starb am 14. Mai 1868 in Rom und wurde in seiner Titelkirche begraben.

Morichini, Carlo Luigi (1805 – 1879)

Morichini wurde am 21. November 1805 in Rom im Kirchenstaat, heute Republik Italien, geboren. 1822 begann er ein dreijähriges Philosophie- und ein vierjähriges Rechtswissenschaftsstudium an der Universität La Sapienza in Rom, welches er 1826 mit der Promotion in beiderlei Rechten (*utriusque iuris*) abschloss. Danach studierte er Theologie, wo er ebenfalls einen Doktortitel erwarb.

Am 20. Dezember 1828 wurde er zum Priester geweiht und wurde zunächst für drei Jahre Sekretär von Prälat Pietro Marini, dem Auditor der Römischen Rota und späteren Kardinal. 1833 wurde er Referendariatsprälat und Relator der Kongregation Buon Governo. 1833 war er Referendar am Gerichtshofs der Apostolischen Signatur und Mitarbeiter der Konzilskongregation, 1833 – 1852 war er Abbreviatore di Parco Maggiore. 1834 wurde er Vizepräsident des Ospizio di S. Michele und Kaplan an S. Nicola in Carcere. 1839 wurde er Richter des Gerichtshofs der Apostolischen Signatur. 1840 – 1845 war er Kleriker der Apostolischen Kammer.

Am 21. April 1845 wurde er zum Titularerzbischof von Nisibi und am 23. Mai 1845 zum Nuntius im Königreich Bayern ernannt. Am 25. Mai 1845 erhielt er in der Kirche S. Maria in Vallicela in Rom durch Kardinalstaatssekretär Luigi Lambruschini die Bischofsweihe. 1847 kehrte er zurück und wurde Pro-Schatzmeister der Apostolischen Kammer, 1848 Finanzminister und Vizepräsident des Ministerrates sowie Präfekt des Apostolischen Palastes.

Papst Pius IX. kreierte ihn im Konsistorium vom 15. März 1852 zum Kardinalpriester und verlieh ihm am 18. März 1852 den Kardinalshut und die Titelkirche S. Onofrio. Am 23. Juni 1854 wurde er Bischof von Jesi und erhielt den persönlichen Titel eines Erzbischofs. Während der italienischen Einigungskriege wurde er mehrfach verhaftet.

Er nahm am I. Vatikanischen Konzil teil. Am 24. November 1871 wurde er zum Erzbischof von Bologna ernannt. 1872 siedelte er nach Bologna über, wo ihm die italienische Regierung die staatliche Erlaubnis zur Ausführung seines Amtes verweigerte, ihm die Einkünfte sperrte und den Zugang zum Bischofspalast verwehrte. Deshalb wurde er am 22. Dezember 1876 zum Sekretär der Memorialien ernannt und ging an die Kurie nach Rom. Am 12. März 1877 optierte er für die Klasse der Kardinalbischöfe und wurde Kardinalbischof von Albano. 1877 wurde er auch Präfekt des obersten Gerichtshofes der Apostolischen Signatur. Er nahm 1878 am Konklave teil, welches Leo XIII. wählte.

Er starb am 26. April 1879 in Rom und wurde auf dem römischen Friedhof Campo Verano beigesetzt.

Viale-Prelà, Michele (1799 – 1860)

Viale-Prelà wurde am 29. September 1799 in Bastia auf Korsika in der Republik Frankreich, heute wieder Republik Frankreich, geboren. Sein Onkel Tommaso war Leibarzt von Papst Pius VII., später war sein Bruder Benedetto Leibarzt bei Papst Pius IX. und Medizinprofessor an der römischen Universität La Sapienza. Ab 1814 studierte er am Seminario Romano und wurde nach dem Theologiestudium am Collegio Romano in Rom 1823 in Theologie promoviert.

Am 29. September 1823 wurde er zum Priester geweiht. Ab 1824 war er im römischen Staatssekretariat tätig. Nebenbei studierte er Rechtswissenschaften an der Universität La Sapienza in Rom. 1828 – 1836 war er Auditor der Nuntiatur in der Schweiz, 1829 – 1830 war er dort Geschäftsträger. Anschließend wurde er zum päpstlichen Hausprälaten ernannt und war 1836 – 1838 Mitarbeiter im Staatssekretariat, wo er mit dem Staat-Kirche-Konflikt in Preußen befasst war. 1838 bis 1841 war er außerordentlicher Apostolischer Internuntius in Bayern.

Am 12. Juli 1841 wurde er zum Titularerzbischof von Karthago ernannt und am 18. Juli 1841 in Rom von Kardinalstaatssekretär Luigi Lambruschini zum Bischof geweiht. Ab dem 20. Juli 1841 war er offiziell Nuntius in Bayern. Gleichzeitig wurde er zum Päpstlichen Thronassistenten ernannt. Am 27. Mai 1845 wurde er Nuntius im Kaiserreich Österreich.

Papst Pius IX. kreierte ihn in Konsistorium vom 15. März 1852 *in pectore* zum Kardinal. Seine Kreierung zum Kardinalpriester wurde im Konsistorium vom 7. März 1853 veröffentlicht. Er empfing das rote Birett in Wien. Auch als Kardinal blieb er 1853 – 1856 Pro-Nuntius in Österreich, wo er noch das Konkordat aushandelte, welches 1855 abgeschlossen wurde. Am 28. September 1855 wurde er zum Erzbischof von Bologna ernannt. 1856 reiste er von Wien ab, nahm sein Bistum in Besitz und erhielt am 18. September 1856 den Kardinalshut und seine Titelkirche SS. Andrea e Gregorio al Monte Celio verliehen.

Er starb am 15. Mai 1860 in Bologna und wurde in der dortigen Kathedrale beigesetzt.

Brunelli, Giovanni (1795 – 1861)

Brunelli wurde am 25. Juni 1795 in Rom geboren. Er studierte am Seminario Romano in Rom und erwarb Doktortitel in Philosophie, Theologie und beiderlei Rechten (*utriusque iuris*).

Am 21. Dezember 1817 wurde er zum Priester geweiht. Er war 1817 – 1824 Dozent für kanonisches Recht am Collegio Romano und später am Seminario Romano und Sekretär der Kardinäle Belisario Cristaldi und Luigi Ercolani.

1832 wurde er an die Kongregation für die kirchliche Immunität berufen, 1833 wurde er Konsultor der Kongregation für die außerordentlichen Angelegenheiten der Kirche und päpstlicher Hausprälat, 1834 Apostolischer Protonotar und Substitut der Kongregation für die außerordentlichen Angelegenheiten der Kirche, ab 1837 dort Sekretär. 1834 – 1839 war er Professor für kanonisches Recht an der Universität La

Sapienza, 1841–1847 Sekretär der Kongregation für die Examinierung der Bischöfe. 1843–1847 war er Sekretär der Kongregation *Propaganda Fide* und Studienpräfekt des Päpstlichen *Athenaeums Urbanianum* der Kongregation *Propaganda Fide*. 1843–1853 war er zudem Konsultor der Inquisitionskongregation.

Am 23. März 1845 wurde er zum Titularerzbischof von Thessaloniki ernannt und am 25. Mai 1845 in Rom von Kardinalstaatssekretär Luigi Lambruschini zum Bischof geweiht. Zwei Tage später wurde er Päpstlicher Thronassistent. 1847–1848 war er zunächst Apostolischer Delegat in Spanien, bevor er dort 1848–1853 Nuntius war.

Papst Pius IX. kreierte ihn im Konsistorium vom 15. März 1852 zum Kardinal und reservierte ihn *in pectore*. Seine Kreierung zum Kardinalpriester wurde im Konsistorium vom 7. März 1853 veröffentlicht. Am 22. Dezember 1853 verlieh ihm der Papst den Kardinalshut und die Titelkirche S. Cecilia. 1854–1856 war er Präfekt der Studienkongregation. Am 18. September 1856 wurde er zum Bischof von Osimo e Cingoli ernannt.

Er starb am 21. Februar 1861 in Osimo und wurde in der dortigen Kathedrale beigesetzt.

Scitovszky, János (1785–1866)

Scitovszky wurde am 1. November 1785 in Belá (heute: Košická Belá) im damaligen Königreich Ungarn, heute Republik Slowakei, geboren. Er besuchte das Gymnasium von Rosenau und studierte anschließend Theologie und Philosophie in Tyrnau wo er 1808 in Philosophie promoviert wurde. Das theologische Doktorat erwarb er 1813 in Pest (Budapest).

Am 5. November 1809 wurde er zum Priester geweiht. 1809–1811 unterrichtete er in Rosenau am bischöflichen Lyzeum Mathematik und Philosophie, 1811–1827 am Diözesanseminar Theologie und Philosophie. 1824 wurde er Regens des Priesterseminars und Domkapitular.

Am 28. Januar 1828 wurde er zum Bischof von Rosenau ernannt und am 25. März 1828 in Großwardein von Bischof Franec Laicsak von Großwardein zum Bischof geweiht. Am 18. Februar 1839 wurde er zum Bischof von Fünfkirchen (Pécs) ernannt. Am 28. September 1849 wurde er zum Erzbischof von Gran (ungarisch: Esztergom) und Fürstprimas von Ungarn ernannt.

Papst Pius IX. kreierte ihn im Konsistorium vom 7. März 1853 zum Kardinalpriester. Das rote Birett wurde ihm in seiner Heimat überreicht. Der Papst verlieh ihm am 16. November 1854 in Rom den Kardinalshut und die Titelkirche S. Croce in Gerusalemme.

Er starb am 19. Oktober 1866 in Budapest und wurde in der Kathedrale von Esztergom (Gran) beigesetzt.

Morlot, François-Nicholas-Madeleine (1795 – 1862)

Morlot wurde am 28. Dezember 1795 in Langres in der Republik Frankreich, heute wieder Republik Frankreich, geboren. Er bereitete sich im Priesterseminar von Dijon auf das Priesteramt vor.

Am 27. Mai 1820 wurde er in Dijon zum Priester geweiht. Er war über viele Jahre Kathedralpfarrer von Dijon und wurde 1830 Generalvikar der Erzdiözese Dijon. 1833 wurde er Kanoniker des Domkapitels von Dijon.

Am 8. Juli 1839 wurde er nach der Nominierung durch den französischen König vom Papst zum Bischof von Orléans ernannt und erhielt die Bischofsweihe am 18. August 1839 in Paris durch Bischof Charles de Forbin-Janson von Nancy und Toul. Am 27. Januar 1843 wurde er zum Erzbischof von Tours ernannt.

Papst Pius IX. kreierte ihn im Konsistorium vom 7. März 1853 zum Kardinalpriester. Das rote Birett empfing er in Tours. Der Papst verlieh ihm am 27. Juni 1853 den Kardinalshut und die Titelkirche Santi Nereo ed Achilleo. Am 19. März 1857 wurde er zum Erzbischof von Paris ernannt.

Er starb am 29. Dezember 1862 in Paris und wurde in der Kathedrale von Notre Dame in Paris begraben.

Recanati O.F.M.Cap., Giusto (1789 – 1861)

Recanati wurde am 9. August 1789 in Camerino im Kirchenstaat, heute Republik Italien, geboren und auf den Namen Vincenzo Benedetto Giuseppe getauft. 1803 trat er im Kloster Cingoli in den Kapuzinerorden ein und erhielt bei seiner Profess den Ordensnamen Iustus (Giusto).

Am 22. Februar 1812 wurde er zum Priester geweiht und war Mitglied des Konvents von Fabriano. Für viele Jahre war er Lektor für Philosophie und Theologie im Konvent von Jesi und an anderen Ordensschulen. Am 30. September 1843 wurde er Präfekt des Missions-Kollegiums St. Fidelis in Rom. Am 12. November 1843 wurde er Konsultor der Konsistorialkongregation, am 8. Juni der Kongregation *Propaganda Fide* und 1847 der Inquisitionskongregation. 1844 wurde er zum Generaldefinitor seines Ordens gewählt.

Am 3. Juli 1848 wurde er zum Titularbischof von Tripolis in Lydia ernannt und erhielt am 9. Juli 1848 in Rom von Kardinal Antonio Francesco Orioli die Bischofsweihe. Ab dem 22. August 1848 wirkte er als Apostolischer Administrator des Bistums Senigaglia. 1852 wurde er zum Päpstlichen Thronassistenten ernannt.

Papst Pius IX. kreierte ihn im Konsistorium vom 7. März 1853 zum Kardinalpriester und verlieh ihm am 10. März 1853 den Kardinalshut und die Titelkirche Santi XII Apostoli.

Er starb am 17. November 1861 in Rom und wurde in der Kapuzinerkirche Ssma. Concezione in Rom begraben.

Savelli, Domenico (1792–1864)
Savelli wurde am 15. September 1792 in Spéloncato auf der Insel Korsika im Königreich Frankreich, heute Republik Frankreich, geboren. Er bereitete sich auf die Priesterweihe im Seminar von Ajaccio vor.

1816 wurde er in Rom von Bischof Luigi Sebastiani della Porta von Ajaccio zum Priester geweiht. Bis 1818 studierte er in Rom an der Universität La Sapienza Theologie und Rechtswissenschaften. 1822 wurde er zum Doktor der Theologie und 1825 *ad honorem* in beiderlei Rechten (*utriusque iuris*) promoviert. Anschließend arbeitete er ab 1825 an der Konzilskongregation. Um 1827 wurde er Generalvikar des Bistums Cesena. 1829–1832 war er Generalvikar des Bistums Imola und wurde anschließend 1832 Referendariatsprälat. 1833 wurde er Apostolischer Delegat in Rieti, 1834 in Frosinone, 1838 in Perugia und 1841 in Macerata. Am 25. April 1845 wurde er Kleriker der Apostolischen Kammer und mit den Verwaltungsaufgaben des Kirchenstaates betraut. 1846 war er Pro-Legat in vier Gesandtschaften, 1847 außerordentlicher Apostolischer Delegat in Viterbo und Forlì, 1847 war er einige Monate Pro-Gouverneur von Rom und Generaldirektor der Polizei. Als das Amt des Gouverneurs abgeschafft wurde, wurde er am 29. Dezember 1847 zum Polizeiminister ernannt. Im Februar 1848 musste er dieses Amt abgeben und floh mit Papst Pius IX. nach Gaëta. 1848–1853 war er Vize-Camerlengo *S.E.R.* 1849 wurde er außerordentlicher Kommissar der Provinz Campagna e Marittima und der Marken. 1849–1850 war er Innenminister und Polizeiminister und nach der Rückkehr des Papstes nach Rom 1850–1853 noch einmal Innenminister.

Papst Pius IX. kreierte ihn im Konsistorium vom 7. März 1853 zum Kardinaldiakon und verlieh ihm am 10. März 1853 den Kardinalshut und die Kirche S. Maria in Aquiro als Titeldiakonie. 1853–1859 war er Finanzminister des Kirchenstaates.

Er starb am 30. August 1864 in Rom und wurde in seiner Titeldiakonie beigesetzt.

Caterini, Prospero (1795–1881)
Caterini wurde am 15. Oktober 1795 in Onano im Kirchenstaat, heute Republik Italien, geboren. Er absolvierte alle seine Studien in Rom und war über seine Mutter Maria Domenica Pacelli mit der Familie Pacelli, aus der der spätere Papst Pius XII. (1939–1958) stammte, verwandt.

Wann er die Priesterweihe erhielt, ist nicht bekannt, ebenso wenig über seine ersten Aufgaben. 1836–1840 war er Substitut der Konsistorialkongregation, 1841 wurde er Sekretär der Studienkongregation und Referendariatsprälat. 1841–1845 war er Auditor des Papstes. 1842 wurde er Kanoniker am Kapitel der Petersbasilika des Vatikans. 1847–1853 gehörte er zum Kollegium der Apostolischen Protonotare und war ab 1851 Dekan des Kollegiums. 1845–1853 wirkte er als Assessor der Inquisitionskongregation.

Papst Pius IX. kreierte ihn im Konsistorium vom 7. März 1853 zum Kardinaldiakon und verlieh ihm am 10. März 1853 den Kardinalshut und die Kirche S. Maria della Scala als Titeldiakone. 1859–1860 wirkte er als Präfekt für die ökonomischen Angelegenheiten der Kongregation *Propaganda Fide*. 1860–1881 war er Präfekt der Konzilskongregation. 1867 wurde er Präsident der Vorbereitenden Kommission für das I. Vatikanische Konzil und Präsident der Consulta für kirchliche Disziplin. 1869–1870 nahm er am I. Vatikanischen Konzil teil. Am 18. Dezember 1876 optierte er für die Titeldiakonie S. Maria in Via Lata, behielt aber seine bisherige Diakonie S. Maria della Scala *in commendam* bei. 1876 wurde er Kardinalprotodiakon und Sekretär der Inquisitionskongregation. Er nahm am Konklave von 1878 teil, welches Papst Leo XIII. wählte und verkündete als Kardinalprotodiakon dessen Wahl. Da er erkrankte, nahm an seiner Stelle Kardinal Mertel die Krönung des neuen Papstes vor.

Er starb am 28. Oktober 1881 in Rom und wurde auf dem römischen Friedhof Campo Verano beigesetzt.

Santucci, Vincenzo (1796–1861)
Santucci wurde am 18. Februar 1796 in Gorga im Kirchenstaat, heute Republik Italien, geboren. Seine Ausbildung erhielt er am Collegio Pamphili in Rom.

Wann er die Priesterweihe erhielt, ist nicht bekannt. Er wirkte zunächst als Sekretär von Kardinal Giacinto Placido Zurla O.S.B.Cam. 1832–1844 war er Mitarbeiter im Staatssekretariat. 1844–1851 wirkte er als Substitut im Staatssekretariat und Sekretär der Chiffren, 1850–1853 war er Sekretär der Kongregation für die außerordentlichen kirchlichen Angelegenheiten. 1851 wurde er Konsultor der Inquisitionskongregation.

Papst Pius IX. kreierte ihn im Konsistorium vom 7. März 1853 zum Kardinaldiakon und verlieh ihm am 10. März 1853 den Kardinalshut und die Kirche Santi Vito e Modesto als Titeldiakone. Am 23. Juni 1854 optierte er für die Kirche S. Maria ad Martyres als Titeldiakonie. 1856 wurde er Präfekt der Studienkongregation.

Er starb am 19. August 1861 in Rocca di Papa und wurde in der Lateranbasilika beigesetzt.

Pecci, Vincenzo Gioacchino Raffaele Luigi – Papst Leo XIII. (1810–1903)
Pecci wurde am 2. März 1810 in Carpineto Romano im Kirchenstaat, heute Republik Italien, geboren. 1824–1832 absolvierte er das Theologiestudium am *Collegium Romanum*, 1832–1837 schloss sich die Ausbildung im päpstlichen Verwaltungs- und Diplomatendienst an der Päpstlichen Akademie für den kirchlichen Adel in Rom an. Weitere Studien betrieb er an der Universität La Sapienza in Rom. Schon vor seiner Priesterweihe wurde er am 17. März 1837 zum päpstlichen Hausprälaten ernannt.

Am 31. Dezember 1837 wurde er zum Priester geweiht. Zunächst wirkte er als Referendar an der Apostolischen Signatur für die Gerechtigkeit und war Mitarbeiter in der Kongregation Buon Governo. 1838–1841 war er Delegat in Benevent, 1841–1843 weilte er in gleicher Funktion in Perugia.

Am 27. Januar 1843 wurde er zum Titularerzbischof von Damietta und einen Tag später zum Nuntius in Belgien ernannt und noch vor seiner Weihe zum Päpstlichen Thronassistenten ernannt. Die Bischofsweihe empfing er am 19. Februar 1843 von

Kardinal Luigi Lambruschini in Rom. Am 19. Januar 1846 erfolgte die Ernennung zum Bischof von Perugia mit dem persönlichen Titel eines Erzbischofs.

Papst Pius IX. kreierte ihn im Konsistorium vom 19. Dezember 1853 zum Kardinalpriester und verlieh ihm am 22. Dezember 1853 den Kardinalshut und die Titelkirche S. Crisogono. Er nahm am I. Vatikanischen Konzil 1869–1870 teil. Nach dem Tod von Kardinalstaatssekretärs Antonelli wurde er am 21. September 1877 zum Camerlengo S. E.R ernannt. In dieser Funktion hatte er die Papstwahl von 1878 zu organisieren und durchzuführen. Er nahm am Konklave von 1878 teil und wurde am 20. Februar 1878 zum Papst gewählt. Er nahm den Namen Leo XIII. an und wurde am 3. März 1878 von Kardinal Teodolfo Mertel gekrönt. Er förderte das Studium des Neuthomismus und entwickelte vor allem durch die Enzyklika *Rerum Novarum* von 1893 die katholische Soziallehre. Er kreierte in 27 Konsistorien 147 Kardinäle. Mit der Konstitution *Praedecessores Nostri* vom 24. Mai 1882 nahm er Modifikationen in der Papstwahlordnung vor.

Papst Leo XIII. starb am 20. Juli 1903 im Vatikan und wurde zunächst in der Petersbasilika des Vatikans beigesetzt. Am 22. Oktober 1924 wurde er seinem Wunsch gemäß in die Lateranbasilika überführt und dort erneut beigesetzt.

Di Pietro, Camillo (1806–1884)

Di Pietro wurde am 10. Januar 1806 in Rom im Kirchenstaat, heute Republik Italien, damals von Napoleon Bonaparte besetzt, geboren. Er war der Neffe des Kardinals Michele Di Pietro (1801 kreiert). Er studierte am Seminario Romano Theologie und Philosophie und wurde dort 1827 in Theologie promoviert. Zum Doktor beiderlei Rechte (*utriusque iuris*) wurde er durch das Collegium Protonotarium Apostolicum 1829 promoviert. 1829 trat er als Referendariatsprälat im Range eines päpstlichen Geheimkämmerers in die römische Prälatur ein, ohne zum Priester geweiht worden zu sein. 1829–1832 war er als Mitarbeiter der Konzilskongregation und an der Kongregation Consulta tätig. 1830 wurde er Apostolischer Protonotar. Am 13. Dezember 1830 hielt er vor den zum Konklave versammelten Kardinälen eine Predigt auf den verstorbenen Papst Pius VIII. Am 28. Juli 1832 wurde er zum Apostolischen Delegaten von Orvieto ernannt, 1834–1835 war er Apostolischer Delegat in Spoleto. Am 6. April 1835 wurde er Auditor der Römischen Rota.

Am 16. Juni 1839 wurde er zum Priester geweiht.

Am 8. Juli 1839 wurde er zum Titularerzbischof von Beritus ernannt. Die Bischofsweihe empfing er am 14. Juli 1839 in Rom von Kardinal Chiarissimo Falconieri-Mellini, dem Erzbischof von Ravenna. Anschließend war er 1839–1844 Nuntius im Königreich beider Sizilien und wurde 1841 Päpstlicher Thronassistent. Am 29. Juni 1844 wurde er zum Internuntius und außerordentlichen Apostolischen Delegaten in Portugal ernannt, am 24. September 1847 zum Nuntius in Portugal.

Papst Pius IX. kreierte ihn im Konsistorium vom 19. Dezember 1853 zum Kardinal und reservierte ihn *in pectore*. Seine Kreierung zum Kardinalpriester wurde am 16. Juni 1856 veröffentlicht und er wurde gleichzeitig zum Pro-Nuntius in Portugal ernannt. Das rote

Birett erhielt er in Portugal. Der Papst verlieh ihm nach seiner Rückkehr von Portugal am 17. Februar 1859 den Kardinalshut und die Titelkirche S. Giovanni a Porta Latina. 1859 – 1863 war er Präsident des Staatsrates des Kirchenstaates. 1863 – 1867 hatte er das Amt des Präfekten des Obersten Gerichtshofs der Apostolischen Signatur der Gerechtigkeit inne. Am 20. September 1867 optierte er für die Klasse der Kardinalbischöfe und das suburbikarische Bistum Albano. 1867 – 1870 war er Präsident der Zensurbehörde des Kirchenstaates. Er nahm am I. Vatikanischen Konzil 1869 – 1870 teil. Am 12. März 1877 optierte er für das suburbikarische Bistum Porto e Santa Rufina und wurde Subdekan des Kardinalskollegiums. Er handelte die notwendigen Garantien der italienischen Regierung für das Konklave 1878 aus, welches das erste Konklave nach dem Ende des Kirchenstaates war. Er nahm am Konklave von 1878 teil, welches Leo XIII. wählte. Am 28. März 1878 wurde er zum Camerlengo *S.E.R.* ernannt. Am 15. Juli 1878 optierte er für das suburbikarische Bistum Ostia e Velletri und wurde damit Dekan des Kardinalskollegiums.

Er starb am 6. März 1884 in Rom und wurde auf dem römischen Friedhof Campo Verano beigesetzt.

Rauscher, Joseph Othmar von (1797 – 1875)

Rauscher wurde am 6. Oktober 1797 in Wien im Heiligen Römischen Reich Deutscher Nation, heute Republik Österreich, geboren. 1816 begann er das Studium der Rechtswissenschaften. 1820 begann er gegen den Wunsch der Eltern das Theologiestudium in Wien.

Am 21. August 1823 wurde er in Wien zum Priester geweiht und in Theologie promoviert. Nach einer Kaplanstätigkeit wurde er 1825 Professor für Kirchengeschichte und Kirchenrecht am Lyzeum in Salzburg. 1832 wurde er vom Kaiser zum Direktor der orientalischen Akademie in Wien bestellt. 1835 wurde er zum Titularabt der Abtei von Monostor ob Komorn ernannt und erhielt am 27. Dezember 1835 die Benediktion zum Abt. 1844 wurde er Philosophielehrer des Erzherzogs und späteren Kaisers Franz Joseph und seiner Brüder.

Der Fürsterzbischof von Salzburg, Kardinal von Schwarzenberg, nominierte Rauscher am 29. Januar 1849 zum Fürstbischof von Seckau. Die päpstliche Bestätigung wurde am 12. April 1849 ausgesprochen. Am 15. April 1849 wurde er in Salzburg von Kardinal Friedrich Johannes Jacob Cölestin von Schwarzenberg, dem Erzbischof von Salzburg, zum Bischof geweiht und zusätzlich zum Administrator von Leoben ernannt. Am 20. März 1853 wurde er vom Kaiser zum Fürsterzbischof von Wien nominiert und am 27. Juni 1853 vom Papst offiziell ernannt.

Papst Pius IX. kreierte ihn im Konsistorium vom 17. Dezember 1855 zum Kardinalpriester. Das rote Birett empfing er in Wien. Der Papst verlieh ihm am 23. Dezember 1858 den Kardinalshut und die Titelkirche S. Maria della Vittoria. Er nahm am I. Vatikanischen Konzil teil und war dort einer der Vertreter der Minorität, die das Dogma der Unfehlbarkeit des Papstes ablehnten. Er reiste einen Tag vor der Beschlussfassung ab, publizierte es aber am 8. August 1870 kommentarlos in seinem Amtsblatt.

Er starb am 24. November 1875 in Wien und wurde im Stephansdom zu Wien beigesetzt.

Reisach, Karl August von (1800 – 1869)
Reisach wurde am 6. Juli 1800 in Roth in Franken im Königreich Bayern, heute Freistaat Bayern, Bundesrepublik Deutschland, geboren. Er studierte zunächst nach der Schulzeit an den Universitäten Heidelberg und Landshut Rechtwissenschaften und wurde 1821 in Landshut zum Doktor beiderlei Rechte (*utriusque iuris*) promoviert. Er absolvierte weitere Studien in Tübingen, Leipzig und Göttingen, erhielt aber keine Anstellung als akademischer Lehrer. Schließlich entschloss er sich für die geistliche Laufbahn und zum Studium der Theologie: 1824 ging er nach Rom an das *Collegium Germanicum et Hungaricum* und studierte dort.

Am 10. August 1828 wurde er in Rom zum Priester geweiht und im September 1828 in Theologie promoviert. 1830 wurde er zum Professor für Kirchenrecht und Rektor des 1818 wiedererrichteten Kollegs Urbaniana der Kongregation *Propaganda Fide* in Rom ernannt. Am 14. November 1832 erfolgte seine Ernennung zum Konsultor der Kongregation für außerordentliche Angelegenheiten der Kirche.

Der bayerische König nominierte ihn am 19. April 1836 zum Bischof von Eichstätt, die päpstliche Ernennung erfolgte am 11. Juli 1836. Am 17. Juli 1836 empfing er in Rom von Papst Gregor XVI. die Bischofsweihe. Er verfolgte eine streng ultramontane Kirchenpolitik. Im Frühjahr 1841 wurde er vom bayerischen König als Koadjutor mit dem Recht der Nachfolge für das Erzbistum München und Freising nominiert und am 12. Juli 1841 vom Papst bestätigt und ernannt. Am 1. Oktober 1846 trat er das Amt des Erzbischofs von München und Freising an. 1850 berief er die erste bayerische Bischofskonferenz nach Freising ein. Aufgrund fortwährender Konflikte mit dem König bemühte sich dieser, ihn als Kurienkardinal nach Rom zu empfehlen.

Papst Pius IX. kreierte ihn im Konsistorium vom 17. Dezember 1855 zum Kardinalpriester und verlieh ihm am 20. Dezember 1855 den Kardinalshut und die Titelkirche S. Anastasia. Am 19. Juni 1856 trat er vom Amt des Erzbischofs von München und Freising zurück und nahm seinen endgültigen Wohnsitz in Rom. Er wurde in die Kongregationen für die außerordentlichen Angelegenheiten der Kirche, des Index und der Propaganda berufen und war Verhandlungsführer für die Konkordate mit Württemberg 1856 und Baden 1859. Am 25. September 1861 wurde er zum Präfekt für die Studienkongregation berufen. Am 27. September 1861 optierte er für die Titelkirche S. Cecilia unter Beibehaltung des Titels von S. Anastasia *Ad Commendam*. Im März 1865 wurde er Mitglied der vorbereitenden Kommission des I. Vatikanischen Konzils und war damit an der Vorbereitung unmittelbar beteiligt. 1867 erhielt er den Vorsitz der kirchenpolitischen Kommission. 1866 war er Verhandlungsführer des Abkommens zwischen dem Kaiser von Frankreich und dem Kirchenstaat. Am 22. Juni 1868 optierte er für die Klasse der Kardinalbischöfe und das suburbikarische Bistum Sabina unter Beibehaltung seiner Titelkirche S. Anastasia *Ad Commendam*.

Er starb am 22. Dezember 1869 im Redemptoristenkloster La Contamine-Sur-Arve in Savoyen und wurde in S. Anastasia in Rom beigesetzt.

Villecourt, Clément (1787–1867)

Villecourt wurde am 9. Oktober 1787 in Lyon im Königreich Frankreich, heute Republik Frankreich, geboren. Er studierte 1808–1811 Theologie am Seminar von Lyon.

Am 21. Dezember 1811 wurde er zum Priester geweiht. Er wirkte als Kaplan und Pfarrer in mehreren Gemeinden des Erzbistums Lyon und als Seelsorger in mehreren Krankenhäusern sowie als Regens des Priesterseminars. 1823 wurde er im Bistum Meaux Kanoniker am dortigen Domkapitel und war für die Kapläne und Hilfspriester zuständig. Er wirkte dort weiter als Generalvikar und Regens des Priesterseminars. 1832 wurde er in das Erzbistum Sens inkardiniert und dort 1835 Generalvikar.

Am 1. Februar 1836 wurde er nach der Nominierung durch den französischen König zum Bischof von La Rochelle ernannt und am 13. März 1836 in der Kathedrale von Sens durch Erzbischof Jean-Joseph-Marie-Victoire de Cosnac von Sens zum Bischof geweiht. 1843 wurde er Päpstlicher Thronassistent.

Papst Pius IX. kreierte ihn im Konsistorium vom 17. Dezember 1855 zum Kardinalpriester und verlieh ihm am 20. Dezember 1855 den Kardinalshut und die Titelkirche S. Pancrazio Fuori le Mura. Er trat am 7. Juni 1856 als Bischof von La Rochelle zurück und wohnte fortan als Kurienkardinal in Rom.

Er starb am 17. Januar 1867 in Rom und wurde in seiner Titelkirche beigesetzt.

Gaude O.P., Francesco (1809–1860)

Gaude wurde am 5. April 1809 in Cambiano in der vom napoleonischen Frankreich beherrschten cisalpinen Republik, heute Piemont, Republik Italien, geboren. 1823 trat er in das Noviziat des Dominikanerordens in Turin ein. 1825 legte er im Dominikanerkloster Bosco bei Marengo seine feierlichen Gelübde ab. Er studierte im Dominikanerkloster S. Agnese in Montepulciano Philosophie und in den Dominikanerklöstern in Bosco und Turin Theologie.

Im November 1832 wurde er im Dominikanerkloster Bologna zum Priester geweiht. Anschließend war er 1832–1833 Dozent im Konvent von Forli und 1833–1839 in Lugo, wo er auch Hausoberer war. 1839–1844 wurde er Professor an der Universität von Macerata und Vikar des dortigen Heiligen Offiziums. Im März 1846 wurde er Provinzial für die Provinz Lombardei und im Oktober 1846 Generalprokurator seines Ordens. 1851 wurde Professor an der Universität La Sapienza in Rom und Apostolischer Examinator des römischen Klerus und Mitglied der Studienkommission, welche die Studienpläne seines Ordens überarbeiten sollte. 1853 wurde er Konsultor der Kongregation für die Bischöfe und Ordensleute.

Papst Pius IX. kreierte ihn im Konsistorium vom 17. Dezember 1855 zum Kardinalpriester und verlieh ihm am 20. Dezember 1857 den Kardinalshut und die Titelkirche S. Maria in Aracoeli. Am 21. Dezember 1857 optierte er für die Titelkirche S. Maria Sopra Minerva.

Er starb am 14. Dezember 1860 in Rom und wurde in seiner Titelkirche S. Maria sopra Minerva beigesetzt.

Lewicki, Mihail (1774 – 1858)
Lewicki wurde am 16. August 1774 in Lanczyn im damaligen Galizien im zur Habsburger Monarchie gehörenden Königreich Galizien und Lodomerien, heute Republik Ukraine, als Sohn eines Priesters der griechisch-katholischen Kirche geboren.

Er erhielt seine Ausbildung zunächst in Lemberg (poln. Lwow, ukrainisch: Lviv) und wurde 1798 zum Priester geweiht. Danach ging er nach Wien, wirkte an der Pfarre St. Barbara und erwarb an der dortigen Universität ein Doktorat in Theologie.

Nach seiner Rückkehr nach Galizien wurde er 1800 Präfekt am Theologenkonvikt in Lemberg und Professor für Pastoraltheologie an der dortigen Universität. 1808 wurde er Mitglied des Kathedralkapitels der Erzeparchie Lemberg.

Am 20. September 1813 wurde er zum Bischof von Przemyśl der Ruthenen ernannt und am gleichen Tag in Wien von Erzbischof Antoni Angelowicz von Lemberg der Ruthenen (er nahm am Wiener Kongress teil) geweiht. Am 8. März 1816 wurde er dessen Nachfolger als Erzbischof von Lemberg, Halicz und Kamieniec der Ruthenen. Am 17. Juni 1848 erhielt er vom Kaiser den Titel eines Primas von Galizien und Lodomerien. Da er schlechter Gesundheit war, übersiedelte er ganz in das Kloster Univ bei Lemberg und delegierte weitgehend die Verwaltung seiner Erzeparchie.

Papst Pius IX. kreierte ihn im Konsistorium vom 16. Juni 1856 zum Kardinalpriester. Er erhielt das Kardinalsbirett durch einen Apostolischen Delegaten im Kloster Univ. Den Kardinalshut und die Titelkirche empfing er nicht.

Er starb am 14. Januar 1858 im Kloster Univ und wurde dort beigesetzt.

Haulik Váralyai, Juraj (1788 – 1869)
Haulik wurde am 20. April 1788 in Tyrnau (Trnava) im Königreich Ungarn, heute Republik Slowakei, geboren. Er studierte am Priesterseminar von Tyrnau, am Wiener ungarischen Priesterseminar Pazmaneum und in Gran (Esztergom) Philosophie und Theologie. In Gran wurde er 1819 in Theologie promoviert

Am 18. April 1811 wurde er zum Priester geweiht und war anschließend Kaplan (Kooperator). Er trat in die erzbischöfliche Verwaltung des ungarischen Primas Alexander Rudnay ein. 1825 wurde er Kanoniker in Gran. Er war Berater des ungarischen königlichen Statthalterrats in Ofen und der ungarischen königlichen Hofkanzlei in Wien. 1830 wurde er von Kaiser Ferdinand zum ungarischen Statthaltereirat ernannt und im folgenden Jahr wurde er auch Referendar an der ungarischen Hofkanzlei. 1832 wurde er Großpropst an der Kathedrale von Agram (Zagreb).

Am 2. Oktober 1837 wurde er zum Bischof von Agram ernannt und am 10. Dezember 1837 in Wien vom Apostolischen Nuntius am Wiener Kaiserhof, Erzbischof Ludovico Altieri, zum Bischof geweiht. Als die Diözese Agram zur Erzdiözese erhoben wurde, wurde er gleichzeitig am 11. Dezember 1852 zum ersten Erzbischof von Agram ernannt.

Papst Pius IX. kreierte ihn im Konsistorium vom 16. Juni 1856 zum Kardinalpriester. Das rote Birett erhielt er durch einen kaiserlichen Delegaten. Der Papst verlieh ihm in Rom am 19. März 1857 den Kardinalshut und die Titelkirche Santi Quirico e Giulitta.

Er starb am 11. Mai 1869 in Agram und wurde in der Kathedrale von Agram beigesetzt.

Barnabò, Alessandro (1801–1874)

Barnabò wurde am 2. März 1801 in Foligno im Kirchenstaat, heute Republik Italien, geboren. In der napoleonischen Ära musste er 1812–1814 zwangsweise die Militärschule von La Fleche besuchen. Danach trat er 1815 in das Seminar von Foligno ein, 1817 in das Seminar von Camerino. 1822 nahm er das Studium der Rechtswissenschaften in Foligno auf und setzte es 1827 an der Universität La Sapienza in Rom fort. Am 30. Oktober 1831 wurde er Kanonikus-Koadjutor des Kapitels der Petersbasilika im Vatikan und Mitarbeiter von Mons. Paolo Polidori, dem Sekretär der Konzilskongregation.

Im März 1833 empfing er die Priesterweihe. 1836 wurde er zum Kanoniker des Kapitels der Petersbasilika im Vatikan ernannt, 1838 päpstlicher Geheimkämmerer und Konsultor der Kongregation *Propaganda Fide* sowie Kirchenrechtler an der Apostolischen Pönitentarie. 1839–1856 war er Sigillatore (Siegelverwahrer) der Apostolischen Pönitentiarie. 1843 wurde er päpstlicher Hausprälat und Referendariatsprälat sowie Zivil-Leutnant des Gerichts des römischen Vikariates. Er wirkte als Konsultor der Kongregation für die Bischöfe und Ordensleute, für die Inquisitionskongregation und als Prälat an der Kongregation für die religiöse Immunität. 1847 wurde er Pro-Sekretär der Kongregation *Propaganda Fide* und am 13. August 1848 deren Sekretär. Im Februar 1848 wurde er Mitglied der Kommission für die Reform der Institutionen des Kirchenstaates und 1849 Mitglied des Rates für die Zensur.

Papst Pius IX. kreierte ihn im Konsistorium vom 16. Juni 1856 zum Kardinalpriester und verlieh ihm am 19. Juni 1856 den Kardinalshut und die Titelkirche S. Susanna. Am 20. Juni 1856 wurde er Präfekt der Kongregation *Propaganda Fide*. 1856–1874 war er Protektor des Päpstlichen nordamerikanischen Kollegs in Rom. Er nahm am I. Vatikanischen Konzil 1869–1870 teil.

Er starb am 24. Februar 1874 in Rom und wurde in der Kapelle auf dem Anwesen seiner Familie in Foligno beigesetzt.

Grassellini, Gaspare (1796 – 1875)

Grasselini wurde am 19. Januar 1796 in Palermo im Königreich Sizilien, heute Republik Italien, geboren. In Palermo studierte er auch Rechtswissenschaften.

Über Weihedaten ist nichts bekannt. Am 17. Juni 1830 wurde er Referendariatsprälat der Kongregation Buon Governo, 1832 Apostolischer Delegat in Ascoli, 1832 und 1833 – 1836 in Ancona, 1837 – 1847 gehörte er zu dem Kollegium der Kleriker der Apostolischen Kammer, 1846 – 1847 war er deren Dekan. 1841 – 1847 war er Pro- Präsident der Kongregation für die Zensur, 1839 – 1847 Präsident der Kongregation *delle Aquae e Strade*, 1846 Apostolischer Delegat von Ancona 1846 – 1847 war er Gouverneur von Rom und Vize-Camerlengo S.E.R., 1852 – 1856 außerordentlicher Kommissar der vier Legationen in Bologna und Pro-Legat in Bologna.

Papst Pius IX. kreierte ihn im Konsistorium vom 16. Juni 1856 zum Kardinaldiakon und verlieh ihm am 19. Juni 1856 den Kardinalshut und die Kirche Santi Vito e Modesto als Titeldiakonie. Am 20. Dezember 1867 optierte er für die Diakonie S. Maria ad Martyres. Er nahm 1869 – 1870 am I. Vatikanischen Konzil teil.

Er starb am 16. September 1875 in Frascati und wurde auf dem römischen Friedhof Campo Verano beigesetzt.

Medici di Ottaiano, Francesco de' (1808 – 1857)

Medici wurde am 28. November 1808 in Neapel, welches damals von Frankreich beherrscht wurde, heute Republik Italien, als Spross einer Nebenlinie des toskanischen Hauses de Medici geboren.

1828 – 1831 besuchte er die Päpstliche Akademie für den kirchlichen Adel in Rom.

Es ist nicht bekannt, wann und welche Weihen er erhalten hat. Am 26. Januar 1831 wurde er Referendariatsprälat, 1832 – 1837 Vize-Legat von Velletri, 1837 – 1847 apellatives Mitglied des Kollegiums der Apostolischen Protonotare. 1838 wurde er Kanoniker des Kapitels der Petersbasilika des Vatikans, 1838 – 1841 Auditor der Apostolischen Kammer. Am 28. Januar 1842 wurde er Maestro di Camera und war ab dem 17. Mai 1850 Maiordomus des Apostolischen Palastes.

Papst Pius IX. kreierte ihn im Konsistorium vom 16. Juni 1856 zum Kardinaldiakon und verlieh ihm am 19. Juni 1856 den Kardinalshut und die Kirche S. Giorgio in Velabro, als Titeldiakonie.

Er starb am 11. Oktober 1857 in Rom und wurde in seiner Titeldiakonie beigesetzt.

Alameda y Brea O.F.M.Obs., Cirilo de (1/81 – 1872)

Alameda y Brea wurde am 9. Juli 1781 in Torrejón de Velasco bei Toledo im Königreich Spanien geboren. 1796 trat er in den Orden der Franziskaner von der strengen Observanz ein und legte die Profess 1805 ab. Er studierte in Madrid Philosophie und am Franziskanerkloster von Pastrana und in Guadalajara in Mexiko Theologie.

Über die genauen Weihedaten haben wir keine Information. 1811 ging er an die Franziskanermission Moqqua nach Uruguay, 1814 aus politischen Gründen nach Rio de

Janeiro, Brasilien, 1815 kehrte er nach Spanien zurück. Er wurde königlicher Hofprediger und ehrenamtlicher Kommissar des königlichen Rates der Obersten Inquisition. 1817–1823 war er Generalminister seines Ordens. 1818 wurde er zum Grande de España ernannt. Ab 1823 war er Generalvikar des Cisalpinischen Zweiges seines Ordens.

Am 30. September 1831 wurde er nach königlicher Nomination zum Erzbischof von Santiago de Cuba ernannt und am 12. März 1832 in der Kathedrale von Sevilla von Kardinal Francisco Javier de Cienfuegos y Jovellanos, dem Erzbischof von Sevilla, zum Bischof geweiht. 1842 wurde er Päpstlicher Thronassistent. Am 7. März 1849 wurde er von der Königin zum Erzbischof von Burgos nominiert und am 20. April 1849 vom Papst ernannt. Die Königin nominierte ihn am 20. Juni 1857 zum Erzbischof von Toledo und Primas von Spanien, die päpstliche Ernennung erfolgte am 3. August 1857.

Papst Pius IX. kreierte ihn im Konsistorium vom 15. März 1858 zum Kardinalpriester. Das rote Birett wurde ihm in Spanien überreicht. Er empfing nie den Kardinalshut und die Titelkirche.

Er starb am 30. Juni 1872 Madrid und wurde in der Kathedrale von Toledo beigesetzt.

Antonucci, Antonio Benedetto (1798–1879)
Antonucci wurde am 17. September 1798 in Subiaco im Kirchenstaat, heute Republik Italien, geboren. Am Collegio Romano in Rom studierte er Theologie und Philosophie.

Am 22. September 1821 wurde er zum Priester geweiht. Er setzte sein Studium fort und wurde 1823 in Theologie promoviert. Seine juristischen Studien absolvierte er an der römischen Universität La Sapienza, wo er 1826 zum Doktor beiderlei Rechte (*utriusque iuris*) promoviert wurde.

Bereits seit 1824 hatte er Zivil- und Strafrecht am Erzgymnasium von Rom unterrichtet. 1829–1831 war er Sekretär des Nuntius Francesco Capaccini in den Niederlanden und führte die Nuntiatur 1831–1840 in Den Haag als Geschäftsträger.

Am 17. Dezember 1840 wurde er zum Bischof von Montefeltro ernannt. 1841 wurde er zum Päpstlichen Thronassistenten und am 18. Juli 1841 in Rom von Kardinalstaatssekretär Luigi Lambruschini zum Bischof geweiht. Am 22. Juli 1842 wurde er zum Bischof von Ferentino ernannt, am 25. Juli 1844 zum Titularerzbischof von Tarsus und wenig später zum Nuntius in Sardinien mit Sitz in Turin. Am 5. September 1851 wurde er zum Bischof von Ancona, mit dem persönlichen Titel eines Erzbischofs ernannt.

Papst Pius IX. kreierte ihn im Konsistorium vom 15. März 1858 zum Kardinalpriester und verlieh ihm am 18. März 1858 den Kardinalshut und die Titelkirche Santi Silvestro e Martino ai Monti. Er nahm am I. Vatikanischen Konzil 1869–1870 teil. 1878 nahm er am Konklave teil, welches Papst Leo XIII. wählte.

Er starb im Januar 1879 in Ancona und wurde auf dem Friedhof der Stadt Ancona beigesetzt.

Tarancón y Morón, Manuel Joaquín (1782–1862)

Tarancón y Morón wurde am 20. März 1782 in Covarrubias in Kastilien im Königreich Spanien geboren.

Unter Aufsicht seines Onkels, der Bischof von Valladolid war, studierte er an der Universität Valladolid Rechtswissenschaften und promovierte in Zivilrecht. Weiter studierte er kanonisches Recht an der Universität von Osma und wurde dort 1807 in Kirchenrecht promoviert.

Über genaue Weihedaten liegen keine Informationen vor, sicher ist jedoch, dass er zum Priester geweiht wurde. In Valladolid wirkte er 20 Jahre als Professor. 1807 wurde er Rektor und 1810 Großkanzler der Universität. 1818 wurde er Kanoniker am Domkapitel von Valladolid. 1819–1829 war er Generalvikar und war 1819–1824 und 1830–1831 zweimal Kapitularvikar des Bistums. 1834 wurde er für das Bistum Zamora nominiert, aber nicht bestätigt. Er war an mehreren spanischen Gerichten tätig, wurde 1843 Senator für die Provinz Valladolid und 1844 Lehrer der Prinzessinnen Isabel (die zukünftige Königin) und Luisa Fernanda sowie 1845 Senator auf Lebenszeit.

Am 4. Oktober 1847 wurde er zum Bischof von Córdoba ernannt und am 2. Januar 1848 in Madrid von Erzbischof Giovanni Brunelli, dem Apostolischen Nuntius in Spanien, zum Bischof geweiht. 1855 wurde er Päpstlicher Thronassistent, am 3. August 1857 Erzbischof von Sevilla.

Papst Pius IX. kreierte ihn im Konsistorium vom 15. März 1858 zum Kardinalpriester. Er erhielt nie den Kardinalshut und die Titelkirche.

Er starb am 25. August 1862 in Sevilla und wurde in der Kathedrale von Sevilla beigesetzt.

Orfei, Enrico (1800–1871)

Orfei wurde am 23. Oktober 1800 in Orvieto im Kirchenstaat, heute Republik Italien, geboren. Er studierte Theologie am Priesterseminar von Orvieto und nach der Wiedereröffnung des Jesuitenkollegs in Orvieto dort Dogmatik und Moraltheologie.

Am 20. Dezember 1823 wurde er zum Priester geweiht. Er studierte weiter an der Universität Perugia und wurde 1832 in beiderlei Rechten (*utriusque iuris*) promoviert.

1831 wurde er Kanoniker der Stiftskirche Santi Andrea e Bartolomeo in Orvieto. Nach seiner Promotion wurde er 1833 Referendariatsprälat und Relator bei der Kongregation Buon Governo, 1834–1837 Apostolischer Delegat von Benevent, 1838–1841 Apostolischer Kommissar von Loreto. 1842–1843 war er Apostolischer Delegat von Ancona. 1845 wurde er Sekretär der Kardinalskommission für das Hospital S. Spirito in Sassia in Rom.

Am 11. September 1848 wurde er zum Bischof von Cesena ernannt und am 17. September 1848 in Rom von Kardinal Vincenzo Macchi zum Bischof geweiht. 1848 wurde er zum Päpstlichen Thronassistenten ernannt.

Papst Pius IX. kreierte ihn im Konsistorium vom 15. März 1858 zum Kardinalpriester und verlieh ihm am 18. März 1858 den Kardinalshut und die Titelkirche

S. Balbina. Am 23. März 1860 wurde er zum Erzbischof von Ravenna ernannt. Er nahm 1869–1870 am I. Vatikanischen Konzil teil.

Er starb am 22. Dezember 1871 in Ravenna und wurde im Oratorium der Villa Detta in Casemurate bei Ravenna beigesetzt.

Milesi Pironi Ferretti, Giuseppe (1817–1873)
Milesi Pironio Ferretti wurde am 9. März 1817 in Ancona im Kirchenstaat, heute Republik Italien, geboren. Er studierte zunächst in Ancona und trat dann in die Päpstliche Akademie für den kirchlichen Adel in Rom ein, von wo aus er an der Universität La Sapienza Theologie und Rechtswissenschaften studierte. Er wurde später zum Doktor beiderlei Rechte (*utriusque iuris*) promoviert. Er trat in die römische Prälatur als Referendariatsprälat ein und war an der Kongregation Buon Governo tätig. 1839 wurde er zweiter Assessor am Strafgericht der Apostolischen Kammer, 1842 erster Assessor.

1842 wurde er zum Priester geweiht. 1843 wurde er Gouverneur von Ascoli, 1844 von Civitavecchia und 1845–1847 von Macerata. 1847–1851 war er Pro-Legat in Urbino, 1852–1854 Pro-Legat in Forlì, 1854–1858 wirkte er als Minister für Handel, Kunst und öffentliche Arbeiten des Kirchenstaats.

Papst Pius IX. kreierte ihn im Konsistorium vom 15. März 1858 zum Kardinalpriester und verlieh ihm am 18. März 1858 den Kardinalshut und die Titelkirche S. Maria in Aracoeli. Am Tag seiner Kreierung wurde er Präsident des Obersten Rates für Handel und öffentliche Arbeiten und war bis 1859 zusätzlich Apostolischer Legat in der Provinz Bologna. Am 26. September 1860 wurde er zum Kommendentarabt der Abtei von Santi Vincenzo e Anastasio alle Tre Fontane ernannt. Er war Teilnehmer des I. Vatikanischen Konzils 1869–1870.

Am 21. März 1870 optierte er für die Klasse der Kardinalbischöfe und das suburbikarische Bistum Sabina. Die Bischofsweihe empfing er am 3. April 1870 in Rom von Kardinal Costantino Patrizi.

Er starb am 2. August 1873 in Rom und wurde auf dem römischen Friedhof Campo Verano beigesetzt.

De Silvestri, Pietro (1803–1875)
De Silvestri wurde am 13. Februar 1803 in Rovigo in Venetien in der Habsburger Monarchie, heute Republik Italien, geboren. Seine Ausbildung erfuhr er an der Universität Padua und wurde dort in beiderlei Rechten (*utriusque iuris*) promoviert.

Über das Datum seiner Priesterweihe haben wir keine Angaben. 1835 wurde er zum Auditor der Römischen Rota ernannt, deren Protektor seit 1806 der Kaiser von Österreich war; 1851 wurde er Pro-Dekan, 1853 wurde der Dekan der Römischen Rota. 1852–1858 war er auch Regente der Apostolischen Pönitentiarie und 1853–1858 Konsultor der Inquisitionskongregation. Als österreichischer Auditor war er auch Vorsitzender der des Kollegs der Anima und daher für die Nationalkirche S. Maria dell' Anima verantwortlich.

Papst Pius IX. kreierte ihn im Konsistorium vom 15. März 1858 zum Kardinaldiakon und verlieh ihm am 18. März 1858 den Kardinalshut und die Kirche Santi Cosma e Damiano als Titeldiakonie. Er wurde nun Kardinalprotektor für Österreich. Am 27. September 1861 optierte er für die Klasse der Kardinalpriester und die Titelkirche S. Marco, Er nahm 1869–1870 am I. Vatikanischen Konzil teil.

Er starb am 19. November 1875 in Rom. Er wurde vorübergehend auf dem römischen Friedhof Campo Verano beigesetzt, bevor er im Januar 1876 in seine Heimat Rovigo in Venetien überführt und dort beigesetzt wurde.

Mertel, Theodolfo (1806–1899)

Mertel wurde am 6. Februar (nach anderen Angaben am 9. Februar) 1806 in Allumiere bei Civitavecchia im Kirchenstaat, heute Republik Italien, geboren. Sein Vater war 1802 aus Eglfing in Bayern nach Allumiere ausgewandert. Er studierte Rechtswissenschaften in Rom und wurde 1828 in beiderlei Rechten (*utriusque iuris*) an der Universität La Sapienza promoviert. Danach arbeitete er als Rechtsanwalt. Er trat in den Dienst der Römischen Kurie ein und wurde 1843 Referendariatsprälat an der Apostolischen Signatur, ein Jahr später wurde er Votant (stimmberechtigter Richter) der Signatur, 1847 erfolgte die Berufung zum Auditor der Römischen Rota. Pius IX. berief ihn 1847 in die Kommission für die politischen Reformen, die er zu Beginn seines Regierungsantrittes errichtet hatte. 1848 erarbeitete er in kürzester Zeit ein Verfassungs-Statut für den Kirchenstaat. Nach der Wiederherstellung der päpstlichen Herrschaft im Kirchenstaat wurde er 1850–1853 Minister ohne Portefeuille, dann 1853–1858 Minister des Innern und der Justiz.

Papst Pius IX. kreierte ihn im Konsistorium vom 15. März 1858 zum Kardinaldiakon. Da er nie die höheren Weihen eines Klerikers erhalten hatte, wurde er unmittelbar vor seiner Kreierung zum Subdiakon geweiht. Der Papst verlieh ihm am 18. März 1858 den Kardinalshut und die Kirche S. Eustachio als Titeldiakonie. Am 16. Mai 1858 empfing er in Castel Gandolfo von Pius IX. die Diakonenweihe. 1858 wurde er wiederum zum Minister ohne Portefeuille und 1861 zum Präsident der Spolien ernannt. 1863–1871 war er Präsident des Staatsrates. 1869–1870 nahm er am I. Vatikanischen Konzil teil. 1877 wurde er Präfekt der Apostolischen Signatur. Er nahm am Konklave von 1878, welches Leo XIII. wählte, teil. Da bei der Krönung Leos XIII. der damalige Kardinalprotodiakon verhindert war, krönte Kardinal Mertel Leo XIII. 1878 wurde er Sekretär der Memorialien, 1879 Sekretär der Apostolischen Breven. 1881 optierte er für die Titeldiakonie S. Maria in Via Lata. 1884 wurde er Vizekanzler *S.E.R.* und erhielt die Titelkirche S. Lorenzo in Damaso, die den Status einer Diakonie erhielt.

Er starb am 11. Juli 1899 in Allumiere und wurde in Allumiere beigesetzt.

Rodrigues da Silva C.R.S.J.E., Manuel Bento (1800–1869)

Rodrigues da Silva wurde am 25. Dezember 1800 in Vila Nova De Gaia bei Porto im Königreich Portugal, heute Republik Portugal, geboren. Er trat sehr jung bei den Regularkanonikern von Johannes dem Täufer ein und besuchte nach dem Noviziat die Schule seines Ordens in Coimbra. Im Kloster Beato Antonio in Lissabon legte er seine Profess ab und studierte dann an der Universität Coimbra, wo er 1826 in Theologie promoviert wurde.

Am 11. März 1826 wurde er zum Priester geweiht. Er war zunächst Lehrer und wurde bald Professor für Theologie an der Universität Coimbra. Er war Pfarrer in Pfarreien der Diözese von Porto und 1841–1844 Kapitularvikar von Elvas und Castelo Branco. 1844 wurde er Provisor und Generalvikar von Lissabon.

Am 24. November 1845 wurde er zum Titularerzbischof von Mitilene und Weihbischof in Lissabon ernannt. Die Bischofsweihe empfing er am 22. Februar 1846 in Lissabon von Kardinal Guilherme Henriques de Carvalho, dem Patriarchen von Lissabon. Am 15. März 1852 wurde er zum Bischof von Coimbra mit dem persönlichen Titel eines Erzbischofs ernannt. Am 18. März 1858 wurde er zum Patriarchen von Lissabon ernannt.

Papst Pius IX. kreierte ihn im Konsistorium vom 25. Juni 1858 zum Kardinalpriester. Er empfing nie den Kardinalshut und seine Titelkirche.

Er starb am 26. September 1869 in Lissabon und wurde in der Gruft der Patriarchen von Lissabon in der Kirche São Vicente de Fora in Lissabon begraben.

Billiet, Alexis (1783–1873)
Billiet wurde am 28. Februar 1783 in Chapelle in Savoyen im Königreich Frankreich, heute Republik Frankreich, geboren. Er studierte am Priesterseminar von Chambéry.

Am 23. Mai 1807 wurde er zum Priester geweiht. Er wirkte in seiner Heimatdiözese als Professor und Regens des Priesterseminars, als Kanoniker des dortigen Domkapitels und als Generalvikar.

Am 19. Dezember 1825 wurde er zum Bischof von Saint-Jean de Maurienne in Savoyen ernannt, die Bischofsweihe empfing er am 19. März 1826 in Chambéry von Erzbischof François-Marie Bigex von Chambéry. Am 27. April 1840 wurde er zum Erzbischof von Chambéry ernannt. Er wurde außerdem zum Senator von Frankreich ernannt.

Papst Pius IX. kreierte ihn im Konsistorium vom 27. September 1861 zum Kardinalpriester. Er empfing das rote Birett in seiner Heimat. Der Papst verlieh ihm den Kardinalshut und die Titelkirche Santi Bonifacio et Alessio am 25. September 1862. Am I. Vatikanischen Konzil nahm er aus Altersgründen nicht teil.

Er starb am 30. April 1873 in Chambéry und wurde in der dortigen Kathedrale beigesetzt.

Sacconi, Carlo (1808–1889)
Sacconi wurde am 9. Mai 1808 in Montalto in der von Frankreich beherrschten Republik Italien, heute Republik Italien, geboren. Er studierte am Seminar von Fermo.

Das genaue Datum der Priesterweihe ist nicht bekannt. Im Alter von 21 Jahren wurde er 1829 Dozent am Seminar von Montalto und studierte anschließend in Rom an der Universität La Sapienza, wo er zum Doktor beiderlei Rechte (*utriusque iuris*) promoviert wurde. Danach wurde er Kanoniker des Domkapitels von Montalto und Generalvikar der Diözese Montalto. Er wirkte drei Jahre an der Konzilskongregation in Rom und wurde 1832 päpstlicher Geheimkämmerer. 1839 wurde er Auditor der Nuntiatur von Piemont in Turin und 1844 Geschäftsträger *ad interim*. 1845–1847 war er Geschäftsträger der Nuntiatur in der Toscana in Florenz. 1847–1851 war er Internuntius in Bayern.

Am 27. Mai 1851 wurde er zum Titularerzbischof von Nizäa ernannt und am 6. Juni 1851 zum Nuntius im Königreich Bayern. Die Bischofsweihe empfing er am 8. Juni 1851 in Rom durch Kardinal Giacomo Filippo Fransoni. Am 4. Oktober 1853 wurde er zum Nuntius in Frankreich ernannt, 1860 zum Päpstlichen Thronassistenten.

Papst Pius IX. kreierte ihn im Konsistorium vom 27. September 1861 zum Kardinalpriester und verlieh ihm am 30. September 1861 den Kardinalshut und die Titelkirche S. Maria del Popolo. 1863 wurde er beauftragt, ein lateinamerikanisches Seminar in Rom einzurichten und aufzubauen und wurde Präfekt für die ökonomischen Angelegenheiten der Kongregation *Propaganda Fide* und Präsident der Spolien. Am 20. Dezember 1867 wurde er zum Präfekten der Apostolischen Signatur der Gerechtigkeit ernannt. 1869–1870 gehörte er zu den Teilnehmern des I. Vatikanischen Konzils. Am 8. Oktober 1870 optierte er für die Klasse der Kardinalbischöfe und das suburbikarische Bistum Palestrina. Am 2. Juni 1877 wurde er Pro-Datar des Papstes. Er nahm 1878 am Konklave, welches Papst Leo XIII. wählte, teil und wurde von diesem am 5. März 1878 zum Kardinaldatar ernannt. Er optierte am 15. Juli 1878 für das suburbikarische Bistum Porto e Santa Rufina, Am 24. März 1884 optierte er für das suburbikarische Bistum von Ostia und Velletri und wurde damit Dekan des Kardinalskollegiums. Am 28. März 1884 wurde er Präfekt der Zeremonialkongregation.

Er starb am 25. Februar 1889 in seiner Wohnung im Apostolischen Palast im Vatikan und wurde in Montalto beigesetzt.

García Cuesta, Miguel (1803–1873)

García Cuesta wurde am 6. Oktober 1803 in Macotera im Königreich Spanien geboren.

Er besuchte 1818–1828 das Seminar Conciliar in Salamanca. Er studierte an der Universität Salamanca Geisteswissenschaften, Philosophie und Theologie und erhielt 1821 einen Abschluss in Philosophie und 1825 in Theologie. Ab 1821 unterrichtete er Mathematik am Seminar Conciliar in Salamanca. Im Oktober 1826 wurde er Professor für Philosophische Grundlagen an der Universität von Salamanca, am 26. September 1827 Professor für Griechisch und ab 1828 war er Professor für Philosophie am Seminar Conciliar von Salamanca. 1828 erwarb er das Lizentiat in Theologie und wurde noch im gleichen Jahr zum Doktor der Theologie promoviert.

Am 1. März 1828 wurde er in Salamanca zum Priester geweiht. Er wirkte fortan in der pastoralen Arbeit und vor allem als Professor für Griechisch am Seminar. Dort war er auch 1840–1847 Rektor.

Am 14. April 1848 wurde er zum Bischof von Jaca ernannt und empfing am 16. Juli 1848 in der Kathedrale von Valladolid durch Bischof José Antonio Rivadeneyra von Valladolid die Bischofsweihe. Als er zum Erzbischof von Santiago de Cuba ernannt werden sollte, lehnte er ab. Am 5. September 1851 wurde er zum Erzbischof von Santiago de Compostela ernannt und im Oktober 1851 per königlichem Dekret zum Senator des Königreiches Spanien auf Lebenszeit.

Papst Pius IX. kreierte ihn im Konsistorium vom 27. September 1861 zum Kardinalpriester. Er empfing den Kardinalshut und seine Titelkirche S. Prisca am 21. Mai 1862. Da er sich eine Einmischung der spanischen Regierung in kirchliche Angelegenheiten im Zusammenhang mit dem I. Vatikanischen Konzil verbat, wurde ihm der Pass zur Reise zum Konzil nach Rom verweigert.

Er starb am 14. April 1873 in Santiago de Compostela und wurde in der Krypta der Kathedrale von Santiago de Compostela beigesetzt.

Bedini, Gaetano (1806–1864)

Bedini wurde am 15. Mai 1806 in Senigallia im Kirchenstaat, heute Republik Italien, geboren. Er studierte am Seminar von Senigallia.

Am 20. Dezember 1828 wurde er in Senigallia von Kardinal Fabrizio Sceberas-Testaferrata zum Priester geweiht. Er wirkte kurz in der Seelsorge, war aber ab 1829 offiziell Kanoniker des Domkapitels von Senigallia und ging nach Rom, um dort am Erzgymnasium von Rom Rechtswissenschaften zu studieren. Am 20. Juni 1837 wurde er zum Doktor beiderlei Rechte (*utriusque iuris*) promoviert. 1838–1845 war er Sekretär von Erzbischof Ludovico Altieri, dem Nuntius in Österreich. 1845 wurde er Apostolischer Protonotar und war 1845–1847 Internuntius und außerordentlicher Gesandter in Brasilien. Er kam im Januar 1846 in Brasilien an. Zu gleicher Zeit hielt sich auch Guiseppe Garibaldi in Südamerika auf. Hieraus ergaben sich Kontakte.

1848 kehrte er nach Rom zurück und wurde Assistent von Kardinal Giacomo Antonelli. Er begleitete den Papst auf dessen Flucht nach Gaëta.

Nach der Rückkehr des Papstes wurde er 1849–1852 außerordentlicher Kommissar in den vier Legionen in Bologna, welches damals unter österreichischer Besatzung und Kriegsrecht stand. Zu Beginn seiner Arbeit in Bologna wurde der von den Österreichern bei Comachio gefangen genommene italienische Patriot und Barnabitenmönch Ugo Bassi in die Stadt gebracht und erschossen. Viele warfen Bedini vor, sich nicht genügend für Bassi eingesetzt zu haben.

Am 15. März 1852 wurde er zum Titularerzbischof von Thebae und am 18. März 1852 zum Nuntius in Brasilien ernannt. Am 4. Juli 1852 empfing er in Rom durch Kardinal Ludovico Altieri die Bischofsweihe. 1852 erfolgte die Ernennung zum Päpstlichen Thronassistenten. Da ihm die Einreise nach Brasilien wegen einer dort gerade wütenden Pestepidemie verwehrt war und er deswegen auch diesen Posten nie antrat, begab er sich stattdessen in die USA und überbrachte die Glückwünsche des Papstes an Präsident Franklin Pierce zu dessen Wahl. Während seines gesamten Aufenthaltes in den USA wurde er von italienischen Patrioten unter der Führung des ehemaligen

Priesters Alessandro Gavazzi wegen seiner angeblichen Beteiligung an der Hinrichtung Bassis verfolgt. Er blieb bis Februar 1854 in den USA, besuchte auch kurz Kanada und kehrte dann im März 1854 nach Rom zurück. Dort empfahl er die Einrichtung einer ständigen päpstlichen Vertretung in den Vereinigten Staaten und der Stiftung eines amerikanischen Kollegs in Rom. 1856–1861 war er Sekretär der Kongregation *Propaganda Fide*. Am 18. März 1861 wurde er zum Bischof von Viterbo und Toscanella mit dem persönlichen Titel eines Erzbischofs ernannt.

Papst Pius IX. kreierte ihn im Konsistorium vom 27. September 1861 zum Kardinalpriester und verlieh ihm am 30. September 1861 den Kardinalshut und seine Titelkirche S. Maria Sopra Minerva.

Er starb am 6. September 1864 in Viterbo und wurde in der Kathedrale von Viterbo beigesetzt.

Puente y Primo de Rivera, Fernando de la (1808–1867)
Puente y Primo de Rivera wurde am 28. August 1808 in Cádiz im Königreich Spanien geboren. Er studierte zunächst in Sevilla, dann in England am Ushaw College in Durham und war Schüler des späteren Kardinals Wiseman von Westminster. 1839 wurde er in Sevilla zum Doktor der Theologie promoviert.

1832 empfing er die Priesterweihe. Er war Pfarrer in Sevilla und Professor für Theologie an der Universität Sevilla und Auditor des Obersten Gerichtshofs der Rota an der Außenstelle der Nuntiatur in Spanien in Madrid.

Am 27. September 1852 wurde er nach vorheriger Nomination durch den Monarchen zum Bischof von Salamanca ernannt. Die Bischofsweihe empfing er am 19. Dezember 1852 in Madrid durch Erzbischof Giovanni Brunelli, den Apostolischen Nuntius in Spanien. Am 9. Januar 1855 wurde er Päpstlicher Thronassistent, am 25. September 1857 wurde er zum Erzbischof von Burgos ernannt.

Papst Pius IX. kreierte ihn im Konsistorium vom 27. September 1861 zum Kardinalpriester. Er empfing das rote Birett durch einen Abgesandten des Königs. Der Papst verlieh ihm am 21. Mai 1862 den Kardinalshut und die Titelkirche S. Maria della Pace. 1864–1867 war er verantwortlich für die religiöse Bildung des Prinzen von Asturien und zukünftigen Königs Alfons XII. von Spanien.

Er starb am 12. März 1867 in Madrid. Er wurde nach Burgos überführt und in der dortigen Kathedrale beigesetzt.

Quaglia, Angelo (1802–1872)
Quaglia wurde am 28. August 1802 in Corneto im Kirchenstaat, heute Republik Italien, geboren. Er studierte am Priesterseminar von Montefiascone und später in Rom.

1826 wurde er zum Priester geweiht und arbeitete anschließend in der Konzilskongregation. Er besuchte die Päpstliche Akademie für den kirchlichen Adel und wurde 1835 zum Doktor beiderlei Rechten (*utriusque iuris*) promoviert.

Am 5. September 1833 wurde er Referendariatsprälat und war 1834–1835 an der Kongregation Buon Governo tätig. 1835–1841 war er beigeordneter Prälat der Konzilskongregation. 1836–1839 war er Richter am Gericht der Apostolischen Signatur der Gerechtigkeit. 1839–1852 war er Auditor der Römischen Rota. 1852–1861 war er Sekretär der Konzilskongregation.

Papst Pius IX. kreierte ihn im Konsistorium vom 27. September 1861 zum Kardinalpriester und verlieh ihm am 30. September 1861 den Kardinalshut und die Titelkirche Santi Andrea e Gregorio al Monte Celio. 1863 wurde er Präfekt der Kongregation für die Bischöfe und Ordensleute sowie der Kongregation für die Disziplin der Ordensleute. Er nahm am I. Vatikanischen Konzil 1869–1870 teil.

Er starb am 27. August 1872 in Rom und wurde in der Gruft seiner Familie in der Kirche der Servi Mariae in Corneto beigesetzt.

Panebianco O.F.M.Conv., Antonio Maria (1808–1885)

Panebianco wurde am 13. August 1808 in Terranova auf Sizilien im Königreich Neapel, heute Republik Italien, geboren und erhielt den Namen Niccolo.

1823 trat er in den Orden der Franziskaner-Konventualen (Minoriten) ein und erhielt bei seiner Einkleidung den Ordensnamen Antonio Maria. 1829 legte er seine Profess ab. Nach ersten Studien in Terranova ging er 1834 nach Rom, um im Collegio S. Bonaventura zu studieren. 1836 erwarb er den Doktorgrad in Theologie.

Er empfing die Priesterweihe (genaues Datum unbekannt) und wurde 1846 Guardian des Klosters in Terranova. Er war Dozent an der Schule seines Ordens in Catania ebenso wie im Seminar. 1851 wurde er Socius und Assistent des Generalministers seines Ordens, 1853 Provinzial der Provinz Sizilien, 1853 wurde er Konsultor der Inquisitionskongregation. 1857 verfehlte er nur knapp die Wahl zum Generalminister seines Ordens. 1858 nahm er auf Wunsch von Papst Pius IX. an einer Sondermission in Siebenbürgen teil und begleitete dabei den Nuntius in Österreich, Erzbischof Antonino Saverio de Luca. Es ging um die Frage gemischter Ehen, wo es zwischen der Habsburger Regierung und dem Heiligen Stuhl unterschiedliche Auffassungen gab. Am 28. April 1859 wurde er zum Konsultor der Kongregation für außerordentliche kirchliche Angelegenheiten ernannt.

Papst Pius IX. kreierte ihn im Konsistorium vom 27. September 1861 zum Kardinalpriester und verlieh ihm am 30. September 1861 den Kardinalshut und die Titelkirche S. Girolamo degli Schiavoni. Am 23. Dezember 1861 optierte er für die Titelkirche S.S. XII Apostoli. Am 23. April 1863 wurde er Präfekt der Kongregation für die Ablässe und Reliquien. Vom 17. Januar 1867 bis zum 15. Oktober 1877 war er Kardinalgroßpönitentiar. Er nahm 1869–1870 am I. Vatikanischen Konzil teil. 1878 nahm er am Konklave teil, welches Leo XIII. wählte. 1882–1883 war er Sekretär der Inquisitionskongregation.

Er starb am 21. November 1885 in Rom und wurde auf dem römischen Friedhof Campo Verano beigesetzt.

Trevisanato, Giuseppe Luigi (1801–1877)
Trevisanato wurde am 15. Februar 1801 in Mogliano in Venetien in der Habsburgermonarchie (ab 1804 Kaiserreich Österreich), heute Republik Italien, geboren. Er studierte am Priesterseminar des Patriarchates von Venedig.

Am 13. März 1824 wurde er in Venedig vom Patriarchen von Venedig, Giovanni Ladislao Pyrker, zum Priester geweiht. Er wirkte in Venedig viele Jahre als Dozent am dortigen Seminar. Er war gleichzeitig Dozent an der habsburgisch-kaiserlichen Schule Santa Caterina und wirkte als Seelsorger in einer Pfarrei Venedigs. 1841 wurde er Kanoniker des Patriarchalkapitels von Venedig. Er war Examinator und Präsident der Akademie für Moraltheologie, S. Maurizio. Er war ein bekannter Orientalist, der angeblich 19 alte und orientalische Sprachen beherrschte.

Am 15. März 1852 wurde er auf kaiserliche Nominierung zum Bischof von Verona ernannt, wurde aber noch vor der Weihe vom Papst am 27. September 1852 auf kaiserliche Nominierung zum Erzbischof von Udine ernannt. Die Bischofsweihe empfing er am 16. Januar 1853 in Rom durch Kardinal Fabio Maria Asquini. 1854 wurde er Päpstlicher Thronassistent und am 7. April 1862 zum Patriarchen von Venedig ernannt.

Papst Pius IX. kreierte ihn im Konsistorium vom 16. März 1863 zum Kardinalpriester. Das rote Birett empfing er von einem Abgesandten des Kaisers von Österreich. Der Papst verlieh ihm am 22. September 1864 den Kardinalshut und die Titelkirche Santi Nereo et Achilleo. 1869–1870 nahm er am I. Vatikanischen Konzil teil.

Er starb am 28. April 1877 in Venedig und wurde auf dem Friedhof von S. Michele in Venedig begraben. Seine sterblichen Überreste wurden 1957 in die Kathedrale S. Marco übertragen und endgültig beigesetzt.

De Luca, Antonino Saverio (1805–1883)
De Luca wurde am 28. Oktober 1805 in Bronte auf Sizilien im Königreich Neapel, heute Republik Italien, geboren. Nach der Schulzeit studierte er am Seminar von Monreale und war zwischenzeitlich als Privatlehrer und als öffentlicher Lehrer für Griechisch und Latein in Palermo tätig. 1827 ging er an das Seminar von Neapel und 1829 nach Rom. 1833–1836 war er Privatsekretär von Kardinal Thomas Weld. 1836 wurde er Konsultor der Indexkongregation und der Kongregation *Propaganda Fide*.

Am 10. Februar 1839 wurde er in Rom von Bischof Antonio Piatti, dem Titularpatriarchen von Antiochia, zum Priester geweiht. 1840 wurde er Regens des irischen Kollegs in Rom und 1840–1845 Vizepräsident der Päpstlichen Akademie für den kirchlichen Adel. 1843 wurde er päpstlicher Geheimkämmerer.

Am 24. November 1845 wurde er zum Bischof von Aversa ernannt, nachdem er zuvor vom König beider Sizilien dazu nominiert worden war. Die Bischofsweihe erhielt er am 8. Dezember 1845 in Rom von Kardinal Giacomo Filippo Fransoni. 1845 wurde er Päpstlicher Thronassistent. Am 22. Dezember 1853 wurde er zum Titularerzbischof von Tarsus ernannt und einen Tag später zum Nuntius im Königreich Bayern. Am 9. September 1856 wurde er zum Nuntius am österreichischen Kaiserhof in Wien ernannt.

Papst Pius IX. kreierte ihn im Konsistorium vom 16. März 1863 zum Kardinalpriester. Er erhielt das rote Birett in Wien und der Papst verlieh ihm am 1. Oktober 1863 den Kardinalshut und die Titelkirche Santi Quattri Coronati. 1864–1878 war er Präfekt der Indexkongregation. Er nahm am I. Vatikanischen Konzil 1869–1870 teil und war einer der fünf Präsidenten des Konzils. Er war nach dem Tode Pius IX. einer der Kardinäle, die dafür plädierten, das Konklave im Ausland abzuhalten. Er nahm am Konklave von 1878 teil, welches Leo XIII. wählte. Am 15. Juli 1878 optierte er für die Klasse der Kardinalbischöfe und das suburbikarische Bistum Palestrina. Er wurde am selben Tag zum Vizecamerlengo der Heiligen Römischen Kirche ernannt und erhielt die Kirche San Lorenzo in Damaso *in commendam*, die zu seinem Amt gehörte. Am 13. August 1878 wurde er Präfekt der Studienkongregation.

Er starb am 28. Dezember 1883 in Rom und wurde auf dem römischen Friedhof Campo Verano beigesetzt.

Bizzarri, Giuseppe Andrea (1802–1877)

Bizzarri wurde am 11. Mai 1802 in Paliano im Kirchenstaat, heute Republik Italien, geboren. Er erhielt seine Ausbildung am Seminar von Palestrina und später am Erzgymnasium von Rom. 1824 wurde er zum Doktor der Theologie und der Philosophie promoviert.

Am 18. Dezember 1824 wurde er in Rom zum Priester geweiht. 1829 wurde er Archivar der Apostolischen Pönitentiarie, 1832–1836 war er dort als Archivar und Scrittore tätig. 1832 wurde er päpstlicher Geheimkämmerer, 1837–1847 war er Untersekretär der Kongregation für die Bischöfe und Ordensleute. Am 9. November 1849 wurde er Referendariatsprälat, 1851 Kanoniker an der Basilika S. Maria Maggiore und Mitglied des Kollegiums der Apostolischen Protonotare. 1851–1853 war er Prosekretär der Kongregation für die Bischöfe und Ordensleute. 1853 Konsultor der Inquisitionskongregation und Kanoniker an der Petersbasilika des Vatikans.

Am 30. November 1854 wurde er zum Titularerzbischof von Philippi ernannt und wurde Sekretär der Kongregation für die Bischöfe und Ordensleute. Die Bischofsweihe spendete ihm am 17. Dezember 1854 in Rom Kardinal Gabriele della Genga Sermattei. 1855 wurde er Päpstlicher Thronassistent.

Papst Pius IX. kreierte ihn im Konsistorium vom 16. März 1863 zum Kardinalpriester und verlieh ihm am 19. März 1863 den Kardinalshut und die Titelkirche S. Girolamo degli Schiavoni. Am 17. Januar 1867 wurde er zum Präfekten der Kongregation für die Ablässe und Reliquien ernannt. Er war wesentlich in die Vorbereitung des I. Vatikanischen Konzils eingebunden und war Vorsitzender der Kommission für die Ordensleute. Als einer der Präsidenten des Konzils nahm er am I. Vatikanischen Konzil 1869–1870 teil. Am 31. August 1872 wurde er Präfekt der Kongregation für die Bischöfe und Ordensleute. Am 5. Juli 1875 optierte er für die Titelkirche S. Balbina.

Er starb am 26. August 1877 in Rom und wurde auf dem römischen Friedhof Campo Verano beigesetzt.

Lastra y Cuesta, Luis de la (1803 – 1876)

De la Lastra y Cuesta wurde am 1. Dezember 1803 in Cubas bei Santander im Königreich Spanien geboren. Er besuchte die Piaristenschule Villacarriedo in der Nähe von Santander und ging zum Studium der Theologie, Philosophie und Rechtswissenschaften an die Universität Valladolid.

Im Dezember 1828 wurde er in Valladolid zum Priester geweiht. 1829 erwarb er das Doktorat in beiderlei Rechten (*utriusque iuris*) in Valladolid. Er war Kanoniker in Burgos und in Toledo, 1830 Advokat des Rates von Kastilien, 1831 – 1834 Kanoniker von Orihuela. Danach ging er in die Erzdiözese Valencia, wo er von 1834 bis 1852 Kanoniker war, zeitweilig auch Kapitularvikar und von 1847 bis 1852 Generalvikar.

Am 18. März 1852 wurde er nach königlicher Nomination zum Bischof von Orense ernannt und empfing am 20. Juni 1852 in Madrid durch Nuntius Giovanni Brunelli die Bischofsweihe. Am 3. August 1857 wurde er zum Erzbischof von Valladolid ernannt. Am 16. März 1863 erfolgte nach königlicher Nomination die Ernennung zum Erzbischof von Sevilla.

Papst Pius IX. kreierte ihn im Konsistorium vom 16. März 1863 zum Kardinalpriester. Das rote Birett empfing er von einem Abgesandten der spanischen Königin Maria Christina. Der Papst verlieh ihm in Rom am 12. Juli 1867 den Kardinalshut und die Titelkirche S. Pietro in Vincoli. 1868 wurde er spanischer Senator. 1869 – 1870 nahm er am I. Vatikanischen Konzil teil.

Er starb am 5. Mai 1876 in Sevilla und wurde in der dortigen Kathedrale beigesetzt.

Pitra O.S.B., Jean-Baptiste-François (1812 – 1889)

Pitra wurde am 1. August 1812 in Champforgueil in Burgund im Kaiserreich Frankreich, heute Republik Frankreich, geboren. Er studierte am Priesterseminar von Autun.

Am 13. Dezember 1836 wurde er zum Priester geweiht. Anschließend wirkte er als Dozent für Rhetorik am Seminar in Autun. Im Januar 1842 trat er in die Abtei Solemnes und den Benediktinerorden ein. Im Februar 1843 legte er seine Profess ab und wurde im März 1843 Prior von Saint-Germain in Paris. Er war ein herausragender Patristiker und Archäologe, vor allem aber Kenner des östlichen Kirchenrechts und der ostkirchlichen Liturgie. Er war Hauptmitarbeiter von Abbé Jacques Paul Migne bei der Ausarbeitung von dessen Serie patrologischer Schriften. Zwischen 1845 und 1850 reiste er durch Frankreich, die Schweiz, Belgien, Holland und England, um seinem Priorat bei der Lösung seiner finanziellen Schwierigkeiten zu helfen. 1859 – 1860 sandte ihn Papst Pius IX. nach Russland, wo er sich hauptsächlich in Bibliotheken in St. Petersburg und Moskau zu wissenschaftlichen Arbeiten aufhielt. Danach machte er einen offiziellen Besuch der zwanzig griechisch-katholischen Klöster im habsburgischen Königreich Galizien und Lodomerien (heute Ukraine). Er bereitete die neue Ausgabe der liturgischen Bücher des griechischen Ritus vor, die von der Kongregation *Propaganda Fide* herausgegeben wurde.

Papst Pius IX. kreierte ihn im Konsistorium vom 16. März 1863 zum Kardinalpriester und verlieh ihm am 19. März 1863 den Kardinalshut und die Titelkirche

S. Tommaso in Parione. Am 22. Februar 1867 optierte er für die Titelkirche S. Callisto. Am 19. Januar 1867 wurde er Bibliothekar *S.E.R.* Er nahm am I. Vatikanischen Konzil 1869–1870 teil. 1878 nahm er am Konklave teil, welches Papst Leo XIII. wählte. Am 12. Mai 1879 optierte er für die Klasse der Kardinalbischöfe und das suburbikarische Bistum Frascati. Die Bischofsweihe empfing er am 1. Juni 1879 in der Sixtinische Kapelle des Vatikans durch Papst Leo XIII. Am 24. März 1884 optierte er für das suburbikarische Bistum Porto e Santa Rufina und wurde Subdekan des Kardinalskollegiums.

Er starb am 9. Februar 1889 in Rom und wurde auf dem römischen Friedhof Campo Verano beigesetzt.

Guidi O.P., Filippo Maria (1815–1879)

Guidi wurde am 18. Juli 1815 in Bologna im Kirchenstaat, heute Republik Italien, geboren. Er absolvierte seine ersten Studien im Seminar von Acquapendente. 1834 trat er in den Dominikanerorden im Kloster von S. Maria della Quercia in Viterbo ein und legte im gleichen Jahr seine ersten Gelübde ab. Er studierte an den Studienkonventen der Dominikaner in Viterbo, Perugia und im Konvent von S. Maria sopra Minerva in Rom. In Viterbo erwarb er den Magister der Theologie.

Nach der Priesterweihe (genaues Datum unbekannt) war er für einige Zeit im Konvent S. Maria in Gradi in Viterbo Dozent für Philosophie und Theologie mit dem Schwerpunkt Apologetik. 1851–1857 war er Dozent für Dogmatik im Konvent von S. Maria sopra Minerva in Rom, wo er in diesen Jahren auch zweimal Prior des Konventes war. Gleichzeitig übernahm er den von Kardinal Casanate gestifteten Lehrstuhl für thomistische Theologie an der Biblioteca Casanatense als „Primo Cattedratico del Collegio Casanatense". Am 6. Oktober 1857 wurde er zum ordentlichen Professor für thomistische Theologie in Wien unter Beibehaltung seines bisherigen Lehrstuhles und Titels eines „Primo Cattedratico del Collegio Casanatense" ernannt.

Papst Pius IX. kreierte ihn im Konsistorium vom 16. März 1863 zum Kardinalpriester und verlieh ihm am 19. März 1863 den Kardinalshut und die Titelkirche S. Sisto. Am 21. Dezember 1863 wurde er zum Erzbischof von Bologna ernannt und empfing am 17. Januar 1864 in Rom von Papst Pius IX. die Bischofsweihe. Da ihm die italienische Regierung die Anerkennung verweigerte, konnte er sein Amt nicht ausüben und musste die Diözese durch seinen Generalvikar verwalten lassen. Er nahm am I. Vatikanischen Konzil 1869–1870 teil und wurde dort durch seine Rede vom 18. Juni 1870 bekannt, in der er die Konsultationspflicht des Papstes vor Unfehlbarkeitsentscheidungen forderte. Die Konsultationspflicht des Papstes wurde dann auch Bestandteil des Unfehlbarkeitsdogmas. Nachdem ihm die italienische Regierung dauerhaft die Amtsausübung verweigerte, legte er am 12. November 1871 die Leitung der Erzdiözese Bologna nieder, ohne sie jemals besucht zu haben. Am 29. Juli 1872 optierte er für die Klasse der Kardinalbischöfe und die suburbikarische Diözese Frascati, behielt aber seine Titelkirche S. Sisto *in commendam* bei. Am 6. September 1872 wurde er Präfekt der Kongregation für die kirchliche Immunität, am 20. Juni 1877 verzichtete er auf seine Titelkirche S. Sisto. 1878 nahm er am Konklave teil, welches Papst Leo XIII. wählte.

Er starb am 27. Februar 1879 in Rom und wurde auf dem römischen Friedhof Campo Verano beigesetzt.

Pentini, Francesco (1797 – 1869)

Pentini wurde am 11. Dezember 1797 in Rom als Sohn des Vertreters der Zarin Katharina II. von Russland bei Papst Pius VI. geboren. Er besuchte das Seminario Romano und später das Collegio Romano. 1811 – 1814 war er der schwedischen königlichen Leibgarde zugeteilt, um der zwangsweisen Einweisung in das französische Militärkolleg zu entgehen. 1813 nahm er an der Schlacht bei Leipzig teil und wurde 1814 Leutnant der Garde von König Karl XIII. von Schweden. Nach dem Sturz von Napoleon Bonaparte begleitete er 1814 Papst Pius VII. auf seiner Rückreise von Paris nach Rom als Mitglied der Ehreneskorte. Anschließend trat er in die kirchliche Laufbahn ein.

Er trat in den päpstlichen Hofstaat ein und wurde päpstlicher Geheimkämmerer und päpstlicher Hausprälat. 1816 war er Kanonikus-Koadjutor an der Kirche S. Maria Maggiore. 1820 wurde er Referendariatsprälat an der Apostolischen Signatur und Kanoniker an S. Maria Maggiore. 1820 – 1822 war er Relator der Kongregation Buon Governo. 1823 – 1828 wirkte er als zweiter Assessor der Strafkammer der Apostolischen Kammer, 1825 – 1846 war er beigeordneter Prälat der Konzilskongregation. 1837 – 1863 war er Kleriker der Apostolischen Kammer, 1847 – 1863 deren Dekan. Am 21. September 1846 wurde er Präsident der Archive, 1847 Präsident der Kongregation delle Aque e Strade. 1848 wurde er Vizepräsident des Staatsrates, am 22. Februar 1848 Innenminister, im Mai Mitglied des Obersten Rates. 1861 war er Präsident des Strafgerichts von Rom und anschließend bis 1863 Präsident der Archive.

Er empfing kirchliche Weihen, aber es fehlen die Daten über Art und Zeitpunkt.

Papst Pius IX. kreierte ihn im Konsistorium vom 16. März 1863 zum Kardinaldiakon und verlieh ihm am 19. März 1863 den Kardinalshut und die Kirche S. Maria in Portico Campitelli als Titeldiakonie.

Er starb am 17. Dezember 1869 in Rom und wurde in seiner Titeldiakonie S. Maria in Portico Campitelli beigesetzt.

Bonnechose, Henri-Marie-Gaston Boisnormand de (1800 – 1883)

Bonnechose wurde am 30. Mai 1800 in Paris in der Republik Frankreich, heute wieder Republik Frankreich, geboren. Er verbrachte seine Jugend in Brüssel und teilweise auch in Nijmegen. Im Alter von 18 Jahren konvertierte er vom Protestantismus zum Katholizismus und wurde am 13. September 1819 *sub conditione* getauft. Er studierte in Paris Rechtswissenschaften und wurde 1822 stellvertretender Gerichtsleiter in Andelys und später in Rouen. 1826 wurde er Staatsanwalt in Neufchatel in Bray und 1827 stellvertretender Generalstaatsanwalt in Bourges. Nach wenigen Monaten wurde er im September 1827 Generalstaatsanwalt in Riom. Nach einer Begegnung mit Erzbischof

Louis Francois Auguste de Rohan-Chabot schied er 1829 aus dem Dienst als erster Generalrat des Gerichtshofs von Besançon aus dem Staatsdienst aus und trat 1830 in das Priesterseminar von Straßburg ein.

Am 21. Dezember 1833 wurde er in Straßburg zum Priester geweiht. Es folgten Jahre der Lehrtätigkeit am Priesterseminar in Straßburg und in Besançon. 1844–1847 war er Rektor der französischen Nationalkirche S. Luigi dei Francesi in Rom. Im April 1847 wurde er Ehrenkanoniker des Metropolitankapitels von Cambrai.

Am 17. Januar 1848 wurde er zum Bischof von Carcassonne ernannt, nachdem ihn zuvor der König nominiert hatte. Die Bischofsweihe empfing er am 30. Januar 1848 in Rom in der Kirche S. Luigi dei Francesi durch Kardinal Antonio Francesco Orioli O.F.M.Conv. 1852 wurde er Päpstlicher Thronassistent. Am 23. März 1855 erfolgte die Ernennung zum Bischof von Évreux und am 18. März 1858 wurde er zum Erzbischof von Rouen ernannt. Kaiser Napoleon III. konsultierte ihn oft anlässlich von Bischofsnominationen.

Papst Pius IX. kreierte ihn im Konsistorium vom 11. Dezember 1863 zum Kardinalpriester und er erhielt das rote Birett von Kaiser Napoleon III. Der Papst verlieh ihm am 22. September 1864 den Kardinalshut und die Titelkirche S. Clemente. 1869–1870 nahm er am I. Vatikanischen Konzil als einer der Befürworter des Unfehlbarkeitsdogmas teil. 1878 nahm er am Konklave teil, welches Papst Leo XIII. wählte.

Er starb am 28. Oktober 1883 in Rouen und wurde in der Kathedrale von Rouen beigesetzt.

Cullen, Paul (1803–1878)

Cullen wurde am 29. April 1803 in Prospect im Bistum Kildare in Irland im Vereinigten Königreich Großbritannien und Irland, heute Republik Irland, geboren. Sein Neffe war Kardinal Francis Patrick Moran (1885 kreiert). Er studierte zunächst am St. Patrick's Seminary in Carlow. Bereits 1820 ging er nach Rom, wo er am Päpstlichen *Athenaeum Urbanianum* der Kongregation *Propaganda Fide* studierte. Er verteidigte seine Doktorthese am 11. September 1828 öffentlich im Beisein von Papst Leo XII.

Am 19. April 1829 empfing er in Rom von Kardinal Pietro Caprano die Priesterweihe. Er wurde anschließend Dozent für Hebräisch und biblische Theologie in den verschiedenen Schulen der Kongregation *Propaganda Fide* und war für die Veröffentlichungen der Kongregation zuständig. 1832–1849 war er Regens des irischen Kollegs in Rom.

Während der Revolution 1848 war er kurzfristig auch Rektor des Päpstlichen *Athenaeum Urbanianum* der Kongregation *Propaganda Fide* unter Beibehaltung des Regentenamtes des irischen Kollegs.

Am 8. Januar 1850 wurde er zum Erzbischof von Armagh in Irland ernannt. Er empfing die Bischofsweihe am 24. Februar 1850 in Rom durch Kardinal Castruccio Castracane degli Antelminelli. Im April 1850 wurde er Apostolischer Visitator für alle religiösen Orden in Irland und Apostolischer Delegat für eine erste irische Bischofskonferenz in Thurles. Am 3. Mai 1852 wurde er zum Erzbischof von Dublin ernannt und betreute noch bis Oktober 1852 als Apostolischer Administrator zusätzlich das Erzbistum Armagh. 1854 wurde er Päpstlicher Thronassistent. Er gründete die katholische Universität von Dublin und berief als ersten Rektor John Henry Newman, der ab 1854 sieben Jahre Rektor der Universität war.

Papst Pius IX. kreierte ihn im Konsistorium vom 22. Juni 1866 zum Kardinalpriester und verlieh ihm am 25. Juni 1866 den Kardinalshut und die Titelkirche S. Pietro in Montorio. Er war damit der erste aus Irland stammende und dort lebende Kardinal. 1869–1870 nahm er am I. Vatikanischen Konzil als Befürworter der Lehre von der päpstlichen Unfehlbarkeit teil. 1875 berief er zum zweiten Mal eine irische Bischofskonferenz in Maynooth ein. 1878 reiste er zum Konklave nach Rom, kam aber erst an, als Papst Leo XIII. bereits gewählt worden war.

Er starb am 24. Oktober 1878 in Dublin und wurde im Holy Cross College in Clonliffe bei Dublin beigesetzt.

Hohenlohe-Schillingsfürst, Gustav Adolf von (1823–1896)

Hohenlohe-Schillingsfürst wurde am 26. Februar 1823 in Rothenburg an der Fulda in der Landgrafschaft Hessen-Kassel (auch Kurfürstentum Hessen, Kurhessen genannt), heute Bundesrepublik Deutschland, geboren. Sein Bruder war der spätere deutsche Reichskanzler Chlodwig von Hohenlohe-Schillingsfürst. Er studierte zunächst Rechtswissenschaften an der Universität Bonn. Anschließend trat er in das Priesterseminar von Breslau ein und studierte in Breslau wie in München Theologie und Philosophie. 1846–1847 studierte er in Rom an der Päpstlichen Akademie für den kirchlichen Adel.

Im Januar 1849 wurde er in Gaëta zum Priester geweiht. 1850 wurde er in den päpstlichen Hofstaat als Geheimer Kammerherr aufgenommen. Am 7. November 1857 wurde er Großalmosenier des Papstes.

Am 13. November 1857 wurde er zum Titularerzbischof von Edessa ernannt und empfing am 22. November 1857 im Vatikan durch Papst Pius IX. die Bischofsweihe. Kurz darauf wurde er Kanoniker des Kapitels der Petersbasilika im Vatikan und Päpstlicher Thronassistent.

Papst Pius IX. kreierte ihn im Konsistorium vom 22. Juni 1866 zum Kardinalpriester und verlieh ihm am 25. Juni 1866 den Kardinalshut und die Titelkirche S. Maria in Traspontina. Er gehörte auf dem I. Vatikanischen Konzil. 1869–1870 zu den Gegnern der Lehre von der päpstlichen Unfehlbarkeit. Sein theologischer Berater während des Konzils war Prof. Johannes Friedrich gewesen, der später zu den Altkatholiken überwechselte. Nachdem das Konzil aber das Dogma angenommen hatte, akzeptierte er es und opponierte nicht mehr dagegen. Nach der Auflösung des Kirchenstaates 1870 ging er nach Deutschland und residierte auf Schloss Schillingsfürst. Bismarck versuchte ihn im April 1872 zum deutschen Gesandten am Heiligen Stuhl zu machen, was aber an der Opposition der Kurie scheiterte und von Pius IX. abgewiesen wurde. Im Februar 1876 kehrte er nach Rom zurück. Er nahm 1878 am Konklave teil, welches Papst Leo XIII. wählte. Unter ihm gewann er wieder Einfluss und bemühte sich um Vermittlung im

Kulturkampf zwischen Deutschland und dem Heiligen Stuhl. Am 15. Juli 1878 wurde er zum Erzpriester von S. Maria Maggiore ernannt. Am 12. Mai 1879 optierte er für die Klasse der Kardinalbischöfe und das suburbikarische Bistum Albano. Differenzen mit der Kurie führten im September 1883 zum Rücktritt vom Bischofsamt von Albano und er gehörte nun wieder zur Klasse der Kardinalpriester entsprechend seinem Dienstalter. Am 10. November 1884 optierte er für die Titelkirche S. Callisto, am 2. Dezember 1895 für die Titelkirche S. Lorenzo in Lucina. Er verbrachte seinen Lebensabend in der Villa d'Este in Tivoli.

Er starb am 30. Oktober 1896 in Rom und wurde auf dem Friedhof Campo Santo im Vatikan beigesetzt.

Bilio C.R.S.P., Luigi Maria (1826 – 1884)

Bilio wurde am 25. März 1826 in Alessandria in Piemont im Königreich Sardinien, heute Republik Italien, geboren. Im Alter von 14 Jahren trat er in den Barnabitenorden ein (Kongregation der Regularkanoniker von St. Paul). Seine Profess legte er 1842 ab.

1849 wurde er in Vercelli zum Priester geweiht. Anschließend unterrichtete er Griechisch und Philosophie am Collegio Ducale in Parma, später auch in Neapel. Er war Dozent für Philosophie, Theologie und Kirchenrecht am Collegio S. Carlo i Catinari in Rom und Generalassistent seines Ordens. 1864 wurde er Konsultor der Inquisitionskongregation, 1865 Konsultor der Indexkongregation. Er war führend an der Ausarbeitung der Enzyklika *Quanta cura* von 1864 und dem dieser Enzyklika als Anhang angefügten *Syllabus errorum* beteiligt.

Papst Pius IX. kreierte ihn im Konsistorium vom 22. Juni 1866 zum Kardinalpriester und verlieh ihm am 25. Juni 1866 den Kardinalshut und die Titelkirche S. Lorenzo in Panisperna. Er war einer der fünf Präsidenten des I. Vatikanischen Konzils 1869 – 1870 und ein Befürworter des Dogmas der Unfehlbarkeit des Papstes.

Am 22. Dezember 1873 optierte er für die Klasse der Kardinalbischöfe und das suburbikarische Bistum Sabina. Die Bischofsweihe empfing er am 12. Januar 1874 im Vatikan von Papst Pius IX. 1876 wurde er Präfekt der Kongregation für Ablässe und Reliquien und Präfekt der Ritenkongregation. Im Oktober 1877 wurde er Kardinalgroßpönitentiar. Er nahm am Konklave von 1878 teil, welches Leo XIII. wählte. Am 25. Januar 1883 wurde er zusätzlich Sekretär der Inquisitionskongregation.

Er starb am 30. Januar 1884 in Rom und wurde auf dem römischen Friedhof Campo Verano beigesetzt.

Matteucci, Antonio (1802 – 1866)

Matteucci wurde am 15. März 1802 in Fermo im Kirchenstaat, heute Republik Italien, geboren.

Nach der Weihe zum Diakon trat er in die Verwaltung des Kirchenstaates ein und wurde am 7. Mai 1829 Referendariatsprälat. 1830 wurde er Relator der Kongregation Buon Governo. 1830 – 1836 war er Richter an der Kongregation der Fabrik von St. Peter.

1832–1835 wirkte er am Gericht der Regierung des Kirchenstaates. 1833–1846 war er beigeordneter Prälat der Konzilskongregation. 1836 wurde er Konsultor der Kongregation Buon Governo. 1837–1843 war er Ökonom und Sekretär der Kongregation Fabrik von St. Peter, 1844–1853 Sekretär der Kongregation Buon Govero. 1852–1865 war er Generaldirektor der päpstlichen Polizei und zuständig für die öffentliche Sicherheit im Kirchenstaat. Zusätzlich war er ab 1853 Vize-Camerlengo S.E.R.

Papst Pius IX. kreierte ihn im Konsistorium vom 22. Juni 1866 zum Kardinaldiakon und verlieh ihm am 25. Juni 1866 den Kardinalshut und die Kirche S. Giorgio in Velabro als Titeldiakonie.

Er starb am 9. Juli 1866 in Rom und wurde in der Kirche S. Salvatore in Lauro beigesetzt.

Consolini, Domenico (1806–1884)

Consolini wurde am 7. Juni 1806 in Senigallia im Kirchenstaat, heute Republik Italien, geboren. Er absolvierte seine ersten Studien in Senigallia, bevor er von 1830 bis 1832 in Rom die Päpstliche Akademie für den kirchlichen Adel besuchte und dort Rechtswissenschaften studierte.

Er wurde zum Diakon, aber nie zum Priester geweiht. Am 20. Dezember 1832 trat er in die römische Prälatur ein und wurde päpstlicher Hausprälat, Referendariatsprälat und Apostolischer Protonotar. 1832–1834 war er Relator der Kongregation Buon Governo. 1834 wurde er erster Assessor des Strafgerichts der Apostolischen Kammer und Prälatus extraordinarius der Konzilskongregation. 1835–1837 war er Apostolischer Delegat in Camerino, von 1838 bis 1842 in Fermo. 1843–1847 war er Auditor des Gerichts der Apostolischen Signatur der Gerechtigkeit, 1844 Assessor des Gerichts der Kongregation für Loreto. 1846 wurde er Apostolischer Delegat in Perugia, 1850 bis 1866 war er Vizepräsident des Staatsrats.

Papst Pius IX. kreierte ihn im Konsistorium vom 22. Juni 1866 zum Kardinaldiakon und verlieh ihm am 25. Juni 1866 den Kardinalshut und die Kirche S. Maria in Domnica als Titeldiakonie. 1867 wurde er Präfekt für die wirtschaftlichen Angelegenheiten der Kongregation *Propaganda Fide* und Präsident der Spolien. Er nahm 1869–1870 am I. Vatikanischen Konzil teil. Er nahm am Konklave von 1878 teil, welches Papst Leo XIII. wählte. Im März 1884 wurde er Camerlengo *S.E.R.*

Er starb am 20. Dezember 1884 in Rom und wurde zunächst auf dem römischen Friedhof Campo Verano beigesetzt. Später wurde er auf Veranlassung seiner Familie auf dem Friedhof Delle Grazie in Senigallia beigesetzt.

Bonaparte, Lucien-Louis-Joseph-Napoléon (1828–1895)

Bonaparte wurde am 15. November 1828 in Rom im Kirchenstaat, heute Republik Italien, geboren und von seinem Großonkel Kardinal Joseph Fesch getauft. Sein Taufpate war sein Cousin Louis-Napoléon Bonaparte, der spätere Kaiser Napoleon III.

1854 trat er in den kirchlichen Dienst, über seinen kirchlichen Ausbildungsgang ist nichts bekannt. Seinen Titel eines Fürsten von Camino e Musignano musste er zurückgeben.

Am 13. Dezember 1857 wurde er in Rom von Papst Pius IX. zum Priester geweiht. Er wurde Vikar an der Kirche S. Maria in Via Lata in Rom, welche die Pfarrkirche des Palastes der Familie Bonaparte war. Er lebte anschließend in Paris und wurde zum Kaplan von Kaiser Napoleon III. ernannt. Später wurde er auch Apostolischer Protonotar.

Papst Pius IX. kreierte ihn im Konsistorium vom 13. März 1868 zum Kardinalpriester und verlieh ihm am 16. März 1868 den Kardinalshut und die Titelkirche S. Pudenziana. Er nahm am I. Vatikanischen Konzil 1869–1870 teil. Er nahm am Konklave teil, welches Papst Leo XIII. wählte. Am 19. September 1879 optierte er für die Titelkirche S. Lorenzo in Lucina.

Er starb am 19. November 1895 in Rom und wurde auf dem römischen Friedhof Campo Verano beigesetzt.

Ferrieri, Innocenzo (1810–1887)

Ferrieri wurde am 14. September 1810 in Fano im Kirchenstaat, heute Republik Italien, geboren. Er studierte zunächst an der Universität Macerata und wechselte dann an die Universität La Sapienza in Rom, wo er neben Theologie und Philosophie auch Rechtswissenschaften studierte und im August 1833 den Doktor der Theologie erwarb und im Juni 1837 in beiderlei Rechten (*utriusque iuris*) promoviert wurde.

Am 20. September 1834 wurde er in Rom zum Priester geweiht. Er war zunächst Auditor der Nuntiatur in Neapel. 1844 erhielt er den Titel eines päpstlichen Geheimkämmerers. 1841–1848 war er Geschäftsträger des Heiligen Stuhls in den Niederlanden und stellvertretender Leiter der dortigen päpstlichen Mission, 1842 trat er in die Kongregation für außerordentliche Angelegenheiten ein. Er war persönlicher geheimer Kammerherr von Papst Gregor XVI.

Am 4. Oktober 1847 wurde er zum Titularerzbischof von Sida ernannt und empfing am 10. Oktober 1847 in Rom von Papst Pius IX. die Bischofsweihe. 1847–1848 war er außerordentlicher Gesandter in Konstantinopel. 1848–1850 war er Nuntius in Belgien. Anschließend wurde er Nuntius im Königreich beider Sizilien, wo er bis 1856 akkreditiert war und bis 1858 blieb. Am 15. Juli 1856 wurde er zum Nuntius in Portugal ernannt; er kam im Oktober 1858 in Portugal an.

Papst Pius IX. kreierte ihn im Konsistorium vom 13. März 1868 zum Kardinalpriester. Das rote Birett wurde ihm in Portugal überreicht. Der Papst verlieh ihm am 24. September 1868 den Kardinalshut und die Titelkirche S. Cecilia. Er nahm 1869–1870 am I. Vatikanischen Konzil teil. Am 31. März 1875 wurde er Präfekt der Kongregation für die Ablässe und Reliquien, am 6. Juli 1876 Pro-Präfekt der Kongregation für die Bischöfe und Ordensleute. Er nahm 1878 am Konklave teil, welches Papst Leo XIII.

wählte. 1878–1887 war er Präfekt der Kongregation für die Bischöfe und Ordensleute und der Kongregation für die Disziplin der Ordensleute.

Er starb am 13. Januar 1887 in Rom und wurde auf dem römischen Friedhof Campo Verano beigesetzt.

Gonella, Matteo Eustachio (1811–1870)

Gonella wurde am 20. September 1811 in Turin im Kaiserreich Frankreich, heute Republik Italien, geboren. Er ging nach Rom, um dort an der Universität La Sapienza zu studieren. 1841 wurde er dort in beiderlei Rechten (*utriusque iuris*) promoviert.

Am 18. Februar 1838 wurde er in Saluzzo zum Priester geweiht. Er trat als Referendariatsprälat 1842 in die römische Prälatur ein, wurde päpstlicher Hausprälat und arbeitete zunächst bei der Kongregation für außerordentliche kirchliche Angelegenheiten, 1843–1845 war er beigeordneter Prälat der Konzilskongregation. 1845 wurde er Apostolischer Protonotar und Konsultor der Kongregation für außerordentliche kirchliche Angelegenheiten, 1846–1847 war er Apostolischer Delegat in der Provinz Orvieto und 1847–1848 in der Provinz Viterbo. 1848 floh er mit Papst Pius IX. nach Gaëta.

Am 20. Mai 1850 wurde er zum Titularerzbischof von Neocaesarea ernannt und empfing am 26. Mai 1850 in Rom von Papst Pius IX. die Bischofsweihe. Kurz darauf wurde er zum Nuntius in Belgien ernannt und Päpstlicher Thronassistent. Am 1. Oktober 1861 wurde er zum Nuntius im Königreich Bayern ernannt. Am 22. Juni 1866 erfolgte die Ernennung zum Bischof von Viterbo und Toscanella (jetzt Tuscania) mit dem persönlichen Titel eines Erzbischofs.

Papst Pius IX. kreierte ihn im Konsistorium vom 13. März 1868 zum Kardinalpriester und verlieh ihm am 16. März 1868 den Kardinalshut und die Titelkirche S. Maria sopra Minerva. Er nahm 1869–1870 am I. Vatikanischen Konzil teil.

Er starb während des Konzils am 15. April 1870 in Rom und wurde in der Kathedrale von Viterbo beigesetzt.

Barili, Lorenzo (1801–1875)

Barili wurde am 1. Dezember 1801 in Ancona im Kirchenstaat, heute Republik Italien, geboren. Er studierte zunächst am Seminar von Ancona, bevor er Seminarius des Collegio Capranica in Rom wurde und am Collegio Romano und am Seminario Romano studierte.

Am 2. September 1827 wurde er in Ancona zum Priester geweiht. Es folgten weitere Studien am Seminar S. Apollinare in Rom, wo er in Philosophie und Theologie promoviert wurde. Danach kehrte er nach Ancona zurück, wo er 1833–1839 Dozent für Philosophie und Präfekt und Studiendirektor am dortigen Seminar war. Weiter war er Präfekt des Gymnasiums und Präfekt der kommunalen Bibliothek sowie Primicerius (Domvikar) am Domkapitel von Ancona. 1839–1844 war er Auditor der Nuntiatur im Königreich beider Sizilien in Neapel, 1844–1848 Auditor der Nuntiatur in Portugal. Am 13. Mai 1848 wurde er zum Internuntius in Brasilien ernannt, trat dieses Amt aber nie an. Vor der Abreise nach

Brasilien wurde er zu einer Sondermission in die Schweiz gesandt, aber durch den Ausbruch der römischen Revolution von 1848 ging er nach Ancona, wo er zunächst blieb und Pro-Generalvikar des Bischofs von Ancona, Kardinal Antonio Maria Cadolini, war. Nachdem er sein Amt als Internuntius in Brasilien nicht antreten konnte, wurde er am 26. Mai 1851 zum Apostolischen Delegaten in Nueva Granada (Kolumbien) ernannt. Nachdem die diplomatischen Beziehungen zwischen Nueva Granada und dem Heiligen Stuhl am 21. September 1853 abgebrochen wurden, blieb er dennoch bis Ende 1856 in diesem Land.

Am 3. August 1857 wurde er zum Titularerzbischof von Tiana ernannt. Die Bischofsweihe empfing er am 1. November 1857 in der Kathedrale von Ancona durch Kardinal Giovanni Brunelli. Er wurde zum Nuntius in Spanien ernannt und am 13. November 1857 am spanischen Hof akkreditiert. 1858 wurde er Päpstlicher Thronassistent.

Papst Pius IX. kreierte ihn im Konsistorium vom 13. März 1868 zum Kardinalpriester. Das rote Birett empfing er in Spanien. Der Papst verlieh ihm am 24. September 1868 den Kardinalshut und die Titelkirche S. Agnese fuori le Mura. 1869–1870 nahm er am I. Vatikanischen Konzil teil. Am 6. September 1872 wurde er Präfekt der Kongregation für Ablässe und Reliquien.

Er starb am 8. März 1875 in Rom und wurde vorübergehend auf dem römischen Friedhof Campo Verano beigesetzt. 1878 wurden seine sterblichen Überreste nach Ancona überführt und dort endgültig beigesetzt.

Berardi, Giuseppe (1810–1878)

Berardi wurde am 28. September 1810 in Ceccano im Kirchenstaat, heute Republik Italien, geboren. Er begann seine Studien am Seminar von Ferentino und ging anschließend nach Rom, wo er am Collegio Romano studierte. Dort wurde er zum Doktor der Theologie promoviert und an der Universität La Sapienza 1837 zum Doktor beiderlei Rechte (*utriusque iuris*) promoviert.

Er blieb bis 1862 Laie und war verheiratet. Aus der Ehe ging eine Tochter hervor. Als Laie war er 1843–1844 Justizauditor am Gericht der Apostolischen Kammer. 1844 trat er in die römische Prälatur ein und wurde zum Referendariatsprälaten ernannt. Er war an mehreren päpstlichen Gerichten tätig, 1847 wurde er Vizepräsident des Strafgerichtshofes des Kirchenstaates. Er begleitete den Papst in das Exil nach Gaëta und wurde in dieser Zeit außerordentlicher Kommissar für die Provinz Marittima e Campagna, 1849 wurde er Pro-Legat für Velletri und 1850 in das Kollegium der Apostolischen Protonotare aufgenommen. 1851 wurde er Vizepräsident des römischen Zivilgerichtes. 1851–1868 war er Substitut im Staatssekretariat und Sekretär der Chiffren. Am 18. Januar 1859 wurde er zum Sekretär der Kongregation für außerordentliche kirchliche Angelegenheiten unter Beibehaltung seines Postens als Substitut des Staatssekretariates ernannt. Von dieser Stellung trat er im Oktober 1860 zurück. 1861 wurde er Konsultor der Inquisitionskongregation.

Am 19. März 1862 wurde er, mittlerweile verwitwet, in Rom zum Priester geweiht.

Am 7. April 1862 wurde er zum Titularerzbischof von Nizäa ernannt. Die Bischofsweihe empfing er erst am 8. November 1863 in Rom durch Kardinal Costantino Patrizi.

Papst Pius IX. kreierte ihn im Konsistorium vom 13. März 1868 zum Kardinalpriester und verlieh ihm am 16. März 1868 den Kardinalshut und die Titelkirche Santi Marcellino e Pietro. Er blieb in der Verwaltung des Kirchenstaates und wurde im April 1868 dessen letzter Minister für Handel und öffentlichen Dienst. 1869–1870 nahm er am I. Vatikanischen Konzil teil und 1878 am Konklave, welches Papst Leo XIII. wählte.

Er starb am 6. April 1878 in Rom und wurde auf dem römischen Friedhof Campo Verano beigesetzt.

Moreno y Maisonave, Juan De La Cruz Ignacio (1817–1884)

Moreno y Maisonave wurde am 24. November 1817 in Guatemala, welches damals noch Kolonie des spanischen Königreiches war, heute Republik Guatemala, geboren. Seine Familie verließ Guatemala 1823 nach dem Sieg der Independisten und ging nach Europa zurück. Er studierte am Jesuitenkolleg in Madrid und an der Universität von Madrid, wo er am 7. August 1842 den Doktor beiderlei Rechte (*utriusque iuris*) erwarb. Nach einem Aufenthalt in Schottland kehrte seine Familie nach Spanien zurück. Er wirkte 1844 bis 1849 als Professor der Rechtswissenschaften an der Universität Madrid.

Am 1. Juli 1849 wurde er zum Priester geweiht. Als Priester wirkte er in der Erzdiözese Burgos, wo er 1851 Dekan des Metropolitankapitels der Kathedrale wurde. Er war Generalvikar der Diözese und wurde im April 1853 Auditor des obersten Gerichts der Römischen Rota in der Nuntiatur von Madrid.

Am 25. September 1857 wurde er nach vorheriger Nomination durch den Monarchen zum Bischof von Oviedo ernannt. Er empfing die Bischofsweihe am 8. Dezember 1857 in Madrid durch Erzbischof Cirilo de Alameda y Brea O.F.M.Conv. von Toledo. 1862 wurde er Päpstlicher Thronassistent, am 1. Oktober 1863 Erzbischof von Valladolid.

Papst Pius IX. kreierte ihn im Konsistorium vom 13. März 1868 zum Kardinalpriester. Das rote Birett wurde ihm in seiner Heimat überreicht. Der Papst verlieh ihm am 22. November 1869 den Kardinalshut und die Titelkirche S. Maria della Pace. 1869–1870 nahm er am I. Vatikanischen Konzil teil. Am 5. Juli 1875 wurde er nach vorheriger Nomination durch den Monarchen zum Erzbischof von Toledo und Primas von Spanien ernannt. 1878 nahm er am Konklave teil, welches Papst Leo XIII. wählte.

Er starb am 28. August 1884 in Madrid und wurde in der Kathedrale von Toledo beigesetzt.

Monaco la Valletta, Raffaele (1827–1896)

Monaco la Valleta wurde am 23. Februar 1827 in Aquila in den Abruzzen im Kirchenstaat, heute Republik Italien, geboren. Er studierte in Rom am Collegio Romano, wo er in Theologie promoviert wurde und an der Universität La Sapienza, wo er in beiderlei Rechten (*utriusque iuris*) einen Doktor erwarb. 1846 trat er in die Päpstliche Akademie für den kirchlichen Adel ein.

1849 wurde er zum Priester geweiht. Er trat in die Prälatur ein und wurde 1854 Referendariatsprälat. 1857–1868 war er beigeordneter Prälat der Konzilskongregation, 1858 wurde er Apostolischer Protonotar. 1859 wurde er zunächst Pro-Assessor der Inquisitionskongregation und schließlich wirkte er dort bis 1868 als Auditor. 1859 wurde er Kanoniker des Kapitels der Petersbasilika im Vatikan.

Papst Pius IX. kreierte ihn im Konsistorium vom 13. März 1868 zum Kardinalpriester und verlieh ihm am 16. März 1868 den Kardinalshut und die Titelkirche S. Croce in Gerusalemme. Er nahm 1869–1870 am I. Vatikanischen Konzil teil. Im November 1870 wurde er zum Sekretär für die Memorialien ernannt. 1873–1884 war er Kommendentarabt der Klöster St. Benedikt und Scholastika in Subiaco.

Am 9. Januar 1874 wurde er zum Titularerzbischof von Heraclea ernannt. Er empfing die Bischofsweihe am 12. Januar 1874 im Vatikan durch Papst Pius IX. Am 21. Dezember 1876 wurde er zum Kardinalvikar des Bistums Rom ernannt. Er nahm am Konklave von 1878 teil, welches Papst Leo XIII. wählte. Am 12. Februar 1884 wurde er Kardinalgroßpönitentiar und Sekretär der Inquisitionskongregation. Am 24. März 1884 optierte er für die Klasse der Kardinalbischöfe und das suburbikarische Bistum Albano. Am 4. März 1885 wurde er Erzpriester der Lateranbasilika. Am 1. März 1889 wurde er Präfekt der Zeremonialkongregation und optierte am 24. März für das suburbikarische Bistum Ostia e Velletri, womit er Dekan des Kardinalskollegiums wurde.

Er starb am 14. Juli 1896 in Agerola bei Amalfi. Er wurde auf dem römischen Friedhof Campo Verano beigesetzt.

Borromeo, Edoardo (1822–1881)

Borromeo wurde am 3. August 1822 in Mailand im habsburgischen Königreich Venetien und Lombardei im Kaiserreich Österreich, heute Republik Italien, geboren. Sein Nachname wird auch als Borromeo Arese aufgeführt. Aus seiner Familie stammen mehrere Kardinäle, deren bekanntester Kardinal Carlo Borromeo war. 1838 gehörte Edoardo mit seinem Bruder zur Begleitung des österreichischen Kaisers in Mailand. Er studierte in Rom am Collegio Romano und an der Päpstlichen Akademie für den kirchlichen Adel. 1840 wurde er zum Doktor in beiderlei Rechten (*utriusque iuris*) promoviert und 1841 erhielt er das Doktorat in Philosophie. 1841 erhielt er die niederen Weihen. 1845–1850 gehörte er als Geheimer Kammerherr zum Hofstaat des Papstes.

Im Dezember 1846 wurde er in Rom von Papst Pius IX. zum Priester geweiht und wurde 1847 Kanoniker des Kapitels der Petersbasilika im Vatikan. Während der Revolution 1848 begleitete er den Papst in das Exil nach Gaëta. 1850–1856 war er Maestro di Camera des Papstes. Am 20. Juni 1856 wurde er Maiordomus des Papstes.

Papst Pius IX. kreierte ihn im Konsistorium vom 13. März 1868 zum Kardinaldiakon und verlieh ihm am 16. März 1868 den Kardinalshut und die Kirche Santi Vito e Modesto als Titeldiakonie. 1869 wurde er Präfekt des Apostolischen Palastes. Er nahm 1869–1870 am I. Vatikanischen Konzil teil. Am 10. Juli 1872 wurde er Erzpriester der Petersbasilika im Vatikan und Präfekt der Kongregation der Fabrik von St. Peter. 1878 nahm er am Konklave teil, welches Papst Leo XIII. wählte. Am 28. März 1878 optierte er für die Klasse der Kardinalpriester und übernahm die Titelkirche S. Prassede.

Am 19. April 1878 wurde er zum Titularerzbischof von Adana ernannt und am 19. Mai 1878 im Vatikan durch Papst Leo XIII. zum Bischof geweiht.

Er starb am 30. November 1881 in Rom und wurde auf dem römischen Friedhof Campo Verano beigesetzt.

Capalti, Annibale (1811–1877)
Capalti wurde am 21. Januar 1811 in Rom im Kirchenstaat, heute Republik Italien, geboren. Er besuchte das Seminar von Volterra und später das Seminario Romano in Rom, wo er in Philosophie und Theologie promovierte.

Er empfing die Priesterweihe, über deren genaues Datum wir keine Angaben haben. 1839 wurde er Koadjutor mit dem Recht der Nachfolge von Msgr. Brunelli, der Professor für kanonisches Recht an der Universität La Sapienza in Rom war. 1840–1847 war er dort ordentlicher Professor für kanonisches Recht und wurde Kanonikus des Kapitels von S. Maria in Trastevere. 1845–1852 war er Sekretär der Studienkongregation. Er wurde schließlich Kanoniker an der Lateranbasilika und war 1848–1860 Studienpräfekt am Seminario Romano. 1851 wurde er Konsultor der Kongregation für außerordentliche kirchliche Angelegenheiten und der Indexkongregation. 1851–1861 war er Mitglied des Staatsrats. 1854–1861 war er Sekretär der Ritenkongregation und 1861–1868 Sekretär der Kongregation *Propaganda Fide*.

Papst Pius IX. kreierte ihn im Konsistorium vom 13. März 1868 zum Kardinaldiakon und verlieh ihm am 16. März 1868 den Kardinalshut und die Kirche S. Maria in Aquiro als Titeldiakonie. 1869–1870 nahm er am I. Vatikanischen Konzil teil und war 1870–1877 Präfekt der Studienkongregation.

Er starb am 18. Oktober 1877 in Rom und wurde auf dem römischen Friedhof Campo Verano beigesetzt.

Morais Cardoso, Inácio tun Nascimento (1811–1883)
Morais Cardoso wurde am 20. Dezember 1811 in Murcia (oder Murça) bei Braga im Königreich Portugal, heute Republik Portugal, geboren. Er studierte an der Universität Coimbra, wo er das Lizentiat in Theologie erwarb.

Am 19. Dezember 1835 wurde er zum Priester geweiht. Er wirkte im Patriarchat Lissabon und war Kaplan und Beichtvater des Königs Dom Pedro V. von Portugal. Er wurde Kustos der königlichen Kapelle, Kanonikus im Patriarchalkapitel und 1854–1863 Koadjutor des Patriarchen von Lissabon in der Pfarrei des königlichen Palastes.

Am 28. September 1863 wurde er nach königlicher Nomination zum Bischof von Faro ernannt und empfing am 14. Februar 1863 in Lissabon vom Patriarchen von Lissabon, Kardinal Manuel Bento Rodrigues da Silva, die Bischofsweihe. 1869–1870 nahm er am I. Vatikanischen Konzil teil. Am 25. April 1871 wurde er zum Patriarchen von Lissabon ernannt.

Papst Pius IX. kreierte ihn im Konsistorium vom 22. Dezember 1873 zum Kardinalpriester. Das rote Birett empfing er in seiner Heimat von einem Abgesandten des Königs. Der Papst verlieh ihm am 25. Juni 1877 den Kardinalshut und die Titelkirche Santi Nereo ed Achilleo. Er nahm am Konklave von 1878 teil, welches Papst Leo XIII. wählte.

Er starb am 23. Februar 1883 in Lissabon und wurde in der Kathedrale des Patriarchen von Lissabon beigesetzt.

Régnier, René-François (1794 – 1881)
Régnier wurde am 17. Juli 1794 in Saint Quentin Les Beaurepaire in der Republik Frankreich, heute wieder Republik Frankreich, geboren. Er besuchte das Seminar von Angers.

Am 19. Dezember 1818 wurde er zum Priester geweiht. In der Diözese Angers war er Kaplan, Schuldirektor einer staatlichen Schule und Ehrendomherr der Kathedrale von Angers. Schließlich wurde er Kanoniker an der Kathedrale und Generalvikar des Bistums.

Am 22. Juli 1842 wurde er zum Bischof von Angoulême nach vorheriger königlicher Nomination ernannt und empfing am 25. September 1842 in Paris von Erzbischof Denis Affre von Paris die Bischofsweihe. 1847 wurde er zum Päpstlichen Thronassistenten ernannt, am 30. September 1850 wurde er Erzbischof von Cambrai. 1869 – 1870 nahm er am I. Vatikanischen Konzil teil.

Papst Pius IX. kreierte ihn im Konsistorium vom 22. Dezember 1873 zum Kardinalpriester. Das rote Birett empfing er in seiner Heimat. Der Papst verlieh ihm am 31. Dezember 1877 den Kardinalshut. Die Titelkirche SS. Trinità al Monte Pincio erhielt er bereits am 4. Mai 1874. Er nahm am Konklave 1878 teil, welches Papst Leo XIII. wählte.

Er starb am 3. Januar 1881 in Cambrai und wurde in der Kathedrale von Cambrai beigesetzt.

Tarnoczy, Maximilian Joseph von (1806 – 1876)
Tarnoczy wurde am 24. Oktober 1806 in Schwatz in Tirol im Kaiserreich Österreich, heute Republik Österreich, geboren. 1824 trat er in das Priesterseminar Salzburg ein. Da er nach Abschluss seines Studiums noch zu jung für den Empfang der Priesterweihe war, wurde er an das Seminar Frintaneum nach Wien gesandt und studierte an der Universität Wien.

Am 25. Oktober 1829 wurde er in Salzburg zum Priester geweiht. Er studierte weiter in Wien und wurde nach der Promotion in Theologie 1832 in Salzburg Professor für Dogmatik am Salzburger Lyzeum. 1839 amtierte er dort als Dekan, 1842/43 als Rektor des Lyzeums. Daneben war er Subregens des Priesterseminars und Berater von Kardinal Schwarzenberg, der ihn 1844 in das Metropolitankapitel berief. 1848 wurde er Vertreter des Erzbischofs von Salzburg im Tiroler Landtag.

Am 24. Oktober 1850 wählte ihn das Metropolitankapitel zum Erzbischof von Salzburg und *Primas Germaniae*. Die Genehmigung durch den Kaiser erfolgte am 6. November 1850, die Bestätigung der Wahl durch den Papst am 17. Februar 1851. Die Bischofsweihe empfing er am 1. Juni 1851 durch den Prager Erzbischof Kardinal Friedrich Johannes Jacob Coelestin von Schwarzenberg. 1857 wurde er Päpstlicher Thronassistent. Er nahm am I. Vatikanischen Konzil 1869–1870 teil und war dort zunächst ein Vertreter der Minorität, die gegen die Dogmatisierung der Unfehlbarkeit des Papstes war. Dennoch stimmte er am 18. Juli 1870 mit wenigen deutschsprachigen Bischöfen für das Dekret.

Papst Pius IX. kreierte ihn im Konsistorium vom 22. Dezember 1873 zum Kardinalpriester. Das rote Birett empfing er in seiner Heimat, den Kardinalshut empfing er offenbar nie. Seine Titelkirche S. Maria in Aracoeli wurde ihm am 4. Mai 1874 verliehen.

Er starb am 4. April 1876 in Salzburg und wurde in der Kathedrale von Salzburg beigesetzt.

Chigi, Flavio (1810–1885)

Chigi wurde am 31. Mai 1810 in Rom im Kirchenstaat, heute Republik Italien, als Sohn einer bedeutenden Familie geboren, zu deren Vorfahren Papst Alexander VII. (1655–1667) und mehrere weitere Kardinäle gehörten. Er trat in die päpstliche Nobelgarde ein, der er bis 1848 angehörte. Später studierte er Theologie bei den Jesuiten in Tivoli.

Am 17. Dezember 1853 wurde er zum Priester geweiht und sofort zum Kanoniker der Petersbasilika im Vatikan sowie zum päpstlichen Geheimkämmerer ernannt.

Am 19. Juni 1856 wurde er zum Titularerzbischof von Mira ernannt und empfing am 6. Juli 1856 von Papst Pius IX. die Bischofsweihe. Am 24. April 1857 wurde er Nuntius im Königreich Bayern. Am 1. Oktober 1861 wurde er Nuntius im Kaiserreich Frankreich und kurz darauf Päpstlicher Thronassistent.

Papst Pius IX. kreierte ihn im Konsistorium vom 22. Dezember 1873 zum Kardinalpriester und verlieh ihm am 15. März 1877 den Kardinalshut. Seine Titelkirche S. Maria del Popolo bekam am 15. Juni 1874 verliehen. Am 24. Dezember 1876 wurde er zum Erzpriester der Lateranbasilika ernannt. Er nahm am Konklave 1878 teil, welches Papst Leo XIII. wählte. Am 10. November 1881 wurde er Sekretär der Memorialien, am 24. März 1884 Sekretär der Breven und der Cancelleria.

Er starb am 15. Februar 1885 in Rom und wurde auf dem römischen Friedhof Campo Verano beigesetzt.

Franchi, Alessandro (1819–1878)

Franchi wurde am 25. Juni 1819 in Rom im Kirchenstaat, heute Republik Italien, geboren.

Er studierte am Seminario Romano, wo er 1841 in Philosophie und Theologie promoviert wurde. Weiter studierte er an der Universität La Sapienza in Rom Kirchenrecht und wurde dort zum Doktor beiderlei Rechte (*utriusque iuris*) promoviert.

Am 16. März 1842 wurde er zum Priester geweiht. Anschließend war er Professor für Philosophie am Seminario Romano und unterrichtete Diplomatie an der Päpstlichen Akademie für den kirchlichen Adel und ab 1848 Kirchengeschichte an der Universität La Sapienza in Rom. Seit dem 1. April 1842 war er im Sekretariat der Kongregation für außerordentliche kirchliche Angelegenheiten tätig und wirkte 1851–1853 als Sachbearbeiter (*Minutante aggiunto*) im Staatssekretariat. 1852 wurde er päpstlicher Geheimkämmerer. 1853–1856 war er interimistisch Geschäftsträger der Nuntiatur in Spanien und wurde nach seiner Rückkehr nach Rom Referendariatsprälat und bald darauf päpstlicher Hausprälat. 1856–1859 war er Internuntius in Florenz beim Großherzog der Toskana.

Am 19. Juni 1856 wurde er zum Titularerzbischof von Thessaloniki ernannt und empfing die Bischofsweihe am 6. Juli 1856 in Rom durch Papst Pius IX. 1859 wurde er zum Päpstlichen Thronassistenten ernannt. 1860–1868 war er Sekretär der Kongregation für die außerordentlichen kirchlichen Angelegenheiten. Am 13. März 1868 wurde er Nuntius in Spanien, musste aber nach der Vertreibung von Königin Isabella im Juni 1869 nach Rom zurückkehren. Er war an der Vorbereitung und Durchführung des I. Vatikanischen Konzils beteiligt und versuchte als päpstlicher Legat *a latere* 1871 das aufgrund der Dogmatisierung der Unfehlbarkeit des Papstes ausgebrochene Schisma in der armenisch-katholischen Kirche in Konstantinopel zu lösen.

Papst Pius IX. kreierte ihn im Konsistorium vom 22. Dezember 1873 zum Kardinalpriester und verlieh ihm am 15. März 1874 den Kardinalshut. Seine Titelkirche S. Maria in Trastevere wurde ihm bereits am 16. Januar 1874 verliehen. 1874–1878 war er Präfekt der Kongregation *Propaganda Fide* und der Kongregation *Propaganda Fide* für die orientalischen Riten, 1874–1878 war er auch Protektor des nordamerikanischen Kollegs in Rom. Er nahm am Konklave von 1878 teil, welches Papst Leo XIII. wählte. Leo XIII. ernannte ihn zum Kardinalstaatssekretär sowie zum Präfekten des Apostolischen Palastes und Administrator der Güterverwaltung des Heiligen Stuhls.

Er starb am 31. Juli 1878 im Vatikan im Apostolischen Palast und wurde auf dem römischen Friedhof Campo Verano beigesetzt.

Guibert O.M.I., Joseph Hippolyte (1802–1886)

Guibert wurde am 13. Dezember 1802 in Aix en Provence in der Republik Frankreich, heute wieder Republik Frankreich, geboren. 1819 trat er in das Seminar von Aix ein, 1822 in die Kongregation der Oblaten der unbefleckten Jungfrau Mariens ein (OMI, „Hünfelder Oblaten") und legte 1823 seine Profess ab. Er setzte seine Studien in einem Haus der Kongregation in Marseille fort.

Am 14. August 1825 wurde er in Marseille durch Bischof Mazenod zum Priester geweiht. Er war 1826–1828 Novizenmeister der Gemeinschaft und 1829–1834 Superior des Hauses in Notre Dame du Laus. 1835 wurde er zum Regens des Priesterseminars und zum Generalvikar der Diözese Ajaccio auf Korsika ernannt.

Am 24. Januar 1842 wurde er nach vorheriger königlicher Nomination zum Bischof von Viviers ernannt. Er empfing die Bischofsweihe am 11. März 1842 in Marseille durch den Bischof von Marseille, Charles Eugène de Mazenod O.M.I. 1845 wurde er Päpstlicher Thronassistent, am 19. März 1857 Erzbischof von Tours. Er war ein Befürworter des Unfehlbarkeitsdogmas und nahm am I. Vatikanischen Konzil 1869–1870 teil. Nach der Ermordung von Erzbischof Darboy von Paris wurde er am 27. Oktober 1871 zum Erzbischof von Paris ernannt.

Papst Pius IX. kreierte ihn im Konsistorium vom 22. Dezember 1873 zum Kardinalpriester. Das rote Birett empfing er in seiner Heimat, der Kardinalshut wurde ihm vom Papst am 25. Juni 1877 verliehen. Seine Titelkirche S. Giovanni a Porta Latina erhielt er am 15. Juni 1874. Er ist Gründer der Université Catholique de Paris, jetzt Institute Catholique, und der Erbauer der Kirche Sacré-Coeur in Montmartre. Er nahm am Konklave von 1878 teil, welches Papst Leo XIII. wählte.

Er starb am 8. Juli 1886 in Paris und wurde zunächst in der Kathedrale von Paris und 1925 endgültig in der Krypta der Basilika von Sacré-Coeur in Montmartre beigesetzt.

Falcinelli Antoniacci O.S.B.Cas., Mariano (1806–1874)

Falcinelli Antoniacci wurde am 16. November 1806 in Assisi im Kirchenstaat, heute Republik Italien, geboren und auf den Namen Lorenzo Baldassare Luigi getauft. Im November 1824 trat er in der Abtei S. Pietro in Assisi in den Benediktinerorden und die Benediktinerkongregation von Monte Cassino (Cassiniensische Kongregation) ein. Am 18. Dezember 1825 legte er die Profess in der römischen Abtei S. Paolo fuori le Mura ab und nahm den Ordensnamen Mariano an.

Am 13. Juni 1829 wurde er in Rom zum Priester geweiht. Er blieb in Rom und wirkte ab 1831 als Dozent für Theologie und ab 1834 als Novizenmeister in der Abtei von S. Paolo fuori le Mura, 1840 wurde er Prior des Klosters Farfa, 1844 Sekretär und Kanzler der Benediktinerkongregation von Monte Cassino, 1846 Abt der Abtei S. Pietro in Assisi. Er hatte sein Studium nie aufgegeben und konnte 1846 an der Universität Florenz zum Doktor der Theologie promoviert werden. 1850 wurde er schließlich Abt der römischen Abtei S. Paolo fuori le Mura.

Am 7. März 1853 wurde er zum Bischof von Forlì ernannt und empfing die Bischofsweihe am 17. April 1853 in Rom von Kardinal Gabriel della Genga Sermattei. Am 21. Dezember 1857 wurde er zum Titularerzbischof von Athen ernannt und am 30. März 1858 als Internuntius zu Kaiser Pedro II. nach Brasilien entsandt. Am 19. September 1863 überreichte er in Wien dem Kaiser sein Beglaubigungsschreiben als Nuntius in Österreich, wo er bis 1874 blieb.

Papst Pius IX. kreierte ihn im Konsistorium vom 22. Dezember 1873 zum Kardinalpriester. Er erhielt am 22. Januar 1874 das Kardinalsbirett in Wien durch Kardinal Rauscher in Vertretung des Kaisers. Im April 1874 verließ er Wien und empfing am 4. Mai 1874 seine Titelkirche S. Marcello al Corso. Den Kardinalshut empfing er nicht mehr.

Er starb am 29. Mai 1874 in Rom. Er wurde zunächst auf dem römischen Friedhof Campo Verano bestattet und später nach Assisi überführt und im dortigen Familiengrab beigesetzt.

Barrio y Fernández, Mariano Benito (1805 – 1876)

Barrio y Fernández wurde am 22. November 1805 in Jaca im Königreich Spanien geboren. Er studierte anschließend an der Universität von Huesca. 1828 – 1833 war er in der Diözese Teruel y Albarracín Sekretär des Bischofs und Kanzler.

1830 wurde er zum Priester geweiht und 1834 wurde er in Huesca zum Doktor des kanonischen Rechts promoviert. Anschließend war er Professor für kanonisches Recht an der Universität Huesca. 1838 – 1847 war er Generalvikar der Diözese Teruel y Albarracín, 1840 – 1844 Professor für kirchliche Disziplin an der Universität Huesca, 1847 wurde er Generalvikar der Diözese Palencia.

Am 12. September 1847 wurde er vom spanischen König zum Bischof von Cartagena nominiert und am 17. Dezember 1847 durch den Papst ernannt. Die Bischofsweihe empfing er am 5. März 1848 in der Kathedrale von Palencia von Bischof Carlos Laborda Clau von Palencia. 1858 wurde er Päpstlicher Thronassistent und am 18. März 1861 zum Erzbischof von Valencia ernannt. Er nahm am I. Vatikanischen Konzil 1869 – 1870 teil.

Papst Pius IX. kreierte ihn im Konsistorium vom 22. Dezember 1873 zum Kardinalpriester. Am 16. Januar 1874 empfing er die Titelkirche Santi Giovanni e Paolo. Den Kardinalshut empfing er nie.

Er starb am 20. November 1876 in Valencia und wurde in der Dreifaltigkeitskapelle der Kathedrale von Valencia beigesetzt.

Oreglia di Santo Stefano, Luigi (1828 – 1913)

Oreglia di Santo Stefano wurde am 9. Juli 1828 in einer Adelsfamilie in Bene Vagienna in Piemont im Königreich Sardinien, heute Republik Italien, geboren. Er besuchte das Seminar in Turin.

1851 wurde er zum Priester geweiht und wurde zum päpstlichen Hausprälaten sowie zum Kanoniker an der Lateranbasilika ernannt. 1853 – 1859 besuchte er die Päpstliche Akademie für den kirchlichen Adel, um sich auf den diplomatischen Dienst vorzubereiten. 1857 – 1858 arbeitete er an der Konzilskongregation, am 15. April 1858 wurde er Referendar am Obersten Gerichtshof der Apostolischen Signatur. 1859 – 1866 war er beigeordneter Prälat der Konzilskongregation und gleichzeitig bis 1863 im Staatsekretariat tätig. 1863 bis 1866 war er Internuntius in den Niederlanden.

Am 4. Mai 1866 wurde er zum Titularerzbischof von Damiette ernannt und am 13. Mai 1866 in Rom von Kardinal Ludovico Altieri zum Bischof geweiht. 1866 – 1868 war er Nuntius in Belgien. Am 29. Mai 1868 wurde er Nuntius in Portugal. 1872 kehrte er nach Differenzen mit der portugiesischen Regierung nach Rom zurück.

Papst Pius IX. kreierte ihn im Konsistorium vom 22. Dezember 1873 zum Kardinalpriester. Er empfing die Titelkirche S. Anastasia am 16. Januar 1874 und bekam den Kardinalshut am 15. März 1874 verliehen. Am 23. Dezember 1876 wurde er Präfekt der Kongregation für Ablässe und Reliquien. Er nahm 1878 am Konklave teil, welches Papst Leo XIII. wählte. Am 24. März 1884 optierte er für die Klasse der Kardinalbischöfe und die suburbikarische Diözese Palestrina. Er wurde im gleichen Jahr Kommendatar-Abt von SS. Vincenzo et Anastasio alle Tre Fontane. 1885 – 1913 war er Camerlengo S.E.R.

und Erzkanzler der römischen Universität. Im Mai 1889 optierte er für die suburbikarische Diözese Porto e Santa Rufina und wurde Vizedekan des Kardinalskollegiums. Im November 1896 optierte er für die suburbikarische Diözese Ostia et Velletri und wurde Dekan des Kardinalskollegiums und Präfekt der Zeremonialkongregation. 1903 nahm er am Konklave teil, welches Pius X. wählte. Auf diesem Konklave spielte er eine wichtige Rolle bei der Ablehnung des österreichischen Vetos gegen Kardinal Rampolla und trat für die Freiheit des Konklaves ein.

Er starb am 7. Dezember 1913 in Rom und wurde auf dem römischen Friedhof Campo Verano beigesetzt.

Simor, János (1813–1891)

Simor wurde am 23. August 1813 in Székesfehérvár im Königreich Ungarn, heute Republik Ungarn, geboren. Er studierte er am Priesterseminar Tyrnau (Trnava) und in Wien am ungarischen Priesterseminar „Pazmaneum" Theologie.

Am 28. Oktober 1836 wurde er zum Priester geweiht. Danach wurde er in Budapest zuerst Kaplan, dann 1839 Religionslehrer und Seelsorger der Universitätsjugend. Noch im gleichen Jahr 1839 erfolgte jedoch seine Ernennung zum Präfekten am Priesterseminar „Pazmaneum" zu Wien. Dort promovierte er am 8. Dezember 1841 zum Doktor der Theologie. 1842 wurde er Pfarrer, 1846 ernannte ihn Primas József Kopácsy zum Professor für Dogmatik am Priesterseminar von Gran (Esztergom). Nach dem Tode Kopácsys 1847 wurde er Sekretär des Kapitularvikars und später des neuen Primas von Ungarn. 1850 wurde er Direktor und Professor für Kirchenrecht am Wiener „Augustineum". 1851–1857 arbeitete er als Sektionsrat im Kultusministerium.

Kaiser Franz Joseph I. nominierte ihn am 17. Februar 1857 zum Bischof von Raab (ungarisch: Győr). Pius IX. bestätigte und ernannte ihn am 19. März 1857. Die Bischofsweihe empfing er am 29. Juni 1857 in Gran von Kardinal János Scitovszky, dem Erzbischof von Gran und Primas von Ungarn. Kaiser Franz Joseph I. nominierte ihn am 20. Januar 1867 zum Erzbischof von Gran und Primas von Ungarn. Der Papst bestätigte ihn am 22. Februar 1867. Er nahm am I. Vatikanischen Konzil 1869–1870 teil und war dort einer der Minoritätsbischöfe, die gegen die Definition des Dogmas der Unfehlbarkeit votierten. Nach der Dogmatisierung unterschrieb er aber das Dekret.

Papst Pius IX. kreierte ihn im Konsistorium vom 22. Dezember 1873 zum Kardinalpriester. Am 15. Juni 1874 erhielt er die Titelkirche S. Bartolomeo all'Isola. Er nahm am Konklave von 1878 teil, welches Papst Leo XIII. wählte. Von diesem erhielt er am 22. September 1879 den Kardinalshut.

Er starb am 23. Januar 1891 in Gran und wurde in der Kathedrale von Gran beigesetzt.

Tarquini S.J., Camillo (1810 – 1874)

Tarquini wurde am 27. September 1810 in Marta im Kirchenstaat, heute Republik Italien, geboren. Er studierte am Seminar von Montefiascone und in Rom. Dort erwarb er 1835 einen Doktortitel in Kirchenrecht.

Am 21. September 1833 wurde er zum Priester geweiht und arbeitete mehrere Jahre als Mitarbeiter der Konzilskongregation. Am 27. August 1837 trat er in den Jesuitenorden ein und absolvierte das zweijährige Noviziat in S. Andrea a Montecavallo. Danach folgten zehn Jahre Lehrtätigkeit an den Jesuitenkollegien in Fano, Modena, Piacenza, Fermo, Tivoli und Verona. 1848 wurde er durch die Revolution aus Fermo vertrieben und tauchte für zwei Jahre bei seiner Familie unter. Um 1850 nahm er die Lehrtätigkeit im Kolleg in Tivoli wieder auf. 1851 legte er die feierlichen Gelübde ab.

Von 1852 bis 1868 und 1871 bis 1873 war er Professor für Kanonisches Recht am Collegio Romano, er wirkte in dieser Zeit als Seelsorger an der Kirche Il Gesù in Rom und arbeitete an der Jesuitenzeitschrift „Civiltà Cattolica" mit. 1856 wurde er Konsultor der Inquisitionskongregation, 1862 der Kongregation für außerordentliche kirchliche Angelegenheiten und 1864 der *Propaganda Fide*. Papst Pius IX. ernannte ihn zum Päpstlichen Theologen für das I. Vatikanische Konzil 1869 – 1870. 1873 ernannte ihn der Papst zum Theologen der Apostolischen Pönitentiarie.

Papst Pius IX. kreierte ihn im Konsistorium vom 22. Dezember 1873 zum Kardinaldiakon. Er erhielt die Kirche S. Nicola in Carcere als Titeldiakonie am 16. Januar 1874 verliehen. Den Kardinalshut empfing er nicht mehr.

Er starb am 15. Februar 1874 in Rom und wurde auf dem römischen Friedhof Campo Verano beigesetzt.

Martinelli O.E.S.A., Tommaso Maria (1827 – 1888)

Martinelli wurde am 3. Februar 1827 in S. Anna bei Lucca im habsburgischen Großherzogtum Toscana, heute Republik Italien, geboren. Sein Bruder war der spätere Kardinal Sebastiano Martinelli (1901 kreiert), der ebenso wie er und sein Bruder Lorenzo Augustinereremit war. 1842 trat er in den Orden der Augustinereremiten in Lucca ein. 1844 legte er seine Profess ab. Das Studium absolvierte er ab 1844 im Collegio S. Agostino in Rom.

Am 22. Dezember 1849 wurde er in Rom zum Priester geweiht. 1854 wurde er Pro-Regent (Subprior) des Konventes in Fermo, 1855 legte er das Regentenexamen ab. Im August 1855 wurde er theologischer Konsultor der Inquisition in Fermo, Montalto, Ripatransone und anderer Orte in dieser Region. Im September 1855 wurde er Lektor für Theologie und Regent für Studien und Schule im Konvent und im Collegio S. Agostino in Rom, 1856 wurde er apl. Professor der Heiligen Schrift an der Universität La Sapienza in Rom. Am 26. Mai 1859 wurde er Magister. 1862 – 1870 war er ordentlicher Professor für Heilige Schrift an der Universität La Sapienza, 1859 Sekretär seines Ordens. 1864 wurde er Konsultor der Indexkongregation. 1865 wurde er auf dem Generalkapitel der Augustinereremiten zum Generalassistenten gewählt. 1869 – 1870 nahm er als Experte (Peritus) am I. Vatikanischen Konzil teil.

Papst Pius IX. kreierte ihn im Konsistorium vom 22. Dezember 1873 zum Kardinaldiakon. Er erhielt die Kirche S. Giorgio in Velabro als Titeldiakonie am 16. Januar 1874 verliehen, den Kardinalshut empfing er am 15. März 1874. Am 17. September 1875 optierte er für die Klasse der Kardinalpriester und die Titelkirche S. Prisca. Am 18. Oktober 1877 wurde er zum Präfekten der Ritenkongregation ernannt. Er nahm 1878 am Konklave teil, welches Papst Leo XIII. wählte. Am 15. Juli 1878 wurde er Präfekt der Indexkongregation.

Am 24. März 1884 optierte er für die Klasse der Kardinalbischöfe und das suburbikarische Bistum Sabina. Darüber hinaus wurde er Kommendentarabt der Abtei S. Maria di Farfa, Die Bischofsweihe empfing er am 30. März 1884 in der Kirche S. Agostino in Rom von Kardinal Raffaele Monaco La Valletta.

Er starb am 30. März 1888 in Rom und wurde auf dem römischen Friedhof Campo Verano beigesetzt.

Antici Mattei, Ruggero Luigi Emidio (1811–1883)

Antici Mattei wurde am 23. März 1811 in Recanati im Kirchenstaat, heute Republik Italien, geboren. 1826–1832 studierte er am Collegio Romano. In diesen Jahren wurde er nach Empfang der niederen Weihen Kanoniker des Kapitels der Lateranbasilika.

Am 7. September 1834 wurde er in Rom zum Priester geweiht. Er wurde Examinator des Klerus an der Petersbasilika im Vatikan, Pfarrer an der Abtei von Forlimpopoli und päpstlicher Hausprälat. 1837 wurde er Kanoniker des Kapitels von St. Peter im Vatikan, später deren Dekan. Am 13. Juli 1843 wurde er Referendariatsprälat und war bis 1847 Richter an der Kongregation der Fabrik von St. Peter. 1850–1875 war er Sekretär der Konsistorialkongregation und des Kardinalskollegiums, 1851 wurde er beigeordneter Prälat der Konzilskongregation.

Am 8. Januar 1866 wurde er zum Titularpatriarchen von Konstantinopel ernannt und empfing am 25. Februar 1866 in Rom die Bischofsweihe von Kardinal Costantino Patrizi. Er nahm am I. Vatikanischen Konzil 1869–1870 teil und wurde 1875 Examinator der Apostolischen Kammer.

Papst Pius IX. kreierte ihn im Konsistorium vom 15. März 1875 zum Kardinal *in pectore*. Seine Kreierung zum Kardinalpriester wurde im Konsistorium vom 17. September 1875 veröffentlicht. Er erhielt am 28. Januar 1876 die Titelkirche S. Lorenzo in Panisperna, der Kardinalshut wurde ihm am 15. März 1877 verliehen. Er nahm am Konklave von 1878 teil, das Papst Leo XIII. wählte.

Er starb am 21. April 1883 in Rom und wurde auf dem römischen Friedhof Campo Verano beigesetzt.

Giannelli, Pietro (1807–1881)

Giannelli wurde am 11. August 1807 in Terni in Umbrien im von Frankreich besetzten Kirchenstaat, heute Republik Italien, geboren. Er erhielt seine Ausbildung am Collegio Terni und später an der römischen Universität La Sapienza, wo er Philosophie,

Theologie und Rechtswissenschaften studierte und im Juni 1831 zum Doktor in beiderlei Rechten (*utriusque iuris*) promoviert wurde.

1831 wurde er zum Priester geweiht. Er wurde päpstlicher Hausprälat und Auditor der Apostolischen Kammer. 1851 wurde er Auditor der Nuntiatur in Neapel, 1852–1853 war er Auditor der Nuntiatur in Frankreich. Ende Dezember 1852 wurde er Auditor der Römischen Rota. Am 18. März 1858 wurde er zum Nuntius in Neapel ernannt.

Am 5. April 1858 erfolgte die Ernennung zum Titularerzbischof von Sardes. Die Bischofsweihe empfing er am 6. Juni 1858 in Rom von Kardinal Costantino Patrizi. 1858 wurde er Päpstlicher Thronassistent. 1861 wurde er Pro-Sekretär der Konzilskongregation und 1868–1875 war er deren Sekretär. 1864–1869 war er Sekretär der Vorbereitungskommission für das I. Vatikanische Konzil, an dem er 1869–1870 teilnahm.

Papst Pius IX. kreierte ihn im Konsistorium vom 15. März 1875 zum Kardinalpriester. Er erhielt die Titelkirche S. Agnese Fuori le Mura am 31. März 1875 und den Kardinalshut am 15. März 1877 verliehen. Er nahm am Konklave von 1878 teil, welches Papst Leo XIII. wählte. Am 29. Juni 1879 wurde er Sekretär der Memorialien.

Er starb am 5. November 1881 in Rom und wurde auf dem römischen Friedhof Campo Verano beigesetzt.

Ledochowski, Mieczysław Halka (1822–1902)

Ledochowski wurde am 29. Oktober 1822 in Górki bei Klimontow im vom russischen Zarenreich regierten Königreich Polen (Kongresspolen), heute Republik Polen, geboren. Sein Neffe war der spätere Jesuitengeneral Wladimir Ledóchowski, seine Nichten die Ordensgründerinnen Ursula Ledóchowska (heiliggesprochen 2003) und Maria Theresa Ledóchowska (seliggesprochen 1975). Nach dem Studium am Priesterseminar Warschau 1841–1843 und dem Empfang der niederen Weihen reiste er mit seiner Mutter nach Rom und setzte dort seine theologischen Studien an der Päpstlichen Akademie für den kirchlichen Adel und am Collegio Romano fort. 1845 erwarb er das Lizentiat der Theologie.

Am 13. Juli 1845 wurde er in Rom von Kardinal Lambruschini zum Priester geweiht. 1847 erfolgte die Doppelpromotion zum Doktor der Theologie und zum Doktor beiderlei Rechte (*utriusque iuris*). Er trat in die Kongregation für außerordentliche kirchliche Angelegenheiten und damit in den diplomatischen Dienst des Heiligen Stuhls ein. 1850 wurde er päpstlicher Geheimkämmerer. Nach einer vorübergehenden Beschäftigung im Sekretariat der Kongregation für die außerordentlichen kirchlichen Angelegenheiten wurde er 1852 Auditor der Nuntiatur in Lissabon, wo er vier Jahre blieb. 1856 wurde er zum päpstlichen Hausprälat erhoben und im gleichen Jahr zum Apostolischen Delegaten für die Länder Nueva Granada (Kolumbien), Bolivien, Ecuador, Peru und Venezuela ernannt. Wachsende Spannungen zwischen dem Heiligen Stuhl und der Regierung von Nueva Granada gipfelten am 25. Juli 1861 in der Ausweisung des Päpstlichen Delegaten.

Am 30. September 1861 wurde er zum Titularerzbischof von Thebae ernannt und einen Tag später zum Nuntius in Belgien bestimmt. Die Bischofsweihe empfing er am

3. November 1861 in Rom von Kardinal Camillo di Pietro. Gegen den starken Widerstand des Oberpräsidenten der Provinz Posen akzeptierte die preußische Regierung ihn als Kandidaten und der Heilige Stuhl wies die Metropolitankapitel in Gnesen und Posen, die ihn nicht auf der Vorschlagsliste hatten, an, ihn am 16. Dezember 1865 *per acclamationem* zum Erzbischof zu wählen. Am 6. Januar 1866 erfolgte die Bestätigung durch die Regierung, am 8. Januar 1866 die Ernennung durch den Papst. Er nahm am I. Vatikanischen Konzil 1869–1870 teil, auf dem er das Unfehlbarkeitsdogma befürwortete. Während des Kulturkampfs trat er nach anfänglichen Konzessionen in entschiedenen Widerstand zur Regierungspolitik. 1874 wurde er verhaftet und durch den Staatsgerichtshof für abgesetzt erklärt. Er wurde zwei Jahre interniert.

Papst Pius IX. kreierte ihn im Konsistorium vom 15. März 1875 zum Kardinalpriester. Am 3. Februar 1876 wurde er unter Aberkennung der deutschen Staatsbürgerschaft aus der Haft entlassen und reiste nach Rom. Am 7. April 1876 erhielt er seine Titelkirche S. Maria in Aracoeli, am 15. März 1877 den Kardinalshut. Die preußische Regierung verfolgte ihn weiterhin strafrechtlich. Damit ihn die italienischen Behörden nicht ausliefern konnten, verlegte er aus Sicherheitsgründen seinen Wohnsitz in den Vatikan. 1877 wurde er Mitglied der Kongregation für die außerordentlichen kirchlichen Angelegenheiten, 1878 nahm er am Konklave teil, welches Papst Leo XIII. wählte. Am 24. März 1884 wurde er Sekretär der Memorialien, am 4. März 1885 wurde er Sekretär der Breven. Am 2. Februar 1886 verzichtete er auf die Erzbistümer Gnesen und Posen. Am 26. Januar 1892 wurde er Präfekt der Kongregation *Propaganda Fide* und der Kongregation Propaganda Fide für die Angelegenheiten des orientalischen Ritus ernannt. Am 30. November 1896 optierte er für die Titelkirche S. Lorenzo in Lucina.

Er starb am 22. Juli 1902 in Rom und wurde zunächst auf dem römischen Friedhof Campo Verano beigesetzt. Seine sterblichen Überreste wurden 1927 in die Kathedrale von Posen überführt.

Mc Closkey, John (1810–1885)

Mc Closkey wurde am 10. März 1810 in Brooklyn im Bundesstaat New York in den USA geboren.

Seine Ausbildung erhielt er am Mount St. Mary's College in Emmitsburg, Maryland, wo er im Alter von 11 Jahren 1821 eintrat. Danach kehrte er zunächst auf die Farm seiner Mutter zurück (der Vater war 1820 gestorben). Dort hatte er einen schweren Unfall und während der Genesungszeit entschloss er sich, Priester zu werden. Seine Studien zu diesem Ziel hin absolvierte er am Mount St. Mary's Seminar in Emmitsburg in Maryland.

Am 12. Januar 1834 wurde er in New York als erster gebürtiger New Yorker von Bischof John Dubois von New York zum Priester geweiht. Er wurde zunächst Seelsorger und Dozent für Philosophie und Subregens am neugegründeten St. Joseph's Seminar in Nyack. Er ging zu weiteren Studien nach Rom und studierte dort 1834–1837 am Collegio Romano und an der Universität La Sapienza. Nach der Rückkehr arbeitete er zunächst in der Seelsorge. 1841–1843 war er Präsident des St. John's College in Fordham, 1842–1843 Rektor des St. Joseph's Seminars in Fordham.

Am 21. November 1843 wurde er zum Titularbischof von Axiere und Koadjutor c.i.s. für die Diözese New York ernannt. Die Bischofsweihe erhielt er am 10. März 1844 in New York durch Bischof John Joseph Hughes von New York. Am 21. Mai 1847 wurde er zum ersten Bischof des neuen Bistums Albany ernannt. Am 6. Mai 1864 wurde er Erzbischof von New York und nahm als solcher am I. Vatikanischen Konzil 1869–1870 teil.

Papst Pius IX. kreierte ihn im Konsistorium vom 15. März 1875 zum Kardinalpriester. Er war der erste nordamerikanische Kardinal. Der Papst verlieh ihm am 17. September 1875 die Titelkirche S. Maria sopra Minerva. Zum Konklave von 1878, welches Papst Leo XIII. wählte, kam er zu spät in Rom an, als der neue Papst schon gewählt war. Leo XIII. verlieh ihm am 28. März 1878 den Kardinalshut. Im Mai 1879 weihte er in New York die neue St. Patrick's Kathedrale. In seiner Amtszeit wuchs die Zahl der Katholiken durch viele Einwanderer sehr stark und er versuchte diesem Trend durch Kirchenbau und die Gründung von Schulen zu begegnen.

Er starb am 10. Oktober 1885 in New York und wurde in der St. Patrick's Kathedrale beigesetzt.

Manning, Henry Edward (1808–1892)
Manning wurde am 15. Juli 1808 in Totteridge, einem Vorort Londons im Vereinigten Königreich Großbritannien, als Sohn eines einflussreichen Politikers und Unternehmers geboren. Er war Anglikaner und wurde in der anglikanischen Tradition erzogen. 1822–1827 besuchte er die Privatschule Harrow. Zunächst wollte er eine politische Karriere einschlagen, entschloss sich aber dann, anglikanischer Geistlicher zu werden. Er studierte in Oxford am Balliol College, am Merton College und an der Oxford University, wo er 1832 Fellow wurde.

Am 23. Dezember 1832 empfing er die anglikanische Priesterweihe und wurde Rektor von Lavington-with-Graffham in Sussex. 1833 heiratete er die Tochter seines Vorgängers, Caroline Sargent, die bereits 1837 verstarb. Die Ehe blieb kinderlos und er heiratete nicht mehr. 1840 wurde er Archidiakon von Chicester. Er war der frühen Oxford-Bewegung verbunden und einer ihrer Führer, wandte sich aber im Laufe der Zeit zunehmend dem Katholizismus zu. 1848 hatte er in Rom eine Privataudienz bei Papst Pius IX. und konvertierte 1851 zur katholischen Kirche.

Am 14. Juni 1851 wurde er in London von Kardinal Nicolas Wiseman, dem Erzbischof von Westminster, zum römisch-katholischen Priester geweiht. Er ging nach Rom und studierte bis 1855 an der Päpstlichen Akademie für den kirchlichen Adel. 1857 wurde er Propst des Domkapitels von Westminster und päpstlicher Hausprälat.

Am 16. Mai 1865 wurde er zum Erzbischof von Westminster ernannt und am 8. Juni 1865 in der Kirche Saint Mary in Moorfields in London durch Bischof William Bernard Ullathorne von Birmingham zum Bischof geweiht. Er baute das katholische Bildungswesen aus und initiierte den Bau der Westminster Cathedral sowie weiterer

Kirchen, Schulen und Klöster. Kirchenpolitisch war er ein strenger Ultramontanist und war auf dem I. Vatikanischen Konzil 1869–1870 ein eifriger Verfechter des Unfehlbarkeitsdogmas.

Papst Pius IX. kreierte ihn im Konsistorium vom 15. März 1875 zum Kardinalpriester und verlieh ihm am 31. März 1875 die Titelkirche SS. Andrea e Gregorio al Monte Celio. Den Kardinalshut empfing er am 31. Dezember 1877. Er nahm am Konklave von 1878 teil, welches Papst Leo XIII. wählte. Er war in späteren Jahren ein Vertreter der katholischen Soziallehre.

Er starb am 14. Januar 1892 in London und wurde zunächst auf dem Londoner Friedhof Kensal Green beigesetzt. Nach Fertigstellung der Westminster Cathedral wurden seine Gebeine 1907 in die Krypta der Westminster Cathedral überführt.

Dechamps C.SS.R.R., Victor-Auguste-Isidore (1810–1883)

Dechamps wurde am 6. Dezember 1810 in Melle im Königreich Belgien geboren. Sein Bruder Adolphe war 1845–1847 belgischer Außenminister. Er studierte zuerst Rechtswissenschaften in Brüssel und begann zunächst als katholischer Journalist tätig zu werden. Ab 1832 studierte er Theologie am Seminar von Tournai und 1834–1835 an der katholischen Universität Mecheln, welche später nach Louvain (Löwen) umsiedelte.

Am 20. Dezember 1834 wurde er in Mecheln von Erzbischof Engelbert Sterckx von Mecheln zum Priester geweiht. Im August 1835 trat er in Saint-Trond in den Redemptoristenorden ein und legte 1836 seine Profess ab. 1836–1840 war er Dozent für Theologie und Heilige Schrift und Studienpräfekt am Scholastikat der Redemptoristen in Wittem, niederländisch Limburg, nahe Aix-la-Chapelle. Von 1840 an begann er seine missionarische Predigttätigkeit. Von 1841 bis 1845 war er Rektor des Hauses der Redemptoristen von Lüttich. Aus Gesundheitsgründen unterbrach er seine Arbeit 1847 und unternahm eine Reise nach Rom, Neapel, Wien und München. Nach seiner Rückkehr nach Belgien wurde er 1849 Oberer des Redemptoristenklosters Tornai. Er war 1851–1855 Religionslehrer der Prinzen und Prinzessinnen der königlichen Familie, so des zukünftigen Königs Leopold II. und der zukünftigen Kaiserin Charlotte von Mexiko. 1849 wurde er Generalkonsultor seines Ordens in Pagani im Königreich Neapel. In der Nähe lebte Papst Pius IX. im Exil, den er mehrfach traf. 1851–1854 war er Provinzial seines Ordens für Belgien. 1855 nahm er am ersten Generalkapitel seines Ordens in Rom teil. 1855–1858 war er Oberer des Redemptoristenklosters in Brüssel.

Am 25. September 1865 wurde er nach königlicher Nominierung zum Bischof von Namur ernannt. Die Bischofsweihe empfing er am 1. Oktober 1865 in Rom durch Kardinal Karl August von Reisach. 1867 wurde er Päpstlicher Thronassistent, am 20. Dezember 1867 wurde er zum Erzbischof von Mecheln und Primas von Belgien ernannt. Schon vor dem I. Vatikanischen Konzil 1869–1870 und besonders auf diesem trat er eifrig für das Unfehlbarkeitsdogma ein und war Führer des Ultramontanismus in Belgien. In Belgien war er ein energischer Gegner der konfessionslosen Staatsschulen.

Papst Pius IX. kreierte ihn im Konsistorium vom 15. März 1875 zum Kardinalpriester und verlieh ihm am 31. März 1875 die Titelkirche S. Bernardo alle Terme. Den Kardinalshut empfing er am 25. Juni 1877. Er nahm am Konklave von 1878 teil, welches Papst Leo XIII. wählte.

Er starb am 29. September 1883 in Mecheln und wurde zunächst auf dem Friedhof von Rumilliers beigesetzt. 1923 wurden seine sterblichen Überreste in die Kathedrale von Mecheln überführt.

Nobili Vitelleschi, Salvatore (1818–1875)

Nobili Vitelleschi wurde am 28. Juli 1818 in Rom im Kirchenstaat, heute Republik Italien, geboren. Sein Studium der Philosophie, Theologie und Rechtswissenschaften absolvierte er am Erzgymnasium von Rom, der späteren Universität La Sapienza. Noch vor der Priesterweihe wurde er 1837 päpstlicher Geheimkämmerer und 1839 wurde er Kanoniker der Petersbasilika im Vatikan. Am 24. September 1841 wurde ihm das Lizentiat beiderlei Rechte (*utriusque iuris*) zuerkannt.

Am 27. März 1841 wurde er in Rom zum Priester geweiht und wurde im gleichen Jahr päpstlicher Hausprälat und am 2. Dezember 1841 Referendariatsprälat, Im Januar 1842 wurde er Relator der Kongregation für die Bischöfe und Ordensleute, 1842–1845 war er auch Relator der Kongregation für die gute Regierung (Kongregation Buon Governo), 1845–1847 war er Assessor des Strafgerichts. 1850 wurde er Relator der Kongregation Consulta und war 1851–1854 beigeordneter Prälat der Konzilskongregation. 1852 war er für einige Monate Auditor der Römischen Rota. 1852–1854 gehörte er zu den Klerikern der Apostolischen Kammer.

Am 19. Juni 1856 wurde er zum Titularerzbischof von Seleucia ernannt und empfing am 6. Juli 1856 im Quirinalspalast die Bischofsweihe von Papst Pius IX. Er wurde gleichzeitig zum Nuntius in Neapel ernannt, aber die Ernennung wurde abgelehnt. Am 8. Juni 1858 erfolgte deshalb die Ernennung zum Sekretär der Kongregation für die kirchliche Immunität und im gleichen Jahr zum Päpstlichen Thronassistenten. 1861–1864 war er Mitglied des Staatsrats. Am 21. Dezember 1863 wurde er zum Bischof von Osimo e Cingoli, mit dem persönlichen Titel eines Erzbischofs ernannt. Da ihm die italienische Regierung die Inbesitznahme nicht gestattete, nahm er durch einen Prokurator Besitz von seinem Bistum. Am 24. August 1871 wurde er Sekretär der Kongregation für die Bischöfe und Ordensleute. Am 20. November 1871 legte er die Regierung seines Bistums nieder und ergriff am 24. November 1871 *per recessum* wieder Besitz von seinem Titularerzbistum Seleucia.

Papst Pius IX. kreierte ihn im Konsistorium vom 15. März 1875 zum Kardinal *in pectore*. Seine Kreierung zum Kardinalpriester wurde im Konsistorium vom 17. September 1875 veröffentlicht und ihm wurde vom Papst am 23. September 1875 die Titelkirche S. Marcello verliehen. Den Kardinalshut empfing er nicht mehr.

Er starb am 17. Oktober 1875 in Rom und wurde auf dem römischen Friedhof Campo Verano beigesetzt.

Simeoni, Giovanni (1816–1892)

Simeoni wurde am 12. Juli 1816 in Paliano im Kirchenstaat, heute Republik Italien, geboren. Sein Vater war Maiordomus der Familie Colonna. Durch die Familie Colonna wurde er nachhaltig in seiner Ausbildung unterstützt. Er begann seine Ausbildung im Seminar von Palestrina, bevor er an das Collegio Romano wechselte und an der Universität La Sapienza Theologie und kanonisches Recht studierte.

1839 wurde er zum Priester geweiht. Er war zunächst Lehrer der Kinder des Fürsten Colonna, dann wurde er Dozent für Philosophie und Theologie am *Collegium Urbanianum*, der Ausbildungsstätte der Kongregation *Propaganda Fide* in Rom. Er war weiter nach seiner Ernennung zum päpstlichen Geheimkämmerer Auditor der Nuntiatur in Spanien. 1857 wurde er päpstlicher Hausprälat, 1859 wurde er in das Kollegium der Apostolischen Protonotare berufen und war ab 1860 Studienpräfekt des Seminario Romano. 1862–1868 wirkte er als Sekretär der Kongregation Propaganda Fide für den orientalischen Ritus. 1864 wurde er Konsultor der Kongregation für die außerordentlichen Angelegenheiten der Kirche, 1868 Konsultor der Inquisitionskongregation. 1868–1875 war er Sekretär der Kongregation *Propaganda Fide*.

Am 5. März 1875 wurde er zum Titularerzbischof von Chalcedon ernannt, kurz darauf noch vor der Bischofsweihe zum Päpstlichen Thronassistenten. Die Bischofsweihe empfing er am 4. April 1875 von Kardinal Alessandro Franchi. Am 4. April 1875 wurde er auch zum Pro-Nuntius in Spanien ernannt.

Bereits vor seiner Bischofsweihe kreierte Papst Pius IX. ihn im Konsistorium vom 15. März 1875 zum Kardinal *in pectore*. Seine Kreierung zum Kardinalpriester wurde im Konsistorium vom 17. September 1875 veröffentlicht. Das rote Birett empfing er in Spanien. Am 18. Dezember 1876 erhielt er die Titelkirche S. Pietro in Vincoli verliehen, den Kardinalshut erhielt er am 15. März 1877. Nach dem Tode von Kardinal Antonelli wurde er vom 18. Dezember 1876 bis zum Tode Pius IX. Kardinalstaatssekretär und Präfekt der Kongregation für die außerordentlichen Angelegenheiten der Kirche sowie Präfekt des Apostolischen Palastes und Administrator der Güterverwaltung des Heiligen Stuhls. Pius IX. ernannte ihn zu seinem Testamentsvollstrecker. Er nahm am Konklave von 1878, welches Papst Leo XIII. wählte, teil. Papst Leo XIII. bestätigte ihn als Präfekten des Apostolischen Palastes und Administrator der Güterverwaltung des Heiligen Stuhls. Am 5. März 1878 wurde er zum Präfekten der Kongregation *Propaganda Fide* ernannt. 1885 wurde er zuständig für die Missionsseminare in Rom.

Er starb am 14. Januar 1892 in Rom und wurde auf dem römischen Friedhof Campo Verano beigesetzt.

Bartolini, Domenico (1813–1887)

Bartolini wurde am 16. Mai 1813 in Rom im Kirchenstaat, heute Republik Italien, aus einer zunächst nur zivilrechtlich geschlossenen Ehe eines vermögenden Kaufmanns aus der Campangna geboren. Deshalb galt er zunächst als illegitimer Sohn vor dem Kirchenrecht und wurde erst nachträglich durch die kirchliche Eheschließung legitimiert. Er studierte am Seminario Romano.

Das Datum seiner Priesterweihe ist nicht bekannt. Er wurde 1838 päpstlicher Geheimkämmerer und Kanoniker von S. Marco in Rom. Am 18. November 1847 wurde er als Referendariatsprälat in die Prälatur aufgenommen und wurde Kanoniker des Kapitels der Lateranbasilika. 1851–1856 war er Relator der Kongregation Consulta, 1857–1861 war er Auditor des Gerichts der Apostolischen Signatur. 1858 wurde er Apostolischer Protonotar. Am 30. März 1861 wurde er zusätzlich zu seinem Amt bei der Apostolischen Signatur auch Sekretär der Ritenkongregation. Am 10. November 1863 wurde er in das Kollegium der Apostolischen Protonotare aufgenommen.

Papst Pius IX. kreierte ihn im Konsistorium vom 15. März 1875 zum Kardinaldiakon und verlieh ihm am 31. März 1875 die Kirche S. Nicola in Carcere als Titeldiakonie. Den Kardinalshut empfing er am 15. März 1877. Am 3. April 1876 optierte er für die Klasse der Kardinalpriester und die Titelkirche S. Marco. Er nahm am Konklave von 1878 teil, welches Papst Leo XIII. wählte. Am 15. Juli 1878 wurde er Präfekt der Ritenkongregation und Sekretär der Memorialien.

Er starb am 2. Oktober 1887 in Florenz und wurde in der Kirche der Benediktinerabtei von Montecassino beigesetzt.

Randi, Lorenzo Ilarione (1818–1887)
Randi wurde am 12. Juli 1818 in Bagnacavallo im Großherzogtum Toskana, heute Republik Italien, geboren. Er trat in das Seminar von Faenza ein.

Am 14. März 1841 wurde er in Faenza zum Priester geweiht. Er ging nach Rom und studierte 1841–1847 an der Päpstlichen Akademie für den kirchlichen Adel. Danach trat er in die römische Prälatur ein. Er machte sich einen Namen beim Ausbau des Eisenbahnnetzes im Kirchenstaat. 1847 wurde er päpstlicher Geheimkämmerer, 1848 Auditor des Staatsrates und Kanoniker im Kapitel von S. Maria Maggiore. 1851 wurde er Auditor im Innenministerium und 1852 Referendariatsprälat. 1852–1854 war er Apostolischer Delegat in Rieti, 1854–1856 in Perugia. 1856–1860 war er Apostolischer Delegat in Ancona, 1860–1865 in Civitavecchia, 1865 bis 1870 war er Polizeichef im Kirchenstaat, wo er zum Teil sehr hart durchgriff. 1866–1875 war er auch Vize-Camerlengo S.E.R.

Papst Pius IX. kreierte ihn im Konsistorium vom 15. März 1875 *in pectore*. Seine Kreierung zum Kardinaldiakon wurde im Konsistorium vom 17. September 1875 veröffentlicht und er erhielt am 23. September 1875 die Kirche S. Maria in Cosmedin als Titeldiakonie verliehen. Den Kardinalshut empfing er am 15. März 1877. Er nahm am Konklave von 1878 teil, welches Papst Leo XIII. wählte. Am 24. März 1884 optierte er für die Kirche S. Maria in Via Lata als Titeldiakonie, während er seine bisherige Titeldiakonie *in commendam* beibehielt. Er wurde Kardinalprotodiakon und 1884 bis 1887 war er Präfekt der Wirtschaftsverwaltung der Kongregation *Propaganda Fide* und Sekretär der Spolien.

Er starb am 20. Dezember 1887 in Rom. Er wurde zunächst auf dem römischen Friedhof Campo Verano beigesetzt, bevor er später in der Sakristei der Kapelle der Familie Randi in Traversara beigesetzt wurde.

Pacca, Bartolomeo (1817 – 1880)
Pacca wurde am 25. Februar 1817 in Benevent im Königreich beider Sizilien, heute Republik Italien, geboren. Er war der Großneffe des gleichnamigen Kardinals Bartolomeo Pacca (1801 kreiert).

Er trat in das Seminar von Velletri ein. 1835 – 1838 studierte der an der Päpstlichen Akademie für den kirchlichen Adel in Rom. Im November 1838 wurde er päpstlicher Geheimkämmerer, 1839 Kanoniker an der Peterskirche des Vatikans. Am 22. April 1841 trat er als Referendariatsprälat in die römische Prälatur ein.

Am 6. Juni 1841 wurde er von seinem Großonkel Kardinal Bartolomeo Pacca zum Priester geweiht. Anschließend war er bis 1855 beigeordneter Prälat der Konzilskongregation. 1842 – 1844 war er Berater der Kongregation der Kongregation Buon Governo. 1842 bis 1875 war er Abbreviatore del Parco Lago Maggiore. 1845 wurde er zweiter Assessor des Regierungsgerichtshofes, 1846 erster Assessor. 1851 – 1853 war er Relator der Kongregation Consulta und Vizepräsident des Strafgerichts von Rom, 1854 – 1856 war er Auditor und Sekretär des Tribunals der Apostolischen Signatur, 1856 – 1868 war er Maestro di Camera des Papstes, 1868 – 1875 Maiordomus.

Papst Pius IX. kreierte ihn im Konsistorium vom 15. März 1875 *in pectore* zum Kardinal. Seine Kreierung zum Kardinaldiakon wurde im Konsistorium vom 17. September 1875 publiziert und ihm wurde am 23. September 1875 die Kirche S. Maria in Portico Campitelli als Titeldiakonie verliehen. Den Kardinalshut empfing er am 15. März 1877. Er nahm am Konklave von 1878 teil, welches Papst Leo XIII. wählte.

Er starb am 14. Oktober 1880 in Grottaferrata bei Rom und wurde in der Kapelle Madonna del Riposo beigesetzt.

Brossais-Saint-Marc, Godefroy (1803 – 1878)
Brossais wurde am 5. Februar 1803 in Rennes in der Republik Frankreich, heute Republik Frankreich, geboren. Ab 1828 studierte er am Seminar Saint-Sulpice in Paris.

Am 2. April 1831 wurde er zum Priester geweiht. Er war Kaplan und Pfarrer in der Diözese Rennes und ab 1836 Generalvikar der Diözese.

Am 12. Juli 1841 wurde er zum Bischof von Rennes ernannt. Die Bischofsweihe empfing er am 10. August 1841 in der Kathedrale von Rennes durch den Bischof em. von Rennes, Claude Louis de Lesquen, 1845 wurde er Päpstlicher Thronassistent. Am 3. Januar 1859 wurde er anlässlich der Erhebung der Diözese Rennes in den Rang eines Metropolitan-Erzbistums zum Erzbischof von Rennes ernannt.

Papst Pius IX. kreierte ihn im Konsistorium vom 17. September 1875 zum Kardinalpriester und verlieh ihm am 3. April 1876 die Titelkirche S. Maria della Vittoria. Den Kardinalshut empfing er am 31. Dezember 1877. Am Konklave von 1878 konnte er aus Krankheitsgründen nicht teilnehmen.

Er starb am 26. Februar 1878 in Rennes und wurde in der Kathedrale von Rennes beigesetzt.

D'Avazano, Bartolomeo (1811 – 1884)

D'Avazano wurde am 3. Juli 1811 in Avella im Königreich beider Sizilien, heute Republik Italien, geboren. Er trat mit jungen Jahren in das Seminar von Nola ein.

Am 20. September 1834 wurde er zum Priester geweiht. Er ging anschließend zu weiteren Studien an die Universität von Neapel und wurde dort am 28. September 1842 zum Doktor der Theologie promoviert. In seiner Heimatdiözese Nola wirkte er als Dozent für Dogmatik und Hebräisch am Priesterseminar und wirkte als Mitarbeiter eines Wissenschaftsmagazins. Er wirkte weiter als Revisor von Büchern und wurde Kanoniker des Domkapitels und war Prosynodal-Prüfer und Sekretär der *Accademia di Religione Cattolica*.

Am 18. März 1851 wurde er zum Bischof von Castellaneta ernannt. Die Bischofsweihe empfing er am 28. März 1851 in Rom durch Kardinal Costantino Patrizi. Am 13. Juli 1860 wurde zum Bischof von Calvi e Teano ernannt und verwaltete sein bisheriges Bistum Castellaneta noch bis 1863. Kaum im neuen Amt, überlebte er im August 1860 ein Attentat, welches auf ihn verübt wurde. Da die politische Lage eine Rückkehr in sein Bistum nicht zuließ, zog er sich bis 1867 in das Kapuziner-Kloster von Sorrent zurück. 1866 wurde er zum Päpstlichen Thronassistenten ernannt, 1869 – 1870 nahm er am I. Vatikanischen Konzil teil.

Papst Pius IX. kreierte ihn im Konsistorium vom 3. April 1876 zum Kardinalpriester und verlieh ihm am 7. April 1876 die Titelkirche S. Susanna. Den Kardinalshut empfing er am 15. März 1877. Er nahm am Konklave teil, welches Papst Leo XIII. wählte.

Er starb am 20. Oktober 1884 in Avella und wurde im Familiengrab auf dem Friedhof von Avella beigesetzt.

Franzelin S.J., Johannes Baptist (1816 – 1886)

Franzelin wurde am 15. April 1816 in Aldein im Bistum Trient in Südtirol, damals Kaiserreich Österreich, heute Republik Italien, geboren.

Er trat am 27. Juli 1834 in das Noviziat der Jesuiten in Graz ein. Zu den philosophischen Studien und einigen Jahren der Lehre in Tarnapol und Lemberg, damals im habsburgischen Königreich Galizien und Lodomerien, heute in der Republik Ukraine, kam er 1845 nach Rom und studierte am Collegio Romano und der päpstlichen Universität Gregoriana Theologie. Aufgrund der 1848 in Rom ausgebrochenen Revolution floh er 1848 nach England, wo er seine Studien in Clifford Castle, Ugbrook und Devonshire fortsetzte und schließlich in Louvain in Belgien beendete. In Vals in Frankreich lehrte er orientalische Sprachen.

Am 23. Dezember 1849 wurde er in Le Puy in Frankreich zum Priester geweiht. Nach seiner Rückkehr nach Rom lehrte er 1850 – 1857 am *Collegium Romanum* Hebräisch, Arabisch, Syrisch und Aramäisch und war Studienpräfekt am *Germanicum*. 1857 – 1876 lehrte er Dogmatik am *Collegio Romano*. Daneben war er Konsultor verschiedener Kongregationen. An den Vorbereitungen für das I. Vatikanische Konzil und am Konzil selbst nahm er maßgeblich teil.

Papst Pius IX. kreierte ihn im Konsistorium vom 3. April 1876 zum Kardinalpriester und verlieh ihm am 7. April 1876 die Titelkirche Santi Bonifacio e Alessio. Den Kardinalshut empfing er am 15. März 1877. Er nahm am Konklave teil, welches Papst Leo XIII. wählte. Am 28. März 1885 wurde er Präfekt der Kongregation für Ablässe und Reliquien.

Er starb am 11. Dezember 1886 in Rom und wurde auf dem römischen Friedhof Campo Verano beigesetzt.

Benavides y Navarrete, Francisco de Paula (1810 – 1895)

Benavides y Navarrete wurde am 14. Mai 1810 in Baeza im Königreich Spanien geboren. Er studierte am Seminar San Felipe Neri de Baeza und an der Universität Granada, wo er ein Lizentiat in Theologie erwarb. Er trat in den Ritterorden von Santiago in Uclés ein und wurde 1832 investiert.

1836 wurde er zum Priester geweiht. Er wirkte als Dozent der Theologie an der Universität Granada und 1836 – 1840 als Geistlicher in Colmenar de Oreja, 1840 – 1847 war er in Baeza als Religionslehrer tätig und wirkte als Dozent und Regens am dortigen Priesterseminar. 1847 wurde er Archidiakon von Ubeda und Erzpriester des Domkapitels von Jaén. 1851 wurde er königlicher Hofprediger ehrenhalber, 1853 Dekan des Domkapitels von Córdoba.

Am 21. Dezember 1857 wurde er zum Bischof von Sigüenza ernannt und am 14. März 1858, in Madrid von Erzbischof Cirilo de Alameda y Brea O.F.M. von Toledo zum Bischof geweiht. 1860 erfolgte die Ernennung zum Päpstlichen Thronassistenten. 1869 – 1870 nahm er am I. Vatikanischen Konzil teil. Am 31. Mai 1875 trat er von der Leitung seines Bistums zurück und wurde am 5. Juli 1875 zum Titularpatriarchen von Westindien und königlichen Kaplan sowie königlichen Almosenier ernannt.

Papst Pius IX. kreierte ihn im Konsistorium vom 12. März 1877 zum Kardinalpriester und verlieh ihm am 25. Juni 1877 den Kardinalshut und die Titelkirche S. Tommaso Parione. Er nahm am Konklave teil, welches Papst Leo XIII. wählte. Am 28. Februar 1879 optierte er für die Titelkirche S. Pietro in Montorio. Am 13. Mai 1881 wurde er zum Erzbischof von Saragossa ernannt.

Er starb am 30. März 1895 in Saragossa und wurde in der Basilika unserer lieben Frau von El Pilar in Saragossa beigesetzt.

Apuzzo, Francesco Saverio (1807 – 1880)

Apuzzo wurde am 6. April 1807 in Neapel im Königreich beider Sizilien, heute Republik Italien, geboren. Er durchlief die übliche Ausbildung und wurde 1831 in Theologie promoviert.

Am 18. September 1830 wurde er zum Priester geweiht. Er wurde 1833 Dozent für Dogmatik und 1842 Erzieher der Kinder von König Ferdinand II. von Sizilien. Er war neben anderen Aufgaben Lektor der Theologie an der königlichen Universität Neapels und später Präfekt der Universität.

Am 19. Januar 1854 wurde er zum Titularbischof von Anastasiopolis ernannt und am 12. März 1854 in der Kathedrale von Capua von Kardinal Giuseppe Cosenza, dem Erzbischof von Capua zum Bischof geweiht. Am 23. März 1855 wurde er nach der Nominierung durch den König beider Sizilien zum Erzbischof von Sorrent ernannt. Nach dem Einmarsch Garibaldis auf Sizilien 1860 war er einige Zeit in Rom im Exil. Dort wurde er Konsultor der Kongregation für die *Ad limina* Besuche der Bischöfe. Er nahm 1869–1870 am I. Vatikanischen Konzil teil, wo er zwar nicht zu den Anhängern des neuen Dogmas von der Unfehlbarkeit des Papstes gehörte, aber auch nicht dagegen stimmte. Am 24. November 1871 wurde er zum Erzbischof von Capua ernannt.

Papst Pius IX. kreierte ihn im Konsistorium vom 12. März 1877 zum Kardinalpriester und verlieh ihm am 15. März 1877 den Kardinalshut und am 20. März 1877 die Titelkirche S. Onofrio. Er nahm 1878 am Konklave teil, welches Papst Leo XIII, wählte.

Er starb am 30. Juli 1880 in Capua wurde auf dem städtischen Friedhof von Capua beigesetzt.

García Gil O.P., Manuel (1802–1881)

García Gil wurde am 14. März 1802 in San Salvador de Camba im Königreich Spanien geboren. Er studierte zunächst am Seminar von Lugo und trat in Lugo 1826 in den Dominikanerorden ein.

Am 10. März 1827 wurde er zum Priester geweiht. Er wirkte als Dozent in der Dominikanischen Republik, in den Klöstern von Lugo und Santiago de Compostela und als Dozent und als Magister des Dominikanerklosters von Oviedo. Das 1836 von der spanischen Regierung erlassene Gesetz der Enteignung der kirchlichen Güter zwang ihn, sein Kloster zu verlassen und sich nach Lugo zu begeben. 1848 kehrte er als Subregens des Seminars zurück.

Am 22. Dezember 1853 wurde er zum Bischof von Badajoz ernannt. Die Bischofsweihe empfing er am 23. April 1854 in Lugo durch Erzbischof Miguel García Cuesta von Santiago de Compostela. Am 23. Dezember 1858 wurde er zum Erzbischof von Saragossa ernannt. Er nahm am I. Vatikanischen Konzil 1869–1870 teil.

Papst Pius IX. kreierte ihn im Konsistorium vom 12. März 1877 zum Kardinalpriester und verlieh ihm am 21. September 1877 den Kardinalshut und die Titelkirche S. Stefano al Monte Celio, Er nahm 1878 am Konklave teil, welches Papst Leo XIII. wählte.

Er starb am 28. April 1881 in Saragossa und wurde in der dortigen Kathedrale beigesetzt.

Howard of Norfolk, Edward Henry (1829–1892)

Howard of Norfolk wurde am 13. Februar 1829 in Hainton bei Nottingham in England im Vereinigten Königreich Großbritannien in der traditionell katholischen Familie of Norfolk geboren und war nach Philip Thomas Howard of Norfolk O.P. das zweite Mitglied der Familie im Kardinalsstand. Er absolvierte seine ersten Studien am Priesterseminar der Diözese Birmingham in Oscott. Er studierte weiter in Schottland an der Universität Edinburgh. Er war Offizier in der 2nd Life Guard, aber er entschied sich für den geistlichen Weg und kam 1854 nach Rom in das englische Kolleg.

Dort wurde er am 8. Dezember 1854 von Erzbischof Kardinal Nicholas Wiseman von Westminster zum Priester geweiht. Er trat in die Päpstliche Akademie für den kirchlichen Adel ein und studierte 1854–1858 am *Collegio Romano*, wo er in Theologie und Kirchenrecht promoviert wurde. Für etwa ein Jahr war er päpstlicher Gesandter in Goa, Indien, um zwischen den Briten und den portugiesischen Behörden die Lösung kirchlicher Probleme in der Provinz von Goa auszuhandeln. 1863 wurde er päpstlicher Hausprälat. Er wirkte in Rom in der Armenfürsorge und in der Soldatenseelsorge. 1870 wurde er Vikar des Erzpriesters der Petersbasilika im Vatikan. 1867–1877 war er Konsultor der Kongregation Propaganda Fide für die Angelegenheiten der orientalischen Riten.

Am 25. Juni 1872 wurde er zum Titularerzbischof von Neocaesarea und Weihbischof in Frascati ernannt. Die Bischofsweihe empfing er am 30. Juni 1872 in der Petersbasilika des Vatikans durch Kardinal Carlo Sacconi.

Papst Pius IX. kreierte ihn im Konsistorium vom 12. März 1877 zum Kardinalpriester und verlieh ihm am 15. März 1877 den Kardinalshut und am 20. März 1877 die Titelkirche Santi Giovanni e Paolo. Er nahm 1878 am Konklave teil, welches Papst Leo XIII. wählte.

Am 24. März 1878 wurde er zum Protektor des englischen Kollegs in Rom ernannt. Am 12. Dezember 1881 wurde er zum Erzpriester der Petersbasilika im Vatikan und Präfekten der Kongregation der Fabrik von St. Peter ernannt. Am 24. März 1884 optierte er für die Klasse der Kardinalbischöfe und das suburbikarische Bistum Frascati. Eine schwere Krankheit veranlasste ihn im Frühjahr 1888 nach England zurückzukehren.

Er starb am 16. September 1892 in Hatch Beauchamp bei Brighton und wurde im Familiengrab beigesetzt.

Payá y Rico, Miguel (1811–1891)

Payá y Rico wurde am 20. Dezember 1811 in Benejama im Königreich Spanien geboren. Nach der Schulausbildung trat er in das Collegio del Patriarca in Valencia ein und studierte dort wie an der Universität Valencia Theologie und Philosophie. In beiden Fächern wurde er 1836 promoviert.

Am 24. September 1836 wurde er zum Priester geweiht. In der Erzdiözese Valencia wirkte er vierundzwanzig Jahre als Seelsorger und Professor an der Universität und am Seminar. 1841 wurde er Pfarrer seiner Heimatpfarrei Benejama, 1844 wurde er Benefiziat des Domkapitels von Valencia, 1857 Kanoniker des Domkapitels.

Am 25. Juni 1858 wurde er zum Bischof von Cuenca ernannt. Die Bischofsweihe empfing er am 12. September 1858 in der Kathedrale von Valencia durch Erzbischof Pablo García Abella von Valencia. Er nahm am I. Vatikanischen Konzil 1869–1870 teil und hielt dort 1870 eine später gedruckte Rede, worin er sich für die Unfehlbarkeit des Papstes aussprach. 1871 wurde er zum Senator für Vizcaya gewählt. Am 16. Januar 1874 wurde er zum Erzbischof von Santiago de Compostela ernannt.

Papst Pius IX. kreierte ihn im Konsistorium vom 12. März 1877 zum Kardinalpriester und verlieh ihm am 25. Juni 1877 den Kardinalshut und die Titelkirche Santi Quirico e Giulitta. Er nahm 1878 am Konklave teil, welches Papst Leo XIII. wählte. Am 7. Juni 1886 wurde er zum Erzbischof von Toledo und Primas von Spanien ernannt sowie zum Titularpatriarchen von Westindien.

Er starb am 25. Dezember 1891 in Toledo und wurde in der Kathedrale von Toledo beigesetzt.

Caverot, Louis-Marie-Joseph-Eusèbe (1806–1887)
Caverot wurde am 26. Mai 1806 in Joinville in Burgund im Kaiserreich Frankreich, heute Republik Frankreich, geboren. Er studierte am Priesterseminar S. Saint-Sulpice in Paris.

Am 19. März 1831 wurde er zum Priester geweiht. Er arbeitete in der Erzdiözese Besançon zunächst drei Jahre als Vikar des Erzbischofs und anschließend für sechs Jahre als Pfarrer in der Seelsorge. Danach war er Kanoniker des Domkapitels und Generalvikar.

Am 20. April 1849 wurde er zum Bischof von Saint-Dié ernannt. Die Bischofsweihe empfing er am 22. Juli 1849 in der Kathedrale von Bensançon durch Erzbischof Jacques-Marie-Adrien-Césaire Mathieu von Besançon. Am 26. Juli 1876 wurde er zum Erzbischof von Lyon und Primas von Gallien ernannt.

Papst Pius IX. kreierte ihn im Konsistorium vom 12. März 1877 zum Kardinalpriester und verlieh ihm am 25. Juni 1877 den Kardinalshut und die Titelkirche S. Silvestro in Capite. Er nahm 1878 am Konklave teil, welches Papst Leo XIII. wählte. Am 24. März 1884 optierte er für die Titelkirche SS. Trinità al Monte Pincio.

Er starb am 23. Januar 1887 in Lyon und wurde in der Kathedrale von Lyon beigesetzt.

Di Canossa, Luigi (1809–1900)
Di Canossa wurde am 20. April 1809 in Verona im habsburgischen Kaiserreich Österreich, heute Republik Italien, geboren. Er trat im März 1837 in den Jesuitenorden ein. 1839 legte er die ersten Gelübde ab und ging anschließend an das *Collegio Romano* nach Rom zum Studium der Theologie. 1841 wurde er in Rom zum Doktor der Theologie promoviert.

1841 wurde er in Modena zum Priester geweiht. Anschließend lehrte er an verschiedenen Einrichtungen seines Ordens, wirkte als Prediger in verschiedenen italienischen Städten, hielt Exerzitien und leitete zuletzt das Priesterseminar in Reggio Emilia. Wegen einer schweren Krankheit verließ er 1847 den Orden, ohne die endgültigen Gelübde abgelegt zu haben, und wurde in die Diözese Verona inkardiniert. 1857 wurde er dort Kanoniker des Domkapitels und war verantwortlich für die Bibliothek und die Diözesan-Caritas.

Am 24. August 1861 nominierte ihn der österreichische Kaiser zum Bischof von Verona. Am 30. September 1861 erfolgte die Ernennung zum Bischof von Verona. Am 23. Januar 1862 empfing er in der Kathedrale von Verona von Bischof Benedetto Riccabona zu Reinchenfels von Trient die Bischofsweihe. Er nahm am I. Vatikanischen Konzil 1869–1870 teil.

Papst Pius IX. kreierte ihn im Konsistorium vom 12. März 1877 zum Kardinalpriester und verlieh ihm am 15. März 1877 den Kardinalshut. Am 20. März 1877 wurde ihm die Titelkirche S. Marcello verliehen. Er nahm 1878 am Konklave teil, welches Papst Leo XIII. wählte.

Er starb am 12. März 1900 in Verona und wurde in der Kirche San Zeno Maggiore in Verona beigesetzt.

Serafini, Luigi (1808–1894)

Serafini wurde am 6. Juni 1808 in Magliano im Kirchenstaat, heute Republik Italien, geboren. Sein Onkel war Kardinal Giovanni Serafini (1843 kreiert). Er studierte am *Collegio Romano* Philosophie und an der Universität La Sapienza in Rom Rechtswissenschaften. Er wurde im April 1832 in beiderlei Rechten (*utriusque iuris*) promoviert. Er trat in den Dienst der Kurie ein und wurde am 4. Juli 1836 zum Anwalt der Römischen Kurie ernannt Am 19. Januar 1843 wurde er zum Apostolischen Delegaten für die Provinz Rieti und zum Päpstlichen Hausprälaten ernannt. 1844 wurde er Referendariatsprälat an der Apostolischen Signatur und 1846 dort Auditor. 1844–1847 war er Relator der Kongregation Consulta. Nach einer Tätigkeit als Richter an Zivilgerichten 1847–1850 wurde er Auditor an der Römischen Rota.

Am 25. August 1853 erhielt er in Rom die Priesterweihe. 1858–1870 war er Regente der Apostolische Pönitentiarie.

Am 27. Juni 1870 wurde er zum Bischof von Viterbo e Toscanella (jetzt Tuscania) ernannt. Die Bischofsweihe empfing er am 17. Juli 1870 in Rom durch Kardinal Costantino Patrizi.

Papst Pius IX. kreierte ihn im Konsistorium vom 12. März 1877 zum Kardinalpriester und verlieh ihm am 15. März 1877 den Kardinalshut. Am 20. März 1877 wurde ihm die Titelkirche S. Girolamo degli Schiavoni verliehen. Er nahm 1878 am Konklave teil, welches Papst Leo XIII. wählte.

Am 20. Februar 1880 trat er von der Leitung seiner Diözese zurück. Am 13. Mai 1884 wurde er Präfekt der Apostolischen Signatur, 1885–1893 war er Präfekt der Konzilskongregation und 1886 zusätzlich Präfekt der Immunitätskongregation, die 1886 mit der Konzilskongregation vereinigt worden war. Am 1. Juni 1888 optierte er für die Klasse der Kardinalbischöfe und die suburbikarische Diözese Sabina. Gleichzeitig wurde er Kommendentarabt der Abtei S. Maria di Farfa. Am 19. Juni 1893 wurde er Sekretär der Breven.

Er starb am 1. Februar 1894 in Rom und wurde auf dem römischen Friedhof Campo Verano beigesetzt.

Nina, Lorenzo (1812 – 1885)
Nina wurde am 12. Mai 1812 in Recanati in den Marken im Kirchenstaat, heute Republik Italien, geboren. Er besuchte zunächst das Seminar von Recanati und ging dann nach Rom. Er wurde in das Seminario Romano, das päpstliche Priesterseminar, aufgenommen und studierte an der Universität La Sapienza in Rom Theologie und Rechtswissenschaften. Er wurde in Theologie und in beiderlei Rechten (*utriusque iuris*) promoviert.

Im Dezember 1834 wurde er zum Priester geweiht. Er wurde Sekretär von Msgr. Giovanni di Pietro, dem Auditor der Römischen Rota, danach war er Auditor von Msgr. D. Andrea, dem Sekretär der Konzilskongregation; 1853 – 1868 war er Untersekretär der Konzilskongregation später Unterstaatssekretär und Konsultor von Kardinal Luigi Amat. 1853 wurde er Honorarprofessor an der juristischen Fakultät des Seminario Romano, 1854 päpstlicher Geheimkämmerer. 1862 – 1877 war er Abbreviatore del Parco Lago Maggiore, 1863 – 1877 war er gleichzeitig auch Dekan des Kollegiums der Abbreviatori. 1868 wurde er Kanonikus des Kapitels der Petersbasilika im Vatikan, später Dekan des Kapitels von S. Maria Maggiore und Apostolischer Protonotar. 1868 – 1877 war er Präfekt des Päpstlichen *Athenaeum S. Apollinare* und Konsultor der Ritenkongregation sowie Assessor der Inquisitionskongregation. Er war Mitglied der Vorbereitungskommission für das I. Vatikanische Konzil und 1875 – 1877 Studienpräfekt des Seminario Romano.

Papst Pius IX. kreierte ihn im Konsistorium vom 12. März 1877 zum Kardinaldiakon und verlieh ihm am 15. März 1877 den Kardinalshut. Am 20. März 1877 wurde ihm die Kirche S. Angelo in Pescheria als Titeldiakonie verliehen. Am 26. März 1877 wurde er Wirtschaftspräfekt der Kongregation *Propaganda Fide* und Sekretär der Spolien. Im Oktober 1877 wurde er Pro-Präfekt und nach der Wahl Leos XIII. Präfekt der Studienkongregation. Er nahm 1878 am Konklave teil, welches Papst Leo XIII. wählte. Am 9. August 1878 ernannte ihn der Papst zum Kardinalstaatssekretär sowie Präfekten des Apostolischen Palastes und Administrator der Güter des Heiligen Stuhls. Am 28. Februar 1879 optierte er für die Klasse der Kardinalpriester und die Titelkirche S. Maria in Trastevere. Am 16. Dezember 1880 trat er vom Amt des Kardinalstaatssekretärs zurück, blieb Präfekt des Apostolischen Palastes und wurde am 7. November 1881 zum Präfekten der Konzilskongregation und der Immunitätskongregation ernannt.

Er starb am 25. Juli 1885 in Rom und wurde auf dem römischen Friedhof Campo Verano beigesetzt.

Sbarretti, Enea (1808 – 1884)
Sbaretti wurde am 27. Januar 1808 in Spoleto in Umbrien im Kirchenstaat, heute Republik Italien, geboren. Er war ein Onkel des Kardinals Donato Sbarretti (1916 kreiert). Er studierte in Rom an der Universität La Sapienza, wo er 1832 in beiderlei Rechten (*utriusque iuris*) promoviert wurde.

1830 wurde er zum Priester geweiht und wurde Sekretär und Auditor des damaligen Erzbischofs von Spoleto und späteren Papstes Pius IX., Giovanni Maria Mastai

Ferretti. Als dieser Bischof von Imola wurde, wurde er bis zu dessen Papstwahl Generalvikar für die Diözese Imola. 1846 wurde er päpstlicher Hausprälat. Am 10. Juni 1848 wurde er Sekretär des Ministerrates des Kirchenstaates, 1850 Referendariatsprälat, 1851 Auditor der Apostolischen Signatur. 1853–1875 war er Auditor der Römischen Rota, 1875–1877 wirkte er als Sekretär der Kongregation für die Bischöfe und Ordensleute und als Konsultor der Inquisitionskongregation.

Papst Pius IX. kreierte ihn im Konsistorium vom 12. März 1877 zum Kardinaldiakon und verlieh ihm am 15. März 1877 den Kardinalshut. Am 20. März 1877 wurde ihm die Kirche S. Maria ad Martyres als Titeldiakonie verliehen. Er nahm 1878 am Konklave teil, welches Papst Leo XIII. wählte. Im August 1878 wurde er Wirtschaftspräfekt der Kongregation *Propaganda Fide* sowie Sekretär der Spolien.

Er starb am 1. Mai 1884 in Rom und wurde auf dem römischen Friedhof Campo Verano beigesetzt.

Falloux du Coudray, Frédéric de (1807–1884)
Falloux du Coudray wurde am 15. August 1807 in Bourg d'Iré im Kaiserreich Frankreich, heute Republik Frankreich, geboren. Er studierte in Paris Rechtswissenschaften. Später studierte er in Rom an der Päpstlichen Akademie für den kirchlichen Adel.

1837 wurde er in Rom zum Priester geweiht und erhielt bald nach seiner Weihe ein Kanonikat. 1838 wurde er als Referendariatsprälat in die römische Prälatur aufgenommen. 1839–1847 war er Relator-Prälat der Kongregation Buon Governo und 1845 Dekan der Relator-Prälaten der Kongregation. Er wurde päpstlicher Geheimkämmerer und begleitete Pius IX. ins Exil nach Gaëta. 1849 wurde er Kanoniker des Kapitels der Petersbasilika im Vatikan. 1851–1877 war er Sekretär der Kongregation für die Disziplin der Ordensleute. 1852–1854 war er beigeordneter Prälat der Konzilskongregation. 1853–1861 war er Abbreviatore del Parco Lago Maggiore, 1861–1877 Regente der Apostolischen Cancelleria und Auditor der Römischen Rota.

Papst Pius IX. kreierte ihn im Konsistorium vom 12. März 1877 zum Kardinaldiakon und verlieh ihm am 15. März 1877 den Kardinalshut. Am 20. März 1877 wurde ihm die Kirche S. Agata alla Subura als Titeldiakonie verliehen. Er nahm 1878 am Konklave teil, welches Papst Leo XIII. wählte. Am 12. Mai 1879 optierte er für die Titeldiakonie S. Angelo in Pescheria.

Er starb am 22. Juni 1884 in Tivoli und wurde auf dem Friedhof von Tivoli beigesetzt.

Mihalovic, Josip (1814–1891)
Mihalovic wurde am 16. Januar 1814 in Torda im Komitat Toronati im Königreich Ungarn, heute Republik Rumänien, geboren. Er studierte Theologie am Seminar von Temesvar.

Am 12. August 1836 empfing er die Priesterweihe. In seiner Heimatdiözese Csanád wurde er 1837 bischöflicher Zeremoniär und Notar des Bischofs, 1842 Sekretär und

Konsistorialrat, 1848 Titulardomherr und 1849 stellvertretender Generalvikar des Bischofs. Er beteiligte sich auch am öffentlichen Leben, wurde nach der Niederschlagung der ungarischen Revolution 1848 vom Kriegsgericht zu zwölfjähriger Haft mit Verlust aller Ämter, Titel und seines Vermögens verurteilt und in der Festung Leopoldstadt eingekerkert. Im Jahr 1852 wurde er wieder freigelassen, durfte aber längere Zeit kein Pfarramt bekleiden und blieb noch vier Jahre der Polizeiaufsicht unterstellt; als Kooperator in seinem Geburtsort trat er wieder in die Seelsorge ein, wurde Pfarrerstellvertreter und 1856 Dechant, 1861 Kanoniker und 1868 zum Titularabt von St. Mihal de Vaska ernannt.

Am 27. Juni 1870 wurde er zum Erzbischof von Agram (Zagreb) ernannt und empfing am 17. Juli 1870 in Wien die Bischofsweihe von Erzbischof Mariano Falcinelli Antoniacci O.S.B.Cas., dem Nuntius in Österreich-Ungarn.

Papst Pius IX. kreierte ihn im Konsistorium vom 22. Juni 1877 zum Kardinalpriester und verlieh ihm am 25. Juni 1877 den Kardinalshut und die Titelkirche S. Pancrazio. Er nahm 1878 am Konklave teil, welches Papst Leo XIII. wählte.

Er starb am 19. Februar 1891 in Agram und wurde in der Kathedrale von Agram beigesetzt.

Kutschker, Johann Rudolf (1810 – 1881)

Kutschker wurde am 11. April 1810 in Wiese (jetzt Louky) im Kronland Böhmen und Mähren im Kaiserreich Österreich, heute Tschechische Republik, geboren. 1826 begann er sein Studium am Lyceum in Olmütz, das seit 1827 zur Universität erhoben wurde. Nach Abschluss des Philosophiestudiums ging er 1828 ins k. u. k. Alumnat nach Wien und studierte an der Universität Wien Theologie. 1832 wurde er in das Priesterseminar Frintaneum aufgenommen.

Am 21. April 1833 wurde er in Wien zum Priester geweiht. 1834 wurde er zum Dr. theol. promoviert. Anschließend war er Professor für Moraltheologie an der Universität Olmütz. Er bekleidete zweimal das Amt des Dekans der Fakultät, 1843 – 1844 das des Rektors der Universität; daneben wirkte er 1841 als erzbischöflicher Sekretär und ab 1842 als erzbischöflicher Kanzler. Er war Schuloberaufseher der Erzdiözese Olmütz und Ehrenkanoniker. 1849 nahm er als Berater seines Erzbischofs an der Wiener Bischofskonferenz teil, 1852 erfolgte seine Berufung zum Hof- und Burgpfarrer sowie zum Vorsteher des Frintaneums in Wien, 1853 wurde er zum Titularabt von Pagrany ernannt.

1857 – 1876 wirkte er als Ministerialbeamter im Kultusministerium. 1858 wurde er *Rector Magnificus* der Wiener Universität, 1859 zum päpstlichen Hausprälaten und 1861 zum Propst des Metropolitankapitels bei St. Stephan und damit zum Kanzler der Universität ernannt, 1862 erfolgte die Ernennung zum Generalvikar.

Am 7. April 1862 wurde er zum Titularbischof von Carrhae und Weihbischof in Wien ernannt. Die Bischofsweihe empfing er am 11. Mai 1862 in Wien von Kardinal Joseph Othmar von Rauscher, dem Erzbischof von Wien. Am 12. Januar 1876 nominierte ihn der Kaiser zum Erzbischof von Wien, am 3. April 1876 folgte die päpstliche Ernennung.

Papst Pius IX. kreierte ihn im Konsistorium vom 22. Juni 1877 zum Kardinalpriester und verlieh ihm am 25. Juni 1877 den Kardinalshut und die Titelkirche S. Eusebio. Er nahm 1878 am Konklave teil, welches Papst Leo XIII. wählte.

Er starb am 27. Januar 1881 in Wien und wurde in der Bischofsgruft des Stephansdomes zu Wien beigesetzt.

Parocchi, Lucido Maria (1833 – 1903)
Parocchi wurde am 13. August 1833 in Mantua im habsburgischen Königreich Venetien und Lombardei im Kaiserreich Österreich, heute Republik Italien, geboren. Ab 1847 besuchte er das Priesterseminar seiner Heimatstadt und setzte das Theologiestudium 1854 am *Collegium Romanum* in Rom fort.

Am 17. Mai 1856 wurde er in Rom von Kardinal Costantino Patrizi zum Priester geweiht. Er wirkte zunächst als Kaplan in Rom und wurde im September 1856 in Theologie promoviert. Danach kehrte er nach Mantua zurück und lehrte am Priesterseminar Moraltheologie, Kirchengeschichte und Kirchenrecht. 1863 wurde er Erzpriester von S. Gervasio e Protasio. Er wurde er Präfekt der Kathedrale und 1870 in Rom Socius der Akademie für katholische Religion. 1871 wurde er zum päpstlichen Hausprälaten ernannt.

Er wurde am 22. Oktober 1871 zum Bischof von Pavia ernannt und am 5. November 1871 in Rom von Kardinal Costantino Patrizi Naro zum Bischof geweiht. Am 12. März 1877 wurde er zum Erzbischof von Bologna ernannt.

Papst Pius IX. kreierte ihn im Konsistorium vom 22. Juni 1877 zum Kardinalpriester und verlieh ihm am 25. Juni 1877 den Kardinalshut und die Titelkirche S. Sisto. Er nahm 1878 am Konklave teil, welches Papst Leo XIII. wählte. Da er nicht die offizielle Amtserlaubnis durch den italienischen Staat erhielt, gab er seine Diözese 1882 auf und trat 1884 das Amt des Kardinalvikars von Rom an. Im gleichen Jahr optierte er für die Titelkirche S. Croce in Gerusalemme. 1889 wurde er Präsident der Akademie für die katholische Religion. 1889 optierte er für die Klasse der Kardinalbischöfe und wurde suburbikarischer Kardinalbischof von Albano, entschied sich aber 1896 für das suburbikarische Bistum Porto e S. Rufina. 1896 wurde er Sekretär der Inquisitionskongregation und 1899 zum Vizekanzler *S.E.R.* Gleichzeitig übernahm er die Titelkirche S. Lorenzo in Damaso *in commendam*. Darüber hinaus war er auch Präsident der Kardinalskommission für die Auswahl der italienischen Bischöfe.

Er starb am 15. Januar 1903 in Rom und wurde auf dem römischen Friedhof Campo Verano beigesetzt.

Moretti, Vincenzo (1815 – 1881)
Moretti wurde am 14. November 1815 in Orvieto im Kirchenstaat, heute Republik Italien, geboren. Er trat in das Seminar von Orvieto ein.

Am 22. September 1838 wurde er zum Priester geweiht. Er setzte seine Studien in Rom am Collegio Romano fort und wurde 1844 zum Doktor der Theologie promoviert.

Am 18. Oktober 1845 wurde er Theologe des Domkapitels von Orvieto im Rang eines Kanonikers und Dozent für Bibelwissenschaft und Kirchengeschichte am Lyceum von Orvieto. Nachdem er 1848 in Rom zum Doktor in beiderlei Rechten (*utriusque iuris*) promoviert worden war, wurde er am 30. Dezember 1848 zum Generalvikar des Bistums Orvieto ernannt.

Am 17. Dezember 1855 wurde er zum Bischof von Comacchio ernannt und am 13. Januar 1856 in Rom von Kardinal Costantino Patrizi zum Bischof geweiht. Am 23. März 1860 wurde er Bischof von Cesena. Er konnte aber aufgrund der politischen Verhältnisse von seiner Diözese nicht Besitz ergreifen und war 1860 einige Monate inhaftiert. Nach seiner Freilassung blieb er in Comacchio. 1863 wurde er Päpstlicher Thronassistent und am 27. März 1867 Bischof von Imola. Am 27. Oktober 1871 wurde er zum Erzbischof von Ravenna ernannt.

Papst Pius IX. kreierte ihn im Konsistorium vom 28. Dezember 1877 zum Kardinalpriester und verlieh ihm am 31. Dezember 1877 den Kardinalshut und die die Titelkirche S. Sabina. Er nahm 1878 am Konklave teil, welches Papst Leo XIII. wählte. Am 25. April 1878 wurde er Apostolischer Administrator des Bistums Comacchio, Am 22. September 1879 legte er die Leitung der Erzdiözese Ravenna nieder und lebte seither in Rom.

Er starb am 6. Oktober 1881 in Bologna und wurde auf dem dortigen Friedhof beigesetzt.

Pellegrini, Antonio (1812 – 1887)
Pellegrini wurde am 11. August 1812 in Rom im Kirchenstaat, heute Republik Italien, geboren. Über seine Ausbildung sowie seine Weihedaten waren keine Informationen auffindbar.

1832 wurde er päpstlicher Geheimkämmerer, 1842 Referendariatsprälat. 1843 – 1845 war er Relator der Kongregation Buon Governo, 1846 – 1847 zweiter Assessor des Gerichts der Regierung. Er war Vize-Legat in Velletri und 1851 – 1858 Richter der Apostolischen Signatur. 1852 – 1877 war er beigeordneter Prälat der Konzilskongregation, 1858 – 1877 gehörte er zu den Klerikern der Apostolischen Kammer und war ab 1868 deren Dekan.

Papst Pius IX. kreierte ihn im Konsistorium vom 28. Dezember 1877 zum Kardinaldiakon und verlieh ihm am 31. Dezember 1877 den Kardinalshut und die Kirche S. Maria in Aquiro als Titeldiakonie. Er nahm 1878 am Konklave teil, welches Papst Leo XIII. wählte

Er starb am 2. November 1887 in Rom und wurde auf dem römischen Friedhof Campo Verano beigesetzt

Die Kardinäle von Papst Leo XIII. (1878 – 1903)

Von Fürstenberg, Friedrich Egon (1813 – 1892)

Von Fürstenberg wurde am 8. Oktober 1813 in Wien im Kaiserreich Österreich, heute Republik Österreich, geboren. Sein Cousin war der Erzbischof von Prag, Kardinal Friedrich Johannes Jakob Coelestin von Schwarzenberg (1842 kreiert).

1831–1835 studierte er an der Universität Wien Theologie. Bereits vor seiner Priesterweihe wurde er am 16. März 1832 zum nichtresidierenden Domherrn des Domkapitels von Olmütz ernannt.

Am 15. Oktober 1836 wurde er zum Priester geweiht. Anschließend absolvierte er ein Aufbaustudium an der Universität Olmütz und wurde dort 1838 in Theologie promoviert. Danach wirkte er als Kaplan, Pfarrer, Propst und Pfarrer des Kollegs St. Moritz in Kromeritz in Mähren sowie als Erzpriester und Schulinspektor. 1849 wurde er residierender Domkapitular des Domkapitels in Olmütz. 1853 verwaltete er als Kapitularvikar das Erzbistum Olmütz.

Am 6. Juni 1853 wurde er vom Kaiser zum Fürsterzbischof von Olmütz nominiert und erhielt am 27. Juni 1853 die päpstliche Ernennung. Die Bischofsweihe empfing er am 4. September 1853 in Olmütz durch seinen Cousin Kardinal Friedrich Johannes Jacob Coelestin von Schwarzenberg, den Erzbischof von Prag. Im gleichen Jahr wurde er Wirklicher Geheimer Hofrat und 1859 Päpstlicher Thronassistent. 1861 wurde er Mitglied des Oberhauses des österreichischen Parlamentes. Er nahm 1869–1870 am I. Vatikanischen Konzil teil und vertrat dort in der Unfehlbarkeitsfrage die Position der Minorität.

Papst Leo XIII. kreierte ihn im Konsistorium vom 12. Mai 1879 zum Kardinalpriester. Nachdem ihm der Kaiser das rote Birett überreicht hatte, erhielt er vom Papst am 27. Februar 1880 den Kardinalshut und die Titelkirche S. Crisogono verliehen.

Er starb am 20. August 1892 in Hochwald (Hukvaldy) in Mähren und wurde in der Kathedrale von Olmütz begraben.

Desprez, Florian-Jules (1807 – 1895)

Deprez wurde am 14. April 1807 in Ostricourt bei Cambrai im Kaiserreich Frankreich, heute Republik Frankreich, geboren. Er studierte am Priesterseminar von Cambrai.

Am 19. Dezember 1829 wurde er zum Priester geweiht. In den Jahren 1830–1850 war er Vikar an Kathedrale von Cambrai und Pfarrer in verschiedenen Pfarreien der Erzdiözese Cambrai

Am 3. Oktober 1850 wurde er zum ersten Bischof der neugegründeten Diözese Saint-Denis-de-La Réunion ernannt. Die Bischofsweihe empfing er am 5. Januar 1851 in der Kirche Notre-Dâme von Roubaix, wo er zuletzt als Pfarrer wirkte, von Erzbischof Rene-François Régnier von Cambrai, Am 19. März 1857 wurde er Bischof von Limoges. Am 26. September 1859 wurde er Erzbischof von Toulouse und Narbonne. Er nahm 1869–1870 am I. Vatikanischen Konzil teil.

Papst Leo XIII. kreierte ihn im Konsistorium vom 12. Mai 1879 zum Kardinalpriester und verlieh ihm am 22. September 1879 den Kardinalshut und die Titelkirche Santi Marcellino e Pietro.

Er starb am 21. Januar 1895 in Toulouse und wurde in der dortigen Kathedrale beigesetzt.

Haynald, Lajos (1816 – 1891)

Haynald wurde am 3. Oktober 1816, Szécsény im Komitat Nógrád im Königreich Ungarn, heute Republik Ungarn, geboren. Er studierte Theologie in Tyrnau (slowakisch: Trnava).

Am 15. Oktober 1839 wurde er zum Priester geweiht. Anschließend widmete er sich weiteren Studien und erwarb 1841 an der Universität Wien ein Doktorat in Theologie. Anschließend lehrte er an der Universität in Gran (Esztergom) und war Sekretär und Kanzler des Erzbischofs von Gran und Primas von Ungarn. Er widmete sich neben der Theologie dem Studium der Botanik und legte eine Botaniksammlung an, die bei seinem Tod eine der bedeutendsten Europas war. Auch schrieb er kleinere botanische Werke.

Am 15. März 1852 wurde er zum Titularbischof von Hebron und Koadjutor mit dem Recht der Nachfolge von Karlsberg (Alba Julia) in Siebenbürgen (heute Rumänien) ernannt. Die Bischofsweihe empfing er am 15. August 1852 in Poson von Erzbischof János Scitovszky von Gran (Esztergom). Am 15. Oktober 1852 wurde er Bischof von Karlsberg (Alba Julia). Er setzte sich für die Verwaltung Siebenbürgens durch Ungarn ein, was ihn schließlich zur Resignation seines Bistums zwang. 1863 ging er nach Rom und erhielt am 22. September 1864 das Titularbistum Carthago. Am 17. Mai 1867 wurde er zum Erzbischof von Kalocsa-Bács ernannt. Auf dem I. Vatikanischen Konzil 1869 – 1870 gehörte er zu den profiliertesten Vertretern der Minorität, die das Unfehlbarkeitsdogma nicht nur aus pragmatischen, sondern aus prinzipiellen Gründen ablehnten. Er akzeptierte die Dogmen schließlich, ohne sie in seinem Amtsblatt zu veröffentlichen.

Papst Leo XIII. kreierte ihn im Konsistorium vom 12. Mai 1879 zum Kardinalpriester und verlieh ihm am 22. September 1879 den Kardinalshut und die Titelkirche S. Maria degli Angeli.

Er starb am 4. Juli 1891 in Kalocsa und wurde in der dortigen Kathedrale beigesetzt.

Pie, Louis-Edouard-François-Désiré (1815 – 1880)

Pie wurde am 26. September 1815 in Pontgouin in der Nähe von Chartres im Kaiserreich Frankreich, heute Republik Frankreich, geboren. Er besuchte ab 1827 das Seminar der Diözese Chartres in Saint-Chéron, 1835 wechselte er an das Seminar von Saint-Sulpice in Paris.

Am 25. Mai 1839 wurde er zum Priester geweiht und wurde im gleichen Jahr Vikar an der Kathedrale von Chartres. 1844 – 1849 war er Generalvikar der Diözese Chartres.

Am 23. September 1849 wurde er zum Bischof von Poitiers ernannt. Die Bischofsweihe empfing er am 25. November 1849 in der Kathedrale von Chartres von Bischof Claude-

Hippolyte Clausel de Montgelas von Chartres. Am 22. Januar 1856 wurde er Päpstlicher Thronassistent. Er nahm am I. Vatikanischen Konzil 1869–1870 teil und war dort ein Verfechter der Definition des Dogmas der päpstlichen Unfehlbarkeit.

Papst Leo XIII. kreierte ihn im Konsistorium vom 12. Mai 1879 zum Kardinalpriester und verlieh ihm am 22. September 1879 den Kardinalshut und die Titelkirche Santa Maria della Vittoria.

Er starb am 17. Mai 1880 in Angoulême und wurde in der Kathedrale von Poitiers beigesetzt.

Silva dos Santos, Americo Ferreira (1829–1899)
Silva dos Santos wurde 1829/1830 in Porto im Königreich Portugal, heute Republik Portugal, geboren. Er studierte an der theologischen Fakultät der Universität Coimbra und wurde 1852 zum Doktor der Theologie promoviert.

Am 26. September 1852 wurde er zum Priester geweiht. Er war in den Jahren 1853–1862 Dozent für Dogmatik und Pastoraltheologie am Priesterseminar von Santarém und wurde dort am 13. Oktober 1855 Prorektor. 1859 wurde er Kanoniker des Patriarchalkapitels an der Kathedrale von Lissabon. Aufgrund seiner angegriffenen Gesundheit verließ er im Juli 1862 Santarém und siedelte nach Lissabon über. Er wurde im Juli 1874 Mitglied der Leitung des Patriarchates und vertrat während der vorübergehenden Abwesenheit des Patriarchen das Patriarchat in Rechtsfragen. Im August 1869 wurde er Erzpriester von Lissabon und leitete 1869–1871 als Kapitularvikar das Patriarchat Lissabon.

Am 31. Mai 1871 wurde er durch den König von Portugal zum Bischof von Porto nominiert und am 26. Juni 1871 durch den Papst bestätigt. Die Bischofsweihe empfing er am 10. September 1871 in Lissabon durch den Patriarchen Inacio Nascimento Moraes Cardoso von Lissabon.

Papst Leo XIII. kreierte ihn im Konsistorium vom 12. Mai 1879 zum Kardinalpriester. Das rote Birett überreichte ihm der König von Portugal. Der Papst verlieh ihm am 27. Februar 1880 den Kardinalshut und die Titelkirche Santi Quattro Coronati.

Er starb am 21. Januar 1899 in Porto und wurde in der Kathedrale von Porto beigesetzt.

Alimonda, Gaetano (1818–1891)
Alimonda wurde am 23. Oktober 1818 in Genua im Königreich Sardinien, heute Republik Italien, geboren. Er studierte an der Universität Genua, wo er in Theologie promoviert wurde.

Am 10. Juni 1843 wurde er zum Priester geweiht und war für viele Jahre neben anderen Aufgaben Regens des Priesterseminars von Genua. Später wurde er zum päpstlichen Hausprälaten ernannt.

Am 21. September 1877 wurde er zum Bischof von Albenga ernannt. Die Bischofsweihe empfing er am 11. November 1877 in Genua. Als er am 12. Mai 1879 zum Kardinal kreiert wurde, trat er von seinem Amt als Bischof von Albenga zurück.

Papst Leo XIII. kreierte ihn im Konsistorium vom 12. Mai 1879 zum Kardinalpriester und verlieh ihm am 22. September 1879 den Kardinalshut und die Titelkirche Santa Maria in Traspontina. Am 9. August 1883 wurde er zum Erzbischof von Turin ernannt.

Er starb am 30. Mai 1891 in Albaro im Erzbistum Genua und wurde in der Kapelle der Erzbischöfe von Turin auf dem Friedhof von Turin beigesetzt.

Pecci S.J., Giuseppe (1807 – 1890)

Pecci wurde am 13. Dezember 1807 in Carpineto Romano bei Anagni in der Region Latium im Kirchenstaat, der 1807/1808 von Napoleon Bonaparte besetzt worden war, heute Republik Italien, geboren. Er war der ältere Bruder von Papst Leo XIII.

Er trat im Dezember 1824 in Rom in das Noviziat des Jesuitenordens ein und studierte am Collegio Romano. 1830 – 1833 lehrte er Rhetorik an den Jesuitenschulen in Urbino und Forlì und Philosophie an den Jesuitenschulen in Reggio Emilia, Faenza und Modena.

1837 wurde er zum Priester geweiht, im August 1842 legte er seine ewigen Gelübde ab. 1847 wurde er Professor für kritische Geschichte der Philosophie am Collegio Romano in Rom. Aufgrund der Revolution verließ er 1848 den Jesuitenorden und wurde 1849 in den Klerus der Diözese Anagni inkardiniert. Er zog sich in seine Heimat Carpineto zurück. 1850 kehrte er nach Rom zurück, um wieder Philosophie am Collegio Romano zu lehren. Doch schon 1851 kehrte er aus gesundheitlichen Gründen nach Carpineto zurück.

Sein Bruder, Erzbischof Gioacchino Pecci von Perugia, holte ihn nach Perugia, um am dortigen Seminar Philosophie zu lehren. Er wirkte an der Einführung des Neothomismus mit und erhielt 1861 den Lehrstuhl für Philosophie an der Universität La Sapienza in Rom. 1870 verlor der diesen Lehrstuhl, weil er sich weigerte, den Loyalitätseid auf die italienische Regierung zu leisten und kehrte nach Perugia zurück. Am I. Vatikanischen Konzil war er Berater mehrerer Kommissionen. Am 9. September 1878 wurde er zum päpstlichen Hausprälaten und Vize-Bibliothekar der Heiligen Römischen Kirche ernannt.

Papst Leo XIII. kreierte ihn im Konsistorium vom 12. Mai 1879 zum Kardinaldiakon und verlieh ihm am 15. Mai 1879 den Kardinalshut und die Kirche S. Agata alla Subura als Titeldiakonie. Er war wesentlich an der Erarbeitung der Enzyklika *Aeterni Patris* vom 4. August 1879 beteiligt, die die thomistische Philosophie wieder vorschrieb. Am 16. Februar 1884 wurde er zum Präfekten der Studienkongregation ernannt und hatte dieses Amt bis Oktober 1887 inne. 1887 trat er wieder in den Jesuitenorden ein und erneuerte im August 1887 seine feierlichen Gelübde. Er wurde erster Präsident der Accademia Romana di Tommaso d'Aquino welche Leo XIII. am 15. Oktober 1889 gründete.

Er starb am 8. Februar 1890 in Rom und wurde auf dem römischen Friedhof Campo Verano beigesetzt.

Newman, John Henry, Orat. (1801–1890)

Newman wurde am 21. Februar 1801 in London in England im Vereinigten Königreich Großbritannien in einer anglikanischen Familie geboren. Mit 15 Jahren wandte er sich unter dem persönlichen Einfluss seines Pfarrers zum evangelikalen Anglikanismus.

1816–1822 studierte er am Trinity College in Oxford Theologie und wurde am 12. April 1822 zum Fellow am Oriel College in Oxford ernannt. Am 13. Juni 1824 erhielt der die anglikanische Diakonenweihe. Auf die Anstellung als Kaplan in St. Clement, Oxford, und eine einjährige intensive Predigttätigkeit folgt am 29. Mai 1825 die Ordination zum Priester der Church of England. 1826 wird er Vizepräsident von St. Alban Hall sowie Tutor im Oriel College, 1828 Pfarrer an der Universitätskirche St. Mary the Virgin in Oxford. 1832 trat er zurück und ging auf eine Reise rund um das Mittelmeer (Dezember 1832 bis Juli 1833), die ihn auch nach Rom führte. In der Folgezeit wurde er neben John Keble und Edward Bouverie Pusey zum führenden Kopf der anglo-katholischen Oxford Bewegung, die eine Erneuerung der Kirche von England aus Lehre und Liturgie der Alten Kirche anstrebte.

Im September 1843 legt Newman sein Pfarramt in St. Mary's in Oxford nieder, im Oktober 1845 trat er als Fellow des Oriel College zurück. Am 9. Oktober 1845 konvertierte er zum Katholizismus. Bischof Nicholas Wiseman gab ihm den Rat, in Old Oscott bei Birmingham eine Lebensgemeinschaft in der Lebensform der Oratorianer aufzubauen. Bischof Wiseman regte ferner eine Romreise an, die mit Studien am Collegio Romano und mit einem Noviziat ausgefüllt sein solle.

Am 30. Mai 1847 wurde er während des Studienaufenthaltes in Rom von Kardinal Giacomo Filippo Fransoni zum römisch-katholischen Priester geweiht; es folgte das Noviziat der Oratorianer in Santa Croce. Er erarbeitete einige für die englische Situation zugeschnittene Veränderungen an den Statuten der Oratorianer und wurde mit päpstlichem Breve beauftragt, Oratorien in England zu gründen. Anfang 1848 gründete er das erste Oratorium Englands in Old Oscott. 1851 erhielt er vom Erzbischof von Armagh und späteren Erzbischof von Dublin, Paul Cullen (1803–1878) die Aufforderung, als Gründungsrektor der neuen katholischen Universität in Dublin zur Verfügung zu stehen.

Papst Leo XIII. kreierte ihn im Konsistorium vom 12. Mai 1879 zum Kardinaldiakon und verlieh ihm am 15. Mai 1879 den Kardinalshut und die Kirche San Giorgio in Velabro als Titeldiakonie.

Er starb am 11. August 1890 in Edgbaston, Birmingham und wurde auf dem Oratorianerfriedhof Rednal, nahe Birmingham im Grab seines Freundes Fr. Ambrose St. John († 1875) seinem Wunsch gemäß beigesetzt.

1958 wurde der Seligsprechungsprozess für Newman eröffnet, der 2009 abgeschlossen wurde. Papst Benedikt XVI. sprach ihn am 19. September 2010 in Birmingham, England, selig.

Hergenröther, Joseph (1824 – 1890)

Hergenröther wurde am 15. September 1824 in Würzburg im Königreich Bayern, heute Freistaat Bayern in der Bundesrepublik Deutschland, geboren. Nach dem Abitur 1842 studierte er bis 1844 an der Würzburger Universität Philosophie und Theologie, die er ab 1844 am Collegium Germanicum in Rom fortsetzte. Bedingt durch die revolutionären Unruhen in Italien konnte er seine Studien in Rom nicht beenden.

Am 28. März 1848 wurde er in Rom zum Priester geweiht. Nach seiner Rückkehr war er zunächst Kaplan im Bistum Würzburg. Im Mai 1850 setzte er seine Studien an der Universität München fort und wurde im Juli 1850 wurde in Theologie promoviert. 1851 wurde er habilitiert und wurde Privatdozent in München. 1852 – 1879 war er zunächst außerordentlicher, ab 1855 ordentlicher Professor des Kirchenrechtes und der Kirchengeschichte in Würzburg. Er war ein entschiedener Vertreter der Unfehlbarkeit des Papstes und wurde 1868 zum Konsultor zur Vorbereitung des I. Vatikanischen Konzils nach Rom berufen. 1877 wurde er zum päpstlichen Hausprälaten ernannt.

Papst Leo XIII. kreierte ihn im Konsistorium vom 12. Mai 1879 zum Kardinaldiakon und verlieh ihm am 15. Mai 1879 den Kardinalshut und die Kirche S. Nicola in Carcere als Titeldiakonie. Er verlegte seinen Wohnsitz nach Rom und wurde am 9. Juni 1879 zum Präfekten des Vatikanischen Geheimarchivs ernannt. 1887 wurde er Kardinalprotektor der deutschen Stiftung S. Maria dell'Anima. Am 1. Juli 1888 optierte er für die Titeldiakonie Santa Maria in Via Lata. In seinen letzten Jahren war er Kardinalprotodiakon.

Er starb am 3. Oktober 1890 in der Zisterzienserabtei Mehrerau bei Bregenz in Vorarlberg, Österreich und wurde in der Abteikirche Mehrerau beigesetzt.

Zigliara O.P., Tommaso (1833 – 1893)

Zigliara wurde am 29. Oktober 1833 in Bonifacio bei Ajaccio auf der Insel Korsika im Königreich Frankreich, heute Republik Frankreich, geboren und auf den Namen Francesco getauft. 1851 trat er in das Noviziat der Dominikaner ein. 1852 erfolgte die Profess. Seine Studien absolvierte er in Rom und Perugia in Häusern seines Ordens. Seine Studien schloss er am Collegium S. Thomae zu Rom ab.

Am 17. Mai 1856 wurde er in Perugia durch Kardinal Gioacchino Pecci, dem Bischof von Perugia, zum Priester geweiht. Er lehrte anschließend an den Ordensschulen von Corbara (Korsika) und Viterbo Philosophie und Theologie. Seit 1870 war er Regens und Dozent am Konvent S. Maria sopra Minerva in Rom, danach von 1873 bis 1879 Regens am Collegium S. Thomae. An der Römischen Kurie war er Konsultor der Kongregationen für den Index und für die außerordentlichen kirchlichen Angelegenheiten.

Papst Leo XIII. kreierte ihn im Konsistorium vom 12. Mai 1879 zum Kardinaldiakon und verlieh ihm am 15. Mai 1879 den Kardinalshut und die Kirche Santi Cosma e Damiano als Titeldiakonie. Am 16. Dezember 1886 wurde er zum Präfekten der Kongregation für die Ablässe und Reliquien ernannt, am 28. Oktober 1887 zum Präfekten der Studienkongregation. Er wirkte an der Erarbeitung der ersten päpstlichen Sozialenzyklika *Rerum Novarum* von 1893 mit. Am 1. Juni 1891 optierte er für die Klasse der

Kardinalpriester und die Titelkirche S. Prassede, Am 16. Januar 1893 optierte er für die Klasse der Kardinalbischöfe und die suburbikarische Diözese Frascati; er starb jedoch vor dem Empfang der Bischofsweihe.

Er starb am 10. Mai 1893 in Rom und wurde auf dem römischen Friedhof Campo Verano beigesetzt.

Meglia, Pier Francesco (1810 – 1883)
Meglia wurde am 3. November 1810 in S. Stefano al Mare in Ligurien im französischen Kaiserreich, heute Republik Italien, geboren. Er studierte nach der Schulzeit an der Universität La Sapienza in Rom.

Am 24. September 1836 wurde er in Rom zum Priester geweiht. Es folgten weitere Studien in Rom. Im Mai 1843 wurde er zum Doktor in beiderlei Rechten (*utriusque iuris*) promoviert. Er war Sekretär de Nuntiatur im Königreich beider Sizilien in Neapel, Auditor und später Geschäftsträger der Nuntiatur in Frankreich und wurde zum päpstlichen Geheimkämmerer ernannt.

Am 22. September 1864 wurde er zum Titularerzbischof von Damaskus ernannt. Die Bischofsweihe spendete ihm am 25. September 1864 in der Sixtinischen Kapelle des Vatikan Papst Pius IX. persönlich. Am 1. Oktober 1864 erfolgte die Ernennung zum Nuntius beim Kaiser von Mexiko und zum Apostolischen Delegaten in Mittelamerika. Am 26. Oktober 1866 wurde er zum Nuntius im Königreich Bayern und am 10. Juli 1874 zum Nuntius in der französischen Republik ernannt.

Papst Leo XIII. kreierte ihn im Konsistorium vom 19. September 1879 zum Kardinalpriester und verlieh ihm am 27. Februar 1880 den Kardinalshut und die Titelkirche Santi Silvestro e Martino ai Monti. Am 21. Dezember 1880 wurde er zum Mitglied des Rates der Vermögensverwaltung des Heiligen Stuhls ernannt.

Er starb am 31. März 1883 in Rom und wurde auf dem Friedhof seiner Heimat S. Stefano al Mare beigesetzt.

Cattani, Giacomo (1823 – 1887)
Cattani wurde am 13. Januar 1823 in Brisighella in der Provinz Ravenna im Kirchenstaat, heute Republik Italien, geboren. Er erhielt seine Ausbildung zunächst am Priesterseminar von Faenza, bevor er nach Rom an das Seminar S. Apollinare wechselte. Er schloss seine Philosophiestudien mit einer Promotion im September 1842 ab und wurde in Theologie im September 1845 promoviert.

Am 20. September 1845 wurde er in Heimatstadt Brisighella zum Priester geweiht. Er ging nach Rom zurück und setzte seine Studien an der Päpstlichen Akademie für den kirchlichen Adel fort. 1852 wurde er Kanoniker des Kapitels der Lateranbasilika und päpstlicher Hausprälat. Am 2. Mai 1866 wurde er zum Internuntius in den Niederlanden ernannt, am 13. März 1868 zum Nuntius in Belgien.

Am 16. März 1868 wurde er zum Titularerzbischof von Ancyra ernannt. Die Bischofsweihe empfing er in der Lateranbasilika in Rom am 12. Juli 1868 durch Kardinal

Costantino Patrizi. Am 27. April 1875 wurde er Sekretär der Konzilskongregation, am 20. Februar 1877 Nuntius am Königshof in Madrid in Spanien.

Papst Leo XIII. kreierte ihn im Konsistorium vom 19. September 1879 zum Kardinalpriester. Das rote Birett wurde ihm in Madrid vom König überreicht. Der Papst verlieh ihm am 27. Februar 1880 den Kardinalshut und die Titelkirche S. Balbina. Am 22. September 1879 wurde er zum Erzbischof von Ravenna ernannt.

Er starb am 14. Februar 1887 in Ravenna und wurde auf dem Friedhof der Stadt beigesetzt.

Jacobini, Ludovico (1832–1887)

Jacobini wurde am 6. Januar 1832 in Genzano bei Albano in der Region Latium im Kirchenstaat, heute Republik Italien, geboren. Er war ein Cousin von Kardinals Angelo Jacobini (1882 kreiert). Er studierte am Priesterseminar von Albano.

Am 23. September 1854 wurde er zum Priester geweiht. Anschließend ging er zum Weiterstudium nach Rom und wurde an der Universität La Sapienza im Juli 1857 in Theologie und im Juni 1858 in beiderlei Rechten (*utriusque iuris*) promoviert. Danach trat er in den Dienst der Römischen Kurie ein und arbeitete einige Zeit in der Kongregation für außerordentliche kirchliche Angelegenheiten. Er wurde kurz darauf päpstlicher Hausprälat und Sekretär der Kongregation Propaganda Fide in der Abteilung für die orientalischen Riten sowie Kanoniker am Kapitel der Lateranbasilika und Apostolischer Protonotar. 1862 wurde er zum Sekretär der 1. Kommission zur Redaktion des Syllabus von Pius IX., kurz darauf zum Sekretär der vorbereitenden Kommission für die Kirchendisziplin zum I. Vatikanischen Konzil ernannt. Als während des I. Vatikanischen Konzils der 1. Konzilssekretär, Joseph Feßler, erkrankte, wurde er sein Nachfolger.

Am 20. März 1874 wurde er zum Titularerzbischof von Thessaloniki ernannt. Die Bischofsweihe empfing er am 24. März 1874 in der Lateranbasilika in Rom von Kardinal Costantino Patrizi. Am 27. März 1874 wurde er zum Nuntius am Kaiserhof in Wien ernannt. Von dort aus engagierte er sich in der Frage der Beilegung des Kulturkampfes mit Preußen und dem Deutschen Reich und traf im Dezember 1878 mit Windhorst und im September 1879 in Gastein mit Bismarck zusammen.

Papst Leo XIII. kreierte ihn im Konsistorium vom 19. September 1879 zum Kardinalpriester. Er erhielt das rote Birett in Wien vom Kaiser überreicht. Der Papst verlieh ihm am 16. Dezember 1880 den Kardinalshut und die Titelkirche S. Maria della Vittoria. Am 16. Dezember 1880 wurde er zum Kardinalstaatssekretär und Administrator der Güter des Heiligen Stuhls ernannt.

Er starb am, 28. Februar 1887 in Rom und wurde auf dem römischen Friedhof Campo Verano beigesetzt.

Sanguigni, Domenico (1809 – 1882)
Sanguigni wurde am 27. Juni 1809 in Terracina in der Region Latium in der damaligen Republik Italien, dem späteren Kirchenstaat, heute Republik Italien, geboren.

Über Ausbildungsweg sowie Weihedaten ist nichts Näheres bekannt. Er wurde in beiderlei Rechten (*utriusque iuris*) promoviert, schlug die diplomatische Laufbahn ein und war Auditor der Nuntiatur im Königreich beider Sizilien in Neapel und später Auditor der Nuntiatur in Portugal und Internuntius in Brasilien.

Am 15. Juni 1874 wurde er zum Titularerzbischof von Tarsus ernannt. Die Bischofsweihe empfing er am 23. August 1874 in Rom von Kardinal Alessandro Franchi. Am 25. August 1874 wurde er zum Nuntius in Portugal ernannt.

Papst Leo XIII. kreierte ihn im Konsistorium vom 19. September 1879 zum Kardinalpriester. Das rote Birett erhielt er vom König von Portugal. Der Papst verlieh ihm am 27. Februar 1880 den Kardinalshut und die Titelkirche S. Pudenziana.

Er starb am 20. November 1882 in Rom und wurde auf dem römischen Friedhof Campo Verano beigesetzt.

Hassoun (Hassounian), Andon Bedros (1809 – 1884)
Hassounian wurde am 15. Juni 1809 in Konstantinopel im Osmanischen Reich, dem heutigen Istanbul in der heutigen Türkei, geboren. Er studierte in Rom am Päpstlichen *Athenaeum Urbanianum* der Kongregation *Propaganda Fide*.

Nach Abschluss seiner Studien wurde er zum Priester geweiht (genaues Weihedatum nicht bekannt).

Am 7. Juni 1842 wurde er zum Titularerzbischof von Anazarbo und zum Koadjutor mit Nachfolgerecht des armenisch-katholischen Metropoliten von Konstantinopel ernannt. Die Bischofsweihe empfing er am 19. Juni 1842 in Rom durch Kardinal Giacomo Filippo Fransoni. Am 2. August 1846 wurde er armenisch-katholischer Metropolit von Konstantinopel. 1859 wurde er Päpstlicher Thronassistent. 1853/54 kam es zu heftigen innerkirchlichen Diskussionen um die traditionellen Mitwirkungsrechte armenischer Priester und Laien bei der Bischofs- und Patriarchenwahl. Hassounian setzte sich im Sinne Roms für die Privilegien des Episkopates und des Papstes ein. 1866 wurden beide armenisch-katholischen Jurisdiktionen im Osmanischen Reich, das Patriarchat von Kilikien und das Erzbistum Konstantinopel vereinigt und die Residenz des Patriarchen von Bzommar nach Konstantinopel verlegt. Nach dem Tod des armenisch-katholischen Patriarchen von Kilikien 1866 wurde Hassunian mit römischer Unterstützung am 14. September 1866 in Bzommar durch eine Synode von Bischöfen, entgegen bisheriger Gewohnheit ohne Beteiligung von Priestern und Laien, zum Patriarchen von Kilikien gewählt und am 12. Juli 1867 durch den Papst bestätigt. Er nahm den Namen Andon Bedros IX. an und residierte in Konstantinopel. Er nahm 1869 – 1870 am I. Vatikanischen Konzil teil und unterstützte, als einziger Patriarch der katholischen Ostkirchen, die 1870 erklärten Dogmen über Unfehlbarkeit und Universalprimat des römischen Papstes. Als Reaktion auf die Ereignisse kam es innerhalb der armenisch-katholischen Kirche für mehrere Jahre zu Unruhen und Kirchenspaltung und zum

Entzug seiner staatlichen Anerkennung als Oberhaupt der armenisch-katholischen Kirche im Osmanischen Reich. Am 13. Mai 1871 wurde er vom Staat abgesetzt und aus Konstantinopel verbannt und Dissidenten setzten einen Gegenpatriarchen ein. 1878 berief ihn Papst Leo XIII. nach Rom.

Papst Leo XIII. kreierte ihn im Konsistorium vom 13. Dezember 1880 zum Kardinalpriester und verlieh ihm am 16. Dezember 1880 den Kardinalshut und die Titelkirche SS. Vitale, Gervasio e Protasio. Im Juni 1881 verzichtete er auf das Patriarchat.

Er verstarb am 28. Februar 1884 in Rom und wurde auf dem römischen Friedhof Campo Verano in Rom beigesetzt.

Laurenzi, Carlo (1821–1893)

Laurenzi wurde am 12. Januar 1821 in Perugia im Kirchenstaat, heute Republik Italien, geboren. Er studierte am Priesterseminar von Perugia.

Am 23. September 1843 wurde er in Perugia zum Priester geweiht. 1843–1845 setzte er sein Studium in Perugia fort und wurde 1843 in Theologie und 1845 in beiderlei Rechten (*utriusque iuris*) promoviert. 1845 wurde er Sekretär des Kapitularvikars von Perugia und 1846 Kanoniker des Domkapitels von Perugia. Im Februar 1847 wurde er zum Pro-Generalvikar ernannt, 1851 wurde er Präsident der Universität von Perugia, 1853 päpstlicher Geheimkämmerer und 1857 Erzpriester und Leiter des Domkapitels sowie Generalvikar.

Am 22. Juni 1877 wurde er zum Titularbischof von Amathus in Palästina und Weihbischof in Perugia ernannt. Die Bischofsweihe empfing er am 24. Juni 1877 in Rom von Kardinal Gioacchino Pecci, dem Bischof von Perugia. 1878 wurde er Päpstlicher Thronassistent und nach Rom berufen. Dort wurde er im Mai 1879 Auditor und Kanoniker von St. Peter im Vatikan. Am 30. März 1882 wurde er zum Assessor der Inquisitionskongregation ernannt.

Papst Leo XIII. kreierte ihn im Konsistorium vom 13. Dezember 1880 zum Kardinal und reservierte ihn *in pectore*. Seine Kreation zum Kardinalpriester wurde am 10. November 1884 veröffentlicht und er erhielt den Kardinalshut und die Titelkirche S. Anastasia am 13. November 1884 verliehen. Am 25. April 1885 wurde er Sekretär der Memorialien, 1887 wurde er Präfekt der Ritenkongregation.

Er starb am 2. November 1893 in Rom und wurde auf dem römischen Friedhof Campo Verano beigesetzt.

Ricci Paracciani, Francesco (1830–1894)

Ricci Paracciciani wurde am 8. Juni 1830 in Rom im Kirchenstaat, heute Republik Italien, geboren. Er war ein Cousin von Kardinal Salvatore Nobili Vitelleschi (1875 kreiert).

Nach seiner Priesterweihe (genaues Datum unbekannt) wurde er päpstlicher Hausprälat und gehörte zum päpstlichen Hofstaat. Am 24. März 1868 wurde er Maestro di Camera und am 1. Oktober 1875 Maiordomus des päpstlichen Palastes. Er war weiter Kanoniker des Kapitels von St. Peter im Vatikan und 1878 Gouverneur des Konklaves.

Papst Leo XIII. kreierte ihn im Konsistorium vom 13. Dezember 1880 zum Kardinal und reservierte ihn *in pectore*. Seine Kreation zum Kardinaldiakon wurde am 27. März 1882 veröffentlicht. Er erhielt den Kardinalshut und die Kirche S. Maria in Portico Campitelli als Titeldiakonie am 30. März 1882 verliehen. Am 4. März 1885 wurde er zum Großprior des souveränen Malteserordens ernannt. Am 1. Juni 1891 optierte er für die Klasse der Kardinalpriester und die Titelkirche S. Pancrazio. Am 26. Januar 1892 wurde er Präfekt der Kongregation der Fabrik der Petersbasilika des Vatikans (Fabrica di San Pietro) und Sekretär der Memorialien. Am 6. Oktober 1892 wurde er Erzpriester der Petersbasilika im Vatikan. Er war einer der Pioniere des sozialen Katholizismus und engagierte sich für die Abendschulen und die Errichtung von Krankenhäusern in Rom.

Er starb am 9. März 1894 in Rom und wurde auf dem römischen Friedhof Campo Verano beigesetzt.

Lasagni, Pietro (1814 – 1885)
Lasagni wurde am 15. Juni 1814 in Caprarola in der Provinz Viterbo im napoleonischen Königreich Italien und späteren Kirchenstaat, heute Republik Italien, geboren. Er studierte am Priesterseminar von Rieti; noch vor seiner Priesterweihe erhielt er 1835 ein Benefizium an der Basilika S. Maria Maggiore.

Am 17. Dezember 1836 wurde er zum Priester geweiht. Er setzte seine Studien am Seminario Romano fort und wurde 1840 in Kirchenrecht promoviert. 1842 – 1843 war er Sekretär des Internuntius, danach bis 1851 Auditor der Nuntiatur in Paris. Nach seiner Rückkehr nach Rom wurde er Referendariatsprälat und Mitglied des Gerichts der Kongregation Consulta. 1853 – 1856 war er Apostolischer Delegat der Provinz Viterbo, 1856 – 1859. Apostolischer Delegat in Forlì. Nach seiner Rückkehr nach Rom wurde er 1863 Kleriker der Apostolischen Kammer und war dort für die Sozialwerke zuständig. Er baute eine Arbeitslosenunterstützung auf und errichtete Armen- und Waisenhäuser. 1868 – 1870 war er Apostolischer Delegat der Provinz Frosinone, 1875 wurde er zum Sekretär der Konsistorialkongregation und des Kardinalskollegiums sowie des Konklaves ernannt.

Papst Leo XIII. kreierte ihn im Konsistorium vom 13. Dezember 1880 zum Kardinal und reservierte ihn *in pectore*. Seine Kreation zum Kardinaldiakon wurde am 27. März 1882 veröffentlicht. Er erhielt den Kardinalshut und die Kirche S. Maria della Scala als Titeldiakonie am 30. März 1882 verliehen. Am 4. März 1885 wurde er zum Sekretär der Memorialien ernannt.

Er starb am 19. April 1885 in Rom und wurde auf dem römischen Friedhof Campo Verano beigesetzt.

Agostini, Domenico (1825 – 1891)

Agostini wurde am 31. Mai 1825 in Treviso im habsburgischen Königreich Venetien-Lombardei, heute Republik Italien, geboren. Er studierte Philosophie und Theologie am Priesterseminar von Treviso. Später studierte er an der Universität Padua Philosophie und Rechtswissenschaften und promovierte in beiden Fächern. Während des Krieges mit Österreich 1848 – 1849 trat er der Bürger-Miliz bei und verließ in dieser Zeit den geistlichen Stand. 1850 trat er dem geistlichen Stand wieder bei.

Am 26. Januar 1851 wurde er in Venedig zum Priester geweiht. Er wirkte zunächst als Kaplan in Treviso und wirkte in der Priesterausbildung mit. 1857 – 1859 war er Mitglied des Jesuitenordens. Wieder in den Klerus der Diözese Treviso zurückgekehrt, wurde er Richter am kirchlichen Gericht. 1863 wurde er Erzpriester des Domkapitels von Treviso sowie Kanzler und Pro-Generalvikar der Diözese.

Am 27. Oktober 1871 wurde er zum Bischof von Chioggia ernannt. Die Bischofsweihe empfing er am 17. Dezember 1871 in Venedig vom Patriarchen von Venedig, Kardinal Guiseppe Luigi Trevisanto. Am 22. Juni 1877 wurde er zum Patriarchen von Venedig ernannt und behielt die Verwaltung des Bistums Chioggia bei.

Papst Leo XIII. kreierte ihn im Konsistorium vom 27. März 1882 zum Kardinalpriester und verlieh ihm am 30. März 1882 den Kardinalshut und die Titelkirche S. Eusebio. Am 7. Juni 1886 optierte er für die Titelkirche S. Maria della Pace.

Er starb 31. Dezember 1891 in Venedig und wurde auf dem Friedhof S. Michele in Venedig begraben.

Lavigerie M.Afr., Charles-Martial-Allemand (1825 – 1892)

Lavigerie wurde am 31. Oktober 1825 in Saint-Esprit bei Huire in der Nähe von Bayonne im Königreich Frankreich, heute Republik Frankreich, geboren. Er studierte am Priesterseminar Saint Sulpice in Paris.

Am 2. Juni 1849 wurde er in Paris zum Priester geweiht. Danach setzte er seine Studien am Seminar „Des Carmes" und an der Universität La Sorbonne in Paris fort und wurde 1850 in Philosophie und 1853 in Theologie promoviert. 1854 – 1861 war er Professor für Kirchengeschichte an der theologischen Fakultät der Universität La Sorbonne ernannt. 1861 wurde er zum Auditor der Römischen Rota in Rom für Frankreich ernannt.

Am 16. März 1863 wurde er zum Bischof von Nancy und Toul ernannt. Die Bischofsweihe empfing er am 22. März 1863 in der Kirche S. Luigi de Francesi in Rom von Kardinal Clément Villecourt. 1863 wurde er Päpstlicher Thronassistent.

Am 27. März 1867 wurde er zum Erzbischof von Algier ernannt. Ab 1868 baute er die Missionsgesellschaft der „Weißen Väter" auf und ab 1869 eine Kongregation von Ordensschwestern, „Weiße Schwestern" genannt. Er selbst wurde ab 1868 Apostolischer Delegat für Nordafrika und ab 1878 für Innerafrika. Am 9. November 1875 wurde er zum Apostolischen Administrator von Oran und am 28. Juni 1881 zum Apostolischen Administrator des Vikariates von Tunesien ernannt.

Papst Leo XIII. kreierte ihn im Konsistorium vom 27. März 1882 zum Kardinalpriester und verlieh ihm am 3. Juli 1882 den Kardinalshut und die Titelkirche S. Agnese fuori le mura. Am 10. November 1884 erhob Leo XIII. das bisherige Titularbistum Karthago zur Erzdiözese von Karthago und ernannte Lavigerie zum Erzbischof und Primas von Afrika, gleichzeitig behielt er das Amt des Erzbischofs von Algier. In das Wirkungsfeld Karthagos fiel auch Palästina.

Er starb am 26. November 1892 in Algier. Er wurde zunächst in der Kathedrale von Karthago beigesetzt. Als die Kathedrale 1964 Eigentum der Regierung wurde, wurden seine sterblichen Überreste nach Rom übertragen und in der Krypta der Kapelle der Generalkurie der Weißen Väter beigesetzt.

Lluch y Garriga O.C.D., Joaquín (1816 – 1882)

Lluch y Garriga wurde am 22. Februar 1816 in Manresa im Königreich Spanien geboren und auf den Namen Joaquín Jacinto Francisco getauft. Im November 1830 trat er im Kloster „El Carmen" in Barcelona in den Orden der Unbeschuhten Karmeliten ein Nach seiner Profess studierte er im Studienhaus der Karmeliter „Santo Ángel" Philosophie; wegen der Vertreibung der religiösen Orden in Spanien 1835 ging er zunächst nach Carcassonne und anschließend ins Kloster S. Martino ai Monti in Rom. Später studierte er Theologie im Karmeliterkloster Lucca.

1838 wurde er zum Priester geweiht. Er wurde Novizenmeister im Konvent von Lucca und unterrichtete dort Philosophie, Theologie und Französisch. 1847 kehrte er wegen der politischen Unruhen in Italien nach Barcelona zurück und wirkte als Dozent für Moraltheologie am Seminar von Barcelona und engagierte sich in der Sozialfürsorge.

Königin Isabella II. von Spanien nominierte ihn 1858 zum Bischof der Kanarischen Inseln. Am 22. September 1858 wurde er vom Papst zum Bischof der Kanarischen Inseln ernannt. Die Bischofsweihe empfing er am 12. Dezember 1858 in Barcelona von Bischof Florentino Llorente Montón von Gerona. Königin Isabella II. von Spanien nominierte ihn 1868 für das Bistum Salamanca, die päpstliche Ernennung erfolgte am 13. März 1868. 1869 – 1870 nahm er am I. Vatikanischen Konzil teil. Am 16. Januar 1874 wurde er nach königlicher Nominierung zum Bischof von Barcelona ernannt. König Alfonso XII. von Spanien nominierte ihn am 7. Mai 1877 für das Erzbistum Sevilla, die päpstliche Ernennung erfolgte am 22. Juni 1877.

Papst Leo XIII. kreierte ihn im Konsistorium vom 27. März 1882 zum Kardinalpriester. Das rote Birett empfing er vom spanischen König.

Er starb bereits am 23. September 1882 in Umbrete bei Sevilla und konnte so nicht nach Rom reisen, um Titelkirche und Kardinalshut in Empfang zu nehmen. Er wurde in der Kathedrale von Sevilla beigesetzt.

McCabe, Edward (1816 – 1885)
McCabe wurde am 14. Februar 1816 in Dublin im Vereinigten Königreich Großbritannien und Irland, heute Republik Irland, geboren. 1831 begann er sein Studium am Maynooth College in Dublin.

Am 24. Juni 1839 wurde er in Dublin von Erzbischof Daniel Murray von Dublin zum Priester geweiht. Er wirkte in der Erzdiözese Dublin als Pfarrer in Clontarf und Administrator der Prokathedrale in Dublin. 1854 ging er für zwei Jahre nach Südafrika. Dort wurde er zum Bischof von Grahamstown in Südafrika gewählt, aber er lehnte die Wahl ab, da er Irland nicht verlassen wollte. 1856 wurde er Pfarrer von St. Nikolaus Withouth in Dublin und 1864 Kanoniker des Dubliner Kathedralkapitels und Generalvikar der Erzdiözese.

Am 26. Juni 1877 wurde er zum Titularbischof von Gadara und Weihbischof in Dublin ernannt. Die Bischofsweihe empfing er am 25. Juli 1877 in Kingstown durch Kardinal Paul Cullen, den Erzbischof von Dublin. Am 4. April 1879 wurde er zu dessen Nachfolger als Erzbischof von Dublin ernannt.

Papst Leo XIII. kreierte ihn im Konsistorium vom 27. März 1882 zum Kardinalpriester und verlieh ihm am 30. März 1882 den Kardinalshut und die Titelkirche S. Sabina.

Er starb am 11. Februar 1885 in Dublin und wurde auf dem Glasnevin Friedhof in Dublin beigesetzt.

Jacobini, Angelo (1825 – 1886)
Jacobini wurde am 25. April 1825 in Genzano in Latium im Kirchenstaat, heute Republik Italien, geboren. Er war ein Cousin des Kardinals Ludovico Jacobini (1879 kreiert). Seine Nichte heiratete den Marquis Giovanni Antonio della Chiesa, den Bruder des späteren Papstes Benedikt XV. (1914 – 1922). Er studierte am Päpstlich-Römischen Seminar S. Apollinare in Rom sowie an der Universität La Sapienza. 1846 wurde er in Theologie promoviert. Weiter studierte er Kirchen- und Zivilrecht sowie an der Päpstlichen Akademie für den kirchlichen Adel in Diplomatie.

Nach der Priesterweihe (über das genaue Datum gibt es keine Informationen) wirkte er an der Römischen Kurie als Mitglied der Vorbereitungskommission für den *Syllabus Errorum* und als Auditor der Konzilskongregation. 1867 – 1875 war er Assessor der Kongregation für die Apostolischen Besuche und wurde 1875 deren Sekretär. Von 1867 bis 1869 arbeitete er in der Vorbereitungskommission des I. Vatikanischen Konzils als Konsultor der Kommission für die kirchliche Disziplin mit. Im Oktober 1875 wurde er Sekretär der Kongregation für außerordentliche kirchliche Angelegenheiten, 1877 Assessor der Inquisitionskongregation. Er war Mitglied der Verhandlungskommission mit Preußen während des Kulturkampfes.

Papst Leo XIII. kreierte ihn im Konsistorium vom 27. März 1882 zum Kardinaldiakon und verlieh ihm am 30. März 1882 den Kardinalshut und die Kirche S. Eustachio als Titeldiakonie.

Er starb am 3. März 1886 in Rom und wurde auf dem römischen Friedhof Campo Verano begraben.

Bianchi, Angelo (1817–1897)
Bianchi wurde am 19. November 1817 in Rom im Kirchenstaat, heute Republik Italien, geboren. Sein Studium absolvierte er am Päpstlich-Römischen Seminar S. Apollinare.

Nach der Priesterweihe (über das genaue Datum gibt es keine Informationen) wirkte er an der Römischen Kurie als Apostolischer Protonotar und war 1864–1868 Geschäftsträger der Nuntiatur in der Schweiz.

Am 10. Oktober 1874 wurde er zum Titularerzbischof von Mira ernannt. Die Bischofsweihe empfing er am 1. November 1874 in der römischen Kirche S. Maria in Vallicella von Kardinal Giuseppe Berardi. Am 13. November 1874 erfolgte die Ernennung zum Nuntius im Königreich Bayern. Am 8. Juni 1877 wurde er zum Sekretär der Kongregation für die Bischöfe und Ordensleute ernannt, am 30. September 1879 zum Nuntius im Königreich Spanien.

Papst Leo XIII. kreierte ihn im Konsistorium vom 25. September 1882 zum Kardinalpriester. Das rote Birett überreichte ihm der spanische König. Der Papst verlieh ihm am 15. März 1883 den Kardinalshut und die Titelkirche S. Prassede. Am 21. April 1885 wurde er Mitglied des Rates für die Verwaltung des Vermögens des Apostolischen Stuhls und wurde am 15. November 1887 zum Präfekt der Kongregation für die Riten ernannt. Vom 14. März 1889 an war er Pro-Datar des Papstes. Am 24. Mai 1889 wurde er Kardinalbischof der suburbikarischen Diözese Palestrina unter Beibehaltung *in commendam* des Titel von S. Prassede. Am 23. September 1889 wurde er Administrator der Territorialabtei Subiaco.

Er starb am 22. Januar 1897 in Rom und wurde auf dem römischen Friedhof Campo Verano beigesetzt.

Czacki, Włodzimierz (1834–1888)
Czacki wurde am 16. April 1834 in Poryck im zur Habsburger Monarchie gehörendem Königreich Galizien und Lodomerien, heute Republik Ukraine, geboren. Er war ein Verwandter des späteren Kardinals Adam Stefan Saphieha (1946 kreiert).

1851 ging er nach Rom, wo er am Päpstlichen *Athenaeum S. Apollinare* studierte und Mitglied des polnischen Kollegs in Rom war.

Am 30. November 1867 wurde er in Rom von Erzbischof Alessandro Franchi, dem Sekretär der Kongregation für die Bischöfe und Ordensleute, zum Priester geweiht. Er wirkte anschließend als persönlicher Sekretär von Papst Pius IX. und Geheimer Kammerherr. 1868–1870 wurde er Sekretär der Studienkongregation. Auf dem I. Vatikanischen Konzil 1869–1870 war er Konsultor. 1877 wurde er Sekretär der Kongregation für außerordentliche kirchliche Angelegenheiten, 1878 wurde er mit der Konzeption der päpstlichen Politik im Kulturkampf betraut.

Am 12. August 1879 wurde er zum Titularerzbischof von Salamis ernannt. Die Bischofsweihe empfing er am 17. August 1879 in Rom von Kardinal Flavio Chigi. Am 19. September 1879 wurde er zum Nuntius in Frankreich ernannt, wo er den Bruch des Konkordates zwischen dem Heiligen Stuhl und der französischen Regierung verhindern und die Liquidation religiöser Orden vermeiden konnte.

Papst Leo XIII. kreierte ihn im Konsistorium vom 25. September 1882 zum Kardinalpriester. Das rote Birett empfing er vom Präsidenten der Republik Frankreich. Der Papst verlieh ihm am 15. März 1883 den Kardinalshut und die Titelkirche S. Pudenziana.

Er starb am 8. März 1888 in Rom und wurde zunächst im Grab der Familie Odescalchi auf dem römischen Friedhof Campo Verano beigesetzt. 1982 wurde er in der Gruft der Familie Caetani in seiner Titelkirche S. Pudenziana erneut beigesetzt.

Neto O.F.M.Disc., José Sebastião (1841 – 1920)
Neto wurde am 8. Februar 1841 in Lagos in der Nähe von Faro an der Algavre im Königreich Portugal, heute Republik Portugal, geboren. Er absolvierte seine Studien am Priesterseminar von Faro.

Am 1. April 1865 erhielt er die Priesterweihe. Er wirkte zunächst als Kaplan in der Diözese Faro und trat im August 1875 in den Orden der Franziskaner-Barfüßer ein, welcher 1895 mit dem Orden der Franziskaner fusioniert wurde. Dort nahm der den Ordensnamen Josef vom heiligsten Herzen an.

Am 30. Juli 1879 wurde er vom König von Portugal als Bischof von Angola und Kongo nominiert. Am 22. September 1879 erfolgte die päpstliche Ernennung. Die Bischofsweihe empfing er am 18. April 1880 in Lissabon von Erzbischof Gaetano Aloisi Masella, dem Nuntius in Portugal. Am 12. Juli 1883 wurde er vom König von Portugal für das Patriarchat Lissabon nominiert und am 9. August 1883 vom Papst zum Patriarchen von Lissabon ernannt.

Papst Leo XIII. kreierte ihn im Konsistorium vom 24. März 1884 zum Kardinalpriester. Das rote Birett erhielt er vom König von Portugal. Der Papst verlieh ihm am 10. Juli 1886 den Kardinalshut und die Titelkirche Ss. XII Apostoli. Er nahm an den Konklaven von 1903, welches Pius X. wählte und 1914, welches Benedikt XV. wählte, teil. Am 7. November 1907 legte er die Leitung des Patriarchates Lissabon nieder und zog sich in einen Franziskanerkonvent in Portugal zurück. Während der Revolution von 1910 wurde er aus Portugal ausgewiesen. Er ging in den Franziskanerkonvent Loreto bei Sevilla in Spanien.

Er starb am 7. Dezember 1920 in Villarino bei Sevilla in Spanien. Er wurde zunächst im Bischofsgrab der Bischöfe von Tuy begraben und 1928 in der Grabeskirche der Patriarchen von Lissabon, der Klosterkirche São Vicente de Fora in Lissabon beigesetzt.

D'Acquavella Sanfelice O.S.B.Cas., Guglielmo (1834 – 1897)
D'Acquavella San Felice wurde im April 1834 in Aversa in Kampanien im Königreich beider Sizilien, heute Republik Italien, geboren. Er trat im November 1853 in der Territorialabtei Ss. Trinità de Cava dei Tirreni in den Benediktinerorden ein und legte seine Profess im Juli 1855 ab

Am 15. März 1857 erhielt er die Priesterweihe. Ab 1858 war er Lektor der Theologie im Hausstudium der Abtei Montecassino. 1861 – 1867 war er Novizenmeister. Er studierte weiter an der Universität Neapel, wo er 1875 in Theologie promoviert wurde.

Ebenso studierte er am Kolleg der Apostolischen Protonotare in Rom, wo er in beiderlei Rechten (*utriusque iuris*) 1876 promoviert wurde.

In seiner Heimatabtei Ss. Trinità de Cava dei Tirreni war er ebenfalls als Lektor tätig, wirkte als Dekan und wurde 1874 zum Generalvikar der Territorialabtei ernannt.

Am 18. Juli 1878 wurde er zum Erzbischof von Neapel ernannt. Die Bischofsweihe empfing er am 21. Juli 1878 in Rom von Kardinalstaatssekretär Alessandro Franchi.

Papst Leo XIII. kreierte ihn im Konsistorium vom 24. März 1884 zum Kardinalpriester und verlieh ihm am 27. März 1884 den Kardinalshut und die Titelkirche S. Clemente.

Er starb am 3. Januar 1897 in Neapel und wurde auf dem Pianto Friedhof in Neapel beigesetzt.

Celesia O.S.B.Cas., Pietro Michelangelo (1814 – 1904)

Celesia wurde am 13. Januar 1814 in Palermo auf Sizilien im Königreich beider Sizilien, heute Republik Italien, geboren und auf den Namen Pietro Geremia getauft. Er trat bereits sehr früh im Kloster S. Martino della Scala in Palermo in den Benediktinerorden ein und erhielt den Ordensnamen Michelangelo. Im Januar 1835 legte er seine feierliche Profess ab.

Am 24. Juli 1836 wurde er zum Priester geweiht. 1840 wurde er Lektor für Philosophie, 1841 Dekan und 1843 Dozent für dogmatische Theologie. Er war Novizenmeister und wurde 1846 Prior des Konventes von Messina und um 1850 Prior in Militello. Am 25. März 1850 wurde er durch päpstliche Ernennung Abt von Monte Cassino. 1858 kam er als Generalprokurator seines Ordens und Abt von Farfa nach Rom.

Am 23. März 1860 wurde er zum Bischof von Patti auf Sizilien ernannt. Die Bischofsweihe empfing er am 15. April 1860 in Rom von Kardinal Girolamo D'Andrea, dem Präfekten der Indexkongregation. Wegen der Eroberung Siziliens durch die Truppen von Garibaldi konnte er erst 1866 in seine Diözese gehen und hielt sich bis dahin in Rom auf. Er war auf dem I. Vatikanischen Konzil (1869 – 1870) ein entschiedener Befürworter des Unfehlbarkeitsdogmas. Am 27. Oktober 1871 wurde er zum Erzbischof von Palermo ernannt.

Leo XIII. kreierte ihn im Konsistorium vom 10. November 1884 zum Kardinalpriester und verlieh ihm am 13. November 1884 den Kardinalshut und die Titelkirche S. Prisca. Im Konsistorium vom 25. November 1887 optierte er für die Titelkirche S. Marco. Am Konklave von 1903 nahm er aus Krankheits- und Altersgründen nicht teil.

Er starb am 14. April 1904 in Palermo und wurde in den Katakomben der Kapuzinerkirche von Palermo beigesetzt. 1909 wurde er in die Kathedrale von Palermo überführt.

Monescillo y Viso, Antolín (1811–1897)
Monescillo y Viso wurde am 2. September 1811 in Corral de Calatrava bei Ciudad Real im Königreich Spanien geboren. Er studierte am Priesterseminar von Toledo, wo er ein Doktorat in Theologie erwarb.

Nach der Priesterweihe (genaue Daten liegen nicht vor) arbeitete er als Journalist. 1842 gründete er eine Tageszeitung. 1847 wurde er zum Vikar des Territorialvikariates Estepa bei Sevilla ernannt. Als dieses Vikariat durch das Konkordat von 1851 aufgehoben wurde, wurde er 1852 Kanoniker des Domkapitels von Granada und im September 1853 Kanoniker des Metropolitankapitels von Toledo. 1858 wurde er königlicher Hofprediger.

Nach der Nominierung durch Königin Isabella II. wurde er am 22. Juli 1861 zum Bischof von Calahorra y La Calzada ernannt. Die Bischofsweihe empfing er am 6. Oktober 1861 in Madrid durch Kardinal Cirilo de Alameda y Brea O.F.M. den Erzbischof von Toledo. Am 27. März 1865 wurde er nach der Nominierung durch den König zum Bischof von Jaén ernannt. 1869–1870 nahm er am I. Vatikanischen Konzil teil. 1871 wurde er Senator für Vizcaya. Nach der Nominierung durch den König wurde er am 22. Juni 1877 zum Erzbischof von Valencia ernannt, 1877 wurde er Senator für Granada und später Senator auf Lebenszeit.

Papst Leo XIII. kreierte ihn im Konsistorium vom 10. November 1884 zum Kardinalpriester. Das rote Birett erhielt er vom spanischen König. Der Papst verlieh ihm am 10. Juni 1886 den Kardinalshut und die Titelkirche S. Agostino. Am 11. Juli 1892 wurde er nach vorheriger Nominierung durch den spanischen König zum Erzbischof von Toledo und Primas von Spanien sowie Titularpatriarchen von Westindien ernannt.

Er starb am 11. August 1897 in Toledo und wurde in der dortigen Kathedrale begraben.

Massaia O.F.M.Cap., Guglielmo (1809–1889)
Massaia wurde am 8. Juni 1809 in La Braja di Piovà (heute: Piovà Massaja) in Piemont im Kaiserreich Frankreich, ab 1815 Königreich Sardinien-Piemont, heute Republik Italien, geboren und auf den Namen Lorenzo Antonio getauft. 1824–1826 war er Seminarist am Collegio Reale in Asti, bevor er am 6. September 1826 in Madonna di Campagna, in der Nähe von Turin in den Kapuzinerorden eintrat und den Ordensnamen Guglielmo erhielt.

Am 16. Juni 1832 wurde er in Vercelli zum Priester geweiht. Er wurde Geistlicher Direktor des Krankenhauses Mauriziano in Turin. 1836–1846 war er ordentlicher Professor für Philosophie und Theologie im Konvent von Moncalieri-Testona; zur gleichen Zeit wurde er auch von Prinz Viktor Emanuel, später König Italiens, zum Beichtvater erwählt.

Am 12. Mai 1846 wurde er zum Titularbischof von Casio und ersten Apostolischen Vikar von Gallas in Afrika (heute Harare, Äthiopien) ernannt. Die Bischofsweihe empfing er am 24. Mai 1846 in Rom von Kardinal Giacomo Filippo Fransoni. Aufgrund gesundheitlicher Probleme trat er 1880 von der Leitung des Vikariates zurück und lebte die letzten Jahre im Kapuzinerkonvent in Frascati. Am 2. August 1881 wurde er zum Titularerzbischof von Stauropolis ernannt.

Papst Leo XIII. kreierte ihn im Konsistorium vom 10. November 1884 zum Kardinalpriester und verlieh ihm am 13. November 1884 den Kardinalshut und die Titelkirche Santi Vitale, Gervasio e Protasio.

Er starb am 6. August 1889 in San Giorgio a Cremano bei Neapel. Er wurde zunächst auf dem römischen Friedhof Campo Verano begraben und 1890 in der Kapuzinerkirche in Rufinella bei Frascati, überführt und erneut beigesetzt.

1914 wurde der Seligsprechungsprozess begonnen und 1916 von Benedikt XV. unterbrochen. Am 18. Oktober 1993 wurde er wieder aufgenommen und 2004 auf der Ebene der Diözese Frascati abgeschlossen.

Ganglbauer O.S.B., Cölestin (1817–1889)

Ganglbauer wurde am 20. August 1817 in Schiedlberg-Thanstetten bei Steyr nahe des Stiftes Kremsmünster im Kaiserreich Österreich, heute Republik Österreich, geboren und auf den Namen Joseph getauft.

1830 kam er ans Stiftsgymnasium Kremsmünster und trat 1838 in das Stift ein. Dort erhielt er den Ordensnamen Coelestin. Nach dem Noviziat studierte er von 1839 bis 1843 Theologie in Linz und legte am 25. August 1842 seine Profess ab.

Am 22. Juli 1843 wurde er zum Priester geweiht. Es folgte zunächst 1843–1846 eine Zeit als Kaplan in einer dem Stift inkorporierten Pfarrei, bevor er an das Stiftsgymnasium nach Kremsmünster zurückkehrte. Dort wirkte er zunächst 1846–1854 als Lehrer für klassische Sprachen, bevor er 1854–1875 Religionsprofessor wurde. 1855–1867 wirkte er als Präfekt im Internat, und leitete das Gymnasium als Direktor 1867–1875. 1875 wurde er Prior des Stiftes und am 19. April 1876 zum Abt von Kremsmünster gewählt.

Kaiser Franz-Joseph I. nominierte ihn am 23 März 1881 zum Fürsterzbischof von Wien. Die päpstliche Ernennung erfolgte am 4. August 1881. Die Bischofsweihe empfing er am 28. August 1881 in Kremsmünster von Erzbischof Serafino Vannutelli, dem Nuntius in Österreich-Ungarn. Er resignierte als Abt und wurde am 10. September 1881 in Wien als Fürsterzbischof inthronisiert.

Papst Leo XIII. kreierte ihn im Konsistorium vom 10. November 1884 zum Kardinalpriester. Das rote Birett erhielt er in Wien. Der Papst verlieh ihm am 10. Juni 1886 den Kardinalshut und die Titelkirche S. Eusebio.

Er starb am 14. Dezember 1889 in Wien und wurde im Wiener Stephansdom beigesetzt.

González y Díaz Tuñón O.P., Zeferino (1831–1894)

Gonzalez y Diaz Tuñón wurde am 28. Januar 1831 in Villoria in Asturien im Königreich Spanien geboren. Im November 1844 trat er in Ocaña bei Toledo in den Dominikanerorden ein. Die Profess legte er 1845 ab und ging anschließend nach Manila zum Studium, welches er 1848 abschloss. 1853 wurde er Lektor für Philosophie.

Im Januar 1854 wurde er in Manila zum Priester geweiht und war anschließend bis 1866 Dozent für Philosophie und Theologie an der Universität Manila. Dann kehrte er nach Spanien zurück und leitete 1868–1871 als Rektor das Kolleg von Ocaña, 1873 wurde er Mitglied der königlichen Akademie der Wissenschaften.

1874 wurde er vom König für das Bistum Malaga nominiert. Die päpstliche Ernennung erfolgte am 16. Juni 1874. Noch vor der Bischofsweihe trat er vom Amt des Bischofs von Malaga zurück und wurde am 5. Juli 1875 zum Bischof von Córdoba ernannt. Die Bischofsweihe empfing er am 24. Oktober 1875 in der Dominikanerkirche von Ocaña durch Erzbischof Manuel García Gil, O.P. von Saragossa. Am 15. März 1883 wurde er nach königlicher Nominierung zum Erzbischof von Sevilla ernannt.

Papst Leo XIII. kreierte ihn im Konsistorium vom 10. November 1884 zum Kardinalpriester. Das rote Birett erhielt er vom spanischen König. Der Papst verlieh ihm am 17. März 1887 den Kardinalshut und die Titelkirche S. Maria sopra Minerva. Am 27. März 1885 war er zum Erzbischof von Toledo und Primas von Spanien sowie Titularpatriarchen von Westindien ernannt worden. Am 28. November 1889 trat er aus gesundheitlichen Gründen zurück. Er war Mitglied der königlich-spanischen Akademie der Wissenschaften und der römischen Akademie St. Thomas von Aquin.

Er starb am 29. November 1894 in Madrid im Dominikanerkloster „La Pasión" und wurde in der Dominikanerkirche Ocaña bei Toledo beigesetzt.

Gori-Merosi, Carmine (1810–1886)

Gori-Merosi wurde am 15. Februar 1810 in Subiaco in der Region Latium welches damals zum napoleonischen Königreich Rom, danach zum Kirchenstaat, heute Republik Italien, gehörte, geboren und besuchte die Klosterschule von Subiaco. Anschließend ging er zum Studium nach Rom und erwarb einen Doktortitel am Päpstlichen *Athenaeum* Sant'Apollinare.

Nach der Priesterweihe (genaue Daten sind nicht bekannt) wirkte er lange in der Seelsorge, bevor er in die päpstliche Verwaltung eintrat. 1847 wurde er Assistent des Sub-Datars. 1857 wurde er Prälat an der Apostolischen Signatur der Gnade und 1869–1881 Subdatar. 1882 erfolgte die Ernennung zum Sekretär der Konsistorialkongregation und des Kardinalskollegiums.

Papst Leo XIII. kreierte ihn im Konsistorium vom 10. November 1884 zum Kardinaldiakon und verlieh ihm am 13. November 1884 den Kardinalshut und die Kirche S. Maria ad Martyres (Pantheon) als Titeldiakonie. Am 24. November 1884 wurde er zusätzlich Kommendatarabt von Subiaco.

Er starb am 15. September 1886 in Rom und wurde zunächst auf dem römischen Friedhof Campo Verano beigesetzt. 1887 wurden seine Gebeine nach Subiaco übertragen.

Masotti, Ignazio (1817–1888)

Masotti wurde am 16. Januar 1817 in Forlì im Kirchenstaat, heute Republik Italien, geboren. Er studierte am Päpstlichen *Athenaeum S. Apollinare* in Rom.

Nach seiner Priesterweihe (genaues Datum ist nicht bekannt) wirkte er bis 1867 als Sekretär von Kardinal Giuseppe Bofondi, dem Legat in Ravenna. Mit Kardinal Bofondi ging er auch nach Rom zurück, absolvierte dort am S. Apollinare weitere Studien und erwarb einen Doktortitel in beiderlei Rechten (*utriusque iuris*). Anschließend war er Rechtsanwalt an der Römischen Rota. 1867 wurde er Referendar an der Apostolischen Signatur der Gerechtigkeit und der Gnade sowie Relator der Kongregation Consulta. 1870 wurde er Auditor der Römischen Rota. 1878 erfolgte die Ernennung zum Honorarprofessor am Päpstlichen *Athenaeum S. Apollinare*. 1879 wurde er Sekretär der Kongregation *Propaganda Fide*. Er war Konsultor mehrerer Kongregationen, u. a. der Inquisitionskongregation sowie der Kongregation für außerordentliche Angelegenheiten der Kirche. Am 30. März 1882 wurde er Sekretär der Kongregation für die Bischöfe und Ordensleute.

Papst Leo XIII. kreierte ihn im Konsistorium vom 10. November 1884 zum Kardinaldiakon und verlieh ihm am 13. November 1884 den Kardinalshut und die Kirche S. Cesareo in Palatio als Titeldiakonie. Am 12. August 1886 wurde er zunächst zum Pro-Präfekten, im Januar 1887 zum Präfekten der Kongregation für die Bischöfe und Ordensleute ernannt.

Er starb am 31. Oktober 1888 in Rom und wurde auf dem römischen Friedhof Campo Verano beigesetzt.

Verga, Isidoro (1832–1899)

Verga wurde am 29. April 1832 in Bassano Taverina in Latium im Kirchenstaat, heute Republik Italien, geboren. Er studierte an den Seminaren von Orte, Viterbo und schließlich in Rom am Collegio Romano Theologie und an der Universität La Sapienza Kirchenrecht.

1859 wurde er zum Priester geweiht. Er war zunächst Anwalt bei der Römischen Rota und Mitarbeiter der Kongregation für die Bischöfe und Ordensleute. Als Kanoniker gehörte er dem Kapitel der Petersbasilika an. Am 29. Januar 1877 wurde er Pro-Sekretär der Konzilskongregation, an der er 1878–1884 als Sekretär wirkte. Darüber hinaus wirkte er als Konsultor der Kongregation *Propaganda Fide*.

Papst Leo XIII. kreierte ihn im Konsistorium vom 10. November 1884 zum Kardinaldiakon und verlieh ihm am 13. November 1884 den Kardinalshut und die Kirche S. Angelo in Pescheria als Titeldiakonie. Am 31. Juli 1885 wurde er Präfekt des Obersten Gerichtshofs der Apostolischen Signatur, am 12. November 1888 Präfekt der Kongregation für die Bischöfe und Ordensleute. Am 1. Juni 1891 optierte er für die Titeldiakonie S. Maria in Via Lata, am 22. Juni 1896 für die Klasse der Kardinalpriester und die Titelkirche S. Callisto. Am 1. Oktober 1896 wurde er Kardinalgroßpönitentiar.

Am 30. November 1896 optierte er für die Klasse der Kardinalbischöfe und das suburbikarische Bistum Albano, Die Bischofsweihe empfing er am 13. Dezember 1896 in Rom durch Kardinaldekan Luigi Oreglia di San Stefano.

Er starb am 10. August 1899 in Rom und wurde auf dem römischen Friedhof Campo Verano beigesetzt.

Melchers S.J., Paul Ludolf (1813 – 1895)
Melchers wurde am 6. Januar 1813 in Münster in Westfalen, welches bis 1813 von napoleonischen Truppen besetzt war und ab 1815 zum Königreich Preußen gehörte, heute Bundesland Nordrhein-Westfalen in der Bundesrepublik Deutschland, geboren. Nach dem Studium der Philosophie in Münster und der Rechtswissenschaften in Bonn, legte er dort 1833 das Staatsexamen ab. 1833/34 folgte die Militärzeit und anschließend schlug er zunächst eine juristische Laufbahn ein. 1839 entschied er sich für das Priesteramt und studierte Theologie in München.

Am 5. Juni 1841 wurde er in Münster zum Priester geweiht. Er war zunächst Kaplan und wurde 1844 Subregens und 1851 Regens des Priesterseminars. 1848 war er Abgeordneter in der Frankfurter Nationalversammlung, legte aber sein Mandat bereits zwei Monate später nieder. 1852 wurde er Generalvikar des Bischofs von Münster, 1856 Domdechant am Dom zu Münster.

Am 3. August 1857 wurde er zum ersten Bischof des nach langen Verhandlungen wiedererrichteten Bistums Osnabrück ernannt. Am 19. Februar 1858 erfolgte dann die Ernennung zum Apostolischen Provikar für die Nordischen Missionen in Deutschland und Dänemark. Die Bischofsweihe empfing er am 20. April 1858 im Osnabrücker Dom durch Bischof Eduard Jakob Wedekin von Hildesheim. Am 8. Januar 1866 wurde er zum Erzbischof von Köln ernannt. 1867 wurde er zum Vorsitzenden der Fuldaer Bischofskonferenzen gewählt. Obwohl ein jährlicher Wechsel im Vorsitz vorgesehen war, behielt er als erster Bischof den Vorsitz bis zu seiner Resignation. Mit dem Großteil des deutschen Episkopats stand Melchers der Dogmatisierung der Unfehlbarkeit des Papstes reserviert gegenüber und stimmte der Vorlage auf dem I. Vatikanischen Konzil 1869 – 1870 nur bedingt zu. Mit anderen Vertretern der Minorität reiste er vor der Schlussabstimmung ab. Nach der Annahme des Dogmas auf dem Konzil publizierte er jedoch das Dogma mit einigen Erklärungen als erster deutscher Minoritätsbischof.

In der Zeit des Kulturkampfes in Preußen verbrachte er 1874 eine mehrmonatige Ersatzfreiheitsstrafe im Kölner Gefängnis Klingelpütz. 1875 entzog er sich einer weiteren Verhaftung durch Flucht in die Niederlande und lebte fortan im Exil im Kapuzinerkloster in Maastricht. 1876 erfolgte die förmliche Amtsenthebung durch den preußischen Gerichtshof für kirchliche Angelegenheiten. Nach Beendigung des Kulturkampfes verzichtete er am 3. Juli 1885 aufgrund einer Vereinbarung zwischen dem Papst und dem König von Preußen auf das Erzbistum Köln.

Papst Leo XIII. kreierte ihn im Konsistorium vom 27. Juli 1885 zum Kardinalpriester und verlieh ihm am 30. Juli 1885 den Kardinalshut und die Titelkirche S. Stefano al Monte Celio, 1892 trat er mit päpstlicher Erlaubnis in den Jesuitenorden ein.

Er starb am 14. Dezember 1895 in Rom und wurde am 27. Dezember im Kölner Dom beigesetzt.

Capecelatro, Orat., Alfonso (1824–1912)
Capecelatro wurde am 5. Februar 1824 in Marseille im Königreich Frankreich, heute Republik Frankreich, in einer neapolitanischen Adelsfamilie geboren. Seine Eltern lebten dort im Exil. 1830 kehrte die Familie nach Neapel zurück. Im April 1840 trat er in das Oratorium in Neapel ein und begann sein Studium der Theologie.

Am 23. Mai 1847 wurde er in Neapel von Kardinal Sisto Riario Sforza, dem Erzbischof von Neapel, zum Priester geweiht. Er wirkte 1847–1870 als Seelsorger in Neapel, war fünfzehn Jahre Oberer des Oratoriums von Neapel. 1879 wurde er päpstlicher Hausprälat und Vize-Bibliothekar *S.E.R.*

Am 20. August 1880 wurde er zum Erzbischof von Capua ernannt. Die Bischofsweihe empfing er am 28. Oktober 1880 in Rom von Kardinalvikar Raffaele Monaco La Valletta.

Papst Leo XIII. kreierte ihn im Konsistorium vom 27. Juli 1885 zum Kardinalpriester und verlieh ihm am 30. Juli 1885 den Kardinalshut und die Titelkirche Santi Nereo et Achilleo. 1886 optierte er für die Titelkirche S. Maria del Popolo. Vom 29. April 1890 bis zu seinem Tod war er zusätzlich Bibliothekar der Heiligen Römischen Kirche. Er nahm am Konklave von 1903 teil, welches Pius X. wählte.

Er starb am 14. November 1912 in Capua und wurde in der Kirche der Benediktinerabtei Monte Cassino beigesetzt.

Battaglini, Francesco (1823–1892)
Battaglini wurde am 13. März 1823 in Mirabello in der Gemeinde S. Agostino di Piano im Kirchenstaat, heute Republik Italien, geboren. Er studierte am Priesterseminar in Bologna.

Am 20. September 1845 wurde er in Bologna durch Kardinal Carlo Oppizzoni, dem Erzbischof von Bologna zum Priester geweiht. Es folgten 1845–1848 weitere Studien an der Universität Bologna. Im Januar 1848 wurde er in Theologie promoviert und lehrte anschließend am Seminar von Cento. Ab 1850 lehrte er als Dozent Philosophie am Priesterseminar in Bologna, später auch Dogmatik. 1857 wurde er für die diözesanen Schulen verantwortlich, 1858 wurde er Leiter einer neu gegründeten katholischen Zeitschrift und 1859 Professor für Philosophie an der Universität Bologna und deren Rektor. Aufgrund der politischen Verhältnisse konnte er dieses Amt nicht antreten und fuhr fort, weiter im Seminar zu unterrichten. 1873 wurde er Ehrenkanoniker am Kathedralkapitel von Bologna, 1878 dessen Propst.

Trotz politischer Einwände wurde er 28. Februar 1879 zum Bischof von Rimini ernannt. Die Bischofsweihe empfing er am 9. März 1879 in Rom von Kardinalvikar

Raffaele Monaco La Valletta. Am 3. Juli 1882 wurde er zum Erzbischof von Bologna ernannt. Am 14. September 1882 konnte er das Erzbistum übernehmen.

Papst Leo XIII. kreierte ihn im Konsistorium vom 27. Juli 1885 zum Kardinalpriester und verlieh ihm am 30. Juli 1885 den Kardinalshut und die Titelkirche S. Bernardo alle Terme.

Er starb am 8. Juli 1892 in Bologna und wurde vorübergehend im Kartäuserkloster beigesetzt. 1894 wurden seine Gebeine in seinen Heimatort Mirabello überführt.

Moran, Francis Patrick (1830 – 1911)
Moran wurde am 16. September 1830 in Leighlinbridge bei Kildare im Vereinigten Königreich Großbritannien und Irland, heute Republik Irland, geboren. Er war ein Neffe von Kardinal Paul Cullen (1866 kreiert). Seine Studien absolvierte er am irischen Kolleg in Rom und am Päpstlichen *Athenaeum Urbaniana* der Kongregation *Propaganda Fide*.

Am 19. März 1853 wurde er in Rom zum Priester geweiht. Er wirkte dort bis 1866 u. a. als Vizerektor des irischen Kollegs, Professor für Hebräisch am Päpstlichen *Athenaeum Urbaniana* der Kongregation *Propaganda Fide* und Vizerektor des schottischen Kollegs. 1866 wurde er Sekretär seines Onkels, des Dubliner Erzbischofs Paul Kardinal Cullen sowie Professor für Heilige Schrift am Clonliffe College. Er begleitete Kardinal Cullen zum I. Vatikanischen Konzil 1869 – 1870.

Am 22. Dezember 1871 wurde er zum Titularbischof von Olba und Koadjutor von Ossory ernannt. Die Bischofsweihe empfing er von seinen Onkel Kardinal Cullen am 5. März 1872 in Dublin. Am 11. August 1872 wurde er Bischof von Ossory. Am 14. März 1884 wurde er zum Erzbischof von Sydney in Australien, ernannt.

Papst Leo XIII. kreierte ihn im Konsistorium vom 27. Juli 1885 zum Kardinalpriester und verlieh ihm am 30. Juli 1885 den Kardinalshut und die Titelkirche S. Susanna. Am Konklave von 1903 konnte er nicht teilnehmen, da er nicht rechtzeitig und erst nach erfolgter Wahl von Pius X. in Rom ankam.

Er starb am 16. August 1911 in Manly bei Sydney und wurde in der Kathedrale von Sydney beigesetzt.

Schiaffino O.S.B.Oliv., Placido Maria (1829 – 1889)
Schiaffino wurde am 5. September 1829 in Genua im Königreich Sardinien-Piemont, heute Republik Italien, geboren. Nach seiner Schulzeit trat er 1846 im Kloster S. Girolamo di Quarto Mare in den Orden der Olivetaner (einem Zweig der Benediktiner) ein, und legte im Oktober 1847 seine Profess ab. 1847 wurde er auch zum Studium der Philosophie an das römische Collegio Romano gesandt, musste aber 1848 aufgrund der politischen Verhältnisse seine Studien unterbrechen. Er wurde nach Palermo geschickt und übernahm das Amt des Novizenmeisters im Olivetanerkloster. 1850 – 1854 studierte er wieder in Rom und wurde 1854 in Theologie promoviert.

1852 wurde er zum Priester geweiht. Er wohnte nach Beendigung seines Studiums im Kloster Monte Oliveto Maggiore in Siena und war vor allem als Prediger tätig. Am 15. Mai 1859 wurde er Kanzler seiner Kongregation. Am 3. Juni 1870 wurde er zum Abt-Ordinarius und Generalvikar seiner Kongregation gewählt und nahm in dieser Funktion am I. Vatikanischen Konzil teil.

Am 30. August 1878 wurde er zum Titularbischof von Nissa ernannt. Die Bischofsweihe empfing er am 1. September 1878 in Rom durch Kardinalvikar Raffaele Monaco La Valletta. Am 2. November 1878 wurde er zum Präsidenten der Päpstlichen Akademie für den kirchlichen Adel ernannt, am 18. November 1884 zum Sekretär der Kongregation für die Bischöfe und Ordensleute.

Papst Leo XIII. kreierte ihn im Konsistorium vom 27. Juli 1885 zum Kardinalpriester und verlieh ihm am 30. Juli 1885 den Kardinalshut und die Titelkirche Santi Giovanni e Paolo. 1887 wurde er Ehrenpräsident der Kommission für die Feier des 50. Priesterjubiläums von Papst Leo XIII. Am 6. April 1888 wurde er Präfekt der Indexkongregation, am 20. Februar 1889 Bibliothekar der Heiligen Römischen Kirche. Er wurde am 28. April 1889 Mitglied des Rates der historische Studien und am 18. Mai 1889 Administrator der Benediktinerabtei Subiaco.

Er starb am 23. September 1889 in Subiaco und auf dem Friedhof von Subiaco beigesetzt. 1936 wurden seine sterblichen Überreste in die römische Basilika S. Maria Nuova überführt.

Cristofori, Carlo (1813 – 1891)

Cristofori wurde am 5. Januar 1813 in Viterbo in Latium, damals zum napoleonischen Königreich Rom, ab 1815 zum Kirchenstaat, heute Republik Italien, geboren. Er absolvierte in Viterbo seine ersten Studien. Später studierte er in Rom, wo er einen Doktortitel in beiderlei Rechten (*utriusque iuris*) erwarb.

1838 veröffentlichte er synoptische Tabellen des kanonischen Rechts. Er wirkte als Sekretär und Auditor des Dekans der Römischen Rota und wurde als Laie päpstlicher Hausprälat. Er war Referendar der Apostolischen Signatur, Richter am Gericht des päpstlichen Maiordomus. 1874 – 1877 war er Archivar des Heiligen Stuhls, 1880 wurde er zum Auditor der Römischen Rota ernannt. 1882 – 1885 war er Regent der Apostolischen Pönitentiarie. Er war ferner Assistent des Vizekanzlers der Heiligen Römischen Kirche, Kardinal Teodolfo Mertel und wurde am 18. April 1885 Generalauditor der Apostolischen Kammer.

Papst Leo XIII. kreierte ihn im Konsistorium vom 27. Juli 1885 als letzten Laien zum Kardinaldiakon und verlieh ihm am 30. Juli 1885 den Kardinalshut und die Kirche Santi Vito, Modesto e Crescenzia als Titeldiakonie. Am 29. November 1885 erhielt er die Subdiakonatsweihe, am 6. Dezember 1885 die Diakonatsweihe. Er war der letzte Kardinal, der nie die Priesterweihe empfangen hat Am 14. März 1889 wurde er zum Präfekten der Kongregation für die Ablässe und Reliquien ernannt.

Er starb am 30. Januar 1891 in Rom und wurde auf dem römischen Friedhof Campo Verano beigesetzt.

Bernadou, Victor-Félix (1816 – 1891)

Bernadou wurde am 25. Juni 1816 in Castres im Königreich Frankreich, heute Republik Frankreich, geboren. Er studierte am Seminar Saint-Sulpice in Paris.

Am 19. Dezember 1840 wurde er in Paris zum Priester geweiht. In der Folge wirkte er als Seelsorger der Diözese Algier, wurde dort Kanoniker des Kathedralkapitels und 1847 Leiter des Kathedralkapitels.

Am 7. April 1862 wurde er nach vorheriger Nominierung durch den französischen Kaiser zum Bischof von Gap ernannt. Die Bischofsweihe empfing er am 29. Juni 1862 in Castres von Erzbischof Jean-Joseph-Marie-Eugène de Jerphanion von Albi. 1866 wurde er Päpstlicher Thronassistent, am 12. Juli 1867 wurde er zum Erzbischof von Sens ernannt.

Papst Leo XIII. kreierte ihn im Konsistorium vom 7. Juni 1886 zum Kardinalpriester. Das rote Birett erhielt er vom Präsidenten der französischen Republik. Der Papst verlieh ihm am 17. März 1887 den Kardinalshut und die Titelkirche Ss. Trinità al Monte Pincio.

Er starb am 15. November 1891 in Sens und wurde in der dortigen Kathedrale beigesetzt.

Taschereau, Elzéar-Alexandre (1820 – 1898)

Taschereau wurde am 17. Februar 1820 in Sainte-Marie de la Beauce in der Provinz Québec in Kanada geboren. 1837 trat er in das Priesterseminar von Québec ein.

Am 10. September 1842 wurde er durch den Koadjutorbischof von Québec, Bischof Pierre-Flavien Turgeon zum Priester geweiht. 1842 – 1854 lehrte er am Priesterseminar Philosophie und Theologie. 1849 wurde er in das Direktorium des Seminars berufen und hierdurch 1852 Mitgründer der Laval-Universität in Québec. 1854 zum Weiterstudium nach Rom gesandt, kehrte er 1856 mit dem Doktorat in Kirchenrecht zurück, welches er im Juli 1856 am Päpstlichen *Athenaeum S. Apollinare* erworben hatte. Nach seiner Rückkehr war er 1856 – 1859 Regens des Knabenseminars und 1859 – 1860 Regens des Priesterseminars. 1862 wurde er zum Generalvikar des Erzbischofs von Québec ernannt und zum Verantwortlichen für die Priesterausbildung und Rektor der Universität Laval. Auf dem I. Vatikanischen Konzil war er der Konzilstheologe des Erzbischofs von Québec, Charles-François Baillargeon. Als dieser im Oktober 1870 starb, wurde er zum Administrator des Erzbistums gewählt.

Am 24. Dezember 1870 wurde er zum Erzbischof von Québec ernannt. Die Bischofsweihe empfing er am 19. März 1871 in der Kathedrale von Québec durch den Erzbischof von Toronto, John Joseph Lynch C.M., 1875 wurde er Päpstlicher Thronassistent.

Papst Leo XIII. kreierte ihn im Konsistorium vom 7. Juni 1886 zum Kardinalpriester und verlieh ihm am 17. März 1887 den Kardinalshut und die Titelkirche S. Maria della Vittoria. 1891 erhielt er auf eigenes Ersuchen einen Koadjutor, dem er im September 1894 die Verwaltung des Bistums offiziell übergab.

Er starb am 12. April 1898 in Québec und wurde in der dortigen Kathedrale beigesetzt.

Langénieux, Benoît-Marie (1824 – 1905)
Langénieux wurde am 15. Oktober 1824 in Villefranche-sur-Saone im Königreich Frankreich, heute Republik Frankreich, geboren. Er studierte in Paris am Priesterseminar Saint-Sulpice.

Am 21. Dezember 1850 wurde er zum Priester geweiht. 1850 – 1873 wirkte er in der Erzdiözese Paris, zunächst als Kaplan, ab 1859 als Vizepromotor und Promotor der erzbischöflichen Kurie, ab 1863 als Pfarrer und ab 1871 als Archidiakon der Kathedrale Notre Dame und Generalvikar.

Am 25. Juli 1873 wurde er zum Bischof von Tarbes ernannt. Die Bischofsweihe empfing er am 28. Oktober 1873 in der Kathedrale Notre Dame in Paris durch Erzbischof Joseph-Hippolyte Guibert von Paris. Am 21. Dezember 1874 erfolgte die Ernennung zum Erzbischof von Reims.

Papst Leo XIII. kreierte ihn im Konsistorium vom 7. Juni 1886 zum Kardinalpriester. Das rote Birett empfing er vom Präsidenten der französischen Republik. Der Papst verlieh ihm am 17. März 1887 den Kardinalshut und die Titelkirche S. Giovanni a Porta Latina. Er nahm am Konklave von 1903 teil, welches Pius X. wählte.

Er starb am 1. Januar 1905 in Reims und wurde in der dortigen Kathedrale beigesetzt.

Gibbons, James (1834 – 1921)
Gibbons wurde am 23. Juli 1834 in Baltimore im Bundesstaat Maryland in den USA als Sohn irischer Einwanderer geboren. Als sein Vater erkrankte, kehrte die Familie nach Irland zurück, kam aber nach dem Tod seines Vaters 1847 wieder in die USA zurück und lebte fortan in New Orleans. Dort arbeitete er in verschiedenen Unternehmen zur wirtschaftlichen Unterstützung seiner Familie. 1855 begann er seine Studien am St. Charles College in Ellicott City in Maryland und trat 1857 in das St. Mary's Seminary in Baltimore ein, um seine theologischen Studien zu absolvieren.

Am 30. Juni 1861 empfing er die Priesterweihe in Baltimore. Zunächst übernahm er 1861 – 1865 seelsorgliche Aufgaben als Kaplan in der Erzdiözese Baltimore, bevor er 1865 – 1868 Sekretär von Erzbischof Martin John Spalding von Baltimore wurde. 1866 war er zusätzlich stellvertretender Kanzler des zweiten Plenarkonzils von Baltimore.

Am 3. März 1868 wurde er zum Titularbischof von Adramittio und Apostolischen Vikar von North Carolina ernannt. Die Bischofsweihe empfing er am 16. August 1868 in Baltimore von Erzbischof Martin John Spalding von Baltimore. 1869 – 1870 nahm er als jüngster Bischof am I. Vatikanischen Konzil teil. Im Januar 1872 wurde er zum Administrator und am 30. Juli 1872 zum Bischof der neu errichteten Diözese Richmond ernannt. Auf Wunsch von Erzbischof James Roosevelt Bayley von Baltimore wurde er am 25. Mai 1877 zum Titularerzbischof von Jonopolis und zu dessen Koadjutor mit dem Recht der Nachfolge ernannt. Am 3. Oktober 1877 wurde er Erzbischof von Baltimore.

Er berief das dritte Plenarkonzil für Amerika 1884 in Baltimore zusammen und wirkte als dessen Präsident sowie als Apostolischer Delegat.

Papst Leo XIII. kreierte ihn im Konsistorium vom 7. Juni 1886 zum Kardinalpriester und verlieh ihm am 17. März 1887 den Kardinalshut und die Titelkirche S. Maria in Trastevere. Am Konklave von 1903 nahm er teil und kam rechtzeitig an. Beim Konklave von 1914 kam er erst in Rom an, als die Wahl von Papst Benedikt XV. schon stattgefunden hatte. Er ist der Gründer der katholischen Universität von Washington.

Er starb am 24. März 1921 in Baltimore und wurde in der Kathedrale von Baltimore beigesetzt.

Place, Charles-Philippe (1814 – 1893)

Place wurde am 14. Februar 1814 in Paris im Kaiserreich Frankreich, heute Republik Frankreich, geboren. Er studierte zunächst an der Universität Paris Rechtswissenschaften und erwarb den Doktor der Rechtswissenschaften. Danach war er einige Jahre in Paris als Rechtsanwalt tätig. 1847 ging er nach Rom, um die kirchliche Laufbahn einzuschlagen. Bis 1850 studierte er am Collegio Romano Kirchenrecht und Theologie.

Am 30. März 1850 wurde er in Rom zum Priester geweiht. Anschließend war er unter Bischof Félix Dupanloup Generalvikar im Bistum Orléans. Dort wurde er auch der Rektor des Priesterseminars von Orléans, später war er Rektor des Priesterseminars von Paris. Im Juli 1863 wurde er durch ein apostolisches Breve zum Doktor in beiderlei Rechten (*utriusque iuris*) promoviert und wirkte bis 1866 in Rom als Auditor an der Römischen Rota.

Am 22. Juni 1866 wurde er zum Bischof von Marseille ernannt. Die Bischofsweihe spendete ihm am 26. August 1866 Papst Pius IX. in seiner Privatkapelle im Vatikan. Er nahm 1869 – 1870 am I. Vatikanischen Konzil teil und zählte dort zu den Gegnern des Unfehlbarkeitsdogmas. Am 15. Juli 1878 wurde er zum Erzbischof von Rennes ernannt.

Papst Leo XIII. kreierte ihn im Konsistorium vom 7. Juni 1886 zum Kardinalpriester. Das rote Birett erhielt er vom Präsidenten der französischen Republik. Der Papst verlieh ihm am 17. März 1887 den Kardinalshut und die Titelkirche S. Maria Nuova.

Er starb am 5. März 1893 in Rennes und wurde in der Kathedrale von Rennes beigesetzt.

Theodoli, Augusto (1819 – 1892)

Theodoli wurde am 18. September 1819 in Rom im Kirchenstaat, heute Republik Italien, geboren.

Nach seiner Priesterweihe (genaues Datum nicht bekannt) wurde er während des Pontifikats von Gregor XVI. (1831 – 1846) Kanoniker des Kapitels der Basilika Santa Maria Maggiore. 1847 wurde er Kanoniker des Kapitels der Petersbasilika des Vatikan, 1856 – 1866 war er Relator der Kongregation Consulta, 1866 wurde er Auditor der Apostolischen Signatur und wirtschaftlicher Sekretär der Dombauhütte von St. Peter. Er war verantwortlich für die Organisation der Feier des 1800jährigen Martyriums von Petrus und Paulus sowie die Logistik des I. Vatikanischen Konzils. Viele Renovierungsarbeiten am Petersdom wurden unter seiner Aufsicht durchgeführt. Am 30. März 1882 wurde er päpstlicher Maiordomus.

Papst Leo XIII. kreierte ihn im Konsistorium vom 7. Juni 1886 zum Kardinaldiakon und verlieh ihm am 10. Juni 1886 den Kardinalshut und die Kirche S. Maria della Scala als Titeldiakonie. 1889 wurde er Mitglied der Apostolischen Kammer.

Er starb am 26. Juni 1892 in Rom und wurde auf dem römischen Friedhof Campo Verano beigesetzt.

Mazzella S.J., Camillo (1833 – 1900)

Mazzella wurde am 10. Februar 1833 in Vitulano im Königreich beider Sizilien heute Republik Italien, geboren. Sein Zwillingsbruder Enrico wurde 1887 Erzbischof von Bari, sein Bruder Pietro wurde wie er Jesuit und Priester. Er studierte am Priesterseminar der Erzdiözese Benevent.

Am 8. September 1855 wurde er in Benevent von Erzbischof Camillo Siciliano di Rende von Benevent zum Priester geweiht. 1855 – 1857 war er Kaplan. Im September 1857 trat er in den Jesuitenorden ein und legte im September 1859 seine Profess ab. Er erhielt seine ordensübliche Ausbildung am Jesuitennoviziat von La Conocchia bei Neapel, am Jesuitenkolleg in Cosenza, am Jesuitenscholastikat von Fourvières in Frankreich sowie am Jesuitenhaus S. Eusebio in Rom. Die feierliche Profess legte er im Februar 1869 ab. 1861 – 1867 war er Dozent am Jesuitenscholastikat Fourvières und anschließend 1867 – 1869 Dozent an der Georgetown Universität in Washington, USA, 1869 – 1875 war Dozent am Kolleg in Woodstock, Maryland, USA und wirkte 1872 – 1875 als Provinzrat der Jesuitenprovinz Maryland. Danach kehrte er nach Rom zurück und wirkte 1878 – 1886 als Dozent am Collegio Romano in Rom.

Papst Leo XIII. kreierte ihn im Konsistorium vom 7. Juni 1886 zum Kardinaldiakon und verlieh ihm am 10. Juni 1886 den Kardinalshut und die Kirche S. Adriano als Titeldiakonie. Am 20. Februar 1889 wurde Präfekt der Indexkongregation, am 22. Juni 1893 Präfekt der Studienkongregation. Am 22. Juni 1896 optierte er für die Klasse der Kardinalpriester und die Titelkirche S. Maria in Traspontina. Er war Präsident der Thomasakademie in Rom.

Im April 1897 optierte er für die Klasse der Kardinalbischöfe und das suburbikarische Bistum Palestrina. Die Bischofsweihe empfing er am 8. Mai 1897 in Rom von Kardinalvikar Lucido Maria Parocchi. Am 15. Juni 1897 wurde er Präfekt der Ritenkongregation.

Er starb am 26. März 1900 in Rom und wurde auf dem römischen Friedhof Campo Verano beigesetzt.

Vannutelli, Serafino (1834 – 1915)

Vannutelli wurde am 26. November 1834, in Genazzano in Latium im Kirchenstaat, heute Republik Italien, geboren. Sein Bruder war Kardinal Vincenzo Vannutelli (1889 kreiert). Er absolvierte seine Studien zunächst im Seminar von Palestrina und später am Collegio Romano sowie am Collegio Capranica in Rom. 1855 wurde er in Philosophie, 1859 in Theologie promoviert. Außerdem erwarb er noch einen Doktortitel in beiderlei Rechten (*utriusque iuris*).

Am 22. Dezember 1860 wurde er von Kardinal Costantino Patrizi zum Priester geweiht. 1863 wurde er Benefiziat an der Vatikanischen Basilika und Dozent für Theologie am Vatikanischen Seminar. 1864 wurde er Auditor der Nuntiatur im Kaiserreich Mexiko. Nach der Ermordung des Kaisers kehrte er 1867 nach Rom zurück und wurde Auditor an der Nuntiatur in Bayern.

Am 25. Juni 1869 wurde er zum Titularerzbischof von Nizäa ernannt. Die Bischofsweihe empfing er in Rom am 18. Juli 1869 von Kardinal Costantino Patrizi. Am 23. Juli 1869 wurde er zum Apostolischen Delegaten in den Republiken Ecuador, Perú, und Nueva Granada (Kolumbien), Venezuela, El Salvador, Guatemala, Costa Rica, Honduras und Nicaragua ernannt. Am 10. September 1875 wurde er Nuntius in Belgien. Am 3. Dezember 1880 wurde er zum Nuntius in Österreich-Ungarn ernannt.

Papst Leo XIII. kreierte ihn im Konsistorium vom 14. März 1887 zum Kardinalpriester und verlieh ihm am 26. Mai 1887 den Kardinalshut und die Titelkirche S. Sabina. Am 13. Februar 1888 wurde er zum Präfekten der Kongregation für Ablässe und Reliquien ernannt. Am 11. Februar 1889 optierte er für die Titelkirche S. Girolamo degli Schiavoni, am 14. März 1889 wurde er Sekretär der Memorialien, Am 28. Januar 1892 wurde er Sekretär der Apostolischen Breven. Am 16. Januar 1893 wurde er zum Erzbischof von Bologna ernannt, blieb aber an der Kurie und optierte am 12. Juni 1893 für die Klasse der Kardinalbischöfe und die suburbikarische Diözese Frascati. Am 9. Dezember 1893 wurde er Präfekt der Indexkongregation, am 1. Oktober 1896 Pro-Präfekt der Kongregation für die Bischöfe und Ordensleute und schließlich am 20. November 1899 Kardinalgroßpönitentiar. Vom 16. Januar 1903 bis zum 31. Dezember 1908 war er zusätzlich Sekretär der Inquisitionskongregation. Am 22. Juni 1903 optierte er für den suburbikarischen Bischofssitz Porto e Santa Rufina. Er nahm an den Konklaven von 1903, welches Pius X. wählte und 1914, welches Benedikt XV. wählte, teil. Am 7. Dezember 1913 wurde er Dekan des Kardinalskollegiums und am 25. Mai 1914 zusätzlich Kardinalbischof von Ostia und Präfekt der Zeremonialkongregation.

Er starb am 19. August 1915 in Rom und wurde auf dem römischen Friedhof Campo Verano beigesetzt.

Aloisi Masella, Gaetano (1826 – 1902)

Aloisi Masella wurde am 30. September 1826 in Pontecorvo im Königreich beider Sizilien, heute Republik Italien, geboren. Er war der Onkel des Kardinals Benedetto Aloisi Masella (1946 kreiert). Er studierte in Rom Philosophie und Theologie am Seminario Romano und am Päpstlichen *Athenaeum S. Apollinare*, wo er schließlich an der dortigen juristischen Fakultät ein Doktorat in kanonischem Recht erwarb.

Am 3. Juni 1849 empfing er in der Lateranbasilika in Rom die Priesterweihe und wurde anschließend Sekretär der Nuntiatur in Neapel, 1858 wurde er Auditor der Nuntiatur in Bayern und 1862 Auditor der Nuntiatur in Frankreich. 1869 wurde er

Konsultor für diplomatische Angelegenheiten im Staatssekretariat Rom und 1870 Referendar an der Apostolischen Signatur. 1874 wurde er Sekretär für orientalische Angelegenheiten in der Kongregation *Propaganda Fide*.

Am 22. Mai 1877 wurde er zum Titularerzbischof von Neocaesarea ernannt. Die Bischofsweihe empfing er am 3. Juni 1877 in Rom durch Kardinal Alessandro Franchi. Am 5. Juni 1877 wurde er zum Nuntius in Bayern ernannt und traf sich 1878 mit Reichskanzler Otto von Bismarck in Bad Kissingen, um über die Aufhebung der Kulturkampfgesetze zu verhandeln. Am 30. September 1879 erfolgte die Ernennung zum Nuntius in Portugal.

Papst Leo XIII. kreierte ihn im Konsistorium vom 14. März 1887 zum Kardinalpriester und verlieh ihm am 17. März 1887 den Kardinalshut und die Titelkirche S. Tommaso in Parione. Am 16. November 1887 wurde er Präfekt der Kongregation für die Ablässe und Reliquien. Am 13. Februar 1888 erfolgte die Ernennung zum Präfekten des Wirtschaftsbüros der Kongregation *Propaganda Fide* und Präsidenten der Generalverwaltung der Kammer für die Spolien. Am 3. Oktober 1889 wurde er Präfekt der Ritenkongregation. Am 16. Januar 1893 optierte er für die Titelkirche S. Prassede. Am 29. Mai 1897 wurde er zum KardinalPro-Datar ernannt.

Er starb am 22. November 1902 in Rom und wurde in Pontecorvo beigesetzt.

Giordani, Luigi (1822 – 1893)

Giordani wurde am 13. Oktober 1822 in Santa Maria Codifiume im Kirchenstaat, heute Republik Italien, geboren. Er absolvierte die üblichen Studien und erwarb einen Doktor in Theologie.

Am 19. September 1846 wurde er zum Priester geweiht. Im Dezember 1852 wurde er Apostolischer Delegat von Ascoli Piceno, 1856 von Velletri und 1859 von Perugia, 1859 wurde er auch Konsultor der Kongregation Consulta für die Finanzen. 1863 wurde er Kleriker der Apostolischen Kammer und wirkte vier Jahre als Auditor der Römischen Rota.

Am 6. März 1871 wurde er zum Titularbischof von Philadelphia und Weihbischof in Ferrara ernannt. Die Bischofsweihe empfing er im März 1871 in Rom von Kardinal Luigi Vannicelli Casoni. Am 22. Juni 1877 wurde er zum Erzbischof von Ferrara ernannt.

Papst Leo XIII. kreierte ihn im Konsistorium vom 14. März 1887 zum Kardinalpriester und verlieh ihm am 17. März 1887 den Kardinalshut und die Titelkirche Santi Silvestro et Martino ai Monte.

Er verstarb am 21. April 1893 in Ferrara und wurde auf dem Friedhof von Ferrara beigesetzt.

Siciliano di Rende, Camillo (1847 – 1897)

Siciliano di Rende wurde am 8. Juni 1847 in Neapel im Königreich beider Sizilien, heute Republik Italien, geboren. Er wurde in Orleans in Frankreich erzogen und studierte am Collegio Capranica und am Collegio Romano in Rom.

Am 3. Juni 1871 wurde er zum Priester geweiht. Anschließend wirkte er einige Jahre als Seelsorger im Erzbistum Westminster in London und ging schließlich nach Neapel zurück.

Am 28. Dezember 1877 wurde er zum Titularbischof von Tricarico ernannt. Die Bischofsweihe empfing er am 1. Januar 1878 in Rom durch Kardinal Flavio Chigi. Am 12. Mai 1879 wurde er zum Erzbischof von Benevent ernannt, am 26. Oktober 1882 wurde er Nuntius in Frankreich.

Papst Leo XIII. kreierte ihn im Konsistorium vom 14. März 1887 zum Kardinalpriester und verlieh ihm am 26. Mai 1887 den Kardinalshut und die Titelkirche S. Sisto. Am 3. Februar 1888 wurde er Apostolischer Administrator von Lucera.

Er starb am 16. Mai 1897 in der Abtei Montecassino und wurde in der Kirche S. Clementina auf dem alten Friedhof von Benevent beigesetzt.

Rampolla del Tindaro, Mariano (1843 – 1913)

Rampolla del Tindaro wurde am 17. August 1843 in Polizzi Generosa auf Sizilien im Königreich beider Sizilien, heute Republik Italien, geboren. 1856 trat er ins Vatikanische Seminar ein, wechselte 1861 zum Collegio Capranica über.

1866 wurde er zum Priester geweiht. Es folgten ergänzende Studien an der Päpstlichen Akademie für den kirchlichen Adel, welche er 1870 mit der Promotion in beiderlei Rechten (*utriusque iuris*) abschloss. Im gleichen Jahr wurde er Mitglied der Kongregation für die außerordentlichen Angelegenheiten der Kirche. 1874 erhielt er ein Kanonikat an S. Maria Maggiore in Rom. 1875 wurde er Auditor an die Nuntiatur in Madrid. 1877 nach Rom zurückberufen, wurde er zum Sekretär der Kongregation für die Orientalischen Riten in der Kongregation *Propaganda Fide* ernannt und 1878 in das Kollegium der Apostolischen Protonotare aufgenommen. 1880 wurde er Sekretär der Kongregation *Propaganda Fide*.

Am 1. Dezember 1882 wurde er zum Titularerzbischof von Heraklea ernannt. Die Bischofsweihe empfing er in der Petersbasilika des Vatikans am 8. Dezember 1882 von Kardinal Thomas Howard. Am 19. Dezember 1882 erfolgte die Ernennung zum Apostolischen Nuntius in Madrid.

Papst Leo XIII. kreierte ihn im Konsistorium vom 14. März 1887 zum Kardinalpriester und verlieh ihm am 26. Mai 1887 den Kardinalshut und die Titelkirche S. Cecilia in Trastevere. Am 2. Juni 1887 wurde er zum Kardinalstaatssekretär ernannt. Er übte dieses Amt bis zum 20. Juli 1903 aus. Ab 1887 war er auch für die Vermögensverwaltung des Apostolischen Stuhls verantwortlich. Am 21. März 1894 wurde er Erzpriester von St. Peter und Präfekt der Kongregation der Fabrik von St. Peter. 1903 nahm er am Konklave teil; gegen seine Kandidatur sprach im Konklave Kardinal Puzyna von Krakau im Namen Kaiser Franz Josephs von Österreich-Ungarn das Veto aus. Dieses Recht wurde anschließend sofort abgeschafft. 1902 wurde er Präsident der Bibelkommission, 1909 Sekretär des Heiligen Offiziums und 1910 Präsident der römischen Thomasakademie. 1912 wurde er Bibliothekar *S.E.R.*

Er starb am 16. Dezember 1913 in Rom und wurde zunächst auf dem römischen Friedhof Campo Verano beigesetzt. 1929 wurde er in seine Titelkirche S. Cecilia in Trastevere überführt.

Pallotti, Luigi (1829–1890)
Palloti wurde am 30. März 1829 in Albano Laziale im Kirchenstaat, heute Republik Italien, geboren. Er absolvierte seine Studien am Collegio Romano in Rom.

Nach der Priesterweihe – die genauen Daten seiner Priesterweihe sind unbekannt – war er Sekretär von Kardinal Karl August von Reisach und diente in mehreren diplomatischen Vertretungen des Heiligen Stuhls, darunter als Auditor in der Nuntiatur in Spanien im Jahre 1857. 1877–1880 war er Sekretär der Studienkongregation, 1879–1880 auch Studienpräfekt im römischen Priesterseminar. Am 16. November 1880 wurde er zum Substitut des Staatssekretariat und Sekretär der Chiffren ernannt, am 24. November 1880 zum Konsultor der Inquisitionskongregation. Am 15. Juli 1882 wurde er in das Kollegium der Apostolischen Protonotare aufgenommen. Am 29. Oktober 1882 wurde er Sekretär der Kongregation für außerordentliche kirchliche Angelegenheiten. Am 31. Juli 1885 erfolgte die Ernennung zum Auditor der Apostolischen Kammer.

Papst Leo XIII. kreierte ihn im Konsistorium vom 23. Mai 1887 zum Kardinaldiakon und verlieh ihm am 26. Mai 1887 den Kardinalshut und die Kirche S. Maria ad Martyres als Titeldiakonie. Am 20. Februar 1889 wurde er Präfekt der Apostolischen Signatur.

Er starb am 31. Juli 1890 in Rom und wurde auf dem römischen Friedhof Campo Verano beigesetzt.

Bausa O.P., Agostino (1821–1899)
Bausa wurde am 25. Februar 1821 in Florenz in der Toskana, welche damals als Großherzogtum Toskana zur Habsburger Monarchie gehörte, heute Republik Italien, geboren. 1839 trat er im Konvent von S. Maria Novella in Florenz in den Dominikanerorden ein, wo er den Namen Agostino erhielt. Dort studierte er Philosophie und legte seine erste Profess 1844 ab; seine feierliche Profess legte er im Februar 1845 ab.

Am 24. März 1845 wurde er in der Kartause von Florenz durch Erzbischof Aulo Augusto Foscolo zum Priester geweiht. 1845–1846 studierte er im Dominikanerkloster Perugia. Ab November 1846 studierte er am Collegio S. Tommaso, welches beim Dominikanerkloster S. Maria sopra Minerva in Rom lag. Hier wurde er im Juli 1847 promoviert und kehrte nach Florenz zurück. Dort war er 1847–1849 Lektor der Theologie am Dominikanerkonvent S. Maria Novella. 1849 begleitete er als Sekretär Erzbischof Antonio Merciai O.P., den Apostolischen Delegaten für die Chaldäer, Armenier und Syrer von Mesopotamien in Kurdistan und Armenien und Präfekten der Mission in Mossul bei seiner Rückkehr dorthin. Dort lernte er die lokalen Sprachen und wirkte als Missionar, bevor er 1856 nach Italien zurückkehrte. Er verbrachte einige

Jahre in Ancona, um seine angeschlagene Gesundheit zu kurieren und ging 1860 wieder in das Kloster S. Maria Novella in Florenz, wo er Theologie und orientalische Sprachen lehrte. Später wurde er Dozent für Dogmatik am Priesterseminar von Florenz. Er beteiligte sich am I. Vatikanischen Konzil als Theologe des Erzbischofs von Florenz. 1878 wurde er Prior des Klosters S. Maria Novella und am 17. Januar 1882 zum Maestro des Apostolischen Palastes, d. h. zum päpstlichen Haustheologen, ernannt.

Papst Leo XIII. kreierte ihn im Konsistorium vom 23. Mai 1887 zum Kardinaldiakon und verlieh ihm am 26. Mai 1887 den Kardinalshut und die Kirche S. Maria in Domnica als Titeldiakonie. Am 22. Dezember 1887 wurde er Präsident der Päpstlichen Akademie in Rom.

Am 11. Februar 1889 wurde er zum Erzbischof von Florenz ernannt und optierte am 14. Februar 1889 für die Klasse der Kardinalpriester und die Titelkirche S. Sabina. Die Bischofsweihe empfing er am 24. März 1889 in der Sala Ducale des Vatikanpalastes durch Papst Leo XIII.

Er starb am 15. April 1899 in Florenz und wurde auf dem Friedhof Soffiano in Florenz beigesetzt.

Dusmet O.S.B.Cas., Giuseppe Benedetto (1818 – 1894)

Dusmet wurde am 15. August 1818 in Palermo auf Sizilien im Königreich beider Sizilien, heute Republik Italien, geboren. Nach der Schulausbildung trat er in der Abtei Montecassino in den Benediktinerorden ein und legte im August 1840 seine ewige Profess ab. Er studierte Philosophie und Theologie in den Studienhäusern seines Ordens.

1841 wurde in Monreale zum Priester geweiht (Datum ist unsicher). Er wirkte im pastoralen Dienst vor allem als Prediger und Beichtvater und in seinem Orden als Professor für Philosophie und Theologie, Archivar und Kantor; 1845 wurde er Sekretär des Abtes Carlo Antonio Buglio. Im Jahr 1847 wurden seinem Abt und ihm die Abtei S. Flavia in Catalnisetta übertragen. 1850 bestimmte ihn das Generalkapitel zum Prior der Abtei S. Severino e Sossio bei Neapel. 1852 wurde er Administrator der Abtei S. Flavio in Caltanissetta und 1858 Abt der Klosters San Nicolò Arena in Catania. Dort war er bis zur Konfiszierung der Abtei durch das Königreich Italien 1866 tätig.

Am 22. Februar 1867 wurde er zum Erzbischof von Catania (Sizilien) ernannt. Die Bischofsweihe empfing er am 10. März 1867 in Basilika S. Paolo fuore le Mura in Rom durch Kardinal Antonino Saverio de Luca. Erst 1878 konnte er, nachdem ihm die Regierung die staatliche Erlaubnis zur Amtsübernahme gegeben hatte, die Erzdiözese in Besitz nehmen.

Papst Leo XIII. kreierte ihn im Konsistorium vom 11. Februar 1889 zum Kardinalpriester und verlieh ihm am 14. Februar 1889 den Kardinalshut und die Titelkirche S. Pudenziana.

Er starb am 4. April 1894 in Catania und wurde zunächst auf dem Friedhof von Catania beigesetzt, bevor er 1904 in der Kathedrale von Catania überführt wurde. Papst Johannes Paul II. sprach ihn am 25. September 1988 selig.

Annibale, Giuseppe d' (1815–1892)

D'Annibale wurde am 22. September 1815 in Borbona bei Rieti im Kirchenstaat, heute Republik Italien, geboren. Er absolvierte die üblichen Studien und erwarb einen Doktortitel in beiderlei Rechten (*utriusque iuris*).

Am 21. September 1839 wurde er zum Priester geweiht und wirkte fortan in der Diözese Rieti als Dozent für Moraltheologie am örtlichen Priesterseminar. Er wurde Kanoniker des Domkapitels und verwaltete 1867–1871 als Kapitularvikar die Diözese interimistisch. Schließlich wurde er Generalvikar der Diözese.

Am 12. August 1881 wurde er zum Titularbischof von Caryste ernannt. Die Bischofsweihe empfing er am 14. August 1881 in Rom durch Kardinal Raffaele Monaco La Valletta. Im November 1884 wurde er Assessor der Inquisitionskongregation, seit Januar 1885 war er Kanoniker des Kapitels der Petersbasilika des Vatikans.

Papst Leo XIII. kreierte ihn im Konsistorium vom 11. Februar 1889 zum Kardinalpriester und verlieh ihm am 27. Mai 1889 den Kardinalshut und die Titelkirche Santi Bonifacio et Alessio. Am 22. Juni 1890 wurde er Präfekt der Kongregation für die Ablässe und Reliquien.

Er starb am 17. Juli 1892 in Borbona und wurde auf dem dortigen Friedhof beigesetzt.

Macchi, Luigi (1832–1907)

Macci wurde am 3. März 1832 in Viterbo im Kirchenstaat, heute Republik Italien, geboren. Sein Onkel war Kardinal Vincenzo Macci (1826 kreiert). Nach den üblichen Studien absolvierte er ein Promotionsstudium an der Universität La Sapienza in Rom.

1859 empfing er die Priesterweihe. 1860 wurde er päpstlicher Geheimkämmerer und Referendar an der Apostolischen Signatur der Gnade. In seiner weiteren Laufbahn war er u. a. Richter Gerichts der Kongregation Consulta und nacheinander Vikar von Kardinal Luigi Amat und von Kardinal Costantino Patrizi. Er visitierte als Apostolischer Visitator die Diözese Poggio Mirteto und wurde Konsultor der Konzilskongregation. 1875 wurde er Maestro di Camera von Papst Pius IX. Papst Leo XIII. bestätigte ihn in diesem Amt am 7. März 1878 und ernannte ihn am 15. August 1886 zum Maiordomus.

Papst Leo XIII. kreierte ihn im Konsistorium vom 11. Februar 1889 zum Kardinaldiakon und verlieh ihm am 14. Februar 1889 den Kardinalshut und die Kirche S. Maria in Aquiro als Titeldiakonie. Am 25. April 1890 wurde er Administrator der Abtei Subiaco. Am 30. November 1896 optierte er für die Titeldiakonie S. Maria in Via Lata. Am 22. Dezember 1896 wurde er zum Sekretär der Apostolischen Breven ernannt. Seit dem 11. Juli 1899 war er Kardinalprotodiakon. Er nahm am Konklave teil, welches Pius X. wählte. Als Kardinalprotodiakon hatte er dessen Wahl zu verkünden und ihn bei seiner Amtseinführung zu krönen.

Er starb am 29. März 1907 in Rom und wurde auf dem römischen Friedhof Campo Verano beigesetzt.

Richard de la Vergne, François-Marie-Benjamin (1819 – 1908)

Richard de la Vergne wurde am 1. März 1819 in Nantes im Königreich Frankreich, heute Republik Frankreich, geboren. Er absolvierte seine theologischen und philosophischen Studien ab Oktober 1841 am Seminar Saint-Sulpice in Paris.

Am 21. Dezember 1844 wurde er in der Kirche von Saint-Sulpice von Erzbischof Denis-August Affre von Paris zum Priester geweiht. Er wirkte in der Diözese Nantes 1845 – 1846 als Kaplan, bevor er 1846 – 1849 in Rom weitere Studien absolvierte. Nach seiner Rückkehr war er bis 1850 Ehrendomherr und Sekretär des Bischofs von Nantes. 1850 – 1869 war er Generalvikar der Diözese Nantes.

Am 22. Dezember 1871 wurde er zum Bischof von Belley ernannt. Die Bischofsweihe empfing er am 11. Februar 1872 in Paris durch Erzbischof Joseph-Hyppolite Guibert O.M.I. von Paris. Am 5. Juli 1875 erfolgte die Ernennung zum Titularerzbischof von Larissa und Koadjutor *c.i.s.* von Paris. Am 7. Juli 1887 wurde er Erzbischof von Paris.

Papst Leo XIII. kreierte ihn im Konsistorium vom 24. Mai 1889 zum Kardinalpriester. Das rote Birett erhielt er vom Präsidenten der französischen Republik. Der Papst verlieh ihm am 30. Dezember 1889 den Kardinalshut und die Titelkirche S. Maria in Via. Er nahm am Konklave von 1903 teil, welches Pius X. wählte.

Er starb am 28. Januar 1908 in Paris und wurde zunächst in der Kathedrale Notre Dame in Paris beigesetzt. Am 3. Juli 1925 wurden seine sterblichen Überreste in der Krypta der Basilika des Heiligen Herzens auf dem Montmartre in Paris überführt.

Foulon, Joseph Alfred (1823 – 1893)

Foulon wurde am 29. April 1823 in Paris im Königreich Frankreich, heute Republik Frankreich, geboren. Er erhielt seine theologische und philosophische Ausbildung am Priesterseminar Saint-Sulpice und am Seminar „Des Carmes" in Paris. Gleichzeitig studierte er klassische Literatur an der Pariser Universität Sorbonne.

Am 18. Dezember 1847 wurde er in Paris zum Priester geweiht. Er wurde 1847 zum Lehrer für klassische Literatur am Knabenseminar Notre-Dame des Champs ernannt und drei Jahre später (1850) auch zum Lehrer der Rhetorik. Er lehrte dort zwanzig Jahre lang und war von 1863 bis 1867 Rektor des Seminars und Ehrendomherr an der Kathedrale Notre Dame de Paris.

Durch kaiserliches Dekret wurde er am 12. Januar 1867 zum Bischof von Nancy nominiert und am 27. März 1867 durch den Papst ernannt. Die Bischofsweihe am 1. Mai 1867 erteilte ihm in der Pfarrkirche St. Eustache sein Vorgänger, Erzbischof Charles Martial Lavigerie von Algier. Auf dem I. Vatikanischen Konzil 1869/1870 gehörte er zu der Minorität, die sich gegen die Definition der päpstlichen Unfehlbarkeit aussprachen.

Nachdem er durch ein Dekret des Präsidenten der Republik am 22. März 1882 zum Erzbischof von Besançon nominiert worden war, wurde er am 30. März 1882 vom Papst ernannt. Am 26. Mai 1887 erfolgte die Ernennung zum Erzbischof von Lyon und Primas von Gallien.

Papst Leo XIII. kreierte ihn im Konsistorium vom 24. Mai 1889 zum Kardinalpriester. Das rote Birett erhielt er vom Präsidenten der Republik. Der Papst verlieh ihm am 30. Dezember 1889 den Kardinalshut und die Titelkirche S. Eusebio.

Er starb am 23. Januar 1893 in Lyon und wurde in der Kathedrale von Lyon beigesetzt.

Guilbert, Aimé-Victor-François (1812 – 1889)

Guilbert wurde am 15. November 1812 in Cerisy-la-Forêt im Kaiserreich Frankreich, heute Republik Frankreich, geboren. Seine Studien absolvierte er am Priesterseminar von Coutances.

Am 17. Dezember 1836 wurde er zum Priester geweiht. Er war lange Jahre Lehrer für Rhetorik am Seminar sowie für 12 Jahre Pfarrer einer Gemeinde.

Am 20. September 1867 wurde er nach der Nominierung durch den Kaiser zum Bischof von Gap ernannt. Die Bischofsweihe empfing er am 10. November 1867 in der Kirche Saint-Malo in Valognes durch Erzbischof François-Augustine Delamare von Auch. Am 22. September 1879 wurde er zum Bischof von Amiens ernannt, am 9. August 1883 zum Erzbischof von Bordeaux.

Papst Leo XIII. kreierte ihn im Konsistorium vom 24. Mai 1889 zum Kardinalpriester. Er erhielt das rote Birett vom Präsidenten der Republik Frankreich.

Er starb vor der Überreichung des Kardinalshutes und der Zuteilung der Titelkirche am 16. August 1889 in Gap. Er wurde in der Kathedrale von Bordeaux beigesetzt.

Goossens, Pierre-Lambert (1827 – 1906)

Goossens wurde am 18. Juli 1827 in Perk im Königreich Belgien geboren. Am Priesterseminar in Mecheln studierte er Theologie.

Am 21. Dezember 1850 wurde er in Mecheln zum Priester geweiht. Unmittelbar danach wurde er Dozent am Breuel-Kolleg, welches die Studenten des Knabenseminars für das Priesteramt vorbereiten sollte. 1851 wurde er Kaplan der Kathedrale von Mecheln und Sekretär von Erzbischof Engelbert Sterckx. Am 17. April 1878 folgte seine Ernennung zum Generalvikar von Kardinal Dechamps.

Am 1. Juni 1883 wurde er zum Titularbischof von Abdera und Koadjutorbischof *c.i.s.* von Namur ernannt. Die Bischofsweihe empfing er am 24. Juni 1883 in Mecheln von Bischof Jean-Joseph Faict von Brügge. Am 16. Juli 1883 wurde er Bischof von Namur, am 24. März 1884 erfolgte die Ernennung zum Erzbischof von Mecheln.

Papst Leo XIII. kreierte ihn im Konsistorium vom 24. Mai 1889 zum Kardinalpriester und verlieh ihm am 27. Mai 1889 den Kardinalshut und die Titelkirche S. Croce in Gerusalemme, Er nahm am Konklave von 1903 teil, welches Pius X. wählte.

Er starb am 25. Januar 1906 in Mecheln und wurde in der Krypta der Kathedrale von Mecheln beigesetzt.

Schönborn, Franziskus von Paula (1844–1899)

Schönborn wurde am 24. Januar 1844 in Prag, damals Königreich Böhmen, welches zur Habsburger Monarchie gehörte, heute Republik Tschechien, geboren.

Er studierte an der Universität Prag zunächst Rechtswissenschaften, später an der Universität Innsbruck und am Collegio Romano (seit 1873: Gregoriana) in Rom Theologie. An der Päpstlichen Universität Gregoriana erwarb er 1875 einen Doktor der Theologie.

Am 12. August 1873 wurde er zum Priester geweiht. Es folgten einige Jahre der pastoralen Arbeit, bevor er 1879 Subregens und 1882 Regens des Prager Priesterseminars wurde.

Am 22. August 1883 wurde er von Kaiser Franz Joseph I. zum Bischof von Budweis nominiert. Die päpstliche Ernennung erfolgte am 28. September 1883. Die Bischofsweihe empfing er am 18. November 1883 in Prag durch Kardinal von Schwarzenberg. 1884 wurde er zum Päpstlichen Thronassistenten ernannt. Am 21. Mai 1885 wurde er von Kaiser Franz Joseph I. zum Erzbischof von Prag nominiert und am 27. Juli 1885 päpstlich bestätigt.

Papst Leo XIII. kreierte ihn im Konsistorium vom 24. Mai 1889 zum Kardinalpriester. Das rote Birett empfing er vom österreichischen Kaiser. Der Papst verlieh ihm am 30. Dezember 1889 den Kardinalshut und die Titelkirche Santi Giovanni e Paolo.

Er starb am 25. Juni 1899 in Falkenau an der Eger und wurde in der Kathedrale von Prag beigesetzt.

Apolloni, Achille (1823–1893)

Apolloni wurde am 13. Mai 1823 in Anagni im Kirchenstaat, heute Republik Italien, geboren. Nach den ersten Studien trat er 1842 in die Päpstliche Akademie für den kirchlichen Adel ein. Er studierte neben Theologie und Philosophie Kirchenrecht und erwarb in diesem Fach 1847 einen Doktortitel.

Am 20. März 1850 wurde er zum Priester geweiht und wurde 1851 Kanonikus am Kapitel der Petersbasilika des Vatikans. 1853 wurde er päpstlicher Hausprälat und wirkte 1854–1858 als Apostolischer Delegat in Rieti und 1859–1860 in Macerata. Im April 1867 wurde er Auditor der Römischen Rota, 1868 sandte ihn Pius IX. nach Albano um die Caritas für die Opfer der dortigen Cholera-Epidemie zu koordinieren. 1882 ernannte ihn Leo XIII. zum Präsidenten der Expertenkommission für die Beziehungen zwischen dem Heiligen Stuhl und den zivilen Gerichten. 1884 wurde er Vize-Camerlengo *S.E.R.*

Papst Leo XIII. kreierte ihn im Konsistorium vom 24. Mai 1889 zum Kardinaldiakon und verlieh ihm am 27. Mai 1889 den Kardinalshut und die Kirche S. Cesareo in Palatio zur Titeldiakonie.

Er starb am 3. April 1893 in Rom und wurde am dem römischen Friedhof Campo Verano beigesetzt.

Ruggiero, Gaetano de (1816 – 1896)
Ruggiero wurde am 12. Januar 1816 in Neapel im Königreich beider Sizilien, heute Republik Italien, geboren.

Er absolvierte seine Studien in Neapel an der Universität Neapel und wurde zum Priester geweiht (Daten zur Priesterweihe sind nicht bekannt).

Er war zunächst Redakteur der Zeitschrift Liberta Cattolica. 1847 ging er nach Rom und wurde dort Referendar an den beiden Gerichtshöfen der Apostolischen Signatur. Später wurde er Richter an der Kongregation Consulta. Er wirkte als Konsultor der Kongregation für die Bischöfe und Ordensleute und war 1877–1889 Regente der Cancelleria. 1885 wurde er Ökonom und Sekretär der Kongregation der Fabrik von St. Peter und Kanoniker des Kapitels der Petersbasilika im Vatikan.

Papst Leo XIII. kreierte ihn im Konsistorium vom 24. Mai 1889 zum Kardinaldiakon und verlieh ihm am 27. Mai 1889 den Kardinalshut und die Kirche S. Maria in Cosmedin zur Titeldiakonie. Im Oktober 1889 wurde er Wirtschaftspräfekt der Kongregation *Propaganda Fide* und der Spolien. Am 25. Juni 1894 wurde er Sekretär der Breven.

Er starb am 9. Oktober 1896 in Rom und wurde auf dem römischen Friedhof Campo Verano beigesetzt.

Vannutelli, Vincenzo (1836 – 1930)
Vannutelli wurde am 5. Dezember 1836 in Genazzano in Latium im Kirchenstaat, heute Republik Italien, geboren. Er war der jüngere Bruder von Kardinal Serafino Vannutelli (1887 kreiert).

Seine Studien absolvierte er am Collegio Romano und am Päpstlichen *Athenaeum S. Apollinare* in Rom.

Am 23. Dezember 1860 wurde er zum Priester geweiht und wirkte zunächst als Dozent am Vatikanischen Seminar und Benefizat an der Petersbasilika des Vatikan. 1863 trat er in den diplomatischen Dienst des Heiligen Stuhls ein und wurde päpstlicher Hausprälat und Auditor an der Internuntiatur in Holland, 1866 wurde er Auditor an der Nuntiatur in Belgien, wo er später auch Geschäftsträger wurde. 1875 wurde er Pro-Substitut im Staatssekretariat und Pro-Sekretär der Chiffren und Apostolischer Protonotar. 1876 wurde er Substitut des Staatssekretariates und Sekretär der Chiffren, 1878 schließlich Auditor der Römischen Rota.

Am 23. Januar 1880 wurde er zum Titularerzbischof von Sardes und Apostolischen Delegaten sowie Apostolischen Vikar für das Lateinische Patriarchat Konstantinopel ernannt Die Bischofsweihe empfing er am 2. Februar 1880 in Rom durch Kardinalstaatssekretär Giovanni Simeoni. Seine Hauptaufgabe war es, das unter den unierten Armeniern ausgebrochene Schisma zu beenden. Am 22. Dezember 1882 wurde er Internuntius in Brasilien, trat dieses Amt aber nie an. Am 4. Oktober 1883 wurde er als Nuntius nach Portugal entsandt. Dort handelte er ein Konkordat mit Portugal aus und organisierte die Hierarchie in Portugiesisch-Indien neu.

Papst Leo XIII. kreierte ihn im Konsistorium vom 30. Dezember 1889 zum Kardinal *in pectore*. Wegen seines Bruders im Kardinalskollegium benötigte er einen Dispens. Als er diese erhalten hatte, wurde seine Kreierung zum Kardinalpriester am 23. Juni 1890 veröffentlicht. Den Kardinalshut und die Titelkirche S. Silvestro in Capite erhielt er am 4. Juni 1891. 1892 wurde er Wirtschaftspräfekt der Kongregation *Propaganda Fide* und 1894 Präsident der Spolien. 1896 wurde er Erzpriester von S. Maria Maggiore. 1898 war er päpstlicher Legat beim 1. Eucharistischen Weltkongress in Brüssel, sowie später noch in Tournai, Metz und Köln. Am 19. April 1900 optierte er für die Klasse der Kardinalbischöfe und das suburbikarische Bistum Palestrina. Bis zum 7. Dezember 1916 behielt er seine Titelkirche S. Silvestro in Capite *in commendam*. Von 1902 bis 1908 war er Präfekt der Konzilskongregation. Er nahm an den Konklaven von 1903, welches Pius X. wählte, von 1914, welches Benedikt XV. wählte und von 1922, welches Pius XI. wählte, teil. 1904–1917 war er Mitglied der Kommission zur Kodifizierung des kanonischen Rechtes. Am 20. Oktober 1908 wurde er Präfekt der Apostolischen Signatur. Am 15. Dezember 1914 wurde er KardinalPro-Datar. Am 6. Dezember 1915 wurde er nach dem Tod seines Bruders Serafino Dekan des Kardinalskollegiums und zusätzlich Kardinalbischof von Ostia. Gleichzeitig wurde er Präfekt der Zeremonialkongregation.

Er starb am 9. Juli 1930 in Rom und wurde neben seinem Bruder Serafino auf dem römischen Friedhof Campo Verano beigesetzt.

Galeati, Sebastiano (1822–1901)

Galeati wurde am 8. Februar 1822 in Imola in den Marken im Kirchenstaat, heute Republik Italien, geboren.

Am 21. September 1844 wurde er in Imola zum Priester geweiht. Es folgten weitere Studien in Rom und er wurde 1848 zum Doktor beiderlei Rechten (*utriusque iuris*) promoviert. In der Diözese Imola wirkte er als Dozent am Seminar, als Richter, als Diözesanvisitator und Theologe des Kathedralkapitels.

Am 4. August 1881 wurde er zum Bischof von Macerata und Tolentino ernannt. Die Bischofsweihe empfing er am 14. August 1881 in Rom von Kardinal Raffaele Monaco La Valetta. Am 23. Mai 1887 wurde er zum Erzbischof von Ravenna ernannt.

Papst Leo XIII. kreierte ihn im Konsistorium vom 23. Juni 1890 zum Kardinalpriester und verlieh ihm am 26. Juni 1890 den Kardinalshut und die Titelkirche S. Lorenzo in Panisperna.

Er starb am 25. Januar 1901 in Ravenna und wurde auf dem Friedhof von Ravenna beigesetzt.

Mermillod, Gaspard (1824–1892)

Mermillod wurde am 22. September 1824 in Carouge im Kanton Genf in der Schweiz geboren. 1841–1847 studierte er Philosophie und Theologie am Jesuitenkolleg St. Michael in Fribourg in der Schweiz.

Am 24. Juni 1847 wurde er zum Priester geweiht und wurde anschließend Vikar an der Genfer Kirche Saint-Germain, der damals einzigen katholischen Kirche in der Stadt. 1857 wurde er Generalvikar des Bischofs von Lausanne für den Kanton Genf.

Am 22. September 1864 wurde er zum Titularbischof von Hebron und Weihbischof in Lausanne mit Sitz in Genf ernannt. Die Bischofsweihe empfing er am 25. September 1864 in der Sixtinischen Kapelle im Vatikan durch Papst Pius IX. 1865 wurde ihm vom Diözesanbischof auf Geheiß des Papstes die volle Jurisdiktion für den Kanton Genf übertragen.

Auf dem I. Vatikanischen Konzil 1869/1870 war er einer der Vorkämpfer für die Dogmatisierung der päpstlichen Unfehlbarkeit. Am 16. Januar 1873 wurde er zum Apostolischen Vikar des Kantons Genf ernannt, was zum Ausbruch eines schon länger schwelenden Konfliktes mit dem Genfer Staatsrat führte, der ihn im Einvernehmen mit dem Bundesrat „aus der Eidgenossenschaft" auswies. Er ging nach Ferney in Frankreich und regierte von dort seinen Bezirk. Am 15. März 1883 wurde er zum Bischof von Lausanne und Genf, unter gleichzeitiger formeller Aufhebung des Apostolischen Vikariats von Genf ernannt.

Papst Leo XIII. kreierte ihn im Konsistorium vom 23. Juni 1890 zum Kardinalpriester und verlieh ihm am 26. Juni 1890 den Kardinalshut und die Titelkirche Santi Nereo et Achilleo. Am 11. März 1891 musste er als Bischof von Lausanne und Genf resignieren und ging nach Rom.

Er starb am 23. Februar 1892 in Rom und wurde zunächst in Rom beigesetzt. 1926 wurden seine sterblichen Überreste in die Kirche Saint Croix in Carouge überführt.

Dunajewski, Albin (1817–1894)

Dunajewski wurde am 1. März 1817 in Stanislaviv, damals Königreich Galizien und Lodomerien in der Habsburgermonarchie, heute Republik Ukraine, geboren.

Er studierte Theologie an der theologischen Fakultät in Lemberg und ging danach nach Krakau, wo er 1835–1839 Rechtswissenschaften studierte. Als junger Student wurde er Teil der „Polnischen Demokraten" und daraufhin verhaftet und 1841 zum Tode verurteilt. Die Strafe wurde 1845 zu 8 Jahren Gefängnis umgewandelt und er wurde in das Gefängnis Spielberg in Mähren gebracht. 1848 wurde er amnestiert und freigelassen. Er trat dann in den Staatsdienst ein und wurde später Sekretär von Graf Adam Potocki in Krzeszowice. Nach dem Tod seiner Verlobten 1859 trat er in das Priesterseminar von Krakau ein.

Am 28. Juli 1861 wurde er in Krakau zum Priester geweiht. 1861–1862 war er Beichtvater an der Marienkirche in Krakau. In der Erzdiözese Warschau war er 1863–1864 Professor für Moraltheologie und Rektor am Priesterseminar. Während des polnischen Aufstands floh er und war in einer Landpfarrei tätig. 1865 war er wieder in Krakau und hatte verschiedene Aufgaben in Pastoral und Verwaltung.

Am 15. Mai 1879 wurde er zum Bischof von Krakau ernannt. Die Bischofsweihe empfing er am 18. Juni 1879 in der Kathedrale von Krakau von Erzbischof Lodovico Jacobini, dem Nuntius in Österreich-Ungarn. 1881 wurde er Päpstlicher Thronassistent. Durch seine guten Beziehungen zu Leo XIII. und mit Hilfe seines Bruders, des Finanzministers Julian Dunjanewski und des polnischen Adels gelang ihm die Erweiterung seines Bistums und 1889 die Erhebung zum Fürstbistum.

Papst Leo XIII. kreierte ihn im Konsistorium vom 23. Juni 1890 zum Kardinalpriester. Das rote Birett erhielt er in seiner Heimat. Der Papst verlieh ihm am 4. Juni 1891 den Kardinalshut und die Titelkirche Santi Vitale, Gervasio et Protasio.

Er starb am 18. Juni 1894 in Krakau und wurde in der Kathedrale von Krakau beigesetzt.

Rotelli, Luigi (1833–1891)
Rotelli wurde am 26. Juli 1833 in Corciano in Umbrien im Kirchenstaat, heute Republik Italien, geboren. Er erhielt seine theologische Ausbildung an der Universität Perugia.

Am 20. Dezember 1856 wurde er in Perugia zum Priester geweiht. Es folgten weitere Studien in Perugia. Am 19. Juli 1857 wurde er in Theologie promoviert. 1857–1878 war er Professor am Priesterseminar von Perugia, 1863 wurde er Kanoniker des Domkapitels, 1877 Vorsitzender des Domkapitels und 1878 päpstlicher Hausprälat.

Am 15. Juli 1878 wurde er zum Bischof von Montefiascone ernannt. Die Bischofsweihe empfing er am 21. Juli 1878 in Rom durch Kardinal Raffaele Monaco La Valletta. 1882 wurde er Titularbischof von Farsala und am 26. Januar 1883 Apostolischer Delegat in Konstantinopel sowie Apostolischer Vikar des Lateinischen Patriarchats von Konstantinopel. Am 23. Mai 1887 wurde er zum Nuntius in Frankreich ernannt.

Papst Leo XIII. kreierte ihn im Konsistorium vom 1. Juni 1891 zum Kardinalpriester. Das rote Birett empfing er vom Präsidenten der französischen Republik.

Er starb vor dem Empfang des Kardinalshutes und der Titelkirche am 15. September 1891 in Rom und wurde auf dem römischen Friedhof Campo Verano beigesetzt.

Gruscha, Anton Joseph (1820–1911)
Gruscha wurde am 3. November 1820 in Wien im Kaiserreich Österreich, heute Republik Österreich, geboren. 1838 trat er in das Wiener Priesterseminar ein, um sein Theologiestudium an der Universität Wien zu absolvieren.

Am 4. Mai 1843 wurde er zum Priester geweiht und wirkte zunächst als Kaplan in verschiedenen Gemeinden Wiens. 1849 wurde in Theologie promoviert. 1851 wurde er Religionsprofessor am Gymnasium *Theresianum* zu Wien. 1852 bestellte ihn Adolf Kolping zum Präses des Wiener Gesellenvereines. 1855 wurde er Domprediger am Stephansdom zu Wien. 1862 erhielt er den Ruf als Professor der Pastoraltheologie an die Universität Wien.

Am 19. Januar 1878 ernannte ihn Kaiser Franz Joseph I. zum Apostolischen Feldvikar der k. u. k. österreichischen Armee. Am 28. März 1878 wurde er vom Papst zum Titularbischof von Carre ernannt. Die Bischofsweihe empfing er am 28. April 1878 in Wien von Kardinal Johannes Baptist Rudolf Kutschker, dem Fürsterzbischof von Wien. Am 24. Januar 1890 nominierte ihn der Kaiser zum Fürsterzbischof von Wien, die päpstliche Ernennung erfolgte am 23. Juni 1890.

Papst Leo XIII. kreierte ihn im Konsistorium vom 1. Juni 1891 zum Kardinalpriester. Das rote Birett erhielt er vom österreichischen Kaiser. Der Papst verlieh ihm am 17. Dezember 1891 den Kardinalshut und die Titelkirche S. Maria degli Angeli. 1903 nahm er am Konklave teil, welches Pius X. wählte.

Er starb am 15. August 1911 auf Schloss Kranichberg und wurde im Wiener Stephansdom beigesetzt.

Ruffo-Scilla, Fulco Luigi (1840–1895)
Ruffo-Scilla wurde am 6. April 1840 in Palermo im Königreich beider Sizilien, heute Republik Italien, geboren. Er studierte am Römischen Seminar und erwarb 1860 das Lizentiat in Theologie.

Am 20. September 1862 wurde er in Rom zum Priester geweiht. Es folgten weitere Studien, die er mit einem Lizentiat beiderlei Rechte (*utriusque iuris*) 1864 abschloss.

Er trat anschließend in den Hof von Pius IX. ein und wurde von diesem 1868 zum päpstlichen Hausprälaten ernannt. 1873 wurde er in das Kollegium der Apostolischen Protonotare berufen. 1877 wurde er Auditor der Apostolischen Kammer.

Am 28. Dezember 1877 wurde er zum Erzbischof von Chieti ernannt. Die Bischofsweihe empfing er am 6. Januar 1878 in Rom durch Kardinal Flavio Chigi. 1881 wurde er Päpstlicher Thronassistent. Am 23. Mai 1887 wurde er Titularerzbischof von Petra und Apostolischer Nuntius im Königreich Bayern. Am 20. März 1889 wurde er zum Maiordomus und Präfekten des Apostolischen Palastes ernannt.

Papst Leo XIII. kreierte ihn im Konsistorium vom 14. Dezember 1891 zum Kardinalpriester und verlieh ihm am 17. Dezember 1891 den Kardinalshut und die Titelkirche S. Maria in Traspontina.

Er starb am 29. Mai 1895 in Rom und wurde auf dem römischen Friedhof Campo Verano beigesetzt.

Sepiacci O.E.S.A., Luigi (1835–1893)
Sepiacci wurde am 12. September 1835 in Castiglione del Lago in Umbrien im Kirchenstaat, heute Republik Italien, geboren und auf den Namen Domenico Daniele getauft. Am 27. Juni 1851 trat er im Konvent von Terni in den Orden der Augustinereremiten ein und erhielt den Ordensnamen Luigi. Seine Profess legte er 1852 ab.

Am 29. Mai 1858 wurde er in Perugia von Erzbischof Gioacchino Pecci, dem Bischof von Perugia, zum Priester geweiht. 1859 wurde er Lektor für Philosophie, 1869 wurde er Magister für Theologie. Am Erzgymnasium von Rom, der späteren Universität la Sapienza, wurde er 1865 Magister für die orientalischen Sprachen. 1864 wurde er Mitglied des irischen Kollegs in Rom. Er war weiter für vier Jahre in Gent, Belgien, tätig und nach seiner Rückkehr an der römischen Kirche S. Agostino. Am 8. April 1870 wurde er Professor für Theologie am römischen Erzgymnasium, 1873 Prüfer des römischen Klerus und 1880 Generalprokurator seines Ordens.

Am 15. März 1883 wurde er zum Titularbischof von Callinico ernannt. Die Bischofsweihe empfing er am 18. März 1883 durch Kardinal Raffaele Monaco La Valletta. Am 7. August 1885 wurde er Leiter der Päpstlichen Akademie für den kirchlichen Adel, und 1886 Sekretär der Kongregation für die Bischöfe und Ordensleute.

Papst Leo XIII. kreierte ihn im Konsistorium vom 14. Dezember 1891 zum Kardinalpriester und verlieh ihm am 17. Dezember 1891 den Kardinalshut und die Titelkirche S. Prisca. Am 1. August 1892 wurde er Präfekt der Kongregation für Ablässe und Reliquien.

Er starb am 26. April 1893 in Rom und wurde auf dem römischen Friedhof Campo Verano beigesetzt.

Guarino, Giuseppe (1827 – 1897)
Guarino wurde am 6. März 1827 in Montedoro auf Sizilien im Königreich beider Sizilien, heute Republik Italien, geboren. Er studierte am Priesterseminar von Agrigento.

Am 22. September 1849 wurde er in Caltanissetta zum Priester geweiht. Er wurde zum Sekretär des Tribunale di Monarchia e Apostolica Legazia von Palermo ernannt und wurde 1857 Kanoniker in Palermo. Zwischen 1861 und 1871 war er Dekan der kirchenrechtlichen Fakultät an der Universität Palermo.

Am 23. Februar 1872 wurde er zum Erzbischof von Siracusa auf Sizilien ernannt. Die Bischofsweihe empfing er am 17. März 1872 von Erzbischof Pietro Michelangelo Celesia von Palermo in Palermo. Am 5. Juli 1875 wurde er zum Erzbischof von Messina ernannt. Am 10. April 1883 wurde er zusätzlich zum Administrator der Prälatur S. Lucia de Mela ernannt und wurde am 31. August 1883 zum Archimandriten von Ss. Salvatore erhoben. 1889 gründete er die der salesianischen Gemeinschaft zugeordnete Kongregation „Apostole della Sacra Famiglia".

Papst Leo XIII. kreierte ihn im Konsistorium vom 16. Januar 1893 zum Kardinalpriester und verlieh ihm am 19. Januar 1893 den Kardinalshut und die Titelkirche S. Tommaso Parione.

Er starb am 22. September 1897 in Messina und wurde auf dem dortigen Friehof beigesetzt. 1983 wurden seine sterblichen Überreste in das Generalat der Kongregation „Apostole della Sacra Famiglia" überführt und erneut beigesetzt. Ein Seligsprechungsverfahren ist anhängig.

Mocenni, Mario (1823 – 1904)
Mocenni wurde am 22. Januar 1823 in Montefiascone im Kirchenstaat, heute Republik Italien, geboren. Er absolvierte die üblichen Studien.

Am 20. Dezember 1845 wurde er zum Priester geweiht. Er wurde zum päpstlichen Geheimkämmerer ernannt und war Auditor der Nuntiatur in Österreich-Ungarn.

Am 24. Juli 1877 wurde er zum Titularerzbischof von Heliopolis in Phoenicia ernannt. Die Bischofsweihe empfing er am 12. August 1877 in Rom von Kardinal Alessandro Franchi. Am 14. August 1877 wurde er zum Apostolischen Delegaten in Ecuador, Peru, Nueva Granada (Kolumbien), Venezuela, Guatemala, Costa Rica, Honduras und Nicaragua ernannt, am 28. März 1882 zum Internuntius des brasilianischen Kaiserreiches. Im Oktober 1882 wurde er Substitut im Staatssekretariat und Sekretär der Chiffren.

Papst Leo XIII. kreierte ihn im Konsistorium vom 16. Januar 1893 zum Kardinalpriester und verlieh ihm am 19. Januar 1893 den Kardinalshut und die Titelkirche S. Bartolomeo all'Isola. Am 18. Mai 1894 optierte er für die Klasse der Kardinalbischöfe und das suburbikarische Bistum Sabina. Gleichzeitig wurde er Kommendatar-Abt der Abtei Farfa. Er nahm am Konklave von 1903 teil, welches Pius X. wählte.

Er starb am 14. November 1904 in Rom und wurde auf dem römischen Friedhof Campo Verano beigesetzt.

Malagola, Amilcare (1840–1895)

Malagola wurde am 24. Dezember 1840 in Modena in der Region Emilia Romagna, damals als Herzogtum Modena von den Habsburgern regiert, heute Republik Italien, geboren. Er begann sein Studium in Imola und lebte 1856–1861 am Collegio Ghisleri in Rom. Dort studierte er 1856–1864 am Collegio Romano, wo er in Philosophie und Theologie promovierte. 1861 trat er in die Päpstliche Akademie für den kirchlichen Adel ein.

Am 19. Dezember 1863 wurde er in Rom zum Priester für die Diözese Imola geweiht. Er kehrte kurz nach Imola zurück, um als Prediger zu wirken. 1866 bis 1869 widmete er sich dem Kirchenrechtsstudium am Päpstlichen *Athenaeum S. Apollinare*, wo er den Doktortitel in beiderlei Rechten (*utriusque iuris*) erwarb. Er arbeitete in dieser Zeit für die Konzilskongregation und für die Kongregation für außerordentliche kirchliche Angelegenheiten. Ab 1871 war er in Imola Dozent für dogmatische Theologie und kanonisches Recht am Seminar. 1875 wurde er Bußkanoniker des Domkapitels von Imola.

Am 26. Juni 1876 wurde er zum Bischof von Ascoli Piceno ernannt. Die Bischofsweihe empfing er am 9. Juli 1876 in der Kathedrale von Fermo von Kardinal Filippo de Angelis, dem Erzbischof von Fermo. Am 21. September 1877 erfolgte die Ernennung zum Erzbischof von Fermo.

Papst Leo XIII. kreierte ihn im Konsistorium vom 16. Januar 1893 zum Kardinalpriester und verlieh ihm am 19. Januar 1893 den Kardinalshut und die Titelkirche S. Balbina.

Er starb am 22. Juni 1895 in Fermo und wurde in der Bischofsgruft auf dem Friedhof von Fermo beigesetzt.

Di Pietro, Angelo (1828–1914)

Di Pietro wurde am 22. Mai 1828 in Vivaro Romano bei Tivoli in der Region Latium im Kirchenstaat, heute Republik Italien, geboren. Er studierte am Seminar in Tivoli.

Am 20. Dezember 1851 wurde er in Tivoli zum Priester geweiht und ging danach an die römische Universität La Sapienza, wo er 1858 den Doktortitel in beiderlei Rechten (*utriusque iuris*) erwarb. Er wirkte als Sekretär und Pro-Generalvikar des Bischofs von Tivoli und als Generalvikar der Diözese von Ostia und Velletri.

Am 25. Juni 1866 wurde er zum Titularbischof von Nyssa und Weihbischof in Ostia und Velletri ernannt. Die Bischofsweihe empfing er am 1. Juli 1866 in Rom von Kardinal Gustav Adolph von Hohenlohe. Am 28. Dezember 1877 wurde er zum Titularerzbischof von Nazianz und am 18. Januar 1878 zum Apostolischen Delegaten in Paraguay, Uruguay und Argentinien ernannt. Am 30. September 1879 wurde er Nuntius in Brasilien, am 21. März 1882 Nuntius in Bayern und am 23. Mai 1887 Nuntius in Spanien.

Papst Leo XIII. kreierte ihn im Konsistorium vom 16. Januar 1893 zum Kardinalpriester und verlieh ihm am 15. Juni 1893 den Kardinalshut und die Titelkirche Santi Bonifacio ed Alessio. Am 20. Juni 1893 wurde er Präfekt der Konzilskongregation und wurde am 8. August 1894 als Mitglied des Kardinalsrates für die Wahl der italienischen Bischöfe berufen. Am 20. Juli 1902 wurde er Präfekt der Kongregation für die Bischöfe und Ordensleute und am 27. November 1902 KardinalPro-Datar, am 29. Juni 1908 Kardinaldatar. Er nahm an den Konklaven von 1903, welches Pius X. wählte und 1914, welches Benedikt XV. wählte, teil. Am 22. Juni 1903 optierte er für den Titel S. Lorenzo in Lucina.

Er starb am 5. Dezember 1914 in Rom und wurde auf dem römischen Friedhof Campo Verano beigesetzt.

Sanz y Forés, Benito (1828–1895)

Sanz y Forés wurde am 21. März 1828 in Gandía in der Provinz Valencia im Königreich Spanien geboren.

Er studierte an der Universität Valencia neben Philosophie auch Rechtswissenschaften, worin er 1848 einen Abschluss erwarb. Danach studierte er am Seminar von Valencia.

Am 27. März 1852 wurde er in Valencia zum Priester geweiht. Er war anschließend bis 1857 Dozent für Kirchenrecht am Seminar in Valencia und erwarb 1853 im Kirchenrecht und 1857 in Theologie einen Doktortitel. 1855 wurde er Generalvikar des Erzbistums. Anschließend ging er in das Bistum Tortosa, wo er bis 1866 Generalvikar war. Er war Abbreviator der Nuntiatur von Spanien und wurde 1864 Prediger am königlichen Hof. 1866 wurde er Auditor der Rota von Madrid.

Am 22. Juni 1868 wurde er zum Bischof von Oviedo ernannt. Die Bischofsweihe empfing er am 8. November 1868 in Madrid von Erzbischof Alessandro Franchi, dem Nuntius in Spanien. Er nahm am I. Vatikanischen Konzil 1869–1870 teil. Am 18. November 1881 wurde er zum Erzbischof von Valladolid und am 30. Dezember 1889 zum Erzbischof von Sevilla ernannt.

Papst Leo XIII. kreierte ihn im Konsistorium vom 16. Januar 1893 zum Kardinalpriester und verlieh ihm am 15. Juni 1893 den Kardinalshut und die Titelkirche S. Eusebio.

Er starb am 1. November 1895 in Madrid und wurde in der Kathedrale von Sevilla beigesetzt.

Meignan, Guillaume-René (1827 – 1896)

Meignan wurde am 12. April 1827 in Denazé in der Region Pays de la Loire im Königreich Frankreich, heute Republik Frankreich, geboren. Er studierte am Seminar von Le Mans Theologie.

Am 13. Juni 1840 wurde er zum Priester geweiht. Es folgten weitere Studien in Paris, München und Berlin. 1843 kehrte nach Paris zurück und ging anschließend an die römische Universität La Sapienza, wo er im März 1846 den Doktortitel in Theologie erwarb. Danach war er Seelsorger in verschiedenen Pfarreien des Erzbistums Paris und wurde 1861 Professor der Universität La Sorbonne und 1863 Generalvikar des Erzbischofs von Paris.

Am 27. März 1865 wurde er zum Bischof von Châlons-Sur-Marne ernannt. Die Bischofsweihe empfing er am 1. Mai 1865 in der Kathedrale von Paris durch Bischof Henri Maret, Titularbischof von Sura. Am 25. September 1882 wurde er Bischof von Arras, am 24. März 1884 Erzbischof von Tours.

Papst Leo XIII. kreierte ihn im Konsistorium vom 16. Januar 1893 zum Kardinalpriester und verlieh ihm am 15. Juni 1893 den Kardinalshut und die Titelkirche Ss. Trinità al Monte Pincio.

Er starb am 20. Januar 1896 in Tours und wurde in der dortigen Kathedrale beigesetzt.

Thomas, Léon-Benoit-Charles (1826 – 1894)

Thomas wurde am 29. Mai 1826 in Paray-le-Monial in Burgund im Königreich Frankreich, heute Republik Frankreich, geboren. Er studierte am Priesterseminar Autun Philosophie und Theologie am Priesterseminar von Saint-Sulpice in Paris.

Am 21. Dezember 1850 wurde er in Paris zum Priester geweiht und war anschließend Kaplan an der Kathedrale von Autun. 1853 wurde er für das diözesane Missionswerk verantwortlich. 1856 erwarb er einen Doktortitel in Theologie in Rom. 1856 – 1867 war er Generalvikar des Bischofs von Autun und Propst des Domkapitels.

Am 27. März 1867 wurde er zum Bischof von La Rochelle ernannt. Die Bischofsweihe empfing er am 15. Mai 1867 in der Kathedrale von Autun durch Erzbischof Jean-Baptiste-Anna Landriot von Reims. Am 24. März 1884 wurde er Erzbischof von Rouen.

Papst Leo XIII. kreierte ihn im Konsistorium vom 16. Januar 1893 zum Kardinalpriester und verlieh ihm am 15. Juni 1893 den Kardinalshut und die Titelkirche S. Francesca Romana al Foro Romano.

Er starb am 9. März 1894 in Rouen und wurde in der Kathedrale von Rouen beigesetzt.

Krementz, Philipp (1819 – 1899)

Krementz wurde am 1. Dezember 1819 in Koblenz im Königreich Preußen, heute Bundesrepublik Deutschland, geboren. 1837 begann er sein Studium der Theologie an der Universität Bonn und setzte es 1839 in München fort. 1840 trat er in das Priesterseminar Trier ein.

Am 27. August 1842 wurde er in Trier zum Priester geweiht. Er wurde Kaplan in Koblenz. 1846 wurde er zum Religionslehrer der 1841 gegründeten Erziehungsanstalt für Söhne des katholischen Adels, der Rheinischen Ritterakademie zu Bedburg, ernannt. Im Januar 1848 wurde er als Pfarrer von St. Kastor in Koblenz eingeführt. Seit 1853 war er auch Dechant des Dekanates Koblenz. 1859 wurde er zum Ehrendomherrn (landesherrliche Nomination) an der Trierer Kathedrale ernannt.

Am 22. Oktober 1867 wählte ihn das Frauenburger Domkapitel zum Bischof von Ermland. Am 20. Dezember 1867 erfolgte die päpstliche Ernennung. Die Bischofsweihe empfing er in St. Kastor in Koblenz am 3. Mai 1868 von Erzbischof Paulus Melchers von Köln. Er nahm am I. Vatikanischen Konzil 1869–1870 teil, wo er ein Gegner des Unfehlbarkeitsdogmas war und an der feierlichen Abstimmung vom 18. Juli 1870 nicht mehr teilnahm. Allerdings war er zur Annahme der Konzilsentscheidung bereit und exkommunizierte fünf Priester seines Bistums, die Gegner dieses Dogmas waren. Der daraus resultierende Konflikt mit dem preußischen Staat führte am 1. Oktober 1871 zur Verhängung der Temporaliensperre über den Bischof. Im folgenden Kulturkampf wurde er zwar wie die anderen preußischen Bischöfe wegen Übertretung der Maigesetze zu beträchtlichen Geldstrafen verurteilt, aber nicht abgesetzt und auch zu keiner Gefängnisstrafe verurteilt. Im März 1885 einigten sich der Vatikan und die preußische Staatsregierung auf die Neubesetzung des Kölner Erzbischofsstuhls mit Krementz. Unter Umgehung des Wahlrechtes des Domkapitels wurde er am 30. Juli 1885 zum Kölner Erzbischof ernannt. Seit 1886 war er Vorsitzender der Fuldaer Bischofskonferenzen.

Papst Leo XIII. kreierte ihn im Konsistorium vom 16. Januar 1893 zum Kardinalpriester und verlieh ihm am 19. Januar 1893 den Kardinalshut und die Titelkirche S. Crisogono.

Er starb am 6. Mai 1899 in Köln und wurde im Kölner Dom beigesetzt.

Persico O.F.M.Cap., Ignazio (1823–1895)

Persico wurde am 30. Januar 1823 in Neapel im Königreich beider Sizilien, heute Republik Italien, geboren und auf den Namen Pietro getauft. Er trat in den Kapuzinerorden ein, erhielt den Ordensnamen Ignatius (Ignazio) und legte 1840 die Gelübde ab.

Am 24. Januar 1846 wurde er in Neapel zum Priester geweiht. Er wurde zunächst für weitere Studien nach Rom gesandt und ging bald bis 1860 in die Mission im Vikariat Patna in Indien, wo er als Pfarrer und Schuldirektor wirkte. Dann wurde er Sekretär des Apostolischen Vikar von Patna, der Administrator von Bombay geworden war. In Bombay war er Professor und Regens des Priesterseminars.

Am 8. März 1854 wurde er zum Titularbischof von Gratianopolis und Koadjutor des Apostolischen Vikars von Bombay ernannt. Die Bischofsweihe empfing er am 4. Juni 1854 in Bombay von Bischof Anastasius Hartmann O.F.M.Cap., dem Apostolischen Vikar von Bombay. 1855–1856 war er Apostolischer Visitator des Vikariates Agra, welches er als Apostolischer Vikar 1856–1860 leitete. Am 24. Juni 1860 trat er aus

Gesundheitsgründen zurück und lebte fortan bis 1866 in Rom. Dann ging er in die USA und war 1867–1870 Seelsorger in der Diözese Charleston. Er nahm 1869–1870 am I. Vatikanischen Konzil teil. Am 20. März 1870 wurde er zum Bischof von Savannah in den USA ernannt, aber er trat bereits aus Gesundheitsgründen am 28. Juli 1872 zurück. Anschließend ging er nach Kanada und traf am 29. Juni 1873 in Québec ein, wo er 1873– 1876 Generalvikar und Pfarrer der Pfarrei Saint-Colomban de Sillery war. Am 20. Juni 1874 erhielt er das Titularbistum Bolina. 1877 wurde er als Gesandter des Heiligen Stuhls nach Indien gesandt, um den Weg für eine reguläre Hierarchie in Indien zu ebnen. Am 15. Juli 1878 wurde er zum Koadjutor *c.i.s.* von Aquino, Sora e Pontecorvo ernannt. Im März 1879 übernahm er das Bistum, legte aber Anfang 1887 die Leitung der Diözese nieder und erhielt am 14. März 1887 das Titularerzbistum Damietta. Von Juni bis Dezember 1887 war er als Apostolischer Visitator in Irland. Am 20. März 1889 wurde er Sekretär der Kongregation für orientalische Angelegenheiten bei der Kongregation *Propaganda Fide*, am 13. Juni 1891 Sekretär der Kongregation *Propaganda Fide*.

Papst Leo XIII. kreierte ihn im Konsistorium vom 16. Januar 1893 zum Kardinalpriester und verlieh ihm am 19. Januar 1893 den Kardinalshut und die Titelkirche S. Pietro in Vincoli. Am 30. Mai 1893 wurde er Präfekt der Kongregation für die Ablässe und Reliquien.

Er starb am 7. Dezember 1895 in Rom und wurde in der Kapelle der Kongregation *Propaganda Fide* auf dem römischen Friedhof Campo Verano beigesetzt.

Galimberti, Luigi (1836–1896)

Galimberti wurde am 26. April 1835 in Rom im Kirchenstaat, heute Republik Italien, geboren. Er studierte am Päpstlich-Römischen Seminar, wo er 1854 in Philosophie und 1858 in Theologie promoviert wurde.

Am 18. Dezember 1858 wurde er in Rom zum Priester geweiht. Es folgten weitere Studien, die er am 11. September 1861 mit dem Doktor beiderlei Rechte (*utriusque iuris*) abschloss. 1861–1878 war er Dozent am Päpstlichen *Athenaeum Urbaniana* der Kongregation *Propaganda Fide*. 1881 wurde er Herausgeber und Chefredakteur zweier Zeitschriften. Er war Kanoniker der Lateranbasilika und der Petersbasilika im Vatikan, wurde päpstlicher Hausprälat und Apostolischer Protonotar. Am 28. Juni 1886 wurde er zum Sekretär der Kongregation für die außerordentlichen kirchlichen Angelegenheiten ernannt und war an den komplizierten Verhandlungen bei der Beendigung des Kulturkampfes 1887 in Berlin beteiligt.

Am 23. Mai 1887 wurde er zum Titularerzbischof von Nizäa und Apostolischen Nuntius in Österreich-Ungarn ernannt. Die Bischofsweihe empfing er am 5. Juni 1887 in Wien von Kardinal Cölestin Ganglbauer O.S.B., dem Fürsterzbischof von Wien.

Papst Leo XIII. kreierte ihn im Konsistorium vom 16. Januar 1893 zum Kardinalpriester und verlieh ihm am 15. Juni 1893 den Kardinalshut und die Titelkirche Santi Nereo ed Achilleo Am 25. Juni 1894 wurde er Bibliothekar und Archivar *S.E.R.*

Er starb am 7. Mai 1896 in Rom und wurde auf dem römischen Friedhof Campo Verano beigesetzt.

Logue, Michael (1840 – 1924)
Logue wurde am 1. Oktober 1840, in Duringings in Kilmacrennan im Vereinigten Königreich Großbritannien und Irland, heute Republik Irland, geboren. Seine Familie lebte im County Donegal in Irland. Seine Studien absolvierte er am St Patrick's College in Maynooth. 1866 wurde er noch vor seiner Priesterweihe zum Dozenten für Dogmatik und schöne Literatur am irischen Kolleg in Paris ernannt.

Im Dezember 1866 wurde er in Paris zum Priester geweiht. Bis 1874 war er Dozent für Dogmatik und schöne Literatur (belles lettres) am irischen Kolleg in Paris. Danach kehrte er in seine Heimat zurück und war bis 1876 Pfarrer von County Donegal und Letterkenny im Bistum Raphoe. Von 1876 bis 1879 war er am St Patrick's College in Maynooth als Professor für gälische Sprache und für Theologie sowie als Dekan tätig.

Am 13. Mai 1879 wurde er zum Bischof von Raphoe ernannt. Die Bischofsweihe empfing er am 20. Juli 1879 in Letterkenny von Erzbischof Daniel McGettigan von Armagh. Am 19. April 1887 wurde er zum Titularerzbischof von Anazarbus und Koadjutor *c.i.s.* von Armagh ernannt. Das Amt des Erzbischofs von Armagh und Primas von Irland trat er am 3. Dezember 1887 an.

Papst Leo XIII. kreierte ihn im Konsistorium vom 16. Januar 1893 zum Kardinalpriester und verlieh ihm am 19. Januar 1893 den Kardinalshut und die Titelkirche S. Maria della Pace. Er war der erste irische Primas und Erzbischof von Armagh, der Kardinal wurde. Er nahm an den Konklaven von 1903, welches Pius X. wählte, von 1914, welches Benedikt XV. wählte und 1922, aus dem Pius XI. hervorging, teil. Er war ein Gegner der Teilung Irlands und trat für die Selbstständigkeit ganz Irlands ein, verurteilte jedoch den Terror.

Er starb am 19. November 1924 in Armagh und wurde in der Kathedrale St. Patrick in Armagh beigesetzt.

Vaszary O.S.B., Kolos Ferenc (1832 – 1915)
Vaszary wurde am 12. Februar 1832 in Keszthely/Südwestungarn in der Region Veszprém im Königreich Ungarn, heute Republik Ungarn, geboren. 1847 trat er in die Erzabtei Pannonhalma (St. Martinsberg) und den Benediktinerorden ein, wo er den Ordensnamen Kolos (Claudius) erhielt. Nach Abschluss des Noviziates und der Studien legte er 1854 die feierliche Profess ab.

Am 26. Mai 1855 wurde er zum Priester geweiht. Sein Orden setzte ihn als Lehrer an den Gymnasien in Komárom (Komorn, 1854 – 1865), Pápa (1856 – 1861) und in Esztergom (Gran 1861 – 1869) ein. Bei gleichzeitigen Studien an der Universität zu Pest erlangte er dort das Diplom eines Lehrers für die Fächer Geschichte und Erdkunde. 1869 versetzte ihn die Ordensleitung als Direktor und Hausoberer des dortigen Gymnasiums und Klosters nach Györ (Raab). Am 28. April 1885 wurde er zum Erzabt von Pannonhalma gewählt.

Die königliche Nominierung zum Erzbischof von Gran und Primas von Ungarn erfolgte am 27. Oktober 1891, die päpstliche Ernennung am 13. Dezember 1891. Die Bischofsweihe empfing er am 7. Februar 1892 durch den Apostolischen Nuntius in Österreich-Ungarn, Erzbischof Luigi Galimberti, in der Kathedrale zu Eztergom.

Papst Leo XIII. kreierte ihn im Konsistorium vom 16. Januar 1893 zum Kardinalpriester. Das rote Birett empfing er vom ungarischen König und österreichischen Kaiser. Der Papst verlieh ihm am 15. Juni 1893 den Kardinalshut und die Titelkirche Santi Silvestro e Martino ai Monti. Er nahm am Konklave von 1903 teil, welches Pius X. wählte. 1905 zog er sich zurück und ließ sich in der Öffentlichkeit nicht mehr sehen. Am 27. Oktober 1912 trat er von seinem Amt zurück. Sowohl Papst Pius X. als auch der Kaiser nahmen den Rücktritt am 1. Januar 1913 an. Vaszary zog nach Balatonfüred in die Villa seines Ordens am Plattensee. Am Konklave von 1914 nahm er aus Gesundheitsgründen schon nicht mehr teil.

Er starb am 3. September 1915 in Balatonfüred und wurde in der Abteikirche der Erzabtei St. Martin in Pannonhalma beigesetzt.

Vaughan, Herbert (1832–1903)

Vaughan wurde am 15. April 1832 in Gloucester in der Grafschaft Gloucestershire in England im Vereinigten Königreich Großbritannien und Irland geboren. Fünf seiner sieben Brüder wurden Priester, zwei von ihnen wurden neben ihm noch Bischöfe, Roger wurde Erzbischof von Sydney in Australien und John Francis Weihbischof in Salford. Sein Onkel war der Bischof von Plymouth, William Vaughan. Er begann 1850 das Studium in der Benediktinerabtei Downside (England) und setzte es 1851–1854 in Rom am Collegio Romano fort.

Am 28. Oktober 1854 wurde er in Lucca zum Priester geweiht und übernahm ab 1855 die Funktion des stellvertretenden Präsidenten am St. Edmund College in Ware. Von 1861 bis 1865 unternahm er Missionsreisen nach Lateinamerika und in die USA. Nach seiner Rückkehr nach Mill Hill begann er mit der Gründung und dem Aufbau der Missionsgemeinschaft vom Hl. Joseph von Mill Hill und war von 1866 bis 1903 deren Ordensoberer. Von 1866 bis zu seinem Tode unternahm er weitere Missionsreisen in den Süden der USA. 1871 wurde er Herausgeber der Missionszeitschrift „The Tablet" einer internationalen katholischen Wochenzeitschrift.

Am 27. September 1872 wurde er zum Bischof von Salford ernannt. Die Bischofsweihe empfing er am 28. Oktober 1872 in Salford von Erzbischof Henry Edward Manning von Westminster. Am 8. April 1892 wurde er zum Erzbischof von Westminster ernannt.

Papst Leo XIII. kreierte ihn im Konsistorium vom 16. Januar 1893 zum Kardinalpriester und verlieh ihm am 19. Januar 1893 den Kardinalshut und die Titelkirche Santi Andrea e Gregorio al Monte Celio. Unter seinem Episkopat wurde die Westminsterkathedrale erbaut und 1902 feierlich geweiht.

Er starb am 19. Juni 1903 im St. Joseph College, Mill Hill in Middlesex in England und wurde zunächst in dessen Kapelle begraben. 2005 wurden seine sterblichen Überreste in die Westminster Cathedral umgebettet.

Kopp, Georg von (1837 – 1914)

Kopp wurde am 25. Juli 1837 in Duderstadt im Königreich Hannover, heute Bundesrepublik Deutschland, geboren. Aufgrund der wirtschaftlichen Notlage war ihm nach der Schulzeit die Aufnahme des Theologiestudiums nicht möglich. Stattdessen trat er 1856 als Hilfstelegraphist in den hannoverschen Staatsdienst ein. Schließlich entschloss er sich endgültig für den Priesterberuf und studierte 1858 – 1862 Theologie und Philosophie am Priesterseminar in Hildesheim.

Am 28. August 1862 wurde er in Hildesheim zum Priester geweiht. Er war zunächst Kaplan und anschließend Lehrer an einem bischöflichen Waisenhaus. Seit 1866 war er in der Diözesanverwaltung in Hildesheim tätig und wurde 1868 Assistent des Generalvikars. Am 2. Februar 1872 wurde er ins Domkapitel aufgenommen und zum Generalvikar des Bischofs von Hildesheim ernannt. Während des Kulturkampfes in Preußen legte er besonderen Wert auf gutes Einvernehmen mit den Staatsbehörden.

Am 15. November 1881 wurde er zum Bischof von Fulda ernannt. Die Bischofsweihe empfing er im Dom zu Fulda am 27. Dezember 1881 von Bischof Daniel Wilhelm Sommerwerk von Hildesheim. Er wurde immer mehr zu einem Vermittler zwischen Staat und Kirche beim Abbau der Kulturkampfgesetze. 1886 wurde er ins preußische Herrenhaus berufen. Am 9. August 1887 wurde er gegen den Widerstand des Domkapitels und der preußischen Bischöfe zum Bischof von Breslau ernannt, der damals flächenmäßig größten und reichsten Diözese des Deutschen Reiches, deren Sprengel sich außerdem auf Gebiete in Österreichisch-Schlesien erstreckte. Mit diesem auswärtigen Bistumsanteil war neben dem Titel „Fürstbischof" auch die Mitgliedschaft im österreichischen Herrenhaus und im Landtag von Österreichisch-Schlesien verbunden.

Papst Leo XIII. kreierte ihn im Konsistorium vom 16. Januar 1893 zum Kardinalpriester und verlieh ihm am 19. Januar 1893 den Kardinalshut und die Titelkirche S. Agnese Fuori le Mura. 1899 wurde er Vorsitzender der Fuldaer Bischofskonferenzen. Er nahm am Konklave von 1903 teil, welches Papst Pius X. wählte. 1906 wurde er von Kaiser Wilhelm II. in den Adelsstand erhoben.

Er starb am 4. März 1914 in Troppau in Mähren und wurde im Breslauer Dom beigesetzt.

Perraud Orat., Adolphe-Louis-Albert (1828 – 1906)

Perraud wurde am 7. Februar 1828 in Lyon im Königreich Frankreich, heute Republik Frankreich, geboren. 1850 – 1852 war er Lehrer für Geschichte am Lyzeum von Angers, 1852 trat er in die Oratorianergemeinschaft von Paris ein und studierte an der Universität La Sorbonne in Paris Theologie.

Am 2. Juni 1854 wurde er in Paris zum Priester geweiht. Er wirkte als Dozent und Spiritual am Knabenseminar von Coutances und als Prediger in verschiedenen Diözesen. Nach seiner Promotion in Theologie 1865 wurde er 1866 Professor für Kirchengeschichte an der Universität La Sorbonne in Paris. 1870 wurde er Mitglied des staatlichen Ausschusses für Hochschulbildung und war Kaplan in der Armee von MacMahon.

Am 4. Mai 1874 wurde er zum Bischof von Autun ernannt. Die Bischofsweihe empfing er am 29. Juni 1874 in Paris von Kardinal Joseph Hippolyte Guibert, O.M.I., dem Erzbischof von Paris. 1882 wurde er zum Mitglied der Académie Française gewählt 1884–1901 war er Generaloberer der Oratorianer.

Papst Leo XIII. kreierte ihn im Konsistorium vom 16. Januar 1893 zum Kardinal *in pectore*. Seine Kreierung zum Kardinalpriester wurde am 29. November 1895 veröffentlicht und der Papst verlieh ihm am 26. Juni 1896 den Kardinalshut und die Titelkirche S. Pietro in Vincoli. 1895 wurde er Ehrenpräsident der Gesellschaft für die Förderung höherer Studien des Klerus. Er nahm am Konklave von 1903 teil, welches Pius X. wählte.

Er starb am 10. Februar 1906 in Autun und wurde auf dem Friedhof von Paray-le-Monial beigesetzt.

Steinhuber S.J., Andreas (1825–1907)

Steinhuber wurde am 11. November 1824 in Uttlau in Niederbayern im Königreich Bayern, heute Bundesrepublik Deutschland, geboren. Er absolvierte seine Studien am Priesterseminar von Passau und 1845–1854 am *Collegium Germanicum* in Rom.

Nach der Priesterweihe 1851 in Rom wirkte er in Bayern als Religionslehrer der Kinder von Herzog Maximilian. 1854 trat er in den Jesuitenorden ein und lehrte ab 1859/60 Propädeutik und ab 1866 Dogmatik in Innsbruck. Von 1867 bis 1880 war er Rektor des Germanicums in Rom. Er wirkte an der Kurie als Konsultor der Kongregation *Propaganda Fide* und der Inquisitionskongregation.

Papst Leo XIII. kreierte ihn im Konsistorium vom 16. Januar 1893 zum Kardinal *in pectore*. Seine Kreierung zum Kardinaldiakon wurde am 18. Mai 1894 veröffentlicht und der Papst verlieh ihm am 21. Mai 1894 den Kardinalshut und die Kirche S. Agata alla Subura als Titeldiakonie. Am 12. Dezember 1895 wurde er zum Präfekten der Kongregation für die Ablässe und Reliquien ernannt, am 1. Oktober 1896 zum Präfekten der Indexkongregation. Er nahm am Konklave von 1903 teil, welches Pius X. wählte. 1904 wurde er Mitglied der Vorbereitungskommission zur Kodifikation des kanonischen Rechtes. In der Modernismuskrise bestärkte er Papst Pius X. in der scharfen Verurteilung des sogenannten Modernismus.

Er starb am 15. Oktober 1907 in Rom und wurde auf dem römischen Friedhof Campo Verano beigesetzt.

Lecot, Victor-Lucien-Sulpice (1831–1908)

Lecot wurde am 8. Januar 1831 in Montescourt-Lizerolles in der Picardie im Königreich Frankreich, heute Republik Frankreich, geboren. Ab 1849 unterrichtete er Naturwissenschaften am Knabenseminar von Compiègne. 1852 trat er in das Priesterseminar in Beauvais ein und wechselte im Februar 1855 nach Saint-Sulpice, Paris.

Am 24. Juni 1855 wurde er in Compiègne zum Priester geweiht. 1855–1858 war er Lehrer am Knabenseminar von Noyon bei Dijon. Darauf wurde er 1858–1872 Vikar der

Kathedrale von Beauvais und später 1872–1886 Pfarrer in St. Antoine de Compiègne. Während des Deutsch-Französischen Krieges 1870/71 war er Militärgeistlicher.

Durch die Regierung der Republik Frankreich wurde er am 3. März 1886 zum Bischof von Dijon nominiert. Die päpstliche Ernennung erfolgte am 10. Juni 1886, die Bischofsweihe empfing er am 11. Juli 1886 in Compiègne durch Bischof Joseph-Majence Péronne von Beauvais. Am 26. Juni 1890 wurde er zum Erzbischof von Bordeaux ernannt. Als Erzbischof von Bordeaux legte er einen starken Akzent auf die soziale Tätigkeit. Er gründete Arbeiterküchen, trat für die Arbeiterklasse ein und ermutigte die sozial engagierten Katholiken in ihrem Wirken.

Papst Leo XIII. kreierte ihn im Konsistorium vom 12. Juni 1893 zum Kardinalpriester und verlieh ihm am 21. Mai 1894 den Kardinalshut und die Titelkirche S. Pudenziana. Er nahm am Konklave von 1903 teil, welches Pius X. wählte.

Er verstarb am 19. Dezember 1908 in Chambéry und wurde in der Kathedrale von Bordeaux beigesetzt.

Granniello C.R.S.P., Giuseppe Maria (1834–1896)

Granniello wurde am 8. Februar 1834 in Neapel im Königreich beider Sizilien, heute Republik Italien, geboren. Er trat sehr früh in die Kongregation der Regularkanoniker vom Heiligen Paulus (Barnabiten) ein und erhielt die übliche Ausbildung.

Am 6. Juni 1857 wurde er zum Priester geweiht. Er war anschließend für lange Jahre Dozent für Theologie an der römischen Hochschule seines Ordens. 1877–1891 war er Generalprokurator seines Ordens. Zum Jahreswechsel 1891/1892 wurde er zum Sekretär der Kongregation für die Bischöfe und Ordensleute ernannt.

Am 29. März 1892 wurde er zum Titularerzbischof von Caesarea in Palästina ernannt. Die Bischofsweihe empfing er am 3. April 1892 in Rom von Kardinal Raffaele Monaco La Valletta.

Papst Leo XIII. kreierte ihn im Konsistorium vom 12. Juni 1893 zum Kardinalpriester und verlieh ihm am 15. Juni 1893 den Kardinalshut und die Titelkirche Santi Quirico e Giulitta.

Er starb am 8. Januar 1896 in Rom und wurde auf dem römischen Friedhof Campo Verano beigesetzt.

Bourret Orat., Joseph-Christian-Ernest (1827–1896)

Bourret wurde am 9. Dezember 1827 in Lubro, in der Region Ardeche im Königreich Frankreich, heute Republik Frankreich, geboren. Er trat in Paris in das Oratorium ein und studierte Theologie und Literatur – in beiden Fächern wurde er 1857 bzw. 1858 promoviert.

Am 20. September 1851 wurde er zum Priester geweiht. Er war anschließend 10 Jahre Professor für kanonisches Recht an der Universität La Sorbonne in Paris, anschließend wurde er Sekretär des Erzbischofs von Tours und Generalvikar von Algier und Périgueaux.

Am 27. Oktober 1871 wurde er zum Bischof von Rodez ernannt. Die Bischofsweihe empfing er am 30. November in der Kirche Saint Sulpice in Paris durch Erzbischof Joseph Hippolyte Guibert, O.M.I., von Paris. Am 13. Februar 1880 wurde er zum Päpstlichen Thronassistenten ernannt.

Papst Leo XIII. kreierte ihn im Konsistorium vom 12. Juni 1893 zum Kardinalpriester und verlieh ihm am 21. Mai 1894 den Kardinalshut und die Titelkirche S. Maria Nuova e S. Francesca Foro Romano.

Er starb am 10. Juli 1896 in Rodez und wurde in der Kathedrale von Rodez beigesetzt.

Schlauch, Lörinc (1824 – 1902)
Schlauch von der Linden wurde am 27. März 1824 in einer donauschwäbischen Familie in Uj-Arad im damaligen Königreich Ungarn, heute Republik Rumänien, geboren. 1842 – 1846 studierte er an der Pazmany-Universtät in Budapest, wo er 1847 in Theologie promoviert wurde.

Am 3. April 1847 wurde er zum Priester geweiht. In der Diözese Csanad wirkte er zunächst als Kaplan verschiedener Pfarreien. 1850 wurde er Dozent für Dogmatik, Kirchenrecht und Kirchengeschichte am Priesterseminar in Temesvár. Nach neun Jahren Lehrtätigkeit wurde er 1859 Pfarrer. 1872 wurde er Propst der Kathedrale von Csanad und 1873 Propst der Kathedrale von Szatmarnemeti. 1880 wurde er Direktionsmitglied der ungarischen Akademie der Wissenschaften und wurde 1885 Ehrendoktor der Budapester theologischen Fakultät.

Am 17. März 1873 wurde er von Kaiser Franz-Joseph I. zum Bischof von Szatmar (Satu Mare in Rumänien) nominiert. Die päpstliche Ernennung erfolgte am 25. Juli 1873. Die Bischofsweihe empfing er am 21. September 1873 in Esztergom von Erzbischof János Simor, dem Erzbischof von Esztergom und Primas von Ungarn. Am 8. April 1887 wurde nach der Nominierung durch den Kaiser zum Bischof von Nagyvárad (Großwardein der Lateiner; heute Orea Mare oder Gran Varadino, Rumänien) ernannt.

Papst Leo XIII. kreierte ihn im Konsistorium vom 12. Juni 1893 zum Kardinalpriester und verlieh ihm am 21. Mai 1894 den Kardinalshut und die Titelkirche S. Girolamo degli Schiavoni.

Er starb am 10. Juli 1902 in Nagyvárad (Großwardein). Zunächst wurde er in der Kathedrale von Nagyvárad beigesetzt, bevor er nach Temesvar überführt wurde und dort in der Familiengruft der Familie Schlauch neben seinem Vater beigesetzt wurde.

Sarto, Giuseppe – Pius X. (1835 – 1914)
Sarto wurde am 2. Juni 1835 in Riese in der Provinz Treviso im zur Habsburger Monarchie gehörenden Königreich Lombardei-Venetien, heute Republik Italien, geboren. Nach der Schulzeit trat er in das Priesterseminar zu Padua ein.

Am 18. September 1858 wurde er in Castelfranco zum Priester geweiht. In der Diözese Treviso wirkte er von 1858 bis 1867 als Kaplan in Tombolo, von 1867 bis 1875 als Erzpriester und Pfarrer von Salzano und seit 1875 als Kanoniker der Kathedrale von Treviso und als Spiritual und später Regens des Seminars, Examinator des Klerus, und als Generalvikar. Weiter diente er als Kanzler der bischöflichen Kurie und verwaltete als Kapitularvikar 1879/1880 das Bistum.

Am 10. November 1884 wurde er zum Bischof von Mantua ernannt. Die Bischofsweihe empfing er am 16. November 1884 in Rom in der Kirche S. Apollinare von Kardinal Lucido Maria Parocchi. 1891 wurde er Päpstlicher Thronassistent.

Papst Leo XIII. kreierte ihn im Konsistorium vom 12. Juni 1893 zum Kardinalpriester und verlieh ihm am 15. Juni 1893 den Kardinalshut und die Titelkirche S. Bernardo alle Terme. Am gleichen Tag wurde er zum Patriarchen von Venedig ernannt.

Er nahm am Konklave vom 1903 teil und wurde am 4. August 1903 zum Papst gewählt. Als Papst nahm er den Namen Pius X. an und wurde am 9. August 1903 gekrönt. Er betrachtete eine allgemeine Erneuerung der Priester und Laien als seine Hauptaufgabe. Deswegen standen die Verbesserung der Klerusausbildung, Verkündigung der christlichen Lehre in Predigt und Unterricht sowie liturgische Reformen (häufigere Kommunion, Einführung der Kinderkommunion) im Vordergrund des Reformprogramms. Mit der Vereinheitlichung des Kirchenrechts und der Neuorganisation der päpstlichen Kurie wurde die Zentralisierung der Kirche ausgebaut. Mit dem Dekret *Lamentabilis* (1907) und in der Enzyklika *Pascendi* (1907) sagte er dem sogenannten „Modernismus" einen scharfen Kampf an, der im Antimodernisteneid (1910) einen Höhepunkt erreichte.

Er kreierte in 7 Konsistorien 50 Kardinäle. In der Konstitution *Commisum nobis* vom 20. Januar 1904 schaffte er das Exklusionsrecht der weltlichen Mächte ab. Mit der Apostolischen Konstitution *Vacante Sede Apostolica* ordnete er die Papswahlmodalitäten neu, indem er noch einmal das Wahlrecht ausschließlich bei den Kardinälen verortete. Er führte 1907 eine Kurienreform durch, trennte 1913 das suburbikarische Bistum Velletri und Ostia in zwei Bistümer und verfügte, dass in Zukunft der Kardinaldekan zusätzlich zu seinem suburbikarischen Bistum noch das Bistum Ostia hinzunimmt.

Er starb am 20. August 1914 im Vatikan und wurde zunächst in den Grotten der Petersbasilika begraben. Am 2. Juni 1951 wurde er durch Pius XII. seliggesprochen und am 29. Mai 1954 heiliggesprochen. Sein Leichnam wurde in die Petersbasilika überführt und im linken Seitenschiff erneut beigesetzt. Sein liturgischer Gedenktag ist der 21. August.

Mauri O.P., Egidio (1828 – 1896)

Mauri wurde am 9. Dezember 1828 in Montefiscone im Kirchenstaat, heute Republik Italien, geboren und auf den Namen Giovanni getauft. Er trat bereits früh in den Dominikanerorden ein und nahm den Namen Egidio an. Er erhielt seine theologische und philosophische Ausbildung in seinem Orden.

Am 24. September 1853 wurde er in Viterbo zum Priester geweiht. Dreizehn Jahre lang war er anschließend Lehrer in verschiedenen Schulen seines Ordens und in mehreren Klöstern auch gleichzeitig Prior. Schließlich wurde er 1866 zum Generalvikar der Dominikanerprovinz S. Marco mit Sitz in Florenz gewählt.

Am 22. Dezember 1871 wurde er zum Bischof von Rieti ernannt. Die Bischofsweihe empfing er am 14. Januar 1872 in Viterbo von Kardinal Filippo Maria Guidi O.P. Am 1. Juni 1888 erfolgte die Ernennung zum Bischof von Osimo e Cingoli, am 12. Juni 1893 die Ernennung zum Erzbischof von Ferrara.

Papst Leo XIII. kreierte ihn im Konsistorium vom 18. Mai 1894 zum Kardinalpriester und verlieh ihm am 21. Mai 1894 den Kardinalshut und die Titelkirche S. Bartolomeo all'Isola, Am 2. Dezember 1895 optierte er für die Titelkirche S. Maria sopra Minerva.

Er starb am 13. März 1896 in Ferrara und wurde auf dem Friedhof der Stadt beigesetzt.

Sancha y Hervás, Ciriaco María (1833 – 1909)

Sancha y Hervás wurde am 17. Juni 1833 in Quintana del Pidio bei Burgos im Königreich Spanien geboren. Er ging zunächst zum Studium an das Priesterseminar Santo Tomás in Burgo de Osma und 1852 an die Päpstliche Universität Salamanca, wo er nach der Priesterweihe 1861 das Lizentiat in Theologie erwarb.

Am 27. Juni 1858 wurde er in Osma zum Priester geweiht. 1858 – 1862 war er Lektor für Philosophie am Priesterseminar Osma. Der neue Erzbischof von Santiago de Cuba, Primo Calvo Lope, lud ihn ein, ihn dorthin zu begleiten. In der Erzdiözese Santiago de Cuba wirkte er 1862 – 1876 als Kanzleisekretär, ab 1862 als Dozent für Moraltheologie am Seminar. 1869 gründete er die Schwesternkongregation „Schwestern der Nächstenliebe".

Am 28. Januar 1876 wurde er zum Titularbischof von Areopolis und Weihbischof in Toledo mit Residenz in Madrid ernannt. Die Bischofsweihe empfing er am 12. März 1876 in Madrid von Kardinal Juan Ignacio Moreno y Maisonave, dem Erzbischof von Toledo. Am 27. März 1882 wurde er zum Bischof von Avila ernannt, am 10. Juni 1886 zum Bischof von Madrid y Alcalá de Henares. 1888 wurde er Päpstlicher Thronassistent, am 11. Juli 1892 Erzbischof von Valencia.

Papst Leo XIII. kreierte ihn im Konsistorium vom 18. Mai 1894 zum Kardinalpriester und verlieh ihm am 2. Dezember 1895 den Kardinalshut und die Titelkirche S. Pietro in Montorio. Am 24. März 1898 wurde er zum Erzbischof von Toledo, Primas von Spanien und Titularpatriarchen von Westindien ernannt. Er nahm 1903 am Konklave teil, welches Pius X. wählte.

Er starb am 26. Februar 1909 in Toledo und wurde in der Kathedrale von Toledo beigesetzt.

Am 28. April 2006 erkannte Papst Benedikt XVI. den heroischen Tugendgrad des Kardinals an, am 17. Januar 2009 ordnete er die Seligsprechung an, welche am 18. Oktober 2009 in der Kathedrale von Toledo vollzogen wurde.

Svampa, Domenico (1851–1907)

Svampa wurde am 13. Juni 1851 in Montegranaro in den Marken im Kirchenstaat, heute Republik Italien, geboren. Er studierte am Seminar in Fermo und am Päpstlichen Priesterseminar in Rom.

Am 4. April 1874 wurde er in der Lateranbasilika zu Rom zum Priester geweiht. Es folgten weitere Studien am Päpstlichen *Athenaeum S. Apollinare* in Rom und die Promotionen 1879 in Theologie und beiderlei Rechte (*utriusque iuris*). 1879 wurde er zum Socius der Thomasakademie in Rom ernannt. 1879–1881 wirkte er in der Erzdiözese Fermo am Seminar als Dozent für Theologie und kanonisches Recht. Er war Ehrenkanoniker an der Kathedrale und schließlich wurde er 1881 Dozent am Päpstlich-Römischen *Athenaeum S. Apollinare*. Er wurde päpstlicher Geheimkämmerer und Spiritual am Päpstlichen *Athenaeum Urbaniana* der Kongregation *Propaganda Fide*.

Am 23. Mai 1887 wurde er zum Bischof von Forlì ernannt. Die Bischofsweihe empfing er am 29. Juni 1887 in Rom von Kardinal Giovanni Simeoni.

Papst Leo XIII. kreierte ihn im Konsistorium vom 18. Mai 1894 zum Kardinalpriester und verlieh ihm am 21. Mai 1894 den Kardinalshut und die Titelkirche S. Onofrio. Am gleichen 21. Mai 1894 wurde er zum Erzbischof von Bologna ernannt. Er nahm am Konklave von 1903 teil, welches Pius X. wählte.

Er starb am 10. August 1907 in Bologna und wurde zunächst auf dem Kartäuserfriedhof beigesetzt. 1912 wurde er in die Salesianerkirche vom Heiligsten Herzen Jesu überführt.

Ferrari, Andrea Carlo (1850–1921)

Ferrari wurde am 13. August 1850 in Lalatta bei Pratopiano in der Provinz Parma im damals von den Habsburgern regierten Herzogtum Parma, heute Republik Italien, geboren. Seine Studien absolvierte er am Seminar von Parma.

Am 20. Dezember 1873 wurde er in Parma zum Priester geweiht. In der Diözese Parma wirkte er 1874–1890 als bischöflicher Delegat und Pfarrer und stellvertretender Dekan, als Subregens des Priesterseminars und als Dozent für Mathematik und Physik am Knabenseminar sowie als Regens des Seminars. 1878 wurde er Dozent für Fundamentaltheologie, Kirchengeschichte und Moraltheologie am Priesterseminar von Parma.

Am 29. Mai 1890 wurde er zum Bischof von Guastalla ernannt. Die Bischofsweihe empfing er am 29. Juni 1890 in Rom durch Kardinal Lucido Maria Parocchi. Am 29. Mai 1891 wurde er zum Bischof von Como ernannt.

Papst Leo XIII. kreierte ihn im Konsistorium vom 18. Mai 1894 zum Kardinalpriester und verlieh ihm am 21. Mai 1894 den Kardinalshut und die Titelkirche S. Anastasia. Am gleichen 21. Mai 1894 wurde er zum Erzbischof von Mailand ernannt. Er nahm den Namen Carlo als zweiten Vornamen aus Verehrung gegenüber Carlo Borromeo an, der ebenfalls Kardinal und Erzbischof von Mailand war. Er nahm an den Konklaven von 1903, welches Pius X. wählte und 1914, welches Benedikt XV. wählte, teil. 1905 wurde seine Diözese einer Visitation unterzogen, doch wurden im Gegensatz zu den von Traditionalisten erhobenen Vorwürfen keine modernistischen Tendenzen entdeckt. Nach der Veröffentlichung der Enzyklika *Pascendi* war die Diözese Mailand noch stärker den ständigen Vorwürfen des Modernismus ausgesetzt. Pius X. rehabilitierte ihn 1912. In Mailand gründete er die „Casa del popolo" um denen zu helfen, die aus ihrer Heimat in die großen Städte ausgewandert waren und die katholische Universität „del S. Cuore" in Mailand, die noch zu seinen Lebzeiten kanonisch errichtet wurde.

Ferrari starb am 2. Februar 1921 in Mailand. Er wurde in der Kathedrale von Mailand beigesetzt.

Der diözesane Seligsprechungsprozess wurde 1951 in Mailand begonnen und 1963 nach Rom übertragen. 1987 wurde er von Papst Johannes Paul II. seliggesprochen.

Segna, Francesco (1836 – 1911)
Segna wurde am 31. August 1836 in Poggio Ginolfo in den Abruzzen im Königreich beider Sizilien, heute Republik Italien, geboren. Er studierte am Päpstlich-Römischen Seminar, wo er in Theologie promoviert wurde.

Am 20. Dezember 1860 wurde er zum Priester geweiht. Er setzte seine Studien an der römischen Universität La Sapienza fort, die er mit der Promotion in Rechtswissenschaften abschloss. 1869 wurde er zum Dozenten für Dogmatik an das Päpstliche *Athenaeum S. Apollinare* berufen. Er war Mitarbeiter der Kongregation *Propaganda Fide* und später Direktor der Abteilung für orientalische Angelegenheiten. Er arbeitete als Kirchenrechtler an der Apostolischen Pönitentiarie und war Kanoniker von Santa Maria in Trastevere. 1881 wurde er Untersekretär der Kongregation für die außerordentlichen Angelegenheiten der Kirche, 1884 ging er als Auditor an die Nuntiatur in Spanien und leitete diese 1887 als Geschäftsträger. Im Februar 1888 wurde er Auditor der Römischen Rota, im November 1888 Regente der Apostolischen Pönitentiarie. Seit 1891 war er Sekretär der Kongregation für die außerordentlichen Angelegenheiten der Kirche, seit 1893 Assessor der Inquisitionskongregation.

Papst Leo XIII. kreierte ihn im Konsistorium vom 18. Mai 1894 zum Kardinaldiakon und verlieh ihm am 21. Mai 1894 den Kardinalshut und die Kirche S. Maria in Portico Campitelli als Titeldiakonie. Am 4. Juli 1896 wurde er Bibliothekar und Archivar *S.E.R.*, 1900 Beauftragter für die Basilika von Assisi. Er nahm am Konklave von 1903 teil, welches Pius X. wählte. 1907 wurde er Kardinalprotodiakon, am 13. Januar 1908 Präfekt der Indexkongregation.

Er starb am 4. Januar 1911 in Rom und wurde auf dem römischen Friedhof Campo Verano beigesetzt.

Sembratowicz, Sylwester (1836 – 1898)
Sembratowicz wurde am 3. September 1836 in Desznica im damals Kongresspolen genannten, von Russland beherrschten Königreich Polen und heute zur Republik Polen in der Region Przemysl gehörend, als Sohn eines Priesters der griechisch-katholischen Kirche geboren. Sein Onkel war Erzbischof Józef Sembratowicz, der Metropolit der grie-

chisch-katholischen Erzeparchie von Lemberg (polnisch: Lwow, ukrainisch: Lviv) im habsburgischen Königreich Galizien und Lodomerien, heute Republik Ukraine.

Er studierte 1856–1860 am griechisch-ruthenischen Kolleg St. Athanasius und am Päpstlichen *Athenaeum Urbaniana* der Kongregation *Propaganda Fide* in Rom.

Am 1. November 1860 wurde er in Rom zum Priester geweiht. Er blieb bis zu seiner Promotion 1861 in Rom. Dann kehrte er nach Hause zurück und wurde in Lemberg Studienpräfekt am griechisch-katholischen Priesterseminar. 1865–1879 wirkte er als Theologieprofessor an der Universität Lemberg.

Am 28. Februar 1879 wurde er zum Titularbischof von Iuliopolis und Weihbischof in Lemberg der Ruthenen ernannt. Die Bischofsweihe empfing er am 20. April 1879 in der griechisch-katholischen Kathedrale in Lemberg durch seinen Onkel, Erzbischof József Sembratowicz von Lemberg der Ruthenen. Am 27. März 1885 wurde er zum Erzbischof von Lemberg der Ruthenen ernannt.

Papst Leo XIII. kreierte ihn im Konsistorium vom 29. November 1895 zum Kardinalpriester und verlieh ihm am 25. Juni 1896 den Kardinalshut und die Titelkirche S. Stefano al Monte Celio.

Er starb am 4. August 1898 in Lemberg und wurde in der Kathedrale von Lemberg beigesetzt.

Satolli, Francesco di Paola (1839–1910)
Satolli wurde am 21. Juli 1839 in Marsciano bei Perugia im Kirchenstaat, heute Republik Italien, geboren. 1853 trat er in das Priesterseminar von Perugia ein.

Am 14. Juni 1862 wurde er in Perugia zum Priester geweiht. Es folgten weitere Studien in Rom an der Universität La Sapienza, wo er in Philosophie promoviert wurde. Nach der Rückkehr in die Diözese Perugia 1864 wirkte er bis 1870 in der Seelsorge und als Dozent am Priesterseminar. Von 1870 bis 1872 war er Pfarrer in Marsciano, danach bis 1874 Pfarrer von Montecassino. Von 1880 bis 1882 war er Dozent am Päpstlichen *Athenaeum Urbaniana* der Kongregation *Propaganda Fide* und 1882–1884 an der Päpstlichen Universität Gregoriana. 1884–1886 war er Regens des griechisch-ruthenischen Kollegs in Rom, 1886–1888 Rektor der Akademie für den kirchlichen Adel.

Am 1. Juni 1888 wurde er zum Titularerzbischof von Lepanto ernannt. Die Bischofsweihe empfing er am 10. Juli 1888 in Rom von Kardinal Raffaele Monaco la Valletta. 1889 besuchte er die USA aus Anlass der Feierlichkeiten des hundertsten Jahrestags der Gründung der katholischen Hierarchie und der Einweihung der Catholic University of America in Washington. 1892 reiste er wieder in die USA, wo er an der katholischen Universität von Amerika Vorlesungen über thomistische Philosophie hielt. Am 14. Januar 1893 wurde er zum ersten Apostolischen Delegaten in den USA ernannt.

Papst Leo XIII. kreierte ihn im Konsistorium vom 29. November 1895 zum Kardinalpriester und verlieh ihm am 3. Dezember 1896 den Kardinalshut und die Titelkirche S. Maria in Aracoeli. Am 16. Dezember 1896 wurde er zum Erzpriester der Lateranbasilika ernannt. Am 21. Juli 1897 erfolgte die Ernennung zum Präfekten der Studienkongregation. Am 22. Juni 1903 optierte er für die Klasse der Kardinalbischöfe und die suburbikarische Diözese Frascati. Er nahm am Konklave von 1903 teil, welches Pius X. wählte.

Er starb am 8. Januar 1910 in Rom und wurde auf dem römischen Friedhof Campo Verano beigesetzt.

Haller, Johannes (1825 – 1900)

Haller wurde am 30. April 1825 in Sankt Martin in Passeiertal in Südtirol im Kaiserreich Österreich, heute Republik Italien, geboren. Nach der Schulzeit studierte er am Priesterseminar von Trient Philosophie und Theologie.

Am 21. Mai 1848 wurde er in Trient zum Priester geweiht. Bis 1860 wirkte er als Kooperator (Kaplan). 1860 wurde er Hausgeistlicher im Benediktinerinnenkloster Säben bei Brixen und später Pfarrer einer Gemeinde in Südtirol. 1871 wurde er Pro-Vikar des Bischofs von Trient für den deutschen Anteil der Diözese Trient.

Am 14. August 1874 wurde er zum Titularbischof von Adraa und Weihbischof und Bischofskoadjutor der Diözese Trient ernannt. Die Bischofsweihe empfing er am 14. Oktober 1874 in Salzburg von Kardinal Maximilian Joseph von Tarnóczy, dem Erzbischof von Salzburg. 1879 wurde er Kapitularvikar von Trient, 1880 Koadjutor und Weihbischof in Salzburg und Dompropst. Das Domkapitel von Salzburg wählte ihn am 20. Mai 1890 zum Erzbischof von Salzburg und *Primas Germaniae*, die päpstliche Bestätigung der Wahl erfolgte am 26. Juni 1890.

Papst Leo XIII. kreierte ihn im Konsistorium vom 29. November 1895 zum Kardinalpriester und verlieh ihm am 25. Juni 1896 den Kardinalshut und die Titelkirche S. Bartolomeo all'Isola.

Er starb am 5. April 1900 in Salzburg und wurde im Salzburger Dom beigesetzt.

Cascajares y Azara, Antonio María (1834 – 1901)

Cascajares y Azara wurde am 2. März 1834 in Calanda in der Region Aragón im Königreich Spanien geboren. 1846 trat er in Segovia in die spanische Marine ein und verließ diese 1857 im Rang eines Kapitäns-Hauptmannes. Danach trat er in das Priesterseminar von Saragossa ein und studierte Theologie und Philosophie. Am Ende seines Studiums erwarb er das Lizentiat in Theologie und das Lizentiat im kanonischen Recht.

Am 23. Februar 1861 wurde er in Saragossa zum Priester geweiht. Er erhielt Pfründe von Kirchen in Calanda und in La Granja. Er wurde Kanoniker des Domkapitels von Gerona und Schatzmeister des Kathedralkapitels von Saragossa. Danach wurde er Archidiakon des Erzbistums Toledo und Dekan in der Erzdiözese Burgos.

König Alfons XII. von Spanien nominierte ihn am 25. Januar 1882 zum Bischofsamt. Am 27. März 1882 wurde er zum Titularbischof von Dora ernannt. Die Bischofsweihe empfing er am 4. Juni 1882 in der königlichen Kapelle von Madrid durch den Apostolischen Nuntius in Spanien, Erzbischof Angelo Bianchi. Am 27. März 1884 wurde er nach der Nominierung durch den König Bischof von Calahorra y La Calzada mit Sitz in

Logroño. Nach der Nominierung durch die Regentin von Spanien wurde er am 17. Dezember 1891 zum Erzbischof von Valladolid ernannt.

Papst Leo XIII. kreierte ihn im Konsistorium vom 29. November 1895 zum Kardinalpriester. Das rote Birett wurde ihm in Madrid überreicht. Der Papst verlieh ihm am 25. Juni 1896 den Kardinalshut und die Titelkirche S. Eusebio. 1897 wollte ihn Regentin Maria Cristina von Spanien zum Metropoliten von Toledo nominieren, was er ablehnte. Am 24. März 1898 optierte er für die Titelkirche S. Agostino. Am 18. April 1901 wurde er nach der Nominierung durch die Regentin zum Erzbischof von Saragossa ernannt, er starb jedoch vor Inbesitznahme des Bistums.

Er starb am 27. Juli 1901 in Calahorra und wurde in der Kirche El Pilar in Calanda begraben.

Gotti O.C.D., Girolamo Maria (1834 – 1916)

Gotti wurde am 29. März 1834 in Genua in Ligurien im Königreich Sardinien-Piemont, heute Republik Italien, geboren und auf den Namen Antonio Giovanni Benedetto getauft. 1849 trat er in den Orden der Unbeschuhten Karmeliten ein, wo er nach dem Noviziat 1850 den Ordensnamen Girolamo Maria dell Immaculata Concezione erhielt. Er legte 1851 seine ewigen Gelübde ab und studierte bis 1856 in karmelitischen Häusern.

Am 20. Dezember 1856 wurde er in Albenga zum Priester geweiht. 1857 ging er in das Karmeliterkloster Loano und widmete sich weiteren Studien. 1858 wurde er Lektor für Philosophie und Theologie am Karmeliterkloster in Genua und Lehrer für Mathematik an der königlichen Kadettenschule in Genua. Er war auf dem I. Vatikanischen Konzil 1869 – 1870 Konzilstheologe seines Generaloberen. Am 21. April 1872 wurde er Generalprokurator seines Ordens. Im Oktober 1881 wurde er zum Generaloberen seines Ordens gewählt und 1889 für eine weitere Amtsperiode wiedergewählt. 1884 wurde er Konsultor der Kongregation *Propaganda Fide* und 1888 der Kongregation für die Bischöfe und Ordensleute, 1889 der Inquisitionskongregation.

Am 22. März 1892 wurde er zum Titularerzbischof von Petra ernannt. Die Bischofsweihe empfing er am 27. März 1892 in Rom durch Kardinal Lucido Maria Parocchi. Am 19. April 1892 wurde er zum Internuntius in Brasilien ernannt, wo er im Juni 1892 ankam.

Papst Leo XIII. kreierte ihn im Konsistorium vom 29. November 1895 zum Kardinalpriester und verlieh ihm am 2. Dezember 1895 den Kardinalshut und die Titelkirche S. Maria della Scala. Am 1. Januar wurde er Mitglied der Kardinalskommission zur Verwaltung der Güter des Heiligen Stuhls, am 1. Dezember 1896 Präfekt der Kongregation für Ablässe und Reliquien. Am 20. November 1899 wurde er Präfekt der Kongregation für Bischöfe und Ordensleute. 1902 – 1916 war er Präfekt der Kongregation *Propaganda Fide*. Er nahm an den Konklaven von 1903, welches Pius X. wählte, und von 1914, welches Benedikt XV. wählte, teil. 1904 wurde er in die Kommission zur Kodifizierung und des kanonischen Rechts berufen.

Er starb am 19. März 1916 in Rom und wurde zunächst auf dem römischen Friedhof Campo Verano beigesetzt. Am 21. März 1966 wurden seine sterblichen Überreste in die Kirche S. Maria della Scala überführt.

Boyer, Jean-Pierre (1829 – 1896)

Boyer wurde am 27. Juli 1829 in Paray-le-Monial in Burgund im Königreich Frankreich, heute Republik Frankreich, geboren. Er studierte am Priesterseminar von Autun.

Am 23. Dezember 1854 wurde er zum Priester geweiht. Anschließend wirkte er als Pfarrvikar in der Diözese Autun und als Seelsorger sowie Sekretär des Erzbischofs in der Erzdiözese Aix. An der dortigen Universität wirkte er auch als Professor für Dogmatik und Dekan der theologischen Fakultät.

Am 15. Juli 1878 wurde er zum Titularbischof von Euroa und Koadjutor *c.i.s.* von Clermont-Ferrand ernannt. Die Bischofsweihe empfing er am 24. August 1878 in der Kathedrale von Aix durch Erzbischof Théodore-Augustine Forcade von Aix. Am 19. Januar 1893 wurde er zum Erzbischof von Bourges ernannt.

Papst Leo XIII. kreierte ihn im Konsistorium vom 29. November 1895 zum Kardinalpriester und verlieh ihm am 25. Juni 1896 den Kardinalshut und die Titelkirche Ss. Trintà al Monte Pincio.

Er starb am 16. Dezember 1896 in Bourges und wurde in der Kathedrale von Bourges beigesetzt.

Manara, Achille (1827 – 1906)

Manara wurde am 20. November 1827 in Bologna im Kirchenstaat, heute Republik Italien, geboren. Er trat in das Priesterseminar ein und studierte an der Universität von Bologna.

Am 25. Mai 1850 wurde er zum Priester geweiht. Es folgten weitere Studien und die Promotionen in Theologie 1851 und in beiderlei Rechten (*utriusque iuris*) 1855 an der Universität Bologna. In der Erzdiözese Bologna wirkte er 1853 – 1879 u. a. als Kaplan am großen Krankenhaus, als Richter für kirchliche Angelegenheiten, Berater und Kanzler der erzbischöflichen Kurie und Pro-Generalvikar.

Am 12. Mai 1879 wurde er zum Bischof von Ancona ernannt. Die Bischofsweihe empfing er am 22. Mai 1879 in Rom von Kardinal Raffaele Monaco la Valletta.

Papst Leo XIII. kreierte ihn im Konsistorium vom 29. November 1895 zum Kardinalpriester und verlieh ihm am 2. Dezember 1895 den Kardinalshut und die Titelkirche S. Pancrazio. Er nahm 1903 am Konklave teil, welches Papst Pius X. wählte. Mit der Erhebung des Bistums Ancona zum Erzbistum wurde er zum am 14. September 1904 zum Erzbischof von Ancona ernannt.

Er starb am 15. Februar 1906 in Ancona und wurde auf dem Friedhof von Ancona beigesetzt.

Casañas y Pagès, Salvador (1834 – 1908)

Casañas y Pagès wurde am 5. September 1834 in Barcelona in Katalonien im Königreich Spanien geboren. Er besuchte das Seminar von Barcelona und die Universität Valencia, wo er 1857 das Lizentiat in Theologie erwarb.

Am 18. Dezember 1858 wurde er zum Priester geweiht. In der Diözese Barcelona wirkte er für viele Jahre als Pfarrer in Barcelona, als Dozent und Regens des Priesterseminars und als Kanoniker-Administrator des Kathedralkapitels.

Am 18. Januar 1879 wurde er nach der Nominierung durch den Monarchen zum Apostolischen Administrator von Urgel ernannt. Am 7. Februar 1879 wurde er zum Titularbischof von Cerannus ernannt. Die Bischofsweihe empfing er am 23. März 1879 in der Kathedrale von Barcelona durch Bischof José María Urquinaona y Vidot von Barcelona. Am 22. September 1879 wurde er zum Bischof von Urgel ernannt. Er war Senator für die Kirchenprovinz Tarragona.

Papst Leo XIII. kreierte ihn im Konsistorium vom 29. November 1895 zum Kardinalpriester und verlieh ihm am 25. Juni 1896 den Kardinalshut und die Titelkirche Santi Quirico e Giulitta. Am 18. April 1901 wurde er zum Bischof von Barcelona ernannt. Er nahm 1903 am Konklave teil, welches Papst Pius X. wählte.

Er starb am 27. Oktober 1908 in Barcelona und wurde in der Kathedrale von Barcelona beigesetzt.

Jacobini, Domenico Maria (1837 – 1900)
Jacobini wurde am 3. September 1837 in Rom im Kirchenstaat, heute Republik Italien, geboren. Er studierte am Päpstlich-Römischen Seminar und wurde 1856 in Philosophie, 1860 in Theologie und 1863 in beiderlei Rechten (*utriusque iuris*) promoviert.

Nach seiner Priesterweihe (genaue Daten fehlen) wurde er im November 1866 Mitarbeiter der Kongregation *Propaganda Fide*. 1868 wurde er Dozent für Griechisch am Päpstlich-Römischen Seminar und 1870 Studienpräfekt. Seit 1874 wirkte er als Substitut im Sekretariat für die Apostolischen Briefe. 1877 wurde er päpstlicher Hausprälat, 1879 Sekretär der Kongregation für die außerordentlichen Angelegenheiten der Kirche und 1880 Vizebibliothekar *S.E.R.* 1880 erfolgte zudem die Ernennung zum Kanoniker an der Petersbasilika des Vatikans und als Studienpräfekt am Päpstlichen *Athenaeum S. Apollinare*.

Am 4. August 1881 wurde er zum Titularerzbischof von Tyrus ernannt. Die Bischofsweihe empfing er am 14. August 1881 in der Petersbasilika des Vatikans von Kardinal Edoardo Borromeo, dem Erzpriester der Petersbasilika. Im März 1882 wurde er zum Sekretär der Kongregation *Propaganda Fide* ernannt, 1886 wurde er Päpstlicher Thronassistent und am 16. Juni 1891 zum Nuntius in Portugal ernannt.

Papst Leo XIII. kreierte ihn im Konsistorium vom 22. Juni 1896 zum Kardinalpriester und verlieh ihm am 3. Dezember 1896 den Kardinalshut und die Titelkirche Santi Marcellino e Pietro. Am 14. Dezember 1899 wurde er Kardinalvikar für das Bistum Rom und zu Beginn des Jahres 1900 Präfekt der Kongregation für die Residenzpflicht der Bischöfe und die bischöflichen Visitationen.

Er starb am 1. Februar 1900 in Rom und wurde auf dem römischen Friedhof Campo Verano beigesetzt.

Agliardi, Antonio (1832–1915)

Agliardi wurde am 4. September 1832 in Cologno al Serio in der Provinz Bergamo im habsburgischen Königreich Lombardei-Venetien, heute Republik Italien, geboren. Er trat in das Priesterseminar von Bergamo ein. 1851 wurde er nach Rom gesandt, wo er am Seminario Romano studierte. Er wurde in Philosophie und Theologie promoviert. Danach ging er an das Päpstliche *Athenaeum S. Apollinare*, wo er Rechtswissenschaften studierte.

Am 22. Dezember 1855 wurde er in Rom zum Priester geweiht. Kurz darauf erlangte er auch das Doktorat in beiderlei Rechten (*utriusque iuris*). Im August 1859 kehrte er nach Bergamo zurück wo er am Knabenseminar lehrte und 1865–1877 Pfarrer der Pfarrei Osio Sotto war. 1877 wurde Dozent für Moraltheologie am Päpstlichen *Athenaeum Urbaniana* der Kongregation *Propaganda Fide* und Mitarbeiter der Kongregation *Propaganda Fide*.

Am 23. September 1884 erfolgte seine Ernennung zum Titularerzbischof von Caesarea in Palaestina und zum ersten Apostolischen Delegaten in Ostindien. Die Bischofsweihe empfing er am 12. Oktober 1884 in Rom von Kardinal Giovanni Simeoni. Am 6. Oktober 1888 wurde er Sekretär der Kongregation für die außerordentlichen kirchlichen Angelegenheiten. Am 9. April 1889 wurde er zum Apostolischen Nuntius im Königreich Bayern ernannt. Am 16. Mai 1893 wurde er Nuntius in Österreich-Ungarn.

Papst Leo XIII. kreierte ihn im Konsistorium vom 22. Juni 1896 zum Kardinalpriester. Das rote Birett empfing er vom Kaiser in Wien. Der Papst verlieh ihm am 3. Dezember 1896 den Kardinalshut und die Titelkirche Santi Nereo et Achilleo. Am 14. Dezember 1899 optierte er für die Klasse der Kardinalbischöfe und das suburbikarische Bistum Albano. Am 29. Juli 1902 wurde er Ökonomiepräfekt der Kongregation *Propaganda Fide*. Im Juni 1903 wurde er Vizekanzler der Heiligen Römischen Kirche und Kommendentar der Kirche S. Lorenzo in Damaso. Er nahm an den Konklaven von 1903, welches Pius X. wählte und 1914, welches Benedikt XV. wählte, teil. Am 29. Juni 1908 wurde er zum Kanzler *S.E.R.* ernannt.

Er starb am 19. März 1915 in Rom und wurde in seiner alten Pfarrei Osio Sotto di Bergamo beigesetzt.

Ferrata, Domenico (1847–1914)

Ferrata wurde am 4. März 1847 in Gradoli in der Gegend von Montefiascone im Kirchenstaat, heute Republik Italien, geboren. Er studierte am Priesterseminar von Monfefiascone.

Am 18. September 1869 wurde er zum Priester geweiht. Er setzte anschließend seine Studien in Rom fort und wurde in Theologie und beiderlei Rechten (*utriusque iuris*) promoviert. 1876 wurde er Dozent für Kirchenrecht am Päpstlichen *Athenaeum S. Apollinare*, ein Jahr später für Dogmatik am Päpstlichen *Athenaeum Urbanina* der Kongregation *Propaganda Fide* in Rom. 1879 wurde er päpstlicher Geheimkämmerer und ging als Auditor an die Pariser Nuntiatur, 1883 wurde er Untersekretär der Kongregation für die außerordentlichen Angelegenheiten der Kirche. 1884 wurde er Leiter der Päpstlichen Akademie für den kirchlichen Adel.

Am 2. April 1885 wurde er zum Titularerzbischof von Thessaloniki ernannt und am 14. April 1885 zum Nuntius in Belgien. Die Bischofsweihe empfing er am 19. April 1885 in Rom von Kardinalstaatssekretär Lodovico Jacobini. 1889 wurde er Sekretär der Kongregation für außerordentliche Angelegenheiten und wirkte 1891 bis 1896 als Nuntius in Paris.

Papst Leo XIII. kreierte ihn im Konsistorium vom 22. Juni 1896 zum Kardinalpriester und verlieh ihm am 3. Dezember 1896 den Kardinalshut und die Titelkirche S. Prisca. Am 20. November 1899 wurde er Präfekt der Kongregation für Ablässe und Reliquien, am 23. Oktober 1900 Präfekt der Ritenkongregation und am 27. November 1902 Präfekt der Kongregation für die Bischöfe und Ordensleute. Er nahm an den Konklaven von 1903, welches Pius X. wählte und 1914, welches Benedikt XV. wählte, teil. Er war Mitglied der Kommission für die Kodifizierung des kanonischen Rechts und wurde 1908 erneut Präfekt der Ritenkongregation. 1913 wurde er Erzpriester der Lateranbasilika und am 2. Januar 1914 Sekretär des Heiligen Offiziums. Benedikt XV. ernannte ihn nach seiner Wahl zum Papst am 4. September 1914 zum Kardinalstaatssekretär.

Er starb am 10. Oktober 1914 in Rom und wurde in seiner Heimat Gradoli beigesetzt.

Cretoni, Serafino (1833–1909)

Cretoni wurde am 4. September 1833 in Soriano in Latium im Kirchenstaat, heute Republik Italien, geboren. Er studierte am Päpstlichen *Athenaeum S. Apollinare*, wo er in Theologie promoviert wurde.

1857 wurde er in Rom zum Priester geweiht. Er wirkte als Dozent für Philosophie am Päpstlichen *Athenaeum Urbaniana* der Kongregation *Propaganda Fide*, als stellvertretender Substitut des Staatssekretariates und war Sekretär der Kommission für orientalische Angelegenheiten während des I. Vatikanischen Konzils 1869–1870. Er wurde zunächst Kanoniker der Basilika Santa Maria Maggiore und später der Petersbasilika des Vatikans. In der Kongregation *Propaganda Fide* wirkte er als Archivar. 1877 besuchte er im Auftrag von Papst Pius IX. das Generalkapitel der armenischen Mechitaristen in Venedig. 1878 wurde er päpstlicher Hausprälat und am 19. September 1879 zum Unterstaatssekretär ernannt. Am 16. November 1880 wurde er Sekretär der Kongregation *Propaganda Fide* für den Bereich der orientalischen Kirchen und schließlich am 20. März 1889 Assessor der Inquisitionskongregation.

Am 16. Januar 1893 wurde er zum Titularerzbischof von Damaskus ernannt. Die Bischofsweihe empfing er am 5. Februar 1893 in Rom durch Kardinal Raffaele Monaco la Valletta. Am 9. Mai 1893 wurde er zum Nuntius in Spanien ernannt.

Papst Leo XIII. kreierte ihn im Konsistorium vom 22. Juni 1896 zum Kardinalpriester und verlieh ihm am 3. Dezember 1896 den Kardinalshut und die Titelkirche S. Maria sopra Minerva. Am 23. Oktober 1900 wurde er Präfekt der Kongregation für

Ablässe und Reliquien, am 7. Januar 1903 Präfekt der Ritenkongregation. Er nahm am Konklave von 1903 teil, welches Pius X. wählte.

Er starb am 3. Februar 1909 in Rom und wurde auf dem römischen Friedhof Campo Verano beigesetzt.

Pierotti O.P., Raffaele (1836 – 1905)
Pierotti wurde am 1. Januar 1836 in Sorbano del Vescovo in der Toscana im habsburgisch beherrschten Großherzogtum Toscana, heute Republik Italien, geboren. 1853 trat er in den Dominikanerorden ein und absolvierte sein Noviziat in Anagni. Nach dem Noviziat studierte er in Anagni und legte 1857 seine feierliche Profess ab. Er studierte am Collegio San Tomasso d'Aquino in Rom und am Dominikanerkolleg in Perugia Philosophie und Theologie und wurde 1860 in Perugia promoviert.

1859 wurde er zum Priester geweiht und wirkte anschließend als Dozent für Theologie in Perugia und Viterbo. 1870 – 1873 war er Oberer des Collegio S. Tomasso d'Aquino in Rom und anschließend bis 1887 Pfarrer an der Dominikanerkirche S. Maria sopra Minerva. Am 25. Juni 1887 wurde er Maestro del Sacro Palazzo (Haustheologe des Papstes).

Papst Leo XIII. kreierte ihn im Konsistorium vom 30. November 1896 zum Kardinaldiakon und verlieh ihm am 3. Dezember 1896 den Kardinalshut und die Kirche Santi Cosma e Damiano als Titeldiakonie. Er nahm am Konklave von 1903 teil, welches Pius X. wählte.

Er starb am 7. September 1905 in Rom und wurde auf dem römischen Friedhof Campo Verano beigesetzt.

Prisco, Giuseppe (1833 – 1923)
Prisco wurde am 8. September 1833 in Boscotrecase am Fuß des Vesuvs im Königreich beider Sizilien, heute Republik Italien, geboren. Er studierte am erzbischöflichen Priesterseminar von Neapel.

Am 20. September 1856 wurde er zum Priester geweiht und war anschließend Dozent für Philosophie an der Universität von Neapel. Nachdem er 1860 seine Stelle wegen des verweigerten Eides auf die Regierung verlassen musste, wurde er Dozent für Philosophie und Moraltheologie am Priesterseminar von Neapel. 1879 wurde er Professor für Moralphilosophie am Kolleg von Tarsia. 1896 wurde er Kanoniker des Kathedralkapitels von Neapel. Er war Mitglied der Accademia S. Tommaso und der Accademia della Religione in Rom.

Papst Leo XIII. kreierte ihn im Konsistorium vom am 30. November 1896 zum Kardinaldiakon und verlieh ihm am 3. Dezember 1896 den Kardinalshut und die Kirche S. Cesareo in Palatio als Titeldiakonie. Er ließ sich in Rom nieder und wurde Mitglied verschiedener Kongregationen der Kurie.

Am 24. März 1898 wurde er zum Erzbischof von Neapel ernannt. Ebenso wurde er am 24. März 1898 der Klasse der Kardinalpriester zugeordnet und erhielt die Titelkirche S. Sisto. Die Bischofsweihe empfing er am 29. Mai 1898 in der Sixtinischen Kapelle des

Vatikans durch Papst Leo XIII. Er gründete mehrere Akademien und engagierte sich wissenschaftlich. 1900–1906 war er Vikar des Papstes für die Wallfahrtskirche von Pompeji. Er nahm am Konklave von 1903 teil, welches Pius X. wählte. An den Konklaven von 1914 und 1922 konnte er aus gesundheitlichen Gründen nicht teilnehmen.

Er starb am 4. Februar 1923 in Neapel und wurde in der Kathedrale von Neapel beigesetzt.

Martín de Herrera y de la Iglesia, José María (1835–1922)

Martín de Herrera y de la Iglesia wurde am 26. August 1835 in Aldeadávila de la Rivera in der Provinz Salamanca in der Region Kastilien-León im Königreich Spanien geboren. Er studierte am Priesterseminar von Salamanca, wo er 1859 das Doktorat in Theologie und 1861 das Doktorat in kanonischem Recht erwarb.

Im September 1860 wurde er zum Priester geweiht und wirkte anschließend als Gemeindepriester in der Seelsorge. 1871 wurde er Dekan der Kathedrale von León, 1875 wurde er zum Auditor der Rota ernannt, aber er trat diesen Posten nicht an, da er vom Monarchen zum Erzbischof von Santiago de Cuba im heutigen Kuba nominiert wurde.

Am 5. Juli 1875 erfolgte die päpstliche Ernennung zum Erzbischof von Santiago de Cuba. Die Bischofsweihe empfing er am 3. Oktober 1875 in Madrid von Kardinal Juan Ignacio Moreno Maisonave, dem Erzbischof von Toledo. Er wurde Senator des spanischen Königreiches und Mitglied des königlichen Rates. Am 14. Februar 1889 wurde er nach vorheriger Nominierung zum Erzbischof von Santiago de Compostela ernannt.

Papst Leo XIII. kreierte ihn im Konsistorium vom 19. April 1897 zum Kardinalpriester. Das rote Birett empfing er von der spanischen Regentin Maria Christina. Der Papst verlieh ihm am 24. März 1898 den Kardinalshut und die Titelkirche S. Maria in Traspontina. Er nahm an den Konklaven von 1903, welches Pius X. wählte und von 1914, welches Benedikt XV. wählte teil. Am Konklave von 1922 konnte er aus Gesundheitsgründen nicht teilnehmen.

Er starb am 8. Dezember 1922 in Santiago de Compostela und wurde in der Kathedrale von Santiago de Compostela beigesetzt.

Coullié, Pierre-Hector (1829–1912)

Coullié wurde am 14. März 1829 in Paris im Königreich Frankreich, heute Republik Frankreich, geboren und studierte am Priesterseminar Saint-Sulpice in Paris.

Am 23. Dezember 1854 wurde er zum Priester geweiht. Er war Lehrer am Knabenseminar des Erzbistums Paris und Seelsorger in mehreren Gemeinden sowie Ehrenkanoniker des Kathedralkapitels und in der Verwaltung des Erzbistums tätig.

Am 29. September 1876 wurde er zum Titularbischof von Sidon und Koadjutor *c.i.s.* von Orléans ernannt. Die Bischofsweihe empfing er am 19. November 1876 in der Kathedrale Notre Dame de Paris von Kardinal Joseph Hippolyte Guibert, O.M.J., dem Erzbischof von Paris. Am 11. Oktober 1878 wurde er Bischof von Orléans und 1880

Päpstlicher Thronassistent. Am 15. Juni 1893 wurde er Erzbischof von Lyon und Primas von Gallien.

Papst Leo XIII. kreierte ihn im Konsistorium vom 19. April 1897 zum Kardinalpriester. Das rote Birett empfing er vom Präsidenten der Republik Frankreich. Der Papst verlieh ihm am 24. März 1898 den Kardinalshut und die Titelkirche Ss. Trinità al Monte Pincio. Er nahm am Konklave von 1903 teil, welches Pius X. wählte.

Er starb am 12. September 1912 in Lyon und wurde in der Kathedrale von Lyon beigesetzt.

Labouré, Joseph-Marie-Guillaume (1841–1906)

Labouré wurde am 27. Oktober 1841 in Achiet-le-Petit im Königreich Frankreich, heute im Département Pas-de-Calais in der Republik Frankreich gelegen, geboren. Er studierte am Priesterseminar Saint-Sulpice in Paris.

Am 23. September 1865 wurde er zum Priester geweiht. In der Diözese Arras wirkte er in den folgenden Jahren als Lehrer am Knabenseminar und als dessen Leiter sowie als Generalvikar des Bischofs von Arras.

Am 27. März 1885 wurde er zum Bischof von Le Mans ernannt. Die Bischofsweihe empfing er am 31. Mai 1885 in der Institution Richelieu in Luçon von Erzbischof Guillaume Meignan von Tours. Am 15. Juni 1893 wurde er zum Erzbischof von Rennes ernannt und 1896 zum Päpstlichen Thronassistenten.

Papst Leo XIII. kreierte ihn im Konsistorium vom 19. April 1897 zum Kardinalpriester. Das rote Birett empfing er vom Präsidenten der Republik Frankreich. Der Papst verlieh ihm am 24. März 1898 den Kardinalshut und die Titelkirche S. Maria Nuova e S. Francesca Foro Romano. Er nahm am Konklave von 1903 teil, welches Pius X. wählte.

Er starb am 21. April 1906 in Rennes und wurde in der Kathedrale von Rennes beigesetzt.

Sourrieu, Guillaume-Marie-Romain (1825–1899)

Sourrieu wurde am 27. Februar 1825 in Aspet in den Pyrenäen im Königreich Frankreich, heute Republik Frankreich, geboren. Er studierte am Seminar von Toulouse.

Am 17. Oktober 1847 wurde er in Toulouse zum Priester geweiht. Er wirkte als Beichtvater der Ordensleute vom Heiligsten Herzen Jesu in Toulouse und als Volksmissionar in der Erzdiözese. Er war zeitweilig auch Oberer eines Ordenshauses. In der Diözese Cahors wirkte er als Kaplan am Wallfahrtsort Rocamadour und war Ehrenkanoniker des Kathedralkapitels.

Am 25. September 1882 wurde er zum Bischof von Châlons-sur-Marne ernannt. Die Bischofsweihe empfing er am 30. November 1882 in Rocamadour von Bischof Pierre-Alfred Grimardias von Cahors. Am 21. Mai 1894 wurde er zum Erzbischof von Rouen ernannt.

Papst Leo XIII. kreierte ihn im Konsistorium vom 19. April 1897 zum Kardinalpriester. Das rote Birett empfing er vom Präsidenten der Republik Frankreich. Der Papst verlieh ihm am 24. März 1898 den Kardinalshut und die Titelkirche S. Clemente.

Er starb am 16. Juni 1899 in Rouen und wurde in der dortigen Kathedrale beigesetzt.

Casali del Drago, Giovanni Battista (1838 – 1908)
Casali del Drago wurde am 30. Januar 1838 in Rom im Kirchenstaat, heute Republik Italien, geboren. Er absolvierte seine Studien am Päpstlich-Römischen Seminar und erwarb den Doktor beiderlei Rechte (*utriusque iuris*).

Am 22. Dezember 1860 wurde er in Rom zum Priester geweiht. Er trat in den Dienst der Römischen Kurie ein und wurde 1866 als päpstlicher Geheimkämmerer Mitglied des Hofstaates von Pius IX. 1867 wurde er Kanoniker des Kapitels der Lateranbasilika, 1871 Kanoniker des Kapitels der Petersbasilika im Vatikan. 1878 wurde er Apostolischer Protonotar und wirkte ab August 1886 als Diakon der Päpstlichen Kapelle bei Papstgottesdiensten.

Am 29. November 1895 wurde er zum lateinischen Titularpatriarchen von Konstantinopel mit Wohnsitz an der Römischen Kurie ernannt. Die Bischofsweihe empfing er am 8. Dezember 1895 in der Petersbasilika des Vatikan von Kardinalstaatssekretär Mariano Rampolla del Tindaro.

Papst Leo XIII. kreierte ihn im Konsistorium vom 19. Juni 1899 zum Kardinalpriester und verlieh ihm am 22. Juni 1899 den Kardinalshut und die Titelkirche S. Maria della Vittoria. Er nahm am Konklave von 1903 teil, welches Pius X. wählte.

Er starb am 17. März 1908 in Rom und wurde auf dem römischen Friedhof Campo Verano beigesetzt.

Cassetta, Francesco di Paola (1841 – 1919)
Cassetta wurde am 12. August 1841 in Rom im Kirchenstaat, heute Republik Italien, geboren. Er erhielt seine Ausbildung am Päpstlich-Römischen Seminar, wo er 1863 in Theologie und 1866 in beiderlei Rechten (*utriusque iuris*) promoviert wurde.

Am 10. Juni 1865 wurde er zum Priester geweiht. Er wirkte an der Kurie und wurde päpstlicher Hausprälat. 1878 wurde er Referendariatsprälat der Apostolischen Signatur, 1884 Auditor des Kardinalvikars der Diözese Rom. Er wirkte als Konsultor der Kongregation *Propaganda Fide* und der Inquisitionskongregation. 1884 wurde er Kanoniker des Kapitels der Basilika S. Maria Maggiore.

Am 2. Dezember 1884 wurde er zum Titularbischof von Amathus ernannt. Die Bischofsweihe empfing er am 21. Dezember 1884 in der römischen Kirche S. Luigi dei Francesi von Kardinal Lucido Maria Parocchi. Am 20. September 1887 wurde er zum Almosenier des Papstes und kurz darauf zum Päpstlichen Thronassistenten ernannt. Am 25. November 1887 wurde er Titularbischof von Nicomedia, 1889 Kanoniker des

Kapitels der Petersbasilika des Vatikan. 1895 – 1899 war Viceregente der Diözese Rom. Am 29. November 1895 wurde er lateinischer Titularpatriarch von Antiochien.

Papst Leo XIII. kreierte ihn im Konsistorium vom 19. Juni 1899 zum Kardinalpriester und verlieh ihm am 22. Juni 1899 den Kardinalshut und die Titelkirche S. Crisogono. 1901 erhielt er zusätzlich die Diakonie Santi Vito, Modesto e Crescenzia *in commendam*. Er nahm an den Konklaven von 1903, welches Pius X. wählte, und 1914, welches Benedikt XV. wählte, teil. Am 27. März 1905 optierte er für die Klasse der Kardinalbischöfe und das suburbikarische Bistum Sabina. Gleichzeitig wurde er zum Kommendentarabt *ad perpetuam* von Farfa ernannt. Am 3. Juni 1911 wurde er zum Präfekten der Studienkongregation ernannt und optierte am 27. November 1911 für das suburbikarische Bistum Frascati. Im Januar 1914 wurde er Bibliothekar *S.E.R.* und im Februar 1914 Präfekt der Konzilskongregation.

Er starb am 23. März 1919 in Rom und wurde auf dem römischen Friedhof Campo Verano beigesetzt.

Sanminiatelli Zabarella, Alessandro (1840 – 1910)

Sanminiatelli Zabarella wurde am 3. August 1840 in Radicondoli bei Volterra im von den Habsburgern regierten Großherzogtum Toscana, heute Republik Italien, geboren. 1857 trat er in das Collegio Capranica in Rom ein und studierte am Päpstlich-Römischen Seminar, wo er 1860 in Philosophie und 1864 in Theologie promoviert wurde.

Am 6. September 1863 wurde er in Pisa von Kardinal Cosimo Corsi, dem Erzbischof von Pisa, zum Priester geweiht. Bereits 1861 war er in die Akademie für den kirchlichen Adel eingetreten, wo er bis 1868 studierte. Er studierte weiter an der Universität La Sapienza in Rom und wurde dort 1866 in kanonischem Recht promoviert. 1867 wurde er päpstlicher Geheimkämmerer und gehörte ab 1868 dem Hofstaat des Papstes an. Er war Kanoniker des Kapitels der Petersbasilika des Vatikans und wurde am 15. Juli 1874 zum päpstlichen Almosenier ernannt.

Am 31. Juli 1874 wurde er zum Titularerzbischof von Tiana ernannt. Die Bischofsweihe empfing er am 14. August 1874 durch Papst Pius IX in der Sixtinischen Kapelle des Vatikans. Am 23. August 1887 wurde er Präsident der juristischen Kommission des Vatikans und am 29. November 1887 Generalauditor der Apostolischen Kammer. Am 22. Juni 1899 wurde er zum lateinischen Titularpatriarchen von Konstantinopel ernannt.

Papst Leo XIII. kreierte ihn im Konsistorium vom 19. Juni 1899 *in pectore* zum Kardinal. Seine Kreierung zum Kardinalpriester wurde am 15. April 1901 veröffentlicht und der Papst verlieh ihm am 18. April 1901 den Kardinalshut und die Titelkirche Santi Marcellino e Pietro. Er nahm am Konklave von 1903 teil, welches Pius X. wählte.

Er starb am 24. November 1910 in Monte Castello und wurde auf dem römischen Friedhof Campo Verano beigesetzt.

Portanova, Gennaro (1845 – 1908)

Portanova wurde am 11. Oktober 1845 in Neapel im Königreich beider Sizilien, heute Republik Italien, geboren. Er studierte am erzbischöflichen Seminar von Neapel.

Am 22. Mai 1869 wurde er in Neapel von Kardinal Sisto Riario Sforza, dem Erzbischof von Neapel, zum Priester geweiht. Er wirkte anschließend als Lehrer für Mathematik, Physik und Philosophie an mehreren Schulen in Neapel und dozierte Theologie am Seminar von Neapel.

Am 9. August 1883 wurde er zum Titularbischof von Roso und Koadjutor *c.i.s.* von Ischia ernannt. Die Bischofsweihe empfing er am 12. August 1883 in Rom von Kardinal Raffaele Monaco La Valletta. Am 1. Februar 1885 wurde er Bischof von Ischia. Am 16. März 1888 wurde er zum Erzbischof von Reggio Calabria ernannt und verwaltete als Apostolischer Administrator 1889 – 1895 zusätzlich das Bistum Bova und 1898 – 1899 das Bistum Oppido.

Papst Leo XIII. kreierte ihn im Konsistorium vom 19. Juni 1899 zum Kardinalpriester und verlieh ihm am 22. Juni 1899 den Kardinalshut und die Titelkirche S. Clemente. Er nahm am Konklave von 1903, welches Pius X. wählte, teil.

Er starb am 25. April 1908 in Reggio Calabria und wurde zunächst auf dem Stadtfriedhof von Reggio Calabria und später in der Kathedrale von Reggio Calabria beigesetzt.

Francica-Nava di Bontifè, Giuseppe (1846 – 1928)

Francica-Nava di Bontifè wurde am 23. Juli 1846 in Catania auf Sizilien im Königreich beider Sizilien, heute Republik Italien, geboren. 1859 – 1869 studierte er am Priesterseminar von Caltanissetta, wo er mit dem Lizentiat in Theologie abschloss.

Am 22. Mai 1869 wurde er von seinem Onkel, Bischof Giovanni Battista Guttadauro di Reburdone von Caltanisetta in Caltanisetta zum Priester geweiht. Danach ging er nach Rom, um seine Studien fortzusetzen. Am Päpstlich-Römischen Seminar wurde er in Theologie und Philosophie promoviert und trat in die Päpstliche Akademie für den kirchlichen Adel ein. Am Päpstlichen *Athenaeum S. Apollinare* wurde er in beiderlei Rechten (*utriusque iuris*) promoviert. Nach seiner Rückkehr nach Sizilien war er zunächst Dozent für Dogmatik am Priesterseminar von Caltanissetta, wo er 1879 Regens wurde. 1876 wurde er päpstlicher Geheimkämmerer, 1877 Pro-Generalvikar des Bistums Caltanisetta und kurz darauf Generalvikar. 1879 wurde er Ehrenkanoniker am Kathedralkapitel von Caltanisetta und päpstlicher Hausprälat.

Am 9. August 1883 wurde er zum Titularbischof von Alabanda und Weihbischof in Caltanisetta ernannt. Die Bischofsweihe empfing er am 21. Oktober 1883 in der Kathedrale von Caltanisetta von seinem Onkel, Bischof Giovanni Battista Guttadauro di Reburdone von Caltanisetta. Am 24. Mai 1889 erhielt er das Titularbistum Heraclea und wurde am 6. Juni 1889 zum Nuntius in Belgien ernannt. Am 18. März 1895 wurde er Erzbischof von Catania und am 6. August 1896 zusätzlich Nuntius in Spanien.

Papst Leo XIII. kreierte ihn im Konsistorium vom 19. Juni 1899 zum Kardinalpriester und verlieh ihm am 14. Dezember 1899 den Kardinalshut und die Titelkirche

Santi Giovanni e Paolo. Er kehrte nach Catania zurück. Er nahm an den Konklaven von 1903, welches Pius X. wählte, von 1914, welches Benedikt XV. wählte und von 1922, welches Pius XI. wählte, teil.

Er starb am 7. Dezember 1928 in Catania und wurde in der Kathedrale von Catania beigesetzt.

Ciasca O.E.S.A., Agostino (1835 – 1902)

Ciasca wurde am 7. Mai 1835 in Polignano a Mare in Apulien im Königreich beider Sizilien, heute Republik Italien, geboren und auf den Namen Pasquale Raffaele getauft. Im März 1856 trat er in den Orden der Augustinereremiten ein und legte seine Profess im März 1857 ab. Er studierte anschließend im Konvent S. Agostino in Rom Philosophie und Theologie.

Am 18. September 1858 wurde er zum Priester geweiht. Anschließend studierte er bis 1866 im Konvent S. Monica in Rom Griechisch und Hebräisch und wurde in Theologie und Semitistik promoviert. 1866 wurde er Dozent für Hebräisch am Päpstlichen *Athenaeum Urbaniana* der Kongregation *Propaganda Fide*. Am I. Vatikanischen Konzil (1869 – 1870) nahm er als Theologe und Peritus für orientalische Sprachen teil. Er war Konsultor der Sektion für orientalische Riten bei der Kongregation *Propaganda Fide* und wurde 1876 Scriptor für Arabisch an der Vatikanischen Bibliothek. 1878 wurde er Zensor für orientalische Bücher und Professor für orientalische Sprachen am Päpstlich-Römischen Seminar, 1882 wurde er päpstlicher Dolmetscher für orientalische Sprachen und Präsident des Konsultorenkollegiums für orientalische Sprachen an der Kongregation *Propaganda Fide*. 1887 wurde er Dekan der philosophischen und orientalistischen Fakultät am Römischen Seminar. 1889 wurde er Konsultor der Inquisitionskongregation. Er war Generalassistent und Generalprokurator seines Ordens und wurde am 19. Mai 1891 Präfekt des Vatikanischen Archivs.

Am 1. Juni 1891 wurde er zum Titularerzbischof von Larissa ernannt. Die Bischofsweihe empfing er am 7. Juni 1891 in Rom von Kardinalstaatssekretär Mariano Rampolla del Tindaro. Am 19. Juli 1891 erfolgte die Ernennung zum Sekretär für orientalische Angelegenheiten der Kongregation *Propaganda Fide*. Im September 1891 präsidierte er die Provinzsynode der ruthenisch-katholischen Kirche in Lemberg. Im September 1892 wurde er Pro-Sekretär der Kongregation *Propaganda Fide*, am 19. Juni 1893 Sekretär.

Papst Leo XIII. kreierte ihn im Konsistorium vom 19. Juni 1899 zum Kardinalpriester und verlieh ihm am 22. Juni 1899 den Kardinalshut und die Titelkirche S. Callisto.

Er starb am 6. Februar 1902 in Rom und wurde zunächst auf dem römischen Friedhof Campo Verano beigesetzt. 1938 wurden seine sterblichen Überreste in die Kirche S. Maria del Popolo überführt.

Mathieu, François-Désiré (1839 – 1908)
Mathieu wurde am 28. Mai 1839 in Einville in Lothringen im Königreich Frankreich, heute Republik Frankreich, geboren. Nach seiner Schulzeit studierte er am Priesterseminar Nancy.

Am 30. Mai 1863 wurde er zum Priester geweiht. Anschließend wirkte er als Lehrer am Knabenseminar in Pont-à-Mousson und bereitete sich auf das Lizentiat vor, das er im Juli 1868 erhielt. Drei Jahre später unterrichtete er Geschichte und Geographie und begann seine Doktorarbeit in Literatur, welche er 1878 erfolgreich abschloss. Nach seelsorgerischer Tätigkeit bei Dominikanerinnen wurde er 1890 Pfarrer in Pont-à-Mousson.

Am 19. Januar 1893 wurde er zum Bischof von Angers ernannt. Die Bischofsweihe empfing er am 20. März 1893 in der Kathedrale von Angers durch Kardinal Guillaume Meignan, den Erzbischof von Tours. Am 25. Juni 1896 wurde er zum Erzbischof von Toulouse ernannt.

Papst Leo XIII. kreierte ihn im Konsistorium vom 19. Juni 1899 zum Kardinalpriester und verlieh ihm am 22. Juni 1899 den Kardinalshut und die Titelkirche S. Sabina. Papst Leo XIII. bat ihn, an der Römischen Kurie zu residieren und die Leitung der Erzdiözese einem Weihbischof zu übertragen, aber formell beizubehalten. Am 27. November 1899 verzichtete er ganz auf die Leitung der Erzdiözese und siedelte endgültig an die Römische Kurie über. 1903 nahm er am Konklave teil, welches Pius X. wählte. 1906 wurde er Mitglied der Académie Française.

Er starb am 26. Oktober 1908 in London und wurde auf dem Friedhof von Nancy beigesetzt.

Respighi, Pietro (1843 – 1913)
Respighi wurde am 22. September 1843 in Bologna im Kirchenstaat, heute Republik Italien, geboren. Nachdem er zunächst am Priesterseminar in Bologna studiert hatte, wechselte er an das Päpstlich-Römische Seminar.

Am 31. März 1866 wurde er in Rom zum Priester geweiht. Er setzte anschließend bis zu seiner Promotion in beiderlei Rechten (*utriusque iuris*) 1870 seine Studien in Rom fort und ging danach nach Bologna zurück. Dort war er bis 1874 Dozent am Priesterseminar und anschließend bis 1891 Erzpriester in Pieve di Budrio.

Am 14. Dezember 1891 wurde er zum Bischof von Guastalla ernannt. Die Bischofsweihe empfing er am 20. Dezember 1891 in Rom von Kardinal Lucido Maria Parocchi. Am 30. November 1896 erfolgte die Ernennung zum Erzbischof von Ferrara.

Papst Leo XIII. kreierte ihn im Konsistorium vom 19. Juni 1899 zum Kardinalpriester und verlieh ihm am 22. Juni 1899 den Kardinalshut und die Titelkirche Santi Quattri Coronati. Am 9. April 1900 wurde er Kardinalvikar der Diözese Rom und zum Präfekten der Kongregation für die Apostolischen Visitationen und der Kongregation für die Residenzpflicht der Bischöfe ernannt. Am 19. April 1900 legte er die Leitung der

Erzdiözese Ferrara nieder. Er nahm am Konklave von 1903 teil, welches Pius X. wählte. Am 10. Januar 1910 wurde er Erzpriester der Lateranbasilika.

Er starb am 22. März 1913 in Rom und wurde auf dem römischen Friedhof Campo Verano beigesetzt.

Richelmy, Agostino (1850 – 1923)
Richelmy wurde am 29. November 1850 in Turin im Königreich Sardinien und Piemont, heute Republik Italien, geboren. Mit 16 Jahren trat er in das Priesterseminar Turin ein. Im Krieg von 1866 kämpfte er als Freiwilliger der Truppen Garibaldis mit den Preußen gegen Österreich. Danach studierte er weiter.

Am 25. April 1873 wurde er in Turin zum Priester geweiht. Er setzte anschließend seine Studien bis zur Promotion 1876 an der theologischen Fakultät Turin fort und war anschließend Dozent für Moraltheologie und Dogmatik am Priesterseminar und Ehrenkanoniker des Kathedralkapitels.

Am 7. Juni 1886 wurde er zum Bischof von Ivrea ernannt. Die Bischofsweihe empfing er am 28. Oktober 1886 in Turin durch Kardinal Gaetano Alimonda, den Erzbischof von Turin. Am 18. September 1897 wurde er zum Erzbischof von Turin ernannt.

Papst Leo XIII. kreierte ihn im Konsistorium vom 19. Juni 1899 zum Kardinalpriester und verlieh ihm am 22. Juni 1899 den Kardinalshut und die Titelkirche S. Eusebio. Er war Mitglied mehrerer Kongregationen und nahm an den Konklaven von 1903, welches Pius X. wählte, von 1914, welches Benedikt XV. wählte, und von 1922, welches Pius XI. wählte, teil. Am 27. November 1911 optierte er für die Titelkirche S. Maria in Via.

Er starb am 10. August 1923 in Turin und wurde im Priestergrab des Friedhofs von Turin beigesetzt. 1927 wurden seine sterblichen Überreste in die Kirche Maria Consolata in Turin überführt.

Missia, Jakob (1838 – 1902)
Missia (latinisierte Form seines Namens Misel) wurde am 30. Juni 1838 in Mauthdorf bei Luttemberg (slowenisch: Mota i Ljutomer) in der Untersteiermark im Kaiserreich Österreich, heute Republik Slowenien, geboren. Er studierte am Priesterseminar in Graz und in Rom am Päpstlich-Römischen Seminar.

Am 30. Mai 1863 wurde er in Rom zum Priester geweiht und 1864 in Theologie promoviert. Anschließend war er bis 1866 Präfekt des Knabenseminars in Graz und bis 1871 Hofkaplan und Sekretär der Bischöfe Attemps und Zwerger von Seckau. 1871 – 1879 war er Kanzler und Konsistorialrat, 1879 wurde er Domkapitular.

Am 10. November 1884 wurde er nach kaiserlicher Nomination zum Bischof von Laibach (Lubljana) ernannt. Die Bischofsweihe empfing er am 7. Dezember 1884 in Graz. Am 24. März 1898 wurde er nach kaiserlicher Nomination zum Erzbischof von Görz (Gorizia) und Gradisca d'Isonzo ernannt.

Papst Leo XIII. kreierte ihn im Konsistorium vom 19. Juni 1899 zum Kardinalpriester und verlieh ihm am 14. Dezember 1899 den Kardinalshut und die Titelkirche S. Stefano al Monte Celio.

Er starb am 23. März 1902 und wurde in der Kathedrale von Görz (Gorizia) beigesetzt.

Trombetta, Luigi (1820–1900)

Trombetta wurde am 3. Februar 1820 in Città Lavinia (heute: Lanuvio) in der Region Latium im Kirchenstaat, heute Republik Italien, geboren. Er wurde zum Doktor beiderlei Rechte (*utriusque iuris*) promoviert (keine genauen Angaben über seinen Bildungsweg vorhanden).

Im März 1844 wurde er zum Priester geweiht und war anschließend Rechtsanwalt bei der Römischen Rota. Er wurde Kanoniker des Kapitels von S. Maria Maggiore und wirkte seit 1863 als Untersekretär der Kongregation für die Bischöfe und Ordensleute. 1893 wurde er Pro-Sekretär dieser Kongregation, 1896 Sekretär. 1897 wurde er Mitglied des Kollegiums der Apostolischen Protonotare.

Papst Leo XIII. kreierte ihn im Konsistorium vom 19. Juni 1899 zum Kardinaldiakon und verlieh ihm am 22. Juni 1899 den Kardinalshut und die Kirche S. Eustachio als Titeldiakonie.

Er starb am 17. Januar 1900 in Rom und wurde auf dem römischen Friedhof Campo Verano beigesetzt.

Della Volpe, Francesco Salesio (1844–1916)

Della Volpe wurde am 24. Dezember 1844 in Ravenna im Kirchenstaat, heute Republik Italien, geboren. Er studierte ab 1860 am Priesterseminar von Fano und 1862–1867 am Päpstlich-Römischen Seminar und am Päpstlichen *Athenaeum S. Apollinare* in Rom. Er wurde dort in Theologie promoviert.

Am 21. Dezember 1867 wurde er zum Priester geweiht und wirkte für ein Jahr in der Seelsorge des Bistums Imola. Von 1868 bis 1874 studierte er an der Päpstlichen Akademie für den kirchlichen Adel in Rom und promovierte in kanonischem Recht am Päpstlichen *Athenaeum S. Apollinare*. Nach Abschluss der Studien war er für den diplomatischen Dienst als Auditor der Nuntiatur in Bayern vorgesehen, konnte aber wegen gesundheitlicher Probleme diese Stelle nicht antreten. So wurde er 1874 Kanoniker der Petersbasilika im Vatikan und als päpstlicher Geheimkämmerer Mitglied des päpstlichen Hofstaates. 1878 wurde er päpstlicher Hausprälat. 1882 erfolgte die Ernennung zum Sekretär der Kongregation für die Ablässe und Reliquien und 1886 wurde er Maestro di Camera des Papstes und 1891 päpstlicher Maiordomus.

Papst Leo XIII. kreierte ihn im Konsistorium vom 19. Juni 1899 zum Kardinal *in pectore*. Seine Kreierung zum Kardinaldiakon wurde im Konsistorium vom 15. April 1901 veröffentlicht und der Papst verlieh ihm am 18. April 1901 den Kardinalshut und die Kirche S. Maria in Aquiro als Titeldiakonie. Er wurde Mitglied mehrerer Kongregationen. Er nahm am Konklave von 1903 teil, welches Pius X. wählte. 1903 wurde er Präfekt der Wirtschaftsverwaltung der Kongregation *Propaganda Fide* und Präsident der Spolienverwaltung – ein Amt, welches 1908 durch die Kurienreform Pius X. abgeschafft wurde. 1907 wurde er Präsident der Päpstlichen Kommission für die Vermögensverwaltung des Heiligen Stuhls. 1907 wurde er auch Kardinalprotodiakon. Am 26. Oktober 1908 wurde er zum Präfekten des Vatikanischen Archivs ernannt, am 26. Januar 1911 zum Präfekten der Indexkongregation. Am 25. Mai 1914 wurde er Camerlengo *S.E.R.* Als solcher nahm er am Konklave von 1914, welches Benedikt XV. wählte, teil und verkündete seine Wahl als Kardinalprotodiakon. Am 6. September 1914 oblag es ihm als Kardinalprotodiakon, den neuen Papst zu krönen.

Er starb am 5. November 1916 in Rom und wurde auf dem römischen Friedhof Campo Verano beigesetzt.

Vives y Tutó O.F.M.Cap., José de Calasanz (1854–1913)

Vives y Tutó wurde am 15. Februar 1854 in San Andrés de Llevaneras in der Provinz Katalonien im Königreich Spanien geboren. Im Juli 1869 trat er in den Kapuzinerorden ein und legte im Juli 1870 seine erste Profess ab. Seine feierlichen Gelübde legte er im Juli 1872 ab. Seine Studien absolvierte er in Häusern seines Ordens in Guatemala, Kalifornien und in Toulouse in Frankreich.

Am 26. Mai 1877 wurde er in Toulouse zum Priester geweiht. 1877–1880 war er Rektor des seraphischen Kollegs in Perpignan, Frankreich und anschließend bis 1887 Rektor der seraphischen Hochschule Lgualadia in Katalonien in Spanien. 1887 ging er als Sekretär der Generalprokuratur seines Ordens nach Rom und wurde Konsultor der Inquisitionskongregation. 1889 wurde er Konsultor der Kongregation *Propaganda Fide*, 1894 der Konzilskongregation und 1895 der Kongregation für außerordentliche kirchliche Angelegenheiten. 1895–1896 war er Mitglied der Päpstlichen Kommission zur Prüfung der Gültigkeit der anglikanischen Weihen. 1896 wurde er Generaldefinitor seines Ordens.

Papst Leo XIII. kreierte ihn im Konsistorium vom 19. Juni 1899 zum Kardinaldiakon und verlieh ihm am 22. Juni 1899 den Kardinalshut und die Kirche S. Adriano als Titeldiakonie. Er war Mitglied mehrerer Kongregationen der Kurie und erhielt viele Sonderaufgaben. Er nahm am Konklave von 1903, welches Pius X. wählte, teil und wurde dessen Beichtvater und als solcher sehr einflussreich. Am 26. Oktober 1908 wurde er zum Präfekten der neuen Religiosenkongregation ernannt. Nach seinem Rücktritt 1912 zog er sich in ein Kapuzinerkloster bei Frascati zurück.

Er starb am 7. September 1913 in Monteporzio bei Rom und wurde auf dem Friedhof Campo Verano in Rom beigesetzt. 2010 wurden seine sterblichen Überreste in der Pfarrkirche seiner Heimatstadt umgebettet.

Olio, Donato Maria (1847–1902)

Olio wurde am 27. Dezember 1847 in Bisceglie in Apulien im Königreich beider Sizilien, heute Republik Italien, geboren. Er studierte am Priesterseminar seiner Heimatstadt.

Am 23. Dezember 1871 wurde er in Bisceglie zum Priester geweiht. Anschließend studierte er bis 1873 am Päpstlichen *Athenaeum* St. Thomas v. Aquin (Angelicum) in Rom, wo er 1873 in Theologie promoviert wurde.

1876 wurde er Dozent für Philosophie und Theologie am Priesterseminar von Bisceglie und Regens des Seminars. 1882 wurde er Kanoniker an der Kathedrale und gründete das Seminar „Giovanni Bosco".

Am 14. Dezember 1891 wurde er zum Erzbischof von Rossano ernannt. Die Bischofsweihe empfing er am 20. Dezember 1891 in Rom in der Kirche S. Alfonso all'Esquilino durch Kardinal Raffaele Monaco La Valletta. Am 5. Februar 1898 wurde er Erzbischof von Benevent und 1898 Päpstlicher Thronassistent.

Papst Leo XIII. kreierte ihn im Konsistorium vom 15. April 1901 zum Kardinalpriester und verlieh ihm am 18. April 1901 den Kardinalshut und die Titelkirche S. Balbina.

Er starb am 18. Januar 1902 in Benevent und wurde auf dem alten Friedhof der Stadt Benevent beigesetzt.

Martinelli O.E.S.A., Sebastiano (1848 – 1918)

Martinelli wurde am 20. August 1848 in Borgo Sant'Anna in dem von den Habsburgern regierten Großherzogtum Toskana, heute Republik Italien, geboren. Er war der jüngere Bruder von Kardinal Tommaso Martinelli, O.E.S.A (1873 kreiert). Er trat am 6. Dezember 1863 in den Orden der Augustinereremiten ein und legte im Januar 1865 seine Profess ab. Danach studierte er am Konvent S. Agostino in Rom.

Am 4. März 1871 wurde er vom Viceregente der Diözese Rom, Erzbischof Pietro de Villanova Castellacci zum Priester geweiht. Er wirkte als Dozent am Collegio „Santa Maria in Pusterula" in Rom. 1881 wurde er *Postulator Causarum Servorum Dei* seines Ordens und war mit den Heiligsprechungsverfahren von Mitgliedern des Augustinerordens befasst. 1889 wurde er Generalprior seines Ordens und 1895 wiedergewählt. Am 18. April 1896 wurde er zum Apostolischen Delegaten in den USA ernannt.

Am 18. August 1896 erfolgte die Ernennung zum Titularerzbischof von Ephesus. Die Bischofsweihe empfing er am 30. August 1896 in Rom von Kardinalstaatssekretär Mariano Rampolla del Tindaro und reiste anschließend in die USA.

Papst Leo XIII. kreierte ihn im Konsistorium vom 15. April 1901 zum Kardinalpriester und verlieh ihm am 9. Juni 1902 den Kardinalshut und die Titelkirche S. Agostino. Er nahm am Konklave von 1903 teil, welches Pius X. wählte. 1906 – 1917 war er Mitglied der Kommission für die Kodifizierung des kanonischen Rechts. Am 8. Februar 1909 wurde er zum Präfekten der Ritenkongregation ernannt. Am Konklave von 1914, welches Benedikt XV. wählte, konnte er wegen Krankheit nicht teilnehmen.

Er starb am 4. Juli 1918 in Rom und wurde auf dem römischen Friedhofs Campo Verano beigesetzt.

Gennari, Casimiro (1839 – 1914)

Gennari wurde am 29. Dezember 1839 in Maratea im Königreich beider Sizilien, heute Republik Italien, geboren. Er studierte am Priesterseminar von Salerno.

Am 21. März 1863 wurde er in Salerno zum Priester geweiht. Anschließend wirkte er in der Seelsorge der Diözese Conversano. Er gründete eine für den Klerus bestimmte Monatszeitschrift, die in ganz Italien Verbreitung fand und war Ehrenkanoniker der Kathedrale von Conversano.

Am 13. Mai 1881 wurde er zum Bischof von Conversano ernannt. Die Bischofsweihe empfing er am 15. Mai 1881 in der römischen Kirche S. Alfonso all'Esquilino durch Kardinal Edward Howard. Am 15. November 1895 wurde er zum Assessor der Inquisitionskongregation ernannt und 1896 zum Kanoniker der Petersbasilika des Vatikan. Am 6. Februar 1897 erhielt er das Titularbistum Lepanto, behielt aber die Verwaltung seiner Diözese Conversano bei.

Papst Leo XIII. kreierte ihn im Konsistorium vom 15. April 1901 zum Kardinalpriester und verlieh ihm am 18. April 1901 den Kardinalshut und die Titelkirche S. Marcello. Er nahm am Konklave von 1903 teil, welches Pius X. wählte. Am 20. Oktober 1908 wurde er zum Präfekten der Konzilskongregation ernannt.

Er starb am 31. Januar 1914 in Rom und wurde in der Kathedrale von Policastro beigesetzt.

Skrbenský z Hriste, Lev (1863 – 1938)

Skrebenský z Hriste wurde am 12. Juni 1863 in Hausdorf in Mähren im Königreich Böhmen in der k. u. k. Monarchie Österreich-Ungarn, heute Republik Tschechien, geboren. Er studierte zunächst Jura an der Universität Innsbruck und diente anschließend fünf Jahre als Leutnant bei den österreichischen Husaren. Dann entschied er sich für den Priesterberuf und studierte ab 1885 am Priesterseminar in Olmütz.

Am 7. Juli 1889 wurde er in Olmütz zum Priester geweiht und wirkte anschließend drei Jahre als Kaplan in der Seelsorge. Danach ging er nach Rom und trat in das Kolleg bei der Kirche S. Maria dell'Anima ein und studierte bis zur Promotion im Kirchenrecht 1892 an der Päpstlichen Universität Gregoriana. Nach seiner Rückkehr war er zunächst wieder Kaplan, anschließend Pfarrer und schließlich Propst des Kollegiatsstiftes Kremsier in Mähren. 1899 wurde er Kanoniker des Domkapitels von Olmütz. Im gleichen Jahr nominierte ihn der Kaiser zum Erzbischof von Prag.

Am 14. Dezember 1899 erfolgte die päpstliche Ernennung zum Erzbischof von Prag. Die Bischofsweihe empfing er am 6. Januar 1900 in Olmütz von Erzbischof Theodor Kohn von Olmütz.

Papst Leo XIII. kreierte ihn im Konsistorium vom 15. April 1901 zum Kardinalpriester. Das rote Birett empfing er in seiner Heimat. Der Papst verlieh ihm am 9. Juni 1902 den Kardinalshut und die Titelkirche S. Stefano al Monte Celio. Er nahm an den Konklaven von 1903, welches Pius X. wählte und 1914, welches Benedikt XV. wählte, teil. Im Januar 1916 wurde er vom Metropolitankapitel von Olmütz zum Erzbischof gewählt und vom Papst am 5. Mai 1916 bestätigt. Bei einem Autounfall wurde er 1920 schwer verletzt und verzichtete deshalb am 6. Juli 1920 auf die Erzdiözese Olmütz. Zunächst zog er sich in einen Konvent zurück, später zog er in das Haus seines Bruders in Schönpriesen bei Aussig, Böhmen. Am Konklave von 1922 konnte er wegen seiner Gesundheit nicht teilnehmen.

Er starb am 24. Dezember 1938 in Olmütz und wurde in der dortigen Kathedrale begraben.

Boschi, Giulio (1838 – 1920)
Boschi wurde am 2. März 1838 in Perugia im Kirchenstaat, heute Republik Italien, geboren. Er studierte am Priesterseminar von Perugia und danach am Päpstlich-Römischen Seminar in Rom, wo er in Theologie promoviert wurde.

Am 25. Mai 1861 wurde er in Perugia zum Priester geweiht. Er war anschließend Seelsorger an der Kathedrale, bischöflicher Zeremoniar, Prosynodalexaminator und Visitator der Stadt und der Diözese. Er wurde 1878 Bußkanoniker der Kathedrale und Erzpriester des Kathedralkapitels und 1880 päpstlicher Hausprälat.

Am 1. Juni 1888 wurde er zum Bischof von Todi ernannt. Die Bischofsweihe empfing er am 11. Juni 1888 in Rom von Kardinal Carlo Laurenzi. Am 29. November 1895 wurde er Bischof von Senigallia, am 19. April 1900 Erzbischof von Ferrara.

Papst Leo XIII. kreierte ihn im Konsistorium vom 15. April 1901 zum Kardinalpriester und verlieh ihm am 18. April 1901 den Kardinalshut und die Titelkirche S. Lorenzo in Panisperna. Er nahm an den Konklaven von 1903, welches Pius X. wählte, und 1914, welches Benedikt XV. wählte, teil. 1909 wurde er zusätzlich Bischof von Comachio. Am 3. Juli 1919 optierte er für die Klasse der Kardinalbischöfe und die suburbikarische Diözese Frascati und legte die Leitung seiner Diözesen nieder.

Er starb am 15. Mai 1920 in Rom und wurde auf dem römischen Friedhof Campo Verano beigesetzt.

Riboldi, Agostino Gaetano (1839 – 1902)
Riboldi wurde am 18. Februar 1839 in Paderno Dugnano in der Lombardei im habsburgisch regierten Königreich Lombardei-Venetien, heute Republik Italien, geboren.

Am 11. August 1861 wurde er in Mailand zum Priester geweiht. Anschließend wirkte er bis 1877 als Lehrer für Physik und Mathematik am Knabenseminar von Monza. Der Erzbischof von Mailand beauftragte ihn mit der Restaurierung der Gebeine der Heiligen Ambrosius, Gervasius und Protasius.

Am 12. März 1877 wurde er zum Bischof von Pavia ernannt. Die Bischofsweihe empfing er am 22. April 1877 in Pavia von Erzbischof Lucido Maria Parocchi von Bologna. Er war Mitbegründer einer wissenschaftlichen Zeitschrift für Physik und Mathematik und wurde 1885 Päpstlicher Thronassistent. Am 15. April 1901 wurde er zum Erzbischof von Ravenna ernannt.

Papst Leo XIII. kreierte ihn im Konsistorium vom 15. April 1901 zum Kardinalpriester und verlieh ihm am 18. April 1901 den Kardinalshut und die Titelkirche Santi Nereo ed Achilleo.

Er starb am 25. April 1902 in Ravenna und wurde auf dem Friedhof von Pavia beigesetzt.

Puzyna, Jan (1842–1911)

Puzyna wurde am 13. September 1842 in Gwozdziec im habsburgisch regierten Königreich Galizien und Lodomerien des Kaiserreiches Österreich, heute Republik Ukraine, geboren. Er studierte zunächst Rechtswissenschaften an der Universität Lemberg und wurde in diesem Fach 1870 promoviert. Danach arbeitete er bis 1876 in verschiedenen Bereichen der öffentlichen Verwaltung. 1876 entschied er sich für den Priesterberuf und trat in das Priesterseminar von Przemyśl ein.

Am 8. Dezember 1878 wurde er in Przemyśl zum Priester geweiht. Er wirkte anschließend als Kaplan und als Subregens des Seminars von Przemyśl und wurde 1880 Kanoniker an der dortigen Kathedrale.

Am 26. Februar 1886 wurde er zum Titularbischof von Memphis und Weihbischof im lateinischen Erzbistum Lemberg ernannt. Die Bischofsweihe empfing er am 25. März 1886 in der römischen Kirche S. Giovanni Canzio von Kardinal Mieczyslaw Halka Ledóchowski. Am 22. Januar 1895 wurde er zum Bischof von Krakau mit dem Titel Fürstbischof ernannt.

Papst Leo XIII. kreierte ihn im Konsistorium vom 15. April 1901 zum Kardinalpriester und verlieh ihm am 9. Juni 1902 den Kardinalshut und die Titelkirche Santi Vitale, Gervasio e Protasio. Er nahm am Konklave von 1903 teil. In diesem Konklave überbrachte er im Auftrag von Kaiser Franz Josef I. von Österreich das Veto gegen die Wahl von Kardinal Mariano Rampolla del Tindaro. So wurde schließlich Kardinal Sarto zum Papst Pius X. gewählt.

Er starb am 8. September 1911 in Krakau und wurde in der Wawel-Kathedrale von Krakau beigesetzt.

Bacilieri, Bartolomeo (1842–1923)

Bacilieri wurde am 28. März 1842 in Breonio in der Provinz Verona im habsburgisch regierten Königreich Lombardei-Venetien, heute Republik Italien, geboren. Er studierte zunächst am Seminar von Verona und dann 1862–1867 am Collegio Capranica und am Collegio Romano in Rom.

Am 17. Dezember 1864 wurde er in Rom zum Priester geweiht und setzte seine Studien bis zur Promotion 1867 fort. 1868–1888 war er Dozent für Dogmatik am Priesterseminar von Verona, 1878–1888 Regens und gleichzeitig Kanoniker an der Kathedrale.

Am 1. Juni 1888 wurde er zum Titularbischof von Nisa und Koadjutor *c.i.s.* von Verona ernannt. Die Bischofsweihe empfing er am 10. Juni 1888 in der Kapelle des

Collegio Capranica in Rom von Kardinalstaatssekretär Mariano Rampolla del Tindaro. Am 12. März 1900 wurde er Bischof von Verona.

Papst Leo XIII. kreierte ihn im Konsistorium vom 15. April 1901 zum Kardinalpriester und verlieh ihm am 18. April 1901 den Kardinalshut und die Titelkirche S. Bartolomeo all'Isola. Er nahm an den Konklaven von 1903, welches Pius X. wählte, von 1914, welches Benedikt XV. wählte, und von 1922, welches Pius XI. wählte, teil.

Er starb am 14. Februar 1923 in Verona und wurde in der Kathedrale von Verona beigesetzt.

Tripepi, Luigi (1836–1906)

Tripepi wurde am 21. Juni 1836 in Cardetto in Kalabrien im Königreich beider Sizilien, heute Republik Italien, geboren. Er studierte zunächst am bischöflichen Priesterseminar in Reggio-Calabria und ab 1859 am Päpstlich-Römischen Seminar und wurde dort später in Theologie promoviert.

1864 wurde er in Rom zum Priester geweiht und trat 1865 in den Jesuitenorden ein, den er aber schon bald wieder verließ. 1868 wurde er päpstlicher Geheimkämmerer und 1870 Benefiziat an der Lateranbasilika. 1874 wurde er zum Hymnograph der Ritenkongregation ernannt, ab 1878 war er Konsultor der Indexkongregation. 1878 wurde er Kanoniker der Basilika S. Lorenzo in Damaso, 1879 Kanoniker an der Lateranbasilika und päpstlicher Hausprälat. 1883 wurde er Referendariatsprälat der Apostolischen Signatur, 1885 Kanoniker an der Petersbasilika des Vatikans. 1892 erfolgte die Ernennung zum Präfekten des Vatikanischen Archivs, am 16. Juni 1894 die Ernennung zum Sekretär der Ritenkongregation. Am 1. Oktober 1896 wurde er Substitut im Staatssekretariat.

Papst Leo XIII. kreierte ihn im Konsistorium vom 15. April 1901 zum Kardinaldiakon und verlieh ihm am 18. April 1901 den Kardinalshut und die Kirche S. Maria in Domnica als Titeldiakonie. Am 7. Januar 1903 wurde er Präfekt der Kongregation für die Ablässe und Reliquien. Er nahm am Konklave von 1903 teil, welches Pius X. wählte. Am 28. Januar 1904 wurde er nach der Auflösung seiner Kongregation Pro-Präfekt der Ritenkongregation.

Er starb am 29. Dezember 1906 in Rom und wurde auf dem römischen Friedhof Campo Verano beigesetzt. 1993 wurden seine sterblichen Überreste nach Mallemace in der Nähe von Cardeto in Reggio Calabria überführt und erneut beigesetzt.

Cavagnis, Felice (1841–1906)

Cavagnis wurde am 13. Januar 1841 in Bordogna in der Provinz Bergamo im habsburgisch regierten Königreich Lombardei-Venetien, heute Republik Italien, geboren. Zum Studium wurde er nach Rom gesandt und lebte dort am Collegio Cerasoli während des Studiums am Päpstlich-Römischen Seminar.

Am 19. September 1863 wurde er in Bergamo zum Priester geweiht. Danach ging er bis 1866 zu weiteren Studien nach Rom an das Päpstliche *Athenaeum S. Apollinare*, wo er in Philosophie, Theologie und beiderlei Rechten (*utriusque iuris*) promoviert wurde. Nach der Rückkehr nach Bergamo lehrte er bis 1871 Philosophie am Collegio di Celana. 1871 wurde er Dozent für Philosophie am Päpstlichen *Athenaeum S. Apollinare* und 1879 Dozent für kanonisches Recht. 1889 wurde er der erste Professor für öffentliches Recht, 1883 wurde er Konsultor der Kongregation für die Bischöfe und Ordensleute und außerdem Mitglied der besonderen Kongregation für die Überarbeitung der Provinzräte in der Konzilskongregation. 1884 wurde er päpstlicher Hausprälat, 1885 Referendariatsprälat der Apostolischen Signatur und Mitglied im Kollegium der Apostolischen Protonotare sowie Kanoniker an S. Maria Maggiore. 1888–1893 war er Regens des Römischen Seminars und wurde 1993 Pro-Sekretär der Kongregation für die außerordentlichen Angelegenheiten der Kirche, 1896 wurde er dort Sekretär.

Papst Leo XIII. kreierte ihn im Konsistorium vom 15. April 1901 zum Kardinaldiakon und verlieh ihm am 18. April 1901 den Kardinalshut und die Kirche S. Maria ad Martyres als Titeldiakonie. Er nahm am Konklave von 1903 teil, welches Pius X. wählte. 1904 ernannte ihn der Papst zum Mitglied der Kardinalskommission für die Kodifizierung des kanonischen Rechts.

Er starb am 29. Dezember 1906 in Rom und wurde auf dem Friedhof von Serina bei Bergamo beigesetzt.

Nocella, Carlo (1826–1908)
Nocella wurde am 25. November 1826 in Rom im Kirchenstaat, heute Republik Italien, geboren. Er studierte am Päpstlichen *Athenaeum S. Apollinare* und wurde zum Doktor in beiderlei Rechten (*utriusque iuris*) promoviert.

Am 2. September 1849 wurde er zum Priester geweiht. Er war zunächst Dozent am Päpstlichen *Athenaeum S. Apollinare* und wurde Assistent des Sekretärs für die lateinischen Breven und schließlich selbst Sekretär für die lateinischen Breven. Er war Kanoniker der Basilika S. Maria Maggiore und wurde 1874 Mitglied des Kollegiums der Apostolischen Protonotare. 1884 wurde er Sekretär der Breven für die Fürsten und 1892 Sekretär der Konsistorialkongregation und des Kardinalskollegiums sowie Kanoniker der Petersbasilia des Vatikan.

Am 22. Juni 1899 wurde er zum lateinischen Titularpatriarchen von Antiochia ernannt. Die Bischofsweihe empfing er am 16. Juli 1899 in der Petersbasilika des Vatikans durch Kardinalstaatssekretär Mariano Rampolla del Tindaro. Am 18. April 1901 wurde er zum lateinischen Titularpatriarchen von Konstantinopel ernannt.

Papst Leo XIII. kreierte ihn im Konsistorium vom 22. Juni 1903 zum Kardinalpriester und verlieh ihm am 25. Juni 1903 den Kardinalshut und die Titelkirche S. Callisto. Er nahm am Konklave von 1903 teil, welches Pius X. wählte.

Er starb am 22. Juli 1908 in Rom und wurde auf dem römischen Friedhof Campo Verano beigesetzt.

Cavicchioni, Beniamino (1836 – 1911)

Cavicchioni wurde am 27. Dezember 1836 in Veiano im Kirchenstaat, heute Republik Italien, geboren. Er studierte in Rom an der Universität La Sapienza und wurde in Theologie und beiderlei Rechten (*utriusque iuris*) promoviert.

Am 18. Dezember 1859 wurde er zum Priester geweiht. Er wirkte zunächst als Lehrer für Literatur in Vetralla und ging dann noch einmal für weitere Studien nach Rom. 1872 trat er als Mitarbeiter in die Konzilskongregation ein, 1875 wurde er Mitarbeiter der Kongregation *Propaganda Fide* und war dort verantwortlich für die USA. 1883 wurde er Ehebandsverteidiger bei der Konzilskongregation und päpstlicher Geheimkämmerer.

Am 21. März 1884 wurde er zum Titularerzbischof von Amida und Apostolischen Delegaten für Ecuador, Peru und Bolivien ernannt. Die Bischofsweihe empfing er am 27. April 1884 in der Kirche des nordamerikanischen Kollegs in Rom von Kardinal Luigi Serafini. 1885 wurde er Kanoniker der Lateranbasilika. Am 11. Januar 1894 erhielt er das Titularerzbistum Nazianz. Am 22. Oktober 1895 wurde er Pro-Sekretär der Konzilskongregation, am 11. Januar 1900 Sekretär.

Papst Leo XIII. kreierte ihn im Konsistorium vom 22. Juni 1903 zum Kardinalpriester und verlieh ihm am 25. Juni 1903 den Kardinalshut und die Titelkirche S. Maria in Aracoeli. Er nahm am Konklave von 1903 teil, welches Pius X. wählte. Am 11. März 1910 wurde er zum Präfekten der Studienkongregation ernannt.

Er starb am 17. April 1911 in Rom und wurde auf dem römischen Friedhof Campo Verano beigesetzt.

Aiuti, Andrea (1849 – 1905)

Aiuti wurde am 17. Juni 1849 in Rom im Kirchenstaat, heute Republik Italien, geboren. Er studierte am Päpstlich-Römischen Seminar und wurde in Philosophie, Theologie und kanonischem Recht promoviert.

Am 22. September 1871 wurde er in Rom zum Priester geweiht. Er trat nach weiteren Studien in die Römische Kurie ein und wurde dem Sekretariat für die Angelegenheiten der orientalischen Kirchen in der Kongregation *Propaganda Fide* zugeordnet. Dann wurde er päpstlicher Geheimkämmerer und Mitarbeiter der Konzilskongregation. 1876 wurde er Nuntiatursekretär an der Internuntiatur in Brasilien wo er später auch Geschäftsträger wurde. 1879 wurde er Nuntiatursekretär der Nuntiatur in Bayern, 1882 dort Auditor. 1886 wurde er Auditor der Apostolischen Delegatur in Indien.

Am 31. März 1887 wurde er zum Titularerzbischof von Achrida und Apostolischen Delegaten in Indien ernannt. Die Bischofsweihe empfing er am 1. Mai 1887 in der Kathedrale von Bombay in Britisch-Indien durch Erzbischof George Porter S.J. von Bombay. 1891 kehrte er nach Rom zurück und wurde Kanoniker der Lateranbasilika und Sekretär der Kongregation Propaganda Fide für die Angelegenheiten des orientalischen Ritus. Am 7. Juni 1893 wurde er Nuntius in Bayern und erhielt am 12. Juni 1893 den Titularsitz Damietta. Am 26. September 1896 wurde er Nuntius in Portugal und 1898 Päpstlicher Thronassistent.

Papst Leo XIII. kreierte ihn im Konsistorium vom 22. Juni 1903 zum Kardinalpriester. Er nahm am kurz darauf folgenden Konklave von 1903 teil, welches Pius X. wählte. Der neue Papst verlieh ihm am 12. November 1903 den Kardinalshut und die Titelkirche S. Girolamo degli Schiavoni.

Er starb am 28. April 1905 in Rom und wurde auf dem römischen Friedhof Campo Verano beigesetzt.

Taliani, Emidio (1838–1907)
Taliani wurde am 19. April 1838 in Montegallo in der Provinz Ascoli-Piceno in der Region Marken im Kirchenstaat, heute Republik Italien, geboren. Er studierte am Päpstlich-Römischen Seminar, wo er in Theologie promoviert wurde.

Am 20. Oktober 1861 wurde er in Rom zum Priester geweiht und studierte an der Universität La Sapienza Rechtswissenschaften, das er mit der Promotion in beiderlei Rechten (*utriusque iuris*) abschloss. Er war Sekretär von Kardinal Carlo Sacconi und wurde päpstlicher Geheimkämmerer. 1869 wurde er Auditor der Nuntiatur in Bayern, 1870 dort auch Geschäftsträger. 1871 wurde er päpstlicher Hausprälat und wirkte 1875–1879 als Auditor der Nuntiatur in Paris. 1880 wurde er Referendariatsprälat der Apostolischen Signatur. 1885 wurde er Mitglied des Kollegiums der Apostolischen Protonotare und Auditor der Römischen Rota. 1889 wurde er Vikar des Kardinalerzpriesters der Lateranbasilika.

Am 22. Juni 1896 wurde er zum Titularerzbischof von Sebaste ernannt. Die Bischofsweihe empfing er am 29. Juni 1896 in Rom von Kardinalvikar Lucido Maria Parocchi. Am 24. Juli 1896 wurde er zum Nuntius in Österreich-Ungarn ernannt.

Papst Leo XIII. kreierte ihn im Konsistorium vom 22. Juni 1903 zum Kardinalpriester. Er nahm am kurz darauf folgenden Konklave von 1903 teil, welches Pius X. wählte. Der neue Papst verlieh ihm am 12. November 1903 den Kardinalshut und die Titelkirche S. Bernardo alle Terme.

Er starb am 24. August 1907 in seinem Geburtstort Montegallo und wurde auf dem Friedhof von Ascoli beigesetzt.

Herrero y Espinosa de los Monteros, Orat., Sebastián (1822–1903)
Herrero y Espinosa de los Monteros wurde am 20. Januar 1822 in Jerez De La Frontera bei Cádiz im Königreich Spanien geboren.

Er studierte zunächst in Sevilla Rechtswissenschaften und wurde zum Doktor beiderlei Rechte (*utriusque iuris*) promoviert. Er machte sich einen Namen als Dichter und Dramatiker und schrieb für mehrere Zeitungen. Er wirkte am Gericht von Sevilla. Dann entschied der sich für den geistlichen Beruf und trat 1856 in Sevilla in das Oratorium von St. Philipp Neri ein und studierte Philosophie und Theologie.

1860 wurde er zum Priester geweiht. 1861 wurde er Regens des Priesterseminars von Cádiz und 1864 Kanoniker des Kollegiatsstiftes in Jerez De La Frontera. 1866 wurde er Generalvikar des Bistums Cádiz und 1868 Erzpriester des Kathedralkapitels.

Am 17. September 1875 wurde er nach vorheriger Nominierung durch den Monarchen zum Bischof von Cuenca ernannt. Die Bischofsweihe empfing er am 30. November 1875 in Cádiz von Bischof Félix María de Cádiz O.F.M.Cap. von Cádiz. Am 18. Dezember 1876 wurde er nach vorheriger Nominierung durch den Monarchen Bischof von Vitoria, legte aber aus gesundheitlichen Gründen im Juni 1880 die Leitung des Bistums nieder und zog sich nach Sanlúcar de Barrameda zurück. Am 27. März 1882 wurde er nach vorheriger Nominierung durch den Monarchen zum Bischof von Oviedo ernannt, am 15. März 1883 nach vorheriger Nominierung durch den Monarchen zum Bischof von Córdoba. 1888 wurde er Senator des spanischen Königreichs und am 24. März 1898 nach vorheriger Nominierung durch die Regentin Maria Christina zum Erzbischof von Valencia ernannt.

Papst Leo XIII. kreierte ihn im Konsistorium vom 22. Juni 1903 zum Kardinalpriester. Er nahm am kurz darauf folgenden Konklave von 1903 teil, welches Pius X. wählte. Der neue Papst verlieh ihm am 27. August 1903 den Kardinalshut und die Titelkirche Santi Bonifacio ed Alessio.

Er starb am 9. Dezember 1903 in Valencia und wurde in der Kathedrale von Valencia beigesetzt.

Katschthaler, Johannes Baptist (1831–1914)

Katschtaler wurde am 29. Mai 1832 in Hippach in Tirol im Kaiserreich Österreich, heute Republik Österreich, geboren. Nach der Schulzeit studierte er zunächst Medizin in Wien, trat dann aber 1853 in das Priesterseminar in Salzburg ein und studierte an der Universität Salzburg Theologie und Philosophie.

Am 31. Juli 1856 wurde er in Salzburg zum Priester geweiht. 1857 wurde er Kaplan, 1859 wurde er Studienadjunkt an der theologischen Fakultät der Universität Salzburg und 1862 in Theologie promoviert. 1862 wurde er Subregens des Priesterseminars und 1864 Professor für Dogmatik an der Universität Salzburg. 1875 wurde er Professor für Dogmengeschichte und Apologetik in Innsbruck. 1880 wurde er Kanoniker des Domkapitels von Salzburg und wirkte in der Diözesanverwaltung sowie in der Lehre mit. 1882 wurde er Regens des Priesterseminars von Salzburg.

Am 4. Juni 1891 wurde er zum Titularbischof von Cybista und Weihbischof in Salzburg ernannt. Die Bischofsweihe empfing er am 12. Juli 1891 in Salzburg durch Fürsterzbischof Johannes Haller von Salzburg. 1892 wurde er Dompropst des Metropolitankapitels von Salzburg. Am 10. Mai 1900 wählte ihn das Domkapitel zu Salzburg zum Fürsterzbischof von Salzburg und *Primas Germaniae*. Die päpstliche Bestätigung erfolgte am 17. Dezember 1900.

Papst Leo XIII. kreierte ihn im Konsistorium vom 22. Juni 1903 zum Kardinalpriester. Er nahm am kurz darauf folgenden Konklave von 1903 teil, welches Pius X. wählte. Der neue Papst verlieh ihm am 12. November 1903 den Kardinalshut und die Titelkirche S. Tommaso in Parione.

Er starb am 27. Februar 1914 in Salzburg und wurde im Salzburger Dom beigesetzt.

Fischer, Anton Hubert (1840 – 1912)

Fischer wurde am 30. Mai 1840, in Jülich im Königreich Preußen, heute Bundesrepublik Deutschland, geboren. Er studierte zunächst in Münster und danach in Bonn Theologie und Philosophie. Die praktische Ausbildung erfolgte am Priesterseminar in Köln.

Am 2. September 1863 wurde er in Köln zum Priester geweiht. 1864 wurde er Religionslehrer am Gymnasium in Essen und blieb dort 25 Jahre lang. 1886 wurde er in Tübingen in Theologie promoviert. Eine Bewerbung um eine Professur in Bonn blieb erfolglos und so wurde er 1888 zum Domkapitular am Kölner Dom ernannt.

Am 14. Februar 1889 wurde er zum Titularbischof von Iuliopolis und Weihbischof in Köln ernannt. Die Bischofsweihe empfing er am 1. Mai 1889 im Kölner Dom von Erzbischof Philipp Krementz von Köln. 1895 wurde er Domdechant. Am 6. November 1902 wurde er vom Kölner Domkapitel zum Erzbischof von Köln gewählt. Die päpstliche Ernennung erfolgte am 14. Februar 1903.

Papst Leo XIII. kreierte ihn im Konsistorium vom 22. Juni 1903 zum Kardinalpriester und verlieh ihm am 25. Juni 1903 den Kardinalshut und die Titelkirche Santi Nereo ed Achilleo. Er nahm am Konklave von 1903 teil, welches Pius X. wählte.

Er starb am 30. Juli 1912 in Bad Neuenahr und wurde im Kölner Dom beigesetzt.

Die Kardinäle von Papst Pius X. (1903–1914)

Merry del Val y Zulueta, Rafael (1865–1930)

Merry del Val y Zulueta wurde am 10. Oktober 1865 in London im Vereinigten Königreich Großbritannien als Sohn einer spanischen Adelsfamilie geboren, die bis 1878 in England ansässig war. Sein Vater war z. Zt. seiner Geburt spanischer Gesandter in London. 1883 begann er am Kolleg St. Cuthbert in Ushaw bei Durham seine Studien in Theologie und Philosophie und trat 1885 in die Päpstliche Akademie für den kirchlichen Adel ein. Während dieser Zeit studierte er an der Päpstlichen Universität Gregoriana und erwarb 1886 das Doktorat in Philosophie. Er gehörte 1887 zur Delegation des Heiligen Stuhls anlässlich des goldenen Thronjubiläums der englischen Königin Victoria und wurde deshalb bereits vor Empfang der Priesterweihe im Juni 1887 zum überzähligen päpstlichen Geheimkämmerer ernannt.

Am 30. Dezember 1888 wurde er in Rom zum Priester geweiht. Er wirkte bis 1889 als Sekretär von Erzbischof Luigi Galimberti in den Nuntiaturen von München und Wien und kehrte anschließend nach Rom zurück, um seine Studien fortzusetzen. Diese schloss er 1891 mit dem Doktorat in Theologie und dem Lizentiat in Kirchenrecht ab. Im Dezember 1891 wurde er wirklicher päpstlicher Geheimkämmerer und war bis 1898 Mitglied der päpstlichen Familie.

1893 kehrte er in die Nuntiatur von Wien zurück. Danach wurde er Sekretär der Päpstlichen Kommission zur Klärung der Gültigkeit der anglikanischen Weihen, die 1896 zur Bulle *Apostolicae Curae* (wozu er den Textentwurf erstellt hatte) führte, die die Weihen wegen Formmangels und fehlender Intention für ungültig erklärte. 1897–1898 war er Apostolischer Delegat nach Kanada. 1897 wurde er päpstlicher Hausprälat, 1898 Konsultor der Indexkongregation. Am 21. Oktober 1899 wurde er zum Präsidenten der Päpstlichen Akademie für den kirchlichen Adel ernannt.

Am 19. April 1900 wurde er zum Titularerzbischof von Nizäa ernannt. Die Bischofsweihe empfing er am 6. Mai 1900 in Rom in der Kirche S. Maria in Via Monserrato von Kardinalstaatssekretär Mariano Rampolla del Tindaro. Am 21. Juli 1903 wurde er vom Kardinalskollegium zum provisorischen Sekretär der Konsistorialkongregation ernannt und war Sekretär des Konklaves von 1903, welches Pius X. wählte. Am 4. August 1903 ernannte ihn der neue Papst zum Pro-Staatssekretär.

Papst Pius X. kreierte ihn im Konsistorium vom 9. November 1903 zum Kardinalpriester und verlieh ihm am 12. November 1903 den Kardinalshut und die Titelkirche S. Prassede. Am selben Tag wurde er zum Kardinalstaatssekretär und Präfekten der Kongregation von Loreto und des Apostolischen Palastes ernannt. 1904 wurde er auch Präsident der Päpstlichen Kommission die Vermögensverwaltung des Heiligen Stuhls. Am 12. Januar 1914 wurde er Erzpriester der Petersbasilika des Vatikans und Präfekt der Kongregation der Fabrik von St. Peter. Er nahm an den Konklaven von 1914, welches Benedikt XV. wählte, und 1922, welches Pius XI. wählte, teil. Benedikt XV.

ernannte ihn nicht mehr zum Kardinalstaatsekretär, stattdessen am 14. Oktober 1914 zum Sekretär des Heiligen Offiziums.

Er starb am 26. Februar 1930 im Vatikan und wurde in den Grotten der Petersbasilika beigesetzt. 1953 wurde der Seligsprechungsprozess für ihn eingeleitet.

Callegari, Giuseppe (1841–1906)

Callegari wurde am 4. November 1841 in Venedig, damals im zu Österreich gehörenden Königreich Lombardei-Venetien gelegen, heute Republik Italien, geboren. Seine Studien absolvierte er am Patriarchalseminar von Venedig.

Am 26. März 1864 wurde er in Venedig zum Priester geweiht. 1865–1873 unterrichtete er am Patriarchalseminar und wirkte bis 1880 in der Seelsorge des Patriarchates Venedig. 1878 wurde er Berater am kirchlichen Gericht und war Prosynodalexaminator.

Am 28. Februar 1880 wurde er zum Bischof von Treviso ernannt. Die Bischofsweihe empfing er im März 1880 in der Markuskathedrale in Venedig von Patriarch Domenico Agostini von Venedig. Im August 1882 wurde er zum Päpstlichen Thronassistenten und am 25. September 1882 zum Bischof von Padua ernannt.

Papst Pius X. kreierte ihn im Konsistorium vom 9. November 1903 zum Kardinalpriester und verlieh ihm am 12. November 1903 den Kardinalshut und die Titelkirche S. Maria in Cosmedin.

Er starb am 14. April 1906 in Padua und wurde in der Wallfahrtskirche d'Arcella in Padua beigesetzt.

Samassa, József (1828–1912)

Samassa wurde am 30. Oktober 1828 in Zlaté Moravce (ungarisch: Aranyos-Maróth) im Königreich Ungarn, heute Republik Slowakei, geboren. Er studierte am Priesterseminar in Pressburg (Bratislava) und ging schließlich an das ungarische Seminar Pazmaneum in Wien, wo er während seines Studiums an der Universität Wien lebte.

Am 23. Juli 1852 wurde er in Esztergom zum Priester geweiht. 1852–1855 war er Lehrer am erzbischöflichen Gymnasium von Tyrnau (Trnava) und 1855–1859 Studienpräfekt am Seminar von Budapest. 1859–1861 dozierte er am Priesterseminar von Gran/Esztergom. 1862 wurde er an der Universität Wien zum Doktor der Theologie promoviert und war anschließend bis 1867 ordentlicher Professor für Exegese des Neuen Testaments und Biblische Theologie an der Universität Budapest. 1869 wurde er Abgeordneter im ungarischen Parlament und Berater des Kultus- und Erziehungsministers sowie Titularabt der Abtei St. Helena de Földovár. 1870–1871 war er Kanoniker des Kathedralkapitels von Gran/Esztergom.

Kaiser Franz Josef I. von Österreich-Ungarn nominierte ihn in seiner Eigenschaft als König von Ungarn am 1. Februar 1871 zum Bischof von Szepes (Zips, heute Republik Slowakei), die päpstliche Ernennung erfolgte am 26. Juni 1871. Die Bischofsweihe empfing er am 30. Juli 1871 in Gran/Esztergom von Erzbischof János Simor von Gran, dem Primas von Ungarn. Der Kaiser nominierte ihn am 18. Juni 1873 zum Erzbischof von Eger, die päpstliche Ernennung erfolgte am 25. Juli 1873. 1886 wurde er Päpstlicher Thronassistent.

Papst Pius X. kreierte ihn im Konsistorium vom 11. Dezember 1905 zum Kardinalpriester und verlieh ihm am 6. Dezember 1906 den Kardinalshut und die Titelkirche S. Marco.

Er starb am 20. August 1912 in Eger und wurde in der Kathedrale von Eger beigesetzt.

Spínola y Maestre, Marcelo (1835–1906)

Spínola y Maestre wurde am 14. Januar 1835 auf der Insel San Fernando in der Provinz Cádiz in der Region Andalusien im Königreich Spanien geboren. Er studierte an den Universitäten von Valencia und Sevilla Rechtswissenschaften und erwarb 1856 das Lizentiat in beiderlei Rechten (*utriusque iuris*). Anschließend eröffnete er in Huelva eine Kanzlei und bot für mittellose Bürger eine kostenlose juristische Betreuung an. Später zog er nach Sanlúcar de Barrameda um und beschloss in diesen Jahren, Priester zu werden. Er studierte privat Theologie und Philosophie.

Am 21. März 1864 wurde er in Sevilla in der Kapelle des erzbischöflichen Palastes von Erzbischof Luis de la Lastra y Cuesta von Sevilla zum Priester geweiht. Er wirkte 1864–1869 in der Seelsorge der Erzdiözese von Sevilla. 1869–1871 war er Kanoniker der Kathedrale von Cádiz und anschließend bis 1879 als Pfarrer einer Gemeinde tätig. 1879–1880 war er Bußkanoniker an der Kathedrale von Sevilla.

Am 16. Dezember 1880 wurde er zum Titularbischof von Milos und Weihbischof in Sevilla ernannt. Die Bischofsweihe empfing er in der Kathedrale von Sevilla am 6. Februar 1881 in Sevilla von Kardinal Joaquín Lluch y Garriga O.C.C., dem Erzbischof von Sevilla. Am 10. November 1884 wurde er zum Bischof von Coria ernannt, am 10. Juni 1886 zum Bischof von Málaga. Am 2. Dezember 1895 wurde er Erzbischof von Sevilla. Er war ab 1898 Senator des spanischen Königreiches.

Papst Pius X. kreierte ihn im Konsistorium vom 11. Dezember 1905 zum Kardinalpriester. Den Kardinalshut und die Titelkirche konnte er nicht mehr empfangen.

Er starb am 20. Januar 1906 in Sevilla und wurde in der Kathedrale von Sevilla beigesetzt. Am 29. März 1987 wurde er von Papst Johannes Paul II. seliggesprochen.

Cavalcanti, Joaquim Arcoverde de Albuquerque (1850–1930)

Cavalcanti wurde am 17. Januar 1850 in Cimbres im heutigen brasilianischen Bundesstaat Pernambuco im damaligen Kaiserreich Brasilien, heute Republik Brasilien, geboren. Er studierte in Rom am Collegio Romano und lebte am lateinamerikanischen Kolleg. Er erwarb Doktorate in Philosophie und Theologie.

Am 4. April 1874 wurde er in Rom zum Priester geweiht. Es folgte weitere Studien am Seminar Saint-Sulpice in Paris und an der Universität La Sorbonne in Paris, wo er Naturwissenschaften studierte. 1876 kehrte er nach Brasilien zurück und war dort bis 1878 Regens des Seminars in Recife. Anschließend arbeitete er in der Seelsorge der

Diözese Olinda. Er wurde Rektor des Gymnasiums von Pernambuco und Kanoniker an der Kathedrale von Olinda. 1884 wurde er päpstlicher Hausprälat.

Am 7. März 1888 wurde er von der Prinzregentin von Brasilien zum Koadjutorbischof von São Salvador da Bahia nominiert. Als diese am 18. April 1888 zurücktrat, wurde auch diese Nomination hinfällig.

Am 26. Juni 1890 wurde er zum Bischof von Goias in Brasilien ernannt. Die Bischofsweihe empfing er am 26. Oktober 1890 in Rom von Kardinalstaatssekretär Mariano Rampolla del Tindaro. Am 27. Oktober 1891 trat er von der Leitung der Diözese zurück und residierte im Colegio de São Luiz in Itu. Am 26. August 1892 wurde er zum Titularerzbischof von Argos und Koadjutor *c.i.s.* von São Paulo ernannt. Am 19. August 1894 wurde er Bischof von São Paulo, 1896 Päpstlicher Thronassistent. Am 31. August 1897 wurde er zum Erzbischof von São Sebastião do Rio de Janeiro ernannt.

Papst Pius X. kreierte ihn im Konsistorium vom 11. Dezember 1905 zum Kardinalpriester und verlieh ihm am 14. Dezember 1906 den Kardinalshut und die Titelkirche SS. Bonifacio ed Alessio. Er war der erste lateinamerikanische Kardinal. Er nahm am Konklave von 1914 teil, welches Benedikt XV. wählte. Am Konklave von 1922, welches Pius XI. wählte, konnte er nicht teilnehmen.

Er starb am 18. April 1930 in Rio de Janeiro und wurde in der Kathedrale von Rio de Janeiro beigesetzt.

Cagiano de Azevedo, Ottavio (1845–1927)

Cagiano de Azevedo wurde am 7. November 1845 in Frosinone in der Region Latium im Kirchenstaat, heute Republik Italien, geboren. Er war Neffe des Kardinals Antonio Maria Cagiano de Azevedo (1844 kreiert). Seine Studien absolvierte er am Priesterseminar von Grottaferrata.

Im September 1868 wurde er zum Priester geweiht. Anschließend wirkte er bis 1874 in der Seelsorge des Bistums Rom. 1874 wurde er Kanoniker an der Basilika S. Maria Maggiore. 1880 trat er in das Kollegium der Apostolischen Protonotare ein und wurde 1886 Kanoniker der Petersbasilika des Vatikan. Am 31. Dezember 1891 wurde er Maestro di Camera und am 29. Mai 1901 Päpstlicher Maiordomus.

Papst Pius X. kreierte ihn im Konsistorium vom 11. Dezember 1905 zum Kardinaldiakon und verlieh ihm am 14. Dezember 1905 den Kardinalshut und die Kirche SS. Cosmas e Damiano als Titeldiakonie. Am 12. Juni 1913 wurde er Pro-Präfekt der Religiosenkongregation und am 31. Oktober 1913 Präfekt. Er nahm am Konklave von 1914, welches Benedikt XV. wählte, und von 1922, welches Pius XI. wählte, teil. Am 6. Dezember 1915 wurde er Camerlengo *S.E.R.* und optierte für die Klasse der Kardinalpriester und die Titelkirche S. Lorenzo in Damaso.

Er starb am 11. Juli 1927 in Anzio bei Rom und wurde auf dem römischen Friedhof Campo Verano beigesetzt.

Cavallari, Aristide (1849 – 1914)

Cavallari wurde am 8. Februar 1849 in Chioggia in der Provinz Venedig in der Region Venetien im damals zur Habsburger Monarchie gehörenden Königreich Lombardei-Venetien, heute Republik Italien, geboren. Er besuchte die Priesterseminare von Chioggia und Venedig.

Am 24. September 1872 in wurde er in Venedig von Kardinal Luigi Trevisanato, dem Patriarchen von Venedig, zum Priester geweiht. Bis 1888 nahm er verschiedene Aufgaben in der Seelsorge des Patriarchates Venedig wahr. 1888 wurde er Erzpriester von S. Pietro di Castello. Er war anschließend Ehrenkanoniker von S. Marco, Synodalexaminator und Offizial der Patriarchatskurie.

Am 22. August 1903 wurde er zum Titularbischof von Philadelphia und Weihbischof in Venedig ernannt. Die Bischofsweihe empfing er am 23. August 1903 in Rom durch Kardinal Francesco Satolli. Im Januar 1904 wurde er Generalvikar des Patriarchates von Venedig und am 15. April 1904 zum Patriarchen von Venedig ernannt.

Papst Pius X. kreierte ihn im Konsistorium vom 15. April 1907 zum Kardinalpriester und verlieh ihm am 18. April 1907 den Kardinalshut und die Titelkirche S. Maria in Cosmedin. Er nahm am Konklave von 1914 teil, welches Benedikt XV. wählte.

Er starb am 24. November 1914 in Venedig und wurde zunächst auf dem Friedhof S. Michele in Venedig beigesetzt. Im November 1957 wurde er in die Kathedrale S. Marco überführt und dort endgültig beigesetzt.

Aguirre Garcia O.F.M., Gregorio María (1835 – 1913)

Aguirre Garcia wurde am 12. März 1835 in Pola de Gordón in Asturien im Königreich Spanien geboren. 1856 trat er in Alcantara in den Franziskanerorden ein und studierte am Seminar von León.

Im September 1860 wurde er von Kardinal Cirilo de Alameda y Brea O.F.M., dem Erzbischof von Toledo, zum Priester geweiht. Er wirkte als Lehrer und Rektor verschiedener theologischer Seminare und Schulen seines Ordens in Spanien und auf den Philippinen. Er war Lektor für Philosophie und später für kanonisches Recht und Theologie. 1884 wurde er Ehrendefinitor seines Ordens und Beichtvater an der Lateranbasilika in Rom, ohne diese Ämter auszuüben.

Am 27. März 1885 wurde er zum Bischof von Lugo in Spanien ernannt und empfing am 21. Juni 1885 in der Kirche San Fernando in Madrid von Erzbischof Mariano Rampolla del Tindaro, dem Apostolischen Nuntius in Spanien, die Bischofsweihe. Er wurde mehrmals Senator des spanischen Königreiches. Am 21. Mai 1894 wurde er zum Erzbischof von Burgos ernannt und wurde am 2. Dezember 1899 zusätzlich Apostolischer Administrator der Diözese Calahorra y La Calzada.

Papst Pius X. kreierte ihn im Konsistorium vom 15. April 1907 zum Kardinalpriester und verlieh ihm am 19. Dezember 1907 den Kardinalshut und die Titelkirche S. Giovanni a Porta Latina. Am 29. April 1909 wurde er zum Primas von Spanien und Erzbischof von Toledo sowie zum Titularpatriarchen von Westindien ernannt.

Er starb am 10. Oktober 1913 in Toledo und wurde in der dortigen Kathedrale beigesetzt.

Rinaldini, Aristide (1844 – 1920)

Rinaldini wurde am 5. Februar 1844 in Montefalco in Umbrien im Kirchenstaat, heute Republik Italien, geboren. Er absolvierte seine Studien 1860 – 1862 am Päpstlich-Römischen Seminar und 1862 – 1868 am Collegio Capranica sowie am Collegio Romano in Rom, wo er in Philosophie promoviert wurde und ein Lizentiat in Theologie erwarb.

Am 6. Juni 1868 wurde er in Rom zum Priester geweiht. Er trat in den Dienst des Heiligen Stuhls ein und war 1868 – 1872 Nuntiatursekretär der Nuntiatur in Portugal und 1872 – 1885 in Belgien. Dort war er 1885 – 1887 als Auditor tätig. Er blieb in Belgien als Privatagent, nachdem die Regierung von Frère Orban die diplomatischen Beziehungen zum Heiligen Stuhl abbrach. Nach der Wiederaufnahme der diplomatischen Beziehungen wurde er Geschäftsträger der Nuntiatur in Belgien und Apostolischer Protonotar. 1887 – 1893 wirkte er als Internuntius in den Niederlanden und Luxemburg. 1893 – 1896 war er Substitut des Staatsekretariates.

Am 14. August 1896 wurde er zum Titularerzbischof von Heraclea in Europa und Nuntius in Belgien ernannt. Die Bischofsweihe empfing er am 30. August 1896 in Rom von Kardinalstaatssekretär Mariano Rampolla del Tindaro. Am 28. Dezember 1899 wurde er zum Nuntius in Spanien ernannt.

Papst Pius X. kreierte ihn im Konsistorium vom 15. April 1907 zum Kardinalpriester und verlieh ihm am 19. Dezember 1907 den Kardinalshut und die Titelkirche S. Pancrazio. Er nahm am Konklave von 1914 teil, welches Benedikt XV. wählte.

Er starb am 11. Februar 1920 in Rom und wurde auf dem römischen Friedhof Campo Verano beigesetzt.

Lorenzelli, Benedetto (1853 – 1915)

Lorenzelli wurde am 11. Mai 1853 in Badi, in der Provinz Bologna in der Region Emilia-Romagna im damaligen Kirchenstaat, heute Republik Italien, geboren. Er studierte zunächst am Seminar in Bologna und ging dann an das Päpstliche *Athenaeum S. Apollinare* nach Rom. Er erwarb Doktorate in Philosophie, Theologie und beiderlei Rechten (*utriusque iuris*).

Am 1. April 1876 wurde er in Bologna zum Priester geweiht. Anschließend betrieb er weitere Studien und war bis 1884 Dozent am Päpstlichen *Athenaeum Urbaniana* der Kongregation *Propaganda Fide*. 1884 – 1889 war er erster Rektor des böhmischen Kollegs in Rom. 1889 wurde er päpstlicher Geheimkämmerer und Nuntiatursekretär der Nuntiatur in Österreich. 1890 wurde er Referendariatsprälat der Apostolischen Signatur. 1893 wurde er Internuntius in Belgien und Luxemburg und Apostolischer Protonotar. Am 1. Oktober 1896 wurde er zum Nuntius im Königreich Bayern ernannt.

Am 30. November 1896 wurde er zum Titularerzbischof von Sardes ernannt. Die Bischofsweihe empfing er am 8. Dezember 1896 in Rom von Kardinalstaatssekretär Mariano Rampolla del Tindaro. Am 10. Mai 1899 wurde er Nuntius in Frankreich, bis 1904 die diplomatischen Beziehungen aufgehoben wurden. Am 14. November 1904 wurde er Erzbischof von Lucca.

Papst Pius X. kreierte ihn im Konsistorium vom 15. April 1907 zum Kardinalpriester und verlieh ihm am 18. April 1907 den Kardinalshut und die Titelkirche S. Croce in Gerusalemme. Am 26. März 1910 verzichtete er auf die Leitung der Erzdiözese und siedelte nach Rom über. Am 13. Februar 1914 wurde er Präfekt der Studienkongregation. Er nahm am Konklave von 1914 teil, welches Benedikt XV. wählte.

Er starb am 15. September 1915 in Bucciano San Miniato und wurde in Bucciano beigesetzt.

Maffi, Pietro (1858–1931)

Maffi wurde am 12. Oktober 1858 in Corteolona in der Provinz Pavia der Region Lombardei im damals zur Habsburger Monarchie gehörenden Königreich Lombardei-Venetien, heute Republik Italien, geboren. Er studierte am Priesterseminar von Pavia und wurde dort in Theologie promoviert.

Am 16. April 1881 wurde er in Pavia zum Priester geweiht. Danach dozierte er Philosophie und Naturwissenschaften am Seminar in Pavia und veröffentlichte populäre naturwissenschaftliche Schriften, besonders zur Astronomie. Er wurde zum päpstlichen Geheimkämmerer ernannt. 1901 wurde er in Ravenna Generalvikar und am 26. April 1902 Apostolischer Administrator von Ravenna.

Am 9. Juni 1902 wurde er zum Titularbischof von Caesarea in Mauritania und Weihbischof in Ravenna ernannt. Die Bischofsweihe empfing er am 11. Juni 1902 in der Basilika S. Paolo fuori le mura in Rom durch Kardinalvikar Lucido Maria Parocchi. Am 22. Juni 1903 wurde er zum Erzbischof von Pisa ernannt und am 30. November 1904 zum Direktor und Administrator des vatikanischen Observatoriums.

Papst Pius X. kreierte ihn im Konsistorium vom 15. April 1907 zum Kardinalpriester und verlieh ihm am 18. April 1907 den Kardinalshut und die Titelkirche S. Crisogono. Er nahm an den Konklaven von 1914, welches Benedikt XV. wählte und von 1922, welches Pius XI. wählte, teil.

Er starb am 17. März 1931 in Pisa und wurde in der Kathedrale von Pisa beigesetzt.

Lualdi, Alessandro (1858–1927)

Lualdi wurde am 12. August 1858 in Mailand in der Provinz Mailand und Region Lombardei im damals zur Habsburger Monarchie gehörenden Königreich Lombardei-Venetien, heute Republik Italien, geboren. Er studierte am Priesterseminar in Mailand und als Seminarist des lombardischen Seminars in Rom am Päpstlichen *Athenaeum* St. Thomas v. Aquin (*Angelicum*).

Am 30. Oktober 1880 wurde er in Mailand zum Priester geweiht. Er wirkte zunächst bis 1890 in der Seelsorge des Erzbistums Mailand und war anschließend bis 1894 Dozent am Priesterseminar von Mailand. 1894–1904 war er Regens des lombardischen Seminars in Rom und wurde 1899 päpstlicher Geheimkämmerer. 1904 wurde er päpstlicher Hausprälat.

Am 14. November 1904 wurde er zum Erzbischof von Palermo in Sizilien ernannt. Die Bischofsweihe empfing er am 4. Dezember 1904 in der Kirche S. Carlo al Corso in Rom von Kardinal Francesco di Paola Cassetta.

Papst Pius X. kreierte ihn im Konsistorium vom 15. April 1907 zum Kardinalpriester und verlieh ihm am 18. April 1907 den Kardinalshut und die Titelkirche SS. Andrea e Gregorio al Monte Celio. Er nahm an den Konklaven von 1914, welches Benedikt XV. wählte, und von 1922, welches Pius XI. wählte, teil.

Er starb am 12. November 1927 in Palermo und wurde in der Kathedrale von Palermo beigesetzt.

Mercier, Desiré-Félicien-François-Joseph (1851–1926)

Mercier wurde am 21. November 1851 in Braine l'Alleut in Brabant im Königreich Belgien geboren. 1870–1874 studierte er Philosophie und Theologie am Seminar in Mecheln.

Am 4. April 1874 wurde er in Brüssel in der Kapelle der Apostolischen Nuntiatur von Erzbischof Giacomo Cattani, dem Nuntius in Belgien, zum Priester geweiht.

Es folgten weitere Studien in Louvain, wo er 1877 das Lizentiat in Theologie und das Doktorat in Philosophie erwarb. Außerdem belegte er Kurse in Psychologie an der Dr. J.C. Charcot Klinik in Paris. 1877–1882 leitete er als Rektor das Knabenseminar von Mecheln und lehrte dort Philosophie. 1882 verlieh ihm Papst Leo XIII. das Doktorat in Theologie und er wurde Professor für Philosophie an der Universität Louvain. 1887 wurde er päpstlicher Hausprälat. Er gab eine philosophische Zeitschrift heraus und war 1892–1906 Präsident des Seminars Leo XIII. in Mecheln. Er war Ehrenkanoniker des Kathedralkapitels von Mecheln.

Am 7. Februar 1906 wurde er zum Erzbischof von Mecheln ernannt. Die Bischofsweihe empfing er am 25. März 1906 in der Kathedrale von Mecheln von Erzbischof Antonio Vico, dem Nuntius in Belgien.

Papst Pius X. kreierte ihn im Konsistorium vom 15. April 1907 zum Kardinalpriester und verlieh ihm am 18. April 1907 den Kardinalshut und die Titelkirche S. Pietro in Vincoli. Er nahm an den Konklaven von 1914, welches Benedikt XV. wählte, und von 1922, welches Pius XI. wählte, teil. Als König Albert I. während der deutschen Besatzung im Ersten Weltkrieg ins Exil fliehen musste, organisierte Mercier den Widerstand in Belgien. 1920 gründete er die Internationale Vereinigung für Soziale Studien. 1921–1926 fanden die „Mechelner Gespräche" mit führenden anglikanischen Geistlichen wie Laien in seinem Bischofspalais statt. Er sprach sich gegen mehr Unabhängigkeit der flämischen Bevölkerung Belgiens und gegen den öffentlichen Gebrauch der flämischen Sprache aus.

Er starb am 23. Januar 1926 in Brüssel und wurde in der Kathedrale von Mecheln beigesetzt.

Gasparri, Pietro (1852 – 1934)
Gasparri wurde am 5. Mai 1852 in Capovallazza di Ussita in Umbrien, im damaligen Kirchenstaat, heute Republik Italien, geboren. Er war der Onkel von Kardinal Enrico Gasparri (1925 kreiert) und der Cousin von Kardinal Augusto Silj (1919 kreiert). Er studierte am Päpstlich-Römischen Seminar und am Päpstlichen *Athenaeum S. Apollinare* in Rom und erwarb Doktorate in Theologie, Philosophie und beiderlei Rechten (*utriusque iuris*).

Am 31. März 1877 wurde er in Rom zum Priester geweiht und wurde Sekretär von Kardinal Teodolfo Mertel. 1877–1880 war er Dozent für Kirchengeschichte und Dogmatik am Päpstlich-Römischen Seminar und für kanonisches Recht am Päpstlichen *Athenaeum Urbaniana* der Kongregation *Propaganda Fide* sowie am Päpstlichen *Athenaeum S. Apollinare* in Rom, Anschließend war er bis 1898 Dozent am Institute Catholique in Paris, wurde 1894 päpstlicher Hausprälat und gehörte 1896 der Päpstlichen Kommission zur Überprüfung der Gültigkeit anglikanischer Weihen an.

Am 2. Januar 1898 wurde er zum Titularerzbischof von Caesarea in Palaestina ernannt. Die Bischofsweihe empfing er am 6. März 1898 in der Kirche Saint-Joseph des Carmes in Paris von Kardinal François Richaud, dem Erzbischof von Paris. Am 26. März 1898 wurde er zum Apostolischen Delegaten in Peru, Ecuador und Bolivien ernannt. Am 23. April 1901 wurde er Sekretär der Kongregation für die außerordentlichen kirchlichen Angelegenheiten. Am 4. April 1904 wurde er Sekretär der Päpstlichen Kommission zur Kodifizierung des kanonischen Rechts, eine Aufgabe, die ihn bis zur Veröffentlichung 1917 beschäftigte.

Papst Pius X. kreierte ihn im Konsistorium vom 16. Dezember 1907 zum Kardinalpriester und verlieh ihm am 19. Dezember 1907 den Kardinalshut und die Titelkirche S. Bernardo alle Terme. Er nahm an den Konklaven von 1914, welches Benedikt XV. wählte, und von 1922, welches Pius XI. wählte, teil. Am 13. Oktober 1914 wurde er zum Kardinalstaatssekretär ernannt. 1914–1918 war er zusätzlich Präsident der Kommission für die Vermögensverwaltung des Heiligen Stuhls und Präfekt des Apostolischen Palastes. Am 22. Januar 1915 optierte er für die Titelkirche S. Lorenzo in Lucina und behielt seine bisherige Titelkirche *in commendam* bei. Am 4. Dezember 1916 wurde er Camerlengo *S.E.R.* Er hatte auf die päpstliche Politik während des Ersten Weltkriegs und der Nachkriegsjahre maßgeblichen Einfluss und verfasste die päpstliche Friedensnote vom 1. August 1917. 1922 ernannte ihn Pius XI. erneut zum Kardinalstaatssekretär und 1925 zum Sekretär der Kongregation für die außerordentlichen Angelegenheiten der Kirche. 1929 wurde er Vorsitzender der Kardinalskommission für die Kodifikation des Ostkirchenrechts 1926 bis 1929 leitete er die Verhandlungen des

Päpstlichen Stuhles mit Italien, die zu den Lateranverträgen führten und die er am 11. Februar 1929 unterzeichnete. Am 7. Februar 1930 verzichtete er auf seine Ämter.

Er starb am 18. November 1934 in Rom und wurde auf dem Friedhof von Ussita beigesetzt.

Luçon, Louis-Henri-Joseph (1842–1930)

Luçon wurde am 28. Oktober 1842 in Maulévrier in der heutigen Region Maine-et-Loire im damaligen Königreich Frankreich, heute Republik Frankreich, geboren. Er studierte am Priesterseminar in Angers.

Am 23. Dezember 1865 wurde er in Angers zum Priester geweiht. Er war bis 1873 Kaplan in der Diözese Angers und ging danach bis 1875 nach Rom als Kaplan der französischen Nationalkirche S. Luigi di Francesi Rom. In diesen Jahren studierte er weiter in Rom und erwarb zum Abschluss 1875 Doktorate in Theologie und kanonischem Recht. 1875–1887 war er wieder in seiner Heimatdiözese seelsorgerlich tätig, zuletzt von 1883 an als Erzpriester von Cholet.

Am 25. November 1887 wurde er zum Bischof von Belley ernannt. Die Bischofsweihe empfing er am 8. Februar 1888 in Angers von Bischof Charles-Emile Freppel von Angers. Am 21. Februar 1906 wurde er Erzbischof von Reims.

Papst Pius X. kreierte ihn im Konsistorium vom 16. Dezember 1907 zum Kardinalpriester und verlieh ihm am 19. Dezember 1907 den Kardinalshut und die Titelkirche S. Maria Nuova e Santa Francesca Romana. Er nahm an den Konklaven von 1914, welches Benedikt XV. wählte, und von 1922, welches Pius XI. wählte, teil.

Er starb am 28. Mai 1930 in Reims und wurde in der Kathedrale von Reims beigesetzt.

Andrieu, Pierre-Paulin (1849–1935)

Andrieu wurde am 7. Dezember 1849 in Seysses in der Region Midi-Pyrénées in der Republik Frankreich, heute wieder Republik Frankreich, geboren und absolvierte seine Studien am Priesterseminar von Toulouse.

Am 30. Mai 1874 wurde er in Toulouse zum Priester geweiht. Es folgten einige Monate als Kaplan, bevor er 1875–1880 als Sekretär des Erzbischofs von Toulouse wirkte. 1876 wurde er Ehrenkanoniker der Kathedrale von Toulouse und war 1880–1901 Generalvikar des Erzbischofs von Toulouse.

Am 18. April 1901 wurde er zum Bischof von Marseille ernannt. Die Bischofsweihe empfing er am 25. Juli 1901 in der Kathedrale von Toulouse durch Erzbischof Jean-Augustine Germain von Toulouse.

Papst Pius X. kreierte ihn im Konsistorium vom 16. Dezember 1907 zum Kardinalpriester und verlieh ihm am 19. Dezember 1907 den Kardinalshut und die Titelkirche S. Onofrio. Am 2. Januar 1909 wurde er zum Erzbischof von Bordeaux ernannt. Er nahm an den Konklaven von 1914, welches Benedikt XV. wählte, und von 1922, welches

Pius XI. wählte, teil. 1926 verurteilte er als erster französischer Bischof die Action Française, eine nationalistisch-antisemitische Bewegung.

Er starb am 15. Februar 1935 in Bordeaux und wurde in der dortigen Kathedrale beigesetzt.

De Lai, Gaetano (1853 – 1928)

De Lai wurde am 26. Juli 1853 in Malo in der Region Venetien im damals zur Habsburger Monarchie gehörenden Königreich Lombardei-Venetien, heute Republik Italien, geboren. Er studierte 1867 – 1870 am Priesterseminar von Vicenza und 1870 – 1876 am Päpstlich-Römischen Seminar und am Päpstlichen *Athenaeum S. Apollinare*, wo er Doktorate in Theologie, Philosophie und beiderlei Rechten (*utriusque iuris*) erwarb.

Am 16. April 1876 wurde er in Rom von Kardinalvikar Costantino Patrizi Naro zum Priester geweiht. Er setzte seine Studien u. a. an der Studieneinrichtung der Konzilskongregation bis 1878 fort und wirkte bis 1891 als Mitarbeiter der Konzilskongregation. Daneben unterrichtete er ab 1886 kanonisches Recht am römischen Priesterseminar. Am 23. März 1891 wurde er Untersekretär der Konzilskongregation, 1897 päpstlicher Hausprälat. Im Juni 1903 wurde er zunächst Pro-Sekretär, am 11. November Sekretär der Konzilskongregation.

Papst Pius X. kreierte ihn im Konsistorium vom 16. Dezember 1907 zum Kardinaldiakon und verlieh ihm am 19. Dezember 1907 den Kardinalshut und die Kirche S. Nicola in Carcere als Titeldiakonie. Am 20. Oktober 1908 wurde er Sekretär der Konsistorialkongregation. Er war Präsident einer der beiden Unterkommissionen für die Kodifizierung des kanonischen Rechtes sowie Präsident der Kommission für die Reorganisation der Kurie.

Am 27. November 1911 optierte er für die Klasse der Kardinalbischöfe und die suburbikarische Diözese Sabina. Die Bischofweihe empfing er am 17. Dezember 1911 in der Sixtinischen Kapelle des Vatikan durch Papst Pius X. Er nahm an den Konklaven von 1914, welches Benedikt XV. wählte, und von 1922, welches Pius XI. wählte, teil. 1919 wurde er Subdekan des Kardinalskollegiums. Am 7. August 1924 wurde Apostolischer Administrator der suburbikarischen Diözese Poggio Mirteto und am 3. Juni 1925, als diese Diözese mit der Diözese Sabina vereinigt wurde, Kardinalbischof von Poggio Mirteto.

Er starb am 24. Oktober 1928 in Rom und wurde zunächst auf dem römischen Friedhof Campo Verano beigesetzt. 1929 wurden seine sterblichen Überreste in die seine Heimat Malo überführt und endgültig beigesetzt.

Bello, António Mendes (1842 – 1929)

Bello wurde am 18. Juni 1842 in Gouvea in der heutigen Região Centro im damaligen Königreich Portugal, heute Republik Portugal, geboren. Er studierte am Priesterseminar von Coimbra und der Universität Coimbra, wo er ein Lizentiat in Rechtswissenschaften erwarb.

Am 10. Juni 1865 wurde er zum Priester geweiht und war anschließend bis 1871 Generalvikar der Diözese Funchal (Madeira). 1871 wurde er Dozent am Seminar von Pinhel und war ab 1874 auch Generalvikar der Diözese, bis diese 1881 aufgelöst und der neuen Diözese Guarda angegliedert wurde. 1881 war er kurz Generalvikar der Diözese Aveiro, die ebenfalls 1881 aufgelöst und mit der Diözese Coimbra vereinigt wurde. Ende 1881 wurde er Generalvikar des Patriarchates Lissabon.

Am 24. März 1884 wurde er zum Titularerzbischof von Mitilene und Suffraganbischof von Lissabon ernannt. Die Bischofsweihe empfing er am 27. April 1884 in Lissabon durch Kardinal José Sebastião Netto, den Patriarchen von Lissabon. Am 13. November 1884 wurde er zum Bischof von Faro mit dem Titel eines Erzbischofs *ad personam* ernannt. Am 19. Dezember 1907 wurde er Patriarch von Lissabon.

Papst Pius X. kreierte ihn im Konsistorium vom 27. November 1911 zum Kardinal *in pectore*. 1911–1913 musste er sein Bistum wegen Auseinandersetzungen zwischen Kirche und Staat verlassen und residierte in Gouveia. Seine Kardinalskreierung zum Kardinalpriester wurde am 25. Mai 1914 veröffentlicht. Er nahm im August 1914 am Konklave teil, welches Benedikt XV. wählte und der neue Papst verlieh ihm am 8. September 1914 den Kardinalshut und die Titelkirche SS. Marcellino e Pietro. 1922 wurde er Mitglied der portugiesischen Akademie der Wissenschaften und nahm am Konklave teil, welches Pius XI. wählte.

Er starb am 5. August 1929 in Lissabon und wurde in der Patriarchengruft des Klosters São Vicente de Fora in Lissabon beigesetzt.

Cos y Macho, José María (1838–1919)

Cos y Macho wurde am 6. August 1838 in Terán y Solones bei Cabuerniga in Kantabrien im Königreich Spanien geboren. Er studierte am Seminar Monte Corban in Santander.

Im September 1862 wurde er zum Priester geweiht und studierte bis zur Promotion in Theologie 1864 an der Universität Salamanca. Gleichzeitig war er Studienpräfekt am Seminar von Salamanca. 1865 wurde er Kanoniker der Kathedrale von Oviedo. 1882 wurde er Sekretär der Finanzkammer des Bischofs von Oviedo und 1884 Archidiakon der Kathedrale von Cordoba.

Am 10. Juni 1886 wurde er zum Bischof von Mondoñedo ernannt und empfing am 12. September 1886 in Oviedo von Erzbischof Victoriano Guisasola y Rodríguez von Santiago de Compostela die Bischofsweihe. Am 14. Februar 1889 wurde er zum Erzbischof von Santiago de Cuba auf Kuba ernannt und am 11. Juni 1892 zum Bischof von Madrid-Alcalá mit dem Titel eines Erzbischofs *ad personam* ernannt. Am 18. April 1901 erfolgte die Ernennung zum Erzbischof von Valladolid.

Papst Pius X. kreierte ihn im Konsistorium vom 27. November 1911 zum Kardinalpriester und verlieh ihm am 2. Dezember 1912 den Kardinalshut und die Titelkirche S. Maria del Popolo. Er nahm am Konklave von 1914 teil, welches Benedikt XV. wählte. Am 4. Dezember 1918 wurde er zusätzlich Apostolischer Administrator des Bistums Avila.

Er starb am 16. Dezember 1919 in Valladolid und wurde in der Kathedrale von Valladolid beigesetzt.

Falconio O.F.M., Diomede (1842–1917)

Falconio wurde am 20. September 1842 in Pescocostanzo im der Nähe von Monte Cassino im Königreich beider Sizilien, heute Republik Italien gelegen, geboren und auf den Namen Angelo Raffaele Gennaro getauft. Am 2. September 1860 trat er in die Provinz Abruzzen des Franziskanerordens ein und nahm den Ordensnamen Diomede von Pescocostanzo an. Er lebte und studierte in den Franziskanerkonventen Magliano und Carpineto. Die ersten Gelübde legte er im September 1861 ab, die feierlichen Gelübde im 1864. 1865 reiste er in die USA.

Am 4. Januar 1866 wurde er in Buffalo im Bundesstaat New York in den USA von Bischof John Timon C.M. von Buffalo zum Priester geweiht. 1865–1871 wirkte er als Philosophiedozent am St. Bonaventure's College und am Seminar von Alleghany, New York, 1868–1869 war er dessen Präsident und wurde amerikanischer Staatsbürger. 1871–1872 wirkte er als Administrator, Kanzler und Generalvikar der Diözese Harbor Grace, anschließend war er wieder Dozent am St. Bonaventure's College und am Seminar von Alleghany, New York, 1882–1883 wirkte er in der missionarischen Arbeit in New York und Connecticut. 1883 kehrte er nach Italien zurück und war 1884–1889 Provinzial der Provinz S. Bernardino seines Ordens. Im Oktober 1889 wurde er zum Generalprokurator des reformierten Zweiges der Franziskaner gewählt und besuchte in den Jahren 1889–1892 als Generalvisitator die Provinzen Neapel und Pouilles in Frankreich.

Am 11. Juli 1892 wurde er zum Bischof von Lacedonia in Kampanien in Italien ernannt. Die Bischofsweihe empfing er am 17. Juli 1892 in der Kirche S. Antonio in Via Merulana in Rom von Kardinaldekan Raffaele Monaco La Valletta. Am 29. November 1895 wurde er zum Erzbischof von Acerenza e Matera ernannt. Am 3. August 1899 wurde er zum ersten Apostolischen Delegaten in Kanada und am 30. September 1899 zum Titularerzbischof von Larissa ernannt. Am 30. September 1902 wurde er Apostolischer Delegat in den USA.

Papst Pius X. kreierte ihn im Konsistorium vom 27. November 1911 zum Kardinalpriester und verlieh ihm am 30. November 1911 den Kardinalshut und die Titelkirche S. Maria in Aracoeli. Am 25. Mai 1914 optierte er für die Klasse der Kardinalbischöfe und die suburbikarische Diözese Velletri. Er nahm am Konklave von 1914 teil, welches Benedikt XV. wählte. Am 26. Februar 1916 wurde er Präfekt der Religiosenkongregation.

Er starb am 8. Februar 1917 in Rom und wurde in der Franziskanerkirche von Pescocostanzo beigesetzt.

Vico, Antonio (1847–1929)

Vico wurde am 9. Januar 1847 in Agugliano in den Marken im damaligen Kirchenstaat, heute Republik Italien, geboren. Er trat in das Collegio Capranica in Rom ein und studierte am Collegio Romano, wo er in Philosophie und Theologie promoviert wurde.

Am 20. September 1873 wurde er in Ancona zum Priester geweiht und kehrte nach Rom an das Collegio Romano zurück, wo er 1876 zum Doktor beiderlei Rechte (*utriusque iuris*) promoviert wurde. Danach übernahm er kurz pastorale Aufgaben in der Diözese

Rom und wirkte 1877–1880 an der Nuntiatur in Spanien als Nuntiatursekretär. 1880–1883 war er Sekretär der Apostolischen Delegatur in Konstantinopel. 1883–1887 war er Auditor der Nuntiatur von Frankreich, 1887–1893 in Spanien und 1893–1897 in Portugal. 1886 war er päpstlicher Geheimkämmerer geworden. Am 24. November 1897 wurde er Apostolischer Delegat und außerordentlicher Legat des Papstes in Kolumbien.

Am 22. Dezember 1897 wurde er zum Titularerzbischof von Philippi ernannt. Die Bischofsweihe empfing er am 9. Januar 1898 im Collegio Capranica in Rom von Kardinalstaatssekretär Mariano Rampolla del Tindaro. Am 4. Febuar 1904 wurde er Nuntius in Belgien, am 21. Oktober 1907 Nuntius in Spanien.

Papst Pius X. kreierte ihn im Konsistorium vom 27. November 1911 zum Kardinalpriester. Das rote Birett wurde ihm vom spanischen König überreicht. Der Papst verlieh ihm am 2. Dezember 1912 den Kardinalshut und die Titelkirche S. Callisto. Er nahm an den Konklaven von 1914, welches Benedikt XV. wählte und 1922, welches Pius XI. wählte, teil. Am 11. Februar 1915 wurde er Pro-Präfekt der Ritenkongregation. Am 6. Dezember 1915 optierte er für die Klasse der Kardinalbischöfe und die suburbikarische Diözese Porto e Santa Rufina. Am 8. Juli 1918 wurde er Präfekt der Ritenkongregation.

Er starb am 25. Februar 1929 in Rom und wurde in der Pfarrkirche seiner Heimat Agugliano beigesetzt.

Granito Pignatelli di Belmonte, Gennaro (1851–1948)

Granito Pignatelli di Belmonte wurde am 10. April 1851 in Neapel im Königreich beider Sizilien, heute Republik Italien, geboren. Er besuchte das Collegio Mondragone in Neapel und erhielt Unterricht durch Privatlehrer. Sein Studium schloss er mit der Promotion in Theologie ab und wurde 1878 in die Erzdiözese Neapel aufgenommen.

Am 7. Juni 1879 wurde er in Neapel zum Priester geweiht und wirkte bis 1886 als Sekretär des Erzbischofs von Neapel. 1884 wurde er päpstlicher Hausprälat. 1886–1891 war er Herausgeber einer katholischen Zeitschrift in Neapel, 1891 wurde er Kanoniker an der Kathedrale und erzbischöflicher Offizial von Neapel. 1893 trat er in den Dienst der Römischen Kurie ein und wurde Mitarbeiter der Kongregation für die außerordentlichen Angelegenheiten der Kirche. Er war 1893–1896 Mitarbeiter der Nuntiatur in Frankreich. 1897–1899 war er Nuntiaturrat in der Nuntiatur von Frankreich und 1899 Geschäftsträger daselbst.

Am 17. November 1899 wurde er zum Titularerzbischof von Edessa in Macedonia ernannt. Die Bischofsweihe empfing er am 26. November 1899 in Rom durch Kardinalstaatssekretär Mariano Rampolla del Tindaro. Am 5. Dezember 1899 wurde er zum Apostolischen Nuntius in Belgien ernannt. Am 15. Januar 1904 wurde er zum Nuntius in Österreich-Ungarn ernannt. Im Januar 1911 kehrte er nach Rom zurück.

Papst Pius X. kreierte ihn im Konsistorium vom 27. November 1911 zum Kardinalpriester und verlieh ihm am 30. November 1911 den Kardinalshut und die Titelkirche S. Maria degli Angeli. Er nahm an den Konklaven von 1914, das Benedikt XV. wählte, von 1922, welches Pius XI. wählte und 1939, welches Pius XII. wählte, teil. Am

6. Dezember 1915 optierte er für die Klasse der Kardinalbischöfe und die suburbikarische Diözese Albano. Am 25. Februar 1929 wurde er Subdekan des Kardinalskollegiums und 9. Juli 1930 Dekan des Kardinalskollegiums und Bischof der suburbikarischen Diözese Ostia. Am 14. Juli 1930 wurde er Präfekt der Zeremonialkongregation.

Er starb am 16. Februar 1948 im Vatikan und wurde auf dem römischen Friedhof Campo Verano beigesetzt.

Farley, John Murphy (1847 – 1918)
Farley wurde am 20. April 1847 in Newton-Hamilton in Irland im Vereinigten Königreich Großbritannien und Irland, heute Republik Irland, geboren. Nachdem er das St. MacCartan's College in Monaghan, Irland besucht hatte, ging er in die USA und studierte am St. John's College in Fordham und am St. Joseph's Seminary in Troy, New York. Von dort wurde er nach Rom an das Päpstliche *Athenaeum Urbaniana* der Kongregation *Propaganda Fide* gesandt.

Am 11. Juni 1870 wurde er in Rom zum Priester geweiht. Er kehrte nach New York zurück und wirkte bis 1872 in der Seelsorge. 1872 wurde er Sekretär von Erzbischof McCloskey, dem späteren Kardinal, den er zum Konklave 1878 nach Rom begleitete. Sie kamen aber erst nach der bereits erfolgten Wahl in Rom an. 1884 wurde er päpstlicher Geheimkämmerer und nahm am III. Plenarkonzil der US-amerikanischen Kirche in Baltimore teil. Nach weiteren Aufgaben in der Seelsorge war er 1891 – 1902 Generalvikar der Erzdiözese New York und wurde 1892 päpstlicher Hausprälat und 1894 Apostolischer Protonotar.

Am 18. November 1895 wurde er zum Titularbischof von Zeugma in Syria und Weihbischof in New York ernannt. Die Bischofsweihe empfing er am 21. Dezember 1895 in New York von Erzbischof Michael Augustine Corrigan von New York. Am 5. Mai wurde er Administrator der Erzdiözese New York und am 15. September 1902 zum Erzbischof von New York ernannt. 1905 wurde er Päpstlicher Thronassistent.

Papst Pius X. kreierte ihn im Konsistorium vom 27. November 1911 zum Kardinalpriester und verlieh ihm am 30. November 1911 den Kardinalshut und die Titelkirche S. Maria sopra Minerva. Er nahm am Konklave von 1914 teil, welches Benedikt XV. wählte.

Er starb am 17. November 1918 in New York und wurde in der Kathedrale von New York beigesetzt.

Bourne, Francis (1861 – 1935)
Bourne wurde am 23. März 1861 in Claphan in England im Vereinigten Königreich Großbritannien geboren. Nach seiner Schulzeit trat er kurz in den Dominikanerorden ein, den er bereits 1880 verließ. 1880 – 1881 studierte er am St. Thomas Seminar in Hammersmith und ging dann nach Frankreich an das Saint-Sulpice Seminar in Paris. 1883 ging er zum Studium nach Belgien an die Universität Louvain.

Am 11. Juni 1884 wurde er in Claphan zum Priester geweiht und wirkte bis 1889 in der Gemeindeseelsorge der Diözese Southwark. 1889–1891 war er Rektor des Studienhauses in Henfield Place, 1891–1896 Dozent und Rektor am Seminar von Wonersh. 1895 wurde er päpstlicher Hausprälat.

Am 27. März 1896 wurde er zum Titularbischof von Epiphania und Koadjutor *c.i.s.* von Southwark ernannt. Die Bischofsweihe empfing er am 1. Mai 1896 in London von Kardinal Herbert Vaughan, den Erzbischof von Westminster. Am 9. April 1897 wurde er Bischof von Southwark, am 11. September 1903 Erzbischof von Westminster.

Papst Pius X. kreierte ihn im Konsistorium vom 27. November 1911 zum Kardinalpriester und verlieh ihm am 30. November 1911 den Kardinalshut und die Titelkirche S. Pudenziana. Er nahm an den Konklaven von 1914, welches Benedikt XV. wählte, und 1922, welches Pius XI. wählte, teil.

Er starb am 1. Januar 1935 in London und wurde in der Kapelle des St. Edmund's College in Ware beigesetzt.

Bauer, Franziskus von Sales (1841–1915)

Bauer wurde am 26. Januar 1841 in Hrachovec in Mähren im Königreich Böhmen der k. u. k Habsburger Monarchie Österreich-Ungarn, heute Republik Tschechien, geboren. Er studierte am Priesterseminar und an der theologischen Fakultät in Olmütz.

Am 19. Juli 1863 wurde er in Olmütz zum Priester geweiht. Neben seinem Promotionsstudium wirkte er bis 1865 in der Seelsorge und wurde 1865 Dozent an der theologischen Fakultät in Olmütz. Am 30. Juni 1869 wurde er zum Dr. theol. promoviert und wurde Dekan der Fakultät. Im September 1873 wurde er Professor an der theologischen Fakultät der Universität Prag und 1879 Regens des erzbischöflichen Priesterseminars.

Am 3. Juli 1882 wurde er zum Bischof von Brünn in Böhmen ernannt. Die Bischofsweihe empfing er am 15. August 1882 in Olmütz durch Kardinal Friedrich von Fürstenberg, dem Erzbischof von Olmütz. 1886 wurde er Päpstlicher Thronassistent. Am 10. Mai 1904 wurde er zum Fürsterzbischof von Olmütz ernannt. Als Fürsterzbischof von Olmütz war er gleichzeitig Herzog von Hotzenplotz, Hofrat und Mitglied im Herrenhaus.

Papst Pius X. kreierte ihn im Konsistorium vom 27. November 1911 zum Kardinalpriester und verlieh ihm am 2. Dezember 1912 den Kardinalshut und die Titelkirche S. Girolamo degli Schiavoni zugewiesen. Am Konklave von 1914, welches Benedikt XV. wählte, konnte er aus Gesundheitsgründen nicht teilnehmen.

Er starb am 25. November 1915 in Olmütz und wurde in der Kathedrale von Olmütz beigesetzt.

Amette, Léon-Adolphe (1850–1920)

Amette wurde am 6. September 1850 in Douville in der heutigen Region Haute-Normandie in der Republik Frankreich, heute wieder Republik Frankreich, geboren. 1869 begann er sein Studium am Priesterseminar Saint Sulpice in Paris.

Am 20. Dezember 1873 wurde er in Paris von Erzbischof Joseph-Hippolyte Guibert O.M.I. von Paris zum Priester geweiht. Es folgten 1873–1889 verschiedene pastorale Dienste und eine Zeit als Sekretär des Bischofs von Évreux. 1884 wurde er Ehrenkanoniker der Kathedrale von Évreux. 1889–1898 war er Generalvikar des Bischofs von Évreux, 1890 Kapitularvikar.

Am 28. November 1898 wurde er zum Bischof von Bayeux ernannt. Die Bischofsweihe empfing er am 25. Januar 1899 in Évreux von Kardinal Guillaume Marie Romain Sourrieu, dem Erzbischof von Rouen. Am 21. Februar 1906 wurde er zum Titularerzbischof von Sidon und Koadjutor *c.i.s.* von Paris ernannt. Am 28. Januar 1908 wurde er Erzbischof von Paris.

Papst Pius X. kreierte ihn im Konsistorium vom 27. November 1911 zum Kardinalpriester und verlieh ihm am 30. November 1911 den Kardinalshut und die Titelkirche S. Sabina. Er nahm Konklave von 1914 teil, welches Benedikt XV. wählte.

Er starb am 29. August 1920 in Antony bei Paris und wurde in der Kathedrale Notre Dame in Paris beigesetzt.

O'Connell, William Henry (1859–1944)

O'Connell wurde am 8. Dezember 1859 in Lowell im Bundesstaat Massachusetts in den USA geboren. Nach Studien am Saint Charles Seminary College in Ellicott City, Maryland und am Boston College in Boston wurde er nach Rom gesandt, um am nordamerikanischen Kolleg und am Päpstlichen *Athenaeum Urbaniana* der Kongregation *Propaganda Fide* zu studieren. Wegen Krankheit musste er vor der Erlangung der Doktorwürde sein Studium beenden.

Am 7. Juni 1884 wurde er in Rom von Kardinalvikar Lucido Maria Parocchi zum Priester geweiht. Er kehrte in seine Heimat zurück und übernahm bis 1895 verschiedene Aufgaben in der Gemeindeseelsorge der Erzdiözese Boston. 1895–1901 war er Rektor des nordamerikanischen Kollegs in Rom und wurde 1897 päpstlicher Hausprälat.

Am 8. Februar 1901 wurde er zum Bischof von Portland in den USA ernannt. Die Bischofsweihe empfing er am 19. Mai 1901 in Rom von Kardinal Francesco Satolli. 1905 wurde er Päpstlicher Thronassistent und am 21. Februar 1906 Titularerzbischof von Costanzia und Koadjutor *c.i.s.* von Boston. Am 31. August 1907 wurde er Erzbischof von Boston.

Papst Pius X. kreierte ihn im Konsistorium vom 27. November 1911 zum Kardinalpriester und verlieh ihm am 30. November 1911 den Kardinalshut und die Titelkirche S. Clemente. Zu den Konklaven von 1914, welches Benedikt XV. wählte, und 1922, welches Pius XI. wählte, konnte er Rom nicht rechtzeitig erreichen. Papst Pius XI. verlängerte deshalb die Frist zu Beginn eines Konklaves. Am Konklave von 1939, welches Pius XII. wählte, nahm er teil.

Er starb am 22. April 1944 in Boston und wurde in der Seminarkirche von Boston beigesetzt.

Almaraz Santos, Enrique (1847 – 1922)

Almaraz Santos wurde am 22. September 1847 in La Vellés in der Provinz Salamanca in der Region Kastilien und León im Königreich Spanien geboren. Er studierte am Priesterseminar von Salamanca, wo er 1876 in Theologie promoviert wurde und auch ein Lizentiat in kanonischem Recht erwarb.

1874 wurde er in Salamanca zum Priester geweiht. Er wirkte als Dozent am Priesterseminar von Salamanca, als Kanonikus an der Kathedrale und Leiter der Domschule von Salamanca und Sekretär des Kathedralkapitels. In dieser Zeit wurde er päpstlicher Geheimkämmerer. Er siedelte nach Madrid über, wo er zum Prediger der königlichen Kammer am Hofe des Königs Alfonso XIII. ernannt worden war. Er diente als Sekretär des Bischofs von Madrid-Alcalá und war Dozent am Priesterseminar von Madrid. Im April 1886 wurde er zum Generalvikar und 1891 zum Erzpriester und Dekan des Domkapitels von Madrid gewählt.

Am 19. Januar 1893 wurde er zum Bischof von Palencia ernannt. Die Bischofsweihe empfing er am 16. April 1893 in Madrid von Erzbischof Ciriaco María Sancha Hervás von Valencia. 1899 – 1902 war er Senator für die Erzdiözese Burgos. Am 18. April 1907 wurde er Erzbischof von Sevilla und im gleichen Jahr durch königliche Ernennung Senator des spanischen Königreiches.

Papst Pius X. kreierte ihn im Konsistorium vom 27. November 1911 zum Kardinalpriester. Das rote Birett erhielt er vom spanischen König überreicht. Der Papst verlieh ihm am 2. Dezember 1912 den Kardinalshut und die Titelkirche S. Pietro in Montorio. Er nahm am Konklave von 1914 teil, welches Benedikt XV. wählte. Am 16. Dezember 1920 wurde er zum Erzbischof von Toledo und Primas von Spanien ernannt.

Er starb am 22. Januar 1922 – an diesen Tag starb auch Papst Benedikt XV. – in Madrid und wurde in der Metropolitankathedrale von Toledo beigesetzt.

Dubillard, François-Virgil (1845 – 1914)

Dubillard wurde am 16. Februar 1845 in Soye in der heutigen Region Franche-Comté im Königreich Frankreich, heute Republik Frankreich, geboren. Er studierte an den Seminaren in Vesoul und Besançon und erwarb einen theologischen Doktorgrad in Rom.

Am 5. September 1869 wurde er in Besançon zum Priester geweiht. Er war bis 1872 in der Gemeindeseelsorge und danach bis 1887 als Dozent für Dogmatik am Priesterseminar von Besançon tätig, das er 1881 – 1890 als Regens leitete. 1882 wurde er zum Honorar-Generalvikar von Besançon ernannt, 1890 wurde er Generalvikar.

Am 14. Dezember 1899 wurde er zum Bischof von Quimper ernannt. Die Bischofsweihe empfing er am 24. Februar 1900 in Besançon von Erzbischof Fulbert Petit von Besançon. Am 16. Dezember 1907 wurde er Erzbischof von Chambéry.

Papst Pius X. kreierte ihn im Konsistorium vom 27. November 1911 zum Kardinalpriester und verlieh ihm am 30. November 1911 den Kardinalshut und die Titelkirche S. Susanna. Am Konklave von 1914, welches Benedikt XV. wählte, konnte er aus Gesundheitsgründen nicht teilnehmen.

Er starb am 1. Dezember 1914 in Chambéry und wurde in der Kathedrale von Chambéry beigesetzt.

Nagl, Franz Xaver (1855 – 1913)

Nagl wurde am 26. November 1855 in Wien im Kaiserreich Österreich, heute Republik Österreich, geboren. Nach der Schulzeit studierte er 1874 – 1878 am Priesterseminar von St. Pölten Theologie.

Am 14. Juli 1878 wurde er zum Priester geweiht. Zunächst wirkte er als Kooperator in Amstetten, setzte dann seine Studien als Seminarist des Priesterseminars Frintaneums in Wien und danach in Rom fort, wo er als Kaplan des Kollegs der Anima in Rom thomistische Philosophie am Päpstlichen *Athenaeum* St. Thomas von Aquin (*Angelicum*) studierte. Er schloss seine Studien 1883 mit der Promotion an der Universität Wien ab. 1883 wurde er Dozent für Exegese und thomistische Philosophie am Priesterseminar in St. Pölten. 1885 wurde er k. u. k. Hofkaplan in Wien. 1887 übernahm er die Aufgabe eines Spirituals am Frintaneum zu Wien und des Inspektors für den Religionsunterricht. Am 14. März 1889 nominierte ihn der Kaiser zum Rektor des Kollegs bei S. Maria dell' Anima in Rom. 1893 wurde er Apostolischer Protonotar.

Am 26. März 1902 nominierte ihn der Kaiser in Wien zum Bischof von Triest-Capo d'Istria. Am 2. Juni 1902 erfolgte die päpstliche Ernennung. Die Bischofsweihe empfing er am 15. Juni 1902 in der Kirche S. Maria dell' Anima in Rom von Kardinal Gaetano Aloisi Masella. Der Kaiser nominierte ihn am 1. Januar 1910 zum Erzbischof-Koadjutor von Wien. Die päpstliche Ernennung zum Titularerzbischof von Tiro und Erzbischof-Koadjutor *c.i.s.* von Wien erfolgte am 19. Januar 1910. Am 5. August 1911 wurde er Fürsterzbischof von Wien.

Papst Pius X. kreierte ihn im Konsistorium vom 27. November 1911 zum Kardinalpriester. Das rote Birett überreichte ihm Kaiser Franz Josef I. Der Papst verlieh ihm am 2. Dezember 1912 den Kardinalshut und die Titelkirche S. Marco. Er wurde Hofrat und Mitglied des Herrenhauses.

Er starb am 4. Februar 1913 und wurde im Stephansdom zum Wien beigesetzt.

Rovérié de Cabrières, François-Marie-Anatole de (1830 – 1921)

Rovérié de Cabrières wurde 30. August 1830 in Beaucaire in der heutigen südfranzösischen Region Languedoc-Roussillon im Königreich Frankreich, heute Republik Frankreich, geboren. Er studierte am Collège de l'Assomption in Nîmes und am Seminar von Saint-Sulpice in Paris.

Am 24. September 1853 wurde er in Nîmes zum Priester geweiht. Von 1853 bis 1874 wirkte er in der Seelsorge der Diözese Nîmes, war Direktor des Knabenseminars von Nîmes und 1855 – 1859 Direktor des Collège de l'Assomption. 1859 wurde er Ehrenkanoniker der

Kathedrale und Sekretär von Bischof Claude-Henri Plantier von Nîmes und 1864 Ehrengeneralvikar. 1871 wurde er Kanoniker der Kathedrale von Nîmes.

Am 16. Januar 1874 wurde er zum Bischof von Montpellier ernannt. Die Bischofsweihe empfing er am 19. März 1874 in Nîmes von Bischof Joseph-Marie Plantier von Nîmes. 1875 wurde er Päpstlicher Thronassistent und erhielt als Nichtmetropolit 1890 das Privileg zum Tragen des Palliums. Er war ein Sympathisant und Unterstützer der national-antisemitischen Action Française.

Papst Pius X. kreierte ihn im Konsistorium vom 27. November 1911 zum Kardinalpriester und verlieh ihm am 30. November 1911 den Kardinalshut und die Titelkirche S. Maria della Vittoria. Er nahm am Konklave 1914 von teil, welches Benedikt XV. wählte.

Er starb am 21. Dezember 1921 in Montpellier und wurde in der Kathedrale von Montpellier beigesetzt.

Bisleti, Gaetano (1856–1937)

Bisleti wurde am 20. März 1856 in Veroli in der Provinz Frosinone im damaligen Kirchenstaat, heute Republik Italien, geboren. Er studierte am Priesterseminar von Tivoli.

Am 20. September 1878 wurde er zum Priester geweiht und war bis 1884 Kanoniker und Archidiakon von Veroli. 1879 trat er in die Päpstliche Akademie für den kirchlichen Adel ein und erwarb ein Doktorat in Theologie.

1884 wurde er päpstlicher Geheimkämmerer und 1889 Kanoniker an der Petersbasilika des Vatikan. Am 29. Mai 1901 wurde er päpstlicher Hausprälat und Maestro di Camera des Papstes. Pius X. bestätigte ihn 1903 in diesem Amt. 1901 wurde er Apostolischer Protonotar. Am 14. Dezember 1905 wurde er Päpstlicher Majordomus.

Papst Pius X. kreierte ihn im Konsistorium vom 27. November 1911 zum Kardinaldiakon und verlieh ihm am 30. November 1911 den Kardinalshut und die Kirche S. Agata in Suburra als Titeldiakonie. Am 2. Januar 1914 wurde er Großprior des souveränen Malteserordens. Er nahm an den Konklaven von 1914, welches Benedikt XV. wählte, und 1922, welches Pius XI. wählte, teil. Am 1. Dezember 1915 wurde er Präfekt der Kongregation für die Seminarien und Universitäten. Er wurde Kardinalprotodiakon und krönte als solcher Pius XI. am 12. Februar 1922. Er optierte am 17. Dezember 1928 für die Klasse der Kardinalpriester und die Erhebung seiner Diakonie zur Titelkirche. 1932 wurde er Präsident der Päpstlichen Kommission für Biblische Studien, Großkanzler der Päpstlichen Universität Gregoriana in Rom und des Päpstlichen Bibelinstitutes und des Orientalischen Institutes sowie Institutes für Kirchenmusik.

Er starb am 30. August 1937 in Grottaferrata und wurde im Marienwallfahrtsort L'Olivella in Veroli beigesetzt.

Lugari, Giovanni Battista (1846–1914)

Lugari wurde am 18. Februar 1846 in Rom im damaligen Kirchenstaat, heute Republik Italien, geboren. Er studierte am Collegio Romano und an der Universität La Sapienza

Rechtswissenschaften und erwarb den Doktor beiderlei Rechte (*utriusque iuris*). Er arbeitete für Heiligsprechungsverfahren an der Ritenkongregation und gehörte zum Kollegium der Konsistorialadvokaten.

Am 15. Januar 1896 wurde er in Rom zum Priester geweiht. Am 6. Februar 1896 wurde er zum Assessor der Ritenkongregation und Sub-Promotor Fidei ernannt, am 6. Februar 1896 zum päpstlichen Geheimkämmerer und im Juni 1897 zum Promotor Fidei und päpstlichen Hausprälaten. Im März 1900 wurde er zum Kanoniker des Kapitels von S. Maria Maggiore ernannt, im Juni 1900 zum Kanoniker des Kapitels der Lateranbasilika. Am 22. April 1901 wurde er Auditor seiner Heiligkeit und Promotor Fidei des Heiligsprechungsprozesses für Jeanne d'Arc. Am 11. Januar 1902 wurde er Assessor der Inquisitionskongregation und am 1. Februar 1902 Kanoniker des Kapitels der Petersbasilika des Vatikan sowie Apostolischer Protonotar. Im April 1902 wurde er Konsultor der Ritenkongregation.

Papst Pius X. kreierte ihn im Konsistorium vom 27. November 1911 zum Kardinaldiakon und verlieh ihm am 30. November 1911 den Kardinalshut und die Kirche S. Maria in Portico Campitelli als Titeldiakonie.

Er starb am 31. Juli 1914 in Rom und wurde auf dem römischen Friedhof Campo Verano beigesetzt.

Pompilj, Basilio (1858–1931)

Pompilj wurde am 16. April 1858 in Spoleto in Umbrien im damaligen Kirchenstaat, heute Republik Italien, geboren. Er studierte am Päpstlich-Römischen Seminar in Rom.

Am 5. Dezember 1888 wurde er in Rom zum Priester geweiht. 1888–1904 war er in der Diözese Rom seelsorgerlich tätig. 1891 trat er in die Römische Kurie ein und wurde Auditor der Konzilskongregation, 1896 wurde er Mitarbeiter der Apostolischen Pönitentiarie, 1898 beigeordneter Prälat der Konzilskongregation und 1899 Apostolischer Protonotar. Am 18. Juli 1904 wurde er Auditor der Römischen Rota und am 31. Januar 1908 Sekretär der Konzilskongregation.

Papst Pius X. kreierte ihn im Konsistorium vom 27. November 1911 zum Kardinaldiakon und verlieh ihm am 30. November 1911 den Kardinalshut und die Kirche S. Maria in Domnica als Titeldiakonie. Am 7. April 1913 wurde er zum Kardinalvikar der Diözese Rom ernannt.

Am 5. Mai 1913 wurde er zum Titularerzbischof von Philippi ernannt. Die Bischofsweihe empfing er am 11. Mai 1913 in Rom von Kardinal Antonio Agliardi. Am 28. Mai 1914 optierte er für die Klasse der Kardinalpriester und die Titelkirche S. Maria in Aracoeli. Er nahm an den Konklaven von 1914, welches Benedikt XV. wählte, und 1922, welches Pius XI. wählte, teil. Am 28. Oktober 1914 wurde er Erzpriester der Lateranbasilika. Am 22. März 1917 optierte er für die Klasse der Kardinalbischöfe und die suburbikarische Diözese Velletri. Am 9. Juli 1930 wurde er Subdekan des Kardinalskollegiums.

Er starb am 5. Mai 1931 in Rom und wurde in der Kathedrale von Spoleto beigesetzt.

Billot S.J., Louis (1846–1931)

Billot wurde am 12. Januar 1846 in Sierch in Lothringen im damaligen Königreich Frankreich, im heutigen Département Moselle in der Republik Frankreich, geboren. Er studierte an den Seminaren von Metz, Bordeaux und Blois.

Am 22. Mai 1869 wurde er in Blois zum Priester geweiht. Am 25. November 1869 trat er in den Jesuitenorden ein. Seine letzten Gelübde legte er am 2. Februar 1883 in Laval ab. 1871–1875 lehrte er Exegese in Laval, danach arbeitete er bis 1878 in der Seelsorge in Paris und bis 1879 in Laval. 1879–1882 lehrte er Dogmatik an der katholischen Universität in Angers, 1882–1885 im Scholastikat der Jesuiten auf der Insel Jersey. 1885 wurde er nach Rom an die Päpstliche Universität Gregoriana zum Professor für Dogmatik berufen. 1909 wurde er Konsultor des Heiligen Offiziums.

Papst Pius X. kreierte ihn im Konsistorium vom 27. November 1911 zum Kardinaldiakon und verlieh ihm am 30. November 1911 den Kardinalshut und die Kirche S. Maria in Via Lata als Titeldiakonie. Er nahm an den Konklaven von 1914, welches Benedikt XV. wählte, und 1922, welches Pius XI. wählte, teil. 1923 wurde er Mitglied der Päpstlichen Bibelkommission.

Er stand der Action Française sehr nahe und musste nach deren Verurteilung durch Pius XI. auf sein Kardinalat verzichten. Seinen Verzicht sprach er am 13. September 1927 aus, angenommen wurde er am 21. September 1927. Er ist der einzige Kardinal, der im 20. Jahrhundert auf sein Kardinalat verzichtete und wieder als einfacher Priester weiterlebte.

Er starb am 18. Dezember 1931 im Jesuitennoviziat von Galloro bei Rom und wurde auf dem römischen Friedhof Campo Verano beigesetzt.

Rossum C.SS.R., Willem Marinus van (1854–1932)

Van Rossum wurde am 3. September 1854 in Zwolle in der Provinz Overijssel im Königreich der Niederlande geboren. Am 15. Juni 1873 trat er in Roermond in den Redemptoristenorden ein und legte am 16. Juni 1874 in Bois-le-Duc seine Profess ab. Er studierte anschließend in Häusern seines Ordens.

Am 17. Oktober 1879 wurde er in Wittem zum Priester geweiht. 1880 wurde er Lehrer für Latein und Rhetorik in Roermond und dozierte 1883–1892 Dogmatik am Studienkolleg der Redemptoristen in Wittem; er war dort 1886–1893 Studienpräfekt und ab 1893 Rektor. Nachdem er 1895 nach Rom in das Generalat des Ordens berufen worden war, wurde er 1896 Konsultor der Inquisitionskongregation und 1904 Mitglied der Kommission für die Kodifizierung des Kirchenrechts; ab 1909 war er Generalkonsultor seines Ordens.

Papst Pius X. kreierte ihn im Konsistorium vom 27. November 1911 zum Kardinaldiakon und verlieh ihm am 30. November 1911 den Kardinalshut und die Kirche S. Cesareo in Palatio als Titeldiakonie. Er nahm an den Konklaven von 1914, welches Benedikt XV. wählte, und 1922, welches Pius XI. wählte, teil. Am 13. Januar 1914 wurde er Präsident der Päpstlichen Bibelkommission und am 1. Oktober 1915 Großpönitentiar. Am 6. Dezember 1915 optierte er für die Klasse der Kardinalpriester und die Titelkirche

S. Croce in Gerusalemme. 1917 wurde er Mitglied der Päpstlichen Kommission für die authentische Interpretation des *Codex Iuris Canonici*. Am 12. März 1918 wurde er zum Präfekten der Kongregation *Propaganda Fide* ernannt.

Am 25. April 1918 wurde er zum Titularerzbischof von Caesarea in Mauretania ernannt. Die Bischofsweihe empfing er am 19. Mai 1918 in der Sixtinischen Kapelle des Vatikans von Papst Benedikt XV.

Er starb am 30. August 1932 in Maastricht und wurde zunächst auf dem Friedhof und später in der Redemptoristenkirche von Wittem beigesetzt.

Hornig, Károly (1840–1917)

Hornig wurde am 10. August 1840 in Buda, heute Budapest im damaligen Königreich Ungarn, heute Republik Ungarn, geboren. Er studierte am Seminar in Budapest und 1862–1866 am kaiserlichen Kolleg *Augustineum* in Wien. 1869 wurde er an der Universität Budapest zum Dr. theol. promoviert.

Am 10. Dezember 1862 wurde er zum Priester geweiht. 1862–1869 dozierte er Bibelwissenschaft an der königlichen Universität Budapest 1869–1870 war er Sekretär des ungarischen Primas János Simor, des Erzbischofs von Gran (Esztergom), auf dem I. Vatikanischen Konzil. 1870–1878 war er Regens des Priesterseminars von Budapest und 1878–1888 Kanoniker der Kathedrale von Gran (Esztergom) und Kanzler der erzbischöflichen Kanzlei in Gran (Esztergom). 1882 erhielt er die Ernennung zum päpstlichen Geheimkämmerer und zum Titularabt des Klosters von Babocsa. Ab 1882 war er Berater des Kultusministeriums.

Am 18. April wurde er von Kaiser Franz Joseph I. von Österreich-Ungarn zum Bischof von Veszprém in Ungarn nominiert. Am 1. Juli 1888 erfolgte die päpstliche Ernennung. Die Bischofsweihe empfing er am 8. September 1888 in der Kathedrale von Gran/Esztergom von Kardinal Janos Simor, dem Erzbischof von Gran/Esztergom und Primas von Ungarn.

Papst Pius X. kreierte ihn im Konsistorium vom 2. Dezember 1912 zum Kardinalpriester und verlieh ihm am 28. Mai 1914 den Kardinalshut und die Titelkirche S. Agnese fuori le mura. Er nahm am Konklave von 1914 teil, welches Benedikt XV. wählte.

Er starb am 9. Februar 1917 in Veszprém und wurde in der Kathedrale von Veszprém beigesetzt.

Guisasola y Menéndez, Victoriano (1852–1920)

Guisasola y Menéndez wurde am 21. April 1852 in Oviedo in Asturien im Königreich Spanien geboren. Sein Onkel war Erzbischof Victoriano Guisasola Rodríguez von Santiago de Compostela (1886–1888). Er studierte am Seminar von Oviedo und an der Universität Oviedo und schloss mit dem Lizentiat in Theologie und dem Doktor in kanonischem Recht ab.

1876 wurde er von seinem Onkel zum Priester geweiht. 1876–1882 wirkte er als Dozent für kanonisches Recht am Seminar von Ciudad Real und Benefiziatskanoniker der Kathedrale, wo er 1880–1882 Kanoniker war. 1882–1884 war er Kanzlei-Sekretär seines Onkels, des Bischofs von Orihuela, 1884–1886 war er Domscholaster und Leiter der Kathedralschule sowie Generalvikar von Orihuela, 1886–1893 war er Kathedralkanoniker von Santiago de Compostela und wurde 1888 nach dem Tod seines Onkels Kapitelsvikar der Erzdiözese Santiago de Compostela.

Am 15. Juni 1893 wurde er zum Bischof von Osma ernannt. Die Bischofsweihe empfing er am 1. Oktober 1893 in Santiago di Compostela von Erzbischof José María Martín de Herrera y de la Iglesia, von Santiago di Compostela. Am 19. April 1897 wurde er Bischof von Jaén, am 16. Dezember 1901 Bischof von Madrid-Alcalá. Am 14. Dezember 1905 wurde er zum Erzbischof von Valencia ernannt und am 1. Januar 1914 zum Erzbischof von Toledo und Primas von Spanien sowie Titular-Patriarchen von Westindien.

Papst Pius X. kreierte ihn im Konsistorium vom 25. Mai 1914 zum Kardinalpriester. Er bekam das Birett von König Alphonso XIII. von Spanien am 3. Juni 1914 überreicht. Er nahm im August 1914 am Konklave teil, welches Benedikt XV. wählte und der neue Papst verlieh ihm am 8. September 1914 den Kardinalshut und die Titelkirche SS. Quattri Coronati.

Er starb am 2. September 1920 in Madrid und wurde in der Kathedrale von Toledo beigesetzt.

Bégin, Louis-Nazaire (1840–1925)

Bégin wurde am 10. Januar 1840 in La Pointe-Lévis in der Provinz Québec in Kanada geboren. Er besuchte das Seminar von Québec und die Universität von Laval bei Québec. 1863–1867 lebte er am französischen Seminar in Rom und studierte am Collegio Romano.

Am 10. Juni 1865 wurde er in der Lateranbasilika von Kardinalvikar Costantino Patrizi zum Priester geweiht. Es folgten weitere Studien in Rom, vor allem das Studium der semitischen Sprachen; 1866 wurde er in Rom zum Dr. theol. promoviert. 1867/68 studierte er an der theologischen Fakultät Innsbruck und reiste für einige Monate nach Palästina. Nach seiner Rückkehr nach Kanada 1868 unterrichtete er bis 1884 Dogmatik und Kirchengeschichte am Seminar von Québec. Er erhielt 1869 die staatliche Unterrichtserlaubnis und war 1870–1875 Dozent für Religionswissenschaft an der Universität Laval bei Québec. 1885–1888 war er Leiter eines staatlichen Gymnasiums in Laval und hatte mehrere administrative Aufgaben.

Am 1. Oktober 1888 wurde er zum Bischof von Chicoutimi in Kanada ernannt. Die Bischofsweihe empfing er am 21. Oktober 1888 in Québec von Kardinal Eleazar-Alexandre Taschereau, dem Erzbischof von Québec. Am 18. Dezember 1891 wurde er zum Titularerzbischof von Cyrene und Koadjutor von Québec ernannt. Am 22. März 1892 erhielt er auch das Recht der Nachfolge. Am 3. September 1894 wurde er Apostolischer Administrator von Québec und am 12. April 1898 Erzbischof von Québec und kurz darauf Päpstlicher Thronassistent.

Papst Pius X. kreierte ihn im Konsistorium vom 25. Mai 1914 zum Kardinalpriester und verlieh ihm am 28. Mai 1914 den Kardinalshut und die Titelkirche SS. Vitale, Gervasio e Protasio. Zu den Konklaven von 1914, welches Benedikt XV. wählte, und 1922, welches Pius XI. wählte, konnte er nicht rechtzeitig in Rom eintreffen.

Er starb am 19. Juli 1925 in Québec und wurde in der dortigen Kathedrale beigesetzt.

Serafini O.S.B., Domenico (1852–1918)
Serafini wurde am 3. August 1852 in Rom im damaligen Kirchenstaat, heute Republik Italien, geboren. Er begann seine Studien am Collegio Romano und trat 1871 in die Kongregation von Monte Cassino des Benediktinerordens ein. Am 16. Juni 1874 legte er in Subiaco seine Profess ab. Er studierte an benediktinischen Studienhäusern und später am Collegio Romano, wo er Doktorate in Philosophie und Theologie erwarb.

Am 21. Oktober 1877 wurde er in Subiaco zum Priester geweiht und gehörte dem Konvent von St. Benedikt in Subiaco an. 1889–1891 war er Novizenmeister des Konvents, anschließend bis 1891 Prior des Konvents St. Scholastica in Subiaco. 1892–1896 war er Generalprokurator der Cassiensischen Benediktinerkongregation in Rom. Am 5. Juni 1896 wurde zum Abt der beiden Klöster von Subiaco und Generalabt der Cassiensischen Benediktinerkongregation Primaeva Observantia, die heute als Kongregation von Subiaco bzw. Subliazenserkongregation bekannt sind, gewählt.

Am 16. April 1900 wurde er zum Erzbischof von Spoleto in Umbrien ernannt. Die Bischofsweihe empfing er am 6. Mai 1900 in Rom von Kardinal Serafino Vannutelli. Am 4. Juni 1904 wurde er Apostolischer Delegat in Mexiko. Er war bis 1908 Konsultor der Kongregation für die Bischöfe und Ordensleute. Am 30. November 1911 wurde er Assessor des Heiligen Offiziums und am 2. März 1912 zum Titularerzbischof von Seleucia Pieria ernannt.

Papst Pius X. kreierte ihn im Konsistorium vom 25. Mai 1914 zum Kardinalpriester und verlieh ihm am 28. Mai 1914 den Kardinalshut und die Titelkirche S. Cecilia. Er wurde Mitglied mehrerer Kongregationen und nahm im August 1914 am Konklave teil, welches Benedikt XV. wählte.

Am 27. Januar 1916 wurde er zum Präfekt der Religiosenkongregation ernannt, doch bereits kurz darauf erfolgte die Ernennung zunächst zum Pro-Präfekten und am 24. März 1916 zum Präfekten der Kongregation Propaganda Fide.

Er starb am 5. März 1918 in Rom und wurde zunächst in der Kapelle der Kongregation *Propaganda Fide* auf dem römischen Friedhof Campo Verano in Rom beigesetzt. 1919 wurden seine sterblichen Überreste in das Kloster St. Benedikt in Subiaco überführt und in der dortigen Klosterkirche endgültig beigesetzt.

Della Chiesa, Giacomo Giovanni Battista – Papst Benedikt XV.

Della Chiesa wurde am 21. November 1854 in Genua im damaligen Königreich Sardinien, heute Republik Italien, geboren. Er studierte zunächst an der Universität Genua Rechtswissenschaften und wurde 1875 in Rechtwissenschaften promoviert. Danach studierte er als Seminarist des Collegio Capranica in Rom an der Päpstlichen Universität Gregoriana Theologie und Philosophie.

Am 21. Dezember 1878 wurde er von Kardinalvikar Raffaele Monaco La Valleta in der Lateranbasilika in Rom zum Priester geweiht. Nachdem er 1879 an der Päpstlichen Universität Gregoriana in Theologie promoviert worden war, trat er in 1879 in die Päpstliche Akademie für den kirchlichen Adel ein und wurde zum Abschluss in kanonischem Recht promoviert. 1882 wurde er Mitarbeiter der Kongregation für die außerordentlichen Angelegenheiten der Kirche und war 1883–1887 Sekretär des Nuntius von Spanien, Erzbischof Mariano de Rampolla del Tindaro. 1883 wurde er päpstlicher Geheimkämmerer, 1887–1901 war er Büroleiter und engster Mitarbeiter des Kardinalstaatssekretärs Rampolla. 1900 wurde er päpstlicher Hausprälat, am 23. April 1901 wurde er Substitut des Staatssekretariates. Daneben unterrichtete er in diesen Jahren auch an der Päpstlichen Akademie für den kirchlichen Adel.

Am 18. Dezember 1907 wurde er zum Erzbischof von Bologna ernannt. Die Bischofsweihe empfing er am 22. Dezember 1907 in der Sixtinischen Kapelle des Vatikanpalastes von Papst Pius X.

Papst Pius X. kreierte ihn im Konsistorium vom 25. Mai 1914 zum Kardinalpriester und verlieh ihm am 28. Mai 1914 den Kardinalshut und die Titelkirche SS. Quattri Coronati. Er nahm am Konklave von 1914 teil und wurde am 3. September 1914 zum Papst gewählt.

Als Papst nahm er den Namen Benedikt XV. an. Die Krönung fand am 6. September 1914 in der Sixtinischen Kapelle wegen des bereits begonnenen Ersten Weltkrieges statt. Er kreierte in fünf Konsistorien 33 Kardinäle, von denen einer *in pectore* reserviert und nie publiziert wurde. Sein Pontifikat war geprägt durch den Ersten Weltkrieg, wo er sich mit einer Friedensnote engagierte. In seinem Pontifikat gewann das Papsttum außerordentlich an internationalem Ansehen. Die Zahl der diplomatischen Vertretungen beim Vatikan hatte sich 1921 gegen 1914 mehr als verdoppelt. Er errichtete die Kongregation für die orientalische Kirche, deren Präfekt der Papst wurde. Sie wurde faktisch durch einen Kardinal als Sekretär geleitet. Das bedeutendste Ereignis seines Pontifikats war der Abschluss des *Codex Iuris Canonici*, der am 19. Mai 1918 in Kraft trat.

Papst Benedikt XV. starb am 22. Januar 1922 im Vatikan und wurde in den Grotten von St. Peter beigesetzt.

Csernoch, János (1852–1927)

Csernoch wurde am 18. Juni 1852 in Skalika im damaligen Königreich Ungarn, heute Republik Slowakei, geboren. Er studierte an der Universität Wien und war Seminarist des Collegium Pazmaneum und am kaiserlichen Kolleg *Augustineum* in Wien. Darüber hinaus studiert er auch in Rom am Collegio Romano.

Am 18. November 1874 wurde er in Wien zum Priester geweiht. Es folgte weitere Studien in Wien und Rom. 1876 wurde er in Wien zum Dr. theol. promoviert. 1877–1908 wirkte er als Kaplan in der Gemeindeseelsorge und wurde 1879 Dozent für biblische Theologie und Dogmatik am Priesterseminar von Esztergom/Gran. Er war Bibliothekar und Archivar des erzbischöflichen Palais sowie Sekretär von Kardinal Janos Simor, dem Primas von Ungarn. 1888 wurde er Kanoniker der Kathedrale von Esztergom und Titularabt von Savnyik. Er war einige Jahre erzbischöflicher Kanzler und wurde 1893 Kathedralpfarrer von Esztergom. Bereits 1882 war er päpstlicher Geheimkämmerer geworden und 1887 königlicher Kaplan. 1901 wurde er Abgeordneter im ungarischen Parlament. 1907 wurde er Apostolischer Protonotar.

Am 12. Januar 1908 nominierte ihn Kaiser Franz Joseph I. von Österreich-Ungarn zum Bischof von Csanad in Ungarn, heute Republik Rumänien. Die päpstliche Ernennung erfolgte am 16. Februar 1908. Die Bischofsweihe empfing er am 10. Mai 1908 in der Kathedrale von Temesvar von Bischof Károly Hörnig von Vezprém. Der Kaiser nominierte ihn am 8. März 1911 zum Erzbischof von Kalocsa, die päpstliche Ernennung erfolgte am 20. April 1911. Nach der Nominierung durch den Kaiser wurde er am 13. Dezember 1912 zum Erzbischof von Esztergom/Gran und Primas von Ungarn ernannt.

Papst Pius X. kreierte ihn im Konsistorium vom 25. Mai 1914 zum Kardinalpriester. Er erhielt am 6. Juni 1914 in der Hofkapelle der Wiener Hofburg das Birett vom Thronfolger Erzherzog Franz Ferdinand überreicht. Er nahm im August 1914 am Konklave teil, welches Benedikt XV. wählte, und der neue Papst verlieh ihm am 8. September 1914 den Kardinalshut und die Titelkirche S. Eusebio. Er krönte am 31. Dezember 1916 Kaiser Karl von Österreich als König Karl IV. von Ungarn. Er nahm am Konklave von 1922 teil, welches Pius XI. wählte.

Er starb am 25. Juli 1927 in Esztergom und wurde in der Kathedrale von Esztergom beigesetzt.

Bettinger, Franziskus A. von (1850–1917)

Bettinger wurde am 17. September 1850 in Landstuhl im damaligen Königreich Bayern, heute Bundesland Rheinland-Pfalz in der Bundesrepublik Deutschland, geboren. Er studierte an den Universitäten Innsbruck und Würzburg Philosophie, Theologie und kanonisches Recht und absolvierte zuletzt die Ausbildung zum Priester am Priesterseminar in Speyer.

Am 17. August 1873 wurde er im Speyerer Dom durch Bischof Daniel Bonifatius von Haneberg O.S.B. zum Priester geweiht. Er wirkte bis 1895 als Kaplan und Pfarrer in der Gemeindeseelsorge der Diözese Speyer 1895 wurde er Domkapitular und Dompfarrer von Speyer, Anfang 1909 wurde er Domdekan des Speyerer Domkapitels.

Am 23. Mai 1909 nominierte ihn Prinzregent Luitpold zum Erzbischof von München und Freising. Die päpstliche Ernennung erfolgte am 6. Juni 1909. Die Bischofsweihe empfing er am 15. August 1909 im Liebfrauendom zu München durch Erzbischof Andreas Frühwirth, dem Apostolischen Nuntius im Königreich Bayern.

Papst Pius X. kreierte ihn im Konsistorium vom 25. Mai 1914 zum Kardinalpriester und verlieh ihm am 28. Mai 1914 den Kardinalshut und die Titelkirche S. Marcello. Er nahm im August 1914 am Konklave teil, welches Benedikt XV. wählte. Während des Ersten Weltkrieges war er Feldpropst der bayerischen Armee.

Er starb am 12. April 1917 in München und wurde im Liebfrauendom zu München beigesetzt.

Sévin, Hector-Irénée (1852–1916)
Sévin wurde am 22. März 1852 in Simandre in der Provinz Belley im Kaiserreich Frankreich, heute Republik Frankreich, geboren. Seine Studien absolvierte er am Priesterseminar von Belley.

Am 7. Juni 1876 wurde er in Belley von Bischof Jean-Joseph Marchal zum Priester geweiht. Er wirkte zunächst an einer Einrichtung für Taubstumme und unterrichtete bis 1889 als Dozent Griechisch, biblische Theologie, Dogmatik und Kirchengeschichte am Seminar von Belley. 1889–1891 war er Regens des Seminars. 1888–1891 war er Ehrenkanoniker der Kathedrale von Belley, 1891–1908 Kanoniker. 1891–1908 war er zudem Direktor der Erziehungsinstitute und kirchlichen Konferenzen der Diözese Belley und ab 1904 Generalvikar der Diözese.

Am 11. Februar 1908 wurde er zum Bischof von Châlons ernannt. Die Bischofsweihe empfing er am 5. April 1908 in Belley von Kardinal Louis-Henri Luçon, den Erzbischof von Reims. Am 2. Dezember 1912 wurde er zum Erzbischof von Lyon und Primas von Gallien ernannt.

Papst Pius X. kreierte ihn im Konsistorium vom 25. Mai 1914 zum Kardinalpriester und verlieh ihm am 28. Mai 1914 den Kardinalshut und die Titelkirche Ss. Trinità al Monte Pincio. Er nahm im August 1914 am Konklave teil, welches Benedikt XV. wählte.

Er starb am 4. Mai 1916 in Lyon und wurde in der Kathedrale von Lyon beigesetzt.

Hartmann, Felix von (1851–1919)
Hartmann wurde am 15. Dezember 1851 in Münster, Königreich Preußen, heute Bundesland Nordrhein-Westfalen in der Bundesrepublik Deutschland, geboren. Er studierte ab 1870 Theologie und Philosophie an der Universität Münster und trat in das Priesterseminar ein.

Am 19. Dezember 1874 wurde er in Münster zum Priester geweiht. Wegen des preußischen Kulturkampfes erhielt er im Bistum Münster keine Stelle und ging deshalb bis 1880 als Kaplan an der Kirche S. Maria dell' Anima nach Rom. Dort studierte er am Päpstlichen *Athenaeum S. Apollinare* kanonisches Recht und wurde 1877 in kanonischem Recht promoviert. 1879 wurde er päpstlicher Geheimkämmerer und wirkte nach seiner Rückkehr bis 1890 als Kaplan in der Gemeindeseelsorge des Bistums Münster. 1890 wurde er Geheimsekretär und Kaplan des Bischofs Hermann Dingelstad von Münster, 1894 Geistlicher Assessor und Geistlicher Rat im Generalvikariat, 1903 Domkapitular und schließlich 1905 Generalvikar, 1907 wurde er Apostolischer Protonotar und 1910 Domdechant des Domkapitels von Münster. 1911 war er Kapitelsvikar des Bistums Münster.

Am 6. Juni 1911 wurde er durch das Domkapitel von Münster zum Bischof von Münster gewählt. Die päpstliche Ernennung erfolgte am 27. Juli 1911. Die Bischofsweihe empfing er am 26. Oktober 1911 im Dom zu Münster von Kardinal Antonius Fischer, dem Erzbischof von Köln. Am 29. Oktober 1912 wurde er vom Kölner Domkapitel zum Erzbischof von Köln gewählt. Die päpstliche Bestätigung erfolgte am 2. Dezember 1912.

Papst Pius X. kreierte ihn im Konsistorium vom 25. Mai 1914 zum Kardinalpriester und verlieh ihm am 28. Mai 1914 den Kardinalshut und die Titelkirche S. Giovanni a Porta Latina. Er nahm im August 1914 am Konklave teil, welches Benedikt XV. wählte. Er war Mitglied des preußischen Herrenhauses.

Er starb am 11. November 1919 in Köln und wurde im Kölner Dom beigesetzt.

Piffl C.C.R.S.A., Friedrich Gustav (1864 – 1932)
Piffl wurde am 15. Oktober 1864 in Landskron im Kronland Böhmen in der k. u. k. Monarchie Österreich-Ungarn, heute Republik Tschechien, geboren. Er trat 1883 in das Chorherrenstift Klosterneuburg bei Wien ein und wurde am 7. Oktober 1883 mit dem Ordensnamen Friedrich eingekleidet. 1884 legte er die einfache und 1887 die feierliche Profess ab. Seine Studien absolvierte er an der ordenseigenen Hauslehranstalt.

Am 8. Januar 1888 wurde er in Wien zum Priester geweiht. Er wurde Frühprediger in Klosterneuburg und setzte seine Studien an der Universität Wien fort. 1889 wurde er Kaplan in Floridsdorf bei Wien. 1893 wurde er Dozent für Moraltheologie an der theologischen Hauslehranstalt von Klosterneuburg und studierte 1894/95 in Rom thomistische Philosophie. Während dieser Zeit lebte er im Priesterkolleg des Campo Santo Teutonico im Vatikan. 1898 wurde er Sekretär des Stiftpropstes, 1902 Verwalter der in Ungarn gelegenen Güter des Stiftes und 1906 Kanzleidirektor von Klosterneuburg. Im Januar 1907 wurde er zum Propst des Stiftes Klosterneuburg gewählt.

Kaiser Franz Joseph I. von Österreich nominierte ihn am 1. April 1913 zum Fürsterzbischof von Wien. Die päpstliche Ernennung erfolgte am 2. Mai 1913. Die Bischofsweihe empfing er am 1. Juni 1913 in der Stiftskirche von Klosterneuburg von Erzbischof Raffaele Scapinelli di Léguigno, dem Nuntius in Österreich-Ungarn.

Papst Pius X. kreierte ihn im Konsistorium vom 25. Mai 1914 zum Kardinalpriester. Er erhielt am 6. Juni 1914 in der Hofkapelle der Wiener Hofburg das Birett von Thronfolger Erzherzog Franz Ferdinand überreicht. Er nahm im August 1914 am Konklave teil, welches Benedikt XV. wählte und der neue Papst verlieh ihm am 8. September 1914 den Kardinalshut und die Titelkirche S. Marco. Er nahm am Konklave von 1922 teil, welches Pius XI. wählte. Nachdem mit Ende des Ersten Weltkrieges das vormalig ungarische Burgenland zur Republik Österreich gekommen war, leitete Piffl als Apostolischer Administrator den nun österreichisch gewordenen Teil des Burgenlandes.

Er starb am 21. April 1932 in Wien und wurde im Stephansdom beigesetzt.

Tecchi, Scipione (1854 – 1915)

Tecchi wurde am 27. Juni 1854 in Rom im damaligen Kirchenstaat, heute Republik Italien, geboren. Er absolvierte seine Studien am Päpstlich-Römischen Seminar und wurde in Theologie und kanonischem Recht promoviert.

Am 23. Dezember 1876 wurde er in Rom zum Priester geweiht. Er übernahm zunächst verschiedene Aufgaben in der Seelsorge, besonders in der Beichtseelsorge an der Kirche S. Maria della Pace. Er war stellvertretender Sekretär der Kommission für die Auswahl der Bischöfe in Italien und Skriptor der Apostolischen Poenitentarie. 1893 wurde er päpstlicher Geheimkämmerer, 1900 Kanonikus-Koadjutor der Lateranbasilika. Im Mai 1901 wurde er päpstlicher Hausprälat und im September 1901 Apostolischer Protonotar. 1903 wurde er Kanoniker der Lateranbasilika. 1906 wurde er Konsultor der Ritenkongregation und am 24. Oktober 1908 Assessor der Konsistorialkongregation und Sekretär des Kardinalskollegiums.

Papst Pius X. kreierte ihn im Konsistorium vom 25. Mai 1914 zum Kardinaldiakon und verlieh ihm am 28. Mai 1914 den Kardinalshut und die Kirche S. Maria in Domnica als Titeldiakonie. Er nahm 1914 am Konklave teil, welches Benedikt XV. wählte. Am 8. November 1914 wurde er zum Pro-Präfekten der Ritenkongregation ernannt.

Er starb am 7. Februar 1915 in Rom und wurde auf dem römischen Friedhof Campo Verano beigesetzt.

Giustini, Filippo (1852 – 1920)

Giustini wurde am 8. Mai 1852 in Cineto Romano in der Region um Tivoli in Latium im damaligen Kirchenstaat, heute Republik Italien, geboren. Er studierte am Priesterseminar von Tivoli und ab 1871 am Päpstlich-Römischen Seminar und schließlich am Päpstlichen *Athenaeum S. Apollinare*, wo er 1880 zum Dr. iur. can. promoviert wurde.

Am 23. Dezember 1876 wurde er in Tivoli zum Priester geweiht. Er war anschließend Präfekt am Seminar von Tivoli und Dozent am Institut S. Apollinare. 1886 wurde er päpstlicher Geheimkämmerer, 1896 päpstlicher Hausprälat. 1891 wurde Kanoniker an S. Maria in Trastevere, 1892 Konsultor der Kongregation *Propaganda Fide* und 1897 Auditor der Römischen Rota. 1902 wurde er Sekretär der Kongregation für die Bischöfe und Ordensleute und Konsultor der Inquisitionskongregation. Seit 1904 war er Mitglied der Kommission für die Kodifizierung des kanonischen Rechts. Am 24. Oktober 1908 wurde er Sekretär der neuen Kongregation für die Sakramentendisziplin.

Papst Pius X. kreierte ihn im Konsistorium vom 25. Mai 1914 zum Kardinaldiakon und verlieh ihm am 28. Mai 1914 den Kardinalshut und die Kirche S. Angelo in Pescheria als Titeldiakonie. Er nahm 1914 am Konklave teil, welches Benedikt XV. wählte. Am 14. Oktober 1914 wurde er Präfekt der Kongregation für die Sakramentendisziplin und im Oktober 1917 Mitglied der Päpstlichen Kommission für die authentische Auslegung des *CIC*.

Er starb am 17. März 1920 in Rom und wurde auf dem römischen Friedhof Campo Verano beigesetzt.

Lega, Michele (1860 – 1935)

Lega wurde am 1. Januar 1860 in Brisighella in der Provinz Ravenna im damaligen Kirchenstaat, heute Republik Italien, geboren. Er studierte am Priesterseminar von Faenza.

Am 13. September 1883 wurde er in Faenza zum Priester geweiht. Es folgte weitere Studien in Rom am Päpstlichen *Athenaeum S. Apollinare*, wo er neben Doktoraten in Theologie und Philosophie 1888 auch den Doktor beiderlei Rechte (*utriusque iuris*) erwarb. Er wirkte als Dozent am Päpstlichen *Athenaeum Urbaniana* der Kongregation *Propaganda Fide* bis 1889 und war anschließend bis 1893 Dozent am Päpstlichen *Athenaeum S. Apollinare*. 1894 – 1903 war er Auditor der Konzilskongregation. 1897 wurde er päpstlicher Geheimkämmerer, im August 1903 wurde er Untersekretär der Konzilskongregation. 1904 wurde er Mitglied der Kommission für die Kodifizierung des kanonischen Rechts. 1905 wurde er päpstlicher Hausprälat und am 24. Oktober 1908 Dekan der Römischen Rota. 1908 wurde er Konsultor der Konsistorialkongregation und 1911 des Heiligen Offiziums.

Papst Pius X. kreierte ihn im Konsistorium vom 25. Mai 1914 zum Kardinaldiakon und verlieh ihm am 28. Mai 1914 den Kardinalshut und die Kirche S. Eustachio als Titeldiakonie. Er nahm an den Konklaven von 1914, welches Benedikt XV. wählte, und von 1922, welches Pius XI. wählte, teil.

Am 15. Dezember 1914 wurde er Präfekt der Apostolischen Signatur und im Oktober 1917 Mitglied der Päpstlichen Kommission für die authentische Auslegung des *CIC*. Am 20. März 1920 wurde er Präfekt der Kongregation für die Sakramentendisziplin. Am 18. Dezember 1924 optierte er für die Klasse der Kardinalpriester und die Erhebung seiner Diakonie zur Titelkirche.

Am 21. Juni 1926 optierte er für die Klasse der Kardinalbischöfe und das suburbikarische Bistum Frascati. Die Bischofsweihe empfing er am 11. Juli 1926 von Papst Pius XI. in der Sixtinischen Kapelle des Vatikans. Im Mai 1931 wurde er Subdekan des Kardinalskollegiums.

Er starb am 16. Dezember 1935 in Rom und wurde in der Kollegiatskirche von Brisighella beigesetzt.

Gasquet O.S.B., Francis Aidan (1846 – 1929)

Gasquet wurde am 5. Oktober 1846 in London in England im Vereinigten Königreich Großbritannien geboren und auf den Namen Francis Neil getauft. 1866 trat er im Priorat Belmont in den Benediktinerorden ein und legte im September 1867 die einfache und im Dezember 1870 seine feierliche Profess ab. 1867 – 1874 studierte er im Priorat Downside.

Am 19. Dezember 1874 wurde er in Downside von Erzbischof George Errinton, dem Koadjutorerzbischof von Westminster, zum Priester geweiht. Er wurde 1875 stellvertretender Studienpräfekt in Downside und 1877 Studienpräfekt und Dozent für Theologie. 1878 – 1885 war er Prior der Abtei Downside. Er legte aus Gesundheitsgründen dieses Amt nieder und ging zu seiner Mutter nach Kensington. 1892 – 1900 betrieb er Forschungen im British Museum und im Record Office in London, 1896 war er Mitglied der Päpstlichen Kommission für das Studium der Gültigkeit anglikanischer

Weihen. Am 26. September 1900 wurde er zum Abt und Präses der englischen Benediktinerkonföderation gewählt, 1904 wurde er wiedergewählt. 1907 wurde er nach Rom berufen und zum Präsidenten der Päpstlichen Kommission für die Revision der Vulgata und Titularabt von St. Albans ernannt.

Papst Pius X. kreierte ihn im Konsistorium vom 25. Mai 1914 zum Kardinaldiakon und verlieh ihm am 28. Mai 1914 den Kardinalshut und die Kirche S. Giorgio in Velabro als Titeldiakonie. Er nahm an den Konklaven von 1914, welches Benedikt XV. wählte, und von 1922, welches Pius XI. wählte, teil.

Am 6. Dezember 1915 optierte er für die Titeldiakonie S. Maria in Portico Campitelli. Im November 1917 wurde er Präfekt des Vatikanischen Archivs, am 9. Mai 1919 wurde er Bibliothekar *S.E.R.* und am 11. November 1920 zusätzlich Archivar *S.E.R.* Am 18. Dezember 1924 optierte er für die Klasse der Kardinalpriester und die Erhebung seiner Diakonie zur Titelkirche.

Er starb am 5. April 1929 in Rom und wurde in der Kirche der Abtei Downside beigesetzt.

Die Kardinäle von Papst Benedikt XV. (1914 – 1922)

Tonti, Giulio (1844 – 1918)

Tonti wurde am 9. Dezember 1844 in Rom im Kirchenstaat, heute Republik Italien, geboren. Er absolvierte seine Studien am Päpstlich-Römischen Seminar und wurde in Philosophie, Theologie und beiderlei Rechten (*utriusque iuris*) promoviert.

Am 21. Dezember 1867 wurde er in Rom zum Priester geweiht. Bis 1879 war er Dozent und Vizerektor des Päpstlichen *Athenaeum Urbaniana* der Kongregation *Propaganda Fide*. Danach trat er in die Kongregation für außerordentliche kirchliche Angelegenheiten ein und wurde bis 1882 Auditor der Nuntiatur in Frankreich und anschließend bis 1892 in Portugal. In diesen Jahren wurde er auch zum päpstlichen Geheimkämmerer ernannt.

Am 11. Juli 1892 wurde er zum Titularbischof von Samos ernannt. Die Bischofsweihe empfing er am 25. Juli 1892 in Rom von Kardinal Vincenzo Vannutelli. Am 10. August 1892 wurde er zum Apostolischen Delegaten in Santo Domingo, Haiti und Venezuela ernannt. Am 24. Februar 1893 wurde er Apostolischer Administrator *ad nutum Sanctae Sedis* der Erzdiözese Port-au-Prince und der Diözese Les Gonaïves auf Haiti. Im Juli 1893 wurde er Titularerzbischof von Sardes, am 1. Oktober 1894 Erzbischof von Port-au-Prince; er blieb Apostolischer Administrator der Diözese Les Gonaïves auf Haiti *ad nutum et beneplacitum Sanctae Sedis*. 1898 nahm er am 1. Plenarkonzil des lateinamerikanischen Episkopates in Rom teil. Am 23. August 1902 wurde er zum Titularerzbischof von Ancira und am 27. August 1902 zum Nuntius in Brasilien ernannt. Am 4. Oktober 1906 wurde er Nuntius in Portugal. Im Oktober 1910 kehrte er bei Ausbruch der portugiesischen Revolution nach Rom zurück.

Papst Benedikt XV. kreierte ihn im Konsistorium vom 6. Dezember 1915 zum Kardinalpriester und verlieh ihm am 9. Dezember 1915 den Kardinalshut und die Titelkirche SS. Silvestro e Martino ai Monti. Am 13. Februar 1917 wurde er zum Präfekten der Religiosenkongregation ernannt, im Mai 1917 wurde er Mitglied der Vermögensverwaltung des Apostolischen Stuhls.

Er starb am 11. Dezember 1918 in Rom und wurde auf dem römischen Friedhof Campo Verano beigesetzt.

Mistrangelo SCH.P., Alfonso Maria (1852 – 1930)

Mistrangelo wurde am 26. April 1852 in Savona in Ligurien im damaligen Königreich Sardinien-Piemont, heute Republik Italien, geboren. Nach kurzen Studien am Priesterseminar von Savona trat er im Oktober 1870 in die ligurische Provinz des Piaristenordens ein. 1871 legte er die einfache, 1874 die feierliche Profess ab. Er absolvierte seine Studien bis 1877 an ordenseigenen Studienhäusern.

Am 17. März 1877 wurde er in Aquis zum Priester geweiht. Er war in den folgenden Jahren Lehrer an den Piaristenschulen von Finalborgo, Carcare und Ovada und wurde 1880 Rektor des Piaristenschule Ovada.

Am 16. Januar 1893 wurde er zum Bischof von Pontremoli ernannt. Die Bischofsweihe empfing er am 22. Januar 1893 in Rom in der Kirche S. Pantaleone von Kardinalvikar Lucido Maria Parocchi. Am 19. Juni 1899 wurde er zum Erzbischof von Florenz ernannt. Gleichzeitig war er 1900–1904 Generaloberer der Piaristen.

Papst Benedikt XV. kreierte ihn im Konsistorium vom 6. Dezember 1915 zum Kardinalpriester und verlieh ihm am 9. Dezember 1915 den Kardinalshut und die Titelkirche S. Maria degli Angeli. Er nahm am Konklave von 1922, welches Pius XI. wählte, teil.

Er starb am 7. November 1930 in Florenz und wurde auf dem Friedhof von Trespiano in Florenz beigesetzt.

Cagliero S.D.B., Giovanni (1838–1926)
Cagliero wurde am 11. Januar 1838 in Castelnuovo d'Asti in Piemont im damaligen Königreich Sardinien-Piemont, heute Republik Italien, geboren Er kam schon sehr früh mit Don Bosco in Kontakt und studierte nach der Schulzeit an der Universität Turin. 1851 trat er bei den Salesianern Don Boscos in Turin ein und erhielt bei der Einkleidung den Habit von Giovanni Don Bosco persönlich.

Am 14. Juni 1862 wurde er in Turin zum Priester geweiht. Er war anschließend bis 1875 Dozent am salesianischen Studienhaus in Turin. 1875 führte er die ersten zehn Salesianer nach Amerika und errichtete bis 1877 fünf Häuser in Uruguay und Argentinien. 1877–1884 war er Spiritual seiner Gemeinschaft und erster Generaldirektor der Töchter von Mariae Auxiliatrix in Turin. Am 20. November 1883 wurde er Apostolischer Pro-Vikar des neuen Vikariates Nord Patagonia in Argentinien.

Am 30. Oktober 1884 wurde er zum Titularbischof von Magido ernannt. Die Bischofsweihe empfing er am 7. Dezember 1884 in Turin von Kardinal Gaetano Alimonda, dem Erzbischof von Turin. Am 24. März 1904 wurde er zum Titularerzbischof von Sebaste in Armenien ernannt und wurde im gleichen Jahr Apostolischer Visitator der italienischen Diözesen Bobbio, Piacenza, Savona, und Tortona. Am 26. Oktober 1908 wurde er Apostolischer Delegat von Costa Rica, Nicaragua, und Honduras.

Papst Benedikt XV. kreierte ihn im Konsistorium vom 6. Dezember 1915 zum Kardinalpriester und verlieh ihm am 9. Dezember 1915 den Kardinalshut und die Titelkirche S. Bernardo alle Terme. Er wurde Mitglied mehrerer Kongregationen an der Römischen Kurie. Am 16. Dezember 1920 optierte er für die Klasse der Kardinalbischöfe und das suburbikarische Bistum Frascati. Er nahm am Konklave von 1922, welches Pius XI. wählte, teil.

Er starb am 28. Februar 1926 in Rom und wurde zunächst auf dem römischen Friedhof Campo Verano beigesetzt. 1964 wurden seine sterblichen Überreste in die Kathedrale von Vledma in Argentinien überführt und erneut beigesetzt.

Frühwirth O.P., Andreas Franz (1845–1933)
Frühwirth wurde am 21. August 1845 in St. Anna am Aigen in der Steiermark im Kaiserreich Österreich, heute Republik Österreich, geboren und auf den Namen Franz

getauft. Am 13. September 1863 trat er in Graz in den Dominikanerorden ein und legte am 13. September 1864 seine Profess ab. Dabei erhielt er den Ordensnamen Andreas. Er studierte Philosophie und Theologie bei den Dominikanern in Graz und nach seiner Priesterweihe in Rom an der Päpstlichen Akademie St. Thomas von Aquin.

Am 5. Juli 1868 wurde er in Graz zum Priester geweiht. 1869–1870 war er in Rom an der Päpstlichen Akademie St. Thomas von Aquin und erwarb 1870 die Lektoratspromotion. Anschließend war er Magister und Dozent an der Ordensstudienstätte Graz und 1872–1875 Prior des Konventes. 1876–1880 war er Prior des Konventes in Wien. 1880–1891 war er Provinzial der österreichisch-ungarischen Domikanerprovinz und schließlich 1891–1904 Generalmagister des Dominikanerordens. 1906 visitierte er als Apostolischer Visitator das Stift Klosterneuburg in Österreich und wurde Konsultor der Inquisitionskongregation. Am 26. Oktober 1907 wurde er Apostolischer Nuntius im Königreich Bayern.

Am 5. November 1907 wurde er zum Titularerzbischof von Heraclea ernannt. Die Bischofsweihe empfing er am 30. November 1907 in der Kirche S. Maria dell'Anima von Kardinalstaatssekretär Rafael Merry del Val.

Papst Benedikt XV. kreierte ihn im Konsistorium vom 6. Dezember 1915 zum Kardinalpriester und verlieh ihm am 7. Dezember 1916 den Kardinalshut und die Titelkirche SS. Cosma e Damiano. Er verblieb auch als Kardinal bis November 1916 zunächst Nuntius in Bayern. Er nahm am Konklave von 1922, welches Pius XI. wählte, teil. Am 8. Januar 1925 wurde er Kardinalgroßpönitentiar und am 19. Dezember 1927 Kanzler *S.E.R.* Am gleichen Tag optierte er für die Titelkirche S. Lorenzo in Damaso. Er förderte die Heiligsprechung von Albertus Magnus.

Er starb am 9. Februar 1933 in Rom und wurde in der Pfarrkirche St. Anna am Aigen beigesetzt.

Scapinelli di Leguigno, Raffaele (1858–1933)
Scapinelli di Leguino wurde am 25. April 1858 in Modena im damals selbstständigen, von den Habsburgern beherrschten Staat Modena, heute Reggio Emilia, Republik Italien, geboren. Er studierte am Seminar von Reggio-Emilia.

1884 wurde er zum Priester geweiht und trat in die Päpstliche Akademie für den kirchlichen Adel in Rom ein, wo er bis 1887 studierte und mit einem Doktor beiderlei Rechts (*utriusque iuris*) abschloss. 1887–1889 war er Dozent am Seminar von Reggio-Emilia und wurde 1889 Mitarbeiter im Staatssekretariat und päpstlicher Geheimkämmerer. 1891–1894 war er Nuntiatursekretär der Nuntiatur in Portugal, 1894–1905 Auditor der Nuntiatur in den Niederlanden. 1902 wurde er Kanoniker des Kapitels der Petersbasilika des Vatikan, 1904 Sekretär der Päpstlichen Kommission für die Vermögensverwaltung des Apostolischen Stuhls und 1905 Apostolischer Protonotar. Im Dezember 1907 wurde er Mitarbeiter des Sekretariates der Kongregation für die außerordentlichen kirchlichen Angelegenheiten und am 18. März 1908 Sekretär dieser Kongregation. Ebenfalls 1908 wurde er Sekretär der Kommission für die Kodifizierung des kanonischen Rechts sowie Konsultor des Heiligen Offiziums. Am 27. Januar 1912 wurde er zum Nuntius in Österreich-Ungarn ernannt.

Am 30. Januar 1912 wurde er zum Titularerzbischof von Laodicea ernannt. Die Bischofsweihe empfing er am 25. Februar 1912 durch Kardinalstaatssekretär Rafael Merry del Val.

Papst Benedikt XV. kreierte ihn im Konsistorium vom 6. Dezember 1915 zum Kardinalpriester und verlieh ihm am 7. Dezember 1916 den Kardinalshut und die Titelkirche S. Girolamo degli Schiavoni. Er verließ Wien erst im Dezember 1916. Er nahm am Konklave von 1922, welches Pius XI. wählte, teil. 1918–1920 war er Präfekt der Relgiosenkongregation. Am 22. Juli 1930 wurde er Kardinaldatar.

Er starb am 16. September 1933 in Forte dei Marmi bei Massa Carrara und wurde auf dem römischen Friedhof Campo Verano beigesetzt.

Gusmini, Giorgio (1855–1921)

Gusmini wurde am 9. Dezember 1855 in Gazzaniga im Königreich Lombardei-Venetien der Habsburger Monarchie, heute Republik Italien, geboren. Er studierte nach der Schulzeit am Seminar von Bergamo und ab 1875 am Päpstlichen *Athenaeum S. Apollinare* in Rom, wo er Seminarist des Collegio Cersaoli war. Im Juli 1878 wurde er in Theologie promoviert.

Am 8. September 1878 wurde er in Rom von Erzbischof Giulio Lenti, dem Viceregente der Diözese Rom, zum Priester geweiht. 1880–1882 studierte er an der königlichen Universität Padua Literaturwissenschaften und wurde 1882 in Literaturwissenschaften promoviert. 1882–1888 unterrichtete er Literaturwissenschaften am Seminar von Bergamo, 1888–1890 am Collegio Alessandro in Begamo. Neben seiner Lehrtätigkeit wirkte er 1888–1910 in der Gemeindeseelsorge der Diözese Bergamo und war Stadtrat und Präsident des Wohltätigkeitsbüros von Bergamo. 1886–1902 war er Provinzrat. 1901 wurde er päpstlicher Geheimkämmerer und 1909 Propst der größten Gemeinde Bergamos. Er war publizistisch tätig und engagierte sich für die katholische Aktion.

Am 15. April 1910 wurde er zum Bischof von Foligno ernannt. Die Bischofsweihe empfing er am 17. Mai 1910 in Bergamo von Bischof Giacomo Maria Radini Tedeschi von Bergamo. Am 8. September 1914 wurde er zum Erzbischof von Bologna ernannt.

Papst Benedikt XV. kreierte ihn im Konsistorium vom 6. Dezember 1915 zum Kardinalpriester und verlieh ihm am 9. Dezember 1915 den Kardinalshut und die Titelkirche S. Susanna.

Er starb am 24. August 1921 in Bologna und wurde zunächst auf dem Kartäuserfriedhof von Bologna beigesetzt, bevor er 1923 in die Kathedrale von Bologna überführt und erneut beigesetzt wurde.

La Fontaine, Pietro (1869–1935)

La Fontaine wurde am 29. November 1869 in Viterbo im Kirchenstaat in der Provinz Latium, heute Republik Italien, geboren. Er absolvierte seine Studien am Priesterseminar von Viterbo.

Am 23. Dezember 1883 wurde er in Viterbo zum Priester geweiht. Nach einer kurzen Zeit in der Gemeindeseelsorge wirkte er 1882–1905 als Dozent für Literatur und später für Bibelwissenschaften, Kirchenrecht und Kirchengeschichte am Seminar von Viterbo. 1893 wurde er Spiritual, 1896 Regens des Seminars. 1905–1906 war er Kanoniker an der Kathedrale.

Am 6. Dezember 1906 wurde er zum Bischof von Cassano all'Ionio ernannt. Die Bischofsweihe empfing er am 23. Dezember 1906 in Rom von Kardinalvikar Pietro Respighi. 1907 war er Apostolischer Visitator für die Seminare der Region Kalabriens, 1909 Apostolischer Administrator der Diözese S. Marco e Brisignano. Am 1. April 1910 wurde er zum Titularbischof von Caristo und am 2. April 1910 zum Sekretär der Ritenkongregation und Vikar des Erzpriesters der Petersbasilika des Vatikans ernannt. Die Ernennung zum Patriarchen von Venedig erfolgte am 5. März 1915.

Papst Benedikt XV. kreierte ihn im Konsistorium vom 4. Dezember 1916 zum Kardinalpriester und verlieh ihm am 7. Dezember 1916 den Kardinalshut und die Titelkirche SS. Nereo ed Achilleo. Am 7. März 1921 optierte er für die Titelkirche SS. XII Apostoli. Er nahm am Konklave von 1922, welches Pius XI. wählte, teil.

Er starb am 9. Juli 1935 in Villa Fietta bei Paderno del Grappa in der Region Treviso und wurde zunächst in der Votivkirche am Lido in Venedig beigesetzt. 1959 wurde er in die Kathedrale S. Marco überführt. Kardinal Giovanni Urbani eröffnete für ihn den Seligsprechungsprozess auf Diözesanebene.

Ranuzzi de Bianchi, Vittorio Amedeo (1857–1927)

Ranuzzi de Bianchi wurde am 14. Juli 1857 in Bologna im Kirchenstaat, heute Republik Italien, geboren. Er studierte am Priesterseminar und am theologischen Kolleg in Bologna, wo er 1882 zum Dr. theol. und 1886 zum Dr. beiderlei Rechte (*utriusque iuris*) promoviert wurde.

Am 14. Mai 1880 wurde er in Bologna zum Priester geweiht. Er nahm verschiedene seelsorgerliche und administrative Aufgaben in der Erzdiözese Bologna war und wurde 1885 Ehrenkanoniker der Kathedrale und 1892 Dekan des Kathedralkapitels. 1899 wurde er Nuntiaturrat der Nuntiatur in Frankreich und päpstlicher Hausprälat.

Am 22. Juni 1903 wurde er zum Bischof von Loreto und Recanati ernannt. Die Bischofsweihe empfing er am 12. Juli 1903 in Rom von Kardinalvikar Pietro Respighi. Am 27. November 1911 wurde er zum Titularerzbischof von Tiro und am 30. November 1911 zum Maestro di Camera des Papstes ernannt. Am 7. September 1914 erfolgte die Ernennung zum päpstlichen Maiordomus.

Papst Benedikt XV. kreierte ihn im Konsistorium vom 4. Dezember 1916 zum Kardinalpriester und verlieh ihm am 7. Dezember 1916 den Kardinalshut und die Titelkirche S. Prisca. Er nahm am Konklave von 1922, welches Pius XI. wählte, teil.

Er starb am 16. Februar 1927 in Rom und wurde im Familiengrab auf dem Kartäuserfriedhof in Bologna beigesetzt.

Sbarretti, Donato Raffaele (1856 – 1939)

Sbaretti wurde am 12. November 1856 in Montefranco in Umbrien im Kirchenstaat, heute Republik Italien, geboren. Er war Neffe des Kardinals Enea Sbarretti (1877 kreiert). Nach der Schulzeit studierte er am Seminar in Spoleto, am Päpstlich-Römischen Seminar und am Päpstlichen *Athenaeum S. Apollinare* in Rom.

Am 12. April 1879 wurde er in Rom zum Priester geweiht und setzte anschließend seine Promotionsstudien am Päpstlichen *Athenaeum S. Apollinare* fort, wo er in Theologie und in beiderlei Rechten (*utriusque iuris*) promoviert wurde. Danach wirkte er in der Seelsorge in Spoleto und trat in den Dienst der Kurie und in die Kongregation *Propaganda Fide* ein, wo er in der Abteilung für amerikanische Angelegenheiten arbeitete. Von 1885 an unterrichtete er Moraltheologie und Kirchenrecht an dem Päpstlichen *Athenaeum Urbaniana* der Kongregation *Propaganda Fide* und wurde Mitarbeiter im Staatssekretariat. 1893 wurde er Kanoniker des Kapitels der Kirche S. Maria ad Martyres (Pantheon). 1893 – 1900 war er Auditor der Apostolischen Delegatur in den USA und wurde 1895 päpstlicher Geheimkämmerer.

Am 9. Januar 1900 wurde er zum Bischof von San Cristóbal de La Habana auf Kuba ernannt. Die Bischofsweihe empfing er am 4. Februar 1900 in Washington von Erzbischof Sebastiano Martinelli O.S.A., dem Apostolischen Delegaten in den USA. Im September 1901 wurde er Titularerzbischof von Gortina und Apostolischer Delegat auf den Philippinen. Am 16. Dezember 1901 wurde er Titularerzbischof von Ephesus. Im Dezember 1902 wurde er Apostolischer Delegat in Kanada. Am 29. Oktober 1910 wurde er Sekretär der Religiosenkongregation und am 8. Juni 1914 Assessor des Heiligen Offiziums.

Papst Benedikt XV. kreierte ihn im Konsistorium vom 4. Dezember 1916 zum Kardinalpriester und verlieh ihm am 7. Dezember 1916 den Kardinalshut und die Titelkirche S. Silvestro in Capite. Am 28. März 1919 wurde er Präfekt der Konzilskongregation. Er nahm an den Konklaven von 1922, welches Pius XI. wählte, und 1939, welches Pius XII. wählte, teil. Am 17. Dezember 1928 optierte er für die Klasse der Kardinalbischöfe und die suburbikarische Diözese Sabina e Poggio Mirteto. Am 4. Juli 1930 wurde er Sekretär des Heiligen Offiziums, am 16. Dezember 1935 Subdekan des Kardinalskollegiums.

Er starb am 1. April 1939 in Rom und wurde zunächst in der Friedhofskirche von Montefranco und später in der örtlichen Pfarrkirche beigesetzt.

Dubourg, Auguste-René (1842 – 1921)

Dubourg wurde am 1. Oktober 1842 in Loguivy-Plogras in der Bretagne im Königreich Frankreich, heute Republik Frankreich, geboren. Seine Studien absolvierte er am Seminar von Saint-Brieuc.

Am 22. Dezember 1866 wurde er in Saint-Brieuc zum Priester geweiht. Er war bis 1893 Lehrer am Knabenseminar von Saint-Brieuc dann Sekretär der bischöflichen Verwaltung und schließlich Generalvikar und Kapitelvikar.

Am 19. Januar 1893 wurde er zum Bischof von Moulins ernannt. Die Bischofsweihe empfing er am 16. April 1893 in der Kathedrale von Saint-Brieuc von Bischof Piere-Frédéric Fallières von Saint-Brieuc. Am 6. August 1906 wurde er Erzbischof von Rennes.

Papst Benedikt XV. kreierte ihn im Konsistorium vom 4. Dezember 1916 zum Kardinalpriester und verlieh ihm am 7. Dezember 1916 den Kardinalshut und die Titelkirche S. Balbina.

Er starb am 22. September 1921 in Rennes und wurde in der Kathedrale von Rennes beigesetzt.

Dubois, Louis-Ernest (1856 – 1929)

Dubois wurde am 1. September 1856 in Saint-Calais in der Region Pays de la Loire im Kaiserreich Frankreich, heute Republik Frankreich, geboren. 1874 trat er in das Priesterseminar von Le Mans ein und erhielt dort seine philosophische und theologische Ausbildung.

Am 20. September 1879 wurde er in Le Mans zum Bischof geweiht. Er wirkte anschließend in der Seelsorge des Bistums Le Mans und engagierte sich in der kirchlichen Pressearbeit. 1895 wurde Ehrenkanoniker der Kathedrale von Le Mans und war 1898 – 1901 Generalvikar der Diözese Le Mans.

Der französische Präsident Emile Francois Loubet nominierte ihn am 5. April 1901 zum Bischof von Verdun. Die päpstliche Ernennung erfolgte am 18. April 1901, die Bischofsweihe empfing er am 2. Juli 1901 in der Kathedrale von Le Mans von Bischof Marie-Prosper-Adolphe de Bonfils von Le Mans. Am 30. November 1909 wurde er Erzbischof von Bourges, am 13. März 1916 Erzbischof von Rouen.

Papst Benedikt XV. kreierte ihn im Konsistorium vom 4. Dezember 1916 zum Kardinalpriester und verlieh ihm am 7. Dezember 1916 den Kardinalshut und die Titelkirche S. Maria in Aquiro. Am 13. Dezember 1920 wurde er Erzbischof von Paris. Er nahm am Konklave von 1922, welches Pius XI. wählte, teil.

Er starb am 23. September 1929 in Paris und wurde in der Krypta der Kathedrale Notre Dame in Paris beigesetzt.

Boggiani O.P., Tommaso Pio (1863 – 1942)

Boggiani wurde am 19. Januar 1863 in Boscomarengo in Piemont im Königreich Italien, heute Republik Italien, geboren. Am 15. September 1879 trat er in Chieri in den Dominikanerorden ein und studierte am Konvent in Chieri und an der theologischen Fakultät von Graz in Österreich.

Am 22. Juli 1885 wurde er in Graz zum Priester geweiht. Es folgte missionarische Arbeit in Konstantinopel. 1891 wurde er Prior des Konvents in Ragusa, 1898 Regens des philosophischen Kollegs der Dominikaner in Graz, Österreich. 1900 wurde er Gemeindepfarrer in Genua und Dozent am Priesterseminar Genua. Darüber hinaus visitierte er 23 norditalienische Diözesen als Apostolischer Visitator. 1908 wurde er Apostolischer Administrator von Adria.

Am 31. Oktober 1908 wurde er zum Bischof von Adria e Rovigo in Italien ernannt. Die Bischofsweihe empfing er am 22. November 1908 in Rom durch Kardinalstaatssekretär Rafael Merry del Val. Am 9. Januar 1912 wurde er zum Titularerzbischof von Edessa in Macedonia und am 10. Januar 1912 zum Apostolischen Delegaten in Mexiko ernannt. Am 7. März 1914 wurde er Apostolischer Administrator von Genua 1914. Am 7. Juli 1914 wurde er Assessor der Konsistorialkongregation und Sekretär des Kardinalskollegiums und war als solcher Sekretär des Konklaves von 1914.

Papst Benedikt XV. kreierte ihn im Konsistorium vom 4. Dezember 1916 zum Kardinalpriester und verlieh ihm am 7. Dezember 1916 den Kardinalshut und die Titelkirche SS. Quirico e Giulitta. Am 10. März 1919 wurde er zum Erzbischof von Genua ernannt, trat aber bereits 1921 von der Leitung der Erzdiözese zurück. Er nahm an den Konklaven von 1922, welches Pius XI. wählte, und 1939, welches Pius XII. wählte, teil.

Am 15. Juli 1929 optierte er für die Klasse der Kardinalbischöfe und den suburbikarischen Bischofssitz von Porto e Santa Rufina. Am 13. März 1933 wurde er Kanzler *S.E.R.* und erhielt gleichzeitig den Titel *in commendam* von S. Lorenzo in Damaso.

Er starb am 26. Februar 1942 in Rom und wurde in der Pfarrkirche von Boscomarengo beigesetzt.

Ascalesi C.PP.S., Alessio (1872 – 1952)

Ascalesi wurde am 22. Oktober 1872 in Casalnuovo in der Provinz Neapel im Königreich Italien, heute Republik Italien, geboren. Er verbrachte seine Kindheit in Umbrien und studierte nach der Schulzeit am Priesterseminar von Spoleto.

Am 8. Juni 1895 wurde er in Spoleto zum Priester geweiht und trat anschließend in die Kongregation vom heiligsten Blut ein, einer in Gemeinschaft lebenden Kongregation von Weltpriestern im seelsorgerlichen Dienst. 1895 – 1909 wirkte er in der Seelsorge des Erzbistums Spoleto. Er war zuletzt Prior und Pfarrer von S. Bartolomeo in Montefalco.

Am 29. April 1909 wurde er zum Bischof von Muro Lucano ernannt. Die Bischofsweihe empfing er am 8. August 1909 in Montefalco von Erzbischof Domenico Serafini O.S.B. von Spoleto. Am 19. Juni 1911 wurde er Bischof von Sant'Agata dei Goti, am 9. Dezember 1915 Erzbischof von Benevent.

Papst Benedikt XV. kreierte ihn im Konsistorium vom 4. Dezember 1916 zum Kardinalpriester und verlieh ihm am 7. Dezember 1916 den Kardinalshut und die Titelkirche S. Callisto. Am 8. Dezember 1818 wurde er Apostolischer Administrator von Lucera. Er nahm an den Konklaven von 1922, welches Pius XI. wählte, und 1939, welches Pius XII. wählte, teil. Am 7. März 1924 wurde er Erzbischof von Neapel.

Er starb am 11. Mai.1952 in Neapel und wurde in der Basilika Buon Consiglio in Neapel beigesetzt.

Maurin, Louis-Joseph (1859 – 1936)

Maurin wurde am 15. Februar 1859 in La-Ciotat in der Region Provence-Alpes-Côte d'Azur im Kaiserreich Frankreich, heute Republik Frankreich, geboren. Er studierte in Rom und lebte in dieser Zeit am französischen Seminar in Rom.

Am 8. April 1882 wurde er in Rom zum Priester geweiht. Er übernahm anschließend verschiedene Aufgaben in der Seelsorge des Bistums Marseille und arbeitete als Lehrer. 1906 wurde er Generalvikar von Marseille und 1909 Rektor der Wallfahrtskirche Notre-Dame de la Garde.

Am 1. September 1911 wurde er zum Bischof von Grenoble ernannt. Die Bischofsweihe empfing er am 24. Oktober 1911 in der Kathedrale von Marseille von Kardinal Pierre-Paulin Andrieu, dem Erzbischof von Bordeaux. Am 1. Dezember 1916 wurde er Erzbischof von Lyon und Primas von Gallien.

Papst Benedikt XV. kreierte ihn im Konsistorium vom 4. Dezember 1916 zum Kardinalpriester und verlieh ihm am 7. Dezember 1916 den Kardinalshut und die Titelkirche SS. Trinità al Monte Pincio. Von November 1918 bis April 1919 war er Apostolischer Administrator der Diözese Langres. Er nahm am Konklave von 1922, welches Pius XI. wählte, teil.

Er starb am 16. November 1936 in Lyon und wurde in der Kathedrale von Lyon beigesetzt.

Bertram, Adolf (1859 – 1945)

Bertram wurde am 14. März 1859 in Hildesheim im Königreich Hannover, heute Bundesrepublik Deutschland, geboren. Er studierte nach der Schulzeit in Würzburg und München.

Am 31. Juli 1881 wurde er in Würzburg für die Diözese Hildesheim zum Priester geweiht. Er setzte seine Studien in Rom an der Päpstlichen Universität Gregoriana fort und wirkte als Kaplan am deutschen Nationalkolleg S. Maria dell'Anima in Rom. 1883 wurde er an der Universität Würzburg in Theologie und 1884 in Rom in kanonischem Recht promoviert. Nach der Rückkehr war er 1884 – 1905 in verschiedenen Diensten seiner Heimatdiözese Hildesheim tätig, so als Mitarbeiter im Generalvikariat und als Leiter der Dombibliothek. 1889 wurde er Assessor im Generalvikariat, 1893 Domvikar und 1894 Domkapitular, 1898 wurde er Wirklicher Geistlicher Rat. 1905 – 1906 war er Generalvikar des Bischofs von Hildesheim und wurde am 19. Dezember 1905 nach dem Tod des Bischofs zum Kapitularvikar des Bistums Hildesheim gewählt.

Am 26. April 1906 wurde er vom Domkapitel Hildesheim zum Bischof von Hildesheim gewählt. Die päpstliche Ernennung erfolgte am 12. Juni 1906. Die Bischofsweihe empfing er am 15. August im Dom zu Hildesheim von Kardinal Georg von Kopp, dem Fürstbischof von Breslau.

Am 25. Mai 1914 wurde er vom Breslauer Domkapitel zum Fürstbischof von Breslau gewählt und am 8. September 1914 erfolgte die päpstliche Ernennung. 1914 – 1918 war er Mitglied im preußischen und österreichischen Herrenhaus.

Papst Benedikt XV. kreierte ihn im Konsistorium vom 4. Dezember 1916 *in pectore* zum Kardinal. Seine Kreierung zum Kardinalpriester wurde am 5. Dezember 1919 veröffentlicht und der Papst verlieh ihm am 18. Dezember 1919 den Kardinalshut und die Titelkirche S. Agnese fuori le mura. Er nahm an den Konklaven von 1922, welches Pius XI. wählte, und 1939, welches Pius XII. wählte, teil. Am 13. August 1930 wurde er zum Erzbischof und Metropoliten von Breslau ernannt, nachdem Breslau im Preußenkonkordat zum Erzbistum erhoben worden war. Er war ab 1919 bis zu seinem Tod Vorsitzender der Fuldaer Bischofskonferenzen und Sprecher des deutschen Episkopates.

Er starb am 16. Juli 1945 auf Schloss Johannesberg bei Jauernig (tschech. Javorník) im Sudetenland, der Sommerresidenz der Bischöfe von Breslau im ehemals österreichischen Teil des Bistums Breslau. Er wurde zuerst in Jauernig begraben. 1991 wurden seine Gebeine gehoben und in die Kathedrale von Breslau überführt.

Marini, Nicolò (1843–1923)

Marini wurde am 20. August 1843 in Rom im Kirchenstaat, heute Republik Italien, geboren. Er war ein Großneffe von Kardinal Pietro Marini (1846 kreiert). Er studierte am Collegio Capranica in Rom und am Collegio Romano, wo er 1862 in Philosophie und 1866 in Theologie promoviert wurde.

Am 26. Juni 1866 wurde er in Rom zum Priester geweiht. Er studierte nun an der Universität La Sapienza Rechtswissenschaften und wurde 1870 in beiderlei Rechten (*utriusque iuris*) promoviert. Er arbeitete in der Seelsorge der Diözese Rom und gründete eine katholische Tageszeitung. Für Kardinal Luigi Oreglia di Santo Stefano verwaltete er als Generalvikar die Abtei S. Vicenzo ed Anastasio alle Tre Fontane. 1878 wurde er Mitarbeiter der Konsistorialkongregation und 1881 päpstlicher Geheimkämmerer. 1882–1889 war er Mitarbeiter der Nuntiatur in Spanien und wurde 1889 Kanoniker des Kapitels der Petersbasilika des Vatikans. 1892 wurde er Substitut des Sekretariates für die Breven und Apostolischer Protonotar. Er engagierte sich in diesen Jahren für den christlichen Orient und gründete zu diesem Zweck zwei Journale und bereiste ausgiebig den Nahen Osten, Griechenland und Nordafrika. 1902 wurde er Konsultor der Studienkongregation. Am 20. Oktober 1908 wurde er Sekretär der Apostolischen Signatur, 1911 Konsultor der Päpstlichen Bibelkommission und 1912 Konsultor der Kommission für die Kodifizierung des kanonischen Rechtes. 1914 wurde er Konsultor der liturgischen Sektion der Ritenkongregation. 1915 wurde er *Auditor Sanctissimus*.

Papst Benedikt XV. kreierte ihn im Konsistorium vom 4. Dezember 1916 zum Kardinaldiakon und verlieh ihm am 7. Dezember 1916 den Kardinalshut und die Kirche S. Maria in Domnica als Titeldiakonie. Er wurde zunächst Mitglied der Kongregation *Propaganda Fide* und der Kongregation Propaganda Fide für die Orientalische Kirche. Als 1917 die Kongregation für die Orientalische Kirche gegründet wurde, wurde er am 29. November 1917 deren erster Sekretär (Präfekt war der Papst selbst). Er nahm am

Konklave von 1922, welches Pius XI. wählte, teil. 1922 legte er das Amt des Sekretärs der Kongregation für die Orientalische Kirche aus gesundheitlichen Gründen nieder.

Er starb am 7. Juli 1923 in Rom und wurde auf dem römischen Friedhof Campo Verano beigesetzt.

Giorgi, Oreste (1856 – 1924)

Giorgi wurde am 19. Mai 1856 in Valmonte in der Provinz Latium im Kirchenstaat, heute Republik Italien, geboren. Er studierte am Päpstlich-Römischen Seminar in Rom.

Am 21. Dezember 1878 wurde er in der Lateranbasilika in Rom von Kardinalvikar Raffaele Monaco La Valetta zum Priester geweiht. Er wurde bis 1891 Mitarbeiter und Dozent an der Päpstlichen Universität Gregoriana und wurde 1889 in das Advokatenkollegium der römischen Kongregationen aufgenommen. 1891 wurde er Substitut der Apostolischen Pönitentarie, 1896 Auditor der Kongregation für die Bischöfe und Ordensleute. 1897 wurde er päpstlicher Geheimkämmerer und 1903 päpstlicher Hausprälat und kurz darauf Apostolischer Protonotar. 1904 wurde er Konsultor der Päpstlichen Kommission für die Kodifizierung des kanonischen Rechts und Kanoniker der Lateranbasilika, später der Petersbasilika im Vatikan. 1907 erfolgte die Ernennung zum Untersekretär der Kongregation für die Bischöfe und Ordensleute, 1908 wurde er Regente der Apostolischen Pönitentarie und Auditor der Römischen Rota. Am 7. Dezember 1911 wurde er Sekretär der Konzilskongregation und 1912 Konsultor der Konsistorialkongregation.

Papst Benedikt XV. kreierte ihn im Konsistorium vom 4. Dezember 1916 zum Kardinaldiakon und verlieh ihm am 7. Dezember 1916 den Kardinalshut und die Kirche S. Maria in Cosmedin als Titeldiakonie. Er war Mitglied vieler kurialer Kongregationen, Gerichte und Kommissionen und war Kardinalprotektor zahlreicher Orden. Am 12. März 1918 wurde er Kardinalgroßpönitentiar. Er nahm am Konklave von 1922, welches Pius XI. wählte, teil. Am 25. Mai 1923 optierte er für die Klasse der Kardinalpriester und die Erhebung seiner Diakonie zur Titelkirche.

Am 26. April 1924 wurde er zum Titularerzbischof von Ancira ernannt. Die Bischofsweihe empfing er am 27. April 1924 in der Sixtinischen Kapelle des Vatikans von Papst Pius XI.

Er starb am 30. Dezember 1924 in Rom und wurde in der Kollegiatskirche von Valmontone beigesetzt.

Camassei, Filippo (1848 – 1921)

Camassei wurde am 14. September 1848 in Rom im Kirchenstaat, heute Republik Italien, geboren. Er studierte am Päpstlich-Römischen Seminar und wurde in Theologie und beiderlei Rechten (*utriusque iuris*) promoviert.

Am 12. April 1872 wurde er in Rom zum Priester geweiht. Nach der Priesterweihe wirkte er bis 1876 in der Gemeindeseelsorge und wurde im gleichen Jahr Sekretär von Kardinalvikar Raffaele Monaco La Valetta. Er unterrichtete als Regens des Päpstlich-

Römischen Seminars den zukünftigen Klerus der Diözese Rom und wurde 1889 Rektor des Päpstlichen *Athenaeum Urbanianum* der Kongregation *Propaganda Fide*. 1897 wurde er päpstlicher Hausprälat.

Am 18. März 1904 wurde er zum Erzbischof von Naxos in Griechenland ernannt. Die Bischofsweihe spendete ihm in Rom am 12. April 1904 der Präfekt der Kongregation *Propaganda Fide*, Kardinal Girolamo Gotti O.C.D. Am 6. Dezember 1906 wurde er zum lateinischen Patriarchen von Jerusalem ernannt. Im November 1917 wurde er von der türkischen Regierung nach Nazareth ausgewiesen. Im November 1918 konnte er nach Jerusalem zurückkehren. Im Mai 1919 ging er nach Rom, um den Papst über die Lage seines Patriarchates zu informieren.

Papst Benedikt XV. kreierte ihn im Konsistorium vom 15. Dezember 1919 zum Kardinalpriester und verlieh ihm am 18. Dezember 1919 den Kardinalshut und die Titelkirche S. Maria in Aracoeli.

Er starb am 18. Januar 1921 in Rom und wurde auf dem römischen Friedhof Campo Verano beigesetzt.

Silj, Augusto (1846 – 1926)

Silj wurde am 9. Juli 1846 in Calcara di Viso in Umbrien, im Kirchenstaat, heute Republik Italien, geboren. Er war ein Cousin von Kardinal Pietro Gasparri (1907 kreiert) und verwandt mit Kardinal Enrico Gasparri (1925 kreiert). Er erhielt seine Ausbildung am Seminar in Norcia und am Päpstlich-Römischen Seminar in Rom, wo er in Philosophie und in beiderlei Rechten (*utriusque iuris*) promoviert wurde.

Am 4. April 1874 wurde er in der Lateranbasilika in Rom zum Priester geweiht. Er übernahm verschiedene Aufgaben in der Seelsorge der Diözese Rom und wurde Direktor des Hospizes *Dei Convertendi* und päpstlicher Delegat für die Verwaltung des Heiligtums von Pompeji. 1901 wurde er Konsultor der Kongregation für die außerordentlichen Angelegenheiten der Kirche, 1902 Konsultor der Kongregation für die Bischöfe und Ordensleute und 1904 Konsultor der Päpstlichen Kommission für die Kodifizierung des kanonischen Rechts. 1906 wurde er päpstlicher Hausprälat.

Am 26. Dezember 1906 wurde er zum Titularerzbischof von Caesarea in Cappadocia und am 31. Dezember 1906 zum Päpstlichen Almosenier ernannt Die Bischofsweihe empfing er am 13. Januar 1907 in Rom von Kardinalstaatssekretär Rafael Merry del Val. Im Mai 1907 wurde er Päpstlicher Thronassistent. Im November 1908 wurde er Konsultor der Konzilskongregation und Präsident der Päpstlichen Kommission Per le Opere Religiosi (Vorläufer der Vatikanbank). Am 6. Dezember 1916 wurde er Vize-Camerlengo *S.E.R.*

Papst Benedikt XV. kreierte ihn im Konsistorium vom 15. Dezember 1919 zum Kardinalpriester und verlieh ihm am 18. Dezember 1919 den Kardinalshut und die Titelkirche S. Cecilia. Am 6. Februar 1920 wurde er Päpstlicher Vikar für das Heiligtum von Pompeji, am 20. März 1920 wurde er Präfekt der Apostolischen Signatur. Er nahm am Konklave von

1922, welches Pius XI. wählte, teil. Er war Mitglied vieler kurialer Kongregationen, Gerichte und Kommissionen und war Kardinalprotektor zahlreicher Orden.

Er starb am 27. Februar 1926 in Rom und wurde auf dem römischen Friedhof Campo Verano beigesetzt.

Soldevilla y Romero, Juan (1843–1923)

Soldevilla y Romero wurde am 20. Oktober 1843 in Fuentelapeña in der Provinz Zamora in Kastilien im Königreich Spanien geboren. Er studierte an den Seminaren von Valladolid und Toledo. Am Seminar von Tuy studierte er kanonisches Recht und erwarb in diesem Fach ein Diplom.

1867 wurde er in Valladolid zum Priester geweiht. Es folgten weitere Studien am Zentralseminar von Santiago de Compostela, die er 1868 mit der Promotion in Theologie abschloss. Danach nahm er Aufgaben in der Seelsorge und Verwaltung der Erzdiözese Valladolid wahr. 1875–1883 war er Finanz- und Kanzleisekretär des Bischofs von Orense. 1883–1889 war er Kathedralkanoniker in Valladolid, 1887–1889 war er dort Erzpriester des Kathedralkapitels. Er saß im Wohlfahrtsausschuss der Provinz und im Ausschuss für den Wiederaufbau von Kirchen. Er war der Prediger am Königshof und 1887–1889 Sekretär der Diözesansynode in Valladolid und Synodalexaminator.

Am 14. Februar 1889 wurde er zum Bischof von Tarazona ernannt. Die Bischofsweihe empfing er am 28. April 1889 in der Kathedrale von Valladolid von Erzbischof Benito Sanz y Forés von Valladolid. 1889–1901 verwaltete er als Apostolischer Administrator das Bistum Tudela. Am 16. Dezember 1901 wurde er Erzbischof von Saragossa.

Papst Benedikt XV. kreierte ihn im Konsistorium vom 15. Dezember 1919 zum Kardinalpriester. König Alfonso XIII. von Spanien überreichte ihm am 25. Dezember 1919 das Kardinalsbirett. Der Papst verlieh ihm am 22. April 1920 den Kardinalshut und die Titelkirche S. Maria del Popolo. Er nahm am Konklave von 1922, welches Pius XI. wählte, teil.

Am 4. Juni 1923 fiel der Kardinal einem Attentat der anarchistischen Gruppe Los Solidarios in Saragossa zum Opfer. Er wurde in Saragossa in der Basilika del Pilar beigesetzt.

Valfrè di Bonzo, Teodoro (1853–1922)

Valfrè di Bonzo wurde am 21. August 1853 in Cavour in Piemont im Königreich Sardinien-Piemont, heute Republik Italien, geboren. Er trat 1871 in das Turiner Priesterseminar ein und studierte an der Universität Turin, wo er im Juli 1876 in Theologie promoviert wurde.

Am 10. Juli 1876 wurde er in Turin zum Priester geweiht. Er ging nach Rom und trat in die Päpstliche Akademie für den kirchlichen Adel ein. Am Päpstlichen *Athenaeum S. Apollinare* studierte er kanonisches Recht und wurde im Juni 1889 promoviert. Danach trat er in den Dienst der Kurie und in die Kongregation für außerordentliche kirchliche Angelegenheiten ein und wurde im Juli 1884 päpstlicher Hausprälat und Apostolischer Delegat in Costa Rica, Seine Abreise wurde jedoch verhindert, da es zu diplomatischen Schwierigkeiten mit der dortigen Regierung kam.

Am 27. März 1885 wurde er zum Bischof von Cuneo ernannt. Die Bischofsweihe empfing er am 3. Mai 1885 in Turin von Kardinal Gaetano Alimonda, dem Erzbischof von Turin. Am 18. März 1895 wurde er Bischof von Como, im April 1895 Päpstlicher Thronassistent. Am 27. März 1905 wurde er Erzbischof von Vercelli. Am 13. September 1916 wurde er zum Titularerzbischof von Trapezunt und einen Tag später zum Apostolischen Nuntius in Österreich-Ungarn ernannt. Er erreichte Wien kurz vor dem Tod von Kaiser Franz Josef am 21. September 1916. Seine Zeit als Nuntius fiel in die letzte Phase des Ersten Weltkrieges.

Papst Benedikt XV. kreierte ihn im Konsistorium vom 15. Dezember 1919 zum Kardinalpriester und verlieh ihm am 18. Dezember 1919 den Kardinalshut und die Titelkirche S. Maria sopra Minerva. Am 6. März 1920 wurde er zum Präfekten der Religiosenkongregation ernannt und nahm 1922 am Konklave teil, welches Pius XI. wählte.

Er starb am 22. Juni 1922 in Rom und wurde im Familiengrab auf dem Friedhof von Bra beigesetzt.

Kakowski, Aleksander (1862–1938)

Kakowski wurde am 5. Februar 1862 in Dembina in Masowien im damals zu Russland gehörenden Kongresspolen, heute Republik Polen, geboren. Er trat 1878 in das Priesterseminar von Warschau ein und studierte 1882/83 an der kirchlichen Akademie von St. Petersburg, wo er 1886 in kanonischem Recht promoviert wurde. 1883–1885 studierte er in Rom an der Päpstlichen Universität Gregoriana.

Am 30. Mai 1886 wurde er in Warschau zum Priester geweiht. Er wirkte bis 1911 in seelsorgerlichen und administrativen Aufgaben der Erzdiözese Warschau, so am kirchlichen Gericht. 1887 wurde er Dozent am Seminar von Warschau und war bis 1898 Assessor der erzbischöflichen Kurie. 1898 wurde er Regens des Priesterseminars. 1901 wurde er Ehrenkanoniker der Warschauer Kathedrale. 1910–1913 war er Rektor der Kirchlichen Akademie St. Petersburg und dort Professor für kanonisches Recht. 1911 wurde er päpstlicher Hausprälat.

Am 7. Mai 1913 wurde er zum Erzbischof von Warschau ernannt. Die Bischofsweihe empfing er am 22. Juni 1913 in der Katharinenkirche von St. Petersburg von Bischof Stanislav Casimir Zdzitowiecki von Wroclawek. 1916 wurde er Primas in Polen. 1917–1918 war er einer der drei Mitglieder des Regierungsrates für den polnischen Staat.

Papst Benedikt XV. kreierte ihn im Konsistorium vom 15. Dezember 1919 zum Kardinalpriester und verlieh ihm am 18. Dezember 1919 den Kardinalshut und die Titelkirche S. Agostino. Er nahm 1922 am Konklave teil, welches Pius XI. wählte.

Er starb am 30. Dezember 1938 in Warschau und wurde auf dem Friedhof Brudno in Warschau beigesetzt.

Dalbor, Edmund (1869–1926)

Dalbor wurde am 30. Oktober 1869 in Ostrowo Wielkopolski in der Provinz Posen, damals zum Königreich Preußen gehörend, heute Republik Polen, geboren. Nach der Schulzeit studierte er 1888/89 in Münster und anschließend in Posen und in Gnesen Theologie und Philosophie, bevor er 1892–1894 in Rom als Seminarist des polnischen Kollegs am Päpstlichen *Athenaeum S. Apollinare* studierte.

Am 25. Februar 1893 wurde er zum Priester geweiht. Er erwarb zunächst ein Lizentiat in Theologie und hospitierte bis 1894 an der Konzilskongregation. Im gleichen Jahr wurde er am S. Apollinare zum Dr. iur. can. promoviert und kehrte in seine Heimat zurück. In der Erzdiözese Posen wirkte er in der Seelsorge, u. a. auch als Vikar an der Kathedrale. 1896 wurde er Kanzler des Ordinariates und 1899 Professor für Kirchenrecht am Priesterseminar sowie Poenitentiar an der Kathedralkirche. 1901 wurde er Kathedralkanoniker, 1903 Domprediger und 1909 Generalvikar und Offizial der Erzdiözese Posen. 1914 wurde er päpstlicher Hausprälat.

Am 30. Juni 1915 wurde er unter Umgehung des Wahlrechtes der Kapitel von Gnesen und Posen und ohne nennenswerten Widerstand der preußischen Regierung zum Erzbischof der Erzbistümer Gnesen und Posen ernannt. Die Bischofsweihe empfing er am 21. September 1915 in Posen von Kardinal Felix von Hartmann, dem Erzbischof von Köln. Am 3. Oktober 1915 wurde er in Gnesen inthronisiert.

Papst Benedikt XV. kreierte ihn im Konsistorium vom 15. Dezember 1919 zum Kardinalpriester und verlieh ihm am 18. Dezember 1919 den Kardinalshut und die Titelkirche S. Giovanni a Porta Latina. Ihm wurde anlässlich des Konsistoriums der Titel eines Primas von Polen ausdrücklich zuerkannt und verliehen. Er nahm 1922 am Konklave teil, welches Pius XI. wählte.

Er starb am 13. Februar 1926 in Posen und wurde im Dom zu Gnesen beigesetzt.

Ragonesi, Francesco (1850–1931)

Ragonesi wurde am 21. Dezember 1850 in Bagnaia in der Region Latium im Kirchenstaat, heute Republik Italien, geboren. Er studierte am Priesterseminar von Viterbo und ab 1869 am Päpstlich-Römischen Seminar und dem Päpstlichen *Athenaeum S. Apollinare* in Rom, wo er Doktorate in Theologie, Philosophie und beiderlei Rechten (*utriusque iuris*) erwarb.

Nach der Priesterweihe (ein genaues Datum wurde nicht gefunden) wirkte er in der Seelsorge der Diözese Viterbo. Er war lange Jahre Dozent für Kirchengeschichte und Heilige Schrift am Priesterseminar von Viterbo und *Canonicus theologicus* und später Archidiakon des Kathedralkapitels. 1885–1904 war er Generalvikar der Diözese. 1889 wurde er päpstlicher Hausprälat. Am 7. September 1904 wurde er zum Apostolischen Delegaten und außerordentlichen Gesandten in Kolumbien ernannt.

Am 14. September 1904 erfolgte die Ernennung zum Titularerzbischof von Mira. Die Bischofsweihe empfing er am 25. September 1904 in Rom von Kardinalstaatssekretär Rafael Merry del Val. Am 9. Februar 1913 wurde er zum Nuntius in Spanien ernannt.

Papst Benedikt XV. kreierte ihn im Konsistorium vom 7. März 1921 zum Kardinalpriester. König Alfonso XIII. von Spanien überreichte ihm gemeinsam mit den neukreierten Kardinälen Francisco de Asís Vidal y Barraquer, dem Erzbischof von Tarragona und Juan Bautista Benlloch y Vivó, dem Erzbischof von Burgos, das Kardinalsbirett. Der Papst verlieh ihm am 16. Juni 1921 den Kardinalshut und die Titelkirche S. Marcello. Er nahm am Konklave von 1922, welches Pius XI. wählte, teil. Am 9. März 1926 wurde er Präfekt der Apostolischen Signatur.

Er starb am 14. September 1931 in Poggio a Caiano bei Pistoia und wurde auf dem römischen Friedhof Campo Verano beigesetzt.

Faulhaber, Michael von (1869–1952)

Faulhaber wurde am 5. März 1869 in Klosterheidenfeld in Unterfranken im Königreich Bayern, heute Freistaat Bayern in der Bundesrepublik Deutschland, geboren. Nach der Gymnasialzeit trat er in das Priesterseminar Würzburg ein und studierte an der Universität Würzburg Theologie und Philosophie.

Am 1. August 1892 wurde er in Würzburg von Bischof Franz-Joseph von Stein von Würzburg zum Priester geweiht. Nach einem Jahr als Kaplan in Kitzingen/Main war er ab 1893 Präfekt am Kilianeum und fertigte seine Doktorarbeit an, mit der er im Mai 1895 an der Universität Würzburg zum Dr. theol. promoviert wurde. 1896–1898 war er Kaplan an der deutschen Nationalkirche S. Maria dell'Anima und fertigte seine Habilitationsschrift an. 1899–1903 war er Privatdozent für Altes Testament in Würzburg, 1903–1911 Professor für Altes Testament an der Universität Straßburg.

Prinzregent Luitpold von Bayern nominierte ihn am 4. November 1910 zum Bischof von Speyer, am 7. Januar 1911 erfolgte die päpstliche Ernennung. Die Bischofsweihe empfing er am 19. Februar 1911 im Speyerer Dom von Erzbischof Franziskus von Bettinger von München und Freising. Im Ersten Weltkrieg war er stellvertretender Feldpropst der bayerischen Armee. König Ludwig III. nominierte ihn am 26. Mai 1917 zum Erzbischof von München und Freising. Am 24. Juli 1917 erfolgte die päpstliche Ernennung. Fast zeitgleich trat Eugenio Pacelli, der spätere Papst Pius XII., sein Amt als Nuntius in der bayerischen Hauptstadt an. Zwischen beiden entwickelte sich ein enges Vertrauensverhältnis. Im Januar 1920 wurde er Päpstlicher Thronassistent.

Papst Benedikt XV. kreierte ihn im Konsistorium vom 7. März 1921 zum Kardinalpriester und verlieh ihm am 10. März 1921 den Kardinalshut und die Titelkirche S. Anastasia. Er nahm an den Konklaven von 1922, welches Pius XI. wählte und 1939, welches Pius XII. wählte, teil. Er fertigte 1937 einen Entwurf der Enzyklika „Mit brennender Sorge" an, in der Pius XI. den Nationalsozialismus verurteilte. Am 29. Juni 1951 weihte er Joseph Ratzinger, den späteren Papst Benedikt XVI., im Freisinger Dom zum Priester. 1952 wurde er Kardinalprotopresbyter.

Er starb am 12. Juni 1952 in München und wurde im Liebfrauendom zu München beigesetzt.

Dougherty, Dennis Joseph (1865–1951)

Dougherty wurde am 16. August 1865, in Honesville im Bundesstaat Pennsylvania in den USA geboren. 1882 trat er in das St. Charles Borromeo Seminary in Overbrook, Pennsylvania ein. 1885 wurde er an das nordamerikanische Kolleg in Rom gesandt und studierte in Rom am Päpstlichen *Athenaeum Urbaniana* der Kongregation *Propaganda Fide*, wo er in Theologie promoviert wurde.

Am 31. Mai 1890 wurde er zum Priester geweiht. Nach seiner Rückkehr war er bis 1903 Dozent am St. Charles Borromeo Seminary in Overbrook. Gleichzeitig war er bis 1903 Offizial des Kirchengerichts von Philadelphia und kümmerte sich um die Finanzen der Diözese.

Am 10. Juni 1903 wurde er zum Bischof von Nova Segovia auf den Philippinen ernannt. Die Bischofsweihe empfing er am 14. Juni 1903 in Rom von Kardinal Francesco Satolli. Am 21. Juni 1908 wurde er Bischof von Jaro auf den Philippinen. Am 9. Dezember 1915 wurde er Bischof von Buffalo im Staat New York und kehrte in die USA zurück. Am 1. Mai 1918 wurde er Erzbischof von Philadelphia.

Papst Benedikt XV. kreierte ihn im Konsistorium vom 7. März 1921 zum Kardinalpriester verlieh ihm am 10. März 1921 den Kardinalshut und die Titelkirche SS. Nereo ed Achilleo. Zum Konklave von 1922, welches Pius XI. wählte, kam er nicht rechtzeitig in Rom an, am Konklave von 1939, welches Pius XII. wählte, nahm er teil.

Er starb am 31. Mai 1951 in Philadelphia und wurde in der Kathedrale von Philadelphia beigesetzt.

Benlloch y Vivó, Juan (1864–1926)

Benlloch y Vivó wurde am 29. Dezember 1864 in Valencia in der Provinz Valencia im Königreich Spanien geboren. Er studierte am Priesterseminar von Valencia, wo er 1887 in Theologie und kanonischem Recht promoviert wurde.

Am 25. Februar 1888 wurde er in Valencia zum Priester geweiht. Er wirkte zunächst als Dozent am Priesterseminar von Valencia und war ab 1893 Pfarrer einer der größten Gemeinden der Stadt Valencia. 1899 ging er in das Bistum Segovia, wo er Dozent am Priesterseminar wurde. Er war Kanoniker an der Kathedrale und 1899–1900 Generalvikar des Bistums von Segovia. 1900–1901 verwaltete er das Bistum als Kapitularvikar.

Am 16. Dezember 1901 wurde er zum Titularbischof von Hermopolis Maior und Apostolischen Administrator von Solsona ernannt. Die Bischofsweihe empfing er am 2. Februar 1902 in Madrid von Bischof Jaime Cardona y Tur, dem Militärprogeneralvikar und Prokaplan des königlichen Palastes. Am 6. Dezember 1906 wurde er zum Bischof von Urgell ernannt und war als solcher Co-Regent von Andorra, für dessen Nationalhymne er den Text schrieb. Am 7. Januar 1919 wurde er Erzbischof von Burgos.

Papst Benedikt XV. kreierte ihn im Konsistorium vom 7. März 1921 zum Kardinalpriester. König Alfonso XIII. von Spanien überreichte ihm gemeinsam mit dem zum Kardinal kreierten Apostolischen Nuntius Francesco Ragonesi und dem ebenfalls zum Kardinal kreierten Erzbischof von Tarragona, Francisco de Asís Vidal y Barraquer, das Kardinalsbirett. Der Papst verlieh ihm am 16. Juni 1921 den Kardinalshut und die Titelkirche S. Maria in Aracoeli. Er nahm am Konklave von 1922, welches Pius XI. wählte, teil. 1923–1924 war er außerordentlicher Gesandter der spanischen Regierung in den lateinamerikanischen Republiken.

Er starb am 14. Februar 1926 in Madrid und wurde in der Basilika Virgen de los Desamparados in Valencia beigesetzt.

Vidal y Barraquer, Francisco de Asís (1868–1942)
Vidal y Barraquer wurde am 3. Oktober 1868 in Cambils in Katalonien im Königreich Spanien geboren. Er studierte zunächst Rechtswissenschaften in Barcelona und arbeitete nach dem Erwerb des Lizentiats in Rechtswissenschaften zunächst ein Jahr als Jurist. 1895–1899 studierte er am Priesterseminar von Tarragona. Im Jahre 1900 wurde er an der Universität Madrid in Rechtswissenschaften promoviert.

Am 17. September 1899 wurde er in Tarragona zum Priester geweiht. Er übernahm verschiedene seelsorgerliche Aufgaben und wirkte in der Verwaltung sowie als Kirchenjurist und Leiter des Kirchengerichts des Erzbistums Tarragona. 1905–1909 war er stellvertretender Generalvikar und 1909–1913 Generalvikar. Er war Kanoniker der Kathedrale und deren Erzpriester sowie ab 1911 Kapitularvikar der Erzdiözese Tarragona.

Am 10. November 1913 wurde er zum Titularbischof von Pentacomia und Apostolischen Administrator von Solsona ernannt. Die Bischofsweihe empfing er am 26. April 1914 in Tarragona von Erzbischof Antolín López Peláez von Tarragona. 1914–1916 war er Senator des spanischen Königreiches für die Provinz Tarragona. Am 7. Mai 1919 wurde er zum Erzbischof von Tarragona ernannt.

Papst Benedikt XV. kreierte ihn im Konsistorium vom 7. März 1921 zum Kardinalpriester. König Alfonso XIII. von Spanien überreichte ihm gemeinsam mit dem zum Kardinal kreierten Apostolischen Nuntius Francesco Ragonesi und dem ebenfalls zum Kardinal kreierte Erzbischof von Burgos, Juan Bautista Benlloch y Vivó, das Kardinalsbirett. Der Papst verlieh ihm am 16. Juni 1921 den Kardinalshut und die Titelkirche S. Sabina. Er nahm an den Konklaven von 1922, welches Pius XI. wählte und 1939, welches Pius XII. wählte, teil. Er war ein Gegner der Falangisten im spanischen Bürgerkrieg und musste die Jahre 1937–1942 im italienischen Exil sowie im Exil in der Schweiz verbringen. Da Kardinal Vidal y Barraquer den republikanischen Kreisen Kataloniens nahestand, untersagte ihm das Regime des Generals Francisco Franco die Rückkehr in sein Erzbistum.

Er starb während eines Besuchs in Fribourg in der Schweiz am 13. September 1943 und wurde zunächst in der Kartäuserkirche von Valsainte, Schweiz, begraben. 1978 wurden seine Gebeine in die Kathedrale von Tarragona überführt.

Schulte, Karl Joseph (1871–1941)
Schulte wurde am 14. September 1871 in Haus Valbert bei Ödingen im Sauerland im Königreich Preußen im Kaiserreich Deutschland, heute Bundesland Nordrhein-West-

falen in der Bundesrepublik Deutschland, geboren. Nach dem Abitur am Essener Burggymnasium studierte er in Bonn und Münster Theologie und Philosophie. Da er wegen eines Wirtshausbesuches aus dem Bonner Theologenkonvikt entlassen wurde, trat er in das Priesterseminar Paderborn ein.

Am 22. März 1895 wurde er in Paderborn durch Bischof Hubert Theophil Simar zum Priester geweiht und wirkte anschließend bis 1901 als Vikar und Religionslehrer in Witten/Ruhr. 1901 wurde er als Repetent an das Theologenkonvikt Leoninum und später an das Priesterseminar in Paderborn berufen und bereitete seine Promotion an der Universität Tübingen vor, wo er im März 1903 in Theologie promoviert wurde. 1903 wurde er zum Dozenten und 1905 zum Professor für Apologetik und Kirchenrecht an der theologisch-philosophischen Lehranstalt in Paderborn ernannt.

Am 30. November 1909 wählte ihn das Paderborner Domkapitel zum Bischof von Paderborn. Die päpstliche Ernennung erfolgte am 7. Februar 1910. Die Bischofsweihe empfing er am 19. März 1910 in Paderborn durch Kardinal Antonius Fischer, dem Erzbischof von Köln. Am 12. April 1910 wurde er durch den Heiligen Stuhl auch zum Apostolischen Administrator von Anhalt ernannt.

Am 15. Januar 1920 wurde er vom Kölner Domkapitel zum Erzbischof von Köln gewählt, die päpstliche Ernennung erfolgte am 8. März 1920.

Papst Benedikt XV. kreierte ihn im Konsistorium vom 7. März 1921 zum Kardinalpriester verlieh ihm am 10. März 1921 den Kardinalshut und die Titelkirche Quattro Coronati. Er nahm an den Konklaven von 1922, welches Pius XI. wählte und 1939, welches Pius XII. wählte, teil.

Er starb am 11. März 1941 in Köln und wurde im Kölner Dom beigesetzt.

Tacci Porcelli, Giovanni (1863 – 1938)

Tacci Porcelli wurde am 12. November 1863 in Mogliano im Kirchenstaat, heute Republik Italien, geboren. Er studierte am Päpstlich-Römischen Seminar. 1885 trat er in die Päpstliche Akademie für den kirchlichen Adel ein.

Am 18. September 1886 wurde er in Fermo zum Priester geweiht. Neben seinen weiteren Studien – 1887 wurde er in Theologie und 1889 in beiderlei Rechten (*utriusque iuris*) promoviert – wirkte er bis 1895 in der pastoralen Arbeit der Diözesen Fermo und Rom. Er wurde päpstlicher Hausprälat und war Dekan der Päpstlichen Akademie für den kirchlichen Adel. Er gehörte der Kommission für die Päpstlichen Schulen an und betreute mehrere Klöster.

Am 18. März 1895 wurde er zum Bischof von Città della Pieve ernannt und empfing am 5. Mai 1895 in Fermo von Kardinal Amilcare Malagola, dem Erzbischof von Fermo, die Bischofsweihe.

Am 19. Dezember 1904 wurde er zum Apostolischen Delegaten in Konstantinopel für die orientalischen Katholiken und zum Vikar des lateinischen Patriarchen von Konstantinopel für die Katholiken des lateinischen Ritus ernannt. Am 10. März 1905 wurde er Titularerzbischof von Nizäa und behielt die Verwaltung seiner Diözese Città della Pieve bei. Am 31. Dezember 1907 wurde er Nuntius in Belgien, am 18. März 1911

Internuntius in den Niederlanden. Am 8. Dezember 1916 wurde er päpstlicher Maiordomus, am 30. Oktober 1918 Präfekt des Apostolischen Palastes.

Papst Benedikt XV. kreierte ihn im Konsistorium vom 13. Juni 1921 zum Kardinalpriester verlieh ihm am 16. Juni 1921 den Kardinalshut und die Titelkirche S. Maria in Trastevere. Er nahm am Konklave von 1922, welches Pius XI. wählte, teil. Am 8. August 1922 wurde er Sekretär der Kongregation für die Orientalischen Kirchen. Er legte dieses Amt am 27. Januar 1927 nieder. Er war Mitglied vieler kurialer Kongregationen, Gerichte und Kommissionen und war Kardinalprotektor zahlreicher Orden.

Er starb am 30. Juni 1928 in Rom und wurde auf dem römischen Friedhof Campo Verano beigesetzt.

Ratti, Achille – Papst Pius XI. (1857–1939)

Ratti wurde am 31. Mai 1857 in Desio bei Monza im habsburgischen Königreich Lombardei-Venetien, heute Republik Italien, geboren und auf den Namen Ambrogio Damiano Achille getauft. Er studierte am Priesterseminar von Mailand. Anschließend ging er nach Rom an das lombardische Seminar, um seine Studien an der Päpstlichen Universität Gregoriana fortzusetzen.

Am 20. Dezember 1879 wurde er in Rom zum Priester geweiht und setzte seine Studien bis 1882 fort. An der Universität Gregoriana erwarb er ein Doktorat in Theologie, an der Universität La Sapienza ein Doktorat in kanonischem Recht und an der Päpstlichen Akademie St. Thomas v. Aquin ein Doktorat in Philosophie.

1882 kehrte er nach Mailand zurück und wurde Dozent für Theologie am Seminar S. Pietro Martire und für geistliche Redekunst und Hebräisch am Priesterseminar von Mailand. 1888–1907 war er Bibliothekar an der Biblioteca Ambrosiana in Mailand, deren Präfekt er von 1907 bis 1911 war. 1907 wurde er päpstlicher Hausprälat. Am 20. Februar 1912 wurde er Pro-Präfekt der Vatikanischen Bibliothek, am 20. August 1914 deren Präfekt. Im September 1914 wurde er Kanoniker des Kapitels der Petersbasilika des Vatikans, im Oktober 1914 wurde er Apostolischer Protonotar. Am 15. April 1918 wurde er Apostolischer Visitator für Polen und in Litauen, am 6. Juni 1919 Nuntius in Polen.

Am 3. Juli 1919 wurde er zum Titularerzbischof von Lepanto ernannt. Die Bischofsweihe spendete ihm am 28. Oktober 1919 in Warschau Erzbischof Aleksander Kakowski von Warschau. 1920 wirkte er als päpstlicher Kommissar für die Abstimmungsgebiete Oberschlesien, Ostpreußen und Westpreußen. Am 19. April 1921 erfolgte seine Ernennung zum Titularerzbischof von Adana.

Papst Benedikt XV. kreierte ihn im Konsistorium vom 13. Juni 1921 zum Kardinalpriester und ernannte ihn gleichzeitig zum Erzbischof von Mailand. Am 16. Juni 1921 verlieh er ihm den Kardinalshut und die Titelkirche SS. Silvestro e Martino ai Monti. Er nahm am Konklave vom Februar 1922 teil und wurde am 6. Februar 1922 zum Papst gewählt.

Als Papst nahm er den Namen Pius XI. an und wurde am 12. Februar 1922 in der Petersbasilika des Vatikans gekrönt. In 17 Konsistorien kreierte er 76 Kardinäle. Durch eine gezielte Konkordatspolititk versuchte er, die Rechte der katholischen Kirche zu sichern.

Am 11. Februar 1929 kam es zur Unterzeichnung der Lateranverträge. Durch sie wurde dem Papst die weltliche Souveränität über den Vatikan zuerkannt, zudem eine Anzahl von Palästen und Basiliken in Rom sowie die päpstliche Villa in Castel Gandolfo am Albaner See für exterritorial erklärt. Der Papst anerkannte das Königreich Italien einschließlich der Hauptstadt Rom. Ein zusätzliches Finanzabkommen ersetzte die im Garantiegesetz von 1871 vorgesehene jährliche Rente durch eine einmalige Abfindung. Durch das Konkordat wurde die Stellung der katholischen Kirche als Staatsreligion in Italien anerkannt. In der Enzyklika „Mit brennender Sorge" vom 14. März 1937 wandte er sich gegen die Nichtbeachtung des Reichskonkordats durch die Nationalsozialisten sowie die nationalsozialistische Ideologie. Das Rundschreiben *Divini Redemptoris* vom 19. März 1937 war gegen den atheistischen Kommunismus gerichtet.

Er starb am 10. Februar 1939 im Vatikan und wurde in den Grotten von St. Peter beigesetzt.

Laurenti, Camillo (1861–1938)

Laurenti wurde am 20. November 1861 in Monteporzio Catone im Kirchenstaat, heute Republik Italien, geboren. Er trat 1872 in das Collegio Capranica in Rom ein und studierte bis 1884 am Päpstlichen *Athenaeum Urbaniana* der Kongregation *Propaganda Fide*, wo er in Theologie und Philosophie promoviert wurde.

Am 7. Juni 1884 wurde er in Rom zum Priester geweiht und trat anschließend in die Kongregation *Propaganda Fide* als Mitarbeiter ein. 1889 wurde er päpstlicher Geheimkämmerer. 1892 wurde er Dozent für Philosophie am Päpstlichen *Athenaeum Urbaniana* der Kongregation *Propaganda Fide* in Rom. Am 20. Oktober 1908 wurde er Untersekretär der Kongregation *Propaganda Fide*, 1909 päpstlicher Hausprälat. Am 12. August 1911 wurde er Sekretär der Kongregation *Propaganda Fide*. 1912 wurde er Konsultor des Heiligen Offiziums, 1917 Konsultor der Kongregation für die Orientalische Kirche.

Papst Benedikt XV. kreierte ihn im Konsistorium vom 13. Juni 1921 zum Kardinaldiakon verlieh ihm am 16. Juni 1921 den Kardinalshut und die Kirche S. Maria della Scala als Titeldiakonie. Er nahm am Konklave von 1922, welches Pius XI. wählte, teil. Am 5. Juli 1922 wurde er Präfekt der Religiosenkongregation, am 17. Dezember 1928 Pro-Präfekt der Ritenkongregation und am 12. März 1929 deren Präfekt. Am 16. Dezember 1935 optierte er für die Klasse der Kardinalpriester und die Erhebung seiner Diakonie zur Titelkirche.

Er starb am 6. September 1938 in Rom und wurde auf dem römischen Friedhof Campo Verano beigesetzt.

Die Kardinäle von Papst Pius XI. (1922 – 1939)

Locatelli, Achille (1856 – 1935)

Locatelli wurde am 15. März 1856 in Seregno im von den Habsburgern regierten Königreich Lombardei-Venetien, heute Republik Italien, geboren. Er studierte am Priesterseminar von Monza bei Mailand und am Päpstlich-Römischen Seminar in Rom. Dort wurde er in Theologie promoviert.

Am 23. Dezember 1879 wurde er in Mailand zum Priester geweiht und ging nach Rom, wo er 1880 – 1886 die Päpstliche Akademie für den kirchlichen Adel besuchte und sich auf die Diplomatenlaufbahn vorbereitete. Am Päpstlichen *Athenaeum S. Apollinare* wurde er zum Doktor beiderlei Rechte (*utriusque iuris*) promoviert.

Nachdem er bereits 1884 päpstlicher Geheimkämmerer geworden war, wirkte er von 1886 bis 1887 als Auditor an der Nuntiatur in Bayern in München, von 1887 bis 1891 an der Nuntiatur in Belgien in Brüssel, von 1891 bis 1893 an der Nuntiatur in Frankreich in Paris und schließlich von 1893 bis 1899 an der Nuntiatur von Österreich-Ungarn in Wien. 1899 – 1904 war er Mitarbeiter der Kongregation für außerordentliche kirchliche Angelegenheiten, 1902 wurde er päpstlicher Hausprälat. 1905 wurde er Geschäftsträger der Nuntiatur in den Niederlanden und Luxemburg in Den Haag, und am 22. November 1906 Apostolischer Internuntius in Argentinien, Paraguay und Uruguay.

Am 6. Dezember 1906 wurde er zum Titularerzbischof von Thessalonici ernannt. Die Bischofsweihe empfing er am 27. Dezember 1906 in der Kapelle des lateinamerikanischen Kollegs in Rom von Kardinalstaatssekretär Rafael Merry del Val. Im Juli 1916 wurde er Nuntius in Belgien und im Mai 1917 zusätzlich Internuntius in Luxemburg. Am 13. Juli 1918 wurde er Nuntius in Portugal.

Papst Pius XI. kreierte ihn im Konsistorium vom 11. Dezember 1922 zum Kardinalpriester und verlieh ihm am 25. Mai 1923 den Kardinalshut und die Titelkirche S. Bernardo alle Terme.

Er starb am 5. April 1935 in Rom und wurde in der Propsteikirche von Seregno beigesetzt.

Bonzano, Giovanni (1867 – 1927)

Bonzano wurde am 27. September 1867 in Castelleto Scazzoso in der Provinz Alessandria im Königreich Italien, heute Republik Italien, geboren. Er studierte am Seminar von Vigevano und ging danach nach Rom an das Mastai Kolleg für Chinesische Missionen. Zuletzt studierte er am Päpstlichen *Athenaeum Urbaniana* der Kongregation *Propaganda Fide*.

Am 21. Mai 1890 in Rom wurde er in Rom von Kardinalvikar Lucido Maria Parocchi für das Institut für ausländische Missionen (P.I.M.E.) zum Priester geweiht. 1891 – 1897 arbeitete er als Missionar in China. Nach seiner Rückkehr wurde er 1899 Generalvikar der Diözese Vigevano und 1900 Diözesankanzler. 1901 – 1904 wirkte er als Dozent am

Päpstlichen *Athenaeum Urbaniana* der Kongregation *Propaganda Fide* in Rom und wurde 1904 Rektor der *Urbaniana*.

Am 2. Februar 1912 wurde er zum Titularerzbischof von Melitene und Apostolischen Delegaten in den USA ernannt. Die Bischofsweihe empfing er am 3. März 1912 in Rom durch Kardinalstaatssekretär Rafael Merry del Val. 1915 übernahm er zeitweise auch die Geschäfte der Apostolischen Delegatur in Mexiko.

Papst Pius XI. kreierte ihn im Konsistorium vom 11. Dezember 1922 zum Kardinalpriester und verlieh ihm am 14. Dezember 1922 den Kardinalshut und die Titelkirche S. Pancrazio. Am 18. Dezember 1924 optierte er für die Titelkirche S. Susanna.

Er starb am 26. November 1927 in Rom und wurde in der Kirche der Franziskanermissionare Mariens in Grottaferrata beigesetzt.

Reig y Casanova, Enrique (1858–1927)

Reig y Casanova wurde am 20. Januar 1858 in Valencia in Katalonien im Königreich Spanien geboren. Er studierte zunächst Rechtswissenschaften in Valencia und trat dann in das Priesterseminar ein. Kurz vor der Priesterweihe trat er aus dem Seminar aus und arbeitete als Rechtsanwalt und heiratete. Als seine Frau und sein Sohn 1885 an Cholera starben, entschloss er sich, Priester zu werden und trat er erneut in das Priesterseminar Valencia ein.

1886 wurde er in Almería von Bischof José María Orberá von Almería zum Priester geweiht. Er wirkte in der Diözese Almeria kurz als Dozent am Priesterseminar. Danach war er bis 1900 Kanzler und Generalvikar der Diözese Mallorca. 1900 ging er in die Erzdiözese Toledo, wo er Dozent für Soziologie am Priesterseminar wurde und 1903 Archidiakon des Kathedralkapitels. Er gründete eine Zeitschrift und gab eine weitere Zeitschrift zu sozialen Fragen heraus. Er war geistlicher Beirat der katholischen Arbeiterunion Spaniens und wurde Rektor der katholischen Universität von Madrid. 1903 wurde er Apostolischer Protonotar und 1904 Auditor der Rota von Madrid.

Am 28. März 1914 wurde er zum Bischof von Barcelona ernannt. Die Bischofsweihe empfing er am 8. November 1914 in Madrid von Erzbischof Francesco Ragonesi, dem Apostolischen Nuntius in Spanien. Am 22. April 1920 wurde er Erzbischof von Valencia.

Papst Pius XI. kreierte ihn im Konsistorium vom 11. Dezember 1922 zum Kardinalpriester und ernannte ihn am 14. Dezember 1922 zum Erzbischof von Toledo und Primas von Spanien. Das Kardinalsbirett überreichte im König Alfonso XIII. Der Papst verlieh ihm am 25. Mai 1923 den Kardinalshut und die Titelkirche S. Pietro in Montorio.

Er starb am 20. August 1927 in Toledo und wurde in der Kathedrale von Toledo beigesetzt.

Charost, Alexis-Armand (1860–1930)

Charost wurde am 14. November 1860 in Le Mans im Kaiserreich Frankreich, heute Republik Frankreich, geboren. Er studierte am Seminar von Le Mans, am päpstlichen französischen Seminar in Rom und an der katholischen Universität in Angers.

Am 19. Mai 1883 wurde er zum Priester geweiht. Er war anschließend bis 1892 Lehrer an der Schule Sainte-Croix von Le Mans und danach bis 1894 Direktor des Internats von Notre Dame de la Couture in Le Mans. 1894–1899 war er Sekretär des Erzbischofs von Rennes, wo er 1899 Kanoniker an der Kathedrale wurde. 1909–1913 war er Generalvikar und Direktor der Schulen der Erzdiözese Rennes.

Am 14. Februar 1913 wurde er zum Titularbischof von Miletopolis und Weihbischof in Cambrai für das Generalvikariat Lille ernannt. Die Bischofsweihe empfing er am 13. Mai 1913 in Rennes von Erzbischof Auguste-René Dubourg von Rennes. Als Lille eine eigene Diözese wurde, wurde er am 21. November 1913 erster Bischof von Lille und 1915 stellvertretender Kanzler der katholischen Universität Lille, 1919 Kanzler. Am 15. Juni 1920 wurde er Titularerzbischof von Chersones und Koadjutor *c.i.s.* von Rennes und am 22. September 1921 Erzbischof von Rennes.

Papst Pius XI. kreierte ihn im Konsistorium vom 11. Dezember 1922 zum Kardinalpriester und verlieh ihm am 14. Dezember 1922 den Kardinalshut und die Titelkirche S. Maria della Vittoria. Er war mehrfach päpstlicher Legat.

Er starb am 7. November 1930 in Rennes und wurde in der Kathedrale von Rennes beigesetzt.

Tosi O.SS.C.A., Eugenio (1864–1929)

Tosi wurde am 6. Mai 1864 in Busto Arsizio in der Lombardei im Königreich Italien, heute Republik Italien, geboren. Seine Ausbildung erhielt er an den Priesterseminaren von Monza und Mailand.

Am 24. Juni 1887 wurde er in Mailand zum Priester geweiht. Bis 1889 wirkte er in der Gemeindeseelsorge der Erzdiözese Mailand und trat am 24. Oktober 1889 bei den Oblaten der heiligen Karl und Ambrosius in Mailand ein. 1889–1909 war er Dozent am Missionshaus der Oblaten in Rho. 1909–1911 war er Generalvikar der Diözese Rimini.

Am 5. April 1911 wurde er zum Bischof von Squillace in Kalabrien ernannt. Die Bischofsweihe empfing er am 16. Mai 1911 von Kardinal Andrea Carlo Ferrari, dem Erzbischof von Mailand, in Mailand. Am 22. März 1917 wurde er Bischof von Andria und verwaltete bis 1918 als Apostolischer Administrator das Bistum Squillace. Am 7. März 1922 wurde er zum Erzbischof von Mailand ernannt.

Papst Pius XI. kreierte ihn im Konsistorium vom 11. Dezember 1922 zum Kardinalpriester und verlieh ihm am 14. Dezember 1922 den Kardinalshut und die Titelkirche SS. Silvestro e Martino ai Monti.

Er starb am 7. Januar 1929 in Mailand und wurde in der Kathedrale von Mailand begraben.

Touchet, Stanislas-Arthur-Xavier (1842–1926)

Touchet wurde am 13. November 1842 in Soliers bei Bayeux im Königreich Frankreich, heute Republik Frankreich, geboren. Er war der Neffe von Arthur-Xavier Ducellier, der zunächst Bischof von Bayonne und später Erzbischof von Besançon war. Er studierte am Priesterseminar Saint-Sulpice in Paris.

Am 13. Juni 1872 wurde er von seinem Onkel, Bischof Arthur-Xavier Ducellier von Bayonne, zum Priester geweiht. Nach seelsorgerlicher Arbeit in der Diözese Bayeux wurde er 1878 Sekretär seines Onkels, des Bischofs von Bayonne und 1887, als sein Onkel Erzbischof von Besançon wurde, folgte er diesem auch dorthin. In beiden Bistümern arbeitete er weiterhin auch in der Seelsorge.

Am 18. Mai 1894 wurde er zum Bischof von Orléans ernannt und empfing am 15. Juli 1894 in Besançon von Bischof Flavian-Abel-Antoine Hugonin von Bayeux die Bischofsweihe. Gleich nach seiner Bischofsweihe bemühte er sich um die Wiederaufnahme des Heiligsprechungsprozesses von Jeanne d'Arc. Seine Bemühungen waren von Erfolg gekrönt: 1909 erfolgte die Selig-, 1920 die Heiligsprechung Jeanne d'Arcs. Pius XI. proklamierte sie 1922 zur zweiten Patronin Frankreichs. 1915 erhielt er als Nichtmetropolit das Recht, das Pallium zu tragen und 1922 wurde er Päpstlicher Thronassistent.

Papst Pius XI. kreierte ihn im Konsistorium vom 11. Dezember 1922 zum Kardinalpriester und verlieh ihm am 14. Dezember 1922 den Kardinalshut und die Titelkirche S. Maria sopra Minerva.

Er starb am 23. September 1926 in Orléans und wurde in der Kathedrale von Orléans beigesetzt.

Mori, Giuseppe (1850–1934)

Mori wurde am 24. Januar 1850 in Loro Piceno im Kirchenstaat, heute Republik Italien, geboren. Er studierte am Priesterseminar von Fermo und am Päpstlich-Römischen Seminar in Rom.

Am 17. September 1874 wurde er in Rom zum Priester geweiht. Er wirkte anschließend in der Seelsorge der Diözese Rom. 1880 wurde er päpstlicher Geheimkämmerer. 1885–1903 war er Mitarbeiter der Konzilskongregation, 1903–1908 dort Auditor. Im Oktober 1908 wurde er Untersekretär der Kongregation für die Sakramentendisziplin, im Februar 1909 Auditor der Römischen Rota. Am 8. Dezember 1916 wurde er schließlich Sekretär der Konzilskongregation.

Papst Pius XI. kreierte ihn im Konsistorium vom 11. Dezember 1922 zum Kardinaldiakon und verlieh ihm am 14. Dezember 1922 den Kardinalshut und die Kirche S. Nicola in Carcere als Titeldiakonie. Am 13. März 1933 optierte er für die Klasse der Kardinalpriester und die Erhebung seiner Diakonie zur Titelkirche.

Er starb am 30. September 1934 in seinem Geburtsort Loro Piceno und wurde zunächst in der Kapelle des Friedhofs von Loro Piceno beigesetzt und später in das Familiengrab überführt.

Ehrle S.J., Franziskus (1845–1934)

Ehrle wurde am 17. Oktober 1845 in Isny im Allgäu im Königreich Württemberg, heute Bundesrepublik Deutschland, geboren. 1861 trat er in Groheim in Hohenzollern in den

Jesuitenorden ein. Er besuchte ab 1865 das Kolleg in Friedricksburg bei Münster und studierte ab 1868 Philosophie in Maria Laach, damals noch eine Jesuitenniederlassung. Ab 1873 studierte er Theologie in Ditton Hall in Liverpool.

Am 24. September 1876 wurde er in Liverpool zum Priester geweiht und setzte seine Studien dort fort und engagierte sich in der Seelsorge. 1878 wurde er Mitarbeiter der Zeitschrift „Stimmen aus Maria Laach". 1878–1880 nahm er publizistische und seelsorgerliche Aufgaben in Tervueren bei Brüssel wahr und forschte 1880–1895 in den vatikanischen Archiven. Das Ergebnis seiner Forschungen, die *Historia bibliothecæ Romanorum Pontificum*, publizierte er 1890. 1890–1895 war er Mitglied des außerordentlichen Beraterkreises für die Vatikanische Bibliothek, deren Pro-Präfekt er Januar bis Juni 1895 und deren Präfekt er ab Juni 1895 bis 1914 blieb, als ihn Achille Ratti ablöste. 1914–1919 war er Chefredakteur und Herausgeber der nun in „Stimmen der Zeit" umbenannten Zeitschrift „Stimmen aus Maria Laach" und übte diese Aufgabe zunächst von Rom und Feldkirch aus, bevor er 1916 mit der Redaktion nach München umziehen konnte, wo er bis 1919 lebte. 1919 kehrte er nach Rom zurück und war bis 1922 Professor am Päpstlichen Bibelinstitut und an der Päpstlichen Universität Gregoriana.

Papst Pius XI. kreierte ihn im Konsistorium vom 11. Dezember 1922 zum Kardinaldiakon und verlieh ihm am 14. Dezember 1922 den Kardinalshut und die Kirche S. Cesareo in Palatio als Titeldiakonie. Am 17. April 1929 wurde er Bibliothekar und Archivar *S.E.R.*

Er starb am 31. März 1934 in Rom und wurde auf dem römischen Friedhof Campo Verano beigesetzt.

Nasalli Rocca di Corneliano, Giovanni Battista (1872–1952)

Nasalli Rocca di Corneliano wurde am 27. August 1872 in Piacenza in der Region Emilia Romagna im Königreich Italien, heute Republik Italien, geboren. Sein Großonkel war Kardinal Ignazio Nasalli (1827 kreiert), sein Neffe Kardinal Mario Nasalli Rocca di Corneliano (1969 kreiert). Er studierte Philosophie am Seminar von Piacenza und trat 1892 in das lombardische Seminar in Rom ein, wo er Theologie an der Päpstlichen Universität Gregoriana studierte und 1895 in Theologie promoviert wurde.

Am 8. Juni 1895 wurde er in Piacenza von Bischof Scalabrini von Piacenza zum Priester geweiht. Nach einer kurzen Kaplanszeit in der Diözese Piacenza trat er 1896 in die Päpstliche Akademie für den kirchlichen Adel in Rom ein und promovierte 1898 in kanonischem Recht. 1899 wurde er Mitarbeiter der Kongregation für die außerordentlichen Angelegenheiten der Kirche. 1902 wurde er Kanoniker an S. Maria Maggiore und päpstlicher Hausprälat, kurz darauf Apostolischer Protonotar. Er visitierte als Apostolischer Visitator mehrere italienische Diözesen und Priesterseminare.

Am 25. Januar 1907 wurde er zum Bischof von Gubbio ernannt. Die Bischofsweihe empfing er in der Basilika S. Maria Maggiore am 10. Februar 1907 von Kardinal Vincenzo Vannutelli. Am 6. Dezember 1916 wurde er Titularerzbischof von Theben und Päpstlicher Almosenier und kurz darauf Päpstlicher Thronassistent. 1921–1926 war er kirchlicher Generalassistent der italienischen katholischen Jugend und wurde am 21. November 1921 zum Erzbischof von Bologna ernannt.

Papst Pius XI. kreierte ihn im Konsistorium vom 23. Mai 1923 zum Kardinalpriester und verlieh ihm am 25. Mai 1923 den Kardinalshut und die Titelkirche S. Maria in Traspontina. Er nahm am Konklave von 1939 teil, welches Pius XII. wählte.

Er starb am 13. März 1952 in Bologna und wurde in der Basilika Madonna di S. Luca in Bologna beigesetzt.

Sincero, Luigi (1870–1936)

Sincero wurde am 26. März 1870 in Trino Vercellese in der Provinz Vercelli in Piemont im Königreich Italien, heute Republik Italien, geboren. Er begann seine Studien am Seminar von Vercelli und ging danach als Seminarist des lombardischen Seminars nach Rom, wo er an der Päpstlichen Universität Gregoriana und dem Päpstlichen *Athenaeum* St. Thomas v. Aquin (*Angelicum*) studierte.

Am 24. September 1892 wurde er in Rom zum Priester geweiht. Anschließend studierte er bis 1894 an der Universität Turin. 1894 wurde er für kurze Zeit Subregens des lombardischen Seminars in Rom und anschließend bis 1908 Dozent am Seminar von Vercelli und Kathedralkanoniker an der Kathedrale von Vercelli. Im Oktober 1908 wurde er Auditor der Römischen Rota. Im Oktober 1917 wurde er Sekretär der Päpstlichen Kommission für die authentische Interpretation des *CIC*. 1919 wurde er Sekretär des Kardinalskollegiums und am 12. Oktober 1920 Assessor der Konsistorialkongregation. Er war 1922 Sekretär des Konklaves.

Papst Pius XI. kreierte ihn im Konsistorium vom 23. Mai 1923 zum Kardinaldiakon und verlieh ihm am 25. Mai 1923 den Kardinalshut und die Kirche S. Giorgio in Velabro als Titeldiakonie. Am 6. Februar 1926 wurde er Pro-Sekretär der Kongregation für die Orientalische Kirche und am 3. Februar 1927 Sekretär. Am 17. Dezember 1928 optierte er für die Klasse der Kardinalpriester und Erhebung seiner Diakonie zur Titelkirche.

Am 11. Januar 1929 wurde er zum Titularerzbischof von Petra in Palaestina ernannt. Die Bischofsweihe empfing er am 13. Januar 1929 von Papst Pius XI. in der Sixtinischen Kapelle des Vatikans. Am 13. März 1933 optierte er für die Klasse der Kardinalbischöfe und die suburbikarische Diözese Palestrina. Am 23. November 1934 wurde er zum Präsidenten der Päpstlichen Kommission für die Kodifizierung des orientalischen kanonischen Rechts und am 12. Dezember zum Präsidenten der Päpstlichen Kommission für die authentische Interpretation des *CIC* ernannt. Am 16. Juli 1935 wurde er Präsident der Päpstlichen Kommission für die Redaktion des Codex des orientalischen kanonischen Rechts.

Er starb am 7. Februar 1936 in Rom und wurde auf dem Friedhof seines Geburtsortes Trino Vercellese beigesetzt.

Lucidi, Evaristo (1866 – 1929)

Lucidi wurde am 4. Oktober 1866 in Montefranco in der Provinz Terni in Umbrien im Kirchenstaat, heute Republik Italien, geboren. Er studierte am Päpstlich-Römischen Seminar und am Päpstlichen *Athenaeum S. Apollinare* sowie an der Universität La Sapienza in Rom.

Nach der Priesterweihe 1889 in Rom wirkte er in der Diözese Rom und war langjähriger Direktor der Schule „S. Girolamo degli Schiavoni". 1900 wurde er päpstlicher Geheimkämmerer, 1902 beigeordneter Konsultor der Kongregation für die Provinzkonzile und 1904 Sekretär der Kommission für die Revision des Rechts der Provinzkonzile. 1905 wurde er Assessor der Konzilskongregation und 1906 päpstlicher Hausprälat. 1908 war er Prosekretär der Finanzabteilung der Kongregation *Propaganda Fide* geworden. Am 13. Dezember 1916 wurde er Sekretär der Apostolischen Signatur, Päpstlicher Auditor und Palastprälat und ein Jahr später Apostolischer Protonotar.

Papst Pius XI. kreierte ihn im Konsistorium vom 20. Dezember 1923 zum Kardinaldiakon und verlieh ihm am 23. Dezember 1923 den Kardinalshut und die Kirche S. Adriano al Foro als Titeldiakonie.

Er starb am 31. März 1929 in Rom und wurde in die Pfarrkirche von Montefranco beigesetzt.

Galli, Aurelio (1866 – 1929)

Galli wurde am 26. Februar 1866 in Frascati in Latium im Kirchenstaat, heute Republik Italien, geboren. Er studierte zunächst am Päpstlich-Römischen Seminar und später an der Päpstlichen Universität Gregoriana in Rom.

Am 2. April 1889 wurde er in Rom zum Priester geweiht und studierte bis 1892 an der Päpstlichen Universität Gregoriana, wo er in Theologie promoviert wurde. 1893 – 1899 war er Mitarbeiter der Kongregation für die außerordentlichen kirchlichen Angelegenheiten und wurde 1899 Sekretär im Sekretariat für die lateinischen Briefe und päpstlicher Geheimkämmerer. 1903 wurde er Sekretär für die lateinischen Briefe und päpstlicher Hausprälat. 1908 wurde er Kanoniker des Kapitels der Lateranbasilika und Apostolischer Protonotar. Am 7. November 1911 erfolgte die Ernennung zum Sekretär für die Briefe für die Fürsten. Er verfasste die Würdigung anlässlich des Begräbnisses für Leo XIII. 1903 und Pius X. 1914 sowie die *oratio pro eligendo pontifice* bei den Konklaven von 1914 und 1922.

Papst Pius XI. kreierte ihn im Konsistorium vom 20. Dezember 1923 zum Kardinaldiakon und verlieh ihm am 23. Dezember 1923 den Kardinalshut und die Kirche S. Angelo in Pescheria als Titeldiakonie. Er war Mitglied vieler Kongregationen der Kurie und Kardinalprotektor mehrerer Orden.

Er starb am 26. März 1929 in Rom und wurde in der Kathedrale von Frascati beigesetzt.

Mundelein, William George (1872 – 1939)

Mundelein wurde am 2. Juli 1872 in Manhattan in New York im Bundesstaat New York in den USA geboren. Er studierte am Manhattan College in New York und am Saint Vincent's Seminary in Latrobe in Pennsylvania und ging dann nach Rom, um am Päpstlichen *Athenaeum Urbaniana* der Kongregation *Propaganda Fide* zu studieren.

Am 8. Juni 1895 wurde er in Rom von Bischof Charles Edward McDonnell von Brooklyn zum Priester geweiht und ging zurück in seine Heimat. Neben seiner Aufgabe als Bischofssekretär engagierte er sich 1895 – 1897 auch in der Seelsorge der Diözese Brooklyn. 1897 – 1909 war er Kanzler der Diözese Brooklyn.

Am 30. Juni 1909 wurde er zum Titularbischof von Loima und Weihbischof in Brooklyn ernannt. Die Bischofsweihe empfing er am 21. September 1909 in Brooklyn von Bischof Charles E. McDonnell von Brooklyn. Am 9. Dezember 1915 wurde er Erzbischof von Chicago und 1920 Päpstlicher Thronassistent.

Papst Pius XI. kreierte ihn im Konsistorium vom 24. März 1924 zum Kardinalpriester und verlieh ihm am 27. März 1924 den Kardinalshut und die Titelkirche S. Maria del Popolo. Er nahm am Konklave von 1939, welches Pius XII. wählte, teil.

Er starb am 2. Oktober 1939 in Mundelein bei Chicago und wurde in der Kirche des Seminars Saint Mary of the Lake in Mundelein bei Chicago beigesetzt.

Hayes, Patrick (1867 – 1938)

Hayes wurde am 20. November 1867 in New York im Bundesstaat New York in den USA geboren. Nach dem Besuch des Manhattan College in New York trat er in das St. Joseph's Seminary in Troy in New York ein.

Am 8. September 1892 wurde er in Troy von Erzbischof Michael Augustine Corrigan von New York zum Priester geweiht. Er setzte seine Studien an der katholischen Universität von Amerika in Washington fort und erwarb 1894 dort ein Lizentiat in Theologie. Danach übernahm bis er 1903 seelsorgerliche Aufgaben in der Erzdiözese New York. 1903 – 1914 war er Präsident des katholischen Kollegs in New York und erzbischöflicher Kanzler der Erzdiözese New York. 1907 wurde er päpstlicher Hausprälat.

Am 3. Juli 1914 wurde er zum Titularbischof von Tagaste und Weihbischof in New York ernannt. Die Bischofsweihe empfing er am 14. Oktober 1914 in der St. Patricks-Kathedrale von New York durch Kardinal John Farley, den Erzbischof von New York. Am 24. November 1917 wurde er Militärvikar für die US-Armee und Marine. Am 10. März 1919 wurde er Erzbischof von New York.

Papst Pius XI. kreierte ihn im Konsistorium vom 24. März 1924 zum Kardinalpriester und verlieh ihm am 27. März 1924 den Kardinalshut und die Titelkirche S. Maria in Via.

Er starb am 4. September 1938 in New York und wurde in der St. Patricks-Kathedrale von New York beigesetzt.

Ilundain y Esteban, Eustaquio (1862–1937)

Ilundain y Esteban wurde am 20. September 1862 in Pamplona in der Region Navarra im Königreich Spanien geboren. Er studierte an den Seminaren von Pamplona und Ciudad Real.

Am 10. April 1886 wurde er in Pamplona zum Priester geweiht. Er war anschließend bis 1891 Dozent am Seminar von Pamplona und 1891–1901 Leiter der Kathedralschule von Ciudad Real. 1901–1904 war er Regens des Seminars von Segovia.

Am 14. November 1904 wurde er zum Bischof von Orense ernannt. Die Bischofsweihe empfing er am 13. März 1905 in Pamplona von Bischof José Cadena Eleta von Vitoria. Er war Senator des spanischen Königreiches für die Provinz Santiago de Compostela. Am 16. Dezember 1920 wurde er Erzbischof von Sevilla.

Papst Pius XI. kreierte ihn im Konsistorium vom 30. März 1925 zum Kardinalpriester und verlieh ihm am 17. Dezember 1925 den Kardinalshut und die Titelkirche S. Lorenzo in Panisperna. Während des spanischen Bürgerkrieges unterstützte er General Francisco Franco.

Er starb am 10. August 1937 in Sevilla und wurde in der Kathedrale von Sevilla beigesetzt.

Casanova y Marzol, Vicente (1854–1930)

Casanova y Marzol wurde am 10. April 1854 in Borja in der Provinz Aragon im Königreich Spanien geboren. Er besuchte die Seminare von Saragossa und Madrid und erwarb 1882 ein Lizentiat in Theologie an der Universität Valencia.

1881 wurde er zum Priester geweiht und war anschließend in der Gemeindeseelsorge in der Diözese Tarazona tätig, bevor er für lange Jahre Pfarrer in Madrid war.

Am 19. Dezember 1907 wurde er zum Bischof von Almería ernannt. Die Bischofsweihe empfing er am 25. März 1908 in Madrid von Erzbischof Antonio Vico, dem Apostolischen Nuntius in Spanien. Am 7. März 1925 wurde er zum Erzbischof von Granada ernannt.

Papst Pius XI. kreierte ihn im Konsistorium vom 30. März 1925 zum Kardinalpriester und verlieh ihm am 17. Dezember 1925 den Kardinalshut und die Titelkirche SS. Vitale, Valeria, Gervasio e Protasio.

Er starb am 23. Oktober 1930 in Saragossa und wurde in der Kathedrale von Granada beigesetzt.

Cerretti, Bonaventura (1872–1933)

Cerretti wurde am 17. Juni 1872 in Comune de Bardono in der Region Latium im Königreich Italien, heute Republik Italien, geboren. Er studierte am Seminar von Spoleto und an der Päpstlichen Universität Gregoriana sowie an der staatlichen Universität La Sapienza in Rom.

Am 31. März 1895 wurde er in Rom von Erzbischof Tancredo Fausti zum Priester geweiht. 1895–1899 war er in der Seelsorge seines Heimatbistums Orvieto tätig und wurde 1899 in das Staatsekretariat des Vatikans berufen. 1904 wurde er päpstlicher Geheimkämmerer und war bis 1906 Sekretär der Apostolischen Delegatur in Mexiko. 1906–1914 war er Auditor der Apostolischen Delegatur in den USA.

Am 15. April 1914 wurde er zum Titularerzbischof von Philippopolis in Thrakien ernannt und bereits am 10. Mai 1914 erhielt er das Titularerzbistum Korinth. Die Bischofsweihe empfing er am 19. Juli 1914 in Rom von Kardinalstaatssekretär Rafael Merry del Val. Am 5. Oktober 1914 wurde er Apostolischer Delegat in Australien und Neuseeland. Am 6. Mai 1917 wurde er zum Sekretär der Kongregation für die außerordentlichen Angelegenheiten ernannt und nahm als solcher als päpstlicher Sondergesandter an der Friedenskonferenz von Paris von Mai bis Juni 1919 teil. Am 20. Mai 1921 wurde er Nuntius in Frankreich.

Papst Pius XI. kreierte ihn im Konsistorium vom 14. Dezember 1925 zum Kardinalpriester und verlieh ihm am 24. Juni 1926 den Kardinalshut und die Titelkirche S. Cecilia. Am 16. Juli 1930 wurde er Erzpriester der Basilika S. Maria Maggiore, am 12. Oktober 1931 Präfekt der Apostolischen Signatur. Am 13. März optierte er für die Klasse der Kardinalbischöfe und das suburbikarische Bistum Velletri.

Er starb am 8. Mai 1933 in Rom und wurde in der Basilika S. Maria in Trastevere in Rom beigesetzt.

Gasparri, Enrico (1871–1946)

Gasparri wurde am 25. Juli 1871 in Ussita in Umbrien im Königreich Italien, heute Republik Italien, geboren. Er war der Neffe von Kardinal Pietro Gasparri (1907 kreiert). Er studierte zunächst am Seminar von Nepi und ging dann an das Päpstlich-Römische Seminar nach Rom. Er wurde in Theologie und in beiderlei Rechten (*utriusque iuris*) promoviert.

Am 10. August 1894 wurde er in Rom zum Priester geweiht, schloss seine Studien ab und wirkte bis 1898 in der Seelsorge der Diözese Rom. Danach war er bis 1901 Sekretär seines Onkels Pietro Gasparri, als dieser Apostolischer Delegat in Peru, Ecuador und Bolivien war. 1906 wurde er Nuntiatursekretär der Nuntiatur von Portugal und 1908 Nuntiatursekretär der Nuntiatur von Belgien. 1912 wurde er Auditor der Nuntiatur von Brasilien. Am 14. November 1915 wurde er zum Apostolischen Delegaten und päpstlichen Sondergesandten für Kolumbien ernannt.

Am 9. Dezember 1915 wurde er zum Titularerzbischof von Sebaste ernannt. Die Bischofsweihe empfing er am 12. Dezember 1915 in Rom von Erzbischof Victor Amedeo Ranuzzi de'Bianchi, dem Maiordomus des Papstes. Am 8. Mai 1916 wurde er Internuntius in Kolumbien, am 20. Juli 1917 schließlich Nuntius in Kolumbien. Am 1. September 1920 wurde er Nuntius in Brasilien.

Papst Pius XI. kreierte ihn im Konsistorium vom 14. Dezember 1925 zum Kardinalpriester und verlieh ihm am 17. Dezember 1925 den Kardinalshut und die Titelkirche S. Bartolomeo all'Isola. Da sein Onkel Kardinal Pietro Gasparri noch lebte und weiterhin als Kardinalstaatssekretär amtierte, musste er für seine Kreation von der kirchenrechtlichen Vorschrift, welche verwandtschaftliche Beziehungen im Kardinalskollegium verbot, dispensiert werden.

Am 18. Mai 1933 wurde er zum Präfekt der Apostolischen Signatur ernannt. Am 16. Oktober 1933 optierte er für die Klasse der Kardinalbischöfe und die suburbikarische Diözese Velletri. Er nahm am Konklave von 1939 teil, welches Pius XII. wählte, und wurde am 26. Februar 1942 Subdekan des Kardinalskollegiums.

Er starb am 20. Mai 1946 in Rom und wurde in Sacrofano beigesetzt.

O'Donnell, Patrick (1856–1927)

O'Donnell wurde am 28. November 1856 in Rilzain-Glenties bei Raphoe im Vereinigten Königreich Großbritannien und Irland, heute Republik Irland, geboren. Er studierte 1873–1875 an der katholischen Universität Dublin und 1875–1879 am Saint Patrick's Seminary in Maynooth sowie 1879–1880 am Dunboyne Establishment.

Am 29. Juni 1889 wurde er in Maynooth von Kardinal Edward McCabe, dem Erzbischof von Dublin, zum Priester geweiht. Bis 1884 war er Dozent für Moraltheologie und Dogmatik am Saint Patrick's Seminary in Maynnoth. Papst Leo XIII. verlieh ihm am 29. Mai 1889 den Doctor of Divinity (D.D.). 1884–1888 war er Präfekt des Dunbayne Establishment, welches Fortbildungskurse in Theologie und kanonischem Recht anbot.

Am 26. Februar 1888 wurde er zum Bischof von Raphoe ernannt. Die Bischofsweihe empfing er am 25. März 1888 in der Pro-Kathedrale von Raphoe in Letterkenny von Erzbischof Michael Logue von Armagh. Am 14. Januar 1922 wurde er Titularerzbischof von Attalia und Koadjutor *c.i.s.* von Armagh. Am 19. November 1924 wurde er Erzbischof von Armagh und Primas von Irland.

Papst Pius XI. kreierte ihn im Konsistorium vom 14. Dezember 1925 zum Kardinalpriester und verlieh ihm am 17. Dezember 1925 den Kardinalshut und die Titelkirche S. Maria della Pace.

Er starb am 22. Oktober 1927 in Carlingford bei Armagh und wurde auf dem St. Patrick's Friedhof in Armagh beigesetzt.

Verde, Alessandro (1865–1958)

Verde wurde am 27. März 1865 in Sant'Antimo in der Region Campania im Königreich Italien, heute Republik Italien, geboren. Er studierte zunächst am Seminar von Aversa.

Am 31. März 1888 wurde er in Aversa zum Priester geweiht. Er ging zu weiteren Studien an das Päpstliche *Athenaeum S. Apollinare* nach Rom. 1890 wurde er in Theologie und 1893 in beiderlei Rechten (*utriusque iuris*) promoviert. 1894 wurde er Mitarbeiter der Ritenkongregation in der Abteilung für die Heiligsprechungen. Er wirkte in der Seelsorge der Diözese Rom mit und unterrichtete 1896/97 Zivilrecht am S. Apollinare. 1897 wurde er päpstlicher Geheimkämmerer und Assessor der Kongregation *Propaganda Fide*. 1902 wurde er zum Promotor Fidei (*advocatus diaboli*) für die Selig- und Heiligsprechungen im Zuständigkeitsbereich der Kongregation *Propaganda Fide* ernannt und wurde Anwalt in der Konsistorialkongregation sowie päpstlicher

Hausprälat. 1905 erfolgte die Ernennung zum Apostolischen Protonotar und zum Kanoniker an der Lateranbasilika. Am 26. Juni 1916 wurde er Sekretär der Ritenkongregation und 1916 Kanoniker des Kapitels der Petersbasilika im Vatikan.

Papst Pius XI. kreierte ihn im Konsistorium vom 14. Dezember 1925 zum Kardinaldiakon und verlieh ihm am 17. Dezember 1925 den Kardinalshut und die Kirche S. Maria in Cosmedin als Titeldiakonie. Am 16. Dezember 1935 optierte er für die Klasse der Kardinalpriester und Erhebung seiner Diakonie zur Titelkirche. 1939 nahm er am Konklave teil, welches Pius XII. wählte. Am 11. Oktober 1939 wurde er Erzpriester von S. Maria Maggiore.

Er starb am 29. März 1958 in Rom und wurde in Sant'Antimo beigesetzt.

Capotosti, Luigi (1863–1938)

Capotosti wurde am 23. Februar 1863 in Montegiberto in der Provinz Marken im Königreich Italien, heute Republik Italien, geboren. Sein Studium absolvierte er am Priesterseminar von Fermo, wo er in Theologie promoviert wurde.

Am 19. September 1885 wurde er in Fermo von Kardinal Amilcare Malagola, dem Erzbischof von Fermo, zum Priester geweiht. Anschließend war er bis 1895 Sekretär von Kardinal Malagola und von Erzbischof Roberto Papiri. 1895 wurde er Dozent für Moralphilosophie und Moraltheologie am Priesterseminar von Fermo und später Offizial der erzbischöflichen Kurie von Fermo sowie erster Kanoniker des Metropolitankapitels von Fermo. Er stand der Katholischen Aktion sehr nahe.

Am 8. April 1906 wurde er zum Bischof von Modigliana ernannt. Die Bischofsweihe empfing er am 31. Mai 1906 in Fermo von Erzbischof Carlo Castelli O.S.C. von Fermo. Am 8. Juni 1914 wurde er zum Sekretär der Kongregation für die Sakramentendisziplin ernannt, am 22. Januar 1915 zum Titularerzbischof von Thermae Basilicae.

Papst Pius XI. kreierte ihn im Konsistorium vom 21. Juni 1926 zum Kardinalpriester und verlieh ihm am 24. Juni 1926 den Kardinalshut und die Titelkirche S. Pietro in Vincoli. Am 29. Juli 1931 wurde er zum KardinalPro-Datar, am 23. September 1933 zum Kardinaldatar ernannt. Er war Mitglied zahlreicher kurialer Kongregationen.

Er starb am 16. Februar 1938 in Rom und wurde in der Pfarrkirche von Moresco in der Provinz Ascoli Piceno beigesetzt.

Perosi, Carlo (1868–1930)

Perosi wurde am 18. Dezember 1868 in Tortona in der Provinz Alessandria im Königreich Italien, heute Republik Italien, geboren und war der Bruder des bekannten Komponisten und Leiter der Capella Sixtina, Lorenzo Perosi. Er studierte am Priesterseminar von Tortona anschließend als Seminarist des lombardischen Seminars an der Päpstlichen Universität Gregoriana in Rom.

Am 8. November 1891 wurde er zum Priester geweiht. Es folgten bis 1894 weitere Studien in kanonischem Recht in Rom. 1894–1904 wirkte er in der Diözese Tortona in der Seelsorge und als Dozent für Philosophie und Theologie sowie Subregens des

Priesterseminars. 1902 wollte ihn Papst Leo XIII. zum Dozent für Kirchengeschichte am Päpstlichen *Athenaeum Urbaniana* der Kongregation *Propaganda Fide* ernennen, aber da er die Diözese nicht verlassen wollte, lehnte er die Berufung ab. 1904 gewährte ihm Pius X. ein Benefizium an der Petersbasilika des Vatikans und ernannte ihn zum Konsultor der Konzilskongregation und der Apostolischen Pönitentarie sowie zum beigeordneten Rat für die Provinzkonzilien. 1907 war er Apostolischer Visitator für die Seminare Siziliens und wurde päpstlicher Hausprälat. Am 20. Oktober 1908 wurde er Substitut der Konsistorialkongregation, am 7. Dezember 1911. Regente der Apostolischen Pönitentarie. 1915 wurde er Kanoniker an S. Maria Maggiore. Am 8. Dezember 1916 wurde er Assessor des Heiligen Offiziums und 1917 Kanoniker des Kapitels der Petersbasilika des Vatikans.

Papst Pius XI. kreierte ihn im Konsistorium vom 21. Juni 1926 zum Kardinaldiakon und verlieh ihm am 24. Juni 1926 den Kardinalshut und die Kirche S. Eustachio als Titeldiakonie. Am 10. Februar 1928 wurde er Pro-Sekretär der Konsistorialkongregation, am 1. November 1928 Sekretär. Er war Mitglied zahlreicher kurialer Behörden.

Er starb am 22. Februar 1930 in Rom und wurde zunächst auf dem römischen Friedhof Campo Verano beigesetzt und 1959 in die Kathedrale von Tortona überführt und erneut beigesetzt.

Lauri, Lorenzo (1864 – 1941)

Lauri wurde am 15. Oktober 1864 in Rom im Kirchenstaat, heute Republik Italien, geboren. Er studierte am Päpstlich-Römischen Seminar in Rom.

Am 4. Juni 1887 wurde er in Rom zum Priester geweiht und war bis 1910 Dozent am Römischen Seminar und am Päpstlichen *Athenaeum Urbaniana* der Kongregation *Propaganda Fide*. 1895 – 1910 war er Leiter des Kirchengerichts des Vikariates von Rom und wurde 1901 Kanoniker von S. Lorenzo in Damaso. 1910 wurde er Substitut des Regenten der Apostolischen Pönitentarie und Päpstlicher Hausprälat.

Am 5. Januar 1917 wurde er zum Titularerzbischof von Ephesus und Internuntius in Peru ernannt. Die Bischofsweihe empfing er am 21. Januar 1917 in Rom von Kardinal Donato Sbarretti. Nach der Herstellung der diplomatischen Beziehungen mit Peru wurde er am 20. Juli 1917 Nuntius in Peru. Am 25. Mai 1921 wurde er Nuntius in Polen.

Papst Pius XI. kreierte ihn im Konsistorium vom 20. Dezember 1926 zum Kardinalpriester und verlieh ihm am 23. Juni 1927 den Kardinalshut und die Titelkirche S. Pancrazio. Am 31. Juli 1927 wurde er Kardinalgroßpönitentiar. Er nahm am Konklave von 1939 teil, welches Pius XII. wählte. Am 11. Dezember 1939 wurde er Camerlengo *S.E.R.* Er war Mitglied zahlreicher kurialer Behörden und Kardinalprotektor mehrerer Einrichtungen.

Er starb am 8. April 1941 in Rom und wurde auf dem römischen Friedhof Campo Verano beigesetzt.

Gamba, Giuseppe (1857 – 1929)

Gamba wurde am 25. April 1857 in S. Damiano d'Asti in der Region Piemont im Königreich Italien, heute Republik Italien, geboren. Er studierte am Priesterseminar von Asti und später am Päpstlichen *Athenaeum S. Apollinare* in Rom, wo er 1882 in Theologie promoviert wurde.

Am 18. September 1882 wurde er in Asti zum Priester geweiht. Er wirkte als Kaplan und ab 1884 als Pfarrer und Kanoniker an der Kathedrale von Asti. 1883 wurde er Pro-Generalvikar, 1898 wurde er Generalvikar der Diözese Asti.

Am 16. Dezember 1901 wurde er zum Bischof von Biella ernannt. Die Bischofsweihe empfing er am 23. Februar 1902 in der Kathedrale von Asti durch Bischof Giacinto Arcangeli von Asti. Am 13. August 1906 wurde er Bischof von Novara. 1917 wurde er Päpstlicher Thronassistent und am 20. Dezember 1923 Erzbischof von Turin.

Papst Pius XI. kreierte ihn im Konsistorium vom 20. Dezember 1926 zum Kardinalpriester und verlieh ihm am 23. Dezember 1926 den Kardinalshut und die Titelkirche S. Maria sopra Minerva.

Er starb am 26. Dezember 1929 in Turin und wurde in der in der Kathedrale von Turin beigesetzt.

Roey, Jozef-Ernest van (1874 – 1961)

Roey wurde am 13. Januar 1874 in Vorsselaer bei Mecheln im Königreich Belgien geboren. Er studierte ab 1892 Philosophie und Theologie am Priesterseminar von Mecheln.

Am 18. September 1897 wurde er in Mecheln von Kardinal Lambert Goosens, dem Erzbischof von Mecheln, zum Priester geweiht. Anschließend studierte er an der Universität Louvain, wo er 1901 in Theologie promoviert wurde und sich 1903 habilitierte. 1901 – 1905 war er in Louvain Dozent am Collège Americaine, danach bis 1907 Dozent an der Universität Louvain. 1907 wurde er Ehrenkanoniker von Mecheln. 1907 – 1925 war er Generalvikar des Erzbischofs von Mecheln, 1909 wurde er päpstlicher Hausprälat, 1925 Apostolischer Protonotar. Er nahm 1921 – 1926 an den „Mechelner Gesprächen" mit Kardinal Mercier und anglikanischen Geistlichen teil.

Am 12. März 1925 wurde er zum Erzbischof von Mecheln ernannt. Die Bischofsweihe empfing er in der Kathedrale von Mecheln am 25. April 1925 von Erzbischof Clemente Micara, dem Apostolischen Nuntius in Belgien.

Papst Pius XI. kreierte ihn im Konsistorium vom 20. Juni 1927 zum Kardinalpriester und verlieh ihm am 23. Juni 1927 den Kardinalshut und die Titelkirche S. Maria in Aracoeli. Er nahm an den Konklaven von 1939, welches Pius XII. wählte, und 1958, welches Johannes XXIII. wählte, teil.

Er starb am 6. August 1961 in Mecheln und wurde in der Kathedrale von Mecheln beigesetzt.

Hlond S.D.B., Augustyn (1881–1948)

Hlond wurde am 5. Juli 1881 in Brzechowice in Oberschlesien im Königreich Preußen im Deutschen Kaiserreich, heute Republik Polen, geboren. 1896 trat er bei den Salesianern in Foglizzo ein und legte 1897 die Profess ab. An den Salesianerhäusern von Turin, Krakau, Lemberg und Rom erhielt er seine weitere Ausbildung sowie an der Päpstlichen Universität Gregoriana in Rom, wo er 1900 in Philosophie promoviert wurde.

Am 23. September 1905 wurde er in Krakau zum Priester geweiht. Nach weiteren Studienjahren wurde er 1907 Rektor der neuen salesianischen Niederlassung in Przemyśl und 1909–1919 in Wien. 1919–1922 war er Provinzial der deutsch-österreichischen Salesianer-Provinz. Am 7. November 1922 wurde er zum Apostolischen Administrator von Polnisch-Oberschlesien bestellt und bereitete die Bildung des späteren Bistums Kattowitz vor.

Am 14. Dezember 1925 wurde er zum ersten Bischof von Kattowitz ernannt. Die Bischofsweihe empfing er am 3. Januar 1926 in Kattowitz von Kardinal Aleksander Kakowski, dem Erzbischof von Warschau. Am 24. Juni 1926 wurde er zum Erzbischof der Erzbistümer Gnesen und Posen und zum Primas von Polen ernannt.

Papst Pius XI. kreierte ihn im Konsistorium vom 20. Juni 1927 zum Kardinalpriester und verlieh ihm am 22. Dezember 1927 den Kardinalshut und die Titelkirche S. Maria della Pace. Er nahm am Konklave von 1939 teil, welches Pius XII. wählte. Im September 1939 konnte er nach einer Romreise nicht mehr nach Polen zurückkehren und ging nach Frankreich, wo er 1944 von den Deutschen verhaftet wurde. Bei Kriegsende befand er sich im Kloster Wiedenbrück in Westfalen, von wo er im Juli 1945 nach Polen zurückkehrte. Mit großer Energie betrieb er die Reorganisation der polnischen Kirche, für deren Neuordnung er vom Heiligen Stuhl besondere Vollmachten erhalten hatte und schuf in den neuen Gebieten Polens im Westen fünf neue Bistümer. Am 13. Juni 1946 wurde er von Posen nach Warschau transferiert, behielt aber die Erzdiözese Gnesen bei.

Er starb am 22. Oktober 1948 in Warschau und wurde in der Johanneskathedrale von Warschau beigesetzt. 1992 wurde der Seligsprechungsprozess eröffnet.

Lépicier O.S.M., Alexis-Henri-Marie (1863–1936)

Lépicier wurde am 28. Februar 1863 in Vaucouleurs in Lothringen im Kaiserreich Frankreich, heute Republik Frankreich, geboren. Am 1. März 1878 trat er im Priorat S. Mary in London in den Orden der Diener Mariens – Servitenorden – ein. Er studierte am Studienhaus seines Ordens in London.

Am 19. September 1885 wurde er in London zum Priester geweiht. Bis 1890 studierte er anschließend am Päpstlichen *Athenaeum Urbaniana* der Kongregation *Propaganda Fide* in Rom und erwarb Doktorate in Philosophie und Theologie. 1890–1892 war er Novizenmeister seines Ordens in London-Bognor und kehrte dann nach Rom zurück, wo er bis 1913 Dozent für Dogmatik am Päpstlichen *Athenaeum Urbaniana* der Kongregation *Propaganda Fide* war. 1895–1913 war er auch Oberer des Servitenkollegs in Rom. 1895 wurde er in das Konsultorenkollegium des Generals seines Ordens berufen, 1901 wurde er Generalprokurator seines Ordens. 1911 bereitete er in England die Errichtung der Metropolitanprovinzen Westminster, Liverpool und Birmingham vor. 1912–1913 war er Apostolischer Visitator und Delegat für Schottland. Er amtierte bis 1920 als Generalprior seines Ordens, nachdem er am 13. Mai 1913 in Florenz gewählt worden war.

Am 22. Mai 1924 wurde er zum Titularerzbischof von Tarsus ernannt. Die Bischofsweihe empfing er am 29. Mai 1924 in Rom von Kardinal Willem Marinus van Rossum C.SS.R. Am 11. Juni 1924 wurde er zum Apostolischen Visitator für die ostindischen Diözesen, die der Kongregation *Propaganda Fide* unterstehen, ernannt. Am 15. April 1927 wurde er Apostolischer Visitator für Abessinien und Eritrea.

Papst Pius XI. kreierte ihn im Konsistorium vom 19. Dezember 1927 zum Kardinalpriester und verlieh ihm am 22. Dezember 1927 den Kardinalshut und die Titelkirche S. Susanna. Am 17. Dezember 1928 wurde er Präfekt der Religiosenkongregation. Am 31. Dezember 1935 legte er die Leitung der Religiosenkongregation wegen Krankheit nieder.

Er starb am 20. Mai 1936 in Rom und wurde auf dem römischen Friedhof Campo Verano beigesetzt.

Rouleau O.P., Felix-Raymond-Marie (1866–1931)

Rouleau wurde am 6. April 1866 in Isle-Verte in Kanada geboren. Am 8. Dezember 1886 trat er in das Noviziat des Dominikanerordens in Saint-Hyacinthe ein und legte im August 1888 seine erste und im August 1891 seine feierliche Profess ab. Seine Studien absolvierte er im Dominikanerkloster Corbora auf Korsika.

Am 31. Juli 1892 wurde er in Corte auf Korsika zum Priester geweiht. Nachdem er die Befähigung zum Lektor der Theologie erworben hatte, kehrte er 1894 nach Kanada zurück und war bis 1897 Dozent und Novizenmeister in Saint-Hyacinthe. Anschließend war der Studiendirektor und Studienleiter. 1900–1909 war er Prior des Dominikanerkonvents in Ottawa und bis 1919 am dortigen Dominikanerscholastikat Studienleiter und Dozent für Moral- und Pastoraltheologie sowie für Bibelwissenschaften und kanonisches Recht. 1919–1923 war er Provinzial der kanadischen Dominikanerprovinz.

Am 9. März 1923 wurde er zum Bischof von Valleyfield ernannt. Die Bischofsweihe empfing er am 22. Mai 1923 in Valleyfield von Erzbischof Pietro di Maria, dem Apostolischen Delegaten in Kanada. Am 9. Juli 1926 wurde er Erzbischof von Québec.

Papst Pius XI. kreierte ihn im Konsistorium vom 19. Dezember 1927 zum Kardinalpriester und verlieh ihm am 22. Dezember 1927 den Kardinalshut und die Titelkirche S. Pietro in Montorio.

Er starb am 31. Mai 1931 in Québec und wurde in der Kathedrale von Québec beigesetzt.

Segura y Sáenz, Pedro (1880–1957)

Segura y Sáenz wurde am 4. Dezember 1880 in Carazo in der Region Kastilien und León im Königreich Spanien geboren. Er studierte am Päpstlichen Seminar von Comillas, wo er 1906 in Theologie promoviert wurde. 1908 wurde er in kanonischem Recht promoviert, 1911 in Philosophie.

Am 9. Juni 1906 wurde er zum Priester geweiht. Er wirkte bis 1909 in der Seelsorge der Erzdiözese Burgos und wurde im September 1909 zum Dozent für Kirchenrecht am Seminar von Burgos ernannt. 1912 wurde er Kathedralkanoniker des Kathedralkapitels von Valladolid und Dozent für kanonisches Recht in Valladolid sowie Studienpräfekt.

Am 14. März 1916 wurde er zum Titularbischof von Apollonia und Weihbischof in Valladolid ernannt. Die Bischofsweihe empfing er am 13. Juni 1916 in Comillas von Kardinal José María Cos Macho, dem Erzbischof von Valladolid. Am 10. Juli 1920 wurde er Bischof von Coria und am 20. Dezember 1926 Erzbischof von Burgos. Am 25. August 1927 wurde er vom spanischen König zum Erzbischof von Toledo und Primas von Spanien nominiert, die päpstliche Ernennung erfolgte am 19. Dezember 1927.

Papst Pius XI. kreierte ihn im Konsistorium vom 19. Dezember 1927 zum Kardinalpriester. Am 25. Dezember 1927 erhielt er von König Alfonso XIII. in Madrid das rote Birett überreicht und der Papst verlieh ihm am 28. Oktober 1929 den Kardinalshut und die Titelkirche S. Maria in Trastevere. Er nahm am Konklave von 1939 teil, welches Pius XII. wählte.

Im Frühsommer 1931 wurde er von der republikanischen Regierung Spaniens außer Landes verwiesen und er ging nach Rom ins Exil. Am 26. September 1931 trat er vom Amt des Erzbischofs von Toledo zurück. 1937 konnte er in den von General Francisco Franco gehaltenen Teil Spaniens zurückkehren und wurde am 14. September 1937 zum Erzbischof von Sevilla ernannt. Politisch stellte er sich auf die Seite der Nationalisten, war aber gleichzeitig ein Gegner des herrschenden Generals Francisco Franco und seiner falangistischen Partei.

Er starb am 8. April 1957 in Madrid und wurde in Cerro del Sagrado Corazón bei Sevilla beigesetzt.

Binet, Charles-Henri-Joseph (1869–1936)

Binet wurde am 8. April 1869 in Juvigny in Burgund im Kaiserreich Frankreich, heute Republik Frankreich, geboren. Er studierte an den Seminaren Saint-Sulpice und Notre Dame des Champs in Paris.

Am 22. Oktober 1893 wurde er in Soissons zum Priester geweiht. 1893–1895 war er in der Gemeindeseelsorge seines Heimatbistums tätig und wirkte anschließend bis 1914 als Dozent am Priesterseminar. 1900 wurde er Archivar der Diözese, 1901 Ehrenkanoniker an der Kathedrale von Soissons. 1909–1914 war er Direktor einer Zeitschrift und während des Ersten Weltkrieges Militärgeistlicher. Am 13. Februar 1919 wurde er Generalvikar und Archidiakon der Diözese Laon.

Am 16. Juni 1920 wurde er zum Bischof von Soissons ernannt. Die Bischofsweihe empfing er am 24. August 1920 in der Kathedrale von Soissons von Kardinal Louis-

Henri-Joseph Luçon, den Erzbischof von Reims. Am 31. Oktober 1927 wurde er zum Erzbischof von Besançon ernannt, verwaltete aber das Bistum Soissons noch bis 1928 als Apostolischer Administrator mit.

Papst Pius XI. kreierte ihn im Konsistorium vom 19. Dezember 1927 zum Kardinalpriester und verlieh ihm am 22. Dezember 1927 den Kardinalshut und die Titelkirche S. Prisca.

Er starb am 15. Juli 1936 in Besançon und wurde in der Kathedrale von Besançon beigesetzt.

Serédi O.S.B., Jusztinian György (1884–1945)

Serédi wurde am 23. April 1884 in Deáki, damals im Königreich Ungarn, heute Republik Slowakei, geboren. Am 6. August 1901 trat er in die Benediktinererzabtei Pannonhalma ein und legte am 10. Juli 1905 seine feierliche Profess ab. Er studierte an verschiedenen benediktinischen Studienhäusern.

Am 14. Juli 1908 wurde er in Pannonhalma zum Priester geweiht und war kurz Konventuale der Erzabtei Pannonhalma. 1908–1927 war er Professor am internationalen Kolleg St. Anselmo der Benediktiner in Rom und Generalprokurator der ungarischen Benediktinerkongregation beim Abtprimas in Rom. Er wurde auch Botschaftsrat der ungarischen Botschaft in Rom. In dieser Zeit wurde er auch von Papst Pius XI. zum Mitglied der Kommission für die Kodifizierung des kirchlichen Gesetzbuches ernannt und war Berater im Staatssekretariat.

Am 30. November 1927 wurde er zum Erzbischof von Esztergom und Primas von Ungarn ernannt.

Papst Pius XI. kreierte ihn im Konsistorium vom 19. Dezember 1927 zum Kardinalpriester und verlieh ihm am 22. Dezember 1927 den Kardinalshut und die Titelkirche SS. Andrea e Gregorio al Monte Celio. Am 8. Januar 1928 empfing er in der Sixtinischen Kapelle des Vatikans durch Papst Pius XI. die Bischofsweihe. Als Primas von Ungarn gehörte er automatisch dem ungarischen Senat an, in dem er schon früh gegen die antisemitischen Ausschreitungen der Nazis Stellung nahm. 1939 nahm er am Konklave teil, welches Pius XII. wählte. Während des Zweiten Weltkrieges wurde er 1944 von der ungarischen Regierung, anschließend von den Nationalsozialisten und schließlich von den Kommunisten unter Hausarrest gehalten.

Er starb am 29. März 1945 in Esztergom und wurde in der Kathedrale von Esztergom beigesetzt.

Schuster O.S.B., Alfredo Ildefonso (1880–1954)

Schuster wurde am 18. Januar 1880 in der Nähe des Vatikans in Rom geboren und auf den Namen Alfredo Ludovico getauft. Sein Vater gehörte der päpstlichen Armee an und stammte aus Niederbayern, seine Mutter stammte aus Tirol. Am 13. November 1898 trat er in die Benediktinerabtei S. Paolo fuori le mura ein und erhielt den Ordensnamen

Ildefons. 1900 legte er seine Profess ab. Er studierte an der Ordenshochschule S. Anselmo in Rom, wo er in Philosophie und in Theologie promoviert wurde.

Am 19. März 1904 wurde er in der Lateranbasilika durch Kardinalvikar Pietro Respighi zum Priester geweiht. Anschließend studierte er Archäologie, Liturgie- und Ordensgeschichte. 1908–1916 war er Novizenmeister und anschließend bis 1918 Prior der Abtei S. Paolo fuori le mura. 1914–1929 war er Generalprokurator der Cassienischen Benediktinerkongregation beim Abtprimas. Am 6. April 1918 wurde er zum Abt der Abtei S. Paolo fuori le mura gewählt und erhielt am 14. April 1918 von Kardinalvikar Basilio Pompilij die Abtbenediktion. Auf dem Territorium der Abtei besaß er die Autorität eines Ordinarius. 1919–1922 war er Präsident des Päpstlich-Orientalischen Institutes. 1924–1928 visitierte er die Seminare in der Lombardei, in der Campania und in Kalabrien.

Am 26. Juni 1929 wurde er zum Erzbischof von Mailand ernannt und leistete als erster ernannter italienischer Bischof am 13. Juli 1929 vor dem italienischen König den Eid auf die italienische Verfassung, wie es im am 11. Februar 1929 unterzeichneten Lateranvertrag vorgesehen war.

Papst Pius XI. kreierte ihn im Konsistorium vom 15. Juli 1929 zum Kardinalpriester und verlieh ihm am 18. Juli 1920 den Kardinalshut und die Titelkirche SS. Silvestro e Martino ai Monti. Am 21. Juli 1929 empfing er in der Sixtinischen Kapelle des Vatikans durch Papst Pius XI. die Bischofsweihe. Er nahm am Konklave von 1939 teil, welches Pius XII. wählte. Nicht unumstritten ist sein Verhältnis zum italienischen Faschismus.

Er starb am 30. August 1954 in Venegono und wurde in der Mailänder Kathedrale beigesetzt. Nachdem sein Nachfolger als Erzbischof von Mailand, Giovanni Battista Montini den Seligsprechungsprozess eingeleitet hatte, wurde er am 12. Mai 1996 von Papst Johannes Paul II. in Rom seliggesprochen.

Cerejeira, Manuel Gonçalves (1888–1977)

Cerejeira wurde am 29. November 1888 in Lousado in der Region Braga im Königreich Portugal, heute Republik Portugal, geboren. 1906–1909 studierte er am Priesterseminar von Braga und ging anschließend an die Universität von Coimbra.

Am 1. April 1911 wurde er in Braga zum Priester geweiht. 1911–1928 war er an der Universität Coimbra tätig, zunächst als Assistent, schließlich als ordentlicher Professor für Geschichtswissenschaft. Im Dezember 1925 wurde er Mitglied des ständigen Komitees für die internationalen eucharistischen Kongresse.

Am 23. März 1928 wurde er zum Titularerzbischof von Mitilene und Suffraganbischof des Patriarchates Lissabon ernannt. Die Bischofsweihe empfing er am 17. Juni 1928 in Coimbra von Bischof Luis Coelho da Silva von Coimbra. Am 5. August 1929 wurde er Kapitularvikar von Lissabon und am 18. November 1929 wurde er zum Patriarchen von Lissabon ernannt.

Papst Pius XI. kreierte ihn im Konsistorium vom 16. Dezember 1929 zum Kardinalpriester und verlieh ihm am 19. Dezember 1929 den Kardinalshut und die Titelkirche SS. Marcellino e Pietro. Er nahm an den Konklaven von 1939, welches Pius XII. wählte, von 1958, welches Johannes XXIII. wählte, und von 1963, welches Paul VI. wählte, teil.

1962–1965 nahm er am II. Vatikanischen Konzil teil. Er vertrat die Päpste häufig als Legat bei den verschiedensten Anlässen. 1967 gründete er die katholische Universität von Portugal in Lissabon und nahm 1969 an einer Bischofssynode teil. Am 1. Januar 1971 verlor er mit dem Erreichen der Altersgrenze von 80 Jahre das Recht der Teilnahme am Konklave. Am 10. Mai 1971 verzichtete er auf die Leitung des Patriarchates und lebte danach im Ruhestand in Lissabon.

Er starb am 2. August 1977 in Lissabon und wurde im Patriarchengrab in der Klosterkirche São Vicente de Fora beigesetzt.

Pacelli, Eugenio Maria Giuseppe Giovanni – Papst Pius XII. (1876–1958)
Pacelli wurde am 2. März 1876 in Rom im Königreich Italien, heute Republik Italien, geboren. Seine Familie pflegte ein enges Verhältnis zum Vatikan; sein Großvater Marcantonio Pacelli gehörte bis 1870 der Regierung des Kirchenstaats an und war Mitgründer des Osservatore Romano, sein Bruder Francesco war an den Verhandlungen über die Lateranverträge beteiligt.

1894–1895 studierte er als Seminarist des Collegio Capranica, danach aus gesundheitlichen Gründen als Externer an der Päpstlichen Universität Gregoriana Theologie und Philosophie und wurde in Theologie promoviert. Nach seiner Priesterweihe studierte er am Päpstlichen *Athenaeum S. Apollinare* kanonisches Recht und wurde in kanonischem Recht promoviert.

Am 2. April 1899 wurde er von Erzbischof Francesco di Paola Cassetta, dem Viceregente der Diözese Rom zum Priester geweiht. 1901 trat er als Mitarbeiter der Kongregation für die außerordentlichen Angelegenheiten der Kirche in den Dienst der Römischen Kurie ein. Er wurde 1911 Untersekretär dieser Kongregation und 1912 Pro-Sekretär, am 1. Februar 1914 Sekretär.

Am 20. April 1917 wurde er zum Titularerzbischof von Sardes und Nuntius im Königreich Bayern ernannt. Die Bischofsweihe empfing er am 13. Mai 1917 von Papst Benedikt XV. in der Sixtinischen Kapelle des Vatikans. Am 22. Juni 1920 wurde er Nuntius in Deutschland und zog 1925 nach Berlin um. In seiner Zeit als Nuntius wurden die Konkordate mit Bayern und Preußen ausgehandelt und abgeschlossen und das Konkordat mit Baden vorbereitet.

Am 9. Dezember 1929 wurde er nach Rom zurückberufen, um Nachfolger von Kardinalsstaatssekretär Pietro Gasparri zu werden.

Papst Pius XI. kreierte ihn im Konsistorium vom 16. Dezember 1929 zum Kardinalpriester und verlieh ihm am 19. Dezember 1929 den Kardinalshut und die Titelkirche SS. Giovanni e Paolo. Am 9. Februar 1930 wurde er zum Kardinalstaatssekretär ernannt, am 25. März 1930 zum Erzpriester der Vatikanischen Petersbasilika sowie Präfekten der Fabrik von St. Peter. Er war häufig als päpstlicher Legat in allen Erdteilen unterwegs und wurde am 13. Dezember 1937 Camerlengo *S.E.R.*

Er nahm am Konklave von 1939 teil und wurde am 2. März 1939 zum Papst gewählt.

Als Papst nahm er den Namen Pius XII. an und wurde am 12. März gekrönt. Seine Amtszeit als Papst war geprägt durch den Zweiten Weltkrieg und durch die Jahre des sogenannten „Kalten Krieges". Er dogmatisierte am 1. November 1950 die leibliche Aufnahme Mariens in den Himmel und kreierte in 2 Konsistorien 56 Kardinäle. Das Kardinalskollegium erfuhr unter ihm eine große Internationalisierung, die seine Nachfolger konsequent fortsetzten. In seiner Konstitution *Vacantis Apostolicae Sedis* vom 8. Dezember 1945 legte er für die Papstwahl fest, dass nur der zum Papst gewählt werden könne, der eine Stimme mehr als die Zweidrittelmehrheit auf sich vereinigen kann.

Er starb am 9. Oktober 1958 in Castel Gandolfo und wurde in den Grotten der Petersbasilika des Vatikans beigesetzt. 1965 wurde das Seligsprechungsverfahren für Pius XII. eröffnet, Benedikt XVI. erkannte am 19. Dezember 2009 den heroischen Tugendgrad Pius XII. an.

Lavitrano, Luigi (1874–1950)
Lavitrano wurde am 7. März 1874 in Forio auf der Insel Ischia im Königreich Italien, heute Republik Italien, geboren. Sein Vater starb 1882, seine ganze restliche Familie kam 1883 bei einem Erdbeben auf der Insel Ischia ums Leben. Er kam in kirchliche Häuser und konnte später am Päpstlichen *Athenaeum Urbaniana* der Kongregation *Propaganda Fide* und am Päpstlichen *Athenaeum S. Apollinare* sowie der Universität La Sapienza und am Päpstlichen Institut *Leoninum* in Rom Philosophie, Theologie und Kirchenrecht studieren.

Am 21. März 1898 wurde er in Rom zum Priester geweiht. Anschließend war er bis 1910 Dozent am Päpstlichen Institut *Leoninum* und 1910–1914 dessen Rektor. 1904 wurde er päpstlicher Geheimkämmerer.

Am 25. März 1914 wurde er zum Bischof von Cava e Sarno ernannt. Die Bischofsweihe empfing er am 21. Juni 1914 in Rom von Kardinalvikar Basilio Pompilj. Am 16. Juli 1924 wurde er Erzbischof von Benevent und verwaltete 1924–1925 als Apostolischer Administrator das Bistum Castellmare di Stabia, Am 29. September 1928 wurde er Erzbischof von Palermo.

Papst Pius XI. kreierte ihn im Konsistorium vom 16. Dezember 1929 zum Kardinalpriester und verlieh ihm am 19. Dezember 1929 den Kardinalshut und die Titelkirche S. Silvestro in Capite. Er nahm am Konklave von 1939 teil, welches Pius XII. wählte. Er verzichtete im Dezember 1944 auf die Leitung der Erzdiözese Palermo und wurde am 14. Mai 1945 zum Präfekten der Religiosenkongregation ernannt.

Er starb am 2. August 1950 in Villini in den Albaner Bergen und wurde in der Basilika S. Maria di Loreto in Foro d'Ischia beigesetzt.

Minoretti, Carlo Dalmazio (1861–1938)
Minoretti wurde am 17. September 1861 in Cogliate San Dalmazio in der Lombardei im Königreich Italien, heute Republik Italien, geboren. Er studierte am Priesterseminar von Mailand.

Am 22. Dezember 1884 wurde er in Mailand zum Priester geweiht. Danach arbeitete er als Seelsorger in Gemeinden der Erzdiözese Mailand. 1890–1907 war er

Lehrer am Knabenseminar von Monza und 1907–1909 Dozent am Priesterseminar von Mailand. 1909–1915 nahm er wieder seelsorgerliche Aufgaben in der Erzdiözese Mailand wahr.

Am 6. Dezember 1915 wurde er zum Bischof von Crema ernannt. Die Bischofsweihe empfing er am 16. Januar 1916 in Seregno von Kardinal Andrea Ferrari, dem Erzbischof von Mailand. Am 16. Januar 1925 wurde er Erzbischof von Genua.

Papst Pius XI. kreierte ihn im Konsistorium vom 16. Dezember 1929 zum Kardinalpriester und verlieh ihm am 19. Dezember 1929 den Kardinalshut und die Titelkirche S. Eusebio.

Er starb am 13. März 1938 in Genua und wurde in der Kathedrale von Genua beigesetzt.

Mac Rory, Joseph (1861–1945)

Mac Rory wurde am 19. März 1861 in Ballygowley im Vereinigten Königreich Großbritannien und Irland, heute Provinz Nordirland, geboren. Er studierte am St. Patrick's College in Armagh und am St. Patrick's College in Maynooth.

Am 13. September 1885 wurde er in Maynooth zum Priester geweiht. 1886–1887 war er erster Präsident der Dungannon-Akademie und war 1887–1889 Dozent für Biblische Wissenschaft und Theologie am Priesterseminar der Erzdiözese Birmingham in England, dem Olton College. 1889–1915 lehrte er als Dozent orientalische Sprachen und Exegese am St. Patrick's College in Maynooth, deren Vizerektor er 1912–1915 war.

Am 9. August 1915 wurde er zum Bischof von Down and Connors ernannt. Die Bischofsweihe empfing er am 14. November 1915 von Kardinal Michael Logue, dem Erzbischof von Armagh. 1917–1918 war er Mitglied der Irischen Versammlung. Am 22. Juni 1928 wurde er Erzbischof von Armagh und Primas von Irland.

Papst Pius XI. kreierte ihn im Konsistorium vom 16. Dezember 1929 zum Kardinalpriester und verlieh ihm am 19. Dezember 1929 den Kardinalshut und die Titelkirche S. Giovanni a Porta Latina. 1939 nahm er am Konklave teil, welches Pius XII. wählte.

Er starb am 13. Oktober 1945 in Armagh und wurde auf dem St. Patrick's Friedhof in Armagh beigesetzt.

Verdier P.S.S., Jean (1864–1940)

Verdier wurde am 19. Februar 1864 in La-Croix-Barrez in den Pyrenäen im Kaiserreich Frankreich, heute Republik Frankreich, geboren. Er studierte am Seminar von Rodez und trat 1886 in die Gemeinschaft von Saint-Sulpice in Paris ein.

Am 9. April 1887 wurde er in Rom zum Priester geweiht und war anschließend bis 1898 Dozent am Seminar von Périgueux, dessen Regens er 1898–1912 war. 1912–1920 war er Dozent und Oberer am Seminar „Des Carmes" in Paris und wurde 1923 Ehrenkanoniker von der Kathedrale Notre Dame in Paris. 1926–1929 war er zunächst stellvertretender Generaloberer und dann Generaloberer seiner Kongregation, im April 1929 wurde er Generalvikar der Erzdiözese Paris und im Oktober 1929 Apostolischer Protonotar.

Am 18. November 1929 wurde er zum Erzbischof von Paris ernannt.

Papst Pius XI. kreierte ihn im Konsistorium vom 16. Dezember 1929 zum Kardinalpriester und verlieh ihm am 19. Dezember 1929 den Kardinalshut und die Titelkirche S. Balbina. Am 29. Dezember 1929 wurde er in der Sixtinischen Kapelle des Vatikan von Papst Pius XI. zum Bischof geweiht. Er nahm am Konklave von 1939 teil, welches Pius XII. wählte.

Er starb am 9. April 1940 in Paris und wurde in der Kathedrale Notre Dame in Paris beigesetzt.

Cintra, Sebastião Leme da Silveira (1882–1942)

Cintra wurde am 20. Januar 1882 in Spirito Santo do Pinhol im Bundesstaat São Paulo in Brasilien geboren. Er studierte zunächst am Priesterseminar von São Paulo und ging dann als Seminarist des lateinamerikanischen Kollegs nach Rom, wo er an der Päpstlichen Universität Gregoriana studierte.

Am 28. Oktober 1904 wurde er in Rom zum Priester geweiht. Nach seiner Rückkehr nach Brasilien war er bis 1910 in der Gemeindeseelsorge des Erzbistums São Paulo und als Dozent am Priesterseminar sowie als Direktor der erzbischöflichen Zeitung und Kanoniker an der Kathedrale tätig. 1909–1911 war er Pro-Generalvikar von São Paulo.

Am 24. März 1911 wurde er zum Titularbischof von Orthosia in Phoenicia und Weihbischof in São Sebastião do Rio de Janeiro ernannt. Die Bischofsweihe empfing er am 24. Juni 1911 in Rom von Kardinal Joaquim Arcoverde de Alburquerque Cavalcanti, dem Erzbischof von São Sebastião do Rio de Janeiro.

Am 29. April 1916 wurde er zum Erzbischof von Olinda ernannt und wurde nach der Vereinigung mit dem Erzbistum Recife am 28. April 1918 auch Erzbischof von Recife. Am 15. März 1921 wurde er Titularerzbischof von Farsala und Koadjutor von Rio de Janeiro c.i.s. und am 18. April 1930 Erzbischof von São Sebastião do Rio de Janeiro.

Papst Pius XI. kreierte ihn im Konsistorium vom 30. Juni 1930 zum Kardinalpriester und verlieh ihm am 3. Juli 1930 den Kardinalshut und die Titelkirche SS. Bonifacio ed Alesio. Er nahm am Konklave von 1939 teil, welches Pius XII. wählte. 1941 gründete er die katholische Universität von Rio de Janeiro.

Er starb am 17. Oktober 1942 in Rio de Janeiro und wurde in der Wallfahrtskirche des eucharistischen Herzens Jesu in Rio de Janeiro beigesetzt.

Marchetti Selvaggiani, Francesco (1871–1951)

Marchetti Selvaggiani wurde am 1. Oktober 1871 in Rom im Königreich Italien, heute Republik Italien, geboren. Nach Universitätsstudien in Mathematik trat er ins Collegio Capranica ein, wo er zusammen mit Eugenio Pacelli studierte. Während dieser Zeit absolvierte er seine Studien in Theologie und Kirchenrecht an der Päpstlichen Universität Gregoriana in Rom.

Am 4. April 1896 wurde er in Rom von Erzbischof Francesco di Paola Cassetta, dem Viceregente der Diözese Rom, zum Priester geweiht und trat in den Dienst der Römischen

Kurie als Mitarbeiter der Kongregation für die außerordentlichen Angelegenheiten der Kirche ein. 1900–1906 war er Auditor der Apostolischen Delegatur in den USA. 1906–1907 war er wieder in der Kongregation für die außerordentlichen Angelegenheiten der Kirche tätig und wurde 1907 Auditor der Nuntiatur von Bayern. 1914 wurde er päpstlicher Geheimkämmerer, 1915 päpstlicher Hausprälat und bis 1918 Repräsentant des Heiligen Stuhles in der Schweiz. 1917 wurde er Apostolischer Protonotar.

Am 16. Februar 1918 wurde er zum Titularerzbischof von Seleucia di Isauria und Internuntius in Venezuela ernannt. Die Bischofsweihe empfing er in der Kirche des lateinamerikanischen Kollegs in Rom am 14. April 1918 durch Kardinalstaatssekretär Pietro Gasparri. Am 21. Mai 1920 wurde er Nuntius in Venezuela und am 4. Dezember 1920 Nuntius der neuen Republik Österreich in Wien. Am 15. Dezember 1922 wurde er zum Sekretär der Kongregation *Propaganda Fide* bestellt.

Papst Pius XI. kreierte ihn im Konsistorium vom 30. Juni 1930 zum Kardinalpriester und verlieh ihm am 3. Juli 1930 den Kardinalshut und die Titelkirche S. Maria Nuova. Am 9. Mai 1931 wurde er Kardinalvikar von Rom und am 26. Mai 1931 Erzpriester der Lateranbasilika. Am 15. Juni 1936 optierte er für die Klasse der Kardinalbischöfe und die suburbikarische Diözese Frascati. 1939 nahm er am Konklave teil, welches Pius XII. wählte. Am 30. April 1939 wurde er Sekretär des Heiligen Offiziums. Am 16. Februar 1948 wurde er Kardinaldekan und optierte für die suburbikarische Diözese Ostia, die er zusätzlich zu seiner bisherigen Diözese übernahm. Gleichzeitig wurde er Präfekt der Zeremonialkongregation.

Er starb am 13. Januar 1951 in Rom und wurde auf dem römischen Friedhof Campo Verano beigesetzt.

Rossi O.C.D., Raffaele Carlo (1876–1948)

Rossi wurde am 28. Oktober 1876 in Pisa in der Toscana im Königreich Italien, heute Republik Italien, geboren und trat im Oktober 1887 in den Orden der unbeschuhten Karmeliten ein. 1899 legte er seine Profess ab. Er studierte am internationalen Kolleg der Karmeliten und am Karmelitenscholastikat in Rom.

Am 21. Dezember 1901 wurde er in Rom zum Priester geweiht und war anschließend bis 1920 Lehrer an verschiedenen karmelitischen Studienhäusern.

Am 22. April 1920 wurde er zum Bischof von Volterra ernannt. Die Bischofsweihe empfing er in der Kirche S. Teresa al Corso in Rom am 25. Mai 1920 durch Kardinal Gaetano de Lai. Am 7. Juni 1923 wurde er Assessor der Konsistorialkongregation und Sekretär des Kardinalskollegiums, am 20. Dezember 1920 Titularerzbischof von Thessaloniki. Im März 1930 wurde er Päpstlicher Thronassistent.

Papst Pius XI. kreierte ihn im Konsistorium vom 30. Juni 1930 zum Kardinalpriester und verlieh ihm am 3. Juli 1930 den Kardinalshut und die Titelkirche S. Prassede. Am 4. Juli 1930 wurde er Sekretär der Konsistorialkongregation. 1939 nahm er am Konklave teil, welches Pius XII. wählte.

Er starb am 17. September 1948 in Crespano del Grappa und wurde in der Kirche S. Teresa al Corso in Rom beigesetzt.

Serafini, Giulio (1867–1938)

Serafini wurde am 12. Oktober 1867 in Bolsena in Latium im Kirchenstaat, heute Republik Italien, geboren. Er studierte am Seminar von Orvieto und später am Päpstlich-Römischen Seminar.

Am 6. April 1890 wurde er in Rom zum Priester geweiht und studierte bis zur Promotion in beiderlei Rechten (*utriusque iuris*) am Päpstlichen *Athenaeum S. Apollinare* und am leoninischen Kolleg in Rom. 1895–1901 war er Dozent, und von 1897 an Regens des Priesterseminars von Orvieto. 1901 wurde er Regens des Päpstlich-Römischen Seminars und war bis 1907 Dozent am Päpstlichen *Athenaeum S. Apollinare*. 1904 wurde er päpstlicher Geheimkämmerer und Kanoniker der Kirche S. Maria ad Martyres (Pantheon) in Rom.

Am 4. März 1907 wurde er zum Bischof von Pescia ernannt. Die Bischofsweihe empfing er am 26. Mai 1907 in der Petersbasilika des Vatikans von Kardinalvikar Pietro Respighi. Bevor er jedoch seine Diözese übernehmen konnte, wurde er am 16. Dezember 1916 zum Titularbischof von Lampsaco ernannt und erneut Regens des Päpstlich-Römischen Seminars. Diese Aufgabe behielt er auch nach der Vereinigung seines Seminars mit dem Lateranseminar 1913 zum Päpstlich-Römischen Lateranseminar bei. 1908 visitierte er als Apostolischer Visitator die Seminare in den Marken und 1912 in Fano und Fermo. 1915 wurde er Kanonist der Apostolischen Pönitentiarie und am 28. Oktober 1923 der Konzilskongregation.

Papst Pius XI. kreierte ihn im Konsistorium vom 30. Juni 1930 zum Kardinalpriester und verlieh ihm am 3. Juli 1930 den Kardinalshut und die Titelkirche S. Maria sopra Minerva. Am 4. Juli 1930 wurde er Präfekt der Konzilskongregation und Präsident der Päpstlichen Kommission für die authentische Interpretation des *Codex Iuris Canonici*.

Er starb am 16. Juli 1938 in Rom und wurde in der Basilika S. Maria sopra Minerva beigesetzt.

Liènart, Achille (1884–1973)

Liènart wurde am 7. Februar 1884 in Lille in der Republik Frankreich geboren. Er studierte 1901–1903 am Seminar von Issy-les-Moulineaux in Paris. 1903/04 leistete er seinen Militärdienst ab. Danach studierte er 1905–1907 am Seminar Saint-Sulpice in Paris.

Am 29. Juni 1907 wurde er in Paris von Erzbischof Léon-Adolphe Amette von Paris zum Priester geweiht. 1907–1909 studierte er am Institute Catholique und der Universität La Sorbonne in Paris. 1909/10 war er zu Studien am Päpstlichen Bibelinstitut in Rom. 1910–1914 war er Dozent am Seminar von Cambrai und während des Ersten Weltkrieges Militärgeistlicher der französischen Armee. 1919–1926 war er Dozent für Exegese am Priesterseminar in Lille und 1926 Pfarrer an St. Christophorus, Tourcoing, einer der wichtigsten Pfarreien im ganzen Bistum und die Heimatpfarei des späteren Kardinals Josef Lefèbvre in Bourges und dessen Vetters, des Erzbischofs Marcel Lefèbvre, dem Gründer der traditionalistischen Priesterbruderschaft Pius X. Letzteren weihte er später in Tourcoving zum Bischof.

Am 6. Oktober 1928 wurde er zum Bischof von Lille ernannt. Die Bischofsweihe empfing er am 8. Dezember 1928 in Tourcoing von Bischof Charles-Albert-Joseph Lecomte von Amiens.

Papst Pius XI. kreierte ihn im Konsistorium vom 30. Juni 1930 zum Kardinalpriester und verlieh ihm am 3. Juli 1930 den Kardinalshut und die Titelkirche S. Sisto. Er nahm an den Konklaven von 1939, welches Pius XII. wählte, von 1958, welches Johannes XXIII. wählte und von 1963, welches Paul VI. wählte, teil. 1948–1964 war er Vorsitzender der französischen Bischofskonferenz. 1954–1964 war er zusätzlich Prälat *nullius* der Mission de France von Pontigny. 1962–1965 nahm er am II. Vatikanischen Konzil als Mitglied des Präsidiums teil. Am 14. März 1968 legte er die Leitung der Diözese Lille nieder und verlor am 1. Januar 1971 das Recht der Teilnahme am Konklave, da er bereits über 80 Jahre alt war.

Er starb am 15. Februar 1973 in Lille und wurde in der Kathedrale von Lille beigesetzt.

Dolci, Angelo Maria (1867–1939)

Dolci wurde am 12. Juli 1867 in Civitella di Agliano im Kirchenstaat, heute Republik Italien, geboren. Er studierte an der Päpstlichen Akademie für den kirchlichen Adel und am Päpstlichen *Athenaeum S. Apollinare* in Rom.

Am 5. Juni 1890 wurde er in Rom zum Priester geweiht und wirkte anschließend in Seelsorge und Kirchenverwaltung.

Am 19. April 1900 wurde er zum Bischof von Gubbio ernannt. Die Bischofsweihe empfing er am 13. Mai 1900 von Kardinal Francesco Satolli. Am 7. Dezember 1906 wurde er Apostolischer Delegat in Ecuador, Bolivien und Peru und am 9. Dezember 1906 Titularerzbischof von Nazianz. Im September 1910 wurde er nach Rom zurückberufen und am 27. Januar 1911 zum Erzbischof von Amalfi ernannt. Am 10. Juni 1914 wurde er Apostolischer Delegat und Apostolischer Vikar von Konstantinopel und am 13. November 1914 Titularerzbischof von Hierapolis. Am 14. Dezember 1922 wurde er Nuntius in Belgien; da er seinen Dienst aus politischen Gründen nicht antreten konnte, wurde er am 30. Mai 1923 zum Nuntius in Rumänien ernannt.

Papst Pius XI. kreierte ihn im Konsistorium vom 13. März 1933 zum Kardinalpriester und verlieh ihm am 16. März 1933 den Kardinalshut und die Titelkirche S. Maria della Vittoria. Am 22. März 1933 wurde er Erzpriester von S. Maria Maggiore. Am 15. Juni 1936 optierte er für die Klasse der Kardinalbischöfe und das suburbikarische Bistum Palestrina. 1939 nahm er am Konklave teil, welches Pius XII. wählte.

Er starb am 13. September 1939 in Civitella di Agliano und wurde dort auch beigesetzt.

Fumasoni Biondi, Pietro (1872–1960)

Fumasoni Biondi wurde am 4. September 1872 in Rom im Königreich Italien, heute Republik Italien, geboren. Er studierte am Päpstlich-Römischen Seminar.

Am 17. April 1897 wurde er in Rom von Kardinalvikar Lucido Maria Parrocchi zum Priester geweiht und trat in den Dienst der Römischen Kurie und in die Kongregation *Propaganda Fide* ein, wo er bis 1916 als Mitarbeiter wirkte. Er war in diesen Jahren auch Dozent am Päpstlichen *Athenaeum Urbaniana* der Kongregation *Propaganda Fide*.

Am 14. November 1916 wurde er zum Titularerzbischof von Doclea und Apostolischen Delegaten für Ostindien ernannt. Die Bischofsweihe empfing er am 10. Dezember 1916 in Rom von Kardinal Domenico Serafini O.S.B., dem Präfekten der Kongregation *Propaganda Fide*. Am 6. Dezember 1919 erfolgte die Ernennung zum Apostolischen Delegaten für Japan, am 14. Juni 1921 zum Sekretär der Kongregation *Propaganda Fide* und am 14. Dezember 1922 zum Apostolischen Delegaten in den USA.

Papst Pius XI. kreierte ihn im Konsistorium vom 13. März 1933 zum Kardinalpriester und verlieh ihm am 16. März 1933 den Kardinalshut und die Titelkirche S. Croce in Gerusalemme. Am 16. März 1933 wurde er auch zum Präfekten der Kongregation *Propaganda Fide* ernannt. Als solcher förderte er den einheimischen Klerus in Asien und Afrika. Er nahm an den Konklaven von 1939, welches Pius XII. wählte, und von 1958, welches Johannes XXIII. wählte, teil.

Er starb am 12. Juli 1960 in Rom und wurde auf dem römischen Friedhof Campo Verano beigesetzt.

Tedeschini, Federico (1873 – 1959)

Tedeschini wurde am 12. Oktober 1873 in Antrodoco in der Provinz Rieti in der Region Latium im Königreich Italien, heute Republik Italien, geboren. Er studierte am Seminar von Rieti und am Päpstlich-Römischen Seminar in Rom.

Am 25. Juli 1896 wurde er in Rieti zum Priester geweiht. Er war bis 1901 Dozent am Seminar von Rieti und Theologe des Kathedralkapitels. 1903 wurde er päpstlicher Geheimkämmerer, 1908 päpstlicher Hausprälat und Kanzler des Sekretariates für die Breven. Am 24. September 1914 wurde er Substitut des Staatssekretariates und Sekretär für die Chiffren, am 31. März 1921 Nuntius in Spanien.

Am 30. April 1921 wurde er zum Titularerzbischof von Lepanto ernannt. Die Bischofsweihe empfing er am 5. Mai 1921 von Papst Benedikt XV. in der Sixtinischen Kapelle des Vatikans.

Papst Pius XI. kreierte ihn im Konsistorium vom 13. März 1933 zum Kardinal *in pectore*. Die Kreierung zum Kardinalpriester wurde am 16. Dezember 1935 veröffentlicht. Das rote Birett empfing er in Spanien und der Papst verlieh ihm am 18. Juni 1936 den Kardinalshut und die Titelkirche Titelkirche S. Maria della Vittoria. Am 25. Februar 1938 wurde er Kardinaldatar. Er nahm an den Konklaven von 1939, welches Pius XII. wählte, und von 1958, welches Johannes XXIII. wählte, teil. Am 14. März 1939 wurde er Erzpriester der Petersbasilika des Vatikans. Am 28. April 1951 optierte er für die Klasse der Kardinalbischöfe und die suburbikarische Diözese Frascati.

Er starb am 2. November 1959 in Rom und wurde den Grotten von St. Peter beigesetzt.

Fossati O.SS.G.C.N., Maurilio (1876 – 1965)
Fossati wurde am 24. Mai 1876 in Arona in der Provinz Novara in der Region Piemont im Königreich Italien, heute Republik Italien, geboren. Er studierte am Seminar von Novara.

Am 27. November 1898 wurde er in Novara von Bischof Edoardo Pulciano von Novara zum Priester geweiht und war bis zu dessen Tod 1911 als Erzbischof von Genua sein Sekretär. 1911 ging er nach Novara zurück und trat bei den Oblaten der Heiligen Gaudentius und Carolus von Novara ein. Bis 1914 wirkte er in der Seelsorge der Diözese Novara und war während des Ersten Weltkrieges Militärgeistlicher in der italienischen Armee. 1919 – 1924 war er Oberer der Oblaten in deren Niederlassung in Varallo Sesio.

Am 24. März 1924 wurde er zum Bischof von Nuoro auf Sardinien ernannt. Die Bischofsweihe empfing er am 27. April 1924 in Varallo Sesio von Erzbischof Giuseppe Gamba von Turin. 1925 – 1927 verwaltete er als Apostolischer Administrator das Bistum Ogliastra und wurde am 2. Oktober 1929 zum Erzbischof von Sassari ernannt. Am 11. Dezember 1930 wurde er Erzbischof von Turin.

Papst Pius XI. kreierte ihn im Konsistorium vom 13. März 1933 zum Kardinalpriester und verlieh ihm am 16. März 1933 den Kardinalshut und die Titelkirche S. Marcello. Er nahm an den Konklaven von 1939, welches Pius XII. wählte, von 1958, welches Johannes XXIII. wählte, und von 1963, welches Paul VI. wählte, teil. 1962 – 1964 nahm er am II. Vatikanischen Konzil teil.

Er starb am 30. März 1965 in Turin und wurde zunächst in der Kapelle des Seminars von Rivoli in Turin und 1977 in der Wallfahrtskirche *Consolata afflictorum* in Turin beigesetzt.

Salotti, Carlo (1870 – 1947)
Salotti wurde am 25. Juli 1870 in Grotte di Castro in der Provinz Viterbo im Kirchenstaat, kurz darauf Königreich Italien, heute Republik Italien, geboren. Er studierte am Seminar von Orvieto. 1891 – 1894 war er in der italienischen Armee.

Am 22. September 1894 wurde er in Rom zum Priester geweiht und studierte anschließend bis 1897 in Rom am Päpstlichen *Athenaeum S. Apollinare* und an der Universität La Sapienza. Danach war er bis 1912 in der Seelsorge der Diözese Rom tätig und wirkte 1902 – 1912 als Dozent am Päpstlichen *Athenaeum S. Apollinare*. Im Juli 1915 wurde er Assessor der Ritenkongregation und *subpromotor fidei* und päpstlicher Hausprälat. 1925 wurde er *promotor fidei* bei Heiligsprechungen.

Am 30. Juni 1930 wurde er zum Titularerzbischof von Philippopolis in Tracia und am 3. Juli 1930 zum Sekretär der Kongregation *Propaganda Fide* und Rektor des Päpstlichen *Athenaeum Urbaniana* ernannt. Die Bischofsweihe empfing er am 6. Juli 1930 in Rom von Kardinal Willem Marinus van Rossum C.SS.R., dem Präfekten der Kongregation *Propaganda Fide*. Er gründete an der *Urbaniana* das missionswissenschaftliche Institut.

Papst Pius XI. kreierte ihn im Konsistorium vom 13. März 1933 zum Kardinal *in pectore*. Die Kreierung zum Kardinalpriester wurde am 16. Dezember 1935 veröffentlicht und der Papst verlieh ihm am 19. Dezember 1935 den Kardinalshut und die Titelkirche S. Bartolomeo all'Isola. Am 14. September 1938 wurde er Präfekt der Ritenkongregation. Er nahm am Konklave von 1939 teil, welches Pius XII. wählte. Am 11. Dezember 1939 optierte er für die Klasse der Kardinalbischöfe und die suburbikarische Diözese Palestrina.

Er starb am 24. Oktober 1947 in Rom und wurde in der Kirche S. Pietro Apostolo in Grotte di Castro beigesetzt.

Villeneuve O.M.I., Jean-Marie-Rodrigue (1883 – 1947)
Villeneuve wurde am 2. November 1883 in Montréal in Kanada geboren und trat am 14. August 1901 in Lachine bei den Oblaten von der unbefleckten Jungfrau Maria (O.M.I., auch als Hünfelder Oblaten bekannt) ein. Er studierte an ordenseigenen Häusern in Kanada.

Am 25. Mai 1907 wurde er in der Kathedrale von Ottawa von Erzbischof Joseph-Thomas Duhamel von Ottawa zum Priester geweiht. 1907 – 1913 war er Dozent für Philosophie am Scholastikat seines Ordens in Ottawa, 1913 – 1920 unterrichtete er dort Moraltheologie. In diesen Jahren betrieb er seine Promotionsstudien an der Universität Ottawa, wo er 1919 in Philosophie und 1922 in Theologie promoviert wurde. 1930 wurde er in kanonischem Recht promoviert. 1920 – 1930 war er Oberer des Scholastikates in Ottawa und gründete 1928 eine Schule für höhere kirchliche Studien. 1929 gründete er die höhere Schule für kanonisches Recht. Er war in der sozialen Bewegung jener Jahre stark engagiert.

Am 3. Juli 1930 wurde er zum Bischof von Gravelbourg ernannt. Die Bischofsweihe empfing er am 11. September 1930 in Ottawa von Erzbischof Joseph-Guillaume-Laurent Forbes von Ottawa. Am 11. Dezember 1931 wurde er zum Erzbischof von Québec ernannt.

Papst Pius XI. kreierte ihn im Konsistorium vom 13. März 1933 zum Kardinalpriester und verlieh ihm am 16. März 1933 den Kardinalshut und die Titelkirche S. Maria degli Angeli. Er nahm am Konklave von 1939 teil, welches Pius XII. wählte.

Er starb am 17. Januar 1947 in Alhambra, Kalifornien, USA und wurde in der Kathedrale von Québec beigesetzt.

Dalla Costa, Elia (1872 – 1961)
Dalla Costa wurde am 14. Mai 1872 in Villaverla in der Provinz Vicenza in der Region Venetien im Königreich Italien, heute Republik Italien, geboren. Er studierte an den Seminaren von Vicenza und Padua.

Am 25. Juli 1895 wurde er im Dom von Schio von Bischof Antonio Feruglio von Vicenza zum Priester geweiht. Anschließend studierte er an der Universität Padua Literatur und erwarb ein Diplom. Danach war er Dozent für Literatur am Seminar von Vicenza und wirkte anschließend bis 1923 in der Gemeindeseelsorge seines Heimatbistums. Während des Ersten Weltkrieges und danach war er stark im humanitären Bereich engagiert.

Am 25. Mai 1923 wurde er zum Bischof von Padua ernannt. Die Bischofsweihe empfing er am 12. August 1923 in Vicenza von Bischof Ferdinando Rodolfi von Vicenza. Am 19. Dezember 1931 wurde er zum Erzbischof von Florenz ernannt.

Papst Pius XI. kreierte ihn im Konsistorium vom 13. März 1933 zum Kardinalpriester und verlieh ihm am 16. März 1933 den Kardinalshut und die Titelkirche S. Marco. Er nahm an den Konklaven von 1939, welches Pius XII. wählte, und von 1958, welches Johannes XXIII. wählte, teil. Er versteckte während des Zweiten Weltkrieges viele italienische Juden und wurde dafür 2012 von der Holocaust-Gedenkstätte Yad Vashem als „Gerechter unter den Völkern" ausgezeichnet.

Er starb am 22. Dezember 1961 in Florenz und wurde in der Kathedrale von Florenz beigesetzt. 1981 wurde der Seligsprechungsprozess für ihn eröffnet.

Innitzer, Theodor (1875 – 1955)
Innitzer wurde am 25. Dezember 1875 in Neugeschrei-Weipert (heute: Vejprty) im böhmischen Erzgebirge im habsburgischen Kronland Böhmen in der k. u. k. Monarchie Österreich-Ungarn, heute Republik Tschechien, geboren. 1898 trat er in das Wiener Priesterseminar ein und studierte bis 1902 an der Universität Wien.

Am 25. Juli 1902 wurde er in Wien zum Priester geweiht. Nach einer kurzen Kaplanszeit wurde er 1903 Studienpräfekt am Wiener Priesterseminar und setzte seine Studien fort. 1906 wurde er promoviert und 1908 habilitiert. 1911 wurde er außerordentlicher Professor für Neues Testament an der Universität Wien. Er war mehrfach Dekan der theologischen Fakultät und 1928 – 1929 Rektor der Universität.

Er redigierte mehrere Zeitschriften und war Herausgeber der „Theologischen Studien der Leo-Gesellschaft", deren Generalsekretär er 1923 wurde. 1921 war er päpstlicher Geheimkämmerer geworden. 1929/30 war er Bundesminister für soziale Verwaltung im Kabinett Schober.

Am 19. September 1932 wurde er zum Erzbischof von Wien ernannt. Die Bischofsweihe empfing er am 16. Oktober 1932 in Wien von Erzbischof Enrico Sibilia, dem Nuntius in Österreich. 1932 – 1949 war er auch Apostolischer Administrator des Burgenlandes.

Papst Pius XI. kreierte ihn im Konsistorium vom 13. März 1933 zum Kardinalpriester und verlieh ihm am 16. März 1933 den Kardinalshut und die Titelkirche Crisogono. Er nahm am Konklave von 1939 teil, welches Pius XII. wählte. Er rief 1938 dazu auf, bei der nominellen Volksabstimmung für den Anschluss Österreichs an Deutschland zu stimmen, was ihm einen schweren Tadel des Vatikans einbrachte.

Er starb am 9. Oktober 1955 in Wien und wurde im Stephansdom beigesetzt.

Tappouni, Ignace-Gabriel I. (1879 – 1968)
Tappouni wurde am 3. November 1879 in Mossul im Osmanischen Reich, heute Irak, geboren und auf den Namen Abdallah Leo getauft. 1892 – 1902 erhielt er seine Gymnasialausbildung und seine Seminarausbildung am von den Dominikanern in Mossul geleiteten Seminar für die syrischen Katholiken und die katholischen Chaldäer.

Am 3. November 1902 wurde er in Mossul zum Priester geweiht und wirkte anschließend bis 1908 als Lehrer am syrisch-chaldäischen Seminar der Dominikaner von Mossul. 1908–1912 war er Sekretär der Apostolischen Delegatur von Mesopotamien in Bagdad.

Am 14. September 1912 wurde er von der Synode des syrisch-katholischen Patriarchates zum Titularbischof von Danaba und Patriarchalvikar des syrisch-katholischen Patriarchates in Mardin gewählt. Die Bischofsweihe empfing er am 19. Januar 1913 in Beirut von Ignatius-Dionysius Rahmani, dem syrisch-katholischen Patriarchen von Antiochien. Bei seiner Bischofsweihe nahm er den Namen Theophilus-Gabriel an und erhielt anstelle des Titularbistums Danaba das Titularbistum Batne. 1918 wurde er von den osmanischen Behörden im Rahmen der Christenverfolgungen im Osmanischen Reich verhaftet und in Aleppo inhaftiert und schließlich zum Tode verurteilt. Auf Ersuchen von Papst Benedikt XV. intervenierte das österreichische Kaiserhaus bei der Hohen Pforte in Istanbul zu seinen Gunsten und er wurde freigelassen. 1919 wurde er Patriarchalvikar in Aleppo und 1921 syrisch-katholischer Erzbischof von Aleppo. Im Mai 1929 wurde er Apostolischer Administrator des syrisch-katholischen Patriarchates von Antiochien und am 24. Juni 1929 durch die syrisch-katholische Synode zum syrisch-katholischen Patriarchen von Antiochien gewählt. Am 15. Juli 1929 erhielt er die päpstliche Bestätigung. Als Patriarch nahm der den Namen Ignatios-Gabriel an.

Papst Pius XI. kreierte ihn im Konsistorium vom 16. Dezember 1935 zum Kardinalpriester und verlieh ihm am 19. Dezember 1935 den Kardinalshut und die Titelkirche SS. XII Apostoli. Er nahm an den Konklaven von 1939, welches Pius XII. wählte, von 1958, welches Johannes XXIII. wählte, und von 1963, welches Paul VI. wählte, teil. 1962–1965 nahm er am II. Vatikanischen Konzil als Mitglied des Präsidiums teil. Nach der Neustrukturierung des Kardinalskollegiums wurde er am 11. Februar 1965 als Patriarch einer katholischen Ostkirche in die Klasse der Kardinalbischöfe ohne römische Titelkirche erhoben. Stattdessen erhielt er den Titel seines Patriarchates. 1967 nahm er an der Bischofssynode teil.

Er starb am 29. Januar 1968 in Beirut und wurde in der syrisch-katholischen Patriarchatskathedrale in Beirut beigesetzt.

Sibilia, Enrico (1861–1948)

Sibilia wurde am 17. November 1861 in Anagni im Kirchenstaat, heute Republik Italien, geboren. Er begann seine Studien am Seminar von Anagni und wurde 1878 an das Päpstlich-Römische Seminar gesandt.

Am 8. März 1884 wurde er in Segni von seinem Onkel, Bischof Biagio Sibilia von Segni zum Priester geweiht und setzte seine Studien in Rom fort, die er mit Doktoraten in Philosophie, Theologie und einem Doktor beiderlei Rechte (*utriusque iuris*) 1890 abschloss. Danach trat er in den diplomatischen Dienst des Heiligen Stuhls ein. 1890–1897 war er Auditor der Apostolischen Delegatur in Kolumbien, anschließend bis 1901 Auditor der Internuntiatur in Brasilien und 1901–1902 Auditor der Nuntiatur in Belgien und schließlich bis 1908 in Spanien.

Am 30. Juli 1908 wurde er zum Titularerzbischof von Sidon und am 31. August 1908 zum Internuntius in Chile ernannt. Die Bischofsweihe empfing er am 11. Oktober 1908 in der Kirche des lateinamerikanischen Kollegs in Rom von Kardinalstaatssekretär Rafael Merry del Val. Seine Arbeit in Chile war durch große Spannungen gekennzeichnet. So wurde er im September 1913 nach Rom zurückberufen und im April 1914 zum Päpstlichen Thronassistenten ernannt. 1916–1922 war er Vikar des Erzpriesters der Basilika S. Maria Maggiore. Am 16. Dezember 1922 ernannte ihn Pius XI. zum Nuntius in Österreich. In seiner Amtszeit wurde im Juni 1933 das Konkordat mit Österreich unterzeichnet.

Papst Pius XI. kreierte ihn im Konsistorium vom 16. Dezember 1935 zum Kardinalpriester. Der österreichische Bundespräsident Wilhelm Miklas überreichte ihm am 21. Dezember 1935 im Wiener Stephansdom das rote Birett und der Papst verlieh ihm am 18. Juni 1936 den Kardinalshut und die Titelkirche S. Maria Nuova. Er nahm am Konklave von 1939 teil, welches Pius XII. wählte, und optierte am 11. Dezember 1939 für die Klasse der Kardinalbischöfe und die suburbikarische Diözese Sabina e Poggio Mirteto. 1948 wurde er Subdekan des Kardinalskollegiums und war seit 1944 Protektor des Collegio Teutonico und der Kirche S. Maria dell'Anima.

Nach seinem Tode am 4. August 1948 in Anagni wurde er dort in der Kirche S. Chiara beigesetzt.

Marmaggi, Francesco (1870–1949)
Marmaggi wurde am 31. August 1870 in Rom im Kirchenstaat, kurz darauf Königreich Italien, heute Republik Italien, geboren. Er studierte am Päpstlich-Römischen Seminar und erwarb Doktorate an Philosophie und Theologie.

Am 14. April 1900 wurde er in Rom zum Priester geweiht und wirkte bis 1904 in der Seelsorge des Bistums Rom und als Dozent am Päpstlichen *Athenaeum S. Apollinare* sowie als Mitarbeiter der Apostolischen Pönitentiarie. 1904–1917 war er Mitarbeiter der Kongregation für die außerordentlichen Angelegenheiten der Kirche. 1907 wurde er päpstlicher Geheimkämmerer, 1915 päpstlicher Hausprälat. Am 27. Januar 1917 wurde er zum Untersekretär der Kongregation für die außerordentlichen Angelegenheiten der Kirche ernannt.

Am 1. September 1920 wurde er zum Titularerzbischof von Hadrianopolis in Haemimonto und Nuntius in Rumänien ernannt. Die Bischofsweihe empfing er am 26. September 1920 in der Kirche S. Maria in Trastevere von Kardinalstaatssekretär Pietro Gasparri. Am 30. Mai 1923 wurde er Nuntius in der Tschechoslowakei, aber bereits 1925 kehrte er nach Rom zurück. Am 12. Februar 1928 wurde er Nuntius in Polen.

Papst Pius XI. kreierte ihn im Konsistorium vom 16. Dezember 1935 zum Kardinalpriester und verlieh ihm am 18. Juni 1936 den Kardinalshut und die Titelkirche S. Cecilia. Er nahm am Konklave von 1939 teil, welches Pius XII. wählte. Am 14. März

1939 wurde er Präfekt der Konzilskongregation. Er war Mitglied zahlreicher kurialer Behörden.

Er starb am 3. November 1949 in Rom und wurde in der in der Basilika S. Cecilia in Trastevere, Rom, beigesetzt.

Maglione, Luigi (1877–1944)

Maglione wurde am 2. März 1877 in Casoria in der Provinz Neapel in der Region Campania im Königreich Italien, heute Republik Italien, geboren. Er trat nach der Schulzeit in das Collegio Capranica in Rom ein und studierte an der Päpstlichen Universität Gregoriana, wo er 1898 in Philosophie und nach der Priesterweihe 1902 in Theologie promoviert wurde.

Am 25. Juli 1901 wurde er in der Kirche S. Apollinare in Rom von Erzbischof Guiseppe Ceppetelli, dem Viceregente der Diözese Rom zum Priester geweiht. Bis 1905 arbeitete er in der Seelsorge seiner Heimat und bereitete weiterhin seine Promotion in kanonischem Recht am Päpstlichen *Athenaeum S. Apollinare* vor. 1904 wurde er dort im kanonischen Recht promoviert. 1905–1907 studierte er an der Päpstlichen Akademie für den kirchlichen Adel in Rom und trat anschließend in den Dienst der Römischen Kurie und die Kongregation für die außerordentlichen Angelegenheiten der Kirche ein und unterrichtete bis 1918 an der Päpstlichen Akademie für den kirchlichen Adel. Er war in diesen Jahren weiter Repetitor und Spiritual am Collegio Capranica. 1910 wurde er päpstlicher Geheimkämmerer, 1918 päpstlicher Hausprälat. Am 25. Februar 1918 wurde er Vertreter des Heiligen Stuhls in der Schweiz und päpstlicher Vertreter bei der Liga der Nationen. Im Juni 1920 wurde die Aufnahme der diplomatischen Beziehungen zwischen Vatikan und Schweiz beschlossen.

Am 1. September 1920 wurde er zum Titularerzbischof von Caesarea in Palaestina und Nuntius in der Schweiz ernannt. Die Bischofsweihe empfing er in der Kirche S. Maria in Trastevere in Rom am 26. September 1920 von Kardinalstaatssekretär Pietro Gasparri. Am 23. Juni 1926 wurde er zum Nuntius in Frankreich ernannt.

Papst Pius XI. kreierte ihn im Konsistorium vom 16. Dezember 1935 zum Kardinalpriester. Das rote Birett wurde ihm in Paris vom französischen Präsidenten überreicht. Der Papst verlieh ihm am 18. Juni 1936 den Kardinalshut und die Titelkirche S. Pudenziana. Am 22. Juli 1938 wurde er Präfekt der Konzilskongregation. Er nahm am Konklave von 1939 teil, welches Pius XII. wählte. Am 10. März 1939 wurde er zum Kardinalstaatssekretär ernannt, im Mai 1939 wurde er Großkanzler des Päpstlichen Instituts für christliche Archäologie. Seine Amtszeit als Kardinalstaatssekretär war durch den Zweiten Weltkrieg bestimmt.

Er starb am 22. August 1944 in Casoria und wurde in der in der Pfarr- und Kollegiatskirche S. Mauro Abate in Casoria beigesetzt.

Cremonesi, Carlo (1866–1943)

Cremonesi wurde am 4. November 1866 in Rom im Kirchenstaat, heute Republik Italien, geboren. Er studierte am Päpstlich-Römischen Seminar in Rom.

Am 21. Juni 1890 wurde er in Rom zum Priester geweiht. Er war bis 1909 Dozent am Päpstlichen *Athenaeum Urbaniana* der Kongregation *Propaganda Fide* und darüber hinaus Sekretär von Kardinal Luigi Galimberti und Kanoniker der Kirche S. Angelo in Pescheria. 1898 wurde er päpstlicher Geheimkämmerer. 1909–1921 war er als Notar bei der Auswahl von Kandidaten für den italienischen Episkopat beteiligt und Sekretär der Päpstlichen Kommission für die religiösen Werke (Vorläufer der Vatikanbank). 1910 wurde er päpstlicher Hausprälat und 1914 Kleriker der Apostolischen Kammer.

Am 29. Dezember 1921 wurde er zum Titularerzbischof von Nikomedien und Almosenier des Papstes ernannt. Die Bischofsweihe empfing er am 8. Januar 1922 in der Sixtinischen Kapelle des Vatikans durch Papst Benedikt XV. Am 20. März 1926 wurde er Apostolischer Delegat des Wallfahrtortes von Pompei und erster Prälat *nullius* von Pompei, sowie Päpstlicher Thronassistent. Am 28. September 1928 verzichtete er auf die Prälatur.

Papst Pius XI. kreierte ihn im Konsistorium vom 16. Dezember 1935 zum Kardinalpriester und verlieh ihm am 19. Dezember 1935 den Kardinalshut und die Titelkirche S. Lorenzo in Lucina. Er nahm am Konklave von 1939 teil, welches Pius XII. wählte.

Er starb am 25. November 1943 im Vatikan und wurde in der Basilika S. Lorenzo in Lucina in beigesetzt.

Baudrillart Orat., Alfred-Henri-Marie (1859–1942)

Baudrillart wurde am 6. Januar 1859 in Paris im Kaiserreich Frankreich, heute Republik Frankreich, geboren. Nach der Schulzeit studierte er am Institute Catholique und wurde dort 1895 in Theologie promoviert. Zuvor wirkte er ab 1881 als Geschichtslehrer. 1890 trat er in Paris in das Oratorium des St. Philippo Neri ein.

Am 9. Juli 1893 wurde er in Paris zum Priester geweiht und wurde anschließend als Professor für Geschichte Mitglied des Institute Catholique in Paris, deren Direktor er 1907–1942 war. 1906 wurde er Ehrenkanoniker an der Kathedrale von Paris, 1907 päpstlicher Hausprälat. Am 10. Oktober 1908 wurde er Generalvikar von Paris und 1918 in die Academie Française gewählt.

Am 29. Juli 1921 wurde er zum Titularbischof von Hemeria in Mesopotamien ernannt. Die Bischofsweihe empfing er am 28. Oktober 1921 in Paris von Kardinal Louis-Ernest Dubois, dem Erzbischof von Paris. 1925 wurde er Päpstlicher Thronassistent, am 12. April 1928 Titularerzbischof von Melitene.

Papst Pius XI. kreierte ihn im Konsistorium vom 16. Dezember 1935 zum Kardinalpriester und verlieh ihm am 19. Dezember 1935 den Kardinalshut und die Titelkirche S. Bernardo alle Terme. Er nahm am Konklave von 1939 teil, welches Pius XII. wählte.

Er starb am 19. Mai 1942 in Paris und wurde in der Kirche „Des Carmes" in Paris beigesetzt.

Suhard, Emmanuel Célestin (1874 – 1949)

Suhard wurde am 5. April 1874 in Brains-sur-les-Marches in der Region Mayenne bei Laval in der Republik Frankreich geboren. Er studierte am Priesterseminar Laval und wurde danach an das französische Seminar nach Rom gesandt, von wo aus er an der Päpstlichen Universität Gregoriana studierte und in Theologie und Philosophie promoviert wurde und im kanonischen Recht ein Lizentiat erwarb.

Am 18. Dezember 1897 wurde er in der Privatkapelle von Kardinalvikar Lucido Maria Parrocchi zum Priester geweiht und setzte seine Studien in Rom bis 1899 fort. Nach seiner Rückkehr aus Rom lehrte er bis 1912 als Dozent für Philosophie und ab 1912 für Theologie am Priesterseminar von Laval. 1917–1928 war er Subregens des Seminars und wurde 1919 Kanoniker am Kathedralkapitel von Laval.

Am 6. Juli 1928 wurde er zum Bischof von Bayeux und Lisieux ernannt. Die Bischofsweihe empfing er am 3. Oktober 1928 in der Kathedrale von Laval von Bischof Eugène-Jacques Grellier von Laval. Am 23. Dezember 1930 wurde er zum Erzbischof von Reims ernannt.

Papst Pius XI. kreierte ihn im Konsistorium vom 16. Dezember 1935 zum Kardinalpriester und verlieh ihm am 19. Dezember 1935 den Kardinalshut und die Titelkirche S. Onofrio. Er nahm am Konklave von 1939 teil, welches Pius XII. wählte. Am 11. Mai 1940 wurde er Erzbischof von Paris. Er begründete 1941 die „Mission de France".

Er starb am 30. Mai 1949 in Paris und wurde in der Kathedrale Notre Dame zu Paris beigesetzt.

Kaspar, Karel (1870 – 1941)

Kaspar wurde am 16. Mai 1870 in Mirosove im habsburgischen Kronland Böhmen in der k. u. k. Monarchie Österreich-Ungarn, heute Republik Tschechien, geboren und studierte am Priesterseminar von Pilsen und am Päpstlichen *Athenaeum S. Apollinare* in Rom.

Am 25. Februar 1893 wurde er in der Lateranbasilika in Rom von Kardinalvikar Lucido Maria Parrocchi zum Priester geweiht. Nach seiner Rückkehr nach Böhmen wirkte er bis 1895 in der Gemeindeseelsorge. Bis 1898 folgten weitere Studien in Rom und ein Abschluss in Kirchenrecht. Danach war er bis 1920 in der Seelsorge und in der Kirchenverwaltung der Erzdiözese Prag tätig und wurde Kanoniker am Veitsdoms in Prag.

Am 8. März 1920 wurde er zum Titularbischof von Betsaida und Weihbischof in Hradec-Králové (Königsgrätz) ernannt. Die Bischofsweihe empfing er am 11. April 1920 von Erzbischof Franziskus Kordác von Prag. Am 13. Juni 1921 wurde er Bischof von Hradec-Králové. Am 22. Oktober 1931 erfolgte die Ernennung zum Erzbischof von Prag. Er war auch Militärvikar für die tschechoslowakische Armee.

Papst Pius XI. kreierte ihn im Konsistorium vom 16. Dezember 1935 zum Kardinalpriester und verlieh ihm am 19. Dezember 1935 den Kardinalshut und die Titelkirche SS. Vitale Gervasio e Protasio. Er nahm am Konklave von 1939 teil, welches Pius XII. wählte.

Er starb am 21. April 1941 in Prag und wurde im Prager Veitsdom beigesetzt.

Copello, Santiago Luis (1880 – 1967)

Copello wurde am 7. Januar 1880 in San Isidoro in der Region La Plata in Argentinien geboren. Er studierte am Seminar von La Plata und wurde an das lateinamerikanische Kolleg nach Rom gesandt, von wo aus er an der Päpstlichen Universität Gregoriana studierte.

Am 28. Oktober 1902 wurde er in Rom zum Priester geweiht. Nach seiner Rückkehr nach Argentinien wirkte er bis 1918 als Gemeindeseelsorger in verschiedenen Gemeinden der Erzdiözese La Plata.

Am 8. November 1918 wurde er zum Titularbischof von Aulona und Weihbischof in La Plata ernannt. Die Bischofsweihe empfing er am 30. März 1919 in San Isidoro von Erzbischof Juan Nepomuceno Terrero Escolada von La Plata. Am 15. Mai 1928 wurde er Weihbischof in Buenos Aires. Am 12. Juni 1928 wurde er Generalvikar der Erzdiözese Buenos Aires und Militärvikar von Argentinien. 1932 verwaltete er als Kapitularvikar das Erzbistum Buenos Aires und wurde am 20. September 1932 zum Erzbischof von Buenos Aires ernannt.

Papst Pius XI. kreierte ihn im Konsistorium vom 16. Dezember 1935 zum Kardinalpriester und verlieh ihm am 19. Dezember 1935 den Kardinalshut und die Titelkirche S. Girolamo degli Schiavoni. Am 29. Januar 1936 erhielt er den Titel „Primas von Argentinien". Er nahm an den Konklaven von 1939, welches Pius XII. wählte, von 1958, welches Johannes XXIII. wählte, und von 1963, welches Paul VI. wählte, teil. 1955 nahm er an der I. Generalkonferenz des lateinamerikanischen Episkopates in Rio de Janeiro teil. Er residierte nach 1955 an der Römischen Kurie, seitdem es 1955 zu einem Konflikt zwischen der Kirche und dem peronistischen Regime gekommen war. Inhaltlich ging es bei diesem Konflikt um die Trennung von Staat und Kirche sowie um die Liberalisierung des Scheidungsrechtes. Am 25. März 1959 verzichtete er auf sein Amt als Erzbischof und wurde zum Kanzler *S.E.R.* ernannt. Am 14. Dezember 1959 optierte er für den Titel von S. Lorenzo in Damaso. Er nahm 1962 – 1965 am II. Vatikanischen Konzil teil.

Er starb am 9. Februar 1967 in Rom und wurde in der Basilika „Santisimo Sacramento" in Buenos Aires beigesetzt.

Gomá Tomás, Isidro (1869 – 1940)

Gomá y Tomás wurde am 19. August 1869 in La Riba in der Provinz Tarragona im Königreich Spanien geboren. Er studierte an den Seminaren und Universitäten von Tarragona, wo er Doktorate in Philosophie und kanonischem Recht erwarb und in Valencia, wo er in Theologie promoviert wurde.

Am 8. Juni 1895 wurde er in Tarragona von Erzbischof Tomás Costa y Fornaguera von Tarragona zum Priester geweiht. Er war zunächst bis 1897 in der Gemeindeseelsorge des Erzbistums Tarragona eingesetzt. 1897 – 1899 unterrichtete er Latein am Päpstlichen Seminar von Tarragona und war bis 1906 Regens des Seminars. 1907 wurde er Kanoniker an der Kathedrale von Tarragona und wirkte bis 1927 als erzbischöflicher Offizial.

Am 20. Juni 1927 wurde er zum Bischof von Tarazona ernannt. Die Bischofsweihe empfing er am 2. Oktober 1927 in Tarragona von Kardinal Francisco de Asis Vidal Barraquer, dem Erzbischof von Tarragona. 1927–1933 verwaltete er zusätzlich als Apostolischer Administrator das Bistum Tudela. Am 12. April 1933 wurde er Erzbischof von Toledo und Primas von Spanien und verwaltete bis 1935 noch das Bistum Tarazona als Apostolischer Administrator.

Papst Pius XI. kreierte ihn im Konsistorium vom 16. Dezember 1935 zum Kardinalpriester und verlieh ihm am 19. Dezember 1935 den Kardinalshut und die Titelkirche S. Pietro in Montorio. Er nahm am Konklave von 1939 teil, welches Pius XII. wählte. Während des Spanischen Bürgerkrieges unterstützte er die Nationalisten und war ein Berater und Freund von General Franco.

Er starb am 22. August 1940 in Toledo und wurde in der Kathedrale von Toledo beigesetzt.

Caccia Dominioni, Camillo (1877–1946)

Caccia Dominioni wurde am 7. Februar 1877 in Mailand in der Lombardei im Königreich Italien, heute Republik Italien, geboren. Er studierte am Priesterseminar von Mailand und danach als Seminarist des lombardischen Seminars an der Päpstlichen Universität Gregoriana in Rom, wo er in kanonischem Recht promoviert wurde.

Am 23. September 1899 wurde er in Mailand von Kardinal Andrea Ferrari, dem Erzbischof von Mailand, zum Priester geweiht. Anschließend studierte er bis 1902 an der Päpstlichen Akademie für den kirchlichen Adel. Bis 1921 war er zusätzlich in der Gemeindeseelsorge der Diözese Rom tätig und wurde 1903 Koadjutor-Kanonikus des Kapitels der Petersbasilika des Vatikans. 1914 wurde er päpstlicher Geheimkämmerer, 1921 erfolgte die Ernennung zum päpstlichen Maiordomus und Apostolischen Protonotar. 1924 wurde er Kanoniker des Kapitels der Petersbasilika des Vatikans.

Papst Pius XI. kreierte ihn im Konsistorium vom 16. Dezember 1935 zum Kardinaldiakon und verlieh ihm am 19. Dezember 1935 den Kardinalshut und die Kirche S. Maria in Domnica als Titeldiakonie. Er nahm am Konklave von 1939 teil, welches Pius XII. wählte. Er verkündete als Kardinalprotodiakon seine Wahl und krönte ihn am 12. März 1939.

Er starb am 12. November 1946 in Rom und wurde in der in der Krypta der Basilika SS. Ambrogio e Carlo in Rom beigesetzt.

Canali, Nicola (1874–1961)

Canali wurde am 6. Juni 1874 in Rieti in der Region Latium im Königreich Italien, heute Republik Italien, geboren. Er studierte als Seminarist des Collegio Capranica an der Päpstlichen Universität Gregoriana und an der Päpstlich-Römischen Akademie des Hl. Thomas von Aquin.

Am 31. März 1900 wurde er in der Lateranbasilika zum Priester geweiht und studierte anschließend an der Päpstlichen Akademie für den kirchlichen Adel. Am

1. September 1903 trat er in den Dienst des Vatikanischen Staatsekretariates ein und wurde persönlicher Sekretär von Kardinalstaatssekretärs Rafael Merry del Val. Auch nach dessen Wechsel in das Amt des Sekretärs des Heiligen Offiziums blieb er sein persönlicher Sekretär. 1903 wurde er päpstlicher Geheimkämmerer, am 21. März 1908 Substitut des Staatssekretariats und Sekretär der Chiffren und kurz darauf päpstlicher Hausprälat. Am 24. September 1914 wurde er Sekretär der Zeremonialkongregation, am 27. Juni 1926 Assessor des Heiligen Offiziums und im September 1926 Apostolischer Protonotar.

Papst Pius XI. kreierte ihn im Konsistorium vom 16. Dezember 1935 zum Kardinaldiakon und verlieh ihm am 19. Dezember 1935 den Kardinalshut und die Kirche S. Nicola in Carcere als Titeldiakonie. Er nahm an den Konklaven von 1939 teil, welches Pius XII. wählte, und 1958, welches Johannes XXIII. wählte. 1946 wurde er Kardinalprotodiakon. Als Kardinalprotodiakon verkündete er die Wahl von Johannes XXIII. und krönte diesen am 4. November 1958.

Am 20. März 1939 wurde er Präsident der Päpstlichen Kommission für den Vatikanstaat, am 16. Juli 1940 erster Kardinalgroßmeister des Ritterordens vom Heiligen Grab und am 15. Oktober 1941 Kardinalgroßpönitentiar. 1950–1951 war er Großprior des Souveränen Malteserordens.

Er starb am 3. August 1961 im Vatikan und wurde in der Kirche S. Onofrio al Gianicolo in Rom beigesetzt.

Jorio, Domenico (1867–1954)

Jorio wurde am 7. Oktober 1867 in Villa San Stefano in der Region Latium im Kirchenstaat, heute Republik Italien, geboren. Er studierte am Seminar von Ferentino.

Am 17. September 1891 wurde er in Palestrina zum Priester geweiht es folgten weitere Studien am Päpstlich-Römischen Seminar in Rom, wo er in Theologie und beiderlei Rechten (*utriusque iuris*) promoviert wurde. Nebenbei übernahm er seelsorgerliche Aufgaben in der Diözese Rom und war bis 1918 Mitarbeiter der Apostolischen Datarie. 1901 wurde er päpstlicher Geheimkämmerer, 1915 päpstlicher Hausprälat. 1916 wurde er Beauftragter für die römischen Klöster. Am 20. Oktober 1918 wurde er Sekretär der Apostolischen Datarie und Untersekretär der Kongregation für die Sakramentendisziplin und kurz darauf Apostolischer Protonotar. Am 5. Januar 1928 wurde er Sekretär der Kongregation für die Sakramentendisziplin und wurde 1930 Ökonom des Päpstlich-Römischen Seminars.

Papst Pius XI. kreierte ihn im Konsistorium vom 16. Dezember 1935 zum Kardinaldiakon und verlieh ihm am 19. Dezember 1935 den Kardinalshut und die Kirche S. Apollinare als Titeldiakonie. Am 20. Dezember 1935 wurde er Präfekt der Kongregation für die Sakramentendisziplin. Er nahm am Konklave von 1939 teil, welches Pius XII. wählte. Am 18. Februar 1946 optierte er für die Klasse der Kardinalpriester und die Erhebung seiner Diakonie zur Titelkirche.

Er starb am 21. Februar 1954 in Rom und wurde in der Kirche S. Apollinare in Rom beigesetzt.

La Puma, Vincenzo (1874–1943)

La Puma wurde am 22. Januar 1874 in Palermo auf Sizilien im Königreich Italien, heute Republik Italien, geboren. Er studierte am Priesterseminar von Palermo und am Päpstlichen *Athenaeum S. Apollinare* in Rom.

Am 13. September 1896 wurde er in Rom zum Priester geweiht. Anschließend war er bis 1908 Dozent am Päpstlichen *Athenaeum S. Apollinare* und Auditor der Kongregation für die Bischöfe und Ordensleute. 1907 wurde er päpstlicher Geheimkämmerer und am 16. Februar 1916 Untersekretär der Religiosenkongregation, 1917 päpstlicher Hausprälat. Am 7. April 1925 wurde er Sekretär der Religiosenkongregation.

Papst Pius XI. kreierte ihn im Konsistorium vom 16. Dezember 1935 zum Kardinaldiakon und verlieh ihm am 19. Dezember 1935 den Kardinalshut und die Kirche SS. Cosma e Damiano als Titeldiakonie. Am 22. Dezember 1935 wurde er Pro-Präfekt, am 31. Dezember 1935 Präfekt der Religiosenkongregation. Er nahm am Konklave von 1939 teil, welches Pius XII. wählte.

Er starb am 4. November 1943 in Rom und wurde auf dem römischen Friedhof Campo Verano beigesetzt.

Cattani Amadori, Federico (1856–1943)

Cattani Amadori wurde am 17. April 1856 in Maradi in der Toskana im habsburgisch regierten Großherzogtum Toskana, heute Republik Italien, geboren. Er studierte am Seminar von Modigliana.

Am 5. Oktober 1879 wurde er in Modigliana zum Priester geweiht. Er war anschließend bis 1888 Dozent am Seminar von Modigliana und engagierte sich in der Seelsorge. 1888–1906 war er Generalvikar der Diözese Modigliana. 1904 wurde er päpstlicher Hausprälat. 1906–1909 studierte er an der Päpstlichen Akademie des Hl. Thomas von Aquin in Rom sowie am Päpstlich-Römischen *Athenaeum S. Apollinare*. 1909 wurde er Apostolischer Visitator der Diözese Marsica und Auditor Seiner Heiligkeit. 1921 wurde er Sekretär der Kardinalskommission zur Klärung der Kompetenzen zwischen den einzelnen römischen Kongregationen. Am 14. Februar 1924 wurde er Sekretär der Apostolischen Signatur und 1926 Apostolischer Protonotar.

Papst Pius XI. kreierte ihn im Konsistorium vom 16. Dezember 1935 zum Kardinaldiakon und verlieh ihm am 19. Dezember 1935 den Kardinalshut und die Kirche S. Maria in Aquiro als Titeldiakonie. Er nahm am Konklave von 1939 teil, welches Pius XII. wählte.

Er starb am 11. April 1943 in Rom und wurde in der Pfarrkirche von Maradi beigesetzt.

Massimi, Massimo (1877–1954)

Massimi wurde am 10. April 1877 in Rom im Königreich Italien, heute Republik Italien, geboren. Er studierte am Päpstlich-Römischen Seminar, wo er in kanonischem Recht, und an der Universität La Sapienza, wo er in Zivilrecht promoviert wurde.

Am 14. April 1900 wurde er in der Lateranbasilika in Rom von Erzbischof Guiseppe Ceppetelli, dem Viceregente der Diözese Rom, zum Priester geweiht. Bis 1908 wirkte er in der Seelsorge der Diözese Rom und wurde 1904 Professor am Institut für Zivilrecht des Päpstlichen *Athenaeum S. Apollinare*. 1908 wurde er Mitarbeiter der Römischen Rota, 1911 päpstlicher Geheimkämmerer. Am 29. November 1915 wurde er Auditor der Römischen Rota, 1924 Pro-Dekan und am 1. Mai 1926 deren Dekan. 1909 wurde er Konsultor der Redaktionskommission für die Kodifizierung des kanonischen Rechts. 1932 wurde er Präsident der Kommission für die Schaffung eines Strafrechts für den neu gegründeten Vatikanstaat.

Papst Pius XI. kreierte ihn im Konsistorium vom 16. Dezember 1935 zum Kardinaldiakon und verlieh ihm am 19. Dezember 1935 den Kardinalshut und die Kirche S. Maria in Portico Campitelli als Titeldiakonie. Im Februar 1936 wurde er Präsident der Päpstlichen Kommission für die Kodifizierung des orientalischen kanonischen Rechts. Er nahm am Konklave von 1939 teil, welches Pius XII. wählte. Am 14. März 1939 wurde er Präsident der Päpstlichen Kommission für die authentische Interpretation des *Codex Iuris Canonici*. Am 18. Februar 1946 optierte er für die Klasse der Kardinalpriester und Erhebung seiner Diakonie zur Titelkirche und wurde am 29. Mai 1946 Präfekt der Apostolischen Signatur.

Er starb am 6. März 1954 und wurde zunächst auf dem römischen Friedhof Campo Verano beigesetzt. Im Oktober 1976 wurden seine sterblichen Überreste in die Kirche S. Maria in Portico Campitelli überführt.

Mariani, Domenico (1863–1939)

Mariani wurde am 3. April 1863 in Posta in der Region Latium im Kirchenstaat, heute Republik Italien, geboren. Er studierte am Päpstlich-Römischen Seminar.

Am 16. Dezember 1886 wurde er zum Priester geweiht. Er wirkte bis 1900 in der Gemeindeseelsorge des Bistums Rom und war anschließend bis 1917 Sekretär der päpstlichen Almosenstelle. 1900 wurde er Kanoniker des Kapitels der Petersbasilika des Vatikans. 1914 wurde er päpstlicher Geheimkämmerer und im Januar 1917 Sekretär der Kardinalskommission für das Vermögen des Heiligen Stuhls und päpstlicher Hausprälat. Er war Vizepräsident der Finanzverwaltung der päpstlichen Dikasterien.

Papst Pius XI. kreierte ihn im Konsistorium vom 16. Dezember 1935 zum Kardinaldiakon und verlieh ihm am 19. Dezember 1935 den Kardinalshut und die Kirche S. Cesareo in Palatio als Titeldiakonie. Am 21. Dezember 1935 wurde er Präsident der Vermögensverwaltung des Heiligen Stuhls. Er nahm am Konklave von 1939 teil, welches Pius XII. wählte.

Er starb am 23. April 1939 im Vatikan und wurde auf dem römischen Friedhof Campo Verano beigesetzt.

Boetto S.J., Pietro (1871–1946)

Boetto wurde am 19. Mai 1871 in Vigone in Piemont im Königreich Italien, heute Republik Italien, geboren. Nachdem er 1884–1888 das Diözesanseminar von Giaveno besucht hatte, trat er im Februar 1888 in den Jesuitenorden ein und absolvierte bis 1891 das Noviziat in Chieri. Die ersten Gelübde legte er 1890, die letzten Gelübde 1906 ab. 1891–1894 studierte er Philosophie in Chieri, 1894–1898 machte er sein „Magisterium" in Como, danach studierte er bis 1902 Theologie wieder in Chieri.

Am 30. Juli 1901 wurde er von Bischof Emiliano Manacorda von Fossano zum Priester geweiht. Es folgten weitere Studien und das Terziat sowie Tätigkeiten als Lehrer und Rektor der Jesuitenschulen von Genua und Cuneo. 1907–1916 war er Prokurator der Jesuiten in Turin und 1916–1920 Provinzial der Provinz von Turin. 1920/21 visitierte er die Provinz Kastilien in Spanien, 1921–1928 war er Generalprokurator des Jesuitenordens, anschließend bis 1930 Provinzial der römischen Provinz und danach bis 1935 Generalassistent für Italien.

Papst Pius XI. kreierte ihn im Konsistorium vom 16. Dezember 1935 zum Kardinaldiakon und verlieh ihm am 19. Dezember 1935 den Kardinalshut und die Kirche S. Angelo in Pescheria als Titeldiakonie.

Am 17. März 1938 wurde er zum Erzbischof von Genua ernannt. Er wurde am 18. März 1938 in die Klasse der Kardinalpriester aufgenommen und seine Diakonie wurde zur Titelkirche erhoben. Am 24. April 1938 empfing er in der Kirche S. Ignazio in Rom von Kardinal Gennaro Granito Pignatelli di Belmonte, dem Dekan des Kardinalskollegiums die Bischofsweihe. Er nahm am Konklave von 1939 teil, welches Pius XII. wählte.

Er starb am 31. Januar 1946 in Genua und wurde in der Kathedrale von Genua beigesetzt.

Mercati, Giovanni (1866–1957)

Mercati wurde am 17. Dezember 1866 in Villa Gaida in der Provinz Reggio Emilia im Königreich Italien, heute Republik Italien, geboren. Er studierte gemeinsam mit seinem Bruder Angelo am Seminar von Reggio Emilia, ging aber schon bald nach Rom an das lombardische Seminar und studierte von dort aus an der Päpstlichen Universität Gregoriana.

Am 21. September 1889 wurde er in Reggio Emilia von Bischof Vincenzo Manicardi von Reggio Emilia zum Priester geweiht. Er ging anschließend bis 1891 zu weiteren Studien nach Rom an die Gregoriana und an die Vatikanische Bibliothek. 1891 wurde er in Theologie promoviert.

1892–1893 war er Dozent am Seminar von Reggio Emilia. 1893–1898 arbeitete er an der Ambrosianischen Bibliothek in Mailand, wo er 1893 zum Doktor ernannt wurde. 1898–1918 gehörte er zum Mitarbeiterstab der Vatikanischen Bibliothek. 1902–1906 war er Mitglied der liturgiehistorischen Kommission, 1903 wurde er Konsultor der Päpstlichen Bibelkommission und 1904 päpstlicher Hausprälat. 1917 wurde er korrespondierendes Mitglied der Päpstlich-Römischen Akademie für Archäologie und am

23. Oktober 1919 wurde er Präfekt der Vatikanischen Bibliothek. 1930 wurde er von den administrativen Aufgaben aus Gesundheitsgründen entbunden. Im Januar 1936 wurde er Apostolischer Protonotar.

Papst Pius XI. kreierte ihn im Konsistorium vom 15. Juni 1936 zum Kardinaldiakon und verlieh ihm am 18. Juni 1936 den Kardinalshut und die Kirche S. Giorgio in Velabro als Titeldiakonie. Am 18. Juni 1936 wurde er Bibliothekar und Archivar S.E.R. Er nahm am Konklave von 1939 teil, welches Pius XII. wählte.

Während des Zweiten Weltkrieges versteckte er mehrere deutsche Emigranten in der vatikanischen Bibliothek. Er galt als der gelehrteste Kardinal des 20. Jahrhunderts.

Er starb am 23. August 1957 im Vatikan und wurde in der Kirche S. Giorgio in Velabro in Rom beigesetzt.

Tisserant, Eugène-Gabriel-Gervais-Laurent (1884 – 1972)

Tisserant wurde am 24. März 1884 in Nancy in Lothringen in der Republik Frankreich geboren. Er studierte ab 1900 am Priesterseminar von Nancy Theologie und Philosophie. 1904/1905 studierte er orientalische Sprachen in Jerusalem und war ab 1905 am Institute Catholique in Paris.

Am 4. August 1907 wurde er in Nancy von Bischof Charles-François Turinaz von Nancy zum Priester geweiht. 1908 – 1914 war er Dozent für Assyrisch am Päpstlichen *Athenaeum S. Apollinare* und Skriptor für Orientalische Sprachen an der Vatikanischen Bibliothek. 1919 – 1930 war er als Offizier der französischen Armee hauptsächlich im Nahen Osten in Syrien und Palästina. 1919 – 1930 war er erneut Assistent von Giovanni Mercati in der Vatikanischen Bibliothek und wurde 1921 päpstlicher Geheimkämmerer. Während seiner Assistentenzeit war er stets darum bemüht, den Bestand der Vatikanischen Bibliothek zu erweitern. Auf großen Reisen erwarb er 1923 u. a. wertvolle syrische Handschriften. Er war Konsultor der Kongregation für die Orientalische Kirche, der Ritenkongregation und des Heiligen Offizium sowie der Päpstlichen Bibelkommission. 1929 wurde er päpstlicher Hausprälat und am 15. November 1930 Pro-Präfekt der Vatikanischen Bibliothek. 1936 wurde er Apostolischer Protonotar.

Papst Pius XI. kreierte ihn im Konsistorium vom 15. Juni 1936 zum Kardinaldiakon und verlieh ihm am 18. Juni 1936 den Kardinalshut und die Kirche SS. Vito, Modesto e Crescenzia als Titeldiakonie. Am 19. Juni 1936 wurde er zum Sekretär der Kongregation für die Orientalische Kirche ernannt.

Am 25. Juni 1937 wurde er zum Titularerzbischof von Iconium ernannt. Die Bischofsweihe empfing er am 25. Juli 1937 in der Petersbasilika des Vatikans von Kardinalstaatssekretär Eugenio Pacelli. Am 13. Dezember 1937 optierte er für die Klasse der Kardinalpriester und Erhebung seiner Diakonie zur Titelkirche. 1938 wurde er Präsident der Päpstlichen Bibelkommission. Er nahm an den Konklaven von 1939, welches Pius XII. wählte, von 1958, welches Johannes XXIII. wählte, und von 1963, welches Paul VI. wählte, teil. Am 11. Dezember 1939 optierte er für die Titelkirche S. Maria sopra Minerva, am 18. Februar 1946 für die Klasse der Kardinalbischöfe und das suburbikarische Bistum Porto e Santa Rufina. Am 21. Februar 1948 wurde er Subdekan des

Kardinalskollegiums, am 13. Januar 1951 Dekan des Kardinalskollegiums und zusätzlich Bischof des suburbikarischen Bistums Ostia. Am 10. März 1951 wurde er Präfekt der Zeremonialkongregation und am 14. September 1957 Bibliothekar und Archivar S.E.R. Am 11. November 1959 verzichtete er auf das Amt des Sekretärs der Kongregation für die Orientalische Kirche. 1960 wurde er Großmeister des Ritterordens vom Heiligen Grab zu Jerusalem, 1962–1965 nahm er am II. Vatikanischen Konzil als Mitglied des Präsidiums teil. 1962 wurde er Mitglied der Akademie Française. Nach der Veränderung des Status der Kardinalbischöfe wurde er am 17. November 1966 Kardinaltitularbischof von Ostia und Porto e Santa Rufina und Ostia. Er nahm an den Bischofssynoden von 1967 und 1969 teil. Am 1. Januar 1971 verlor er aufgrund seines Alters von über 80 Jahren das Recht der Teilnahme am Konklave und verzichtete am 27. März 1971 auf die Ämter des Bibliothekars und Archivars.

Er starb am 21. Februar 1972 in Albano und wurde in der Kathedrale des suburbikarischen Bistums von Porto und S. Rufina in La Storta beigesetzt.

Piazza O.C.D., Adeodato Giovanni (1884–1957)

Piazza wurde am 30. September 1884 in Vigo de Cadore der Region Venetien in der Provinz Belluno im Königreich Italien, heute Republik Italien, geboren. 1902 trat er in Treviso in den Orden unbeschuhten Karmeliten ein. Am 7. August 1903 legte er seine Profess ab. Nach dem Militärdienst studierte er 1904–1906 im karmelitischen Studienhaus in Venedig Theologie und legte am 7. August 1907 die feierliche Profess ab.

Am 19. Dezember 1908 in wurde er in Venedig von Kardinal Aristide Cavallari, dem Patriarchen von Venedig, zum Priester geweiht und setzte seine Studien bis 1910 fort. Anschließend war er bis 1915 Lehrer an verschiedenen karmelitischen Studienhäusern. 1915 wurde er Prior des Karmeliterkonventes von Tombetta Veronese, während des Ersten Weltkrieges war er Militärgeistlicher. 1919–1921 war er Prior des Konvents von Brescia, danach bis 1923 Prior des Konventes von Adrio. 1923–1925 arbeitete er als Sekretär des Generalpriors in Rom. 1925–1930 war er Generalprokurator des Ordens.

Am 29. Januar 1930 wurde er zum Erzbischof von Benevent ernannt. Die Bischofsweihe empfing er am 24. Februar 1930 in der Kirche S. Teresa al Corso in Rom von Kardinalvikar Basilio Pompilj. Am 16. Dezember 1935 wurde er Patriarch von Venedig.

Papst Pius XI. kreierte ihn im Konsistorium vom 13. Dezember 1937 zum Kardinalpriester und verlieh ihm am 16. Dezember 1937 den Kardinalshut und die Titelkirche S. Prisca. Er nahm am Konklave von 1939 teil, welches Pius XII. wählte. Am 1. Oktober 1948 verzichtete er auf das Amt des Patriarchen von Venedig und wurde zum Sekretär der Konsistorialkongregation ernannt. Am 14. März 1949 optierte er für die Klasse der Kardinalbischöfe und das suburbikarische Bistum Sabina e Poggio Mirteto. Er war 1955 päpstlicher Legat bei der I. Generalkonferenz des lateinamerikanischen Episkopates in Rio de Janeiro.

Er starb am 30. November 1957 in Rom und wurde in der S. Teresa al Corso in Rom beigesetzt.

Pellegrinetti, Ermenegildo (1876–1943)

Pellegrinetti wurde am 27. März 1876 in Camaiore in der Toscana im Königreich Italien, heute Republik Italien, geboren. Er studierte am Seminar von Lucca und an der Päpstlichen Thomasakademie sowie dem Päpstlichen *Athenaeum S. Apollinare* und an der vatikanischen Schule für Paläographie und an der Päpstlichen Akademie für den kirchlichen Adel.

Am 24. September 1898 wurde er in Lucca zum Priester geweiht. Bis 1917 wirkte er in der Seelsorge der Erzdiözese Lucca und als Dozent am dortigen Priesterseminar. Während des Ersten Weltkrieges war er Militärgeistlicher. 1917–1918 wurde er Nuntiatursekretär und 1919–1922 Auditor der Nuntiatur in Polen. 1919 wurde er zum päpstlichen Geheimkämmerer, 1922 zum päpstlichen Hausprälaten ernannt.

Am 24. Mai 1922 wurde er zum Titularerzbischof von Adana und am 29. Mai 1922 zum Nuntius in Jugoslawien ernannt. Die Bischofsweihe empfing er am 18. Juni in der Kirche S. Maria in Portico Campitelli in Rom von Kardinalstaatssekretär Pietro Gasparri.

Papst Pius XI. kreierte ihn im Konsistorium vom 13. Dezember 1937 zum Kardinalpriester und verlieh ihm am 16. Dezember 1937 den Kardinalshut und die Titelkirche S. Lorenzo in Panisperna. Er nahm am Konklave von 1939 teil, welches Pius XII. wählte.

Er starb am 29. März 1943 in Rom und wurde in der Kollegiatskirche von Camaiore beigesetzt.

Hinsley, Arthur (1865–1943)

Hinsley wurde am 25. August 1865 in Selby Nord Yorkshire in Yorkshire in England im Vereinigten Königreich Großbritannien und Irland geboren. Von 1876 an besuchte er das Ushaw College in Durham und ging danach zum Studium als Seminarist des englischen Kollegs in Rom an die Päpstliche Universität Gregoriana und Akademie St. Thomas von Aquin.

Am 23. Dezember 1893 wurde er in Rom zum Priester geweiht. Nach seiner Rückkehr unterrichtete er bis 1897 am Ushaw College bei Durham und war danach für ein Jahr in der Seelsorge der Erzdiözese Westminster eingesetzt. 1899–1904 leitete er eine Schule und übernahm anschließend bis 1917 verschiedene Aufgaben in der Seelsorge, der Ausbildung von Priestern und in der Verwaltung der Erzdiözese Westminster. 1917–1930 war er Rektor des englischen Kollegs in Rom. 1917 wurde er päpstlicher Hausprälat.

Am 10. August 1926 wurde er zum Titularbischof von Sebastopolis ernannt. Die Bischofsweihe empfing er am 30. November 1926 in der Kapelle des englischen Kollegs in Rom von Kardinal Rafael Merry del Val, dem Sekretär des Heiligen Offiziums. Am 10. Dezember 1927 wurde er Apostolischer Visitator für Britisch-Afrika. Am 9. Januar 1930 erfolgte die Ernennung zum Titularerzbischof von Sardes und Apostolischen Delegaten für die britischen Missionen in Afrika, die nicht den Apostolischen Delegaten von Ägypten, Belgisch-Kongo und Südafrika unterstanden. Am 25. März 1934 verzichtete er auf dieses Amt und wurde Kanoniker des Kapitels der Petersbasilika des Vatikans. Am 1. April 1935 wurde er zum Erzbischof von Westminster ernannt.

Papst Pius XI. kreierte ihn im Konsistorium vom 13. Dezember 1937 zum Kardinalpriester und verlieh ihm am 16. Dezember 1937 den Kardinalshut und die Titelkirche S. Susanna. Er nahm am Konklave von 1939 teil, welches Pius XII. wählte.

Er starb am 17. März 1943 in Butingford bei London und wurde in der Kathedrale von Westminster, London, beigesetzt.

Pizzardo, Giuseppe (1877 – 1970)
Pizzardo wurde am 13. Juli 1877 in Savona in Ligurien im Königreich Italien, heute Republik Italien, geboren. Er studierte zunächst am Seminar von Savona und ging dann nach Rom, um an der Päpstlichen Universität Gregoriana Theologie zu studieren.

Am 19. September 1903 wurde er in Rom zum Priester geweiht. Es folgten bis 1907 weitere Studien an der Päpstlichen Akademie für den kirchlichen Adel und am Päpstlichen *Athenaeum S. Apollinare*. 1908/09 war er Mitarbeiter im Staatssekretariat und wurde 1909 Sekretär der Nuntiatur in Bayern und päpstlicher Geheimkämmerer. 1912–1920 war er erneut Mitarbeiter im Staatssekretariat und wurde am 27. September 1920 Untersekretär der Kongregation für die außerordentlichen kirchlichen Angelegenheiten. 1921 wurde er päpstlicher Hausprälat. Am 7. Mai 1921 wurde er Substitut der Kongregation für die außerordentlichen Angelegenheiten und Sekretär der Chiffren. 1923 war er geistlicher Assistent des Zentralkomitees der italienischen katholischen Aktion geworden, 1927 wurde er Apostolischer Protonotar. Am 8. Juni 1929 wurde er Sekretär der Kongregation für die außerordentlichen Angelegenheiten der Kirche.

Am 28. März 1930 wurde er zum Titularerzbischof von Cirro ernannt, am 22. April 1930 erhielt er den Titularsitz Nizea. Die Bischofsweihe am 27. April 1930 in der Petersbasilika des Vatikans empfing er von Kardinalstaatssekretär Eugenio Pacelli. Am 21. Dezember 1934 wurde er Präsident der Päpstlichen Kommission für Russland, 1936 Päpstlicher Thronassistent.

Papst Pius XI. kreierte ihn im Konsistorium vom 13. Dezember 1937 zum Kardinalpriester und verlieh ihm am 16. Dezember 1937 den Kardinalshut und die Titelkirche S. Maria in Via. Im März 1938 wurde er Präsident des Zentralkomitees der italienischen katholischen Aktion. Er nahm an den Konklaven von 1939, welches Pius XII. wählte, von 1958, welches Johannes XXIII. wählte, und von 1963, welches Paul VI. wählte, teil. Am 14. März 1939 wurde er Präfekt der Kongregation für die Seminare und Universitäten. Am 21. Juni 1948 optierte er für die Klasse der Kardinalbischöfe und das suburbikarische Bistum Albano. Von 1951 bis 1959 war er zusätzlich Sekretär des Heiligen Offiziums. Er nahm 1962–1965 am II. Vatikanischen Konzil teil. Am 29. März 1965 wurde er Vizedekan des Kardinalskollegiums, Nach der Veränderung des Status der Kardinalbischöfe wurde er am 17. November 1966 Kardinaltitularbischof von Albano. Er nahm an der Bischofssynode von 1967 teil. Am 13. Januar 1968 verzichtete er auf die Leitung seiner Kongregation und erhielt den Titel Präfekt *emeritus* verliehen.

Er starb am 1. August 1970 in Rom und wurde in der Kirche S. Giuseppe in Frattocchie in Rom beigesetzt.

Gerlier, Pierre-Marie (1880–1965)

Gerlier wurde am 1. Januar 1880 in Versailles bei Paris in der Republik Frankreich geboren und studierte an der Universität Bordeaux Rechtswissenschaften. 1912 wurde er Rechtsanwalt und arbeitete am Berufungsgericht in Paris. Er entschied sich dann für das Priesteramt und trat 1913 in Paris in das Seminar von Issy-les-Moulineaux als Spätberufener ein. Im Ersten Weltkrieg war er Offizier der französischen Armee. Er wurde bei der Schlacht an der Marne verwundet und geriet in deutsche Gefangenschaft, zunächst in Köln, später in Celle und Hannover. 1919 ging er an das Seminar von Issy-les-Moulineaux zurück und studierte dann am Seminar von Fribourg in der Schweiz.

Am 29. Juli 1921 wurde er in Paris zum Priester geweiht. Neben der Seelsorge arbeitete er 1921–1929 als Direktor der katholischen Werke für die Arbeiterschaft in der Erzdiözese Paris.

Am 14. Mai 1929 wurde er zum Bischof von Tarbes und Lourdes ernannt. Die Bischofsweihe empfing er am 2. Juli 1929 in Paris von Kardinal Louis-Ernest Dubois, dem Erzbischof von Paris. Am 30. Juli 1937 wurde er zum Erzbischof von Lyon und Primas von Gallien ernannt.

Papst Pius XI. kreierte ihn im Konsistorium vom 13. Dezember 1937 zum Kardinalpriester und verlieh ihm am 16. Dezember 1937 den Kardinalshut und die Titelkirche Ss. Trinità al Monte Pincio. Er nahm an den Konklaven von 1939, welches Pius XII. wählte, von 1958, welches Johannes XXIII. wählte, und von 1963, welches Paul VI. wählte, teil. Am II. Vatikanischen Konzil nahm er 1962–1964 teil.

Er starb am 17. Januar 1965 in Lyon und wurde in der Kathedrale von Lyon beigesetzt.

Die Kardinäle von Papst Pius XII. (1939 – 1958)

Agagianian, Grégor-Petrus XV. (1895 – 1971)

Agagianian wurde am 18. September 1895 in Akhaltzikhe in der Kaukasusregion, damals zum russischen Zarenreich, nach 1917 zur UdSSR und heute zur Republik Georgien gehörend, geboren. Er besuchte das Seminar in Tiflis und ging später zum Studium an das Päpstliche *Athenaeum Urbanianum* der Kongregation *Propaganda Fide* in Rom.

Am 23. Dezember 1917 wurde er in Rom zum Priester des armenisch-katholischen Ritus geweiht. Er kehrte nach Tiflis zurück und wirkte dort bis 1921 in der Seelsorge. Anschließend war er bis 1932 Dozent und Subregens des Päpstlich-Armenischen Kollegs in Rom und gleichzeitig Dozent des Päpstlichen *Athenaeum Urbaniana* der Kongregation *Propaganda Fide*. 1932 – 1937 war er Regens des Päpstlich-Armenischen Kollegs in Rom, 1932 wurde er päpstlicher Geheimkämmerer.

Am 11. Juli 1935 wurde er zum Titularbischof von Comana Armeniae ernannt. Die Bischofsweihe empfing er am 21. Juli 1935 in der Kirche San Nicola de Tolentino in Rom durch Bischof Serge der Abrahamian, den Ordinarius für den armenischen Ritus in Rom.

Am 30. November 1937 wurde er von der armenischen Synode zum Patriarchen von Kilikien gewählt und erhielt am 13. Dezember 1937 die päpstliche Bestätigung der Wahl. Als Patriarch nahm er den Namen Gregor-Petrus XV. an.

Papst Pius XII. kreierte ihn im Konsistorium vom 18. Februar 1946 zum Kardinalpriester und verlieh ihm am 22. Februar 1946 den Kardinalshut und die Titelkirche S. Bartolomeo all' Isola. Am 2. Juli 1955 wurde er zum Präsidenten der Päpstlichen Kommission für die Revision des Codex des orientalischen kanonischen Rechts ernannt und residierte fortan nur noch in Rom. Am 18. Juni 1958 wurde er zum Pro-Präfekten der Kongregation *Propaganda Fide* ernannt. Er nahm an den Konklaven von 1958, welches Johannes XXIII. wählte, und 1963, welches Paul VI. wählte, teil. Am 18. Juli 1960 wurde er Präfekt der Kongregation *Propaganda Fide*. Am 25. August 1962 trat er vom Amt des armenischen Patriarchen zurück. 1962 – 1965 nahm er am II. Vatikanischen Konzil teil und war 1963 – 1965 einer der Konzilsmoderatoren. Am 19. Oktober 1970 legte er die Leitung seiner Kongregation, die im Rahmen der Kurienreform von 1967 in „Kongregation für die Evangelisierung der Völker" umbenannt worden war, nieder. Am 22. Oktober 1970 wurde er zum Kardinaltitularbischof der suburbikarischen Diözese Albano ernannt.

Er starb am 16. Mai 1971 in Rom und wurde in der armenischen Kirche St. Nicola da Tolentino in Rom beigesetzt.

Glennon, John Joseph (1862 – 1946)

Glennon wurde am 14. Juni 1862 in Kinnegard im irischen County Westmeath im Vereinigten Königreich Großbritannien und Irland, heute Republik Irland, geboren. Er studierte zunächst ab 1878 am All Hallows College, der heutigen Dublin City University, und ging von dort in die USA.

Am 20. Dezember 1884 wurde er in Kansas City, Missouri, zum Priester geweiht. Anschließend war er bis 1886 Kaplan in der Diözese Kansas City und ging danach zum Weiterstudium an die Universität Bonn in Deutschland. Nach seiner Rückkehr wirkte er 1892–1894 als Kathedralpfarrer und als Generalvikar der Diözese Kansas City, die er 1894–1896 als Apostolischer Administrator leitete.

Am 14. März 1896 wurde er zum Titularbischof von Pinara und Koadjutor *c.i.s.* von Kansas City ernannt. Die Bischofsweihe empfing er am 29. Juni 1896 in Kansas City von Erzbischof John Joseph Kain von St. Louis. Am 27. April 1903 wurde er zum Koadjutorbischof *c.i.s.* von St. Louis und Apostolischen Administrator von St. Louis ernannt. Am 13. Oktober 1903 wurde er Erzbischof von St. Louis; 1921 wurde er Päpstlicher Thronassistent.

Papst Pius XII. kreierte ihn im Konsistorium vom 18. Februar 1946 zum Kardinalpriester und verlieh ihm am 22. Februar 1946 den Kardinalshut und die Titelkirche S. Clemente.

Er starb am 9. März 1946 in Dublin in Irland und wurde in der Kathedrale von St. Louis beigesetzt.

Aloisi Masella, Benedetto (1879–1970)

Aloisi Masella wurde am 29. Juni 1879 in Pontecorvo, Provinz Frosinone in der Region Latium im Königreich Italien, heute Republik Italien, geboren. Sein Onkel war Kardinal Gaetano Aloisi Masella (1887 kreiert). Er studierte zunächst am Priesterseminar von Ferentino und ging anschließend nach Rom, wo er Seminarist des Collegio Capranica war. In Rom studierte er an der Päpstlichen Universität Gregoriana sowie am Päpstlichen *Athenaeum S. Apollinare* Philosophie und Theologie.

Am 1. Juni 1902 wurde er in Rom zum Priester geweiht und wirkte anschließend als Sekretär seines Onkels, Kardinal Gaetano Aloisi Masella, bis zu dessen Tod im November 1902. Er setzte seine Studien am Päpstlichen *Athenaeum S. Apollinare* sowie an der Päpstlichen Akademie für den kirchlichen Adel fort. 1906–1908 war er Mitarbeiter des Staatssekretariats; 1908–1910 war er Nuntiatursekretär der Nuntiatur in Portugal, die er 1910–1919 als Geschäftsträger führte. 1914 wurde er päpstlicher Geheimkämmerer, 1917 päpstlicher Hausprälat. Am 20. November 1919 wurde er zum Nuntius in Chile ernannt.

Am 15. Dezember 1919 erfolgte die Ernennung zum Titularerzbischof von Caesarea in Mauretania. Die Bischofsweihe empfing er am 21. Dezember 1919 in der Kirche des Lateinamerikanischen Kollegs in Rom durch Kardinalstaatssekretär Pietro Gasparri. Am 26. April 1927 wurde er Nuntius in Brasilien.

Papst Pius XII. kreierte ihn im Konsistorium vom 18. Februar 1946 zum Kardinalpriester und verlieh ihm am 22. Februar 1946 den Kardinalshut und die Titelkirche S. Maria in Vallicella. Am 21. Juni 1948 optierte er für die suburbikarische Diözese Palestrina und wurde in die Klasse der Kardinalbischöfe aufgenommen. Am 27. Oktober 1954 wurde er zum Erzpriester der Lateranbasilika und Präfekten der Kongregation für die Sakramentendisziplin ernannt. Da Pius XII. keinen Camerlengo ernannt hatte, wurde er von den Kardinälen nach dessen Tod am 9. Oktober 1958 zum Camerlengo *S.E.R.* gewählt. Er nahm an den Konklaven von 1958, welches Johannes XXIII. wählte, und 1963, welches Paul VI. wählte, teil. 1962–1965 war er Teilnehmer des II. Vatikanischen Konzils. Nach dem Konzil nahm er an den ersten Bischofssynoden von 1967 und 1969 teil. Er trat aus Altersgründen am 11. Januar 1968 vom Präfektenamt zurück und erhielt den Titel Präfekt *emeritus*.

Er starb am 30. September 1970 in Rom und wurde in Pontecorvo beigesetzt.

Micara, Clemente (1879–1965)

Micara wurde am 24. Dezember 1879 in Frascati, Provinz Rom in der Region Latium im Königreich Italien, heute Republik Italien, geboren. Er war der Großneffe von Kardinal Ludvico Micara O.F.M.Cap (1824 kreiert). Er studierte als Seminarist des Collegio Capranica an der Päpstlichen Universität Gregoriana.

Am 20. September 1902 wurde er in Rom zum Priester geweiht. Bis 1904 setzte er seine Studien am Päpstlichen *Athenaeum S. Apollinare* und an der Päpstlichen Akademie für den kirchlichen Adel fort. Danach trat er in den Dienst des Heiligen Stuhls ein und war 1904–1909 Mitarbeiter im Staatssekretariat. 1909–1915 war er Nuntiatursekretär in Argentinien, wurde 1910 Geheimkämmerer, 1915 Auditor der Nuntiatur in Belgien und 1916–1919 an der Nuntiatur in Österreich. 1918 wurde er Hausprälat. 1919–1920 war er als päpstlicher Sondergesandter in der Tschechoslowakei.

Am 7. Mai 1920 wurde er zum Titularerzbischof von Apamea in Syria ernannt, am 17. Mai 1920 zum Nuntius in der Tschechoslowakei. Die Bischofsweihe empfing er am 8. August 1920 in der Kapelle des Böhmischen Kollegs in Rom von Kardinalstaatssekretär Pietro Gasparri. Am 30. Mai 1923 wurde er zum Nuntius in Belgien und Internuntius in Luxemburg ernannt. Während der Besatzung Belgiens durch die Nationalsozialisten residierte er 1940–1944 in Rom und kehrte bis 1946 in die Nuntiatur zurück.

Papst Pius XII. kreierte ihn im Konsistorium vom 18. Februar 1946 zum Kardinalpriester und verlieh ihm am 22. Februar 1946 den Kardinalshut und die Titelkirche S. Maria sopra Minerva. Er optierte am 13. Juni 1946 für die Klasse der Kardinalbischöfe und die suburbikarische Diözese Velletri, behielt aber seine Titelkirche *in commendam* bei. 1947–1951 war er Pro-Präfekt der Ritenkongregation, 1950–1953 Präfekt der Ritenkongregation. Am 26. Januar 1951 wurde er zusätzlich zum Kardinalvikar für das Bistum Rom ernannt, am 13. Januar 1951 wurde er Vizedekan des Kardinalskollegiums. Er nahm an den Konklaven von 1958, welches Johannes XXIII. wählte, und 1963, welches Paul VI. wählte, teil. Am II. Vatikanischen Konzil nahm er an den ersten drei Sessionen 1962–1964 teil.

Er starb am 11. März 1965 in Rom und wurde in der Basilika S. Maria sopra Minerva beigesetzt.

Sapieha, Adam Stefan (1867–1951)

Sapieha wurde am 14. Mai 1867 in einer adeligen Familie auf Schloss Krasiczyn in der Region um Przemysl, im damals von Russland regierten Königreich Polen (Kongresspolen), heute Republik Polen, geboren. Er war ein Verwandter des Kardinals Włodzimierz Czacki (1882 kreiert). Er studierte zunächst an der Universität Krakau und erhielt seine weitere theologische Ausbildung an der Päpstlichen Universität Gregoriana in Rom, wo er 1896 in Theologie promoviert wurde.

Am 1. Oktober 1893 wurde er in Rom von Bischof Jan Puzyna de Kosielsko, dem Weihbischof des lateinischen Erzbistums Lemberg zum Priester geweiht. Er ging in die lateinische Erzdiözese Lemberg, wo er am dortigen Seminar 1893–1897 lehrte und 1897 auch Subregens war. 1902 wurde er Kanoniker an der Kathedrale von Lemberg, 1906 päpstlicher Geheimkämmerer.

Am 27. November 1911 wurde er zum Fürstbischof von Krakau, welches damals in der Habsburger Monarchie lag, ernannt. Die Bischofsweihe spendete ihm am 17. Dezember 1911 in der Sixtinischen Kapelle des Vatikans Papst Pius X. Als Krakau 1925 zum Erzbistum erhoben wurde, wurde er am 28. Oktober 1925 zum Erzbischof von Krakau ernannt.

Papst Pius XII. kreierte ihn im Konsistorium vom 18. Februar 1946 zum Kardinalpriester und verlieh ihm am 22. Februar 1946 den Kardinalshut und die Titelkirche S. Maria Nuova e S. Francesca Romana. Am 1. November 1946 weihte er in seiner Privatkapelle Karol Wojtyla, den späteren Papst Johannes Paul II., zum Priester.

Er starb am 21. Juli 1951 in Krakau und wurde in der Kathedrale auf dem Wawel beigesetzt.

Mooney, Edward Aloysius (1882–1958)

Mooney wurde am 9. Mai 1882 in Mount Savage im Bundesstaat Maryland in den USA geboren. Er studierte am Saint Charles College in Ellicott City, am Saint Mary's Seminary in Baltimore und an der Hochschule *Urbaniana* der Kongregation *Propaganda Fide* in Rom.

Am 10. April 1909 wurde er in Rom zum Priester geweiht. Nach seiner Rückkehr war er bis 1916 Dozent am Priesterseminar in Cleveland und leitete 1916–1922 die Bischöfliche Lateinschule in Cleveland. 1922–1923 nahm er pastorale Aufgaben in der Diözese Cleveland wahr und war ab 1923 Spiritual des nordamerikanischen Kollegs in Rom. 1925 wurde er zum päpstlichen Hausprälaten ernannt.

Am 21. Januar 1926 wurde er zum Titularerzbischof von Irenopolis in Isauria und Apostolischen Delegaten für Ostindien mit Sitz in Bangalore ernannt. Die Bischofsweihe empfing er am 31. Januar 1926 in der Kapelle des Nordamerikanischen Kollegs in Rom von Kardinal Willem Marinus van Rossum C.SS.R., dem Präfekten der Kongregation *Propaganda Fide*. Am 30. März 1931 wurde er zum Apostolischen Delegaten für Japan ernannt. Am 28. August 1933 wurde er Bischof von Rochester in den USA und erhielt den persönlichen Titel eines Erzbischofs. Am 26. Mai 1937 wurde er zum Erzbischof von Detroit, Michigan, USA ernannt.

Papst Pius XII. kreierte ihn im Konsistorium vom 18. Februar 1946 zum Kardinalpriester und verlieh ihm am 22. Februar 1946 den Kardinalshut und die Titelkirche S. Susanna.

Er starb am 25. Oktober 1958 in Rom kurz vor Beginn des Konklaves. Er wurde zunächst in der Krypta des St. John's Seminary in Detroit begraben. Als das Seminar 1988 aufgelöst wurde, wurde sein Leichnam auf den Heiligkreuzfriedhof in Southfield, Detroit, übertragen.

Saliège, Jules-Géraud (1870 – 1956)

Saliège wurde am 24. Februar 1870 in Crouzy-Haut in der Region Auvergne im Kaiserreich Frankreich, heute Republik Frankreich, geboren. Er studierte Theologie und Philosophie am Seminar von Saint-Sulpice in Paris.

Am 21. September 1895 wurde er zum Priester geweiht. Er wirkte 1895 – 1903 als Lehrer am Knabenseminar von Pleaux und 1903 – 1907 als Dozent am Seminar von Saint-Flour, dessen Regens er 1907 – 1925 war. 1905 wurde er Ehrenkanoniker an der Kathedrale von Saint-Flour. Während des Ersten Weltkrieges war er 1914 – 1918 Militärgeistlicher.

Am 29. Oktober 1925 wurde er zum Bischof von Gap ernannt und empfing die Bischofsweihe am 6. Januar 1926 in Saint-Flour durch Bischof Paul-Augustine Lecoeur von Saint-Flour. Am 17. Dezember 1928 wurde er zum Erzbischof von Toulouse ernannt. Seit 1931 war er gelähmt und dadurch in mancherlei Weise in seiner Amtsausübung behindert. 1945 wurde er von Papst Pius XII. zum Päpstlichen Thronassistenten ernannt.

Papst Pius XII. kreierte ihn im Konsistorium vom 18. Februar 1946 zum Kardinalpriester und verlieh ihm am 17. Mai 1946 den Kardinalshut und die Titelkirche S. Pudenziana.

Er starb am 5. November 1956 in Toulouse und wurde in der Kathedrale von Toulouse beigesetzt.

McGuigan, James Charles (1894 – 1974)

McGuigan wurde am 26. November 1894 in Hunter River auf den Prinz Edward Inseln in Kanada geboren. Er studierte an der St. Dunstan's Universität in Charlottetown, der Universität von Laval in Québec und am Priesterseminar von Québec sowie der Katholischen Universität von Amerika in Washington, USA. 1918 wurde er in Theologie und in Philosophie promoviert.

Am 26. Mai 1918 wurde er in seiner Heimatpfarrei St. Augustin in Rustico auf den Prinz Edward Inseln von Bischof Louis James O'Leary von Charlottetown zum Priester geweiht. Anschließend war er bis 1920 Dozent an der Saint Dunstan's Universität und Sekretär des Bischofs von Charlottetown; 1920 – 1922 war er Sekretär des Erzbischofs von Edmonton und 1922 – 1923 Kanzler der Erzdiözese Edmonton. 1923 – 1930 wirkte er als Generalvikar der Erzdiözese. 1927 wurde er Apostolischer Protonotar und leitete 1927 – 1930 als Regens das Saint Joseph's Seminar in Edmonton.

Am 30. Januar 1930 wurde er zum Erzbischof von Regina ernannt. Die Bischofsweihe empfing er am 15. Mai 1930 in Edmonton von Erzbischof Henry Joseph O'Leary von Edmonton. Am 22. Dezember 1934 wurde er Erzbischof von Toronto und im gleichen Jahr auch Päpstlicher Thronassistent.

Papst Pius XII. kreierte ihn im Konsistorium vom 18. Februar 1946 zum Kardinalpriester und verlieh ihm am 22. Februar 1946 den Kardinalshut und die Titelkirche S. Maria del Popolo. Er nahm an den Konklaven von 1958, welches Johannes XXIII. wählte, und von 1963, welches Paul VI. wählte, teil. Er war 1962–1965 Teilnehmer am II. Vatikanischen Konzil. Am 30. März 1971 verzichtete er aus Altersgründen auf die Erzdiözese.

Er starb am 6. April 1974 in Toronto und wurde in der Priestergruft des St. Augustinus Seminars in Toronto beigesetzt.

Stritch, Samuel Alphonse (1887–1958)
Stritch wurde am 17. August 1887 in Nashville im Bundesstaat Tennessee, USA, geboren. Nach dem Besuch des St. Gregory's Preparatory Seminars in Cincinnati studierte er an der Päpstlichen Hochschule *Urbaniana* der Kongregation *Propaganda Fide* in Rom.

Am 21. Mai 1909 wurde er in der Lateranbasilika in Rom von Kardinalvikar Pietro Respighi zum Priester geweiht. Anschließend wirkte er bis 1916 in der Seelsorge der Diözese Nashville und war 1916–1917 Sekretär des Bischofs von Nashville. 1917–1921 war er Kanzler der Diözese Nashville und wurde 1921 päpstlicher Hausprälat.

Am 10. August 1921 wurde er zum Bischof von Toledo in Ohio, USA, ernannt. Die Bischofsweihe empfing er am 30. November 1921 in Toledo von Erzbischof Henry Moeller von Cincinnati. Am 26. August 1930 wurde er Erzbischof von Milwaukee, am 27. Dezember 1939 Erzbischof von Chicago.

Papst Pius XII. kreierte ihn im Konsistorium vom 18. Februar 1946 zum Kardinalpriester und verlieh ihm am 22. Februar 1946 den Kardinalshut und die Titelkirche S. Agnese fuori le mura. Am 1. März 1958 wurde er zum Pro-Präfekten der Kongregation *Propaganda Fide* ernannt.

Er starb am 26. Mai 1958 in Rom und wurde im Bischofsmausoleum auf dem Friedhof Berg Karmel in Hillside/Chicago, Illinois, beigesetzt.

Parrado García, Agustín (1872–1946)
Parrado García wurde am 5. Oktober 1872 in Fuensaldaña in der Provinz Valencia im Königreich Spanien geboren. Er studierte Theologie und Philosophie am Seminar von Valladolid.

Am 21. September 1895 wurde er in Valladolid zum Priester geweiht. 1895–1925 wirkte er als Dozent am Seminar von Valladolid und an der Päpstlichen Universität von Valladolid, als Subregens des Seminars von Valladolid, als Bußkanoniker von Astorga, als Direktor des Diözesanblattes von Astorga, als Offizial von Astorga, als Offizial von

Salamanca und Dekan der theologischen Fakultät an der Päpstlichen Universität von Salamanca. 1922 wurde er päpstlicher Hausprälat.

Am 20. Mai 1925 wurde er zum Bischof von Palencia ernannt. Die Bischofsweihe empfing er am 16. August 1925 in Salamanca von Erzbischof Julián de Diego García, dem Titularpatriarchen von Westindien und Militärgeneralvikar von Spanien. Am 4. April 1934 wurde er zum Erzbischof von Granada ernannt, 1945 zum Päpstlichen Thronassistenten.

Papst Pius XII. kreierte ihn im Konsistorium vom 18. Februar 1946 zum Kardinalpriester und verlieh ihm am 22. Februar 1946 den Kardinalshut und die Titelkirche S. Agostino.

Er starb am 8. Oktober 1946 in Granada und wurde in der Kathedrale von Granada beigesetzt.

Roques, Clément-Émile (1880 – 1964)

Roques wurde am 8. Dezember 1880 in Graulhet in den Pyrenäen in der Republik Frankreich geboren. Er studierte am Seminar von Albi und am Institute Catholique in Toulouse.

Am 2. April 1904 wurde er in Rodez zum Priester geweiht. Anschließend war er 1904 – 1929 Dozent, Administrator, Studienpräfekt und Regens des Seminars von Barral bei Castres.

Am 15. April 1929 wurde er zum Bischof von Montauban ernannt. Die Bischofsweihe empfing er am 24. Juni in Albi von Erzbischof Pierre-Celestin Cézerac von Albi. Am 24. Dezember 1934 wurde er zum Erzbischof von Aix ernannt, am 11. Mai 1940 zum Erzbischof von Rennes.

Papst Pius XII. kreierte ihn im Konsistorium vom 18. Februar 1946 zum Kardinalpriester und verlieh ihm am 22. Februar 1946 den Kardinalshut und die Titelkirche S. Balbina. Er nahm an den Konklaven von 1958, welches Johannes XXIII. wählte, und von 1963, welches Paul VI. wählte, teil. Er war Teilnehmer der beiden ersten Sessionen des II. Vatikanischen Konzils 1962 – 1963.

Er starb am 4. September 1964 in Rennes und wurde in der Kathedrale von Rennes beigesetzt.

Jong, Jan de (1885 – 1955)

De Jong wurde am 10. September 1885 in Nes auf Ameland im Königreich der Niederlande geboren. Er studierte am Priesterseminar der Erzdiözese Utrecht in Rijsenburg bei Utrecht sowie in Rom an der Päpstlichen Universität Gregoriana, wo er 1910 in Philosophie und 1911 in Theologie promoviert wurde. Weiter studierte er am Päpstlichen *Athenaeum* St. Thomas v. Aquin (*Angelicum*) in Rom.

Am 15. August 1908 wurde er in Rom zum Priester geweiht und setzte seine Studien bis 1912 in Rom fort. Nach seiner Rückkehr wirkte er 1912 – 1914 in der Seelsorge und als Konrektor in einem Frauenkloster. 1914 wurde er Professor für Kirchengeschichte am erzbischöflichen Priesterseminar Rijsenburg, dessen Regens er 1931–1935 war. 1933–1935 war er Kanoniker an der Utrechter Kathedrale.

Am 3. August 1935 wurde er zum Titularerzbischof von Rhusium und Koadjutor *c.i.s.* des Utrechter Erzbischofs ernannt. Die Bischofsweihe empfing er am 12. September 1935 in der Kathedrale von Utrecht von Bischof Peter Adrian Wilhelm Hopmans von Breda. Am 6. Februar 1936 wurde er Erzbischof von Utrecht.

Papst Pius XII. kreierte ihn im Konsistorium vom 18. Februar 1946 zum Kardinalpriester und verlieh ihm am 22. Februar 1946 den Kardinalshut und die Titelkirche S. Clemente.

Er starb am 8. September 1955 in Amersfoort und wurde in der Kathedrale von Utrecht beigesetzt.

Motta, Carlos Carmelo de Vasconcellos (1890–1982)
Motta wurde am 16. Juli 1890 in Bom Jesus do Amparo im Bundesstaat Minas Gerais im Kaiserreich Brasilien (seit 1891 Republik) geboren. Nach seiner Schulzeit war er für ein Jahr Student der juristischen Fakultät in Belo Horizonte. Seine theologischen und philosophischen Studien absolvierte er ab 1914 am Priesterseminar von Mariana.

Am 20. Juni 1918 wurde er in Mariana von Erzbischof Silverio Gmomes Pimenta von Mariana zum Priester geweiht. Es folgten einige Jahre als Kaplan und Seelsorger in verschiedenen Gemeinden, bevor er Regens des Seminars von Belo Horizonte wurde. 1925 wurde er Päpstlicher Geheimkämmerer.

Am 29. Juli 1932 wurde er zum Titularbischof von Algiza und Weihbischof in Diamantina ernannt. Die Bischofsweihe empfing er am 30. Oktober 1932 in Diamantina von Bischof António dos Santos Cabral von Natal. 1933–1934 verwaltete er als Administrator die Diözese Diamantina. Am 19. Dezember 1935 wurde er Erzbischof von São Luis do Maranhão. 1940–1944 verwaltete er zusätzlich die Bistümer Caxias und Pinheiros. Am 13. August 1944 wurde er zum Erzbischof von São Paulo ernannt.

Papst Pius XII. kreierte ihn im Konsistorium vom 18. Februar 1946 zum Kardinalpriester und verlieh ihm am 22. Februar 1946 den Kardinalshut und die Titelkirche S. Pancrazio. Er gründete die Katholische Universität Sao Paolo und war der 1. Vorsitzende der brasilianischen Bischofskonferenz. 1955 nahm er an der 1. Generalkonferenz des lateinamerikanischen Episkopates in Rio de Janeiro teil. Er nahm an den Konklaven von 1958, welches Johannes XXIII. wählte, und von 1963, welches Paul VI. wählte, teil. Seit der Errichtung der Erzdiözese Aparecida 1958 verwaltete er diese als Administrator. Er war Teilnehmer des II. Vatikanischen Konzils 1962–1965. Am 18. April 1964 wurde er zum 1. Erzbischof von Aparecida ernannt. Am 1. Januar 1971 verlor er das Recht zur Teilnahme am Konklave, da er bereits die Altersgrenze von 80 Jahren überschritten hatte.

Er starb am 18. September 1982 in Aparecida und wurde in der Kathedrale von Aparecida beigesetzt.

Petit de Julleville, Pierre-André-Charles (1876 – 1947)

Petit de Julleville wurde am 22. November 1876 in Dijon in Burgund in der Republik Frankreich geboren. Nach der Schulzeit studierte er zunächst an der Universität La Sorbonne in Paris, wo er das Lizentiat in Geschichtswissenschaften erwarb. Nach der Militärzeit trat er 1899 in das Seminar von Saint-Sulpice in Paris ein und studierte dort bis 1903 Theologie und Philosophie.

Am 4. Juli 1903 wurde er in Paris zum Priester geweiht. 1903 – 1905 setzte er seine Studien in Rom fort. Nach seiner Rückkehr war er 1905 – 1910 Dozent am Priesterseminar von Issy in Paris und wurde 1910 – 1914 Kathedralkanoniker und Oberer der Schule von Sainte-Croix-de-Neuilly in Dijon, eine Aufgabe, die er nach dem Ersten Weltkrieg 1918 – 1927 wieder aufnahm. Während des Ersten Weltkrieges 1914 – 1918 war er Militärgeistlicher.

Am 23. Juni 1927 wurde er zum Bischof von Dijon ernannt. Die Bischofsweihe empfing er am 29. September 1927 in der Kathedrale Notre Dame de Paris von Kardinal Louis-Ernest Dubois, dem Erzbischof von Paris. Am 7. August 1936 wurde er zum Erzbischof von Rouen ernannt und verwaltete sein bisheriges Bistum weiterhin bis Mai 1937 als Apostolischer Administrator.

Papst Pius XII. kreierte ihn im Konsistorium vom 18. Februar 1946 zum Kardinalpriester und verlieh ihm am 22. Februar 1946 den Kardinalshut und die Titelkirche S. Maria in Aquiro.

Er starb am 10. Dezember 1947 in Rouen und wurde in der Kathedrale von Rouen beigesetzt.

Gilroy, Norman Thomas (1896 – 1977)

Gilroy wurde am 22. Januar 1896 in Sydney in Australien geboren. Er studierte nach der Schulzeit 1916 – 1919 am St. Columba's College in Springwood bei Sydney und 1919 – 1924 am Päpstlichen *Athenaeum Urbanianum* der Kongregation *Propagada Fide* in Rom, wo er 1924 in Theologie promoviert wurde.

Am 24. Dezember 1923 wurde er in Rom von Kardinal Willem Marinus van Rossum C.SS.R, dem Präfekten der Kongregation *Propaganda Fide*, zum Priester geweiht. Nachdem er nach Australien zurückgekehrt war, wurde er 1924 – 1930 Sekretär des Apostolischen Delegaten für Australien, Erzbischof Bartolomeo Cattaneo. 1930 – 1935 war er Sekretär des Bischofs von Lismore und Diözesankanzler.

Am 10. Dezember 1934 wurde er zum Bischof von Port Augusta in Australien ernannt. Die Bischofsweihe empfing er am 17. März 1935 in Lismore von Erzbischof Filippo Bernardini, dem Apostolischen Delegaten in Australien. Am 1. Juli 1937 wurde er zum Titularerzbischof von Cipsela und Koadjutor *c.i.s.* von Sydney ernannt. Am 8. März 1940 wurde er Erzbischof von Sydney.

Papst Pius XII. kreierte ihn im Konsistorium vom 18. Februar 1946 zum Kardinalpriester und verlieh ihm am 22. Februar 1946 den Kardinalshut und die Titelkirche SS. Quattro Coronati. Er nahm an den Konklaven von 1958, welches Johannes XXIII. wählte, und von 1963, welches Paul VI. wählte, teil. Er war als Mitglied des Präsidiums

1962–1965 Teilnehmer des II. Vatikanischen Konzils. Nach dem Konzil nahm er an den ersten Bischofssynoden von 1967 und 1969 teil. Am 9. Juli 1971 verzichtete er auf die Erzdiözese. Mit dem Erreichen der Altersgrenze von 80 Jahren verlor er am 22. Januar 1976 das Recht zur Teilnahme am Konklave.

Er starb am 21. Oktober 1977 in Sydney und wurde in der Kathedrale von Sydney beigesetzt.

Spellman, Francis Joseph (1889–1967)
Spellman wurde am 4. Mai 1889 in Whitman im Bundesstaat Massachusetts, USA, geboren. Er studierte nach der Schulzeit 1907–1911 am Fordham College in New York und ging dann nach Rom, um am Päpstlichen *Athenaeum Urbanianum* der Kongregation *Propaganda Fide* zu studieren.

Am 14. Mai 1916 wurde er in Rom von Erzbischof Guiseppe Ceppetelli, dem Viceregente der Diözese Rom, zum Priester geweiht. Er kehrte nach Boston zurück und übernahm dort 1916–1918 Aufgaben in der Seelsorge. 1918–1922 war er Vizekanzler der Erzdiözese Boston und gab 1924–1935 eine katholische Zeitschrift heraus. 1925–1932 war er Mitarbeiter im vatikanischen Staatssekretariat und wurde 1926 päpstlicher Geheimkämmerer.

Am 30. Juli 1932 wurde er zum Titularbischof von Sila und Weihbischof in Boston ernannt. Die Bischofsweihe empfing er am 8. September 1932 in der Petersbasilika des Vatikans von Kardinalstaatssekretär Eugenio Pacelli. Am 15. April 1939 wurde er zum Erzbischof von New York ernannt, am 11. Dezember 1939 zusätzlich zum Militärvikar für die Streitkräfte der USA.

Papst Pius XII. kreierte ihn im Konsistorium vom 18. Februar 1946 zum Kardinalpriester und verlieh ihm am 22. Februar 1946 den Kardinalshut und die Titelkirche SS. Giovanni e Paolo. Am 8. September 1957 wurde er 1. Militärbischof des neu errichteten Militärbischofsamtes in den USA. Er nahm an den Konklaven von 1958, welches Johannes XXIII. wählte, und von 1963, welches Paul VI. wählte, teil. Er war 1962–1965 als Mitglied des Präsidiums Teilnehmer des II. Vatikanischen Konzils.

Er starb am 2. Dezember 1967 in New York und wurde in der St. Patrick's Kathedrale von New York beigesetzt.

Caro Rodríguez, José María (1866–1958)
Caro Rodríguez wurde am 23. Juni 1866 in Cahuil bei Pichilemu in Chile geboren. Er studierte 1881–1886 am Priesterseminar von Santiago de Chile und 1887–1891 an der Päpstlichen Universität Gregoriana in Rom, wo er in Theologie promoviert wurde. Er lebte in dieser Zeit am lateinamerikanischen Kolleg in Rom.

Am 20. Dezember 1890 wurde er in Rom zum Priester geweiht. Nach seiner Rückkehr 1891 war er bis 1899 Dozent am Seminar von Santiago de Chile. Er wirkte in verschiedenen seelsorgerlichen Aufgaben, zuletzt als Pfarrer einer Gemeinde, bevor er erneut 1900–1911 Dozent am Seminar von Santiago de Chile wurde. Am 6. Mai 1911 wurde er zum Apostolischen Vikar von Tarapac ernannt.

Am 5. Januar 1912 wurde er zum Titularbischof von Milasa ernannt. Die Bischofsweihe empfing er am 28. April 1912 in Santiago de Chile von Erzbischof Enrico Sibilia, dem Internuntius in Chile. Am 14. Dezember 1925 wurde er zum Bischof von La Serena ernannt und 1937 zum Päpstlichen Thronassistenten. Mit der Erhebung des Bistums La Serena zum Erzbistum wurde er am 20. Mai 1939 zum Erzbischof von La Serena ernannt. Am 28. August 1939 erfolgte die Ernennung zum Erzbischof von Santiago de Chile.

Papst Pius XII. kreierte ihn im Konsistorium vom 18. Februar 1946 zum Kardinalpriester und verlieh ihm am 18. Mai 1946 den Kardinalshut und die Titelkirche S. Maria della Scala. Er nahm am Konklave von 1958 teil, welches Johannes XXIII. wählte.

Er starb am 4. Dezember 1958 in Santiago de Chile und wurde in der Kathedrale von Santiago de Chile beigesetzt. Sein Seligsprechungsprozess ist anhängig.

Gouveia, Teódosio Clemente de (1889–1962)
Gouveia wurde am 13. Mai 1889 in São Jorge auf Madeira, damals Königreich Portugal, heute Mozambique, geboren. Er studierte in Frankreich am Seminar der Lazaristen in Dax und am Seminar Saint Sulpice und am Institute Catholique in Paris. Danach ging er nach Rom und studierte als Seminarist des portugiesischen Seminars 1916–1919 an der Päpstlichen Universität Gregoriana, wo er in kanonischem Recht und Theologie promoviert wurde.

Am 19. April 1919 wurde er in der Lateranbasilika von Kardinalvikar Basilio Pompilj zum Priester geweiht. Er setzte 1920–1921 seine Studien an der Schule für Soziale Studien in Bergamo fort und erwarb dort ein Lizentiat in Sozialwissenschaften. Danach ging er bis 1922 an die Katholische Universität Louvain in Belgien, wo er ebenfalls ein Lizentiat in Sozialwissenschaften erwarb. 1922 kehrte er nach Madeira zurück und übernahm pastorale Aufgaben in der Diözese Funchal und wurde bis 1929 Dozent am Seminar sowie Mitarbeiter in der Verwaltung des Bistums und Herausgeber des Diözesanblattes. 1929–1934 war er in Rom Subregens des Päpstlichen Portugiesischen Kollegs, 1934–1936 Regens. 1931 wurde er päpstlicher Geheimkämmerer, 1934 päpstlicher Hausprälat.

Am 18. Mai 1936 wurde er zum Titularbischof von Leuce und Prälat *nullius* von Mozambique, damals Portugal, ernannt. Die Bischofsweihe empfing er in der Kirche des portugiesischen Kollegs in Rom am 9. Juli 1936 von Kardinal Raffaele Carlo Rossi O. C.D., dem Sekretär der Konsistorialkongregation. Am 18. Januar 1941 wurde er erster Erzbischof der neuen Erzdiözese Lourenço Marques (heute Maputo) in Mozambique.

Papst Pius XII. kreierte ihn im Konsistorium vom 18. Februar 1946 zum Kardinalpriester und verlieh ihm am 22. Februar 1946 den Kardinalshut und die Titelkirche S. Pietro in Vincoli. 1958 nahm er am Konklave teil, welches Johannes XXIII. wählte.

Er starb am 6. Februar 1962 in Lourenço Marques und wurde in der Kathedrale von Lourenço Marques (Maputo) beigesetzt.

Câmara, Jaime de Barros (1894 – 1971)

Câmara wurde am 3. Juli 1894 in São José im Bundesstaat Santa Catarina in der Republik Brasilien geboren. Er studierte nach der Schulzeit am Priesterseminar São Leopoldo im Bundesstaat Rio Grande do Sul Theologie und Philosophie.

Am 1. Januar 1920 wurde er in Florianópolis von Erzbischof Joaquim Domingues de Oliveira von Florianópolis zum Priester geweiht. Er übernahm anschließend bis 1935 verschiedene pastorale Aufgaben in der Erzdiözese Florianópolis und war 1935 – 1936 Regens des Priesterseminars von Azambuja-Brusque in der Diözese Florianópolis. 1935 wurde er päpstlicher Geheimkämmerer.

Am 19. Dezember 1935 wurde er zum Bischof von Mossoro ernannt. Die Bischofsweihe empfing er am 2. Februar 1936 in Florianópolis von Erzbischof Joaquim Domingues de Oliveira von Florianópolis. Am 15. September 1941 wurde er zum Erzbischof von Belém do Pará ernannt. Die Ernennung zum Erzbischof von São Sebastião do Rio de Janeiro erfolgte am 3. Juli 1943.

Papst Pius XII. kreierte ihn im Konsistorium vom 18. Februar 1946 zum Kardinalpriester und verlieh ihm am 22. Februar 1946 den Kardinalshut und die Titelkirche SS. Bonifacio ed Alessio. 1958 – 1963 war er Vorsitzender der brasilianischen Bischofskonferenz. Er nahm an den Konklaven von 1958, welches Johannes XXIII. wählte, und von 1963, welches Paul VI. wählte, teil. Er war 1962 – 1965 Teilnehmer des II. Vatikanischen Konzils.

Er starb am 18. Februar 1971 in Aparecida, Brasilien, und wurde in der neuen Kathedrale von Rio de Janeiro beigesetzt.

Pla y Deniel, Enrique (1876 – 1968)

Pla y Deniel wurde am 19. Dezember 1876 in Barcelona in Katalanien im Königreich Spanien geboren. Nachdem er kurz das Priesterseminar von Barcelona besucht hatte, ging er 1892 nach Rom. Dort lebte er am spanischen Kolleg und studierte an der Päpstlichen Universität Gregoriana und an der Päpstlichen Akademie St. Thomas von Aquin.

Am 25. Juli 1900 wurde er in Rom zum Priester geweiht. Er setzte seine Studien in Rom fort und schloss seine Promotionen in Philosophie, Theologie und kanonischem Recht ab. Nach seiner Rückkehr wirkte er in der Seelsorge des Bistums Barcelona und wurde Dozent am Priesterseminar. Er redigierte mehrere kirchliche Zeitschriften und war 1903 – 1918 Kanoniker an der Kathedrale von Barcelona.

Am 4. Dezember 1918 wurde er zum Bischof von Avila ernannt. Die Bischofsweihe empfing er am 8. Juni 1919 in der Kathedrale von Barcelona von Erzbischof Francesco

Ragonesi, dem Nuntius in Spanien. Am 28. Januar 1935 wurde er Bischof von Salamanca. Er unterstützte die Nationalbewegung von General Francisco Franco im spanischen Bürgerkrieg intensiv. Am 3. Oktober 1941 wurde er zum Erzbischof von Toledo und Primas von Spanien ernannt.

Papst Pius XII. kreierte ihn im Konsistorium vom 18. Februar 1946 zum Kardinalpriester und verlieh ihm am 22. Februar 1946 den Kardinalshut und die Titelkirche S. Pietro in Montorio. Er nahm an den Konklaven von 1958, welches Johannes XXIII. wählte, und von 1963, welches Paul VI. wählte, teil. Er war 1962–1965 als Mitglied des Präsidiums Teilnehmer des II. Vatikanischen Konzils.

Er starb am 5. Juli 1968 in Toledo und wurde in der Kathedrale von Toledo beigesetzt.

Arteaga y Betancourt, Manuel (1879–1963)

Arteaga y Betancourt wurde am 28. Dezember 1879 in Camagüey auf Kuba im Königreich Spanien geboren. Ein Onkel nahm ihn 1892 mit nach Venezuela. Er studierte zunächst Philosophie an der Universität von Venezuela in Caracas und erwarb 1898 den Abschluss in Philosophie. 1900 trat er im Kapuzinerkonvent in Caracas in den Kapuzinerorden ein, verließ diesen jedoch wieder aus gesundheitlichen Gründen und trat schließlich zum Studium der Theologie 1901 in das Priesterseminar von Caracas ein.

Am 17. April 1904 wurde er in Caracas von Erzbischof Juan Bautista Castro von Caracas zum Priester geweiht. 1906–1912 wirkte er in der Seelsorge in Cumaná in Venezuela und kehrte danach nach Kuba zurück. Dort wirkte er 1912–1915 in seiner Heimat Camagüey in der Seelsorge. 1915–1941 war er Generalvikar der Erzdiözese Havana und wurde dort 1916 Kanoniker der Kathedrale. 1926 wurde er päpstlicher Hausprälat. Ab Januar 1940 leitete er als Kapitularvikar die Erzdiözese Havana.

Am 26. Dezember 1941 wurde er zum Erzbischof von Havana ernannt. Die Bischofsweihe empfing er am 24. Februar 1942 in Havana von Erzbischof Giorgio Caruana, dem Nuntius in Kuba.

Papst Pius XII. kreierte ihn im Konsistorium vom 18. Februar 1946 zum Kardinalpriester und verlieh ihm am 22. Februar 1946 den Kardinalshut und die Titelkirche S. Lorenzo in Lucina. 1955 nahm er an der 1. Generalkonferenz des lateinamerikanischen Episkopates in Rio de Janeiro teil. 1958 nahm er am Konklave teil, welches Johannes XXIII. wählte. Vom Regime von Fidel Castro wurde er verfolgt. Er fand 1961–1962 zunächst Asyl in der argentinischen Botschaft und später in der Apostolischen Nuntiatur. 1962–1963 fand er Unterkunft im Krankenhaus „San Juan de Dios" in Havana. Deshalb konnte er auch am II. Vatikanischen Konzil nicht teilnehmen.

Er starb am 20. März 1963 in Havana und wurde auf dem Friedhof „Cristóbal Colón" in Havana beigesetzt.

Frings, Joseph (1887–1978)

Frings wurde am 6. Februar 1887 in Neuss in der preußischen Rheinprovinz im Kaiserreich Deutschland, heute Bundesland Nordrhein-Westfalen in der Bundesrepublik Deutschland, geboren. Nach der Schulzeit studierte er Theologie und Philosophie an den Universitäten Innsbruck, Freiburg/Breisgau und Bonn.

Am 10. August 1910 wurde er in Köln durch Weihbischof Joseph Müller zum Priester geweiht. 1910–1913 war er Kaplan in Köln-Zollstock und studierte anschließend 1913–1915 als Kaplan an der Kirche S. Maria dell' Anima in Rom am Päpstlichen Bibelinstitut und promovierte im Neuen Testament. 1915–1922 war er Pfarrer in Köln-Füllingen, leitete 1922–1924 ein Waisenhaus in Neuss und war schließlich 1924–1937 Pfarrer in Köln-Braunsberg. 1937–1942 leitete er als Regens das Priesterseminar der Erzdiözese Köln in Bensberg.

Am 8. März 1942 wurde er durch das Kölner Metropolitankapitel zum Erzbischof von Köln gewählt. Die päpstliche Ernennung erfolgte am 1. Mai 1942. Die Bischofsweihe empfing er am 21. Juni 1942 im Kölner Dom durch Erzbischof Cesare Orsenigo, dem Apostolischen Nuntius in Deutschland. 1945–1965 war er Vorsitzender der Fuldaer Bischofskonferenzen.

Papst Pius XII. kreierte ihn im Konsistorium vom 18. Februar 1946 zum Kardinalpriester und verlieh ihm am 22. Februar 1946 den Kardinalshut und die Titelkirche S. Giovanni a Porta Latina. Er nahm an den Konklaven von 1958, welches Johannes XXIII. wählte, und von 1963, welches Paul VI. wählte, teil. Er war 1962–1965 als Mitglied des Präsidiums Teilnehmer des II. Vatikanischen Konzils, wo er einer der profiliertesten Kardinäle der Konzilsmehrheit war. Am 10. Februar 1969 verzichtete er aus Altersgründen auf die Erzdiözese Köln. Am 1. Januar 1971 verlor er, da er bereits die Altersgrenze von 80 Jahren überschritten hatte, das Recht zur Teilnahme am Konklave.

Er starb am 17. Dezember 1978 in Köln und wurde im Kölner Dom beigesetzt.

Guevara, Juan Gualberto (1882–1954)

Guevara wurde am 12. Juli 1882 in Villa de Vitor in der Region Arequipa in Peru geboren. Er studierte nach der Schulzeit am Priesterseminar San Jerónimo in Arequipa.

Am 2. Juni 1906 wurde er in Arequipa zum Priester geweiht und wirkte bis 1910 in der Seelsorge in Arica. Als die Provinz Arica von den Chilenen besetzt wurde, wurde er ausgewiesen. 1910–1920 war er Subregens des Priesterseminars von Arequipa und setzte seine Studien 1910–1912 an der Universität St. Augustin in Arequipa fort. 1916–1940 war er Redaktionsmitglied einer Zeitschrift und gab diese 1928–1940 heraus. 1922 erwarb er an der Päpstlichen Universität Gregoriana in Rom ein Doktorat in kanonischem Recht, 1936 wurde er päpstlicher Hausprälat.

Am 15. Dezember 1940 wurde er zum Bischof von Trujillo in Peru ernannt. Die Bischofsweihe empfing er am 2. März 1941 in Arequipa von Erzbischof Fernando Cento, dem Nuntius in Peru. Mit der Erhebung des Bistums Trujillo zum Erzbistum wurde er am 23. Mai 1943 zum Erzbischof von Trujillo ernannt. Am 13. Januar 1945 wurde er

Militärvikar von Peru. Die Ernennung zum Erzbischof von Lima erfolgte am 16. Dezember 1945.

Papst Pius XII. kreierte ihn im Konsistorium vom 18. Februar 1946 zum Kardinalpriester und verlieh ihm am 22. Februar 1946 den Kardinalshut und die Titelkirche S. Eusebio.

Er starb am 27. November 1954 in Lima und wurde in der Kathedrale von Lima beigesetzt.

Griffin, Bernard William (1899 – 1956)

Griffin wurde am 21. Februar 1899 in Birmingham in England im Vereinigten Königreich Großbritannien geboren. Er studierte 1919 – 1922 am Oscott College in Birmingham und ging 1922 nach Rom an das englische Kolleg und studierte am Päpstlichen *Athenaeum Urbaniana* der Kongregation *Propaganda Fide* in Rom. Hier erwarb er 1924 ein Doktorat in Theologie.

Am 1. November 1924 wurde er in Rom zum Priester geweiht. Es folgten weitere Studien in Rom, die er mit dem Doktorat in kanonischem Recht 1927 abschloss. 1927 – 1937 war er Sekretär der Erzbischöfe John McIntyre und Thomas Williams von Birmingham, arbeitete zusätzlich in der Seelsorge und war 1929 – 1938 Kanzler und Generalvikar der Erzdiözese Birmingham. Als Studiendirektor 1937 – 1943 war er Leiter der diözesanen Caritas.

Am 26. Mai 1938 wurde er zum Titularbischof von Appia und Weihbischof in Birmingham ernannt. Die Bischofsweihe empfing er am 30. Juni 1938 in Birmingham von Erzbischof Thomas Williams von Birmingham. Am 18. Dezember 1943 wurde er zum Erzbischof von Westminster ernannt.

Papst Pius XII. kreierte ihn im Konsistorium vom 18. Februar 1946 zum Kardinalpriester und verlieh ihm am 22. Februar 1946 den Kardinalshut und die Titelkirche SS. Andrea e Gregorio al Monte Celio.

Er starb am 20. Februar 1956 in New Polzeath in Cornwall und wurde in der Kathedrale von Westminster, London, beigesetzt.

Arce Ochotorena, Manuel (1879 – 1948)

Arce Ochotorena wurde am 18. August 1879 in Ororbis in der Region Navarra im Königreich Spanien geboren. Er studierte zunächst am Seminar von Pamplona und ging danach an das Päpstliche Seminar von Saragossa. Schließlich ging er als Seminarist des spanischen Kollegs nach Rom und studierte dort an der Päpstlichen Universität Gregoriana und der Päpstlichen Akademie St. Thomas v. Aquin.

Am 17. Juli 1904 wurde er in Rom zum Priester geweiht. Nach seiner Rückkehr war er Dozent am Seminar von Pamplona. Er war Kanoniker und Kapitularvikar sowie Generalvikar der Diözese Pamplona und wurde 1926 zum Apostolischen Protonotar ernannt.

Am 5. Februar 1929 wurde er zum Bischof von Zamora ernannt. Die Bischofsweihe empfing er am 16. Juni 1929 in Pamplona durch Erzbischof Federico Tedeschini, dem Nuntius in Spanien. Am 22. Januar 1938 wurde er Bischof von Oviedo, am 29. März 1944 Erzbischof von Tarragona.

Papst Pius XII. kreierte ihn im Konsistorium vom 18. Februar 1946 zum Kardinalpriester und verlieh ihm am 22. Februar 1946 den Kardinalshut und die Titelkirche SS. Valeria, Gervasio e Protasio.

Er starb am 16. September 1948 in Tarragona und wurde in der dortigen Kathedrale beigesetzt.

Mindszenty, József (1892–1975)
Mindszenty wurde am 29. März 1892 im Dorf Csehimindszent im Komitat Vas/Westungarn im Königreich Ungarn, heute Republik Ungarn, als Jozsef Pehm geboren. 1941 änderte er seinen Familiennamen nach seinem Geburtsort auf „Mindszenty". Ab 1911 studierte er Theologie am Priesterseminar von Szombathely.

Am 12. Juni 1915 wurde er in Szombathely zum Priester geweiht. Er war zunächst Kaplan und wurde 1917 Religionslehrer. Am 1. Oktober 1919 wurde er zum Stadtpfarrer ernannt. 1924 wurde er zum Titularabt von Zalaegerszeg, 1937 zum päpstlichen Hausprälaten ernannt.

Am 4. März 1944 wurde er zum Bischof von Veszprém ernannt. Die Bischofsweihe empfing er am 25. März 1944 in Esztergom durch Kardinal Jusztinian Séredi O.S.B., dem Erzbischof von Esztergom und Primas von Ungarn. 1944 wurde er von den Nationalsozialisten verhaftet. 1945 kam er wieder frei. Am 15. September 1945 wurde er zum Erzbischof von Esztergom und Primas von Ungarn ernannt.

Papst Pius XII. kreierte ihn im Konsistorium vom 18. Februar 1946 zum Kardinalpriester und verlieh ihm am 22. Februar 1946 den Kardinalshut und die Titelkirche S. Stefano al Monte Celio. Am 8. Februar 1949 wurde er von den Kommunisten Ungarns zu lebenslanger Zuchthausstrafe verurteilt und in der Folgezeit in verschiedenen Gefängnissen in Isolierhaft gehalten. Während des ungarischen Aufstandes kam er am 30. Oktober 1956 frei. Beim Einmarsch der Roten Armee floh er am 4. November 1956 in die amerikanische Botschaft in Budapest. Dort blieb er bis September 1971 und konnte deshalb weder an den Konklaven von 1958 und 1963 noch am II. Vatikanischen Konzil teilnehmen. Er reiste zunächst nach Rom und nahm schließlich im ungarischen Priesterseminar in Wien seinen Wohnsitz. Nachdem die Bemühungen Pauls VI. scheiterten, ihn selbst zur Abdankung zu bewegen, enthob er ihn am 5. Februar 1974 seines Amts „aus pastoralen Gründen".

Er starb am 6. Mai 1975 in Wien und wurde in der Wallfahrtskirche Maria Zell/Steiermark beigesetzt. Am 4. Mai 1991 wurde er nach Esztergom überführt und in der dortigen Kathedrale beigesetzt. Sein Seligsprechungsprozess wurde 1996 eröffnet.

Ruffini, Ernesto (1888 – 1967)

Ruffini wurde am 19. Januar 1888 in San Benedetto Po in der Provinz Mantua in der Lombardei im Königreich Italien, heute Republik Italien, geboren. Er studierte zunächst am Priesterseminar von Mantua bevor er an der Päpstlichen-Theologischen Fakultät für Norditalien in Mailand weiterstudierte und dort 1910 das Lizentiat in Theologie erwarb.

Am 10. Juli 1910 wurde er in Mantua zum Priester geweiht. Danach setzte er seine Studien an der Päpstlichen Akademie St. Thomas von Aquin in Rom fort, wo er 1911 ein Lizentiat in Philosophie erwarb. Dem schloss sich ein Studium am Päpstlichen Bibelinstitut in Rom an. 1913 erwarb er ein Diplom in Bibelwissenschaft. 1913 – 1930 war er Dozent am Päpstlich-Römischen Seminar und 1917 – 1929 zusätzlich am Päpstlichen *Athenaeum Urbanianum* der Kongregation *Propaganda Fide*. Er war Examinator für den römischen Klerus und wurde 1924 Substitut für die Buchzensur im Heiligen Offizium. 1925 wurde er päpstlicher Hausprälat, 1928 Sekretär der Kongregation für die Seminare und Universitäten und 1930 Studienpräfekt am Päpstlichen *Athenaeum* des Laterans. 1931 wurde er *Rector Magnificus* des Päpstlichen *Athenaeums* des Laterans und Apostolischer Protonotar.

Am 11. Oktober 1945 wurde er zum Erzbischof von Palermo auf Sizilien ernannt. Die Bischofsweihe empfing er am 8. Dezember 1945 in Rom von Kardinal Giuseppe Pizzardo, dem Präfekt der Kongregation für die Seminare und Universitäten.

Papst Pius XII. kreierte ihn im Konsistorium vom 18. Februar 1946 zum Kardinalpriester und verlieh ihm am 22. Februar 1946 den Kardinalshut und die Titelkirche S. Sabina. Er verwaltete als Apostolischer Administrator 1947 die Eparchie Piana degli Albanesi und ebenfalls 1947 und wieder 1950 das Bistum Trapani sowie 1948 das Bistum Mazara del Vallo. Er nahm an den Konklaven von 1958, welches Johannes XXIII. wählte, und von 1963, welches Paul VI. wählte, teil. Er war 1962 – 1965 als Mitglied des Präsidiums Teilnehmer des II. Vatikanischen Konzils, wo er einer der profiliertesten Kardinäle der Konzilsminderheit war.

Er starb am 11. Juni 1967 in Palermo und wurde in der Wallfahrtskirche der Madonna dei Rimedi bei Palermo beigesetzt.

Preysing Lichtenegg-Moos, Konrad von (1880 – 1950)

Preysing wurde am 30. August 1880 auf Schloss Kronwinkl im Königreich Bayern im Deutschen Kaiserreich, heute Freistaat Bayern in der Bundesrepublik Deutschland, geboren. Sein Vetter war Clemens August Graf von Galen, der mit ihm zum Kardinal kreiert wurde. Nach der Schulzeit studierte er zunächst in München und Würzburg Rechtswissenschaften und trat 1906 in den bayerischen Staatsdienst ein. 1907 wurde er Mitarbeiter der Bayerischen Gesandtschaft beim Königreich Italien in Rom. 1908 trat er aus dem bayerischen Staatsdienst aus und studierte Theologie und Philosophie an der Universität Innsbruck.

Am 26. Juli 1912 wurde er in Innsbruck zum Priester geweiht. 1913 wurde er in Theologie promoviert und arbeitete anschließend als Sekretär des Münchener Erzbischofs Franziskus von Bettinger. 1917 wurde er Stadtpfarrer an St. Paul in München und 1921 Domprediger in München. Er arbeitete in diesen Jahren eng und diskret mit Nuntius Pacelli zusammen. 1928 wurde er Kanoniker des Münchner Metropolitankapitels und Mitarbeiter des Ordinariates.

Am 9. September 1932 wurde er zum Bischof von Eichstätt ernannt. Die Bischofsweihe empfing er am 28. Oktober 1932 im Eichstätter Dom durch Erzbischof Jakobus von Hauck von Bamberg. Er war von Anfang an ein Gegner des Nationalsozialismus und stand dem Abschluss des Reichskonkordates 1933 skeptisch gegenüber.

Nach der Wahl durch das Berliner Domkapitel wurde er am 7. Juli 1935 zum Bischof von Berlin ernannt. Von Pius XI. wurde er zur Vorbereitung der im März 1937 publizierten Enzyklika „Mit brennender Sorge" konsultiert und setzte sich für Verfolgte des NS-Regimes ein.

Papst Pius XII. kreierte ihn im Konsistorium vom 18. Februar 1946 zum Kardinalpriester und verlieh ihm am 22. Februar 1946 den Kardinalshut und die Titelkirche S. Agata dei Goti.

Er starb am 21. Dezember 1950 in Berlin und wurde zunächst auf dem St. Hedwigs-Friedhof in Berlin beigesetzt. 1969 erhielt er seine letzte Ruhestätte in der Krypta der wiederaufgebauten Hedwigskathedrale.

Galen, Clemens August Graf von (1878–1946)

Galen wurde am 16. März 1878 auf der Burg Dinklage im Oldenburger Münsterland im Königreich Preußen im Deutschen Kaiserreich, heute Bundesland Niedersachsen in der Bundesrepublik Deutschland, geboren. Sein Vetter war der gleichzeitig mit ihm zum Kardinal erhobene Konrad Graf Preysing, sein Großonkel der Mainzer Bischof von Ketteler, ein anderer Onkel Weihbischof Maximilian Gereon von Galen.

1897 begann er das Studium der Philosophie und Geschichte an der Universität Fribourg in der Schweiz. 1898 begann er seine theologischen Studien in Innsbruck und trat 1903 in das Priesterseminar in Münster ein.

Am 28. Mai 1904 empfing er in Münster die Priesterweihe. Er wurde Domvikar und Kaplan seines Onkels Weihbischof Maximilian Gereon Graf von Galen, 1906 wurde er Kaplan an der von Priestern des Bistums Münster verwalteten Pfarrei St. Matthias in Berlin und 1911 Pfarrverweser der Berliner Gemeinde St. Clemens. 1919 wurde er Pfarrer an St. Matthias in Berlin und 1929 an St. Lamberti in Münster.

Am 5. September 1933 wurde er nach vorheriger Wahl durch das Domkapitel zum Bischof von Münster ernannt. Die Bischofsweihe empfing er am 28. Oktober 1933 im Dom zu Münster von Kardinal Karl Josef Schule, dem Erzbischof von Köln. Er wurde bekannt als entschiedener Kämpfer gegen die Kirchen- und Rassenpolitik des Nationalsozialismus. Von Pius XI. wurde er zur Vorbereitung der im März 1937 publizierten Enzyklika „Mit brennender Sorge" konsultiert und ließ die Enzyklika in Sonderdrucken verteilen. Besonders bekannt wurde er durch seine drei Predigten vom Juli und August 1941 in der Lambertikirche in Münster gegen die Beschlagnahmung der beiden

Jesuitenniederlassungen im Bistum Münster und die Vertreibung ihrer Insassen und besonders gegen die Anwendung der Euthanasie in westfälischen Heilanstalten.

Papst Pius XII. kreierte ihn im Konsistorium vom 18. Februar 1946 zum Kardinalpriester und verlieh ihm am 22. Februar 1946 den Kardinalshut und die Titelkirche S. Bernardo alle Terme.

Er starb am 22. März 1946 in Münster und wurde in der Galenkapelle des Doms zu Münster beigesetzt. 1956 wurde der Seligsprechungsprozess auf diözesaner Ebene und 2004 in Rom erfolgreich abgeschlossen. Am 9. Oktober 2005 wurde er in der Petersbasilika des Vatikans seliggesprochen.

Caggiano, Antonio (1889–1979)

Caggiano wurde am 30. Januar 1889 in Coronda in der Provinz Santa Fe in Argentinien geboren. Er studierte am Priesterseminar von Santa Fe.

Am 23. März 1912 wurde er in Santa Fe zum Priester geweiht. Es folgte eine kurze Zeit in der Gemeindeseelsorge, bevor er 1913–1931 als Dozent am Priesterseminar von Santa Fe tätig war. Gleichzeitig war er in der katholischen Aktion tätig und wirkte 1931–1933 als Nationalkaplan der katholischen Aktion Argentiniens. 1933–1934 war er Generalvikar des Militärbischofsamtes von Argentinien.

Am 13. September 1934 wurde er zum ersten Bischof der neu errichteten Diözese Rosario ernannt. Die Bischofweihe empfing er am 17. März 1935 in Rosario von Erzbischof Filippo Cortesi, dem Nuntius in Argentinien.

Papst Pius XII. kreierte ihn im Konsistorium vom 18. Februar 1946 zum Kardinalpriester und verlieh ihm am 22. Februar 1946 den Kardinalshut und die Titelkirche S. Lorenzo in Panisperna. Er nahm 1955 an der 1. Generalkonferenz des lateinamerikanischen Episkopates in Rio de Janeiro in Brasilien teil. Am 15. August 1959 wurde er zum Erzbischof von Buenos Aires und am 14. Dezember 1959 zusätzlich zum Militärbischof von Argentinien ernannt. Er nahm an den Konklaven von 1958, welches Johannes XXIII. wählte, und von 1963, welches Paul VI. wählte, teil. Er wurde in die Zentrale Vorbereitungskommission des Konzils berufen und war 1962–1965 als Mitglied des Präsidiums Teilnehmer des II. Vatikanischen Konzils.

Da er bereits die Altersgrenze von 80 Jahren überschritten hatte, verlor er am 1. Januar 1971 das Recht zur Teilnahme am Konklave. Am 22. April 1975 verzichtete er aus Altersgründen auf die Erzdiözese, nachdem er schon einige Zeit vorher die Militärdiözese abgegeben hatte.

Er starb am 23. Oktober 1979 in Buenos Aires und wurde in der Kathedrale von Buenos Aires beigesetzt.

Tien-Ken-Sin S.V.D., Thomas (1890–1967)

Tien-Ken-Sin wurde am 24. Oktober 1890 in Chantsui im Kaiserreich China, heute Volksrepublik China, geboren und 1901 getauft. Er studierte am Seminar von Yenchowfu.

Am 9. Juni 1918 wurde er in Yenchowfu von Bischof Augustin Hemminghaus S.V.D., dem Apostolischen Vikar von Yenchowfu, zum Priester geweiht. Er wirkte einige Jahre in der Seelsorge und als Lehrer in Schulen. Am 8. März 1929 trat er in Steyl in den Niederlanden in die Gemeinschaft der Steyler Missionare (Gesellschaft vom Göttlichen Wort, *Societas Verbi Divini*, SVD) ein. Nach dem Noviziat legte er im Februar 1931 seine ersten Gelübde ab, seine ewigen Gelübde legte er im Februar 1935 ab. Er kehrte nach China zurück und wurde am 2. Februar 1934 Apostolischer Präfekt von Yangku.

Am 11. Juli 1939 wurde er zum Titularbischof von Ruspe und Apostolischen Vikar von Yangku ernannt. Die Bischofsweihe empfing er am 29. Oktober 1939 im Vatikan von Papst Pius XII. Am 10. November 1942 wurde er Apostolischer Vikar von Tsintao.

Papst Pius XII. kreierte ihn im Konsistorium vom 18. Februar 1946 zum Kardinalpriester und verlieh ihm am 22. Februar 1946 den Kardinalshut und die Titelkirche S. Maria in Via. Am 11. April 1946 wurde er zum Erzbischof von Peking ernannt. 1951 wurde er vom kommunistischen Regime Chinas ausgewiesen und ging nach Taiwan. Er nahm an den Konklaven von 1958, welches Johannes XXIII. wählte, und von 1963, welches Paul VI. wählte, teil. Er war 1962–1965 Teilnehmer des II. Vatikanischen Konzils. 1959–1966 war er Apostolischer Administrator von Taipeh in Taiwan.

Er starb am 24. Juli 1967 in Taipeh und wurde in der Kathedrale von Taipeh beigesetzt.

Bruno, Giuseppe (1875 – 1954)

Bruno wurde am 30. Juni 1875 in Sezzadio in der Provinz Alessandria in Piemont im Königreich Italien, heute Republik Italien, geboren. Er studierte am Priesterseminar von Acqui.

Am 10. April 1898 wurde er in Acqui zum Priester geweiht und wirkte kurze Zeit in der Seelsorge der Diözese Acqui. Danach ging er nach Rom zu weiteren Studien am Päpstlichen *Athenaeum* St. Thomas von Aquin, wo er in Philosophie promovierte. Danach studierte er am Päpstlichen *Athenaeum S. Apollinare*, wo er in Theologie und in beiderlei Rechten (*utriusque iuris*) promoviert wurde. Schließlich studierte er an der Studieneinrichtung der Römischen Rota und machte dort die Ausbildung zum Rechtsanwalt der Rota. Er wurde verantwortlich für die Herausgabe der *Acta Sanctae Sedis* und der *Acta Apostolicae Sedis* in Rom, der beiden offiziellen Publikationen des Vatikans. 1916 wurde er Untersekretär der Konzilskongregation und 1922 päpstlicher Geheimkämmerer, 1923 päpstlicher Hausprälat. 1924 wurde er Sekretär der Päpstlichen Kommission für die authentische Interpretation des kanonischen Rechts und 1928 Sekretär der Päpstlichen Kommission für die theologische Akademie und Kommissar für das Päpstliche Archäologische Institut in Rom. 1930 wurde er Sekretär der Konzilskongregation und 1932 Apostolischer Protonotar.

Papst Pius XII. kreierte ihn im Konsistorium vom 18. Februar 1946 zum Kardinaldiakon und verlieh ihm am 22. Februar 1946 den Kardinalshut und die Kirche S. Eustachio als Titeldiakonie. Am 16. November 1949 wurde er zum Präfekten der Konzilskongregation ernannt, am 20. März 1950 zum Präfekten des obersten Gerichtshofes der Apostolischen Signatur und der Päpstlichen Kommission für die authentische Interpretation des Codex des kanonischen Rechtes.

Er starb am 10. November 1954 in Rom und wurde auf dem römischen Friedhof Campo Verano beigesetzt.

Costantini, Celso (1876 – 1958)
Costantini wurde am 3. April 1876 in Castion di Zoppola in der Provinz Pordenone im Friaul im Königreich Italien, heute Republik Italien, geboren. 1892 – 1997 studierte er am Priesterseminar von Portogruaro und anschließend am Päpstlichen *Athenaeum* St. Thomas v. Aquin in Rom, wo er 1899 das Doktorat in Philosophie erwarb.

Am 26. Dezember 1899 wurde er in Portogruaro zum Priester geweiht. Er wirkte 1900 – 1914 in der Seelsorge des Bistums Concordia und war Kapitularvikar des Bistums Concordia. Im Ersten Weltkrieg war er Militärgeistlicher der italienischen Armee. Dann wurde er Regente und Konservator der Basilika von Aquileia und war 1919 – 1920 Generalvikar von Concordia. Er gründete zwei Zeitschriften für christliche Kunst und wurde am 10. Mai 1920 zum Apostolischen Administrator der Diözese Fiume ernannt.

Am 22. Juli 1921 wurde er zum Titularbischof von Hierapolis ernannt. Die Bischofweihe empfing er am 24. August 1921 in Concordia von Kardinal Pietro LaFontaine, dem Patriarchen von Venedig. Am 12. August 1922 erfolgte die Ernennung zum ersten Apostolischen Delegaten in China und am 9. September 1922 zum Titularerzbischof von Theodosiopolis in Arcadien. Am 28. Mai 1931 wurde er Lateinischer Ordinarius von Harbin. 1931 verließ er China aufgrund gesundheitlicher Probleme, kehrte nach Italien zurück ging danach in die USA. Im November 1933 legte er sein Amt als Apostolischer Delegat nieder und wurde am 3. Dezember 1933 zum Konsultor der Kongregation *Propaganda Fide* ernannt. Am 20. Dezember 1935 wurde er Sekretär der Kongregation *Propaganda Fide* und 1936 Päpstlicher Thronassistent.

Papst Pius XII. kreierte ihn im Konsistorium vom 12. Januar 1953 zum Kardinalpriester und verlieh ihm am 15. Januar 1953 den Kardinalshut und die Titelkirche SS. Nereo ed Achilleo. Am 22. Mai 1954 wurde er zum Kanzler *S.E.R.* ernannt und erhielt am 9. Juni 1958 die Titelkirche S. Lorenzo in Damaso.

Er starb am 17. Oktober 1958 – kurz vor Beginn des Konklaves zur Wahl des Nachfolgers Pius XII. – in Rom und wurde in Zoppola neben dem Grab seines Bruders Msgr. Giovanni Costantini beigesetzt.

Silva, Augusto Àlvaro da (1876 – 1968)
Da Silva wurde am 8. April 1876 in Recife im brasilianischen Bundesstaat Pernambuco, im Kaiserreich Brasilien, heute Republik Brasilien, geboren. Er studierte Theologie und Philosophie am Priesterseminar von Olinda.

Am 5. März 1899 wurde er in Olinda zum Priester geweiht. 1899 – 1911 wirkte er in der Seelsorge in Recife und Olinda und war Zeremoniar an der Kathedrale von Olinda. 1908 wurde er päpstlicher Geheimkämmerer.

Am 12. Mai 1911 wurde er zum Bischof von Floresta ernannt. Die Bischofsweihe empfing er am 22. Oktober 1911 in Olinda von Erzbischof Luis Raimundo da Silva Brito von Olinda. Am 25. Juni 1915 wurde er Bischof von Barra do Rio Grande, am 18. Dezember 1924 Erzbischof von São Salvador da Bahia. 1936 wurde er zum Päpstlichen Thronassistenten ernannt.

Papst Pius XII. kreierte ihn im Konsistorium vom 12. Januar 1953 zum Kardinalpriester und verlieh ihm am 15. Januar 1953 den Kardinalshut und die Titelkirche S. Angelo in Pescheria. Er nahm 1955 an der 1. Generalkonferenz des lateinamerikanischen Episkopates in Rio de Janeiro teil. Er nahm an den Konklaven von 1958, welches Johannes XXIII. wählte, und von 1963, welches Paul VI. wählte, teil. Er war 1962–1965 Teilnehmer des II. Vatikanischen Konzils.

Er starb am 14. August 1968 in São Salvador da Bahia und wurde in der Kathedrale von São Salvador da Bahia beigesetzt.

Cicognani, Gaetano (1881–1962)
Cicognani wurde am 26. November 1881 in Brisighella bei Faenza in der Provinz Ravenna im Königreich Italien, heute Republik Italien, geboren. Sein Bruder war Kardinal Giovanni Amleto Cicognani (1958 kreiert). Er studierte zunächst Theologie und Philosophie am Priesterseminar in Faenza.

Am 14. September 1904 wurde er in Faenza zum Priester geweiht. Anschließend ging er nach Rom und studierte bis 1910 am Päpstlichen *Athenaeum S. Apollinare*, wo er Doktorate in Philosophie und beiderlei Rechte (*utriusque iuris*) erwarb. 1910 wurde er Mitarbeiter der Römischen Rota und lehrte gleichzeitig kanonisches Recht am *Athenaeum S. Apollinare*. 1912 trat er in die Akademie für den kirchlichen Adel ein und begann 1915 seinen Dienst im Staatssekretariat. 1916 wurde er Nuntiatursekretär der Nuntiatur in Spanien und päpstlicher Geheimkämmerer. 1920 wurde er Auditor der Nuntiatur in Belgien.

Am 11. Januar 1925 wurde er zum Titularerzbischof von Ancyra und zum ersten Nuntius in Bolivien ernannt. Die Bischofweihe empfing er am 1. Februar 1925 in der Kapelle des lateinamerikanischen Kollegs in Rom von Kardinalstaatssekretär Pietro Gasparri. Im März 1928 wurde er zum Pro-Nuntius und am 15. Juni 1928 zum Nuntius in Peru ernannt. Am 13. Juni 1936 wurde er Nuntius in Österreich. Nach dem Einmarsch der Truppen Hitlers in Österreich am 12. März 1938 gestaltete sich seine Tätigkeit immer komplizierter, und er erhielt am 30. März 1938 die Aufforderung, das Land zu verlassen. Am 5. April 1938 verließ er Wien und kehrte nach Rom zurück. Am 16. Mai 1938 wurde er zum Nuntius in Spanien ernannt.

Papst Pius XII. kreierte ihn im Konsistorium vom 12. Januar 1953 zum Kardinalpriester. Das rote Birett setzte ihm in Madrid General Francisco Franco auf. Am 29. Oktober 1953 verlieh ihm Pius XII. den Kardinalshut und die Titelkirche S. Cecilia. Am 7. Dezember 1953 wurde er zum Präfekten der Ritenkongregation ernannt. Am 18. November 1954 wurde er zum Präfekten der Apostolischen Signatur ernannt. Er nahm am Konklave von 1958 teil, welches Johannes XXIII. wählte. Am 14. Dezember

1959 optierte er für die suburbikarische Diözese Frascati und die Klasse der Kardinalbischöfe. Am 6. Juni 1960 ernannte ihn Johannes XXIII. zum Präsidenten der konziliaren Vorbereitungskommission für die Liturgie.

Er starb am 5. Februar 1962 in Rom und wurde in der Kollegiatskirche S. Michele in Brisighella bei Faenza beigesetzt.

Roncalli, Angelo Giuseppe – Papst Johannes XXIII. (1881–1963)

Roncalli wurde am 25. November 1881 in Sotto il Monte in der Provinz Bergamo in der Region Lombardei im Königreich Italien, heute Republik Italien, geboren. 1895 trat er in das Vorbereitungsseminar in Bergamo ein und studierte dort bis 1900. 1901 ging er an das Päpstliche Römische Seminar nach Rom, leistete 1901/1902 seinen Militärdienst ab und ging zurück nach Rom, wo er im Juli 1904 promoviert wurde.

Am 10. August 1904 wurde er in der Kirche Santa Maria in Monte Santo an der Piazza del Popolo in Rom von Erzbischof Giuseppe Ceppetelli, dem Viceregente der Diözese Rom, zum Priester geweiht. 1905–1914 war er Sekretär des Bischofs von Bergamo, Mons. Radini Tedeschi. Gleichzeitig wirkte er am Priesterseminar in Bergamo als Dozent für Kirchengeschichte, ab 1906 auch für christliche Apologetik und Patrologie. 1915–1918 war er Sanitätsgeistlicher im Ersten Weltkrieg. 1918–1921 wirkte er als Jugend- und Studentenpfarrer sowie Spiritual des Seminars von Bergamo. 1921–1925 wurde er in Rom Mitarbeiter der Kongregation *Propaganda Fide* und Präsident des Zentralrates des Päpstlichen Missionswerkes für Italien sowie päpstlicher Geheimkämmerer. Im November 1924 wurde er Dozent für Patrologie am Päpstlichen *Athenaeum* des Laterans.

Am 3. März 1925 wurde er zum Titularerzbischof von Areopolis ernannt. Die Bischofsweihe empfing er am 19. März 1925 in der Kirche San Carlo al Corso in Rom von Kardinal Giovanni Tacci Porcelli, dem Sekretär der Kongregation für die Orientalische Kirche. Am 19. März 1925 wurde er zum Apostolischen Visitator für Bulgarien ernannt, am 16. Oktober 1931 zum Apostolischen Delegaten. Am 30. November 1934 wurde er zum Titularerzbischof von Mesembria und am 12. Januar 1935 zum Apostolischen Vikar in der Türkei und Apostolischen Delegaten *ad interim* für Griechenland ernannt. Am 22. Dezember 1944 wurde er Nuntius in Frankreich.

Papst Pius XII. kreierte ihn im Konsistorium vom 12. Januar 1953 zum Kardinalpriester und ernannte ihn am 15. Januar 1953 zum Patriarchen von Venedig. Das rote Birett setzte ihm in Paris der französische Präsident Vincent Auriol auf. Am 29. Oktober 1953 verlieh ihm Pius XII. den Kardinalshut und die Titelkirche S. Prisca. Im Oktober 1958 nahm er am Konklave teil und wurde am 28. Oktober 1958 zum Papst gewählt.

Als Papst wählte er den Namen Johannes XXIII. und wurde am 4. November 1958 gekrönt. Am 25. Januar 1959 kündigte er das II. Vatikanische Konzil an, zu dem er am 29. Juni 1959 offiziell einlud und welches er am 11. Oktober 1962 feierlich eröffnete. Er erließ acht Enzykliken, von denen die letzte Enzyklika *Pacem in terris* die bekannteste ist.

Er kreierte in seinem Pontifikat 55 Kardinäle in fünf Konsistorien. Drei dieser Kardinäle wurden *in pectore* reserviert und nie bekannt. Er erweiterte und internationalisierte das Kardinalskollegium. Mit dem Motu Proprio *Ad suburbicarias dioeceses* vom 10. März 1961 schaffte er das Optionsrecht auf die suburbikarischen Diözesen ab und mit dem Motu Proprio *Suburbicariis sedibus* vom 11. April 1962 entzog er den Kardinalbischöfen die ordentliche Jurisdiktion ihrer Sitze, deren Titulare sie jedoch blieben. Mit dem Motu Proprio *Cum gravissima* vom 15. April 1962 ordnete er an, dass alle Kardinäle – auch die Kardinaldiakone – zu Bischöfen geweiht werden müssen. Mit dem Motu Proprio *Summi pontificis electio* vom 5. September 1962 modifizierte er die Wahlordnung des Konklaves.

Er starb am 3. Juni 1963 im Vatikan und wurde in der Krypta der Petersbasilika des Vatikans beigesetzt.

Am 3. September 2000 wurde er von Papst Johannes Paul II. seliggesprochen. Zu Pfingsten 2001 wurde sein Leichnam in einem Glassarg in einem Seitenaltar der Petersbasilika des Vatikans beigesetzt. Papst Franziskus ordnete am 5. Juli 2013 in einer Audienz für Kardinal Amato, den Präfekten der Kongregation für die Selig- und Heiligsprechungen, seine Heiligsprechung ohne zusätzliches Wunder an. Im Konsistorium vom 30. September 2013 kündigte Papst Franziskus die Heiligsprechung für den 27. April 2014 an. Sein liturgischer Gedenktag ist der 11. Oktober.

Valeri, Valerio (1883–1963)

Valeri wurde am 7. November 1883 in Santa Fiora in der Provinz Grosseto im Königreich Italien, heute Republik Italien, geboren. Er studierte am Päpstlich-Römischen Seminar und am Päpstlichen *Athenaeum S. Apollinare* in Rom.

Am 21. Dezember 1907 wurde er in Rom zum Priester geweiht. Anschließend war er 1907–1909 Dozent am Priesterseminar von Fano und 1909–1920 Dozent am Päpstlichen *Athenaeum S. Apollinare* in Rom. Während des Ersten Weltkrieges war er 1914–1919 Militärgeistlicher. 1920–1921 war er Mitarbeiter des Staatssekretariates. 1921–1927 war er Auditor der Nuntiatur in Frankreich. 1921 war er zum päpstlichen Geheimkämmerer, 1923 zum päpstlichen Hausprälaten ernannt worden.

Am 18. Oktober 1927 wurde er zum Titularerzbischof von Ephesus ernannt, am 19. Oktober 1927 zum Apostolischen Delegaten in Ägypten und Arabien. Die Bischofsweihe empfing er am 28. Oktober 1927 in Rom von Kardinal Donato Sbarretti, dem Präfekten der Konzilskongregation. Am 1. Juli 1933 wurde er Nuntius in Rumänien, am 11. Juli 1936 Nuntius in Frankreich. 1944 musste er Frankreich auf Betreiben von General de Gaulle verlassen. In den Jahren 1944–1948 war er Nuntius zur besonderen Verfügung des Staatssekretariates. Am 28. Juni 1948 wurde er Präsident des Zentralkomitees für das Heilige Jahr 1950 und am 1. September 1948 zusätzlich Assessor der Kongregation für die Orientalische Kirche.

Papst Pius XII. kreierte ihn im Konsistorium vom 12. Januar 1953 zum Kardinalpriester und verlieh ihm am 15. Januar 1953 den Kardinalshut und die Titelkirche S. Silvestro in Capite. Am 17. Januar 1953 wurde er zum Präfekten der Religiosenkongregation ernannt. Er nahm an den Konklaven von 1958, welches Johannes XXIII.

wählte, und von 1963, welches Paul VI. wählte, teil. Er war Teilnehmer der ersten Session des II. Vatikanischen Konzils 1962.

Er starb am 22. Juli 1963 in Rom und wurde in Santa Fiora bei Città della Pieve beigesetzt.

Ciriaci, Pietro (1885–1966)

Ciriaci wurde am 2. Dezember 1885 in Rom im Königreich Italien, heute Republik Italien, geboren. Er studierte am Päpstlich-Römischen Seminar und am Päpstlichen *Athenaeum S. Apollinare* in Rom, wo er 1904 in Philosophie und 1909 in Theologie promoviert wurde.

Am 18. Dezember 1909 wurde er in Rom zum Priester geweiht. Es folgten seelsorgerliche Aufgaben in der Diözese Rom und 1911 die Promotion in kanonischem Recht. 1911 wurde er Mitarbeiter der Apostolischen Pönitentarie, 1913 wechselte er in die Konzilskongregation. 1914–1926 dozierte er am Päpstlichen *Athenaeum S. Apollinare* und war später auch Dekan der fundamentaltheologischen Fakultät. 1917 wurde er Mitarbeiter der Kongregation für die außerordentlichen Angelegenheiten der Kirche, 1918 päpstlicher Geheimkämmerer. 1921 wurde er Untersekretär der Kongregation für außerordentliche Angelegenheiten der Kirche, 1922 päpstlicher Hausprälat. 1927 war er mit der Aufgabe betraut, einen *modus vivendi* zwischen dem Heiligen Stuhl und der Tschechoslowakei auszuhandeln.

Am 15. Februar 1928 wurde er zum Titularerzbischof von Tarsus ernannt. Die Bischofsweihe empfing er am 18. März in der Kirche S. Lorenzo in Lucina in Rom von Kardinalstaatssekretär Pietro Gasparri. Am 18. März 1928 wurde er zum Nuntius in der Tschechoslowakei ernannt. Am 19. Januar 1934 erfolgte die Ernennung zum Nuntius in Portugal.

Papst Pius XII. kreierte ihn im Konsistorium vom 12. Januar 1953 zum Kardinalpriester und verlieh ihm am 29. Oktober 1953 den Kardinalshut und die Titelkirche S. Prassede. Am 20. März 1954 wurde er zum Präfekten der Konzilskongregation ernannt, am 31. Mai 1955 erfolgte die zusätzliche Ernennung zum Präsidenten der Päpstlichen Kommission für die authentische Interpretation des *Codex Iuris Canonici*. Er nahm an den Konklaven von 1958, welches Johannes XXIII. wählte, und von 1963, welches Paul VI. wählte, teil. Er war Teilnehmer des II. Vatikanischen Konzils 1962–1965. Am 26. September 1964 optierte er für die Titelkirche S. Lorenzo in Lucina.

Er starb am 30. Dezember 1966 in Rom und wurde in der Basilika Lorenzo in Lucina in Rom beigesetzt.

Borgongini Duca, Francesco (1884–1954)

Borgongini Duca wurde am 26. Februar 1884 in Rom im Königreich Italien, heute Republik Italien, geboren. Er studierte am Päpstlich-Römischen Seminar und an der Päpstlichen Universität Gregoriana in Rom und wurde in Theologie und kanonischem Recht promoviert.

Am 22. Dezember 1906 wurde er in Rom zum Priester geweiht. Er war 1907–1909 Dozent am Päpstlich-Römischen Seminar und am Päpstlichen *Athenaeum Urbaniana* der Kongregation *Propaganda Fide*. 1909–1917 war er Mitarbeiter der Apostolischen Pönitentiarie und wurde 1917 Sekretär der Apostolischen Pönitentiarie und päpstlicher Geheimkämmerer. 1921 wurde er Pro-Sekretär der Kongregation für die außerordentlichen kirchlichen Angelegenheiten und päpstlicher Hausprälat. 1922 wurde er Sekretär der Kongregation für die außerordentlichen kirchlichen Angelegenheiten und 1927 Apostolischer Protonotar. Er war Mitglied der Verhandlungskommission für die Lateranverträge, die 1929 unterzeichnet wurden.

Am 7. Juni 1929 wurde er zum Titularerzbischof von Heraclea in Europa ernannt. Die Bischofsweihe empfing er am 29. Juni 1929 in der Benediktionsaula des Vatikans von Kardinalstaatssekretär Pietro Gasparri. Am 30. Juni 1929 wurde er zum Nuntius in Italien ernannt. 1933 wurde er päpstlicher Administrator der Basilika von S. Paolo fuori de la mura in Rom und 1934 der Basilika von Loreto.

Papst Pius XII. kreierte ihn im Konsistorium vom 12. Januar 1953 zum Kardinalpriester und verlieh ihm am 15. Januar 1953 den Kardinalshut und die Titelkirche S. Maria in Vallicella.

Er starb am 4. Oktober 1954 in Rom. Nachdem er zunächst auf dem römischen Friedhof Campo Verano beigesetzt worden war, wurden seine sterblichen Überreste später in die Kirche S. Salvatore in ossibus im Vatikan überführt und erneut beigesetzt.

Feltin, Maurice (1883–1975)

Feltin wurde am 15. Mai 1883 in Delle im Territoire de Belfort in der Republik Frankreich geboren. Er studierte bei den Jesuiten in Dijon und am Priesterseminar Saint-Sulpice in Paris.

Am 3. Juli 1909 wurde er in Paris im Seminar Saint-Sulpice zum Priester geweiht. 1909–1914 war er Kaplan in einer Arbeitergemeinde in Besançon. Während des Ersten Weltkrieges war er zunächst Sanitäter und später Militärgeistlicher. 1919 wurde er Pfarrer in Giromagny und 1925 Pfarrer in Besançon.

Am 19. Dezember 1927 wurde er zum Bischof von Troyes in Frankreich ernannt. Die Bischofsweihe empfing er am 11. März 1928 in Besançon von Kardinal Henri-Charles-Joseph Binet, dem Erzbischof von Besançon. Am 16. August 1932 wurde er Erzbischof von Sens, am 16. Dezember 1935 Erzbischof von Bordeaux. Am 15. August 1949 wurde er zum Erzbischof von Paris ernannt.

Papst Pius XII. kreierte ihn im Konsistorium vom 12. Januar 1953 zum Kardinalpriester und verlieh ihm am 15. Januar 1953 den Kardinalshut und die Titelkirche S. Maria della Pace. Er nahm an den Konklaven von 1958, welches Johannes XXIII. wählte, und von 1963, welches Paul VI. wählte, teil. Er war Teilnehmer des II. Vatikanischen Konzils 1962–1965. Am 21. Dezember 1966 verzichtete er auf die Erzdiözese

Paris. Da er bereits die Altersgrenze von 80 Jahren überschritten hatte, verlor er am 1. Januar 1971 das Recht der Teilnahme am Konklave.

Er starb am 27. September 1975 in Thiais bei Paris und wurde in der Kathedrale Notre Dame in Paris beigesetzt.

Mimmi, Marcello (1882 – 1961)

Mimmi wurde am 18. Juli 1882 in Poggio di Castel San Pietro in der Provinz Bologna im Königreich Italien, heute Republik Italien, geboren. Er studierte am Priesterseminar von Bologna.

Am 23. Dezember 1905 wurde er in Bologna zum Priester geweiht. 1905 – 1930 war er Dozent am Priesterseminar in Bologna und arbeitete zusätzlich in der Gemeindeseelsorge. Ende der zwanziger Jahre war er Regens des Regionalseminars der Romagna. 1919 wurde er päpstlicher Geheimkämmerer.

Am 30. Juni 1930 wurde er zum Bischof von Crema ernannt. Die Bischofsweihe empfing er am 25. Juli 1930 in Bologna von Kardinal Giovanni Battista Nasalli Rocca di Corneliano, dem Erzbischof von Bologna. Am 31. Juli 1933 wurde er zum Erzbischof von Bari ernannt und 1936 zum Päpstlichen Thronassistenten. Am 30. August 1952 wurde er Erzbischof von Neapel.

Papst Pius XII. kreierte ihn im Konsistorium vom 12. Januar 1953 zum Kardinalpriester und verlieh ihm am 15. Januar 1953 den Kardinalshut und die Titelkirche S. Callisto. Am 15. Dezember 1957 wurde er zum Sekretär der Konsistorialkongregation ernannt und verzichtete auf die Erzdiözese. Am 9. Juni 1958 optierte er für die Klasse der Kardinalbischöfe und die suburbikarischen Diözese Sabina e Poggio Mirteto. 1958 nahm er am Konklave teil, welches Johannes XXIII. wählte.

Er starb am 6. März 1961 in Rom und wurde in Magliano in der Kathedrale des suburbikarischen Bistums Sabina e Poggio Mirteto beigesetzt.

De la Torre, Carlos María (1873 – 1968)

De la Torre wurde am 14. November 1873 in Quito in Ecuador geboren. Er begann sein Studium am Priesterseminar von Quito. Er ging danach als Seminarist des lateinamerikanischen Kollegs nach Rom und setze sein Studium an der Päpstlichen Universität Gregoriana fort, wo er 1896 in Theologie und Philosophie promoviert wurde.

Am 19. Dezember 1896 wurde er in Rom zum Priester geweiht und kehrte nach Ecuador zurück. Dort wurde er 1896 – 1911 in der Seelsorge der Erzdiözese Quito als Kaplan und Pfarrer sowie als Dozent für Dogmatik am Priesterseminar von Quito eingesetzt. 1904 reiste er erneut nach Rom, um kanonisches Recht zu studieren. Dieses Studium schloss er 1906 mit der Promotion in kanonischem Recht ab. Danach war er wieder in der Gemeindeseelsorge eingesetzt sowie als Kanoniker an der Kathedrale und Kanzlei-Sekretär von Erzbischof Federico González Suárez von Quito und Pro-Generalvikar.

Am 30. Dezember 1911 wurde er zum Bischof von Loja in Ecuador ernannt. Die Bischofsweihe empfing er am 26. Mai 1912 in Quito von Erzbischof Federico González Suárez von Quito. Am 21. August 1919 wurde er zum Bischof von Bolivar (ab 1955: Riobomba) ernannt, am 20. Dezember 1926 zum Bischof von Guayaquil. Am 8. September 1933 erfolgte die Ernennung zum Erzbischof von Quito und 1946 zum Päpstlichen Thronassistenten.

Papst Pius XII. kreierte ihn im Konsistorium vom 12. Januar 1953 zum Kardinalpriester und verlieh ihm am 15. Januar 1953 den Kardinalshut und die Titelkirche S. Maria in Aquiro. 1955 nahm er an der 1. Generalversammlung des lateinamerikanischen Episkopates in Rio de Janeiro in Brasilien teil. 1958 nahm er am Konklave teil, welches Johannes XXIII. wählte. Am Konklave von 1963, welches Paul VI. wählte, nahm er aus Alters- und Gesundheitsgründen nicht teil. Er war Teilnehmer an der ersten Session des II. Vatikanischen Konzils 1962. 1964 erhielt er mit Pablo Munoz Vega S.J. einen Koadjutor, und am 24. Juni 1967 verzichtete er auf sein Amt als Erzbischof von Quito.

Er starb am 31. Juli 1968 in Quito und wurde in der Metropolitankathedrale von Quito beigesetzt.

Stepinac, Alojzije (1898 – 1960)
Stepinac wurde am 8. Mai 1898 in Krásic in der damaligen k. u. k. Monarchie Österreich-Ungarn, heute Republik Kroatien, geboren. Nach dem Ende der Schulzeit wurde er zur österreichischen Armee eingezogen und diente als Unterleutnant während des Ersten Weltkriegs. Nach dem Ersten Weltkrieg studierte er zunächst Agrarwissenschaften in Zagreb und anschließend Philosophie und Theologie als Seminarist des *Collegium Germanicum et Hungaricum* an der Päpstlichen Universität Gregoriana in Rom und wurde in beiden Fächern promoviert.

Am 26. Oktober 1930 wurde er in Rom zum Priester geweiht. Es folgten 1931– 1934 kurze Jahre in der Seelsorge der Erzdiözese Zagreb sowie der Dienst als Offizial und Kanzler der Erzdiözese.

Am 29. Mai 1934 wurde er zum Titularerzbischof von Nicopsis und Koadjutor *c.i.s.* von Zagreb ernannt. Die Bischofsweihe empfing er am 24. Juni 1934 in Zagreb von Erzbischof Anton Bauer von Zagreb. Ihm folgte er als Erzbischof von Zagreb am 7. Dezember 1937 nach. 1946 wurde er in einem politisch motivierten Schauprozess wegen angeblicher Zusammenarbeit mit dem faschistischen Ustascha-Regime zu 16 Jahren Zwangsarbeit verurteilt; ab 1951 befand er sich in seinem Heimatdorf im Pfarrhaus unter Hausarrest.

Papst Pius XII. kreierte ihn im Konsistorium vom 12. Januar 1953 zum Kardinalpriester. Er konnte nie nach Rom reisen, um die Insignien des Kardinals zu empfangen und um seine Titelkirche entgegenzunehmen. Ebenso war es ihm nicht möglich, am Konklave von 1958, welches Johannes XXIII. wählte, teilzunehmen.

Er starb am 10. Februar 1960 in seinem Heimatdorf Krásic und wurde in der Kathedrale von Zagreb beigesetzt. Schon bald wurde der Seligsprechungsprozess eröffnet, und Papst Johannes Paul II. sprach ihn am 3. Oktober 1998 auf seiner Reise nach Kroatien im Marienwallfahrtsort Marija Bistrica bei Zagreb selig.

Grente, Georges-François-Xavier-Marie (1872 – 1959)

Grente wurde am 5. Mai 1872 in Percy in der Normandie in der Republik Frankreich geboren. Er studierte zunächst Rechtswissenschaften an der Universität La Sorbonne in Paris und wurde in Rechtswissenschaften promoviert. 1892 entschied er sich für die geistliche Laufbahn und trat in das Priesterseminar von Coutances ein. Dort und am Institute Catholique in Paris studierte er Theologie und Philosophie.

Am 29. Juni 1895 wurde er zum Priester geweiht. 1895 – 1903 war er Lehrer am Knabenseminar von Mortain, 1903 – 1916 Direktor des bischöflichen Kollegs von Saint Lo, 1916 – 1918 war er Oberer des Saint Paul Institute, Cherbourg, und wurde 1917 Ehrenkanoniker von Coutances.

Am 30. Januar 1918 wurde er zum Bischof von Le Mans ernannt. Die Bischofsweihe empfing er am 17. April 1918 in Cherbourg von Kardinal Louis-Ernest Dubois, dem Erzbischof von Rouen. 1933 wurde er Päpstlicher Thronassistent und 1936 in die Academie Française aufgenommen. Am 16. März 1943 wurde er zum Erzbischof *ad personam* ernannt.

Papst Pius XII. kreierte ihn im Konsistorium vom 12. Januar 1953 zum Kardinalpriester und verlieh ihm am 15. Januar 1953 den Kardinalshut und die Titelkirche S. Bernardo alle Terme. 1958 nahm er am Konklave teil, welches Papst Johannes XXIII. wählte.

Er starb am 5. Mai 1959 in Le Mans und wurde in der Kathedrale von Le Mans beigesetzt.

Siri, Giuseppe (1906 – 1989)

Siri wurde am 20. Mai 1906 in Genua in Ligurien im Königreich Italien, heute Republik Italien, geboren. 1917 – 1926 studierte er am Priesterseminar von Genua und 1926 – 1929 an der Päpstlichen Universität Gregoriana in Rom. In dieser Zeit lebte er im lombardischen Kolleg in Rom.

Am 22. September 1928 wurde er in Genua von Kardinal Minoretti, dem Erzbischof von Genua, zum Priester geweiht. Er setzte seine Studien in Rom fort und erwarb ein Doktorat in Theologie. Darüber hinaus engagierte er sich in der Seelsorge der Diözese Rom. Anschließend war er eine kurze Zeit Kaplan in Genua und war 1930 – 1946 Dozent für Dogmatik am Priesterseminar in Genua. Bis zu seiner Bischofsweihe engagierte er sich darüber hinaus in der Seelsorge der Erzdiözese Genua als Prediger und Religionslehrer und war für die Prüfungen des Klerus zuständig.

Am 14. März 1944 wurde er zum Titularbischof von Livias und Weihbischof in Genua ernannt. Die Bischofsweihe empfing er am 7. Mai 1944 in der Kathedrale von Genua von Kardinal Pietro Boetto S.J., dem Erzbischof von Genua. Am 8. September 1944 wurde er zum Pro-Generalvikar der Erzdiözese ernannt. Am 14. Mai 1946 erfolgte die Ernennung zum Erzbischof von Genua.

Papst Pius XII. kreierte ihn im Konsistorium vom 12. Januar 1953 zum Kardinalpriester und verlieh ihm am 15. Januar 1953 den Kardinalshut und die Titelkirche S. Maria della Vittoria. Von 1958 bis 1965 war er Präsident der italienischen Bischofskonferenz. Er nahm an den Konklaven von 1958, welches Johannes XXIII. wählte, von 1963, welches Paul VI. wählte, von August 1978, welches Johannes Paul I. wählte, und von Oktober 1978, welches Johannes Paul II. wählte, teil. 1962–1965 nahm er am II. Vatikanischen Konzil teil, 1963–1965 als Mitglied des Präsidiums und als profilierter Vertreter der konservativen Konzilsminderheit. Nach dem Konzil nahm er an mehreren Bischofssynoden (1967; 1971; 1974 und 1985) teil. Am 20. Mai 1986 verlor er mit Erreichen der Altersgrenze von 80 Jahren das Recht der Teilnahme am Konklave. Am 30. September 1986 wurde das Erzbistum Genua mit dem Bistum Bobbio-San Columbano vereinigt, und er erhielt den Titel eines Erzbischofs von Genua- Bobbio. Am 6. Juli 1987 verzichtete er auf die Leitung der Erzdiözese aus Altersgründen.

Er starb am 2. Mai 1989 in Villa Campostano bei Albaro und wurde in der Kathedrale von Genua beigesetzt.

D'Alton, John Francis (1882–1963)

D'Alton wurde am 11. Oktober 1882 in Claremorris in der Provinz Connacht in Irland im Vereinigten Königreich Großbritannien und Irland, heute Republik Irland, geboren. Er studierte 1901–1904 am Holy Cross College in Cloniffe Theologie und Philosophie und setzte sein Studium 1904–1908 in Rom am Päpstlichen *Athenaeum Urbanianum* der Kongregation *Propaganda Fide* fort, wo er in Theologie promoviert wurde.

Am 18. April 1908 wurde er in der Lateranbasilika in Rom von Kardinalvikar Pietro Respighi zum Priester geweiht. Anschließend setzte er bis 1910 seine Studien an den Universitäten Oxford, Cambridge und Dublin fort. 1909 war er kurz Seelsorger in einem Waisenhaus in Glasnevin. 1910–1942 lehrte er als Dozent am Nationalseminar in Maynooth und leitete es 1936–1942 als Regens. Er war 1912–1924 Mitglied des akademischen Senates und Vizekanzler der Nationalen Universität Dublin und wurde 1938 päpstlicher Hausprälat. Er ist Autor des „D'Alton Plan for political union" für die Vereinigung Irlands.

Am 25. April 1942 wurde er zum Titularbischof von Binda und Koadjutorbischof von Meath *c.i.s.* ernannt. Die Bischofsweihe empfing er am 29. Juni 1942 in Dublin von Kardinal Joseph MacRory, dem Erzbischof von Armagh. Am 16. Juni 1943 wurde er Bischof von Meath. Am 13. Juli 1946 wurde er Erzbischof von Armagh und Primas von Irland.

Papst Pius XII. kreierte ihn im Konsistorium vom 12. Januar 1953 zum Kardinalpriester und verlieh ihm am 15. Januar 1953 den Kardinalshut und die Titelkirche S. Agata dei Goti. 1958 nahm er am Konklave teil, welches Johannes XXIII. wählte. Er war Teilnehmer der 1. Session des II. Vatikanischen Konzils 1962.

Er starb am 1. Februar 1963 in Dublin und wurde in der Kathedrale von Armagh beigesetzt.

McIntyre, James Francis (1886–1979)

McIntyre wurde am 25. Juni 1886 in New York im Bundesstaat New York in den USA geboren. Er studierte am Saint Joseph's Seminary in Dunwoodie, Yonkers bei New York.

Am 21. Mai 1921 wurde er in New York von Erzbischof Patrick Joseph Hayes von New York zum Priester geweiht. 1921–1923 war er als Kaplan in der Seelsorge der Erzdiözese New York tätig, bevor er in die Verwaltung der Erzdiözese wechselte. 1923–1934 war er Vizekanzler und 1934–1944 Kanzler der Erzdiözese New York. 1934 wurde er päpstlicher Geheimkämmerer und 1936 päpstlicher Hausprälat.

Am 16. November 1944 wurde er zum Titularbischof von Cyrene und Weihbischof in New York ernannt. Die Bischofsweihe empfing er am 8. Januar 1945 in New York von Erzbischof Francis Joseph Spellman von New York. Am 27. Januar 1945 wurde er Generalvikar der Erzdiözese New York. Am 20. Juli l946 wurde er zum Titularerzbischof von Palto und Koadjutorerzbischof von New York ernannt; am 7. Februar 1948 erfolgte die Ernennung zum Erzbischof von Los Angeles.

Papst Pius XII. kreierte ihn im Konsistorium vom 12. Januar 1953 zum Kardinalpriester und verlieh ihm am 15. Januar 1953 den Kardinalshut und die Titelkirche S. Anastasia. Er nahm an den Konklaven von 1958, welches Johannes XXIII. wählte, und von 1963, welches Paul VI. wählte, teil. 1962–1965 war er Teilnehmer des II. Vatikanischen Konzils. Am 21. Januar 1970 verzichtete er auf die Leitung der Erzdiözese. Da er bereits die Altersgrenze von 80 Jahren überschritten hatte, verlor er am 1. Januar 1971 das Recht der Teilnahme am Konklave.

Er starb am 16. Juli 1979 in Los Angeles und wurde zunächst im Bischofsmausoleum des Calvary Friedhofs in Los Angeles beigesetzt. 2003 wurden seine sterblichen Überreste in die neue Kathedrale „Our Lady of the Angels" überführt.

Lercaro, Giacomo (1891–1976)

Lercaro wurde am 28. Oktober 1891 in Quinto al Mare in Ligurien im Königreich Italien, heute Republik Italien, geboren. Er studierte am erzbischöflichen Priesterseminar von Genua.

Am 25. Juni 1914 wurde er in Genua von Bischof Ildefonso Vincenzo Pisani C.R.L., dem früheren Bischof von Anglona-Tursi, zum Priester geweiht. 1914–1915 besuchte er in Rom das Päpstliche Bibelinstitut, musste aber während des Ersten Weltkrieges als Militärgeistlicher seinen Dienst tun. 1918–1923 war er Präfekt am Seminar von Genua, 1921–1923 Dozent und 1923–1927 Professor für Patrologie und Bibelwissenschaft. 1927–1937 war er Religionslehrer in verschiedenen Schulen Genuas. Er engagierte sich in mehreren sozialen Projekten, initiierte Bildungsprogramme und wurde 1937 Pfarrer in einer armen Vorstadtgemeinde von Genua. 1946 wurde er päpstlicher Hausprälat.

Am 31. Januar 1947 wurde er zum Erzbischof von Ravenna ernannt. Die Bischofsweihe empfing er am 19. März 1947 in Genua von Erzbischof Giuseppe Siri von Genua. Am 19. April 1952 wurde er Erzbischof von Bologna.

Papst Pius XII. kreierte ihn im Konsistorium vom 12. Januar 1953 zum Kardinalpriester und verlieh ihm am 15. Januar 1953 den Kardinalshut und die Titelkirche S. Maria in

Traspontina. Er nahm an den Konklaven von 1958, welches Johannes XXIII. wählte, und von 1963, welches Paul VI. wählte, teil. Ebenso nahm er am II. Vatikanischen Konzil 1962–1965 teil und war ab 1963 einer der vier Konzilsmoderatoren. Er engagierte sich vor allem in der Erneuerung der Liturgie und war 1966–1968 Präsident der Päpstlichen Kommission für die Liturgiereform. Er nahm an der ersten Bischofssynode nach dem Konzil 1967 teil. Nach einigen Meinungsverschiedenheiten mit Paul VI. nahm der Papst sein Rücktrittsgesuch am 12. Februar 1968 aus Altersgründen an.

Er lebte in den letzten Jahren in der „Villa San Giacomo" in Bologna mit jungen Menschen zusammen. Am 28. Oktober 1971 verlor er mit der Erreichung der Altersgrenze von 80 Jahren das Recht der Teilnahme am Konklave.

Er starb am 18. Oktober 1976 in Bologna und wurde in der Kathedrale von Bologna beigesetzt.

Wyszynski, Stefan (1901–1981)

Wyszynski wurde am 3. August 1901 in Zuzela am Bug in der heutigen Woiwodschaft Masowien im damals vom russischen Zarenreich beherrschten Königreich Polen, auch Kongresspolen genannt, heute Republik Polen, geboren. Er studierte am Priesterseminar Wloclawek.

Am 3. August 1924 wurde er von Bischof Wojciech Owczarek, dem Weihbischof in Włocławek zum Priester geweiht. Nach einem kurzen Einsatz in der Seelsorge studierte er an der Katholischen Universität Lublin 1924–1929 kanonisches Recht und Sozialwissenschaften, wo er in kanonischem Recht promoviert und habilitiert wurde. Daneben wirkte er immer auch in der Seelsorge. 1931 wurde er Dozent für Sozialwissenschaften am Priesterseminar in Wloclawek und wirkte in der sozialen Bildungsarbeit bei christlichen Gewerkschaften. 1937 wurde er Mitglied des Sozialrates des Primas von Polen. Während des Warschauer Aufstandes 1944 war er Kaplan der polnischen Untergrundarmee. 1945 wurde er Regens des Priesterseminars in Wloclawek.

Am 4. März 1946 wurde er zum Bischof von Lublin ernannt. Die Bischofsweihe empfing er am 12. Mai 1946 in Tschenstochau von Kardinal August Hlond S.D.B., dem Erzbischof von Gnesen und Posen und Primas von Polen. Am 12. November 1948 wurde er zum Erzbischof von Gnesen und Primas von Polen und in Personalunion zum Erzbischof von Warschau ernannt. Von 1949 bis 1956 war er vom kommunistischen Regime von Polen inhaftiert.

Papst Pius XII. kreierte ihn im Konsistorium vom 12. Januar 1953 zum Kardinalpriester. Da er in dieser Zeit inhaftiert war, konnte ihm der Papst den Kardinalshut und die Titelkirche S. Maria in Trastevere erst am 18. Mai 1957 verleihen. Er nahm an den Konklaven von 1958, welches Johannes XXIII. wählte, von 1963, welches Paul VI. wählte, von August 1978, welches Johannes Paul I. wählte und von Oktober 1978, welches Johannes Paul II. wählte, teil. Ebenso nahm er am II. Vatikanischen Konzil 1962–1965 teil. Die kommunistischen Behörden verboten ihm seine Teilnahme an der ersten Bischofssynode 1967. An den folgenden Bischofssynoden 1969, 1971, 1974 u. 1977 nahm er aber teil.

Er starb am 28. Mai 1981 in Warschau und wurde in der Johanneskathedrale von Warschau beigesetzt.

Arriba y Castro, Benjamín de (1886–1973)

Arriba y Castro wurde am 8. April 1886 in Santa Maria de Peñamayor bei Lugo in der Provinz Galicien im Königreich Spanien geboren. Nach der Schulzeit studierte er am Priesterseminar von Madrid und an der Päpstlichen Universität von Toledo. Als Seminarist des spanischen Kollegs studierte er an der Päpstlichen Universität Gregoriana in Rom und der Päpstlichen Akademie St. Thomas von Aquin.

Am 14. Juli 1912 wurde er in Rom von Kardinalstaatssekretär Rafael Merry del Val zum Priester geweiht. 1913–1921 wirkte er als Lehrer am Seminar von Madrid. 1921 wurde er Kanoniker an der Kathedrale von Madrid und wirkte bis 1930 als Kanzleisekretär der Diözese Madrid. 1930–1932 war er Pro-Generalvikar und 1932–1935 Generalvikar der Diözese Madrid.

Am 1. Mai 1935 wurde er zum Bischof von Mondoñedo ernannt. Die Bischofsweihe empfing er am 16. Juni 1935 in Madrid von Bischof Leopoldo Eijo Garay von Madrid. Am 8. August 1944 wurde er zum Bischof von Oviedo und am 22. Januar 1949 zum Erzbischof von Tarragona ernannt.

Papst Pius XII. kreierte ihn im Konsistorium vom 12. Januar 1953 zum Kardinalpriester und verlieh ihm am 15. Januar 1953 den Kardinalshut und die Titelkirche SS. Vitale, Valeria, Gervasio e Protasio. Er nahm an den Konklaven von 1958, welches Johannes XXIII. wählte, und von 1963, welches Paul VI. wählte, teil. Ebenso nahm er am II. Vatikanischen Konzil 1962–1965 teil. Am 19. November 1970 trat er vom Amt des Erzbischofs zurück. Da er bereits die Altersgrenze von 80 Jahren überschritten hatte, verlor er am 1. Januar 1971 das Recht der Teilnahme am Konklave.

Er starb am 8. März 1973 in Barcelona und wurde in der Pfarrkirche San Pablo in Tarragona beigesetzt.

Quiroga Palacios, Fernando (1900–1971)

Quiroga Palacios wurde am 21. Januar 1900 in San Pedro de Maceda in der Provinz Orense in Galicien im Königreich Spanien geboren. Er studierte am Priesterseminar von Orense und an der Päpstlichen Universität von Santiago de Compostela.

Am 10. Juni 1922 wurde er in Santiago de Compostela zum Priester geweiht. Er setzte seine Studien in Santiago de Compostela und am Päpstlichen Bibelinstitut in Rom als Seminarist des spanischen Kollegs bis 1925 fort. Dann übernahm er seelsorgerliche Aufgaben in der Diözese Orense und war 1925–1942 Dozent und Spiritual am Priesterseminar von Orense. 1942 wurde er Kanoniker an der Kathedrale von Valladolid und wirkte bis 1945 in der Seelsorge der Erzdiözese sowie als Dozent und Spiritual am Priesterseminar von Valladolid.

Am 24. November 1945 wurde er zum Bischof von Mondoñedo ernannt. Die Bischofsweihe empfing er am 25. März 1946 in Valladolid von Erzbischof Antonio García y García von Valladolid. Am 4. Juni 1949 wurde er zum Erzbischof von Santiago de Compostela ernannt.

Papst Pius XII. kreierte ihn im Konsistorium vom 12. Januar 1953 zum Kardinalpriester. Das rote Birett setzte ihm in Madrid General Francisco Franco auf. Am 29. Oktober 1953 verlieh ihm Pius XII. den Kardinalshut und die Titelkirche S. Agostino. Als Erzbischof von Santiago de Compostela feierte er 1954, 1965 und 1971 heilige Jahre in Santiago de Compostela. Er nahm an den Konklaven von 1958, welches Johannes XXIII. wählte, und von 1963, welches Paul VI. wählte, teil. Ebenso nahm er am II. Vatikanischen Konzil 1962–1965 teil. 1966–1969 war er erster Präsident der spanischen Bischofskonferenz und nahm an den beiden ersten Bischofssynoden 1967 und 1969 teil.

Er starb am 7. Dezember 1971 in Madrid und wurde in der Kathedrale von Santiago de Compostela beigesetzt.

Léger P.S.S., Paul Émile (1904–1991)

Leger wurde am 26. April 1904 in Salaberry-de-Valleyfield in der Provinz Québec in Kanada geboren. Wegen Krankheit musste er die Schule einige Jahre unterbrechen und arbeitete als Mechaniker, Eisenbahnarbeiter und Metzger. 1925 trat er in das Priesterseminar von Montréal ein und schloss sein Studium mit einem Lizentiat in Theologie ab.

Am 25. Mai 1929 wurde er in Montréal von Koadjutor-Erzbischof George Gauthier von Montréal zum Priester geweiht. Kurz darauf ging er nach Frankreich und trat in die Priestergemeinschaft der Sulpizianer ein. Er absolvierte 1929–1930 das Noviziat in Issy-les-Moulineaux bei Paris und studierte ab 1930 in Paris am Institute Catholique. 1931 wurde er dort in kanonischem Recht promoviert. 1931–1932 war er Dozent am Seminar St. Sulpice in Paris und 1932/33 stellvertretender Novizenmeister seiner Kongregation in Paris. Er kehrte kurz nach Kanada zurück und wurde im September 1933 nach Japan gesandt, wo er das Fukuoka Seminar begründete, welches den einheimischen Klerus ausbilden sollte. Er wirkte in Japan in der Seelsorge und lehrte bis 1939 Philosophie am von ihm begründeten Seminar. 1939–1940 war er Dozent für Soziologie am theologischen Seminar von Montréal und am apologetischen Institut Pius XI. in Montréal. 1940–1947 war er Generalvikar und Kathedralkanoniker und -pfarrer von Montréal, 1942 wurde er päpstlicher Hausprälat. 1947–1950 war er Rektor des kanadischen Kollegs in Rom.

Am 25. März 1950 wurde er zum Erzbischof von Montréal ernannt. Die Bischofsweihe empfing er am 26. April 1950 in der Kirche S. Maria degli Angeli in Rom von Kardinal Adeodato Giovanni Piazza O.C.D., dem Sekretär der Konsistorialkongregation.

Papst Pius XII. kreierte ihn im Konsistorium vom 12. Januar 1953 zum Kardinalpriester und verlieh ihm am 15. Januar 1953 den Kardinalshut und die Titelkirche S. Maria degli Angeli. Er nahm an den Konklaven von 1958, welches Johannes XXIII. wählte, von 1963, welches Paul VI. wählte, von August 1978, welches Johannes Paul I.

wählte und von Oktober 1978, welches Johannes Paul II. wählte, teil. Ebenso nahm er am II. Vatikanischen Konzil 1962–1965 teil und an der ersten Bischofssynode nach dem Konzil 1967. Am 20. April 1968 verzichtete er auf die Erzdiözese und wirkte fortan auf einer Leprastation in Yaoundé in Kamerun. 1979 kehrte er aus gesundheitlichen Gründen nach Kanada zurück und engagierte sich in mehreren humanitären Projekten und wirkte als Geistlicher in einer Pfarrei. Am 26. April 1984 verlor er mit Erreichen der Altersgrenze von 80 Jahren das Recht der Teilnahme am Konklave.

Er starb am 13. November 1991 in Montréal und wurde in der Kathedrale von Montréal beigesetzt.

Luque Sánchez, Crisanto (1889–1959)
Luque Sánchez wurde am 1. Februar 1889 in Tenjo in der Region Bogotá in Kolumbien geboren. Er studierte am Priesterseminar in Bogotá.

Am 28. Oktober 1916 wurde er in Bogotá von Erzbischof Bernardo Herrera Restrepo von Bogotá zum Priester geweiht. 1916–1931 war er als Kaplan in einem Krankenhaus und in einer Pfarrei in Bogotá sowie als Pfarrer in Guachetá tätig.

Am 16. Januar 1931 wurde er zum Titularbischof von Croe und Weihbischof in Tunja ernannt. Die Bischofsweihe empfing er am 3. Mai 1931 in Bogotá von Erzbischof Paolo Giobbe, dem Nuntius in Kolumbien. 1931–1932 war er Generalvikar und 1932 Apostolischer Administrator der Diözese Tunja. Am 9. September 1932 wurde er Bischof von Tunja. Die Ernennung zum Erzbischof von Bogotá und Militärvikar von Kolumbien erfolgte am 14. Juli 1950.

Papst Pius XII. kreierte ihn im Konsistorium vom 12. Januar 1953 zum Kardinalpriester und verlieh ihm am 15. Januar 1953 den Kardinalshut und die Titelkirche SS. Cosma e Damiano. Er nahm 1955 an der 1. Generalkonferenz des lateinamerikanischen Episkopates in Rio de Janeiro in Brasilien teil. 1958 nahm er am Konklave teil, welches Johannes XXIII. wählte.

Er starb am 7. Mai 1959 in Bogotá und wurde in der Kathedrale von Bogotá beigesetzt.

Gracias, Valerian (1901–1978)
Gracias wurde am 23. Oktober 1900 in Karachi, damals Britisch-Indien, heute Pakistan geboren. Er studierte 1921–1926 am Päpstlichen Seminar in Kandy auf Ceylon (heute Sri Lanka) und wurde in Theologie promoviert.

Am 3. Oktober 1926 wurde er in Kandy zum Priester geweiht und wirkte anschließend ein Jahr als Kaplan in der Gemeindeseelsorge. 1927–1929 studierte er an der Päpstlichen Universität Gregoriana in Rom. Nach seiner Rückkehr arbeitete er 1930–1937 als Sekretär von Erzbischof Joachim Lima S.J., von Bombay. 1937–1946 wirkte er in der Seelsorge unter Studenten und wirkte als Redakteur und Herausgeber mehrerer Zeitschriften. 1941 wurde er als erster Inder Pfarrer der Kathedrale von Bombay.

Am 16. Mai 1946 wurde er zum Titularbischof von Thennesus und Weihbischof in Bombay ernannt. Die Bischofsweihe spendete ihm am 29. Juni 1946 in Bombay Erzbischof Thomas Roberts S.J., von Bombay. Am 4. Dezember 1950 wurde er zum Erzbischof von Bombay ernannt.

Papst Pius XII. kreierte ihn im Konsistorium vom 12. Januar 1953 zum Kardinalpriester und verlieh ihm am 15. Januar 1953 den Kardinalshut und die Titelkirche S. Maria in via Lata. 1954–1972 war er Präsident der indischen Bischofskonferenz. Er nahm an den Konklaven von 1958, welches Johannes XXIII. wählte, und von 1963, welches Paul VI. wählte, teil. 1962–1965 gehörte er zu den Teilnehmern des II. Vatikanischen Konzils, 1967 und 1969 zu den Teilnehmern der beiden ersten Bischofssynoden nach dem Konzil, bei letzterer als delegierter Präsident. Wegen Krankheit konnte er am Konklave von August 1978 nicht teilnehmen.

Er starb am 11. September 1978 in Bombay und wurde in der Kathedrale von Bombay beigesetzt.

Wendel, Joseph (1901–1960)

Wendel wurde am 27. Mai 1901 in Blieskastel, damals Königreich Bayern im deutschen Kaiserreich, heute Bundesland Saarland in der Bundesrepublik Deutschland, geboren. 1921–1928 studierte er als Seminarist des *Collegium Germanicum et Hungaricum* an der Päpstlichen Universität Gregoriana in Rom, wo er in Philosophie und Theologie promoviert wurde.

Am 30. Oktober 1927 wurde er in Rom von Kardinalvikar Basilio Pompilj zum Priester geweiht. Nach einer kurzen Kaplanszeit wirkte er 1929–1943 als Direktor des Bischöflichen Studentenheims St. Joseph in Speyer und zusätzlich 1938–1943 als Direktor des Diözesan-Caritasverbandes.

Am 4. April 1941 wurde er zum Titularbischof von Lebessus in Lykien und Koadjutor *c.i.s.* von Speyer ernannt. Die Bischofsweihe empfing er am 29. Juni 1941 im Dom zu Speyer von Bischof Ludwig Sebastian von Speyer. Am 20. Mai 1943 wurde er Bischof von Speyer. Am 9. August 1952 wurde er zum Erzbischof von München und Freising ernannt.

Papst Pius XII. kreierte ihn im Konsistorium vom 12. Januar 1953 zum Kardinalpriester und verlieh ihm am 15. Januar 1953 den Kardinalshut und die Titelkirche S. Maria Nuova. 1956 wurde er zusätzlich zum ersten katholischen Militärbischof für die neugegründete deutsche Bundeswehr berufen. 1958 nahm er am Konklave teil, welches Johannes XXIII. wählte. 1960 richtete er in München den Eucharistischen Weltkongress aus.

Er starb am 31. Dezember 1960 und wurde im Münchner Liebfrauendom beigesetzt.

Ottaviani, Alfredo (1890–1979)

Ottaviani wurde am 29. Oktober 1890 in Rom im Stadtteil Trastevere im Königreich Italien, heute Republik Italien, geboren. Er studierte am Päpstlich-Römischen Seminar und am

Päpstlichen *Athenaeum S. Apollinare* und wurde in Philosophie, Theologie und kanonischem Recht promoviert. Später studierte er zusätzlich noch Zivilrecht.

Am 18. März 1916 wurde er in Rom zum Priester geweiht. 1916–1926 war er Dozent für Zivil- und Kirchenrecht am Päpstlichen *Athenaeum S. Apollinare* und am Päpstlichen *Athenaeum Urbanianum* der Kongregation *Propaganda Fide* und war Mitarbeiter der Kongregation *Propaganda Fide*. Darüber hinaus engagierte er sich 1916–1926 in der Seelsorge der Diözese Rom. 1922 wurde er päpstlicher Geheimkämmerer, 1926–1928 war er Rektor des böhmischen Seminars in Rom und 1927 wurde er päpstlicher Hausprälat. 1928–1929 war er Untersekretär der Kongregation für die außerordentlichen Angelegenheiten und wurde am 7. Juni 1929 zum Substituten des Staatsekretariates ernannt. 1931 wurde er Apostolischer Protonotar und am 19. Dezember 1935 wurde er zum Assessor des Heiligen Offiziums ernannt.

Papst Pius XII. kreierte ihn im Konsistorium vom 12. Januar 1953 zum Kardinaldiakon und verlieh ihm am 15. Januar 1953 den Kardinalshut und die Kirche S. Maria in Domnica als Titeldiakonie. Am 15. Januar 1953 wurde er Pro-Sekretär des Heiligen Offiziums. Er nahm am Konklave von 1958, welches Johannes XXIII. wählte, teil und wurde von diesem am 7. November 1959 zum Sekretär des Heiligen Offiziums ernannt. Am 3. August 1961 wurde er Kardinalprotodiakon.

Am 5. April 1962 wurde er zum Titularerzbischof von Berhoea ernannt und empfing am 19. April 1962 in der Lateranbasilika in Rom von Papst Johannes XXIII. die Bischofsweihe. Er war Präsident der theologischen Vorbereitungskommission für das II. Vatikanische Konzil und nahm 1962–1965 am II. Vatikanischen Konzil als einer der führenden konservativen Konzilsväter teil. 1963 nahm er am Konklave teil, welches Paul VI. wählte und verkündete als Kardinalprotodiakon dessen Wahl. Am 30. Juni 1963 krönte er den neuen Papst. Am 9. Februar 1966 wurde er zum Pro-Präfekten der Kongregation für die Glaubenslehre ernannt. Am 26. Juni 1967 optierte er für die Klasse der Kardinalpriester und Erhebung seiner Diakonie zur Titelkirche. Er nahm an der ersten Bischofssynode 1967 teil. Am 6. Januar 1968 verzichtete er auf die Leitung seiner Kongregation und erhielt den Titel Präfekt *emeritus* der Kongregation für die Glaubenslehre. Da er bereits die Altersgrenze von 80 Jahren überschritten hatte, verlor er am 1. Januar 1971 das Recht der Teilnahme am Konklave.

Er starb am 3. August 1979 im Vatikan und wurde in der Kirche S. Salvatore in ossibus im Vatikan beigesetzt.

Die Kardinäle von Papst Johannes XXIII. (1958 – 1963)

Montini, Giovanni Battista – Papst Paul VI. (1897 – 1978)
Montini wurde am 26. September 1897 in Concesio bei Brescia im Königreich Italien, heute Republik Italien, geboren. Er studierte zunächst am Seminar von Brescia und am Seminar von Mailand.

Am 29. Mai 1920 wurde er in Brescia von Bischof Giacinto Gaggia von Brescia zum Priester geweiht und ging anschließend an die Akademie für den kirchlichen Adel, um sich dort und an der Päpstlichen Universität Gregoriana, wo er promoviert wurde, auf den Dienst beim Heiligen Stuhl vorzubereiten. 1923 trat er in den Dienst des Heiligen Stuhls ein und wurde 1923 Stabsmitglied der Nuntiatur von Polen. 1924 – 1937 arbeitete er im Staatssekretariat. Daneben war er 1925 – 1933 nationaler kirchlicher Assistent der FUCI, der Studentensektion in der Katholischen Aktion. Dies brachte ihn in Kontakt mit vielen später führenden Politikern der Democrazia Christiana; besonders eng war die Freundschaft zu Andreotti und Aldo Moro. 1925 wurde er päpstlicher Geheimkämmerer. 1931 – 1937 war er Dozent an der Päpstlichen Diplomatenakademie; 1931 wurde er päpstlicher Hausprälat und 1936 Referendariatsprälat der Apostolischen Signatur. Am 13. Dezember 1937 wurde er Substitut des Staatssekretariates und einer der engsten Mitarbeiter von Kardinalstaatssekretär Pacelli sowie Sekretär der Chiffren. 1938 erfolgte die Ernennung zum Apostolischen Protonotar. Pius XII. besetzte das Amt des Kardinalstaatssekretärs nach dem Tod von Kardinal Maglione 1944 nicht mehr. Stattdessen ernannte er Montini zum Substituten für die ordentlichen Angelegenheiten der Kirche, Monsignore Tardini für die außerordentlichen Angelegenheiten. Weder 1946 noch 1953 wurden beide zu Kardinälen ernannt. Am 29. November 1952 wurde er zum Pro-Staatssekretär für die ordentlichen Angelegenheiten ernannt. Damit war die Kardinalswürde nicht in Aussicht, und Pius XII. teilte den neuen Kardinälen 1953 mit, die beiden Pro-Staatssekretäre hätten um Ablehnung des Kardinalates gebeten. Eine andere Version war, dass Tardini verzichtete, um eine eventuelle Papstkandidatur Montinis zu verhindern.

Am 1. November 1954 wurde er zum Erzbischof von Mailand ernannt. Am 12. Dezember 1954 wurde er in der Petersbasilika des Vatikans von Kardinaldekan Eugène Tisserant zum Bischof geweiht.

Papst Johannes XXIII. kreierte ihn im Konsistorium vom 15. Dezember 1958 zum Kardinalpriester und verlieh ihm am 18. Dezember 1958 den Kardinalshut und die Titelkirche SS. Silvestro e Martino ai Monti. Er nahm an der ersten Session des II. Vatikanischen Konzils 1962/1963 teil. Im Konklave von 1963 wurde er am 21. Juni 1963 zum Papst gewählt und nahm den Namen Paul VI. an. Von Kardinalprotodiakon Alfredo Ottaviani wurde er am 30. Juni 1963 gekrönt.

Das Pontifikat Pauls VI. war geprägt von der Fortführung und Beendigung des II. Vatikanischen Konzils (1965), den nachkonziliaren Reformen der Kurie und der Liturgie, von Reisen in alle Welt und vom Dialog mit den anderen christlichen Kirchen und anderen Religionen. 1975 feierte er ein Heiliges Jahr. Einige seiner sieben Enzykliken (u. a. *Populorum Progressio*, 1967, und *Humanae Vitae*, 1968) fanden ein großes Echo und lösten teilweise heftige Kontroversen aus.

Er kreierte in sechs Konsistorien 143 Kardinäle. Mit dem Motu proprio *Ad purpuratorum patrem* vom 11. Februar 1965 legte er fest, dass die Patriarchen der katholischen Ostkirchen, die dem Kardinalskollegium angehören, nicht mehr zum Klerus von Rom gehören sollen, sondern als Kardinalpatriarchen den Titel ihres eigenen Patriarchates tragen und zur Klasse der Kardinalbischöfe gehören sollen. In dem Motu proprio *Sacro Cardinalium Consilio* vom 24. Februar 1965 legte er fest, dass der Dekan und der Subdekan zukünftig aus dem Kreis der Kardinalbischöfe unabhängig von ihrem Dienstalter gewählt werden sollen. Die Wahl bedarf zur Gültigkeit der Bestätigung des Papstes. Mit dem Motu proprio *Ingravescentem aetatem* vom 21. November 1970 legte er fest, dass nur die Kardinäle, die das 80. Lebensjahr noch nicht vollendet haben, zur Teilnahme am Konklave berechtigt sind. Die Formalitäten des Konklaves ordnete er durch die Apostolische Konstitution *Romano Pontifici eligendo* vom 1. Oktober 1975 neu.

Paul VI. starb am 6. August 1978 in Castel Gandolfo und wurde in den Grotten von St. Peter begraben. Der Diözesanprozess für die Seligsprechung wurde am 11. Mai 1993 eröffnet und am 18. März 1999 beendet. Am 20. Dezember 2012 wurde von Benedikt XVI. die Promulgation des Dekrets angeordnet, welche ihm den Titel „Verehrungswürdiger Diener Gottes" zuerkannte.

Urbani, Giovanni (1900–1969)

Urbani wurde am 26. März 1900 in Venedig im Königreich Italien, heute Republik Italien, geboren und absolvierte seine Studien am Patriarchalseminar von Venedig, welche er im Ersten Weltkrieg kurz unterbrechen musste.

Am 24. September 1922 wurde er in Venedig in der Basilika SS. Maria e Donato di Murano von Kardinal Pietro La Fontaine, dem Patriarchen von Venedig, zum Priester geweiht. Anschließend war er Kaplan in mehreren Gemeinden Venedigs und studierte 1925–1926 kanonisches Recht an der juristischen Fakultät der Universität Venedig. Seit 1926 engagierte er sich in der Seelsorge für die Katholische Aktion. 1927–1945 wirkte er als Dozent am Patriarchalseminar. 1926 wurde er zum Kirchenanwalt ernannt. 1936 wurde er päpstlicher Geheimkämmerer, 1943 päpstlicher Hausprälat. 1943 wurde er Kanzler des Patriarchates. 1945 beauftrage ihn Pius XII., die Statuten der Katholischen Aktion zu prüfen und zu überarbeiten. 1946–1955 war er Sekretär und Nationalrat der Zentralkommission der Katholischen Aktion.

Am 26. Oktober 1946 wurde er zum Titularbischof von Assume ernannt und empfing am 8. Dezember 1946 in San Marco in Venedig von Kardinal Adeodato Giovanni Piazza O.C.D., dem Patriarchen von Venedig, die Bischofsweihe. Am 27. November 1948 wurde er Titularerzbischof von Sardes. Am 14. April 1955 erfolgte die Ernennung zum Bischof von Verona unter Beibehaltung des Titels Erzbischof *ad personam*. Am 11. November 1958 wurde er als Nachfolger von Johannes XXIII. Patriarch von Venedig.

Papst Johannes XXIII. kreierte ihn im Konsistorium vom 15. Dezember 1958 zum Kardinalpriester und verlieh ihm am 18. Dezember 1958 den Kardinalshut und die Titelkirche S. Prisca. 1962–1965 nahm er am II. Vatikanischen Konzil teil. Am 19. März 1962 optierte er für die Titelkirche S. Marco. 1963 nahm er am Konklave teil, welches Paul VI. wählte. 1966–1969 war er Vorsitzender der italienischen Bischofskonferenz. 1967 nahm er an der ersten Bischofssynode teil.

Er starb am 17. September 1969 in Venedig und wurde im Markusdom zu Venedig beigesetzt.

Giobbe, Paolo (1880–1972)

Giobbe wurde am 10. Januar 1880 in Rom im Königreich Italien, heute Republik Italien, geboren, studierte am Päpstlich-Römischen Seminar und wurde in Theologie und kanonischem Recht promoviert.

Am 4. Dezember 1904 wurde er in Rom zum Priester geweiht. 1904–1909 arbeitete er in der Seelsorge des Bistums Rom. 1909 wurde er päpstlicher Zeremoniar. 1909–1918 war er Zensor der römischen liturgischen Akademie, Mitarbeiter in der Kongregation *Propaganda Fide* und Assistent am Päpstlichen *Athenaeum Urbaniana* der Kongregation *Propaganda Fide*. 1917 wurde er päpstlicher Hausprälat, 1918–1925 war er Rektor des Päpstlichen *Athenaeum Urbaniana* der Kongregation *Propaganda Fide*.

Am 30. März 1925 wurde er zum Titularerzbischof von Ptolemais in Thebaide ernannt. Die Bischofsweihe empfing er am 26. April 1925 in Rom von Kardinalstaatssekretär Pietro Gasparri. Am 16. Juni 1925 wurde er zum Nuntius in Kolumbien ernannt, am 12. August 1935 zum Internuntius mit dem Titel Nuntius *ad personam* in den Niederlanden.

Papst Johannes XXIII. kreierte ihn im Konsistorium vom 15. Dezember 1958 zum Kardinalpriester und verlieh ihm am 18. Dezember 1958 den Kardinalshut und die Titelkirche S. Maria in Vallicella. Am 14. November 1959 wurde er zum Kardinaldatar ernannt und hatte dieses Amt bis zu dessen Aufhebung am 1. Januar 1968 inne. Am 8. August 1961 wurde er zum Kardinalpatron des Malteserordens ernannt. 1962–1965 nahm er am II. Vatikanischen Konzil teil. 1963 nahm er am Konklave teil, welches Paul VI. wählte. Da er bereits die Altersgrenze von 80 Jahren überschritten hatte, verlor er am 1. Januar 1971 das Recht zur Teilnahme am Konklave.

Er starb am 14. August 1972 in Rom und wurde in der Kapelle der Kongregation für die Evangelisierung der Völker auf dem römischen Friedhof Campo Verano beigesetzt.

Fietta, Giuseppe (1883–1960)

Fietta wurde am 6. November 1883 in Ivrea in Piemont im Königreich Italien, heute Republik Italien, geboren. Er studierte an der Päpstlichen Universität Gregoriana in Rom.

Am 4. November 1906 wurde er in Ivrea zum Priester geweiht und war 1907–1923 Sekretär des Bischofs von Alghero, Oristano, und Cagliari. 1920 wurde er päpstlicher Hausprälat. 1923–1924 wirkte er als Regens des Priesterseminars von Alghero und Kanoniker der dortigen Kathedrale. Er trat in den Dienst des Heiligen Stuhls und wurde

1924 Nuntiatursekretär der Nuntiatur von Costa Rica, deren Geschäfte er 1925 interimistisch als Charge d'affaires führte.

Am 30. März 1926 wurde er zum Titularerzbischof von Sardica ernannt. Die Bischofsweihe empfing er am 10. Oktober 1926 in Rom von Kardinal Giovanni Bonzano. Am 27. September 1926 wurde er zum Internuntius von Zentralamerika ernannt. Am 23. September 1930 wurde er zum Nuntius in Haiti und in der Dominikanischen Republik, am 12. August 1936 zum Nuntius in Argentinien und am 26. Januar 1953 zum Nuntius in Italien ernannt.

Papst Johannes XXIII. kreierte ihn im Konsistorium vom 15. Dezember 1958 zum Kardinalpriester und verlieh ihm am 18. Dezember 1958 den Kardinalshut und die Titelkirche S. Paolo Apostolo alla Regola.

Er starb am 1. Oktober 1960 in Ivrea und wurde in der Kathedrale von Ivrea beigesetzt.

Cento, Fernando (1883–1973)

Cento wurde am 10. August 1883 in Pollenza in der Provinz Macerata im Königreich Italien, heute Republik Italien, geboren. Er studierte zunächst Theologie und Philosophie am Priesterseminar von Macerata und anschließend kanonisches Recht an der Päpstlichen Universität Gregoriana in Rom.

Am 23. Dezember 1905 wurde er in Macerata zum Priester geweiht. Er ging erneut nach Rom und studierte an der staatlichen Universität La Sapienza, wo er in Literaturwissenschaften promoviert wurde. Nach seiner Rückkehr war er 1906–1916 Dozent für Literatur am Seminar von Macerata und für Philosophie am staatlichen Gymnasium von Macerata. 1915–1917 war er im Ersten Weltkrieg als Sanitäter in Ancona eingesetzt. Er gründete eine kirchliche Wochenzeitung und wurde 1916–1918 Sekretär von Erzbischof Tacci, dem päpstlichen Maiordomus. 1917 wurde er päpstlicher Geheimkämmerer. 1919–1922 war er Kanoniker an der Kathedrale von Macerata und Pfarrer der Kathedralpfarrei.

Am 22. Juli 1922 wurde er zum Bischof von Acireale auf Sizilien ernannt. Die Bischofsweihe empfing er am 3. September 1922 in Macerata durch Kardinal Giovanni Tacci, den Sekretär der Ostkirchenkongregation. Am 24. Juni 1926 wurde er zum Titularerzbischof von Seleucia Pieria und Nuntius in Venezuela ernannt, am 26. Juli 1936 zum Nuntius in Peru. Am 25. Juli 1937 wurde er Nuntius von Ecuador, am 9. März 1946 Nuntius in Belgien und Luxemburg. Am 26. Oktober 1953 wurde er schließlich Nuntius in Portugal.

Papst Johannes XXIII. kreierte ihn im Konsistorium vom 15. Dezember 1958 zum Kardinalpriester und verlieh ihm am 12. März 1959 den Kardinalshut und die Titelkirche S. Eustachio. Am 12. Februar 1962 wurde er zum Kardinalgroßpönitentiar ernannt. 1962–1965 nahm er am II. Vatikanischen Konzil teil. 1963 nahm er am Konklave teil, welches Paul VI. wählte.

Am 23. April 1965 wurde er zum Kardinaltitularbischof der suburbikarischen Diözese Velletri ernannt. Am 6. April 1967 legte er das Amt des Großpönitentiars nieder.

Da er bereits die Altersgrenze von 80 Jahren überschritten hatte, verlor er am 1. Januar 1971 das Recht zur Teilnahme am Konklave.

Er starb am 13. Januar 1973 in Rom und wurde in der Pfarrkirche von Pollenza beigesetzt.

Chiarlo, Carlo (1881–1964)

Chiarlo wurde am 4. November 1881 in Pontremoli in der Toskana im Königreich Italien, heute Republik Italien, geboren. Er studierte am Priesterseminar von Lucca und am Päpstlichen *Athenaeum* St. Thomas von Aquin (*Angelicum*) in Rom.

Am 28. Mai 1904 wurde er in Lucca zum Priester geweiht. 1904–1917 war er Dozent am Priesterseminar von Lucca und engagierte sich in der Seelsorge dieser Erzdiözese. 1917 trat er in den diplomatischen Dienst des Vatikans ein und war bis 1922 Nuntiatursekretär und zeitweilig Geschäftsführer der Nuntiatur in Peru. 1918 war er päpstlicher Geheimkämmerer geworden. 1922–1928 war er Auditor der Nuntiatur in Polen.

Am 12. Oktober 1928 wurde er zum Titularerzbischof von Amida ernannt. Die Bischofsweihe empfing er am 11. November 1928 in der Kapelle des lateinamerikanischen Kollegs in Rom von Kardinalstaatssekretär Pietro Gasparri. Am 12. November 1928 wurde er zum Nuntius in Bolivien ernannt, am 7. Januar 1932 zum Nuntius in Costa Rica, Honduras, Nicaragua, El Salvador und Panama. 1941 wurde er nach Rom zurückberufen und mit der Hilfe für Kriegsgefangene während des Zweiten Weltkrieges beauftragt. 1945 leitete er die päpstliche Mission in Deutschland. Am 19. März 1946 wurde er zum Nuntius in Brasilien ernannt. 1954 kehrte er nach Rom zurück und wurde Nuntius zur besonderen Verwendung im Staatssekretariat.

Papst Johannes XXIII. kreierte ihn im Konsistorium vom 15. Dezember 1958 zum Kardinalpriester und verlieh ihm am 18. Dezember 1958 den Kardinalshut und die Titelkirche S. Maria in Portico Campitelli. 1962–1963 nahm er an den beiden ersten Sessionen des II. Vatikanischen Konzils teil. 1963 nahm er am Konklave teil, welches Paul VI. wählte.

Er starb am 21. Januar 1964 in Lucca und wurde auf dem städtischen Friedhof von Lucca beigesetzt.

Cicognani, Amleto Giovanni (1883–1973)

Cicognani wurde am 24. Februar 1883 in Brisighella in der Provinz Ravenna im Königreich Italien, heute Republik Italien, geboren. Er war der jüngere Bruder von Kardinal Gaetano Cicognani (1953 kreiert). Er studierte am Priesterseminar von Faenza.

Am 23. September 1905 wurde er in Faenza von Bischof Gioacchino Cantagalli von Faenza zum Priester geweiht. Er ging zum Aufbaustudium nach Rom und studierte dort bis 1910 am Päpstlichen *Athenaeum S. Apollinare*, wo er in Theologie und Kirchenrecht promoviert wurde. 1910 wurde er Mitarbeiter der Kongregation für die Sakramentendisziplin, 1914 der Konsistorialkongregation. 1917 wurde er päpstlicher Geheimkämmerer. 1921–1932 war er Dozent am Päpstlichen *Athenaeum S. Apollinare*. 1922 wurde er beigeordneter Substitut der Konsistorialkongregation und 1923 päpstlicher Hausprälat. 1924 war er als Apostolischer Visitator für die Ordensgemeinschaft der Scalabriner in den USA und 1926 in Brasilien. In Rom wirkte er 1926–1932 als Studentenseelsorger. Am 16. Februar 1928 wurde er zum Assessor der Ostkirchenkongregation ernannt, am 2. Dezember 1929 zum Sekretär der Kardinalskommission für die Kodifizierung des orientalischen Kirchenrechtes. 1932 erfolgte die Ernennung zum Apostolischen Protonotar.

Am 17. März 1933 wurde er zum Titularerzbischof von Laodicea in Phrygia ernannt. Die Bischofsweihe empfing er am 23. April 1933 in der Kirche S. Susanna in Rom von Kardinal Raffaele Carlo Rossi O.C.D., dem Sekretär der Konsistorialkongregation. Am 23. April 1933 wurde er zum Apostolischen Delegaten in den USA ernannt.

Papst Johannes XXIII. kreierte ihn im Konsistorium vom 15. Dezember 1958 zum Kardinalpriester und verlieh ihm am 18. Dezember 1958 den Kardinalshut und die Titelkirche S. Clemente. Dazu brauchte er einen Dispens vom Kanon 232,3 des CIC von 1917, der die Aufnahme leiblicher Brüder in das Kardinalskollegium verbot. Am 14. November 1959 wurde er zum Sekretär der Ostkirchenkongregation ernannt. Am 12. August 1961 erfolgte die Ernennung zum Kardinalstaatssekretär sowie zum Präsidenten der Päpstlichen Kommission für die Vatikanstadt und Präsidenten der Kardinalskommission für die Vermögensverwaltung des Heiligen Stuhls. Zusätzlich wurde er am 4. Oktober 1961 noch zum Präsidenten der Kardinalskommission für besondere Verwaltungsaufgaben des Heiligen Stuhls ernannt. 1962–1965 nahm er am II. Vatikanischen Konzil teil. Nach dem Tod seines Bruders wurde er am 23. Mai 1962 zum Kardinaltitularbischof der suburbikarischen Diözese von Frascati ernannt. 1963 nahm er am Konklave teil, welches Paul VI. wählte. 1967 und 1969 nahm er an den beiden ersten Bischofssynoden teil. Am 7. Mai 1968 wurde er Präsident der Vermögensverwaltung des Heiligen Stuhls. Am 30. April 1969 verzichtete er auf alle seine Ämter und erhielt am 8. Mai 1969 den Titel Kardinalstaatssekretär *emeritus*. Da er bereits die Altersgrenze von 80 Jahren überschritten hatte, verlor er am 1. Januar 1971 das Recht zur Teilnahme am Konklave. Am 24. Mai 1972 wurde er von den Kardinalbischöfen zum Dekan des Kardinalskollegiums gewählt und von Paul VI. bestätigt. Er erhielt zusätzlich noch den Titel eines Kardinalbischofs von Ostia.

Er starb am 17. Dezember 1973 im Vatikan und wurde in der in der Kirche S. Clemente in Rom beigesetzt.

Garibi Rivera, José (1889–1972)

Garibi Rivera wurde am 30. Januar 1889 in Guadalajara in Mexiko geboren. 1907–1912 studierte er am Priesterseminar von Guadalajara.

Am 25. Februar 1912 wurde er in Guadalajara von Erzbischof José de Jesús Ortiz von Guadalajara zum Priester geweiht. Danach war er als Lateinlehrer am Seminar von Guadalajara tätig. 1913–1916 lebte er in Rom am lateinamerikanischen Kolleg und studierte an der Päpstlichen Universität Gregoriana, wo er ein Doktorat in Theologie und ein Lizentiat in Kirchenrecht erwarb. Nach seiner Rückkehr nach Mexiko 1916 war er zunächst Seminarpräfekt in Totatiche, danach Kaplan in mehreren Gemeinden. 1918 wurde er Dozent für Philosophie am Priesterseminar von Guadalajara und engagierte sich weiter in der Seelsorge. Im Laufe der Jahre kamen im Seminar noch weitere Fächer hinzu, die er unterrichtete. 1920–1924 war er Offizial der Erzdiözese, später wurde er Kanzler und Kanoniker an der Kathedrale und war in die Verwaltung der Diözese intensiv eingebunden.

Am 16. Dezember 1929 wurde er zum Titularbischof von Roso und Weihbischof in Guadalajara ernannt. Die Bischofsweihe empfing er am 7. Mai 1930 in Guadalajara von Erzbischof Francisco Orozco Jiménez von Guadalajara. Am 1. Januar 1933 wurde er Generalvikar von Guadalajara. Die Ernennung zum Titularerzbischof von Bizia und Koadjutor *c.i.s.* von Guadalajara erfolgte am 22. Dezember 1934, die Ernennung zum Erzbischof von Guadalajara am 18. Februar 1936. 1948 wurde er Päpstlicher Thronassistent. Er war Vorsitzender der mexikanischen Bischofskonferenz in sechs aufeinanderfolgenden Perioden.

Papst Johannes XXIII. kreierte ihn im Konsistorium vom 15. Dezember 1958 zum Kardinalpriester und verlieh ihm am 18. Dezember 1958 den Kardinalshut und die Titelkirche S. Onofrio. 1962–1965 nahm er am II. Vatikanischen Konzil teil. 1963 nahm er am Konklave teil, welches Paul VI. wählte. Am 1. März 1969 verzichtete er auf die Leitung der Erzdiözese aus Altersgründen. Da er bereits die Altersgrenze von 80 Jahren überschritten hatte, verlor er am 1. Januar 1971 das Recht zur Teilnahme am Konklave.

Er starb am 27. Mai 1972 in Guadalajara und wurde in der Kathedrale von Guadalajara beigesetzt.

Barbieri O.F.M.Cap., Antonio María (1892–1979)
Barbieri wurde am 12. Oktober 1892 in Montevideo in Uruguay geboren und erhielt den Taufnamen Alfredo. Am 8. Dezember 1913 trat er in den Kapuzinerorden ein und wurde 1915 nach Italien gesandt. Dort absolvierte er in Genua sein Noviziat und legte 1916 seine Gelübde ab, wobei der den Ordensnamen Antonio Maria erhielt. Seine Studien absolvierte er in Häusern seines Ordens und an der Päpstlichen Universität Gregoriana in Rom.

Am 17. Dezember 1921 wurde er in der Lateranbasilika in Rom zum Priester geweiht. Er setzte seine Studien an der Päpstlichen Universität Gregoriana bis zur Promotion in Theologie 1923 fort. Er kehrte nach Uruguay zurück und wirkte in der Seelsorge in Montevideo. Er war weiterhin Dozent sowie Rektor verschiedener Kapuzinerschulen in Argentinien, Guardian des Kapuzinerkonventes in Montevideo und Provinzial seines Ordens in Uruguay.

Am 6. Oktober 1936 wurde er zum Titularerzbischof von Macra und Koadjutor *c.i.s.* von Montevideo ernannt. Die Bischofsweihe empfing er am 8. November 1936 in Montevideo von Erzbischof Filippo Cortesi, dem Nuntius in Argentinien. Am 20. November 1940 wurde er Erzbischof von Montevideo, am 11. November 1953 Päpstlicher Thronassistent. 1955 nahm er an der 1. Generalversammlung des lateinamerikanischen Episkopates in Rio de Janeiro in Brasilien teil.

Papst Johannes XXIII. kreierte ihn im Konsistorium vom 15. Dezember 1958 zum Kardinalpriester und verlieh ihm am 18. Dezember 1958 den Kardinalshut und die Titelkirche S. Crisogono. 1962–1965 nahm er am II. Vatikanischen Konzil teil. 1963 nahm er am Konklave teil, welches Paul VI. wählte. Mit Erreichen der Altersgrenze von 80 Jahren verlor er am 12. Oktober 1972 das Recht zur Teilnahme am Konklave. Am 17. November 1976 legte er die Leitung der Erzdiözese Montevideo nieder.

Er starb am 6. Juli 1979 in Montevideo und wurde in der dortigen Kathedrale beigesetzt.

Godfrey, William (1889–1963)
Godfrey wurde am 25. September 1889 in Liverpool im Vereinigten Königreich Großbritannien und Irland geboren. 1903–1910 verbrachte er seine Schulzeit am Ushaw College in Durham und ging danach bis 1917 als Seminarist des englischen Kollegs nach Rom, um an der Päpstlichen Universität Gregoriana zu studieren.

Am 28. Oktober 1916 wurde er in Rom zum Priester geweiht und setzte seine Studien in Rom fort. 1917 wurde er in Theologie und in Philosophie promoviert. Nach seiner Rückkehr war er bis 1919 Kaplan in Liverpool und anschließend bis 1930 Dozent am Ushaw College in Durham. 1930 wurde er päpstlicher Hausprälat und war bis 1938 Rektor des englischen Kollegs in Rom. 1935 wurde er Mitglied der Päpstlichen Kommission für Malta, und 1938 war er Apostolischer Visitator für die Seminarien und Kollegien in England, Wales und Malta.

Am 21. November 1938 wurde er zum Titularerzbischof von Cius und Apostolischen Delegaten für Großbritannien, Gibraltar, Malta und die Bermudas ernannt. Die Bischofsweihe empfing er am 21. Dezember 1938 in der Kapelle des englischen Kollegs in Rom von Kardinal Raffaele Carlo Rossi O.C.D., dem Sekretär der Konsistorialkongregation. 1943 leitete er kurz als Chargé d'affaires die Nuntiatur des Heiligen Stuhls in Polen. Am 10. November 1953 wurde er Erzbischof von Liverpool, am 3. Dezember 1956 Erzbischof von Westminster.

Papst Johannes XXIII. kreierte ihn im Konsistorium vom 15. Dezember 1958 zum Kardinalpriester und verlieh ihm am 18. Dezember 1958 den Kardinalshut und die Titelkirche SS. Nereo ed Achilleo. 1962 nahm er an der 1. Session des II. Vatikanischen Konzils teil.

Er starb am 22. Januar 1963 in London und wurde in der Kathedrale von Westminster in London beigesetzt.

Confalonieri, Carlo (1893–1986)
Confalonieri wurde am 25. Juli 1893 in Seveso in der Provinz Monza in der Lombardei im Königreich Italien, heute Republik Italien, geboren. Das Philosophiestudium absolvierte er 1909–1912 am Seminar von Monza, das Theologiestudium 1912–1914 als

Seminarist des lombardischen Kollegs in Rom an der Päpstlichen Universität Gregoriana. 1914–1916 wurde er zum Militärdienst eingezogen.

Am 18. März 1916 wurde er in Seveso von Kardinal Andrea Carlo Ferrari, dem Erzbischof von Mailand, zum Priester geweiht. Anschließend wurde er wieder bis 1919 im Ersten Weltkrieg in die italienische Armee eingezogen. Danach wirkte er bis 1921 als Kaplan in der Seelsorge der Erzdiözese Mailand. 1921–1922 war er Sekretär von Kardinal Achille Ratti, dem neuen Erzbischof von Mailand, den er 1922 als Konklavist ins Konklave begleitete. Er blieb nach der Wahl Rattis zum Papst Pius XI. bis 1939 sein Sekretär. 1922 wurde er päpstlicher Geheimkämmerer, 1935 Apostolischer Protonotar. 1935 wurde er Kanoniker an der Petersbasilika des Vatikans.

Am 27. März 1941 wurde er zum Erzbischof von Aquila ernannt. Die Bischofsweihe empfing er am 4. Mai 1941 in der Sixtinischen Kapelle des Vatikans durch Papst Pius XII. Am 25. Januar 1950 wurde er zum Sekretär der Kongregation für Seminare und Universitäten und am 22. Februar 1950 zum Titularerzbischof von Nicopolis ad Nestum ernannt.

Papst Johannes XXIII. kreierte ihn im Konsistorium vom 15. Dezember 1958 zum Kardinalpriester und verlieh ihm am 18. Dezember 1958 den Kardinalshut und die Titelkirche S. Agnese fuori le mura. Am 16. November 1959 wurde er Erzpriester der Basilika S. Maria Maggiore, am 14. März 1961 Sekretär der Konsistorialkongregation. 1962–1965 nahm er am II. Vatikanischen Konzil teil. 1963 nahm er am Konklave teil, welches Paul VI. wählte. 1966 wurde er Pro-Präfekt der Konsistorialkongregation, vom 15. August 1967 bis zum 25. Februar 1973 war er Präfekt der aus der Konsistorialkongregation hervorgegangenen Bischofskongregation. Er nahm an den ersten drei Bischofssynoden von 1967, 1969 und 1971 teil und wurde 1970 Präsident der Päpstlichen Kommission für die Pastoral an Auswanderern und Touristen. Am 15. März 1972 wurde er zum Kardinaltitularbischof von Palestrina ernannt. Am 25. Februar 1973 trat er von seinen leitenden Kurialämtern zurück. Am 25. Juli 1973 verlor er mit Erreichen der Altersgrenze von 80 Jahren das Recht zur Teilnahme am Konklave. Am 7. Januar 1974 wurde er Subdekan des Kardinalskollegiums. Am 12. Dezember 1977 wählten ihn die Kardinalbischöfe zum Dekan des Kardinalskollegiums, und er wurde von Papst Paul VI. bestätigt und erhielt zusätzlich noch den Titel eines Kardinalbischofs von Ostia. Als Kardinaldekan leitete er im August und September 1978 die Begräbnisfeierlichkeiten für die Päpste Paul VI. und Johannes Paul I.

Er starb am 1. August 1986 in Rom und wurde im Familiengrab in Seveso beigesetzt.

Cushing, Richard James (1895–1970)

Cushing wurde am 24. August 1895 in Stadtteil South Boston in Boston im Bundesstaat Massachusetts, USA, geboren. Seine Studien absolvierte er am Boston College in Boston und am St. John's Seminary in Brighton, Massachusetts.

Am 26. Mai 1921 wurde er in Boston von Kardinal William O'Connell, dem Erzbischof von Boston, zum Priester geweiht. 1921–1939 wirkte er in der Seelsorge und Verwaltung der Erzdiözese Boston. 1922–1929 war er stellvertretender Direktor, 1929–

1944 Direktor der Gesellschaft für die Ausbreitung des Glaubens. 1939 wurde er päpstlicher Hausprälat.

Am 10. Juni 1939 wurde er zum Titularbischof von Mela und Weihbischof in Boston ernannt. Die Bischofsweihe empfing er am 29. Juni 1939 in der Kathedrale von Boston von Kardinal William Henry O'Connell, dem Erzbischof von Boston. Von April bis September 1944 war er Apostolischer Administrator *sede vacante* von Boston, am 25. September 1944 wurde er zum Erzbischof von Boston ernannt, 1954 zum Päpstlichen Thronassistenten.

Papst Johannes XXIII. kreierte ihn im Konsistorium vom 15. Dezember 1958 zum Kardinalpriester und verlieh ihm am 18. Dezember 1958 den Kardinalshut und die Titelkirche S. Susanna. 1962–1965 nahm er am II. Vatikanischen Konzil teil. 1963 nahm er am Konklave teil, welches Paul VI. wählte. 1963 leitete er die Beisetzungsfeierlichkeiten für den ermordeten Präsidenten John F. Kennedy. Am 8. September 1970 verzichtete er aus Krankheitsgründen auf die Leitung der Erzdiözese.

Er starb am 2. November 1970 in Boston und wurde in der Portiuncula-Kapelle der St. Colette School in Boston beigesetzt.

Castaldo, Alfonso (1890–1966)

Castaldo wurde am 6. November 1890 in Casoria der Region Campania im Königreich Italien, heute Republik Italien, geboren. Er studierte am Priesterseminar von Neapel sowie der Universität Neapel.

Am 8. Juni 1913 wurde er in Neapel von Bischof Angelo Michele Jannachino von Cerreto zum Priester geweiht. Während des Ersten Weltkrieges 1915–1918 war er Militärkaplan der italienischen Armee. 1918–1934 war er Propst in Casoria in der Erzdiözese Neapel.

Am 27. März 1934 wurde er zum Bischof von Pozzuoli ernannt. Die Bischofsweihe empfing er in der Kirche S. Marco in Casoria von Kardinal Alessio Acalesi, dem Erzbischof von Neapel. 1949 wurde er Päpstlicher Thronassistent. Am 14. Januar 1950 wurde er zum Titularerzbischof von Thessaloniki und Koadjutor *c.i.s.* von Neapel sowie zum Apostolischen Administrator *per vitam* von Pozzuoli ernannt. Am 7. Februar 1958 wurde er Erzbischof von Neapel, am 5. August 1958 Bischof *ad personam* von Pozzuoli.

Papst Johannes XXIII. kreierte ihn im Konsistorium vom 15. Dezember 1958 zum Kardinalpriester und verlieh ihm am 18. Dezember 1958 den Kardinalshut und die Titelkirche S. Callisto. 1962–1965 nahm er am II. Vatikanischen Konzil teil. 1963 nahm er am Konklave teil, welches Paul VI. wählte.

Er starb am 3. März 1966 in Neapel und wurde in der Kathedrale von Neapel beigesetzt.

Richaud, Paul-Marie (1887 – 1968)

Richaud wurde am 16. April 1887 in Versailles in der Republik Frankreich geboren. Nach der Schulzeit studierte er zunächst in Paris Rechtswissenschaften und erwarb ein Lizentiat in Rechtswissenschaften. 1909 trat er in das Priesterseminar von Versailles ein.

Am 28. Juni 1913 wurde er in Versailles von Bischof Charles Gibier von Versailles zum Priester geweiht. Er ging anschließend nach Rom an das französische Kolleg und studierte an der Päpstlichen Universität Gregoriana und am Päpstlichen *Athenaeum* St. Thomas von Aquin (*Angelicum*). 1915 schloss er seine Studien mit einem Doktorat in Philosophie ab. 1915 – 1924 war er Kaplan in Versailles und wurde während des Ersten Weltkrieges als Sanitäter eingesetzt. Anschließend war er in der Jugend- und Studentenarbeit sowie in der Erwachsenenbildung im Rahmen der französischen katholischen Aktion tätig. 1931 – 1933 war er Generalvikar von Versailles und Vizegeneralassistent der französischen Katholischen Aktion.

Am 19. Dezember 1933 wurde er zum Titularbischof von Irenopolis in Isauria und Weihbischof in Versailles ernannt. Die Bischofsweihe empfing er am 25. Januar 1934 in Versailles von Bischof Benjamin-Octave Roland-Gosselin von Versailles. Am 27. Juli 1938 wurde er Bischof von Laval, am 10. Februar 1950 Erzbischof von Bordeaux.

Papst Johannes XXIII. kreierte ihn im Konsistorium vom 15. Dezember 1958 zum Kardinalpriester und verlieh ihm am 18. Dezember 1958 den Kardinalshut und die Titelkirche SS. Quirico e Giulitta. 1962 – 1965 nahm er am II. Vatikanischen Konzil teil. 1963 nahm er am Konklave teil, welches Paul VI. wählte.

Er starb am 5. Februar 1968 in Bordeaux und wurde in der Kathedrale von Bordeaux beigesetzt.

O'Hara C.S.R., John Francis (1888 – 1960)

O'Hara wurde am 1. Mai 1888 in Ann Arbor im Bundesstaat Michigan, USA, geboren. Er wuchs zeitweilig in Uruguay auf, was ihm eine gute Kenntnis der spanischen Sprache und der lateinamerikanischen Kultur brachte. Er begann seine Studien in Montevideo und setzte sie an der Universität Notre Dame in Indiana fort und erwarb dort einen Bachelor in Wirtschaftswissenschaften und in Geschichtswissenschaften. Danach ging er an die Katholische Universität von Amerika in Washington und an die staatliche Universität von Pennsylvania. Am 8. August 1912 trat er in die Kongregation vom Heiligen Kreuz ein und absolvierte das Noviziat. 1913 begann er seine theologischen Studien am Holy Cross College in Washington, D.C. und legte am 14. September 1914 seine Gelübde ab.

Am 9. September 1916 wurde er in Indianapolis zum Priester geweiht. Nach seiner Weihe beendete er das letzte Jahr der theologischen Studien und war 1917 – 1933 Dozent für lateinamerikanische Studien an der Universität von Notre Dame; 1933 – 1934 war er Vizepräsident und 1934 – 1939 Präsident der Universität.

Am 11. Dezember 1939 wurde er zum Titularbischof von Milasa und stellvertretenden Militärvikar der US-amerikanischen Armee ernannt. Die Bischofsweihe empfing er am 15. Januar 1940 in der Kirche der Universität Notre Dame in Indianapolis von

Erzbischof Francis Spellman von New York. Am 10. März 1945 wurde er Bischof von Buffalo, am 28. November 1951 Erzbischof von Philadelphia.

Papst Johannes XXIII. kreierte ihn im Konsistorium vom 15. Dezember 1958 zum Kardinalpriester und verlieh ihm am 18. Dezember 1958 den Kardinalshut und die Titelkirche SS. Andrea e Gregorio al Monte Celio.

Er starb am 20. August 1960 in Philadelphia und wurde in der Kirche vom Heiligsten Herzen der Universität Notre Dame in Indianapolis beigesetzt.

Bueno y Monreal, José María (1904 – 1987)

Bueno y Monreal wurde am 11. September 1904 in Saragossa im Königreich Spanien geboren. Nach der Schulzeit in Madrid ging er 1920 an das spanische Kolleg nach Rom und studierte Theologie und Philosophie an der Päpstlichen Universität Gregoriana und dem Päpstlichen *Athenaeum* St. Thomas von Aquin (*Angelicum*). 1925 erwarb er Doktorate in Theologie und kanonischem Recht.

Am 19. März 1927 wurde er in Rom von Kardinal Rafael Merry del Val, dem Sekretär des Heiligen Offiziums, zum Priester geweiht. Er studierte in Madrid an der staatlichen Universität Zivilrecht und war 1927 – 1945 Dozent für kanonisches Recht, Theologie und Moraltheologie am Priesterseminar von Madrid. An der Journalistenschule „El Debate" in Madrid unterrichtete er Ethik. 1935 – 1945 war er Generalökonom der Diözese Madrid und wurde 1945 Kanoniker an der Kathedrale von Madrid.

Am 1. Dezember 1945 wurde er zum Bischof von Jaca ernannt. Die Bischofsweihe empfing er am 19. März 1946 in Madrid von Bischof Leopoldo Eijo Garay von Madrid. Am 13. Mai 1950 wurde er Bischof von Vitoria, am 27. Oktober 1954 Titularerzbischof von Antiochia di Pisidia und Koadjutor *c.i.s.* von Sevilla. Am 8. April 1957 erfolgte die Ernennung zum Erzbischof von Sevilla.

Papst Johannes XXIII. kreierte ihn im Konsistorium vom 15. Dezember 1958 zum Kardinalpriester. Das rote Birett erhielt er aus der Hand von General Francisco Franco. Der Papst verlieh ihm am 12. März 1959 den Kardinalshut und die Titelkirche SS. Vito, Modesto e Crescenzia. 1962 – 1965 nahm er am II. Vatikanischen Konzil teil. Er nahm an den Konklaven von 1963, welches Paul VI. wählte, von August 1978, welches Johannes Paul I. wählte und von Oktober 1978, welches Johannes Paul II. wählte, teil. 1972 wurde er stellvertretender Vorsitzender der spanischen Bischofskonferenz. Am 22. Mai 1982 legte er die Leitung der Erzdiözese aus Altersgründen nieder. Am 11. September 1984 verlor er mit Erreichen der Altersgrenze von 80 Jahren das Recht zur Teilnahme am Konklave.

Er starb am 20. August 1987 in Pamplona und wurde in der Kathedrale von Sevilla beigesetzt.

König, Franz (1905 – 2004)

König wurde am 3. August 1905 in Rabenstein an der Pielach im Kaiserreich Österreich, heute Republik Österreich, geboren. Er studierte ab 1927 als Seminarist des *Collegium*

Germanicum et Hungaricum an der Päpstlichen Universität Gregoriana in Rom und wurde 1930 in Philosophie und 1936 in Theologie promoviert. Er studierte in diesen Jahren orientalische Sprachen am Päpstlichen Bibelinstitut in Rom.

Am 28. Oktober 1933 wurde er in Rom von Kardinalvikar Francesco Marchetti Selvaggiani zum Priester geweiht. 1933–1936 war er zunächst Kaplan in der Diözese St. Pölten; 1936 war er für zwei Semester an der Universität Lille in Frankreich und setzte seine Studien der vergleichenden Religionswissenschaft bis 1937 fort. 1938–1945 war er Religionslehrer und Kaplan am Dom von St. Pölten. 1945–1948 wirkte er als Dozent an der Universität Wien und Religionslehrer in Krems. 1948–1952 war er außerordentlicher Professor für Moraltheologie an der Universität Salzburg.

Am 3. Juli 1952 wurde er zum Titularbischof von Livias und Koadjutor *c.i.s.* von St. Pölten ernannt. Die Bischofsweihe empfing er am 31. August 1952 in St. Pölten von Bischof Michael Memelauer von St. Pölten. Am 10. Mai 1956 erfolgte die Ernennung zum Erzbischof von Wien. 1957 wurde er Vorsitzender der österreichischen Bischofskonferenz.

Papst Johannes XXIII. kreierte ihn im Konsistorium vom 15. Dezember 1958 zum Kardinalpriester und verlieh ihm am 18. Dezember 1958 den Kardinalshut und die Titelkirche S. Eusebio. 1959–1968 war er zusätzlich Militärvikar von Österreich. 1962–1965 nahm er am II. Vatikanischen Konzil als einer der maßgeblichen Gestalter teil. Er nahm an den Konklaven von 1963, welches Paul VI. wählte, von August 1978, welches Johannes Paul I. wählte, und von Oktober 1978, welches Johannes Paul II. wählte, teil. Am 6. April 1965 wurde er im Vatikan zusätzlich Präsident des Sekretariates für die Nichtglaubenden. Als erster Kardinal besuchte er den ökumenischen Patriarchen von Konstantinopel und verhandelte die Freilassung von Kardinal Mindzendty. Er nahm in seiner aktiven Amtszeit an allen Bischofssynoden in Rom teil. Am 27. Juni 1980 legte er die Präsidentschaft des Sekretariates für die Nichtglaubenden nieder. Am 3. August 1985 verlor er mit Erreichen der Altersgrenze von 80 Jahren das Recht zur Teilnahme am Konklave. Am 16. September 1985 verzichtete er auf die Leitung der Erzdiözese Wien.

Er starb am 13. März 2004 und wurde im Wiener Stephansdom beigesetzt.

Döpfner, Julius August (1913–1976)

Döpfner wurde am 26. August 1913 in Hausen bei Bad Kissingen, Königreich Bayern im Deutschen Kaiserreich, heute Freistaat Bayern in der Bundesrepublik Deutschland, geboren. Nach der Schulzeit studierte er als Seminarist des *Collegium Germanicum et Hungaricum* in Rom an der Päpstlichen Universität Gregoriana.

Am 29. Oktober 1939 wurde er in Rom zum Priester geweiht und setzte seine Studien bis zur Promotion 1941 fort. Nach seiner Rückkehr wirkte er als Kaplan an verschiedenen Orten des Bistums Würzburg und wurde im April 1946 Subregens am Priesterseminar in Würzburg.

Am 10. August 1948 wurde er zum Bischof von Würzburg ernannt. Die Bischofsweihe empfing er am 14. Oktober 1948 in der Neumünsterkirche in Würzburg durch

Erzbischof Josef Otto Kolb von Bamberg. Am 15. Januar 1957 wurde er zum Bischof von Berlin ernannt.

Papst Johannes XXIII. kreierte ihn im Konsistorium vom 15. Dezember 1958 zum Kardinalpriester und verlieh ihm am 18. Dezember 1958 den Kardinalshut und die Titelkirche S. Maria della Scala. Am 3. Juli 1961 wurde er zum Erzbischof von München-Freising ernannt. Gleichzeitig wurde er Vorsitzender der Freisinger Bischofskonferenz. 1962–1965 nahm er am II. Vatikanischen Konzil als einer der profiliertesten Vertreter der Konzilsmehrheit teil und war 1963–1965 einer der Konzilsmoderatoren. 1963 nahm er am Konklave teil, welches Paul VI. wählte. 1965 wurde er Vorsitzender der Deutschen Bischofskonferenz. Er nahm an den Bischofssynoden von 1967, 1969, 1971 und 1974 teil. 1972–1975 war er Präsident der gesamtdeutschen Würzburger Synode.

Er starb am 24. Juli 1976 in München und wurde im Münchner Liebfrauendom beigesetzt.

Tardini, Domenico (1888–1961)

Tardini wurde am 29. Februar 1888 in Rom im Königreich Italien, heute Republik Italien, geboren. Er erhielt seine Ausbildung am Päpstlich-Römischen Seminar.

Am 20. September 1912 wurde er in Rom von Kardinalvikar Pietro Respighi zum Priester geweiht. 1913–1929 war er Dozent des Päpstlich-Römischen Seminars; 1912–1921 am Päpstlichen *Athenaeum Urbaniana* der Kongregation *Propaganda Fide*. 1921–1929 war er Mitarbeiter der Kongregation für die außerordentlichen Angelegenheiten im Staatssekretariat. 1922 wurde er päpstlicher Geheimkämmerer, am 7. Juni 1929 wurde er zum Untersekretär der Kongregation für die außerordentlichen Angelegenheiten der Kirche ernannt und im gleichen Jahr päpstlicher Hausprälat. Am 19. Dezember 1935 wurde er zum Substituten des Staatssekretariates und Sekretär der Chiffren ernannt, am 16. Dezember 1937 zum Sekretär der Kongregation für die außerordentlichen Angelegenheiten der Kirche. 1937 wurde er Apostolischer Protonotar. Am 29. November 1952 wurde er zum Pro-Staatssekretär für die außerordentlichen Angelegenheiten der Kirche ernannt, am 9. Oktober 1958 zum Regente des Staatssekretariates. Am 17. November 1958 wurde er zum Staatssekretär und Präfekten der Kongregation für die außerordentlichen Angelegenheiten der Kirche ernannt. Am 14. Dezember 1958 erfolgte die Ernennung zum Titularerzbischof von Laodicea in Syria.

Papst Johannes XXIII. kreierte ihn im Konsistorium vom 15. Dezember 1958 zum Kardinalpriester und verlieh ihm am 18. Dezember 1958 den Kardinalshut und die Titelkirche S. Apollinare. Am 27. Dezember 1958 empfing er in der Petersbasilika des Vatikans von Papst Johannes XXIII. die Bischofsweihe. Am 17. Mai 1959 wurde er zum Präsidenten der Zentralen Vorbereitungskommission des II. Vatikanischen Konzils ernannt. Am 14. November wurde er zum Erzpriester der Petersbasilika des Vatikans und zum Präfekten der Kongregation für die Fabrik von St. Peter ernannt.

Er starb am 30. Juli 1961 in Rom und wurde in der Kirche des Karmelitenklosters von Vetralla bei Viterbo beigesetzt.

Jorio, Alberto di (1884 – 1979)

Jorio wurde am 18. Juli 1884 in Rom im Königreich Italien, heute Republik Italien, geboren. Er studierte am Päpstlich-Römischen Seminar Theologie und Philosophie und an der Studieneinrichtung der Römischen Rota kanonisches Recht.

Am 18. April 1908 wurde er in Rom zum Priester geweiht. 1908 – 1910 war er Lehrer am interdiözesanen Seminar in Perugia. 1910 – 1918 war er Mitarbeiter der Diözese Rom und wurde 1918 Sekretär des Instituts für die religiösen Werke (der späteren Vatikanbank), dessen Präsident er 1922 – 1958 war. 1922 wurde er päpstlicher Hausprälat, 1933 Apostolischer Protonotar. 1940 – 1947 war er Sekretär der Kardinalskommission für spezielle Verwaltungsaufgaben des Heiligen Stuhls und wurde 1947 Generalauditor der Apostolischen Kammer und gleichzeitig bis 1958 Sekretär des Kardinalskollegiums. 1947 war er Vikar der Lateranbasilika geworden und ebenso Delegat für die spezielle Verwaltung des Heiligen Stuhls. 1958 war er Konklavesekretär.

Papst Johannes XXIII. kreierte ihn im Konsistorium vom 15. Dezember 1958 zum Kardinaldiakon und verlieh ihm am 18. Dezember 1958 den Kardinalshut und die Kirche S. Pudenziana als Titeldiakonie. 1960 wurde er Direktor des Verwaltungssekretariates für die Vorbereitung des II. Vatikanischen Konzils und 1961 Pro-Präsident der Päpstlichen Kommission für die Vatikanstadt 1961.

Am 5. April 1962 wurde er zum Titularerzbischof von Castra Nova ernannt und empfing am 19. April 1962 in der Lateranbasilika von Papst Johannes XXIII. die Bischofsweihe. 1962 – 1965 nahm er am II. Vatikanischen Konzil teil. 1963 nahm er am Konklave teil, welches Paul VI. wählte. Am 26. Juni 1967 optierte er für die Klasse der Kardinalpriester und die Erhebung seiner Diakonie zur Titelkirche. Am 4. November 1968 verzichtete er auf die Pro-Präsidentschaft. Da er bereits die Altersgrenze von 80 Jahren überschritten hatte, verlor er am 1. Januar 1971 das Recht zur Teilnahme am Konklave.

Er starb am 5. September 1979 in Rom und wurde in der Basilika S. Pudenziana in Rom beigesetzt.

Bracci, Francesco (1879 – 1967)

Bracci wurde am 5. November 1879 in Vignanello in der Provinz Viterbo im Königreich Italien, heute Republik Italien, geboren. Er studierte am Priesterseminar von Civita Castellana.

Am 6. Juni 1903 wurde er in Civita Castellana zum Priester geweiht. Es folgten weitere Studien in Rom bis 1906. 1906 – 1914 war er Dozent und Regens des Seminars von Civita Castellana und Mitarbeiter der Diözesankurie sowie später Kanoniker an der Kathedrale und Kanzler der Diözese. 1914 – 1934 war er Rechtsanwalt an der Römischen Rota und 1934 – 1935 dort Auditor. 1919 wurde er päpstlicher Geheimkämmerer und 1922 päpstlicher Hausprälat. Am 23. Januar 1926 wurde er zusätzlich Referendariatsprälat des obersten Gerichts der Apostolischen Signatur. Am 30. Dezember 1935 wurde er zum Sekretär der Kongregation für die Sakramentendisziplin ernannt.

Papst Johannes XXIII. kreierte ihn im Konsistorium vom 15. Dezember 1958 zum Kardinaldiakon und verlieh ihm am 18. Dezember 1958 den Kardinalshut und die Kirche S. Cesareo in Palatio als Titeldiakonie.

Am 5. April 1962 wurde er zum Titularerzbischof von Idassa ernannt und empfing am 19. April 1962 in der Lateranbasilika von Papst Johannes XXIII. die Bischofsweihe. 1962–1965 nahm er am II. Vatikanischen Konzil teil. 1963 nahm er am Konklave teil, welches Paul VI. wählte.

Er starb am 24. März 1967 in Rom und wurde in der Kollegiatskirche von Vignanello beigesetzt.

Roberti, Francesco (1889–1977)

Roberti wurde am 7. Juli 1889 in Pergola in der Provinz Pesaro im Königreich Italien, heute Republik Italien, geboren. 1902–1913 studierte er am Päpstlich-Römischen Seminar.

Am 3. August 1913 wurde er in Pergola zum Priester geweiht. Er kehrte nach Rom zurück und studierte am Päpstlichen *Athenaeum S. Apollinare*, wo er in Philosophie, Theologie und beiderlei Rechten (*utriusque iuris*) promoviert wurde, sowie an der staatlichen Universität La Sapienza in Rom.

1913–1929 übernahm er verschiedene Aufgaben in der Seelsorge der Diözese Rom. So war er 1914–1916 Subregens des Päpstlich-Römischen Knabenseminars und bis 1929 Regens. 1917 wurde er päpstlicher Geheimkämmerer. 1918–1938 war er Dozent für kanonisches Recht am Päpstlichen *Athenaeum S. Apollinare* und wurde 1922 päpstlicher Hausprälat. 1927–1931 war er Anwalt am Heiligen Offizium, 1928 wurde er Referendariatsprälat der Apostolischen Signatur. Am 24. April 1931 wurde er zum Untersekretär der Kongregation für die Seminare und Universitäten ernannt. Am 5. Juni 1936 wurde er Auditor der Römischen Rota. Er war Gerichtsoffizial des römischen Vikariates und wurde am 9. März 1946 zum Sekretär der Konzilskongregation ernannt. 1952 wurde er Konsultor des Staatssekretariates.

Papst Johannes XXIII. kreierte ihn im Konsistorium vom 15. Dezember 1958 zum Kardinaldiakon und verlieh ihm am 18. Dezember 1958 den Kardinalshut und die Kirche S. Maria in Cosmedin als Titeldiakonie. Am 14. November 1959 wurde er Präfekt der Apostolischen Signatur.

Am 5. April 1962 wurde er zum Titularerzbischof von Colonnata ernannt und empfing am 19. April 1962 in der Lateranbasilika von Papst Johannes XXIII. die Bischofsweihe. 1962–1965 nahm er am II. Vatikanischen Konzil teil. 1963 nahm er am Konklave teil, welches Paul VI. wählte. Am 26. Juni 1967 optierte er für die Klasse der Kardinalpriester und die Titelkirche SS. XII Apostoli. Am 24. März 1969 verzichtete er auf die Präfektur und erhielt am 26. März 1969 den Titel Präfekt *emeritus*. Da er bereits die Altersgrenze von 80 Jahren überschritten hatte, verlor er am 1. Januar 1971 das Recht zur Teilnahme am Konklave.

Er starb am 16. Juli 1977 in Rom und wurde im Familiengrab in Pergola beigesetzt.

Jullien P.S.S, André-Damien-Ferdinand (1882–1965)
Jullien wurde am 25. Oktober 1882 in Pelussin in der Republik Frankreich geboren. Er studierte am Seminar Saint-Sulpice.

Am 1. Oktober 1905 wurde er in Lyon zum Priester geweiht. Er studierte bis 1908 weiter am Päpstlichen *Athenaeum S. Apollinare* in Rom. 1908–1912 war er Dozent am Seminar von Lyon, 1912–1922 wirkte er als Sekretär von Msgr. Maury P.S.S., dem Auditor der Römischen Rota. 1918 trat er in Rom in die Gemeinschaft von Saint-Sulpice ein. Am 15. September 1922 wurde er Auditor der Römischen Rota, am 30. Oktober 1944 ihr Dekan.

Papst Johannes XXIII. kreierte ihn im Konsistorium vom 15. Dezember 1958 zum Kardinaldiakon und verlieh ihm am 18. Dezember 1958 den Kardinalshut und die Kirche S. Giorgio in Velabro als Titeldiakonie.

Am 5. April 1962 wurde er zum Titularerzbischof von Corone ernannt und empfing am 19. April 1962 in der Lateranbasilika von Papst Johannes XXIII. die Bischofsweihe. 1962–1963 nahm er am II. Vatikanischen Konzil teil. 1963 nahm er am Konklave teil, welches Paul VI. wählte.

Er starb am 11. Januar 1964 in Rom und wurde in der Kirche S. Giorgio in Velabro in Rom beigesetzt.

Marella, Paolo (1895–1984)
Marella wurde am 25. Januar 1895 in Rom im Königreich Italien, heute Republik Italien, geboren. Er studierte am Päpstlich-Römischen Seminar.

Am 23. Februar 1918 wurde er von Kardinalvikar Basilio Pompilj in Rom zum Priester geweiht. Er studierte 1918–1922 an der staatlichen Universität La Sapienza und engagierte sich in der Seelsorge der Diözese Rom. 1922 trat er in den Dienst des Heiligen Stuhls und wurde Mitarbeiter der Kongregation *Propaganda Fide*. 1923 wurde er zum päpstlichen Geheimkämmerer ernannt, 1924–1933 war er Auditor der Apostolischen Delegatur in den USA und leitete von Februar bis September 1933 als Geschäftsträger der Apostolischen Delegatur die Geschäfte bis zur Ankunft des neuen Apostolischen Delegaten. 1933 wurde er zum päpstlichen Hausprälaten ernannt.

Am 15. September 1933 wurde er zum Titularerzbischof von Doclea ernannt. Die Bischofsweihe empfing er am 29. Oktober 1933 in Rom von Kardinal Pietro Fumasoni Biondi, dem Präfekten der Kongregation *Propaganda Fide*. Am 30. Oktober 1933 erfolgte die Ernennung zum Apostolischen Delegaten in Japan, am 27. Oktober 1948 zum Apostolischen Delegaten in Australien, Neuseeland und Ozeanien und am 15. April 1953 zum Nuntius in Frankreich.

Papst Johannes XXIII. kreierte ihn im Konsistorium vom 14. Dezember 1959 zum Kardinalpriester. Das rote Birett setzte ihm der französische Staatspräsident Charles de Gaulle auf. Der Papst verlieh ihm am 31. März 1960 den Kardinalshut und die Titelkirche S. Andrea delle Fratte. Am 14. August 1961 wurde er zum Erzpriester der Petersbasilika des Vatikans und Präfekten der Kongregation der Fabrik von St. Peter ernannt. 1962–1965 nahm er am II. Vatikanischen Konzil teil. 1963 nahm er am Konklave teil, welches Paul VI. wählte. Am 19. Mai 1964 wurde er zum Präsidenten des Sekretariates für die Nichtchristen ernannt. Am 1. Januar wurde er *pro tempore* Präsident der der Administrationskommission für die Petersbasilika des Vatikans, nachdem die Kongregation für die Fabrik von St. Peter aufgelöst worden war. Am 15. März 1972 wurde er zum Kardinaltitularbischof der suburbikarischen Diözese von Porto et Santa Rufina ernannt. Am 26. Februar 1973 legte er die Leitung des Sekretariates für die Nichtchristen nieder. Am 25. Januar 1975 verlor er mit dem Erreichen der Altersgrenze von 80 Jahren das Recht zur Teilnahme am Konklave. Am 12. Dezember 1977 wurde er zum Subdekan des Kardinalskollegiums ernannt. Am 8. Februar 1983 legte er das Amt des Erzpriesters der Petersbasilika nieder und erhielt den Titel Erzpriester *emeritus* der Basilika St. Peter und Präfekt *emeritus* der Fabrik von St. Peter.

Er starb am 15. Oktober 1984 in Rom und wurde auf dem römische Friedhof Campo Verano beigesetzt.

Testa, Gustavo (1886 – 1969)
Testa wurde am 28. Juli 1886 in Boltierre in der Provinz Bergamo im Königreich Italien, heute Republik Italien, geboren. Nach der Schulzeit studiert er in Rom am Päpstlich-Römischen Seminar und am Päpstlichen *Athenaeum S. Apollinare.*

Am 28. Oktober 1910 wurde er in Bergamo durch Bischof Radini-Tedeschi von Bergamo zum Priester geweiht. 1910 – 1912 studierte er am Päpstlichen Bibelinstitut und wurde anschließend bis 1920 Dozent für die Bibelwissenschaften am Priesterseminar Bergamo. 1920 trat er in das Staatssekretariat ein und war bis 1923 Nuntiatursekretär der Nuntiatur in Österreich. 1921 wurde er päpstlicher Geheimkämmerer. 1923 – 1924 war er päpstlicher Gesandter an der Ruhr und im Saargebiet. 1925 war er als Konsultor in päpstlicher Mission in Peru tätig. 1927 wurde er Auditor der Apostolischen Nuntiatur in Bayern. 1929 – 1934 war er Nuntiaturrat an der Nuntiatur in Italien.

Am 4. Juni 1934 wurde er zum Titularerzbischof von Amasea und Apostolischen Delegaten in Ägypten, Arabien, Eritrea, Abessynien und Palästina ernannt. Die Bischofsweihe empfing er am 1. November 1934 in Bergamo von Kardinal Alfredo Ildefonso Schuster O.S.B., dem Erzbischof von Mailand. Während des Zweiten Weltkrieges war er in Rom. Am 11. Februar 1948 wurde er zum Apostolischen Delegaten in Jerusalem, Transjordanien und Zypern ernannt, am 6. März 1953 wurde er Nuntius in der Schweiz.

Papst Johannes XXIII. kreierte ihn im Konsistorium vom 14. Dezember 1959 zum Kardinalpriester und verlieh ihm am 17. Dezember 1959 den Kardinalshut und die Titelkirche S. Girolamo degli Schiavoni. Er war 1960 päpstlicher Legat beim Eucharistischen Weltkongress in München. Am 4. Oktober 1961 wurde er Pro-Präsident der Kardinalskommission für besondere Verwaltungsbelange des Heiligen Stuhls und am 2. August 1962 Sekretär der Kongregation für die Orientalische Kirche. Als der Titel der Kongregation sich in „Kongregation für die orientalischen Kirchen" wandelte und der Leiter in den Rang eines Präfekten erhoben wurde, wurde er am 15. August 1967 zum Präfekten der Kongregation ernannt. 1962 – 1965 nahm er am II. Vatikanischen Konzil teil. 1963 nahm er am Konklave teil, welches Paul VI. wählte. Er nahm an der ersten

Bischofssynode 1967 teil und legte am 13. Januar 1968 sein Amt als Präfekt der Kongregation für die orientalischen Kirchen und am 7. Mai 1968 sein Amt als Pro-Präsident der Kardinalskommission für besondere Verwaltungsbelange des Heiligen Stuhls aus Altersgründen nieder.

Er starb am 28. Februar 1969 in Rom und wurde in Bergamo beigesetzt.

Muench, Aloisius Joseph (1889 – 1962)

Muench wurde am 18. Februar 1889 in Milwaukee im Bundesstaat Winsconsin, USA, geboren. Er studierte am Saint Francis Seminary in Milwaukee.

Am 8. Juni 1913 wurde er in Milwaukee zum Priester geweiht und studierte anschließend an der Universität von Wisconsin in Madison, wo er mit dem Master abschloss. Daneben wirkte er in der Erzdiözese Milwaukee in der Seelsorge. 1919 – 1922 studierte er an der Universität Fribourg in der Schweiz und machte von dort aus Studienreisen an die Universität Louvain in Belgien, an die Universitäten Oxford und Cambridge in England und an die Universität La Sorbonne in Paris, Frankreich.

Nach seiner Rückkehr war er 1922 – 1929 Dozent am Saint Francis Seminary in Milwaukee, dessen Regens er 1929 – 1935 war. 1934 wurde er zum päpstlichen Hausprälaten ernannt.

Am 10. August 1935 wurde er zum Bischof von Fargo in North Dakota in den USA ernannt. Die Bischofsweihe empfing er am 15. Oktober 1935 in Milwaukee von Erzbischof Amleto Giovanni Cicognani, dem Apostolischen Delegaten in den USA. 1946 – 1949 war er Apostolischer Visitator und Leiter der Päpstlichen Mission für Flüchtlinge in Deutschland in Kronberg bei Frankfurt am Main. Gleichzeitig war er Delegierter für religiöse Angelegenheiten bei der US-Militärregierung in Deutschland. 1949 – 1951 war er Regente (Verweser) der Nuntiatur von Deutschland und wurde am 28. Oktober 1950 Erzbischof *ad personam*. Am 9. März 1951 erfolgte die Ernennung zum Nuntius in der Bundesrepublik Deutschland. Sein Bistum Fargo behielt er in dieser Zeit bei. Am 9. Dezember 1959 verzichtete er auf das Bistum Fargo und wurde zum Titularerzbischof von Selimbria ernannt und nach Rom berufen.

Papst Johannes XXIII. kreierte ihn im Konsistorium vom 14. Dezember 1959 zum Kardinalpriester und verlieh ihm am 17. Dezember 1959 den Kardinalshut und die Titelkirche S. Bernardo alle Terme.

Er starb am 15. Februar 1962 in Rom und wurde auf dem Holy Cross Friedhof in Fargo, North Dakota, USA beigesetzt.

Meyer, Albert Gregory (1903 – 1965)

Meyer wurde am 9. März 1903 in Milwaukee im Bundesstaat Winsconsin, USA, geboren. Er studierte ab 1917 am Saint Francis Seminary in Milwaukee und wurde anschließend an das nordamerikanische Kolleg in Rom gesandt. In Rom studierte er am Päpstlichen *Athenaeum Urbaniana* der Kongregation *Propaganda Fide*, wo er in Theologie promoviert wurde.

Am 11. Juli 1926 wurde er in der Kirche S. Maria sopra Minerva in Rom von Kardinalvikar Basilio Pompilij zum Priester geweiht. Im Sommer 1927 war er in seiner Heimat Milwaukee und kehrte anschließend nach Rom zurück, um am Päpstlichen Bibelinstitut bis 1930 ein Aufbaustudium in Bibelwissenschaften mit Lizentiatsabschluss zu absolvieren. Er lebte in dieser Zeit am deutschen Kolleg von S. Maria dell'Anima. Nach seiner erneuten Rückkehr nach Milwaukee war er 1930–1931 kurz in der Seelsorge eingesetzt. 1931–1937 war er Dozent am Saint Francis Seminary in Milwaukee, dessen Regens er 1937–1946 war. Darüber hinaus engagierte er sich in der Seelsorge an italienischen Einwanderern. 1938 wurde er päpstlicher Hausprälat.

Am 18. Februar 1946 wurde er zum Bischof von Superior in Michigan, USA, ernannt. Die Bischofsweihe empfing er am 11. April 1946 in Milwaukee von Erzbischof Moses Elias Kiley von Milwaukee. Am 21. Juli 1953 wurde er zum Erzbischof von Milwaukee und am 19. September 1958 zum Erzbischof von Chicago ernannt.

Papst Johannes XXIII. kreierte ihn im Konsistorium vom 14. Dezember 1959 zum Kardinalpriester und verlieh ihm am 17. Dezember 1959 den Kardinalshut und die Titelkirche S. Cecilia. Er nahm an den ersten drei Sessionen des Konzils 1962–1964 teil und war 1963–1964 Mitglied des Präsidiums. 1963 nahm er am Konklave teil, welches Paul VI. wählte.

Er starb am 7. April 1965 in Chicago und wurde auf dem Friedhof Saint Mary des Lake Seminary in Mundelein bei Chicago beigesetzt.

Larraona y Saralegui C.M.F., Arcadio María (1887–1973)

Larraona wurde am 13. November 1887 in Oteiza de la Solana in der Provinz Navarra im Königreich Spanien geboren. Er trat 1900 als Postulant in den Clarentinerorden in Alagón in der Provinz Saragossa ein und absolvierte das Noviziat ab 1902 in Vich in der Provinz Barcelona. 1903 legte er die ewigen Gelübde ab und studierte anschließend Philosophie und Theologie an der Universität von Cervera in der Provinz Lerida und darauf in Alagón.

Am 10. Juni 1911 wurde er in Saragossa von Erzbischof Juan Soldevilla y Romero von Saragossa zum Priester geweiht. Er ging anschließend nach Rom und studierte dort bis 1918 am Päpstlichen *Athenaeum S. Apollinare*, wo er in beiderlei Recht (*utrusque iuris*) promoviert wurde. Er besuchte auch die Päpstliche Universität Gregoriana und die staatliche Universität La Sapienza und engagierte sich in der Seelsorge. 1919/1920 wurde er Dozent am Päpstlichen *Athenaeum S. Apollinare* und später am Päpstlichen *Athenaeum Urbaniana* der Kongregation *Propaganda Fide*. In seiner Kongregation war er Provinzrat der italienischen Provinz, Visitator für Deutschland, Generalassistent für Italien, Zentraleuropa und China. Als Apostolischer Visitator visitierte er verschiedene Orden und Kongregationen. Er wurde Konsultor mehrerer kurialer Kongregationen und Kommissionen. Am 27. November 1943 wurde er zum Untersekretär der Religiosenkongregation ernannt, am 11. Dezember 1949 zu deren Sekretär.

Papst Johannes XXIII. kreierte ihn im Konsistorium vom 14. Dezember 1959 zum Kardinaldiakon und verlieh ihm am 17. Dezember 1959 den Kardinalshut und die Kirche SS. Biagio e Carlo ai Catinari als Titeldiakonie. Am 13. August 1961 wurde er zum Kardinalgroßpönitentiar ernannt, am 12. Februar 1962 zum Präfekten der Ritenkongregation.

Am 5. April 1962 wurde er zum Titularerzbischof von Diocesarea di Isauria ernannt und empfing am 19. April 1962 in der Lateranbasilika von Papst Johannes XXIII. die Bischofsweihe. 1962–1965 nahm er am II. Vatikanischen Konzil teil. 1963 nahm er am Konklave teil, welches Paul VI. wählte. Er nahm an der ersten Bischofssynode 1967 teil. Am 9. Januar 1968 legte er das Amt des Präfekten der Ritenkongregation nieder und erhielt den Titel Präfekt *emeritus*. Am 28. April 1969 optierte er für die Klasse der Kardinalpriester und die Titelkirche Sacro Cuore di Maria Vergine a Piazza Euclide. Da er bereits die Altersgrenze von 80 Jahren überschritten hatte, verlor er am 1. Januar 1971 das Recht zur Teilnahme am Konklave.

Er starb am 7. Mai 1973 in Rom und wurde in seiner Titelkirche Sacro Cuore di Maria Vergine a Piazza Euclide in Rom beigesetzt.

Morano, Francesco (1872–1968)

Morano wurde am 8. Juni 1872 in Caivano in der Provinz Neapel im Königreich Italien, heute Republik Italien, geboren. Er studierte zunächst am Priesterseminar von Aversa und anschließend am Päpstlichen *Athenaeum des Laterans*, wo er in Philosophie, Theologie und beiderlei Rechten (*utriusque iuris*) promoviert wurde.

Am 10. August 1897 wurde er in Rom zum Priester geweiht. Es folgten weitere Studien u. a. auch an der staatlichen Universität La Sapienza, wo er Mathematik und Physik studierte und in beiden Fächern promoviert wurde. 1900–1903 war er Assistent an der vatikanischen Sternwarte. An der Studienanstalt der Konzilskongregation erwarb er das Diplom eines Rechtsanwaltes der Römischen Kurie. 1903–1925 war er Mitarbeiter des Heiligen Offiziums und wurde 1918 päpstlicher Geheimkämmerer. 1921 wurde er Referendariatsprälat der Apostolischen Signatur und 1922 zum Anwalts-Prälaten der Apostolischen Signatur ernannt. 1925 wurde er Auditor der Römischen Rota, am 20. Dezember 1935 wurde er zum Sekretär der Apostolischen Signatur ernannt.

Papst Johannes XXIII. kreierte ihn im Konsistorium vom 14. Dezember 1959 zum Kardinaldiakon und verlieh ihm am 17. Dezember 1959 den Kardinalshut und die Kirche SS. Cosma e Damiano als Titeldiakonie.

Am 5. April 1962 wurde er zum Titularerzbischof von Fallaba ernannt und empfing am 19. April 1962 in der Lateranbasilika von Papst Johannes XXIII. die Bischofsweihe. 1962–1965 nahm er am II. Vatikanischen Konzil teil. 1963 nahm er am Konklave teil, welches Paul VI. wählte.

Er starb am 12. Juli 1968 im Vatikan und wurde in Aversa in der Kapelle der Piccola Casa di Carità beigesetzt.

Heard, William Theodore (1884 – 1973)
Heard wurde am 24. Februar 1884 in Edinburgh in Schottland im Vereinigten Königreich Großbritannien und Irland geboren und calvinistisch getauft. 1910 konvertierte er in London zum Katholizismus. Nach seinen Studien an der Universität Oxford in England trat er in das englische Kolleg in Rom ein und studierte an der Päpstlichen Universität Gregoriana, wo er 1915 in Theologie promoviert wurde. Durch den Ersten Weltkrieg verzögerte sich seine Priesterweihe, die er am 30. März 1918 in Rom für die Diözese Southwark in England empfing. Es folgten weitere Studien des kanonischen Rechts, welche er 1921 mit einer Promotion abschloss. In diesen Jahren war er Beichtvater der Seminaristen des englischen Kollegs in Rom. 1921–1927 war er in der Seelsorge der Diözese Southwark in England eingesetzt und wurde am 1. Oktober 1927 zum Auditor der Römischen Rota ernannt. Von nun an war er bis 1960 wieder Beichtvater der Seminaristen des englischen Kollegs und wurde am 15. Dezember 1958 Dekan der Römischen Rota.

Papst Johannes XXIII. kreierte ihn im Konsistorium vom 14. Dezember 1959 zum Kardinaldiakon und verlieh ihm am 17. Dezember 1959 den Kardinalshut und die Kirche S. Teodoro als Titeldiakonie.

Am 5. April 1962 wurde er zum Titularerzbischof von Feradi Maius ernannt und empfing am 19. April 1962 in der Lateranbasilika von Papst Johannes XXIII. die Bischofsweihe. 1962–1965 nahm er am II. Vatikanischen Konzil teil. 1963 nahm er am Konklave teil, welches Paul VI. wählte.

Am 18. Mai 1970 optierte er für die Klasse der Kardinalpriester und die Erhebung seiner Diakonie zur Titelkirche. Da er bereits die Altersgrenze von 80 Jahren überschritten hatte, verlor er am 1. Januar 1971 das Recht zur Teilnahme am Konklave.

Er starb am 16. September 1973 in Rom und wurde auf dem römischen Friedhof Campo Verano beigesetzt.

Bea S.J., Augustin (1881 – 1968)
Bea wurde am 28. Mai 1881 in Riedböhringen bei Donaueschingen, Großherzogtum Baden im Deutschen Kaiserreich, heute Bundesrepublik Deutschland, geboren. 1900 – 1902 studierte er an der Universität Freiburg/Breisgau Theologie und trat in das Priesterseminar ein. Im April 1902 trat er in Blyeenbeek in den Niederlanden in den Jesuitenorden ein, absolvierte sein zweijähriges Noviziat und legte seine ersten Gelübde ab. Seit 1904 studierte er an der Ordenshochschule in Valkenburg bei Maastricht und kam nach Beendigung seiner philosophischen Studien 1908 als Lehrer in das Aloysiuskolleg in Sittard bei Maastricht. 1910 ging er zum Studium der klassischen Philologie nach Innsbruck, kehrte aber nach einem Semester zum Theologiestudium nach Valkenburg zurück.

Am 25. August 1912 wurde er in Valkenburg von Erzbischof Hermann Jürgens S.J., von Bombay zum Priester geweiht. Er setzte sein Theologiestudium fort und wurde 1913 in Theologie promoviert. Anschließend studierte er an der philosophischen Fakultät der Universität Berlin orientalische Sprachen. 1914 wurde er Oberer der Jesuitenkommunität in Aachen. 1917 wurde er in Valkenburg Professor für alttestamentliche Exegese und 1919 auch Studienpräfekt. 1921–1924 war er Provinzial der oberdeutschen Jesuitenprovinz mit Sitz in München. 1924–1930 war er Leiter eines Studienheims für Doktoranden seines Ordens und 1924–1928 Professor für biblische Theologie an der Päpstlichen Universität Gregoriana in Rom.

1929 wurde er Konsultor der Päpstlichen Bibelkommission und 1930–49 Rektor des Päpstlichen Bibelinstituts, welches er für die neuen historisch-kritischen Methoden der Exegese öffnete. Außerdem knüpfte er in diesen Jahren auf vielen Reisen auch Kontakte mit nichtkatholischen Archäologen, Orientalisten und Alttestamentlern. In Rom war er in diesen Jahren Konsultor vieler kurialer Kongregationen und Kommissionen. Er war Koautor der Enzyklika *Mediator Dei* Pius XII., die die modernen Methoden der Bibelwissenschaften erlaubte. 1945 wurde er Beichtvater von Papst Pius XII.

Papst Johannes XXIII. kreierte ihn im Konsistorium vom 14. Dezember 1959 zum Kardinaldiakon und verlieh ihm am 17. Dezember 1959 den Kardinalshut und die Kirche S. Saba als Titeldiakonie. Am 5. Juni 1960 errichtete Johannes XXIII. das Sekretariat zur Förderung der Einheit der Christen und ernannte ihn als ersten Präsidenten.

Am 5. April 1962 wurde er zum Titularerzbischof von Germania di Numidia ernannt und empfing am 19. April 1962 in der Lateranbasilika von Papst Johannes XXIII. die Bischofsweihe. 1962–1965 nahm er am II. Vatikanischen Konzil teil, wo er außer auf das Ökumenismusdekret auch großen Einfluss auf die Dekrete *Nostra aetate* und *Digniatis humanae* hatte. 1963 nahm er am Konklave teil, welches Paul VI. wählte.

Er starb am 16. November 1968 in Rom und wurde in seiner Heimatkirche in Riedböhringen gemeinsam mit seinen Eltern beigesetzt.

Traglia, Luigi (1895–1977)

Traglia wurde am 3. April 1895 in Albano Laziale in der Provinz Latium im Königreich Italien, heute Republik Italien, geboren. Er studierte als Seminarist des Collegio Capranica am Päpstlichen *Athenaeum des Laterans* und an der Päpstlichen Universität Gregoriana in Rom.

Am 10. August 1917 wurde er in Rom von Kardinalvikar Basilio Pompilj zum Priester geweiht. Nach weiteren Studien 1917–1919 wirkte er 1919–1936 als Dozent am Päpstlichen *Athenaeum Urbaniana* der Kongregation *Propaganda Fide*. 1927–1930 war er Mitarbeiter der Kongregation für die Seminare und Universitäten und der Kongregation *Propaganda Fide*, wo er 1930 Assessor und Subpromotor Fidei wurde. 1932 wurde er päpstlicher Hausprälat. Am 17. September 1936 wurde er zum Auditor der Römischen Rota ernannt.

Am 21. Dezember 1936 wurde er zum Titularerzbischof von Caesarea in Palästina und Vizeregente der Diözese Rom ernannt. Die Bischofsweihe empfing er am 6. Januar 1937 in der Lateranbasilika in Rom von Kardinalvikar Francesco Marchetti Selvaggiani. 1951 wurde er Päpstlicher Thronassistent. Am 7. Oktober 1953 wurde er Präsident des Spezialkomitees für das marianische Jahr 1953/54. 1959 wurde er zum Präsidenten der Kommission für die römische Diözesansynode 1960 ernannt.

Papst Johannes XXIII. kreierte ihn im Konsistorium vom 28. März 1960 zum Kardinalpriester und verlieh ihm am 31. März 1960 den Kardinalshut und die Titelkirche S. Andrea della Valle. Am 28. März 1960 wurde er zum Pro-Vikar von Rom ernannt. 1962–1965 nahm er am II. Vatikanischen Konzil teil. 1963 nahm er am Konklave teil, welches Paul VI. wählte. Am 30. März 1965 wurde er Kardinalvikar von Rom. Er nahm an den Bischofssynoden von 1967, 1969 und 1971 teil. Am 9. Januar 1968 verzichtete er auf sein Amt als Kardinalvikar und wurde am 13. Januar 1968 zum Kanzler *S.E.R.* ernannt. Am 28. April 1969 optierte er für die an die Kanzlerschaft gebundene Titelkirche S. Lorenzo in Damaso. Am 15. März 1972 wurde er zum Kardinaltitularbischof von Albano ernannt. Am 24. März 1972 wurde er zum Subdekan des Kardinalskollegiums gewählt und vom Papst bestätigt. Am 7. Februar 1973 verzichtete er auf das Amt des Kanzlers – das Amt wurde am 27. Februar 1973 generell aufgehoben. Am 7. Januar 1974 wurde er zum Dekan des Kardinalskollegiums gewählt und vom Papst bestätigt. Er erhielt zusätzlich den Titel eines Kardinalbischofs von Ostia. Am 3. April 1975 verlor er mit dem Erreichen der Altersgrenze von 80 Jahren das Recht zur Teilnahme am Konklave.

Er starb am 22. November 1977 in Rom und wurde zunächst auf dem römischen Friedhof Campo Verano beigesetzt, bevor er im August 1982 in die Basilika S. Lorenzo in Damaso in Rom überführt wurde.

Doi, Peter Tatsuo (1892–1970)

Doi wurde am 22. Dezember 1892 in Sendai im Kaiserreich Japan geboren. Am 21. April 1902 wurde er getauft. Nach dem Studium am Seminar von Sendai ging er nach Rom und studierte dort am Päpstlichen *Athenaeum Urbaniana* der Kongregation *Propaganda Fide.*

Am 1. Mai 1921 wurde er in Sendai zum Priester geweiht. Nachdem er bis 1934 in der Seelsorge der Diözese Sendai gearbeitet hatte, wurde er 1934–1937 als Sekretär des Apostolischen Delegaten in Japan eingesetzt.

Am 2. Dezember 1937 wurde er zum Erzbischof von Tokyo ernannt. Die Bischofsweihe empfing er am 13. Februar 1938 in Tokyo von Erzbischof Jean-Alexis Chambon M.E.P., dem Bischof von Yokohama, und wurde Päpstlicher Thronassistent. Er war während des Zweiten Weltkrieges Direktor des Nationalen Katholischen Zentralkomitees von Japan.

Papst Johannes XXIII. kreierte ihn im Konsistorium vom 28. März 1960 zum Kardinalpriester und verlieh ihm am 31. März 1960 den Kardinalshut und die Titelkirche S. Antonio in Via Merulana. 1962–1965 nahm er am II. Vatikanischen Konzil teil. 1963 nahm er am Konklave teil, welches Paul VI. wählte.

Er starb am 21. Februar 1970 in Tokyo und wurde in der Kathedrale von Tokyo beigesetzt.

Lefèbvre, Joseph-Charles (1892 – 1973)

Lefèbvre wurde am 15. April 1892 in Tourcoing in der Diözese Lille in der Republik Frankreich geboren. Er war ein Cousin von Erzbischof Marcel Lefèbvre, der 1988 exkommuniziert wurde. Er studierte an der Katholischen Universität von Lille und ging danach an das päpstliche französische Seminar nach Rom, wo er an der Päpstlichen Universität Gregoriana studierte. Während des Ersten Weltkrieges diente er in der französischen Armee und wurde verwundet. 1914 kam er in belgische Gefangenschaft und kam durch einen Gefangenenaustausch in der Schweiz 1918 wieder frei.

Am 17. Dezember 1921 wurde er in Rom zum Priester geweiht. Er wirkte bis 1923 in der Diözese Lille, 1924 – 1938 in der Seelsorge der Diözese Poitiers. Dort war er 1926 – 1936 Direktor der verschiedenen religiösen Werke und Ehrenkanoniker an der Kathedrale von Poitiers. 1936 – 1938 war er Generalvikar von Poitiers. 1936 wurde er päpstlicher Hausprälat.

Am 27. Juli 1938 wurde er zum Bischof von Troyes ernannt. Die Bischofsweihe empfing er am 11. Oktober 1938 in Poitiers von Bischof Edouard-Gabriel Mesguen von Poitiers. Am 17. Juni 1943 wurde er Erzbischof von Bourges.

Papst Johannes XXIII. kreierte ihn im Konsistorium vom 28. März 1960 zum Kardinalpriester und verlieh ihm am 31. März 1960 den Kardinalshut und die Titelkirche S. Giovanni dei Fiorentini. 1962 – 1965 nahm er am II. Vatikanischen Konzil teil. 1963 nahm er am Konklave teil, welches Paul VI. wählte. 1965 – 1969 war er Vorsitzender der französischen Bischofskonferenz. 1967 nahm er an der ersten römischen Bischofssynode teil. Am 10. Oktober 1969 legte er die Leitung seiner Erzdiözese nieder. Am 15. April 1972 verlor er mit Erreichen der Altersgrenze von 80 Jahren das Recht zur Teilnahme am Konklave.

Er starb am 2. April 1973 in Bourges und wurde in der Kathedrale von Bourges beigesetzt.

Alfrink, Bernardus Johannes (1900 – 1987)

Alfrink wurde am 5. Juli 1900 in Nijkerk im Königreich der Niederlande geboren. Er studierte Theologie und Philosophie am Priesterseminar Rijsenburg bei Utrecht.

Am 15. August 1924 wurde er in Utrecht von Erzbischof Henricus van de Wetering von Utrecht zum Priester geweiht. 1924 bis 1928 studierte er Bibelwissenschaften am Päpstlichen Bibelinstitut in Rom und im Hinblick auf seine Promotion anschließend ein Jahr an der École Biblique in Jerusalem. Seine 1929 in Rom eingereichte exegetische Dissertation wurde in erster Instanz von der Päpstlichen Bibelkommission abgelehnt, vermutlich weil sie aus dogmatischer Sicht nicht in jeder Hinsicht der maßgeblichen römischen Theologie entsprach. 1930 wurde sie aber nach entsprechenden Korrekturen angenommen. Danach war er einige Jahre Seelsorger im Erzbistum Utrecht. 1933 wurde er Professor für Exegese am Priesterseminar Rijsenburg und 1945 Professor für Exegese des Alten Testaments und Hebräisch an der Katholischen Universität Nijmegen.

Am 28. Mai 1951 wurde er zum Titularerzbischof von Tiana und Koadjutor von Utrecht ernannt. Die Bischofsweihe empfing er am 17. Juli 1951 in Utrecht durch Erzbischof Paolo Giobbe, den Internuntius in den Niederlanden. Am 8. September 1955 wurde er Apostolischer Administrator von Utrecht und am 31. Oktober 1955 Erzbischof von Utrecht. Am 16. April 1957 wurde er zusätzlich Militärvikar der Niederlande.

Papst Johannes XXIII. kreierte ihn im Konsistorium vom 28. März 1960 zum Kardinalpriester und verlieh ihm am 31. März 1960 den Kardinalshut und die Titelkirche S. Gioacchino.

Er war Mitglied der Zentralen Vorbereitungskommission des II. Vatikanischen Konzils und nahm als Mitglied des Präsidiums am II. Vatikanischen Konzil 1962–1965 teil. Er nahm an den Konklaven von 1963, welches Paul VI. wählte, von August 1978, welches Johannes Paul I. wählte und von Oktober 1978, welches Johannes Paul II. wählte, teil. Er war Vorsitzender der niederländischen Bischofskonferenz und nahm an den Bischofssynoden von 1967, 1969, 1971, 1974 und 1985 teil.

Am 6. Dezember 1975 legte er aus Altersgründen sein Amt als Erzbischof von Utrecht nieder. Am 5. Juli 1980 verlor er das Recht zur Teilnahme am Konklave mit der Vollendung des 80. Lebensjahres.

Er starb am 16. Dezember 1987 in Nieuwegen bei Utrecht und wurde in der Kathedrale von Utrecht beigesetzt.

Santos, Rufino Jiao (1908–1973)

Santos wurde am 26. August 1908 in Guagua bei Pampanga auf den Philippinen, die damals noch eine Kolonie waren, geboren. 1921–1927 studierte er am Priesterseminar von Manila. 1927 ging er zum Studium nach Rom, wo er an der Päpstlichen Universität Gregoriana 1931 in Theologie und Philosophie promovierte. Er lebte während seines Romaufenthaltes am lateinamerikanischen Kolleg.

Am 25. Oktober 1931 wurde er in der Lateranbasilika in Rom zum Priester geweiht. Er kehrte 1932 auf die Philippinen zurück und wirkte als Kaplan in Imus. 1934–1938 war er Vizekanzler der Erzdiözese Manila und war für die religiöse Erziehung zuständig. 1936–1937 gehörte er dem Exekutivkomitee des Internationalen Eucharistischen Kongresses an, der 1937 in Manila stattfand. 1939 wurde er Kanoniker an der Kathedrale von Manila und zuständig für die diözesanen Finanzen. Er entwickelte sich zu einem hervorragenden Finanzexperten. Als die Japaner während des Zweiten Weltkrieges die philippinischen Inseln besetzten, wurde er 1944–1945 eingekerkert und mehrfach gefoltert, 1945 zu sieben Jahren Haft verurteilt und im gleichen Jahr durch die Amerikaner befreit. Nach seiner Freilassung war er 1945–1947 Generalvikar des Erzbischofs von Manila.

Am 19. August 1947 wurde er zum Titularbischof von Barca und Weihbischof in Manila ernannt. Die Bischofsweihe empfing er am 24. Oktober 1947 in Manila von Erzbischof Michael James O'Doherty von Manila. 1949 wurde er erneut zum Generalvikar von Manila ernannt. Am 10. Dezember 1949 wurde er Apostolischer Administrator der Diözese Lipa, im März 1950 Apostolischer Administrator der Diözese Infanta. Am 2. Dezember 1950 wurde er erneut Weihbischof in Manila, am 10. Dezember 1951 wurde er Militärvikar der Philippinen. Am 17. Oktober 1952 wurde er

Apostolischer Administrator der Erzdiözese Manila und im Januar 1953 Generalsekretär des I. Plenarkonzils der Philippinen. Am 10. Februar 1953 wurde er zum Erzbischof von Manila ernannt.

Papst Johannes XXIII. kreierte ihn im Konsistorium vom 28. März 1960 zum Kardinalpriester und verlieh ihm am 31. März 1960 den Kardinalshut und die Titelkirche S. Maria ai Monti. Er war Teilnehmer am II. Vatikanischen Konzil 1962–1965 und nahm 1963 am Konklave teil, welches Paul VI. wählte. 1967 nahm er an der ersten römischen Bischofssynode teil.

Er starb am 3. September 1973 in Manila und wurde in der dortigen Kathedrale beigesetzt.

Rugambwa, Laurean (1912–1997)

Rugambwa wurde am 14. Juli 1912 in Bukongo in der Diözese Bukoba im damaligen Britisch-Ostafrika, dem späteren Tanganyika und heutigen Tansania, als Sohn eines Häuptlings geboren und wuchs zunächst in der Stammesreligion auf. Nachdem sein Vater und seine Mutter getauft worden waren, bereitete auch er sich auf die Taufe vor, die er am 19. März 1921 auf der Missionsstation der Weißen Väter von Kagonodo empfing. Er studierte unter Obhut der Weißen Väter und ging an das Regionalseminar von Katigondo in Uganda.

Am 12. Dezember 1943 wurde er in Katigondo von Bischof Burcardo Huwiler M.Afr., dem Apostolischen Vikar von Bukoba, zum Priester geweiht. 1944–1948 war er in der Seelsorge in Rutabo eingesetzt. 1948–1951 studierte er am Missionsinstitut des Päpstlichen *Athenaeum Urbaniana* der Kongregation *Propaganda Fide* in Rom und wurde in kanonischem Recht promoviert.

Am 13. Dezember 1951 wurde er zum Titularbischof von Febiana und Apostolischen Vikar von Kagera Inferiore ernannt. Die Bischofsweihe empfing er am 10. Februar 1952 in Rutabo von Erzbischof David Mathew, dem Apostolischen Delegaten in Westafrika. Am 25. März 1953 wurde er Bischof von Rutabo in Tanganyika.

Papst Johannes XXIII. kreierte ihn im Konsistorium vom 28. März 1960 zum Kardinalpriester und verlieh ihm am 31. März 1960 den Kardinalshut und die Titelkirche S. Francesco a Ripa. Er war der erste schwarzafrikanische Kardinal der Neuzeit. Am 21. Juni 1960 wurde er zum Bischof von Bukoba ernannt. Er war Teilnehmer am II. Vatikanischen Konzil 1962–1965 und nahm an den Konklaven von 1963, welches Paul VI. wählte, von August 1978, welches Johannes Paul I. wählte, und von Oktober 1978, welches Johannes Paul II. wählte, teil. Am 19. Dezember 1968 wurde er Erzbischof von Dar-es-Salaam, Tansania. Er nahm an den Bischofssynoden von 1967, 1969, 1971, 1974, 1977, 1980 und 1994 teil. Am 14. Juli 1992 verlor er mit dem Erreichen der Altersgrenze das Rechts zur Teilnahme am Konklave und verzichtete am 22. Juli 1992 auf die Leitung der Erzdiözese.

Er starb am 8. Dezember 1997 in Dar-es-Salaam und wurde in der Kathedrale von Dar-es-Salaam beigesetzt.

Bacci, Antonio (1885–1971)

Bacci wurde am 4. September 1885 in Giugnola in der Provinz Toscana im Königreich Italien, heute Republik Italien, geboren. Er studierte am Priesterseminar von Florenz.

Am 9. August 1909 wurde er in Florenz zum Priester geweiht. 1910–1922 war er Dozent und Spiritual am Priesterseminar von Florenz und wurde 1923 päpstlicher Geheimkämmerer. 1922–1931 war er Mitarbeiter des Staatssekretariates und 1931–1960 Sekretär für die Breven. 1931 wurde er päpstlicher Hausprälat. Als ausgezeichneter Latinist verfasste er die Rede *Eligendo pontifice*, die er vor den Kardinälen des Konklaves von 1958 hielt.

Papst Johannes XXIII. kreierte ihn im Konsistorium vom 28. März 1960 zum Kardinaldiakon und verlieh ihm am 31. März 1960 den Kardinalshut und die Kirche S. Eugenio als Titeldiakonie.

Am 5. April 1962 wurde er zum Titularerzbischof von Colonia in Cappadocia ernannt und empfing am 19. April 1962 in der Lateranbasilika von Papst Johannes XXIII. die Bischofsweihe. 1962–1965 nahm er am II. Vatikanischen Konzil teil. 1963 nahm er am Konklave teil, welches Paul VI. wählte.

Da er bereits die Altersgrenze von 80 Jahren überschritten hatte, verlor er am 1. Januar 1971 das Recht zur Teilnahme am Konklave.

Er starb am 20. Januar 1971 im Vatikan und wurde in Piancaldoli Firenzuola bei Florenz begraben.

Ritter, Joseph Elmer (1892–1967)

Ritter wurde am 20. Juli 1892 in New Albany im Bundesstaat Indiana, USA, geboren. Er studierte am St. Meinrad's Seminary in St. Meinrad, Indiana.

Am 30. Mai 1917 wurde er in St. Meinrad von Bischof Joseph Chartrand von Indianapolis zum Priester geweiht. Er war zunächst Kaplan und wurde 1925 Rektor der Kathedrale von Indianapolis. Später wurde er in der Verwaltung der Diözese eingesetzt. Er bekämpfte schon damals die Rassendiskriminierung.

Am 3. Februar 1933 wurde er zum Titularbischof von Hippos und Weihbischof in Indianapolis ernannt. Die Bischofsweihe empfing er am 28. März 1933 in Indianapolis von Bischof Joseph Chartrand von Indianapolis. Am 5. Februar 1933 wurde er Generalvikar der Diözese Indianapolis, und am 24. März 1934 wurde er zum Bischof von Indianapolis ernannt. Als die Diözese im November 1944 zur Metropolitanerzdiözese erhoben wurde, wurde er am 11. November 1944 zum ersten Erzbischof von Indianapolis ernannt. Am 20. Juli 1946 wurde er Erzbischof von St. Louis und 1956 Päpstlicher Thronassistent. Auch als Bischof bekämpfte er die Rassendiskriminierungen, indem er trotz des Widerstandes der weißen Einheimischen die ethnischen Gruppen in den kirchlichen Schulen integrierte. In St. Louis hob er 1947 die Rassentrennung an kirchlichen Schulen auf.

Papst Johannes XXIII. kreierte ihn im Konsistorium vom 16. Januar 1961 zum Kardinalpriester und verlieh ihm am 19. Januar 1961 den Kardinalshut und die Titelkirche Ss.mo Redentore e S. Alfonso in Via Merulana. 1962–1965 nahm er am II. Vatikanischen Konzil teil. 1963 nahm er am Konklave teil, welches Paul VI. wählte.

Er starb am 10. Juni 1967 in St. Louis und wurde in der Kathedrale von St. Louis beigesetzt.

Quintero Parra, José Humberto (1902–1984)

Quintero Parra wurde am 22. September 1902 in Mucuchíes in Venezuela geboren. Nach anfänglichem Studium am Priesterseminar von Mérida ging er an das lateinamerikanische Kolleg nach Rom und studierte an der Päpstlichen Universität Gregoriana, wo er in Theologie und kanonischem Recht promoviert wurde.

Am 22. August 1926 wurde er in Mérida von Erzbischof Filippo Cortesi, dem Nuntius in Venezuela, zum Priester geweiht. 1926–1929 arbeitete er in der Seelsorge der Diözese Mérida, danach war er bis 1934 Sekretär des Erzbischofs von Mérida und 1929–1953 Sekretär der erzbischöflichen Kurie und Generalvikar von Mérida.

Am 7. September 1953 wurde er zum Titularerzbischof von Acrida und Koadjutor c.i.s. von Mérida ernannt. Die Bischofsweihe empfing er am 6. Dezember 1953 in der Kapelle des lateinamerikanischen Kollegs in Rom von Kardinal Adeodato Giovanni Piazza O.C.D., dem Sekretär der Konsistorialkongregation. Am 31. August 1960 wurde er Erzbischof von Caracas.

Papst Johannes XXIII. kreierte ihn im Konsistorium vom 16. Januar 1961 zum Kardinalpriester und verlieh ihm am 19. Januar 1961 den Kardinalshut und die Titelkirche SS. Andrea e Gregorio al Monte Celio. Er war Teilnehmer am II. Vatikanischen Konzil 1962–1965 und nahm an den Konklaven von 1963, welches Paul VI. wählte, von August 1978, welches Johannes Paul I. wählte, und von Oktober 1978, welches Johannes Paul II. wählte, teil. Er nahm an den Bischofssynoden von 1967 und 1969 teil. Er war Vorsitzender der Bischofskonferenz von Venezuela. Am 24. Mai 1980 legte er die Leitung der Erzdiözese aus Altersgründen nieder. Am 22. September 1982 verlor er mit Erreichen der Altersgrenze von 80 Jahren das Recht zur Teilnahme am Konklave.

Er starb am 8. Juli 1984 in Caracas und wurde in der Kathedrale von Caracas beigesetzt.

Concha Córdoba, Luis (1891–1975)

Concha Córdoba wurde am 7. November 1891 in Bogotá in Kolumbien geboren. Sein Vater war Politiker und Diplomat und 1914–1918 amtierender Staatspräsident von Kolumbien. 1908 trat er in das Priesterseminar von Bogotá ein. Als sein Vater Botschafter in Frankreich war, studierte er in Paris. Nach seiner Rückkehr setzte er seine Studien am Priesterseminar von Bogotá fort.

Am 28. Oktober 1916 wurde er in Bogotá zum Priester geweiht. Es folgten bis 1919 Aufgaben als Lehrer und als Kaplan in der Gemeindeseelsorge sowie als Herausgeber der Bistumszeitung von Bogotá. 1919–1920 studierte er am Seminar Saint-Sulpice in Paris und am Päpstlichen Bibelinstitut in Rom, doch er konnte aus gesundheitlichen

Gründen keinen Abschluss erlangen und kehrte deshalb nach Kolumbien zurück. 1921 wurde er zum päpstlichen Geheimkämmerer ernannt. 1923 wurde er Spiritual am Priesterseminar und 1925 Dozent am Priesterseminar sowie Vikar des Metropolitankapitels. 1933 wurde er Kanoniker am Metropolitankapitel und zunächst Sekretär und später Kanzler der erzbischöflichen Kurie. 1934–1935 war er stellvertretender Generalvikar der Erzdiözese Bogotá.

Am 13. Juli 1935 wurde er zum Bischof von Manizales in Kolumbien ernannt. Die Bischofsweihe empfing er am 30. November 1935 in Bogotá von Erzbischof Ismael Perdomo von Bogotá. Als sein Bistum zum Metropolitanerzbistum erhoben wurde, wurde er am 10. Mai 1954 zum Erzbischof von Manizales ernannt. Am 18. Mai 1959 erfolgte die Ernennung zum Erzbischof von Bogotá und am 19. Mai 1959 zusätzlich zum Militärvikar von Kolumbien. Darüber hinaus war er auch Präsident der kolumbianischen Bischofskonferenz.

Papst Johannes XXIII. kreierte ihn im Konsistorium vom 16. Januar 1961 zum Kardinalpriester und verlieh ihm am 19. Januar 1961 den Kardinalshut und die Titelkirche S. Maria Nuova. 1962–1965 nahm er am II. Vatikanischen Konzil teil. 1963 nahm er am Konklave teil, welches Paul VI. wählte. Am 7. November 1971 verlor er mit dem Erreichen der Altersgrenze von 80 Jahren das Recht zur Teilnahme am Konklave. Am 29. Juli 1972 legte er die Leitung der Erzdiözese und des Militärvikariates aus Altersgründen nieder.

Er starb am 18. September 1975 in Bogotá und wurde in der Kathedrale von Bogotá beigesetzt.

Ferretto, Giuseppe Antonio (1899–1973)

Ferretto wurde am 9. März 1899 in Rom im Königreich Italien, heute Republik Italien, geboren. Er studierte am Päpstlich-Römischen Seminar und am Päpstlichen *Athenaeum des Laterans*.

Am 24. Februar 1923 wurde er in Rom zum Priester geweiht. Es folgten bis 1926 weitere Studien am Päpstlichen *Athenaeum des Laterans*, wo er in Theologie und beiderlei Rechten (*utriusque iuris*) promoviert wurde, sowie am Päpstlichen Institut für christliche Archäologie in Rom.

1926–1958 war er Dozent am Päpstlichen *Athenaeum des Laterans* und am Päpstlichen *Athenaeum Urbaniana* der Kongregation *Propaganda Fide*. 1929–1939 arbeitete er im Vikariat der Diözese Rom. Im April 1939 wurde er Referendar der Apostolischen Signatur. Am 7. Juni 1943 wurde er Substitut und am 27. Juni 1950 Assessor der Konsistorialkongregation. Am 1. Mai 1953 wurde er Kanoniker an der Petersbasilika des Vatikans.

Am 14. Dezember 1958 wurde er zum Titularerzbischof von Sardica ernannt. Die Bischofsweihe empfing er am 27. Dezember 1958 in der Petersbasilika des Vatikans in Rom von Papst Johannes XXIII. Am 20. Januar 1959 wurde er Sekretär des Kardinalskollegiums.

Papst Johannes XXIII. kreierte ihn im Konsistorium vom 16. Januar 1961 zum Kardinalpriester und verlieh ihm am 19. Januar 1961 den Kardinalshut und die Titelkirche S. Croce in Gerusalemme. Am 26. März 1961 wurde er zum Kardinalbischof von Sabina e Poggio Mirteto ernannt und am 23. Mai 1962 zum Kardinaltitularbischof von Sabina e Poggio Mirteto. 1962–1965 nahm er am II. Vatikanischen Konzil teil. 1963 nahm er am Konklave teil, welches Paul VI. wählte. Am 7. April 1967 wurde er Kardinalgroßpönitentiar. Er nahm an den Bischofssynoden von 1967, 1969 und 1971 teil. Am 1. März 1973 trat er aus Gesundheitsgründen von seinem Amt als Großpönitentiar zurück.

Er starb am 17. März 1973 in Rom und wurde in der Kirche Immacolata e S. Benedetto Giuseppe Labre a Via Taranto in Rom beigesetzt.

Nunes, José da Costa (1880–1976)
Nunes wurde am 15. März 1880 in Candelaria auf der portugiesischen Azoreninsel Isola di Pico im Königreich Portugal, heute Republik Portugal, geboren. Er studierte Theologie und Philosophie am Priesterseminar von Angra und ging anschließend als Missionar nach Macão, welche damals eine portugiesische Kolonie war.

Am 26. Juli 1903 wurde er in Macão von Bischof João Paulino de Azevedo e Castro von Macão zum Priester geweiht. 1903–1906 wirkte er in der Seelsorge und als Dozent am Seminar von Macão. 1906–1913 war er Generalvikar der Diözese Macão und Timor, 1913–1920 Apostolischer Visitator und Missionar auf Timor und wurde am 21. Dezember 1917 zum Kapitularvikar von Macão gewählt.

Am 16. Dezember 1920 wurde er zum Bischof von Macão ernannt. Die Bischofsweihe empfing er am 20. November 1921 in Horta von Bischof Emmanuel da Costa von Angra. Am 11. Dezember 1940 wurde er zum Erzbischof von Gôa und Damião mit dem Titel eines Patriarchen von Ostindien ernannt. 1953 kam er nach Rom und wurde am 13. Juli 1953 zum Präsidenten des ständigen Komitees für die Internationalen Eucharistischen Kongresse ernannt. Am 16. Dezember 1953 verzichtete er auf die Leitung der Erzdiözese und wurde zum Titularerzbischof von Odessus sowie zum Patriarchen *ad personam* sowie zum Vizecamerlengo *S.E.R.* mit Residenz in Rom ernannt.

Papst Johannes XXIII. kreierte ihn im Konsistorium vom 19. März 1962 zum Kardinalpriester und verlieh ihm am 22. März 1962 den Kardinalshut und die Titelkirche S. Prisca. 1962–1965 nahm er am II. Vatikanischen Konzil teil. 1963 nahm er am Konklave teil, welches Paul VI. wählte. Da er bereits die Altersgrenze von 80 Jahren überschritten hatte, verlor er am 1. Januar 1971 das Recht zur Teilnahme am Konklave.

Er starb am 29. November 1976 in Rom und wurde vorübergehend auf dem römischen Friedhof Campo Verano beigesetzt. 1997 wurde er in seine Taufkirche Concelho da Madalena in Candelária auf den Azoren überführt.

Panico, Giovanni (1895 – 1962)

Panico wurde am 12. April 1895 in Tricase in der Provinz Lecce im Königreich Italien, heute Republik Italien, geboren. Nach dem Besuch des Knabenseminars von Ugento kam er 1910 an das Collegio Leonino nach Rom und studierte ab 1915 am Päpstlich-Römischen Seminar.

Am 14. März 1919 wurde er in der Lateranbasilika in Rom von Kardinalvikar Basilio Pompilj zum Priester geweiht. Anschließend setzte er bis 1922 seine Studien am Päpstlichen *Athenaeum des Laterans* fort, wo er 1919 in Theologie und 1922 in kanonischem Recht promoviert wurde. Anschließend war er in seiner Heimat als Kaplan tätig. 1923 trat er in den diplomatischen Dienst des Staatssekretariates ein und war bis 1926 Attaché an der Nuntiatur von Kolumbien. 1923 wurde er zum päpstlichen Geheimkämmerer ernannt. 1926 – 1931 war er Auditor der Nuntiatur von Argentinien und gleichzeitig in Paraguay und Uruguay akkreditiert. 1931 – 1932 war er Auditor an der Nuntiatur in der Tschechoslowakei. 1932 – 1933 war er Geschäftsführer an der Nuntiatur in Bayern und hatte diese zu schließen. Anschließend war er bis 1935 wieder Auditor an der Nuntiatur in der Tschechoslowakei und wurde 1935 päpstlicher Hausprälat.

Am 17. Oktober 1935 wurde er zum Titularerzbischof von Giustiniana Prima und Apostolischen Delegaten in Australien, Neuseeland, Polynesien und Niederländisch-Indien ernannt. Die Bischofsweihe empfing er am 8. Dezember 1935 in der Kapelle der Kongregation *Propaganda Fide* in Rom von Kardinal Pietro Fumasoni Biondi, dem Präfekten der Kongregation *Propaganda Fide*. Am 28. September 1948 wurde er Nuntius in Peru, am 14. Juli 1953 Apostolischer Delegat in Kanada und am 25. Januar 1959 Nuntius in Portugal.

Papst Johannes XXIII. kreierte ihn im Konsistorium vom 19. März 1962 zum Kardinalpriester und verlieh ihm am 22. März 1962 den Kardinalshut und die Titelkirche S. Teresa al Corso d'Italia.

Er starb am 7. Juli 1962 in Tricase und wurde dort im Familiengrab beigesetzt.

Antoniutti, Ildebrando (1898 – 1974)

Antoniutti wurde am 3. August 1898 in Nimis im Friaul in der Provinz Udine im Königreich Italien, heute Republik Italien, geboren. Er begann seine Studien am Priesterseminar von Udine und wechselte bald an das Päpstliche Römische Seminar und an das Päpstliche *Athenaeum des Laterans* nach Rom. Während des Ersten Weltkrieges unterbrach er sein Studium zeitweise, um seinem Erzbischof bei humanitären Projekten zu helfen. 1917 setzte er sein Studium in Rom fort. 1920 beendete er sein Studium mit Promotionen in Theologie, Philosophie und kanonischem Recht.

Am 5. Dezember 1920 wurde er in Udine von Erzbischof Antonio Anastasio Rossi von Udine zum Priester geweiht. 1921 – 1927 war er Dozent am Seminar von Udine und gleichzeitig Sekretär des Erzbischofs von Udine. 1927 trat er in den diplomatischen Dienst des Heiligen Stuhls ein und wurde bis 1930 als Sekretär an die Apostolische Delegatur nach China gesandt. Dort war er 1930 – 1934 Auditor. 1931 wurde er päpstlicher Geheimkämmerer und war 1934 – 1936 Auditor der Nuntiatur in Portugal.

Am 19. Mai 1936 wurde er zum Titularerzbischof von Synnada in Phrygien und Apostolischen Delegaten von Albanien ernannt. Die Bischofsweihe empfing er am 29. Juni 1936 in der Kapelle der Kongregation *Propaganda Fide* in Rom von Kardinal Pietro Fumasoni Biondi, dem Präfekten der Kongregation *Propaganda Fide*. 1937 wurde er als Vermittler und päpstlicher Sondergesandter im spanischen Bürgerkrieg nach Spanien gesandt. Am 14. Juli 1938 wurde er Apostolischer Delegat in Kanada und Neufundland, am 21. Oktober 1953 Nuntius in Spanien.

Papst Johannes XXIII. kreierte ihn im Konsistorium vom 19. März 1962 zum Kardinalpriester. Das rote Birett setzte ihm in Madrid General Francisco Franco auf. Der Papst verlieh ihm am 24. Mai 1962 den Kardinalshut und die Titelkirche S. Sebastiano alla Catacombe. 1962–1965 nahm er am II. Vatikanischen Konzil teil. 1963 nahm er am Konklave teil, welches Paul VI. wählte. Am 26. Juli 1963 wurde er zum Präfekten der Religiosenkongregation ernannt, die er auch nach der Umbenennung in „Kongregation für Ordensleute und Säkularinstitute" 1967 bis zu seinem Amtsverzicht aus Altersgründen am 13. September 1973 weiter leitete. Am 13. September 1973 wurde er zum Kardinaltitularbischof der suburbikarischen Diözese von Velletri ernannt.

Er starb am 1. August 1974 an den Folgen eines Verkehrsunfalls in der Nähe Bolognas und wurde in der Pfarrkirche seines Heimatortes Nimis beigesetzt.

Forni, Efrem (1889–1976)

Forni wurde am 10. Januar 1889 in Mailand in der Lombardei im Königreich Italien, heute Republik Italien, geboren. Er studierte zunächst an der Universität Mailand und ging danach als Seminarist des Lombardischen Seminars nach Rom, wo er an der Päpstlichen Universität Gregoriana studierte. An der Päpstlichen Akademie für den kirchlichen Adel bereitete er sich auf den diplomatischen Dienst des Heiligen Stuhls vor.

Am 6. Juli 1913 wurde er zum Priester geweiht. Er war anschließend bis 1921 Dozent des Erzbischöflichen Kollegs von Cantu und des Kollegs von d'Arona bei Mailand. 1921–1926 war er Nuntiatursekretär und 1926–1928 Auditor der Apostolischen Nuntiatur von Portugal. 1923 wurde er päpstlicher Geheimkämmerer. 1928–1937 war er Auditor der Nuntiatur von Frankreich und wurde 1937 Nuntiaturrat und päpstlicher Hausprälat.

Am 26. November 1937 wurde er zum Titularerzbischof von Darni und am 28. November 1937 zum Nuntius in Ecuador ernannt. Die Bischofsweihe empfing er am 20. Februar 1938 in der Kirche S. Carlo al Corso in Rom von Kardinalstaatssekretär Eugenio Pacelli. Am 9. November 1953 wurde er Nuntius in Belgien und Internuntius in Luxemburg.

Papst Johannes XXIII. kreierte ihn im Konsistorium vom 19. März 1962 zum Kardinalpriester und verlieh ihm am 22. März 1962 den Kardinalshut und die Titelkirche S. Croce in Gerusalemme. 1962–1965 nahm er am II. Vatikanischen Konzil teil. 1963 nahm er am Konklave teil, welches Paul VI. wählte. Da er bereits die Altersgrenze von 80 Jahren überschritten hatte, verlor er am 1. Januar 1971 das Recht zur Teilnahme am Konklave.

Er starb am 26. Februar 1976 in Rom und wurde im Familiengrab in der Nähe der St. Franziskuskirche Gallarate bei Mailand beigesetzt.

Landázuri Ricketts O.F.M., Juan (1913–1997)

Landázuri Ricketts wurde am 19. Dezember 1913 in Arequipa in der Provinz Arequipa in Peru geboren und auf den Namen Guillermo Eduardo getauft. Er studierte zunächst an der Universität San Agustin in Arequipa Philosophie und Literaturwissenschaften und trat am 28. April 1933 in der Missionsprovinz San Francisco Solano in den Franziskanerorden ein. Er erhielt dort den Ordensnamen Juan. Anschließend studierte er im franziskanischen Studienhaus in Ocopa Philosophie und Theologie.

Am 6. April 1939 wurde er in Ocopa von Bischof Francisco Irazola O.F.M., dem Apostolischen Vikar von Ucayalí, zum Priester geweiht. 1939–1943 war er Lehrer an verschiedenen Ausbildungsstätten in der Missionsprovinz St. Franz von Solano seines Ordens in Peru. 1943–1946 war er auch Sekretär der Generaldelegation seines Ordens. 1946–1949 studierte er am Päpstlichen *Athenaeum Antonianum* in Rom, wo er in kanonischem Recht promovierte. Danach war er 1949–1950 Dozent am Theologischen Seminar von Ocopa und Novizenmeister. 1950–1951 war er Minister und Provinzial der Missionsprovinz St. Franz von Solano und 1951–1952 Generaldefinitor seines Ordens in Rom.

Am 18. Mai 1952 wurde er zum Titularerzbischof von Roina und Koadjutorerzbischof von Lima ernannt. Die Bischofsweihe empfing er am 24. August 1952 in Lima von Kardinal Juan Gualberto Guevara, dem Erzbischof von Lima. Er wurde zum Generalvikar von Lima ernannt und im November 1954 zum Kapitularvikar gewählt. Am 2. Mai 1955 wurde er zum Erzbischof von Lima ernannt.

Papst Johannes XXIII. kreierte ihn im Konsistorium vom 19. März 1962 zum Kardinalpriester und verlieh ihm am 22. März 1962 den Kardinalshut und die Titelkirche S. Maria in Aracoeli. Er war Teilnehmer am II. Vatikanischen Konzil 1962–1965 und nahm an den Konklaven von 1963, welches Paul VI. wählte, von August 1978, welches Johannes Paul I. wählte, und von Oktober 1978, welches Johannes Paul II. wählte, teil. Er war Vorsitzender der peruanischen Bischofskonferenz und nahm bis 1985 an allen Bischofssynoden, darunter 1974 als delegierter Präsident, teil. Er war Teilnehmer der Generalkonferenz des lateinamerikanischen Episkopates 1968 in Medellin, Kolumbien, und 1979 in Puebla, Mexiko, sowie 1992 in Santo Domingo, Dominikanische Republik. Am 30. Dezember 1989 verzichtete er auf die Leitung der Erzdiözese aus Altersgründen. Am 19. Dezember 1993 verlor der mit Erreichen der Altersgrenze von 80 Jahren das Recht zur Teilnahme am Konklave.

Er starb am 16. Januar 1997 in Lima und wurde in der Kathedrale von Lima beigesetzt.

Coussa O.S.B.M.A., Gabriel Acacius (1897–1962)

Coussa wurde am 3. August 1897 in Aleppo im Osmanischen Reich, heute Syrien, geboren. 1911 trat er in den melkitischen Basilianerorden von Aleppo im Kloster Saint-Georges Deir-es-Cheir ein und erhielt nach dem Noviziat 1912 den Namen Acacius. Er wurde dann zum Studium nach Rom an das griechische Kolleg gesandt. 1914 legte er in Rom seine einfache Profess ab. Während des Ersten Weltkrieges war er als türkischer Bürger in der Schweiz und setzte dort an der Hochschule der Benediktinerabtei Einsiedeln seine Studien fort. 1916 kehrte er nach Rom zurück und setzte seine Studien am Päpstlichen *Athenaeum Urbaniana* der Kongregation *Propoganda Fide* fort. 1918 legte er seine feierlichen Gelübde ab.

Am 25. Dezember 1920 wurde er in Rom von Bischof Isaïas Papadopoulos, dem Assessor der Kongregation für die orientalische Kirche, zum Priester geweiht. 1921– 1925 war er Direktor des melkitischen Scholastikates in Beirut und wurde im November 1922 in beiderlei Rechten (*utriusque iuris*) in Rom promoviert.

1925–1934 war er Generalassistent seines Ordens und blieb bis 1929, als er Oberer des Klosters Deir-es-Cheir im Libanon wurde, in Rom. 1929–1935 war er Delegierter der melkitischen Synode in der Kommission für vorbereitende Studien für die Kodifizierung des orientalischen kanonischen Rechts. 1932 kehrte er nach Rom zurück und war bis 1936 Dozent am Päpstlichen *Athenaeum S. Apollinare*. Am 16. Juli 1935 wurde er Sekretär der Päpstlichen Kommission für die Vorbereitung eines orientalischen kanonischen Rechts. Am 3. Mai 1946 wurde er Sekretär der Päpstlichen Kommission für die authentische Interpretation des CIC, am 15. Januar 1953 Assessor der Kongregation für die orientalische Kirche.

Am 26. Februar 1961 wurde er zum Titularerzbischof von Hierapolis in Syria ernannt. Die Bischofsweihe empfing er am 16. April 1961 in der Sixtinischen Kapelle des Vatikans von Papst Johannes XXIII. im melkitischen Ritus. Am 4. August 1961 wurde er zum Pro-Sekretär der Kongregation für die orientalische Kirche ernannt.

Papst Johannes XXIII. kreierte ihn im Konsistorium vom 19. März 1962 zum Kardinalpriester und verlieh ihm am 22. März 1962 den Kardinalshut und die Titelkirche S. Athanasius. Am 24. März 1962 wurde er zum Sekretär der Kongregation für die Orientalische Kirche ernannt.

Er starb am 29. Juli 1962 in Rom und wurde in seiner Titelkirche S. Athanasius beigesetzt.

Silva Henríquez S.D.B., Raúl (1907–1999)

Silva Henríquez wurde am 27. August 1907 in Talca in der Región del Maule in Chile geboren. Er studierte nach der Schulzeit ab 1923 an der Katholischen Universität in Santiago de Chile und wurde in Rechtswissenschaften promoviert. Im Januar 1930 trat er in Santiago de Chile in den Salesianerorden ein und setzte nach der ordensüblichen Aufnahme seine Studien am *Philosophicum* der Salesianer in Santiago de Chile fort. Danach studierte er Theologie am Päpstlichen *Athenaeum* der Salesianer in Turin in Italien und wurde dort in Theologie und kanonischem Recht promoviert.

Am 3. Juli 1938 wurde er in Turin zum Priester geweiht. Anschließend kehrte er nach Chile zurück und war dort bis 1943 Lehrer an der Salesianerschule in Santiago-Cisterna. 1943–1948 war er dort Direktor und anschließend bis 1951 an der Salesianerschule in Santiago de Chile. 1945 war er Gründer und Präsident der Föderation katholischer Schulen und 1951–1957 erneut Direktor der Salesianerschule von Santiago-Cisterna. Er war Organisator und erster Direktor des Katholischen Chilenischen

Institutes für Migration und nationaler Präsident der Caritas sowie Vizepräsident von Cáritas Internationalis.

Am 24. Oktober 1959 wurde er zum Bischof von Valparaíso ernannt. Die Bischofsweihe empfing er am 29. November 1959 in Valparaíso von Erzbischof Opilio Rossi, dem Nuntius in Chile. Am 14. Mai 1961 wurde er Erzbischof von Santiago de Chile.

Papst Johannes XXIII. kreierte ihn im Konsistorium vom 19. März 1962 zum Kardinalpriester und verlieh ihm am 22. März 1962 den Kardinalshut und die Titelkirche S. Bernardo alle Terme. Im Oktober 1962 wurde er in Rom zum Präsidenten von Cáritas Internationalis gewählt. Er war Teilnehmer am II. Vatikanischen Konzil 1962–1965 und nahm an den Konklaven von 1963, welches Paul VI. wählte, von August 1978, welches Johannes Paul I. wählte, und von Oktober 1978, welches Johannes Paul II. wählte, teil. Er war Vorsitzender der chilenischen Bischofskonferenz und nahm 1967 und 1974 an den Bischofssynoden teil. Er war Teilnehmer der Generalkonferenzen des lateinamerikanischen Episkopates 1968 in Medellin, Kolumbien, und 1979 in Puebla, Mexiko, sowie 1992 in Santo Domingo, Dominikanische Republik. Er engagierte sich in der Menschenrechtsbewegung und kämpfte gegen die Militärjunta von General Pinochet in Chile für Menschenrechte.

Am 3. Mai 1983 verzichtete er auf die Leitung der Erzdiözese aus Altersgründen. Am 27. August 1987 verlor der mit Erreichen der Altersgrenze von 80 Jahren das Recht zur Teilnahme am Konklave.

Er starb am 9. April 1999 in Santiago de Chile und wurde in der Kathedrale von Santiago de Chile beigesetzt.

Suenens, Leo-Jozef (1904–1996)

Suenens wurde am 16. Juli 1904 in Ixelles im Königreich Belgien geboren. Nach seiner Schulzeit studierte er als Seminarist des belgischen Kollegs 1920–1927 in Rom an der Päpstlichen Universität Gregoriana.

Am 4. September 1927 wurde er in Mecheln von Kardinal Jozef-Ernest van Roey, dem Erzbischof von Mecheln, zum Priester geweiht. Anschließend setzte er sein Studium in Rom fort und schloss es mit Promotionen in Theologie und Philosophie ab. 1929 war er für kurze Zeit Lehrer an einer kirchlichen Schule in Schaerbeek. 1930–1940 war er Dozent für Philosophie am Knabenseminar von Mecheln. 1940 wurde er Militärgeistlicher der belgischen Armee und Vizerektor der Katholischen Universität Louvain. 1941 wurde er päpstlicher Geheimkämmerer.

Am 12. November 1945 wurde er zum Titularbischof von Isinda und Weihbischof in Mecheln ernannt. Die Bischofsweihe empfing er am 16. Dezember 1945 in Mecheln von Kardinal Jozef-Ernest van Roey, dem Erzbischof von Mecheln. Am 24. November 1961 wurde er zum Erzbischof von Mecheln ernannt. Der Titel änderte sich bereits am 8. Dezember 1961, als der Erzbischofssitz in Mecheln-Brüssel umbenannt wurde und er den Titel eines Erzbischofs von Mecheln-Brüssel erhielt. Am 2. Februar 1962 wurde zusätzlich zum Militärvikar für Belgien ernannt.

Papst Johannes XXIII. kreierte ihn im Konsistorium vom 19. März 1962 zum Kardinalpriester und verlieh ihm am 22. März 1962 den Kardinalshut und die Titelkirche S. Pietro in Vincoli. Er war Teilnehmer am II. Vatikanischen Konzil 1962–1965 und war in den Jahren 1963–1965 einer der vier Moderatoren und einer der profiliertesten Vertreter der Konzilsmehrheit. Er nahm an den Konklaven von 1963, welches Paul VI. wählte, von August 1978, welches Johannes Paul I. wählte, und von Oktober 1978, welches Johannes Paul II. wählte, teil. Er war Vorsitzender der belgischen Bischofskonferenz und nahm bis 1985 an fast allen Bischofssynoden teil. Nach dem Konzil war er ein eifriger Förderer der charismatischen Bewegung. Am 4. Oktober 1979 verzichtete er aus Altersgründen auf die Leitung der Erzdiözese und des Militärvikariates. Am 16. Juli 1984 verlor der mit Erreichen der Altersgrenze von 80 Jahren das Recht zur Teilnahme am Konklave.

Er starb am 6. Mai 1996 in Brüssel und wurde in der Kathedrale von Mecheln beigesetzt.

Browne O.P., Michael (1887–1971)

Browne wurde am 6. Mai 1887 in Grangemokler im Vereinigten Königreich Großbritannien und Irland, heute Republik Irland, geboren. 1903 trat er in Taillight bei Dublin in den Dominikanerorden ein. Er studierte am Rockwell College in Cashel in Irland, am Konvent S. Clemente in Rom und an der theologischen Fakultät in Fribourg, Schweiz.

Am 21. Mai 1910 wurde er in Rom zum Priester geweiht. 1910–1919 war er Dozent und Novizenmeister am Konvent Taillight bei Dublin. Ab 1919 lebte er in Rom. 1919–1932 und erneut 1941–1951 war er Dozent am Päpstlichen *Athenaeum* St. Thomas von Aquin (*Angelicum*), 1925–1930 Prior des Konvents von S. Clemente und 1932–1941 *Rector Magnificus* des Päpstlichen *Athenaeum* St. Thomas von Aquin (*Angelicum*). 1951–1955 war er als „Meister des hl. Apostolischen Palastes" und Theologe des Staatssekretariates der Hoftheologe von Papst Pius XII. 1955 wurde er zum Generalmagister des Dominikanerordens gewählt.

Papst Johannes XXIII. kreierte ihn im Konsistorium vom 19. März 1962 zum Kardinaldiakon und verlieh ihm am 22. März 1962 den Kardinalshut und die Kirche S. Paolo alla Regola als Titeldiakonie.

Am 5. April 1962 wurde er zum Titularerzbischof von Idebesso ernannt und empfing am 19. April 1962 in der Lateranbasilika von Papst Johannes XXIII. die Bischofsweihe. 1962–1965 nahm er am II. Vatikanischen Konzil teil, wo er zur konservativen Gruppe und zum *Coetus Internationalis Patrum* um Erzbischof Levèbvre gehörte. 1963 nahm er am Konklave teil, welches Paul VI. wählte.

Da er bereits die Altersgrenze von 80 Jahren überschritten hatte, verlor er am 1. Januar 1971 das Recht zur Teilnahme am Konklave.

Er starb am 31. März 1971 in Rom und wurde im Dominikanerkonvent Taillight in Dublin beigesetzt.

Albareda O.S.B., Joaquín Anselmo María (1892–1966)
Albareda wurde am 16. Februar 1892 in Barcelona, Provinz Katalanien im Königreich Spanien, geboren und auf den Namen Joaquin getauft. 1904 trat er in das Benediktinerkloster Montserrat ein, wo er am 4. November 1908 seine feierliche Profess ablegte und den Namen Anselmo María erhielt. Er studierte am Päpstlichen *Athenaeum* S. Anselmo in Rom Theologie und Philosophie.

Am 7. Juli 1915 wurde er in Montserrat zum Priester geweiht und lebte bis 1921 im dortigen Benediktinerkonvent. 1921–1923 studierte er Paläographie und Archivwissenschaften an der Universität Freiburg/Breisgau.

1923–1936 war er Archivar des Klosters von Montserrat, am 19. Juni 1936 wurde er Präfekt an der Vatikanischen Bibliothek. Am 5. Mai 1951 wurde er zum Titularabt von Santa Maria de Ripoll und erhielt von Kardinaldekan Eugène Tisserant am 26. August 1951 in Montserrat die Abtsbenediktion.

Papst Johannes XXIII. kreierte ihn im Konsistorium vom 19. März 1962 zum Kardinaldiakon und verlieh ihm am 22. März 1962 den Kardinalshut und die Kirche S. Apollinare als Titeldiakonie.

Am 5. April 1962 wurde er zum Titularerzbischof von Gissaria ernannt und empfing am 19. April 1962 in der Lateranbasilika von Papst Johannes XXIII. die Bischofsweihe. 1962–1965 nahm er am II. Vatikanischen Konzil teil. 1963 nahm er am Konklave teil, welches Paul VI. wählte.

Er starb am 19. Juli 1966 in Barcelona und wurde in der Benediktinerabtei Montserrat beigesetzt.

Die Kardinäle von Papst Paul VI. (1963 – 1978)

Sayegh S.M.S.P., Maximos IV. (1878 – 1967)

Sayegh wurde am 10. April 1878 in Aleppo im Osmanischen Reich im heutigen Syrien geboren. Im Juli 1905 trat er in die Kongregation der Missionare vom Heiligen Paulus (Paulisten) ein und nahm den Namen Joseph an. Er absolvierte seine Studien an ordenseigenen Häusern sowie am melkitischen Seminar St. Anna in Jerusalem.

Am 17. September 1905 wurde er in Roumiet-el Matu von Cyrill VII. Sawaya, dem melkitisch-griechisch-katholischen Patriarchen von Antiochien, zum Priester geweiht. 1905 – 1908 wirkte er als Dozent am melkitischen Seminar St. Anna in Jerusalem und wurde 1908 zum Assistenten der melkitisch-griechisch-katholischen Synode in Ain Traz im Libanon ernannt. Er wirkte als Herausgeber einer kirchlichen Zeitschrift und wurde 1912 zum Generaloberen seiner Kongregation gewählt.

Am 30. August 1919 wurde er von der melkitischen Synode zum Erzbischof von Tyros im Libanon gewählt und empfing in Damaskus von Dimitrios I. Cadi, dem melkitisch-griechisch-katholischen Patriarchen von Antiochien, die Bischofsweihe. Nach dem Tode von Patriarch Dimitrios I. Cadi wurde er von Oktober 1925 bis Juni 1926 zum Apostolischen Patriarchalvikar *sede vacante* und *locum tenens* des melktischen Patriarchates von Antiochien ernannt. Am 30. August 1933 wurde er zum melkitischen Erzbischof von Beirut und Gibail ernannt; 1943 wurde er Päpstlicher Thronassistent. Am 30. Oktober 1947 wählte ihn die Synode der melkitisch-griechisch-katholischen Kirche zum Patriarchen von Antiochien. Papst Pius XII. bestätigte diese Wahl am 21. Juni 1948. Er erhielt zusätzlich in Personalunion die Patriarchentitel von Alexandria und Jerusalem. 1962 – 1965 nahm er am II. Vatikanischen Konzil teil, wo er die Eigenständigkeit der östlichen Kirchen betonte.

Papst Paul VI. kreierte ihn im Konsistorium vom 22. Februar 1965 gegen seinen eigenen Widerstand und den Widerstand von Teilen der melkitisch-griechisch-katholischen Hierarchie zum Kardinal-Patriarchen und verlieh ihm die Urkunde am 25. Februar 1965. Er nahm an der Bischofssynode von 1967 teil.

Er starb am 5. November 1967 in Beirut und wurde in der melkitisch-griechisch-katholischen Kathedrale in Damaskus, Syrien, beigesetzt.

Meouchi, Mar Paul Pierre (1894 – 1975)

Meouchi wurde am 1. April 1894 in Jezzine im Osmanischen Reich, heute im Libanon gelegen, geboren. Nach seiner Schulzeit in Beirut studierte er in Rom am Päpstlichen *Athenaeum Urbaniana* der Kongregation *Propaganda Fide* und an der Päpstlichen Universität Gregoriana.

Am 7. Dezember 1917 wurde er in Rom von Bischof Nematallah Abi Karam zum Priester geweiht. Anschließend kehrte er in den Libanon zurück und wirkte dort bis 1920 als Sekretär des Bischofs Augustine Botani von Saida. 1920 wurde er Sekretär des Erzbischofs Šukrallah Khoury von Tyrus und begleitete diesen, als er als Patriarchalvisitator in die USA reiste. 1922–1934 wirkte er als Pfarrer der maronitischen Gemeinden in Indiana, Conneticut und Kalifornien.

Am 29. April 1934 wählte ihn die maronitische Bischofssynode zum Erzbischof von Tyrus. Die Bischofsweihe empfing er am 8. Dezember 1934 in Bkerké im Libanon vom maronitischen Patriarchen Antonios Boutros Arida. Als Patriarch Antonios Boutros Arida aus Altersgründen nicht mehr fähig war, sein Amt voll auszuüben, ernannte Papst Pius XII. eine aus drei Personen bestehende Apostolische Kommission zur Verwaltung des maronitischen Patriarchats mit Erzbischof Meouchi als Vorsitzendem. Nach dem Tode des Patriarchen suspendierte Pius XII. das Recht der maronitischen Bischofssynode auf die Wahl des Patriarchen und ernannte Meouchi am 25. Mai 1955 direkt zum Patriarchen. Meouchi nahm 1962–1965 am II. Vatikanischen Konzil teil.

Papst Paul VI. kreierte ihn im Konsistorium vom 22. Februar 1965 zum Kardinal-Patriarchen und verlieh ihm die Urkunde am 25. Februar 1965. Er nahm an den Bischofssynoden von 1967, 1969 und 1971 teil.

Am 1. April 1974 verlor er mit dem Erreichen der Altersgrenze von 80 Jahren das Recht zur Teilnahme am Konklave. Am 11. April 1974 legte er die Leitung des Patriarchats in die Hände von seinem Patriarchalvikar Mar Antonios Khoraiche.

Er starb am 11. Januar 1975 in Beirut und wurde in seinem Patriarchensitz Bkerké beigesetzt.

Sidarouss C.M., Stephanos I. (1904–1987)

Sidarouss wurde am 22. Februar 1904 in Kairo geboren. Er trat früh in den Orden der Lazaristen ein, deren Schule er besuchte und an deren Studienhäusern in Frankreich er studierte. Am 22. Juli 1939 wurde er in Dax in Frankreich, dem Geburtsort des Gründers seines Ordens, Vinzenz von Paul, zum Priester geweiht. Anschließend blieb er bis 1946 in Frankreich als Dozent am Seminar von Evreux sowie an den Ausbildungsstätten seines Ordens in Dax und Montmagny. 1946 wurde er Direktor des koptisch-katholischen Instituts in Tantah in Ägypten.

Am 9. August 1947 wurde er zum Titularbischof von Sas und Patriarchalvikar des koptisch-katholischen Patriarchats von Alexandria ernannt. Die Bischofsweihe empfing er am 25. Januar 1949 in Alexandria von Markus II. Khouzam, dem koptisch-katholischen Patriarchen von Alexandria.

Am 10. Mai 1958 wurde er zum koptisch-katholischen Patriarchen von Alexandria gewählt und anschließend vom Papst bestätigt. 1962–1965 war er Teilnehmer des II. Vatikanischen Konzils.

Papst Paul VI. kreierte ihn im Konsistorium vom 22. Februar 1965 zum Kardinal-Patriarchen und verlieh ihm die Urkunde am 25. Februar 1965. Er nahm nach dem Konzil an den Bischofssynoden von 1967, 1969, 1971, 1974, 1977, 1980 und 1983 teil. Er nahm an den Konklaven von August 1978, welches Johannes Paul I. wählte, und Oktober 1978, welches Johannes Paul II. wählte, teil. Am 22. Februar 1984 verlor er mit dem

Erreichen der Altersgrenze von 80 Jahren das Recht zur Teilnahme am Konklave. Am 24. Mai 1986 verzichtete er auf das Amt des Patriarchen von Alexandrien.

Er starb am 23. August 1987 in Kairo und wurde in der koptisch-katholischen Kathedrale von Kairo beigesetzt.

Slipiy, Josyf Ivanovycè (1892–1984)

Slipiy wurde am 17. Februar 1892 in Zazdrist' bei Terebovla im Kronland Galizien und Lodomerien der k. u. k. Monarchie Österreich-Ungarn, heute Republik Ukraine, geboren. Nach der Schulzeit begann er 1911 sein Studium in Lemberg (poln. Lwow, ukr. Lviv), welches er ab 1912 als Seminarist des *Canisianums* an der Universität Innsbruck fortsetzte.

Am 30. September 1917 wurde er in Lemberg von Erzbischof Andreas Graf Szeptycky, dem ukrainisch-griechisch-katholischen Metropoliten von Lemberg, zum Priester geweiht. Er kehrte nach Innsbruck zurück, wo er 1918 promoviert und 1919 habilitiert wurde. Von 1918 bis 1920 studierte er auch die klassischen und biblischen Sprachen, kirchliche Kunst und Geschichte. Von 1920 bis 1922 setzte er seine Studien in Rom an der Päpstlichen Universität Gregoriana fort. 1922–1925 war er Dozent für Dogmatik am Priesterseminar in Lwow, 1926–1944 war er dort Regens, ab 1929 Rektor der Theologischen Akademie.

Am 25. November 1939 wurde er zum Titularerzbischof von Serne und Koadjutor *c.i.s.* von Lwow ernannt. Die Bischofweihe empfing er am 22. Dezember 1939 in Lwow von Metropolit Andreas Graf Szeptyckyj, dem Metropoliten und Erzbischof von Lwow. Am 1. November 1944 wurde er Metropolit von Lwow. Am 11. April 1945 wurde er von der sowjetischen Geheimpolizei verhaftet und blieb 18 Jahre lang in Gefängnissen und Arbeitslagern. Seine Kirche wurde zwangsweise der russisch-orthodoxen Kirche eingegliedert.

Aufgrund der Bemühungen von Papst Johannes XXIII. kam er am 9. Februar 1963 nach Rom. Er nahm am II. Vatikanischen Konzil 1963–1965 teil. Am 23. Dezember 1963 wurde er zum 1. Großerzbischof von Lwow der ukrainisch-katholischen Kirche ernannt.

Papst Paul VI. kreierte ihn im Konsistorium vom 22. Februar 1965 zum Kardinalpriester und verlieh ihm am 25. Februar 1965 das rote Birett und die Titelkirche S. Athanasius. Am 17. Februar 1972 verlor er mit dem Erreichen der Altersgrenze von 80 Jahren das Recht zur Teilnahme am Konklave. Er baute in Rom eine Pro-Kathedrale und eine ukrainisch-katholische Universität auf und nahm an den Bischofssynoden von 1967, 1969, 1971, 1974, 1977 und 1980 teil. 1975 nahm er trotz des Widerstandes und der Nichtanerkennung seitens des Vatikans den ihm von seiner Kirche verliehenen Titel eines „Patriarchen von Kiyv und Halyc" an. Johannes Paul II. anerkannte 1980 anstelle der ukrainischen Bischofskonferenz die Synode der ukrainischen Hierarchie. Auf der ersten Synode, an der der Papst teilnahm, erhielt er als Koadjutor mit dem Recht der Nachfolge den damaligen Metropoliten von Philadelphia (USA) Myroslav Ivan Lubachivsky.

Er starb am 7. September 1984 in Rom und wurde zunächst in der Basilika St. Sophia in Rom beigesetzt. Sein Leichnam wurde im August 1992 nach Lviv überführt und dort erneut am 7. September 1992 in der Krypta der St. Georgskathedrale beigesetzt.

Jäger, Lorenz (1892 – 1975)
Jäger wurde am 23. September 1892 in Halle an der Saale im deutschen Kaiserreich, heute Bundesrepublik Deutschland, geboren und wuchs in Olpe im Sauerland auf. Nach der Schulzeit trat er in das Priesterseminar von Paderborn ein und studierte in Paderborn und an der Universität München Philosophie und Theologie.

Am 1. April 1922 wurde er im Paderborner Dom von Bischof Kaspar Klein zum Priester geweiht. 1922–1926 wirkte er als Kaplan (Vikar) in der Diözese Paderborn. 1926–1933 arbeitete er als Religionslehrer in Herne und 1933–1939 in Dortmund; 1939–1941 war er als Militärgeistlicher tätig.

Nach der Wahl durch das Metropolitankapitel von Paderborn wurde er am 10. August 1941 zum Erzbischof von Paderborn ernannt. Die Bischofsweihe empfing er am 19. Oktober 1941 im Paderborner Dom von Erzbischof Cesare Orsenigo, dem Nuntius im Deutschen Reich. Nach dem Krieg leitete er zusammen mit dem evangelisch-lutherischen Bischof von Oldenburg, Wilhelm Stählin, einen Arbeitskurs evangelischer und katholischer Theologen, den sogenannten „Jaeger-Stählin-Kreis". 1956 wurde er Päpstlicher Thronassistent. 1957 gründete er in Paderborn das „Johann-Adam-Möhler-Institut für Konfessions- und Diasporakunde", 1959/60 war er an der Einrichtung des Sekretariats für die Förderung der Einheit der Christen beteiligt. Er nahm aktiv an der Vorbereitung und 1962–1965 am II. Vatikanischen Konzil teil.

Papst Paul VI. kreierte ihn im Konsistorium vom 22. Februar 1965 zum Kardinalpriester und verlieh ihm am 25. Februar 1965 das rote Birett und die Titelkirche S. Leone I. Er nahm an der ersten Bischofssynode nach dem Konzil 1967 teil. Am 23. September 1972 verlor er mit dem Erreichen der Altersgrenze von 80 Jahren das Recht zur Teilnahme am Konklave. Am 30. Juni 1973 verzichtete er aus Altersgründen auf die Leitung der Erzdiözese Paderborn.

Er starb am 1. April 1975 in Paderborn und wurde in der Bischofsgruft des Doms zu Paderborn beigesetzt.

Cooray O.M.I, Thomas Benjamin (1901 – 1988)
Cooray wurde am 28. Dezember 1901 in Periyamulla Negombo im heutigen Sri Lanka und damaligen britischen Kolonie Ceylon geboren. Nach der Schulzeit trat er in den Orden der Oblaten der unbefleckten Maria (OMI) ein und studierte zunächst in Colombo Theologie und Philosophie. Danach ging er nach Rom, wo er am Päpstlichen *Athenaeum* St. Thomas von Aquin (*Angelicum*) studierte.

Am 23. Juni 1929 wurde er in Rom zum Priester geweiht und setzte seine Studien in Rom bis 1931 fort. Danach kehrte er zurück in seine Heimat und war bis 1945 in der Seelsorge der Erzdiözese Colombo tätig.

Am 14. Dezember 1945 wurde er zum Titularerzbischof von Preslavus und Koadjutor *c.i.s.* von Colombo ernannt. Die Bischofsweihe empfing er am 7. März 1946 in Colombo von Erzbischof Leon Petrus Kierkels, dem Apostolischen Delegaten in Indien und Ceylon. Am 26. Juli 1947 wurde er zum Erzbischof von Colombo ernannt; 1954 wurde er Päpstlicher Thronassistent. Er nahm 1962–1965 am II. Vatikanischen Konzil teil.

Papst Paul VI. kreierte ihn im Konsistorium vom 22. Februar 1965 zum Kardinalpriester und verlieh ihm am 25. Februar 1965 das rote Birett und die Titelkirche SS. Nereo ed Achilleo. Nach dem Konzil nahm er an den Bischofssynoden von 1967, 1969, 1971 und 1974 teil. Am 2. September 1976 verzichtete er aus Altersgründen auf die Leitung der Erzdiözese. Er nahm an den Konklaven von August 1978, welches Johannes Paul I. wählte, und von Oktober 1978, welches Johannes Paul II. wählte, teil. Am 28. Dezember 1981 verlor er mit dem Erreichen der Altersgrenze von 80 Jahren das Recht zur Teilnahme am Konklave.

Er starb am 29. Oktober 1988 in Tewate Ragama in Sri Lanka und wurde in der Basilika von Tewatta beigesetzt. Am 29. Oktober 2010 wurde in Colombo der Seligsprechungsprozess für ihn eröffnet.

Beran, Josef (1888–1969)

Beran wurde am 29. Dezember 1888 in Pilsen im Kronland Böhmen der k. u. k. Monarchie Österreich-Ungarn, heute Tschechische Republik, geboren. Er begann seine Studien am Priesterseminar in Pilsen und setzte diese als Seminarist des böhmischen Kollegs in Rom an der Päpstlichen Universität Gregoriana und am Päpstlichen *Athenaeum Urbaniana* der Kongregation *Propaganda Fide* fort.

Am 10. Juni 1911 wurde er in Rom zum Priester geweiht. Nach seiner Promotion 1912 kehrte er in seine Heimat zurück und wirkte an verschiedenen Stellen in der Seelsorge der Erzdiözese Prag. Ab 1917 setzte er seine Studien in Prag fort und wirkte als Seelsorger in einem Schwesternkonvent in Prag. Danach unterrichtete er Religionspädagogik am Lehrinstitut der Kongregation der Schulschwestern der hl. Anna in Prag. Ab 1929 lehrte er Pastoraltheologie am erzbischöflichen Priesterseminar in Prag, dessen Regens er 1932 wurde. Die theologische Fakultät der Karls-Universität berief ihn 1939 zum ordentlichen Professor. Die Gestapo verhaftet ihn am 6. Juni 1942 und inhaftierte ihn zunächst in Böhmen und später in den Konzentrationslagern Theresienstadt und Dachau, wo er bis zur Befreiung durch die Amerikaner 1945 blieb. Danach kehrte er nach Prag zurück und übernahm als Regens erneut die Leitung des Priesterseminars.

Am 4. November 1946 wurde er zum Erzbischof von Prag ernannt. Die Bischofsweihe empfing er am 8. Dezember 1946 im Veitsdom zu Prag von Erzbischof Xaver Ritter, dem Nuntius in der Tschechoslowakei. Vom kommunistischen Regime der Tschechoslowakei wurde er 1949 zunächst in seinem Palais in Prag unter Hausarrest gestellt; 1950–1963 wurde er an mehreren unbekannten Orten unter Hausarrest gestellt. Nach seiner Freilassung wurde er an der Ausübung seines Amtes stark behindert und durfte nicht nach Prag zurückkehren.

Papst Paul VI. kreierte ihn im Konsistorium vom 22. Februar 1965 zum Kardinalpriester und verlieh ihm am 25. Februar 1965 das rote Birett und die Titelkirche S. Croce in Via Flaminia. Er lebte fortan in Rom und nahm an der letzten Session des II. Vatikanischen Konzils 1965 teil, wo er eine stark beachtete Rede zur Religions- und Gewissensfreiheit hielt. Er bot mehrfach dem Papst seinen Rücktritt vom Amt des Erzbischofs an, aber der Papst lehnte dies ab. Stattdessen ernannte er 1965 František Tomášek zum Apostolischen Administrator der Erzdiözese Prag.

Er starb am 17. Mai 1969 in Rom und wurde in der Krypta der Petersbasilika des Vatikans in der Nähe des Petrusgrabes und des Grabes Pius XII. in der Peterskirche beigesetzt. Sein Seligsprechungsprozess wurde auf Diözesanebene in Prag am 2. April 1998 eröffnet.

Roy, Maurice (1905 – 1985)

Roy wurde am 25. Januar 1905 in Québec in Kanada geboren. 1923 begann er sein Studium am Priesterseminar von Québec und an der Universität Laval, wo er 1927 in Theologie promoviert wurde.

Am 12. Juni 1927 wurde er von Bischof Joseph-Simon-Hermann Brunault von Nicolet in Québec zum Priester geweiht. Es folgten weitere Studien in Europa am Päpstlichen *Athenaeum* St. Thomas v. Aquin (*Angelicum*) in Rom, wo er 1929 in Philosophie promoviert wurde. Bis 1930 absolvierte er weitere Studien an der Universität La Sorbonne und am Institute Catholique in Paris.

1930 – 1939 war er Dozent für Dogmatik und Sakramententheologie sowie Apologetik am Priesterseminar von Québec und wirkte 1935 – 1937 zusätzlich als Studentenseelsorger an der Universität Laval. Während des Zweiten Weltkrieges war er Militärgeistlicher der kanadischen Armee in Europa. Nach seiner Rückkehr nach Québec nahm er seine Lehrtätigkeit wieder auf und wurde 1945 – 1946 Regens des Prieserseminars.

Am 22. Februar 1946 wurde er zum Bischof von Trois-Rivières in Kanada ernannt. Die Bischofsweihe empfing er am 1. Mai 1946 in Québec von Kardinal Jean-Marie-Rodrigue Villeneuve O.M.I., dem Erzbischof von Québec. Am 8. Juni 1946 wurde er zum Militärvikar von Kanada und am 2. Juni 1947 zum Erzbischof von Québec ernannt. Er legte am selben Tag das Amt des Militärvikars ab, wurde aber 1951 nach der Errichtung des Militärbischofsamtes für Kanada zusätzlich kanadischer Militärbischof. Mit der Erhebung des Erzbistums Québec zum Primatialsitz von Kanada wurde er 24. Januar 1956 zum ersten Primas von Kanada ernannt. 1962 – 1965 nahm er am II. Vatikanischen Konzil teil.

Papst Paul VI. kreierte ihn im Konsistorium vom 22. Februar 1965 zum Kardinalpriester und verlieh ihm am 25. Februar 1965 das rote Birett und die Titelkirche Nostra Signora del Ss.mo Sacramento e SS. Martiri Canadesi. Am 6. Januar 1967 wurde er zusätzlich zum Präsidenten des Sekretariates für die Laien und der Päpstlichen Kommission Iustitia et Pax ernannt. Er nahm an den Bischofssynoden von 1967, 1969, 1971 und 1974 teil und wurde am 11. Januar 1973 zusätzlich noch Präsident des Päpstlichen Komitees für die Familie. Am 16. Dezember 1976 verzichtete er auf die Leitung seiner kurialen Ämter. Er nahm an den Konklaven von August 1978, welches

Johannes Paul I. wählte, und von Oktober 1978, welches Johannes Paul II. wählte, teil. Am 20. März 1981 legte er die Leitung des Erzbistums Québec aus Altersgründen nieder, am 12. März 1982 schließlich auch die Leitung des Militärbischofsamtes. Am 25. Januar 1985 verlor er mit dem Erreichen der Altersgrenze von 80 Jahren das Recht zur Teilnahme am Konklave.

Er starb am 24. Oktober 1985 in Québec und wurde in der Kathedrale von Québec beigesetzt.

Martin, Joseph-Marie-Eugène (1891–1976)
Martin wurde am 9. August 1891 in Orléans in der Republik Frankreich geboren. Er studierte am Priesterseminar in Bordeaux bis zum Beginn des Ersten Weltkrieges. Während des Krieges diente er in der französischen Armee und wurde schwer verwundet.

Am 18. Dezember 1920 wurde er in Bordeaux zum Priester geweiht. Anschließend wirkte er in der Seelsorge und Verwaltung der Erzdiözese Bordeaux und war 1937–1940 Generalvikar von Bordeaux.

Am 9. Februar 1940 wurde er zum Bischof von Le-Puy-en-Velay ernannt. Die Bischofsweihe empfing er am 2. April 1940 in Bordeaux von Erzbischof Maurice Feltin von Bordeaux. Am 11. Oktober 1948 wurde er zum Erzbischof von Rouen ernannt. 1962–1965 nahm er am II. Vatikanischen Konzil teil.

Papst Paul VI. kreierte ihn im Konsistorium vom 22. Februar 1965 zum Kardinalpriester und verlieh ihm am 25. Februar 1965 das rote Birett und die Titelkirche S. Teresa al Corso d'Italia. Am 6. Mai 1968 verzichtete er aus Altersgründen auf die Leitung seiner Erzdiözese. Am 9. August 1971 verlor er mit dem Erreichen der Altersgrenze von 80 Jahren das Recht zur Teilnahme am Konklave.

Er starb am 21. Januar 1976 in Rouen und wurde in der Kathedrale von Rouen beigesetzt.

McCann, Owen (1907–1994)
McCann wurde am 29. Juni 1907 in Woodstock in Südafrika, damals noch britische Kolonie, geboren. 1924 begann er an der Universität Kapstadt ein Studium in Wirtschaftswissenschaften und wurde in diesem Fach 1929 promoviert. Anschließend trat er in Kapstadt in das Priesterseminar ein und wurde 1930 nach Rom gesandt, wo er am Päpstlichen *Athenaeum Urbaniana* der Kongregation *Propaganda Fide* studierte.

Am 21. Dezember 1935 wurde er in der Lateranbasilika in Rom zum Priester geweiht. Er kehrte nach Kapstadt zurück und wurde als Kaplan in der Seelsorge eingesetzt. 1940 wurde er Sekretär des Apostolischen Vikars von Kapstadt, Bischof Franz Hennermann S.A.C. 1942–1948 war er Herausgeber einer katholischen Wochenzeitung und 1948–1950 Pfarrer der Kathedrale von Kapstadt.

Am 12. März 1950 wurde er zum Titularbischof von Stectorium und Apostolischen Vikar von Kapstadt ernannt. Die Bischofsweihe empfing er am 18. Mai 1950 in Kapstadt von Erzbischof Martinus Lucas S.V.D., dem Apostolischen Delegaten in Südafrika. Mit der

Erhebung des bisherigen Apostolischen Vikariates Kapstadt zum Erzbistum wurde er am 11. Januar 1951 zum ersten Erzbischof von Kapstadt ernannt. Er war ein früher Gegner der Apartheidspolitik und setzte sich für ein Ende der Rassentrennung ein. 1960 wurde er Päpstlicher Thronassistent und nahm 1962–1965 am II. Vatikanischen Konzil teil.

Papst Paul VI. kreierte ihn im Konsistorium vom 22. Februar 1965 zum Kardinalpriester und verlieh ihm am 25. Februar 1965 das rote Birett und die Titelkirche S. Prassede. Er war lange Jahre Vorsitzender der Bischofskonferenz des südlichen Afrika und nahm an den Bischofssynoden von 1967, 1969 und 1971 teil. Er nahm an den Konklaven von August 1978, welches Johannes Paul I. wählte, und von Oktober 1978, welches Johannes Paul II. wählte, teil. Am 20. Oktober 1984 legte er die Leitung des Erzbistums Kapstadt aus Altersgründen nieder. Am. 29. Juni 1987 verlor er mit dem Erreichen der Altersgrenze von 80 Jahren das Recht zur Teilnahme am Konklave.

Er starb am 26. März 1994 in Kapstadt und wurde in der Kathedrale von Kapstadt beigesetzt.

Duval, Léon-Etienne (1903–1996)

Duval wurde am 9. November 1903 in Chenex in Savoyen in der Republik Frankreich geboren. Er ist der Onkel des späteren Erzbischofs von Rouen, Joseph Duval (1981–2004). Seine Studien begann er am Priesterseminar von Annecy und setzte sie als Seminarist des französischen Seminars in Rom an der Päpstlichen Universität Gregoriana fort.

Am 18. Dezember 1926 wurde er zum Priester geweiht. 1926–1942 war er in der Seelsorge der Diözese Annecy tätig und war während dieser Zeit 1930–1938 Dozent für Philosophie und Dogmatik am Priesterseminar von Annecy. 1942 ging er nach Algier und wurde dort Ehrendomherr und leitete als Generalvikar die Verwaltung der Erzdiözese Algier.

Am 3. November 1946 wurde er zum Bischof von Constantine in Algerien ernannt. Die Bischofsweihe empfing er am 11. Februar 1947 in Annecy von Bischof Auguste Cesbron von Annecy. Am 3. Februar 1954 wurde er zum Erzbischof von Algier ernannt. Er nahm 1962–1965 am II. Vatikanischen Konzil teil und war 1963–1988 Vorsitzender der nordafrikanischen Bischofskonferenz.

Papst Paul VI. kreierte ihn im Konsistorium vom 22. Februar 1965 zum Kardinalpriester und verlieh ihm am 25. Februar 1965 das rote Birett und die Titelkirche S. Balbina. Er nahm an den Bischofssynoden von 1967, 1969, 1971 (hier als delegierter Präsident), 1974 und 1994 teil und war zeitweise Mitglied des Generalsekretariates der Bischofssynode. Er nahm an den Konklaven von August 1978, welches Johannes Paul I. wählte, und von Oktober 1978, welches Johannes Paul II. wählte, teil. Am 9. November 1983 verlor er mit dem Erreichen der Altersgrenze von 80 Jahren das Recht zur Teilnahme am Konklave. Am 19. April 1988 legte er die Leitung des Erzbistums Algier aus Altersgründen nieder.

Er starb am 30. Mai 1996 in Algier und wurde in der Kathedrale Notre Dame d'Afrique in Algier beigesetzt.

Florit, Ermenegildo (1901–1985)

Florit wurde am 5. Juli 1901 in Fagagna in der Region Friaul im Königreich Italien, heute Republik Italien, geboren. Nach dem Besuch des Priesterseminars von Udine ging er zum Studium an das Päpstliche Römische Seminar nach Rom und studierte am Päpstlichen *Athenaeum des Laterans,* wo er in Theologie promoviert wurde.

Am 11. April 1925 wurde er in Rom zum Priester geweiht. Er setzte seine Studien am Lateran und am Päpstlichen Bibelinstitut bis 1927 fort und kehrte danach in sein Heimatbistum Udine zurück, wo er bis 1929 seelsorglich tätig war. Er war anschließend 1929–1954 Dozent am *Athenaeum des Laterans,* wo er 1951–1954 Dekan der theologischen Fakultät und Vizerektor war. Neben seiner Lehrtätigkeit engagierte er sich in der Seelsorge im Bistum Rom. Er war Kanoniker der Basilika S. Marco und wurde 1951 päpstlicher Hausprälat.

Am 12. Juli 1954 wurde er zum Titularerzbischof von Hierapolis in Syria und Koadjutor von Florenz ernannt. Die Bischofsweihe empfing er am 12. September 1954 in der Lateranbasilika in Rom von Kardinal Clemente Micara, dem Kardinalvikar der Diözese Rom. Am 9. Mai 1962 wurde er zum Erzbischof von Florenz ernannt. Er nahm 1962–1965 am II. Vatikanischen Konzil teil.

Papst Paul VI. kreierte ihn im Konsistorium vom 22. Februar 1965 zum Kardinalpriester und verlieh ihm am 25. Februar 1965 das rote Birett und die Titelkirche Regina Apostolorum. Am 3. Juni 1977 legte er die Leitung des Erzbistums Florenz aus Altersgründen nieder. Er nahm an den Konklaven von August 1978, welches Johannes Paul I. wählte, und von Oktober 1978, welches Johannes Paul II. wählte, teil. Am 5. Juli 1981 verlor er mit dem Erreichen der Altersgrenze von 80 Jahren das Recht zur Teilnahme am Konklave.

Er starb am 8. Dezember 1985 in Florenz und wurde in der Kathedrale von Florenz beigesetzt.

Šeper, Franjo (1905–1981)

Šeper wurde am 2. Oktober 1905 in Osijek in der k. u. k. Monarchie Österreich-Ungarn, später Jugoslawien, heute Kroatien, geboren und wuchs ab 1910 in Zagreb auf. 1924 ging er als Seminarist des *Collegium Germanicum et Hungaricum* nach Rom und studierte an der Päpstlichen Universität Gregoriana, wo er Doktorate in Philosophie und Theologie erwarb.

Am 26. Oktober 1930 wurde er in der Basilika S. Maria Maggiore in Rom von Erzbischof Giuseppe Palica, dem Viceregente der Diözese Rom, zum Priester geweiht. Er kehrte nach Zagreb zurück und wirkte bis 1934 als Seelsorger und Religionslehrer in Mittelschulen. 1934–1941 war er Sekretär des Erzbischofs von Zagreb (seines Studienkollegen Stepinac) und Mitarbeiter in der Verwaltung der Diözese Zagreb. 1941–1951 war er Regens des Priesterseminars von Zagreb und verwaltete anschließend bis 1954 eine Pfarrstelle in Zagreb.

Am 22. Juli 1954 wurde er zum Titularerzbischof von Philippopolis und Koadjutor von Zagreb ernannt. Die Bischofsweihe empfing er am 21. September 1954 in Zagreb von Erzbischof Josip Ujic von Belgrad. Am 5. März 1960 wurde er zum Erzbischof von Zagreb ernannt. Er nahm 1962–1965 am II. Vatikanischen Konzil teil.

Papst Paul VI. kreierte ihn im Konsistorium vom 22. Februar 1965 zum Kardinalpriester und verlieh ihm am 25. Februar 1965 das rote Birett und die Titelkirche SS. Pietro e Paolo in Via Ostiense. Am 8. Januar 1968 wurde er zum Präfekten der Kongregation für die Glaubenslehre ernannt und legte am 20. August 1969 die Leitung der Erzdiözese Zagreb nieder. In seiner Amtszeit als Präfekt nahm er an den Bischofssynoden von 1969, 1971, 1974, 1977 und 1980 teil. In der Leitung der Glaubenskongregation war er zwar moderater als sein Vorgänger Ottaviani. Aber er bestand auf dem Recht des Vatikans, Theologen zu disziplinieren. Während seiner Präfektur wurden die Theologen Edward Schillebeecks und Hans Küng für ihre Positionen gemaßregelt. Er nahm an den Konklaven von August 1978, welches Johannes Paul I. wählte, und von Oktober 1978, welches Johannes Paul II. wählte, teil. Am 25. November 1981 legte er die Leitung der Kongregation für die Glaubenslehre nieder.

Er starb am 30. Dezember 1981 in Rom und wurde in der Kathedrale von Zagreb beigesetzt.

Heenan, John Carmel (1905–1975)

Heenan wurde am 26. Januar 1905 in Ilford im Norden Londons im Vereinigten Königreich Großbritannien geboren. Er begann seine Studien am Ushaw College in Durham und wurde 1924 nach Rom gesandt, wo er als Seminarist des englischen Kollegs an der Päpstlichen Universität Gregoriana studierte und einen Doktor in Theologie erwarb.

Am 16. Juli 1930 wurde er in Ifford zum Priester geweiht. Es folgten bis 1947 verschiedene Dienste in der Seelsorge der Diözese Brentwood als Kaplan und Pfarrer. 1947–1951 war er Direktor der Katholischen Missionsgesellschaft von England und Wales.

Am 27. Januar 1951 wurde er zum Bischof von Leeds ernannt. Die Bischofsweihe empfing er am 12. März 1951 in Leeds von Erzbischof William Godfrey, dem Apostolischen Delegaten in Großbritannien. Am 2. Mai 1957 wurde er zum Erzbischof von Liverpool ernannt. 1962–1965 nahm er am II. Vatikanischen Konzil teil. Am 2. September 1963 wurde er Erzbischof von Westminster.

Papst Paul VI. kreierte ihn im Konsistorium vom 22. Februar 1965 zum Kardinalpriester und verlieh ihm am 25. Februar 1965 das rote Birett und die Titelkirche S. Silvestro in Capite. Er nahm an den Bischofssynoden von 1967, 1969 und 1971 teil und wurde 1968 Vorsitzender der Bischofskonferenz von England und Wales.

Er starb am 7. November 1975 in London und wurde in der Kathedrale von Westminster in London beigesetzt.

Villot, Jean (1905 – 1979)

Villot wurde am 11. Oktober 1905 in Saint-Amánt-Tallende in der Auvergne in der Republik Frankreich geboren. 1922 – 1923 studierte er am Priesterseminar von Clermont-Ferrand und ging anschließend bis 1925 an die theologische Fakultät von Lyon. Nachdem er in das Noviziat der Maristen eingetreten und dieses nach drei Monaten wieder verlassen hatte, ging er nach Paris an das Seminar „Des Carmes" und studierte bis 1930 am Institute Catholique in Paris.

Am 19. April 1930 wurde er in Paris durch Bischof Alfred-Henri-Marie Baudrillart, Orat., den Generalvikar von Paris und Rektor des Institute Catholique, zum Priester für die Diözese Paris geweiht. Anschließend ging er bis 1934 zu weiteren Studien an das Päpstliche *Athenaeum* St. Thomas v. Aquin (*Angelicum*) nach Rom, wo er das Lizentiat in kanonischem Recht erwarb und in Theologie promoviert wurde. Desweiteren machte er eine Ausbildung an der Vatikanischen Bibliothek. 1934 – 1942 war er Dozent am Priesterseminar von Clermont-Ferrand und an der Katholischen Universität von Lyon. 1942 – 1950 nahm er seelsorgerliche Dienste in der Erzdiözese Lyon wahr und war Vizerektor der Katholischen Universität Lyon. 1950 wurde er Leiter des Sekretariates der französischen Bischofskonferenz und Apostolischer Protonotar.

Am 2. September 1954 wurde er zum Titularbischof von Vinda und Weihbischof in Paris ernannt. Die Bischofsweihe empfing er am 12. Oktober 1954 in Paris von Kardinal Maurice Feltin, dem Erzbischof von Paris. Am 17. Dezember 1959 erfolgte die Ernennung zum Titularerzbischof von Bosporus und Koadjutor *c.i.s.* von Lyon. Als einer der Untersekretäre nahm er 1962 – 1964 am II. Vatikanischen Konzil teil, bei der letzten Session 1965 bereits als Kardinal. Am 17. Januar 1965 wurde er Erzbischof von Lyon und Primas von Gallien.

Papst Paul VI. kreierte ihn im Konsistorium vom 22. Februar 1965 zum Kardinalpriester und verlieh ihm am 25. Februar 1965 das rote Birett und die Titelkirche Ss.ma Trinità al Monte Pincio. Am 7. April 1967 wurde er zum Präfekten der damaligen Konzilskongregation, die im August 1967 in „Kleruskongregation" umbenannt wurde. Er nahm an den Bischofssynoden von 1967, 1969, 1971, 1974 und 1977 teil. Am 2. Mai 1969 erfolgte die Ernennung zum Kardinalstaatssekretär, Präfekten des Rates für die öffentlichen Angelegenheiten der Kirche, Präsidenten der Kommission für die Vatikanstadt und Präsidenten der Güterverwaltung des Heiligen Stuhls. Am 16. Oktober 1970 wurde er zum Camerlengo der Heiligen Römischen Kirche ernannt und am 15. Juli 1971 zusätzlich zum Präsidenten des neuen Päpstlichen Rates *Cor Unum*. Am 12. Dezember 1974 erfolgte die Ernennung zum Kardinaltitularbischof von Frascati. Als Camerlengo hatte er in beiden Sedisvakanzen von 1978 die kommissarische Verwaltung der Kirche und die Konklaven von August, welches Johannes Paul I. wählte, und Oktober, welches Johannes Paul II. wählte, vorzubereiten. An beiden Konklaven nahm er teil. Johannes Paul I. bestätigte ihn in seinen Ämtern. Am 4. September 1978 verzichtete er aber auf die Präsidentschaft des Rates „*Cor Unum*". Nach dem Oktoberkonklave bestätigte ihn Johannes Paul II. zunächst in seinen Ämtern.

Er starb am 9. März 1979 in Rom und wurde in der Kirche SS.ma Trinità al Monte Pincio in Rom beigesetzt.

Zougrana M.Afr., Paul (1917 – 2000)

Zougrana wurde am 3. September 1917 in Ouagadougou in der damaligen französischen Kolonie Obersenegal und Niger in Französisch-Westafrika, dann Obervolta, heute Burkina Faso, geboren. Ab 1935 studierte er am Seminar von Kuomi und ging bald nach Rom an die Päpstliche Universität Gregoriana.

Am 2. Mai 1942 wurde er in Rom von Bischof Joanny Thévenoud M.Afr., dem Apostolischen Vikar von Ouagadougou, zum Priester geweiht. Nach seiner Rückkehr in seine Heimat übernahm er unterschiedliche seelsorgerliche Aufgaben. 1948 trat er in Ouagadougou in den Orden der Missionare von Afrika (Weiße Väter) ein und studierte anschließend bis 1953 am Institute Catholique in Paris. 1954 – 1959 war er Dozent am Seminar von Kuomi und übernahm weitere seelsorgerliche Aufgabe in Ouagadougou. 1959 – 1960 wirkte er als Direktor des Informationszentrums für soziale Fragen.

Am 8. April 1960 wurde er zum Erzbischof von Ouagadougou ernannt. Die Bischofsweihe empfing er am 8. Mai 1960 in der Petersbasilika des Vatikans von Papst Johannes XXIII. 1962 – 1965 nahm er am II. Vatikanischen Konzil teil.

Papst Paul VI. kreierte ihn im Konsistorium vom 22. Februar 1965 zum Kardinalpriester und verlieh ihm am 25. Februar 1965 das rote Birett und die Titelkirche S. Camillo agli Orti Sallustiani. Er nahm an den Bischofssynoden von 1967, 1969, 1971, 1974 als delegierter Präsident, 1980, 1983, 1985 und 1994 teil und war zeitweilig Mitglied im Generalsekretariat der Bischofssynode. Er nahm an den Konklaven von August 1978, welches Johannes Paul I. wählte, und von Oktober 1978, welches Johannes Paul II. wählte, teil. Am 10. Juni 1995 legte er die Leitung des Erzbistums Ouagadougou aus Altersgründen nieder. Am 3. September 1997 verlor er mit dem Erreichen der Altersgrenze von 80 Jahren das Recht zur Teilnahme am Konklave.

Er starb am 4. Juni 2000 in Ouagadougou und wurde in der Kathedrale von Ouagadougou beigesetzt.

Shehan, Lawrence Joseph (1898 – 1984)

Shehan wurde am 18. Dezember 1898 in Baltimore in Maryland, USA, geboren. Nachdem er seine Studien am St Mary's Seminary in Baltimore begonnen hatte, wurde er nach Rom gesandt, um dort am Päpstlichen *Athenaeum Urbaniana* der Kongregation *Propaganda Fide* zu studieren. Er lebte in dieser Zeit am nordamerikanischen Kolleg in Rom.

Am 23. Dezember 1922 wurde er in Rom von Erzbischof Giuseppe Palica, dem Viceregente der Diözese Rom, zum Priester geweiht. Nach seiner Rückkehr in die USA übernahm er verschiedene Aufgaben in Seelsorge und Verwaltung der Erzdiözese Baltimore und Washington und war von 1929 bis 1936 stellvertretender Direktor und von 1936 bis 1945 Direktor der Katholischen Wohlfahrtsverbände der USA. 1939 wurde er zum päpstlichen Geheimkämmerer ernannt.

Am 17. November 1945 wurde er zum Titularbischof von Lidda und Weihbischof im Erzbistum Baltimore und Washington ernannt. Die Bischofsweihe empfing er am 12. Dezember 1945 in Washington von Erzbischof Amleto Giovanni Cicognani, dem Apostolischen Delegaten in den USA. Nach der Gründung des Erzbistums Washington 1947 wurde er am 15. März 1947 zum Weihbischof in Baltimore ernannt und am 25. Februar 1948 zum Generalvikar des Erzbistums. Am 25. August 1953 wurde er Bischof von Bridgeport. Am 29. September 1961 wurde er zum Titularerzbischof von Nicopolis ad Nestum und Koadjutor *c.i.s.* von Baltimore ernannt; bereits am 8. Dezember 1961 wurde er Erzbischof von Baltimore. Er nahm 1962–1965 am II. Vatikanischen Konzil teil.

Papst Paul VI. kreierte ihn im Konsistorium vom 22. Februar 1965 zum Kardinalpriester und verlieh ihm am 25. Februar 1965 das rote Birett und die Titelkirche S. Clemente. Er nahm an der Bischofssynode von 1967 teil und wurde Präsident des Zentralkomitees für die Internationalen Eucharistischen Kongresse. Er hob die Rassentrennung in den katholischen Schulen auf und war aktives Mitglied der Menschenrechtsbewegung unter Martin Luther King.

Am 2. April 1974 legte er die Leitung des Erzbistums Baltimore aus Altersgründen nieder. Am 18. März 1978 verlor er mit dem Erreichen der Altersgrenze von 80 Jahren das Recht zur Teilnahme am Konklave.

Er starb am 26. August 1984 in Baltimore und wurde in der Kathedrale von Baltimore beigesetzt.

Dante, Enrico (1884–1967)

Dante wurde am 5. Juli 1884 in Rom im Königreich Italien, heute Republik Italien, geboren. Nach seiner Schulzeit in Paris trat er 1901 in das Collegio Capranica in Rom ein und studierte Theologie und Philosophie an der Päpstlichen Universität Gregoriana, wo er in Theologie, Philosophie und beiderlei Rechten (*utriusque iuris*) promoviert wurde. Später erwarb er noch an der Studieneinrichtung der Römischen Rota ein Anwaltsdiplom, mit dem er berechtigt war, an der Römischen Rota als Anwalt zu wirken.

Am 3. Juli 1910 wurde er in der Kirche S. Apollinare in Rom von Erzbischof Giuseppe Cappetelli, dem Viceregente der Diözese Rom, zum Priester geweiht. 1911–1947 wirkte er als Dozent zunächst für Philosophie und später für Theologie am Päpstlichen *Athenaeum Urbaniana* der Kongregation *Propaganda Fide* in Rom. 1913 wurde er Mitarbeiter der Apostolischen Pönitentarie und 1914 Mitglied des Kollegiums der päpstlichen Zeremoniare. 1923 wurde er beigeordneter Substitut der Ritenkongregation und 1930 Substitut der Ritenkongregation. 1943 wurde er päpstlicher Hausprälat und Untersekretär der Zeremonialkongregation. Am 13. Juni 1947 wurde er zum Präfekten der päpstlichen Zeremonien und päpstlichen Zeremonienmeister ernannt. Am 24. Januar 1959 wurde er Pro-Sekretär und am 5. Januar 1960 Sekretär der Ritenkongregation. Als päpstlicher Zeremoniar und Zeremonienmeister hatte er die Konklaven von 1914, 1922, 1939, 1958 und 1963 und die darauf folgenden Krönungen der neuen Päpste erlebt und mitgestaltet.

Am 28. August 1962 wurde er zum Titularerzbischof von Carpasia ernannt. Die Bischofsweihe empfing er am 21. September 1962 in der Lateranbasilika in Rom von Papst Johannes XXIII. Er nahm 1962–1965 am II. Vatikanischen Konzil teil.

Papst Paul VI. kreierte ihn im Konsistorium vom 22. Februar 1965 zum Kardinalpriester und verlieh ihm am 25. Februar 1965 das rote Birett und die Titelkirche S. Agata dei Goti.

Er starb am 24. April 1967 in Rom und wurde in der Basilika S. Agata dei Goti in Rom beigesetzt.

Zerba, Cesare (1892 – 1973)

Zerba wurde am 15. April 1892 in Castelnuovo Scrivia in der Provinz Alessandria im Königreich Italien, heute Republik Italien, geboren. Er studierte am Priesterseminar von Tortona und anschließend am Päpstlichen *Athenaeum S. Apollinare* in Rom sowie an der Universität Pavia.

Am 4. Juli 1915 wurde er zum Priester geweiht und war anschließend Militärgeistlicher während des Ersten Weltkrieges. 1919 – 1962 wirkte er neben seinen kurialen Aufgaben in der Seelsorge der Diözese Rom. 1924 – 1939 war er Mitarbeiter der Kongregation für die Sakramentendisziplin und wurde 1932 päpstlicher Geheimkämmerer. Am 23. April 1939 wurde er zum päpstlichen Hausprälaten und Prälaten an der Apostolischen Signatur ernannt und zusätzlich am 5. Mai 1939 zum Untersekretär der Kongregation für die Sakramentendisziplin. Am 18. Dezember 1958 erfolgte die Ernennung zum Sekretär dieser Kongregation.

Am 28. August 1962 wurde er zum Titularerzbischof von Kolossae ernannt. Die Bischofsweihe empfing er am 21. September 1962 in der Lateranbasilika in Rom von Papst Johannes XXIII. Er nahm 1962 – 1965 am II. Vatikanischen Konzil teil.

Papst Paul VI. kreierte ihn im Konsistorium vom 22. Februar 1965 zum Kardinalpriester und verlieh ihm am 25. Februar 1965 das rote Birett und die Titelkirche Nostra Signora del Sacro Cuore in Piazza Navona. Am 15. April 1972 verlor er mit dem Erreichen der Altersgrenze von 80 Jahren das Recht zur Teilnahme am Konklave.

Er starb am 11. Juli 1973 in Rom und wurde in seinem Heimatort Castelnuovo Scrivia beigesetzt.

Rossi, Agnelo (1913 – 1995)

Rossi wurde am 4. Mai 1913 in Joaquim Egidio im Bundesstaat São Paulo in Brasilien geboren. Er begann seine Studien am Seminar von Campinas und ging 1933 zum weiteren Studium nach Rom. Dort lebte er zunächst im lateinamerikanischen Kolleg und anschließend am neu gegründeten brasilianischen Kolleg und studierte an der Päpstlichen Universität Gregoriana, wo er ein Lizentiat in Theologie erwarb.

Am 27. März 1937 wurde er in der Lateranbasilika in Rom von Erzbischof Luigi Traglia, dem Viceregente der Diözese Rom, zum Priester geweiht. Er kehrte anschließend nach Brasilien zurück und war bis 1938 Sekretär des Bischofs von Campina. 1938 – 1942 wirkte er als Dozent am Priesterseminar in São Paulo, 1943 – 1956 in Campinas als Vizerektor der wirtschaftswissenschaftlichen Fakultät, als Direktor einer

Zeitschrift und als Vizerektor der Universität von Campinas. 1943–1956 war er auch Kathedralkanoniker an der Kathedrale von Campinas.

Am 5. März 1956 wurde er zum Bischof von Barra do Pirai ernannt. Die Bischofsweihe empfing er am 15. April 1956 von Bischof Paulo de Tarso Campos von Campinas. Am 6. September 1962 wurde er Erzbischof von Ribeirão Preto. Er war 1962–1965 Teilnehmer am II. Vatikanischen Konzil und stand 1963–1970 als Vorsitzender der brasilianischen Bischofskonferenz vor. Am 1. November 1964 wurde er zum Erzbischof von São Paulo ernannt.

Papst Paul VI. kreierte ihn im Konsistorium vom 22. Februar 1965 zum Kardinalpriester und verlieh ihm am 25. Februar 1965 das rote Birett und die Titelkirche Gran Madre di Dio. Er nahm fortan an den Bischofssynoden von 1967, 1969 (hier als delegierter Präsident), 1971, 1974, 1977, 1980, 1983, 1985 und 1987 teil und war zeitweilig Mitglied des Generalsekretariates der Bischofssynode. Am 22. Oktober 1970 wurde er an die Römische Kurie berufen und zum Präfekten der Kongregation für die Evangelisierung der Völker ernannt. Gleichzeitig verzichtete er auf die Leitung seiner Erzdiözese. Er nahm an den Konklaven von August 1978, welches Johannes Paul I. wählte, und von Oktober 1978, welches Johannes Paul II. wählte, teil und wurde von beiden Päpsten in seinem Amt als Präfekt der Kongregation bestätigt. Er war 1968 Teilnehmer der II. Generalkonferenz des lateinamerikanischen Episkopates in Medellin, Kolumbien, und 1979 der III. Generalkonferenz in Puebla, Mexiko. Am 8. April 1984 verzichtete er auf die Präfektur und die Leitung der Kongregation und wurde zum Präsidenten der Vermögensverwaltung des Heiligen Stuhls ernannt. Am 25. Juni 1984 wurde er zum Kardinaltitularbischof von Sabina e Poggio Mirteto ernannt und am 19. Dezember 1986 zum Dekan des Kardinalskollegiums gewählt, vom Papst bestätigt und zusätzlich zum Kardinaltitularbischof von Ostia ernannt. Am 6. Dezember 1989 verzichtete er auf die Präsidentschaft der Vermögensverwaltung des Heiligen Stuhls. Am 4. Mai 1993 verlor er mit dem Erreichen der Altersgrenze von 80 Jahren das Recht zur Teilnahme am Konklave und legte am 31. Mai 1993 das Amt des Kardinaldekans und das Titularbistum Ostia nieder. Er kehrte nach Brasilien zurück und lebte in Campinas.

Er starb am 21. Mai 1995 in Campinas in Brasilien und wurde in der Wallfahrtskirche Nossa Senhora de Guadalupe in Campinas beigesetzt.

Colombo, Giovanni (1902–1992)
Colombo wurde am 6. Dezember 1902 in Caronno in der Lombardei im Königreich Italien, heute Republik Italien, geboren. Nach der Schulzeit trat er in das Priesterseminar der Erzdiözese Mailand ein und studierte dort Theologie und Philosophie. 1926 wurde er ebenda in Theologie promoviert.

Am 25. Mai 1926 wurde er im Mailänder Dom von Kardinal Eugenio Tossi O.SS.CA, dem Erzbischof von Mailand, zum Priester geweiht. Er setzte seine Studien in Literaturwissenschaften an der Katholischen Universität Mailand fort und wurde dort 1932 in Literaturwissenschaften promoviert. Gleichzeitig war er Lehrer am Knabenseminar von Seveso und ab 1931 von Venegono Inferiore. 1932–1944 lehrte er „geistliche Beredsamkeit" am Priesterseminar von Mailand. 1937–1939 war er Dozent für italienische Sprache und Literatur an der Katholischen Universität Mailand. 1939–1953 war er Direktor des Knabenseminars Venegono Inferiore in Mailand und 1953–1960 Regens des Mailänder Priesterseminars. 1948 wurde er päpstlicher Hausprälat.

Am 25. Oktober 1960 wurde er zum Titularbischof von Philippopolis in Arabia und Weihbischof in Mailand ernannt. Die Bischofsweihe empfing er am 7. Dezember 1960 in der Basilika S. Ambrosio in Mailand von Kardinal Giovanni Battista Montini, dem Erzbischof von Mailand. Er war Mitglied der Vorbereitungskommission für das II. Vatikanische Konzil, die sich mit den Seminaren und Universitäten befasste, und nahm 1962–1965 am II. Vatikanischen Konzil teil. Am 10. August 1963 wurde er zum Erzbischof von Mailand ernannt.

Papst Paul VI. kreierte ihn im Konsistorium vom 22. Februar 1965 zum Kardinalpriester und verlieh ihm am 25. Februar 1965 das rote Birett und die Titelkirche SS. Silvestro e Martino ai Monti. Er nahm an den Konklaven von August 1978, welches Johannes Paul I. wählte, und von Oktober 1978, welches Johannes Paul II. wählte, teil. Am 29. Dezember 1979 legte er die Leitung des Erzbistums Mailand aus Altersgründen nieder. Am 6. Dezember 1982 verlor er mit dem Erreichen der Altersgrenze von 80 Jahren das Recht zur Teilnahme am Konklave.

Er starb am 20. Mai 1992 in Mailand und wurde im Dom zu Mailand beigesetzt.

Conway, William (1913–1977)

Conway wurde am 22. Januar 1913 in Belfast im Vereinigten Königreich Großbritannien und Irland, heute Nordirland, geboren. Nach der Schulzeit studierte er an der Queen's University in Belfast und am St. Patrick's College in Maynooth.

Am 20. Juni 1937 wurde er in der Kirche des St. Patrick's College in Maynooth von Bischof Francis Joseph Wall, dem Weihbischof in Dublin, zum Priester geweiht. Es folgten bis 1940 weitere Studien an der Päpstlichen Universität Gregoriana in Rom. 1940–1957 lehrte er an verschiedenen Priesterseminaren, zuletzt am St. Patrick's College in Maynooth, wo er 1957–1958 als Regens amtierte.

Am 31. Mai 1958 wurde er zum Titularbischof von Neve und Weihbischof in Armagh ernannt. Die Bischofsweihe empfing er am 27. Juli 1958 in der St. Patrick's Kathedrale in Armagh von Kardinal John F. D'Alton, dem Erzbischof von Armagh. Am 9. September 1963 wurde er zum Erzbischof von Armagh und Primas von Irland ernannt. 1962–1965 nahm er am II. Vatikanischen Konzil teil.

Papst Paul VI. kreierte ihn im Konsistorium vom 22. Februar 1965 zum Kardinalpriester und verlieh ihm am 25. Februar 1965 das rote Birett und die Titelkirche S. Patrizio a Villa Ludovisi. Er nahm an den Bischofssynoden von 1967 als delegierter Präsident sowie 1969 und 1971 teil.

Er starb am 17. April 1977 in Armagh und wurde in der St. Patrick's Kathedrale in Armagh beigesetzt.

Herrera Oria, Ángel (1886 – 1968)

Herrera Oria wurde am 19. Dezember 1886 in Santander in Kantabrien im Königreich Spanien geboren. Nach der Schulzeit bei den Jesuiten in Valladolid studierte er Rechtswissenschaft an den Universitäten Deusto und Salamanca. 1907 trat er in den Anwaltsdienst des Staates ein und wurde zunächst nach Burgos versetzt. Bereits 1908 ließ er sich beurlauben und verließ Burgos wieder, um an der Zentraluniversität in Madrid in Rechtswissenschaft zu promovieren. Anschließend kehrte er in den Staatsdienst zurück. 1910 wurde er erster Vorsitzender der seit Dezember 1909 auf Anregung des Jesuiten und Priesters Ángel Ayala in Gründung befindlichen „Asociación Católica Nacional de Propagandistas" (ACNP) zur Verbreitung katholischer Positionen im öffentlichen Leben. 1911 gründete er die Zeitung „El Debate" und den sie herausgebenden Verlag, denen er in den Jahren 1911 bis 1933 als Direktor vorstand. Er engagierte sich in der Politik und war 1933 bis 1936 Präsident des Zentralkomitees der Katholischen Aktion in Spanien.

1936 – 1940 studierte er in Fribourg in der Schweiz Theologie und Philosophie.

Am 28. Juli 1940 wurde er in Fribourg in der Schweiz im Alter von 53 Jahren zum Priester geweiht. Bis 1947 übernahm er verschiedene Aufgaben in der Seelsorge der Diözese Santander.

Am 24. April 1947 wurde er zum Bischof von Málaga ernannt. Die Bischofsweihe empfing er am 30. Juni 1947 in seiner Pfarrei durch Erzbischof Gaetano Cicognani, den Nuntius in Spanien. Er war als sozialer Reformer und Kämpfer für mehr Freiheit und bessere Lebensbedingungen bekannt. In seiner Diözese wurden während seines Episkopates über 200 neue Schulen errichtet.

Papst Paul VI. kreierte ihn im Konsistorium vom 22. Februar 1965 zum Kardinalpriester. Das rote Birett erhielt er am 1. Mai 1965 in Madrid von General Francesco Franco. Der Papst verlieh ihm am 26. Mai 1965 die Titelkirche Sacro Cuore di Maria a Piazza Euclide. Am 27. August 1966 legte er die Leitung des Bistums Málaga aus Altersgründen nieder.

Er starb am 28. Juli 1968 in Madrid und wurde in der Kathedrale von Málaga beigesetzt. Der Seligsprechungsprozess wurde am 20. November 1995 eröffnet.

Callori di Vignale, Federico (1890 – 1971)

Callori di Vignale wurde am 15. Dezember 1890 in Vignale Monferrato, Provinz Alessandria in Piemont im Königreich Italien, heute Republik Italien, geboren. Er studierte in Rom an der Päpstlichen Universität Gregoriana und durchlief die Ausbildung zum diplomatischen Dienst an der Päpstlichen Akademie für den kirchlichen Adel.

Am 16. Dezember 1917 wurde er in Rom zum Priester geweiht. Er übernahm neben seinen Aufgaben an der Kurie 1917– 1958 immer auch Aufgaben in der Seelsorge der Diözese Rom. 1919 wurde er päpstlicher Geheimkämmerer, 1935 Kanoniker an der Petersbasilika des Vatikans und Apostolischer Protonotar. 1950 wurde er Pro-Maestro di Camera und am 29. Oktober 1958 zum Maiordomus des Apostolischen Palastes ernannt.

Am 15. Februar 1965 wurde er zum Titularbischof von Maiuca ernannt. Die Bischofsweihe empfing er am 21. Februar 1965 in Rom von Kardinal Eugène Tisserant, dem Dekan des Kardinalskollegiums.

Papst Paul VI. kreierte ihn im Konsistorium vom 22. Februar 1965 zum Kardinaldiakon und verlieh ihm am 25. Februar 1965 das rote Birett und die Kirche S. Giovanni Bosco als Titeldiakonie. Er nahm an der letzten Session des II. Vatikanischen Konzils 1965 teil. Da er die Altersgrenze von 80 Jahren bereits überschritten hatte, verlor er am 1. Januar 1971 das Recht zur Teilnahme am Konklave.

Er starb am 10. August 1971 im Vatikan und wurde im Familiengrab in der Familienkapelle in Vignale Monferrato beigesetzt.

Cardijn, Joseph-Léon (1882–1967)

Cardijn wurde am 18. November 1882 in Schaerbeek-Brüssel im Königreich Belgien geboren. Er studierte am Priesterseminar von Mecheln und an der Katholischen Universität Louvain.

Am 22. September 1906 wurde er in Mecheln zum Priester geweiht. Anschließend war er bis 1912 Dozent am Seminar von Basse-Wavre und übernahm danach bis 1916 seelsorgerliche Aufgaben in der Erzdiözese Mecheln. Während des Ersten Weltkrieges war er 1915–1917 inhaftiert. Danach wirkte er bis 1925 als Kaplan in der Seelsorge an Arbeitern in Mecheln und gründete 1925 die Christliche Arbeiterjugend CAJ, deren Ausbreitung er einleitete und als deren Generalkaplan er bis 1965 ihre Entwicklung in aller Welt begleitete. Auch während des Zweiten Weltkrieges war er 1941 inhaftiert. 1950 wurde er päpstlicher Geheimkämmerer und 1962 Apostolischer Protonotar.

Am 15. Februar 1965 wurde er zum Titularerzbischof von Tusuro ernannt. Die Bischofsweihe spendete ihm am 21. Februar 1965 in der Kapelle des Kollegs *Urbaniana* der Kongregation *Propaganda Fide* Kardinal Leon-Joseph Suenens, der Erzbischof von Mecheln-Brüssel. Er nahm an der letzten Session des II. Vatikanischen Konzils 1965 teil und engagierte sich für die Pastoralkonstitution *Gaudium et Spes*.

Papst Paul VI. kreierte ihn im Konsistorium vom 22. Februar 1965 zum Kardinaldiakon und verlieh ihm am 25. Februar 1965 das rote Birett und die Kirche S. Michele Arcangelo a Pietralata als Titeldiakonie.

Er starb am 25. Juli in 1967 in Louvain und wurde in der Pfarrkirche Notre-Dame von Laeken bei Brüssel beigesetzt.

Journet, Charles (1891–1975)

Journet wurde am 26. Januar 1891 in Genf im Kanton Genf in der Schweiz geboren. Er absolvierte seine philosophisch-theologischen Studien an der Universität und am Priesterseminar in Fribourg in der Schweiz.

Am 15. Juli 1917 wurde er in Fribourg zum Priester geweiht. Nach Seelsorgejahren 1917–1924 wurde er 1924 Dozent am Priesterseminar Fribourg, wo er bis 1970 lehrte. 1926 gründete er die Zeitschrift *Nova et Vetera*. Er erwarb sich einen Ruf als Theologe von Weltrang und wurde 1947 päpstlicher Hausprälat. Johannes XXIII. berief ihn 1959 zum Mitglied der vorbereitenden Kommission des II. Vatikanischen Konzils, auf dem er als Konzilstheologe wirkte.

Am 15. Februar 1965 wurde er zum Titularerzbischof von Fornos minore ernannt. Die Bischofsweihe empfing er am 20. Februar 1965 in Fribourg von Bischof François Charrière von Lausanne, Genf und Fribourg.

Papst Paul VI. kreierte ihn im Konsistorium vom 22. Februar 1965 zum Kardinaldiakon und verlieh ihm am 25. Februar 1965 das rote Birett und die Kirche S. Maria in Portico als Titeldiakonie. Als Kardinal nahm er an der letzten Session des II. Vatikanischen Konzils 1965 teil.

Am 26. Januar 1971 verlor er mit dem Erreichen der Altersgrenze von 80 Jahren das Recht zur Teilnahme am Konklave. Am 5. März 1973 optierte er für die Klasse der Kardinalpriester und die Erhebung seiner Diakonie zur Titelkirche.

Er starb am 13. April 1975 in Fribourg und wurde in der Kartause de la Valsainte in Gruyères bei Fribourg, Schweiz, beigesetzt.

Bevilacqua Orat., Giulio (1881–1965)
Bevilacqua wurde am 14. November 1881 in Isola della Scala in der Provinz und Diözese Verona im Königreich Italien, heute Republik Italien, geboren. Nach seiner Schulzeit studierte er 1902–1905 an der Universität Louvain in Belgien, wo er 1905 beim späteren Kardinal Mercier studierte und in Politik- und Sozialwissenschaften promoviert wurde. 1905 ging er an das Priesterseminar von Brescia und trat noch im gleichen Jahr in die Gemeinschaft des Oratoriums des Philipp Neri in Brescia an der Pfarrkirche S. Antonio de la Pace ein.

Am 13. Juni 1908 wurde er in Brescia zum Priester geweiht. Danach war er in Brescia als Seelsorger in S. Antonio de la Pace tätig. In diesen Jahren lernte er den späteren Papst Paul VI., Giovanni Battista Montini, kennen. In den Jahren 1916–1919 und 1940–1944 war er Militärseelsorger der italienischen Armee. Seine öffentliche Kritik an Bolschewismus und Faschismus brachte ihm in Brescia so wütende Gegner, dass er 1928–1932 Brescia verlassen musste und offiziell als Mitarbeiter am Staatssekretariat im Vatikan wirkte und bei Montini auf dem Aventin in Rom in einer gemeinsamen Wohnung lebte. Er gilt als Wegbereiter der liturgischen Bewegung in Italien. Er arbeitete in der vorbereitenden Liturgiekommission des II. Vatikanischen Konzils mit wie auch in der entsprechenden Konzilskommission.

Am 15. Februar 1965 wurde er zum Titularerzbischof von Gaudiana ernannt und empfing am 18. Februar 1965 in Brescia von Bischof Luigi Morstabilini von Brescia die Bischofsweihe.

Papst Paul VI. kreierte ihn im Konsistorium vom 22. Februar 1965 zum Kardinaldiakon und verlieh ihm am 25. Februar 1965 das rote Birett und die Kirche S. Girolamo della Carita als Titeldiakonie. Der Papst erlaubte ihm, auch weiterhin als Pfarrer an S. Antonio della Pace in Brescia zu wirken.

Er starb am 6. Mai 1965 in Brescia und wurde in seiner Pfarrkirche beigesetzt.

Fasolino, Nicolás (1887 – 1969)

Fasolino wurde am 3. Januar 1887 in Buenos Aires in der Erzdiözese Buenos Aires in Argentinien geboren. Er studierte zunächst am Priesterseminar von Buenos Aires und ging danach nach Rom an das lateinamerikanische Kolleg und studierte an der Päpstlichen Universität Gregoriana.

Am 28. Oktober 1909 wurde er in Rom zum Priester geweiht und kehrte bald darauf nach Buenos Aires zurück, wo er 1911 – 1916 in Buenos Aires im Stadtteil Flores Kaplan war. 1913 – 1922 wirkte er als Dozent an der Katholischen Universität von Buenos Aires und am Zentrum für religiöse Studien. Er war auch in der Verwaltung der Erzdiözese Buenos Aires als Vizekanzler tätig. 1925 wurde er Generalvikar der Erzdiözese Buenos Aires und wirkte weiterhin als Pfarrer in einer Gemeinde. 1928 wurde er Apostolischer Protonotar.

Am 20. Oktober 1932 wurde er zum Bischof von Santa Fe in Argentinien ernannt. Die Bischofsweihe empfing er am 21. Dezember 1932 in Buenos Aires von Erzbischof Filippo Cortesi, dem Nuntius in Argentinien. Als Santa Fe 1934 zur Erzdiözese erhoben wurde, wurde er am 20. April 1934 zum Erzbischof von Santa Fe ernannt. 1962 – 1965 nahm er am II. Vatikanischen Konzil teil.

Papst Paul VI. kreierte ihn im Konsistorium vom 26. Juni 1967 zum Kardinalpriester und verlieh ihm am 29. Juni 1967 das rote Birett und die Titelkirche Beata Vergine Addolorata a Piazza Buenos Aires.

Er starb am 13. August 1969 in Santa Fe und wurde in der Kathedrale von Santa Fe beigesetzt.

Riberi, Antonio (1897 – 1967)

Riberi wurde am 15. Juni 1897 in Monte Carlo im Fürstentum Monaco geboren. Er wuchs in Piemont auf und studierte am Priesterseminar von Cuneo, bevor er nach Rom ging und dort an der Päpstlichen Universität Gregoriana studierte. Er erhielt auch eine Ausbildung am Institut für Sozialwissenschaften in Bergamo.

Am 29. Juni 1922 wurde er in Rom zum Priester geweiht. Es folgten bis 1925 weitere Studien an der Päpstlichen Akademie für den kirchlichen Adel. Anschließend trat er in den diplomatischen Dienst des Heiligen Stuhls ein und wurde bis 1930 als Attaché und Sekretär an die Nuntiatur von Bolivien entsandt. 1925 wurde er päpstlicher Geheimkämmerer. 1930 – 1934 war er Nuntiaturrat der Nuntiatur in Irland.

Am 13. August 1934 wurde er zum Titularerzbischof von Dara ernannt. Die Bischofsweihe empfing er am 28. Oktober 1934 in Rom von Kardinal Pietro Fumasoni Biondi, Präfekt der Kongregation *Propaganda Fide*. Am 4. November 1934 wurde er zum Apostolischen Delegaten für die Afrikanischen Missionen, die in den Zuständigkeitsbereich der Kongregation *Propaganda Fide* fallen, mit Residenz in Mombasa, damals Ostafrika, heute Kenia, ernannt. 1939 – 1946 organisierte er mit Hilfe des Heiligen Stuhls einen Gefangenenaustausch von Kriegsgefangenen und verwundeten Soldaten während des Zweiten Weltkrieges in Rom. Am 6. Juli 1946 wurde er zum Nuntius in China ernannt und 1951 durch das kommunistische Regime von Festland-

China ausgewiesen. Danach betrieb er die Nuntiatur weiter als Nuntius in Formosa/Taiwan. Am 19. Februar 1959 wurde er Nuntius in Irland, am 28. April 1962 Nuntius in Spanien. 1962–1965 nahm er am II. Vatikanischen Konzil teil.

Papst Paul VI. kreierte ihn im Konsistorium vom 26. Juni 1967 zum Kardinalpriester und verlieh ihm am 29. Juni 1967 das rote Birett und die Titelkirche S. Girolamo della Carità.

Er starb am 16. Dezember 1967 in Rom und wurde im Familiengrab in Limone-Piemonte beigesetzt.

Beltrami, Giuseppe (1889–1973)

Beltrami wurde am 17. Januar 1889 in Fossano in Piemont im Königreich Italien, heute Republik Italien, geboren. Er studierte am Priesterseminar von Fossano und am Päpstlichen *Athenaeum S. Apollinare*, wo er in Theologie und kanonischem Recht promoviert wurde.

Am 5. März 1916 wurde er in Fossano zum Priester geweiht. Anschließend war er während des Ersten Weltkrieges Kaplan der italienischen Armee und studierte 1919–1923 an der staatlichen Universität in Rom Literaturwissenschaften. Anschließend war er bis 1926 Mitarbeiter in der Vatikanischen Bibliothek und wurde 1924 päpstlicher Geheimkämmerer. 1926–1940 war er Mitarbeiter im Staatssekretariat und Advokat für Heilig- und Seligsprechungsangelegenheiten in der Ritenkongregation.

Am 20. Februar 1940 wurde er zum Titularerzbischof von Damaskus und Nuntius in Guatemala und El Salvador ernannt. Die Bischofsweihe empfing er am 7. April 1940 in der Kirche S. Carlo al Corso in Rom von Kardinalstaatssekretär Luigi Maglione. Am 15. November 1945 wurde er zum Nuntius in Kolumbien ernannt und war 1948–1950 Nuntius zur speziellen Verfügung des Staatsekretariates. Am 4. Oktober 1950 wurde er zum Nuntius im Libanon und am 31. Januar 1959 zum Internuntius mit dem persönlichen Titel eines Nuntius in den Niederlanden ernannt. 1962–1965 nahm er am II. Vatikanischen Konzil teil.

Papst Paul VI. kreierte ihn im Konsistorium vom 26. Juni 1967 zum Kardinalpriester und verlieh ihm am 29. Juni 1967 das rote Birett und die Titelkirche S. Maria Liberatrice al Monte Testaccio. Da er die Altersgrenze von 80 Jahren bereits überschritten hatte, verlor er am 1. Januar 1971 das Recht zur Teilnahme am Konklave.

Er starb am 13. Dezember 1973 in Rom und wurde in der Kathedrale von Fossano beigesetzt.

Pacini, Alfredo (1888–1967)

Pacini wurde am 10. Februar 1888 in Campannori in der Toscana im Königreich Italien, heute Republik Italien, geboren. Er studierte am Priesterseminar von Lucca.

Am 25. Jul 1913 wurde er in Lucca zum Priester geweiht und war bis 1915 Kaplan in der Seelsorge der Erzdiözese Lucca sowie Dozent am Priesterseminar. 1915–1918 war er Militärgeistlicher während des Ersten Weltkrieges und war danach 1918–1924 wieder in der Seelsorge und im Priesterseminar der Erzdiözese Lucca tätig. 1924 wurde er päpstlicher Geheimkämmerer und trat in den diplomatischen Dienst des Heiligen Stuhls ein. Er wurde bis 1928 als Sekretär an die Nuntiatur von Jugoslawien entsandt, deren Auditor er 1928–1933 war. 1935–1944 war er Auditor der Nuntiatur von Polen und wurde 1935 päpstlicher Hausprälat. 1944–1946 war er Nuntiaturrat in Frankreich und wurde am 23. April 1946 zum Nuntius von Haiti und Santo Domingo ernannt.

Am 28. April 1946 wurde er zum Titularerzbischof von Germia ernannt. Die Bischofsweihe empfing er am 11. Juni 1946 in Paris von Erzbischof Angelo Giuseppe Roncalli, dem Nuntius in Frankreich. Am 23. April 1949 wurde er zum Nuntius in Uruguay und am 4. Februar 1960 zum Nuntius in der Schweiz ernannt. 1962–1965 nahm er am II. Vatikanischen Konzil teil.

Papst Paul VI. kreierte ihn im Konsistorium vom 26. Juni 1967 zum Kardinalpriester und verlieh ihm am 29. Juni 1967 das rote Birett und die Titelkirche SS. Angeli Custodi a Città Giardino.

Er starb am 23. Dezember 1967 in Rom und wurde im Familiengrab in Campannori beigesetzt.

Garrone, Gabriel-Marie (1901–1994)

Garronne wurde am 12. Oktober 1901 in Aix-les-Bains in der Region Rhône-Alpes in der Republik Frankreich geboren. Nach der Schulzeit absolvierte er als Seminarist des französischen Seminars in Rom seine Studien an der Päpstlichen Universität Gregoriana.

Am 11. April 1925 wurde er zum Priester geweiht. Er war zunächst bis 1926 Lehrer am Knabenseminar von Chambéry und wurde danach bis 1939 Dozent und Präfekt am Priesterseminar von Chambéry. Gleichzeitig war er 1926–1939 in der Seelsorge der Erzdiözese Chambéry engagiert. Während des Zweiten Weltkrieges 1939–1945 war er Offizier der französischen Armee und geriet in Kriegsgefangenschaft. Nach dem Krieg war er bis 1947 Regens des Priesterseminars von Chambéry.

Am 24. April 1947 wurde er zum Titularerzbischof von Lemno und Koadjutor *c.i.s.* von Toulouse ernannt. Die Bischofsweihe empfing er am 24. Juni 1947 in Chambéry von Erzbischof Émile-Maurice Guerry, dem Koadjutor-Erzbischof von Cambrai. Am 5. November 1956 wurde er Erzbischof von Toulouse. 1962–1965 nahm er am II. Vatikanischen Konzil teil. Am 28. Januar 1966 wurde er als Pro-Präfekt der Kongregation für die Seminare und Universitäten an die Römische Kurie berufen und nach seiner Resignation auf das Erzbistum Toulouse am 24. März 1966 zum Titularerzbischof von Torri di Numidia ernannt.

Papst Paul VI. kreierte ihn im Konsistorium vom 26. Juni 1967 zum Kardinalpriester und verlieh ihm am 29. Juni 1967 das rote Birett und die Titelkirche S. Sabina. Nach der Kurienreform 1967 wurde er am 17. Januar 1968 zum Präfekten der Kongregation für das katholische Erziehungswesen und Großkanzler der Päpstlichen Universität Gregoriana ernannt. Er nahm an den Bischofssynoden von 1967, 1969, 1971, 1974, 1977 und 1985 teil. Er nahm an den Konklaven von August 1978, welches Johannes Paul I. wählte, und von Oktober 1978, welches Johannes Paul II. wählte, teil. Beide Päpste bestätigten ihn in seinem Kurienamt. Am 15. Januar 1980 legte er die Leitung seiner Kongregation aus Altersgründen nieder. Am 12. Oktober 1981 verlor er mit Erreichen der Altersgrenze von 80 Jahren das Recht zur Teilnahme am Konklave. Am 20. Mai 1982 wurde er Präsident des neuen Päpstlichen Rates für die Kultur, auf dessen Präsidentschaft er am 19. April 1988 verzichtete.

Er starb am 15. Januar 1994 in Rom und wurde auf dem römischen Friedhof Campo Verano beigesetzt.

O'Boyle, Patrick Aloysis (1896–1987)

O'Boyle wurde am 18. Juli 1896 in Scranton im Bundesstaat Pennsylvania, USA, geboren. Er studierte am Saint Thomas College in Scranton und am Saint Joseph's Seminar in Yonkers bei New York und an der New York School of Social Work.

Am 21. Mai 1921 wurde er in New York von Erzbischof Patrick Joseph Hayes von New York zum Priester geweiht. Bis 1926 war er anschließend in der Seelsorge der Erzdiözese New York eingesetzt, 1926–1933 war er Exekutivdirektor der Catholic Guardian Society. Anschließend wirkte er bis 1936 als Dozent an der New York School of Social Work und als stellvertretender Direktor des Children Care Department of Catholic Charities of New York. 1936–1943 war er Exekutivdirektor der Missionsgesellschaft Immaculate Virigin, Mt. Loretto in Staten Island bei New York. 1941 wurde er päpstlicher Geheimkämmerer, 1944 päpstlicher Hausprälat. 1943–1947 war er für die Caritasarbeit der Erzdiözese New York zuständig und gleichzeitig Exekutivdirektor der War Relief Services der National Catholic Welfare Conference in Washington.

Am 27. November 1947 wurde er nach der Gründung des Erzbistums Washington zum ersten Erzbischof von Washington ernannt. Die Bischofsweihe empfing er am 14. Januar 1948 in New York von Kardinal Francis Spellman, dem Erzbischof von New York. 1955 wurde er Päpstlicher Thronassistent. 1962–1965 nahm er am II. Vatikanischen Konzil teil. Bei der Erhebung des Erzbistums Washington zum Sitz einer Kirchenprovinz wurde er am 12. Oktober 1965 Metropolitan-Erzbischof von Washington.

Papst Paul VI. kreierte ihn im Konsistorium vom 26. Juni 1967 zum Kardinalpriester und verlieh ihm am 29. Juni 1967 das rote Birett und die Titelkirche S. Nicola in Carcere. Am 3. März 1973 verzichtete er auf die Leitung der Erzdiözese. Am 18. Juli 1976 verlor er mit Erreichen der Altersgrenze von 80 Jahren das Recht zur Teilnahme am Konklave.

Er starb am 10. August 1987 in Washington und wurde in der Kathedrale von Washington beigesetzt.

Vagnozzi, Egidio (1906–1980)

Vagnozzi wurde am 26. Februar 1906 in Rom im Königreich Italien, heute Republik Italien, geboren. Er studierte am Päpstlich-Römischen Seminar und am Päpstlichen *Athenaeum des Laterans* und wurde in Philosophie, Theologie und kanonischem Recht promoviert.

Am 22. Dezember 1928 wurde er in Rom von Kardinal Rafael Merry del Val, dem Sekretär des Heiligen Offiziums, zum Priester geweiht und setzte seine Studien am Lateran bis 1930 fort. Danach trat er in den Dienst des Heiligen Stuhls ein und war bis 1932 Mitarbeiter im Staatssekretariat. 1932 wurde er päpstlicher Geheimkämmerer. 1932–1942 war er Mitarbeiter der Apostolischen Delegatur in den USA. 1942–1945 wirkte er als Nuntiaturrat in der Nuntiatur von Portugal und 1945–1947 in der Nuntiatur von Frankreich. 1945 wurde er päpstlicher Hausprälat. 1947/48 gehörte er als Mitarbeiter zur Delegation für die Aufnahme diplomatischer Beziehungen zu Indien und war von Juni bis August 1948 geschäftsführender Vertreter des Heiligen Stuhls bei der Regierung in Indien.

Am 9. März 1949 wurde er zum Titularerzbischof von Mira und Apostolischen Delegaten auf den Philippinen ernannt. Die Bischofsweihe empfing er am 22. Mai 1949 in Rom von Kardinal Adeodato Giovanni Piazza O.C.D., dem Sekretär der Konsistorialkongregation. Am 9. August 1951 wurde er zum Nuntius auf den Philippinen und am 16. Dezember 1958 zum Apostolischen Delegaten in den USA ernannt. 1962–1965 nahm er am II. Vatikanischen Konzil teil.

Papst Paul VI. kreierte ihn im Konsistorium vom 26. Juni 1967 zum Kardinaldiakon und verlieh ihm am 29. Juni 1967 das rote Birett und die Kirche S. Giuseppe in Via Trionfale als Titeldiakonie. Am 13. Januar 1968 wurde er zum Präfekten der Präfektur für die ökonomischen Angelegenheiten des Heiligen Stuhls ernannt und nahm an den Bischofssynoden von 1969, 1971, 1974, 1977 und 1980 teil.

Am 5. März 1973 optierte er für die Klasse der Kardinalpriester und die Erhebung seiner Diakonie zur Titelkirche. Er nahm an den Konklaven von August 1978, welches Johannes Paul I. wählte, und von Oktober 1978, welches Johannes Paul II. wählte, teil. Beide Päpste bestätigten ihn in seinem Kurienamt.

Er starb am 26. Dezember 1980 in Rom und wurde zunächst auf dem römischen Friedhof Campo Verano beigesetzt, bevor er im März 1983 in seine Titelkirche S. Giuseppe in Via Trionfale überführt wurde.

Fürstenberg, Maximilien de (1904–1988)

Fürstenberg wurde am 23. Oktober 1904 auf Schloss Ter Worm bei Heerlem in der Provinz Limburg in den Niederlanden geboren. Nach der Schulzeit studierte er 1922–1928 Klassische Philologie und Philosophie an der Facultés Universitaires Saint-Louis in Brüssel. Er war Soldat bei einem Grenadierregiment, zuletzt im Rang eines Leutnants der Reserve. 1925 studierte er zusätzlich an der Katholischen Universität Louvain, wo er das Lizentiat in Philosophie erwarb. 1928 ging er zum Studium als Seminarist des belgischen Kollegs nach Rom und studierte an der Päpstlichen Universität Gregoriana, wo er 1932 in Theologie promoviert wurde.

Am 9. August 1931 wurde er in Rom zum Priester geweiht und in die Erzdiözese Mechelen inkardiniert. Nach seiner Promotion kehrte er nach Belgien zurück und war 1932 bis 1934 am Saint-Jean Berchmans Kolleg in Antwerpen als Dozent tätig. Von 1934 bis 1946 war er Dozent für Liturgie am Priesterseminar in Mechelen und darüber hinaus Zeremoniar und Kanoniker an der Kathedrale. Am Weihnachtstag 1943 wurde er verhaftet und zu zwei Jahren Haft in Saint-Gilles, Brüssel, verurteilt. Er kam am Weihnachtstag 1944 wieder frei. 1945 wurde er Kaplan des Obersten Gerichtshofs in Belgien. 1946–1949 war er Regens des belgischen Kollegs in Rom. Sein bekanntester Alumne aus dieser Zeit war Papst Johannes Paul II., wie dieser in seiner Autobiographie „Geschenk und Geheimnis" erwähnt. 1947 wurde er zum päpstlichen Hausprälaten ernannt.

Am 14. März 1949 wurde er zum Titularerzbischof von Palto und am 22. März 1949 zum Apostolischen Delegaten in Japan ernannt. Die Bischofsweihe empfing er am 25. April 1949 in Mecheln von Kardinal Jozef-Ernest van Roey, dem Erzbischof von Mecheln. Am 28. April 1952 wurde er zum Internuntius in Japan ernannt und verwaltete 1952/53 auch die Nuntiatur von Korea als Regente. Am 21. November 1959 wurde er zum Apostolischen Delegaten in Australien, Neuseeland und Ozeanien ernannt, am 28. April 1962 zum Nuntius in Portugal. 1962–1965 nahm er am II. Vatikanischen Konzil teil.

Papst Paul VI. kreierte ihn im Konsistorium vom 26. Juni 1967 zum Kardinalpriester und verlieh ihm am 15. Juli 1967 das rote Birett und die Titelkirche Sacro Cuore di Gesù a Castro Pretorio. Am 16. Januar 1968 wurde er zum Präfekten der Kongregation für die Orientalischen Kirchen ernannt. Er nahm an den Bischofssynoden von 1969 und 1971 teil. Am 28. Februar 1973 legte er die Leitung seiner Kongregation nieder. Am 9. Mai 1973 wurde er zum Präsidenten der Zentralkommission für das Heilige Jahr 1975 ernannt. Er nahm an den Konklaven von August 1978, welches Johannes Paul I. wählte, und von Oktober 1978, welches Johannes Paul II. wählte, teil. Am 23. Oktober 1984 verlor er mit Erreichen der Altersgrenze von 80 Jahren das Recht zur Teilnahme am Konklave.

Er starb am 22. September 1988 in Mont-Goddine bei Namur in Belgien und wurde in der Franziskanerkirche bei Remagen, Bundesrepublik Deutschland, beigesetzt.

Samorè, Antonio (1905–1983)

Samorè wurde am 4. Dezember 1905 in Bardi in der Provinz Parma im Königreich Italien, heute Republik Italien, geboren. Er studierte am Priesterseminar von Piacenza und am Päpstlichen *Athenaeum des Laterans* in Rom, wo er 1938 in kanonischem Recht promoviert wurde.

Am 10. Juni 1928 wurde er in Piacenza von Bischof Ersilio Menzani von Piacenza zum Priester geweiht. 1929–1932 war er Kaplan in der Diözese Piacenza. 1932 trat er in den diplomatischen Dienst des Heiligen Stuhls ein und wurde bis 1936 als Attaché und Sekretär der Nuntiatur nach Litauen gesandt. Danach weilte er zur Fertigstellung seiner Dissertation in Rom. 1935 wurde er päpstlicher Geheimkämmerer und 1938 Nuntiatursekretär der Nuntiatur in der Schweiz. Noch im gleichen Jahr kehrte er nach Rom zurück und war bis 1947 Mitarbeiter im Staatssekretariat. 1947 wurde er päpstlicher Hausprälat und bis 1950 als Rat der Apostolischen Delegatur in die USA entsandt.

Am 30. Januar 1950 wurde er zum Titularerzbischof von Tirnovo und Nuntius in Kolumbien ernannt. Die Bischofsweihe empfing er am 16. April 1950 in der Basilika S. Maria sopra Minerva in Rom von Kardinal Clemente Micara, dem Kardinalvikar der Diözese Rom. Am 7. Februar 1953 wurde er Sekretär der Kongregation für die außerordentlichen Angelegenheiten der Kirche. Er nahm 1962–1965 am II. Vatikanischen Konzil teil.

Papst Paul VI. kreierte ihn im Konsistorium vom 26. Juni 1967 zum Kardinalpriester und verlieh ihm am 29. Juni 1967 das rote Birett und die Titelkirche S. Maria sopra Minerva. Am 25. September 1967 wurde er zum Präsidenten der Päpstlichen Kommission für Lateinamerika und am 1. November 1968 zum Präfekten der Kongregation für die Sakramentendisziplin ernannt. Er nahm an den Bischofssynoden von 1967, 1969 und 1971 teil. Am 25. Januar 1974 legte er die Leitung der Kongregation nieder und wurde zum Archivar und Bibliothekar der Heiligen Römischen Kirche ernannt. Am 12. Dezember 1974 erfolgte die Ernennung zum Kardinaltitularbischof von Sabina e Poggio Mirteto. Er nahm an den Konklaven von August 1978, welches Johannes Paul I. wählte, und von Oktober 1978, welches Johannes Paul II. wählte, teil. Beide Päpste bestätigten ihn in seinem Amt. Er vermittelte für den Heiligen Stuhl 1978–1983 im Grenzkonflikt zwischen Argentinien und Chile.

Er starb am 3. Februar 1983 in Rom und wurde in der Kirche des Karmelitenklosters Vetralla bei Viterbo beigesetzt.

Carpino, Francesco (1905–1993)

Carpino wurde am 18. Mai 1905 in Palazzolo Acreide auf Sizilien im Königreich Italien, heute Republik Italien, geboren. Nach der Schulzeit studierte er 1919–1926 in Rom am Päpstlich-Römischen Seminar und am Päpstlichen *Athenaeum des Laterans*, wo er in Philosophie und Theologie promoviert wurde und ein Lizentiat in kanonischem Recht erwarb.

Am 14. August 1927 wurde er in Palazzolo Acreide von Bischof Guiseppe Vizzini von Noto zum Priester geweiht. 1927–1929 war er Dozent am Seminar von Noto und 1929–1951 am Päpstlichen *Athenaeum des Laterans* in Rom. In diesen Jahren engagierte er sich in der Seelsorge der Diözese Rom und arbeitete mit verschiedenen römischen Kongregationen zusammen. 1939 wurde er päpstlicher Geheimkämmerer und engagierte sich im Zweiten Weltkrieg für verfolgte Juden.

Am 11. Februar 1951 wurde er zum Titularerzbischof von Nicomedia und Koadjutor *c.i.s.* von Monreale, Sizilien, ernannt. Die Bischofsweihe empfing er am 8. April 1951 in der Lateranbasilika in Rom von Kardinal Adeodato Giovanni Piazza O.C.D., dem Sekretär der Konsistorialkongregation. Am 23. August 1951 wurde er Erzbischof von Monreale und 1960 Päpstlicher Thronassistent. Am 19. Januar 1961 wurde er zum Titularerzbischof von Sardica und Assessor der Konsistorialkongregation und am 25. Oktober 1961 zum Sekretär des Kardinalskollegiums ernannt. Er war Mitglied der zentralen Vorbereitungskommission für das II. Vatikanische Konzil und 1961–1967 für die Migrantenarbeit des Vatikans zuständig. Zugleich war er Präsident der Päpstlichen Kommission für Lateinamerika. Er nahm 1962–1965 am II. Vatikanischen Konzil teil. Beim Konklave 1963 war er Konklavesekretär. Am 7. April wurde er Pro-Präfekt der Kongregation für die Sakramentendisziplin.

Papst Paul VI. kreierte ihn im Konsistorium vom 26. Juni 1967 zum Kardinalpriester und ernannte ihn am gleichen Tag zum Erzbischof von Palermo. Er verlieh ihm am 29. Juni 1967 das rote Birett und die Titelkirche S. Maria Ausiliatrice in via Tuscoluna. Er nahm an der Bischofssynode von 1967 teil. Am 17. Oktober 1970 legte er die Leitung der Erzdiözese Palermo nieder und wurde Kurienkardinal in Rom. Dort war er in der Bischofskongregation zuständig für die Beziehungen zum Episkopat. Am 27. Januar 1978 wurde er zum Kardinaltitularbischof der suburbikarischen Diözese Albano ernannt. Er nahm an den Konklaven von August 1978, welches Johannes Paul I. wählte, und von Oktober 1978, welches Johannes Paul II. wählte, teil. Am 18. Mai 1985 verlor er mit Erreichen der Altersgrenze von 80 Jahren das Recht zur Teilnahme am Konklave.

Er starb am 5. Oktober 1993 in Rom und wurde zunächst in seiner Heimat Palazzolo Acreide beigesetzt, bevor sein Leichnam 1998 in die Kathedrale von Palermo überführt wurde.

Maurer C.SS.R., José Clemente (1900 – 1990)

Maurer wurde am 13. März 1900 in Püttlingen im Saarland im deutschen Kaiserreich, heute Bundesrepublik Deutschland, geboren. Nach seiner Schulzeit trat er in den Redemptoristenorden ein und legte 1921 nach dem Noviziat in Trois-Epis seine Gelübde ab. Danach studierte er in Echternach in Luxemburg Theologie und Philosophie.

Am 19. September 1925 wurde er in Echternach zum Priester geweiht. Kurz darauf wurde er von seinem Orden zur Missionsarbeit unter den Indios nach Bolivien entsandt. 1933 wurde er Oberer des Klosters San Juan de Dios in La Paz; im April 1938 gründete er selbst das Kloster San Martin in Potosi. Von 1939 bis 1944 war er als Oberer der Redemptoristen und Pfarrer in Tupiza tätig. Am 23. März 1944 wurde er zum Provinzial seines Ordens in der Vizeprovinz Bolivien mit den Ländern Chile, Peru, Ecuador, Kolumbien und Bolivien ernannt.

Am 1. März 1950 wurde er zum Titularbischof von Cea und Weihbischof in La Paz ernannt. Die Bischofsweihe empfing er am 16. April 1950 in der Kirche SS. Redentore e S. Alfonso in via Merulana in Rom durch Kardinal Adeodato Giovanni Piazza O.C.D., den Sekretär der Konsistorialkongregation. Am 27. Oktober 1951 wurde er zum Erzbischof von Sucre ernannt. 1962 – 1965 nahm er am II. Vatikanischen Konzil teil.

Papst Paul VI. kreierte ihn im Konsistorium vom 26. Juni 1967 zum Kardinalpriester und verlieh ihm am 29. Juni 1967 das rote Birett und die Titelkirche SS. Redentore e S. Alfonso in Via Merulana. Er war Vorsitzender der bolivianischen Bischofskonferenz und nahm 1968 an der II. Generalkonferenz des lateinamerikanischen Episkopates in Medellin in Kolumbien und 1979 an der III. Generalkonferenz des lateinamerikanischen Episkopates in Puebla, Mexiko, teil. Er nahm an den Bischofssynoden von 1967, 1969 und 1971 teil. Er nahm an den Konklaven von August 1978, welches Johannes Paul I. wählte, und von Oktober 1978, welches Johannes Paul II. wählte, teil. Am 13. März 1980 verlor er mit Erreichen der Altersgrenze von 80 Jahren das Recht zur

Teilnahme am Konklave und legte am 30. November 1983 die Leitung der Erzdiözese Sucre aus Altersgründen nieder.

Er starb am 27. Juni 1990 in Sucre und wurde in der Kathedrale von Sucre beigesetzt.

Parente, Pietro (1891–1986)

Parente wurde am 16. Februar 1891 in Casalnuovo Monterotaro in der Provinz Foggia im Königreich Italien, heute Republik Italien, geboren. 1906 trat er in das Priesterseminar von Benevent ein und wechselte 1909 in das Päpstliche Römische Seminar in Rom. Dort studierte er am Päpstlichen *Athenaeum S. Apollinare*, wo er in Philosophie promoviert wurde, und am Päpstlichen *Athenaeum* des Laterans, wo er in Theologie promoviert wurde.

Am 18. März 1916 wurde er in Rom zum Priester geweiht. Er war anschließend bis 1926 Regens des Priesterseminars von Neapel und studierte in diesen Jahren auch an der dortigen staatlichen Universität. 1925 wurde er päpstlicher Geheimkämmerer. 1926–1934 und wieder 1940–1955 war er Dozent am Päpstlichen *Athenaeum des Laterans*. 1934–1938 war er Rektor des Päpstlichen *Athenaeums Urbaniana* der Kongregation *Propaganda Fide* und 1938–1940 war er als Gründer und Dozent an der Fakultät für Theologie und kanonisches Recht in Neapel tätig. 1950–1955 war er Dozent am Päpstlichen *Athenaeum Urbaniana* der Kongregation *Propaganda Fide*. 1952 wurde er Apostolischer Protonotar und 1953 Kanoniker der Petersbasilika des Vatikans.

Am 15. September 1955 wurde er zum Erzbischof von Perugia ernannt. Die Bischofsweihe empfing er am 23. Oktober 1955 in der Petersbasilika des Vatikans von Kardinal Federico Tedeschini, dem Erzpriester von St. Peter und Päpstlichen Datar. Am 23. Oktober 1959 wurde er zum Titularerzbischof von Ptolemais in Tebaide und Assessor des Heiligen Offiziums ernannt. Er war an der Vorbereitung des Konzils mitbeteiligt und nahm 1962–1965 am II. Vatikanischen Konzil teil. Mit der Umbenennung des Heiligen Offiziums in „Kongregation für die Glaubenslehre" wurde er am 7. Dezember 1965 zu deren Sekretär ernannt.

Papst Paul VI. kreierte ihn im Konsistorium vom 26. Juni 1967 zum Kardinalpriester und verlieh ihm am 29. Juni 1967 das rote Birett und die Titelkirche S. Lorenzo in Lucina. Am 16. Februar 1971 verlor er mit Erreichen der Altersgrenze von 80 Jahren das Recht zur Teilnahme am Konklave.

Er starb am 29. Dezember 1986 in Rom und wurde in der Wallfahrtskirche Vergine della Rocca in Casalnuovo Monterotaro beigesetzt.

Grano, Carlo (1887–1976)

Grano wurde am 14. Oktober 1887 in Rom im Königreich Italien, heute Republik Italien, geboren. Nach der Schulzeit studierte er am Päpstlich-Römischen Seminar und am Päpstlichen *Athenaeum S. Apollinare* in Rom Theologie, Philosophie und kanonisches Recht.

Am 14. Juni 1912 wurde er in Rom von Erzbischof Guiseppe Capetelli, dem Viceregente der Diözese Rom, zum Priester geweiht und war anschließend bis 1920 als Seelsorger in der Diözese Rom tätig. 1920 wurde er in das Kollegium der päpstlichen Zeremoniare aufgenommen und trat 1923 in das Staatssekretariat ein, wo er bis 1958 blieb. 1945–1954 war er Chef der Protokollabteilung des Staatssekretariates und anschließend bis 1958 Substitut für die ordentlichen Angelegenheiten der Kirche und Sekretär für die Chiffren.

Am 13. Dezember 1958 wurde er zum Titularerzbischof von Thessalonica und Nuntius in Italien ernannt. Die Bischofsweihe empfing er am 27. Dezember 1958 in der Petersbasilika des Vatikans von Papst Johannes XXIII. 1962–1965 nahm er am II. Vatikanischen Konzil teil.

Papst Paul VI. kreierte ihn im Konsistorium vom 26. Juni 1967 zum Kardinalpriester und verlieh ihm am 29. Juni 1967 das rote Birett und die Titelkirche S. Marcello. Da er die Altersgrenze von 80 Jahren bereits überschritten hatte, verlor er am 1. Januar 1971 das Recht zur Teilnahme am Konklave.

Er starb am 2. April 1976 in Rom und wurde in seiner Titelkirche S. Marcello in Rom beigesetzt.

Dell'Acqua O.SS.C.A., Angelo (1903–1972)

Dell'Acqua wurde am 9. Dezember 1903 in Sesto Calende bei Mailand in der Lombardei im Königreich Italien, heute Republik Italien, geboren. Er studierte nach der Schulzeit am Knabenseminar von Monza am Priesterseminar in Mailand, wo er in Theologie promoviert wurde.

Am 9. Mai 1928 wurde er in der Kirche S. Bernardino in Sesto Calende von Kardinal Eugenio Tossi O.SS.CA., dem Erzbischof von Mailand, zum Priester geweiht und trat der Gemeinschaft der Oblaten von St. Ambrosius und Karl Borromäus bei. 1928–1929 war er Sekretär des Erzbischofs von Mailand. 1929–1931 setzte er seine Studien an der Päpstlichen Universität Gregoriana in Rom fort und wurde in kanonischem Recht promoviert. 1931 wurde er päpstlicher Geheimkämmerer und trat in den diplomatischen Dienst des Heiligen Stuhls ein. Bis 1935 wurde er als Sekretär der Apostolischen Delegatur der Türkei und Griechenlands nach Istanbul gesandt und war anschließend bis 1938 Rektor des Rumänischen Kollegs in Rom. 1936 wurde er päpstlicher Hausprälat. 1938–1950 war er Mitarbeiter des Staatssekretariates und engagierte sich nebenbei in der Seelsorge der Diözese Rom. 1950 wurde er beigeordneter Untersekretär der Kongregation für außerordentliche Angelegenheiten der Kirche und 1953 Substitut des Staatssekretariates für die ordentlichen Angelegenheiten und Sekretär für die Chiffren. Am 1. November 1954 wurde er Substitut des Staatssekretariates.

Am 14. Dezember 1958 wurde er zum Titularerzbischof von Chalcedon ernannt. Die Bischofsweihe empfing er am 27. Dezember 1958 in der Petersbasilika des Vatikans von Papst Johannes XXIII. Als Substitut war er an der Vorbereitung des Konzils maßgeblich beteiligt und nahm 1962–1965 am II. Vatikanischen Konzil teil.

Papst Paul VI. kreierte ihn im Konsistorium vom 26. Juni 1967 zum Kardinalpriester und verlieh ihm am 29. Juni 1967 das rote Birett und die Titelkirche SS. Ambrogio e Carlo. Am 23. September 1967 wurde er Präfekt der Präfektur für die ökonomischen Angelegenheiten des Heiligen Stuhls. Er nahm an den Bischofssynoden von 1967, 1969 und 1971 teil. Am 13. Januar 1968 wurde er zum Kardinalvikar der Diözese Rom und Großkanzler der Lateranuniversität ernannt, am 7. November 1970 zum Erzpriester der Lateranbasilika.

Er starb am 27. August 1972 in Lourdes in Frankreich und wurde zunächst im Familiengrab auf dem Friedhof von Sesto Calende beigesetzt, bevor sein Leichnam 1997 in die Propsteikirche S. Bernardino in Sesto Calende überführt wurde.

Staffa, Dino (1906–1977)
Staffa wurde am 14. August 1906 in Santa Maria in Fabriago in der Provinz Emilio Romagna im Königreich Italien, heute Republik Italien, geboren. Er studierte am Päpstlichen Regionalseminar in Bologna und der theologischen Fakultät der Universität Bologna, wo er in Theologie promoviert wurde.

Am 25. Mai 1929 wurde er in Imola von Bischof Paolino Giovanni Tribbioli O.F.M. Cap. von Imola zum Priester geweiht. Bis 1931 war er Kaplan in der Diözese Imola, bevor er nach Rom ging und dort bis 1933 am Päpstlichen *Athenaeum S. Apollinare* Rechtswissenschaften studierte und in beiderlei Rechten (*utriusque iuris*) promoviert wurde. Anschließend übernahm er verschiedene Aufgaben in der Diözese Rom und wurde 1936 päpstlicher Geheimkämmerer. 1941–1944 war er Dozent am Päpstlichen *Athenaeum des Laterans* und wurde 1944 Auditor der Römischen Rota. Am 18. Dezember 1958 wurde er zum Sekretär der Kongregation für die Seminare und Universitäten ernannt.

Am 3. September 1960 wurde er zum Titularerzbischof von Caesarea in Palästina ernannt. Die Bischofsweihe empfing er am 28. Oktober 1960 in der Petersbasilika des Vatikans von Papst Johannes XXIII. Er nahm 1962–1965 am II. Vatikanischen Konzil teil. Am 7. April 1967 wurde er zum Pro-Präfekten des der Apostolischen Signatur ernannt.

Papst Paul VI. kreierte ihn im Konsistorium vom 26. Juni 1967 zum Kardinalpriester und verlieh ihm am 29. Juni 1967 das rote Birett und die Titelkirche Sacro Cuore di Gesù Cristo Re. Am 26. März 1969 wurde er Präfekt der Apostolischen Signatur. Er nahm an den Bischofssynoden von 1969, 1971 und 1974 teil. Am 24. Mai 1976 optierte er für die Klasse der Kardinalpriester und die Titelkirche S. Maria sopra Minerva.

Er starb am 7. August 1977 in Rom und wurde im Familiengrab in Massa Lombarda bei Imola beigesetzt.

Felici, Pericle (1911–1982)
Felici wurde am 1. August 1911 in Segni in Latium im Königreich Italien, heute Republik Italien, geboren. Er studierte 1925–1934 am Päpstlich-Römischen Seminar und wurde dort 1929 in Philosophie und 1934 in Theologie promoviert.

Am 28. Oktober 1933 wurde er in Segni zum Priester geweiht. Anschließend war er bis 1938 Assistent am Päpstlichen *Athenaeum des Laterans* und wurde dort 1938 in beiderlei Rechten (*utriusque iuris*) promoviert. 1938–1943 war er Dozent am Päpstlichen *Athenaeum S. Apollinare* und 1943–1947 dessen Rektor. Er war viele Jahre Spiritual am Päpstlich-Römischen Seminar. 1940 wurde er päpstlicher Geheimkämmerer und 1947 päpstlicher Hausprälat. 1947–1960 war er Auditor der Römischen Rota. Am 7. Juni 1960 wurde er zum Generalsekretär der Zentralen Vorbereitungskommission für das II. Vatikanische Konzil ernannt.

Am 3. September 1960 wurde er zum Titularerzbischof von Samosata ernannt. Die Bischofsweihe empfing er am 28. Oktober 1960 in der Petersbasilika des Vatikans von Papst Johannes XXIII. 1962–1965 nahm er als Generalsekretär des II. Vatikanischen Konzils an diesem teil. Am 21. Februar 1967 wurde er zum Pro-Präsidenten der Päpstlichen Kommission für die Revision des *Codex Iuris Canonici* ernannt.

Papst Paul VI. kreierte ihn im Konsistorium vom 26. Juni 1967 zum Kardinaldiakon und verlieh ihm am 29. Juni 1967 das rote Birett und die Kirche S. Apollinare als Titeldiakonie. Am selben Tag wurde er Präsident der Päpstlichen Kommission für die Interpretation der Dekrete des II. Vatikanischen Konzils und Präsident der Päpstlichen Kommission für die Revision des *Codex Iuris Canonici*. Er nahm an den Bischofssynoden von 1967, 1969 als delegierter Präsident, 1971, 1974, 1977 und 1980 teil. 1973 wurde er Kardinalprotodiakon. Am 15. August 1977 wurde er zum Präfekten der Apostolischen Signatur ernannt. Er nahm an den Konklaven von August 1978, welches Johannes Paul I. wählte, und von Oktober 1978, welches Johannes Paul II. wählte, teil und verkündete jeweils als Kardinalprotodiakon den Namen der beiden neuen Päpste. Am 30. Juni 1979 optierte er für die Klasse der Kardinalpriester und Erhebung seiner Diakonie zur Titelkirche.

Er starb am 22. März 1982 und wurde in Segni im Familiengrab beigesetzt.

Krol, John Joseph (1910–1996)

Krol wurde am 26. Oktober 1910 als Sohn polnischer Einwanderer in Cleveland im Bundesstaat Ohio, USA, geboren. Er arbeitete zunächst in verschiedenen Berufen und begann schließlich sein Studium am St. Mary's Seminary in Cleveland.

Am 20. Februar 1937 wurde er in Cleveland von Bischof Joseph Schrembs von Cleveland zum Priester geweiht. 1937–1938 war er Kaplan. 1938–1942 absolvierte er Spezialstudien in Kirchenrecht an der Päpstlichen Universität Gregoriana in Rom und an der Katholischen Universität Washington D.C. Danach war er 1942–1943 Dozent am St. Mary's Seminary in Cleveland und anschließend in der Bistumsverwaltung 1943–1951 Vizekanzler und 1951–1954 Kanzler der Diözese Cleveland. 1945 war er zum päpstlichen Geheimkämmerer ernannt worden. Er war Präsident der Gesellschaft für kanonisches Recht in Amerika.

Am 11. Juli 1953 wurde er zum Titularbischof von Cadi und Weihbischof in Cleveland ernannt. Die Bischofsweihe empfing er am 2. September 1953 in Cleveland von Erzbischof Amleto Giovanni Cicognani, dem Apostolischen Delegaten in den USA. 1954 wurde er Generalvikar der Diözese Cleveland. Am 11. Februar 1961 erfolgte die Ernennung zum Erzbischof von Philadelphia. 1962–1965 nahm er als einer der Untersekretäre am II. Vatikanischen Konzil teil.

Papst Paul VI. kreierte ihn im Konsistorium vom 26. Juni 1967 zum Kardinalpriester und verlieh ihm am 29. Juni 1967 das rote Birett und die Titelkirche S. Maria della Mercede e S. Adriano. Er nahm an den Bischofssynoden von 1967, 1971, 1974 und 1985 als delegierter Präsident teil und war zeitweilig Mitglied des Generalsekretariates der Bischofssynode. 1971–1974 war er Vorsitzender der US-amerikanischen Bischofskonferenz. Er nahm an den Konklaven von August 1978, welches Johannes Paul I. wählte, und von Oktober 1978, welches Johannes Paul II. wählte, teil. Am 11. Februar 1988 verzichtete er aus Altersgründen auf die Leitung der Erzdiözese. Am 26. Oktober 1990 verlor er mit Erreichen der Altersgrenze von 80 Jahren das Recht zur Teilnahme am Konklave.

Er starb am 3. März 1996 in Philadelphia und wurde in der Kathedrale von Philadelphia beigesetzt.

Veuillot, Pierre (1913–1968)
Veuillot wurde am 5. Januar 1913 in Paris in der Republik Frankreich geboren. Er studierte am Priesterseminar „Des Carmes" in Paris.

Am 26. März 1939 wurde er in Paris zum Priester geweiht. 1939–1942 wirkte er als Kaplan in der Erzdiözese Paris und war anschließend bis 1949 Dozent am Knabenseminar des Erzbistums Paris. Danach ging er nach Rom und war bis 1959 Mitarbeiter im Staatssekretariat. 1950 wurde er zum päpstlichen Geheimkämmerer ernannt.

Am 7. Juni 1959 wurde er zum Bischof von Angers ernannt. Die Bischofsweihe empfing er am 1. Juli 1959 in Angers von Kardinal Maurice Feltin, dem Erzbischof von Paris. Am 8. Juli 1961 wurde er zum Titularerzbischof von Costanza in Thracia und zum Koadjutor von Paris ernannt, am 16. Juli 1963 erhielt er das Recht der Nachfolge. 1962–1965 nahm er am II. Vatikanischen Konzil teil. Am 21. Dezember 1966 wurde er Erzbischof von Paris.

Papst Paul VI. kreierte ihn im Konsistorium vom 26. Juni 1967 zum Kardinalpriester und verlieh ihm am 29. Juni 1967 das rote Birett und die Titelkirche S. Luigi dei Francesi. Er nahm an der Bischofssynode von 1967 teil.

Er starb am 14. Februar 1968 in Paris und wurde in der Kathedrale Notre Dame von Paris beigesetzt.

Cody, John Patrick (1907–1982)
Cody wurde am 24. Dezember 1907 in Saint Louis im Bundesstaat Missouri, USA, geboren. Er studierte als Seminarist des Nordamerikanischen Kollegs am Päpstlichen *Athenaeum Urbaniana* der Kongregation *Propaganda Fide* und am Päpstlichen *Athenaeum S. Apollinare*.

Am 8. Dezember 1931 wurde er in Rom von Kardinalvikar Francesco Marchetti-Selvaggiani zum Priester geweiht und war bis 1938 Mitglied im Leitungsgremium des nordamerikanischen Kollegs in Rom. 1932 wurde er Mitarbeiter im Staatssekretariat. Nach seiner Rückkehr wirkte er 1938–1940 als Sekretär des Erzbischofs von Saint Louis. 1939 wurde er päpstlicher Geheimkämmerer, 1940 Kanzler der Erzdiözese Saint Louis und 1946 päpstlicher Hausprälat.

Am 14. Mai 1947 wurde er zum Titularbischof von Apollonia und Weihbischof in Saint Louis ernannt. Die Bischofsweihe empfing er am 2. Juli 1947 in Saint Louis von Erzbischof Joseph Elmer Ritter von Saint Louis. Am 21. Januar 1954 wurde er Koadjutor *c.i.s.* der Diözese St. Joseph und am 9. Mai 1955 Apostolischer Administrator der Diözese St. Joseph. Nach der Vereinigung dieser Diözese mit der Diözese Kansas City wurde er am 24. August 1956 zum Koadjutor *c.i.s.* von Kansas-City St. Joseph in Missouri und am 11. September 1956 zum Bischof dieser Diözese ernannt. Am 20. Juli 1961 wurde er Titularerzbischof von Bostra und Koadjutor *c.i.s.* von New Orleans. 1962–1965 nahm er am II. Vatikanischen Konzil teil. Am 8. November 1964 wurde er Erzbischof von New Orleans und am 14. Juni 1965 Erzbischof von Chicago.

Papst Paul VI. kreierte ihn im Konsistorium vom 26. Juni 1967 zum Kardinalpriester und verlieh ihm am 29. Juni 1967 das rote Birett und die Titelkirche S. Cecilia. In den siebziger Jahren waren der Führungsstil des Kardinals und vor allem sein Finanzgebaren sowohl im Vatikan als auch in seiner Erzdiözese sehr umstritten. Es soll mehrere Versuche gegeben haben, ihn auf ein Amt im Vatikan zu berufen oder gar abzusetzen. Er nahm an den Konklaven von August 1978, welches Johannes Paul I. wählte, und von Oktober 1978, welches Johannes Paul II. wählte, teil.

Er starb am 25. April 1982 in Chicago und wurde in der Bischofskapelle des Friedhofs Mount Carmel in Hillside, Chicago, beigesetzt.

Ursi, Corrado (1908–2003)

Ursi wurde am 26. Juli 1908 in Andria in der Provinz Barletta-Andria-Trani im Königreich Italien, heute Republik Italien, geboren. Er studierte nach der Schulzeit am Priesterseminar Molfetta.

Am 25. Juli 1931 wurde er in Molfetta zum Priester geweiht. 1931–1951 war er zunächst Subregens und später Regens des Priesterseminars Molfetta. Während der Sommerferien half er in der Seelsorge in verschiedenen italienischen Diözesen aus. 1943 wurde er päpstlicher Geheimkämmerer.

Am 29. Juli 1951 wurde er zum Bischof von Nardò ernannt. Die Bischofsweihe empfing er am 30. September 1951 in der Kathedrale von Molfetta von Erzbischof Carlo Confalonieri, dem Sekretär der Kongregation für Seminare und Universitäten. Am 30. November 1961 wurde er Erzbischof von Acerenza. 1962–1965 nahm er am II. Vatikanischen Konzil teil. Am 10. Februar 1966 wurde er zum Koadjutor *c.i.s.* von Potenza e Marsico Nuovo ernannt, am 23. Mai 1966 zum Erzbischof von Neapel.

Papst Paul VI. kreierte ihn im Konsistorium vom 26. Juni 1967 zum Kardinalpriester und verlieh ihm am 29. Juni 1967 das rote Birett und die Titelkirche S. Callisto. Er nahm an den Konklaven von August 1978, welches Johannes Paul I. wählte, und von Oktober 1978, welches Johannes Paul II. wählte, teil. Am 9. Mai 1987 verzichtete er aus Altersgründen auf die Leitung seiner Erzdiözese. Am 26. Juli 1988 verlor er mit Erreichen der Altersgrenze von 80 Jahren das Recht zur Teilnahme am Konklave.

Er starb am 29. August 2003 in Neapel und wurde in der Basilika dell'Incoronata Madre del Buon Consiglio e dell'Unità dei Cristiani von Capodimonte beigesetzt.

Bengsch, Alfred (1921–1979)

Bengsch wurde am 10. September 1921 in Berlin im Deutschland der Weimarer Republik, heute Bundesrepublik Deutschland, geboren. Er studierte 1940–1941 an der Hochschule für Philosophie und Theologie von Fulda und wurde anschließend in den Militärdienst eingezogen, 1944 verwundet und geriet in Gefangenschaft. 1946 setzte er sein Studium zunächst in Fulda und danach am Priesterseminar in Neuzelle/Oder fort.

Am 2. April 1950 wurde er in Berlin von Kardinal Konrad Graf Preysing, dem Bischof von Berlin, in dessen bischöflicher Hauskapelle zum Priester geweiht. Er war 1950–1954 Kaplan in der Diözese Berlin und wurde 1954 zum Aufbaustudium nach München geschickt. 1956 wurde er im Fach Dogmatik promoviert. 1955 wurde er gleichzeitig Assistent am Philosophisch-Theologischen Studium in Erfurt. 1957–1959 war er Dozent am Priesterseminar in Neuzelle/Oder und wurde am 1. April 1959 Regens des Priesterseminars von Erfurt, trat diese Stelle aber nicht mehr an.

Am 2. Mai 1959 wurde er zum Titularbischof von Tubia und Weihbischof in Berlin mit Wohnsitz im Osten Berlins ernannt. Die Bischofsweihe empfing er am 11. Juni 1959 in Berlin durch Kardinal Julius Döpfner, den Bischof von Berlin. Am 16. August 1961 wurde er zum Bischof von Berlin ernannt. Am 21. Januar 1961 übernahm er den Vorsitz der Berliner Ordinarienkonferenz, dem mehr informellen Zusammenschluss der Bischöfe in der damaligen DDR, die 1976 offiziell zur Berliner Bischofskonferenz umbenannt und eingerichtet wurde. Am 14. Januar 1962 erhielt er den persönlichen Titel eines Erzbischofs. Er nahm 1962–1965 am II. Vatikanischen Konzil teil.

Papst Paul VI. kreierte ihn im Konsistorium vom 26. Juni 1967 zum Kardinalpriester und verlieh ihm am 29. Juni 1967 das rote Birett und die Titelkirche S. Filippo Neri in Eurosia. Er nahm an den Bischofssynoden von 1967, 1969, 1971 und 1974 teil. Er nahm an den Konklaven von August 1978, welches Johannes Paul I. wählte, und von Oktober 1978, welches Johannes Paul II. wählte, teil.

Er starb am 13. Dezember 1979 und wurde in der St. Hedwigskathedrale in Berlin beigesetzt.

Darmojuwono, Justinus (1914–1994)

Darmojuwono wurde am 2. November 1914 in Godean im damaligen Niederländisch-Indien und heutigen Indonesien geboren. Er stammte aus einer muslimischen Familie und konvertierte 1932 zur katholischen Kirche. Er studierte am Priesterseminar von Jogjakarta.

Am 25. Mai 1947 wurde er von Bischof Albert Soegijapranata S.J., dem Apostolischen Vikar von Semarang, zum Priester geweiht. Er war zunächst bis 1948 als Lehrer im Knabenseminar von Semarang eingesetzt und wirkte anschließend bis 1954 in der Seelsorge. 1954–1956 studierte er in Rom an der Päpstlichen Universität Gregoriana. Nach seiner Rückkehr war er bis 1962 erneut in Seelsorge und Verwaltung eingesetzt und wurde 1962 Generalvikar und 1963 Kapitularvikar der Erzdiözese Semarang.

Am 10. Dezember 1963 wurde er zum Erzbischof von Semarang ernannt. Die Bischofsweihe empfing er am 6. April 1964 in der Kathedrale von Semarang von Erzbischof Ottavio De Liva, dem Internuntius in Indonesien. 1962–1965 nahm er am II. Vatikanischen Konzil teil. Am 8. Juli 1964 wurde er zusätzlich zum Militärbischof von Indonesien ernannt.

Papst Paul VI. kreierte ihn im Konsistorium vom 26. Juni 1967 zum Kardinalpriester und verlieh ihm am 29. Juni 1967 das rote Birett und die Titelkirche Ss.mi Nomi di Gesu e Maria in Via Lata. 1967 wurde er Präsident der Generalkonferenz aller Ordinarien von Indonesien. Er nahm während seiner Amtszeit an den Bischofssynoden von 1967, 1969, 1971 und 1974 teil. Er nahm an den Konklaven von August 1978, welches Johannes Paul I. wählte, und von Oktober 1978, welches Johannes Paul II. wählte, teil. Am 3. Juli 1981 verzichtete er aus Altersgründen auf die Leitung seiner Erzdiözese und wirkte fortan als Gemeindepriester. Im Januar 1984 legte er auch das Amt des Militärbischofs nieder.

Er starb am 3. Februar 1994 in Semarang und wurde in Muntilan in Zentraljawa in der Erzdiözese Semarang beigesetzt.

Wojtyla, Karol Jozef – Papst Johannes Paul II. (1920–2005)

Wojtyla wurde am 18. Mai 1920 in Wadowice in der Nähe von Krakau in der Republik Polen geboren. 1938 begann er sein Studium der Philosophie und polnischen Philologie an der Universität Krakau. Während der deutschen Besatzung 1940–1944 arbeitete er als Zwangsarbeiter in einem Kalksteinbruch bei Krakau, später in einer Fabrik für chemische Produkte. 1942 trat er in das Untergrundseminar im erzbischöflichen Palais von Krakau ein und fand hier 1944–1946 Unterkunft.

Am 1. November 1946 wurde er in der Privatkapelle im erzbischöflichen Palais von Kardinal Adam Stefan Saphieha, dem Erzbischof von Krakau, zum Priester geweiht. Danach ging er nach Rom. Er lebte im belgischen Kolleg und studierte am Päpstlichen *Athenaeum* St. Thomas v. Aquin (*Angelicum*), wo er 1948 in Theologie promoviert wurde. Er kehrte zurück nach Polen und wurde zunächst Seelsorger in der kleinen Landpfarre Niegowic, kurz darauf Studenten- und Akademikerseelsorger an der Florianskirche in Krakau und Ende 1948 in Krakau zum Dr. theol. promoviert. 1948–1951 war er Dozent an der Katholischen Universität Lublin. 1951–1953 setzte er seine Studien in Lublin fort. 1953–1958 war er Dozent für Moraltheologie am Priesterseminar in Krakau und Professor für Moraltheologie an der theologischen Fakultät der Katholischen Universität Lublin, wo er sich 1955 mit einer Arbeit über Max Scheler habilitierte.

Am 4. Juli 1958 wurde er zum Titularbischof von Ombi und Weihbischof in Krakau ernannt. Die Bischofsweihe empfing er am 28. September 1958 in der Wawelkathedrale von Krakau von Erzbischof Eugeniusz Baziak, dem lateinischen Erzbischof von Lwow in der Ukraine und Apostolischen Administrator von Krakau. Am 16. Juni 1962 wurde er zum

Kapitularvikar des Erzbistums Krakau gewählt. Er nahm 1962–1965 am II. Vatikanischen Konzil teil. Am 13. Januar 1964 wurde er zum Erzbischof von Krakau ernannt.

Papst Paul VI. kreierte ihn im Konsistorium vom 26. Juni 1967 zum Kardinalpriester und verlieh ihm am 29. Juni 1967 das rote Birett und die Titelkirche S. Cesareo in Palatio. In der Folgezeit war er Teilnehmer der Bischofssynoden von 1967, 1969, 1971, 1974 als Relator und 1977 und war zeitweilig Mitglied des Generalsekretariates der Bischofssynode. Er nahm an den Konklaven von August 1978, welches Johannes Paul I. wählte, und von Oktober 1978 teil, auf welchem er am 16. Oktober 1978 zum Papst gewählt wurde.

Er nahm den Namen Johannes Paul II. an und wurde am 22. Oktober 1978 in sein Amt eingeführt. Auf ihn wurde am 13. Mai 1981 ein Attentat verübt, bei welchem er schwer verletzt wurde, aber überlebte. Als Papst schrieb er 14 Enzykliken und kreierte in neun Konsistorien 231 Kardinäle. Ein Kardinal wurde von ihm *in pectore* reserviert und sein Name niemals veröffentlicht.

Am 22. Februar 1996 erließ er die Apostolische Konstitution *Universis Dominici Gregis*, in der er Anordnungen und Modifizierungen bei der Papstwahl vornahm, u. a., dass die Kardinäle im Gästehaus S. Martha im Vatikan untergebracht sein sollten und dass die Wahl in der Sixtinischen Kapelle stattzufinden habe. Er schaffte die Wahlmodi *per accesum* und *per acclamationem* ab und erlaubte nur den Modus *per scrutinium*. Bis zum 33. Wahlgang ist eine Zweidrittelmehrheit zur Wahl notwendig, ab dem 33. Wahlgang soll die einfache Mehrheit zur Wahl eines Papstes genügen.

Johannes Paul II. starb am 2. April 2005 und wurde am 8. April in den Grotten der Petersbasilika beigesetzt. Am 13. Mai 2005 eröffnete sein Nachfolger durch Dispens das Seligsprechungsverfahren, welches am 14. Januar 2011 abgeschlossen wurde. Am 1. Mai 2011 sprach Benedikt XVI. seinen Vorgänger selig. Dessen Gebeine wurden in die Sebastianskapelle der Petersbasilika überführt und dort erneut beigesetzt. Papst Franziskus ordnete am 5. Juli 2013 in einer Audienz für Kardinal Amato, den Präfekten der Kongregation für die Selig- und Heiligsprechungen, seine Heiligsprechung auf der Basis eines weiteren anerkannten Wunders an. Im Konsistorium vom 30. September 2013 kündigte Papst Franziskus die Heiligsprechung für den 27. April 2014 an. Sein liturgischer Gedenktag ist der 22. Oktober.

Pellegrino, Michele (1903–1986)
Pellegrino wurde am 25. April 1903 in Centallo in der Provinz Cuneo im Königreich Italien, heute Republik Italien, geboren. Er trat 1913 als Schüler in das Seminar von Fossano ein, wo er bis zu seiner Priesterweihe – unterbrochen durch den Militärdienst – studierte.

Am 19. September 1925 wurde er in Centallo von Bischof Quirico Travaini von Fossano zum Priester geweiht. Er setzte seine Studien zunächst an der Katholischen Universität Mailand fort, wo er 1929 einen Abschluss in Literaturwissenschaften und 1933 in Philosophie erwarb. Schließlich studierte er auch an der theologischen Fakultät in Turin, wo er 1931 einen Abschluss in Theologie erwarb. Neben seinen Studien war er 1929–1933 Spiritual des Seminars von Fossano und wurde 1930 Direktor der diözesanen Wochenzeitung.

1933–1943 war er Kanoniker an der Kathedrale von Fossano sowie Generalvikar und kurzzeitig auch Kapitularvikar der Diözese Fossano. 1943–1965 dozierte er an der Universität Turin Altphilologie. 1965 wurde er päpstlicher Hausprälat.

Am 18. September 1965 wurde er zum Erzbischof von Turin ernannt. Die Bischofsweihe empfing er am 17. Oktober 1965 von Erzbischof Giovanni Dadone, dem Bischof von Fossano. Er nahm an der letzten Session des II. Vatikanischen Konzils 1965 teil.

Papst Paul VI. kreierte ihn im Konsistorium vom 26. Juni 1967 zum Kardinalpriester und verlieh ihm am 29. Juni 1967 das rote Birett und die Titelkirche Ss.mo Nome di Gesù. Am 1. August 1977 legte er die Leitung der Erzdiözese nieder und ging als Gemeindepriester in eine Arbeitergemeinde Turins. Er nahm an den Konklaven von August 1978, welches Johannes Paul I. wählte, und von Oktober 1978, welches Johannes Paul II. wählte, teil. Am 25. April 1983 verlor er mit Erreichen der Altersgrenze von 80 Jahren das Recht zur Teilnahme am Konklave.

Er starb am 10. Oktober 1986 in Turin und wurde im Familiengrab in Roata Chiusani beigesetzt.

Renard, Alexandre-Charles (1906–1983)

Renard wurde am 7. Juni 1906 in Avelin in der Region Nord-Pas-de-Calaisi in der Republik Frankreich geboren. In Lille studierte er am Priesterseminar und der dortigen Katholischen Universität.

Am 12. Juli 1931 wurde er in Lille zum Priester geweiht und setzte seine Studien bis zur Promotion 1933 fort. 1933–1936 unterrichtete er am Marcq College in Baraeul und anschließend bis 1938 am Knabenseminar von Haubourdin. Ab 1938 war er Dozent an der Katholischen Universität Lille und arbeitete in der Gemeindeseelsorge mit. 1947–1953 war er für die kirchlichen Werke in der Diözese Lille verantwortlich.

Am 19. August 1953 wurde er zum Bischof von Versailles ernannt. Die Bischofsweihe empfing er am 19. Oktober 1953 in Lille von Kardinal Achille Liènart, dem Bischof von Lille. 1962–1965 nahm er am II. Vatikanischen Konzil teil. Am 28. Mai 1967 wurde er zum Erzbischof von Lyon und Primas von Gallien ernannt.

Papst Paul VI. kreierte ihn im Konsistorium vom 26. Juni 1967 zum Kardinalpriester und verlieh ihm am 29. Juni 1967 das rote Birett und die Titelkirche S. Francesco da Paola ai Monti. 1967 und 1980 nahm er an den Bischofssynoden teil. Am 24. Mai 1976 optierte er für die Titelkirche SS.ma Trinità al Monte Pincio. Er nahm an den Konklaven von August 1978, welches Johannes Paul I. wählte, und von Oktober 1978, welches Johannes Paul II. wählte, teil. Am 29. Oktober 1981 legte er die Leitung der Erzdiözese aus Altersgründen nieder.

Er starb am 8. Oktober 1983 in Paris und wurde in der Kathedrale von Lyon beigesetzt.

Brennan, Francis James (1894 – 1968)

Brennan wurde am 7. Mai 1894 in Shenandoah in Pennsylvania, USA, geboren. Er studierte am Priesterseminar St. Charles Borromeo in Overbrook bei Pittsburgh und ging zu weiteren Studien nach Rom an das Päpstliche *Athenaeum S. Apollinare* und an das Päpstlich-Römische Seminar.

Am 3. April 1920 wurde er in Rom von Kardinalvikar Basilio Pompilj zum Priester geweiht und setzte seine Studien bis zur Promotion in kanonischem Recht 1924 fort. Nach seiner Rückkehr in die USA wirkte er bis 1928 als Kaplan in der Seelsorge der Erzdiözese Philadelphia und war anschließend bis 1940 Dozent am St. Charles Borromeo Seminar in Overbrook. Gleichzeitig war er 1937–1940 Gerichtsoffizial der Erzdiözese Philadelphia. 1940 wurde er in Rom Auditor der Römischen Rota und 1959 deren Dekan.

Am 10. Juni 1967 wurde er zum Titularerzbischof von Tubunae in Mauretania ernannt. Die Bischofsweihe empfing er am 25. Juni 1967 in der Kirche S. Anselmo auf dem Aventin in Rom von Kardinal Eugène Tisserant, dem Dekan des Kardinalskollegiums.

Papst Paul VI. kreierte ihn im Konsistorium vom 26. Juni 1967 zum Kardinaldiakon und verlieh ihm am 29. Juni 1967 das rote Birett und die Kirche S. Eustachio als Titeldiakonie. Er nahm an der Bischofssynode von 1967 teil und wurde am 15. Januar 1968 zum Präfekten der Kongregation für die Sakramentendisziplin ernannt.

Er starb am 2. Juli 1968 in Philadelphia und wurde in der Kathedrale von Philadelphia beigesetzt.

Gut O.S.B., Benno Walter (1897 – 1970)

Gut wurde am 1. April 1897 in Reiden bei Luzern im Kanton Luzern in der Schweiz geboren. Nach der Schulzeit studierte er zunächst am Konservatorium in Basel und an der Universität Basel und trat schließlich in die Benediktinerabtei Einsiedeln ein, wo er bei seiner Profess am 1. Januar 1918 den Namen Benno erhielt. Seine Studien absolvierte er an der Hausstudienanstalt Einsiedeln und an der Hochschule der Benediktiner in Rom, S. Anselmo.

Am 10. Juli 1921 wurde er in Rom zum Priester geweiht. Er setzte seine Studien bis 1923 am Päpstlichen Bibelinstitut in Rom fort, wo er in Exegese promoviert wurde. Danach wirkte er 1923–1930 als Lehrer an der Stiftsschule in Einsiedeln und Dozent für Exegese an der theologischen Lehranstalt Einsiedeln sowie in den Pfarreien des Stiftes Einsiedeln. 1930–1939 war er Dozent für Bibelwissenschaften an S. Anselmo in Rom. 1939–1947 war er Lehrer an der Stiftsschule und Präfekt des Internats der Abtei Einsiedeln.

Am 15. April 1947 wurde er zum Abt *Nullius* von Einsiedeln gewählt und erhielt am 24. April 1947 die päpstliche Bestätigung. Am 5. Mai 1947 wurde er von Erzbischof Filippo Bernardini, dem Nuntius in der Schweiz zum Abt benediziert. Am 24. September 1959 wurde er zum Abtprimas der internationalen Benediktinerkonföderation und Abt von S. Anselmo in Rom gewählt und nahm als solcher 1962–1965 am II. Vatikanischen Konzil teil.

Am 10. Juni 1967 wurde er zum Titularerzbischof von Tuccabora ernannt. Die Bischofsweihe empfing er am 18. Juni 1967 in der Abteikirche Einsiedeln von Kardinal Eugène Tisserant, dem Dekan des Kardinalskollegiums.

Papst Paul VI. kreierte ihn im Konsistorium vom 26. Juni 1967 zum Kardinaldiakon und verlieh ihm am 29. Juni 1967 das rote Birett und die Kirche S. Giorgio in Velabro als Titeldiakonie. Im September 1967 legte er sein Amt als Abtprimas nieder. Am 8. Januar 1968 wurde er zum Präfekt der Ritenkongregation und zum Präsidenten des *Consilium* für die Anpassung der liturgischen Reformen ernannt. Am 7. Mai 1969 übernahm er als Präfekt die neue Kongregation für den Gottesdienst. 1969 nahm er auch an der Bischofssynode teil.

Er starb am 8. Dezember 1970 in Rom und wurde in der Abteikirche von Einsiedeln, Schweiz, beigesetzt.

Yü Pin, Paul (1901–1978)

Yü Pin wurde am 13. April 1901 in Hai-lun im Kaiserreich China in der heutigen Volksrepublik China geboren und 1914 getauft. Er studierte zunächst an der Universität Shanghai und trat 1920 in das Priesterseminar von Kirin ein. Später ging er zum weiteren Studium an das Päpstliche *Athenaeum Urbaniana* der Kongregation *Propaganda Fide* sowie an das Päpstliche *Athenaeum S. Apollinare* nach Rom. Er war auch an der staatlichen Universität Perugia eingeschrieben.

Am 22. Dezember 1928 wurde er in Rom von Erzbischof Giuseppe Palica, dem Viceregente der Diözese Rom, zum Priester geweiht. Er war anschließend für ein Jahr Dozent für chinesische Literatur am Päpstlichen *Athenaeum Urbaniana* der Kongregation *Propaganda Fide* und arbeitete später bis 1933 in der Vatikanischen Bibliothek. 1933 kehrte er nach China zurück und wirkte dort bis 1936 als Nationaldirektor der Katholischen Aktion und Generalinspektor der Katholischen Schulen Chinas.

Am 17. Juli 1936 wurde er zum Titularbischof von Sozusa in Palästina und Apostolischen Vikar von Nanking ernannt. Die Bischofsweihe empfing er am 20. September 1936 in Peking von Erzbischof Mario Zanin, dem Apostolischen Delegaten in China. Am 11. April 1946 wurde er mit der Erhebung des Apostolischen Vikariates zum Metropolitanerzbistum zum Erzbischof von Nanking ernannt. 1949 wurde er vom kommunistischen Regime ausgewiesen und ging nach Taiwan. Er nahm am II. Vatikanischen Konzil 1962–1965 teil. 1964 wurde er *Rector Magnificus* der Universität Fu Jen, die von Peking nach Taipeh auf Taiwan transferiert worden war.

Papst Paul VI. kreierte ihn im Konsistorium vom 28. April 1969 zum Kardinalpriester und verlieh ihm am 30. April 1969 das rote Birett und die Titelkirche Gesù Divin Lavoratore. Am 5. August 1978 verzichtete er auf das Rektorat der Universität und wurde zu deren Großkanzler ernannt.

Er starb am 16. August 1978 in Rom, wohin er zum Konklave angereist war, und wurde zunächst in der Kathedrale von Taipeh auf Taiwan beigesetzt, bevor er in eine Grabstätte auf dem Gelände der Fu Jen Universität in Taipeh überführt wurde.

Scherer, Alfredo Vicente (1903–1996)

Scherer wurde am 5. Februar 1903 in Bom Principio im Bundesstaat Rio Grande do Sul in Brasilien als Sohn deutscher Einwanderer geboren. Er war ein Verwandter von Kardinal Odilo Scherer (2007 kreiert). Er begann seine Studien am Priesterseminar von Porto Alegre und wurde dann nach Rom an das brasilianische Kolleg gesandt, von wo aus er an der Päpstlichen Universität Gregoriana studierte.

Am 3. April 1926 wurde er in Rom zum Priester geweiht und kehrte in seine Heimat zurück. Dort war er bis 1933 Sekretär von Erzbischof João Batista Becker von Porto Alegre. Danach übernahm er bis 1946 verschiedene Aufgaben in der Gemeindeseelsorge der Erzdiözese Porto Alegre.

Am 13. Juni 1946 wurde er zum Titularbischof von Emeria und Weihbischof in Porto Alegre ernannt und bereits am 30. Dezember 1946 Erzbischof von Porto Alegre. Die Bischofsweihe empfing er am 23. Februar 1947 in Porto Alegre von Erzbischof Carlo Chiarlo, dem Nuntius in Brasilien. Er nahm 1962–1965 am II. Vatikanischen Konzil teil und nach dem Konzil an den Bischofssynoden von 1967, 1969, 1971 und 1974.

Papst Paul VI. kreierte ihn im Konsistorium vom 28. April 1969 zum Kardinalpriester und verlieh ihm am 30. April 1969 das rote Birett und die Titelkirche Nostra Signora de La Salette. Er nahm an den Konklaven von August 1978, welches Johannes Paul I. wählte, und von Oktober 1978, welches Johannes Paul II. wählte, teil. Er war 1979 bei der III. Generalkonferenz des lateinamerikanischen Episkopates in Puebla, Mexiko, und 1992 bei der IV. Generalkonferenz des lateinamerikanischen Episkopates in Santo Domingo, Dominikanische Republik. Am 29. August 1981 legte er die Leitung der Erzdiözese aus Altersgründen nieder. Am 5. Februar 1983 verlor er mit Erreichen der Altersgrenze von 80 Jahren das Recht zur Teilnahme am Konklave.

Er starb am 9. März 1996 in Aparecida und wurde in der Kathedrale von Porto Alegre beigesetzt.

Rosales y Ras, Julio (1906–1983)

Rosales y Ras wurde am 18. September 1906 in Calbayog auf den Philippinen, damals eine Kolonie der USA, geboren. Er studierte am Priesterseminar von Calbayog.

Am 2. Juni 1929 wurde er in Calbayog zum Priester geweiht und übernahm in der Folgezeit bis 1946 Aufgaben in der Gemeindeseelsorge und Verwaltung der Diözese Calboyog.

Am 29. Juni 1946 wurde er zum Bischof von Tagbilaran ernannt. Die Bischofsweihe empfing er am 21. September 1946 in Palo von Erzbischof Guglielmo Piani, dem Apostolischen Delegaten auf den Philippinen. Am 17. Dezember 1949 wurde er zum Erzbischof von Cebu auf den Philippinen ernannt. 1962–1965 nahm er am II. Vatikanischen Konzil teil und war einige Jahre Vorsitzender der philippinischen Bischofskonferenz.

Papst Paul VI. kreierte ihn im Konsistorium vom 28. April 1969 zum Kardinalpriester und verlieh ihm am 30. April 1969 das rote Birett und die Titelkirche Sacro Cuore di Gesù a Vitinia. 1974 war er unter den Teilnehmern der Bischofssynode. Er nahm an den Konklaven von August 1978, welches Johannes Paul I. wählte, und von Oktober 1978, welches Johannes Paul II. wählte, teil. Am 24. August 1982 legte er die Leitung der Erzdiözese aus Altersgründen nieder.

Er starb am 2. Juni 1983 in Cebu und wurde in der Kathedrale von Cebu beigesetzt.

Gray, Gordon Joseph (1910–1993)

Gray wurde am 10. August 1910 in Edinburgh in Schottland im Vereinigten Königreich Großbritannien geboren. 1929–1935 studierte er am Saint John's Seminary in Wonersh bei Southwark in England.

Am 15. Juni 1935 wurde er in der Kathedrale von Edinburgh von Erzbischof Andrew Joseph McDonald O.S.B., von Saint Andrews und Edinburgh, zum Priester geweiht. Anschließend wirkte er als Kaplan und studierte 1936–1939 an der Saint Andrews University in Saint Andrews, wo er der erste katholische Priester war, der nach der Reformation dort einen Abschluss erwarb. 1939 begann er ein Studium am Strawbridge Hill College of Education in London, welches aber durch den Kriegsausbruch abgebrochen wurde. 1947–1951 war er Rektor des Saint Mary's College in Blairs bei Aberdeen.

Am 20. Juni 1951 wurde er zum Erzbischof von Saint Andrews und Edinburgh ernannt. Die Bischofsweihe empfing er am 21. September 1951 in Edinburgh von Erzbischof William Godfrey, dem Apostolischen Delegaten in Großbritannien. 1962–1965 nahm er am II. Vatikanischen Konzil teil.

Papst Paul VI. kreierte ihn im Konsistorium vom 28. April 1969 zum Kardinalpriester und verlieh ihm am 30. April 1969 das rote Birett und die Titelkirche S. Chiara a Vigna Clara. Er war Vorsitzender der Bischofskonferenz von Schottland. 1969 und 1974 war er unter den Teilnehmern der Bischofssynode. Er nahm an den Konklaven von August 1978, welches Johannes Paul I. wählte, und von Oktober 1978, welches Johannes Paul II. wählte, teil. Am 30. Mai 1985 legte er die Leitung der Erzdiözese aus Altersgründen nieder. Am 10. August 1990 verlor er mit Erreichen der Altersgrenze von 80 Jahren das Recht zur Teilnahme am Konklave.

Er starb am 19. Juli 1993 in Edinburgh und wurde in der Kathedrale von Edinburgh beigesetzt.

McKeefry, Thomas Peter (1899–1973)

McKeefry wurde am 3. Juli 1899 in Greymouth in Neuseeland geboren. Er studierte 1916–1922 am Holy Cross Seminary in Mosgiel in Neuseeland und wurde danach nach Rom an das Päpstliche *Athenaeum Urbaniana* der Kongregation *Propaganda Fide* zum Studium gesandt.

Am 3. April 1926 wurde er in der Lateranbasilika in Rom zum Priester geweiht und kehrte im November 1926 nach Neuseeland zurück. Er übernahm seelsorgliche Aufgaben in der Diözese Auckland und war u.a. Sekretär des Bischofs von Auckland. Er war

1926 – 1947 vor allem journalistisch tätig als Mitarbeiter und Direktor der Diözesanzeitung; er war z. B. 1936 – 1939 Reporter während des spanischen Bürgerkrieges.

Am 12. Juni 1947 wurde er zum Titularbischof von Derco und Koadjutor *c.i.s.* von Wellington ernannt. Die Bischofsweihe empfing er am 19. Oktober 1947 in der Kathedrale von Auckland von Kardinal Norman Thomas Gilroy, dem Erzbischof von Sydney in Australien. Am 9. Mai 1954 wurde er Erzbischof von Wellington. 1962 – 1965 nahm er am II. Vatikanischen Konzil teil. 1967 war er Teilnehmer der ersten Bischofssynode. In seiner Heimat war er Vorsitzender der neuseeländischen Bischofskonferenz.

Papst Paul VI. kreierte ihn im Konsistorium vom 28. April 1969 zum Kardinalpriester und verlieh ihm am 30. April 1969 das rote Birett und die Titelkirche Immacolata al Tiburtino. Er nahm an den Bischofssynoden von 1969 und 1971 teil.

Er starb am 18. November 1973 in Wellington und wurde in der Kathedrale von Wellington beigesetzt.

Miranda y Gomez, Miguel Darío (1895 – 1986)

Miranda y Gomez wurde am 19. Dezember 1895 in León in Guanajuato, Mexiko, geboren. Er begann seine Studien am Priesterseminar von León und setzte sie in Rom an der Päpstlichen Universität Gregoriana fort.

Am 28. Oktober 1918 wurde er in Rom zum Priester geweiht. Er kehrte in seine Heimat zurück und übernahm neben seelsorgerlichen Aufgaben vor allem Aufgaben in der Priesterausbildung als Dozent am Priesterseminar von León 1919 – 1925 und erneut 1929 – 1937. Dazwischen leitete er für ein Jahr als Direktor das nationale Sozialsekretariat. 1926 – 1929 wurde er unter der Regierung von Präsident Plutarco Elías Calles, der die katholische Kirche in ihrer Freiheit stark beschnitt, inhaftiert und musste ins Exil gehen.

Am 1. Oktober 1937 wurde er zum Bischof von Tulacingo ernannt. Die Bischofsweihe empfing er am 8. Dezember 1937 in Guadalupe von Erzbischof Leopoldo Ruíz Flores von Morelia. Am 20. Dezember 1955 wurde er zum Titularerzbischof von Selimbria und Koadjutor von Mexiko City ernannt. Am 28. Juni 1956 erfolgte die Ernennung zum Erzbischof von Mexiko City. 1958 – 1963 war er Präsident des Lateinamerikanischen Bischofsrates (CELAM) und nahm 1962 – 1965 am II. Vatikanischen Konzil teil. Er nahm auch an der ersten Bischofssynode nach dem Konzil 1967 teil.

Papst Paul VI. kreierte ihn im Konsistorium vom 28. April 1969 zum Kardinalpriester und verlieh ihm am 30. April 1969 das rote Birett und die Titelkirche S. Maria di Guadalupe a Monte Mario. Am 19. Dezember 1975 verlor er mit Erreichen der Altersgrenze von 80 Jahren das Recht zur Teilnahme am Konklave. Am 19. Juli 1977 legte er die Leitung der Erzdiözese aus Altersgründen nieder.

Er starb am 15. März 1986 in León in Mexiko und wurde in der Kathedrale von Mexiko City beigesetzt.

Parecattil, Joseph (1912 – 1987)

Parecattil wurde am 1. April 1912 in Kindagoor im indischen Bundesstaat Kerala geboren und wuchs in der mit Rom unierten syro-malabarischen Kirche auf. Er studierte am Seminar von Kandy auf Ceylon und wurde dort in Theologie promoviert. Darüber hinaus studierte er auch Wirtschaftswissenschaften an der Universität Madras.

Am 24. August 1939 wurde er in Kandy zum Priester geweiht. Er engagierte sich in den Jahren 1939 – 1953 neben der Seelsorge in der syro-malabarischen Erzdiözese Ernakulam vor allem als Herausgeber einer Wochenzeitschrift.

Am 28. Oktober 1953 wurde er zum Titularbischof von Aretusa dei Siri und Weihbischof der syro-malabarischen Erzdiözese Ernakulam ernannt. Die Bischofsweihe empfing er am 30. November 1953 in Ernakulam von Kardinaldekan Eugene Tisserant, dem Sekretär der Kongregation für die orientalische Kirche. Am 20. Januar 1956 wurde er zum Apostolischen Administrator der syro-malabarischen Erzdiözese Ernakulam ernannt, am 20. Juli 1956 zum Erzbischof von Ernakulam. Er nahm 1962 – 1965 am II. Vatikanischen Konzil teil, ebenso an den danach folgenden Bischofssynoden 1967, 1969 und 1971. Er war Vorsitzender der syro-malabarischen Bischofskonferenz und zeitweilig Vorsitzender der Bischofskonferenz von Kerala und der gesamtindischen Bischofskonferenz.

Papst Paul VI. kreierte ihn im Konsistorium vom 28. April 1969 zum Kardinalpriester und verlieh ihm am 30. April 1969 das rote Birett und die Titelkirche Nostra Signora „Regina Pacis". 1972 – 1987 war er Präsident der Päpstlichen Kommission für die Revision des Codex des orientalischen kanonischen Rechts. Er nahm an den Konklaven von August 1978, welches Johannes Paul I. wählte, und von Oktober 1978, welches Johannes Paul II. wählte, teil. Am 30. Januar 1984 legte er die Leitung der Erzdiözese aus Altersgründen nieder.

Er starb am 20. Februar 1987 in Kochi und wurde in der Kathedrale von Ernakulam beigesetzt.

Dearden, John Francis (1907 – 1988)

Dearden wurde am 15. Oktober 1907 in Valley Falls im Bundesstaat Rhode Island, USA, geboren. Er begann sein Studium am St. Mary's Seminary in Cleveland und setzte es als Seminarist des nordamerikanischen Kollegs an der Päpstlichen Universität Gregoriana in Rom fort.

Am 8. Dezember 1932 wurde er in Rom von Kardinalvikar Francesco Marchetti Selvaggiani zum Priester geweiht und setzte seine Studien in Rom bis 1934 fort. Nach seiner Rückkehr in die USA wirkte er bis 1937 in der Gemeindeseelsorge der Diözese Cleveland. 1937 wurde er Dozent für Philosophie am St. Mary's Seminar in Cleveland, dessen Regens er 1944 – 1948 war. 1945 erfolgte die Ernennung zum päpstlichen Geheimkämmerer.

Am 13. März 1948 wurde er zum Titularbischof von Sarepta und Koadjutor *c.i.s.* von Pittsburgh ernannt. Die Bischofweihe empfing er am 18. Mai 1948 in Cleveland von Erzbischof Amleto Giovanni Cicognani, dem Apostolischen Delegaten in den USA. Am

2. Dezember 1950 wurde er Bischof von Pittsburgh und ebenfalls 1950 Päpstlicher Thronassistent. Am 18. Dezember 1958 wurde er zum Erzbischof von Detroit ernannt und nahm als solcher 1962–1965 am II. Vatikanischen Konzil teil. 1966–1971 war er Vorsitzender der Bischofskonferenz der USA.

Papst Paul VI. kreierte ihn im Konsistorium vom 28. April 1969 zum Kardinalpriester und verlieh ihm am 30. April 1969 das rote Birett und die Titelkirche S. Pio X alla Balduina. Er war Teilnehmer der Bischofssynoden von 1967, 1969, 1971, 1974 und 1985. Er nahm an den Konklaven von August 1978, welches Johannes Paul I. wählte, und von Oktober 1978, welches Johannes Paul II. wählte, teil. Am 15. Juli 1980 legte er die Leitung der Erzdiözese aus Altersgründen nieder. Am 15. Oktober 1987 verlor er mit Erreichen der Altersgrenze von 80 Jahren das Recht zur Teilnahme am Konklave.

Er starb am 1. August 1988 in Detroit und wurde auf dem katholischen Holy Sepulchre Friedhof in Detroit beigesetzt.

Marty, François (1904–1994)
Marty wurde am 16. Mai 1904 in Vaureilles bei Pachins in der heutigen Region Midi-Pyrénées in der Republik Frankreich geboren. Er studierte am Priesterseminar von Rodez und am Institute Catholique in Toulouse.

Am 28. Juni 1930 wurde er in Rodez zum Priester geweiht. Er übernahm anschließend verschiedene Aufgaben in Seelsorge und Verwaltung der Diözese Rodez und war 1951–1952 Generalvikar des Bischofs von Rodez.

Am 1. Februar 1952 wurde er zum Bischof von Saint-Flour ernannt. Die Bischofsweihe empfing er am 1. Mai 1952 in Rodez von Bischof Marcel-Marie Dubois von Rodez. Am 14. Dezember 1959 wurde er zum Titularerzbischof von Emesa und Koadjutor *c.i.s.* von Reims ernannt. Am 9. Mai 1960 wurde er Erzbischof von Reims. Er war 1962–1965 Teilnehmer am II. Vatikanischen Konzil. 1965–1968 und von Mai–November 1975 war er zusätzlich Prälat *nullius* der Mission de France. 1966–1969 war er stellvertretender Vorsitzender und anschließend bis 1975 Vorsitzender der französischen Bischofskonferenz. Am 26. März 1968 wurde er Erzbischof von Paris.

Papst Paul VI. kreierte ihn im Konsistorium vom 28. April 1969 zum Kardinalpriester und verlieh ihm am 30. April 1969 das rote Birett und die Titelkirche S. Luigi dei Francesi. Er war Teilnehmer der Bischofssynoden von 1967, 1969, 1971, 1974, 1977 und 1985. Er nahm an den Konklaven von August 1978, welches Johannes Paul I. wählte, und von Oktober 1978, welches Johannes Paul II. wählte, teil. Am 31. Januar 1981 legte er die Leitung der Erzdiözese aus Altersgründen nieder. Am 16. Mai 1984 verlor er mit Erreichen der Altersgrenze von 80 Jahren das Recht zur Teilnahme am Konklave.

Er starb am 16. Februar 1994 in Villefranche-de-Rouerque bei Aveyron an den Folgen eines Autounfalls und wurde auf dem Friedhof Pachins bei Aveyron beigesetzt.

Rakotomalala, Jérôme (1914–1975)

Rakotomalala wurde am 15. Juli 1914 in Sainte-Marie auf der Insel Madagaskar, damals französische Kolonie, heute Republik Madagaskar, geboren. Er studierte am Priesterseminar von Ambotaraka auf Madagaskar.

Am 31. Juli 1943 wurde er zum Priester geweiht. Er übernahm anschließend seelsorgerliche Aufgaben im Apostolischen Vikariat Tananarive. 1946–1960 war er Dozent am Priesterseminar von Ambotaraka, Direktor der St. Petrus Canisius Schule und Generalvikar des Erzbistums (seit 1955) Tananarive.

Am 4. April 1960 wurde er zum Erzbischof von Tananarive ernannt. Die Bischofsweihe empfing er am 8. Mai 1960 in der Petersbasilika des Vatikans in Rom von Papst Johannes XXIII. 1962–1965 nahm er am II. Vatikanischen Konzil teil.

Papst Paul VI. kreierte ihn im Konsistorium vom 28. April 1969 zum Kardinalpriester und verlieh ihm am 30. April 1969 das rote Birett und die Titelkirche S. Maria Consolatrice al Tiburtino.

Er starb am 1. November 1975 in Tananarive (heute: Antananarivo) und wurde in der Kathedrale von Tananarive beigesetzt.

Flahiff C.S.B., George Bernard (1905–1989)

Flahiff wurde am 26. Oktober 1905 in Paris in Kanada geboren. 1926 trat er in die Kongregation der Basiliuspriester ein und absolvierte sein Noviziat in Toronto, wo er im September 1927 seine erste Profess ablegte. Bis zur Priesterweihe studierte er am Seminar seiner Kongregation in Toronto.

Am 17. August 1930 wurde er in der Kirche St. Basil in Toronto von Erzbischof Neil McNeil von Toronto zum Priester geweiht. Es folgten weitere Studien in Frankreich, zunächst der Geschichte und des Kirchenrechts 1930–1931 an der Universität von Straßburg und anschließend bis 1935 an der École de Chartes in Paris, wo er in Archivistik und Paläographie diplomiert wurde. Nach seiner Rückkehr nach Kanada war er 1935–1954 Dozent am Päpstlichen Institut für mittelalterliche Studien in Toronto, deren Sekretär er 1943–1952 war. Zusätzlich unterrichtete er als Dozent 1940–1954 an der historischen Fakultät der Schule für höhere Studien der Universität Toronto. 1948 war er Mitglied des Generalrates seiner Kongregation geworden, 1951 wurde er Oberer des Konventes der Basiliuspriester am Institut für mittelalterliche Studien in Toronto. Am 6. Juli 1954 wurde er Generalprior seiner Kongregation. 1959–1961 war er Vorsitzender der Konferenz der kanadischen Ordensoberen.

Am 10. März 1960 wurde er zum Erzbischof von Winnipeg ernannt. Die Bischofsweihe empfing er am 31. Mai 1960 in Toronto von Kardinal James Charles McGuigan, dem Erzbischof von Toronto. 1961–1962 war er Sekretär der kanadischen Bischofskonferenz, wurde 1962 zunächst deren stellvertretender Vorsitzender und noch 1962 bis 1964 deren Vorsitzender. Er war 1962–1965 als Teilnehmer auf dem II. Vatikanischen Konzil.

Papst Paul VI. kreierte ihn im Konsistorium vom 28. April 1969 zum Kardinalpriester und verlieh ihm am 30. April 1969 das rote Birett und die Titelkirche S. Maria della Salute a Primavalle. 1967 und 1971 war er Teilnehmer der Bischofssynode. Er nahm an den Konklaven von August 1978, welches Johannes Paul I. wählte, und von Oktober 1978, welches Johannes Paul II. wählte, teil. Am 31. März 1982 legte er die Leitung der Erzdiözese aus Altersgründen nieder. Am 26. Oktober 1985 verlor er mit Erreichen der Altersgrenze von 80 Jahren das Recht zur Teilnahme am Konklave.

Er starb am 22. August 1989 in Toronto und wurde im Priestergrab auf dem St. Mary's Friedhof in Winnipeg beigesetzt.

Gouyon, Paul (1910 – 2000)

Gouyon wurde am 24. Oktober 1910 in Bordeaux in Aquitanien, Republik Frankreich, geboren. Er studierte an der Universität und am Priesterseminar von Bordeaux sowie am Seminar Saint-Sulpice und am Institute Catholique in Paris sowie an der Päpstlichen Universität Gregoriana in Rom.

Am 13. März 1937 wurde er zum Priester geweiht. Bis 1939 setzte er seine Studien fort und war während des Zweiten Weltkrieges bis 1940 in der französischen Armee. Danach war er bis 1944 als Gemeindeseelsorger in der Erzdiözese Bordeaux tätig. 1944 – 1951 war er Kaplan am Lyzeum Michel-Montaigne in Bordeaux. 1951 wurde Generalvikar von Bordeaux und 1955 päpstlicher Hausprälat.

Am 6. August 1957 wurde er zum Bischof von Bayonne ernannt. Die Bischofsweihe empfing er am 7. Oktober 1957 in der Kathedrale von Bordeaux von Erzbischof Paul-Marie Richaud von Bordeaux. 1962 – 1965 nahm er am II. Vatikanischen Konzil teil. Am 6. August 1963 wurde er zum Titularerzbischof von Pessinonte und Koadjutor *c.i.s.* von Rennes ernannt. Am 4. September 1964 wurde er Erzbischof von Rennes.

Papst Paul VI. kreierte ihn im Konsistorium vom 28. April 1969 zum Kardinalpriester und verlieh ihm am 30. April 1969 das rote Birett und die Titelkirche Natività di Nostro Signore Gesù Cristo in Via Gallia. Er nahm an der Bischofssynode von 1971 teil. Er nahm an den Konklaven von August 1978, welches Johannes Paul I. wählte, und von Oktober 1978, welches Johannes Paul II. wählte, teil. In Frankreich war er Nationalpräsident der Pax-Christi-Bewegung. Am 15. Oktober 1985 legte er die Leitung der Erzdiözese aus Altersgründen nieder. Am 24. Oktober 1990 verlor er mit Erreichen der Altersgrenze von 80 Jahren das Recht zur Teilnahme am Konklave.

Er starb am 26. September 2000 in Bordeaux und wurde auf dem Friedhof des Mutterhauses der kleinen Schwestern der Armen in Saint-Pern beigesetzt.

Casariego C.R.S., Mario (1909 – 1983)

Casariego wurde am 13. Februar 1909 in Figueras de Castropol in Asturien im Königreich Spanien geboren. Er verlor sehr früh seine Eltern und wuchs bei Verwandten in Quetzaltenango in Guatemala auf. 1924 trat er in El Salvador bei den Regularklerikern von Somasca ein und legte am 3. Oktober 1930 in Somasca in Italien seine Profess ab. Er studierte an den Studienhäusern seiner Kongregation in Bergamo und Genua in Italien sowie am Theologischen Seminar seiner Kongregation in San Salvador.

Am 19. Juli 1936 wurde er in San Salvador zum Priester geweiht. Anschließend arbeitete er am La Ceiba Institut in San Salvador, deren Rektor er 1948–1954 war. 1954–1957 war er Mitglied der Leitung seiner Kongregation als Konsultor und 1957–1958 Provinzial seiner Kongregation für die Provinz Zentralamerika.

Am 15. November 1958 wurde er zum Titularbischof von Pudentiana und Weihbischof in Guatemala-Stadt ernannt. Die Bischofsweihe empfing er am 27. Dezember 1958 in der Petersbasilika des Vatikans in Rom von Papst Johannes XXIII. Am 22. September 1963 wurde er zum Titularerzbischof von Perge und Koadjutor *c.i.s.* von Guatemala-Stadt ernannt. Seine Ernennung zum Erzbischof von Guatemala erfolgte am 12. Dezember 1964. 1962–1965 nahm er am II. Vatikanischen Konzil teil. 1968 wurde er Päpstlicher Thronassistent.

Papst Paul VI. kreierte ihn im Konsistorium vom 28. April 1969 zum Kardinalpriester und verlieh ihm am 30. April 1969 das rote Birett und die Titelkirche S. Maria in Aquiro. Er nahm an den Konklaven von August 1978, welches Johannes Paul I. wählte, und von Oktober 1978, welches Johannes Paul II. wählte, teil.

Er starb am 15. Juni 1983 in Guatemala-Stadt und wurde in der Kathedrale von Guatemala beigesetzt.

Enrique y Tarancón, Vicente (1907–1994)
Enrique y Tarancón wurde am 14. Mai 1907 in Burriana in der katalanischen Provinz Tarragona, Königreich Spanien, geboren. 1921–1928 studierte er am Priesterseminar von Tortosa und anschließend bis 1930 am Päpstlichen Seminar in Valencia, wo er ein Lizentiat und ein Doktorat in Theologie erwarb.

Am 1. November 1929 wurde er in Tortosa von Bischof Félix Bilbao y Ugarriza von Tortosa zum Priester geweiht. Nach verschiedenen Aufgaben in der Seelsorge in der Diözese Tortosa wirkte er 1933–1938 als Mitarbeiter der Casa del Consiliario in Madrid, die von der Katholischen Aktion betrieben wurde. 1938–1946 war er als Erzpriester von Vinarós und ab 1943 als Erzpriester von Villarreal wieder in der Seelsorge der Diözese Tortosa tätig.

Am 25. November 1945 wurde er zum Bischof von Solsona ernannt. Die Bischofsweihe empfing er am 24. März 1946 in seinem Heimatort Burriana von Bischof Manuel Moll y Salord von Tortosa. Im Februar 1953 wurde er Sekretär der spanischen Bischofskonferenz. 1962–1965 nahm er am II. Vatikanischen Konzil teil. Am 12. April 1964 wurde er zum Erzbischof von Oviedo ernannt, am 30. Januar 1969 schließlich zum Erzbischof von Toledo und Primas von Spanien. 1969–1971 war er stellvertretender Vorsitzender, 1971–1981 Vorsitzender der spanischen Bischofskonferenz.

Papst Paul VI. kreierte ihn im Konsistorium vom 28. April 1969 zum Kardinalpriester und verlieh ihm am 30. April 1969 das rote Birett und die Titelkirche S. Giovanni Crisostomo a Montesacro Alto. Er nahm an den Bischofssynoden von 1969, 1971 als Relator, 1974, 1977 und 1980 teil und war zeitweilig Mitglied des Generalsekretariates der Synode. Am 30. Mai 1971 wurde er zum Apostolischen Administrator der Erzdiözese Madrid-Alcalá und am 3. Dezember 1971 zum Erzbischof von Madrid-Alcalá ernannt. Er war wesentlich am Übergang Spaniens von der Diktatur zur demokratischen Monarchie beteiligt und hielt 1975 eine vielbeachtete Ansprache bei der Krönungsmesse für König Juan Carlos. Er nahm an den Konklaven von August 1978, welches Johannes Paul I. wählte, und von Oktober 1978, welches Johannes I. wählte, teil. Am 12. April 1983 legte er die Leitung der Erzdiözese aus Altersgründen nieder. Am 14. Mai 1987 verlor er mit Erreichen der Altersgrenze von 80 Jahren das Recht zur Teilnahme am Konklave.

Er starb am 28. November 1994 in Valencia und wurde in der Kathedrale von Madrid beigesetzt.

Malula, Joseph-Albert (1917–1989)
Malula wurde am 12. Dezember 1917 in Léopoldville in der damaligen Kolonie Belgisch-Kongo, dem heutigen Kinshasa in der Demokratischen Republik Kongo, geboren. 1937–1944 studierte er am Priesterseminar von Kabwe im damaligen Apostolischen Vikariat Luluabourg. Nach Abschluss des Studiums unterrichtete er bis 1946 am Knabenseminar von Bokoro.

Am 9. Juni 1946 wurde er in Léopoldville von Bischof Georges Six C.I.C.M., dem Apostolischen Vikar von Léopoldville, zum Priester geweiht. Er unterrichtete weiter am Knabenseminar von Bokoro und wirkte als Kaplan und Pfarrer in mehreren Gemeinden von Léopoldville.

Am 18. Juli 1959 wurde er zum Titularbischof von Attanasus und Weihbischof in Léopoldville ernannt. Die Bischofsweihe empfing er am 20. September 1959 in Léopoldville von Bischof Felix Scalais C.C.I.M, dem Apostolischen Administrator von Léopoldville. (Am 10. November 1959 wurde das Apostolische Vikariat zum Erzbistum Léopoldville.) 1962–1965 nahm er am II. Vatikanischen Konzil teil. Am 7. Juli 1964 wurde er zum Erzbischof von Léopoldville ernannt. Die Stadt wurde am 30. Mai 1966 in Kinshasa umbenannt und der Name der Erzdiözese änderte sich entsprechend.

Papst Paul VI. kreierte ihn im Konsistorium vom 28. April 1969 zum Kardinalpriester und verlieh ihm am 30. April 1969 das rote Birett und die Titelkirche SS. Protomartiri a Via Aurelia Antica. Er war Teilnehmer der Bischofssynoden von 1967, 1974, 1985 als einer der drei delegierten Präsidenten und 1987. Er nahm an den Konklaven von August 1978, welches Johannes Paul I. wählte, und von Oktober 1978, welches Johannes Paul II. wählte, teil.

Er starb am 14. Juli 1989 in Louvain in Belgien und wurde in der Kathedrale Notre Dame du Congo in Kinshasa beigesetzt.

Muñoz Vega S.J., Pablo (1903–1994)
Muñoz Vega wurde am 23. Mai 1903 in Mira in der Provinz Carchin, Ecuador, geboren. Am 27. September 1918 trat er in den Jesuitenorden ein und studierte im Studienhaus der Jesuiten in Quito, Ecuador, am Colegio Máximo de Oña in Burgos, Spanien, und an der Päpstlichen Universität Gregoriana in Rom.

Am 25. Juli 1933 wurde er in Rom zum Priester geweiht und setzte dort an der Päpstlichen Universität Gregoriana bis 1937 seine Studien fort. 1937–1949 und erneut 1958–1964 war er Dozent und Professor an der Päpstlichen Universität Gregoriana. 1949–1955 leitete er als Provinzial die Jesuitenprovinz von Ecuador und 1955–1958 als Regens das lateinamerikanische Kolleg in Rom. 1958–1963 war er *Rector Magnificus* der Päpstlichen Universität Gregoriana und 1962–1963 Experte am II. Vatikanischen Konzil.

Am 7. Februar 1964 wurde er zum Titularerzbischof von Ceramus und Koadjutorerzbischof von Quito ernannt. Die Bischofsweihe empfing er am 19. März 1964 in der Kirche S. Ignazio in Rom von Kardinal Carlo Confalonieri, dem Sekretär der Konsitorialkongregation. 1964–1965 nahm er als Bischof an den weiteren Sessionen des II. Vatikanischen Konzils teil. Am 23. Juni 1967 wurde er zum Erzbischof von Quito ernannt und wurde Vorsitzender der ecuadorianischen Bischofskonferenz.

Papst Paul VI. kreierte ihn im Konsistorium vom 28. April 1969 zum Kardinalpriester und verlieh ihm am 30. April 1969 das rote Birett und die Titelkirche S. Roberto Bellarmino. Er war Teilnehmer der Bischofssynoden von 1967, 1969; 1971 als einer der delegierten Präsidenten, von 1974, 1977 und 1985. Er nahm an den Konklaven von August 1978, welches Johannes Paul I. wählte, und von Oktober 1978, welches Johannes Paul II. wählte, teil. Er war Teilnehmer der III. Generalkonferenz des lateinamerikanischen Episkopates 1979 in Puebla, Mexiko, und der IV. Generalkonferenz des lateinamerikanischen Episkopates 1992 in Santo Domingo, Dominikanische Republik. Am 23. Mai 1983 verlor er mit Erreichen der Altersgrenze von 80 Jahren das Recht zur Teilnahme am Konklave. Am 1. Juni 1985 legte er die Leitung der Erzdiözese aus Altersgründen nieder.

Er starb am 3. Juni 1994 in Quito und wurde in der Kathedrale von Quito beigesetzt.

Poma, Antonio (1910–1985)

Poma wurde am 12. Juni 1910 in Villanterio in der Provinz Pavia im Königreich Italien, heute Republik Italien, geboren. Er begann seine Studien am Priesterseminar von Pavia und setzte sie als Seminarist des Päpstlich-Römischen Seminars an der Päpstlichen Universität Gregoriana in Rom fort.

Am 15. April 1933 wurde er in der Kapelle des Päpstlich-Römischen Seminars von Erzbischof Giuseppe Palica, dem Viceregente der Diözese Rom, zum Priester geweiht. Er setzte seine Studien in Rom fort und wurde 1934 in Theologie promoviert. 1935–1947 war er in seiner Heimatdiözese Pavia als Sekretär des Bischofs von Pavia und als Dozent am Priesterseminar von Pavia, welches er 1947–1951 als Regens leitete, tätig.

Am 28. Oktober 1951 wurde er zum Titularbischof von Tagaste und Weihbischof in Mantua ernannt. Die Bischofsweihe empfing er am 9. Dezember 1951 in Pavia von Bischof Carlo Allorio von Pavia. Am 2. August 1952 wurde er zum Koadjutor *c.i.s.* von Mantua ernannt, am 8. September 1954 zum Bischof von Mantua. 1962–1965 nahm er am II. Vatikanischen Konzil teil. Am 16. Juli 1967 wurde er zum Titularerzbischof von

Hierpiniana und Koadjutorerzbischof *c.i.s.* von Bologna ernannt. Am 12. Februar 1968 wurde er Erzbischof von Bologna.

Papst Paul VI. kreierte ihn im Konsistorium vom 28. April 1969 zum Kardinalpriester und verlieh ihm am 30. April 1969 das rote Birett und die Titelkirche S. Luca al Prenestino. 1969 wurde er Vorsitzender der italienischen Bischofskonferenz. Er war Teilnehmer der Bischofssynoden von 1969, 1971, 1974, 1977 und 1980. Er nahm an den Konklaven von August 1978, welches Johannes Paul I. wählte, und von Oktober 1978, welches Johannes Paul II. wählte, teil. Am 11. Februar 1983 legte er die Leitung der Erzdiözese aus Gesundheitsgründen nieder.

Er starb am 24. September 1985 in Bologna und wurde in der Kathedrale von Bologna beigesetzt.

Carberry, John Joseph (1904–1998)

Carberry wurde am 31. Juli 1904 in Brooklyn im Bundesstaat New York, USA, geboren. Er studierte 1924–1930 in Rom als Seminarist des nordamerikanischen Kollegs am Päpstlichen *Athenaeum Urbaniana* der Kongregation *Propaganda Fide*. 1929 wurde er in Philosophie, 1930 in Theologie promoviert.

Am 28. Juni 1929 wurde er in Rom von Kardinalvikar Francesco Marchetti Selvaggiani zum Priester geweiht. Nach seiner Rückkehr 1930 wurde er zunächst in der Seelsorge der Diözese Brooklyn eingesetzt, bevor er bis 1934 an der Katholischen Universität Washington D.C. kanonisches Recht studierte und in diesem Fach 1934 promoviert wurde. Danach war er wieder für ein Jahr Kaplan, bevor er 1935–1940 in der Diözese Trenton in New Jersey Sekretär des Bischofs wurde und als stellvertretender Kanzler der Diözesanverwaltung amtierte. Nach seiner Rückkehr in die Diözese Brooklyn war er kurz als Religionslehrer eingesetzt und lehrte 1941–1945 kanonisches Recht am Seminar zur Unbefleckten Empfängnis in Huntington. 1945–1956 war er Offizial des Diözesangerichtes der Diözese Brooklyn und engagierte sich im Bereich der Radio- und Fernseharbeit der Diözese. 1948 wurde er päpstlicher Geheimkämmerer und 1954 päpstlicher Hausprälat. 1955–1956 war er Präsident der Amerikanischen Gesellschaft für das Kanonische Recht.

Am 3. Mai 1956 wurde er zum Titularbischof von Elis und Koadjutor *c.i.s.* von Lafayette in Indiana ernannt. Die Bischofsweihe empfing er am 25. Juli 1956 in Brooklyn durch Bischof Raymond Augustine Kearny, den Weihbischof in Brooklyn. Am 20. November 1957 wurde er Bischof von Lafayette in Indiana, 1962–1965 nahm er am II. Vatikanischen Konzil teil. Am 16. Januar 1965 wurde er zum Bischof von Columbus in Ohio ernannt, am 14. Februar 1968 zum Erzbischof von St. Louis.

Papst Paul VI. kreierte ihn im Konsistorium vom 28. April 1969 zum Kardinalpriester und verlieh ihm am 30. April 1969 das rote Birett und die Titelkirche S. Giovanni Battista de Rossi a Via Latina. Er nahm an den Bischofssynoden von 1971, 1974 und 1977 teil. Er nahm an den Konklaven von August 1978, welches Johannes Paul I. wählte, und von Oktober 1978, welches Johannes Paul II. wählte, teil. Am 31. Juli 1979 legte er die Leitung der Erzdiözese aus Altersgründen nieder. Am 31. Juli 1984 verlor er mit Erreichen der Altersgrenze von 80 Jahren das Recht zur Teilnahme am Konklave.

Er starb am 17. Juni 1998 in Kirkwood bei St. Louis und wurde in der Krypta der Kathedrale von St. Louis beigesetzt.

Cooke, Terence James (1921 – 1983)
Cooke wurde am 1. März 1921 in New York im Bundesstaat New York, USA, geboren. 1940 trat er in das St. Joseph's Seminar in Yonkers bei New York ein.

Am 1. Dezember 1945 wurde er in der Kathedrale St. Patrick in New York von Erzbischof Francis Spellman zum Priester geweiht und wirkte anschließend zwei Jahre als Seelsorger in der Bronx in New York. 1947 – 1949 studierte er Sozialarbeit und Sozialwissenschaften an der Universität Chicago und an der Katholischen Universität von Amerika in Washington, D.C. 1949 – 1954 war er Dozent an der Fordham Universität in New York und arbeitete gleichzeitig in der Seelsorge weiter. 1954 – 1956 engagierte er sich in der Jugendarbeit und in der Ausbildung des Priesternachwuchses am St. Joseph's Seminar. 1957 1965 wirkte er als Bischofsvikar für die Bronx und Manhattan und als Sekretär von Kardinal Spellman. 1957 wurde er päpstlicher Geheimkämmerer. Zusätzlich war er 1958 – 1961 Vizekanzler und 1961 – 1965 Kanzler der Erzdiözese New York sowie 1958 – 1965 Baudezernent der Erzdiözese New York. Er organisierte den Besuch von Papst Paul VI. bei der UNO und in New York City am 4. Oktober 1965.

Am 5. September 1965 wurde er zum Titularbischof von Summa und Weihbischof in New York ernannt. Die Bischofsweihe empfing er am 15. Dezember 1965 in der Kathedrale St. Patrick in New York von Kardinal Francis Spellman, dem Erzbischof von New York. Am gleichen Tag wurde er zum Generalvikar der Erzdiözese New York ernannt. Am 2. März 1968 wurde er zum Erzbischof von New York und am 4. April 1968 zum Militärbischof der US Army ernannt.

Papst Paul VI. kreierte ihn im Konsistorium vom 28. April 1969 zum Kardinalpriester und verlieh ihm am 30. April 1969 das rote Birett und die Titelkirche SS. Giovanni e Paolo. Er nahm an den Bischofssynoden von 1969 und 1980 teil. Er nahm an den Konklaven von August 1978, welches Johannes Paul I. wählte, und von Oktober 1978, welches Johannes Paul II. wählte, teil.

Er starb am 6. Oktober 1983 in New York und wurde in der Kathedrale von New York beigesetzt.

Kim, Stephen Sou Hwan (1922 – 2009)
Kim wurde am 8. Mai 1922 in Tae Gu, heute Daegu in der Provinz Gyeongsangbuk-do in der heutigen Republik Südkorea, welches zur Zeit seiner Geburt zum japanischen Kaiserreich gehörte, geboren. Nachdem er seine Studien am Priesterseminar von Tae Gu begonnen hatte, studierte er 1941 – 1944 an der von Jesuiten geleiteten Katholischen Sophiauniversität in Tokio, Japan. Seine Studien wurden zeitweise durch den Krieg unterbrochen. 1947 – 1951 studierte er an der Katholischen Universität von Korea in Seoul.

Am 15. September 1951 wurde er in Tae Gu zum Priester geweiht. Er wurde Sekretär des Bischofs von Tae Gu und übernahm verschiedene seelsorgerliche Aufgaben in der Diözese Tae Gu. Schon vor seiner Priesterweihe hatte er sich seit 1947 als Herausgeber der Diözesanzeitschrift engagiert und setzte diese Aufgabe nach einem Studienaufenthalt in Münster in Deutschland 1964–1966 fort. In Münster hatte er 1957–1964 Theologie und Soziologie u. a. bei Josef Höffner, dem mit ihm zum Kardinal kreierten Kölner Erzbischof, studiert.

Am 15. Februar 1966 wurde er zum Bischof von Masan ernannt. Die Bischofsweihe empfing er am 31. Mai 1966 von Erzbischof Antonio del Giudice, dem Internuntius in Korea. Am 9. April 1968 wurde er zum Erzbischof von Seoul ernannt.

Papst Paul VI. kreierte ihn im Konsistorium vom 28. April 1969 zum Kardinalpriester und verlieh ihm am 30. April 1969 das rote Birett und die Titelkirche S. Felice de Cantalice a Centocelle. Er nahm an den Bischofssynoden von 1967, 1971, 1974, 1980, 1983, 1985 und 1998 als einer der drei Präsidenten teil. Am 10. Juni 1975 wurde er zusätzlich Apostolischer Administrator von Pjöngjang in Nordkorea. Er nahm an den Konklaven von August 1978, welches Johannes Paul I. wählte, und von Oktober 1978, welches Johannes Paul II. wählte, teil. Am 29. März 1998 legte er die Leitung der Erzdiözese aus Altersgründen nieder. Am 22. Mai 2002 verlor er mit Erreichen der Altersgrenze von 80 Jahren das Recht zur Teilnahme am Konklave.

Er starb am 16. Februar 2009 in Seoul und wurde auf dem Friedhof für katholische Priester in Yongin in der Provinz Gyeonggi beigesetzt.

Tabera Araoz C.M.F., Arturo (1903–1975)

Tabera Araoz wurde am 29. Oktober 1903 in Barco de Avila in der Provinz Avila und der Region Kastilien und León im Königreich Spanien geboren. Im Mai 1915 trat er im Konvent Don Benito in Badajoz in die Kongregation der „Söhne des unbefleckten Herzens Mariens", die nach ihrem Gründer Antonio Maria Claret auch als Claretiner bekannt sind, ein. Er legte nach dem Noviziat am 15. August 1920 in Jerez de los Caballeros seine Profess ab und studierte an diesem Hause Philosophie. In Zafra studierte er bis 1928 Theologie. Danach wurde er nach Rom gesandt, wo er am Päpstlichen *Athenaeum S. Apollinare* kanonisches Recht studierte und 1930 in beiderlei Rechten (*utriusque iuris*) promoviert wurde.

Am 22. Dezember 1928 wurde er in der Lateranbasilika in Rom von Kardinalvikar Basilio Pompilj zum Priester geweiht und setzte seine Studien bis zur Promotion 1930 fort.

1930–1946 wirkte er als Lehrer an der theologischen Lehranstalt der Claretiner von Zafra bei Badajoz. Er gab in Madrid eine Zeitschrift heraus und arbeitete später in Rom bei einer anderen Zeitschrift als Redaktionsmitglied mit. In Rom wirkte er als Sekretär der Studienpräfektur seines Ordens, als Gründer eines Journals und als Vizepostulator im Seligsprechungsprozess für Kardinal Marcelo Spínola Maestre, den früheren Erzbischof von Sevilla, sowie als Sekretär der Generalpräfektur für die Studien seines Ordens.

Am 16. Februar 1946 wurde er zum Titularbischof von Lyrbe und Apostolischen Administrator von Barbastro in Spanien ernannt. Die Bischofsweihe empfing er am 5. Mai 1946 in Madrid von Bischof Leopoldo Eijo y Garay von Madrid und Titularpatriarch von Westindien. Am 2. Februar 1950 wurde er zum ersten Bischof von Barbastro ernannt, am 13. Mai 1950 zum Bischof von Albacete. Er nahm 1962–1965 am II. Vatikanischen Konzil teil und wurde am 23. Juli 1968 zum Erzbischof von Pamplona ernannt.

Papst Paul VI. kreierte ihn im Konsistorium vom 28. April 1969 zum Kardinalpriester und verlieh ihm am 30. April 1969 das rote Birett und die Titelkirche S. Pietro in Montorio. Am 20. Februar 1971 wurde er zum Präfekten der Gottesdienstkongregation ernannt und verzichtete am 4. Dezember 1971 auf die Leitung der Erzdiözese Pamplona. In seiner Amtszeit nahm er an den Bischofssynoden von 1971 und 1974 teil. Am 8. September 1973 wurde er zum Präfekten der Kongregation für Orden und Säkularinstitute ernannt.

Er starb am 13. Juni 1975 in Rom und wurde in der Basilika zum heiligsten Herzen Mariens an der Piazza Euclide in Rom beigesetzt.

Sales, Eugênio de Araújo (1920–2012)

Sales wurde am 8. November 1920 in Acari im Bundesstaat Rio Grande do Norte in Brasilien geboren. Sein jüngerer Bruder Heitor de Araújo Sales wurde wie er Priester und 1993 Erzbischof von Natal. 1937–1943 studierte er am Priesterseminar Prainha in Fortaleza.

Am 21. November 1943 wurde er in Natal zum Priester geweiht und übernahm bis 1954 verschiedene Aufgaben in Seelsorge und Verwaltung der Diözese Natal.

Am 1. Juni 1954 wurde er zum Titularbischof von Thibica und Weihbischof in Natal ernannt. Die Bischofsweihe empfing er am 15. August 1954 in Natal von Erzbischof José de Medeiros Delgado von São Luis do Maranhão. Am 6. Januar 1962 wurde er zum Apostolischen Administrator von Natal ernannt. 1962–1965 nahm er am II. Vatikanischen Konzil teil. Am 6. Juli 1964 wurde er Apostolischer Administrator der Erzdiözese São Salvador da Bahia. Am 29. Oktober 1968 wurde er zum Erzbischof von São Salvador da Bahia und Primas von Brasilien ernannt.

Papst Paul VI. kreierte ihn im Konsistorium vom 28. April 1969 zum Kardinalpriester und verlieh ihm am 30. April 1969 das rote Birett und die Titelkirche S. Gregorio VII. Am 13. März 1971 wurde er zum Erzbischof von São Sebastião do Rio de Janeiro ernannt, am 22. Juni 1972 zusätzlich zum Ordinarius für die Katholiken der orientalischen Riten in Brasilien ohne eigenen Ordinarius. Er nahm an den Bischofssynoden von 1971, 1980, 1983, 1985 und 1997 als delegierter Präsident teil. Er nahm an den Konklaven von August 1978, welches Johannes Paul I. wählte, und von Oktober 1978, welches Johannes Paul II. wählte, teil. Er war Teilnehmer der III. Generalkonferenz des lateinamerikanischen Episkopates 1979 in Puebla, Mexiko, und der IV. Generalkonferenz des lateinamerikanischen Episkopates 1992 in Santo Domingo, Dominikanische Republik. Am 8. November 2000 verlor er mit Erreichen der Altersgrenze von 80 Jahren das Recht zur Teilnahme am Konklave. Am 25. Juli 2001 legte er die Leitung der Erzdiözese aus Altersgründen nieder, am 3. Oktober

2001 das Amt des Ordinarius für die Katholiken der orientalischen Riten in Brasilien ohne eigenen Ordinarius.

Er starb am 9. Juli 2012 in Rio de Janeiro und wurde in der Kathedrale von Rio de Janeiro beigesetzt.

Höffner, Joseph (1906–1987)

Höffner wurde am 24. Dezember 1906 in Horhausen im Westerwald in der damaligen preußischen Rheinprovinz im deutschen Kaiserreich, heute Bundesrepublik Deutschland, geboren. Nach dem Abitur trat er in das Trierer Priesterseminar ein und wurde 1926–1934 als Seminarist des *Collegium Germanicum et Hungaricum* zum Studium an die Päpstliche Universität Gregoriana in Rom gesandt. Dort promovierte er 1929 in Philosophie.

Am 30. Oktober 1932 wurde er in Rom von Kardinalvikar Francesco Marchetti Selvaggiani zum Priester geweiht und setzte seine Studien in Rom bis zur Promotion in Theologie 1934 fort. Nach seiner Rückkehr war er 1934–1937 Kaplan in Saarbrücken und studierte anschließend bis 1939 Theologie und Volkswirtschaft in Freiburg im Breisgau. Dieses Studium schloss er mit einer weiteren Promotion in Theologie und einem Diplom in Volkswirtschaft ab. 1940 promovierte er auch in Wirtschaftswissenschaften. 1939–1943 war er Vikar in Kail bei Cochem an der Mosel und wurde 1943 Pfarrer in Trier. 1945 wurde er in Moraltheologie habilitiert und war 1945–1950 Professor für Pastoraltheologie und Gesellschaftslehre am Priesterseminar in Trier, ab 1949 auch in Münster, wo er 1951–1962 Professor war. Er gründete dort das Institut für christliche Soziallehre und war Berater von drei Ministerien der Bundesrepublik Deutschland. Er gilt als einer der Gründerväter der dynamischen Rente.

Nach der Wahl durch das Domkapitel von Münster wurde er am 9. Juli 1962 zum Bischof von Münster in Westfalen ernannt. Die Bischofsweihe empfing er am 14. September 1962 im Dom zu Münster durch Kardinal Josef Frings, den Erzbischof von Köln. Er nahm 1962–1965 am II. Vatikanischen Konzil teil. Am 6. Januar 1969 wurde er zum Titularerzbischof von Aquileia und Koadjutor *c.i.s.* von Köln ernannt. Am 24. Februar 1969 wurde er zum Erzbischof von Köln ernannt.

Papst Paul VI. kreierte ihn im Konsistorium vom 28. April 1969 zum Kardinalpriester und verlieh ihm am 30. April 1969 das rote Birett und die Titelkirche S. Andrea della Valle. Er nahm an den Bischofssynoden von 1971 als Relator, von 1974, 1977, 1980 und 1985 teil und war zeitweise Mitglied des Generalsekretariates der Bischofssynode. Im September 1976 wurde er zum Vorsitzenden der deutschen Bischofskonferenz gewählt. Er nahm an den Konklaven von August 1978, welches Johannes Paul I. wählte, und von Oktober 1978, welches Johannes Paul II. wählte, teil. Zweimal war er Gastgeber von Papst Johannes Paul II. in Köln. Am 24. Dezember 1986 verlor er mit Erreichen der Altersgrenze von 80 Jahren das Recht zur Teilnahme am Konklave. Am 14. September 1987 legte er, nachdem er im Frühjahr 1987 an einem inoperablen Gehirntumor erkrankt war, die Leitung der Erzdiözese nieder.

Er starb am 16. Oktober 1987 in Köln und wurde im Kölner Dom beigesetzt.

Wright, John Joseph (1909 – 1979)

Wright wurde am 18. Juli 1909 in Dorchester im Bundesstaat Massachusetts, USA, geboren. Nach der Schulzeit am Boston College trat er 1931 in das Saint John's Priesterseminar in Brighton ein und ging 1932 als Seminarist des nordamerikanischen Kollegs nach Rom, um an der Päpstlichen Universität Gregoriana zu studieren.

Am 8. Dezember 1935 wurde er in der Kapelle des nordamerikanischen Kollegs in Rom von Kardinalvikar Francesco Marchetti Selvaggiani zum Priester geweiht. Danach setzte er seine Studien an der Päpstlichen Universität Gregoriana bis 1939 fort und erwarb 1936 ein Lizentiat in Theologie und wurde schließlich 1939 in Theologie promoviert. Nach seiner Rückkehr in seine Heimat war er 1939 – 1943 Dozent am Saint John's Priesterseminar in Brighton. 1943 wurde er Sekretär des Erzbischofs von Boston, William Henry O'Connell, und blieb auch unter dessen Nachfolger Richard James Cushing in dieser Position. 1944 erhielt er den Ehrentitel eines päpstlichen Geheimkämmerers.

Am 10. Mai 1947 wurde er zum Titularbischof von Aegeae und Weihbischof in Boston ernannt. Die Bischofsweihe empfing er am 30. Juni 1947 in der Kathedrale von Boston von Erzbischof Richard Cushing von Boston. Am 28. Januar 1950 wurde er zum Bischof von Worcester ernannt, am 23. Januar 1959 zum Bischof von Pittsburgh. 1962 – 1965 nahm er am II. Vatikanischen Konzil teil. Am 23. April 1969 wurde er zum Pro-Präfekten der Kleruskongregation ernannt.

Papst Paul VI. kreierte ihn im Konsistorium vom 28. April 1969 zum Kardinalpriester und verlieh ihm am 30. April 1969 das rote Birett und die Titelkirche Gesu Divin Maestro alla Pineta Sacchetti. Gleichzeitig wurde er zum Präfekten der Kleruskongregation ernannt. Er nahm an den Bischofssynoden von 1967, 1969, 1971 (hier als delegierter Präsident), 1974 und 1977 teil. Aus gesundheitlichen Gründen konnte er am Konklave von August 1978, welches Johannes Paul I. wählte, nicht teilnehmen. Er nahm am Konklave von Oktober 1978, welches Johannes Paul II. wählte, teil.

Er starb am 10. August 1979 in Cambridge, Massachusetts, in den USA und wurde im Familiengrab auf dem Friedhof Holyhood in Brookline, Massachusetts, beigesetzt.

Bertoli, Paolo (1908 – 2001)

Bertoli wurde am 1. Februar 1908 in Poggio Garfagnana in der Toskana im Königreich Italien, heute Republik Italien, geboren. Er studierte am Priesterseminar in Lucca und am Päpstlich-Römischen Seminar in Rom, wo er in Philosophie und Theologie promoviert wurde.

Am 15. August 1930 wurde er in Lucca von Bischof Giuseppe Bertazzoni von Massa Carrara zum Priester geweiht. Er setzte seine Studien bis 1933 am Päpstlichen *Athenaeum S. Apollinare* fort, wo er in beiderlei Rechten (*utriusque iuris*) promoviert wurde. Danach trat er in den diplomatischen Dienst des Heiligen Stuhls ein und wurde bis 1938 Attaché und später Auditor der Nuntiatur von Jugoslawien. 1934 wurde er päpstlicher Geheimkämmerer. 1938 – 1942 war er Auditor der Nuntiatur von Frankreich und hatte 1942 – 1946 die Geschäftsführung der Apostolischen Delegatur auf den Antillen inne. 1946 wurde er päpstlicher Hausprälat und wechselte nach Bern in die Schweiz, wo er an zahlreichen internationalen Konferenzen zum Studium der Probleme der Kriegsflüchtlinge teilnahm. 1948 nahm er auch an der internationalen Konferenz des Roten Kreuzes in Stockholm teil und repräsentierte den Heiligen Stuhl bei der Konferenz zur Revision der Genfer Konventionen. Im Frühjahr 1949 sollte er in die Nuntiatur von Prag wechseln, was aber am Widerstand der tschechoslowakischen Regierung scheiterte.

Am 24. März 1952 wurde er zum Titularerzbischof von Nicomedia und am 26. März 1952 zum Apostolischen Delegaten in der Türkei ernannt. Die Bischofsweihe empfing er am 11. Mai 1952 in der Kirche S. Maria in Campitelli in Rom durch Kardinaldekan Eugène Tisserant. Am 7. Mai 1953 wurde er Nuntius in Kolumbien, am 15. April 1959 Nuntius im Libanon und am 16. April 1960 Nuntius in Frankreich. 1962–1965 nahm er am II. Vatikanischen Konzil teil.

Papst Paul VI. kreierte ihn im Konsistorium vom 28. April 1969 zum Kardinaldiakon und verlieh ihm am 30. April 1969 das rote Birett und die Kirche S. Girolamo della Carità als Titeldiakonie. Am 7. Mai 1969 wurde er zum Präfekten der Kongregation für die Heiligsprechungen ernannt. Er nahm an den Bischofssynoden von 1969, 1971, 1980 und 1983 teil. Am 1. März 1971 verzichtete er auf die Leitung der Kongregation. Er optierte am 5. März 1973 für die Klasse der Kardinalpriester und die Titelkirche S. Girolamo degli Schiavoni. Er nahm an den Konklaven von August 1978, welches Johannes Paul I. wählte, und von Oktober 1978, welches Johannes Paul II. wählte, teil. 1979 nahm er an der III. Generalkonferenz des lateinamerikanischen Episkopates in Puebla, Mexiko, teil. Am 5. Mai 1979 wurde er zum Camerlengo *S.E.R.* ernannt, am 30. Juni 1979 zum Kardinaltitularbischof von Frascati. Am 25. März 1985 legte er das Amt des Camerlengo nieder, am 1. Februar 1988 verlor er mit Erreichen der Altersgrenze von 80 Jahren das Recht zur Teilnahme am Konklave.

Er starb am 8. November 2001 in Rom und wurde auf dem Friedhof zu Poggio beigesetzt.

Baggio, Sebastiano (1913–1993)
Baggio wurde am 16. Mai 1913 in Rosa in Venetien im Königreich Italien, heute Republik Italien, geboren. Er absolvierte die philosophische Ausbildung am Seminar von Vicenza. Zum Theologiestudium ging er nach Rom an die Päpstliche Universität Gregoriana und wurde dort in kanonischem Recht promoviert. Er absolvierte Zusatzausbildungen in Paläographie und Bibliothekswesen und studierte an der Päpstlichen Diplomatenakademie.

Am 21. Dezember 1935 wurde er zum Priester geweiht und trat 1936 in den diplomatischen Dienst des Heiligen Stuhls. 1936–1938 war er Mitarbeiter der Nuntiatur in Österreich, 1938–1940 der Nuntiatur in El Salvador. 1940–1942 war er Sekretär der Nuntiatur in Bolivien und 1942–1946 Sekretär der Nuntiatur in Venezuela und 1946 für einige Monate an der Nuntiatur in Österreich. 1939 wurde er päpstlicher Geheimkämmerer. 1946–1948 war er Mitarbeiter des Staatssekretariates. 1948–1950 führte er die Geschäfte der Nuntiatur in Kolumbien und war anschließend bis 1953 Substitut der Konsistorialkongregation. 1951 wurde er päpstlicher Hausprälat.

Am 30. Juni 1953 wurde er zum Titularerzbischof von Ephesus und am 1. Juli 1953 zum Nuntius in Chile ernannt. Die Bischofsweihe empfing er am 26. Juli 1953 in der Kirche S. Maria in Vallicella in Rom durch Kardinal Adeodato Giovanni Piazza O.C.D., den Sekretär der Konsistorialkongregation. Am 12. März 1959 wurde er zum Apostolischen Delegaten in Kanada ernannt, am 26. Mai 1964 zum Nuntius in Brasilien. 1962–1965 nahm er am II. Vatikanischen Konzil teil.

Papst Paul VI. kreierte ihn im Konsistorium vom 28. April 1969 zum Kardinaldiakon und verlieh ihm am 30. April 1969 das rote Birett und die Kirche Angel Custodi a Città Girardino als Titeldiakonie. Am 29. Juni 1969 wurde er zum Erzbischof von Cagliari auf Sardinien ernannt. Am 26. Februar 1973 wurde er Präfekt der Bischofskongregation und Präsident der Kommission für Lateinamerika. Er optierte am 21. Dezember 1973 für die Klasse der Kardinalpriester und die Titelkirche S. Sebastiano alle Catacombe. Er nahm 1974, 1977, 1980, 1983, 1985, 1987 und 1991 an Bischofssynoden teil. Am 12. Dezember 1974 wurde er zum Kardinaltitularbischof von Velletri ernannt, das am 21. Oktober 1981 mit dem Bistum von Segni vereinigt und in Velletri-Segni umbenannt wurde. Er nahm an den Konklaven von August 1978, welches Johannes Paul I. wählte, und von Oktober 1978, welches Johannes Paul II. wählte, teil und wurde von beiden Päpsten in seinen bisherigen Ämtern bestätigt. 1979 nahm er als einer der Präsidenten an der III. Generalversammlung des lateinamerikanischen Episkopates in Puebla, Mexiko, teil. Am 8. April 1984 verzichtete er auf die Leitung seiner Kongregation und die Präsidentschaft der Kommission für Lateinamerika und wurde Präsident der Päpstlichen Kommission für den Staat der Vatikanstadt und am 26. Mai 1984 noch zusätzlich Kardinal-Patron des souveränen Malteserordens. Am 23. März 1985 wurde er Camerlengo *S.E.R.* Am 15. April 1986 wurde er Subdekan des Kardinalskollegiums. Am 31. Oktober 1990 legte er das Amt des Präsidenten für die Vatikanstadt nieder.

Er starb am 21. März 1993 in Rom und wurde im Familiengrab in seinem Heimatort Rosa beigesetzt.

Oddi, Silvio Angelo Pio (1910–2001)
Oddi wurde am 14. November 1910 in Morfasso in der Region Emilia-Romagna im Königreich Italien, heute Republik Italien, geboren. Er studierte 1926–1933 am Collegio Alberoni in Piacenza.

Am 21. Mai 1933 wurde er in Piacenza zum Priester geweiht. Anschließend studierte er bis 1936 in Rom an der Päpstlichen Diplomatenakademie und am Päpstlichen *Athenaeum* St. Thomas v. Aquin (*Angelicum*) und trat anschließend in den diplomatischen Dienst des Heiligen Stuhls ein. 1936–1939 war er Sekretär der Apostolischen Delegatur im Iran. 1937 wurde er päpstlicher Geheimkämmerer. 1939–1945 war er Sekretär der Apostolischen Delegatur in Libanon und Syrien und 1945–1948 in Ägypten. 1948–1951 war er in der Nuntiatur von Frankreich eingesetzt und leitete 1951–1953 als Regente die Nuntiatur von Jugoslawien.

Am 30. Juli 1953 wurde er zum Titularerzbischof von Messembrina und am 31. Juli 1953 zum Apostolischen Delegaten von Jerusalem, Palästina und Jordanien ernannt.

Die Bischofsweihe empfing er am 27. September 1953 in der Kathedrale von Piacenza von Kardinal Angelo Giuseppe Roncalli, dem Patriarchen von Venedig. Am 11. Januar 1957 wurde er Internuntius in Ägypten, am 17. Mai 1962 Nuntius in Belgien und Internuntius in Luxemburg. 1962–1965 nahm er am II. Vatikanischen Konzil teil.

Papst Paul VI. kreierte ihn im Konsistorium vom 28. April 1969 zum Kardinaldiakon und verlieh ihm am 30. April 1969 das rote Birett und die Kirche S. Agata in Urbe als Titeldiakonie. Am 13. Juni 1969 wurde er zum Präsidenten der Kommission für Loreto und Pompeji und zum Päpstlichen Legaten für die Basilika von Assisi ernannt. Er nahm an den Konklaven von August 1978, welches Johannes Paul I. wählte, und von Oktober 1978, welches Johannes Paul II. wählte, teil. Am 30. Juni 1979 optierte er für die Klasse der Kardinalpriester und Erhebung seiner Diakonie zur Titelkirche. Am 29. September 1979 wurde er Präfekt der Kleruskongregation. Als solcher nahm er an den Bischofssynoden von 1980, 1983 und 1985 teil. Am 9. Januar 1986 legte er die Leitung der Kongregation nieder. Am 14. November 1990 verlor er mit Erreichen der Altersgrenze von 80 Jahren das Recht zur Teilnahme am Konklave.

Er starb am 29. Juni 2001 in Cortemaggiore bei Piacenza und wurde in der alten Pfarrkirche von Morfasso beigesetzt.

Paupini, Giuseppe (1907–1992)

Paupini wurde am 25. Februar 1907 in Mondavio in der Provinz Pesaro und Urbino in den Marken im Königreich Italien, heute Republik Italien, geboren. Er studierte am Priesterseminar in Fano.

Am 19. März 1930 wurde er in Fano zum Priester geweiht. Anschließend ging er zu einem Aufbaustudium an das Päpstliche *Athenaeum* des Laterans, wo er in kanonischem Recht promoviert wurde. Er kehrte 1932 in seine Heimat zurück und wirkte dort bis 1939 in der Seelsorge der Diözese Fano und als Dozent für kanonisches Recht am Priesterseminar. 1939 trat er in den Dienst des vatikanischen Staatssekretariates ein und wurde zunächst als Mitarbeiter an die Nuntiatur in Frankreich und später als Sekretär an die Nuntiatur in Italien entsandt. 1947–1951 war Geschäftsträger der Nuntiaturen von Honduras, Nicaragua und Kuba. 1951 wurde er zum Nuntiaturrat ernannt und arbeitete im Staatssekretariat. 1952 wurde er päpstlicher Hausprälat.

Am 2. Februar 1956 wurde er zum Titularerzbischof von Sebastopolis in Abasgia und Internuntius im Iran sowie Apostolischen Administrator der lateinischen Diözese Ispahan ernannt. Die Bischofsweihe empfing er am 25. Februar 1956 in der Kirche S. Eugenio in Rom von Kardinal Valerio Valeri, dem Präfekten der Religiosenkongregation. Am 25. Februar 1957 wurde er Nuntius in Guatemala und El Salvador, am 23. Mai 1959 Nuntius in Kolumbien. Er nahm 1962–1965 am II. Vatikanischen Konzil teil.

Papst Paul VI. kreierte ihn im Konsistorium vom 28. April 1969 zum Kardinaldiakon und verlieh ihm am 30. April 1969 das rote Birett und die Kirche Ognissanti in Via Appia Nuova als Titeldiakonie. Am 21. März 1973 wurde er zum Kardinalgroßpönitentiar ernannt. Er nahm an den Bischofssynoden von 1974, 1977, 1980 und 1983 teil. Er nahm an den

Konklaven von August 1978, welches Johannes Paul I. wählte, und von Oktober 1978, welches Johannes Paul II. wählte, teil. Am 30. Juni 1979 optierte er für die Klasse der Kardinalpriester und Erhebung seiner Diakonie zur Titelkirche. Am 8. April 1984 legte er die Leitung der Apostolischen Pönitenarie nieder. Am 25. Februar 1987 verlor er mit Erreichen der Altersgrenze von 80 Jahren das Recht zur Teilnahme am Konklave.

Er starb am 18. Juli 1992 in Rom und wurde in der Kirche Ss. Pietro e Paterniano in Mondavio in den Marken beigesetzt.

Violardo, Giacomo (1898 – 1978)
Violardo wurde am 10. Mai 1898 in Covone in Piemont im Königreich Italien, heute Republik Italien, geboren. Er trat in das Priesterseminar von Alba ein, musste aber für den Dienst in der italienischen Armee während des Ersten Weltkrieges sein Studium unterbrechen und nahm es nach dem Krieg wieder auf.

Am 29. Juni 1923 wurde er zum Priester geweiht. Anschließend studierte er in Rom am Päpstlichen *Athenaeum S. Apollinare*, wo er einen Doktor in beiderlei Rechten (*utriusque iuris*) erwarb. An der Katholischen Universität Mailand erwarb er einen Doktor in Rechtswissenschaften. 1928 – 1935 war er Dozent für kanonisches Recht und Moraltheologie am Priesterseminar von Fano, 1935 wurde er päpstlicher Geheimkämmerer und war bis 1964 Professor an der Päpstlichen Lateranuniversität. 1938 war er für einige Monate Auditor der Nuntiatur in Frankreich. 1939 wurde er päpstlicher Hausprälat und Referendariatsprälat an der Apostolischen Signatur, deren Untersekretär er am 24. Juli 1954 wurde. Am 2. April 1962 wurde er Sekretär der Kardinalskommission für die authentische Interpretation des *Codes Iuris Canonici* und 1963 Sekretär der Kardinalskommission für die Revision des *Codex Iuris Canonici*. Am 26. Januar wurde er Sekretär der Kongregation für die Sakramentendisziplin.

Am 19. Februar 1966 wurde er zum Titularerzbischof von Satafi ernannt. Die Bischofsweihe empfing er am 19. März 1966 in der Petersbasilika des Vatikans von Papst Paul VI.

Papst Paul VI. kreierte ihn im Konsistorium vom 28. April 1969 zum Kardinaldiakon und verlieh ihm am 30. April 1969 das rote Birett und die Kirche S. Eustachio als Titeldiakonie. Am 3. Juli 1969 wurde er zum Kardinal-Patron des souveränen Malteserordens ernannt.

Er starb am 17. März 1978 in Rom und wurde in der Pfarrkirche von Govone beigesetzt.

Willebrands, Johannes Gerardus Maria (1909 – 2006)
Willebrands wurde am 4. September 1909 in Bovenkarspel in der Provinz Nordholland, Westfriesland in den Niederlanden, geboren. 1927 trat er in das Noviziat der Redemptoristen in 's-Hertogenbosch ein, das er 1928 abbrach. 1929 – 1934 studierte er am Priesterseminar des Bistums Haarlem in Warmond.

Am 26. Mai 1934 wurde er in Warmond zum Priester geweiht und anschließend als Seminarist des niederländischen Kollegs in Rom an das Päpstliche *Athenaeum* St. Thomas v. Aquin (*Angelicum*) zum Weiterstudium gesandt. 1937 wurde er in Philosophie promoviert. 1937–1940 war er Kaplan an der Beginenkirche von Amsterdam. 1940–1945 wirkte er als Dozent für Philosophiegeschichte am Priesterseminar in Warmond, das er 1947–1960 als Regens leitete. In diesen Jahren engagierte er sich auch in verschiedenen ökumenischen Kreisen und baute ein Netzwerk ökumenischer Kontakte auf. Am 28. Juni 1960 wurde er zum Sekretär des neu eingerichteten Sekretariates zu Förderung der Einheit der Christen ernannt. Er nahm 1962–1964 an den ersten Sessionen des II. Vatikanischen Konzils als Experte teil. 1963 wurde er zum päpstlichen Hausprälaten ernannt. Er bereitete die Reise Pauls VI. nach Jerusalem im Januar 1964 und dessen Treffen mit dem ökumenischen Patriarchen Athenagoras I. vor.

Am 4. Juni 1964 wurde er zum Titularbischof von Mauriana ernannt. Die Bischofsweihe empfing er am 28. Juni 1964 von Papst Paul VI. in der Petersbasilika des Vatikans. Am 12. April 1969 wurde er zum Präsidenten des Sekretariates für die Einheit der Christen ernannt.

Papst Paul VI. kreierte ihn im Konsistorium vom 28. April 1969 zum Kardinaldiakon und verlieh ihm am 30. April 1969 das rote Birett und die Kirche SS. Cosma e Damiano als Titeldiakonie. 1974 wurde er Präsident der Kommission für die religiösen Beziehungen zum Judentum. Er nahm an den Bischofssynoden von 1969, 1971, 1974, 1977, 1980 als delegierter Präsident, 1985 und 1987 teil. Am 6. Dezember 1975 wurde er zusätzlich zu seinem Kurienamt zum Erzbischof von Utrecht und Militärvikar für die Niederlande ernannt und erhielt am gleichen Tag die Ernennung zum Kardinalpriester und die Titelkirche S. Sebastiano alle Catacombe. Er nahm an den Konklaven von August 1978, welches Johannes Paul I. wählte, und von Oktober 1978, welches Johannes Paul II. wählte, teil. Am 22. November 1982 legte er die Leitung des Militärvikariats für die Niederlande nieder und am 3. Dezember 1983 die Leitung der Erzdiözese Utrecht. Am 4. September 1989 verlor er mit Erreichen der Altersgrenze von 80 Jahren das Recht zur Teilnahme am Konklave und legte am 12. Dezember 1989 das Amt des Präsidenten des Rates zur Förderung der Einheit der Christen nieder. Er erhielt den Titel Präsident em. und verbrachte ab 1997 seinen Lebensabend in den Niederlanden.

Er starb am 2. August 2006 in Dennekamp in den Niederlanden und wurde auf dem St. Barbara-Friedhof auf dem Gelände der Kathedrale von Utrecht beigesetzt.

Nasalli Rocca di Corneliano, Mario (1903–1988)

Nasalli Rocca di Corneliano wurde am 12. August 1903 in Piacenza in der Region Emilia Romagna im Königreich Italien, heute Republik Italien, geboren. Sein Onkel war der Erzbischof von Bologna, Kardinal Giovanni Battista Nasalli Rocca di Corneliano (1923 kreiert). Er studierte am Päpstlich-Römischen Seminar, am Päpstlichen *Athenaeum S. Apollinare* und an der Päpstlichen Akademie für den kirchlichen Adel.

Am 9. April 1927 wurde er in Rom durch seinen Onkel zum Priester geweiht. Er übernahm bis 1969 neben seinen Ämtern in der Römischen Kurie verschiedene seelsorgerliche Aufgaben in der Diözese Rom. Er wurde zum Kanoniker der Petersbasilika des Vatikans, 1931 zum päpstlichen Geheimkämmerer und 1949 zum päpstlichen Hausprälaten ernannt. Am 29. Oktober 1958 wurde er zum Maestro di Camera des Papstes ernannt und am 15. August 1967 zum Präfekten des Apostolischen Palastes.

Am 11. April 1969 wurde er zum Titularerzbischof von Anzio ernannt Die Bischofsweihe empfing er am 20. April 1969 in der Petersbasilika des Vatikans von Kardinal Paolo Marella, dem Erzpriester der Petersbasilika des Vatikans.

Papst Paul VI. kreierte ihn im Konsistorium vom 28. April 1969 zum Kardinaldiakon und verlieh ihm am 30. April 1969 das rote Birett und die Kirche S. Giovanni Battista decollato als Titeldiakonie. Er war Mitglied mehrere kurialer Behörden. Er nahm an den Konklaven von August 1978, welches Johannes Paul I. wählte, und von Oktober 1978, welches Johannes Paul II. wählte, teil. Am 30. Juni 1979 optierte er für die Klasse der Kardinalpriester und Erhebung seiner Diakonie zur Titelkirche. Am 12. August 1983 verlor er mit Erreichen der Altersgrenze von 80 Jahren das Recht zur Teilnahme am Konklave.

Er starb am 9. November 1988 in Rom und wurde in der Kirche S. Mario Martire in Vigolzone bei Piacenza beigesetzt.

Guerri, Sergio (1905–1992)

Guerri wurde am 25. Dezember 1905 in Tarquinia in der Provinz Viterbo, Latium im Königreich Italien, heute Republik Italien, geboren. Er studierte am Priesterseminar von Montefiascone und war später Seminarist am Päpstlich-Römischen Seminar, von wo aus er am Päpstlichen *Athenaeum* des Laterans studierte.

Am 30. März 1929 wurde er zum Priester geweiht und setzte seine Studien bis 1931 am Päpstlichen *Athenaeum S. Apollinare* fort. Danach wirkte er bis 1937 in der Seelsorge der Diözese Tarquinia und Civitavecchia. 1937–1941 war er in der Verwaltung des Päpstlichen *Athenaeum Urbaniana* der Kongregation *Propaganda Fide* eingesetzt und wurde 1940 zum päpstlichen Geheimkämmerer ernannt. 1941–1946 war er Mitarbeiter beim Institut für die Arbeit der Religionen (Vatikanbank), dessen stellvertretender Sekretär er 1946–1948 war. 1948 wurde er Pro-Sekretär der Vermögensverwaltung des Heiligen Stuhls und 1949 päpstlicher Hausprälat. 1951 wurde er Sekretär der Kardinalkommission für die Vermögensverwaltung des Heiligen Stuhls und 1952 Kanoniker des Kapitels der Petersbasilika des Vatikans. 1960 wurde er Sekretär des Verwaltungssekretariates für die Vorbereitung des II. Vatikanischen Konzils 1960 und war 1962–1965 als Sekretär der Verwaltung des II. Vatikanischen Konzils tätig. Am 7. Mai 1968 wurde er Sekretär der Vermögensverwaltung des Heiligen Stuhls und am 6. November 1968 Pro-Präsident *ad interim* der Päpstlichen Kommission für die Vatikanstadt.

Am 11. April 1969 wurde er zum Titularerzbischof von Trevi ernannt. Die Bischofsweihe empfing er am 27. April 1969 in der Lateranbasilika in Rom von Kardinalstaatssekretär Amleto Giovanni Cicognani.

Papst Paul VI. kreierte ihn im Konsistorium vom 28. April 1969 zum Kardinaldiakon und verlieh ihm am 30. April 1969 das rote Birett und die Kirche Ss.mo Nome di

Maria al Foro Traiano als Titeldiakonie. Er wurde als Pro-Präsident der Päpstlichen Kommission für die Vatikanstadt bestätigt. Er nahm an den Konklaven von August 1978, welches Johannes Paul I. wählte, und von Oktober 1978, welches Johannes Paul II. wählte, teil. Am 30. Juni 1979 optierte er für die Klasse der Kardinalpriester und Erhebung seiner Diakonie zur Titelkirche. Am 26. September 1981 legte er die Pro-Präsidentschaft der Päpstlichen Kommission für die Vatikanstadt nieder. Am 25. Dezember 1985 verlor er mit Erreichen der Altersgrenze von 80 Jahren das Recht zur Teilnahme am Konklave.

Er starb am 15. März 1992 im Vatikan und wurde auf dem Friedhof von Tarquinia beigesetzt.

Daniélou S.J., Jean-Guinolé-Marie (1905 – 1974)

Daniélou wurde am 14. Mai 1905 in Neuilly-sur-Seine, einem Vorort von Paris in der Republik Frankreich, geboren. Er studierte an der Universität La Sorbonne in Paris, wo er bereits 1927 Agrégé de grammaire wurde. 1929 trat er in den Jesuitenorden ein und begann das Noviziat in Laval. Sein Philosophie- und Theologiestudium absolvierte er 1931 – 1939 in Saint Louis de Jersey und zusammen mit H. U. von Balthasar in Lyon-Fourvière.

Am 20. August 1938 wurde er zum Priester geweiht. Er setzte seine Studien fort und betreute ab 1941 als Hochschulseelsorger Studentengruppen der École Normale Supérieure de Sèvres sowie ab 1944 Kreise gebildeter junger Frauen (Cercle Saint-Jean-Baptiste), die sich mit der Mission und der Situation des Christentums in der modernen Welt auseinandersetzten. 1943 wurde er am Pariser Institute Catholique zum Dr. theol. promoviert und übernahm dort einen Lehrstuhl für altchristliche Literatur und Geschichte. Er widmete sich vor allem der Bibel- und Sakramententheologie der Kirchenväter sowie deren Glaubenslehre und Liturgieverständnis. 1946 löste er durch einen Beitrag in der Zeitschrift „Études" die Auseinandersetzung um die Nouvelle Théologie mit aus. Auf dem II. *Vaticanum* arbeitete er seit 1962 als Experte mit.

Am 11. April 1969 wurde er zum Titularerzbischof von Taormina ernannt. Die Bischofsweihe empfing er am 19. April 1969 in der Kirche Saint-Joseph-des-Carmes am Institute Catholique in Paris von Erzbischof François Marty von Paris.

Papst Paul VI. kreierte ihn im Konsistorium vom 28. April 1969 zum Kardinaldiakon und verlieh ihm am 30. April 1969 das rote Birett und die Kirche S. Saba als Titeldiakonie. Er nahm an der Bischofssynode von 1969 teil und wurde am 9. November 1972 in die Academie Française gewählt.

Er starb am 20. Mai 1974 in Paris und wurde im Grab der Jesuiten auf dem Friedhof Vaugirard in Paris beigesetzt.

Trochta S.D.B., Stepán (1905 – 1974)

Trochta wurde am 26. März 1905 in Francova Lhota in Mähren im Kronland Böhmen in der k. u. k. Monarchie Österreich-Ungarn, später Tschechoslowakei, heute Tschechien, geboren. Er studierte zunächst am Seminar von Kromeriz bei Olmütz. 1923 trat er in den

Orden der Salesianer Don Boscos ein und studierte am Salesianischen Philosophischen Institut in Turin und am Päpstlichen *Athenaeum* der Salesianer in Turin, wo er in Theologie promoviert wurde.

Am 29. Juni 1932 wurde er in Turin zum Priester geweiht. Er übernahm verschiedene Aufgaben in seinem Orden und gründete die Salesianerniederlassung in Prag und Ostrau mit. Während des Zweiten Weltkrieges war er in den Konzentrationslagern Theresienstadt, Mauthausen und Dachau inhaftiert und wurde von amerikanischen Truppen befreit.

Am 27. September 1947 wurde er zum Bischof von Litoměřice (Leitmeritz) ernannt. Die Bischofsweihe empfing er am 16. November 1947 in Prag von Erzbischof Xaver Ritter, dem Nuntius in der Tschechoslowakei. 1949–1968 wurde er an der Amtsausübung durch das kommunistische Regime gehindert. 1953–1960 war er inhaftiert, 1960 wurde er amnestiert, aber weiter an der Amtsausübung gehindert und musste als Fabrikarbeiter und Installateur tätig sein. Während des sogenannten Prager Frühlings wurde er am 20. Juli rehabilitiert und konnte ab dem 6. August 1968 sein Bischofsamt ausüben. 1969 und 1971 nahm er an Bischofssynoden in Rom teil.

Papst Paul VI. kreierte ihn im Konsistorium vom 28. April 1969 *in pectore* zum Kardinal. Seine Kreierung und Erhebung zum Kardinalpriester wurde am 5. März 1973 veröffentlicht. Am 12. April 1973 erhielt der das rote Birett und die Titelkirche S. Giovanni Bosco in Via Tuscolana.

Er starb am 6. April 1974 in Litoměřice und wurde im Bischofsgrab auf dem städtischen Friedhof beigesetzt.

Luciani, Albino – Papst Johannes Paul I. (1912–1978)
Luciani wurde am 17. Oktober 1912 in Forno di Canale (seit 1964 Canale d'Agordo) bei Belluno in Venetien im Königreich Italien, heute Republik Italien, geboren. Er studierte am Priesterseminar von Belluno.

Am 7. Juli 1935 wurde er in Belluno zum Priester geweiht. Er wirkte zunächst als Kaplan seiner Heimatgemeinde und wurde 1937 zum Subregens des Priesterseminars von Belluno ernannt, wo er für 10 Jahre verschiedene Fächer unterrichtete. Ab 1941 studierte er an der Päpstlichen Universität Gregoriana in Rom, wo er 1947 in Theologie promoviert wurde. 1947 wurde er Direktor des katechetischen Amtes der Diözese und wirkte in den folgenden Jahren auch als Pro-Kanzler und stellvertretender Generalvikar und schließlich ab 1954 als Generalvikar des Bischofs von Belluno.

Am 15. Dezember 1958 wurde er zum Bischof von Vittorio Veneto ernannt. Die Bischofsweihe empfing er am 27. Dezember 1958 in der Petersbasilika des Vatikans von Papst Johannes XXIII. Er nahm 1962–1965 am II. Vatikanischen Konzil teil. Am 15. Dezember 1969 wurde er zum Patriarchen von Venedig ernannt.

Papst Paul VI. kreierte ihn im Konsistorium vom 5. März 1973 zum Kardinalpriester und verlieh ihm am gleichen Tag das rote Birett und die Titelkirche S. Marco. Er nahm an den Bischofssynoden von 1971, 1974 und 1977 teil.

Er nahm am 25. und 26. August 1978 am Konklave teil und wurde am 26. August 1978 zum Papst gewählt. Er nahm den Namen Johannes Paul I. an und verzichtete bei seiner Amtseinführung am 3. September 1978 erstmalig auf die traditionelle Krönung mit der Tiara, sondern ließ sich stattdessen das Pallium als Zeichen seines Hirtenamtes umlegen. Er kreierte in seiner kurzen Amtszeit keine neuen Kardinäle.

Er starb am 28. September 1978 in seiner Wohnung im Vatikan. Rasch kamen Gerüchte bezüglich eines gewaltsamen Todes auf, die heute als ausgeräumt gelten. Am 4. Oktober 1978 wurde er in den Grotten der Petersbasilika beigesetzt.

Das Seligsprechungsverfahren für Johannes Paul I. wurde 2003 wegen seiner kurzen Amtszeit nicht wie bei Päpsten üblich, in Rom, sondern in seiner Heimatdiözese Belluno-Feltre eröffnet. Am 3. Januar 2007 wurde die römische Phase des Seligsprechungsverfahrens eröffnet, nachdem die diözesane Phase am 10. November 2006 in der Kathedrale von Belluno feierlich beendet worden war.

Ribeiro, António (1928 – 1998)
Ribeiro wurde am 21. Mai 1928 in Gandarela de Basta in der Provinz Braga in Portugal, welches damals von den Militärs beherrscht wurde, geboren. Er begann seine Studien am Priesterseminar von Braga und ging anschließend an das portugiesische Kolleg in Rom und studierte dort an der Päpstlichen Universität Gregoriana.

Am 5. Juli 1953 wurde er in Braga zum Priester geweiht. Er setzte bis 1959 seine Studien in Rom fort, wo er in Theologie an der Päpstlichen Universität Gregoriana promoviert wurde. Sein Studium führte ihn auch an die katholisch-theologische Fakultät in Innsbruck, Österreich, und an die katholisch-theologische Fakultät der Universität München, Deutschland. Nach seiner Rückkehr war er 1959 – 1964 Dozent am Priesterseminar von Braga und 1964 – 1966 Dozent am Höheren Institut für Sozial- und Politikwissenschaften in Braga. 1965 – 1966 war er Dozent und Direktor des Höheren Instituts für katholische Kultur und Studentenseelsorger an der Katholischen Universität League. l966 – 1967 amtierte er als Generalvikar des Erzbischofs von Braga.

Am 3. Juli 1967 wurde er zum Titularbischof von Tigillava und Weihbischof in Braga ernannt. Die Bischofsweihe empfing er am 17. September 1967 in Braga von Kardinal Manuel Gonçalves Cerejeira, dem Patriarchen von Lissabon. Am 6. Juni 1969 wurde er Weihbischof in Lissabon. Am 10. Mai 1971 wurde er zum Patriarchen von Lissabon ernannt und nahm an der Bischofssynode von 1971 teil. Am 24. Januar 1972 erfolgte die Ernennung zum Militärvikar von Portugal.

Papst Paul VI. kreierte ihn im Konsistorium vom 5. März 1973 zum Kardinalpriester und verlieh ihm am gleichen Tag das rote Birett und die Titelkirche S. Antonio da Padova in Via Merulana. Er nahm an den Bischofssynoden von 1974, 1977 (hier als delegierter Präsident), 1980, 1987, 1990 und 1991 teil. Er nahm an den Konklaven von August 1978, welches Johannes Paul I. wählte, und von Oktober 1978, welches Johannes

Paul II. wählte, teil. 1992 war er unter den Teilnehmern der IV. Generalkonferenz des lateinamerikanischen Episkopates in Santo Domingo, Dominikanische Republik.

Er starb am 24. März 1998 in Lissabon und wurde im Patriarchengrab des Klosters São Vicente de Fora in Lissabon beigesetzt.

Pignedoli, Sergio (1910 – 1980)

Pignedoli wurde am 4. Juni 1910 in Felina di Reggio Emilia bei Castelnuovo ne' Monti in der Reggio Emilia im Königreich Italien, heute Republik Italien, geboren. Er studierte am Priesterseminar von Reggio Emilia und an der Katholischen Universität Mailand, wo er in Mediävistik promoviert wurde. Am Päpstlichen *Athenaeum* des Laterans in Rom erwarb er ein Doktorat in kanonischem Recht und an der Päpstlichen Universität Gregoriana in Rom ein Doktorat in Kirchengeschichte.

Am 1. April 1933 wurde er in Rom zum Priester geweiht. 1933–1934 war er Subregens des Priesterseminars von Reggio Emilia und anschließend bis 1940 Studentenseelsorger an der Katholischen Universität Mailand. 1940–1943 war er während des Zweiten Weltkrieges Militärgeistlicher. 1943–1950 war er Mitarbeiter des Staatssekretariats und geistlicher Generalassistent der italienischen Katholischen Aktion und Hauptkaplan der italienischen Pfadfinder. 1945 wurde er päpstlicher Geheimkämmerer, 1949 päpstlicher Hausprälat. Er war Sekretär des Zentralkomitees für das Heilige Jahr 1950.

Am 22. Dezember 1950 wurde er zum Titularerzbischof von Iconium und Nuntius in Bolivien ernannt. Die Bischofsweihe empfing er am 11. Februar 1951 in der Basilika S. Paolo fuori le Mura in Rom von Kardinal Adeodato Giovanni Piazza O.C.D., dem Sekretär der Konsistorialkongregation. Am 19. Oktober 1954 wurde er zum Nuntius in Venezuela ernannt. Am 15. April 1955 wurde er Weihbischof von Erzbischof Montini in Mailand und am 23. September 1960 Apostolischer Delegat in West- und Zentralafrika mit Residenz in Lagos. 1962–1965 nahm er am II. Vatikanischen Konzil teil. Am 3. Juni 1964 wurde er Apostolischer Delegat in Kanada. Im September 1966 weilte er als vom Vatikan eingesetzter außerordentlicher Präsident der vietnamesischen Bischofskonferenz in Vietnam. Am 10. Juni 1967 wurde er Sekretär der Kongregation für die Evangelisierung der Völker.

Papst Paul VI. kreierte ihn im Konsistorium vom 5. März 1973 zum Kardinaldiakon und verlieh ihm am gleichen Tag das rote Birett und die Kirche San Giorgio in Velabro als Titeldiakonie. Am 6. März 1973 wurde er zum Präsidenten des Sekretariates für die Nichtchristen ernannt. Er nahm an den Bischofssynoden von 1974 und 1977 teil. Er nahm an den Konklaven von August 1978, welches Johannes Paul I. wählte, und von Oktober 1978, welches Johannes Paul II. wählte, teil. Am 30. Juni 1979 wurde er Kardinalprotodiakon.

Er starb am 15. Juni 1980 in Rom und wurde in der Pfarrkirche Felina di Castelnuovo ne' Monti beigesetzt.

Knox, James Robert (1914 – 1983)

Knox wurde am 2. März 1914 in Bayswater bei Perth in Australien geboren. Er begann sein Studium am Priesterseminar New Norcia in Australien und ging anschließend nach Rom, um am Päpstlichen Athenäum *Urbaniana* der Kongregation *Propaganda Fide* seine Studien fortzusetzen.

Am 22. Dezember 1941 wurde er in Rom von Kardinal Pietro Fumasoni Biondi, dem Präfekten der Kongregation *Propaganda Fide*, zum Priester geweiht. Er blieb in Rom und wirkte 1941–1949 als Studentenseelsorger am Päpstlichen *Athenaeum Urbaniana* und als Subregens von dessen Kolleg. 1948–1950 war er Mitarbeiter des Staatssekretariates und 1949–1950 Mitglied im Zentralkomitee für das Heilige Jahr 1950 sowie Mitarbeiter der englisch-sprachigen Abteilung von Radio Vatikan. 1950 wurde er päpstlicher Geheimkämmerer und bis 1953 Sekretär der Apostolischen Delegatur in Japan.

Am 20. Juli 1953 wurde er zum Titularerzbischof von Melitene und Apostolischen Delegaten für Britisch-Afrika mit Residenz in Mombasa ernannt. Die Bischofsweihe empfing er am 8. November 1953 in Rom von Kardinal Celso Costantini, dem Kanzler *S. E. R.* Am 14. Februar 1957 wurde er zum Internuntius in Indien und Apostolischen Delegaten in Burma und Ceylon ernannt. 1962–1965 nahm er am II. Vatikanischen Konzil teil. Als Internuntius in Indien war er 1964 Mitorganisator der Papstreise nach Indien. Am 13. April 1967 wurde er zum Erzbischof von Melbourne in Australien ernannt und war in dieser Zeit Hauptorganisator des 40. Internationalen Eucharistischen Kongresses, der 1973 in Melbourne stattfand.

Papst Paul VI. kreierte ihn im Konsistorium vom 5. März 1973 zum Kardinalpriester und verlieh ihm am gleichen Tag das rote Birett und die Titelkirche S. Maria in Vallicella. Am 25. Januar 1974 wurde er zum Präfekten der Kongregation für den Gottesdienst ernannt und verzichtete am 1. Juli 1974 auf die Leitung der Erzdiözese. Er nahm an den Bischofssynoden von 1974, 1977 und 1980 teil. Am 1. August 1975 wurde er Präfekt der neu umschriebenen Kongregation für Gottesdienst und Sakramente. Er nahm an den Konklaven von August 1978, welches Johannes Paul I. wählte, und von Oktober 1978, welches Johannes Paul II. wählte, teil. Beide Päpste bestätigten ihn in seinem Amt. Am 4. August 1981 wurde er zusätzlich noch Präsident des Päpstlichen Rates für die Familie.

Er starb am 26. Juni 1983 in Rom und wurde in der Kathedrale von Melbourne beigesetzt.

Raimondi, Luigi (1912 – 1975)

Raimondi wurde am 25. Oktober 1912 in Acque-Luserto in der Provinz Alessandria im Königreich Italien, heute Republik Italien, geboren. Er studierte am Priesterseminar von Acqui.

Am 6. Juni 1936 wurde er in Acqui zum Priester geweiht. 1936–1938 studierte er in Rom an der Päpstlichen Diplomatenakademie und am Päpstlichen *Athenaeum* des Laterans. Danach trat er in den Dienst des Heiligen Stuhls ein und wirkte bis 1942 als Sekretär der Nuntiatur in Guatemala. 1939 wurde er päpstlicher Geheimkämmerer.

1942–1949 war er Auditor der Apostolischen Delegatur in den USA. 1949–1953 wirkte er als Nuntiaturrat und Geschäftsträger der Internuntiatur in Indien. 1951 wurde er päpstlicher Hausprälat und arbeitete 1953 im Staatssekretariat.

Am 24. Dezember 1953 wurde er zum Titularerzbischof von Tarsus und Nuntius in Haiti und Apostolischen Delegaten für Britisch und Französisch Westindien ernannt. Die Bischofsweihe empfing er am 31. Januar 1954 in der Basilika S. Carlo al Corso in Rom von Kardinal Adeodato Giovanni Piazza O.C.D., dem Sekretär der Konsistorialkongregation. Am 15. Dezember 1956 wurde er zum Apostolischen Delegaten in Mexiko ernannt. Er nahm 1962–1965 am II. Vatikanischen Konzil teil. Am 30. Juni 1967 wurde er Apostolischer Delegat in den USA.

Papst Paul VI. kreierte ihn im Konsistorium vom 5. März 1973 zum Kardinaldiakon und verlieh ihm am gleichen Tag das rote Birett und die Kirche SS. Biagio e Carlo ai Catinari als Titeldiakonie. Am 21. März 1973 wurde er zum Präfekten der Kongregation für die Heiligsprechungen ernannt. 1974 nahm er an der Bischofssynode teil.

Er starb am 24. Juni 1975 in Rom und wurde im Familiengrab in Acqui Terme beigesetzt.

Mozzoni, Umberto (1904–1983)

Mozzoni wurde am 29. Juni 1904 in Buenos Aires in Argentinien als Sohn italienischer Einwanderer geboren. Seine Studien begann er am Priesterseminar von Macerata in Italien und ging schließlich nach Rom, wo er am Päpstlich-Römischen Seminar, dem Päpstlichen *Athenaeum S. Apollinare* und der Universität La Sapienza seine Studien fortsetzte.

Am 14. August 1927 wurde er in Rom zum Priester geweiht. Er war anschließend bis 1935 Dozent am Priesterseminar der Diözese Macerata und engagierte sich in der Seelsorge des Bistums. 1935 trat er in den diplomatischen Dienst des Heiligen Stuhls ein und wirkte bis 1954 als Sekretär und Auditor der Apostolischen Delegationen zunächst in Kanada, anschließend in Großbritannien und schließlich an der Nuntiatur in Portugal. 1936 war er zum päpstlichen Geheimkämmerer und 1948 zum päpstlichen Hausprälaten ernannt worden.

Am 13. November 1954 wurde er zum Titularerzbischof von Sidon und Nuntius in Bolivien ernannt. Die Bischofsweihe empfing er am 5. Dezember 1954 in Rom von Kardinal James Charles McGuigan, dem Erzbischof von Toronto in Kanada. Am 20. September 1958 wurde er zum Nuntius in Argentinien ernannt. 1962–1965 nahm er am II. Vatikanischen Konzil teil. Am 19. April 1969 wurde er Nuntius in Brasilien.

Papst Paul VI. kreierte ihn im Konsistorium vom 5. März 1973 zum Kardinaldiakon und verlieh ihm am gleichen Tag das rote Birett und die Kirche S. Eugenio als Titeldiakonie. Am 19. Juni 1974 wurde er Präsident der Kardinalskommission für die Wallfahrtsorte Pompeji und Loreto. Er nahm an den Konklaven von August 1978, welches Johannes Paul I. wählte, und von Oktober 1978, welches Johannes Paul II. wählte, teil. Nach dem Tod von Sergio Pignedoli wurde er 1980 Kardinalprotodiakon.

Am 2. Februar 1983 optierte er für die Klasse der Kardinalpriester und Erhebung seiner Diakonie zur Titelkirche.

Er starb am 7. November 1983 in Rom und wurde in der Kathedrale von Macerata beigesetzt.

Vilela, Avelar Brandão (1912 – 1986)
Vilela wurde am 13. Juni 1912 in Visosa im Bundessstaat Alagoas in Brasilien geboren. Er studierte an den Priesterseminaren von Maceiô und Olinda.

Am 27. Oktober 1935 wurde er zum Priester geweiht. Anschließend war er in der Priesterausbildung als Dozent und Spiritual am Seminar von Arucajú tätig und zusätzlich Sekretär in der Diözesanverwaltung der Diözese Aracajú und Diözesankaplan der Katholischen Aktion der Diözese Aracajú.

Am 13. Juni 1946 wurde er zum Bischof von Petrolina ernannt. Die Bischofsweihe empfing er am 27. Oktober 1946 in Aracajú von Bischof José Gomes da Silva von Aracajú. Am 5. November 1955 wurde er Erzbischof von Teresina in Brasilien. 1962 – 1965 nahm er am II. Vatikanischen Konzil teil. 1966 – 1972 war er Präsident des lateinamerikanischen Bischofsrates (CELAM) und nahm 1968 an der II. Generalversammlung des lateinamerikanischen Episkopates in Medellin, Kolumbien, teil. Er war Teilnehmer der Bischofssynoden von 1967, 1969, 1971 und 1974. Am 25. März 1971 wurde er zum Erzbischof von São Salvador da Bahia ernannt.

Papst Paul VI. kreierte ihn im Konsistorium vom 5. März 1973 zum Kardinalpriester und verlieh ihm am gleichen Tag das rote Birett und die Titelkirche SS. Bonifacio ed Alessio. Er nahm an den Konklaven von August 1978, welches Johannes Paul I. wählte, und von Oktober 1978, welches Johannes Paul II. wählte, teil. 1979 war er Teilnehmer der III. Generalkonferenz des lateinamerikanischen Episkopates in Puebla, Mexiko. Anlässlich der Erhebung São Salvador da Bahia zum Primatialsitz Brasiliens wurde er am 25. Oktober 1980 zum Primas von Brasilien ernannt.

Er starb am 19. Dezember 1986 in São Salvador da Bahia und wurde in der Kathedrale von São Salvador da Bahia beigesetzt.

Cordeiro, Joseph Marie Anthony (1918 – 1994)
Cordeiro wurde am 19. Januar 1918 in Bombay im damaligen zu Großbritannien gehörenden Kaiserreich Indien, heute Republik Indien, geboren. Er studierte am Päpstlichen Seminar in Kandy auf Ceylon (heute Sri Lanka) und an der Universität Bombay.

Am 24. August 1946 wurde er in Kandy zum Priester geweiht. 1946 – 1948 wirkte er in der Seelsorge in Pakistan in Hyderabad und in Karatschi; beide Städte, die vorher zu Britisch-Indien gehörten, gehörten ab 1947 zum neuen Staat Pakistan. 1948 – 1950 absolvierte er ein Aufbaustudium an der Universität Oxford in Großbritannien. 1951 – 1953 leitete er eine katholische Schule in Quetta in Pakistan. 1953 – 1958 war er Regens des Knabenseminars von Karatschi und Erzbischöflicher Rat und engagierte sich in der Seelsorge des Erzbistums Karatschi.

Am 7. Mai 1958 wurde er zum Erzbischof von Karatschi in Pakistan ernannt. Die Bischofsweihe empfing er am 24. August 1958 in Karatschi von Erzbischof James Cornelius Van Miltenburg O.F.M, dem Bischof von Hyderabad. Er nahm 1962–1965 am II. Vatikanischen Konzil teil. Er war Teilnehmer der Bischofssynoden von 1967, 1969, 1971, 1974, 1980, 1983, 1985 und 1987 und war mehrfach Mitglied des Generalsekretariates der Bischofssynode.

Papst Paul VI. kreierte ihn im Konsistorium vom 5. März 1973 zum Kardinalpriester und verlieh ihm am gleichen Tag das rote Birett und die Titelkirche S. Andrea delle Fratte. Er nahm an den Konklaven von August 1978, welches Johannes Paul I. wählte, und von Oktober 1978, welches Johannes Paul II. wählte, teil.

Er starb am 11. Februar 1994 in Karatschi und wurde in der Kathedrale von Karatschi beigesetzt.

Muñoz Duque, Aníbal (1908–1987)

Muñoz Duque wurde am 3. Oktober 1908 in Santa Rosa de Osos in Kolumbien geboren. Er studierte am Priesterseminar von Santa Rosa de Osos.

Am 19. November 1933 wurde er in Santa Rosa de Osos zum Priester geweiht. Er wirkte bis 1937 als Lehrer und Präfekt am Knabenseminar am Missionsinstitut von Yarumal in Kolumbien, dessen Rektor er bis 1950 war. 1950–1951 war er Pro-Generalvikar der Diözese Santa Rosa de Osos.

Am 8. April 1951 wurde er zum Bischof von Socorro y San Gil in Kolumbien ernannt. Die Bischofsweihe empfing er am 27. Mai 1951 in der Kathedrale von Bogotá von Erzbischof Antonio Samorè, dem Nuntius in Kolumbien. Am 18. Dezember 1952 wurde er Bischof von Bucaramanga, am 3. August 1959 Erzbischof von Nueva Pamplona. 1962–1965 nahm er am II. Vatikanischen Konzil teil. 1964–1972 war er Vorsitzender der kolumbianischen Bischofskonferenz. Er war Teilnehmer der Bischofssynoden von 1967, 1969, 1971 und 1980. 1968 nahm er an der II. Generalkonferenz des lateinamerikanischen Episkopates in Medellin, Kolumbien, teil. Am 15. April 1967 wurde er Apostolischer Administrator der Erzdiözese Bogotá und wurde am 30. März 1968 zum Titularerzbischof von Cariana ernannt. Am 2. Februar 1969 wurde er Koadjutor-Erzbischof *c.i.s.* von Bogotá. Am 29. Juli 1972 erfolgte die Ernennung zum Erzbischof von Bogotá und am 30. Juli 1972 zusätzlich zum Militärvikar von Kolumbien.

Papst Paul VI. kreierte ihn im Konsistorium vom 5. März 1973 zum Kardinalpriester und verlieh ihm am gleichen Tag das rote Birett und die Titelkirche S. Bartolomeo all'Isola. Er nahm an den Konklaven von August 1978, welches Johannes Paul I. wählte, und von Oktober 1978, welches Johannes Paul II. wählte, teil. 1979 war er Teilnehmer der III. Generalkonferenz des lateinamerikanischen Episkopates in Puebla, Mexiko.

Am 25. Juni 1984 legte er die Leitung der Erzdiözese und des Militärvikariates aus Altersgründen nieder.

Er starb am 15. Januar 1987 in Bogotá und wurde in der Kapelle „El Sagrario" in der Nähe der Kathedrale von Bogotá beigesetzt.

Kominek, Boleslaw (1903 – 1974)

Kominek wurde am 23. Dezember 1903 in Radlin in Oberschlesien im damaligen deutschen Kaiserreich gelegen, ab 1922 zu Polen gehörend (Ostoberschlesien), heute Republik Polen, geboren. Er studierte an der Universität Krakau.

Am 11. September 1927 wurde er in Katowice von Bischof Arkadiusz Lisiecki von Katowice zum Priester geweiht. 1927 – 1930 studierte er am Institute Catholique in Paris in Frankreich und übernahm seelsorgerliche Aufgaben unter den in Frankreich lebenden Polen. 1930 – 1939 arbeitete er in der Seelsorge in der Diözese Katowice und war gleichzeitig Sekretär der Katholischen Aktion. Während des Zweiten Weltkrieges betreute er heimlich in Lublin, Katowice und Oberschlesien Kriegsflüchtlinge und Gefangene der Konzentrationslager. Am 15. August 1945 wurde er von Kardinal Hlond, dem Primas von Polen, zum Apostolischen Administrator von Oppeln (poln.: Opole) ernannt. Am 26. Januar 1951 wurde ihm die Amtsausübung durch das kommunistische Regime in Polen verboten. Er verließ Oppeln und zog nach Krakau.

Am 26. April 1951 wurde er zum Titularbischof von Sophene mit Residenz in Breslau (poln.: Wroclaw) ernannt. Die kommunistische polnische Regierung untersagte ihm sowohl die Ansiedlung in Breslau als auch den Empfang der Bischofsweihe. Deshalb empfing er die Bischofsweihe heimlich am 10. Oktober 1954 in der Bischofsresidenz von Przemyśl von Bischof Franciszek Barda von Przemyśl. Der Empfang der Bischofsweihe musste bis 1956 geheim gehalten werden. Im Oktober 1956 durfte er in Breslau Residenz nehmen und sein Amt als Bischof und Verwalter des Erzbistums Breslau ausüben. Am 1. Dezember 1956 wurde er zum Titularbischof von Vaga ernannt, am 19. März 1962 zum Titularerzbischof von Eucaita und schließlich am 25. Mai 1962 zum Apostolischen Administrator von Breslau. 1962 – 1965 nahm er am II. Vatikanischen Konzil teil, 1971 an der Bischofssynode. Am 28. Juni 1972 wurde er zum Erzbischof von Breslau ernannt.

Papst Paul VI. kreierte ihn im Konsistorium vom 5. März 1973 zum Kardinalpriester und verlieh ihm am gleichen Tag das rote Birett und die Titelkirche S. Croce in via Flaminia.

Er starb am 10. März 1974 in Breslau und wurde in der Kathedrale von Breslau beigesetzt.

Philippe O.P., Paul-Pierre (1905 – 1984)

Philippe wurde am 16. April 1905 in Paris in der Republik Frankreich geboren. 1926 trat er in den Dominikanerorden ein und studierte an verschiedenen dominikanischen Studienhäusern.

Am 6. Juli 1932 wurde er zum Priester geweiht und setzte seine Studien bis 1935 fort. Danach war er 1935 kurz Dozent an der dominikanischen Studieneinrichtung in Lwow in Polen, heute Lviv in der Ukraine. 1935–1939 war er dann Dozent am Päpstlichen *Athenaeum* St. Thomas von Aquin (*Angelicum*) in Rom. Im Zweiten Weltkrieg war er 1939–1942 Offizier der französischen Armee und anschließend bis 1945 Dozent an der dominikanischen Studieneinrichtung „Le Saulchoir" in der Nähe von Paris. 1945–1950 war er Oberer des Konventes und Professor am Päpstlichen *Athenaeum* St. Thomas von Aquin (*Angelicum*) in Rom. 1950 gründete er ein Institut zur Vertiefung der Spiritualität für Seminardirektoren und Novizenmeister und war 1953–1957 Gründer und Direktor einer Ausbildungsstätte für Novizenmeisterinnen. 1951–1956 visitierte er als Apostolischer Visitator zahlreiche Ordenshäuser. 1951–1955 war er Socius des Kommissars des Heiligen Offiziums und bis 1959 selbst Kommissar. Am 14. Dezember 1959 wurde er zum Sekretär der Religiosenkongregation ernannt.

Am 28. August 1962 wurde er zum Titularerzbischof von Heracleopolis Magna ernannt. Die Bischofsweihe empfing er am 21. September 1962 in der Lateranbasilika in Rom von Papst Johannes XXIII. Er nahm 1962–1965 am II. Vatikanischen Konzil teil. Am 29. Juni 1967 wurde er zum Sekretär der Glaubenskongregation ernannt.

Papst Paul VI. kreierte ihn im Konsistorium vom 5. März 1973 zum Kardinaldiakon und verlieh ihm am gleichen Tag das rote Birett und die Kirche S. Pio V. a Villa Carpegna als Titeldiakonie. Am 6. März 1973 wurde er zum Präfekten für die Orientalischen Kirchen ernannt. Er nahm an den Bischofssynoden von 1974 und 1977 teil. Er nahm an den Konklaven von August 1978, welches Johannes Paul I. wählte, und von Oktober 1978, welches Johannes Paul II. wählte, teil. Beide Päpste bestätigten ihn in seinem Amt. Am 10. November 1978 wurde er zusätzlich Kardinal-Patron des Malteserordens. Am 27. Juni 1980 legte er die Leitung seiner Kongregation aus Altersgründen nieder. Am 2. Februar 1983 optierte er für die Klasse der Kardinalpriester und Erhebung seiner Diakonie zur Titelkirche.

Er starb am 9. April 1984 in Rom und wurde auf dem römischen Friedhof Campo Verano beigesetzt.

Palazzini, Pietro (1912–2000)

Palazzini wurde am 19. Mai 1912 in Piobbico in der Provinz Pesaro und Urbino im Königreich Italien, heute Republik Italien, geboren. Er studierte am Priesterseminar von Fano und wechselte zu weiteren Studien an das Päpstlich-Römische Seminar.

Am 6. Dezember 1934 wurde er in Rom zum Priester geweiht. Es folgten bis 1941 weitere Studien am Päpstlichen *Athenaeum* des Laterans, die er mit einer Promotion in beiderlei Rechten (*utriusque iuris*) abschloss. 1941–1942 war er Subregens des Knabenseminars Cagli und Kathedralkanoniker. 1942–1945 war er Subregens des Päpstlich-Römischen Seminars und anschließend bis 1949 stellvertretender Rektor des Päpstlichen *Athenaeum S. Apollinare*. 1945–1950 unterrichtete er kanonisches Recht am Lateran, 1950–1954 am kirchenrechtlichen Institut des Laterans, dem Päpstlichen

Institut *Utriusque Iuris*. Am 22. Dezember 1956 wurde er Untersekretär der Religiosenkongregation, am 18. Dezember 1958 Sekretär der Konzilskongregation.

Am 28. August 1962 wurde er zum Titularerzbischof von Caesarea in Cappodocia ernannt. Die Bischofsweihe empfing er am 21. September 1962 in der Lateranbasilika in Rom von Papst Johannes XXIII. 1962–1965 nahm er am II. Vatikanischen Konzil teil. Am 13. Juni 1969 wurde er Sekretär der Kardinalskommission für die Wallfahrtsorte Pompeji und Loreto.

Papst Paul VI. kreierte ihn im Konsistorium vom 5. März 1973 zum Kardinaldiakon und verlieh ihm am gleichen Tag das rote Birett und die Kirche S. Pietro Damiani ai Monti di S. Paolo als Titeldiakonie. Am 12. Dezember 1974 optierte er für die Kirche S. Girolamo della Carità als Titeldiakonie. Er nahm an den Konklaven von August 1978, welches Johannes Paul I. wählte, und von Oktober 1978, welches Johannes Paul II. wählte, teil. Am 27. Juni 1980 wurde er zum Präfekten der Kongregation für die Heiligsprechungen ernannt. Er nahm an den Bischofssynoden von 1980, 1983, 1985 und 1987 teil. Am 2. Februar 1983 optierte er für die Klasse der Kardinalpriester und Erhebung seiner Diakonie zur Titelkirche. Für seinen Einsatz bei der Rettung der Juden wurde 1985 für ihn in der Holocaustgedenkstätte Yad Vashem in Jerusalem ein Baum gepflanzt, und er erhielt den Titel „Gerechter der Völker". Am 1. Juli 1988 legte er die Leitung seiner Kongregation aus Altersgründen nieder. Am 19. Mai 1992 verlor er mit Erreichen der Altersgrenze von 80 Jahren das Recht zur Teilnahme am Konklave.

Er starb am 11. Oktober 2000 in Rom und wurde vorläufig auf dem römischen Friedhof Campo Verano beigesetzt. 2008 wurden seine Gebeine in seine Titelkirche San Girolamo della Carità überführt und erneut beigesetzt.

Aponte Martinez, Luis (1922–2012)

Aponte Martinez wurde am 4. August 1922 in Lajas auf dem Inselstaat Puerto Rico, welcher als nicht-korporiertes Mitglied zu den USA gehört, geboren. Er studierte am St. John's Seminar in Brighton, Massachusetts, und an der Universität Boston, Massachusetts, in den USA.

Am 10. April 1950 wurde er in San Germán auf Puerto Rico von Bischof James Edward McManus C.SS.R., von Ponce zum Priester geweiht. 1950–1955 arbeitete er als Kaplan in mehreren Gemeinden der Diözese Ponce. 1955 wurde er Sekretär des Bischofs von Ponce und Vizekanzler des Bistums. Er war außerdem für die Schulaufsicht der katholischen Schulen zuständig und als Direktor im Verwaltungsbereich der Katholischen Universität von Puerto Rico tätig sowie als Kaplan der Nationalgarde.

Am 23. Juli 1960 wurde er zum Titularbischof von Lares und Weihbischof in Ponce ernannt. Die Bischofsweihe empfing er am 12. Oktober 1960 in der Kirche Maria Reina in Ponce von Kardinal Francis Spellman, dem Erzbischof von New York. 1962–1965 nahm er am II. Vatikanischen Konzil teil. Am 16. April 1963 erfolgte die Ernennung zum Koadjutor von Ponce *c.i.s.* Am 18. November 1963 wurde er Bischof von Ponce. Am 4. November 1964 wurde er zum Erzbischof von San Juan auf Puerto Rico ernannt. Er war 1966–1999 Präsident des Senats der Katholischen Universität von Puerto Rico.

1966 richtete er die Bischofskonferenz von Puerto Rico ein, dessen Vorsitzender er bis 1982 war. Er nahm an den Bischofssynoden von 1969 und 1997 teil.

Papst Paul VI. kreierte ihn im Konsistorium vom 5. März 1973 zum Kardinalpriester und verlieh ihm am gleichen Tag das rote Birett und die Titelkirche S. Maria della Providenza a Monteverde. Er nahm an den Konklaven von August 1978, welches Johannes Paul I. wählte, und von Oktober 1978, welches Johannes Paul II. wählte, teil. Er war Teilnehmer der III. Generalkonferenz des lateinamerikanischen Episkopates in Puebla in Mexiko 1979 und der IV. Generalkonferenz des lateinamerikanischen Episkopates in Santo Domingo in der Dominikanischen Republik 1992. Am 26. März 1999 legte er die Leitung der Erzdiözese aus Altersgründen nieder. Am 4. August 2002 verlor er mit Erreichen der Altersgrenze von 80 Jahren das Recht zur Teilnahme am Konklave.

Er starb am 10. April 2012 in Hato Rey bei San Juan und wurde in der Kathedrale von San Juan beigesetzt.

Primatesta, Raúl Francisco (1919 – 2006)
Primatesta wurde am 14. April 1919 in Capilla del Señor in der Provinz La Plata in Argentinien geboren. Er begann sein Studium am Priesterseminar von La Plata und setzte es als Seminarist des lateinamerikanischen Kollegs in Rom an der Päpstlichen Universität Gregoriana und dem Päpstlichen Bibelinstitut fort, wo er mit Lizentiaten in Theologie und Exegese abschloss.

Am 25. Oktober 1942 wurde er in Rom von Erzbischof Luigi Traglia, dem Viceregente der Diözese Rom, zum Priester geweiht. Nach seiner Rückkehr unterrichtete er bis 1945 alte Sprachen am Knabenseminar der Erzdiözese La Plata und war anschließend bis 1957 als Dozent für Dogmatik und Exegese und als Subregens und zuletzt Regens des Priesterseminars von La Plata tätig.

Am 14. Juni 1957 wurde er zum Titularbischof von Tanais und Weihbischof in La Plata ernannt. Die Bischofsweihe empfing er am 15. August 1957 in La Plata von Erzbischof Antonio José Plaza von La Plata. 1957–1961 war er Generalvikar von La Plata. Am 12. Juni 1961 wurde er Bischof von San Rafael. 1962–1965 nahm er am II. Vatikanischen Konzil teil. Am 16. Februar 1965 erfolgte die Ernennung zum Erzbischof von Córdoba in Argentinien. Er nahm an den Bischofssynoden von 1967, 1971, 1974, 1977, 1980 als delegierter Präsident, 1983, 1985, 1987, 1990, 1994 und 1997 teil und war zeitweilig Mitglied des Generalsekretariates der Bischofssynode.

Papst Paul VI. kreierte ihn im Konsistorium vom 5. März 1973 zum Kardinalpriester und verlieh ihm am gleichen Tag das rote Birett und die Titelkirche S. Maria Vergine Addolorata a Piazza Buenos Aires. Er nahm an den Konklaven von August 1978, welches Johannes Paul I. wählte, und von Oktober 1978, welches Johannes Paul II. wählte, teil. Er war Teilnehmer der III. Generalkonferenz des lateinamerikanischen Episkopates in Puebla in Mexiko 1979 und der IV. Generalkonferenz des lateinamerikanischen Episkopates in Santo Domingo in der Dominikanischen Republik 1992. 1986–1998 war er Vorsitzender der argentinischen Bischofskonferenz. Am 17. November 1998 legte er die Leitung der

Erzdiözese aus Altersgründen nieder. Am 14. April 1999 verlor er mit Erreichen der Altersgrenze von 80 Jahren das Recht zur Teilnahme am Konklave.

Er starb am 1. Mai 2006 in Córdoba, Argentinien, und wurde in der Kathedrale von Córdoba beigesetzt.

Pappalardo, Salvatore (1918 – 2006)

Pappalardo wurde am 23. September 1918 in Villafranca Sicula auf Sizilien im Königreich Italien, heute Republik Italien, geboren. Er studierte in Rom am Päpstlich-Römischen Seminar und an der Päpstlichen Universität Gregoriana.

Am 12. April 1941 wurde er in Rom von Erzbischof Luigi Traglia, dem Viceregente der Diözese Rom, zum Priester geweiht. Bis 1947 studierte er weiter an der Päpstlichen Diplomatenakademie in Rom sowie am Päpstlichen *Athenaeum* des Laterans, wo er in Theologie und in beiderlei Rechten (*utriusque iuris*) promoviert wurde. 1947 trat er als Mitarbeiter in das Staatssekretariat in die Kongregation für die außerordentlichen Angelegenheiten der Kirche im Rang eines Nuntiaturrates ein und wurde 1951 päpstlicher Geheimkämmerer. Er engagierte sich in diesen Jahren auch in der Seelsorge des Bistums Rom. Er war 1949 – 1965 Dozent an der Päpstlichen Diplomatenakademie und lehrte 1959 – 1965 auch an der Lateranuniversität. 1961 wurde er päpstlicher Hausprälat.

Am 7. Dezember 1965 wurde er zum Titularerzbischof von Miletus und Pro-Nuntius in Indonesien ernannt. Die Bischofsweihe empfing er am 16. Januar 1966 in der Kapelle des Päpstlich-Römischen Seminars in Rom von Kardinalstaatssekretär Amleto Giovanni Cicognani. Am 7. Mai 1969 wurde er Präsident der Päpstlichen Diplomatenakademie und am 17. Oktober 1970 zum Erzbischof von Palermo in Sizilien ernannt.

Papst Paul VI. kreierte ihn im Konsistorium vom 5. März 1973 zum Kardinalpriester und verlieh ihm am gleichen Tag das rote Birett und die Titelkirche S. Maria d'Itria al Tritone, später in S. Maria Odigitria dei Siciliani umbenannt. Er nahm an den Konklaven von August 1978, welches Johannes Paul I. wählte, und von Oktober 1978, welches Johannes Paul II. wählte, teil. Er wandte sich in mehreren Predigten unerschrocken gegen die Verbrechen der Mafia und deren Verquickung in das politische Geschehen Siziliens und Italiens. Am 4. April 1996 legte er die Leitung der Erzdiözese aus Altersgründen nieder. Am 23. September 1998 verlor er mit Erreichen der Altersgrenze von 80 Jahren das Recht zur Teilnahme am Konklave.

Er starb am 10. Dezember 2006 in Palermo und wurde in der Kathedrale von Palermo beigesetzt.

Antonelli O.F.M., Ferdinando Giuseppe (1896 – 1993)

Antonelli wurde am 14. Juli 1896 in Subbiano in der Provinz Arezzo in der Toskana im Königreich Italien, heute Republik Italien, geboren. 1909 trat er in Florenz in den Franziskanerorden ein und legte am 7. April 1914 seine Profess ab. Während des Ersten

Weltkrieges musste er Militärdienst leisten. Danach begann er sein Studium am Päpstlichen *Athenaeum Antonianum* in Rom.

Am 25. Juli 1922 wurde er in Rom zum Priester geweiht. Anschließend setzte er bis 1928 seine Studien u. a. am Päpstlichen Institut für christliche Archäologie in Rom fort. 1928–1965 war er Dozent am Päpstlichen *Athenaeum Antonianum*. Zweimal, 1937–1943 und wieder 1953–1959, war er *Rector Magnificus* des *Antonianums*. 1939–1945 war er Generaldefinitor seines Ordens. Er nahm als Experte am II. Vatikanischen Konzil 1962–1965 teil. Am 26. Januar 1965 wurde er zum Sekretär der Ritenkongregation ernannt.

Am 19. Februar 1966 wurde er zum Titularerzbischof von Idicra ernannt. Die Bischofsweihe empfing er am 19. März 1966 von Papst Paul VI. in der Petersbasilika des Vatikans. Am 7. Mai 1969 wurde er zum Sekretär der neu errichteten Kongregation für die Heiligsprechungen ernannt.

Papst Paul VI. kreierte ihn im Konsistorium vom 5. März 1973 zum Kardinaldiakon und verlieh ihm am gleichen Tag das rote Birett und die Kirche S. Sebastiano al Palatino als Titeldiakonie. Am 14. Juli 1976 verlor er mit Erreichen der Altersgrenze von 80 Jahren das Recht zur Teilnahme am Konklave. Am 2. Februar 1983 optierte er für die Aufnahme in die Klasse der Kardinalpriester und die Erhebung seiner Diakonie zur Titelkirche.

Er starb am 12. Juli 1993 in Rom und wurde in der Marienkapelle des Franziskanerwallfahrtortes von La Verna beigesetzt.

Gonzales Martin, Marcelo (1918–2004)

Gonzales Martin wurde am 16. Januar 1918 in Villanubla in der Provinz Valladolid in der Region Kastilien und León im Königreich Spanien geboren. Er studierte am Priesterseminar von Valladolid und der Päpstlichen Universität von Comillas.

Am 29. Juni 1941 wurde er in Comillas zum Priester geweiht. In den Jahren 1941–1960 war er Dozent am Priesterseminar und an der Universität von Vallodolid und engagierte sich seelsorgerlich in der Erzdiözese Valladolid und in weiteren Diözesen Spaniens. In Valladolid war er Diözesankaplan der Katholischen Aktion und gründete eine Wohnungsbaugenossenschaft, welche vor allem den Wohnungsbau für arme Familien förderte. Im März 1960 wurde er päpstlicher Hausprälat.

Am 31. Dezember 1960 wurde er zum Bischof von Astorga ernannt. Die Bischofsweihe empfing er am 5. März 1961 in der Kathedrale von Valladolid von Erzbischof Ildebrando Antoniutti, dem Nuntius in Spanien. 1962–1965 nahm er am II. Vatikanischen Konzil teil. Am 21. Februar 1966 wurde er zum Titularerzbischof von Casae Medianae und Koadjutor *c.i.s.* von Barcelona ernannt. Am 7. Januar 1967 erfolgte die Ernennung zum Erzbischof von Barcelona. Er nahm an den Bischofssynoden von 1967 und 1974 teil. Am 3. Dezember 1971 wurde er zum Erzbischof von Toledo und Primas von Spanien ernannt.

Papst Paul VI. kreierte ihn im Konsistorium vom 5. März 1973 zum Kardinalpriester und verlieh ihm am gleichen Tag das rote Birett und die Titelkirche S. Agostino. Er nahm an den Konklaven von August 1978, welches Johannes Paul I. wählte, und von Oktober 1978, welches Johannes Paul II. wählte, teil. Am 23. Juni 1995 legte er die

Leitung der Erzdiözese aus Altersgründen nieder. Am 16. Januar 1998 verlor er mit Erreichen der Altersgrenze von 80 Jahren das Recht zur Teilnahme am Konklave.

Er starb am 25. August 2004 in Fuentes de Nava bei Palencia in Spanien und wurde in der Kathedrale von Toledo beigesetzt.

Guyot, Louis-Jean (1905 – 1988)

Guyot wurde am 7. Juli 1905 in Bordeaux in der Republik Frankreich geboren. Er studierte am Priesterseminar und an der Universität Bordeaux.

Am 29. Juni 1932 wurde er in Bordeaux zum Priester geweiht. Nach einem kurzen Einsatz in der Seelsorge studierte er in Rom am Päpstlichen *Athenaeum* St. Thomas von Aquin (*Angelicum*), war Jugendseelsorger für die Erzdiözese Bordeaux und gründete das Saint-Maurice Seminar für Spätberufene. 1944 – 1949 war er Generalvikar von Bordeaux.

Am 18. März 1949 wurde er zum Titularbischof von Helenopolis in Palästina und Koadjutor *c.i.s.* von Coutances ernannt. Die Bischofsweihe empfing er am 4. Mai 1949 in der Kathedrale von Bordeaux von Erzbischof Maurice Feltin von Bordeaux. Am 8. April 1950 wurde er Bischof von Coutances. 1962 – 1965 nahm er am II. Vatikanischen Konzil teil. Am 28. April 1966 wurde er Erzbischof von Toulouse.

Papst Paul VI. kreierte ihn im Konsistorium vom 5. März 1973 zum Kardinalpriester und verlieh ihm am gleichen Tag das rote Birett und die Titelkirche S. Agnese fuori le mura. Er nahm an den Konklaven von August 1978, welches Johannes Paul I. wählte, und von Oktober 1978, welches Johannes Paul II. wählte, teil. Am 16. November 1978 legte er die Leitung der Erzdiözese nieder. Am 7. Juli 1985 verlor er mit Erreichen der Altersgrenze von 80 Jahren das Recht zur Teilnahme am Konklave.

Er starb am 1. August 1988 in Bordeaux und wurde in der Kathedrale von Toulouse beigesetzt.

Poletti, Ugo (1914 – 1997)

Poletti wurde am 19. April 1914 in Omegna in Piemont im Königreich Italien, heute Republik Italien, geboren. Er studierte am Priesterseminar von Novara.

Am 29. Juni 1938 wurde er in Novara zum Priester geweiht. Er war bis 1946 Subregens des Priesterseminars von Novara und anschließend bis 1951 in der Seelsorge der Diözese tätig. 1954 – 1958 wirkte er als Pro-Generalvikar und wurde 1955 Apostolischer Protonotar.

Am 12. Juli 1958 wurde er zum Titularbischof von Medeli und Weihbischof in Novara ernannt. Die Bischofsweihe empfing er am 14. September 1958 in Novara von Erzbischof Vincenzo Gilla Gremigni, dem Bischof von Novara. 1962 – 1965 nahm er am II. Vatikanischen Konzil teil. 1964 – 1967 war er Präsident der Päpstlichen Missionswerke. Am 26. Juni 1967 wurde er zum Erzbischof von Spoleto ernannt und verwaltete von Oktober 1967 bis Juli 1969 zusätzlich als Apostolischer Administrator das Bistum Todi. Am 3. Juli 1969 wurde er zum Titularerzbischof von Cittanova und Viceregente der

Diözese Rom ernannt, am 13. Oktober 1972 erfolgte die Ernennung zum Pro-Vikar der Diözese Rom.

Papst Paul VI. kreierte ihn im Konsistorium vom 5. März 1973 zum Kardinalpriester und verlieh ihm am gleichen Tag das rote Birett und die Titelkirche SS. Ambrogio e Carlo. Am 6. März 1973 wurde er zum Kardinalvikar der Diözese Rom und am 26. März 1973 zum Erzpriester der Lateranbasilika ernannt. Er war Teilnehmer der Bischofssynoden von 1974, 1977, 1980, 1983, 1985 und 1987. Er nahm an den Konklaven von August 1978, welches Johannes Paul I. wählte, und von Oktober 1978, welches Johannes Paul II. wählte, teil. 1985–1990 war er Vorsitzender der italienischen Bischofskonferenz. Am 17. Januar 1991 legte er das Amt des Kardinalvikars der Diözese Rom und des Erzpriesters der Lateranbasilika nieder und wurde zum Erzpriester von Santa Maria Maggiore ernannt. Am 19. April 1994 verlor er mit Erreichen der Altersgrenze von 80 Jahren das Recht zur Teilnahme am Konklave.

Er starb am 25. Februar 1997 in Rom und wurde in der Basilika Santa Maria Maggiore in Rom beigesetzt.

Manning, Timothy (1909–1989)

Manning wurde am 15. November 1909 in Ballingeary in der Grafschaft Cork im Vereinigten Königreich Großbritannien und Irland, heute Republik Irland, geboren. Er besuchte in Irland noch das Mungret College in Limerick und emigrierte danach in die USA, wo er seine Studien am Saint Patrick's Seminary in Menlo Park bei Los Angeles im Bundesstaat Kalifornien fortsetzte.

Am 16. Juni 1934 wurde er in Los Angeles zum Priester geweiht. Er setzte seine Studien bis 1936 an der Päpstlichen Universität Gregoriana in Rom fort und kehrte nach Los Angeles zurück. In der Erzdiözese Los Angeles war er bis 1938 in der Gemeindeseelsorge eingesetzt und arbeitete anschließend bis 1946 als Sekretär des Erzbischofs von Los Angeles. 1941 wurde er zum Päpstlichen Geheimkämmerer und 1945 zum Päpstlichen Hausprälaten ernannt.

Am 3. August 1946 wurde er zum Titularbischof von Lesvi und Weihbischof in Los Angeles ernannt. Die Bischofsweihe empfing er am 15. Oktober 1946 in Los Angeles von Bischof Joseph Thomas McGucken, dem Weihbischof in Los Angeles. Im November 1955 wurde er Generalvikar der Erzdiözese Los Angeles. Er nahm 1962–1965 am II. Vatikanischen Konzil teil. Am 16. Oktober 1967 wurde er Bischof von Fresno. Am 26. Mai 1969 erfolgte die Ernennung zum Titularerzbischof von Capreae und Koadjutor *c.i.s.* von Los Angeles und am 21. Januar 1970 zum Erzbischof von Los Angeles.

Papst Paul VI. kreierte ihn im Konsistorium vom 5. März 1973 zum Kardinalpriester und verlieh ihm am gleichen Tag das rote Birett und die Titelkirche S. Lucia a Piazza d'Armi. Er nahm an den Bischofssynoden von 1977 und 1983 als delegierter Präsident teil. Er nahm an den Konklaven von August 1978, welches Johannes Paul I. wählte, und von Oktober 1978, welches Johannes Paul II. wählte, teil. Am 12. Juli 1985 legte er die

Leitung der Erzdiözese Los Angeles nieder und wirkte als Gemeindepfarrer in einer Gemeinde der Erzdiözese Los Angeles.

Er starb am 23. Juni 1989 in Los Angeles und wurde auf dem Calvary Friedhof in Los Angeles beigesetzt.

Taguchi, Paul Yashigoro (1902–1978)

Taguchi wurde am 20. Juli 1902 in Shittsu bei Nagasaki im Kaiserreich Japan geboren. Er studierte in Rom am Päpstlichen *Athenaeum Urbaniana* der Kongregation *Propaganda Fide*.

Am 22. Dezember 1928 wurde er in Rom zum Priester geweiht und setzte seine Studien bis 1931 am Päpstlichen *Athenaeum S. Apollinare* fort. Nach seiner Rückkehr 1931 war er bis 1936 in der Erzdiözese Tokio Dozent am dortigen Priesterseminar und in der Gemeindeseelsorge tätig. 1936–1940 war er Sekretär des Apostolischen Delegaten in Japan. Am 30. November 1940 wurde er zum Apostolischen Administrator der Diözese Osaka ernannt.

Am 25. November 1941 erfolgte die Ernennung zum Bischof von Osaka. Die Bischofsweihe empfing er am 14. Dezember 1941 in Osaka von Erzbischof Paolo Marella, dem Apostolischen Delegaten in Japan. 1941–1962 verwaltete er zusätzlich als Apostolischer Administrator die Apostolische Präfektur Shikoku. 1962–1965 nahm er am II. Vatikanischen Konzil teil. Er war Teilnehmer der Bischofssynoden von 1967, 1969, 1971 und 1974. Am 24. Juli 1969 wurde er zum Erzbischof von Osaka ernannt, nachdem das Bistum zum Metropolitanerzbistum erhoben worden war. 1970–1978 war er Vorsitzender der japanischen Bischofskonferenz und nahm 1971 an der I. Asiatischen Bischofskonferenz in Manila auf den Philippinen teil.

Papst Paul VI. kreierte ihn im Konsistorium vom 5. März 1973 zum Kardinalpriester und verlieh ihm am gleichen Tag das rote Birett und die Titelkirche S. Maria in Via.

Er starb am 23. Februar 1978 in Osaka und wurde in der Kathedrale von Osaka beigesetzt.

Otunga, Maurice Michael (1923–2003)

Otunga wurde im Januar 1923 in Chebukwa in der Provinz Nyanza in der britischen Kronkolonie Kenia, heute Republik Kenia, als Sohn eines Stammeshäuptlings geboren und war der erste Kenianer, der katholischer Priester, Bischof und Kardinal wurde. Er gehörte der Stammesreligion an und konvertierte 1935 zum Katholizismus und wurde auf den Namen Maurice Michael getauft. 1963 – er war bereits Bischof – taufte er seinen Vater und 1965 seine Mutter. Seine Ausbildung erhielt er zunächst an den Priesterseminaren von Kakamega in Kisumu und Gaba bei Kampala, Uganda. Als er 1947 anstelle seines Vaters Stammeshäuptling werden sollte, lehnte er ab. 1947–1950 studierte er am Päpstlichen *Athenaeum Urbaniana* der Kongregation *Propaganda Fide* in Rom.

Am 3. Oktober 1950 wurde er in Rom von Kardinal Pietro Fumasoni Biondi, dem Präfekten der Kongregation *Propanda Fide*, zum Priester geweiht und setzte sein Studium fort, welches er 1951 mit dem Lizentiat in Theologie abschloss. Nach seiner Rückkehr nach Kenia 1951 war er bis 1954 Dozent am Seminar in Kakamega und anschließend bis 1956 Sekretär von Erzbischof James Knox, dem Apostolischen Delegaten von Britisch-Afrika, der in Mombasa residierte. 1956 wurde er zum Pfarrer einer Gemeinde in Nairobi ernannt.

Am 17. November 1956 wurde er zum Titularbischof von Tacape und Weihbischof in Kisumu ernannt. Die Bischofsweihe empfing er am 25. Februar 1957 in Kakamega von Erzbischof James Robert Knox, dem Apostolischen Delegaten in Britisch-Afrika. Am 21. Mai 1960 wurde er Bischof von Kisii. 1962–1965 nahm er am II. Vatikanischen Konzil teil. Nach der Unabhängigkeit Kenias wurde er am 20. Januar 1964 Militärvikar von Kenia. Am 15. November 1969 wurde er zum Titularerzbischof von Bomarza und Koadjutor *c.i.s.* von Nairobi ernannt und wurde am 24. Oktober 1971 Erzbischof von Nairobi. Er war Vorsitzender der kenianischen Bischofskonferenz und stellvertretender Vorsitzender der „Association of Episcopal Conferences of East Africa" (AMECEA) sowie Mitglied der ständigen Kommission des Symposiums der Bischofskonferenzen von Afrika und Madagaskar (SECAM).

Papst Paul VI. kreierte ihn im Konsistorium vom 5. März 1973 zum Kardinalpriester und verlieh ihm am gleichen Tag das rote Birett und die Titelkirche S. Gregorio Barbarigo alle Tre Fontane. Er nahm an den Bischofssynoden von 1974, 1977, 1980, 1994 und 1997 teil und war mehrfach Mitglied des Generalsekretariates der Bischofssynode. Er nahm an den Konklaven von August 1978, welches Johannes Paul I. wählte, und von Oktober 1978, welches Johannes Paul II. wählte, teil. Am 24. Januar 1981 wurde das Militärvikariat in ein Militärordinariat umgewandelt, und er wurde Militärbischof von Kenia. Am 14. Mai 1997 legte er die Leitung der Erzdiözese und am 13. September 1997 das Militärbischofsamt nieder. Am 31. Januar 2003 verlor er mit Erreichen der Altersgrenze von 80 Jahren das Recht zur Teilnahme am Konklave. Er lebte im Ruhestand in einem Altenheim und engagierte sich seelsorgerlich.

Er starb am 6. September 2003 in Nairobi und wurde auf dem Friedhof Saint Austin in Msongari bei Nairobi beigesetzt. Im September 2009 wurde auf Diözesanebene der Seligsprechungsprozess eröffnet.

Salazar López, José (1910–1991)

Salazar López wurde am 12. Januar 1910 in Ameca im Bundesstaat Jalisco in der Republik Mexiko geboren. Er studierte am Priesterseminar von Guadalajara und an der Päpstlichen Universität Gregoriana in Rom.

Am 26. Mai 1934 wurde er in Guadalajara zum Priester geweiht und wurde anschließend in der Priesterausbildung eingesetzt. Er war am Priesterseminar von Guadalajara 1934–1944 Dozent und Studienpräfekt, 1944–1950 Subregens und 1950–1961 Regens. 1958 visitierte er als Apostolischer Visitator die Seminare in Puebla und Durango.

Am 22. Mai 1961 wurde er zum Titularbischof von Prusias ad Hypium und Koadjutor *c.i.s.* von Zamora ernannt. Die Bischofsweihe empfing er am 20. August 1961 in der Basilika von Guadalupe in Mexiko-City von Kardinal José Garibi Rivera, dem Erzbischof von Guadalajara. Er nahm 1962–1965 am II. Vatikanischen Konzil teil. Am 15. September 1967 wurde er zum Bischof von Zamora ernannt. Am 21. Februar 1970 wurde er Erzbischof von Guadalajara. Er nahm an der Bischofssynode von 1971 teil.

Papst Paul VI. kreierte ihn im Konsistorium vom 5. März 1973 zum Kardinalpriester und verlieh ihm am gleichen Tag das rote Birett und die Titelkirche S. Emerenziana a Tor Fiorenza. Kurz darauf war er für einige Jahre Vorsitzender der mexikanischen Bischofskonferenz. Er nahm an den Konklaven von August 1978, welches Johannes Paul I. wählte, und von Oktober 1978, welches Johannes Paul II. wählte, teil. 1979 war er unter den Teilnehmern der III. Generalkonferenz des lateinamerikanischen Episkopates in Puebla in Mexiko. Am 15. Mai 1987 legte er die Leitung der Erzdiözese aus Altersgründen nieder. Am 12. Januar 1990 verlor er mit Erreichen der Altersgrenze von 80 Jahren das Recht zur Teilnahme am Konklave.

Er starb am 9. Juli 1991 in Guadalajara und wurde in der Kathedrale von Guadalajara beigesetzt.

Biayenda, Emile (1927–1977)

Biayenda wurde 1927 in dem inzwischen nicht mehr existierenden Dorf Mfinkabitoungou, heute ein Teil von Maléla-Bombé (Mpangala) bei Vindza im Bezirk Kindamba und der Region Pool, in der damaligen französischen Kolonie Äquatorialafrika und heutigen Republik Kongo geboren. 1938 wurde er in Kindamba auf den Namen Emile getauft. Nach der Schulzeit studierte er 1950–1958 am Priesterseminar Libermann in Brazzaville.

Am 26. Oktober 1958 wurde er in der Kathedrale von Brazzaville von Erzbischof Michel-Jules-Joseph-Marie Bernard C.S.Sp. von Brazzaville, zum Priester geweiht. Bis 1962 war er Kaplan in einer Gemeinde in Ouenzé und war anschließend am Aufbau einer Gemeinde und Bau einer Kirche in Mouléké beteiligt. 1962–1965 war er Nationalkaplan der Legio Mariens, die politisch als nicht korrekt galt. Deshalb war er 1965 einige Monate unter Hausarrest. Nach seiner Freilassung wurde er im Oktober 1965 zu weiteren Studien an die Katholische Universität Lyon in Frankreich entsandt, wo er in Soziologie promovierte und 1969 mit einem Lizentiat in Theologie abschloss. Im Februar 1970 wurde er zum Bischofsvikar in der Erzdiözese Brazzaville ernannt.

Am 7. März 1970 wurde er zum Titularerzbischof von Garba und Koadjutor *c.i.s.* von Brazzaville ernannt. Die Bischofsweihe empfing er am 17. Mai 1970 in Rom von Erzbischof Sergio Pignedoli, dem Sekretär der Kongregation für die Evangelisierung der Völker. Am 14. Juni 1971 wurde er Erzbischof von Brazzaville. 1971 wurde er auch Vorsitzender der Bischofskonferenz der Republik Kongo. Er nahm 1971 und 1974 an den Bischofssynoden teil.

Papst Paul VI. kreierte ihn im Konsistorium vom 5. März 1973 zum Kardinalpriester und verlieh ihm am gleichen Tag das rote Birett und die Titelkirche S. Marco „in Agro

Lauretino". Im März 1977 wurde er im Zusammenhang mit Stammesrivalitäten entführt und am 23. März 1977 in Brazzaville ermordet. Er wurde in der Kathedrale von Brazzaville beigesetzt.

Medeiros, Humberto Sousa (1915 – 1983)

Medeiros wurde am 6. Oktober 1915 in Arrifes auf der Azoreninsel São Miguel, welche zu Portugal gehört, geboren. 1931 emigrierte er mit seiner Familie in die USA nach Fall River in Massachusetts. Er studierte an der Katholischen Universität von Amerika in Washington, D.C.

Am 15. Juni 1946 wurde er in Fall River von Bischof James Edwin Cassidy zum Priester geweiht. Er setzte seine Studien fort und wurde 1952 an der Päpstlichen Universität Gregoriana in Rom in Theologie promoviert. 1952 – 1966 war er Kanzler der Diözese Fall River und Ordensreferent.

Am 14. April 1966 wurde er zum Bischof von Brownsville in Texas ernannt. Die Bischofsweihe empfing er am 9. Juni 1966 in Fall River von Bischof James Louis Connolly von Fall River. Am 8. September 1970 wurde er zum Erzbischof von Boston ernannt und war damit der erste Erzbischof von Boston seit 124 Jahren, der nichtirischer Abstammung war.

Papst Paul VI. kreierte ihn im Konsistorium vom 5. März 1973 zum Kardinalpriester und verlieh ihm am gleichen Tag das rote Birett und die Titelkirche S. Susanna. Am 13. Mai 1977 war er Päpstlicher Legat beim 60. Jahrestag der Marienerscheinungen von Fatima in Portugal. Er nahm an den Konklaven von August 1978, welches Johannes Paul I. wählte, und von Oktober 1978, welches Johannes Paul II. wählte, teil. 1979 war er Gastgeber von Papst Johannes Paul II. bei dessen Reise in die USA.

Er starb am 17. September 1983 in Boston und wurde im Familiengrab auf dem St. Patricks-Friedhof von Fall River beigesetzt.

Arns O.F.M., Paulo Evaristo (1921)

Arns wurde am 14. September 1921 in Forquilhinha im Bundesstaat Santa Catarina in Brasilien als Nachkomme einer deutschen Auswandererfamilie aus dem Moselgebiet geboren. Er ist ein Verwandter von Weihbischof Leonardo Ulrich Steiner O.F.M. von Brasilia.

Er trat in den Franziskanerorden ein und legte am 10. Dezember 1943 seine Profess im Franziskanerorden ab. Er studierte 1941 – 1943 an der philosophischen Fakultät in Curitiba und 1944 – 1947 an der Franziskanerhochschule von Petrópolis.

Am 30. November 1945 wurde er in Petrópolis von Bischof José Pereira Alves von Niterói zum Priester geweiht und war anschließend Lehrreferendar an einem Gymnasium in Rio Negro. 1947 – 1953 folgten Sprachkurse in Deutschland, England, den Niederlanden und Belgien, den USA und Kanada sowie ein Studium in französischer Literatur an der Universität La Sorbonne in Paris, wo er ein Lizentiat in Literaturwissenschaften erwarb und alte Geschichte und alte Sprachen studierte. 1952 erwarb er dort ein Doktorat in Literaturwissenschaften. Nach seiner Rückkehr nach Brasilien wurde er 1953 Lehrer für Französisch und alte Sprachen am Seminar von Agudos bei Sao Paolo. 1954 gehörte er zu den Gründern der philosophischen und literaturwissenschaftlichen Fakultät in Bauru und unterrichtete dort ebenfalls französische Sprache und Literatur. 1955–1957 arbeitete er in Juiz de Fora und Curitiba und wurde 1956 Professor für Patristik am Theologischen Institut von Petrópolis; 1956–1966 war er Klerikermagister und Studienpräfekt seines Ordens in Petrópolis. Er betätigte sich auch als Journalist. Am 12. Januar 1961 wurde er zum Vizeprovinzial der Franziskanerprovinz Immaculate Conception gewählt.

Am 2. Mai 1966 wurde er zum Titularbischof von Respetta und Weihbischof in São Paulo ernannt. Die Bischofsweihe empfing er am 3. Juli 1966 in Forquilhinha von Kardinal Agnelo Rossi, dem Erzbischof von São Paulo. Am 22. Oktober 1970 wurde er Erzbischof von São Paulo. Er verkaufte das Bischofspalais und baute mit dem Erlös Sozialstationen im Elendsgürtel der Stadt.

Papst Paul VI. kreierte ihn im Konsistorium vom 5. März 1973 zum Kardinalpriester und verlieh ihm am gleichen Tag das rote Birett und die Titelkirche S. Antonio da Padova a via Tuscolana. Er nahm an den Bischofssynoden von 1974, 1983, 1985 und 1997 teil und war zeitweilig Mitglied des Generalsekretariates der Bischofssynode. Er nahm an den Konklaven von August 1978, welches Johannes Paul I. wählte, und von Oktober 1978, welches Johannes Paul II. wählte, teil. 1979 gehörte er zu den Teilnehmern der III. Generalkonferenz des lateinamerikanischen Episkopates in Puebla, Mexiko, und 1992 nahm er an der IV. Generalkonferenz des lateinamerikanischen Episkopates in Santo Domingo, Dominikanische Republik, teil. Er war ein bedeutender Vertreter der franziskanischen Befreiungstheologie Lateinamerikas. Am 9. April 1998 legte er die Leitung der Erzdiözese nieder. Seither lebt er im Ruhestand in São Paulo. Am 14. September 2001 verlor er mit Erreichen der Altersgrenze von 80 Jahren das Recht zur Teilnahme am Konklave.

Freeman, James Darcy (1907–1991)
Freeman wurde am 19. November 1907 in Sydney in Australien geboren. Er studierte an den Priesterseminaren St. Columba in Springwood und St. Patrick in Manly bei Sydney.

Am 13. Juli 1940 wurde er in Sydney von Erzbischof Bartolomeo Cattaneo, dem Apostolischen Delegaten in Australien, zum Priester geweiht. 1940–1956 war er Kaplan in verschiedenen Gemeinden der Erzdiözese Sydney. Er wurde Sekretär des Erzbischofs von Sydney und Kaplan am St. Patrick's College der Christlichen Schulbrüder und war Pfarradministrator und Pfarrer.

Am 9. Dezember 1956 wurde er zum Titularbischof von Hermopolis Parva und Weihbischof in Sydney ernannt. Die Bischofsweihe empfing er am 27. Januar 1957 in Sydney von Kardinal Norman Thomas Gilroy, dem Erzbischof von Sydney. 1962–1965 nahm er am II. Vatikanischen Konzil teil. Am 18. Oktober 1968 wurde er zum Bischof von Armidale in Australien ernannt. Am 9. Juli 1971 erfolgte die Ernennung zum

Erzbischof von Sydney. Er wurde Vorsitzender der australischen Bischofskonferenz. Er nahm an den Bischofssynoden von 1971, 1977 und 1980 teil.

Papst Paul VI. kreierte ihn im Konsistorium vom 5. März 1973 zum Kardinalpriester und verlieh ihm am gleichen Tag das rote Birett und die Titelkirche S. Maria Regina della Pace. Er nahm an den Konklaven von August 1978, welches Johannes Paul I. wählte, und von Oktober 1978, welches Johannes Paul II. wählte, teil. Am 12. Februar 1983 legte er die Leitung der Erzdiözese aus Altersgründen nieder. Am 19. November 1987 verlor er mit Erreichen der Altersgrenze von 80 Jahren das Recht zur Teilnahme am Konklave.

Er starb am 16. März 1991 in Randwick bei Sydney und wurde in der Kathedrale von Sydney beigesetzt.

Jubany Arnau, Narciso (1913–1996)

Jubany Arnau wurde am 12. August 1913 in Santa Coloma de Farnés in der Girona (Gerona) in der Region Katalanien im Königreich Spanien geboren. Er studierte am Priesterseminar von Barcelona und der Päpstlichen Universität Comillas, wo er in Theologie promoviert wurde.

Am 30. Juli 1939 wurde er zum Priester geweiht. Es folgten weitere Studien in Rom an der Päpstlichen Universität Gregoriana, wo er in kanonischem Recht promoviert wurde. Nach seiner Rückkehr nach Barcelona arbeitete er in der Seelsorge des Bistums Barcelona und war Dozent am Priesterseminar von Barcelona sowie Offizial des Diözesangerichtes und Kanoniker an der Kathedrale.

Am 24. November 1955 wurde er zum Titularbischof von Orthosias in Phoenicia und Weihbischof in Barcelona ernannt. Die Bischofsweihe empfing er am 22. Januar 1956 in Barcelona von Erzbischof Ildebrando Antoniutti, dem Nuntius in Spanien. 1962–1965 nahm er am II. Vatikanischen Konzil teil. Am 7. Februar 1964 wurde er zum Bischof von Gerona (heute: Girona) ernannt, am 3. Dezember 1971 zum Erzbischof von Barcelona.

Papst Paul VI. kreierte ihn im Konsistorium vom 5. März 1973 zum Kardinalpriester und verlieh ihm am gleichen Tag das rote Birett und die Titelkirche S. Lorenzo in Damaso. Er war Teilnehmer der Bischofssynode von 1974. Er nahm an den Konklaven von August 1978, welches Johannes Paul I. wählte, und von Oktober 1978, welches Johannes Paul II. wählte, teil.

Am 23. März 1990 legte er die Leitung der Erzdiözese aus Altersgründen nieder. Am 12. August 1993 verlor er mit Erreichen der Altersgrenze von 80 Jahren das Recht zur Teilnahme am Konklave.

Er starb am 26. Dezember 1996 in Barcelona und wurde in der Kathedrale von Barcelona beigesetzt.

Volk, Hermann (1903–1988)
Volk wurde am 27. Dezember 1903 in Groß-Steinheim im damaligen Großherzogtum Hessen im Kaiserreich Deutschland, heute Hanau-Steinheim im Bundesland Hessen, Bundesrepublik Deutschland, geboren. Er studierte am Mainzer Priesterseminar.

Am 27. April 1927 wurde er in Mainz von Bischof Ludwig Maria Hugo von Mainz zum Priester geweiht. Er war anschließend bis 1931 Kaplan in Alzey und danach bis 1935 Kaplan in St. Ignaz, Mainz. 1935 wurde er zum Promotionsstudium in Fribourg, Schweiz, und Münster beurlaubt und 1938 zum Dr. phil. und 1939 zum Dr. theol. promoviert. Seit 1939 arbeitete er wieder in der Seelsorge und wurde 1941 Pfarrer in Nidda in Oberhessen. 1943 wurde er bei Michael Schmaus in Münster habilitiert. 1945 wurde er zunächst Lehrstuhlvertreter und ab 1946 ordentlicher Professor für Dogmatik an der Universität Münster. 1954–1955 war er Rektor der Universität Münster. 1956 wurde er päpstlicher Hausprälat, 1960 Konsultor des Sekretariates für die Förderung der Einheit der Christen in Rom. 1946–1975 war er katholischer Vorsitzender des Arbeitskreises evangelischer und katholischer Theologen.

Am 3. März 1962 wurde er vom Mainzer Domkapitel zum Bischof von Mainz gewählt und am 25. März 1962 vom Papst ernannt. Die Bischofsweihe empfing er am 5. Juni 1962 im Mainzer Dom von Erzbischof Hermann Schäufele von Freiburg im Breisgau. Er nahm 1962–1965 am II. Vatikanischen Konzil teil. Er nahm an der Bischofssynode von 1967 teil.

Papst Paul VI. kreierte ihn im Konsistorium vom 5. März 1973 zum Kardinalpriester und verlieh ihm am gleichen Tag das rote Birett und die Titelkirche SS. Fabiano e Venanzio a Villa Fiorelli. Er nahm an den Konklaven von August 1978, welches Johannes Paul I. wählte, und von Oktober 1978, welches Johannes Paul II. wählte, teil. 1980 war er Gastgeber von Papst Johannes Paul II. in Mainz. Am 27. Dezember 1982 legte er die Leitung des Bistums Mainz nieder. Am 27. Dezember 1983 verlor er mit Erreichen der Altersgrenze von 80 Jahren das Recht zur Teilnahme am Konklave. 1985 war er Ehrengast der Bischofssynode in Rom.

Er starb am 1. Juli 1988 in Mainz und wurde in der Bischofsgruft unter dem Westchor des Mainzer Doms beigesetzt.

Taofinu'u S.M., Pio (1923–2006)
Taofinu'u wurde am 9. Dezember 1923 in Falealupo im damals zu Neuseeland gehörenden West-Samoa, welches 1962 als Samoa unabhängig wurde, geboren. Er studierte an den Priesterseminaren Apia (Amerikanisch-Samoa) auf der Insel Upolu und Lano auf der Insel Wallis.

Am 8. Dezember 1954 wurde er in Apia von Bischof Jean Baptist Dieter S.M., dem Apostolischen Vikar von Arcipelago dei Navigatori (Apostolisches Vikariat des Archipels der Schifferinseln), zum Priester geweiht. Er wirkte anschließend in der Seelsorge des Apostolischen Vikariates Arcipelago dei Navigatori, welches 1957 in „Apostolisches Vikariat von Samoa und Tokelau" umbenannt wurde. 1960 trat er in den Maristenorden in Greenmeadows in Neuseeland ein und absolvierte das Noviziat bei den Maristen in New York. Nach seiner Rückkehr aus den USA war er 1964–1966 Generalvikar des Apostolischen Vikariates von Samoa und Tokelau und nach dessen Erhebung zur Diözese 1966–1967 Generalvikar der Diözese Apia. 1967–1968 verwaltete er die Diözese als Kapitularvikar.

Am 11. Januar 1968 wurde er als erster Polynesier zum Bischof von Apia ernannt. Die Bischofsweihe empfing er am 29. Mai in Apia von Erzbischof George Hamilton Pearce S.M., von Suva auf den Fiji-Inseln.

Papst Paul VI. kreierte ihn im Konsistorium vom 5. März 1973 zum Kardinalpriester und verlieh ihm am gleichen Tag das rote Birett und die Titelkirche S. Onofrio. Am 10. August 1974 wurde sein Bistum von Apia zu „Apia auf Samoa und Tokelau" und am 3. Dezember 1975 zu „Samoa und Tokelau" umbenannt. Er nahm an den Konklaven von August 1978, welches Johannes Paul I. wählte, und von Oktober 1978, welches Johannes Paul II. wählte, teil. Mit der Erhebung seines Bistums zum Erzbistum wurde er am 10. September 1982 Erzbischof von Samoa-Apia und Tokelau und zusätzlich zum Apostolischen Administrator von Samoa-Pago Pago und Ordinarius der Mission *sui iuris* von Funafutina auf der Insel Tuvalu ernannt. Im September 1985 verzichtete er auf das Amt des Ordinarius der Mission *sui iuris* von Funafutina. Am 26. Juni 1992 wurde das Erzbistum wieder in „Samoa-Apia" umbenannt. Er nahm als delegierter Präsident an der Bischofssynode für Ozeanien 1998 teil.

Am 16. November 2002 legte er die Leitung des Erzbistums aus Altersgründen nieder. Am 8. Dezember 2003 verlor er mit Erreichen der Altersgrenze von 80 Jahren das Recht zur Teilnahme am Konklave.

Er starb am 19. Januar 2006 in Apia und wurde in der Kathedrale von Apia beigesetzt.

Beras Rojas, Octavio Antonio (1906–1990)
Beras Rojas wurde am 16. November 1906 in Seibo in der Region Santo Domingo in der Dominikanischen Republik geboren. Er studierte zunächst am Priesterseminar Santo Tomás de Aquino in Santo Domingo und 1923–1926 als Seminarist des lateinamerikanischen Kollegs in Rom an der Päpstlichen Universität Gregoriana. 1926 musste er aus gesundheitlichen Gründen Rom verlassen und setzte sein Studium am Priesterseminar Santo Tomás de Aquino fort.

Am 13. August 1933 wurde er in Santo Domingo zum Priester geweiht. Bis 1935 war er Kaplan in Santiago de los Caballeros und arbeitete anschließend in der Verwaltung des Erzbistums, wo er für die Herausgabe des Amtsblattes und des wöchentlichen Journals verantwortlich war. Er arbeitete an der katholischen Radiostation mit und gründete den diözesanen Jugendverband. Er leitete den kirchlichen Gerichtshof, wurde Ehrenkanoniker des Metropolitankapitels von Santo Domingo, war Pro-Generalvikar und engagierte sich in der Seelsorge an der Kathedrale in Santo Domingo.

Am 2. Mai 1945 wurde er zum Titularerzbischof von Euchaitae und Koadjutor *c.i.s.* von Santo Domingo ernannt. Die Bischofsweihe empfing er am 12. August 1945 in Santo Domingo durch Erzbischof Manuel Arteaga y Betancourt von Havana auf Kuba. Kurz darauf wurde er Apostolischer Administrator der Erzdiözese Santo Domingo. 1955 war er Generalsekretär der I. Generalkonferenz des lateinamerikanischen Episkopates in Rio de Janeiro, Brasilien. Am 10. Dezember 1961 wurde er Erzbischof von Santo Domingo, am 8. Dezember 1962 zusätzlich Militärvikar für die Dominikanische Republik. 1962–1965 nahm er am II. Vatikanischen Konzil teil. 1965 wurde er Vorsitzender der Bischofskonferenz der Dominikanischen Republik. Er nahm an den Bischofssynoden von 1967, 1969, 1971, 1974 und 1977 teil.

Papst Paul VI. kreierte ihn im Konsistorium vom 24. Mai 1976 zum Kardinalpriester und verlieh ihm am gleichen Tag das rote Birett und die Titelkirche S. Sisto. Er nahm an den Konklaven von August 1978, welches Johannes Paul I. wählte, und von Oktober 1978, welches Johannes Paul II. wählte, teil. 1979 war er unter den Teilnehmern der III. Generalversammlung des lateinamerikanischen Episkopates in Puebla, Mexiko.

Am 15. November 1981 legte er die Leitung des Erzbistums aus Altersgründen nieder und verzichtete am 15. November 1982 auf das Amt des Militärvikars. Am 16. November 1986 verlor er mit Erreichen der Altersgrenze von 80 Jahren das Recht zur Teilnahme am Konklave.

Er starb am 1. Dezember 1990 in Santo Domingo und wurde in der Kathedrale von Santo Domingo beigesetzt.

Rossi, Opilio (1910–2004)

Rossi wurde am 14. Mai 1910 in New York in den USA als Sohn italienischer Eltern geboren. Mit seiner Mutter kehrte er schon als Kind nach Italien zurück; sein Vater kam 1917 aus den USA nach Italien zurück. Nach der Schulzeit in Italien studierte er am Collegio Alberoni in Piacenza.

Am 11. März 1933 wurde er in Piacenza zum Priester geweiht und setzte anschließend seine Studien bis 1937 in Rom am Päpstlichen *Athenaeum S. Apollinare* in Rom, wo er in kanonischem Recht promoviert wurde, und an der Päpstlichen Diplomatenakademie fort. 1937 trat er in den Dienst des Staatssekretariates ein und wurde 1938 päpstlicher Geheimkämmerer. 1938–1939 war er Sekretär der Nuntiatur in Belgien und anschließend bis 1940 in den Niederlanden. 1940–1945 war er Auditor der Nuntiatur im deutschen Reich und 1945–1948 der Nuntiatur in den Niederlanden. 1948–1951 wirkte er als Mitarbeiter der Päpstlichen Mission in Deutschland mit Sitz in Kronberg/Taunus und war anschließend bis 1953 Nuntiaturrat der Nuntiatur in der Bundesrepublik Deutschland in Bonn.

Am 21. November 1953 wurde er zum Titularerzbischof von Ancyra und Nuntius in Ecuador ernannt. Die Bischofsweihe empfing er am 27. Dezember 1953 in der Kathedrale von Piacenza von Erzbischof Aloisius Joseph Muench, dem Bischof von Fargo in den USA und Nuntius in der Bundesrepublik Deutschland. Am 25. März 1959 wurde er zum Nuntius in Chile und am 25. September 1961 zum Nuntius in Österreich ernannt. 1962–1965 nahm er am II. Vatikanischen Konzil teil.

Papst Paul VI. kreierte ihn im Konsistorium vom 24. Mai 1976 zum Kardinaldiakon und verlieh ihm am gleichen Tag das rote Birett und die Kirche S. Maria Liberatrice a

Monte Testaccio als Titeldiakonie. Am 10. Dezember wurde er zum Präsidenten des Päpstlichen Rates für die Laien und zum Präsident des Päpstlichen Komitees für die Familie ernannt. Er war Teilnehmer der Bischofssynoden von 1977, 1980 und 1983. Er nahm an den Konklaven von August 1978, welches Johannes Paul I. wählte, und von Oktober 1978, welches Johannes Paul II. wählte, teil. 1981 legte er die Leitung des Päpstlichen Komitees für die Familie nieder. Am 2. Februar 1982 wurde er Kardinalprotodiakon. Am 5. Dezember 1983 wurde er zum Präsidenten des Päpstlichen Komitees für die Internationalen Eucharistischen Kongresse ernannt und legte am 8. April 1984 die Leitung des Rates für die Laien nieder und wurde am gleichen Tag zum Präsidenten der Päpstlichen Kommission für die Wallfahrtsorte Pompeji, Loreto und Bari ernannt. Am 22. Juni 1987 optierte er für die Klasse der Kardinalpriester und die Titelkirche S. Lorenzo in Lucina.

Am 14. Mai 1990 verlor er mit Erreichen der Altersgrenze von 80 Jahren das Recht zur Teilnahme am Konklave. Am 3. Januar 1991 legte er die Leitung des Komitees für die Internationalen Eucharistischen Kongresse und am 12. September 1993 die Leitung des Päpstlichen Komitees für die Wallfahrtsorte Loreto, Pompeji und Bari nieder.

Er starb am 9. Februar 2004 in Rom und wurde in der Pfarrkirche von Scopolo in der Provinz Piacenza in Italien beigesetzt.

Sensi, Giuseppe Maria (1907 – 2001)

Sensi wurde am 27. Mai 1907 in Cosenza in der Region Kalabrien im Königreich Italien, heute Republik Italien, geboren. Nach der Schulzeit begann er das Studium am Priesterseminar von Consenza und setzte es als Seminarist des Päpstlich-Römischen Seminars am Päpstlichen *Athenaeum* des Laterans fort, welches er mit der Promotion in Theologie abschloss.

Am 21. Dezember 1929 wurde er in Rom zum Priester geweiht und setzte seine Studien bis zur Promotion im kanonischen Recht 1932 fort. 1932 – 1934 war er Mitarbeiter der Konzilskongregation und studierte gleichzeitig an der Päpstlichen Diplomatenakademie. 1934 trat er in den diplomatischen Dienst des Heiligen Stuhls und wurde bis 1938 als Sekretär an die Nuntiatur in Rumänien gesandt. 1935 wurde er päpstlicher Geheimkämmerer. 1939 war er Sekretär der Nuntiatur in Ungarn und 1940 – 1946 Auditor der Nuntiatur in der Schweiz. 1946 – 1947 war er Nuntiaturrat an der Nuntiatur in Belgien. Er wurde päpstlicher Hausprälat und 1947 in das Staatssekretariat berufen. 1947 – 1949 war er Nuntiaturrat an der Nuntiatur in der Tschechoslowakei. 1949 – 1953 war er im Staatssekretariat in Rom in der internationalen Abteilung für die internationalen katholischen Organisationen zuständig. 1953 – 1956 war er ständiger Beobachter des Heiligen Stuhls bei der UNESCO, 1954 war er Delegationschef bei der Generalversammlung der UNESCO in Montevideo in Uruguay.

Am 21. Mai 1955 wurde er zum Titularerzbischof von Sardes und Nuntius in Costa Rica ernannt. Die Bischofsweihe empfing er am 24. Juli 1955 in Rom von Kardinal Valerio Valeri, dem Präfekten der Religiosenkongregation. Am 12. Januar 1957 wurde er zum Apostolischen Delegaten in Jerusalem und Palästina ernannt, am 10. Mai 1962 zum Nuntius in Irland. Er nahm 1962–1965 am II. Vatikanischen Konzil teil. Am 8. Juli 1967 wurde er Nuntius in Portugal.

Papst Paul VI. kreierte ihn im Konsistorium vom 24. Mai 1976 zum Kardinaldiakon und verlieh ihm am gleichen Tag das rote Birett und die Kirche Ss. Biagio e Carlo ai Catinari als Titeldiakonie. Er nahm an den Konklaven von August 1978, welches Johannes Paul I. wählte, und von Oktober 1978, welches Johannes Paul II. wählte, teil. Am 27. Mai 1987 verlor er mit Erreichen der Altersgrenze von 80 Jahren das Recht zur Teilnahme am Konklave. Am 22. Juni 1987 optierte er für die Klasse der Kardinalpriester und die Titelkirche Regina Apostolorum.

Er starb am 26. Juli 2001 in Rom und wurde in der Familienkapelle in Colle Mussano bei Cosenza beigesetzt.

Aramburu, Juan Carlos (1912 – 2004)
Aramburu wurde am 11. Februar 1912 in Reducción in der Gegend von Río Cuarto in der Region Córdoba in Argentinien geboren. Er wuchs in Spanien und Argentinien auf. 1923 trat er in das Priesterseminar von Córdoba in Argentinien ein. Er setzte bald sein Studium in Rom als Seminarist des lateinamerikanischen Kollegs an der Päpstlichen Universität Gregoriana fort, wo er in Philosophie und kanonischem Recht promoviert wurde.

Am 28. Oktober 1934 wurde er in Rom im lateinamerikanischen Kolleg zum Priester geweiht. Bis 1946 arbeitete er in der Seelsorge der Diözese Río Cuarto als Kaplan, danach als Dozent für kanonisches Recht und Subregens am Priesterseminar von Córdoba und als Dozent an der Universität von Córdoba.

Am 7. Oktober 1946 wurde er zum Titularbischof von Plataea und Weihbischof von Tucumán ernannt. Die Bischofsweihe empfing er am 15. Dezember 1946 in Córdoba durch Erzbischof Fermín Emilio Lafitte von Córdoba. Am 28. August 1953 wurde er zum Bischof von Tucumán, am 13. März 1957 zum Erzbischof von Tucumán ernannt, als Tucumán zum Erzbistum erhoben wurde. 1962–1965 nahm er am II. Vatikanischen Konzil teil. Am 14. Juni 1967 wurde er zum Titularerzbischof von Torri di Bizancena und Koadjutor *c.i.s.* von Buenos Aires ernannt. 1968 nahm er an der II. Generalkonferenz des lateinamerikanischen Episkopates in Medellin, Kolumbien, teil. Er war Teilnehmer der Bischofssynoden von 1969 und 1983. Am 22. April 1975 wurde er Erzbischof von Buenos Aires und Ordinarius für die Gläubigen der orientalischen Riten in Argentinien, die keinen eigenen Ordinarius haben.

Papst Paul VI. kreierte ihn im Konsistorium vom 24. Mai 1976 zum Kardinalpriester und verlieh ihm am gleichen Tag das rote Birett und die Titelkirche S. Giovanni Battista dei Fiorentini. Er nahm an den Konklaven von August 1978, welches Johannes Paul I. wählte, und von Oktober 1978, welches Johannes Paul II. wählte, teil. 1979 war er Teilnehmer der III. Generalkonferenz des lateinamerikanischen Episkopates in Puebla, Mexiko, und 1992 der IV. Generalkonferenz des lateinamerikanischen Episkopates in Santo Domingo, Dominikanische Republik. 1982–1985 war er Vorsitzender der argentinischen Bischofskonferenz. Am 10. Juli 1990 legte er die Leitung des Erzbistums aus Altersgründen nieder. Am 11. Februar 1992 verlor er mit Erreichen der Altersgrenze von 80 Jahren das Recht zur Teilnahme am Konklave.

Er starb am 18. November 2004 und wurde in der Kathedrale von Buenos Aires beigesetzt.

Bafile, Corrado (1903 – 2005)

Bafile wurde am 4. Juli 1903 in L'Aquila in den Abruzzen im Königreich Italien, heute Republik Italien, geboren. Er studierte zunächst Chemie an der Universität München in Deutschland und danach Rechtswissenschaften an der Universität von Rom, wo er 1926 in Rechtswissenschaften promoviert wurde. Er arbeitete sechs Jahre als Jurist und trat 1932 in das Päpstlich-Römische Priesterseminar ein. Er studierte Philosophie und Theologie an der Päpstlichen Universität Gregoriana.

Am 11. April 1936 wurde er in Rom zum Priester geweiht. Er setzte seine Studien bis 1939 an der Päpstlichen Diplomatenakademie fort und studierte am Päpstlichen *Athenaeum* des Laterans kanonisches Recht. 1939 wurde er in kanonischem Recht promoviert und trat danach in den Dienst des Staatsekretariates ein, wo er bis 1960 tätig war. 1954 wurde er päpstlicher Hausprälat. Er engagierte sich in dieser Zeit auch seelsorgerlich.

Am 13. Februar 1960 wurde er zum Titularerzbischof von Antiochia in Pisidien und Nuntius in Deutschland ernannt. Die Bischofsweihe empfing er am 19. März 1960 in der Sixtinischen Kapelle des Vatikans durch Papst Johannes XXIII. 1962 – 1965 nahm er am II. Vatikanischen Konzil teil. Am 18. Juli 1975 wurde er zum Pro-Präfekten der Kongregation für die Heiligsprechungen ernannt.

Papst Paul VI. kreierte ihn im Konsistorium vom 24. Mai 1976 zum Kardinaldiakon und verlieh ihm am gleichen Tag das rote Birett und die Kirche S. Maria in Portico als Titeldiakonie. Am 25. Mai 1976 wurde er zum Präfekten der Kongregation für die Heiligsprechungen ernannt. 1977 war er Teilnehmer der Bischofssynode. Er nahm an den Konklaven von August 1978, welches Johannes Paul I. wählte, und von Oktober 1978, welches Johannes Paul II. wählte, teil. Am 27. Juni 1980 legte er die Leitung der Kongregation aus Altersgründen nieder. Am 4. Juli 1983 verlor er mit Erreichen der Altersgrenze von 80 Jahren das Recht zur Teilnahme am Konklave. Am 22. Juni 1987 optierte er für die Klasse der Kardinalspriester und die Erhebung seiner Diakonie zur Titelkirche.

Er starb am 3. Februar 2005 und wurde in der Pfarrkirche S. Maria Paganica in L'Aquila beigesetzt.

Thiandoum, Hyacinthe (1921 – 2004)

Thiandoum wurde am 2. Februar 1921 in Poponguine im damaligen Französisch-Westafrika und im heutigen Sénégal gelegen, geboren. Er studierte am Priesterseminar in Dakar.

Am 18. April 1949 wurde er in Dakar von Erzbischof Marcel Lefèbvre C.S.Sp., dem Apostolischen Vikar von Dakar und Apostolischen Delegaten für das französisch-sprachige Westafrika, zum Priester geweiht. Bis 1951 wirkte er als Seelsorger im Apostolischen Vikariat von Dakar. 1951–1953 studierte er an der Päpstlichen Universität Gregoriana in Rom. Nach seiner Rückkehr wurde er für die Katholische Aktion verantwortlich und war bis 1960 Pfarrer an der Kathedrale von Dakar. 1960–1962 war er Generalvikar der Erzdiözese Dakar, die 1955 aus dem Apostolischen Vikariat Dakar hervorging.

Am 24. Februar 1962 wurde er als Nachfolger von Marcel Lefèbvre C.S.Sp. zum Erzbischof von Dakar ernannt. Die Bischofsweihe empfing er am 20. Mai 1962 in Dakar von Erzbischof Jean-Marie Maury, dem Internuntius in Sénégal und Apostolischen Delegaten in Französisch-Westafrika. 1962–1965 nahm er am II. Vatikanischen Konzil teil. Er war Teilnehmer der Bischofssynoden von 1967, 1969, 1971, 1974, 1977 (hier als delegierter Präsident), 1980, 1985, 1987 als Generalrelator, und 1994 als Relator und war mehrfach Mitglied des Generalsekretariates der Bischofssynode. Bis 1987 war er Vorsitzender der Bischofskonferenz von Sénégal-Mauritania und war zeitweilig stellvertretender Vorsitzender des Panafrikanischen Bischofssymposiums.

Papst Paul VI. kreierte ihn im Konsistorium vom 24. Mai 1976 zum Kardinalpriester und verlieh ihm am gleichen Tag das rote Birett und die Titelkirche S. Maria del Popolo. Er nahm an den Konklaven von August 1978, welches Johannes Paul I. wählte, und von Oktober 1978, welches Johannes Paul II. wählte, teil. 1979 war er Teilnehmer der III. Generalkonferenz des lateinamerikanischen Episkopates in Puebla, Mexiko. Am 2. Juni 2000 legte er die Leitung des Erzbistums aus Altersgründen nieder. Am 2. Februar 2001 verlor er mit Erreichen der Altersgrenze von 80 Jahren das Recht zur Teilnahme am Konklave.

Er starb am 18. Mai 2004 in Aix-en-Provence in Frankreich und wurde in der Kathedrale von Dakar beigesetzt.

Nsubuga, Emmanuel Kiwanuka (1914–1991)

Nsubuga wurde am 11. November 1914 in Kisule im ehemaligen Britisch-Ostafrika und heutigen Uganda geboren. Er studierte am Priesterseminar von Katigondo.

Am 15. Dezember 1946 wurde er in Katigondo zum Priester geweiht und wirkte anschließend in der Seelsorge des Apostolischen Vikariates Uganda, welches 1953 zur Erzdiözese Rubaga erhoben und 1966 in Kampala umbenannt wurde. 1961–1966 war er Generalvikar der Erzdiözese Rubaga und verwaltete sie 1966 als Kapitularvikar.

Am 5. August 1966 wurde er zum Erzbischof der nun „Kampala" genannten Erzdiözese ernannt. Die Bischofsweihe empfing er am 30. Oktober 1966 in Kampala von Kardinal Laurean Rugambwa, dem Bischof von Bukoba in Tansania. 1967–1975 war er Vorsitzender der ugandischen Bischofskonferenz. Er war Teilnehmer an den Bischofssynoden von 1967, 1969, 1971 und 1974. In seiner Heimat war er ein scharfer Kritiker der Menschenrechtsverletzungen von Diktator Idi Amin.

Papst Paul VI. kreierte ihn im Konsistorium vom 24. Mai 1976 zum Kardinalpriester und verlieh ihm am gleichen Tag das rote Birett und die Titelkirche S. Maria Nuova. Er nahm an den Konklaven von August 1978, welches Johannes Paul I. wählte, und von

Oktober 1978, welches Johannes Paul II. wählte, teil. Am 8. Februar 1990 legte er die Leitung des Erzbistums aus Altersgründen nieder.

Er starb am 20. April 1991 in einem Krankenhaus in Köln in Deutschland und wurde in der Kathedrale von Kampala beigesetzt.

Schröffer, Joseph (1903 – 1983)

Schröffer wurde am 20. Februar 1903 in Ingolstadt, Königreich Bayern im Kaiserreich Deutschland, heute Freistaat Bayern in der Bundesrepublik Deutschland, geboren. Nach der Schulzeit trat er in das Priesterseminar Eichstätt ein und studierte 1922 – 1931 als Seminarist des *Collegium Germanicum et Hungaricum* an der Päpstlichen Universität Gregoriana, wo er in Philosophie und Theologie promoviert wurde. 1931 erwarb er die *venia legendi*.

Am 28. Oktober 1928 wurde er in Rom zum Priester geweiht und setzte seine Studien bis 1931 fort. 1931 – 1933 war er Kaplan in Weißenburg. 1933 wurde er als Dozent an die Philosophisch-Theologische Hochschule Eichstätt berufen, wo er bis 1942 Moraltheologie und seit 1938 auch Pastoraltheologie lehrte. Im Juni 1941 wurde er Ordinariatsdirektor und Generalvikar der Diözese Eichstätt und gehörte ab Mai 1942 dem Domkapitel an.

Am 23. Juli 1948 wurde er zum Bischof von Eichstätt ernannt. Die Bischofsweihe empfing er am 21. September 1948 in Eichstätt von Erzbischof Joseph Otto Kolb von Bamberg. 1959 wurde er in die Vorbereitungskommission für das II. Vatikanische Konzil berufen und nahm 1962 – 1965 an diesem teil. Am 17. Mai 1967 wurde er zum Sekretär der Kongregation für Seminare, Universitäten und Studien und am 2. Januar 1968 zum Titularerzbischof von Volturno ernannt.

Papst Paul VI. kreierte ihn im Konsistorium vom 24. Mai 1976 zum Kardinaldiakon und verlieh ihm am gleichen Tag das rote Birett und die Kirche S. Saba als Titeldiakonie. Er war Mitglied in mehreren Kongregationen, Kommissionen, Gerichten und Sekretariaten der Römischen Kurie. Er nahm an den Konklaven von August 1978, welches Johannes Paul I. wählte, und von Oktober 1978, welches Johannes Paul II. wählte, teil. Am 20. Februar 1983 verlor er mit Erreichen der Altersgrenze von 80 Jahren das Recht zur Teilnahme am Konklave.

Er starb am 7. September 1983 in Nürnberg und wurde im Eichstätter Dom beigesetzt.

Picachy S.J., Lawrence Trevor (1916 – 1992)

Picachy wurde am 7. August 1916 in Darjeeling im Bundesstaat Westbengalien im zu Großbritannien gehörenden Kaiserreich Indien, heute Republik Indien, geboren. 1934 trat er in Jesuitenorden ein und studierte in verschiedenen Häusern seines Ordens Theologie und Philosophie, u. a. am Saint Francis Xavier's College in Kalkutta und am Saint Mary's College in Kurslong am Himalaya.

Am 21. November 1947 wurde er zum Priester geweiht und setzte seine Studien fort. 1950–1960 war er zunächst Dozent und Rektor des Saint Francis Xavier's College in Kalkutta, 1960–1962 arbeitete er als Seelsorger in Basanti.

Am 12. Juli 1962 wurde er zum Bischof von Jamshedpur im indischen Bundesstaat Jharkhand ernannt. Die Bischofsweihe empfing er am 9. September 1962 von Erzbischof James Knox, dem Internuntius in Indien und Apostolischen Delegaten in Burma und Ceylon. Er nahm 1962–1965 am II. Vatikanischen Konzil teil. Am 29. Mai 1969 wurde er zum Erzbischof von Kalkutta ernannt. Er war Teilnehmer der Bischofssynoden von 1974, 1977 und 1980 als einer der drei delegierten Präsidenten. 1976 wurde er Vorsitzender der indischen Bischofskonferenz.

Papst Paul VI. kreierte ihn im Konsistorium vom 24. Mai 1976 zum Kardinalpriester und verlieh ihm am gleichen Tag das rote Birett und die Titelkirche Sacro Cuore di Maria a Piazza Euclide. Er nahm an den Konklaven von August 1978, welches Johannes Paul I. wählte, und von Oktober 1978, welches Johannes Paul II. wählte, teil. Am 5. April 1986 legte er die Leitung des Erzbistums vorzeitig aus Gesundheitsgründen nieder.

Er starb am 30. November 1992 in Kalkutta und wurde im Dhyan Ashram auf dem Gelände der Jesuiten in Thakurpukur beigesetzt.

Sin, Jaime Lachica (1928–2005)

Sin wurde am 31. August 1928 in New Washington in der Provinz Aklan auf den Philippinen, die damals U.S.-amerikanische Kolonie waren, geboren. Er studierte am Priesterseminar Saint Vincent de Paul in Jaro.

Am 3. April 1954 wurde er in Jaro von Bischof Antonio Frondosa von Capiz zum Priester geweiht. Er war anschließend bis 1957 in der Diözese Capiz damit beauftragt, die Gemeinden zu besuchen und junge Männer für den Eintritt in das neu zu gründende St. Pius X. Priesterseminar in Roxas City zu werben. Er leitete dieses Seminar als 1. Regens 1957–1967 und war dort auch als Dozent und Studiendekan tätig. 1960 wurde er päpstlicher Hausprälat.

Am 10. Februar 1967 wurde er zum Titularbischof von Obba und Weihbischof in Jaro ernannt. Die Bischofsweihe empfing er am 18. März 1967 in Jaro von Erzbischof José María Cuenco von Jaro. Am 20. Juni 1970 wurde er zum Apostolischen Administrator von Jaro ernannt. Am 15. Januar 1972 erfolgte die Ernennung zum Titularerzbischof von Massa Lubrense und Koadjutor *c.i.s.* von Jaro, am 8. Oktober 1972 wurde er Erzbischof von Jaro. Am 21. Januar 1974 wurde er zum Erzbischof von Manila ernannt.

Papst Paul VI. kreierte ihn im Konsistorium vom 24. Mai 1976 zum Kardinalpriester und verlieh ihm am gleichen Tag das rote Birett und die Titelkirche S. Maria ai Monti. 1977–1981 war er Vorsitzender der philippinischen Bischofskonferenz und nahm 1977 erstmals an einer Bischofssynode teil. In der Folge nahm er an den Bischofssynoden von 1980, 1983, 1985, 1987 und 1997 teil und war mehrmals Mitglied des Generalsekretariates der Bischofssynode. Er nahm an den Konklaven von August 1978, welches Johannes Paul I. wählte, und von Oktober 1978, welches Johannes Paul II. wählte, teil. 1979 war er Teilnehmer der III. Generalkonferenz des lateinamerikanischen Episkopates in Puebla, Mexiko. 1981 war er Gastgeber von Papst Johannes Paul II. auf den Philippinen. Er spielte eine wichtige Rolle im öffentlichen Leben der Philippinen und beim Sturz des Diktators Marcos.

Am 15. September 2003 legte er die Leitung des Erzbistums aus Altersgründen nieder. Am Konklave von 2005, welches Benedikt XVI. wählte, konnte er aus gesundheitlichen Gründen nicht teilnehmen.

Er starb am 21. Juni 2005 in Manila und wurde in der Kathedrale von Manila beigesetzt.

Baum, William Wakefield (1926)
Baum wurde am 21. November 1926 in Dallas im Bundesstaat Texas, USA, geboren. Er studierte am Erzbischof-Kenrick-Priesterseminar in Saint Louis.

Am 12. Mai 1951 wurde er in Kansas City von Bischof Edwin Vincent O'Hara von Kansas City zum Priester geweiht. Er war anschließend bis 1956 in der Seelsorge der Diözese und als Lehrer am St. Theresa College tätig. 1956–1958 studierte er in Rom am Päpstlichen *Athenaeum* St. Thomas v. Aquin (*Angelicum*), wo er 1958 zum Doktor theol. promoviert wurde. Nach seiner Rückkehr arbeitete er 1958–1962 in seiner Heimatdiözese Kansas City in der Seelsorge, als Notar am kirchlichen Gericht, als Sekretär der diözesanen liturgischen Kommission und als Examinator des Klerus. 1961 wurde er päpstlicher Geheimkämmerer. 1962–1965 war er Vizekanzler der Diözese Kansas City und war in diesen Jahren auch als Experte Teilnehmer am II. Vatikanischen Konzil in Rom. 1964–1967 war er Exekutivsekretär der Ökumenekommission der U.S.-amerikanischen Bischofskonferenz. 1967–1970 wirkte er als Kanzler der Diözese Kansas City und wurde 1968 päpstlicher Ehrenprälat.

Am 18. Februar 1970 wurde er zum Bischof von Springfield-Cape Girardeau im Bundesstaat Missouri in den USA ernannt. Die Bischofsweihe empfing er am 6. April 1970 in Springfield von Kardinal John Joseph Carberry, dem Erzbischof von Saint Louis. 1971 nahm er an der Bischofssynode teil. Am 5. März 1973 wurde er zum Erzbischof von Washington, D.C. ernannt.

Papst Paul VI. kreierte ihn im Konsistorium vom 24. Mai 1976 zum Kardinalpriester und verlieh ihm am gleichen Tag das rote Birett und die Titelkirche S. Croce in Via Flaminia. Er nahm an den Konklaven von August 1978, welches Johannes Paul I. wählte, und von Oktober 1978, welches Johannes Paul II. wählte, teil. Am 15. Januar 1980 wurde er zum Präfekten der Kongregation für das katholische Bildungswesen und Großkanzler der Päpstlichen Universität Gregoriana ernannt und legte am 18. März 1980 die Leitung seiner Erzdiözese nieder. Er nahm den Bischofssynoden von 1980, 1983, 1985, 1990, 1991, 1994, 1997, 1999 und 2001 teil. Am 6. April 1990 wurde er zum Kardinalgroßpönitentiar ernannt. Am 23. November 2001 legte er dieses Amt aus Alters- und Gesundheitsgründen nieder. 2005 nahm er am Konklave teil, welches Benedikt XVI. wählte. Am 21. November 2006 verlor er mit Erreichen der Altersgrenze von 80 Jahren das Recht zur Teilnahme am Konklave und kehrte nach Washington, D.C. zurück.

Lorscheider O.F.M., Aloísio (1924 – 2007)
Lorscheider wurde am 8. Oktober 1924 in Estrela im Bundesstaat Rio Grande do Sul in Brasilien als Sohn deutscher Einwanderer geboren. Sein Cousin war Bischof Ivo Lorscheider († 2007). Am 1. Februar 1942 trat er in den Franziskanerorden ein und studierte nach dem Noviziat am Franziskanerseminar in Divinópolis. Am 13. März 1946 legte er seine feierliche Profess ab.

Am 22. August 1948 wurde er in Divinópolis zum Priester geweiht. 1948 – 1950 unterrichtete er am Knabenseminar von Taguari Mathematik, Deutsch und Latein. 1950 – 1952 studierte er am Päpstlichen *Athenaeum Antonianum* in Rom und wurde dort 1952 in Theologie promoviert. 1952 – 1958 war er Dozent am Franziskanerseminar von Divinópolis. Er war in dieser Zeit Kommissar des dritten Franziskanerordens und Definitor und Novizenmeister der Franziskanerprovinz Divinópolis. 1958 – 1962 wirkte er als Dozent am Päpstlichen *Athenaeum Antonianum* in Rom und engagierte sich vor allem in der Jugendseelsorge der Diözese Rom.

Am 3. Februar 1962 wurde er zum Bischof von Santo Angelo im Bundesstaat Rio Grande de Sul in Brasilien ernannt. Die Bischofsweihe empfing er am 20. Mai 1962 in Porto Alegre von Erzbischof Alfredo Vicente Scherer von Porto Alegre. 1962 – 1965 nahm er am II. Vatikanischen Konzil teil. 1971 – 1979 leitete er als Vorsitzender die brasilianische Bischofskonferenz. 1972 – 1975 war er stellvertretender Vorsitzender des lateinamerikanischen Bischofsrates (CELAM). Am 26. März 1973 wurde er zum Erzbischof von Fortaleza im Bundesstaat Ceará ernannt.

Papst Paul VI. kreierte ihn im Konsistorium vom 24. Mai 1976 zum Kardinalpriester und verlieh ihm am gleichen Tag das rote Birett und die Titelkirche S. Pietro in Montorio. Am 5. Dezember 1976 wurde er zum Präsidenten des lateinamerikanischen Bischofsrates (CELAM) gewählt. Er nahm an den Bischofssynoden von 1967, 1969, 1971, 1977 als Relator, 1980, 1983, 1985, 1987, 1990, 1994 und 1997 teil und war mehrfach Mitglied im Generalsekretariat der Bischofssynode. Er war Präsident von Caritas Internationalis. Er nahm an den Konklaven von August 1978, welches Johannes Paul I. wählte, und von Oktober 1978, welches Johannes Paul II. wählte, teil. Er war einer der Präsidenten der III. Generalkonferenz des lateinamerikanischen Episkopates in Puebla, Mexiko, und nahm an der IV. Generalkonferenz des lateinamerikanischen Episkopates in Santo Domingo in der Dominikanischen Republik teil. Am 12. Juli 1995 wurde er zum Erzbischof von Aparecida ernannt. Am 28. Januar 2004 legte er die Leitung des Erzbistums aus Altersgründen nieder. Am 8. Oktober 2004 verlor er mit Erreichen der Altersgrenze von 80 Jahren das Recht zur Teilnahme am Konklave.

Er starb am 23. Dezember 2007 in Porto Alegre und wurde im Franziskanerkonvent Daltro Filho bei Imigrante im Bundesstaat Rio Grande de Sul in Brasilien beigesetzt.

Delargey, Reginald John (1914 – 1979)
Delargey wurde am 10. Dezember 1914 in Timaru in der Region Canterbury in Neuseeland geboren. Er studierte 1932 – 1934 am Priesterseminar von Mosgiel und 1932 –

1939 am Päpstlichen *Athenaeum Urbaniana* der Kongregation *Propaganda Fide* in Rom, das er 1939 mit der Promotion in Theologie abschloss.

Am 19. März 1938 wurde er in Rom von Kardinal Pietro Fumasoni Biondi, dem Präfekten der Kongregation *Propaganda Fide*, zum Priester geweiht. Nach dem Abschluss seiner Promotion kehrte er 1939 nach Neuseeland zurück und war zunächst Kaplan in der Diözese Auckland. 1940–1947 war er für die Sozialarbeit der Diözese Auckland zuständig und wurde 1942 zum Leiter der katholischen Jugendbewegung ernannt. Er engagierte sich in den Jugendverbänden und in der Studentenarbeit und war 18 Jahre am St. Peters College tätig.

Am 25. November 1957 wurde er zum Titularbischof von Irima und Weihbischof in Auckland ernannt. Die Bischofsweihe empfing er am 27. Februar 1958 in Auckland von Erzbischof James Michael Liston, dem Bischof von Auckland. 1958 wurde er Nationaldirektor des Missionswerkes. Er nahm 1962–1965 am II. Vatikanischen Konzil teil. Am 1. September 1970 wurde er Bischof von Auckland und am 25. April 1974 Erzbischof von Wellington.

Papst Paul VI. kreierte ihn im Konsistorium vom 24. Mai 1976 zum Kardinalpriester und verlieh ihm am gleichen Tag das rote Birett und die Titelkirche Immacolata al Tiburtino. 1976–1979 war er Vorsitzender der Bischofskonferenz von Neuseeland. Er nahm an den Konklaven von August 1978, welches Johannes Paul I. wählte, und von Oktober 1978, welches Johannes Paul II. wählte, teil.

Er starb am 29. Januar 1979 in Auckland und wurde im Priestergrab des Friedhofs Karori bei Wellington beigesetzt.

Pironio, Eduardo Francisco (1920–1998)

Pironio wurde am 3. Dezember 1920 in Nueve de Julio in der Provinz Buenos Aires in Argentinien geboren. Er studierte am Priesterseminar San José in La Plata und erwarb am Päpstlichen *Athenaeum* S. Thomas v. Aquin (*Angelicum*) in Rom ein Lizentiat in Theologie.

Am 5. Dezember 1943 wurde er in der Wallfahrtsbasilika Luján von Bischof Annunziato Serafini von Mercedes zum Priester geweiht. 1944–1959 war er Dozent am Priesterseminar Pius XII in Mercedes. 1959–1960 war er Generalvikar der Diözese Mercedes. 1960–1964 leitete er als Regens das erzbischöfliche Priesterseminar Villa Devoto in Buenos Aires und war Professor und Dekan der theologischen Fakultät an der Katholischen Universität von Argentinien in Buenos Aires. 1962–1964 nahm er als Experte am II. Vatikanischen Konzil teil.

Am 24. März 1964 wurde er zum Titularbischof von Caeciri und Weihbischof in La Plata ernannt. Die Bischofsweihe empfing er am 31. Mai 1964 in der Wallfahrtskirche von Luján von Erzbischof Antonio José Plaza von La Plata. Während der beiden letzten Sessionen 1964–1965 nahm er als Konzilsvater am II. Vatikanischen Konzil teil. 1967 war er Apostolischer Administrator der Diözese Avellaneda und wurde bis 1972 zum Generalsekretär des lateinamerikanischen Bischofsrates (CELAM) gewählt. Er nahm an den Bischofssynoden von 1967, 1969, 1971 und 1974 als Relator, 1977, 1980, 1983, 1985,

1987 als delegierter Präsident, 1990, 1991, 1994 und 1997 teil und wurde zeitweilig Mitglied des Generalsekretariates der Bischofssynode. Als Generalsekretär der CELAM war er 1968 an der II. Generalkonferenz des lateinamerikanischen Episkopates in Medellin, Kolumbien, federführend beteiligt. Am 19. April 1972 wurde er Bischof von Mar del Plata. 1972–1975 war er Vorsitzender des lateinamerikanischen Bischofsrates CELAM. 1974 war er Prediger bei den Fastenexerzitien der Römischen Kurie. Am 20. September 1975 wurde er zum Titularerzbischof von Tiges und Pro-Präfekten der Kongregation für die Orden und Säkularinstitute ernannt.

Papst Paul VI. kreierte ihn im Konsistorium vom 24. Mai 1976 zum Kardinaldiakon und verlieh ihm am gleichen Tag das rote Birett und die Kirche Ss. Cosma e Damiano als Titeldiakonie. Am 29. Mai 1976 wurde er Präfekt der Kongregation für die Orden und Säkularinstitute. Er nahm an den Konklaven von August 1978, welches Johannes Paul I. wählte, und von Oktober 1978, welches Johannes Paul II. wählte, teil. Er war 1979 Teilnehmer der III. Generalkonferenz des lateinamerikanischen Episkopates in Puebla, Mexiko, und 1992 der IV. Generalkonferenz des lateinamerikanischen Episkopates in Santo Domingo, Dominikanische Republik. Am 8. April 1984 legte er die Leitung der Kongregation nieder und wurde zum Präsidenten des Päpstlichen Rates für die Laien ernannt. Am 16. Februar 1985 übernahm er auch die Präsidentschaft der Päpstlichen Kommission für die Pastoral im Gesundheitswesen. Am 22. Juni 1987 optierte er für die Klasse der Kardinalpriester und Erhebung seiner Diakonie zur Titelkirche. Am 1. März 1989 legte er die Präsidentschaft der Päpstlichen Kommission für die Pastoral im Gesundheitswesen nieder. Am 11. Juli 1995 wurde er zum Kardinaltitularbischof der suburbikarischen Diözese Sabina-Poggio Mirteto ernannt. Am 20. August 1996 legte er aus Altersgründen die Leitung des Päpstlichen Rates für die Laien nieder.

Er starb am 5. Februar 1998 in Rom und wurde in der Wallfahrtsbasilika in Luján in Argentinien beigesetzt. 2006 wurde von der Erzdiözese Buenos Aires der Seligsprechungsprozess initiiert und in der Diözese Rom eröffnet.

Lékai, László (1910 – 1986)

Lékai wurde am 12. März 1910 in Zalalövo, Komitat Veszprém im Königreich Ungarn in der k. u. k. Monarchie Österreich-Ungarn, heute Republik Ungarn, geboren. Er studierte am Priesterseminar von Veszprém und der Päpstlichen Universität Gregoriana in Rom.

Am 28. September 1934 wurde er zum Priester geweiht. Anschließend wirkte er bis 1944 als Dozent am Priesterseminar von Veszprém und in der Seelsorge der Diözese Veszprém. 1943 wurde er Bischöflicher Rat und 1944 Sekretär von József Mindszenty in dessen Zeit als Bischof von Veszprém. Die Nazis inhaftierten ihn von November 1944 bis Februar 1945. 1946 wurde er päpstlicher Geheimkämmerer und übernahm erneut bis 1972 verschiedene Aufgaben in Seelsorge und Verwaltung der Diözese Vesprém.

Am 8. Februar 1972 wurde er zum Titularbischof von Girus Tarasii und Apostolischen Administrator von Veszprém ernannt. Die Bischofsweihe empfing er am 16. März 1972 von Erzbischof József Iijas von Kalocsa. Am 5. Februar 1974 wurde er Apostolischer

Administrator von Esztergom. Am 12. Februar 1976 wurde er zum Erzbischof von Esztergom und Primas von Ungarn ernannt.

Papst Paul VI. kreierte ihn im Konsistorium vom 24. Mai 1976 zum Kardinalpriester und verlieh ihm am gleichen Tag das rote Birett und die Titelkirche S. Teresa al Corso d'Italia. Er nahm an den Bischofssynoden von 1974, 1977, 1980 und 1985 teil. Er war Teilnehmer an den Konklaven von August 1978, welches Johannes Paul I. wählte, und von Oktober 1978, welches Johannes Paul II. wählte.

Er starb am 30. Juni 1986 in Budapest und wurde in der Kathedrale von Esztergom beigesetzt.

Hume O.S.B., George Basil (1923 – 1999)

Hume wurde am 2. März 1923 in Newcastle-on-Tyne in der Grafschaft Tyne and Wear in England, Vereinigtes Königreich Großbritannien, geboren. Er trat 1941 in die Benediktinerabtei Ampleforth in Yorkshire an ein und nahm den Namen Basil an. 1945 legte er seine feierliche Profess ab. Er studierte in Ampleforth und an der Universität Oxford.

Am 23. Juli 1950 wurde er in Ampleforth zum Priester geweiht. Er absolvierte weitere Studien bis 1953 an der Universität Fribourg in der Schweiz und war anschließend bis 1963 Lehrer am Gymnasium der Abtei Ampleforth.

1963 wurde er zum Abt von Ampleforth gewählt und erhielt die Abtsbenediktion von Kardinal John Carmel Heenan, dem Erzbischof von Westminster.

Am 9. Februar 1976 wurde er zum Erzbischof von Westminster ernannt. Die Bischofsweihe empfing er am 25. März 1976 in der Westminster Cathedral in London von Erzbischof Bruno Bernhard Heim, dem Apostolischen Delegaten in Großbritannien.

Papst Paul VI. kreierte ihn im Konsistorium vom 24. Mai 1976 zum Kardinalpriester und verlieh ihm am gleichen Tag das rote Birett und die Titelkirche S. Silvestro in Capite. Er war Teilnehmer der Bischofssynoden von 1977, 1980, 1983, 1985, 1991 und 1994 als Relator und war einige Jahre Mitglied des Generalsekretariates der Bischofssynode. Er nahm an den Konklaven von August 1978, welches Johannes Paul I. wählte, und von Oktober 1978, welches Johannes Paul II. wählte, teil. Seit 1978 war er Vorsitzender der englischen Bischofskonferenz. Einige Jahre lang war er auch Präsident des Rates der Europäischen Bischofskonferenzen.

Er starb am 17. Juni 1999 in London und wurde in der Westminster Cathedral zu London beigesetzt.

Razafimahatratra S.J., Victor (1921 – 1993)

Razafimahatratra wurde am 8. September 1921 in Ambanitsilena-Ranomasina auf der Insel Madagaskar, die damals eine französische Kolonie war und 1958 erstmals selbständig wurde, geboren. Er besuchte zunächst das Priesterseminar von Fianarantsoa und trat im September 1945 in den Jesuitenorden ein. Anschließend studierte er an der Jesuitenschule Saint Joseph und Saint Francis Xavier in Fianarantsoa und an der theologischen Fakultät Brüssel in Belgien.

Am 28. Juli 1956 wurde er zum Priester geweiht und setzte seine Studien bis 1960 in Brüssel, u. a. am katechetischen Zentrum *Lumen Gentium*, fort. 1960–1963 war er Rektor des Knabenseminars von Fianarantsoa, 1963–1969 war er Oberer der Jesuitenniederlassung Amboistra und 1969–1971 Rektor des Priesterseminars und des Institutes für höhere Studien in Fianarantsoa.

Am 16. Januar 1971 wurde er zum Bischof von Farafangana ernannt. Die Bischofsweihe empfing er am 18. April 1971 in Fianarantsoa von Erzbischof Gilbert Ramanantoanina S.J., von Fianarantsoa. 1974 wurde er Vorsitzender der Bischofskonferenz von Madagaskar. Am 10. April 1976 wurde er zum Erzbischof von Tananarive ernannt.

Papst Paul VI. kreierte ihn im Konsistorium vom 24. Mai 1976 zum Kardinalpriester und verlieh ihm am gleichen Tag das rote Birett und die Titelkirche S. Croce in Gerusalemme. Er nahm an den Bischofssynoden von 1977, 1980, 1983 und 1985 teil. Er war Teilnehmer an den Konklaven von August 1978, welches Johannes Paul I. wählte, und von Oktober 1978, welches Johannes Paul II. wählte. Im Oktober 1989 wurde der Name seines Erzbischofssitzes in „Antananarivo" umbenannt.

Er starb am 6. Oktober 1993 in Antananarivo und wurde in der Kathedrale von Antananarivo beigesetzt.

Tomášek, Frantisek (1899–1992)
Tomášek wurde am 30. Juni 1899 in Studénka in Mähren im Kronland Böhmen in der k. u. k. Monarchie Österreich-Ungarn, später Tschechoslowakei, heute Tschechien, geboren. Er studierte am Priesterseminar von Olomouc (Olmütz).

Am 5. Juli 1922 wurde er in Olomouc von Erzbischof Antonin Cyril Stojan von Olomouc zum Priester geweiht. Er übernahm 1922–1949 verschiedene Aufgaben als Kaplan und Pfarrer in der Erzdiözese Olomouc und war Dozent für Katechetik an der theologischen Fakultät von Olomouc. Anschließend wirkte er als Gemeindeseelsorger und Religionslehrer. 1934 wurde er Assistent an der theologischen Fakultät in Olomouc, wo er 1938 in Theologie promoviert wurde. Nach der Bildung des Reichsprotektorats Böhmen und Mähren wurden die tschechischen Hochschulen durch die deutsche Besatzungsmacht geschlossen. Dadurch konnte er die Hochschultätigkeit nicht weiter ausüben. Während des Zweiten Weltkriegs war er neben seelsorglichen Aufgaben wieder als Religionslehrer tätig. Nachdem die Hochschulen nach Kriegsende ihren Betrieb wieder aufnehmen konnten, wurde Tomášek 1946 Dozent und 1947 Professor für Religionspädagogik an der theologischen Fakultät in Olomove. Wie alle theologischen Fakultäten wurde sie nach der Machtübernahme der Tschechoslowakei 1948 durch die Kommunisten wieder geschlossen.

Am 12. Oktober 1949 wurde er zum Titularbischof von Butus und Weihbischof in Olomouc ernannt. Die Ernennung blieb geheim. Auch die Bischofsweihe empfing er im Geheimen am 13. Oktober 1949 in Olomouc durch Erzbischof Josef Matocha von Olomouc. 1951–1954 war er in einem Arbeitslager interniert und konnte nach seiner Freilassung bis 1965 in einem kleinen Dorf als Pfarrer tätig sein. Obwohl ihm staatlicherseits die Ausübung seiner bischöflichen Funktionen nicht gestattet war, durfte er

1962–1965 am II. Vatikanischen Konzil teilnehmen. Am 18. Februar 1965 wurde er, nachdem Kardinal Beran nicht nach Prag zurückkehren konnte, zum Apostolischen Administrator von Prag ernannt, was er auch nach dem Tod von Beran blieb. 1974 konnte er an der Bischofssynode teilnehmen.

Papst Paul VI. kreierte ihn im Konsistorium vom 24. Mai 1976 *in pectore* zum Kardinal. Am 27. Juni 1977 wurde seine Kreierung zum Kardinalpriester veröffentlicht, und er erhielt am gleichen Tag das rote Birett und die Titelkirche Ss. Vitale, Gervasio e Protasio verliehen. Am 30. Dezember 1977 konnte er zum Erzbischof von Prag ernannt werden. Er war Teilnehmer an den Konklaven von August 1978, welches Johannes Paul I. wählte, und von Oktober 1978, welches Johannes Paul II. wählte. Er nahm an den Bischofssynoden von 1983, 1985, 1987 teil. Am 30. Juni 1979 verlor er mit Erreichen der Altersgrenze von 80 Jahren das Recht zur Teilnahme am Konklave. Am 27. März 1991 legte er die Leitung der Erzdiözese aus Altersgründen nieder.

Er starb am 4. August 1992 in Prag und wurde im Veitsdom in Prag beigesetzt.

Ekandem, Dominic Ignatius (1917–1995)

Ekandem wurde 1917 in Obio Ibiono, gelegen in der damaligen britischen Kolonie Westafrika und im heutigen Nigeria, als Sohn eines Häuptlings geboren und im Alter von acht Jahren getauft. Er studierte am Priesterseminar von Enugu-Okpala sowie am St. Patrick's College in Calabar.

Am 7. Dezember 1947 wurde er in Calabar zum Priester geweiht. Er arbeitete bis 1953 in der Seelsorge und als Rektor des Knabenseminars von Calabar.

Am 7. August 1953 wurde er zum Titularbischof von Hierapolis in Isauria und Weihbischof in Calabar ernannt. Die Bischofsweihe empfing er am 7. Februar 1954 in Calabar von Bischof James Moynagh, SSPME, von Calabar. 1962–1965 nahm er am II. Vatikanischen Konzil teil. Am 1. März 1963 wurde er zum Bischof von Ikot Ekpene ernannt. 1973 wurde er zum Vorsitzenden der Bischofskonferenz von Nigeria gewählt.

Papst Paul VI. kreierte ihn im Konsistorium vom 24. Mai 1976 zum Kardinalpriester und verlieh ihm am gleichen Tag das rote Birett und die Titelkirche S. Marcello. Er war Teilnehmer an den Konklaven von August 1978, welches Johannes Paul I. wählte, und von Oktober 1978, welches Johannes Paul II. wählte. Er nahm an den Bischofssynoden von 1980 und an der Afrikasynode von April/Mai 1994 teil. Am 6. November 1981 wurde er Oberer der neuen Mission *sui iuris* von Abuja und nach deren Erhebung zum Bistum am 19. Juni 1989 zum Bischof von Abuja mit dem persönlichen Titel eines Erzbischofs ernannt. Am 28. September 1992 legte er die Leitung der Diözese aus Altersgründen nieder.

Er starb am 24. November 1995 in Abuja und wurde in der Pro-Kathedrale von Abuja beigesetzt.

Trịnh-Nhu-Khuê, Joseph-Marie (1898–1978)

Trịnh Như-Khuê wurde am 11. Dezember 1898 in Trang-Duê in der damaligen französischen Kolonie und heutigen Republik Vietnam geboren.

Nach dem Studium wurde er am 1. April 1933 zum Priester geweiht und arbeitete anschließend in der Seelsorge.

Am 18. April 1950 wurde er zum Titularbischof von Syinaus und Apostolischen Vikar von Hanoi ernannt. Die Bischofsweihe empfing er am 15. August 1950 von Bischof Thaddeus Le Huu Tu, O.Cist., dem Apostolischen Vikar von Phat Diem. Am 24. November 1960 wurde er zum Erzbischof von Hanoi ernannt. Am II. Vatikanischen Konzil konnte er nicht teilnehmen, konnte aber zur Bischofssynode 1974 nach Rom kommen. Bei der Ankündigung des bevorstehenden Konsistoriums am 28. April 1976 durch Papst Paul VI. wurde er zunächst *in pectore* reserviert.

Papst Paul VI. kreierte ihn im Konsistorium vom 24. Mai 1976 zum Kardinalpriester und verlieh ihm am gleichen Tag das rote Birett und die Titelkirche S. Francesco di Paola ai Monti. Er nahm an der Bischofssynode von 1977 teil. Er war Teilnehmer an den Konklaven von August 1978, welches Johannes Paul I. wählte, und von Oktober 1978, welches Johannes Paul II. wählte.

Er starb am 27. November 1978 in Hanoi und wurde in der Kathedrale von Hanoi beigesetzt.

Filipiak, Boleslaw (1901–1978)

Filipiak wurde am 1. September 1901 in Osniszczewko im deutschen Kaiserreich und der heutigen Republik Polen geboren. Er studierte an der Universität und am Priesterseminar von Poznań (Posen).

Am 29. Mai 1926 wurde er in Gniezno (Gnesen) zum Priester geweiht. 1926–1930 wirkte er als Kaplan in der Erzdiözese Gniezno. Danach setzte er seine Studien bis 1932 am Päpstlich-Römischen *Athenaeum S. Apollinare* in Rom fort. Nach seiner Rückkehr war er 1933–1944 Sekretär von Kardinal August Hlond S.D.B., dem Erzbischof von Gniezno-Poznań und Primas von Polen. 1944–1945 wurde er von den Nazis inhaftiert. 1945 wurde er Mitglied des erzbischöflichen Gerichts und Kanoniker an der Kathedrale von Gniezno. 1945–1947 war er Präsident am kirchlichen Gericht für die dritte Instanz für Ehesachen, die für den Heiligen Stuhl reserviert sind. 1947 wurde er Auditor der Römischen Rota und 1967 deren Dekan. Außerdem war er Präsident des Appellationsgerichtes der Vatikanstadt.

Am 1. Mai 1976 wurde er zum Titularbischof von Plestia ernannt. Die Bischofsweihe empfing er am 13. Mai 1976 in der Kirche S. Anselmo auf dem Aventin in Rom von Kardinal Pericle Felici.

Papst Paul VI. kreierte ihn im Konsistorium vom 24. Mai 1976 zum Kardinaldiakon und verlieh ihm am gleichen Tag das rote Birett und die Kirche S. Giovanni Bosco in Via Tiburtina als Titeldiakonie. Aus gesundheitlichen Gründen konnte er an keiner der beiden Konklaven von 1978 teilnehmen.

Er starb am 14. Oktober 1978 in Poznań zwei Tage, bevor ein polnischer Kardinal zum Papst gewählt wurde, und wurde in der Kathedrale von Poznań beigesetzt.

Benelli, Giovanni (1921–1982)

Benelli wurde am 12. Mai 1921 in Poggiole di Vernio in der Provinz Prato im Königreich Italien, heute Republik Italien, geboren. Seine Studien begann er am Seminar von Pistoia.

Am 31. Oktober 1943 wurde er in seiner Heimatkirche von Poggiole di Vernio von Bischof Giuseppe Debernardi von Pistoia zum Priester geweiht. Er ging zu weiteren Studien nach Rom an die Päpstliche Universität Gregoriana, wo er in Kirchenrecht promoviert wurde, und lebte am französischen Kolleg in Rom. Er machte in diesen Jahren zur Vorbereitung auf den diplomatischen Dienst des Heiligen Stuhls auch eine Ausbildung an der Päpstlichen Diplomatenakademie und engagierte sich in der Seelsorge der Diözese Rom. 1947 trat er in den Dienst des Heiligen Stuhls und wurde Privatsekretär des Substituten des Staatssekretariates, Giovanni Battista Montini, des späteren Papst Paul VI. 1950 wurde er päpstlicher Geheimkämmerer und war bis 1953 als Nuntiatursekretär an die Nuntiatur in Irland gesandt. 1953–1960 war er Nuntiatursekretär in Frankreich und anschließend bis 1962 Auditor der Nuntiatur in Brasilien. 1961 wurde er päpstlicher Hausprälat. 1962–1965 war er Nuntiaturrat der Nuntiatur in Spanien und 1965–1966 ständiger Beobachter des Heiligen Stuhls bei der UNESCO in Paris.

Am 11. Juni 1966 wurde er zum Titularerzbischof von Tusuro und Pro-Nuntius in Senegal sowie zum Apostolischen Delegaten in Westafrika ernannt. Die Bischofsweihe empfing er am 11. September 1966 in Rom von Kardinalstaatssekretär Amleto Giovanni Cicognani. Am 29. Juni 1967 wurde er zum Substituten des Staatssekretariates und Sekretär der Chiffren ernannt. Benelli galt als äußerst effizient und als die rechte Hand Papst Pauls VI. Er war der eigentliche mächtige Mann der Kurie in den siebziger Jahren. Am 3. Juni 1977 wurde er zum Erzbischof von Florenz ernannt.

Papst Paul VI. kreierte ihn im Konsistorium vom 27. Juni 1977 zum Kardinalpriester und verlieh ihm am gleichen Tag das rote Birett und die Titelkirche S. Prisca. Er nahm an den Bischofssynoden von 1977 und 1980 teil, außerdem an den Konklaven von August 1978, das Johannes Paul I. wählte, sowie von Oktober 1978, welches Johannes Paul II. wählte.

Er starb am 26. Oktober 1982 in Florenz und wurde in der Kathedrale von Florenz beigesetzt.

Gantin, Bernardin (1922–2008)

Gantin wurde am 8. Mai 1922 in Toffo, in der zu Französisch-Westafrika gehörenden Kolonie Dahomey, der heutigen Republik Benin geboren. Er studierte am Seminar von Ouidah.

Am 14. Januar 1951 wurde er in Ouidah (heute Cotonou) von Bischof Louis Parisot S.M.A., dem Apostolischen Vikar von Ouidah, zum Priester geweiht. 1951–1953 war er Dozent am Seminar von Quidah und übernahm verschiedene Aufgaben in der Seelsorge des Apostolischen Vikariates Ouidah. 1953–1956 studierte er in Rom am Päpstlichen *Athenaeum Urbaniana* der Kongregation *Propaganda Fide* und am Päpstlichen *Athenaeum* des Laterans, wo er 1954 ein Lizentiat in Dogmatik und 1955 ein

Lizentiat in kanonischem Recht erwarb. Er war bei der Vorbereitung seiner Promotion, als er 1956 zum Bischof ernannt wurde.

Am 11. Dezember 1956 wurde er zum Titularbischof von Tipasa in Mauretania und Weihbischof des 1955 zum Erzbistum Cotonou errichteten ehemaligen Apostolischen Vikariates Ouidah ernannt. Die Bischofsweihe empfing er am 3. Februar 1957 in Rom durch Kardinaldekan Eugène Tisserant. Am 5. Januar 1960 wurde er zum Erzbischof von Cotonou ernannt. Er nahm 1962–1965 am II. Vatikanischen Konzil teil, ebenso an den Bischofssynoden von 1967, 1969, 1971, 1980, 1983, 1985, 1987, 1990, 1991, 1994, 1997, 1998, 1999 und 2001. Nach der Ausweisung durch das kommunistische Regime in Benin wurde er am 5. März 1971 zum beigeordneten Sekretär der Kongregation für die Evangelisierung der Völker ernannt und verzichtete am 28. Juni 1971 auf die Leitung seiner Erzdiözese. Am 26. Februar 1973 wurde er Sekretär der Kongregation für die Evangelisierung der Völker. Am 19. Dezember 1975 wurde er Vizepräsident und am 16. Dezember 1976 Pro-Präsident der Päpstlichen Kommission *Iustitia et Pax*.

Papst Paul VI. kreierte ihn im Konsistorium vom 27. Juni 1977 zum Kardinaldiakon und verlieh ihm am gleichen Tag das rote Birett und die Kirche Sacro Cuore di Cristo Re als Titeldiakonie. Am 29. Juni 1977 wurde er Präsident der päpstlichen Kommission *Iustitia et Pax*. Er nahm an den Konklaven von August 1978, das Johannes Paul I. wählte, sowie vom Oktober 1978, welches Johannes Paul II. wählte, teil. Johannes Paul I. bestätigte ihn in seinem Amt und ernannte ihn am 4. September 1978 zusätzlich zum Präsidenten des Päpstlichen Rates Cor Unum. Johannes Paul II. bestätigte ihn in beiden Ämtern. Am 8. April 1984 wurde er zum Präfekten der Bischofskongregation und Präsidenten der Päpstlichen Kommission für Lateinamerika ernannt. Am 25. Juni 1984 optierte er für die Klasse der Kardinalpriester und die Erhebung seiner Diakonie zur Titelkirche. Am 29. September 1986 wurde er zum Kardinaltitularbischof von Palestrina ernannt. Am 5. Juni 1993 wurde er zum Dekan des Kardinalskollegiums gewählt und zusätzlich zum Kardinaltitularbischof von Ostia ernannt. Am 25. Juni 1998 verzichtete er auf das Amt des Präfekten der Bischofskongregation und des Präsidenten der Päpstlichen Kommission für Lateinamerika. Am 8. Mai 2002 verlor er mit dem Erreichen der Altersgrenze von 80 Jahren das Recht zur Teilnahme am Konklave, und am 24. Oktober 2002 verzichtete er auf das Amt des Kardinaldekans und das Titularbistum Ostia. Im Dezember 2002 kehrte er in seine Heimat Benin zurück.

Er starb am 13. Mai 2008 in Paris und wurde in der Kapelle des Priesterseminars von Cotonou beigesetzt.

Ratzinger, Joseph – Papst Benedikt XVI. (1927)

Ratzinger wurde am 16. April 1927 in Marktl am Inn im Freistaat Bayern im Deutschland der Weimarer Republik, heute Bundesrepublik Deutschland, geboren. Er wuchs an mehreren Orten und zuletzt in Traunstein in der Erzdiözese München-Freising auf. Nach dem Zweiten Weltkrieg, während dessen er als Helfer für die Luftabwehr eingezogen wurde und am Ende des Krieges in Gefangenschaft geriet, begann er seine 1946 Studien an der Philosophischen Hochschule Freising und 1947 an der Universität München.

Am 29. Juni 1951 wurde er in Freising von Kardinal Michael von Faulhaber zum Priester geweiht. Nach einer kurzen Seelsorgetätigkeit in München setzte er 1952 seine Studien in München fort und wurde 1953 promoviert. 1952 wurde er Dozent an der Hochschule für Theologie und Philosophie in Freising. 1957 erfolgte die Habilitation. 1959–1963 war er Professor an der Universität Bonn, 1963–1966 an der Universität Münster, 1966–1969 an der Universität Tübingen und 1969–1977 an der Universität Regensburg, deren Vizepräsident er einige Jahre lang war. Er war theologischer Berater von Kardinal Josef Frings vor und während des II. Vatikanischen Konzils 1962–1965 und wurde zum Konzilstheologen berufen. 1969–1977 war er Mitglied der Internationalen Theologenkommission in Rom.

Am 25. März 1977 wurde er zum Erzbischof von München-Freising ernannt. Die Bischofsweihe empfing er am 28. Mai 1977 im Liebfrauendom zu München von Bischof Josef Stangl von Würzburg. Gleichzeitig wurde er Vorsitzender der Freisinger Bischofskonferenz.

Papst Paul VI. kreierte ihn im Konsistorium vom 27. Juni 1977 zum Kardinalpriester und verlieh ihm am gleichen Tag das rote Birett und die Titelkirche S. Maria Consolatrice al Tiburtino. Er nahm an den Bischofssynoden von 1980 als Generalrelator, 1983, 1985, 1987, 1990, 1991, 1994, 1997, 1998, 1999 und 2001 teil und war zeitweilig Mitglied des Generalsekretariates der Bischofssynode. Er nahm an den Konklaven von August 1978, das Johannes Paul I. wählte, sowie vom Oktober 1978, welches Johannes Paul II. wählte, teil. Am 25. November 1981 erfolgte die Ernennung zum Präfekten der Glaubenskongregation und Präsidenten der Päpstlichen Bibelkommission sowie der Internationalen Theologenkommission. Am 15. Februar 1982 verzichtete er auf die Leitung der Erzdiözese München-Freising. Am 5. April 1993 wurde er zum Kardinaltitularbischof von Velletri-Segni ernannt und am 9. November 1998 Subdekan des Kardinalskollegiums. Am 27. November 2002 wurde er zum Dekan des Kardinalskollegiums gewählt, darin von Papst am 29. November 2002 bestätigt und zusätzlich zum Kardinaltitularbischof von Ostia ernannt. Als Kardinaldekan leitete er die Totenmesse für Papst Johannes Paul II. am 8. April 2005 und das anschließende Konklave. Am 19. April 2005 wurde er im Konklave zum Papst gewählt.

Als Papst nahm er den Namen Benedikt XVI. an und wurde am 24. April offiziell in sein Amt eingeführt. Er schrieb als Papst drei Enzykliken und ernannte in fünf Konsistorien insgesamt 90 Kardinäle. Mit dem Motu Proprio *De aliquibus mutationibus* vom 11. Juni 2007 stellte er u. a. fest, dass zur Papstwahl in Zukunft immer die Zweidrittel-Mehrheit nötig sei. Mit dem Motu Proprio *De Nonnullis Mutationibus in Normis ad Electione Romani Pontifices Attinentibus* vom 22. Februar 2013 modifizierte er die Wahlordnung u. a. dahingehend, dass die Kardinäle in ihren Generalkongregationen den Beginn des Konklaves, das frühestens 15, spätestens 20 Tage nach Eintritt der Sedisvakanz zusammentreten muss, vorverlegen können, wenn alle wahlberechtigten Kardinäle anwesend sind.

Am 11. Februar 2013 kündigte Benedikt XVI. in einem Konsistorium seinen Rücktritt vom Amt des Bischofs von Rom und des Nachfolgers Petri zum 28. Februar 2013 um 20.00 Uhr an. Seither trägt er den Titel „Seine Heiligkeit, Benedikt XVI., Papst emeritus", und nahm seinen Altersruhesitz in einem ehemaligen Kloster in den Vatikanischen Gärten.

Ciappi O.P., Mario Luigi (1909–1996)

Ciappi wurde am 6. Oktober 1909 in Florenz in der Toskana im Königreich Italien, heute Republik Italien, geboren. Am 4. Oktober 1925 trat er in den Dominikanerorden ein und legte die Profess nach dem Noviziat am 8. Oktober 1926 im Dominikanerkonvent Santa Maria della Quercia in Viterbo ab. Danach studierte er 1927–1929 Philosophie am Dominikanerkonvent San Domenico in Pistoia. Seine Studien setzte 1929 er am Päpstlichen *Athenaeum* St. Thomas v. Aquin (*Angelicum*) in Rom fort. Am 31. Oktober 1930 legte er seine feierlichen Gelübde im Konvent bei S. Mario sopra Minerva in Rom ab.

Am 26. März 1932 wurde er in der Lateranbasilika in Rom von Kardinalvikar Francesco Marchetti Selvaggiani zum Priester geweiht. Es folgten weitere Studien und die Promotion 1934. Seine Studien führten ihn auch an die Katholische Universität Louvain in Belgien und an die Universität Fribourg in der Schweiz. 1935–1955 war er zunächst Dozent und später auch Rektor des Päpstlichen *Athenaeums* St. Thomas v. Aquin (*Angelicum*). Am 5. Mai 1955 wurde er zum Meister des Heiligen Palastes ernannt, was die Aufgabe des päpstlichen Haustheologen beinhaltet. Dieser Titel wurde durch das Motu proprio *Pontificalis domus* Pauls VI. vom 28. März 1968 verändert in „Theologe des päpstlichen Haushaltes". Als solcher nahm er auch an der Bischofssynode von 1967 teil.

Am 10. Juni 1977 wurde er zum Titularbischof von Misenum ernannt. Die Bischofsweihe empfing er am 18. Juni 1977 in der Basilika S. Maria sopra Minerva in Rom von Kardinal Dino Staffa, dem Präfekten der Apostolischen Signatur.

Papst Paul VI. kreierte ihn im Konsistorium vom 27. Juni 1977 zum Kardinaldiakon und verlieh ihm am gleichen Tag das rote Birett und die Kirche Sacro Nostra Signora del S. Cuore als Titeldiakonie. 1977–1989 trug er den Titel eines Pro-Theologen des päpstlichen Haushaltes. Er nahm an den Konklaven von August 1978, das Johannes Paul I. wählte, sowie vom Oktober 1978, welches Johannes Paul II. wählte, teil. Am 22. Juni 1987 optierte er für die Klasse der Kardinalpriester und die Titelkirche Sacro Cuore di Gesù agonizante a Vitinia. Am 6. Oktober 1989 verlor er mit dem Erreichen der Altersgrenze von 80 Jahren das Recht zur Teilnahme am Konklave.

Er starb am 22. April 1996 in Rom und wurde auf dem römischen Friedhof Campo Verano beigesetzt.

Die Kardinäle von Papst Johannes Paul II.
(1978 – 2005)

Casaroli, Agostino (1914 – 1998)

Casaroli wurde am 24. November 1914 in Castel San Giovanni in der Provinz Piacenza in der Region Emilia Romagna im Königreich Italien, heute Republik Italien, geboren. Er besuchte das Collegio Alberoni und das bischöfliche Seminar Bedonia in Piacenza.

Am 27. Mai 1937 wurde er in Piacenza zum Priester geweiht. Anschließend studierte er bis 1939 in Rom und trat in die Päpstliche Diplomatenakademie ein. Er studierte gleichzeitig am Päpstlichen *Athenaeum* des Laterans, wo er in kanonischem Recht promoviert wurde. 1940 trat er in den Dienst des vatikanischen Staatssekretariates ein und wirkte zunächst im archivarischen Dienst. Neben seiner Tätigkeit im Vatikan war er von 1943 bis 1998 immer auch pastoral in der Diözese Rom tätig. So gründete er ein Waisenhaus und ein Haus für schwer erziehbare Mädchen, welche er täglich besuchte. 1945 wurde er päpstlicher Geheimkämmerer und 1954 päpstlicher Hausprälat. 1950 wechselte er in den diplomatischen Dienst und wurde der Abteilung für Lateinamerika zugeteilt. 1955 begleitete er Kardinal Adeodato Giovanni Piazza O.C.D. zur I. Generalkonferenz des lateinamerikanischen Episkopats in Rio de Janeiro, Brasilien. 1958 – 1961 war er Dozent an der Päpstlichen Diplomatenakademie in Rom. Am 24. Februar 1961 wurde er Untersekretär der Kongregation für die außerordentlichen kirchlichen Angelegenheiten. Er war Leiter verschiedener Vatikandelegationen bei der UNO. Er handelte das Abkommen zwischen dem Vatikan und Ungarn aus und unterschrieb es am 15. September 1964 für den Vatikan. Infolgedessen kam Kardinal Mindzendty frei. Er verhandelte im Februar 1965 mit der tschechischen Regierung über die Ernennung von Frantisek Tomásek, damals Weihbischof in Olmütz, zum Administrator für die Erzdiözese Prag. 1966 unterzeichnete er das Protokoll über die Zusammenarbeit zwischen dem Heiligen Stuhl und Jugoslawien. Am 29. Juni 1967 wurde er zum Sekretär der Kongregation für die außerordentlichen Angelegenheiten der Kirche ernannt.

Am 4. Juli 1967 erfolgte die Ernennung zum Titularerzbischof von Cartagine. Die Bischofsweihe empfing er am 16. Juli 1967 in der Petersbasilika des Vatikans von Papst Paul VI. Weiter wurde er Präsident der Päpstlichen Kommission für Russland und unterzeichnete 1971 das offizielle Dokument über die Ächtung nuklearer Waffen für den Vatikan in Moskau. 1973 war er Repräsentant des Vatikans bei der Konferenz der europäischen Außenminister in Helsinki, 1975 Delegierter des Heiligen Stuhls bei der Konferenz für Sicherheit und Zusammenarbeit in Europa in Helsinki. Am 28. April 1979 wurde er zum Pro-Staatssekretär und Pro-Präsidenten des Rates für die öffentlichen Angelegenheiten der Kirche ernannt.

Papst Johannes Paul II. kreierte ihn im Konsistorium vom 30. Juni 1979 zum Kardinalpriester und verlieh ihm am gleichen Tag das rote Birett und die Titelkirche SS. XII Apostoli. Am 1. Juli 1979 wurde er Kardinalstaatssekretär und Präsident des Rates für die öffentlichen Angelegenheiten der Kirche sowie Präsident der Päpstlichen Kommission für den Vatikanstaat. 1981 wurde er auch Präsident der Verwaltung des

Vermögens des Apostolischen Stuhls. Am 25. Mai 1985 wurde er zum Kardinaltitularbischof der suburbikarischen Diözese von Porto-Santa Rufina unter Beibehaltung seiner Titelkirche *in commendam* ernannt. Am 1. Dezember 1990 verzichtete er auf seine kurialen Ämter. Am 5. Juli 1993 wurde er Subdekan des Kardinalskollegiums und verlor am 24. November 1994 mit Erreichen des 80. Lebensjahres das Recht auf Teilnahme am Konklave.

Er starb am 9. Juni 1998 in Rom und wurde in seiner Titelkirche SS. XII Apostoli beigesetzt.

Caprio, Giuseppe (1914 – 2005)

Caprio wurde am 15. November 1914 in Lapio in der Region Campania im Königreich Italien, heute Republik Italien, geboren. Er absolvierte zunächst seine Studien am Seminar von Benevent und setzte sie an der Päpstlichen Universität Gregoriana in Rom fort.

In Rom wurde er am 17. Dezember 1938 zum Priester geweiht und bereitete sich anschließend bis 1940 an der Päpstlichen Diplomatenakademie auf den diplomatischen Dienst vor.

1940 – 1947 war er im Staatssekretariat tätig. 1947 – 1951 war er Nuntiatursekretär in China und wurde nach dreimonatigem Hausarrest durch das kommunistische Regime ausgewiesen. 1951 – 1954 war er Auditor der Nuntiatur von Belgien, 1954 – 1959 Visitator und Regente der Apostolischen Delegatur in Süd-Vietnam. 1955 wurde er päpstlicher Hausprälat und 1959 Internuntius in China (Formosa, heute Taiwan).

Am 14. Oktober 1961 wurde er zum Titularerzbischof von Apollonia ernannt. Die Bischofsweihe empfing er am 14. Dezember 1961 in Benevent durch Kardinal Grégor-Petrus Agagianian. 1962 – 1965 war er Teilnehmer des II. Vatikanischen Konzils. 1967 wurde er Pro-Nuntius in Indien. 1968 war er Leiter der vatikanischen Delegation bei der II. UNO-Konferenz für Wirtschaft und Entwicklung in Neu Delhi, Indien. 1969 wurde er Sekretär der Vermögensverwaltung des Heiligen Stuhls, 1977 Substitut im Staatssekretariat, ein Amt, welches er auch während der Konklaven 1978 beibehielt. Am 28. April 1979 wurde er Pro-Präsident der Vermögensverwaltung des Heiligen Stuhls.

Papst Johannes Paul II. kreierte ihn im Konsistorium vom 30. Juni 1979 zum Kardinaldiakon und verlieh ihm am gleichen Tag das rote Birett und die Kirche S. Maria Ausiliatrice in Via Tuscolana als Titeldiakonie. Seit dem 1. Juli 1979 war er Präsident der Vermögensverwaltung des Heiligen Stuhls, am 30. Januar 1981 wurde er Präsident der Präfektur für die wirtschaftlichen Angelegenheiten des Heiligen Stuhls. Am 22. Juni 1987 wurde er Kardinalprotodiakon und am 15. November 1988 Großmeister des Ritterordens vom Heiligen Grab in Jerusalem. Am 22. Januar 1990 verzichtete er auf die Präsidentschaft der Vermögensverwaltung. Am 26. November 1990 optierte er für die Klasse der Kardinalpriester und die Titelkirche S. Maria della Vittoria. Er verlor am 15. November 1994 mit Erreichen des 80. Lebensjahres das Recht auf Teilnahme am

Konklave und verzichtete im Dezember 1995 auf das Amt des Großmeisters des Ritterordens vom Heiligen Grab.

Er starb am 15. Oktober 2005 in Rom und wurde in der Pfarrkirche seines Heimatortes Lapio beigesetzt.

Cé, Marco (1925)

Cé wurde am 8. Juli 1925 in Izano in der Provinz Cremona in der Lombardei im Königreich Italien, heute Republik Italien, geboren. Nach Abschluss der Gymnasialzeit wurde er nach Rom gesandt, wo er am lombardischen Seminar lebte und an der Päpstlichen Universität Gregoriana in Rom studierte und in Dogmatik promoviert wurde. Er studierte auch am Päpstlichen Bibelinstitut und erwarb dort das Lizentiat in Heiliger Schrift.

Am 27. März 1948 wurde er in der Lateranbasilika in Rom zum Priester geweiht. Danach kehrte er in seine Heimat zurück und wurde 1948 Dozent für Exegese und Subregens am Priesterseminar von Crema, dessen Regens er 1957–1970 war. Außerdem übernahm er die Leitung der liturgischen Kommission seines Heimatbistums und war in der Folgezeit für die Umsetzung der Liturgiereform während und nach dem II. Vatikanischen Konzil in seiner Heimatdiözese verantwortlich.

Am 22. April 1970 wurde er zum Titularbischof von Vulturia und Weihbischof in Bologna ernannt. Die Bischofsweihe empfing er am 17. Mai 1970 in Crema von Bischof Carlo Manziana von Crema. 1976 wurde er Generalassistent der Katholischen Aktion Italiens. Am 7. Dezember 1978 wurde er zum Patriarchen von Venedig ernannt.

Papst Johannes Paul II. kreierte ihn im Konsistorium vom 30. Juni 1979 zum Kardinalpriester und verlieh ihm am gleichen Tag das rote Birett und die Titelkirche S. Marco. Am 5. Januar 2002 legte er sein Amt als Patriarch von Venedig aus Altersgründen nieder und verwaltete das Patriarchat bis zur Ernennung seines Nachfolgers Angelo Scola als Apostolischer Administrator. Er nahm am Konklave vom April 2005 teil, welches Benedikt XVI. wählte. Am 8. Juli 2005 verlor er mit Erreichen des 80. Lebensjahres das Recht auf Teilnahme am Konklave.

Righi-Lambertini, Egano (1906–2000)

Righi-Lambertini wurde am 22. Februar 1906 in Casalecchio di Reno in der Provinz Bologna im Königreich Italien, heute Republik Italien, geboren.

Er studierte am Päpstlichen Regionalseminar Bologna und an der Päpstlichen Universität Gregoriana.

Am 25. Mai 1929 empfing er in Bologna die Priesterweihe. Anschließend war er bis 1936 in der Erzdiözese Bologna pastoral tätig, bevor er bis 1939 an der Päpstlichen Diplomatenakademie Rom ein weiterführendes Studium absolvierte.

1939 trat er in das vatikanische Staatssekretariat ein und war 1939–1949 Auditor der Nuntiatur in Italien. Anschließend war er bis 1954 Auditor und Nuntiaturrat der Nuntiatur in Frankreich. 1954 wurde er päpstlicher Hausprälat. 1954–1957 war er

Geschäftsträger der Nuntiaturen von Costa Rica und Venezuela sowie in der Apostolischen Delegatur in Großbritannien. Am 28. Dezember 1957 wurde er zum Apostolischen Delegaten in Korea ernannt.

Am 9. Juli 1960 wurde er zum Titularerzbischof von Doclea und Nuntius im Libanon ernannt. Die Bischofsweihe empfing er am 28. Oktober 1960 in der Petersbasilika des Vatikans durch Papst Johannes XXIII. 1962–1965 nahm er am II. Vatikanischen Konzil teil. 1963 wurde er Nuntius in Chile, 1967 Nuntius in Italien, 1969 Nuntius in Frankreich. 1974–1979 war er Ständiger Beobachter des Heiligen Stuhls beim Europarat in Straßburg.

Papst Johannes Paul II. kreierte ihn im Konsistorium vom 30. Juni 1979 zum Kardinaldiakon und verlieh ihm am gleichen Tag das rote Birett und die Kirche S. Giovanni Bosco in Via Tuscolana als Titeldiakonie. Am 22. Februar 1986 verlor er mit Erreichen des 80. Lebensjahres das Recht auf Teilnahme am Konklave. Am 26. November 1990 optierte er für die Klasse der Kardinalpriester und die Titelkirche S. Maria in Via.

Er starb am 4. Oktober 2000 in Rom und wurde in der Familienkapelle in Casalecchio di Reno bei Bologna beigesetzt.

Trinh Van-Can, Joseph-Marie (1921–1990)

Trinh Van Can wurde am 19. März 1921 in Trac But in Vietnam geboren. Er studierte am Seminar von Hanoi.

Am 8. Dezember 1949 wurde er in Hanoi zum Priester geweiht. 1949–1963 wirkte er in der Erzdiözese Hanoi in der Seelsorge und als Offizial des kirchlichen Gerichts.

Am 5. Februar 1963 wurde er zum Titularerzbischof von Ela und Koadjutor *c.i.s.* von Hanoi ernannt. Die Bischofsweihe empfing er am 2. Juni 1963 in Hanoi von Erzbischof Joseph-Marie Trin-nhu-Khuê von Hanoi. Am 27. November 1978 wurde er Erzbischof von Hanoi.

Papst Johannes Paul II. kreierte ihn im Konsistorium vom 30. Juni 1979 zum Kardinalpriester und verlieh ihm am gleichen Tag das rote Birett und die Titelkirche S. Maria in Via. 1985 und 1987 konnte er an den römischen Bischofssynoden teilnehmen.

Er starb am 18. Mai 1990 in Hanoi und wurde in der Kathedrale von Hanoi beigesetzt.

Civardi, Ernesto (1906–1989)

Civardi wurde am 21. Oktober 1906 in Fossarmato in der Provinz Pavia, Lombardei, im Königreich Italien, heute Republik Italien, geboren. Er besuchte das Seminar von Pavia.

Am 29. Juni 1930 wurde er in Pavia zum Priester geweiht und ging anschließend nach Rom, wo er an der Päpstlichen Universität Gregoriana in kanonischem Recht promovierte und an der Römische Rota eine Ausbildung als Rechtsanwalt der Römischen Rota erhielt. 1932–1934 war er Subregens des lombardischen Seminars in Rom, 1934–1953 übernahm er pastorale Aufgaben in der Diözese Rom und war Mitarbeiter der Konsistorialkongregation. 1950 wurde er päpstlicher Hausprälat, 1953–1965 war er Substitut der Konsistorialkongregation, 1965–1967 Untersekretär. Außerdem war von 1953 bis 1967 Kommissar der Kongregation für die Sakramentendisziplin und Richter am vatikanischen Staatsgerichtshof und 1958 Referendar der Apostolischen Signatur. 1962–1965 wirkte er als Peritus am II. Vatikanischen Konzil und war 1965–1967 Konsultor des Heiligen Offiziums. 1967 wurde er Sekretär der später in „Bischofskongregation" umbenannten früheren Konsistorialkongregation.

Am 26. Juni 1967 wurde er zum Titularerzbischof von Sardica ernannt. Die Bischofsweihe empfing er am 16. Juli 1967 von Papst Paul VI. in der Petersbasilika des Vatikans. 1967 wurde er auch Sekretär des Kardinalskollegiums und war in dieser Eigenschaft 1978 Konklavesekretär der Konklaven vom August und Oktober.

Papst Johannes Paul II. kreierte ihn im Konsistorium vom 30. Juni 1979 zum Kardinaldiakon und verlieh ihm am gleichen Tag das rote Birett und die Kirche S. Teodoro als Titeldiakonie. Am 21. Oktober 1986 verlor er mit Erreichen des 80. Lebensjahres das Recht auf Teilnahme am Konklave.

Er starb am 28. November 1989 in Rom und wurde auf dem römischen Friedhof Campo Verano beigesetzt.

Corripio Ahumada, Ernesto (1919 – 2008)
Corripio Ahumada wurde am 29. Juni 1919 in Tampico in Mexiko geboren. Er studierte am Seminar von Puebla und an der Päpstlichen Universität Gregoriana in Rom.

Am 15. Oktober 1942 wurde er in Rom zum Priester geweiht, wo er noch zu weiteren Studien bis 1945 blieb. 1945–1950 übernahm er zunächst seelsorgerliche Aufgaben in der Diözese Tampico und wurde anschließend Dozent und Subregens des Seminars von Tampico. 1950–1952 war er Sekretär der Diözesankurie von Tampico.

Am 27. Dezember 1952 wurde er zum Titularbischof von Zapara und Weihbischof in Tampico ernannt. Die Bischofsweihe empfing er am 19. März 1953 in Tampico von Erzbischof Octaviano Márquez Toriz von Puebla. Am 25. Februar 1956 wurde er Bischof von Tampico und nahm 1962–1965 am II. Vatikanischen Konzil teil. Am 25. Juli 1967 wurde er Erzbischof von Antequera. 1967–1973 war er Vorsitzender der mexikanischen Bischofskonferenz und wurde am 8. März 1976 Erzbischof von Puebla de los Angeles und am 19. Juli 1977 Erzbischof von Mexiko-City. Er war delegierter Präsident der III. Generalkonferenz der lateinamerikanischen Bischöfe vom 27. Januar bis 13. Februar 1979 in Puebla, Mexiko.

Papst Johannes Paul II. kreierte ihn im Konsistorium vom 30. Juni 1979 zum Kardinalpriester und verlieh ihm am gleichen Tag das rote Birett und die Titelkirche Immacolata al Tiburtino. Am 30. März 1980 war er Päpstlicher Legat bei der Beisetzung von Erzbischof Oscar Arnulfo Romero, dem ermordeten Erzbischof von San Salvador. Am 29. September 1994 trat er von der Leitung der Erzdiözese aus Altersgründen zurück und leitete bis zur Ernennung eines Nachfolgers das Erzbistum als Apostolischer

Administrator. Am 29. Juni 1999 verlor er mit Erreichen des 80. Lebensjahres das Recht auf Teilnahme am Konklave.

Er starb am 10. April 2008 in Mexiko-City und wurde in der Kathedrale von Mexiko-City beigesetzt.

Satowaki, Joseph Asajirô (1904–1996)

Satowaki wurde am 1. Februar 1904 in Shittsu im Kaiserreich Japan geboren. Er absolvierte seine Studien am Seminar von Nagasaki, an der Katholischen Universität von Amerika in Washington, D.C., USA und am Päpstlichen *Athenaeum Urbaniana* der Kongregation *Propaganda Fide* in Rom.

Am 17. Dezember 1932 wurde er in Rom zum Priester geweiht. 1933–1941 wirkte er in der Seelsorge der Erzdiözese Nagasaki und als Prokurator und erzbischöflicher Kanzler. 1941–1945 war er Apostolischer Administrator von Taiwan. 1945–1947 wirkte er als Rektor des Seminars von Nagasaki und anschließend bis 1955 als Seelsorger, Generalvikar, Direktor der Diözesanzeitschrift und Lehrer an der Junshin Schule.

Am 25. Februar 1955 wurde er zum Bischof von Kagoshima ernannt. Die Bischofsweihe empfing er am 3. Mai 1955 in Nakamachi vom Apostolischen Delegaten in Japan, Erzbischof Maximilian de Fürstenberg. 1962–1965 nahm er am II. Vatikanischen Konzil teil. Im Dezember 1968 wurde er Erzbischof von Nagasaki. Er war Vorsitzender der japanischen Bischofskonferenz.

Papst Johannes Paul II. kreierte ihn im Konsistorium vom 30. Juni 1979 zum Kardinalpriester und verlieh ihm am gleichen Tag das rote Birett und die Titelkirche S. Maria della Pace. Am 1. Februar 1984 verlor er mit Erreichen des 80. Lebensjahres das Recht auf Teilnahme am Konklave. Am 8. Februar 1990 verzichtete er auf die Leitung der Erzdiözese.

Er starb am 8. August 1996 in Nagasaki und wurde auf dem Friedhof Akagi no bochi in Nagasaki in dem gemeinsamen Grab für die verstorbenen Priester der Erzdiözese Nagasaki beigesetzt.

Etchegaray, Roger (1922)

Etchegaray wurde am 25. September 1922 in Espelette, Aquitanien, in der Republik Frankreich geboren. Er studierte 1943–1947 am Seminar von Bayonne.

Am 13. Juli 1947 wurde er in seiner Heimat Espelette zum Priester geweiht. Anschließend ging er nach Rom, wo er am Französischen Seminar lebte und an der Päpstlichen Universität Gregoriana 1949 in kanonischem Recht promovierte.

Danach kehrte er in seine Heimatdiözese Bayonne zurück und wurde zunächst Sekretär des Bischofs, dann Generalsekretär für die diözesanen Werke der Katholischen Aktion und schließlich 1960 Generalvikar. In den Jahren 1961–1966 war er zweiter Sekretär der Bischofskonferenz Frankreichs. Ab 1965 war er als Sekretär des Komitees für die Beziehungen zwischen den Bischofskonferenzen Europas zuständig; 1966–1970 war er Sekretär der französischen Bischofskonferenz.

Am 29. März 1969 wurde er zum Titularbischof von Gemelle di Numidia und Weihbischof in Paris ernannt. Die Bischofsweihe empfing er am 27. Mai 1969 von Kardinal François Marty, dem Erzbischof von Paris. Am 22. Dezember 1970 wurde er zum Erzbischof von Marseille ernannt und war 1971–1979 erster Präsident des Rates der Europäischen Bischofskonferenz. Er nahm seit 1969 an fast allen Bischofssynoden in Rom teil. 1975 wurde er Vorsitzender der französischen Bischofskonferenz und Prälat der Mission de France.

Papst Johannes Paul II. kreierte ihn im Konsistorium vom 30. Juni 1979 zum Kardinalpriester und verlieh ihm am gleichen Tag das rote Birett und die Titelkirche S. Leone I. 1982 verzichtete er auf die Prälatur der Misson de France. 1984 wurde er als Präsident der Päpstlichen Kommission *Iustitia et Pax* und des Päpstlichen Rates Cor Unum an die Römische Kurie berufen. 1985 verzichtete er auf die Erzdiözese und siedelte nach Rom um. Er hatte vielfältige päpstliche Spezialaufträge, so z. B. Kontakte zur chinesischen Führung. Seit 1994 war er Präsident des Zentralkomitees für das Heilige Jahr 2000. 1995 verzichtete er auf die Präsidentschaft des Päpstlichen Rates Cor Unum, 1998 auch auf das Amt des Präsidenten des Päpstlichen Rates *Iustitia et Pax*. Am 24. Juni 1998 wurde er zum Kardinaltitularbischof von Porto-Santa Rufina ernannt Am 25. September 2002 verlor er mit Erreichen des 80. Lebensjahres das Recht auf Teilnahme am Konklave. Am 30. April 2005 wurde er Subdekan des Kardinalskollegiums.

Ballestrero O.C.D., Anastasio Alberto (1913–1998)
Ballestrero wurde am 3. Oktober 1913 in Genua in Ligurien im Königreich Italien, heute Republik Italien, geboren. 1928 trat er in die ligurische Provinz der unbeschuhten Karmeliten in Loana bei Savona ein und erhielt den Namen Anastasio vom allerheiligsten Rosenkranz. Seine ersten Gelübde legte er 1929 ab, seine feierliche Profess 1934. Er studierte an den Ordensschulen von Arenzano und Genua-Sant'Anna.

Am 6. Juni 1936 wurde er in Genua zum Priester geweiht und war 1936–1939 an mehreren Schulen seines Ordens tätig. 1939–1942 war er Subprior und Novizenmeister am Kolleg von Sant'Anna in Genua, 1942–1948 Prior. 1948–1955 war er Provinzial der ligurischen Provinz und 1955–1967 Generalprior der unbeschuhten Karmeliten. Während dieser Zeit besuchte er alle 350 Karmelitenkonvente und alle 850 Karmelitenklöster in aller Welt mit Ausnahme von Ungarn. Als Generalprior nahm er am II. Vatikanischen Konzil 1962–1965 teil und war Präsident der Union der Ordensgeneräle.

Am 21. Dezember 1973 wurde er zum Erzbischof von Bari ernannt. Die Bischofsweihe empfing er am 2. Februar 1974 in Rom von Kardinal Sebastiano Baggio, dem Präfekten der Bischofskongregation. Am 1. August 1977 wurde er zum Erzbischof von Turin ernannt. 1979–1985 war er Vorsitzender der italienischen Bischofskonferenz.

Papst Johannes Paul II. kreierte ihn im Konsistorium vom 30. Juni 1979 zum Kardinalpriester und verlieh ihm am gleichen Tag das rote Birett und die Titelkirche S. Maria sopra Minerva.

Er nahm an fast allen Bischofssynoden teil und war Legat des Papstes für das Theresianische Jahr in Avila. Er verzichtete aus Altersgründen am 31. Januar 1989 auf seine Erzdiözese und verlor am 3. Oktober 1993 mit Erreichen des 80. Lebensjahres das Recht auf Teilnahme am Konklave.

Er starb am 21. Juni 1998 im Kloster Santa Croce Carmelite in Fortino Santa Maria bei Bocca di Magra (La Spezia) und wurde in der Krypta des Klosters S. Giuseppe del Deserto in Varazze bei Savona beigesetzt.

Ó Fiaich, Thomás (1923 – 1990)

Ó Fiaich wurde am 3. November 1923 in Crossmaglen im Vereinigten Königreich Großbritannien und Irland, heute Provinz Nordirland, geboren. Er studierte an der Maynooth University in Armagh und am St. Peter's College in Armagh.

Am 6. Juli 1948 wurde er in Armagh zum Priester geweiht. 1948 – 1952 folgten weitere Studien in Dublin und Louvain (Belgien) in Geschichtswissenschaften. 1952/53 war er Kaplan, bevor er 1953 – 1977 Professor für Neuere Geschichte am St. Patricks College in Maynooth wurde. 1970 – 1974 war er dort zunächst Vizerektor und 1974 – 1977 Rektor.

Am 18. August 1977 wurde er zum Erzbischof von Armagh und Primas von Irland ernannt. Die Bischofsweihe empfing er am 2. Oktober 1977 in Armagh vom Apostolischen Nuntius in Irland, Erzbischof Gaetano Aldibrandi. 1977 – 1990 war er Vorsitzender der irischen Bischofskonferenz.

Papst Johannes Paul II. kreierte ihn im Konsistorium vom 30. Juni 1979 zum Kardinalpriester und verlieh ihm am gleichen Tag das rote Birett und die Titelkirche S. Patrizio. Er nahm fortan an allen Bischofssynoden teil.

Er starb am 8. Mai 1990 während einer Pilgerreise nach Lourdes in Toulouse, Frankreich, und wurde in der Krypta der St. Patrick's Kathedrale in Armagh beigesetzt.

Carter, Gerald Emmett (1912 – 2003)

Carter wurde am 11. März 1912 in Montréal in Kanada geboren. Er absolvierte seine Studien am Seminar und der Universität von Montréal.

Am 22. Mai 1937 wurde er in Montréal zum Priester geweiht. In den Jahren 1937–1961 war er vor allem in der englischsprachigen Schularbeit tätig, so als Mitglied des Rates für katholische Schulen in Montréal, als Gründer und Lehrer am Saint Joseph's College, Montréal, und als Gründer der St. Thomas Moore and Newman Clubs in ganz Kanada. 1961 wurde er Direktor des St. Lawrence College in Sainte-Foy.

Am 1. Dezember 1961 wurde er zum Titularbischof von Altiburo und Weihbischof in London, Kanada, ernannt. Die Bischofsweihe empfing er am 2. Februar 1962 in Montréal durch den Erzbischof von Montréal, Kardinal Paul-Émile Léger P.S.S. 1962–1965 nahm er am II. Vatikanischen Konzil teil. Am 17. Februar 1964 wurde er Bischof von London in Kanada. 1971–1973 war er stellvertretender Vorsitzender der Bischofskonferenz für die Region Ontario, 1973–1975 stellvertretender Vorsitzender der kanadischen Bischofskonferenz und 1975 Vorsitzender der kanadischen Bischofskonferenz. Am 27. April 1978 wurde er zum Erzbischof von Toronto ernannt.

Papst Johannes Paul II. kreierte ihn im Konsistorium vom 30. Juni 1979 zum Kardinalpriester und verlieh ihm am gleichen Tag das rote Birett und die Titelkirche S. Maria in Traspontina. Am 17. März 1990 trat er von der Leitung der Erzdiözese aus Altersgründen zurück. Er verlor am 11. März 1992 mit Erreichen des 80. Lebensjahres das Recht auf Teilnahme am Konklave.

Er starb am 6. April 2003 in Toronto und wurde im Bischofsmausoleum auf dem Heiligkreuz-Friedhof von Toronto beigesetzt.

Macharsky, Franciszek (1927)

Macharski wurde am 20. Mai 1927 in Krakau in der Republik Polen geboren. Er studierte am erzbischöflichen Priesterseminar und der Universität Krakau.

Am 2. April 1950 wurde er in Krakau zum Priester geweiht. Er übernahm zunächst bis 1956 verschiedene pastorale Aufgaben, bevor er 1956–1960 an der Universität Fribourg, Schweiz, ein Aufbaustudium absolvierte. 1960–1970 war er Dozent am Priesterseminar in Krakau, 1970–1978 war er Regens des Priesterseminars. Als Auditor nahm er an der II. Weltbischofssynode 1971 in Rom teil. 1977–1978 war er Kanoniker an der Kathedrale von Krakau und enger Mitarbeiter von Kardinal Wojtyla.

Am 29. Dezember 1978 wurde er zum Erzbischof von Krakau ernannt. Die Bischofsweihe empfing er von Papst Johannes Paul II. am 6. Januar 1979 in der Petersbasilika des Vatikans.

Papst Johannes Paul II. kreierte ihn im Konsistorium vom 30. Juni 1979 zum Kardinalpriester und verlieh ihm am gleichen Tag das rote Birett und die Titelkirche S. Giovanni a Porta Latina. Er nahm an vielen Bischofssynoden teil. Im April 2005 nahm er am Konklave teil, welches Benedikt XVI. wählte. Am 3. Juni 2005 legte er sein Amt als Erzbischof von Krakau aus Altersgründen nieder. Er verlor am 20. Mai 2007 mit Erreichen des 80. Lebensjahres das Recht auf Teilnahme am Konklave.

Rubin, Wladyslaw (1917–1990)

Rubin wurde am 20. September 1917 in Toki im habsburgischen Kronland Galizien und Lodomerien in der k.u.k. Monarchie Österreich-Ungarn, heute Republik Polen, geboren. Er studierte an der Jan Kazimiers Universität in Lwow/heute Lviv in der Ukraine und war während des Zweiten Weltkrieges in einem Arbeitslager interniert. Dann setzte er seine Studien an der St. Josephs Universität in Beirut, Libanon, fort.

Am 30. Juni 1946 wurde er in Beirut zum Priester geweiht. Es folgte bis 1949 die seelsorgerliche Betreuung polnischer Flüchtlinge in Roumy, Libanon. 1949–1953 absolvierte er weitere Studien in Rom an der Päpstlichen Universität Gregoriana und wirkte in der Seelsorge polnischer Flüchtlinge in Italien. 1953–1964 war er Rektor des Päpstlichen Polnischen Kollegs in Rom.

Am 17. November 1964 wurde er zum Titularbischof von Serta und Weihbischof in Gnesen in Polen sowie zum Delegaten des Primas von Polen für die geistliche Betreuung der polnischen Emigranten mit Sitz in Rom ernannt. Die Bischofsweihe empfing er am 29. November 1964 in Rom von Kardinal Stefan Wysznski, dem Primas von Polen. Von 1964 war er Rektor der Kirche St. Stanislaus in Rom. Am 27. Februar 1967 wurde er zum Generalsekretär der Bischofssynode ernannt und nahm als solcher an allen folgenden Bischofssynoden teil.

Papst Johannes Paul II. kreierte ihn im Konsistorium vom 30. Juni 1979 zum Kardinaldiakon und verlieh ihm am gleichen Tag das rote Birett und die Kirche Santa Maria in Via Lata als Titeldiakonie. Am 27. Juni 1980 wurde er zum Präfekten der Kongregation für die Orientalischen Kirchen ernannt. Am 30. Oktober 1985 wurde sein Verzicht auf die Leitung der Kongregation angenommen. Am 26. November 1990 optierte er für die Klasse der Kardinalspriester und die Erhebung seiner Diakonie zur Titelkirche.

Er starb am 28. November 1990 im Vatikan und wurde in der Pro-Kathedrale der lateinischen Erzdiözese Lviv (polnisch: Lwow) in Lubaczow, Polen, beigesetzt.

Kung Pin-Mei, Ignatius (1901 – 2000)
Kung wurde am 2. August 1901 in P'ou-tong in der Region Shanghai im Kaiserreich China, heute Volksrepublik China, geboren und studierte am Seminar in Shanghai.

Am 28. Mai 1930 wurde er zum Priester geweiht. Von 1930 bis 1949 arbeitete er in der Seelsorge der Diözese Shanghai und wurde als Diözesanpriester Rektor der von Jesuiten geleiteten Aurora High School und später der Gonzaga High School in Shanghai.

Am 9. August 1949 wurde er zum Bischof von Soochow (Suzhou) ernannt. Die Bischofsweihe empfing er am 7. Oktober 1949 vom Apostolischen Nuntius in China, Erzbischof Antonio Riberi. Am 15. Juli 1950 wurde er zum Bischof von Shanghai und Apostolischen Administrator von Soochow und Nanking ernannt. 1955 bis 1960 wurde er in Gefangenschaft gehalten, danach musste er bis 1985 Amtsbehinderung und Hausarrest ertragen. 1988 wurden ihm die politischen Rechte vom Gericht in Shanghai gewährt und er emigrierte 1988 in die USA.

Papst Johannes Paul II. kreierte ihn im Konsistorium vom 30. Juni 1979 zum Kardinalpriester *in pectore*. Am 28. Juni 1991 wurde seine Kreation veröffentlicht und er erhielt am gleichen Tag das rote Birett und die Titelkirche S. Sisto. Da er bereits über 80 Jahre alt war, hatte er kein Recht zur Teilnahme am Konklave.

Er starb am 12. März 2000 in Stamford in den USA und wurde auf dem Friedhof der Santa Clara Mission in Santa Clara in Kalifornien, USA, beigesetzt.

Khoraiche, Antoine-Pierre (1907 – 1994)
Khoraiche wurde am 20. September 1907 in Ain Ebel im Osmanischen Reich, heute Libanon, geboren. Er besuchte das Patriarchalseminars in Tyros, das Päpstliche *Athenaeum Urbaniana* der Kongregation *Propaganda Fide* in Rom und die St. Josephs Universität in Beirut, wo er einen Dr. phil. erwarb.

Am 12. April 1930 wurde er zum Priester geweiht. 1930 – 1940 war er zunächst Lehrer an der Sophiaschule in Beirut, danach Patriachalvikar der Maroniten in Palästina und Präsident des maronitischen Gerichtes im Heiligen Land. 1940 – 1950 war er Generalvikar der Erzeparchie Tyros.

Am 25. April 1950 wurde er zum Titularbischof von Tarsus und Weihbischof in der maronitischen Eparchie Saïda ernannt. Die Bischofsweihe empfing er am 15. Oktober 1950 in Bkérke vom maronitischen Patriarchen Antonios-Butros Arida. 1952 wurde er Apostolischer Administrator der Eparchie Saïda, am 25. November 1957 Bischof der Eparchie Saïda. 1962 – 1965 nahm er am II. Vatikanischen Konzil teil. 1974 wurde er Administrator des maronitischen Patriarchates von Antiochien und war dort Bischöflicher Delegierter für die maronitischen Seminare und Präsident der Exekutivkommission der interrituellen Versammlung der Patriarchen und Bischöfe des Libanon.

Am 3. Februar 1975 wurde er von der Synode der maronitischen Kirche zum maronitischen Patriarchen von Antiochien gewählt und erhielt am 15. Februar 1975 die *Ecclesiastica Communio* durch Papst Paul VI.

Papst Johannes Paul II. kreierte ihn im Konsistorium vom 2. Februar 1983 zum Kardinal-Patriarchen und verlieh ihm am gleichen Tag die Urkunde. Am 3. April 1986 verzichtete er auf das Patriarchat. Er verlor am 20. September 1987 mit Erreichen des 80. Lebensjahres das Recht auf Teilnahme am Konklave.

Er starb am 19. August 1994 in Beirut und wurde an seinem Patriarchensitz in Bkérke bei Beirut begraben.

Yago, Bernard (1916 – 1997)

Yago wurde im Juli 1916 in Pass in der französischen Kolonie Französisch-Westafrika, heute Elfenbeinküste, geboren. Er studierte am Seminar von Abidjan.

Am 1. Mai 1947 wurde er zum Priester geweiht. Anschließend war er 1947 – 1956 Lehrer am Knabenseminar von Bingerville und Direktor der Ecole de Petit Clerics. 1956 – 1957 wirkte er in der Seelsorge in Abidjan. 1957 – 1959 folgten weitere Studien am Institute Catholique in Paris. Nach seiner Rückkehr war er für ein Jahr Konsultor der Katholischen Aktion in Abidjan.

Am 5. April 1960 wurde er zum Erzbischof von Abidjan ernannt. Die Bischofsweihe empfing er am 8. Mai 1960 in der Petersbasilika des Vatikans von Papst Johannes XXIII. Er nahm 1962 – 1965 am II. Vatikanischen Konzil teil, ebenso an den Bischofsynoden 1967, 1969, 1971, 1974, 1980, 1983 und 1985.

Papst Johannes Paul II. kreierte ihn im Konsistorium vom 2. Februar 1983 zum Kardinalpriester und verlieh ihm die Titelkirche S. Crisogono. Am 19. Dezember 1994 verzichtete er auf die Leitung der Erzdiözese. Er verlor im Juli 1996 mit Erreichen des 80. Lebensjahres das Recht auf Teilnahme am Konklave.

Er starb am 5. Oktober 1997 in Abidjan und wurde in der Kathedrale von Abidjan beigesetzt.

Sabattani, Aurelio (1912 – 2003)
Sabattani wurde am 18. Oktober 1912 in Casal Fiumanese in der Region Marken im Königreich Italien, heute Republik Italien, geboren. Er besuchte das Seminar von Imola und das Regionalseminar von Bologna.

Am 26. Juli 1935 wurde er zum Priester geweiht. 1935 – 1939 folgten weitere Studien am Päpstlichen Institut S. *Apollinare* in Rom sowie an der Studienanstalt der Römischen Rota in Rom. 1939 – 1940 arbeitete er im Staatssekretariat in Rom. Er kehrte nach Imola zurück und wurde Diözesankanzler, Dozent am Priesterseminar und Spiritual für die Lehrer sowie Kathedralkanoniker; in Bologna war er während der Sommermonate 1942 – 1947 als Richter und Offizial für das regionale kirchliche Gericht tätig. Am 31. Januar 1955 wurde er Auditor der Römischen Rota.

Am 24. Juni 1965 wurde er zum Titularerzbischof von Iustiniana Prima und Prälaten von Loreto sowie zum Päpstlichen Delegaten für Loreto ernannt. Die Bischofsweihe spendete ihm in Rom am 25. Juli 1965 Kardinalstaatssekretär Amleto Giovanni Cicognani. Er war Vorsitzender der Bischofskonferenz für die Marken und wurde am 13. Juni 1971 Sekretär der Apostolischen Signatur. Am 30. September 1971 verzichtete er auf die Prälatur von Loreto. 1971 wurde er zusätzlich Vikar des Erzpriesters von St. Peter. Am 17. Mai 1982 wurde er Pro-Präfekt der Apostolischen Signatur und Pro-Präsident des Vatikanischen Appellationsgerichtes.

Papst Johannes Paul II. kreierte ihn im Konsistorium vom 2. Februar 1983 zum Kardinaldiakon und verlieh ihm am gleichen Tag das rote Birett und die Kirche S. Apollinare alle Terme Neroniane-Alessandrine als Titeldiakonie. Am 3. Februar 1983 wurde er Präfekt der Apostolischen Signatur, am. 8. Februar 1983 Erzpriester der Vatikanbasilika und Präsident der Dombauhütte von St. Peter. Am 1. Juli verzichtete er auf die Leitung der Apostolischen Signatur. Am 26. November 1990 wurde er Kardinalprotodiakon, am 14. Januar 1991 Generalvikar der Vatikanstadt. Am 1. Juli 1991 verzichtete er auf seine Ämter als Erzpriester, Generalvikar und Präsident der Dombauhütte von St. Peter. Am 5. April 1993 optierte er für die Klasse der Kardinalpriester und Erhebung seiner Diakonie zur Titelkirche. Er verlor am 18. Oktober 2002 mit Erreichen des 80. Lebensjahres das Recht auf Teilnahme am Konklave.

Er starb am 19. April 2003 im Vatikan und wurde im Familiengrab von Riolo Terme beigesetzt.

Kuharic, Franjo (1919 – 2002)
Kuharic wurde am 15. April 1919 in Pribic in Jugoslawien, heute Republik Kroatien, geboren. Er studierte am Priesterseminar und der theologischen Fakultät der Universität in Zagreb.

Am 15. Juli 1945 wurde er in Zagreb von Erzbischof Stephinac zum Priester geweiht. Er war anschließend Kaplan und wurde 1957 Pfarrer in Samobor.

Am 15. Februar 1964 wurde er zum Titularbischof von Meta und Weihbischof in Zagreb ernannt. Die Bischofsweihe empfing er am 3. Mai 1964 durch den Zagreber Erzbischof Franjo Seper. 1964 – 1965 nahm er am II. Vatikanischen Konzil teil.

1968 – 1970 war er Apostolischer Administrator von Zagreb. Am 16. Juni 1970 wurde er Erzbischof von Zagreb. 1970 – 1997 war er Vorsitzender der Bischofskonferenz von Jugoslawien und später von Kroatien.

Papst Johannes Paul II. kreierte ihn im Konsistorium vom 2. Februar 1983 zum Kardinalpriester und verlieh ihm am gleichen Tag das rote Birett und die Titelkirche S. Girolamo dei Croati. Am 5. Juli 1997 verzichtete er auf die Erzdiözese aus Altersgründen. Er verlor am 15. April 1999 mit Erreichen des 80. Lebensjahres das Recht auf Teilnahme am Konklave.

Er starb am 11. März 2002 in Zagreb und wurde in der Kathedrale von Zagreb beigesetzt.

Casoria, Giuseppe (1908 – 2001)

Casoria wurde am 1. Oktober 1908 in Acerra in der Region Kampanien im Königreich Italien, heute Republik Italien, geboren. Er besuchte das Seminar von Acerra und die Päpstlich-Theologische Fakultät für Süditalien in Neapel, wo er in Theologie promovierte.

Am 21. Dezember 1930 wurde er zum Priester geweiht. Neben pastoralen Tätigkeiten folgten 1930 – 1937 weitere Studien am Päpstlichen Institut S. Apollinare in Rom wo er in Philosophie promovierte und den Doktor beiderlei Rechte (*utriusque iuris*) erwarb. 1937 – 1972 arbeitete er in verschiedenen Organen der römischen kurialen Gerichte, vor allem als Experte für das Eherecht. So war er auch auf dem II. Vatikanischen Konzil als Peritus tätig. 1969 wurde er Sekretär der Kongregation für die Sakramentendisziplin.

Am 6. Januar 1972 wurde er zum Titularerzbischof von Vescovio ernannt. Die Bischofsweihe empfing er am 13. Februar 1972 in der Petersbasilika des Vatikans von Papst Paul VI. Am 2. Februar 1973 wurde er Sekretär der Kongregation für die Heiligsprechungen. Am 24. August 1981 wurde er Pro-Präfekt der Kongregation für den Gottesdienst und die Sakramente.

Papst Johannes Paul II. kreierte ihn im Konsistorium vom 2. Februar 1983 zum Kardinaldiakon und verlieh ihm am gleichen Tag das rote Birett und die Kirche S. Giuseppe in Via Trionfale als Titeldiakonie. Am 3. Februar 1983 wurde er Präfekt der Kongregation für den Gottesdienst und die Sakramente. Am 8. April 1984 trat er von der Leitung der Kongregation zurück. Er verlor am 1. Oktober 1988 mit Erreichen des 80. Lebensjahres das Recht auf Teilnahme am Konklave. Am 5. April 1993 optierte er für die Klasse der Kardinalpriester und Erhebung seiner Diakonie zur Titelkirche.

Er starb am 8. Februar 2001 in Rom und wurde im Familiengrab auf dem Friedhof von Acerra beigesetzt.

Lebrún Moratinos, José Alí (1919 – 2001)

Lebrún Moratinos wurde am 19. März 1919 in Puerto Cabello in der Region Valencia in Venezuela geboren. Seine Ausbildung erhielt er 1934 – 1937 am Priesterseminar in Caracas und anschließend in Rom an der Päpstlichen Universität Gregoriana. Während dieser Zeit lebte er im lateinamerikanischen Kolleg in Rom und erwarb 1941 das Lizentiat in Philosophie. Er studierte auch an der Päpstlichen Universität Javeriana in Bogotá, Kolumbien.

Am 19. Dezember 1943 wurde er in Valencia in Venezuela zum Priester geweiht. 1943–1956 wirkte er in der Diözese Valencia als Dozent, Spiritual und Rektor des Seminars, als Kaplan in der Seelsorge verschiedener Pfarreien und als Lehrer einer katholischen Schule, als Direktor katholischer Zeitschriften, als Assessor der venezulanischen katholischen Erziehungsvereinigung der Sektion Valencia, als Zeremoniar an der Kathedrale und Verteidiger des Ehebandes sowie Pro-Generalvikar.

Am 2. August 1956 wurde er zum Titularbischof von Arado und Weihbischof in Maracaibo in Venezuela ernannt. Die Bischofsweihe empfing er am 2. September 1956 in Valencia von Erzbischof Raffaele Forni, dem Nuntius in Venezuela. Am 23. Oktober 1957 wurde er Apostolischer Administrator von Maracaibo, am 21. Juni 1958 Bischof von Maracay und am 19. März 1962 Bischof von Valencia in Venezuela. 1962–1965 nahm er am II. Vatikanischen Konzil teil, später an den Generalversammlungen des lateinamerikanischen Episkopates 1968 in Medellín, Kolumbien, 1979 in Puebla, Mexiko und 1992 in Santo Domingo, Dominikanische Republik. Am 16. September 1972 wurde er zum Titularerzbischof von Voncaria und Koadjutor *c.i.s.* sowie zum Apostolischen Administrator von Caracas ernannt. Er wurde stellvertretender Vorsitzender der venezulanischen Bischofskonferenz und am 24. Mai 1980 zum Erzbischof von Caracas ernannt.

Papst Johannes Paul II. kreierte ihn im Konsistorium vom 2. Februar 1983 zum Kardinalpriester und verlieh ihm am gleichen Tag das rote Birett und die Titelkirche S. Pancrazio. Am 27. Mai 1995 verzichtete er auf die Erzdiözese. Er verlor am 19. März 1999 mit Erreichen des 80. Lebensjahres das Recht auf Teilnahme am Konklave.

Er starb am 21. Februar 2001 in Caracas und wurde in der Kathedrale von Caracas beigesetzt.

Bernardin, Joseph Louis (1928–1996)

Bernardin wurde als Sohn italienischer Einwanderer am 2. April 1928 in Columbia im Bundesstaat South Carolina, USA, geboren. Er studierte an der Universität von South Carolina in Charleston, am St. Mary's Seminary in Baltimore und später an der Columbia Universität in New York sowie an der Katholischen Universität in Washington, wo er in Theologie promoviert wurde.

Am 26. April 1952 wurde er in Columbia zum Priester geweiht. 1952–1966 wirkte er in der Diözese Charleston in der Seelsorge, als Lehrer am katholischen Lyzeum und zuletzt als Generalvikar der Diözese Charleston; 1959 wurde er päpstlicher Geheimkämmerer, 1962 päpstlicher Hausprälat.

Am 4. März 1966 wurde er zum Titularbischof von Lugura und Weihbischof in Atlanta ernannt. Die Bischofsweihe empfing er am 26. April 1966 von Erzbischof Paul Hallinan von Atlanta. 1968–1972 war er Generalsekretär der US-amerikanischen Bischofskonferenz. 1968 wurde er Apostolischer Administrator von Atlanta und am

21. November 1972 zum Erzbischof von Cincinnati ernannt. 1974–1977 war er Vorsitzender der nationalen Bischofskonferenz der USA. Am 8. Juli 1982 wurde er Erzbischof von Chicago.

Papst Johannes Paul II. kreierte ihn im Konsistorium vom 2. Februar 1983 zum Kardinalpriester und verlieh ihm am gleichen Tag das rote Birett und die Titelkirche Gesù Divin Lavoratore.

Er verstarb am 14. November 1996 in Chicago und wurde in der Bischofskapelle des Mount Carmel-Friedhofs in Hillside, Chicago, beigesetzt.

Kitbunchu, Michael Michai (1929)
Kitbunchu wurde am 25. Januar 1929 in Samphran im Königreich Siam, heute Thailand, geboren. Er studierte am Seminar von Siracha und am Päpstlichen *Athenaeum Urbaniana* der Kongregation *Propaganda Fide* in Rom.

Am 20. Dezember 1959 wurde er in Rom zum Priester geweiht. Nach seiner Rückkehr wirkte er 1960–1965 als Seelsorger in Bangkok und leitete 1965–1972 als Regens das Priesterseminar von Bangkok.

Am 18. Dezember 1972 wurde er zum Erzbischof von Bangkok ernannt. Die Bischofsweihe empfing er am 3. Juni 1973 von seinem Vorgänger, Erzbischof Joseph Khiamsum Nittayo. 1979–1982 war er Vorsitzender der thailändischen Bischofskonferenz.

Papst Johannes Paul II. kreierte ihn im Konsistorium vom 2. Februar 1983 als ersten Thailänder zum Kardinalpriester und verlieh ihm am gleichen Tag das rote Birett und die Titelkirche S. Lorenzo in Panisperna. Er nahm am Konklave von April 2005 teil, welches Benedikt XVI. wählte. Er verlor am 25. Januar 2009 mit Erreichen des 80. Lebensjahres das Recht auf Teilnahme am Konklave und legte am 14. Mai 2009 aus Altersgründen die Leitung der Erzdiözese Bangkok nieder.

Nascimento, Alexandre do (1925)
Do Nascimento wurde am 1. März 1925 in Malanje in der portugiesischen Kolonie Angola, heute Republik Angola, geboren. Seine Studien absolvierte er an den Seminaren von Banglas, Malanie und Luanda. Als Seminarist des Päpstlich-Portugiesischen Kollegs in Rom studierte er an der Päpstlichen Universität Gregoriana, wo er das Lizentiat in Theologie erwarb.

Am 20. Dezember 1952 wurde er in Rom zum Priester geweiht. Nach seiner Rückkehr nach Angola wirkte er 1953–1956 als Dozent am Priesterseminar von Luanda und als Chefredakteur einer katholischen Zeitschrift. 1956–1961 war er Prediger an der Metropolitankathedrale. 1961–1971 lebte er in Lissabon und studierte an der dortigen Universität Rechtswissenschaften und wirkte als Priester in der Seelsorge. Nach der Rückkehr war er 1971–1975 in Lubango Dozent und Berater am Institut Pius XII. für Sozialwissenschaften. Er war Mitglied der erzbischöflichen Kurie und Generalsekretär der angolanischen Caritas, wo er sich besonders um Studenten und frühere politische Gefangene kümmerte.

Am 10. August 1975 wurde er zum Bischof von Malanje ernannt und empfing am 31. August 1975 vom Apostolischen Delegaten in Angola, Erzbischof Giovanni De Andrea, die Bischofsweihe. 1975–1981 war er stellvertretender Vorsitzender der angolanischen Bischofskonferenz; am 3. Februar 1977 wurde er Erzbischof von Lubango.

Papst Johannes Paul II. kreierte ihn im Konsistorium vom 2. Februar 1983 zum Kardinalpriester und verlieh ihm am gleichen Tag das rote Birett und die Titelkirche S. Marco in Agro Laurentino. Am 16. Februar 1986 wurde er zum Erzbischof von Luanda ernannt und war anschließend einige Jahre Vorsitzender der Bischofskonferenz von Angola und Sao Tome. Er legte am 23. Januar 2001 aus Altersgründen die Leitung der Erzdiözese nieder und verlor am 1. März. 2005 mit Erreichen des 80. Lebensjahres das Recht auf Teilnahme am Konklave.

López Trujillo, Alfonso (1935 – 2008)
López Trujillo wurde am 8. November 1935 in Villahermosa in der Region Ibagué in Kolumbien geboren. Er studierte an der Universität in Bogotá und am Seminar von Bogotá sowie an der Päpstlichen Universität *Angelicum* (Universität der Dominikaner) in Rom neben Theologie und Philosophie auch Soziologie und Politikwissenschaften und wurde am *Angelicum* in Philosophie promoviert.

Am 13. November 1960 empfing er in Rom die Priesterweihe und studierte zwei weitere Jahre in Rom, u. a. an der theologischen Fakultät und dem Institut für Spiritualität des Theresianums (Karmeliteruniversität) in Rom.

Nach der Rückkehr lehrte er 1962–1966 Philosophie am Priesterseminar von Bogotá. Im August 1968 nahm er am XXXIX. Internationalen Eucharistischen Kongresses in Bogotá als Mitorganisator teil und war 1968 bei der II. Generalversammlung des lateinamerikanischen Episkopates (CELAM) in Medellin als Experte zugegen. Von 1968 bis 1970 arbeitete er in der Priesterfortbildung, von 1970 bis 1972 oblag ihm als Generalvikar die Verantwortung für den Aufbau der neueingerichteten Pastoralabteilung des Erzbistums Bogotá.

Am 25. Februar 1971 wurde er zum Titularbischof von Boseta und Weihbischof in Bogotá ernannt. Die Bischofsweihe spendete ihm am 25. März 1971 in Bogotá Erzbischof Aníbal Muñoz Duque, Koadjutor *c.i.s.* sowie Apostolischer Administrator von Bogotá. 1972 wurde er in Sucre, Bolivien, zum Generalsekretär der CELAM gewählt und in diesem Amt 1974 erneut von Rom bestätigt. Am 22. Mai 1978 wurde er zum Erzbischof *ad personam* und Koadjutor *c.i.s.* von Medellín ernannt, 1979 nahm er an der III. Generalversammlung des lateinamerikanischen Episkopates in Puebla, Mexiko, als Generalsekretär teil. Am 2. Juni 1979 wurde er Erzbischof von Medellin und 1979–1982 Präsident des CELAM.

Papst Johannes Paul II. kreierte ihn im Konsistorium vom 2. Februar 1983 zum Kardinalpriester und verlieh ihm am gleichen Tag das rote Birett und die Titelkirche S. Prisca. 1987–1990 war er Vorsitzender der kolumbianischen Bischofskonferenz. Am

8. November 1990 wurde zum Präsidenten des Päpstlichen Rates für die Familie ernannt und verzichtete am 9. Januar 1991 auf die Leitung der Erzdiözese Medellin. Am 17. November 2001 wurde er Kardinaltitularbischof der suburbikarischen Diözese Frascati. Er nahm am Konklave von April 2005 teil, welches Papst Benedikt XVI. wählte. Papst Benedikt XVI. bestätigte ihn in seinen Ämtern.

Er starb am 19. April 2008 in Rom und wurde in der Krypta der vatikanischen Pfarrkirche St. Anna beigesetzt.

Danneels, Godfried (1933)

Danneels wurde am 4. Juni 1933 in Kanegem im Königreich Belgien geboren. Er studierte an der Katholischen Universität Louvain, wo er das Lizentiat in Theologie erwarb.

Am 17. August 1957 wurde er in Brugge von Bischof Emil Jozef de Smedt zum Priester geweiht. Es folgten bis 1959 weitere Studien an der Päpstlichen Universität Gregoriana in Rom, wo er in Theologie promovierte. 1959–1969 war er Dozent und Spiritual am Priesterseminar in Brugge, 1969–1977 Professor für Liturgiewissenschaft an der Katholischen Universität Louvain und Chefredakteur einer flämischen interdiözesanen Revue. In der Diözese Brugge war er Beauftragter für den ständigen Diakonat.

Am 4. November 1977 wurde er zum Bischof von Antwerpen ernannt und empfing am 18. Dezember 1977 von Kardinal Leo-Jozef Suenens, dem Erzbischof von Mecheln-Brüssel, die Bischofsweihe. Am 19. Dezember 1979 wurde er zum Erzbischof von Mecheln-Brüssel ernannt. 1980 wurde er Vorsitzender der belgischen Bischofskonferenz und auch Militärbischof für Belgien.

Papst Johannes Paul II. kreierte ihn im Konsistorium vom 2. Februar 1983 zum Kardinalpriester und verlieh ihm am gleichen Tag das rote Birett und die Titelkirche S. Anastasia. Er nahm während seiner Amtszeit an allen Bischofssynoden teil und war mehrfach Mitglied des Generalsekretariates der Bischofssynode.

Im April 2005 nahm er am Konklave teil, welches Papst Benedikt XVI. wählte. Am 18. Januar 2010 wurde sein Rücktrittsgesuch vom Amt des Erzbischofs von Mecheln-Brüssel aus Altersgründen angenommen. Im März 2013 nahm er am Konklave teil, welches Papst Franziskus wählte. Er verlor am 4. Juni 2013 mit Erreichen des 80. Lebensjahres das Recht auf Teilnahme am Konklave.

Williams, Thomas Stafford (1930)

Williams wurde am 20. März 1930 in Wellington in Neuseeland geboren. Er studierte zunächst Wirtschaftswissenschaften an der Universität Wellington, bevor am Mosgiel National Seminary in Dunedin und am Päpstlichen *Athenaeum Urbaniana* der Kongregation *Propaganda Fide* in Rom Theologie und Philosophie studierte.

Am 20. Dezember 1959 wurde er in Rom zum Priester geweiht. Es folgten weitere Studien an der Katholischen Universität in Dublin, Irland, wo er 1962 in Sozialwissenschaften einen akademischen Abschluss erwarb. Danach kehrte er nach Neuseeland zurück und arbeitete bis 1965 in der Gemeindeseelsorge des Erzbistums Wellington sowie bis 1970 als Studiendirektor am Catholic Enquire Centre; 1971–1975 wirkte er in der Missionsarbeit in West-Samoa und gründete die Schule „Paul VI" in Samoa-Apia. 1975 wurde er Pfarrer einer Gemeinde in Wellington.

Am 30. Oktober 1979 wurde er zum Erzbischof von Wellington ernannt. Die Bischofsweihe empfing er am 20. Dezember 1979 in Wellington durch den Militärvikar für Neuseeland und Weihbischof in Wellington, Bischof Owen Noel Snedden. 1980–1991 war er Vorsitzender der neuseeländischen Bischofskonferenz.

Papst Johannes Paul II. kreierte ihn im Konsistorium vom 2. Februar 1983 zum Kardinalpriester und verlieh ihm am gleichen Tag das rote Birett und die Titelkirche Gesù Divin Maestro alla Pineta Sacchetti. 1995 wurde er auch Militärordinarius für Neuseeland. 1998 war er delegierter Präsident der Bischofssynode für Ozeanien. Am 4. März 2005 legte er seine Ämter als Erzbischof von Wellington und Militärordinarius für Neuseeland nieder. Im April 2005 nahm er am Konklave teil, welches Papst Benedikt XVI. wählte. Er verlor am 20. März 2010 mit Erreichen des 80. Lebensjahres das Recht auf Teilnahme am Konklave.

Martini S.J., Carlo Maria (1927–2012)

Martini wurde am 15. Februar 1927 in Turin in Piemont im Königreich Italien, heute Republik Italien, geboren und trat 1944 in den Jesuitenorden ein. Er absolvierte das Noviziat in Cuneo und nahm anschließend seine Studien an der philosophischen Fakultät Aloisianum in Gallarate bei Mailand auf. Die theologischen Studien absolvierte er zunächst an der theologischen Fakultät in Chieri bei Turin.

Am 13. Juli 1952 wurde er in Chieri bei Turin von Kardinal Fossati zum Priester geweiht. Es folgte das Terziat sowie 1954–1958 weitere Studien an der Päpstlichen Universität Gregoriana in Rom, wo er in Theologie promoviert wurde. Anschließend war er Dozent an der theologischen Fakultät von Chieri. 1962 legte er seine feierlichen Gelübde ab, und absolvierte weitere Studien am Päpstlichen Bibelinstitut in Rom. Er engagierte sich in der Seelsorge und promovierte 1966 am Päpstlichen Bibelinstitut. Danach war er Dozent, Dekan und seit 1969 Rektor des Päpstlichen Bibelinstitutes. Im Juli 1978 wurde er Rektor der Päpstlichen Universität Gregoriana. Er leitete 1978 auf Einladung von Papst Paul VI. die Fastenexerzitien im Vatikan.

Am 29. Dezember 1979 wurde er zum Erzbischof von Mailand ernannt. Die Bischofsweihe empfing er am 6. Januar 1980 in der Petersbasilika des Vatikans von Papst Johannes Paul II.

Papst Johannes Paul II. kreierte ihn im Konsistorium vom 2. Februar 1983 zum Kardinalpriester und verlieh ihm am gleichen Tag das rote Birett und die Titelkirche S. Cecilia. 1987–1993 war er Präsident des Rates Europäischer Bischofskonferenzen. Im Jahre 2000 wurde er vom Papst zum Ehrenmitglied der Päpstlichen Akademie der Wissenschaften ernannt.

Am 11. Juli 2002 trat er vom Amt des Erzbischofs von Mailand zurück und lebte abwechselnd in Italien und Jerusalem. Im April 2005 nahm er am Konklave teil, welches Papst Benedikt XVI. wählte. Er verlor am 15. Februar 2007 mit Erreichen des

80. Lebensjahres das Recht auf Teilnahme am Konklave. 2008 zog er sich aufgrund seiner fortschreitenden Parkinson-Erkrankung wieder nach Italien zurück und lebte in der Jesuitenkommunität in Gallarate.

Er starb am 31. August 2012 in Gallarate und wurde im Mailänder Dom beigesetzt.

Lustiger, Jean-Marie (1926 – 2007)

Lustiger wurde am 17. September 1926 in Paris in der Republik Frankreich als Sohn einer polnischen jüdischen Familie, die im frühen 20. Jahrhundert eingewandert war, als Aaron Lustiger geboren. Die Eltern wurden während der Nazizeit deportiert, die Mutter starb im KZ Auschwitz. Er lebte während dieser Zeit in einer christlichen Familie in Orléans; dort konvertierte er zum Katholizismus und ließ sich am 25. August 1940 in der Bischofskapelle taufen. Dabei erhielt er den Namen Jean-Marie. Sein Vater versuchte später, die Taufe seines Sohnes rückgängig zu machen. Er studierte am Lycée Montaigne in Paris, dann in Orléans und später an der Sorbonne. In seinen Studienjahren war er aktiv in der christlichen Studentengemeinde. Nachdem er ein Jahr als Mechaniker in Decazeville in Südwestfrankreich gearbeitet hatte, trat er in das Seminar „Des Carmes" in Paris ein. Er studierte am Institute Catholique in Paris und erwarb das Lizentiat in Exegese und Philosophie an der Sorbonne.

Am 17. April 1954 wurde er zum Priester geweiht. Von 1954 bis 1959 war er Kaplan der Pariser Universitätsgemeinde sowie Kaplan der Studenten der Sorbonne. 1959 – 1969 war er Direktor des Centre Richelieu und verantwortlich für die Kapläne der neuen Universitäten in der Pariser Region. 1969 – 1979 war er Pfarrer von Sainte-Jeanne-de-Chantal in Paris.

Am 10. November 1979 wurde er zum Bischof von Orléans ernannt. Die Bischofsweihe empfing er am 8. Dezember 1979 vom Pariser Erzbischof Kardinal François Marty. Am 31. Januar 1981 wurde er zum Erzbischof von Paris ernannt und am 12. März 1981 zum Ordinarius für die Gläubigen der orientalischen Riten in Frankreich ohne eigenen Ordinarius.

Papst Johannes Paul II. kreierte ihn im Konsistorium vom 2. Februar 1983 zum Kardinalpriester und verlieh ihm am gleichen Tag das rote Birett und die Titelkirche SS. Marcellino e Pietro. Am 26. November 1994 erhielt er als Titelkirche die Kirche S. Luigi dei Francesi. 1995 wurde er Mitglied der Académie Française.

Am 11. Februar 2005 legte er aus Alters- und Krankheitsgründen sein Amt als Erzbischof von Paris nieder. Er nahm am Konklave im April 2005 teil, welches Papst Benedikt XVI. wählte. Er verlor am 17. September 2006 mit Erreichen des 80. Lebensjahres das Recht auf Teilnahme am Konklave.

Er starb am 5. August 2007 in Paris und wurde in der Kathedrale Notre Dame in Paris beigesetzt. Auf dem Text der Grabplatte, den er selbst verfasst hat, nimmt er Bezug auf seine jüdischen Wurzeln und führt als ersten Namen seinen jüdischen Namen Aaron an.

Glemp, Józef (1929 – 2013)

Glemp wurde am 18. Dezember 1929 in Inowroclaw in der Republik Polen geboren. Er besuchte die Seminare in Gnesen und Posen.

Am 25. Mai 1956 wurde er zum Priester geweiht. Er wirkte anschließend als Kaplan in der Seelsorge, bevor er 1958 – 1964 nach Rom ging, um an der Päpstlichen Lateranuniversität und der Päpstlichen Universität Gregoriana in Rom sowie der Studieneinrichtung der Römischen Rota Kirchenrecht zu studieren.

1964 – 1967 war er in Gnesen Sekretär des Priesterseminars, Notar der Kurie und am Metropolitangericht; weiter wirkte er als Konsultor des Primatialgerichts. 1967 – 1979 war er in Warschau in der Seelsorge tätig und erster Sekretär des polnischen Primas Stefan Kardinal Wyszinski. Darüber hinaus lehrte er auch an der Katholischen Akademie Warschau.

Am 4. März 1979 wurde er zum Bischof von Warmia mit Sitz in Olstyn (Ermland mit Sitz in Allenstein) ernannt. Die Bischofsweihe empfing er am 21. April 1979 in Warschau von Kardinal Stefan Wyszinski, dem Erzbischof von Gnesen und Warschau und Primas von Polen. Am 7. Juli 1981 wurde er dessen Nachfolger als Erzbischof von Gnesen und Primas von Polen sowie in Personlaunion vereint mit der Erzdiözese Warschau. Darüber hinaus wurde er am 18. September 1981 Ordinarius für die Gläubigen der orientalischen Riten, die keinen eigenen Ordinarius in Polen hatten. 1981 – 2004 war er auch Vorsitzender der polnischen Bischofskonferenz.

Papst Johannes Paul II. kreierte ihn im Konsistorium vom 2. Februar 1983 zum Kardinalpriester und verlieh ihm am gleichen Tag das rote Birett und die Titelkirche S. Maria in Trastevere. Als Papst Johannes Paul II. 1992 die Diözesen in Polen neu ordnete und die Personalunion der Erzdiözesen Warschau und Gnesen auflöste, wurde er am 25. März 1992 zum Erzbischof von Warschau ernannt. Der Titel des Primas von Polen fiel an Gnesen zurück; jedoch durfte Glemp diesen Titel beibehalten, da der Papst ihn zum Kustos der Reliquien des hl. Adalbert in Gnesen ernannte.

Er nahm am Konklave von April 2005 teil, welches Papst Benedikt XVI. wählte. Am 6. Dezember trat er als Erzbischof von Warschau zurück. Er durfte aber den Titel des Primas von Polen noch bis zu seinem 80. Lebensjahr beibehalten. Nach der Amtsübernahme seines Nachfolgers am 5. Januar 2007 und dessen Rücktritt am 7. Januar 2007 wurde er bis zur Ernennung des neuen Erzbischofs von Warschau am 1. April 2007 Apostolischer Administrator der Erzdiözese Warschau. Das Amt des Ordinarius für die für die Gläubigen der orientalischen Riten, die keinen eigenen Ordinarius in Polen haben, legte er am 9. Juni 2007 nieder. Er verlor am 18. Dezember 2009 mit Erreichen des 80. Lebensjahres das Recht auf Teilnahme am Konklave und den Titel des Primas von Polen, der an diesem Tag an den Erzbischof von Gnesen fiel.

Er starb am 23. Januar 2013 in Warschau und wurde in der Johanneskathedrale zu Warschau beigesetzt.

Vaivods, Julijans (1895–1990)

Vaivods wurde am 18. August 1895 in Vorkova im russischen Zarenreich, heute Republik Lettland, geboren. Er studierte am Seminar der Erzdiözese Mohilev in St. Petersburg in Russland.

Am 7. April 1918 wurde er zum Priester der Erzdiözese Mohilev in St. Petersburg geweiht. 1918–1944 wirkte er in der Seelsorge in Liepaja und als Diözesankanzler und als Offizial in Riga. Es folgten weitere Studien an der theologischen Fakultät von Riga. 1944–1958 war er Generalvikar in Liepaja. 1949 wurde er päpstlicher Hausprälat. 1958–1960 wurde er in einem Arbeitslager interniert, bevor er sich 1960–1962 wieder der Seelsorge widmen konnte und 1962–1964 Generalvikar von Riga war. Er nahm 1964–1965 auf päpstliche Einladung hin am II. Vatikanischen Konzil teil.

Am 10. November 1964 wurde er zum Titularbischof von Macriana Maggiore und Apostolischen Administrator des Erzbistums Riga und des Bistums Liepaja ernannt. Die Bischofsweihe empfing er am 18. November 1964 im Vatikan von Kardinal Paolo Marella. Anschließend wurde er Vorsitzender der lettischen Bischofskonferenz und durfte an den Bischofssynoden von 1967, 1969 und 1971 teilnehmen.

Papst Johannes Paul II. kreierte ihn im Konsistorium vom 2. Februar 1983 zum Kardinalpriester und verlieh ihm am gleichen Tag das rote Birett und die Titelkirche SS. IV Coronati. Der er bereits über 80 Jahre alt war, hatte er nicht mehr das Recht der Teilnahme am Konklave.

Er starb am 24. Mai 1990 in Riga und wurde in der Basilika von Aglona in Lettland beigesetzt.

Meisner, Joachim (1933)

Meisner wurde am 25. Dezember 1933 in Breslau, damals Deutsches Reich, heute Republik Polen, geboren. Nach der Flucht mit der Familie wuchs er ab 1945 in Thüringen auf. Er absolvierte zunächst eine Bankkaufmannslehre und besuchte ab 1951 das Seminar für Spätberufene, Norbertinum, in Magdeburg, DDR, wo er die Hochschulreife erwarb. Anschließend studierte er ab 1956 in Erfurt und Neuzelle.

Am 22. Dezember 1962 wurde er in Erfurt zum Priester geweiht. Anschließend wurde er Kaplan in Heiligenstadt und Erfurt. 1966–1975 war er Rektor des Caritasverbandes in Erfurt und geistlicher Beirat der Caritas. Er war als externer Student an der Päpstlichen Universität Gregoriana eingeschrieben, wo er 1969 in Theologie promoviert wurde.

Am 17. März 1975 wurde er zum Titularbischof von Vina und Weihbischof des Apostolischen Administrators von Erfurt-Meiningen ernannt. Die Bischofsweihe empfing er am 17. Mai 1975 in Erfurt von Bischof Hugo Aufderbeck, dem Apostolischer Administrator von Erfurt-Meiningen. Anschließend wurde er Bischofsvikar für die Region Erfurt und die Geistlichen Berufe. 1977 nahm er als Vertreter der Berliner Bischofskonferenz an der römischen Bischofssynode teil. Nach der Wahl durch das Domkapitel wurde er am 25. April 1980 zum Bischof von Berlin ernannt. 1982 wurde er zum Vorsitzenden der Berliner Bischofskonferenz gewählt.

Papst Johannes Paul II. kreierte ihn im Konsistorium vom 2. Februar 1983 zum Kardinalpriester und verlieh ihm am gleichen Tag das rote Birett und die Titelkirche S. Pudenziana. Am 20. Dezember 1988 wurde er zum Erzbischof von Köln ernannt. Im April 2005 nahm er am Konklave teil, welches Papst Benedikt XVI. wählte. Im August 2005 war er Gastgeber des Weltjugendtages in Köln. Im März 2013 nahm er am Konklave teil, welches Papst Franziskus wählte. Am 25. Dezember 2013 verlor er mit der Vollendung des 80. Lebensjahres das Recht der Teilnahme am Konklave. Sein im September 2013 eingereichtes Rücktrittsgesuch vom Amt des Erzbischofs von Köln aus Altersgründen wurde im Februar 2014 angenommen.

Lubac S.J., Henri-Marie de (1896 – 1991)

Lubac wurde am 20. Februar 1896, in Cambrai in der Republik Frankreich geboren und verbrachte seine Jugend in Bourg-en-Bresse, Nach der Schulzeit studierte er Jura an der Facultés Catholiques in Lyon. 1913 trat er in den Jesuitenorden ein und absolvierte sein Noviziat in St. Leonards-on-Sea (England). 1915 – 1918 nahm er am Ersten Weltkrieg teil. 1919 – 1920 folgten humanistische Studien im St. Mary's College (Canterbury), 1920 – 1923 schloss sich das Philosophiestudium im Maison Saint-Louis auf Jersey an, wo er Freundschaft mit Teilhard de Chardin schloss, 1923 – 1924 fungierte er als Helfer des Studienpräfekten am Gymnasium Notre-Dame de Mongré in Villefranche. 1924 – 1926 absolviert er das Theologiestudium am Seminarium Orense in Ore Place (Hastings), 1926 – 1928 führte er das Studium nach der Verlegung des Seminars in Lyon-Fourvière weiter. Er studierte weiter auch an der Päpstlichen Universität Gregoriana in Rom.

Am 22. August 1927 wurde er zum Priester geweiht. 1928 – 1929 verbrachte er das Terziat in Paray-le-Monial. 1929 wurde er zum Dozenten für Theologie an den Facultés Catholiques de Lyon ernannt, 1931 legte er die feierlichen Ordensgelübde ab. 1934 erfolgte die Ernennung zum Professor für Dogmatik, 1938 die zum Professor für Fundamentaltheologie, 1939 schließlich zum Professor für Religionsgeschichte in Lyon. Ab 1940 konzipierte er gemeinsam mit Jéan Daniélou die Reihe „Sources chretiennes". 1950 siedelte er nach Paris über. Er wurde wegen seiner Gnadenlehre kirchlichen Zensurmaßnahmen unterstellt, konnte aber 1953 an seinen Lehrstuhl zurückkehren. 1962 – 1965 war er Peritus des II. Vatikanischen Konzils, was einer Rehabilitierung gleich kam. Nach dem Konzil wirkte er als Konsultor der Päpstlichen Sekretariate für die nichtchristlichen Religionen und für die Nichtgläubigen. Zudem war er bis 1974 Mitglied der Internationalen Päpstlichen Theologenkommission.

Papst Johannes Paul II. kreierte ihn im Konsistorium vom 2. Februar 1983 zum Kardinaldiakon und verlieh ihm am gleichen Tag das rote Birett und ihm die Kirche S. Maria in Domnica als Titeldiakonie. Vom Empfang der Bischofsweihe wird er aufgrund seines Alters dispensiert.

Er starb am 4. September 1991 in Paris und wurde im Grab der Jesuiten auf dem Friedhof Vaugirard bei Paris beigesetzt.

Dadaglio, Luigi (1914 – 1990)

Dadaglio wurde am 28. September 1914 in Sezzadio in der Provinz Alessandria in Piemont im Königreich Italien, heute Republik Italien, geboren. Er studierte am Priesterseminar von Acqui.

Am 22. Mai 1937 wurde er in Acqui zum Priester geweiht und war ein Jahr in seiner Heimat als Kaplan tätig, bevor er 1938 für weitere Studien nach Rom an das Päpstliche *Athenaeum* des Laterans und an die Päpstliche Diplomatenakademie ging. Diese Studien schloss er 1942 mit dem Doktor beiderlei Rechte (*utriusque iuris*) ab.

1942 trat er in das Vatikanische Staatssekretariat ein, 1946 – 1950 war er Sekretär der Nuntiatur von Haiti und der Dominikanischen Republik. 1950 – 1953 war er Auditor in der Apostolischen Delegatur in den USA und 1953 – 1954 in der Apostolischen Delegatur von Kanada. 1954 – 1958 war er in gleicher Funktion in der Apostolischen Delegatur von Australien. 1958 – 1960 war er Nuntiaturrat in der Nuntiatur von Kolumbien. Im April 1960 wurde er zunächst provisorischer Geschäftsführer der Nuntiatur von Venezuela, am 18. November 1960 wurde er zum Nuntius von Venezuela ernannt.

Am 28. Oktober 1961 erfolgte die Ernennung zum Titularerzbischof von Lero. Die Bischofsweihe empfing er am 8. Dezember 1961 in Rom in der Kirche SS. Andrea e Gregorio al Monte Celio von Kardinalstaatssekretär Amleto Giovanni Cicognani. 1962 – 1965 nahm er am II. Vatikanischen Konzil teil. 1967 wurde er Nuntius in Spanien. 1980 kehrte er als Sekretär der Kongregation für Gottesdienst und Sakramente nach Rom zurück und wurde am 8. April 1984 zum Pro-Großpönitentiar ernannt.

Papst Johannes Paul II. kreierte ihn im Konsistorium vom 25. Mai 1985 zum Kardinaldiakon und verlieh ihm am gleichen Tag das rote Birett und die Kirche S. Pio V. a Villa Carpegna als Titeldiakonie. Am 27. Mai 1985 wurde er Kardinalgroßpönitentiar. Am 15. Dezember 1986 wurde er zusätzlich Erzpriester von Santa Maria Maggiore. Am 11. Februar wurde er zum Präsidenten des Zentralkomitees für das Marianische Jahr ernannt. Am 6. April 1990 verzichtete er auf das Amt des Großpönitentiars.

Er starb am 22. August 1990 in Rom und wurde in Sezzadio beigesetzt.

Lourdusamy, Duraisamy Simon (1924)

Lourdusamy wurde am 5. Februar 1924 in Kalleri im Bundesstaat Tamil Nadu in Britisch-Indien, heute Republik Indien, geboren. Er erhielt seine Ausbildung zunächst am Loyola College in Madras.

Am 21. Dezember 1951 wurde er in der Seven Sorrow Church in Tindivanam bei Pondicherry zum Priester geweiht.

Er übernahm zunächst seelsorgerliche Aufgaben in der Erzdiözese Pondicherry, bevor er zu weiteren Studien nach Rom an das Päpstliche *Athenaeum Urbaniana* der Kongregation *Propaganda Fide* ging und dort 1956 in kanonischem Recht promovierte. Nach seiner Rückkehr nach Indien wurde er erzbischöflicher Kanzler und Sekretär des Erzbischofs von Pondicherry; er wirkte als Direktor einer katholischen Wochenzeitung in tamilischer Sprache, als Direktor der katholischen Ärztegilde und Direktor der katholischen Medizinstudentengilde. Er war Direktor der Newman Association und Direktor der katholischen Universitäts-Studenten-Union.

Am 2. Juli 1962 wurde er zum Titularbischof von Sozusa in Lybia und Weihbischof in Bangalore ernannt. Die Bischofsweihe empfing er am 22. August 1962 von Erzbischof Ambrose Rayappan von Pondicherry und Cuddalore. 1962–1965 nahm er am II. Vatikanischen Konzil teil. Am 9. November 1964 wurde er zum Titularerzbischof von Philippi und Koadjutor *c.i.s.* von Bangalore ernannt; am 11. Januar 1968 wurde er Erzbischof von Bangalore. Am 2. März 1971 wurde er zum einem der beiden beigeordneten Sekretäre der Kongregation für die Evangelisierung der Völker ernannt und verzichtete am 30. April 1971 auf die Erzdiözese Bangalore. Am 26. Februar 1973 wurde er Sekretär der Kongregation für die Evangelisierung der Völker und Präsident des Päpstlichen Missionswerkes sowie Vizegroßkanzler der Urbaniana.

Papst Johannes Paul II. kreierte ihn im Konsistorium vom 25. Mai 1985 zum Kardinaldiakon und verlieh ihm am gleichen Tag das rote Birett und die Kirche S. Maria delle Grazie alle Fornaci fuori Porta Cavalleggeri. als Titeldiakonie. Am 30. Oktober 1985 wurde er zum Präfekten für die Orientalischen Kirchen ernannt. Am 24. Mai 1991 verzichtete er aus Gesundheitsgründen auf die Leitung der Kongregation. Am 5. April 1993 wurde er Kardinalprotodiakon. Am 29. Januar 1996 optierte er für die Klasse der Kardinalpriester und die Erhebung seiner Diakonie zur Titelkirche. Er verlor am 5. Februar 2004 mit Erreichen des 80. Lebensjahres das Recht auf Teilnahme am Konklave.

Arinze, Francis (1932)

Arinze wurde am 1. November 1932 in Eziowelle in British-Camerun, heute Nigeria geboren. Er studierte an den Seminaren von Nuewi und Enugu in Nigeria und am Päpstlichen *Athenaeum Urbaniana* der Kongregation *Propaganda Fide* in Rom.

Am 23. November 1958 wurde er in Rom durch Kardinal Agagianian zum Priester geweiht und setzte dort seine Studien bis 1961 fort. 1961–1963 war er Dozent für Liturgik und Philosophie am Seminar von Ennugu und Regionalsekretär für die katholische Erziehung in Westnigeria. Weitere Studien führten ihn 1963–1964 an die Universität London in England, wo er ein Diplom in Erziehungswissenschaften erwarb.

Am 6. Juli 1965 wurde er zum Titularerzbischof von Fissiana und Koadjutor von Onitsha ernannt. Die Bischofsweihe empfing er am 29. August 1965 von Erzbischof Charles Heerey von Onitsha. Am 26. Juni 1967 wurde er Erzbischof von Onitsha. 1979–1984 war er Vorsitzender der Bischofskonferenz von Nigeria. Er nahm während seiner Amtszeit an allen Bischofssynoden in Rom teil. Am 8. April 1984 wurde er zum Pro-Präsidenten des Sekretariates für die Nichtchristen berufen und verzichtete am 9. März 1985 auf seine Erzdiözese.

Papst Johannes Paul II. kreierte ihn im Konsistorium vom 25. Mai 1985 zum Kardinaldiakon und verlieh ihm am gleichen Tag das rote Birett und die Kirche S. Giovanni della Pigna als Titeldiakonie. Gleichzeitig wurde er Präsident für das Sekretariat für die Nicht-Christen. Am 29. Januar 1996 optierte er für die Klasse der Kardinalpriester und Erhebung seiner Diakonie zur Titelkirche. Am 1. Oktober 2002 wurde er zum Präfekten der Kongregation für den Gottesdienst und die Sakramente ernannt und verzichtete auf das bisherige Amt. Im April 2005 nahm er am Konklave teil, welches Papst Benedikt XVI. wählte. Dieser bestätigte ihn in seinem Amt als Präfekt und ernannte ihn am 25. April 2005 zum Kardinaltitularbischof von Velletri-Segni. Am 9. Dezember 2008 wurde sein Rücktrittsgesuch aus Altersgründen angenommen. 2009 war er delegierter Präsident der Afrikasynode im Vatikan. Er verlor am 1. November 2012 mit Erreichen des 80. Lebensjahres das Recht auf Teilnahme am Konklave.

Fresno Larrain, Juan Francisco (1914 – 2004)
Fresno Larrain wurde am 26. Juli 1914 in Santiago de Chile in Chile geboren. Er studierte am Priesterseminar von Santiago de Chile sowie an der Universität von Santiago.

Am 18. Dezember 1937 wurde er in Santiago de Chile zum Priester geweiht. Nach einer kurzen Zeit in der Seelsorge wurde er 1938 zu weiteren Studien nach Rom gesandt und erwarb dort an der Päpstlichen Universität Gregoriana das Lizentiat in Theologie. Als er 1939 zurückkehrte, wurde er Spiritual und Subregens des Knabenseminars. 1947 wurde er geistlicher Rat der Katholischen Aktion für Chile, 1955 Pfarrer einer Gemeinde in Santiago.

Am 15. Juni 1958 wurde er zum ersten Bischof der neuen Diözese Copiapo ernannt. Die Bischofsweihe empfing er in seiner bisherigen Pfarrkirche am 15. August 1958 von Erzbischof Alfredo Cifuentes von La Serena. 1962 – 1965 nahm er am II. Vatikanischen Konzil teil und 1968 an der II. Generalversammlung des lateinamerikanischen Bischofsrates (CELAM) in Medellin, Kolumbien. Am 28. Juli 1971 wurde er zum Erzbischof von La Serena ernannt. 1975 – 1977 war er Vorsitzender der chilenischen Bischofskonferenz. 1979 nahm er an der III. Generalversammlung des lateinamerikanischen Bischofsrates von Puebla, Mexiko, teil. Am 3. Mai 1983 wurde er zum Erzbischof von Santiago de Chile ernannt.

Papst Johannes Paul II. kreierte ihn im Konsistorium vom 25. Mai 1985 zum Kardinalpriester und verlieh ihm am gleichen Tag das rote Birett und die Titelkirche S. Maria Immacolata di Lourdes a Boccea. Er empfing 1987 den Papst zu Besuch in Chile und war Gastgeber des 4. Weltjugendtages 1989. Am 30. März 1990 legte er das Amt des Erzbischofs von Santiago de Chile aus Altersgründen nieder. Er verlor am 26. Juli 1994 mit Erreichen des 80. Lebensjahres das Recht auf Teilnahme am Konklave. Er starb am 14. Oktober 2004 in Santiago de Chile und wurde in der Krypta der Kathedrale beigesetzt.

Innocenti, Antonio (1915 – 2008)
Innocenti wurde am 23. August 1915 in Poppi in der Provinz Arrezo im Königreich Italien, heute Republik Italien, geboren. Er studierte zunächst am Seminar von Fiesole.

Am 17. Juli 1938 wurde er in Florenz zum Priester geweiht. Es folgten erste seelsorgerliche Aufgaben bevor er 1938 – 1941 nach Rom ging und an der Päpstlichen Universität Gregoriana studierte. Dort wurde er 1941 in kanonischem Recht promoviert. 1941 – 1948 war er in Fiesole Dozent am Seminar und Sekretär des Bischofs. Wegen seiner Hilfe für Juden auf der Flucht vor den Nazis wurde er von den Deutschen zum

Tode verurteilt, konnte aber in der letzten Minute gerettet werden. Nach dem Krieg übernahm er verschiedene seelsorgerliche Aufgaben. Er war Gründer der Christlichen Arbeitergesellschaft von Italien in Fiesole (ACLI). 1948–1950 hielt er sich zu weiteren Studien am Päpstlichen *Athenaeum* des Laterans in Rom auf, wo er 1950 in Dogmatik promovierte, sowie an der Päpstlichen Diplomatenakademie.

1950 trat er in den diplomatischen Dienst des Heiligen Stuhls ein und war bis 1953 Sekretär der Apostolischen Delegatur in Belgisch-Kongo, Ruanda und Burundi. Anschließend war er bis 1960 Auditor der Nuntiatur der Schweiz, bis 1961 an der Internuntiatur der Niederlande und bis 1962 an der Internuntiatur von Ägypten, Syrien und Jerusalem. 1962–1964 war er an der Nuntiatur von Belgien und anschließend bis 1967 Nuntiaturrat der Nuntiatur von Frankreich.

Am 15. Dezember 1967 wurde er zum Titularerzbischof von Aeclanum und Nuntius in Paraguay ernannt. Die Bischofsweihe empfing er am 18. Februar 1968 in Florenz von Kardinalstaatssekretär Amleto Giovanni Cicognani. Am 26. Februar 1973 wurde er Sekretär der Kongregation für die Sakramentendisziplin. Er war wesentlich beteiligt an der Reorganisation und Vereinigung dieser Kongregation mit der Kongregation für den göttlichen Kult als Kongregation für den Gottesdienst und die Sakramente am 11. Juli 1975. Am 4. Oktober 1980 wurde er Nuntius in Spanien.

Papst Johannes Paul II. kreierte ihn im Konsistorium vom 25. Mai 1985 zum Kardinaldiakon und verlieh ihm am gleichen Tag das rote Birett und die Kirche S. Maria in Aquiro als Titeldiakonie. Am 9. Januar 1986 wurde er zum Präfekten der Kleruskongregation ernannt, am 8. Oktober 1988 zum Präsidenten der Päpstlichen Kommission für die Erhaltung des künstlerischen und historischen Erbes der Kirche. Er nahm in seiner Amtszeit an allen Bischofssynoden teil. Am 1. Juli 1991 trat er von seinen Ämtern als Präfekt und Präsident zurück und wurde zum Präsident der Päpstlichen Kommission *Ecclesia Dei* ernannt. Er verlor am 23. August 1995 mit Erreichen des 80. Lebensjahres das Recht auf Teilnahme am Konklave und trat am 16. Dezember 1995 von der Präsidentschaft der Päpstlichen Kommission *Ecclesia Dei* zurück. Am 29. Januar 1996 optierte er für die Klasse der Kardinalpriester und die Erhebung seiner Diakonie zur Titelkirche.

Er starb am 6. Dezember 2008 in Rom und wurde auf dem Friedhof seiner Heimatstadt Poppi beigesetzt.

Obando Bravo S.D.B., Miguel (1926)

Obando Bravo wurde am 2. Februar 1926 in La Libertad bei Chontales in Nicaragua geboren. Nach seiner Schulzeit trat er in den Orden der Salesianer Don Boscos ein und studierte an verschiedenen salesianischen Häusern in San Salvador in El Salvador (Latein, Griechisch, Pädagogik, Mathematik, Physik und Philosophie), in Guatemala-City in Guatemala (Theologie) und in Kolumbien und Venezuela (Psychologie).

Am 10. August 1958 wurde er von Erzbischof Paupini, dem Apostolischen Nuntius in Nicaragua, zum Priester geweiht. Er war bis 1961 Lehrer für Mathematik und Physik in Nicaragua und El Salvador und Präfekt am salesianischen Seminar San Salvador.

1961–1968 war er Rektor des Institutes Rinaldi am salesianischen Seminar San Salvador und 1962–1968 Mitglied des Provinzrates der Salesianerprovinz Zentralamerika. 1965 war er Delegierter für Zentralamerika und Panama am Generalkapitel des Salesianerordens in Rom.

Am 18. Januar 1968 wurde er zum Titularbischof von Puzia di Bizacena und Weihbischof in Matagalpa ernannt. Am 31. März 1968 empfing er von Bischof Marco Antonio García y Suárez von Granada die Bischofsweihe. Am 16. Februar 1970 wurde er zum Erzbischof von Managua ernannt und war seither mehrmals Vorsitzender der Bischofskonferenz von Nicaragua. 1976–1980 war er Präsident der Bischofskonferenz von Zentralamerika und Panama. Er war Verteidiger der Menschenrechte während der Somoza Diktatur und des Sandinistenregimes. Er erhielt 1979 den Bruno Kreisky Preis für Freiheit und Frieden sowie weitere Auszeichnungen für sein Bemühen um Menschenrechte.

Papst Johannes Paul II. kreierte ihn im Konsistorium vom 25. Mai 1985 zum Kardinalpriester und verlieh ihm am gleichen Tag das rote Birett und die Titelkirche S. Giovanni Evangelista a Spinaceto. Am 12. März 2005 trat er aus Altersgründen vom Amt des Erzbischofs von Managua zurück. Im April 2005 nahm er am Konklave teil, welches Papst Benedikt XVI. wählte. Er verlor am 2. Februar 2006 mit Erreichen des 80. Lebensjahres das Recht auf Teilnahme am Konklave.

Mayer O.S.B., Paul Augustin (1911–2010)

Mayer wurde am 23. Mai 1911 in Altötting im Königreich Bayern im deutschen Kaiserreich, heute Bundesrepublik Deutschland, geboren und auf den Namen Paul getauft. 1930 trat er in die Benediktinerabtei Metten ein und erhielt dort den Namen Augustin. Die monastische Profess legte er im Mai 1931 ab. Es folgten Studien an der Universität Salzburg und am Päpstlichen *Athenaeum* S. Anselmo in Rom.

Am 25. August 1935 wurde er zum Priester geweiht. Es folgten 1935–1937 weitere Studien in Salzburg und Rom. 1937–1939 war er Lehrer am Internat von Metten, 1939–1966 Dozent am Päpstlichen *Athenaeum* San Anselmo, dem er ab 1949 als Rektor vorstand. 1957–1959 visitierte er als Apostolischer Visitator die Schweizer Seminare. 1960–1962 war er Sekretär der vorbereitenden Kommission für das II. Vatikanische Konzil und danach Sekretär der konziliaren und postkonziliaren Kommission für die katholischen Schulen und die Priesterausbildung. 1965 wurde er kirchlicher Delegat für die Fokolarbewegung. Am 3. November 1966 wurde er zum Abt der Abtei St. Michael in Metten, Bayern, gewählt und erhielt am 10. Dezember 1966 die Abtsbenediktion durch Bischof Rudolf Graber von Regensburg in Metten. 1968 wurde er zum Abtpräses der bayerischen Benediktinerkongregation und 1971 zum Vorsitzenden der Salzburger Äbtekonferenz gewählt. Am 8. Dezember 1971 erfolgte die Ernennung zum Sekretär der Kongregation für die Orden und Säkularinstitute.

Am 6. Januar 1972 wurde er zum Titularerzbischof von Satriano ernannt. Die Bischofsweihe empfing er am 13. Februar 1972 in der Petersbasilika des Vatikans durch Papst Paul VI. Am 8. April 1984 wurde er zum Pro-Präfekten der Kongregation für die Sakramente und der Kongregation für den Gottesdienst ernannt.

Papst Johannes Paul II. kreierte ihn im Konsistorium vom 25. Mai 1985 zum Kardinaldiakon und verlieh ihm am gleichen Tag das rote Birett und die Kirche San Anselmo all'Aventino als Titeldiakonie. Am 27. Mai 1985 wurde er Präfekt der Kongregation für die Sakramente und der Kongregation für den Gottesdienst. Beide Kongregationen wurden unter dem Namen Kongregation für Gottesdienst und Sakramentendisziplin am 27. Juni 1988 vereint. Am 1. Juli 1988 verzichtete er aus Altersgründen auf die Leitung der Kongregation und wurde am 2. Juli 1988 zum ersten Präsidenten der neuen Kommission *Ecclesia Dei* ernannt, die für die Kontakte zu den Traditionalisten zuständig ist. Er verlor am 23. Mai 1991 mit Erreichen des 80. Lebensjahres das Recht auf Teilnahme am Konklave und trat am 1. Juli 1991 von der Präsidentschaft der Kommission *Ecclesia Dei* zurück. Am 29. Januar 1996 optierte er für die Klasse der Kardinalpriester und Erhebung seiner Diakonie zur Titelkirche.

Er starb am 30. April 2010 in Rom und wurde in der Abteikirche seiner Heimatabtei Metten beigesetzt.

Suquia Goicoechea, Angel (1916 – 2006)
Suquia Goicoechea wurde am 2. Oktober 1916 in Zaldivia im Baskenland im Königreich Spanien geboren. Er studierte am Seminar von Vitoria und an der Hochschule der Abtei Maria Laach in Deutschland.

Am 7. Juli 1940 wurde er in Vitoria zum Priester geweiht. 1940 – 1946 wirkte er in der Seelsorge der Diözese Vitoria und war Direktor von Exerzitienhäusern in Bilbao und Madrid sowie Berater des Jugendverbandes der Katholischen Aktion. 1946 – 1949 studierte er an der Päpstlichen Universität Gregoriana in Rom, wo er 1949 promoviert wurde. Es folgten erneut bis 1951 seelsorgliche Aufgaben in der Diözese Vitoria. 1951 – 1955 war er Dozent für Dogmatik und Moraltheologie am Priesterseminar von Vitoria, welches er 1955 – 1965 als Regens leitete. Gleichzeitig unterrichtete er auch an der Schule für Sozialassistenten und engagierte sich im Rat der Katholischen Nationalen Vereinigung für Mission und als Direktor des Diözesansekretariates für geistliche Bewegungen in Vitoria. 1954 – 1966 war er zudem Bußkanoniker der Kathedrale von Vitoria.

Am 17. Mai 1966 wurde er zum Bischof von Almería in Spanien ernannt und empfing am 16. Juli 1966 von Erzbischof Antonio Riberi, dem Nuntius in Spanien, die Bischofsweihe. Am 28. November 1969 wurde er zum Bischof von Málaga ernannt, am 13. April 1973 zum Erzbischof von Santiago de Compostela. Am 12. April 1983 wurde er Erzbischof von Madrid.

Papst Johannes Paul II. kreierte ihn im Konsistorium vom 25. Mai 1985 zum Kardinalpriester und verlieh ihm am gleichen Tag das rote Birett und die Titelkirche Gran Madre di Dio. 1987 – 1993 war er Vorsitzender der spanischen Bischofskonferenz. Am 23. Juli 1991 wurde er zum Metropolitan-Erzbischof von Madrid ernannt, als das Erzbistum Madrid zum Metropolitan-Erzbistum erhoben wurde. Am 28. Juli 1994 verzichtete er auf das Erzbistum Madrid aus Altersgründen. Er verlor am 2. Oktober 1996 mit Erreichen des 80. Lebensjahres das Recht auf Teilnahme am Konklave.

Er starb am 13. Juli 2006 und wurde in der Kathedrale von Madrid beigesetzt.

Hamer O.P., Jean Jerome (1916 – 1996)

Hamer wurde am 1. Juni 1916 in Brüssel im Königreich Belgien geboren und auf den Namen Jean getauft. Im September 1934 trat er in den Dominikanerorden ein und erhielt den Ordensnamen Jerome. Er absolvierte seine Studien in La Sarte und Louvain. Es folgten der Militärdienst, die Teilnahme am Zweiten Weltkrieg und drei Monate Gefangenschaft im Jahre 1940.

Am 3. August 1941 wurde er zum Priester geweiht. Es folgten weitere Studien bis 1944 an der Universität Fribourg, Schweiz, wo er in Theologie promoviert wurde. 1944 – 1962 war er Dozent an der Universität Fribourg, zeitweilig, 1952 – 1953, auch am Päpstlichen *Athenaeum* St. Thomas v. Aquin (*Angelicum*) in Rom sowie in La Sarte und an der dominikanischen Fakultät Saulchoir in Frankreich, wo er 1956 – 1962 Rektor war. 1962 – 1966 war er Generalstudiensekretär seines Ordens und Generalassistent für die französischen Dominikanerprovinzen. Auf dem II. Vatikanischen Konzil 1962 – 1965 war er für das Sekretariat für die Einheit der Christen als Experte tätig. 1966 – 1969 war er beigeordneter Sekretär des Sekretariates für die Einheit der Christen; 1969 wurde er dessen Sekretär.

Am 14. Juni 1973 wurde er zum Titularerzbischof von Lorium und Sekretär der Kongregation für die Glaubenslehre ernannt. Die Bischofsweihe empfing er am 29. Juni 1973 in der Petersbasilika des Vatikans von Papst Paul VI. Am 8. April 1984 wurde er zum Pro-Präfekten der Kongregation für die Ordensleute und Säkularinstitute.

Papst Johannes Paul II. kreierte ihn im Konsistorium vom 25. Mai 1985 zum Kardinaldiakon und verlieh ihm am gleichen Tag das rote Birett und die Kirche S. Saba als Titeldiakonie. Am 27. Mai 1985 wurde er Präfekt der Kongregation für die Ordensleute und Säkularinstitute. Am 21. Januar 1992 verzichtete er auf die Leitung seiner seit 1988 in „Kongregation für die Institute des geweihten Lebens und für die Gesellschaften Apostolischen Lebens" umbenannten Kongregation. Am 29. Januar 1996 optierte er für die Klasse der Kardinalpriester und Erhebung seiner Diakonie zur Titelkirche. Er verlor am 1. Juni 1996 mit Erreichen des 80. Lebensjahres das Recht auf Teilnahme am Konklave.

Er starb am 2. Dezember 1996 in Rom und wurde auf dem römischen Friedhof Campo Verano beigesetzt.

Vidal, Ricardo J. (1931)

Vidal wurde am 6. Februar 1931 in Mogpoc auf den Philippinen geboren. Er studierte am Franz von Sales-Seminar in Lipa und am St. Charles-Seminar in Makati.

Am 17. März 1956 wurde er in Lucena zum Priester geweiht. 1956 – 1965 war er Lehrer und Spiritual am Seminar von Lucena und 1965 – 1971 dessen Regens. 1969 wurde er päpstlicher Ehrenkaplan.

Am 10. September 1971 wurde er zum Titularbischof von Claterna und Koadjutor *c. i.s.* von Malolos ernannt. Die Bischofsweihe empfing er am 30. November 1971 in Lucena von Erzbischof Carmine Rocco, dem Nuntius auf den Philippinen. Am 22. August 1973 wurde er zum Erzbischof von Lipa ernannt, am 13. April 1981 zum Koadjutor-Erzbischof *c.i.s.* von Cebú. Am 24. August 1982 wurde er Erzbischof von Cebú.

Papst Johannes Paul II. kreierte ihn im Konsistorium vom 25. Mai 1985 zum Kardinalpriester und verlieh ihm am gleichen Tag das rote Birett und die Titelkirche SS. Pietro e Paolo a Via Ostiense. Er nahm an mehreren Bischofssynoden teil. Im April 2005 nahm er am Konklave teil, welches Papst Benedikt XVI. wählte. Am 15. Oktober 2010 verzichtete er aus Altersgründen auf seine Erzdiözese. Er verlor am 6. Februar 2011 mit Erreichen des 80. Lebensjahres das Recht auf Teilnahme am Konklave.

Gulbinowicz, Henryk Roman (1923)
Gulbinowicz wurde am 17. Oktober 1923 in Szukiski bei Vilnius, damals in der Republik Polen, heute in der Republik Litauen gelegen, geboren. Er studierte an den Seminaren von Vilnius und Bialystok.

Am 18. Juni 1950 wurde er zum Priester geweiht. Er wirkte zunächst als Kaplan und begann 1951 ein Promotionsstudium an der Katholischen Universität Lublin, das er 1956 mit einem Doktorat in Moraltheologie abschloss. Anschließend war er 1956–1959 Studentenseelsorger an der Akademie von Bialystok. 1959–1970 wirkte er als Dozent am Priesterseminar der Diözese Warmia (Ermland) und als Offizial des Diözesangerichts der Diözesankurie in Olstyn (Allenstein).

Am 12. Januar 1970 wurde er zum Titularbischof von Acci und zum Apostolischen Administrator in Bialystok für das polnische Territorium der Erzdiözese Vilnius ernannt. Die Bischofsweihe am 8. Februar 1970 empfing er vom polnischen Primas Kardinal Stefan Wyszynski. Am 3. Januar 1976 wurde er zum Erzbischof von Wroclaw (Breslau) ernannt.

Papst Johannes Paul II. kreierte ihn im Konsistorium vom 25. Mai 1985 zum Kardinalpriester und verlieh ihm am gleichen Tag das rote Birett und die Titelkirche Immacolata Concezione di Maria a Grottarossa. Am 3. April 2004 wurde er von seinem Amt als Erzbischof von Wroclaw entpflichtet. Jahrzehntelang gab Gulbinowicz als Geburtsdatum den 17. Oktober 1928 an. Im Februar 2005 wurde bekannt, dass er fünf Jahre älter als bisher angenommen ist, da sein Geburtsdatum 1942 geändert wurde, um die Verschleppung als Zwangsarbeiter nach Deutschland zu vermeiden. Somit verlor er rückwirkend sein Recht der Teilnahme am Konklave schon am 17. Oktober 2003 und nahm nicht am Konklave vom April 2005 teil.

Tzadua, Paulos (1921–2003)
Tzadua wurde am 25. August 1921 in Addifini in der Region Asmara in Äthiopien, heute Eritrea, geboren. Er besuchte das Seminar von Cheren in Asmara.

Am 12. März 1944 wurde er zum Priester geweiht. 1944–1946 wirkte er als Seelsorger in Asmara, 1946–1949 in der Mission von Guarghe, südlich von Addis Abeba. 1949–1953 war er Lehrer am Knabenseminar von Asmara und absolvierte weitere Studien am italienischen Lyzeum „Ferdinando Martini" in Asmara. Anschließend studierte er bis 1958 in Mailand an der der Katholischen Universität Sacro Cuore, wo er in Rechtswissenschaften promoviert wurde. Nach seiner Rückkehr wurde er Sekretär des Bischofs von Asmara und des Erzbischofs von Addis Abeba und war anschließend Generalsekretär der äthiopischen Bischofskonferenz. Er arbeitete in der Studentenseelsorge in Addis Abeba und in der Verwaltung des Erzbistums als Gerichts-Offizial. 1961–1973 lehrte er an der Universität von Addis Abeba.

Am 1. März 1973 wurde er zum Titularbischof von Abila in Palaestina und Weihbischof in Addis Abeba ernannt. Die Bischofsweihe empfing er am 20. Mai 1973 vom Metropoliten und Erzbischof von Addis Abeba, Asrate Mariam Yemmeru. Am 24. Februar 1977 wurde er zum Metropoliten der Erzeparchie Addis Abeba ernannt.

Papst Johannes Paul II. kreierte ihn im Konsistorium vom 25. Mai 1985 zum Kardinalpriester und verlieh ihm am gleichen Tag das rote Birett und die Titelkirche SS. Nome di Maria a Via Latina. Er nahm häufig an Bischofssynoden teil. Am 11. September 1998 verzichte er auf die Leitung der Metropolitanarcheparchie Addis Adeba. Er verlor am 25. August 2001 mit Erreichen des 80. Lebensjahres das Recht auf Teilnahme am Konklave.

Er starb am 11. Dezember 2003 in Rom und wurde auf dem katholischen Peter und Pauls-Friedhof in Addis Adeba beigesetzt.

Tomko, Jozef (1924)

Tomko wurde am 11. März 1924 in Udavské in der Tschechoslowakei, heute slowakische Republik geboren. 1943 begann er sein Studium der katholischen Theologie an der Universität Bratislava. 1945 wurde er in das tschechoslowakische Kolleg St. Nepomuk nach Rom gesandt und studierte am Päpstlichen *Athenaeum* des Laterans und an der Päpstlichen Universität Gregoriana, wo er später in den Fächern Theologie, Kirchenrecht und Sozialwissenschaften promoviert wurde. Wegen der Machtübernahme der Kommunisten in seiner Heimat 1948 blieb er in Rom.

Am 12. März 1949 wurde er in Rom zum Priester geweiht. Er übernahm 1950–1979 verschiedene seelsorgerliche Dienste in den Diözesen Rom und Porto e Santa Rufina. 1950–1965 war er zunächst Subregens und dann Regens des Päpstlichen Nepomukkollegs in Rom und lehrte 1955–1956 an der Internationalen Universität Pro Deo in Rom. 1962 trat er in den Dienst des Heiligen Stuhls als Mitarbeiter der Buchzensur im Heiligen Offizium ein, wo er 1966 Studienadjutant und Büroleiter der Lehrabteilung wurde. 1967 war er Spezialsekretär der Bischofssynode und wurde 1970 päpstlicher Ehrenprälat. 1970–1978 lehrte er auch an der Päpstlichen Universität Gregoriana. 1974 wurde er Untersekretär der Bischofskongregation.

Am 12. Juli 1979 wurde er zum Titularerzbischof von Doclea und Generalsekretär der Bischofssynode ernannt. Die Bischofsweihe spendete ihm am 15. September 1979 in der Petersbasilika des Vatikans Papst Johannes Paul II. In den folgenden Jahren war er für die Organisation der Bischofssynoden verantwortlich. Am 24. April 1985 wurde er zum Pro-Präfekten der Kongregation für die Evangelisierung der Völker ernannt.

Papst Johannes Paul II. kreierte ihn im Konsistorium vom 25. Mai 1985 zum Kardinaldiakon und verlieh ihm am gleichen Tag das rote Birett und die Kirche Gesù Buon Pastore alla Montagnola als Titeldiakonie. Am 27. Mai 1985 wurde er zum Präfekten der

Kongregation für die Evangelisierung der Völker und Großkanzler der Päpstlichen Universität *Urbaniana* ernannt. In den folgenden Jahren hatte er viele päpstliche Sonderbeauftragungen und nahm an fast allen Bischofssynoden seither teil. Am 29. Januar 1996 optierte er für die Klasse der Kardinalpriester und die Titelkirche S. Sabina. Am 9. April 2001 verzichte er auf die Leitung seiner Kongregation. Vom 23. Oktober 2001 bis zum 1. Oktober 2007 war er Präsident der Päpstlichen Kommission für die Internationalen Eucharistischen Kongresse. Er verlor am 11. März 2004 mit Erreichen des 80. Lebensjahres das Recht auf Teilnahme am Konklave. Im Frühjahr 2012 betraute ihn Papst Benedikt XVI. als Mitglied einer dreiköpfigen Kardinalskommission mit Spezialmandat mit der Untersuchung der sog. Vatileaks-Affäre, bei der es um Fälle von Diebstahl vertraulicher (päpstlicher) Dokumente aus dem Vatikan ging.

Lubachivsky, Myroslav Ivan (1914 – 2000)

Lubachivsky wurde am 24. Juni 1914 in Dolyna im damals von den Habsburgern regierten Kronland Galizien und Lodomerien, heute Republik Ukraine, geboren. Er besuchte das Seminar im damals zu Polen gehörenden Lwow (deutsch: Lemberg, ukrainisch: Lviv) und studierte weiter an der Universität Innsbruck und der theologischen Fakultät in Sitten/Sion, Schweiz.

Am 28. September 1938 wurde er in Lwow zum Priester geweiht. Er wirkte zunächst bis 1942 als Seelsorger im seit 1939 zur Ukraine gehörenden Lwow und ging 1942 – 1947 für weitere Studien an die Päpstliche Universität Gregoriana und das Päpstliche Bibelinstitut nach Rom.

Nach der Unterdrückung seiner Kirche arbeitete 1947 – 1980 als Seelsorger in den USA in Michigan, Pennsylvania, Ohio und Wisconsin unter den Exilukrainern. Er war u. a. Sekretär des ukrainisch-katholischen Erzbischofs von Philadelphia, Sekretär der ukrainischen Sektion der CNEWA und Dozent am ukrainischen Seminar in Stamford. 1967 – 1968 wirkte er als Dozent am Ukrainischen Kolleg St. Josafat in Rom und als Mitarbeiter von Radio Vatikan. Danach war er in den Jahren 1969 – 1979 Spiritual der ukrainischen Seminare von Washington und Stamford sowie Lehrer an mehreren Schulen und Kollegien.

Am 13. September 1979 wurde er zum ukrainisch-katholischen Erzbischof und Metropoliten von Philadelphia ernannt und am 12. November 1979 in der Sixtinischen Kapelle des Vatikans nach ukrainischem Ritus von Papst Johannes Paul II. zum Bischof geweiht. Am 27. März 1980 wurde er zum Koadjutor-Erzbischof *c.i.s.* des Großerzbistums Lwow ernannt und siedelte nach Rom über. Am 7. September 1984 wurde Großerzbischof von Lwow.

Papst Johannes Paul II. kreierte ihn im Konsistorium vom 25. Mai 1985 zum Kardinalpriester und verlieh ihm am gleichen Tag das rote Birett und die Titelkirche S. Sofia a Via Boccea. Er residierte weiter in Rom im Exil. Am 30. März 1991 konnte er offiziell nach der Wiederzulassung der griechisch-katholischen Kirche in der Ukraine nach Lviv (seit

1991) zurückkehren und widmete sich dem Wiederaufbau seiner Kirche. Er verlor am 24. März 1994 mit Erreichen des 80. Lebensjahres das Recht auf Teilnahme am Konklave.

Er starb am 14. Dezember 2000 in Lviv und wurde in der Krypta der Georgskathedrale in Lviv begraben.

Deskur, Andrzej Maria (1924 – 2011)

Deskur wurde am 29. Februar 1924 in Sancygniów in der Republik Polen geboren. Er studierte zunächst Rechtswissenschaften an der Universität in Krakau und erwarb in diesem Fach einen Doktortitel in beiderlei Rechten (*utriusque iuris*). Im November 1945 trat er in das Geheimpriesterseminar in Krakau ein. 1948 wurde er zu weiteren Studien an die Katholische Universität Fribourg in der Schweiz gesandt und promovierte dort später in Moraltheologie mit dem Spezialgebiet Sozialwissenschaften.

Am 20. August 1950 wurde er von Kardinal Gerlier in St. Bonnet-les-Oules in Frankreich für die Erzdiözese Krakau zum Priester geweiht. Es folgten seelsorgerliche Aufgaben in Fribourg in der Schweiz und der Abschluss seiner Promotion. Dann ging er nach Rom und trat in die Päpstliche Diplomatenakademie ein. Im September 1952 trat er in den Dienst des Vatikanischen Staatssekretariats ein. 1954 – 1965 war er Untersekretär der Päpstlichen Kommission für Kino, Radio und Fernsehen. In der Vorbereitungsphase auf das II. Vatikanische Konzil war er 1960 – 1962 Sekretär des Pressesekretariates. Am Konzil nahm er 1962 – 1965 als Experte teil. 1964 wurde er Untersekretär der Päpstlichen Kommission für die sozialen Kommunikationsmittel, 1970 deren Sekretär. 1973 wurde er Präsident der Päpstlichen Kommission für soziale Kommunikationsmittel.

Am 17. Juni 1974 wurde er zum Titularbischof von Thenae ernannt und am 30. Juni 1974 im Vatikan durch Papst Paul VI. zum Bischof geweiht. Nach einem schweren Hirnschlag war er seit 1978 an den Rollstuhl gefesselt. 1980 ernannte ihn Papst Johannes Paul II. zum Erzbischof *ad personam*. Am 8. April 1984 wurde er Präsident em. des Päpstlichen Rates für die Sozialen Kommunikationsmittel.

Papst Johannes Paul II. kreierte ihn im Konsistorium vom 25. Mai 1985 zum Kardinaldiakon und verlieh ihm am gleichen Tag das rote Birett und die Kirche S. Cesareo in Palatio als Titeldiakonie. Er wirkte trotz seiner Behinderung als Berater von Johannes Paul II. und in diversen anderen Aufgaben. Am 29. Januar 1996 optierte er für die Klasse der Kardinalpriester. Seine Diakonie wurde zur Titelkirche erhoben. Er verlor im Februar/März 2004 mit Erreichen des 80. Lebensjahres das Recht auf Teilnahme am Konklave.

Er starb am 3. Dezember 2011 in Rom und wurde in der Krypta der Basilika „Göttliche Barmherzigkeit" in Krakau beigesetzt.

Poupard, Paul (1930)

Poupard wurde am 30. August 1930 in Bouzillé bei Angers in der Republik Frankreich geboren. Er trat in das Priesterseminar von Angers ein. Weiter studierte er an der

Universität La Sorbonne Paris (Doktorate in Theologie und Kirchengeschichte) und an der École des Hautes Études in Paris.

Am 18. Dezember 1954 wurde er für die Diözese Angers in Paris zum Priester geweiht. Anschließend wirkte er als Lehrer an der Schule in Mongazon. 1959 trat er in die französische Abteilung des vatikanischen Staatssekretariates ein, wo er bis 1972 blieb. 1972–1980 war er Rektor des Institute Catholique in Paris und wurde in dieser Zeit auch Vizepräsident der französischen kirchengeschichtlichen Vereinigung.

Am 2. Februar 1979 wurde er zum Titularbischof von Usula und Weihbischof in Paris ernannt und empfing am 6. April 1979 in Paris vom Pariser Erzbischof Kardinal François Marty die Bischofsweihe. Am 7. Juni 1980 wurde er zum Titularerzbischof und Pro-Präsidenten des Sekretariates für die Nichtglaubenden ernannt. 1982 wurde er Mitglied des Präsidiums und Präsident des Exekutivkomitees des Päpstlichen Rates für die Kultur.

Papst Johannes Paul II. kreierte ihn im Konsistorium vom 25. Mai 1985 zum Kardinaldiakon und verlieh ihm am gleichen Tag das rote Birett und die Kirche S. Eugenio als Titeldiakonie. Am 27. Mai 1985 wurde er Präsident des Sekretariates für die Nichtglaubenden. Er nahm während seiner Amtszeit an allen Bischofssynoden teil. Am 19. April 1988 wurde er zusätzlich Präsident des Päpstlichen Rates für die Kultur. Nach der Zusammenlegung des Rates für die Nichtgläubigen mit dem Rat für die Kultur wurde er am 26. März 1993 Präsident des neuen Rates für die Kultur. Am 29. Januar 1996 optierte er für die Klasse der Kardinalpriester und die Titelkirche S. Prassede. Er nahm am Konklave vom April 2005 teil, welches Papst Benedikt XVI. wählte. Der neue Papst bestätigte ihn in seinen Ämtern und ernannte ihn am 11. März 2006 zusätzlich zum Präsidenten des Rates für den interreligiösen Dialog. Am 1. September 2007 gab er die Präsidentschaft des Rates für den interreligiösen Dialog wieder auf. Am 3. September 2007 gab er die Präsidentschaft des Rates für die Kultur aus Altersgründen auf. Am 30. August 2010 verlor er mit Erreichen des 80. Lebensjahres das Recht auf Teilnahme am Konklave.

Vachon, Louis-Albert (1912 – 2006)
Vachon wurde am 4. Februar 1912 in Saint-Frédéric-de-Beauce in der Provinz Québec in Kanada geboren. Er studierte am Priesterseminar von Québec.

Am 11. Juni 1938 wurde er in Québec zum Priester geweiht. Es folgten 1938 – 1949 weitere Studien an der Universität von Laval bei Québec, wo er in Philosophie promovierte, und in Rom am Päpstlichen *Athenaeum* St. Thomas von Aquin (*Angelicum*), wo er ein Doktorat in Theologie erwarb.

1949 – 1955 war er Dozent an der Universität Laval und 1955 – 1958 Regens des Priesterseminars von Québec. 1958 – 1959 war er zunächst Vizerektor der Universität von Laval 1960 – 1972 deren Rektor. 1960 – 1977 war er außerdem Generalvikar der Erzdiözese Québec. Bereits 1962 war er Apostolischer Protonotar geworden.

Am 4. April 1977 wurde er zum Titularbischof von Mesarfelta und Weihbischof in Québec ernannt und am 14. Mai 1977 in Québec von Kardinal Maurice Roy, dem Erzbischof von Québec und Primas von Kanada, zum Bischof geweiht. Am 20. März 1981 wurde er dessen Nachfolger als Erzbischof von Québec und Primas von Kanada.

Papst Johannes Paul II. kreierte ihn im Konsistorium vom 25. Mai 1985 zum Kardinalpriester und verlieh ihm am gleichen Tag das rote Birett und die Titelkirche S. Paolo della Croce a „Corviale". Am 17. März 1990 legte er die Leitung der Erzdiözese nieder. Am 4. Februar 1992 verlor er mit Erreichen des 80. Lebensjahres das Recht auf Teilnahme am Konklave.

Er starb am 29. September 2006 in Québec und wurde in der Bischofsgruft der Kathedrale von Québec beigesetzt.

Decourtray, Albert (1923 – 1994)
Decourtray wurde am 9. April 1923 in Wattignies bei Lille in der Republik Frankreich geboren. Im Oktober 1941 trat er in das Priesterseminar von Lille ein und musste 1945 – 1946 Militärdienst leisten. Anschließend setzte er seine Studien in Lille bis 1948 fort.

Am 29. Juni 1947 wurde er in Lille von Kardinal Lienard zum Priester geweiht. Es folgten 1948 – 1951 weitere Studien an der Päpstlichen Universität Gregoriana in Rom, wo er in Theologie promoviert wurde. 1951 – 1966 wirkte er zunächst in der Seelsorge der Diözese Lille und war Dozent und Regens am Priesterseminar von Lille. 1966 – 1971 war er Generalvikar der Diözese Lille und Archidiakon von Roubaix-Tourcoing sowie verantwortlich für die Priester an öffentlichen Schulen.

Am 27. Mai 1971 wurde er zum Titularbischof von Ippona Zárito und Weihbischof in Dijon ernannt und am 3. Juli 1971 in Lille von Bischof Adrien Gand von Lille zum Bischof geweiht. Am 22. April 1974 wurde er Bischof von Dijon, am 29. Oktober 1981 Erzbischof von Lyon und Primas von Gallien. 1981 – 1987 war er stellvertretender Vorsitzender der französischen Bischofskonferenz und anschließend bis 1990 deren Vorsitzender. Am 23. April wurde er zusätzlich Prälat der Mission de France.

Papst Johannes Paul II. kreierte ihn im Konsistorium vom 25. Mai 1985 zum Kardinalpriester und verlieh ihm am gleichen Tag das rote Birett und die Titelkirche Ss. Trinità al Monte Pincio. 1988 verzichtete er auf die Prälatur der Mission de France. 1994 wurde er Mitglied der Academie Française.

Er starb am 16. September 1994 in Lyon und wurde in der Kathedrale von Lyon beigesetzt.

Castillo Lara S.D.B., Rosalio José (1922 – 2007)
Castillo Lara wurde am 4. September 1922 in San Casimiro in Venezuela geboren. Er war Neffe des früheren Erzbischofs Lucas Guillermo Castillo von Caracas. 1940 trat er nach der Schulzeit in den Orden der Salesianer Don Boscos ein und besuchte das Noviziat in Bogotá, Kolumbien. Bis 1949 studierte er an verschiedenen salesianischen Häusern in Kolumbien.

Am 4. September 1949 wurde er in Caracas von seinem Onkel zum Priester geweiht. Er war anschließend für ein Jahr Studiendirektor des St. Joseph Institutes in Los

Teques, bevor er von 1950 an für drei Jahre kanonisches Recht an der Salesianeruniversität in Turin studierte und im Oktober 1953 promoviert wurde. Nach seiner Rückkehr 1953 wurde er Präsident der venezulanischen Gemeinschaft der katholischen Erzieher. 1954–1957 war er Dozent an der Salesianeruniversität Turin, anschließend 1957–1965 an der Salesianeruniversität Rom. 1962 studierte er an der katholisch-theologischen Fakultät der Universität Bonn in Deutschland. Er war Mitglied des Institutes für Forschung und Studien des mittelalterlichen Rechts in Toronto und leitete 1966–1967 als Provinzial die Salesianerprovinz Venezuela. 1967–1971 war er Regionalassistent der Generalleitung in Rom für Lateinamerika, 1971–1973 Generalrat für die Jugendfürsorge.

Am 26. März 1973 wurde er zum Titularbischof von Precausa und Koadjutor *c.i.s.* von Trujillo in Venezuela ernannt. Die Bischofsweihe empfing er am 24. Mai 1973 in Caracas durch Erzbischof Kardinal José Humberto Quintero Parra von Caracas. Am 12. Februar 1975 wurde er Sekretär der Päpstlichen Kommission zur Revision des *Codex Iuris Canonici* ernannt und siedelte nach Rom über. 1981 wurde er Präsident der Disziplinarkommission der Römischen Kurie.

Am 22. Mai 1982 wurde er zum Pro-Präsidenten der Päpstlichen Kommission zur Revision des *Codex Iuris Canonici* und am 26. Mai 1982 zum Erzbischof ernannt. Nach der Veröffentlichung des neuen CIC wurde er am 18. Januar 1984 zum Pro-Präsidenten der Päpstlichen Kommission für die authentische Interpretation des *Codex Iuris Canonici* ernannt.

Papst Johannes Paul II. kreierte ihn im Konsistorium vom 25. Mai 1985 zum Kardinaldiakon und verlieh ihm am gleichen Tag das rote Birett und die Kirche Nostra Signora di Coromoto in S. Giovanni di Dio als Titeldiakonie. Am 27. Mai 1985 wurde er zum Präsidenten der Päpstlichen Kommission für die authentische Interpretation des *Codex Iuris Canonici* ernannt. Am 6. Dezember 1989 wurde er Präsident der Vermögensverwaltung des Heiligen Stuhls und am 31. Oktober 1990 Präsident der Päpstlichen Kommission für den Staat der Vatikanstadt. Am 24. Juni 1995 verzichtete er auf die Präsidentschaft der Vermögensverwaltung. Am 29. Januar 1996 optierte er für die Klasse der Kardinalpriester und die Erhebung seiner Diakonie zur Titelkirche. Am 14. Oktober 1997 verzichte er auf die Präsidentschaft der Kommission für die Vatikanstadt und kehrte nach Venezuela zurück. Am 4. September 2002 verlor er mit Erreichen des 80.Lebensjahres das Recht auf Teilnahme am Konklave.

Er starb am 16. Oktober 2006 in Caracas in Venezuela und wurde in der Kapelle Maria Auxiliadora in Guiripa in Venezuela begraben.

Wetter, Friedrich (1928)

Wetter wurde am 20. Februar 1928 in Landau im Deutschland der Weimarer Republik, heute Bundesrepublik Deutschland, geboren. Er studierte zunächst 1948 an der Philosophisch-Theologischen Hochschule St. Georgen in Frankfurt am Main, bevor er im gleichen Jahr an das *Collegium Germanicum et Hungaricum* nach Rom wechselte und an der Päpstlichen Universität Gregoriana in Rom studierte.

Am 10. Oktober 1953 wurde er in Rom zum Priester geweiht. Anschließend blieb er noch bis 1956 in Rom, wo er an der Gregoriana in Theologie promovierte. Von 1956 bis 1958 war er Kaplan in Speyer und anschließend bis 1960 Assistent und Dozent am Priesterseminar in Speyer. 1961 wurde er für ein Habilitationsprojekt an der Universität München bei Prof. Michael Schmaus beurlaubt. Nach Abschluss der Habilitation 1965 wurde er Professor für Fundamentaltheologie an der Hochschule Eichstätt, wo er bereits vorher als Dozent tätig gewesen war. 1967 wurde er als Professor für Dogmatik an die katholisch-theologische Fakultät der Universität Mainz berufen.

Am 28. Mai 1968 wurde er zum Bischof von Speyer ernannt. Die Bischofsweihe empfing er am 29. Juni 1968 von Bischof Isidor Markus Emanuel, seinem Vorgänger als Bischof von Speyer. Am 28. Oktober 1982 wurde er zum Erzbischof von München und Freising ernannt und wurde gleichzeitig Vorsitzender der Freisinger Bischofskonferenz.

Papst Johannes Paul II. kreierte ihn im Konsistorium vom 25. Mai 1985 zum Kardinalpriester und verlieh ihm am gleichen Tag das rote Birett und die Titelkirche S. Stefano al Monte Celio. Im April 2005 nahm er am Konklave teil, welches Papst Benedikt XVI. wählte. Am 2. Februar 2007 wurde er von seinem Amt als Erzbischof entpflichtet und gleichzeitig zum Apostolischen Administrator bis zur Einführung seines Nachfolgers am 2. Februar 2008 ernannt.

Am 20. Februar 2008 verlor er mit Erreichen des 80.Lebensjahres das Recht auf Teilnahme am Konklave.

Piovanelli, Silvano (1924)

Piovanelli wurde am 21. Februar 1924 in Ronta di Borgo San Lorenzo bei Mugello in der Toskana im Königreich Italien, heute Republik Italien, geboren. Nach der Schulzeit trat er in das Priesterseminar von Florenz ein und studierte an der Universität Florenz.

Am 13. Juli 1947 wurde er in Florenz zum Priester geweiht. Er wirkte zunächst als Kaplan und war anschließend bis 1961 Lehrer und Subregens am Knabenseminar der Erzdiözese Florenz. Anschließend war er bis 1979 Pfarrer von Castelfiorentino in der Toskana. 1979 wurde er Generalvikar der Erzdiözese Florenz unter Kardinal Benelli.

Am 28. Mai 1982 wurde er zum Titularbischof von Tubune di Mauretania und Weihbischof in Florenz ernannt. Die Bischofsweihe empfing er am 24. Juni 1982 in Florenz durch Kardinal Giovanni Benelli, den Erzbischof von Florenz. Nach dessen Tod verwaltete er die Erzdiözese ab dem 26. Oktober 1982 als Kapitularvikar bis er selbst am 18. März 1983 zum Erzbischof von Florenz ernannt wurde.

Papst Johannes Paul II. kreierte ihn im Konsistorium vom 25. Mai 1985 zum Kardinalpriester und verlieh ihm am gleichen Tag das rote Birett und die Titelkirche S. Maria delle Grazie a Via Trionfale. Am 21. Mai 2001 trat er von der Leitung der Erzdiözese aus Altersgründen zurück. Am 21. Februar 2004 verlor er mit Erreichen des 80. Lebensjahres das Recht auf Teilnahme am Konklave.

Simonis, Adrianus Johannes (1931)

Simonis wurde am 26. November 1931 in Lisse in der Provinz Rotterdam in den Niederlanden geboren. Er studierte am Priesterseminar von Warmond.

Am 15. Juni 1957 wurde er in Rotterdam zum Priester geweiht und wirkte bis 1959 als Kaplan in der Diözese Rotterdam. 1959–1966 hielt er sich zu weiteren Studien in Rom auf. Er studierte dort an der Päpstlichen Universität *Angelicum* und promovierte in neutestamentlicher Exegese am Päpstlichen Bibelinstitut.

Nach seiner Rückkehr war er 1966–1970 Pfarrer und Krankenhausseelsorger in Den Haag. Im März 1969 wurde er Domkapitular in Rotterdam und Mitglied des Diözesanrates.

Am 29. Dezember 1970 wurde er zum Bischof von Rotterdam ernannt. Die Bischofsweihe empfing er am 20. März 1971 in Rotterdam von Kardinal Bernard Jan Alfrink, dem Erzbischof von Utrecht. Am 27. Juni 1983 wurde er Erzbischof-Koadjutor von Utrecht *c.i.s.* und am 3. Dezember 1983 Erzbischof von Utrecht.

Papst Johannes Paul II. kreierte ihn im Konsistorium vom 25. Mai 1985 zum Kardinalpriester und verlieh ihm am gleichen Tag das rote Birett und die Titelkirche S. Clemente. Er leitete über 20 Jahre die niederländische Bischofskonferenz und nahm in Rom an zahlreichen Bischofssynoden teil. Im April 2005 nahm er am Konklave teil, welches Papst Benedikt XVI. wählte.

Am 14. April 2007 wurde er von seinem Amt als Erzbischof aus Altersgründen entpflichtet. Bis zur Einführung seines im Dezember 2007 ernannten Nachfolgers verwaltete er das Erzbistum als Apostolischer Administrator.

Am 26. November 2011 verlor er mit Erreichen des 80. Lebensjahres das Recht auf Teilnahme am Konklave.

Gagnon P.S.S., Edouard (1918–2007)

Gagnon wurde am 15. Januar 1918 in Port-Daniel in Kanada geboren. Er absolvierte seine Studien am Priesterseminar von Montréal, wo er 1940 den Lizentiatsabschluss erwarb und an der dortigen Universität, wo er 1941 in Theologie promoviert wurde.

Am 15. August 1940 wurde er in Montréal zum Priester geweiht. 1941–1944 studierte er an der Universität von Laval in Québec und wurde in kanonischem Recht promoviert. 1944 trat er in die Priestergemeinschaft der Sulpizianer ein. 1945–1954 war er Dozent für Moraltheologie und Kirchenrecht am Priesterseminar in Montréal und ab 1947 Rechtsanwalt am Ehegericht der Erzdiözese Montréal. Zweimal, 1954–1960 und 1965–1966, war er Regens des Priesterseminars St. Boniface in Manitoba in Kanada. 1960–1965 war er Regens des Priesterseminars von Manizales in Kolumbien. 1964–1965 nahm er am II. Vatikanischen Konzil als Experte für Rechtsfragen teil. 1966–1970 war er Provinzial seiner Gemeinschaft für Kanada, Japan, und Lateinamerika.

Am 19. Februar 1969 wurde er zum Bischof von Saint Paul in Alberta ernannt und am 25. März 1969 vom Apostolischen Delegaten in Kanada, Erzbischof Emmanuele Clarizio, zum Bischof geweiht. Am 3. Mai 1972 verzichtete er auf das Bistum und wurde bis 1973 Rektor des kanadischen Kollegs in Rom. 1973 wurde er zunächst Vizepräsident und 1974 Präsident des Päpstlichen Komitees für die Familie. Mit der Errichtung des Päpstlichen Rates für die Familie wurde er am 7. Juli 1983 zum ersten Pro-Präsidenten und gleichzeitig zum Titularerzbischof von Iustiniana prima ernannt. In diesen Jahren nahm er an allen Bischofssynoden teil.

Papst Johannes Paul II. kreierte ihn im Konsistorium vom 25. Mai 1985 zum Kardinaldiakon und verlieh ihm am gleichen Tag das rote Birett und die Kirche S. Elena fuori Porta Prenestina als Titeldiakonie. Am 27. Mai 1985 wurde er zum Präsidenten des Päpstlichen Rates für die Familie ernannt. Am 8. November 1990 verzichtete er auf die Präsidentschaft des Rates für die Familie und wurde am 3. Januar 1991 Präsident des Päpstlichen Komitees für die Internationalen Eucharistischen Kongresse. Am 29. Januar 1996 optierte er für die Klasse der Kardinalpriester und die Titelkirche S. Marcello. Am 15. Januar 1998 verlor er mit Erreichen des 80. Lebensjahres das Recht auf Teilnahme am Konklave. Im März 2001 verzichtete er aus Altersgründen auf die Präsidentschaft des Päpstlichen Komitees für die Internationalen Eucharistischen Kongresse und ging nach Kanada zurück.

Er starb am 25. August 2007 in Montréal und wurde in der Krypta der Seminarkirche von Montreal beigesetzt.

Stickler S.D.B., Alfons Maria (1910 – 2007)

Stickler wurde am 23. August 1910 in Neunkirchen im Königreich Ungarn in der k.u.k Monarchie Österreich-Ungarn, heute Bundesland Burgenland in der Republik Österreich, geboren. Nach der Schulzeit trat er im August 1927 in den Salesianerorden ein und legte nach dem Noviziat in Ensdorf in Deutschland am 15. August 1928 die ersten Gelübde ab. Es folgten Studien in salesianischen Studienhäusern in Deutschland, Österreich, Turin und Rom.

Am 27. März 1937 wurde er in Rom zum Priester geweiht. Es folgten bis 1940 weitere Studien am Päpstlichen *Athenaeum des Laterans* in Rom, wo er im Juli 1940 in beiderlei Rechten (*utriusque iuris*) promoviert wurde. Danach war er 1940 – 1953 Dozent an der Fakultät für kanonisches Recht an der Salesianeruniversität von Turin und 1953 – 1958 deren Dekan (Die Universität wurde 1957 nach Rom verlegt). 1958 – 1966 war er Rektor der Salesianeruniversität in Rom und 1965 – 1968 Präsident des Institutum Altioris Latinitis. Am II. Vatikanischen Konzil nahm er 1962 – 1965 als Experte teil. Am 25. März 1971 wurde er Präfekt der Vatikanischen Bibliothek. Er war Vizepräsident der Internationalen Vereinigung für die Geschichte des Rechts und der Institutionen und Mitglied in zahlreichen Akademien.

Am 8. September 1983 wurde er zum Titularerzbischof von Bolsena und Pro-Bibliothekar *S.E.R.* ernannt. Die Bischofsweihe spendete ihm am 1. November 1983 in der Petersbasilika des Vatikan Papst Johannes Paul II. Am 9. Juli 1984 wurde er zusätzlich Pro-Archivar *S.E.R.*

Papst Johannes Paul II. kreierte ihn im Konsistorium vom 25. Mai 1985 zum Kardinaldiakon und verlieh ihm am gleichen Tag das rote Birett und die Kirche S. Giorgio in Velabro als Titeldiakonie. Am 27. Mai 1985 wurde er zum Bibliothekar und Archivar S.

E.R. ernannt. Am 1. Juli 1988 verzichtete er auf seine Ämter aus Altersgründen. Am 23. August 1990 verlor er mit Erreichen des 80. Lebensjahres das Recht auf Teilnahme am Konklave. Am 29. Januar 1996 optierte er für die Klasse der Kardinalpriester und die Erhebung seiner Diakonie zur Titelkirche.

Er starb am 12. Dezember 2007 in Rom und wurde zunächst in der Grabstätte der Salesianer in der Calixtus-Katakombe und 2010 in seiner Titelkirche S. Giorgio in Velabro beigesetzt.

Law, Bernard Francis (1931)

Law wurde am 4. November 1931 in Torreon in Mexiko geboren. Er studierte an der Harvard University mittelalterliche Geschichte und trat anschließend in das St. Joseph Seminary in St. Benedict im Bundesstaat Louisiana in den USA ein. Er studierte weiter am Päpstlichen Collegium Josephinum in Worthington im Bundesstaat Ohio.

Am 21. Mai 1961 wurde er vom Apostolischen Delegaten in den USA, Erzbischof Egidio Vagnozzi, in Worthington, Ohio, zum Priester geweiht und in die Diözese Natchez-Jackson inkardiniert. Anschließend übernahm er bis 1973 seelsorgerliche Aufgaben in der Diözese Natchez-Jackson. Er gab 1961–1966 die Diözesanzeitschrift heraus und war 1968–1971 Sekretär des bischöflichen Rates für die ökonomischen Fragen. 1968 wurde er päpstlicher Ehrenkaplan.

Am 22. Oktober 1973 wurde er zum Bischof von Springfield-Cape Girardeau ernannt. Die Bischofsweihe spendete ihm am 5. Dezember 1973 Bischof Joseph Bernard Brunini von Natchez-Jackson. Am 11. Januar 1984 wurde er zum Erzbischof von Boston ernannt.

Papst Johannes Paul II. kreierte ihn im Konsistorium vom 25. Mai 1985 zum Kardinalpriester und verlieh ihm am gleichen Tag das rote Birett und die Titelkirche S. Susanna. 2002 wurde er in den USA wegen Untätigkeit und Vertuschung der Verbrechen von pädophilen Priestern heftig kritisiert. Mehrfach wurde sein Rücktritt gefordert. Die Skandale brachten die wohlhabende Erzdiözese Boston an den Rand des finanziellen Ruins. Schließlich legte er am 13. Dezember 2002 sein Amt nieder und zog sich zunächst in ein Kloster zurück. Am 27. Mai 2004 wurde er zum Erzpriester der Basilika St. Maria Maggiore ernannt und siedelte nach Rom über. Im April 2005 nahm er am Konklave teil, welches Papst Benedikt XVI. wählte. Am 4. November 2011 verlor er mit Erreichen des 80. Lebensjahres das Recht auf Teilnahme am Konklave und trat am 21. November 2011 von seinem Amt als Erzpriester der Basilika St. Maria Maggiore zurück.

O'Connor, John Joseph (1920–2000)

O'Connor wurde am 15. Januar 1920 in Philadelphia im Bundesstaat Pennsylvania, USA, geboren. Er studierte am St. Charles Borromeo Seminary und an der Villanova Universität in Philadelphia sowie an der University of Delaware in Wilmington, der Catholic University in Washington und der Georgetown University in Washington Er erwarb Master-Abschlüsse in höherer Ethik, klinischer Psychologie und politischen Wissenschaften.

Am 15. Dezember 1945 wurde er zum Priester geweiht. Er war zunächst Lehrer an Schulen in Philadelphia und Dozent an der Universität von Virginia in Charlottesville bevor er Militärkaplan in der US-Armee und der US-Marine in Quantico, Barstow, Okinawa, und Vietnam wurde. 1957–1979 war er Militärdekan und wurde als solcher am 1. Juni 1979 pensioniert. Seit 1966 war er päpstlicher Ehrenprälat.

Am 18. April 1979 wurde er zum Titularbischof von Courzola und Weihbischof des Militärvikars der USA ernannt. Die Bischofsweihe spendete ihm am 27. Mai 1979 in der Petersbasilika im Vatikan Papst Johannes Paul II. Am 6. Mai 1983 wurde er zum Bischof von Scranton, am 25. Januar 1984 zum Erzbischof von New York ernannt.

Papst Johannes Paul II. kreierte ihn im Konsistorium vom 25. Mai 1985 zum Kardinalpriester und verlieh ihm am gleichen Tag das rote Birett und die Titelkirche SS. Giovanni e Paolo.

Er starb am 3. Mai 2000 in New York und wurde in der St. Patrick's-Kathedrale in New York beigesetzt.

Biffi, Giacomo (1928)

Biffi wurde am 13. Juni 1928 in Mailand in der Lombardei im Königreich Italien, heute Republik Italien, geboren. Er verbrachte seine Studienjahre am Seminar von Mailand und schloss mit dem Lizentiat in Theologie ab.

Am 23. Dezember 1950 wurde er in Mailand von Kardinal Ildefonso Schuster O.S.B. zum Priester geweiht und war anschließend bis 1960 Dozent für Dogmatik am Mailänder Seminar. 1960–1969 war er Pfarrer in Legano, ab 1969 Pfarrer in Mailand. Am 1. Februar 1975 wurde er zum Theologen des Metropolitankapitels von Mailand ernannt und wurde Leiter des lombardischen Pastoralinstituts, das er als Institut für die permanente Weiterbildung des Klerus ausbaute. Er war darüber hinaus für den ambrosianischen Ritus in Mailand zuständig.

Am 7. Dezember 1975 wurde er zum Titularbischof von Fidenae und Weihbischof in Mailand ernannt. Die Bischofsweihe spendete ihm am 11. Januar 1976 in Mailand Kardinal Giovanni Colombo, der Erzbischof von Mailand. Am 19. April 1984 wurde er zum Erzbischof von Bologna ernannt.

Papst Johannes Paul II. kreierte ihn im Konsistorium vom 25. Mai 1985 zum Kardinalpriester und verlieh ihm am gleichen Tag das rote Birett und die Titelkirche *Santi Giovanni Evangelista e Petronio* Am 16. Dezember 2003 legte er aus Altersgründen die Leitung der Erzdiözese nieder. Er nahm an Konklave vom April 2005 teil, welches Papst Benedikt XVI. wählte. Am 13. Juni 2008 verlor er mit Erreichen des 80. Lebensjahres das Recht auf Teilnahme am Konklave.

Pavan, Pietro (1903–1994)

Pavan wurde am 30. August 1903 in Treviso in der Region Venetien im Königreich Italien, heute Republik Italien, geboren. Er studierte an der Päpstlichen Universität Gregoriana in Rom, wo er in Philosophie und Theologie promoviert wurde, und an der Universität von Padua, wo er in Wirtschaftswissenschaften promoviert wurde.

Am 8. Juli 1928 wurde er zum Priester geweiht und war 1933–1946 Dozent am Seminar von Treviso, 1946 wurde er kirchlicher Berater der katholischen Institute für soziale Aktivitäten in Rom, 1948–1969 war er Professor am Päpstlichen *Athenaeum* des Laterans, welches später zur Päpstlichen Lateranuniversität erhoben wurde, 1969–1974 deren *Rector Magnificus*. 1951 wurde er zum päpstlichen Hausprälaten und 1962 zum Apostolischen Protonotar ernannt. Er nahm als Experte 1962–1965 am II. Vatikanischen Konzil teil und war 1963 federführend bei der Abfassung der Enzyklika „Pacem in terris" von Johannes XXIII. beteiligt. Er galt als einer der weltweit führenden Sozialwissenschaftler der katholischen Kirche.

Papst Johannes Paul II. kreierte ihn im Konsistorium vom 25. Mai 1985 zum Kardinaldiakon und verlieh ihm am gleichen Tag das rote Birett und die Kirche S. Francesco da Paola ai Monte als Titeldiakonie. Wegen seines fortgeschrittenen Alters wurde er von der Verpflichtung zum Empfang der Bischofsweihe dispensiert. Er war nie zur Papstwahl berechtigt, da er zum Zeitpunkt seiner Kreierung 81 Jahre alt war.

Er starb am 26. Dezember 1994 in Rom und wurde auf dem römischen Friedhof Campo Verano beigesetzt.

Martínez Somalo, Eduardo (1927)

Martínez Somalo wurde am 31. März 1927 in Baños de Río Tobía in der Region Rioja im Königreich Spanien geboren. Er studierte am Priesterseminar in Logroño und ging anschließend zu Studien nach Rom. Dort lebte er am Päpstlich-Spanischen Seminar und studierte an der Päpstlichen Universität Gregoriana, wo er mit den Lizentiaten in Theologie und kanonischem Recht abschloss.

Am 19. März 1950 wurde er in Rom von Erzbischof Traglia, dem Viceregente der Diözese Rom, zum Priester geweiht. Es folgte seelsorgerliche Arbeit und Mitarbeit an der Verwaltung der Diözese Calahorra. Er ging nach Rom zurück und studierte am Päpstlichen *Athenaeum* des Laterans und an der Päpstlichen Diplomatenakademie. Im August 1956 wurde er in kanonischem Recht promoviert und trat er in das Vatikanische Staatssekretariat ein. Bis 1960 war er Dozent der Päpstlichen Diplomatenakademie. 1960 wurde er zum päpstlichen Geheimkämmerer ernannt und war im Staatssekretariat Mitarbeiter der spanisch-sprachigen Abteilung, für die er ab 1963 der Verantwortliche war. Er begleitete Papst Paul VI. 1968 als Dolmetscher zum XXXIX. Internationalen Eucharistischen Kongress nach Bogotá, Kolumbien. 1970 wurde er zum päpstlichen Ehrenprälaten ernannt. Er war für kurze Zeit Nuntiaturrat in der Apostolischen Delegatur in Großbritannien und danach bis 1975 Assessor des Staatssekretariates.

Am 12. November 1975 wurde er zum Titularerzbischof von Tagora und Nuntius in Kolumbien ernannt. Die Bischofsweihe spendete ihm am 13. Dezember 1975 in der Petersbasilika des Vatikans Kardinalstaatssekretär Jean Villot. Er nahm an der III. Generalkonferenz des lateinamerikanischen Episkopates in Puebla in Mexiko teil. Am 5. Mai 1979 wurde er Substitut im Staatssekretariat.

Papst Johannes Paul II. kreierte ihn im Konsistorium vom 28. Juni 1988 zum Kardinaldiakon und verlieh ihm am gleichen Tag das rote Birett und die Kirche SS. Nome di Gesù als Titeldiakonie. Am 1. Juli 1988 wurde er zum Präfekten der Kongregation für den Gottesdienst und die Sakramentendisziplin ernannt. Am 21. Januar 1992 wurde er Präfekt der Kongregation für die Institute des geweihten Lebens und die Gemeinschaften des Apostolischen Lebens. Am 5. April 1993 wurde er zum Camerlengo *S.E.R.* ernannt. 1996 wurde er Kardinalprotodiakon. Am 9. Januar 1999 optierte er für die Klasse der Kardinalpriester und Erhebung seiner Diakonie zur Titelkirche. Am 11. Februar 2004 gab er nach Erreichen der Altersgrenze sein Amt als Präfekt der Kongregation für die Institute geweihten Lebens und für die Gesellschaften Apostolischen Lebens zurück. Als Camerlengo war er in der Sedisvakanz im April 2005 für die offizielle Feststellung des Todes von Papst Johannes Paul II. am 2. April 2005 sowie die Versiegelung der päpstlichen Privatgemächer und des Arbeitszimmers zuständig. Ebenso fiel ihm die Beisetzung des verstorbenen Papstes in den vatikanischen Grotten zu. Bis zur Wahl des neuen Papstes verwaltete er als Camerlengo die täglichen Amtsgeschäfte des Vatikans gemeinsam mit einem wechselnden Gremium von Kardinälen und war gemeinsam mit dem Kardinaldekan für die Organisation des Konklaves für die Neuwahl des Papstes zuständig. Er nahm an diesem Konklave im April 2005 teil, welches Papst Benedikt XVI. wählte. Am 31. März 2007 verlor er mit Erreichen des 80. Lebensjahres das Recht auf Teilnahme am Konklave und trat am 4. April 2007 vom Amt des Camerlengo aus Altersgründen zurück.

Silvestrini, Achille (1923)
Silvestrini wurde am 23. Oktober 1923 in Brisighella in der Provinz Ravenna im Königreich Italien, heute Republik Italien, geboren. Er besuchte das Priesterseminar von Faenza.

Am 13. Juli 1946 wurde er zum Priester geweiht. Es folgten weitere Studien an der Universität Bologna, wo er 1948 in Altphilologie promoviert wurde. Danach wurde er nach Rom an das Päpstliche *Athenaeum* des Laterans gesandt, wo er in beiderlei Rechten (*utriusque iuris*) promoviert wurde. 1952–1953 studierte er an der Päpstlichen Diplomatenakademie. Im Dezember 1953 trat er in die Kongregation für außerordentliche kirchliche Angelegenheiten im Staatssekretariat. Dort wurde er für die Angelegenheiten für Vietnam, China, Indonesien und ganz Südostasien beauftragt. 1957 wurde er päpstlicher Geheimkämmerer. 1958–1969 war er persönlicher Sekretär der Kardinalstaatssekretäre Domenico Tardini und Amleto Giovanni Cicognani. 1965 wurde er päpstlicher Hausprälat. 1969–1979 war er im Rat für die öffentlichen Angelegenheiten der Kirche in der Sektion für internationale Organisationen, Frieden und Abrüstung sowie Menschenrechte beauftragt. Er reiste 1971 mit Erzbischof Agostino Casaroli nach Moskau, um den Ächtungsvertrag für nukleare Waffen für den Heiligen Stuhl zu unterzeichnen. An den Beratungen in Helsinki 1972 nahm er als beigeordneter Delegierter des Heiligen Stuhles teil und begleitete alle Phasen des Prozesses bis zur Unterzeichnung 1977. Am 28. Juli 1973 wurde er Untersekretär des Rates für öffentliche Angelegenheiten der Kirche. Zusätzlich unterrichtete er an der Päpstlichen Diplomatenakademie.

Am 4. Mai 1979 wurde er zum Titularerzbischof von Novaliciana und Sekretär des Rates für die öffentlichen Angelegenheiten der Kirche ernannt. Die Bischofsweihe empfing er am 27. Mai 1979 in der Petersbasilika des Vatikans von Papst Johannes Paul II. 1979–1984 war er Delegationsleiter des Vatikans für die Revision der Lateranverträge mit der italienischen Regierung. In vielfältigen Missionen vertrat er den Vatikan, so in der Falkland-Krise 1982 und in Polen 1987.

Papst Johannes Paul II. kreierte ihn im Konsistorium vom 28. Juni 1988 zum Kardinaldiakon und verlieh ihm am gleichen Tag das rote Birett und die Kirche S. Benedetto fuori Porta S. Paolo als Titeldiakonie. Am 1. Juli 1988 wurde er zum Präfekten der Apostolischen Signatur ernannt. Am 24. Mai 1991 wurde er Präfekt der Kongregation für die Orientalischen Kirchen und Großkanzler des Päpstlichen Orientalischen Instituts. Er nahm in seiner aktiven Amtszeit an allen Bischofssynoden teil. Am 9. Januar 1999 optierte er für die Klasse der Kardinalpriester und Erhebung seiner Diakonie zur Titelkirche. Am 25. November 2000 verzichtete er auf die Leitung der Kongregation. Am 23. Oktober 2003 verlor er mit Erreichen des 80. Lebensjahres das Recht auf Teilnahme am Konklave.

Felici, Angelo (1919 – 2007)
Felici wurde am 26. Juli 1919 in Segni in der Provinz Rom in Latium im Königreich Italien, heute Republik Italien, geboren. 1934–1941 studierte er am Collegium Leoninum in Anagni.

Am 4. April 1942 wurde er zum Priester geweiht. Anschließend bereitete er sich bis 1945 auf den diplomatischen Dienst an der Päpstlichen Diplomatenakademie in Rom vor und studierte am Päpstlichen *Athenaeum* des Laterans und an der Päpstlichen Universität Gregoriana in Rom, wo er in kanonischem Recht promoviert wurde. 1945 trat er in die Kongregation für außerordentliche Angelegenheiten der Kirche im vatikanischen Staatssekretariat ein. 1949 wurde er päpstlicher Geheimkämmerer. Neben seinen Aufgaben im Staatssekretariat wirkte er auch als Dozent an der päpstlichen Diplomatenakademie in Rom. Am 7. Februar 1964 wurde er zum Untersekretär der Kongregation für die außerordentlichen Angelegenheiten der Kirche ernannt. 1967 sandte ihn Papst Paul VI. zu Vermittlungsgesprächen nach dem Sechs-Tage Krieg zwischen Israelis und Arabern nach Jerusalem.

Am 22. Juli 1967 wurde er zum Titularerzbischof von Caesariana und Pro-Nuntius in den Niederlanden ernannt. Die Bischofsweihe empfing er am 24. September 1967 in der

Petersbasilika des Vatikans von Kardinalstaatssekretär Amleto Giovanni Cicognani. Am 13. Mai 1976 wurde er Nuntius in Portugal, am 27. August 1979 Nuntius in Frankreich.

Papst Johannes Paul II. kreierte ihn im Konsistorium vom 28. Juni 1988 zum Kardinaldiakon und verlieh ihm am gleichen Tag das rote Birett und die Kirche SS. Biagio e Carlo ai Catinari als Titeldiakonie. Am 1. Juli 1988 wurde er zum Präfekten der Kongregation für die Heiligsprechungen ernannt. Er nahm während seiner Amtszeit an allen Bischofssynoden teil. Am 13. Juni 1995 verzichtete er auf die Leitung seiner Kongregation und wurde am 16. Dezember 1995 zum Präsidenten der Päpstlichen Kommission *Ecclesia Dei* ernannt. Am 9. Januar 1999 optierte er für die Klasse der Kardinalpriester und Erhebung seiner Diakonie zur Titelkirche. Am 26. Juli 2006 verlor er mit Erreichen des 80. Lebensjahres das Recht auf Teilnahme am Konklave. Am 14. April 2000 verzichtete er auf die Präsidentschaft der Päpstlichen Kommission *Ecclesia Dei*.

Er starb am 17. Juni 2007 in Rom und wurde in Segni beigesetzt.

Gregoire, Paul (1911 – 1993)
Gregoire wurde am 24. Oktober 1911 in Verdun in der Provinz Montréal, Kanada, geboren. Er studierte am Priesterseminar von Montréal und schloss dort mit dem Lizentiat in Theologie ab. Außerdem erwarb er ein Lizentiat in Literatur und ein Diplom in Erziehungswissenschaften an der Universität Montréal.

Am 22. Mai 1937 wurde er in Montréal zum Priester geweiht. Es folgten weitere Studien an der Universität Montréal und der Erwerb von Doktoraten in Philosophie und Geschichtswissenschaften. 1942 – 1950 war er Direktor des Knabenseminars St. Therese in Blanville und gleichzeitig 1944 – 1950 Lehrer an der Schule und am pädagogischen Institut. 1950 – 1961 war er Studentenseelsorger in Montréal.

Am 26. Oktober 1961 wurde er zum Titularbischof von Curubi und Weihbischof in Montréal ernannt. Die Bischofsweihe empfing er am 27. Dezember 1961 in Montréal von Kardinal Paul-Emile Léger P.S.S., dem Erzbischof von Montréal. Er war Generalvikar von Montréal und 1967 Apostolischer Administrator der Erzdiözese. Am 20. April 1968 wurde er zum Erzbischof von Montréal ernannt.

Papst Johannes Paul II. kreierte ihn im Konsistorium vom 28. Juni 1988 zum Kardinalpriester und verlieh ihm am gleichen Tag das rote Birett und die Titelkirche Nostra Signora del Ss. Sacramento e Ss. Martiri Canadesi. Am 17. März 1990 verzichtete er aus Altersgründen auf die Leitung der Erzdiözese. Am 24. Oktober 1991 verlor er mit Erreichen des 80. Lebensjahres das Recht auf Teilnahme am Konklave.

Er starb am 30. Oktober 1993 in Montréal und wurde in der Bischofsgruft der Kathedrale zu Montréal beigesetzt.

Padiyara, Antony (1921 – 2000)
Padiyara wurde am 11. Februar 1921 in Manimala im Bundesstaat Kerala in Britisch-Indien, heute Republik Indien, geboren. Er studierte am St. Peter's Regional Seminary

in Bangalore, trat vom syro-malabarischen zum lateinischen Ritus über und wurde in die Diözese Coimbatore inkardiniert.

Am 19. Dezember 1945 wurde er zum Priester geweiht. 1946–1952 wirkte er in der Seelsorge der Diözese Coimbatore. 1952–1955 war er Rektor des Knabenseminars der Diözese und Dozent am St. Peter's Regional Seminary in Bangalore.

Am 3. Juli 1955 wurde er zum lateinischen Bischof von Ootacamund ernannt. Die Bischofsweihe empfing er am 16. Oktober 1955 von Bischof René Feuga von Mysore. 1962–1965 nahm er am II. Vatikanischen Konzil teil. 1970 kehrte er zum syro-malabarischen Ritus zurück und wurde am 14. Juni 1970 zum Erzbischof der syro-malabarischen Erzdiözese Changanacherry ernannt. Er nahm an zahlreichen Bischofssynoden teil. Am 23. April 1985 wurde er zum Metropoliten und Erzbischof der syro-malabarischen Erzdiözese Ernakulam ernannt. Er war zeitweise stellvertretender Vorsitzender der Bischofskonferenz Indiens und Vorsitzender der syro-malabarischen Bischofskonferenz. Darüber hinaus war er Apostolischer Visitator für die Syromalabaren außerhalb Keralas.

Papst Johannes Paul II. kreierte ihn im Konsistorium vom 28. Juni 1988 zum Kardinalpriester und verlieh ihm am gleichen Tag das rote Birett und die Titelkirche S. Maria „Regina Pacis". Als Kardinal nahm er an den Bischofssynoden von 1990 und 1994 teil. Am 16. Dezember 1992 wurde er zum ersten syro-malabarischen Großerzbischof von Ernakulam-Angamaly und damit zum Oberhaupt seiner Kirche ernannt. Am 11. November 1996 verzichtete er auf das Amt des Großerzbischofs.

Er starb am 23. März 2000 in dem Zentrum für Naturheilkunde und Yoga in der Nähe Ernakulams, welches von ihm gegründet wurde. Er wurde in der St. Marienkathedrale in Ernakulam beigesetzt.

Falcao, Jose Freire (1925)

Falcao wurde am 23. Oktober 1925 in Erere im Bundesstaat Ceará, Brasilien, geboren. Er studierte am Priesterseminar von Prainha im Bundestaat Fortaleza.

Am 19. Juni 1949 wurde er in Limoeiro do Norte zum Priester geweiht. 1949–1967 wirkte er in der Seelsorge der Diözese Limoeiro do Norte, als stellvertretender Direktor des bischöflichen Gymnasiums und als Lehrer am Knabenseminar und anderen Erziehungsanstalten sowie als Spiritual der Katholischen Aktion.

Am 24. April 1967 wurde er zum Titularbischof von Vardimissa und Koadjutor *c.i.s.* von Limoeiro do Norte ernannt. Die Bischofsweihe empfing er am 17. Juni 1967 von Erzbischof José de Medeiros Delgado von Fortaleza. Am 19. August 1967 wurde er Bischof von Limoeiro do Norte. 1968 nahm er an der II. Generalkonferenz des lateinamerikanischen Episkopates in Medellín, Kolumbien, teil. Am 25. November 1971 wurde er Erzbischof von Teresina. 1979 nahm er an der III. Generalkonferenz des lateinamerikanischen Episkopates in Puebla, Mexiko, teil. Am 15. Februar 1984 wurde er Erzbischof von Brasília.

Papst Johannes Paul II. kreierte ihn im Konsistorium vom 28. Juni 1988 zum Kardinalpriester und verlieh ihm am gleichen Tag das rote Birett und die Titelkirche

S. Luca a Via Prenestina. Er nahm an den Bischofssynoden von 1983, 1990 und 1997 teil und 1992 an der IV. Generalkonferenz des lateinamerikanischen Episkopates in Santo Domingo, Dominikanische Republik. Am 28. Januar 2004 trat er von seinem Amt als Erzbischof von Brasilia aus Altersgründen zurück. Im April 2005 nahm er am Konklave teil, welches Papst Benedikt XVI. wählte. Am 23. Oktober 2005 verlor er mit Erreichen des 80. Lebensjahres das Recht auf Teilnahme am Konklave.

Giordano, Michele (1930 – 2010)

Giordano wurde am 26. September 1930 in S. Arcangelo in der Provinz Potenza im Königreich Italien, heute Republik Italien, geboren. Er studierte am Päpstlichen Regionalseminar in Salerno und am päpstlichen überregionalen Seminar von Posillipo.

Am 5. Juli 1953 wurde er zum Priester geweiht. 1953 – 1971 wirkte er in der Seelsorge der Diözese Anglona-Tursi, als Direktor eines Zentrums für soziale Studien, als Diözesanassistent für die Katholische Aktion und als Religionslehrer und zuletzt als Generalvikar der Diözese. 1968 wurde er zum päpstlichen Ehrenkaplan ernannt.

Am 23. Dezember 1971 wurde er zum Titularbischof von Lari Castello und Weihbischof in Matera ernannt. Die Bischofsweihe empfing er am 5. Februar 1972 von Erzbischof Giacomo Palombella von Matera e Irsina. Am 12. Juni 1974 wurde er zum Erzbischof von Matera e Irsina ernannt, am 9. Mai 1987 zum Erzbischof von Neapel. 1987 wurde er Vorsitzender der Bischofskonferenz der Region Campania in Italien.

Papst Johannes Paul II. kreierte ihn im Konsistorium vom 28. Juni 1988 zum Kardinalpriester und verlieh ihm am gleichen Tag das rote Birett und die Titelkirche S. Gioacchino ai Prati di Castello. 2002 wurde er zu vier Monaten Haft auf Bewährung verurteilt, weil er gegen das italienische Baurecht verstoßen hatte. Ermittlungen wegen Zinswucher und Steuervergehen wurden hingegen eingestellt. Er nahm im April 2005 am Konklave teil, welches Papst Benedikt XVI. wählte. Am 20. Mai 2006 legte er das Amt des Erzbischofs von Neapel nieder. Am 26. September 2010 verlor er mit Erreichen des 80. Lebensjahres das Recht auf Teilnahme am Konklave.

Er starb am 2. Dezember 2010 in Neapel und wurde in der Basilika dell'Incoronata Madre del Buon Consiglio in Capodimonte beigesetzt.

Santos O.F.M., Alexandre José María dos (1924)

Santos wurde am 18. März 1924 in Zavala, in der portugiesischen Kolonie Portugiesisch-Afrika, heute Mozambique geboren. Er studierte am Priesterseminar der Afrikamissionare in Nyassaland, Malawi, und am Franziskanerseminar von Varatojo in Lissabon, Portugal. Er trat in den Franziskanerorden ein und legte die einfache Profess 1948 und die feierliche Profess 1951 ab.

Am 25. Juni 1953 wurde er in Lissabon zum Priester geweiht. 1954 – 1972 übernahm er seelsorgliche Aufgaben in den Franziskanermissionen in Inhabane. Er war zeitweilig Mitglied der Provinzleitung der Franziskanerprovinz von Mozambique und 1972 – 1974 Rektor des Knabenseminars von Vila Pery (Chimoio).

Am 23. Dezember 1974 wurde er zum Erzbischof von Maputo ernannt. Die Bischofsweihe empfing er am 9. März 1975 vom Präfekten der Kongregation für die Evangelisierung der Völker, Kardinal Agnelo Rossi.

Papst Johannes Paul II. kreierte ihn im Konsistorium vom 28. Juni 1988 zum Kardinalpriester und verlieh ihm am gleichen Tag das rote Birett und die Titelkirche S. Frumenzio ai Prati Fiscali. Er nahm an der Sonderbischofssynode für Afrika 1994 teil. Am 22. Februar 2003 trat er aus Altersgründen vom Amt des Erzbischofs von Maputo zurück. Am 18. März 2004 verlor er mit Erreichen des 80. Lebensjahres das Recht auf Teilnahme am Konklave.

Canestri, Giovanni (1918)
Canestri wurde am 30. September 1918 in Castelspina, Provinz Alessandria in Piemont im Königreich Italien, heute Republik Italien, geboren. Er studierte am Päpstlich-Römischen Seminar in Rom.

Am 12. April 1941 wurde er in Rom zum Priester geweiht. Er arbeitete in der Seelsorge der Diözese Rom und absolvierte weitere Studien am Päpstlichen *Athenaeum* des Laterans, wo er in kanonischem Recht promoviert wurde. Er studierte weiter Rechtswissenschaften an der staatlichen Universität La Sapienza und wurde in Rechtswissenschaften promoviert. 1959–1961 war er Regens des Päpstlich-Römischen Seminars.

Am 8. Juli 1961 wurde er zum Titularbischof von Tenedus und Weihbischof des Bistums Rom ernannt. Die Bischofsweihe empfing er am 30. Juli 1961 in Rom durch Kardinal Luigi Traglia, den Kardinal-Pro-Generalvikar des Papstes für die Diözese Rom. Am 7. Januar 1971 wurde er zum Bischof von Tortona ernannt, am 8. Februar 1975 zum Titularbischof von Monterano mit dem persönlichen Titel eines Erzbischofs und Viceregente von Rom. Am 22. März 1984 wurde er Erzbischof von Cagliari und am 6. Juli 1987 Erzbischof von Genua.

Papst Johannes Paul II. kreierte ihn im Konsistorium vom 28. Juni 1988 zum Kardinalpriester und verlieh ihm am gleichen Tag das rote Birett und die Titelkirche S. Andrea della Valle. Am 20. April 1995 trat er aus Altersgründen vom Amt des Erzbischofs von Genua zurück. Am 30. September 1998 verlor er mit Erreichen des 80. Lebensjahres das Recht auf Teilnahme am Konklave.

Javierre Ortas S.D.B., Antonio María (1921–2007)
Javierre Ortas wurde am 21. Februar 1921 in Sietamo in der Provinz Huesca im Königreich Spanien geboren. Nach dem Eintritt in den Orden der Salesianer Don Boscos legte er 1940 die Profess ab. Danach absolvierte er das Grundstudium in den salesianischen Studienhäusern in Huesca, Saragossa und Barcelona und studierte Philosophie in Gerona, Barcelona und Salamanca. Das Theologiestudium absolvierte er in Salamanca, Rom und Louvain, wo er in Theologie promoviert wurde.

Am 24. April 1949 wurde er zum Priester geweiht. Er war 1951–1965 Dozent am Päpstlich-Salesianischen *Athenaeum* in Turin und anschließend bis 1976 an der Päpstlichen Salesianeruniversität in Rom. 1969–1971 war er Dekan der fundamentaltheologischen Fakultät und 1971–1979 *Rector Magnificus* der Universität. 1962–1965 nahm er als Berater des spanischen Episkopates am II. Vatikanischen Konzil teil. Er nahm an zahlreichen theologischen Kongressen teil und war Mitbegründer und Generalsekretär des Symposions für Fundamentaltheologie in Louvain und Gazzada. Er arbeitete viele Jahre als Konsultor beim Sekretariat für die Einheit der Christen. Er nahm als Mitglied an mehreren Treffen des Weltrats der Kirchen teil wo er drei Jahre römisch-katholischer Vertreter der Kommission Faith and Order war.

Am 20. Mai 1976 wurde er zum Titularerzbischof von Meta und Sekretär der Kongregation für das katholische Bildungswesen ernannt. Die Bischofsweihe empfing er am 29. Juni in Huesca von Kardinal Vicente Enrique y Tarancón, dem Erzbischof von Madrid.

Papst Johannes Paul II. kreierte ihn im Konsistorium vom 28. Juni 1988 zum Kardinaldiakon und verlieh ihm am gleichen Tag das rote Birett und die Kirche S. Maria Liberatrice a Monte Testaccio als Titeldiakonie. Am 1. Juli 1988 wurde er zum Bibliothekar und Archivar *S.E.R.* ernannt, am 24. Januar 1992 zum Präfekten der Kongregation für den Gottesdienst und die Sakramentendisziplin. Am 21. Juni 1996 trat er aus Altersgründen von der Leitung der Kongregation zurück. Am 9. Januar 1999 optierte er für die Klasse der Kardinalpriester und die Erhebung seiner Diakonie. Am 21. Februar 2001 verlor er mit Erreichen des 80. Lebensjahres das Recht auf Teilnahme am Konklave.

Er starb am 1. Februar 2007 und wurde in der Gruft der Salesianer in der Calixtus-Katakombe in Rom beigesetzt.

Pimenta, Simon Ignatius (1920–2013)
Pimenta wurde am 1. März 1920 in Marol in British-Indien, heute im Bundesstaat Maharashtra in der Republik Indien, geboren. Er studierte zunächst an der staatlichen Universität Bombay und dann am St. Pius X. College Seminar in Bombay.

Am 21. Dezember 1940 wurde er zum Priester geweiht. Es folgten bis 1954 verschiedene seelsorgerliche Einsätze und ein Promotionsstudium am Päpstlichen *Athenaeum Urbaniana* der Kongregation *Propaganda Fide* in Rom, wo er in Kirchenrecht promoviert wurde. 1954–1971 arbeitete er in Bombay zunächst als Sekretär des Erzbischofs, weiter als Pfarrer der Kathedralpfarrei, als Vizekanzler und Ehebandsverteidiger, als Dozent am Priesterseminar, Bischofsvikar für die Aus- und Weiterbildung des jungen Klerus und für die Liturgie sowie als Regens des Priesterseminars St. Pius X. 1964 wurde er päpstlicher Geheimkämmerer.

Am 5. Juni 1971 wurde er zum Titularbischof von Bocconia und Weihbischof in Bombay ernannt. Die Bischofsweihe empfing er am 29. Juni 1971 in Bombay von Kardinal Valerian Gracias, dem Erzbischof von Bombay. Am 10. April 1976 wurde er zum Erzbischof von Bombay ernannt. Die Ernennung wurde suspendiert wegen des

Konflikts mit der indischen Regierung bezüglich kirchlicher Ernennungen. Stattdessen erfolgte am 26. Februar 1977 die Ernennung zum Erzbischofkoadjutor *c.i.s.* von Bombay. Am 11. September 1978 wurde er Erzbischof von Bombay. 1979–1988 war er Vorsitzender der gesamt-indischen Bischofskonferenz.

Papst Johannes Paul II. kreierte ihn im Konsistorium vom 28. Juni 1988 zum Kardinalpriester und verlieh ihm am gleichen Tag das rote Birett und die Titelkirche S. Maria Regina Mundi a Torre Spaccata. Im März 1994 wurde er zum Vorsitzenden der indischen Bischofskonferenz des lateinischen Ritus gewählt. Am 8. November 1996 verzichtete er auf die Leitung der Erzdiözese aus Altersgründen. Am 1. März 2000 verlor er mit Erreichen des 80. Lebensjahres das Recht auf Teilnahme am Konklave.

Er starb am 19. Juli 2013 in Bandra bei Mumbai und wurde in der Kirche seines Heimatortes Marol im Bundesstaat Maharashtra beigesetzt.

Revollo Bravo, Mario (1919–1995)

Revollo Bravo wurde am 19. Juni 1919 in Genua im Königreich Italien, heute Republik Italien, geboren, wo sein Vater kolumbianischer Konsul war. Er studierte am Priesterseminar von Bogotá Philosophie und setzte ab 1938 sein Studium der Theologie als Seminarist des lateinamerikanischen Seminars in Rom an der Päpstlichen Universtät Gregoriana fort.

Am 31. Oktober 1943 wurde er in Rom für die Erzdiözese Bogotá zum Priester geweiht. Er setzte sein Studium in Rom bis 1948 fort und schloss es mit einem Lizentiat in Bibelwissenschaften am Päpstlichen Bibelinstitut ab.

Nach Bogotá zurückgekehrt, war er 1948–1967 in der Schülerseelsorge tätig. 1948–1960 und 1963–1964 war er Dozent am Priesterseminar und arbeitete 1967–1970 in der Seelsorge. 1965 war er erzbischöflicher Beauftragter für Erziehung und Katechese geworden. Weiter engagierte er sich 1949–1966 in der Pressearbeit. 1968 war er für die Pressearbeit des XXXIX. Internationalen Eucharistischen Kongresses und des Papstbesuches in Bogotá verantwortlich.

Am 13. November 1973 wurde er zum Titularbischof von Thinisa in Numidia und Weihbischof in Bogotá ernannt. Die Bischofsweihe empfing er am 2. Dezember 1973 in Bogotá von Kardinal Aníbal Muñoz Duque, dem Erzbischof von Bogotá. 1973–1978 war er als Generalvikar für die pastorale Planung zuständig. Am 28. Februar 1978 wurde er zum Erzbischof von Nueva Pamplona ernannt und war 1978–1984 Vorsitzender der kolumbianischen Bischofskonferenz. Er nahm an mehreren römischen Bischofssynoden dieser Jahre teil. 1979 nahm er an der III. Generalkonferenz des lateinamerikanischen Episkopates in Puebla, Mexiko, teil. Am 25. Juni 1984 wurde er zum Erzbischof von Bogotá ernannt. 1984/1985 war er auch Militärbischof von Kolumbien.

Papst Johannes Paul II. kreierte ihn im Konsistorium vom 28. Juni 1988 zum Kardinalpriester und verlieh ihm am gleichen Tag das rote Birett und die Titelkirche S. Bartolomeo all'Isola. 1992 nahm er an der IV. Generalkonferenz des lateinamerikanischen Episkopates in Santo Domingo in der Dominikanischen Republik teil. Am 27. Dezember 1994 verzichtete er aus Altersgründen auf die Leitung der Erzdiözese.

Er starb am 3. November 1995 in Bogotá und wurde in der Kathedrale von Bogotá beigesetzt.

Clancy, Edward Bede (1923)

Clancy wurde am 13. Dezember 1923 in Lithgow, Provinz New South Wales in Australien, geboren. Er studierte am St. Patrick's College in Manly.

Am 23. Juli 1949 wurde er zum Priester geweiht. Er übernahm bis 1952 zunächst seelsorgerliche Aufgaben in der Erzdiözese Sydney und ging anschließend nach Rom, wo er 1955 am Päpstlichen *Athenaeum Urbaniana* der Kongregation *Propaganda Fide* in Theologie promoviert wurde. Nach seiner Rückkehr wirkte er 1955–1958 in der Seelsorge der Erzdiözese Sydney und anschließend bis 1961 als Lehrer am St. Columban College Seminary. 1961 ging er erneut zum Aufbaustudium nach Rom, wo er 1963 am Päpstlichen Bibelinstitut ein Lizentiat in Bibelwissenschaften erwarb. Danach war er bis 1973 Studentenseelsorger an der Universität von Sydney und Professor für biblische Theologie am St. Patrick's College in Manly.

Am 25. Oktober 1973 wurde er zum Titularbischof von Ard Carna und Weihbischof in Sydney ernannt. Die Bischofsweihe empfing er am 19. Januar 1974 in Sydney von Kardinal James Darcy Freeman, dem Erzbischof von Sydney. Am 24. November 1978 wurde er Erzbischof von Canberra, am 12. Februar 1983 Erzbischof von Sydney. 1986 wurde er Vorsitzender der australischen Bischofskonferenz.

Papst Johannes Paul II. kreierte ihn im Konsistorium vom 28. Juni 1988 zum Kardinalpriester und verlieh ihm am gleichen Tag das rote Birett und die Titelkirche S. Maria in Vallicella. Er nahm in seiner aktiven Amtszeit an den Bischofssynoden von 1987, 1990, 1994 als delegierter Präsident und 1998 in Rom teil und war mehrfach Mitglied des Generalsekretariates der Bischofssynode.

Am 26. März 2001 legte er aus Altersgründen die Leitung des Erzbistums Sydney nieder. Am 13. Dezember 2003 verlor er mit Erreichen des 80. Lebensjahres das Recht auf Teilnahme am Konklave.

Neves O.P., Lucas Moreira (1925–2002)

Neves wurde am 16. September 1925 in São João del Rey, Bundesstaat Minas Gerais in Brasilien, in einer afrobrasilianischen Familie geboren. Nach dem Besuch des Knabenseminars in Mariana trat er in den Dominikanerorden ein und legte im März 1945 seine feierlichen Gelübde ab. Anschließend studierte er Philosophie bei den Dominikanern in São Paulo und ging dann zum Theologiestudium an die von Dominikanern geführte theologische Schule St. Maximin in Var in der Diözese Frejus-Toulon in Frankreich.

Am 9. Juli 1950 wurde er in St. Maximin in Var zum Priester geweiht. Dort setzte er bis 1952 seine Studien fort und kehrte dann nach Brasilien zurück. Bis 1953 war er stellvertretender Magister für die Novizen und Studenten seines Ordens, Subprior des

Konventes in São Paulo und Studentenseelsorger. 1954–1962 war er Redakteur eines Journals in Rio de Janeiro und bis 1959 Studentenseelsorger in Rio de Janeiro. Er wurde Seelsorger der christlichen Familienbewegung und arbeitete bis 1967 als Seelsorger für Intellektuelle und Künstler, besonders für Theaterschaffende, in Rio de Janeiro und São Paulo; 1966–1967 war er Mitarbeiter der brasilianischen Bischofskonferenz.

Am 9. Juni 1967 wurde er zum Titularbischof von Feradi Maius und Weihbischof in São Paulo ernannt. Die Bischofsweihe spendete ihm am 26. August 1967 in São João del Rey der Erzbischof von São Paulo, Kardinal Agnelo Rossi. Er nahm in der Folge an den Generalkonferenzen des lateinamerikanischen Episkopates in Medellin 1968, Puebla 1979 und Santo Domingo 1992 teil. Am 7. März 1974 wurde er als Vizepräsident des Rates für die Laien an die Römische Kurie berufen. Am 15. November 1979 wurde er dort zum Sekretär der Kongregation für die Bischöfe und Sekretär des Kardinalskollegiums ernannt und in den Rang eines Erzbischofs erhoben. Am 3. Januar 1987 erhielt er das Titularerzbistum Vescovio, und am 9. Juli 1987 wurde er Erzbischof von São Salvador da Bahia und Primas von Brasilien.

Papst Johannes Paul II. kreierte ihn im Konsistorium vom 28. Juni 1988 zum Kardinalpriester und verlieh ihm am gleichen Tag das rote Birett und die Titelkirche SS. Bonifacio ed Alessio. Er war Generalrelator der Bischofssynode von 1990 und nahm an den Bischofssynoden von 1994, 1997 und 1999 teil. Er war Mitglied des Generalsekretariates der Bischofssynode. 1995–1998 war er Vorsitzender der brasilianischen Bischofskonferenz. Am 25. Juni 1998 wurde er zum Präfekten der Kongregation für die Bischöfe und zum Präsidenten der Päpstlichen Kommission für Lateinamerika ernannt und legte er die Leitung seiner Erzdiözese nieder. Am gleichen Tag wurde er auch zum Kardinaltitularbischof der suburbikarischen Diözese Sabina-Poggio Mirteto, unter Beibehaltung seiner Titelkirche SS. Bonifacio ed Alessio *in commendam* ernannt. Schwer erkrankt, verzichtete er am 16. September 2000 auf seine kurialen Ämter.

Er starb am 8. September 2002 in Rom und wurde in der Kathedrale von São Salvador da Bahia in Brasilien beigesetzt.

Hickey, James Aloysius (1920–2004)

Hickey wurde am 11. Oktober 1920 in Midland im Bundesstaat Michigan, USA, geboren. Er studierte am Seminary College in Detroit und an der Katholischen Universität Amerikas in Washington.

Am 15. Juni 1946 wurde er in Saginaw zum Priester geweiht. Er wirkte zunächst in der Seelsorge an spanischen Immigranten, bevor er 1947–1951 zu Promotionsstudien nach Rom ging. Dort wurde er in kanonischem Recht am Päpstlichen *Athenaeum* des Laterans und in Theologie am Päpstlichen *Athenaeum* St. Thomas v. Aquin (*Angelicum*) promoviert. Nach Saginaw zurückgekehrt, arbeitete er 1957–1966 in der Pastoral und als bischöflicher Sekretär. Er war Gründer und Rektor des St. Paul Seminars und nahm am II. Vatikanischen Konzil 1962–1965 als Experte und Assistent seines Bischofs teil. 1963 wurde er päpstlicher Hausprälat.

Am 18. Februar 1967 wurde er zum Titularbischof von Taraqua und Weihbischof in Saginaw ernannt. Die Bischofsweihe empfing er am 14. April 1967 in Saginaw von Erzbischof John Francis Dearden von Detroit. Im März 1969 wurde er zum Rektor des nordamerikanischen Kollegs in Rom ernannt. Am 31. Mai 1974 wurde er Bischof von Cleveland, am 17. Juni 1980 Erzbischof von Washington.

Papst Johannes Paul II. kreierte ihn im Konsistorium vom 28. Juni 1988 zum Kardinalpriester und verlieh ihm am gleichen Tag das rote Birett und die Titelkirche S. Maria Madre del Redentore a Tor Bella Monaca. Er nahm an den Bischofssynoden 1990, 1994 und 1997 teil.

Am 11. Oktober 2000 verlor er mit Erreichen des 80. Lebensjahres das Recht auf Teilnahme am Konklave und legte am 21. November 2000 die Leitung der Erzdiözese aus Altersgründen nieder.

Er starb am 24. Oktober 2004 und wurde in der Kathedrale von Washington beigesetzt.

Szoka, Edmund Casimir (1927)

Szoka wurde am 14. September 1927 in Grand Rapids im Bundesstaat Michigan, USA, als Sohn polnischer Eltern geboren. Er studierte am St. Paul's Seminary in Grand Rapids und am Sacred Heart Seminary in Detroit.

Am 5. Juni 1954 wurde er in Marquette zum Priester geweiht. Anschließend wurde er Sekretär des Bischofs von Marquette. 1956 wirkte er als Kaplan der Luftwaffe und ging 1957 zu weiteren Studien nach Rom. Dort erwarb er 1959 am Päpstlichen *Athenaeum Urbaniana* der Kongregation *Propaganda Fide* ein Lizentiat in kanonischem Recht. Nach seiner Rückkehr war er bis 1971 Offizial des Diözesangerichtes. Er arbeitete in der bischöflichen Verwaltung und in der Seelsorge und wurde 1968 Bischofsvikar für die Orden und Generalvikar der Diözese Marquette.

Am 11. Juni 1971 wurde er zum Bischof von Gaylord ernannt. Die Bischofsweihe empfing er am 20. Juli 1971 in Gaylord von Kardinal John Francis Dearden, dem Erzbischof von Detroit. Am 21. März 1981 wurde er zum Erzbischof von Detroit ernannt.

Papst Johannes Paul II. kreierte ihn im Konsistorium vom 28. Juni 1988 zum Kardinalpriester und verlieh ihm am gleichen Tag das rote Birett und die Titelkirche SS. Andrea e Gregorio al Monte Celio. Am 22. Januar 1990 wurde er zum Präsidenten der Präfektur für die ökonomischen Angelegenheiten des Heiligen Stuhls ernannt und legte am 28. April 1990 sein Amt als Erzbischof von Detroit nieder. Am 15. Oktober 1997 wurde er zum Präsidenten der Päpstlichen Kommission für den Staat Vatikanstadt und am 22. Februar 2001 zum Präsidenten des Gouvernorats der Vatikanstadt ernannt. Im April 2005 nahm er am Konklave teil, welches Papst Benedikt XVI. wählte. Er wurde vom neuen Papst in seinen Ämtern bestätigt. Am 15. September 2006 trat er von seinen Ämtern aus Altersgründen zurück. Am 14. September 2007 verlor er mit Erreichen des 80. Lebensjahres das Recht auf Teilnahme am Konklave.

Paskai O.F.M., Laszlo (1927)

Paskai wurde am 8. Mai 1927 als Sohn von aus dem Judentum zum Christentum konvertierten Eltern, die später Holocaustopfer wurden, in Szeged in der Republik Ungarn geboren. Er trat nach der Schulzeit in den Franziskanerorden ein und studierte an der Franziskanerschule in Gyongyos und am Zentralseminar in Budapest.

Am 3. März 1951 wurde er zum Priester geweiht. Anschließend arbeitete er bis 1952 in der Seelsorge der Diözese Nagyvarad, bevor er zu weiteren Studien nach Budapest an die Theologische Akademie ging und dort in Theologie promoviert wurde. In Szeged war er bis 1955 bischöflicher Zeremoniar. 1955–1962 war er dort Dozent und Bibliothekar am Priesterseminar und betreute 1962–1965 als Spiritual die Priesteramtskandidaten des Seminars von Szeged, 1965–1973 nahm er die gleiche Aufgabe am Priesterseminar von Budapest wahr und war anschließend bis 1978 dort Regens.

Am 2. März 1978 wurde er zum Titularbischof von Bavagaliana und zum Apostolischen Administrator von Veszprem ernannt. Die Bischofsweihe spendete ihm am 5. April 1978 Kardinal Laszlo Lekai, der Erzbischof von Esztergom und Primas von Ungarn. Am 31. März 1979 wurde er Bischof von Veszprem. Am 5. April 1982 wurde er Koadjutorerzbischof von Kalocsa. 1986–1989 war er Vorsitzender der ungarischen Bischofskonferenz. Am 3. März 1987 wurde er Erzbischof von Esztergom und Primas von Ungarn.

Papst Johannes Paul II. kreierte ihn im Konsistorium vom 28. Juni 1988 zum Kardinalpriester und verlieh ihm am gleichen Tag das rote Birett und die Titelkirche S. Teresa al Corso d'Italia. Als sich am 31. Mai 1993 der Name seines Erzbistums änderte, wurde er zum Erzbischof von Esztergom-Budapest ernannt. Er nahm an den Bischofssynoden von 1983, 1987, 1994, 1999 und 2001 teil. Am 7. Dezember 2002 legte er die Leitung des Erzbistums aus Altersgründen nieder. Im April 2005 nahm er am Konklave teil, welches Papst Benedikt XVI. wählte. Am 8. Mai 2007 verlor er mit Erreichen des 80. Lebensjahres das Recht auf Teilnahme am Konklave.

Tumi, Christian Wiyghan (1930)

Tumi wurde am 15. Oktober 1930 in Kikaikelaki im damals französisch verwalteten Teil des heutigen Kameruns geboren. Er machte zunächst eine Ausbildung als Lehrer und studierte später an den Priesterseminaren in Ibadan in Bodija und in Enugu in Nigeria.

Am 17. April 1966 wurde er in Soppo in der Diözese Bouéa in Kamerun zum Priester geweiht. Er wirkte zunächst in der Seelsorge der Diözese Kumbo in Kamerun und war bis 1969 Lehrer am Knabenseminar in Soppo-Bouéa. Dann wurde er 1969 zunächst an die theologische Fakultät von Lyon in Frankreich gesandt und anschließend an die Katholische Universität Fribourg in der Schweiz, wo er zum Dr. phil. promoviert wurde. Nach der Rückkehr nach Kamerun wirkte er 1973–1979 als Regens des Priesterseminars von Bambui und in der Seelsorge der Erzdiözese Bamenda und war dort Vorsitzender des Priesterrates.

Am 6. Dezember 1979 wurde er zum Bischof von Yagoua in Kamerun ernannt und am 6. Januar 1980 in der Petersbasilika des Vatikans von Papst Johannes Paul II. zum Bischof geweiht. Am 19. November 1982 wurde er zum Koadjutor-Erzbischof *c.i.s.* von

Garoua ernannt, am 17. März 1984 wurde er Erzbischof von Garoua. 1985–1991 war er Vorsitzender der Bischofskonferenz von Kamerun und Vorsitzender der Vereinigung der Bischofskonferenzen von Zentralafrika. Als Apostolischer Visitator visitierte er die Priesterseminare in Malawi und Sambia.

Papst Johannes Paul II. kreierte ihn im Konsistorium vom 28. Juni 1988 zum Kardinalpriester und verlieh ihm am gleichen Tag das rote Birett und die Titelkirche SS. Martiri dell'Uganda a Poggio Ameno. Er nahm an den Bischofssynoden von 1985, 1990 als delegierter Präsident, 1994 und 1997 als delegierter Präsident teil und war Mitglied des Generalsekretariates der Bischofssynode. Am 31. August 1991 wurde er Erzbischof von Douala. Er nahm am Konklave von April 2005 teil, welches Papst Benedikt XVI. wählte. Am 17. November 2009 legte er die Leitung seines Erzbistums aus Altersgründen nieder. Am 15. Oktober 2010 verlor er mit Erreichen des 80. Lebensjahres das Recht auf Teilnahme am Konklave.

Groer O.S.B., Hans Hermann (1919–2003)

Groer wurde am 13. Oktober 1919 in Wien in der Republik Österreich geboren. Er hatte deutsche Eltern, die bis 1939 die tschechoslowakische Staatsbürgerschaft hatten. Er studierte an der Universität Wien und trat in das Wiener Priesterseminar ein.

Am 12. April 1942 wurde er in Wien durch Kardinal Innitzer, den Erzbischof von Wien, zum Priester geweiht. 1942–1946 leistete er Militärdienst ab und wurde anschließend Kaplan. Danach wurde er bis 1952 Präfekt am Knabenseminar von Hollabrunn und promovierte an der Universität Wien; 1952–1974 war er Lehrer am Gymnasium von Hollabrunn. Er belebte 1963 die untergegangene Wallfahrt nach Roggendorf im Weinviertel wieder und erreichte, dass der Ort Maria Roggendorf genannt wurde. 1969–1976 war er Wallfahrtsdirektor von Maria Roggendorf und ab 1974 geistlicher Direktor der Legio Mariens von Österreich. Von 1974 bis 1986 war er Direktor des Aufbaugymnasiums Hollabrun. 1974 trat er in das Benediktinerstift Göttweig ein und erhielt bei seiner einfachen Profess den Ordensnamen Hermann. Seine feierliche Profess legte er 1980 in Göttweig ab. 1982–1986 war er Prior des Konvents von Maria Roggendorf.

Am 15. Juli 1986 wurde er zum Erzbischof von Wien ernannt. Die Bischofsweihe spendete ihm am 14. September 1986 in Wien Kardinal Franz König, der Alterzbischof von Wien. Am 21. Februar 1987 wurde er auch Ordinarius für die Gläubigen des byzantinischen Ritus in Österreich, die keinen eigenen Ordinarius haben.

Papst Johannes Paul II. kreierte ihn im Konsistorium vom 28. Juni 1988 zum Kardinalpriester und verlieh ihm am gleichen Tag das rote Birett und die Titelkirche SS. Gioacchino ed Anna al Tuscolano. 1989 wurde er Vorsitzender der österreichischen Bischofskonferenz. 1995 wurde er wegen sexuellen Missbrauchs von Jugendlichen angeklagt. Er erhielt in Weihbischof Christoph Schönborn einen Koadjutor *c.i.s.* und trat wegen der Vorwürfe am 14. September 1995 von seinem Amt als Erzbischof von Wien zurück. Er wurde zunächst Prior im Benediktinerpriorat Maria Roggendorf. Nach erneuten Vorwürfen ordnete Papst Johannes Paul II. am 14. April 1998 an, dass er seine aktuellen Ämter niederlegen und als Bischof und Kardinal nicht mehr öffentlich amtieren dürfe. Zeitweilig hatte er Österreich verlassen, lebte aber später wieder im von ihm gegründeten Zisterzienserinnenkloster Marienfeld bei Maria Roggendorf abgeschirmt und zurückgezogen und trat in der Öffentlichkeit nicht mehr auf. Am 13. Oktober 1999 verlor er mit Erreichen des 80. Lebensjahres das Recht auf Teilnahme am Konklave. Er starb am 24. März 2003 in St. Pölten und wurde auf dem Friedhof des Zisterzienserinnenklosters Marienfeld bei Maria Roggendorf beigesetzt.

Martin, Jaques (1908 – 1992)

Martin wurde am 26. August 1908 in Amiens in der Republik Frankreich geboren. Nachdem er zuerst Literaturwissenschaften an der Universität Straßburg studiert hatte, ging er nach Rom an das französische Seminar und studierte an der Päpstlichen Universität Gregoriana.

Am 14. Oktober 1934 wurde er für die Diözese Strassburg zum Priester geweiht. Er absolvierte zunächst ein Promotionsstudium an der Päpstlichen Universität Gregoriana, wo er 1936 in Theologie promoviert wurde. Anschließend trat er in die Päpstliche Diplomatenakademie ein und studierte am Päpstichen *Athenaeum* des Laterans, wo er in kanonischem Recht promoviert wurde. 1938 trat er in das Vatikanische Staatssekretariat ein. 1941 wurde er päpstlicher Geheimkämmerer, 1951 päpstlicher Hausprälat. 1958 wurde er Kanoniker der Petersbasilika des Vatikans und Apostolischer Protonotar. Im Januar 1964 begleitete er Paul VI. bei seiner Reise ins Heilige Land.

Am 5. Januar 1964 wurde er zum Titularbischof von Neapolis in Palaestina ernannt. Die Bischofsweihe spendete ihm am 11. Februar 1964 in der Petersbasilika des Vatikans der Erzpriester von St. Peter, Kardinal Paolo Marella. Am 9. April 1969 wurde er Präfekt des Päpstlichen Haushaltes. Am 18. Dezember 1986 trat er von seinem Amt als Präfekt zurück und wurde zum Titularerzbischof ernannt.

Papst Johannes Paul II. kreierte ihn im Konsistorium vom 28. Juni 1988 zum Kardinaldiakon und verlieh ihm am gleichen Tag das rote Birett und die Kirche Sacro Cuore di Cristo Re als Titeldiakonie. Am 26. August 1988 verlor er mit Erreichen des 80. Lebensjahres das Recht auf Teilnahme am Konklave.

Er starb am 27. September 1992 im Vatikan und wurde zunächst auf dem römischen Friedhof Campo Verano beigesetzt. Am 2. Dezember 1997 wurden seine sterblichen Überreste in die Basilika Sacro Cuore di Cristo Re in Rom überführt.

Hengsbach, Franz (1910 – 1991)

Hengsbach wurde am 10. September 1910 in Velmede im Sauerland, Königreich Preußen im deutschen Kaiserreich, heute Bundesland Nordrhein-Westfalen in der Bundesrepublik Deutschland, geboren. 1931 trat er in das erzbischöfliche Theologenkonvikt in Paderborn ein und studierte an der dortigen Theologischen Hochschule. 1933 – 1934 studierte er an der Universität in Freiburg im Breisgau.

Am 13. März 1937 wurde er in Paderborn durch Erzbischof Dr. Kaspar Klein von Paderborn zum Priester geweiht. Er war anschließend Vikar (Kaplan) im Ruhrgebiet. 1944 promovierte er in Münster in Theologie. 1946 wurde er Generalsekretär der Akademischen Bonifatius-Vereinigung in Paderborn. 1947 wurde er Generalsekretär des Zentralkomitees zur Vorbereitung der deutschen Katholikentage. 1948 übernahm er die Leitung des erzbischöflichen Seelsorgeamtes in Paderborn. 1952 wurde er Generalassistent des Zentralkomitees der Deutschen Katholiken und Päpstlicher Hausprälat.

Am 20. August 1953 wurde er zum Titularbischof von Cantano und Weihbischof in Paderborn ernannt und am 29. September 1953 in Paderborn von Erzbischof Lorenz Jaeger von Paderborn zum Bischof geweiht. Am 18. November 1957 wurde er zum ersten Bischof der neuen Diözese Essen ernannt. 1960 berief ihn Johannes XXIII. in die Konzilsvorbereitungskommission für die Laienarbeit. Am 10. Oktober 1961 wurde er Militärbischof für die Bundeswehr und behielt dieses Amt bis Mai 1978 bei. 1961 wurde er auch mit der Leitung des neu gegründeten Hilfswerkes Adveniat beauftragt. 1963 wurde er Mitglied des Generalrates der Päpstlichen Kommission für Lateinamerika. 1980 wurde er Präsident der Kommission der Bischofskonferenzen der Europäischen Gemeinschaft.

Papst Johannes Paul II. kreierte ihn im Konsistorium vom 28. Juni 1988 zum Kardinalpriester und verlieh ihm am gleichen Tag das rote Birett und die Titelkirche Nostra Signora di Guadalupe a Monte Mario. Am 10. September 1990 verlor er mit Erreichen des 80. Lebensjahres das Recht auf Teilnahme am Konklave. Am 21. Februar 1991 trat er als Bischof von Essen zurück.

Er starb am 24. Juni 1991 und wurde in der Bischofsgruft des Münsters zu Essen beigesetzt.

Sladkevicius M.I.C., Vincentas (1920 – 2000)

Sladkevicius wurde am 20. August 1920 in Zasliai in der Republik Litauen geboren. Er trat in das Priesterseminar von Kaunas ein und studierte dort und an der theologischen Fakultät von Kaunas. 1944 erwarb er das Lizentiat in Theologie.

Am 25. März 1944 wurde er in Kaunas zum Priester geweiht und in die Diözese Kaisiadorys inkardiniert. Von 1944 an wirkte er als Kaplan in mehreren Pfarreien; 1948 – 1952 war er Pfarrer. 1952 wurde er Studienpräfekt und Dozent für Dogmatik am Seminar von Kaunas und 1956 Kanoniker des Domkapitels der Kathedrale von Kaisiadorys.

Am 14. November 1957 wurde er zum Titularbischof von Abora und Weihbischof in Kaisiadorys ernannt. Die Bischofsweihe spendete ihm am 25. Dezember 1957 geheim und ohne Mitkonsekratoren Bischof Teofilius Matulionis, Bischof von Kaisiadorys. Von 1958 an war er von der Regierung an der Ausübung des Bischofsamtes behindert. Er lebte von 1963 bis 1982 unter faktischem Hausarrest in Neumunelio Radviliskis in Litauen.

1975 trat er geheim in die Kongregation der Kleriker Mariens von der Unbefleckten Empfängnis (Maristen) ein und legte im Geheimen die feierlichen Gelübde ab. Am 15. Juli 1982 wurde er Apostolischer Administrator von Kasiadorys und am 27. April 1988 zum Vorsitzenden der litauischen Bischofskonferenz gewählt.

Papst Johannes Paul II. kreierte ihn im Konsistorium vom 28. Juni 1988 zum Kardinalpriester und verlieh ihm am gleichen Tag das rote Birett und die Titelkirche Spirito Santo alla Ferratella. Am 10. März 1989 wurde er zum Erzbischof von Kaunas ernannt. Am 4. Mai 1996 verzichtete er aus Altersgründen auf die Leitung der Erzdiözese.

Er starb am 28. Mai 2000 in Kaunas und wurde in der Kathedrale von Kaunas beigesetzt.

Margeot, Jean (1916 – 2009)

Margeot wurde am, 3. Februar 1916 in Quatre-Bornes auf der Insel Mauritius geboren. Nach ersten Studien am Seminar von Port Louis trat er in das französische Seminar in Rom ein studierte an der Päpstlichen Universität Gregoriana, wo er Lizentiate in Philosophie und Theologie erwarb.

Am 17. Dezember 1938 wurde er in der Lateranbasilika in Rom zum Priester geweiht. Nach seiner Rückkehr nach Mauritius war er von 1939 an Kaplan in mehreren Gemeinden und zusätzlich ab 1940 geistlicher Leiter der Legio Mariens. 1952 wurde er zum Verantwortlichen für das katholische Erziehungswesen ernannt und wirkte in der Seelsorge der Kathedrale von Port Louis mit. Er war Förderer der Action Familaire und Gründer des Foyer Monsignor Murphy für die Heranbildung eines einheimischen Klerus. 1956 wurde er päpstlicher Hausprälat und Generalvikar; 1968 war er für ein Jahr Kapitularvikar.

Am 6. Februar 1969 wurde er zum Bischof von Port Louis ernannt und am 4. Mai 1969 in Port Louis von Erzbischof Paolo Mosconi, dem Pro-Nuntius in Madagaskar, zum Bischof geweiht. Er engagierte sich in der Familien- und Jugendseelsorge. 1986 – 1989 war er Präsident der Bischofskonferenz des indischen Ozeans.

Papst Johannes Paul II. kreierte ihn im Konsistorium vom 28. Juni 1988 zum Kardinalpriester und verlieh ihm am gleichen Tag das rote Birett und die Titelkirche S. Gabriele Arcangelo all'Acque Traversa. Er nahm an den Bischofssynoden von 1980, 1985, 1990 und 1994 teil. Am 15. Februar 1993 trat er aus Altersgründen von der Leitung der Diözese zurück. Am 3. Februar 1996 verlor er mit Erreichen des 80. Lebensjahres das Recht auf Teilnahme am Konklave.

Er starb am 17. Juli 2009 in Vacoas auf Mauritius und wurde in der Kathedrale von Port Louis beigesetzt.

Wu Cheng-Chung, John Baptist (1925 – 2002)

Wu Cheng-Chung wurde am 26. März 1925 in Shui-tsai in China geboren. Er studierte am Priesterseminar von Hongkong.

Am 6. Juli 1952 wurde er in Hongkong zum Priester geweiht. Nach ersten Einsätzen in der Seelsorge bis 1954 absolvierte er 1954 – 1956 in Rom am Päpstlichen *Athenaeum Urbaniana* der Kongregation *Propaganda Fide* ein Promotionsstudium und wurde am 23. Juni 1956 in kanonischem Recht promoviert. 1956 – 1957 absolvierte er Praktika in den Diözesanverwaltung der Erzdiözesen New York, Boston und Chicago in den USA. Danach übernahm er bis 1975 verschiedene seelsorgerliche Aufgaben in der Diözese Hsinchu auf der Insel Taiwan. 1971–1972 war er dort Moderator der Diözesansynode.

Am 5. April 1975 wurde er zum Bischof von Hongkong ernannt und erhielt am 25. Juli 1975 von Kardinal Agnelo Rossi, dem Präfekten der Kongregation für die Evangelisierung der Völker die Bischofsweihe. 1985 war er Teilnehmer der Bischofssynode und in den Jahren 1985, 1986 und 1994 Leiter offizieller Delegationen bei Besuchen in der Volksrepublik China.

Papst Johannes Paul II. kreierte ihn im Konsistorium vom 28. Juni 1988 zum Kardinalpriester und verlieh ihm am gleichen Tag das rote Birett und die Titelkirche Beata Vergine Maria del Monte Carmelo a Mostacciano.

Er starb am 23. September 2002 in Hongkong und wurde in der Kathedrale von Hongkong beigesetzt.

Sodano, Angelo (1927)

Sodano wurde am 23. November 1927 in Isola d'Asti in Piemont im Königreich Italien, heute Republik Italien, geboren. Sein Vater war Abgeordneter im italienischen Parlament. Er studierte am Seminar von Asti und an der Päpstlichen Universität Gregoriana, wo er 1955 in Theologie promoviert wurde.

Am 23. September 1950 wurde er in Asti von Bischof Umberto Rossi zum Priester geweiht. 1950–1959 wirkte er in der Seelsorge der Diözese Asti und war Dozent für Dogmatik am Priesterseminar. 1955 promovierte er an der Päpstlichen Universität Gregoriana. 1959 ging er nach Rom und trat in die Päpstliche Diplomatenakademie ein. Er studierte Kirchenrecht am Päpstlichen *Athenaeum* des Laterans, wo er 1960 in kanonischem Recht promoviert wurde. Danach trat er in den diplomatischen Dienst des Vatikans ein und wirkte als Nuntiatursekretär der Nuntiaturen von Ecuador, Uruguay und Chile. 1962 wurde er päpstlicher Geheimkämmerer und war 1968–1977 Mitarbeiter in der Kongregation für die Öffentlichen Angelegenheiten der Kirche.

Am 30. November 1977 wurde er zum Titularerzbischof von Nova Caesaris und Nuntius in Chile ernannt. Die Bischofsweihe empfing er am 15. Januar 1978 in Asti von Kardinal Antonio Samorè. Am 23. Mai 1988 wurde er zum Sekretär des Rates für die öffentlichen Angelegenheiten der Kirche ernannt. Nach der ebenfalls im Jahre 1988 stattfindenden Reorganisation der Kurie wurde er am 1. Mai 1989 Sekretär der nun in Sektion für die Beziehungen zu den Staaten im Staatssekretariat umbenannten Kurienabteilung und war damit faktisch vatikanischer Außenminister. Er wurde außerdem Präsident der Päpstlichen Kommission für Russland. Am 1. Dezember 1990 wurde er zum Pro-Staatssekretär ernannt

Papst Johannes Paul II. kreierte ihn im Konsistorium vom 28. Juni 1991 zum Kardinalpriester und verlieh ihm am gleichen Tag das rote Birett und die Titelkirche S. Maria Nuova. Am 29. Juni 1991 wurde er Kardinalstaatssekretär. Er nahm seither an allen Bischofssynoden teil, auch darüber hinaus war er noch Teilnehmer. Am 10. Januar 1994 wurde er zum Kardinaltitularbischof von Albano unter Beibehaltung seiner Titelkirche S. Maria Nuova *in commendam* ernannt. Am 30. November 2002 wurde er zum Subdekan des Kardinalskollegiums gewählt. Mit dem Tod von Papst Johannes Paul II. am 2. April 2005 verlor der das Amt des Kardinalstaatssekretärs. Er nahm am Konklave im April 2005 teil, welches Benedikt XVI. wählte; ihm oblag es, den zum Papst gewählten Dekan des Kardinalskollegiums nach der Wahl zu fragen, ob er diese annehme und welchen Namen er tragen wolle. Benedikt XVI. bestätigte ihn in seinem Amt als Kardinalstaatssekretär und ernannte ihn, nachdem er am 27. April 2005 zum Kardinaldekan gewählt worden war, am 30. April zusätzlich zum Kardinalbischof von Ostia. Am 22. Juni 2006 nahm der Papst sein Rücktrittsgesuch vom Amt des Kardinalstaatssekretärs zum 15. September 2006 an. Am 23. November 2007 verlor er mit Erreichen des 80. Lebensjahres das Recht auf Teilnahme am Konklave. Als Kardinaldekan fiel es ihm zu, die Messe zu Beginn des Konklaves im März 2013, in dem Papst Franziskus gewählt wurde, zu feiern und bei dessen Amtseinführung mitzuwirken.

Todea, Alexandru (1912 – 2002)

Todea wurde am 5. Juni 1912 in Teleac in Siebenbürgen, Königreich Ungarn der k.u.k. Monarchie Österreich-Ungarn, heute Republik Rumänien, geboren. Er studierte zunächst am Priesterseminar in Făgăraş und später am Päpstlichen *Athenaeum Urbaniana* der Kongregation *Propaganda Fide* in Rom, wo er in Theologie promoviert wurde.

Am 25. März 1939 wurde er in Rom in der Kapelle des rumänischen Kollegs von Erzbischof Alexander Evreinoff, dem Weihbischof für die Katholiken des byzantinischen Ritus in Rom, zum Priester geweiht. 1939 – 1940 folgten weitere Studien und der Abschluss der Promotion in Rom. 1940 kehrte er in sein Heimatbistum zurück und wurde seelsorgerlich in der Erzdiözese Făgăraş und Alba Julia tätig, bis die griechisch-katholische Kirche 1948 staatlich aufgehoben und der orthodoxen Kirche eingegliedert wurde. Mehrfach war er zwischen 1945 und 1948 verhaftet worden.

Am 4. Juli 1950 wurde er zum Titularbischof von Caesaropolis ernannt. Die Bischofsweihe fand geheim am 19. November 1950 in der Sakristei der Josefskathedrale von Bukarest durch Bischof Joseph Schubert statt. Am 31. Januar 1951 wurde er vom Geheimdienst Securitate verhaftet und blieb bis 1964 inhaftiert. 1964 wurde er nach 14 Jahren Gefängnis unter Hausarrest gestellt. Bei einem Geheimtreffen der griechisch-katholischen Bischofskonferenz im Jahre 1986 wurde er zum Vorsitzenden gewählt. Auf Initiative der Bischofskonferenz wurde der Hausarrest 1989 aufgehoben. Am 14. März 1990 wurde er zum Erzbischof von Făgăraş und Alba Julia der Rumänen des byzantinischen Ritus ernannt und im gleichen Jahr zum Vorsitzenden der rumänischen Bischofskonferenz gewählt. 1990 konnte er auch an der römischen Bischofssynode teilnehmen.

Papst Johannes Paul II. kreierte ihn im Konsistorium vom 28. Juni 1991 zum Kardinalpriester und verlieh ihm am gleichen Tag das rote Birett und die Titelkirche S. Atanasio a Via Tiburtina. 1991 nahm er noch einmal an einer römischen Bischofssynode teil. Am

5. Juni 1992 verlor er mit Erreichen des 80. Lebensjahres das Recht auf Teilnahme am Konklave und verzichtete am 20. Juli 1994 auf die Leitung der Erzdiözese.

Er starb am 22. Mai 2002 in Târgu Mureş und wurde in der Kathedrale von Alba Julia beigesetzt.

Laghi, Pio (1922 – 2009)
Laghi wurde am 21. Mai 1922 in Castiglione di Forlì in der Region Emilia Romagna im Königreich Italien, heute Republik Italien, geboren. Er studierte Philosophie am Seminar von Forli und ging danach zum Theologiestudium an das Päpstliche Römische Seminar und an das Päpstliche *Athenaeum* des Laterans in Rom, wo er 1942 in Theologie promoviert wurde. 1946 folgte noch ein Lizentiat in Theologie.

Am 20. April 1946 wurde er in der Kapelle des Bischofs von Faenza von Bischof Giuseppe Battaglia von Faenza zum Priester geweiht. 1946 – 1950 absolvierte er noch ein Promotionsstudium in kanonischem Recht. 1950 trat er in die Päpstliche Diplomatenakademie ein und trat nach deren erfolgreichem Abschluss 1952 in das Vatikanische Staatssekretariat ein. Bis 1955 war er Nuntiatursekretär der Nuntiatur in Nicaragua. 1955 – 1961 war er zunächst Sekretär und später Auditor der Apostolischen Delegatur in den USA, und 1961 – 1964 war er Auditor der Nuntiatur von Indien. 1964 – 1969 war er Mitarbeiter in der Kongregation für die außerordentlichen Angelegenheiten der Kirche. 1965 wurde er päpstlicher Hausprälat.

Am 24. Mai 1969 wurde er zum Titularerzbischof von Mauriana und zum Apostolischen Delegaten in Jerusalem und Palaestina ernannt. Die Bischofsweihe empfing er am 22. Juni 1969 in Faenza von Kardinalstaatssekretär em. Amleto Giovanni Cicognani. Am 28. Mai 1973 wurde er Pro-Nuntius in Chile, am 27. April 1974 Nuntius in Argentinien. Am 10. Dezember 1980 erfolgte die Ernennung zum Apostolischen Delegaten in den USA und ständigen Beobachter bei der Organisation amerikanischer Staaten mit dem Titel eines Nuntius *ad personam*. Am 26. März 1984 wurde er Pro-Nuntius in den USA, als die diplomatischen Beziehungen hergestellt wurden. Am 6. April 1990 wurde er Pro-Präfekt der Kongregation für die katholische Erziehung.

Papst Johannes Paul II. kreierte ihn im Konsistorium vom 28. Juni 1991 zum Kardinaldiakon und verlieh ihm am gleichen Tag das rote Birett und die Kirche S. Maria Ausiliatrice in Via Tuscolana als Titeldiakonie. Am 1. Juli 1991 wurde er Präfekt der Kongregation für das katholische Bildungswesen und Großkanzler der Päpstlichen Universität Gregoriana. Er nahm während seiner Amtszeit an der Römischen Kurie an allen Bischofssynoden teil. Am 8. Mai 1993 wurde er zum Patron des Souveränen Malteserordens ernannt. 1999 wurde er Kardinalprotodiakon. Am 15. November 1999 legte er die Leitung der Kongregation nieder. Am 26. Februar 2002 optierte er für die Klasse der Kardinalspriester und die Titelkirche S. Pietro in Vincoli. Am 21. Mai 2002 verlor er mit Erreichen des 80. Lebensjahres das Recht auf Teilnahme am Konklave. Er überbrachte im Februar 2003 vor dem Ausbruch des Irakkrieges eine Friedensbotschaft an Präsident George W. Bush im Auftrag des Papstes.

Er starb am 11. Januar 2009 in Rom und wurde in der Kathedrale von Faenza beigesetzt.

Cassidy, Edward Idris (1924)

Cassidy wurde am 5. Juli 1924 in Sydney in Australien geboren und zunächst in der anglikanischen Kirche getauft. Nach der Trennung der Eltern 1926 wuchs er bei den Großeltern väterlicherseits auf. Die katholische Großmutter ließ ihn nach damaligem Brauch im Alter von drei oder vier Jahren in der katholischen Kirche noch einmal taufen. 1943 trat er in das St. Colomban's Seminary in Springwood ein, wo er Philosophie studierte. Danach ging er 1944 zum Theologiestudium an das St. Patrick's College in Manly.

Am 23. Juli 1949 wurde er in der Kathedrale von Sydney von Kardinal Norman Thomas Gilroy zum Priester geweiht. Er ging in die Diözese Wagga Wagga und wirkte dort bis 1952 in der Seelsorge. 1952 ging er für weitere Studien nach Rom an das Päpstliche *Athenaeum* des Laterans und an die Päpstliche Diplomatenakademie. 1955 wurde er im kanonischen Recht promoviert und trat im Juli 1955 in den vatikanischen diplomatischen Dienst ein. 1955–1962 war er Nuntiatursekretär der Internuntiatur in Indien. 1956 wurde er päpstlicher Geheimkämmerer; 1962–1967 war er Auditor der Nuntiatur in Irland, 1967–1969 Nuntiaturrat in El Salvador und 1969–1970 Nuntiaturrat in Argentinien.

Am 27. Oktober 1970 wurde er zum Titularerzbischof von Amanzia und Pro-Nuntius in Taiwan ernannt. Die Bischofsweihe empfing er am 15. November 1970 in Rom von Kardinalstaatssekretär Jean Villot. Am 31. Januar 1973 wurde er Pro-Nuntius in Bangladesch, am 25. März 1979 Apostolischer Delegat in Südafrika und Pronuntius in Lesotho und am 6. November 1984 Pro-Nuntius in den Niederlanden. Am 23. März 1988 wurde er zum Substituten im Staatssekretariat für die allgemeinen Angelegenheiten ernannt. Am 12. Dezember 1989 wurde er Präsident des Rates für die Förderung der Einheit der Christen.

Papst Johannes Paul II. kreierte ihn im Konsistorium vom 28. Juni 1991 zum Kardinaldiakon und verlieh ihm am gleichen Tag das rote Birett und die Kirche S. Maria in Via Lata als Titeldiakonie. Er war Mitglied im Vorbereitungskomitee für das Heilige Jahr 2000 und unterzeichnete 1999 in Augsburg die gemeinsame Erklärung zur Rechtfertigungslehre zwischen dem Lutherischen Weltbund und dem Vatikan. Am 3. März 2001 verzichtete er auf die Präsidentschaft des Rates aus Altersgründen. Am 26. Februar 2002 optierte er für die Klasse der Kardinalspriester und die Erhebung seiner Titeldiakonie zur Titelkirche. Am 5. Juli 2004 verlor er mit Erreichen des 80. Lebensjahres das Recht auf Teilnahme am Konklave und zog sich nach Warabrook in New South Wales in Australien zurück.

Coffy, Robert (1920 – 1995)
Coffy wurde am 24. Oktober 1920 in Le Bicot in Savoyen in der Republik Frankreich geboren. Nach seiner Schulzeit studierte er am Priesterseminar von Annecy.

Am 28. Oktober 1944 wurde er in Annecy zum Priester geweiht. Es folgten bis 1949 weitere Studien an der katholischen Fakultät in Lyon, unterbrochen von Aufgaben in der Seelsorge des Bistums Annecy und einem Jahr als Lehrer am Knabenseminar von Thonon. 1949 – 1952 war er Dozent am Priesterseminar von Annecy, anschließend bis 1956 dessen Regens. Anschließend war er bis 1967 Generalvikar der Diözese Annecy und Ehrenkanoniker sowie Mitglied des Geistlichen Rates und Verantwortlicher für das Erziehungswesen.

Am 11. Februar 1967 wurde er zum Bischof von Gap ernannt. Die Bischofsweihe empfing er am 23. April 1967 in Annecy von Bischof Jean Sauvage von Annecy. Am 15. Juni 1974 wurde er Erzbischof von Albi, am 13. April 1985 Erzbischof von Marseille. Er nahm an den Bischofssynoden von 1977, 1983 und 1987 in Rom teil.

Papst Johannes Paul II. kreierte ihn im Konsistorium vom 28. Juni 1991 zum Kardinalpriester und verlieh ihm am gleichen Tag das rote Birett und die Titelkirche S. Luigi Maria Grignion de Montfort. Am 22. April 1995 trat er aus Gesundheits- und Altersgründen von der Leitung der Erzdiözese zurück.

Er starb am 15. Juli 1995 in Saint-Zacharie an der Côte d'Azur und wurde in der Kathedrale von Marseilles beigesetzt.

Etsou-Nzabi-Bamungwabi C.I.C.M., Frédéric (1930 – 2007)
Etsou wurde am 3. Dezember 1930 in Mazalonga in der damaligen belgischen Kolonie Kongo, zwischenzeitlich Zaire, der heutigen Demokratischen Republik Kongo, in einer ehemals heidnischen Stammeshäuptlingsfamilie geboren. Er trat 1949 in das Priesterseminar Kabwe ein, wo er Philosophie und Theologie studierte. 1954 trat er in die Kongregation vom Unbefleckten Herzen Mariens (Scheut-Missionare) in Katoka, West Kasai, ein und setzte anschließend seine theologischen Studien fort.

Am 13. Juli 1958 wurde er von Bischof François Van den Berghe C.I.C.M, dem Apostolischen Vikar von Lisala, zum Priester geweiht. Anschließend wirkte er kurz als Kaplan in zwei Gemeinden des damaligen Apostolischen Vikariates Leopoldville (heute Erzdiözese Kinshasa), ehe er bis 1968 für weitere Studien nach Europa geschickt wurde. Er studierte in Paris am Institute Catholique, wo er in Soziologie promoviert wurde, und am Überseeischen Institut für Höhere Studien in Brüssel. Dort studierte er auch am Lumen Vitae Institut und wurde in Pastoraltheologie promoviert.

1968 kehrte er zurück in seine Heimat und wurde zunächst Pfarrer einer Gemeinde in Kinshasa und danach stellvertretender Provinzial seiner Kongregation. Er war Vorsitzender der Konferenz höherer Ordensoberer in der Provinz Kinshasa und stellvertretender Vorsitzender der höheren Ordensoberer von Zaire und schließlich Oberer seiner Kongregation für ganz Afrika.

Am 8. Juli 1976 wurde er zum Titularerzbischof von Menefessi und Koadjutor *c.i.s.* von Mbandaka-Bikoro ernannt. Die Bischofsweihe empfing er am 7. November 1976 von Kardinal Joseph Malula, dem Erzbischof von Kinshasa. Am 11. November 1977 wurde er Erzbischof von Mbandaka-Bikoro und war in den Jahren 1979–1984 stellvertretender Vorsitzender der Bischofskonferenz von Zaire. Am 7. Juli 1990 wurde er zum Erzbischof von Kinshasa ernannt und verwaltete sein bisheriges Erzbistum bis Oktober 1991 noch als Apostolischer Administrator.

Papst Johannes Paul II. kreierte ihn im Konsistorium vom 28. Juni 1991 zum Kardinalpriester und verlieh ihm am gleichen Tag das rote Birett und die Titelkirche S. Lucia a Piazza d'Armi. Im Juli 2000 wurde er zum Vorsitzenden der Bischofskonferenz der Demokratischen Republik Kongo gewählt. Er nahm 1994 und 2001 an Bischofssynoden teil. Im April 2005 nahm er am Konklave teil, welches Papst Benedikt XVI. wählte.

Er starb am 6. Januar 2007 in Louvain in Belgien und wurde in der Kathedrale von Kinshasa beigesetzt.

Lopez Rodriguez, Nicolas de Jesus (1936)

Lopez Rodriguez wurde am 31. Oktober 1936 in Barrancas in der Dominikanischen Republik geboren. Er studierte am Päpstlichen Seminar Santo Tomás de Aquino in Santo Domingo.

Am 18. März 1961 wurde er in La Vega von Bischof Francisco Panal Ramírez O.F.M., von La Vega zum Priester geweiht. Er war zunächst als Kaplan an der Kathedralpfarrei von La Vega eingesetzt, bevor er 1963–1965 nach Rom zum Weiterstudium ging. In diesen Jahren und noch einmal für ein Jahr 1968–1969 studierte er in Rom am International Center for Sociological Formation of Clergy, an der Päpstlichen Universität St. Thomas von Aquin (*Angelicum*), wo er in Sozialwissenschaften promoviert wurde, sowie an der Päpstlichen Universität Gregoriana. Nach der Rückkehr in seine Heimat wirkte er 1969–1978 als Diözesanrat für die Familienpastoral und die Jugend sowie als Pfarrer der Kathedralpfarrei La Vega, als kirchlicher Beirat des christlichen Familienbundes und der Cursillobewegung, als Bischofsvikar für die Seelsorgsplanung, als stellvertretender Generalvikar und zuletzt als Generalvikar.

Am 16. Januar 1978 wurde er zum Bischof von San Francisco de Macorís ernannt. Die Bischofsweihe empfing er am 25. Februar 1978 von Kardinal Octavio Antonio Beras Rojas, dem Erzbischof von Santo Domingo. 1979–1984 war er Rektor der Universität von San Francisco de Macorís, Am 15. November 1981 wurde er zum Erzbischof von Santo Domingo ernannt und wurde Großkanzler der Katholischen Universität von Santo Domingo. Am 4. April 1982 wurde er zusätzlich Militärordinarius für die Dominikanische Republik. Er nahm an den Bischofssynoden von 1983, 1985, 1991, 1994 und 1997 teil und war 1984–2002 Vorsitzender der Bischofskonferenz der Dominikanischen Republik. 1991–1994 war er Präsident des lateinamerikanischen Bischofsrates CELAM.

Papst Johannes Paul II. kreierte ihn im Konsistorium vom 28. Juni 1991 zum Kardinalpriester und verlieh ihm die Titelkirche S. Pio X. alla Balduina. Er war im Oktober 1992 Gastgeber der IV. Generalkonferenz des lateinamerikanischen Episkopates in Santo Domingo und einer der delegierten Präsidenten der Generalkonferenz.

Im April 2005 nahm er am Konklave teil, welches Papst Benedikt XVI. wählte. Er nahm an der V. Generalkonferenz der lateinamerikanischen Bischöfe in Aparecida 2007 teil. Im März 2013 nahm er am Konklave teil, welches Papst Franziskus wählte.

Sanchez, José Tomas (1920 – 2012)

Sanchez wurde am 17. März 1920 in Pandan auf den Philippinen geboren. Er studierte am Priesterseminar (Holy Rosary Seminary) in Naga und an der St. Thomas Universität von Manila, wo er in Theologie promoviert wurde.

Am 12. Mai 1946 wurde er in Naga-City für die Diözese Sorsogon zum Priester geweiht. 1946 – 1968 wirkte er in der Seelsorge in Sorsogon und Legazpi, als Generalvikar von Legazpi, als Lehrer am Knabenseminar von Sorsogon und an der St. Agnes Akademie sowie am Lyzeum von Albay. Er wurde schließlich Dozent und Professor an der St. Thomas Universität von Legazpi und Priesterseminar von Naga.

Am 5. Februar 1968 wurde er zum Titularbischof von Lesvi und Weihbischof in Caceres ernannt. Die Bischofsweihe empfing er am 12. Mai 1968 in Legazpi von Erzbischof Carmine Rocco, dem Apostolischen Nuntius auf den Philippinen. Am 12. Dezember 1972 wurde er zum Koadjutor *c.i.s.* von Lucena ernannt. Er nahm an der Bischofssynode von 1974 teil und wurde am 25. September 1976 Bischof von Lucena. Am 12. Januar 1982 wurde er zum Erzbischof von Nueva Segovia und am 30. Oktober 1985 zum Sekretär der Kongregation für die Evangelisierung der Völker ernannt. Am 22. März 1986 verzichtete er auf das Amt des Erzbischofs von Nueva Sergovia und siedelte nach Rom über.

Papst Johannes Paul II. kreierte ihn im Konsistorium vom 28. Juni 1991 zum Kardinaldiakon und verlieh ihm am gleichen Tag das rote Birett und die Kirche S. Pio V. a Villa Carpegna als Titeldiakonie. Am 1. Juli 1991 wurde er zum Präfekten der Kongregation für den Klerus ernannt. Er nahm in seiner Amtszeit an der Römischen Kurie an allen Bischofssynoden teil. Am 15. Juli 1996 verzichtete er auf die Leitung der Kleruskongregation. Am 17. März 2000 verlor er mit Erreichen des 80. Lebensjahres das Recht auf Teilnahme am Konklave. Am 26. Februar 2002 optierte er für die Klasse der Kardinalspriester und die Erhebung seiner Titeldiakonie zur Titelkirche. Im April 2011 kehrte er auf die Philippinen zurück.

Er starb am 9. März 2012 in San Juan City auf den Philippinen und wurde in der Kathedrale von Novaliches beigesetzt.

Noe, Virgilio (1922 – 2011)

Noe wurde am 30. März 1922 in Zelata di Bereguardo in der Provinz Pavia im Königreich Italien, heute Republik Italien, geboren und studierte am Priesterseminar von Pavia.

Am 1. Oktober 1944 wurde er in Pavia von Bischof Carlo Allorio von Pavia zum Priester geweiht und wirkte anschließend bis 1948 in der Seelsorge der Diözese Pavia. 1948 – 1952 folgte ein Promotionsstudium in Rom an der Päpstlichen Universität Gregoriana, wo er 1952 in Kirchengeschichte (Dr. hist. eccl.) promoviert wurde. Nach seiner Rückkehr nach Pavia war er bis 1964 Dozent an den Priesterseminaren von Pavia und Tortona und geistlicher Beirat der katholischen Akademiker sowie Präsident der diözesanen liturgischen Kommission und geistlicher Beirat der katholischen Lehrerunion Italiens. In den Jahren 1964–1969 lebte er in Rom und arbeitete als Sekretär und Präsident des Zentrums für Liturgie und als Dozent für Liturgie am Päpstlichen liturgischen Institut der Benediktinerhochschule S. Anselmo; weiter gehörte er der Kommission an, welch für die Revision der päpstlichen Zeremonien im Rahmen der Liturgiereform zuständig war. 1966–1968 war er Vizerektor des lombardischen Seminars SS. Ambrogio e Carlo und wirkte als Präsident der italienischen Pfadfindervereinigung. 1969 wurde er Untersekretär der Kongregation für den Gottesdienst und 1970–1982 päpstlicher Zeremonienmeister der Päpste Paul VI., Johannes Paul I. und Johannes Paul II. Weiter war er Kaplan der Päpstlichen Garde und Mitglied der Studienkommission über die Rolle der Frau in Gesellschaft und Kirche sowie Mitglied des Zentralkomitees für das Heilige Jahr 1975. Am 14. Juli 1975 wurde er zum Untersekretär der Kongregation für Gottesdienst und Sakramente, Sektion Gottesdienst, ernannt, am 21. Oktober 1977 zum beigeordneten Sekretär der Kongregation für Gottesdienst und Sakramente.

Am 30. Januar 1982 wurde er zum Titularerzbischof von Voncaria und Sekretär der Kongregation für Gottesdienst und Sakramente für die Sektion Gottesdienst ernannt. Die Bischofsweihe spendete ihm am 6. März 1982 in der Petersbasilika des Vatikans Papst Johannes Paul II. Am 24. Mai 1989 wurde er Koadjutor des Erzpriesters von St. Peter und Delegat für die Dombauhütte von St. Peter sowie Präsident der ständigen Kommission für die Erhaltung der historischen und künstlerischen Monumente des Heiligen Stuhls. Am 14. Januar 1991 wurde er Koadjutor des Generalvikars für die Vatikanstadt.

Papst Johannes Paul II. kreierte ihn im Konsistorium vom 28. Juni 1991 zum Kardinaldiakon und verlieh ihm am gleichen Tag das rote Birett und die Kirche S. Giovanni Bosco in Via Tuscolana als Titeldiakonie. Am 1. Juli 1991 wurde er zum Erzpriester von St. Peter, Generalvikar der Vatikanstadt und Präsidenten der Dombauhütte von St. Peter ernannt. Am 12. September 1993 wurde er Präsident der Kardinalskommission für die Päpstlichen Wallfahrtsorte Pompeji, Loreto und Bari und behielt diese Aufgabe bis zur Auflösung der Kommission im Jahre 1996. Am 26. Februar 2002 optierte er für die Klasse der Kardinalspriester und die Titelkirche Regina Apostolorum. Am 30. März 2002 verlor er mit Erreichen des 80. Lebensjahres das Recht auf Teilnahme am Konklave und trat am 24. April 2002 von allen seinen Ämtern zurück.

Er starb am 24. Juli 2011 in Rom und wurde auf dem römischen Friedhof Campo Verano beigesetzt.

Quarracino, Antonio (1923–1998)

Quarracino wurde am 8. August 1923 in Pollica in der Region Kampanien im Königreich Italien, heute Republik Italien, geboren. Seine Familie wanderte nach Argentinien aus, als er noch ein kleines Kind war. Nach der Schulzeit studierte er am Priesterseminar St. Josef in La Plata, Argentinien.

Am 22. Dezember 1945 wurde er in Luján zum Priester der Diözese Mercedes geweiht. 1945–1962 wirkte er zunächst am Seminar, später als Sekretär der Diözesankurie, als kirchlicher Beirat der Jugend der Katholischen Aktion und Diözesankonsultor. Er arbeitete weiter als Dozent an der Katholischen Universität Santa María de los Buenos Aires und war Professor am Institut Ciudad de Mercedes.

Am 3. Februar 1962 wurde er zum Bischof von Nueve de Julio ernannt. Die Bischofsweihe spendete ihm am 8. April 1962 in Mercedes Bischof Anunciado Serafini von Mercedes. 1962–1965 nahm er am II. Vatikanischen Konzil teil. Am 3. August 1968 wurde er Bischof von Avellaneda. Ende 1978 wurde er vom Vatikan als Apostolischer Visitator in das Erzbistum San Salvador geschickt und empfahl nach dem Abschluss seiner Visitation, Erzbischof Oskar Romero einen Apostolischen Administrator zu geben und erklärte damit Romero faktisch für amtsunfähig. Romero wurde 1980 durch das salvadorianische Militär erschossen. 1979–1982 war er Generalsekretär und anschließend 1982–1987 Präsident des lateinamerikanischen Bischofsrates CELAM. 1979 nahm er an der III. Generalkonferenz des lateinamerikanischen Episkopates in Puebla in Mexiko teil. Er war Teilnehmer der Bischofssynoden von 1980, 1983 und 1985. Am 18. Dezember 1985 wurde er Erzbischof von La Plata und am 10. Juli 1990 Erzbischof von Buenos Aires und zusätzlich am 20. November 1990 Ordinarius für die Gläubigen der orientalischen Riten, die keinen eigenen Ordinarius haben. 1990–1996 war er Vorsitzender der argentinischen Bischofskonferenz.

Papst Johannes Paul II. kreierte ihn im Konsistorium vom 28. Juni 1991 zum Kardinalpriester und verlieh ihm am gleichen Tag das rote Birett und die Titelkirche S. Maria della Salute a Primavalle. 1992 nahm er an der IV. Generalkonferenz des lateinamerikanischen Episkopates in Santo Domingo in der Dominikanischen Republik teil. Er engagierte sich im jüdisch-christlichen Dialog und weihte am 27. Juni 1992 Jorge Mario Bergolio S.J., seinen Nachfolger als Erzbischof von Buenos Aires und späteren Papst Franziskus (2013), zum Bischof.

Er starb am 28. Februar 1998 in Buenos Aires und wurde in der Kathedrale von Buenos Aires beigesetzt.

Angelini, Fiorenzo (1916)
Angelini wurde am 1. August 1916 in Rom im Königreich Italien, heute Republik Italien, geboren. Er studierte am Päpstlich-Römischen Seminar und am Päpstlichen *Athenaeum* des Laterans sowie an der Theologischen Fakultät Marianum in Rom.

Am 3. Februar 1940 wurde er in Rom zum Priester geweiht und war anschließend für einige Jahre in der Gemeindeseelsorge tätig. 1945–1956 war er, der ein enger Vertrauter Pius XII. war, geistlicher Assistent der männlichen Katholischen Aktion Italiens und 1947–1954 einer der päpstlichen Zeremonienmeister.

Am 27. Juni 1956 wurde er zum Titularbischof von Messene und zum Leiter des Krankenhauses Santo Spirito in Rom ernannt. Am 29. Juli 1956 wurde er in der römischen Kirche San Ignazio von Kardinal Giuseppe Pizzardo zum Bischof geweiht. Er gründete 1959 die Gesellschaft katholischer Ärzte und wurde deren nationaler geistlicher Assistent. 1962–1965 nahm er am II Vatikanischen Konzil teil. 1967–1985 war er Delegierter des Kardinalvikars von Rom für die Seelsorge in den Krankenhäusern und 1977–1985 Weihbischof der Diözese Rom. Am 16. Februar 1985 wurde er zum Erzbischof *ad personam* und Pro-Präsidenten der neu gegründeten Päpstlichen Kommission für die Seelsorge im Krankendienst ernannt. Nachdem diese Kommission durch die Reorganisation der Kurie 1988 zu einem ständigen Rat erhoben wurde, erfolgte am 1. März 1989 die Ernennung zum Präsidenten des Päpstlichen Rates für die Seelsorge im Krankendienst.

Papst Johannes Paul II. kreierte ihn im Konsistorium vom 28. Juni 1991 zum Kardinaldiakon und verlieh ihm am gleichen Tag das rote Birett und die Kirche S. Spirito in Sassia als Titeldiakonie. Am 1. August 1996 verlor er mit Erreichen des 80. Lebensjahres das Recht auf Teilnahme am Konklave und trat am 31. Oktober 1996 von seinem Amt als Präsident des Päpstlichen Rates für die Seelsorge im Krankendienst zurück. Am 26. Februar 2002 optierte er für die Klasse der Kardinalpriester und die Erhebung seiner Diakonie S. Spirito in Sassia zur Titelkirche.

Mahony, Roger Michael (1936)

Mahony wurde am 27. Februar 1936 in Hollywood im Bundesstaat Kalifornien, USA, geboren. Nach der Schulzeit studierte er am Seminar Our Lady of Angels in Mission Hill.

Am 1. Mai 1962 wurde er in Fresno von Bischof Aloysius J. Willinger C.SS.R., von Monterey-Fresno zum Priester der Diözese Monterey-Fresno geweiht. 1962–1963 arbeitete er zunächst in der Seelsorge der Diözese Monterey-Fresno. Es folgten weitere Studien an der Katholischen Universität von Amerika in Washington, wo er in Sozialwissenschaften promovierte. Ab 1964 arbeitete er als Direktor der Sozialdienste und Wohltätigkeitsorganisationen seines Heimatbistums. Während dieser Zeit begann er, sich in besonderer Weise für soziale Randgruppen, besonders für die spanisch-sprachigen Menschen, zu engagieren. 1970–1975 war er als Kanzler in der Diözesanverwaltung tätig und 1973–1975 als Geistlicher Rat und Pfarrer an der St. John's Kathedrale in Fresno.

Am 2. Januar 1975 wurde er zum Titularbischof von Tamascani und Weihbischof in Fresno ernannt. Die Bischofsweihe empfing er am 19. März 1975 in Fresno von Bischof Hugh A. Donohoe von Fresno. Am 15. Februar 1980 wurde er Bischof von Stockton, am 12. Juli 1985 Erzbischof von Los Angeles.

Papst Johannes Paul II. kreierte ihn im Konsistorium vom 28. Juni 1991 zum Kardinalpriester und verlieh ihm am gleichen Tag das rote Birett und die Titelkirche Ss. Quattro Coronati. Er war delegierter Präsident der Bischofssynode für Amerika 1997. Im April 2005 nahm er am Konklave teil, welches Papst Benedikt XVI. wählte. Im Skandal um pädophile Priester in den USA wurde ihm mehrfach u. a. in dem für einen Academy Award nominierten Dokumentarfilm „Deliver Us from Evil" vorgeworfen, Ermittlungsarbeiten der Polizeibehörden behindert und Missbrauchsfälle vertuscht zu haben. Im Juli 2007 kam es kurz vor dem geplanten Beginn einer Reihe von Missbrauchsprozessen zu einer außergerichtlichen Einigung auf Entschädigungszahlungen in Höhe von 660 Millionen US-Dollar. 2010 erhielt er mit Erzbischof Jose Horacio Gomez einen Koadjutor und trat am 1. März 2011 von seinem Amt als Erzbischof zurück. Im März 2013 nahm er am Konklave teil, welches Papst Franziskus wählte.

Posadas Ocampo, Juan Jesús (1926–1993)
Posadas Ocampo wurde am 10. November 1926 in Salvatierra in Mexiko geboren. Er studierte am Priesterseminar von Morelia.

Am 23. September 1950 wurde er in Morelia zum Priester geweiht. 1950–1970 wirkte er in Morelia in der Seelsorge, als Dozent und Studienpräfekt sowie als Subregens des Priesterseminars und als Kathedralkanoniker.

Am 21. März 1970 wurde er zum Bischof von Tijuana ernannt und am 14. Juni 1970 in Morelia von Erzbischof Manuel Martín del Campo y Padilla von Morelia zum Bischof geweiht. Am 28. Dezember 1982 wurde er zum Bischof von Cuernavaca ernannt, am 15. Mai 1987 zum Erzbischof von Guadalajara. 1991–1993 war er der erste stellvertretende Präsident des lateinamerikanischen Bischofsrates CELAM.

Papst Johannes Paul II. kreierte ihn im Konsistorium vom 28. Juni 1991 zum Kardinalpriester verlieh ihm am gleichen Tag das rote Birett und die Titelkirche Nostra Signora di Guadalupe e S. Filippo Martire in Via Aurelia. 1992 nahm er an der IV. Generalversammlung des lateinamerikanischen Episkopates in Santo Domingo, Dominikanische Republik, teil.

Am 24. Mai 1993 wurde er auf dem Parkplatz des Flughafens von Guadalajara erschossen. Er wurde in der Kathedrale von Guadalajara beigesetzt.

Bevilacqua, Anthony Joseph (1923–2012)
Bevilacqua wurde am 17. Juni 1923 in Brooklyn im Bundesstaat New York, USA, geboren. Er trat 1943 in das Priesterseminar der Erzdiözese New York in Huntington ein.

Am 11. Juni 1949 wurde er in Brooklyn zum Priester geweiht und wirkte zunächst bis 1954 in der Seelsorge der Diözese Brooklyn und als Dozent am Cathedral College, bevor er 1954–1956 nach Rom an die Päpstliche Universität Gregoriana ging und dort ein Doktorat in kanonischem Recht erwarb. Nach seiner Rückkehr in die Diözese Brooklyn war er 1956–1980 Geistlicher Beirat für die religiösen Frauenorden, Diözesanvizekanzler, Dozent am Seminar und Offizial des Diözesangerichts. 1971 war er Gründer des Katholischen Büros für Migranten. 1975 wurde er an der St. John's University in Queens zusätzlich zum Doktor im Fachbereich Zivilrecht promoviert und erlangte die Anwaltslizenz für die Bundesstaaten New York und Pennsylvania sowie den Obersten Gerichtshof der Vereinigten Staaten. 1976 wurde er päpstlicher Ehrenprälat. 1976–1980 war er Diözesankanzler und lehrte 1977–1980 Einwanderungsrecht an der St. John's University in Queens.

Am 4. Oktober 1980 wurde er zum Titularbischof von Acquae Albae in Bizacena und Weihbischof in Brooklyn ernannt. Die Bischofsweihe empfing er am 24. November 1980 in Brooklyn von Bischof Francis J. Mugavero von Brooklyn. Am 10. Oktober 1983 wurde er zum Bischof von Pittsburgh ernannt und am 11. Februar 1988 zum Erzbischof von Philadelphia.

Papst Johannes Paul II. kreierte ihn im Konsistorium vom 28. Juni 1991 zum Kardinalpriester und verlieh ihm am gleichen Tag das rote Birett und die Titelkirche Ss. Redentore e S. Alfonso in Via Merulana. Am 17. Juni 2003 verlor er mit Erreichen des 80. Lebensjahres das Recht auf Teilnahme am Konklave und trat am 15. Juli 2003 von der Leitung der Erzdiözese aus Altersgründen zurück.

Er starb am 31. Januar 2012 in Wynnewood bei Philadelphia, kurz bevor er bei einem Gerichtstermin in Fällen von sexuellem Missbrauch von Priestern aussagen sollte. Er wurde in der Kathedrale von Philadelphia beigesetzt.

Saldarini, Giovanni (1924 – 2011)

Saldarini wurde am 11. Dezember 1924 in Cantu in der Lombardei in Italien geboren. Er studierte an der theologischen Fakultät von Mailand, wo er mit dem Lizentiat in Theologie abschloss.

Am 31. März 1947 wurde er in Mailand von Alfredo Ildefonso Kardinal Schuster O.S.B. zum Priester geweiht. 1947 – 1949 war er Lehrer an der Erzbischöflichen Schule in Desio. 1949 – 1952 studierte er in Rom am Päpstlichen Bibelinstitut und schloss mit dem Lizentiat in Bibelwissenschaften ab. Anschließend lehrte er 1952 – 1967 Bibelwissenschaft am Seminar von Venegono und war danach bis 1974 Pfarrer in Carate Brianza bei Mailand. 1974 – 1983 war er Pfarrer einer Gemeinde im Zentrum Mailands. 1979 wurde er päpstlicher Ehrenprälat. 1982 wurde er Bischofsvikar für den ersten Pastoralbezirk Mailands mit 23 Dekanaten und 180 Gemeinden. Am 18. Juni 1983 wurde er Pro-Generalvikar und für die pastoralen Planungen der Erzdiözese Mailands verantwortlich. Am 22. September 1983 wurde er Propst des Mailänder Domkapitels.

Am 10. November 1984 wurde er zum Titularbischof von Gaudiaba und Weihbischof in Mailand ernannt. Die Bischofsweihe spendete ihm am 7. Dezember 1984 im Mailänder Dom Kardinal Carlo Maria Martini S.J., der Erzbischof von Mailand. Am 31. Januar 1989 wurde er zum Erzbischof von Turin ernannt.

Papst Johannes Paul II. kreierte ihn im Konsistorium vom 28. Juni 1991 zum Kardinalpriester und verlieh ihm am gleichen Tag das rote Birett die Titelkirche S. Cuore di Gesù a Castro Pretorio. Am 19. Juni 1999 trat er aus Gesundheitsgründen vom Amt des Erzbischofs von Turin zurück und übersiedelte nach Mailand. Am 11. Dezember 2004 verlor er mit Erreichen des 80. Lebensjahres das Recht auf Teilnahme am Konklave.

Er starb am 18. April 2011 in Mailand und wurde in der Kathedrale von Turin beigesetzt.

Daly, Cahal Brendan (1917 – 2009)

Daly wurde am 1. Oktober 1917 in Loughguile im Vereinigten Königreich Großbritannien und Irland, heute Provinz Nordirland, geboren. Er studierte zunächst 1934–1937 an der Queen's University in Belfast und trat 1937 in das St. Patricks College in Maynooth ein, wo er bis 1941 die philosophischen und theologischen Studien absolvierte.

Am 22. Juni 1941 wurde er in Maynooth von Bischof Daniel Mageean von Down and Connor zum Priester geweiht. Anschließend setzte er in Maynooth seine Studien bis zur Promotion 1944 fort. 1945 wurde er Lehrer für klassische Sprachen und Literatur am St Malachy's College in Belfast und ab 1946 lehrte er bis 1967 scholastische Philosophie an der Queen's University in Belfast. 1952 bis 1953 nahm er ein Sabbatjahr am Institute Catholique de Paris und begründete eine Freundschaft mit Henri de Lubac. Daly wurde führender katholischer Theologe in Irland.

Während des II. Vatikanischen Konzils 1962 bis 1965 war er als Experte von Bischof William Philbin von Down and Connor und Kardinal William Conway, Erzbischof von Armagh, in Rom.

Am 26. Mai 1967 wurde er zum Bischof von Ardagh and Clonmacnoise ernannt. Die Bischofsweihe empfing er am 16. Juli 1967 in der St. Mel's Kathedrale in Longford von Kardinal William Conway, dem Erzbischof von Armagh. Am 24. August 1982 wurde er zum Bischof von Down and Connor und am 6. November 1990 zum Erzbischof von Armagh und Primas von Irland ernannt. Er nahm an den Bischofssynoden von 1977, 1987, 1990, 1991 und 1994 teil.

Papst Johannes Paul II. kreierte ihn im Konsistorium vom 28. Juni 1991 zum Kardinalpriester und verlieh ihm am gleichen Tag das rote Birett und die Titelkirche S. Patrizio. Am 1. Oktober 1996 verzichtete er aus Altersgründen auf die Leitung der Erzdiözese. Am 1. Oktober 1997 verlor er mit Erreichen des 80. Lebensjahres das Recht auf Teilnahme am Konklave.

Er starb am 31. Dezember 2009 und wurde in der Kathedrale von Armagh beigesetzt.

Ruini, Camillo (1931)

Ruini wurde am 19. Februar 1931 in Sassuolo in der Provinz Reggio Emilia im Königreich Italien, heute Republik Italien, geboren. Er studierte am Priesterseminar von Reggio Emilia und als Seminarist des Collegio Capranica in Rom an der Päpstlichen Universität Gregoriana.

Am 8. Dezember 1954 wurde er in Rom von Erzbischof Luigi Traglia zum Priester geweiht. Er blieb zu einem Promotionsstudium an der Gregoriana und wurde dort 1957 in Theologie promoviert. 1957–1968 war er Dozent für Philosophie am Priesterseminar von Reggio Emilia und 1968–1986 Dozent für Dogmatik am Priesterseminar von Modena-Reggio Emilia. Er leitete dieses Seminar bis 1977 als Regens. 1977–1983 hatte er zusätzlich einen Lehrauftrag an der Theologischen Hochschule von Bologna. In seiner Heimatdiözese Reggio Emilia wirkte er als Studentenseelsorger, bischöflicher Beauftragter für die Katholische Aktion und Bischofsvikar für das Laienapostolat, als

Präsident des kulturellen Diözesanzentrums Johannes XXIII. sowie 1975–1986 als Präsident des Bischöflichen Rates für die Schulpastoral.

Am 16. Mai 1983 wurde er zum Titularbischof von Nepte und Weihbischof in Reggio Emilia ernannt. Die Bischofsweihe empfing er am 29. Juni 1983 in Reggio Emilia von Bischof Gilberto Baroni von Reggio Emilia. Am 28. Juni 1986 wurde er Generalsekretär der italienischen Bischofskonferenz. Am 17. Januar 1991 wurde er zum Erzbischof und Pro-Generalvikar von Rom und Pro-Erzpriester der Lateranbasilika ernannt. Im gleichen Jahr wurde er Präsident der italienischen Bischofskonferenz und 1996, 2001 und 2006 bestätigt.

Papst Johannes Paul II. kreierte ihn im Konsistorium vom 28. Juni 1991 zum Kardinalpriester und verlieh ihm am gleichen Tag das rote Birett und die Titelkirche S. Agnese fuori le Mura. Am 1. Juli 1991 wurde er Kardinalvikar von Rom und Erzpriester der Lateranbasilika sowie Großkanzler der Lateranuniversität. Er nahm in seiner Amtszeit an allen Bischofssynoden teil. Im April 2005 nahm er am Konklave teil, welches Papst Benedikt XVI. wählte. Am 7. März 2007 trat er von seinem Amt als Präsident der Bischofskonferenz aus Altersgründen zurück. Am 27. Juni 2008 verzichtete er auf das Amt des Kardinalvikars und des Erzpriesters der Lateranbasilika. Am 19. Februar 2011 verlor er mit Erreichen des 80. Lebensjahres das Recht auf Teilnahme am Konklave.

Korec S.J., Ján Chyzostom (1924)
Korec wurde am 22. Januar 1924 in Bosany in der Tschechoslowakei, heute Slowakische Republik, geboren. Am 15. September 1939 trat er in den Jesuitenorden ein und studierte an jesuitischen Häusern. Er musste seine Studien abbrechen, als die religiösen Orden in der Tschechoslowakei 1950 verboten wurden.

Am 1. Oktober 1950 wurde er geheim in Roznava zum Priester geweiht. Er arbeitete als Fabrikarbeiter in Nitra und konnte seine seelsorgerliche Arbeit nur im Geheimen ausüben.

Am 24. August 1951 wurde er im Geheimen durch Bischof Pavel Hnilica S.J., einem Geheimbischof, zum Bischof geweiht. Eine Diözese und eine Ernennung gab es wegen der politischen Situation nicht. Er war mit 27 Jahren der jüngste Bischof der Welt. Während er im Geheimen seinen bischöflichen Dienst tat, arbeitete er offiziell in einer Fabrik und war 1951–1958 Bibliothekar an einem Institut für Arbeitshygiene. 1960 wurde er verhaftet und für zwölf Jahre im Gefängnis gehalten. Im Prager Frühling 1968 wurde er befreit und rehabilitiert und erkrankte kurz darauf schwer. Als er das Krankenhaus verlassen konnte, arbeitete er als Straßenkehrer und später in einer chemischen Fabrik in Bratislava. 1974 wurde er erneut inhaftiert und später vier Jahre danach wegen seiner schwachen Gesundheit wieder freigelassen. Danach war er arbeitslos, bis er erneut Arbeit in einer chemischen Fabrik fand. Nach der Revolution 1989 wurde er am 6. Februar 1990 zum Bischof von Nitra ernannt. Ebenfalls 1990 folgte die Ernennung zum Rektor des Seminars von Bratislava. Er war 1990–1993 Vorsitzender der slowakischen Bischofskonferenz.

Papst Johannes Paul II. kreierte ihn im Konsistorium vom 28. Juni 1991 zum Kardinalpriester und verlieh ihm am gleichen Tag das rote Birett und die Titelkirche SS. Fabiano e Venanzio a Villa Fiorelli. 1998 hielt der die Fastenexerzitien für den Papst und die Römische Kurie im Vatikan und nahm 1999 an der Bischofssynode für Europa teil. Am 22. Januar Februar 2004 verlor er mit Erreichen des 80. Lebensjahres das Recht auf Teilnahme am Konklave. Am 9. Juni 2005 verzichtete er aus Altersgründen auf die Leitung der Diözese.

Schwery, Henri (1932)

Schwery wurde am 14. Juni 1932 in Saint-Leonard im Kanton Wallis in der Schweiz geboren. Er studierte am Priesterseminar in Sitten Theologie und Philosophie. Er war anschließend für zwei Jahre Seminarist am französischen Seminar in Rom und studierte an der Päpstlichen Universität Gregoriana, wo er das Lizentiat in Theologie erwarb.

Am 7. Juli 1957 wurde er in Saint-Leonard von Bischof Nestor Francois Adam von Sitten zum Priester geweiht. Anschließend studierte er 1957–1961 an der Universität Fribourg, Schweiz, Mathematik und theoretische Physik und erwarb entsprechende Diplome. Es folgten Einsätze als Kaplan der Studentenjugend der Katholischen Aktion 1958–1966 und als Militärseelsorger 1958–1977. 1961–1972 war er Lehrer am Lyzeum von Sitten und 1972–1977 dessen Rektor. 1968–1972 war er Direktor des Knabenseminars von Sitten und 1973–1976 Moderator der Diözesansynode.

Am 22. Juli 1977 wurde er zum Bischof von Sitten/Sion ernannt. Die Bischofsweihe spendete ihm am 17. September 1977 in Sitten Bischof em. Nestor Francois Adam von Sitten. 1985 nahm er an der Bischofssynode teil und war 1983–1988 Vorsitzender der Schweizer Bischofskonferenz. 1989 wurde er Ehrenkanoniker der Territorialabtei Saint-Maurice d'Agaunne.

Papst Johannes Paul II. kreierte ihn im Konsistorium vom 28. Juni 1991 zum Kardinalpriester und verlieh ihm am gleichen Tag das rote Birett und die Titelkirche Ss. Protomartiri a Via Aurelia Antica. Am 1. April 1995 verzichtete er auf die Leitung der Diözese Sitten aus Gesundheitsgründen. Er war bis 2007 Großprior der Schweizer Statthalterei des Ordens vom Heiligen Grab zu Jerusalem. Im April 2005 nahm er am Konklave teil, welches Papst Benedikt XVI. wählte. Am 14. Juni 2012 verlor er mit Erreichen des 80. Lebensjahres das Recht auf Teilnahme am Konklave.

Sterzinsky, Georg Maximilian (1936 – 2011)

Sterzinsky wurde am 9. Februar 1936 in Warlack in Ostpreußen im Ermland im damaligen Deutschen Reich, heute Republik Polen, geboren. Seine Familie wurde nach dem Zweiten Weltkrieg nach Thüringen vertrieben. Ab 1954 studierte er an der theologischen Fakultät von Erfurt.

Am 29. Juni 1960 wurde er in Erfurt zum Priester geweiht und zunächst in die Diözese Fulda auf dem Gebiet des bischöflichen Amtes Erfurt-Meiningen inkardiniert. 1960–1962 war er Kaplan, 1962–1964 Präfekt und Assistent am Regionalseminar in

Erfurt, 1964 – 1966 Kaplan in Heiligenstadt. 1966 – 1981 wirkte er als Pfarrer der damals größten Pfarrei auf dem Gebiet der damaligen DDR in Jena. 1981 – 1989 war er Generalvikar der Apostolischen Administratur Erfurt-Meiningen sowie Leiter der Ökumenekommission.

Am 28. Mai 1989 wurde er zum Bischof des damals noch durch die Mauer geteilten Bistums Berlin ernannt. Die Bischofsweihe spendete ihm am 9. September 1989 Bischof Joachim Wanke, der Apostolische Administrator von Erfurt-Meiningen. Am Tag darauf hielt er seinen ersten Gottesdienst in Westberlin. 1989 bis zu deren Auflösung war er Vorsitzender der Berliner Bischofskonferenz.

Papst Johannes Paul II. kreierte ihn im Konsistorium vom 28. Juni 1991 zum Kardinalpriester und verlieh ihm am gleichen Tag das rote Birett und die Titelkirche S. Giuseppe all'Aurelio. Mit der Errichtung der Kirchenprovinz Berlin wurde er am 27. Juni 1994 zum ersten Erzbischof von Berlin ernannt. Im April 2005 nahm er am Konklave teil, welches Papst Benedikt XVI. wählte. Am 24. Februar 2011 verzichtete er auf die Leitung des Erzbistums.

Er starb am 30. Juni 2011 in Berlin und wurde in der Berliner Hedwigs-Kathedrale beigesetzt.

Del Mestri, Guido (1911 – 1993)
Del Mestri wurde am 13. Januar 1911 in Banja Luka, damals zur k. u. k. Monarchie Österreich-Ungarn, heute zu Bosnien-Herzegovina gehörend, geboren. Nach der Schulzeit ging er als Seminarist des Collegio Capranica nach Rom und studierte an der Päpstlichen Universität Gregoriana. 1932 wurde er in Philosophie promoviert.

Am 11. April 1936 wurde er in der Lateranbasilika von Kardinal Francesco Marchetti-Selvaggiani, dem Kardinalvikar von Rom, für das Bistum Goriziá zum Priester geweiht. Er setzte seine Studien fort und wurde 1937 in Theologie promoviert. Es folgten einige Monate Seelsorge als Domkaplan in Gorizia (Görz, Italien), dann kehrte er nach Rom an die Päpstliche Diplomatenakademie und das Päpstliche *Athenaeum* des Laterans zurück. 1940 erfolgten die Promotion in kanonischem Recht und der Eintritt in den diplomatischen Dienst des Vatikans. 1940 – 1941 war er Nuntiaturattaché in Belgrad, 1941 – 1943 Sekretär in der Apostolischen Delegation Beirut, 1943 – 1950 Auditor an der Nuntiatur in Bukarest, 1950 arbeitete er im Staatssekretariat des Vatikan, 1951 – 1953 war er Geschäftsträger der Nuntiaturen in Damaskus und Djakarta, 1953 – 1959 Nuntiaturrat an der Nuntiatur in der Bundesrepublik Deutschland in Bonn und schließlich 1959 – 1967 Apostolischer Delegat in Kenia, wo er 1965 Pro-Nuntius wurde.

Am 28. Oktober 1961 wurde er zum Titularerzbischof von Tuscamia ernannt. Die Bischofsweihe empfing er am 31. Dezember 1961 in Nairobi durch den Bischof von Bukoba in Tansania, Kardinal Laurean Rugambwa. 1962 – 1965 nahm er am II. Vatikanischen Konzil teil. 1967 – 1970 war er Apostolischer Delegat in Mexiko, 1970 – 1975 Pro-Nuntius in Kanada und schließlich 1975 – 1984 Nuntius in der Bundesrepublik

Deutschland. Danach lebte er in Rom, nahm gelegentlich besondere Aufträge im Namen des Papstes wahr und war Mitglied einiger Kongregationen.

Papst Johannes Paul II. kreierte ihn im Konsistorium vom 28. Juni 1991 zum Kardinaldiakon und verlieh ihm am gleichen Tag das rote Birett und die Kirche S. Eustachio als Titeldiakonie. Danach siedelte er nach Nürnberg in die Theresienklinik über, wo er als Seelsorger wirkte und seinen Alterssitz nahm.

Er starb am 2. August 1993 in Nürnberg, Deutschland, und wurde in der Familiengruft der Chiesetta S. Antonio in Medea di Cormons bei Gorizia, Italien beigesetzt.

Dezza S.J., Paolo (1901–1999)

Dezza wurde am 13. Dezember 1901 in Parma im Königreich Italien, heute Republik Italien, geboren. Im Dezember 1918 trat er in den Jesuitenorden ein. Er absolvierte sein Noviziat und danach sein Philosophiestudium in Madrid, Spanien. Sein Theologiestudium absolvierte er in Innsbruck und Posillipo bei Neapel.

Am 25. März 1928 wurde er zum Priester geweiht. Von 1929 nach dem endgültigen Abschluss seines Studiums wurde er bis 1932 Dozent für Philosophie an der Päpstlichen Universität Gregoriana in Rom. Am 26. Dezember 1935 erfolgt seine Ernennung zum Provinzial der Ordensprovinz Veneto-Mailand. In dieser Eigenschaft eröffnet er 1936 in Gallarate das philosophische Scholastikat „Aloisianum", das sich bald zu einem wichtigen Zentrum des Neuthomismus in der Gesellschaft Jesu entwickelte. In Gallarate wurde er selbst zunächst Professor für Metaphysik und ab dem 24. September 1939 Rektor. 1941–1951 war er Rektor der Päpstlichen Universität Gregoriana in Rom. Kurz nach Kriegsende nahm er den damaligen Oberrabbiner von Rom, Israel Zolli, der durch Papst Pius XII. vor den Nazis gerettet worden war, in die katholische Kirche auf. 1951 bis 1965 leitete er das Collegium Bellarminum. Er wirkt weiter als Dozent am Päpstlichen *Athenaeum* des Laterans und als Konsultor an verschiedenen Kongregationen der Römischen Kurie und in den Kommissionen zur Vorbereitung des Konzils. Auch an der postkonziliaren Ausarbeitung der neuen Richtlinien zur Priesterbildung war er beteiligt. 1966–1978 war er Beichtvater der Päpste Paul VI. und Johannes Paul I. 1974 wurde er Präsident der Kommission für höhere Studien im Jesuitenorden. 1981 setzte ihn Johannes Paul II. als Päpstlichen Delegaten für den Jesuitenorden mit den Vollmachten eines Generals ein; dieses Amt hatte er bis zur Wahl von Hans Peter Kolvenbach zum neuen General des Jesuitenordens am 13. September 1983 inne.

Papst Johannes Paul II. kreierte ihn im Konsistorium vom 28. Juni 1991 zum Kardinaldiakon und verlieh ihm am gleichen Tag das rote Birett und die Kirche S. Ignazio di Loyola a Campo Marzio als Titeldiakonie. Der Papst dispensierte ihn von der Verpflichtung zum Empfang der Bischofsweihe.

Er starb am 17. Dezember 1999 und wurde zunächst auf dem römischen Friedhof Campo Verano beigesetzt, bevor er 2006 in seine Titeldiakonie S. Ignazio di Loyola a Campo Marzio überführt und endgültig beigesetzt wurde.

Sfeir, Nasrallah Pierre (1920)

Sfeir wurde am 15. Mai 1920 in Reyfoun im damaligen französichen Mandatsgebiet, der heutigen Republik Libanon, geboren. Er besuchte nach der Schulzeit das Seminar St. Maron in Gahzi und studierte an der St. Josephs Universität von Beirut, wo er Lizentiate in Theologie und Philosophie erwarb.

Am 7. Mai 1950 wurde er zum Priester geweiht. 1951 – 1955 arbeitete er in der Seelsorge in der maronitischen Eparchie Reyfoun und war als Diözesansekretär der Eparchie Damaskus tätig. 1956 – 1961 war er Sekretär des maronitischen Patriarchats in Bkerke und unterrichtete Philosophie und Literaturwissenschaften an der Schule der Maristenbrüder in Jounieh.

Am 19. Juni 1961 wurde er von der maronitischen Synode zum Titularbischof von Tarsus der Maroniten und Patriarchalvikar des maronitischen Patriarchen von Antiochien gewählt und von Papst Johannes XXIII. am 23. Juni 1963 ernannt. Die Bischofsweihe empfing er am 16. Juli 1961 vom maronitischen Patriarchen Paul Pierre Meouchi. 1962 – 1965 nahm er am II. Vatikanischen Konzil teil. 1980 wurde er Geistlicher Rat des souveränen Malteserordens. Am 19. April 1986 wurde er zum maronitischen Patriarchen von Antiochien gewählt. Papst Johannes Paul II. gewährte ihm am 7. Mai 1986 die *Ecclesiastica Communio*. Er nahm an mehreren Bischofssynoden teil und wurde Präsident der Versammlung der Patriarchen und katholischen Bischöfe des Libanon.

Papst Johannes Paul II. kreierte ihn im Konsistorium vom 26. November 1994 zum Kardinal-Patriarchen und verlieh ihm am gleichen Tag die Urkunde. Am 15. Mai 2000 verlor er mit Erreichen des 80. Lebensjahres das Recht auf Teilnahme am Konklave. Er blieb jedoch im Amt und nahm an mehreren Bischofssynoden teil. 2010 war er bei der Bischofssynode zum Nahen Osten delegierter Präsident *ad honorem*. Er legte die Leitung des Patriarchates von Antiochien der Maroniten am 26. Februar 2011 nieder.

Vlk, Miloslav (1932)

VLK wurde am 17. Mai 1932 in Lisnice-Sepekov, damals Tschechoslowakei, heute Republik Tschechien, geboren. Nach der Schulzeit leistete er 1953 – 1955 Militärdienst in Karlovy Vary ab. Danach studierte er an der Karlsuniversität in Prag Archivistik und promovierte 1960 in Archivistik. 1960 – 1964 arbeitete er in verschiedenen Archiven. 1964 – 1968 konnte er seinem Wunsch gemäß an der theologischen Fakultät Sts. Cyril and Methodius in Litomerice (Leitmeritz) studieren.

Am 23. Juni 1968 wurde er in České Budějovice von Bischof Josef Hlouch von České Budějovice zum Priester geweiht. Anschließend wirkte er bis 1971 als Bischofssekretär und in verschiedenen seelsorgerlichen Aufgaben der Diözese České Budějovice. Am 1. Juni wurde er aus České Budějovice verbannt und auf Befehl der Regierung in den Jahren 1971 – 1978 in mehrere Bergpfarreien im Böhmerwald versetzt. Am 7. Juni 1978 wurde ihm von den Behörden die staatliche Erlaubnis zur Ausübung des priesterlichen Dienstes entzogen. Er lebte 1978 – 1988 in Prag und arbeitete bis 1986 als Fensterputzer und anschließend bis 1988 im Archiv der Staatsbank Prag. Seine priesterlichen Dienste tat er im Geheimen. Am 1. Januar 1989 erhielt er wieder die Erlaubnis zur Ausübung der priesterlichen Funktionen und übernahm bis 1990 seelsorgerliche Dienste in Westböhmen nahe der bayerischen Grenze. Er ist Mitglied der Fokolarbewegung.

Am 14. Februar 1990 wurde er zum Bischof von České Budějovice ernannt. Die Bischofsweihe empfing er am 31. März 1990 von Bischof Antonin Liska, dem Weihbischof in Prag. Am 27. März 1991 wurde er zum Erzbischof von Prag und Primas von Böhmen ernannt. Er nahm an den Bischofssynoden 1991, 1994, 1997, 1999, 2001 und 2008 teil und war 1993–2001 Präsident des Rates Europäischer Bischofskonferenzen.

Papst Johannes Paul II. kreierte ihn im Konsistorium vom 26. November 1994 zum Kardinalpriester und verlieh ihm am gleichen Tag das rote Birett und die Titelkirche S. Croce in Gerusalemme. Im April 2005 nahm er am Konklave teil, welches Papst Benedikt XVI. wählte. Am 13. Februar 2010 verzichtete er auf sein Amt als Erzbischof von Prag aus Altersgründen. Am 17. Mai 2012 verlor er mit Erreichen des 80. Lebensjahres das Recht auf Teilnahme am Konklave.

Poggi, Luigi (1917–2010)
Poggi wurde am 25. November 1917 in Piacenza in der Region Emilia Romagna im Königreich Italien, heute Republik Italien, geboren. Sein jüngerer Bruder Carlo (1923–1997) wurde Bischof von Fidenza und von Luigi Poggi im September 1988 zum Bischof geweiht. Bis zur Priesterweihe studierte er Philosophie und Theologie am Collegio Alberoni in Piacenza.

Am 28. Juli 1940 wurde er in Piacenza zum Priester geweiht. Nach einer kurzen Zeit als Kaplan wurde er nach Rom gesandt und begann dort 1940 die Studien am Päpstlichen *Athenaeum* des Laterans, wo er 1944 in beiderlei Rechten (*utriusque iuris*) promoviert wurde. 1944–1946 studierte er an der Päpstlichen Diplomatenakademie in Rom. Er war neben seinen Studien und seiner Arbeit an der Römischen Kurie immer auch seelsorgerlich in römischen Pfarreien und zeitweise als Gefängnisseelsorger tätig. 1945 trat er in das Vatikanische Staatssekretariat in die Kongregation für die Außerordentlichen Angelegenheiten der Kirche ein. 1949 wurde er zum päpstlichen Geheimkämmerer ernannt, 1960 zum päpstlichen Hausprälaten.

Am 3. April 1965 wurde er zum Titularerzbischof von Forontoniana und Apostolischen Delegaten für Zentralafrika (Kamerun, Tschad, Kongo-Brazzaville, Gabun, und zentralafrikanische Republik) mit Sitz in Yaounde ernannt. Die Bischofsweihe spendete ihm am 9. Mai 1965 in der römischen Kirche S. Carlo al Corso Kardinalstaatssekretär Amleto Giovanni Cicognani. Nach der Aufnahme diplomatischer Beziehungen wurde er 1966 zum Pro-Nuntius in Kamerun und 1967 zusätzlich zum Pro-Nuntius in Gabun und zum Pro-Nuntius in der Zentralafrikanischen Republik ernannt. Am 21. Mai 1969 wurde er Nuntius in Peru. 1973 kehrte er nach Rom zurück und wurde am 1. August 1973 zum Nuntius für spezielle Kontakte mit Polen, Ungarn, der Tschechoslowakei, Rumänien und Bulgarien ernannt. Am 7. Februar 1975 wurde er Chef der vatikanischen Delegation für den permanenten Arbeitskontakt mit Polen. Am 19. April 1986 wurde er zum Nuntius in Italien ernannt und am 9. April 1992 zum Pro-Archivar und Pro-Bibliothekar *S.E.R.*

Papst Johannes Paul II. kreierte ihn im Konsistorium vom 26. November 1994 zum Kardinaldiakon und verlieh ihm am gleichen Tag das rote Birett und die Kirche S. Maria in Domnica als Titeldiakonie. Am 29. November 1994 wurde er Bibliothekar und Archivar *S.E.R.* Am 25. November 1997 verlor er mit Erreichen des 80. Lebensjahres das Recht auf Teilnahme am Konklave. Am 7. März 1998 verzichtete er aus Altersgründen auf sein Amt als Archivar und Bibliothekar. Am 26. Februar 2002 wurde er Kardinalprotodiakon. Am 24. Februar 2005 optierte er für die Klasse der Kardinalpriester und die Titelkirche S. Lorenzo in Lucina.

Er starb am 4. Mai 2010 in Rom und wurde in der Basilika S. Antonio in Piacenza beigesetzt.

Shirayanagi, Peter Seiichi (1928 – 2009)

Shirayanagi wurde am 17. Juni 1928 in Hachioji im Kaiserreich Japan geboren. Nach der Schulzeit studierte er an der Sophia Universität in Tokio.

Am 21. Dezember 1954 wurde er in Tokio zum Priester geweiht. Er wirkte anschließend bis 1957 in der Seelsorge und promovierte an der Sophia Universität in Tokio zum Dr. phil. 1957 – 1960 studierte er am Päpstlichen *Athenaeum Urbaniana* der Kongregation *Propaganda Fide* in Rom, wo er in kanonischem Recht promoviert wurde. Nach seiner Rückkehr nach Japan wirkte er bis 1966 in der Seelsorge der Erzdiözese Tokio.

Am 15. März 1966 wurde er zum Titularbischof von Atenia und Weihbischof in Tokio ernannt. Die Bischofsweihe spendete ihm am 8. Mai 1966 in Tokio Erzbischof Mario Cagna, der Internuntius in Japan. Am 15. November 1969 wurde er zum Titularerzbischof von Castro und Koadjutor *c.i.s.* von Tokio ernannt und wurde am 21. Februar 1970 Erzbischof von Tokio. Er nahm an den Bischofssynoden von 1971 und 1985 teil und war 1983 – 1992 Vorsitzender der japanischen Bischofskonferenz.

Papst Johannes Paul II. kreierte ihn im Konsistorium vom 26. November 1994 zum Kardinalpriester und verlieh ihm am gleichen Tag das rote Birett und die Titelkirche S. Emerenziana a Tor Fiorenza. Am 17. Februar 2000 verzichtete er auf die Leitung er Erzdiözese Tokio. Im April 2005 nahm er am Konklave teil, welches Papst Benedikt XVI. wählte.

Er starb am 30. Dezember 2009. Sein Leichnam wurde nach japanischem Brauch eingeäschert und seine Urne auf dem Fuchi-Friedhof im Grab des Klerus von Tokio beigesetzt.

Fagiolo, Vincenzo (1918 – 2000)

Fagiolo wurde am 5. Februar 1918 in Segni in der Region Latium im Königreich Italien, heute Republik Italien, geboren. Er besuchte die Seminare von Segni und Anagni und das Päpstlich-Römische Seminar in Rom und studierte am Päpstlichen *Athenaeum* des Laterans, wo er in Theologie und kanonischem Recht promoviert wurde.

Am 6. März 1943 wurde er in Rom zum Priester geweiht. Bis 1971 wirkte er in Rom in unterschiedlichen Funktionen bei der Diözese Rom und an der Römischen Kurie. Er war Gemeindeseelsorger und Gehörlosenseelsorger und wirkte als Hochschullehrer. Er war u. a. Richter und Präsident der ersten Instanz des Gerichts der Vatikanstadt und Richter am Diözesangericht der Diözese Rom. 1956 wurde er päpstlicher Geheimkämmerer und 1961 päpstlicher Hausprälat. Er nahm am II. Vatikanischen Konzil 1962–1965 als Experte teil und wurde am 16. Januar 1968 zum Auditor der Römischen Rota ernannt.

Am 20. November 1971 wurde er zum Erzbischof von Chieti und Administrator von Vasto ernannt Die Bischofsweihe spendete ihm am 19. Dezember 1971 in der Basilika Santa Maria Maggiore in Rom der Präfekt der Bischofskongregation, Kardinal Carlo Confalonieri. 1979–1984 war er Vizepräsident der italienischen Bischofskonferenz. Am 8. April 1984 wurde er zum Sekretär der Kongregation für die Orden und Säkularinstitute ernannt und trat im Juli 1984 von der Leitung der Erzdiözese zurück. Am 15. Dezember 1990 wurde er Präsident des Päpstlichen Rates für die Interpretation der Gesetzestexte und am 29. Dezember 1990 Präsident der Disziplinarkommission der Römischen Kurie. Er nahm an einzelnen Bischofssynoden teil.

Papst Johannes Paul II. kreierte ihn im Konsistorium vom 26. November 1994 zum Kardinaldiakon und verlieh ihm am gleichen Tag das rote Birett und die Kirche S. Teodoro. als Titeldiakonie. Am 14. Februar 1998 verzichtete er auf seine kurialen Ämter.

Er starb am 22. September 2000 in Rom und wurde in der Kathedrale von Chieti beigesetzt.

Furno, Carlo (1921)
Furno wurde am 2. Dezember 1921 in Bairo Canavese in der Diözese Ivrea in Piemont im Königreich Italien, heute Republik Italien, geboren. Er studierte Philosophie und Theologie am Priesterseminar von Ivrea.

Am 25. Juni 1944 wurde er in Ivrea zum Priester geweiht. Anschließend war er bis 1947 Kaplan in der Diözese Ivrea und studierte anschließend bis 1949 an der theologischen Fakultät der Salesianer in Turin. Danach studierte er am Päpstlichen *Athenaeum* des Laterans in Rom und wurde 1953 in beiderlei Rechten (*utriusque iuris*) promoviert. 1951–1953 besuchte er die Päpstliche Diplomatenakademie und trat anschließend in den diplomatischen Dienst des Heiligen Stuhls ein. 1953–1957 war er Nuntiatursekretär an der Nuntiatur von Kolumbien und ab 1954 zusätzlich auch in Ecuador. 1954 wurde er päpstlicher Geheimkämmerer. 1957–1962 war er Sekretär der Apostolischen Delegatur in Jerusalem und arbeitete 1962–1973 in der ersten Sektion des vatikanischen Staatssekretariates. 1966 wurde er päpstlicher Ehrenprälat und wirkte bis 1973 als Dozent an der Päpstlichen Diplomatenakademie.

Am 1. August 1973 wurde er zum Titularerzbischof von Abari und Nuntius in Peru ernannt. Die Bischofsweihe spendete ihm am 16. September 1973 in Aglie Kardinal Paolo Bertoli. Am 25. November 1978 wurde er zum Nuntius im Libanon und am

21. August 1982 zum Nuntius in Brasilien ernannt. Am 15. April 1992 wurde er Nuntius in Italien.

Papst Johannes Paul II. kreierte ihn im Konsistorium vom 26. November 1994 zum Kardinaldiakon und verlieh ihm am gleichen Tag das rote Birett und die Kirche S. Cuore di Cristo Re als Titeldiakonie. Am 16. Dezember 1995 wurde er zum Großmeister des Ritterordens vom Heiligen Grab in Jerusalem ernannt und am 23. Mai 1996 zum Päpstlichen Delegaten für die Patriarchalbasilika St. Franziskus in Assisi. Am 29. September 1997 wurde er Erzpriester der Basilika S. Maria Maggiore und legte die Delegatur für Assisi 1998 nieder. Am 2. Dezember 2001 verlor er mit Erreichen des 80. Lebensjahres das Recht auf Teilnahme am Konklave. Am 27. Mai 2004 legte er das Amt als Erzpriester von S. Maria Maggiore nieder und optierte am 24. Februar 2004 für die Klasse der Kardinalpriester und die Erhebung seiner Titeldiakonie zur Titelkirche. 2006 übernahm er die Titelkirche S. Onofrio. Am 27. Juni 2007 legte er das Amt des Großmeisters des es Ritterordens vom Heiligen Grab in Jerusalem nieder.

Oviedo Cavada O. de M., Carlos (1927–1998)

Oviedo Cavada wurde am 19. Januar 1927 in Santiago de Chile in Chile geboren. Er trat am 28. Januar 1944 in den Orden der Mercediarer ein und legte im März 1945 die ersten und im März 1948 die feierlichen Gelübde ab. Er studierte Philosophie an Studienhäusern seines Ordens und Theologie an der Katholischen Universität von Chile in Santiago.

Am 24. September 1949 wurde er in Santiago de Chile zum Priester geweiht und studierte anschließend bis zur Promotion 1953 Kirchenrecht an der Päpstlichen Universität Gregoriana in Rom. Nach der Rückkehr aus Rom lehrte er bis 1958 als Professor an der Katholischen Universität von Chile in Santiago. 1958–1961 ging er erneut nach Rom und arbeitete dort in der Generalkurie seines Ordens und betrieb weitere Studien im vatikanischen Geheimarchiv. 1962–1963 war er Dekan der theologischen Fakultät der Katholischen Universität von Chile in Santiago und wirkte bis 1964 in der Seelsorge sowie als Offizial und Richter an der erzbischöflichen Kurie und am erzbischöflichen Gericht sowie als Visitator der weiblichen Orden.

Am 21. März 1964 wurde er zum Titularbischof von Benevento und Weihbischof in Concepción ernannt. Die Bischofsweihe empfing er am 7. Juni 1964 in Santiago von Erzbischof Alfredo Silva Santiago, dem Erzbischof em. von Concepción. 1964–1965 nahm er am II. Vatikanischen Konzil teil. 1970–1974 war er Sekretär der Bischofskonferenz von Chile. Am 25. März 1974 wurde er Erzbischof von Antofagasta und verwaltete bis 1976 die Prälatur Calama als Apostolischer Administrator. 1976–1989 war er Großkanzler der Universität des Nordens von Chile. Am 30. März 1990 wurde er Erzbischof von Santiago de Chile und Großkanzler der Katholischen Universität von Chile.

Papst Johannes Paul II. kreierte ihn im Konsistorium vom 26. November 1994 zum Kardinalpriester und verlieh ihm am gleichen Tag das rote Birett und die Titelkirche

S. Maria della Scala. Am 16. Februar 1998 legte er die Leitung der Erzdiözese aus Krankheitsgründen nieder.

Er starb am 7. Dezember 1998 in Santiago de Chile und wurde in der Familiengruft auf dem katholischen Friedhof in Santiago de Chile beigesetzt.

Winning, Thomas Joseph (1925 – 2001)

Winning wurde am 3. Juni 1925 in Wishaw in Schottland im Vereinigten Königreich Großbritannien geboren. Er studierte Philosophie am St. Mary's College in Blairs bei Aberdeen und trat 1943 ins St. Peter's College in Cardross bei Glasgow ein. Anschließend ging er nach Rom und beendete das Theologiestudium mit einem Lizentiat an der Päpstlichen Universität Gregoriana.

Am 18. Dezember 1948 wurde er in Rom zum Priester für die Diözese Motherwell geweiht. Er blieb noch einige Monate zu Studienzwecken in Rom und kehrte 1950 kurz nach Schottland als Kaplan einer Gemeinde zurück. Dann ging er erneut zum Studium des kanonischen Rechts nach Rom, wo er 1953 an der Päpstlichen Universität Gregoriana in kanonischem Recht promoviert wurde. Nach seiner Rückkehr war er erneut Kaplan, u. a. an der Kathedrale von Motherwell, sowie Sekretär der Diözesanverwaltung. 1961 – 1966 war er Spiritual des Päpstlichen Schottischen Kollegs in Rom und erwarb in dieser Zeit 1965 an der Studieneinrichtung der Römischen Rota die Qualifikation als Rechtsanwalt der Römischen Rota. Nach seiner Rückkehr wurde er Pfarrer in Motherwell und war bis 1970 Offizial des Gerichtes der Diözese Motherwell und Bischofsvikar für die Eheleute. 1970 – 1972 wurde er erster Präsident des neu gegründeten schottischen Nationalgerichts in Glasgow.

Am 22. Oktober 1971 wurde er zum Titularbischof von Lugmad und Weihbischof in Glasgow ernannt. Die Bischofsweihe spendete ihm am 30. November 1971 in der Kathedrale von Glasgow Erzbischof James Donald Scanlan von Glasgow. 1971 – 1974 war er Generalvikar der Erzdiözese Glasgow und ab 1972 zusätzlich Pfarrer in Clydebank. Am 23. April 1974 wurde er zum Erzbischof von Glasgow ernannt. Er nahm an den Bischofssynoden von 1977, 1980, 1985, 1991 und 1999 teil und war 1985 – 2001 Vorsitzender der schottischen Bischofskonferenz.

Papst Johannes Paul II. kreierte ihn im Konsistorium vom 26. November 1994 zum Kardinalpriester und verlieh ihm am gleichen Tag das rote Birett und die die Titelkirche S. Andrea delle Fratte.

Er starb am 17. Juni 2001 in Glasgow, Schottland, und wurde in der Krypta der Kathedrale von Glasgow beigesetzt.

Suarez Rivera, Adolfo Antonio (1927 – 2008)

Suarez Rivera wurde am 9. Januar 1927 in San Cristóbal de las Casas in Mexiko geboren. Er studierte am Seminar von Chiapas in San Cristóbal de las Casas und am erzbischöflichen Seminar von Xalapa sowie am Päpstlichen Seminar von Montezuma in

New Mexiko in den USA. Danach ging er nach Rom und studierte an der Päpstlichen Universität Gregoriana.

Am 8. März 1952 wurde er in der Kapelle des lateinamerikanischen Kollegs in Rom von Erzbischof Alfonso Carinci, dem Sekretär der Ritenkongregation zum Priester geweiht. Es folgten weitere Studien bis zum Erwerb des Lizentiats an der Päpstlichen Universität Gregoriana. Nach seiner Rückkehr nach Chiapas war er Spiritual und Dozent am Priesterseminar, Mitarbeiter der bischöflichen Kurie und Diözesanassesor der christlichen Familienbewegung und der jungen Katholischen Aktion. 1962 bildete er sich in Katechetik am lateinamerikanischen katechetischen Institut in Santiago de Chile in Chile fort und war anschließend Direktor des katechetischen Büros der Diözese und zuletzt Generalvikar der Diözese.

Am 14. Mai 1971 wurde er zum Bischof von Tepic ernannt und am 15. August 1971 von Erzbischof Carlo Martini, dem Apostolischen Delegaten in Mexiko, zum Bischof geweiht. Er nahm an den Generalkonferenzen des lateinamerikanischen Episkopates in Puebla (III. Generalkonferenz) 1979 und in Santo Domingo (IV. Generalkonferenz) 1992 sowie an der Bischofssynode von 1983 teil. Am 8. Mai 1980 wurde er zum Bischof von Tlanepantla und am 8. November 1983 zum Erzbischof von Monterrey ernannt. 1988 – 1994 war er Vorsitzender der mexikanischen Bischofskonferenz. Während dieser Zeit wurden die diplomatischen Beziehungen zwischen dem Heiligen Stuhl und Mexiko aufgenommen. Von November 1994 bis Dezember 1995 verwaltete er zusätzlich zu seinem Erzbistum als Apostolischer Administrator das Bistum Ciudad Victoria.

Papst Johannes Paul II. kreierte ihn im Konsistorium vom 26. November 1994 zum Kardinalpriester und verlieh ihm am gleichen Tag das rote Birett und die Titelkirche Nostra Signora di Guadalupe ai Monte Mario. Am 25. Januar 2003 verzichtete er aus Altersgründen auf die Leitung seiner Erzdiözese. Aus Gesundheitsgründen konnte er nicht am Konklave im April 2005 teilnehmen, welches Papst Benedikt XVI. wählte. Am 9. Januar 2007 verlor er mit Erreichen des 80. Lebensjahres das Recht auf Teilnahme am Konklave.

Er starb am 23. März 2008 in Monterrey und wurde in der Kathedrale von Monterrey beigesetzt.

Darmaatmadja S.J., Julius Riyadi (1934)

Darmaatmadja wurde am 20. Dezember 1934 in Muntilan, Erzdiözese Semarang, Indonesien, geboren. Er trat nach der Schulzeit und ersten Studien 1957 in Giri Sonta-Kiepu bei Semarang in den Jesuitenorden ein. 1959 – 1961 absolvierte er das Juniorat in Girisonta und legte die ersten Gelübte im September 1959 ab. 1961– 1964 studierte er Philosophie am College de Nobili in Poona, Indien, und war 1964 – 1966 Tutor und Lehrer am Knabenseminar von Mertoyudan in Magelang. 1966 – 1971 studierte er Theologie am St. Ignatius College in Yogyakarta, Indonesien.

Am 18. Dezember 1969 wurde er in Kota Baru bei Yogyakarta von Kardinal Justinus Darmojuwono, dem Erzbischof von Semarang, zum Priester geweiht. Nach dem Abschluss seines Studiums arbeitete er einige Monate in der Seelsorge. 1971– 1983 war er

Lehrer und Vizepräfekt am Knabenseminar St. Petrus Canisius in Semarang. Im Februar 1975 legte er seine feierlichen letzten Gelübde ab. Er war in der Seelsorge der Erzdiözese Semarang tätig und Assistent des Novizenmeisters der Jesuiten sowie 1981–1983 Provinzial der Jesuitenprovinz Indonesien. Er wirkte als Regens des Knabenseminars St. Petrus Canisius in Semarang und war Mitglied verschiedener Kommissionen, so Koordinator der Ausbildungskommission der Jesuiten.

Am 19. Februar 1983 wurde er zum Erzbischof von Semarang ernannt. Die Bischofsweihe empfing er am 29. Juni 1983 in Semarang von Kardinal Justinus Darmojuwono, dem Erzbischof em. von Semarang. Am 28. April 1984 wurde er zusätzlich Militärbischof für Indonesien und war 1988–1997 und 2000–2006 Vorsitzender der indonesischen Bischofskonferenz.

Papst Johannes Paul II. kreierte ihn im Konsistorium vom 26. November 1994 zum Kardinalpriester und verlieh ihm am gleichen Tag das rote Birett und die Titelkirche S. Cuore di Maria. Am 11. Januar 1996 wurde er zum Erzbischof von Jakarta ernannt. Er war 1998 delegierter Präsident der Bischofssynode für Asien und nahm an der Bischofssynode von 2001 teil.

Im April 2005 nahm er am Konklave teil, welches Papst Benedikt XVI. wählte. Am 2. Januar 2006 legte er das Amt des Militärbischofs nieder und am 28. Juni 2010 verzichtete er aus Altersgründen auf das Amt des Erzbischofs von Jakarta. Am Konklave vom März 2013, welches Papst Franziskus wählte, nahm er aus Gesundheitsgründen nicht teil.

Ortega y Alamino, Jaime Lucas (1936)
Ortega wurde am 18. Oktober 1936 in Jagüey Grande auf Kuba geboren. Nach Beendigung der staatlichen Schule absolvierte er zunächst ein Studium in Musik und Literaturwissenschaften und trat 1956 in das Seminar von San Alberto Magno in Matanzas ein, wo er bis 1960 das Grund- und Philosophiestudium absolviert. 1960–1964 studierte er Theologie am Seminar für Priester der ausländischen Missionen in Québec, Kanada.

Am 2. August 1964 wurde er in Matanzas von Bischof Jose Maximino Eusebio Domínguez y Rodríguez von Matanzas zum Priester geweiht 1964–1966 wirkte er als Kaplan, ehe er im Jahre 1966 acht Monate zwangsweise in einem Arbeitslager (UMAP) für religiöse und homosexuelle junge Männer verbrachte. Nach seiner Entlassung im Jahre 1967 wurde er Pfarrer und Gemeindeseelsorger in seiner Geburtsstadt Jagüey Grande.

1969 wurde er zum Pfarrer der Kathedrale in Matanzas und zum Präsidenten der Diözesankommission für Katechese unter besonderer Berücksichtigung der Jugendarbeit ernannt. Er begründete eine kirchliche Jugendbewegung und entwickelte zahlreiche Aktivitäten für Jugendliche wie Sommerlager und Schauspielgruppen. Zusätzlich lehrte er Moraltheologie im Priesterseminar von Havanna.

Am 4. Dezember 1978 wurde er zum Bischof von Pinar del Rio ernannt und am 14. Januar 1979 in Matanzas von Erzbischof Mario Tagliaferri, dem Pro-Nuntius in Kuba, zum Bischof geweiht. Am 20. November 1981 wurde er Erzbischof von San Cristóbal de La Habana ernannt und war 1988–1999 Vorsitzender der kubanischen

Bischofskonferenz. Er nahm 1992 an der IV. Generalkonferenz des lateinamerikanischen Episkopates in Santo Domingo, Dominikanische Republik, teil.

Papst Johannes Paul II. kreierte ihn im Konsistorium vom 26. November 1994 zum Kardinalpriester und verlieh ihm am gleichen Tag das rote Birett und die Titelkirche SS. Aquila e Priscilla. 1995 wurde er zum 2. Vizepräsidenten des lateinamerikanischen Bischofsrates CELAM gewählt und war 2001–2004 erneut Vorsitzender der kubanischen Bischofskonferenz. Im April 2005 nahm er am Konklave teil, welches Papst Benedikt XVI. wählte.

2007 nahm er an der V. Generalkonferenz des lateinamerikanischen Episkopates in Aparecida in Brasilien teil. Im März 2013 nahm er am Konklave teil, welches Papst Franziskus wählte.

Schotte C.I.C.M., Jan Pieter (1928–2005)

Schotte wurde am 29. April 1928 in Beveren-Leie im Königreich Belgien geboren. 1946 trat er in die Gemeinschaft des unbefleckten Herzens Mariens, auch Scheut-Missionare genannt, ein. Er studierte an ordenseigenen Häusern Theologie und Philosophie.

Am 3. August 1952 wurde er zum Priester geweiht. 1953–1956 ging er an die Katholische Universität von Louvain und studierte Sinologie, um sich auf einen Missionseinsatz in China vorzubereiten. 1957 wurde er zum Regens des Seminars seines Ordens an der Katholischen Universität in Louvain ernannt. 1962–1963 studierte er an der Katholischen Universität von Amerika in Washington, USA, und war 1963–1967 Regens des Immaculate Heart Mission Seminary in Washington, USA. 1967–1972 war er Generalsekretär seines Ordens in Rom. In dieser Zeit war er auch Vizepräsident der Kommission für die höheren Oberen. 1980 wurde er Sekretär der Päpstlichen Kommission *Iustitia et Pax*. An der Bischofssynode von 1983 nahm er als Assistent der französischen Sprachgruppe teil.

Am 20. Dezember 1983 wurde er zum Titularbischof von Silli und Vizepräsidenten der Päpstlichen Kommission *Iustitia et Pax* ernannt und am 6. Januar 1984 in der Petersbasilika des Vatikans von Papst Johannes Paul II. zum Bischof geweiht. Am 24. April 1985 wurde er zum Erzbischof und Generalsekretär der Bischofssynode ernannt. In dieser Funktion nahm er an allen Bischofssynoden der folgenden Jahre als Generalsekretär qua Amt teil. 1989 wurde er zusätzlich Präsident des Arbeitsamtes der Vatikanstadt. 1992 nahm er an der IV. Generalversammlung des lateinamerikanischen Episkopates in Santo Domingo, Dominikanische Republik, teil.

Papst Johannes Paul II. kreierte ihn im Konsistorium vom 26. November 1994 zum Kardinaldiakon und verlieh ihm am gleichen Tag das rote Birett und die Kirche S. Giuliano dei Fiamminghi als Titeldiakonie.

Er starb am 10. Januar 2005 in Rom. Er wurde zunächst auf dem römischen Friedhof Campo Verano und 2008 in seiner Titelkirche beigesetzt.

Eyt, Pierre (1934 – 2001)
Eyt wurde am 4. Juni 1934 in Laruns in Aquitanien in der Republik Frankreich geboren. Nach der Schulzeit studierte er zunächst Rechtswissenschaften am Institut für juristische und ökonomische Studien in Pau. 1954 trat er in das Priesterseminar Pius XI. in Bayonne ein und ging 1955 an das Priesterseminar des Katholischen Institutes von Toulouse. 1956 wurde er zum Militärdienst eingezogen und diente dort bis 1959 als Unterleutnant der Gebirgsjäger in Kabyle.

Am 29. Juni 1961 wurde er in Bayonne zum Priester geweiht. Es folgten zunächst bis 1963 Aufgaben in der Seelsorge der Diözese Bayonne. 1963 – 1967 ging er zum Promotionsstudium an die Päpstliche Universität Gregoriana nach Rom und wurde 1967 in Theologie promoviert. 1967 wurde er Dozent für Theologie am Katholischen Institut von Toulouse. Später wurde er dort Professor, Vizerektor und 1975 Rektor. 1980 wurde er Mitglied der Internationalen Theologenkommission im Vatikan und 1981 Rektor des Institute Catholique in Paris. 1982 wurde er Präsident der Union katholischer Institute für höhere Erziehung und war 1984 Gründer des dem Heiligen Stuhl angeschlossenen Zentrums für jüdische Studien in Jerusalem. 1985 nahm er als Assistent des Spezialsekretärs an der Bischofssynode teil.

Am 7. Juni 1986 wurde er zum Koadjutor des Erzbischofs von Bordeaux ernannt und am 28. September 1986 in Bordeaux von Erzbischof Marius Maziers von Bordeaux zum Priester geweiht. Er war Spezialsekretär der Bischofssynode von 1987. Am 31. Mai 1989 wurde er zum Erzbischof von Bordeaux ernannt und berief von 1990 bis 1993 eine Diözesansynode in Bordeaux ein. Er nahm an den Bischofssynoden von 1991 und 1994 teil.

Papst Johannes Paul II. kreierte ihn im Konsistorium vom 26. November 1994 zum Kardinalpriester und verlieh ihm am gleichen Tag das rote Birett und die die Titelkirche Ss. Trinità al Monte Pincio.

Er starb am 11. Juni 2001 in Bordeaux und wurde auf dem Friedhof seiner Heimatstadt Laruns beigesetzt.

Agustoni, Gilberto (1922)
Agustoni wurde am 26. Juli 1922 in Schaffhausen im Kanton Schaffhausen in der Schweiz geboren und gehört zur italienischen Sprachgruppe der Schweiz. Nach dem Besuch des Seminars von Lugano studierte Agustoni zunächst am Päpstlichen *Athenaeum* S. Thomas von Aquin (*Angelicum*) in Rom und kehrte zu Beginn des Zweiten Weltkrieges in die Schweiz zurück, wo er sein Studium an der Universität Fribourg beendete.

Am 20. April 1946 wurde er in Lugano von Bischof Angelo Jelmini zum Priester geweiht. In den Jahren 1946 – 1950 wirkte er als stellvertretender Assessor der Katholischen Aktion und in der Studentenseelsorge an verschiedenen Schweizer Universitäten sowie in der Seelsorge der katholischen Pfadfinder. Am 1. Juli 1950 trat er auf persönliche Bitten von Alfredo Ottaviani, dem Assessor der Kongregation des Heiligen Offiziums, in den Dienst des Heiligen Stuhls ein. Er studierte am Päpstlichen *Athenaeum* des Laterans und er erwarb dort Lizentiate in Theologie und in kanonischem

Recht. Er war u. a. Bürochef und Kommissar für Ehefragen in der Kongregation für die Sakramentendisziplin und 1950–1970 Konsultor der Ritenkongregation. 1956 wurde er päpstlicher Geheimkämmerer, 1958 päpstlicher Hausprälat. Er war langjähriger Sekretär von Kardinal Alfredo Ottaviani, dem Sekretär des Hl. Offiziums. Am 5. Mai 1970 wurde er Auditor der Römischen Rota.

Am 18. Dezember 1986 wurde er zum Titularerzbischof von Caorle und Sekretär der Kleruskongregation ernannt. Die Bischofsweihe spendete ihm am 6. Januar 1987 in der Petersbasilika des Vatikans Papst Johannes Paul II. Am 2. April 1992 wurde er zum Pro-Präfekten des obersten Gerichtshofes der Apostolischen Signatur und zum Pro-Präsidenten des Appellationsgerichts des Vatikanstaates ernannt.

Papst Johannes Paul II. kreierte ihn im Konsistorium vom 26. November 1994 zum Kardinaldiakon und verlieh ihm am gleichen Tag das rote Birett und die Kirche SS. Urbano e Lorenzo a Porta Prima als Titeldiakonie. Am gleichen Tag wurde er Präfekt der Apostolischen Signatur. Am 5. Oktober 1998 verzichtete er auf sein Amt als Präfekt aus Altersgründen. Am 26. Juli 2002 verlor er mit Erreichen des 80. Lebensjahres das Recht auf Teilnahme am Konklave. Am 24. Februar 2005 optierte er für die Klasse der Kardinalpriester und die Erhebung seiner Titeldiakonie zur Titelkirche.

Wamala, Emmanuel (1926)

Wamala wurde am 15. Dezember 1926 in Kamaggwa in Britisch-Ostafrika, heute Uganda, geboren. 1949–1955 studierte er am Priesterseminar von Katigondo. Dann wurde er nach einem kurzen Pastoralpraktikum an das Päpstliche *Athenaeum Urbaniana* der Kongregation *Propaganda Fide* nach Rom gesandt, wo er das Lizentiat in Theologie erwarb.

Am 21. Dezember 1957 wurde er in Rom vom Sekretär der Kongregation *Propaganda Fide*, Erzbischof Pietro Sigismondi, zum Priester geweiht. Er studierte bis 1960 weiter an der Päpstlichen Universität Gregoriana, wo er ein Lizentiat in Sozialwissenschaften erwarb. 1960 kehrte er nach Uganda zurück und wirkte für zwei Jahre in der Seelsorge und als Schulinspektor der Schulen der Diözese Masaka. 1962–1964 absolvierte er ein Pädagogik-Studium an der Makerere Universität in Kampala. Später war er zu einem Studienaufenthalt an der Notre Dame University in South Bend in den USA. 1964–1968 war er Lehrer am Knabenseminar in Bukalasa. Anschließend war er bis 1974 Studentenseelsorger an der Makerere Universität in Kampala. 1974–1981 war er Generalvikar der Diözese Masaka, 1977 wurde er päpstlicher Ehrenkaplan.

Am 17. Juli 1981 wurde er zum ersten Bischof der neugegründeten Diözese Kiyinda-Mityana ernannt. Die Bischofsweihe empfing er am 22. November 1981 in Mityana von Kardinal Emmanuel Kiwanuka Nsubuga, dem Erzbischof von Kampala. Am 21. Juni 1988 wurde er zum Erzbischof-Koadjutor *c.i.s.* von Kampala und am 8. Februar 1990 zum Erzbischof von Kampala ernannt. 1986–1994 war er Vorsitzender der ugandischen Bischofskonferenz. 1993 war er Gründungsrektor der neuen Universität der Ugandischen Märtyrer.

Papst Johannes Paul II. kreierte ihn im Konsistorium vom 26. November 1994 zum Kardinalpriester und verlieh ihm am gleichen Tag das rote Birett und die Titelkirche

S. Ugo. Er nahm an den Bischofssynoden von 1983, 1994 und 2009 teil. Im April 2005 nahm er am Konklave teil, welches Papst Benedikt XVI. wählte. Am 19. August 2006 trat er aus Altersgründen von seinem Amt als Erzbischof von Kampala zurück. Am 15. Dezember 2006 verlor er mit Erreichen des 80. Lebensjahres das Recht auf Teilnahme am Konklave.

Keeler, William Henry (1931)
Keeler wurde am 4. März 1931 in San Antonio im Bundesstaat Texas in den USA geboren und wuchs in Lebanon in Pennsylvania auf. Nach der Schulzeit trat er in das St. Charles Seminary in Overbrook in Philadelphia ein. Dort erwarb er 1952 den Bachelor in Arts. Anschließend ging er nach Rom an das nordamerikanische Kolleg und zum Studium der Theologie an die Päpstliche Universität Gregoriana.

Am 17. Juli 1955 wurde er in Rom von Erzbischof Luigi Traglia für die Diözese Harrisburg zum Priester geweiht. 1956 erwarb er ein Lizentiat in Theologie an der Gregoriana. 1955–1959 arbeitete er in Harrisburg in der Seelsorge und als Sekretär des Diözesangerichtes. Dann ging er zu einem Promotionsstudium im Fach Kirchenrecht erneut an die Päpstliche Universität Gregoriana nach Rom und wurde dort 1961 in kanonischem Recht promoviert. Er wurde Ehebandsverteidiger am Diözesangericht und war 1962–1965 als Experte beim II. Vatikanischen Konzil erneut in Rom. 1965 wurde er Vizekanzler und später Kanzler der Diözesanverwaltung von Harrisburg. 1965 wurde er päpstlicher Geheimkämmerer, 1970 päpstlicher Ehrenprälat.

Am 24. Juli 1979 wurde er zum Titularbischof von Dulcigno und Weihbischof in Harrisburg ernannt und erhielt am 21. September 1979 in Harrisburg durch Bischof Joseph Thomas Daly von Harrisburg die Bischofsweihe.

Am 3. September 1983 wurde er zum Apostolischen Administrator von Harrisburg und am 10. November 1983 zum Bischof von Harrisburg ernannt. Am 6. April 1989 wurde er zum Erzbischof von Baltimore ernannt. 1989–1992 war er stellvertretender Vorsitzender, 1992–1995 Vorsitzender der US-amerikanischen Bischofskonferenz. Er nahm an den Bischofssynoden von 1994, 1997 und 2001 teil.

Papst Johannes Paul II. kreierte ihn im Konsistorium vom 26. November 1994 zum Kardinalpriester und verlieh ihm am gleichen Tag das rote Birett und die Titelkirche S. Maria degli Angeli. 1997 wurde er zum Mitglied des Generalsekretariates der Bischofssynode ernannt. Er nahm im April 2005 am Konklave teil, welches Papst Benedikt XVI. wählte. Am 12. Juli 2007 verzichtete er aus Altersgründen auf die Erzdiözese Baltimore. Am 4. März 2011 verlor er mit Erreichen des 80. Lebensjahres das Recht auf Teilnahme am Konklave.

Vargas Alzamora S.J., Augusto (1922–2000)
Vargas Alzamora wurde am 9. November 1922 in Lima in Peru geboren und trat 1940 in Miraflores in das Noviziat des Jesuitenordens ein. Er studierte Philosophie an der

philosophischen Fakultät der Jesuiten von San Miguel in Argentinien und Theologie in Madrid und an der theologischen Fakultät der Jesuiten in Granada, Spanien.

Am 15. Juli 1955 wurde er in Madrid von Weihbischof José María García Lahiguera zum Priester geweiht. Nach der Rückkehr nach Peru wurde er in Erziehungswissenschaften an der Universität San Marcos in Lima promoviert.

Er wirkte als Lehrer an jesuitischen Schulen und war 1969–1975 Spiritual und Rektor der Jesuitenschule in Lima sowie Provinzdelegat für die jesuitischen Erziehungseinrichtungen in Peru. Weiter war er Provinzrat und Novizenmagister, Studentenseelsorger und Gründer mehrerer Schulen.

Am 8. Juni 1978 wurde er zum Titularbischof von Cissi und Apostolischen Vikar von Jaén en Perú o San Francisco Javier ernannt. Die Bischofsweihe empfing er am 15. August 1978 von Erzbischof Carlo Furno, dem Nuntius in Peru. 1982 wurde er zum Sekretär der peruanischen Bischofskonferenz gewählt und mehrfach wiedergewählt. Am 23. August 1985 trat er von der Leitung des Apostolischen Vikariates zurück. Am 30. Dezember 1989 wurde er zum Erzbischof von Lima ernannt und war gleichzeitig bis 1999 Großkanzler der Päpstlichen Universität von Peru in Lima. Er nahm 1990, 1994 und 1997 an Bischofssynoden in Rom teil und war 1992 unter den Teilnehmern der IV. Generalkonferenz des lateinamerikanischen Episkopates in Santo Domingo, Dominikanische Republik. 1993–1994 stand er der peruanischen Bischofskonferenz zunächst *ad interim* und 1994–1999 als gewählter Vorsitzender vor.

Papst Johannes Paul II. kreierte ihn im Konsistorium vom 26. November 1994 zum Kardinalpriester und verlieh ihm am gleichen Tag das rote Birett und die Titelkirche S. Roberto Bellarmino.

Am 9. Januar 1999 trat er von der Leitung der Erzdiözese Lima zurück und kümmerte sich um ein Heim für Straßenkinder, welches er in Lima gegründet hatte.

Er starb am 4. September 2000 in Lima und wurde in der Kathedrale von Lima beigesetzt.

Turcotte, Jean-Claude (1936)

Turcotte wurde am 26. Juni 1936 in Montréal in Kanada geboren. 1954–1959 studierte er am Priesterseminar von Montréal und erwarb dort 1959 das Lizentiat in Theologie.

Am 24. Mai 1959 wurde er in der Kirche Saint-Vincent-de-Paul in Laval von Bischof Laurent Morin von Prince-Albert zum Priester geweiht. Er übernahm anschließend als Kaplan seelsorgerliche Aufgaben in der Erzdiözese Montréal. 1964–1965 studierte er in Lille in Frankreich und erwarb an der dortigen katholischen Fakultät ein Diplom in Sozialwissenschaften.

1965–1981 hatte er wiederum verschiedene seelsorgerliche und administrative Aufgaben in der Erzdiözese Montréal. 1967 wurde er verantwortlich für die Diözesanseminare und Verantwortlicher für die Studien und Fortbildung des Klerus. 1974 wurde er Seelsorgeamtsleiter, 1977 Prokurator der Diözese. Er war Ehrenkanoniker des Metropolitankapitels und wurde 1981 zum Generalvikar und *Moderator Curiae* ernannt.

Am 14. April 1982 wurde er zum Titularbischof von Suas und Weihbischof in Montréal ernannt und empfing am 29. Juni 1982 in Montréal von Erzbischof Paul Grégoire von Montréal die Bischofsweihe. Am 17. März 1990 wurde er zum Erzbischof von Montréal ernannt.

Papst Johannes Paul II. kreierte ihn im Konsistorium vom 26. November 1994 zum Kardinalpriester und verlieh ihm am gleichen Tag das rote Birett und die Titelkirche Nostra Signora del Ss. Sacramento e Santi Martiri Canadesi. Er nahm an den Bischofssynoden 1994 und 1997 teil. Im April 2005 nahm er am Konklave teil, welches Papst Benedikt XVI. wählte.

Am 20. März 2012 legte er die Leitung der Erzdiözese Montreal aus Altersgründen nieder. Im März 2013 nahm er am Konklave teil, welches Papst Franziskus wählte.

Carles Gordó, Ricardo María (1926 – 2013)

Carles Gordo wurde am 24. September 1926 in Valencia in der Provinz Valencia im Königreich Spanien geboren. Er besuchte das Priesterseminar Colegio Corpus Christi in Valencia.

Am 29. Juni 1951 wurde er in Valencia zum Priester geweiht. Er studierte anschließend bis zum Lizentiatsabschluss in kanonischem Recht 1953 an der Päpstlichen Universität von Salamanca.

1953 – 1969 übernahm er seelsorgerliche und administrative Aufgaben in der Erzdiözese Valencia; er war Gemeindepfarrer und Berater der jungen katholischen Arbeiter. Später war er als Direktor des Diakonenkonvikts für die Diakonenausbildung zuständig. Er war weiter bischöflicher Beauftragter für den Klerus und für die Familienpastoral in der Erzdiözese verantwortlich.

Am 6. Juni 1969 wurde er zum Bischof von Tortosa ernannt. Die Bischofsweihe spendete ihm am 3. August 1969 in Tortosa Erzbischof Luigi Dadaglio, Apostolischer Nuntius in Spanien. Am 23. März 1990 wurde er zum Erzbischof von Barcelona ernannt.

Papst Johannes Paul II. kreierte ihn im Konsistorium vom 26. November 1994 zum Kardinalpriester und verlieh ihm am gleichen Tag das rote Birett und die die Titelkirche S. Maria Consolatrice al Tiburtino. Er nahm an den Bischofssynoden von 1990 und 2001 teil. Am 15. Juni 2004 verzichtete er aus Altersgründen auf die Leitung der Erzdiözese Barcelona. Im April 2005 nahm er am Konklave teil, welches Papst Benedikt XVI. wählte. Am 24. September 2006 verlor er mit Erreichen des 80. Lebensjahres das Recht auf Teilnahme am Konklave.

Er starb am 17. Dezember 2013 in Tortosa und wurde in der Basilika „Virgen de los Desamparados" in Valencia beigesetzt.

Maida, Adam Joseph (1930)

Maida wurde am 18. März 1930 in East Vandergrift im Bundesstaat Pennsylvania in den USA geboren. Er studierte am St. Vincent's College in Latrobe und an der St. Mary's Universität in Baltimore.

Am 26. Mai 1956 wurde er in der Kathedrale von Pittsburgh von Bischof John Dearden von Pittsburgh zum Priester geweiht. Danach studierte er bis 1960 in Rom am Päpstlichen *Athenaeum* des Laterans und erwarb dort Lizentiate in Theologie und kanonischem Recht.

1960–1983 war er in der Diözese Pittsburgh tätig. Er wirkte in der Seelsorge und wurde nach weiteren Studien an der Duquesne Universität in Pittsburgh in Rechtswissenschaften promoviert. Er war stellvertretender Kanzler und Leiter des Diözesangerichtes, Dozent am La Roche College und Kaplan der St. Thomas More's Society sowie 1971–1983 Professor an der Duquesne University.

Am 7. November 1983 wurde er zum Bischof von Green Bay ernannt und empfing am 25. Januar 1984 in Green Bay von Erzbischof Pio Laghi, dem Apostolischen Delegaten in den USA, die Bischofsweihe. Am 28. April 1990 wurde er zum Erzbischof von Detroit ernannt.

Papst Johannes Paul II. kreierte ihn im Konsistorium vom 26. November 1994 zum Kardinalpriester und verlieh ihm am gleichen Tag das rote Birett und die Titelkirche SS. Vitale, Valeria, Gervasio e Protasio. Er nahm an den Bischofssynoden von 1997 und 1999 teil. Am 14. Juli 2000 wurde er Oberer der Mission *sui iuris* der Cayman Islands. Im April 2005 nahm er am Konklave teil, welches Papst Benedikt XVI. wählte. Am 5. Januar 2009 legte er die Leitung der Erzdiözese aus Altersgründen nieder. Am 18. März 2010 verlor er mit Erreichen des 80. Lebensjahres das Recht auf Teilnahme am Konklave.

Puljic, Vinko (1945)
Puljic wurde am 8. September 1945 in Prijecani in Jugoslawien, heute Bosnien und Herzegowina, geboren. Er studierte er im Priesterseminar von Djakovo Theologie und Philosophie.

Am 29. Juni 1970 wurde er in Djakovo von Bischof Stjepan Bauerlein von Djakovo für die Diözese Banja Luka zum Priester geweiht. 1970–1978 übernahm er verschiedene seelsorgerliche und administrative Aufgaben in der Diözese Banja Luka und an der bischöflichen Kurie. 1978 wurde er Spiritual des Knabenseminars von Zadar, war in der Exerzitienarbeit der Diözese tätig und bot regelmäßig Einkehr- und Besinnungstage an. 1987 wurde er Pfarrer einer Gemeinde. 1990 wurde er Subregens des Priesterseminars in Sarajevo und Verantwortlicher für die Seminare und den geistlichen Nachwuchs sowie Mitglied des Priesterrates.

Am 19. November 1990 wurde er zum Erzbischof von Vrhbosna ernannt. Die Bischofsweihe spendete ihm am 6. Januar 1991 in der Petersbasilika des Vatikans Papst Johannes Paul II.

Papst Johannes Paul II. kreierte ihn im Konsistorium vom 26. November 1994 zum Kardinalpriester und verlieh ihm am gleichen Tag das rote Birett und die Titelkirche S. Chiara a Vigna Clara. Er nahm an den Bischofssynoden 1999, 2005 und 2008 teil. Im April 2005 nahm er am Konklave teil, welches Papst Benedikt XVI. wählte. Im März 2013 nahm er am Konklave teil, welches Papst Franziskus wählte.

Razafindratandra, Armand Gaétan (1925 – 2010)

Razafindratandra wurde am 7. August 1925 in Ambohimalaza auf Madagaskar geboren. Nach der Schulzeit studierte er am Priesterseminar von Ambatoroka.

Am 27. Juli 1954 wurde er in Tananarive von Bischof Viktor Sartre S.J., dem Apostolischen Vikar von Tananarive, zum Priester geweiht. 1954 – 1956 ging er zu weiteren Studien nach Paris und spezialisierte sich in Sozialwissenschaften und Pastoraltheologie am Institute Catholique. 1956 bis 1978 wirkte er als Verantwortlicher für die Katechese im Erzbistum Tananarive, als Kaplan der Kathedrale und Spiritual an öffentlichen und privaten nichtkonfessionellen Schulen. Er war Direktor des von ihm gegründeten nationalen katechetischen Zentrums, Regens des Knabenseminars von Faliarivo und Spiritual des Priesterseminars von Amabatoroka.

Am 27. April 1978 wurde er zum Bischof von Mahajanga ernannt. Die Bischofsweihe empfing er am 2. Juli 1978 von Kardinal Victor Razafimahatratra S.J., dem Erzbischof von Tananarive. Am 3. Februar 1994 wurde er zum Erzbischof von Antananarivo ernannt und nahm im Herbst 1994 an der Bischofssynode für Afrika teil. 1994 – 1998 leitete er zusätzlich als Apostolischer Administrator das Bistum Miarinavo.

Papst Johannes Paul II. kreierte ihn im Konsistorium vom 26. November 1994 zum Kardinalpriester und verlieh ihm am gleichen Tag das rote Birett und die die Titelkirche SS. Silvestro e Martino ai Monti. 1996 – 2002 war er Vorsitzender der madegassischen Bischofskonferenz.

Im April 2005 nahm er am Konklave teil, welches Papst Benedikt XVI. wählte.

Am 7. August 2005 verlor er mit Erreichen des 80. Lebensjahres das Recht auf Teilnahme am Konklave und legte am 7. Dezember 2005 die Leitung des Erzbistums aus Altersgründen nieder. 2009 war er Teilnehmer der zweiten Bischofssynode für Afrika 2009.

Er starb am 9. Januar 2010 in Mahajanga und wurde in der Kathedrale von Antananarivo beigesetzt.

Pham Dinh Tung, Phaolo-Giuse (Paul Joseph) (1919 – 2009)

Pham wurde am 20. Mai oder 15. Juni 1919 in Bhin Hoa in Vietnam geboren. Er studierte 1940 – 1949 am Priesterseminar St. Sulpice Major in Hanoi. Während der Revolution war das Seminar 1945 – 1948 geschlossen, und er studierte im Geheimen in einer Gemeinde weiter.

Am 6. Juni 1949 wurde er in Hanoi von Bischof Tadêô Lê Huu Tu O. Cist., dem Apostolischen Vikar von Phát Diêm zum Priester geweiht. 1949 wurde er Kaplan in einem Waisenhaus und 1950 Kaplan einer Gemeinde in Hanoi. 1954 gründete er das Flüchtlingsheim von Bach Mai für Kriegsflüchtlinge. Im gleichen Jahr wurde das Land geteilt, und er blieb im kommunistisch beherrschten Teil des Landes in Hanoi. 1955 – 1963 war er Leiter des Knabenseminars St. Johannes, welches die staatlichen Autoritäten 1960 schlossen.

Am 5. April 1963 wurde er zum Bischof von Bac Ninh ernannt und am 15. August 1963 von Erzbischof Joseph-Marie Trin nhu Khué von Hànôi zum Bischof geweiht. 1963 – 1990 stand er unter Hausarrest. Am 5. Juli 1990 wurde er Apostolischer Administrator von Hànôi. 1990–2003 übernahm er auch die Leitung des Priesterseminars von Hanoi. Am 23. März 1994 konnte er zum Erzbischof von Hànôi ernannt werden.

Papst Johannes Paul II. kreierte ihn im Konsistorium vom 26. November 1994 zum Kardinalpriester und verlieh ihm am gleichen Tag das rote Birett und die die Titelkirche S. Maria Regina Pacis in Ostia mare. 1995–2001 war er Vorsitzender der vietnamesischen Bischofskonferenz. 1998–1999 verwaltete er als Apostolischer Administrator die Bistümer Lang Són und Cao Bang.

Am 15. Juni 1999 verlor er mit Erreichen des 80. Lebensjahres das Recht auf Teilnahme am Konklave, blieb aber wegen der politischen Situation in Vietnam bis zum 19. Februar 2005 im Amt.

Er starb am 22. Februar 2009 in Hanoi und wurde in der Kathedrale von Hanoi beigesetzt.

Sandoval Íñiguez, Juan (1933)

Sandoval wurde am 28. März 1933 in Yahualica in Mexiko geboren. 1945–1952 studierte er am Knaben- und später am Priesterseminar von Guadalajara und ging anschließend an das lateinamerikanische Kolleg in Rom und studierte an der Päpstlichen Universität Gregoriana. Dort erwarb er das Lizentiat in Theologie.

Am 27. Oktober 1957 wurde er in Rom von Erzbischof Antonio Samorè, dem Sekretär der Kongregation für die außerordentlichen Angelegenheiten der Kirche, zum Priester geweiht. Er setzte seine Studien an der Päpstlichen Universität Gregoriana bis zur Promotion 1961 fort.

Nach seiner Rückkehr wirkte er 1961–1971 als Präfekt und Spiritual am Priesterseminar von Guadalajara und als Dozent an der philosophischen Fakultät sowie als Dozent und Präfekt der Studenten im Propädeutikum des Priesterseminars Guadalajara in Tapalpa. 1971–1980 wurde er Subregens und 1980–1988 Regens des Priesterseminars. Er war Mitglied und Sprecher des Priesterrates, Mitglied des Geistlichen Rates der erzbischöflichen Kurie und Mitglied der Kleruskommission.

Am 3. März 1988 wurde er zum Koadjutor-Bischof von Ciudad Juarez ernannt und am 30. April 1988 von Bischof Manuel Talamás Camandari von Ciudad Juarez zum Bischof geweiht. Am 11. Juli 1992 wurde er Bischof von Ciudad Juarez. 1992 nahm er an der IV. Generalkonferenz der lateinamerikanischen Bischöfe in Santo Domingo teil und wurde am 21. April 1994 zum Erzbischof von Guadalajara ernannt.

Papst Johannes Paul II. kreierte ihn im Konsistorium vom 26. November 1994 zum Kardinalpriester und verlieh ihm am gleichen Tag das rote Birett und die die Titelkirche Nostra Signora di Guadalupe e S. Filippo Martire in Via Aurelia. Er wurde zum Generalrelator der Bischofssynode für Amerika 1997 ernannt und nahm an den Bischofssynoden von 2001 und 2005 teil. Im April 2005 nahm er am Konklave teil, welches Papst Benedikt XVI. wählte. 2007 war er unter den Teilnehmern der V. Generalkonferenz des lateinamerikanischen Episkopates in Aparecida in Brasilien.

Am 7. Dezember 2011 legte er die Leitung des Erzbistums aus Altersgründen nieder. Im März 2013 nahm er am Konklave teil, welches Papst Franziskus wählte. Am 28. März 2013 verlor er mit Erreichen des 80. Lebensjahres das Recht auf Teilnahme am Konklave.

Echeverría Ruiz O.F.M., Bernardino (1912 – 2000)

Echeverría wurde am 12. November 1912 in Cotacachí in der Provinz Imbabura in Ecuador geboren und auf den Namen Carlos Honorato Guillermo getauft. Im September 1928 trat er in den Franziskanerorden ein und erhielt den Ordensnamen Bernardino. Er studierte in franziskanischen Studienhäusern in Ecuador.

Am 4. Juli 1937 wurde er zum Priester geweiht. Er ging anschließend bis 1941 zu Studien an das Päpstliche *Athenaeum Antonianum* nach Rom, wo er den Doktor der Philosophie erwarb. 1941–1949 wirkte er in Ecuador als Dozent in franziskanischen Studienhäusern, als Studienpräfekt, als Provinzkommissar für den Dritten Orden der Franziskaner, als Rektor der Bruderschaft von Quito, als Provinzsekretär und Provinzialminister. Er gründete ein katholisches Journal, war Sekretär des Institutes für Amazonasstudien in Ecuador und Mitglied der internationalen Akademie für Geschichte der Franziskaner.

Am 23. Oktober 1949 wurde er zum Bischof von Ambato ernannt und am 4. Dezember 1949 in Quito durch Erzbischof Efrem Forni, den Apostolischen Nuntius in Ecuador, zum Bischof geweiht. 1962–1965 nahm er am II. Vatikanischen Konzil teil. Er nahm 1968 an der II. Generalkonferenz des lateinamerikanischen Episkopates in Medellin in Kolumbien, 1979 an der III. Generalkonferenz des lateinamerikanischen Episkopates in Puebla in Mexiko und 1992 an der IV. Generalkonferenz des lateinamerikanischen Episkopates in Santo Domingo in der Dominikanischen Republik teil. Er war Generalsekretär der ecuadorianischen Bischofskonferenz und wurde am 10. April 1969 zum Erzbischof von Guayaquil ernannt. Er nahm er an den Bischofssynoden von 1971, 1974 und 1985 teil. Am 7. Dezember 1989 legte er die Leitung der Erzdiözese aus Altersgründen nieder, übernahm aber für die Jahre 1990–1995 die Verwaltung der Diözese Ibarra als Apostolischer Administrator.

Papst Johannes Paul II. kreierte ihn im Konsistorium vom 26. November 1994 zum Kardinalpriester und verlieh ihm am gleichen Tag das rote Birett und die die Titelkirche SS. Nereo ed Achilleo. Da er zu diesem Zeitpunkt bereits über 80 Jahre alt war, hatte er nie das Recht zur Teilnahme am Konklave.

Er starb am 6. April 2000 in Quito und wurde in der Kirche des Franziskanerkonvents von Quito beigesetzt. 2008 wurde er in die Grabstätte der Erzbischöfe von Guayaquil überführt und erneut beigesetzt.

Swiatek, Kazimierz (1914 – 2011)

Swiatek wurde am 21. Oktober 1914 in Walga im russischen Zarenreich, heute Republik Estland, geboren. Nach der Schulzeit trat er 1933 in das Priesterseminar von Pinsk in der damaligen Sowjetunion, heute in Weißrussland, GUS, ein.

Am 8. April 1939 wurde er in der Kathedrale von Pinsk von Bischof Kazimierz Bukraba von Pinsk zum Priester geweiht. 1939 – 1941 war er zunächst Kaplan im ostpolnischen Teil der Diözese Pinsk und Militärkaplan der polnischen Armee. Am 21. April 1941 wurde er von den Sowjets verhaftet, in das Gefängnis von Brest gebracht und zum Tode verurteilt. Im Juni 1941 wurde er von der Bevölkerung befreit und ging in seine Gemeinde zurück, die mittlerweile von der Gestapo besetzt war. Dennoch versuchte er, seinen priesterlichen Dienst zu verrichten. Nach dem Einmarsch der sowjetischen Armee wurde er im Dezember 1944 in das Gefängnis zu Minsk gebracht und 1945 zu zehn Jahren Arbeitslager verurteilt. Am 16. Juni 1954 wurde er freigelassen und wirkte 1954 – 1989 als Pfarrer der Kathedrale von Pinsk. Am 11. April 1989 wurde er Generalvikar der Diözese Pinsk.

Am 13. April 1991 wurde er zum Erzbischof von Minsk-Mohilev und Apostolischen Administrator von Pinsk ernannt. Die Bischofsweihe spendete ihm am 21. Mai 1991 in der Kathedrale von Pinsk Erzbischof Tadeusz Kondrusiewicz, der Apostolische Administrator für das Europäische Russland. 1991 konnte er an einer römischen Bischofssynode teilnehmen.

Papst Johannes Paul II. kreierte ihn im Konsistorium vom 26. November 1994 zum Kardinalpriester und verlieh ihm am gleichen Tag das rote Birett und die die Titelkirche S. Gerardo Maiella. Da er zu diesem Zeitpunkt über 80 Jahre alt war, hatte er nie das Recht zur Teilnahme am Konklave. 1999 nahm er an der Bischofssynode für Europa teil. Am 14. Juni 2006 trat er aus Alters- und Gesundheitsgründen vom Amt des Erzbischofs von Minsk-Mohilev sowie vom Vorsitz der Bischofskonferenz von Weißrussland zurück, welchen er seit 1999 innehatte. Das Amt des Apostolischen Administrators für Pinsk legte er erst am 30. Juni 2011 nieder.

Er starb am 21. Juli 2011 in Pinsk und wurde in der Kathedrale von Pinsk beigesetzt.

Tonini, Ersilio (1914 – 2013)

Tonini wurde am 20. Juli 1914 in Centovera di San Giorgio Piacentino in der Provinz Piacenza im Königreich Italien, heute Republik Italien, geboren. Er studierte am Priesterseminar von Piacenza.

Am 18. April 1937 wurde er in Piacenza von Bischof Ersilio Menzani von Piacenza zum Priester geweiht und wurde Subregens des Priesterseminars. Es folgten 1939 – 1943 Studien in kanonischem Recht und Zivilrecht am Päpstlichen *Athenaeum* des Laterans in Rom. 1943 wurde er zunächst Lehrer für alte Sprachen und Italienisch am Priesterseminar und war gleichzeitig kirchlicher Assistent der FUCI (Katholische Studentenvereinigung Italiens) in der Diözese Piacenza. 1947 wurde er Direktor der Diözesanwochenzeitung, und 1953 wurde er Pfarrer. 1959 wurde er päpstlicher Geheimkämmerer und 1968 Regens des Priesterseminars von Piacenza.

Am 28. April 1969 wurde er zum Bischof von Macerata e Tolentino und Apostolischen Administrator von Cingoli, Recanati und Treia ernannt. Die Bischofsweihe empfing er am 2. Juni 1969 von Erzbischof Umberto Malchiodi, dem Bischof von Piacenza. Am 22. November 1975 wurde er zum Erzbischof von Ravenna und gleichzeitig zum Bischof von Cervia ernannt. Beide Bistümer wurden am 20. September 1986 vereinigt. Er nahm an den Bischofssynoden von 1987 und 1994 teil. 1988–1989 verwaltete er als Apostolischer Administrator das Bistum Rimini. Am 27. Oktober 1990 verzichtete er auf die Leitung des Erzbistums aus Altersgründen. Er war 1991 Prediger der Fastenexerzitien im Vatikan.

Papst Johannes Paul II. kreierte ihn im Konsistorium vom 26. November 1994 zum Kardinalpriester und verlieh ihm am gleichen Tag das rote Birett und die die Titelkirche Ss. Redentore a Via Melania. Da er zu diesem Zeitpunkt bereits über 80 Jahre alt war, hatte er nie das Recht zur Teilnahme am Konklave.

Er starb am 28. Juli 2013 in Ravenna und wurde in der Kathedrale von Ravenna beigesetzt.

Koliqi, Mikel (1902–1997)

Koliqi wurde am 29. September 1902 in Shkodra in Albanien geboren. Er ging als Jugendlicher zur Ausbildung nach Italien und besuchte die Jesuitenschule in Brescia. 1919–1924 besuchte er das Collegio Vilorez in Monza und anschließend in Bergamo, Florenz und Bari, wo er seine Examina am Technischen Institut ablegte. Danach begann er ein Studium am Polytechnischen Institut in Mailand. Nachdem er die Berufung zum Priesteramt verspürte, studierte er Philosophie und Theologie an den Seminaren von Venegono und Mailand.

Am 30. Mai 1931 wurde er in der Jesuitenkirche von Shkodra durch Erzbischof Lazër Mjeda von Shkodrë zum Priester geweiht. Er war zunächst bis 1936 Kaplan und danach bis 1945 Pfarrer an der Kathedrale. 1936–1991 war er Generalvikar der Erzdiözese Shkodrë. Er war Herausgeber einer katholischen Wochenzeitschrift und einer Kulturzeitschrift. In diesen Jahren verfasste er auch Bühnenwerke, die nach dem Fall des Eisernen Vorhangs erneut aufgeführt wurden. 1945 wurde er von den Machthabern verhaftet, freigelassen, erneut inhaftiert und in Arbeitslager gesteckt. 1986 wurde er aus dem Arbeitslager aufgrund seines Alters entlassen. Insgesamt war er 21 Jahre in Arbeitslagern und 21 Jahre in Gefängnissen. 1992 wurde er päpstlicher Ehrenprälat.

Papst Johannes Paul II. kreierte ihn im Konsistorium vom 26. November 1994 zum Kardinaldiakon und verlieh ihm am gleichen Tag das rote Birett und die die Kirche Ognissanti in Via Appia Nuova als Titeldiakonie. Aufgrund seines Alters und seiner gesundheitlichen Situation wurde er von der Verpflichtung zur Bischofsweihe suspendiert. Da er zu diesem Zeitpunkt bereits über 80 Jahre alt war, hatte er nie das Recht zur Teilnahme am Konklave.

Er starb am 28. Januar 1997 in Shkodra und wurde in der Kathedrale beigesetzt.

Congar O.P., Yves-Marie-Joseph (1904 – 1995)

Congar wurde am 8. April 1904 in Sedan in der Republik Frankreich geboren und studierte zunächst am Priesterseminar von Reims und am Institute Catholique in Paris. Am 7. Dezember 1925 trat er in Amiens in den Dominikanerorden ein und erhielt den Ordensnamen Marie-Joseph. Seine Profess legte er 1926 ab und studierte anschließend an der Ordenshochschule Le Saulchoir, welche sich damals in Tournai in Belgien befand.

Am 25. Juli 1930 wurde er zum Priester geweiht und war ab 1931 Professor der Apologetik, dann für Ekklesiologie an der Ordenshochschule Le Saulchoir, die 1939 nach Etiolles bei Paris verlegt wurde.

Er begründete die ökumenisch ausgerichtete Buchreihe *Unam Sanctam*. Als erster Band erschien 1937 seine programmatische Schrift „Chretiens desunis". Im Zweiten Weltkrieg kam er 1940 beim Frankreichfeldzug als Offizier der französischen Armee in deutsche Kriegsgefangenschaft und kehrte 1945 zurück. Zusammen mit Jean Danielou und Henri de Lubac gehörte er zu den Begründern der französischen Nouvelle Théologie. Die Jahre 1946 – 1956 waren vor allem durch größte Schwierigkeiten mit den Vatikanischen Stellen und deren Verständnis bzw. Interpretation seiner Theologie geprägt. 1954 – 1956 erhielt er ein komplettes Lehrverbot und musste die Ordenshochschule von Le Saulchoir verlassen. Er ging an die École Biblique nach Jerusalem, nach Rom, Straßburg und Cambridge. 1956 konnte er an seine Hochschule zurückkehren.

Johannes XXIII. ernannte ihn 1960 zum Konsultor der theologischen Vorbereitungskommission des II. Vatikanischen Konzils. Aufgrund einer neurologischen Erkrankung musste er viele seiner Tätigkeiten ab 1968 einschränken. Seit 1986 lebte er in Paris im Centre des Invalides. Er war 1969 – 1985 Mitglied der Internationalen Theologenkommission.

Papst Johannes Paul II. kreierte ihn im Konsistorium vom 26. November 1994 zum Kardinaldiakon und verlieh ihm die Kirche S. Sebastiano al Palatino als Titeldiakonie. Er erhielt das Kardinalsbirett auf dem Krankenbett von Kardinalstaatssekretär Sodano überreicht und wurde aufgrund seines Alters und seiner gesundheitlichen Situation von der Verpflichtung zur Bischofsweihe suspendiert. Da er zu diesem Zeitpunkt bereits über 80 Jahre alt war, hatte er nie das Recht zur Teilnahme am Konklave.

Er starb am 22. Juni 1995 in Paris und wurde in der Dominikanergrabstätte auf dem Friedhof Montparnasse in Paris beigesetzt.

Grillmeier S.J., Alois (1910 – 1998)

Grillmeier wurde am 1. Januar 1910 in Pechbrunn, Oberpfalz, im Königreich Bayern im deutschen Kaiserreich, heute Bundesrepublik Deutschland, geboren. 1929 trat er in den Jesuitenorden ein. Nach dem Noviziat 1929 – 1931 in Tisis, Vorarlberg, studierte er 1931 – 1934 Philosophie in Pullach, 1934 – 1936 Theologie in Valkenburg, Niederlande, und 1936 – 1938 in Sankt Georgen, Frankfurt am Main.

Am 24. Juni 1937 wurde er in München durch Kardinal Michael Faulhaber zum Priester geweiht. 1939 – 40 war er in Rom, 1942 wurde er in Freiburg i. Br. in Theologie promoviert. Sofort danach wurde er zum Militärdienst eingezogen, aus dem er 1944 wegen der Ordenszugehörigkeit entlassen wurde. 1944–1948 dozierte er Fundamentaltheologie und Dogmatik in Pullach (zusammen mit Karl Rahner SJ), danach bis 1950 Dogmatik und Dogmengeschichte in Büren in Westfalen. Ab 1950 wirkte er bis zu seiner Emeritierung 1978 an der Theologisch-Philosophischen Hochschule St. Georgen der Jesuiten in Frankfurt am Main als Ordinarius für Dogmatik und Dogmengeschichte. Von Bischof Wilhelm Kempf, Limburg, wurde er als theologischer Berater zum II. Vatikanischen Konzil (1962–1965) berufen und wirkte 1963–1965 als Konzilstheologe in der Theologischen Kommission.

Papst Johannes Paul II. kreierte ihn im Konsistorium vom 26. November 1994 zum Kardinaldiakon und verlieh ihm am gleichen Tag das rote Birett und die die Kirche S. Nicola in Carcere als Titeldiakonie. Aufgrund seines Alters und seiner gesundheitlichen Situation wurde er von der Verpflichtung zur Bischofsweihe suspendiert. Da er zu diesem Zeitpunkt bereits über 80 Jahre alt war, hatte er nie das Recht zur Teilnahme am Konklave.

Er starb am 13. September 1998 in Unterhaching bei München und wurde auf dem Jesuitenfriedhof in Pullach bei München beigesetzt.

Medina Estevez, Jorge Arturo (1926)
Medina Estevez wurde am 23. Dezember 1926 in Santiago de Chile in Chile geboren. Er studierte am Priesterseminar von Santiago und an der Päpstlichen Katholischen Universität von Santiago, wo er ein Lizentiat in Literatur und Biologie und Doktorate in Theologie und Kirchenrecht erwarb.

Am 12. Juni 1954 wurde er von Bischof Pio Alberto Fariña, dem Weihbischof in Santiago de Chile, zum Priester geweiht. Er wurde Dozent am Priesterseminar von Santiago und an der theologischen Fakultät von Santiago. 1962–1965 nahm er am II. Vatikanischen Konzil als Experte teil. Er war Richter am Metropolitangericht der Erzdiözese Santiago, Pro-Großkanzler der Katholischen Universität Santiago und Bußkanoniker des Metropolitankapitels der Kathedrale Santiago sowie Konsultor verschiedener vatikanischer Behörden.

Am 18. Dezember 1984 wurde er zum Titularbischof von Tibili und Weihbischof in Rancagua ernannt. Am 6. Januar 1985 empfing er in der Petersbasilika des Vatikans von Papst Johannes Paul II. die Bischofsweihe. Am 25. November 1987 wurde er Bischof von Rancagua und am 16. April 1993 Bischof von Valparaiso. Am 21. Juni 1996 wurde er zum Pro-Präfekten der Kongregation für Gottesdienst und Sakramente ernannt und verzichtete am gleichen Tag auf die Leitung seiner Diözese. Am 19. September 1996 wurde er zum Erzbischof ernannt. 1997 war er Teilnehmer der Bischofssynode für Amerika.

Papst Johannes Paul II. kreierte ihn im Konsistorium vom 21. Februar 1998 zum Kardinaldiakon und verlieh ihm am gleichen Tag das rote Birett und die Kirche S. Saba als Titeldiakonie. Am 23. Februar 1998 wurde er Präfekt der Kongregation für Gottesdienst und Sakramente. Er nahm während seiner Amtszeit im Vatikan an den Bischofssynoden von 1999 und 2001 teil. Am 1. Oktober 2002 verzichtete er aus Altersgründen auf die Leitung der Kongregation als Präfekt. Am 24. Februar 2005 wurde er Kardinalprotodiakon. Er nahm im April am Konklave teil, welches Papst Benedikt XVI.

wählte. Ihm fiel als Kardinalprotodiakon die Aufgabe zu, am 19. April 2005 von der Loggia der Petersbasilika das *Habemus Papam* und den Namen des neuen Papstes zu verkünden.

Am 23. Dezember 2006 verlor er mit Erreichen des 80. Lebensjahres das Recht auf Teilnahme am Konklave, Das Amt des Kardinalprotodiakons legte er am 23. Februar 2007 nieder. Am 1. März 2007 optierte er für die Klasse der Kardinalpriester und die Erhebung seiner Titeldiakonie zur Titelkirche. Er kehrte nach Santiago de Chile zurück.

Bovone, Alberto (1922 – 1998)

Bovone wurde am 11. Juni 1922 in Frugarolo in der Provinz Alessandria, Piemont, im Königreich Italien, heute Republik Italien, geboren. Er studierte am Priesterseminar von Alessandria und an der Staatlichen Universität Turin.

Am 26. Mai 1945 wurde er in Casale Monferrato von Bischof Giuseppe Angrisani von Casale Monferrato zum Priester der Diözese Alessandria geweiht. Bis 1946 wirkte er in der Seelsorge seiner Heimatdiözese, bevor er 1946 zum Weiterstudium nach Rom an das von Dominikanern geleitete Päpstliche *Athenaeum* St. Thomas von Aquin (*Angelicum*) ging, wo er 1951 den Doktor in kanonischem Recht erwarb. An der Studienanstalt der Römischen Rota erwarb er die Approbation zum Anwalt der Römischen Rota. 1951 trat er als Mitarbeiter der Konzilskongregation in den Dienst des Heiligen Stuhls ein und wurde schließlich Büroleiter. Er war Spezialsekretär der Bischofssynode von 1971 und wurde 1973 Untersekretär der Glaubenskongregation.

Am 5. April 1984 wurde er zum Titularerzbischof von Caesarea in Numidia und Sekretär der Glaubenskongregation ernannt. Die Bischofsweihe empfing er am 12. Mai 1984 in Alessandria von Kardinal Joseph Ratzinger, dem Präfekten der Kongregation für die Glaubenslehre. Am 13. Juni 1995 wurde er Pro-Präfekt der Kongregation für die Heiligsprechungen.

Papst Johannes Paul II. kreierte ihn im Konsistorium vom 21. Februar 1998 zum Kardinaldiakon und verlieh ihm die Kirche Ognissanti in Via Appia Nuova als Titeldiakonie. Aus gesundheitlichen Gründen konnte er nicht am Konsistorium teilnehmen und erhielt das rote Birett und den Kardinalsring in der römischen Gemelli-Klinik von Kardinalstaatssekretär Angelo Sodano im Auftrag des Papstes überreicht. Am 23. Februar 1998 wurde er Präfekt der Kongregation für die Heiligsprechungen.

Er starb am 17. April 1998 in Rom und wurde auf dem Friedhof von Frugarolo beigesetzt.

Castrillón Hoyos, Darío (1929)

Castrillón Hoyos wurde am 4. Juli 1929 in Medellín in Kolumbien geboren. Er besuchte die Seminare von Antioquia in Medellín und Santa Rosa de Osos und studierte an der Päpstlichen Universität Gregoriana in Rom, wo er in kanonischem Recht promovierte und sich in Religionssoziologie, Volkswirtschaft und Wirtschaftsethik spezialisierte.

Dieser Spezialisierung diente auch ein Aufenthalt an der soziologischen Fakultät der Katholischen Universität Louvain in Belgien.

Am 26. Oktober 1952 wurde er in der Basilika SS. XII Apostoli in Rom von Erzbischof Alfonso Carinci, dem Sekretär der Ritenkongregation, zum Priester geweiht. Nach zwei weiteren Studienjahren in Rom ging er nach Kolumbien zurück, übernahm in den Jahren 1954–1971 seelsorgliche Aufgaben in Segovia de Yarumal und wirkte u. a. als Direktor der Cursillobewegung sowie der Legio Mariens. Er war Mitarbeiter der Diözesankurie von Santa Rosa de Osos und als Diözesanbeauftragter für die Katholische Aktion und für die Medienarbeit verantwortlich. Ferner war er geistlicher Assistent der CAJ und Verantwortlicher für die Katechese und als Generalsekretär des kolumbianischen Episkopates tätig.

Am 2. Juni 1971 wurde er zum Titularbischof von Villa del Re und Koadjutor *c.i.s.* von Pereira ernannt. Die Bischofsweihe spendete ihm am 18. Juli 1971 Erzbischof Angelo Palmas, der Apostolische Nuntius in Kolumbien. Am 1. Juli 1976 wurde er Bischof von Pereira und war 1983–1987 Generalsekretär und 1987–1991 Präsident des lateinamerikanischen Bischofsrates (CELAM). Er nahm an Bischofssynoden 1990 und 1994 in Rom teil und war bei der Amerikasynode 1997 einer der drei delegierten Präsidenten; 1992 nahm er an der IV. Generalkonferenz des lateinamerikanischen Episkopates in Santo Domingo, Dominikanische Republik, teil. Am 16. Dezember 1992 wurde er zum Erzbischof von Bucaramanga ernannt. Am 15. Juni 1996 wurde er zum Pro-Präfekten der Kongregation für den Klerus ernannt und verzichtete am gleichen Tag auf die Leitung seiner Erzdiözese.

Papst Johannes Paul II. kreierte ihn im Konsistorium vom 21. Februar 1998 zum Kardinaldiakon und verlieh ihm am gleichen Tag das rote Birett und die die Kirche SS. Nome di Maria al Foro Traiano als Titeldiakonie. Am 23. Februar 1998 wurde er Präfekt der Kleruskongregation und zusätzlich am 13. April 2000 Präsident der Päpstlichen Kommission *Ecclesia Dei*. Er nahm während seiner Amtszeit im Vatikan an allen stattfindenden Bischofssynoden teil. Im April 2005 nahm er am Konklave teil, welches Papst Benedikt XVI. wählte. Er wurde im Amt vom neuen Papst bestätigt und verzichtete aus Altersgründen am 31. Oktober 2006 auf die Leitung seiner Kongregation.

Vom 23. Februar 2007 bis zum 1. März 2008 war er Kardinalprotodiakon. 2007 nahm er an der V. Generalversammlung des lateinamerikanischen Episkopates in Aparecida in Brasilien teil. Am 1. März 2008 optierte er für die Klasse der Kardinalpriester und die Erhebung seiner Titeldiakonie zur Titelkirche. Am 4. Juli 2009 verlor er mit Erreichen des 80. Lebensjahres das Recht auf Teilnahme am Konklave und trat am 8. Juli 2009 vom Amt des Präsidenten der Päpstlichen Kommission *Ecclesia Dei* zurück.

Antonetti, Lorenzo (1922–2013)
Antonetti wurde am 31. Juli 1922 in Romagnano Sesia in der Provinz Novara im Königreich Italien, heute Republik Italien, geboren. Er studierte am Priesterseminar von Novara und am Almo Collegio Capranica in Rom. Er studierte weiter am Päpstlichen *Athenaeum* St. Thomas von Aquin (*Angelicum*), wo er einen theologischen Doktor erwarb.

Am 26. Mai 1945 wurde er in Novara von Bischof Leone Giacomo Ossola O.F.M. Cap., von Novara zum Priester geweiht. Anschließend arbeitete er bis 1947 in der Seelsorge seiner Heimatdiözese und ging anschließend bis 1951 zu weiteren Studien nach Rom an die Päpstliche Universität Gregoriana, wo er in kanonischem Recht promovierte und weiter an der Päpstlichen Diplomatenakademie in Rom studierte.

1951 trat er in den Dienst des Vatikanischen Staatssekretariats und war 1952–1955 Nuntiatursekretär der Nuntiatur im Libanon. 1952 wurde er päpstlicher Geheimkämmerer. 1956–1959 war er Nuntiatursekretär der Nuntiatur in Venezuela und arbeitete 1959–1963 in der Kongregation für außerordentliche Angelegenheiten der Kirche im Staatssekretariat. 1964 wurde er päpstlicher Hausprälat. 1963–1967 war er Nuntiaturrat an der Nuntiatur in Frankreich und ab 1968 an der Apostolischen Delegatur in den USA.

Am 23. Februar 1968 wurde er zum Titularerzbischof von Roselle und am 24. Februar 1968 zum Nuntius in Honduras und Nicaragua ernannt. Die Bischofsweihe empfing er am 12. Mai 1968 in Romagnano Sesia von Kardinalstaatssekretär Amleto Giovanni Cicognani. Am 29. Juni 1973 wurde er zum Pro-Nuntius in Zaire ernannt. Am 15. Juni 1977 erfolgte die Ernennung zum Sekretär der Vermögensverwaltung des Heiligen Stuhls. Am 23. September 1988 wurde er Nuntius in Frankreich und am 24. Juni 1995 Pro-Präsident der Güterverwaltung des Heiligen Stuhls.

Papst Johannes Paul II. kreierte ihn im Konsistorium vom 21. Februar 1998 zum Kardinaldiakon und verlieh ihm am gleichen Tag das rote Birett und die Kirche S. Agnese in Agone als Titeldiakonie. Am 23. Februar 1998 wurde er Präsident der Güterverwaltung des Heiligen Stuhls, wovon er am 5. November 1998 aus Altersgründen zurücktrat. Am 5. November 1998 wurde er zum Päpstlichen Delegaten für die Basilika in Assisi ernannt. Am 31. Juli 2002 verlor er mit Erreichen des 80. Lebensjahres das Recht auf Teilnahme am Konklave und trat von allen Ämtern zurück. Am 1. März 2008 optierte er für die Klasse der Kardinalpriester und die Erhebung seiner Titeldiakonie zur Titelkirche.

Er starb am 10. April 2013 in Novara und wurde auf dem Friedhof von Romagnano Sesia beigesetzt.

Stafford, James Francis (1932)

Stafford wurde am 26. Juli 1932 in Baltimore im Bundesstaat Maryland, USA, geboren. Er besuchte das Loyola College in Baltimore und studierte dort Medizin mit dem Ziel, Arzt zu werden. Dann ging er an das Saint Mary's Seminar in Baltimore, wo er ein Lizentiat in Kunstgeschichte erwarb und mit dem Studium der Theologie und Philosophie begann, welches er in Rom an der Päpstlichen Universität Gregoriana fortsetzte und mit dem Lizentiat in Theologie abschloss.

Am 15. Dezember 1957 wurde er in Rom in der Kirche des nordamerikanischen Kollegs vom Rektor des Kollegs, Bischof Martin John O'Connor, zum Priester geweiht. Er kehrte in seine Heimat zurück und arbeitete bis 1962 in der Seelsorge seines Heimatbistums Baltimore. Dann ging er bis 1964 zum Studium der Sozialwissenschaften an die Katholische Universität in Washington und schloss diesen Studiengang mit dem Master in Sozialarbeit ab. 1964–1966 war er erneut in der Seelsorge des Erzbistums Baltimore eingesetzt, bevor er 1966 Caritasdirektor und Bischofsvikar der Erzdiözese wurde und darüber hinaus Mitglied des Geistlichen Rates und des Planungsteams für die christlichen Erziehung sowie Mitglied und Sprecher des Priesterrates war.

Am 19. Januar 1976 wurde er zum Titularbischof von Respetta und Weihbischof in Baltimore ernannt. Die Bischofsweihe empfing er am 29. Februar 1976 in Baltimore von Erzbischof William D. Borders von Baltimore. 1976–1982 war er Generalvikar von Baltimore. 1980 nahm er zum ersten Mal an einer römischen Bischofssynode teil, der noch viele Bischofssynoden (1997, 1998, 1999, 2001, 2005, 2008, 2009) folgen sollten. Am 17. November 1982 wurde er Bischof von Memphis und am 30. Mai 1986 Erzbischof von Denver. Er wurde bekannt durch seine Bemühungen um den Weltjugendtag 1993 in Denver, den er erfolgreich organisiert hatte. Am 20. August 1996 wurde er zum Präsidenten des Päpstlichen Rates für die Laien ernannt (jenem Kurienorgan, welches die Weltjugendtage organisiert) und verzichtete auf sein Amt als Erzbischof von Denver.

Papst Johannes Paul II. kreierte ihn im Konsistorium vom 21. Februar 1998 zum Kardinaldiakon und verlieh ihm am gleichen Tag das rote Birett und die Kirche Gesù Buon Pastore alla Montagnola als Titeldiakonie. Am 4. Oktober 2003 wurde er zum Kardinalgroßpönitentiar ernannt und blieb auch während der Sedisvakanz von April 2005 als einer der wenigen kurialen Amtsträger im Amt. Er nahm im April 2005 am Konklave teil, welches Papst Benedikt XVI. wählte. Am 1. März 2008 optierte er für die Klasse der Kardinalpriester und die Titelkirche S. Pietro in Montorio. Am 2. Juni 2009 legte er sein Amt als Großpönitentiar aus Altersgründen nieder. Am 26. Juli 2012 verlor er mit Erreichen des 80. Lebensjahres das Recht auf Teilnahme am Konklave.

De Giorgi, Salvatore (1930)
De Giorgi wurde am 6. September 1930 in Vernole, Apulien, im Königreich Italien, heute Republik Italien, geboren. Er erhielt seine Ausbildung am bischöflichen Seminar in Lecce und am Regionalseminar in Molfetta.

Am 28. Juni 1953 wurde er in Vernole von Erzbischof Francesco Minerva von Lecce zum Priester geweiht und war anschließend bis 1958 Sekretär des Erzbischofs von Lecce. 1958–1973 arbeitete er als Pfarrer in der Erzdiözese Lecce und engagierte sich darüber hinaus als Diözesanassistent der FUCI und Sekretär des diözesanen katechetischen Büros, als geistlicher Assistent der Jugend der Katholischen Aktion und der Bewegung katholischer Lehrer. Er war selbst Lehrer am staatlichen klassischen Lyzeum, Beauftragter für Kirchenmusik in der Erzdiözese und Bischofsvikar für das Laienapostolat sowie Mitglied des Geistlichen Rates.

Am 21. November 1973 wurde er zum Titularbischof von Tulana und Weihbischof in Oria ernannt. Die Bischofsweihe empfing er am 27. Dezember 1973 in Lecce von Erzbischof Francesco Minerva von Lecce. Am 29. November 1975 wurde er zum Koadjutor *c.i.s.* von Oria und am 17. März 1978 zum Bischof von Oria ernannt. Am 4. April 1981 erfolgte die Ernennung zum Erzbischof des Erzbistums Foggia, mit dem die Diözesen Bovino und Troia *in persona episcopi* vereinigt wurden. Nach der Neuordnung der italienischen Diözesen wurde er am 30. September 1986 zum Erzbischof von Foggia-Bovino ernannt und verzichtete mit gleichem Datum auf die Diözese Troia. Am 10. Oktober 1987 wurde er Erzbischof von Taranto und am 2. Februar 1990 Generalassistent der italienischen Katholischen Aktion, weshalb er am 11. Mai 1990 auf die Leitung der Erzdiözese verzichtete. 1991 wurde er zusätzlich geistlicher Assistent des internationalen Forums der Katholischen Aktion. Am 4. April 1996 wurde er zum Erzbischof von Palermo ernannt.

Papst Johannes Paul II. kreierte ihn im Konsistorium vom 21. Februar 1998 zum Kardinalpriester und verlieh ihm am gleichen Tag das rote Birett und die Titelkirche S. Maria in Ara Coeli. Im April 2005 nahm er am Konklave teil, welches Papst Benedikt XVI. wählte. Am 19. Dezember 2006 legte er die Leitung seiner Erzdiözese aus Altersgründen nieder. Am 6. September 2010 verlor er mit Erreichen des 80. Lebensjahres das Recht auf Teilnahme am Konklave. Am 24. April 2012 ernannte ihn Papst Benedikt XVI. zum Mitglied der dreiköpfigen Kardinalskommission mit Spezialmandat zur Untersuchung der sog. Vatileaks-Affäre.

Araújo, Serafim Fernandes de (1924)

Araújo wurde am 13. August 1924 in Minas Novas im Bundesstaat Minas Gerais in Brasilien geboren. Er studierte am Priesterseminar von Diamantina, wo er das Lizentiat in Philosphie erwarb. Danach ging er nach Rom und studierte an der Päpstlichen Universität Gregoriana.

Am 12. März 1949 wurde er in der Lateranbasilika in Rom von Erzbischof Luigi Traglia zum Priester geweiht. 1949–1951 setzte er seine Studien in Rom fort und wurde in Theologie und Kirchenrecht promoviert. Er kehrte in seine Heimat zurück und arbeitete 1951–1957 in Gouveia und anschließend bis 1959 in Curvelo in der Seelsorge. Gleichzeitig war er 1951–1959 Kaplan des dritten Polizeibataillons in Diamantina und 1956–1959 Dozent für Kirchenrecht am Provinzialseminar in Diamantina. Danach wurde er erzbischöflicher Beauftragter für die Katechese, Dozent am Lehrerseminar in Diamantina und Lehrer an verschiedenen anderen Schulen in Gouveia.

Am 19. Januar 1959 wurde er zum Titularbischof von Verinopoli und Weihbischof in Belo Horizonte ernannt. Am 7. Mai 1959 empfing er in Diamantina von Erzbischof José Newton de Almeida Baptista von Diamantina die Bischofsweihe. Er war 1960–1981 Rektor der Katholischen Universität von Minas Gerais und nahm 1962–1965 am II. Vatikanischen Konzil teil. Am 22. November 1982 wurde er zum Koadjutor *c.i.s.* von Belo Horizonte ernannt und folgte seinem Vorgänger am 5. Februar 1986 als Erzbischof von Belo Horizonte. 1991–1995 war er stellvertretender Vorsitzender der brasilianischen Bischofskonferenz. Er engagierte sich stark im Bereich der Medienarbeit. Er nahm 1979 an der III. Generalkonferenz des lateinamerikanischen Episkopates in Puebla, Mexiko, sowie 1992 an der IV. Generalkonferenz des lateinamerikanischen Episkopates in Santo Domingo in der Dominikanischen Republik als einer der

Präsidenten teil. Er war Teilnehmer der Bischofssynoden von 1994 und 1997 in Rom. 1995 organisierte er den lateinamerikanischen Missionskongress in Belo Horizonte.

Papst Johannes Paul II. kreierte ihn im Konsistorium vom 21. Februar 1998 zum Kardinalpriester und verlieh ihm am gleichen Tag das rote Birett und die Titelkirche S. Luigi Maria Grignion de Montfort. Am 28. Januar 2004 verzichtete er aus Altersgründen auf die Leitung der Erzdiözese. Am 13. August 2004 verlor er mit Erreichen des 80. Lebensjahres das Recht auf Teilnahme am Konklave.

Rouco Varela, Antonio María (1936)
Rouco wurde am 24. August 1936 in Villalba in der Provinz Lugo in der damaligen Republik und heutigem Königreich Spanien geboren. Er studierte anschließend bis zum Lizentiatsabschluss 1958 an der Päpstlichen Universität Salamanca.

Am 28. März 1959 wurde er in Salamanca von Bischof Francisco Barbado y Viejo O.P., von Salamanca zum Priester geweiht. Anschließend studierte er an der katholisch-theologischen Fakultät der Universität München, Deutschland, Theologie und Kirchenrecht bei Prof. Dr. Moersdorf und wurde dort am 25. Juli 1964 in Kirchenrecht promoviert. Nach seiner Rückkehr nach Spanien 1964 war er bis 1966 Dozent für Fundamentaltheologie und Kirchenrecht am Seminar von Mondoñedo und ging anschließend noch einmal bis 1969 als Assistent an die Universität München. Nebenbei kümmerte er sich seelsorgerlich um spanische Gastarbeiter in München. 1971 wurde er Dozent an der Päpstlichen Universität Salamanca und war 1972–1976 deren Vizerektor. Er engagierte sich in diesen Jahren auch in der Studentenseelsorge in Salamanca und war ab 1972 Berater der nationalen katholischen Missionsgesellschaft und ab 1974 des Pastoralrates der Provinz Galicien.

Am 17. September 1976 wurde er zum Titularbischof von Gergi und Weihbischof in Santiago de Compostela ernannt. Die Bischofsweihe spendete ihm am 31. Oktober 1976 in der Kathedrale von Santiago de Compostela Erzbischof Angel Suquía Goicoechea von Santiago de Compostela. Am 11. Juni 1983 wurde er Apostolischer Administrator von Santiago de Compostela. Am 9. Mai 1984 wurde er Erzbischof von Santiago de Compostela. 1989 war er Gastgeber des Weltjugendtages in Santiago de Compostela. 1990 nahm er zum ersten Mal an einer Bischofssynode teil, der noch weitere (1999 als Generalrelator, 2001, 2005, 2008) folgen sollten. Am 28. Juli 1994 wurde er Erzbischof von Madrid und am 19. September 1996 Großkanzler der theologischen Fakultät „San Dámaso" in Madrid, die 2011 zur Universität erhoben wurde.

Papst Johannes Paul II. kreierte ihn im Konsistorium vom 21. Februar 1998 zum Kardinalpriester und verlieh ihm am gleichen Tag das rote Birett und die Titelkirche S. Lorenzo in Damaso. 1999–2005 war er Vorsitzender der spanischen Bischofskonferenz und wurde 2008 und 2011 jeweils erneut gewählt.

Im April 2005 nahm er am Konklave teil, welches Papst Benedikt XVI. wählte. 2011 war er Gastgeber des Weltjugendtages in Madrid. Im März 2013 nahm er am Konklave teil, welches Papst Franziskus wählte.

Ambrozic, Aloysius Matthew (1930 – 2011)
Ambrozic wurde am 27. Januar 1930 in Gabrje im Königreich Jugoslawien, heute Republik Slowenien, geboren. Seine Familie flüchtete im Mai 1945 nach Österreich und lebte in Flüchtlingslagern. Sie wanderten 1948 nach Kanada aus. Nachdem er seine Gymnasialausbildung in Österreich mit der Matura beendet hatte, trat er nach der Auswanderung 1948 in das St. Augustine Seminar in Toronto ein, wo er bis 1955 studierte.

Am 4. Juni 1955 wurde er in Toronto vom Erzbischof von Toronto, Kardinal James Charles McGuigan, zum Priester geweiht. Nach seiner Priesterweihe war er bis 1956 Kaplan und 1956 – 1957 Lateinlehrer am Seminar von Toronto. Zwischen 1957 und 1960 war er zum Weiterstudium in Rom, wo er am Päpstlichen *Athenaeum* St. Thomas von Aquin (*Angelicum*) das Lizentiat in Theologie und am Päpstlichen Bibelinstitut das Lizentiat in Bibelwissenschaften erwarb. Nach seiner Rückkehr nach Kanada wirkte er als Dozent für biblische Exegese am Seminar von Toronto. 1967 ging er an die katholisch-theologische Fakultät der Universität Würzburg in Deutschland, wo er 1970 bei Prof. Schnackenburg in Exegese promovierte. Nach seiner Rückkehr war er 1970 bis 1976 Professor für neutestamentliche Exegese an der Toronto School of Theology und Studiendekan des St. Augustine Seminary in Toronto. Daneben war er in der Erzdiözese Toronto seelsorgerlich tätig und Mitglied des Priesterrates.

Am 26. März 1976 wurde er zum Titularbischof von Valabria und Weihbischof in Toronto ernannt und empfing am 27. Mai in Toronto von Erzbischof Philip Francis Pocock von Toronto die Bischofsweihe. Am 22. Mai 1986 wurde er zum Erzbischof-Koadjutor *c.i.s.* von Toronto ernannt. Am 17. März 1990 wurde er Erzbischof von Toronto.

Papst Johannes Paul II. kreierte ihn im Konsistorium vom 21. Februar 1998 zum Kardinalpriester und verlieh ihm am gleichen Tag das rote Birett und die Titelkirche SS. Marcellino e Pietro. Er war Teilnehmer der Bischofssynoden von 1990 und 1994. 2002 war er Gastgeber des Weltjugendtages. Im April 2005 nahm er am Konklave teil, welches Benedikt XVI. wählte. Am 16. Dezember 2006 trat er aus Altersgründen von seinem Amt als Erzbischof von Toronto zurück. Am 27. Januar 2010 verlor er mit Erreichen des 80. Lebensjahres das Recht auf Teilnahme am Konklave.

Er starb am 26. August 2011 in Toronto und wurde im Bischofsmausoleum des Holy Cross Friedhofs in Thornhill, Ontario, Kanada, beigesetzt.

Balland, Jean (1934 – 1998)
Balland wurde am 26. Juli 1934 in Bué bei Bourges in der Republik Frankreich geboren. Nach ersten Studien am Seminar von Bourges trat er in das französische Seminar in Rom ein und studierte an der Päpstlichen Universität Gregoriana, wo er Lizentiate in Philosophie und Theologie erwarb.

Am 3. September 1961 wurde er in Bourges zum Priester geweiht. Es folgte ein weiteres Studienjahr in Rom. 1963 – 1965 studierte er in Paris an der Universität Sorbonne, wo er später in Philosophie und Theologie promoviert wurde. 1962 – 1968 war er Dozent am Seminar von Bourges und 1967 – 1973 am Priesterseminar von Tours, 1971 –

1972 auch am Priesterseminar von Poitiers. 1973 war er Seelsorger auf dem Lande im Gebiet von Cher und wurde 1974 Bischofsvikar in Cher. 1980–1982 war er Diözesanassistent der Bewegung „Christen im ländlichen Raum" der Erzdiözese Bourges und Generalvikar der Erzdiözese Bourges.

Am 6. November 1982 wurde er zum Bischof von Dijon ernannt. Die Bischofsweihe empfing er am 12. Dezember 1982 in Dijon von Erzbischof Paul Vignacour von Bourges. Am 8. August 1988 wurde er Erzbischof Reims und visitierte als Apostolischer Visitator 1992–1994 die französischen Seminare. Am 27. Mai 1995 wurde er zum Erzbischof von Lyon und Primas von Gallien ernannt.

Papst Johannes Paul II. kreierte ihn im Konsistorium vom 21. Februar 1998 zum Kardinalpriester und verlieh ihm am gleichen Tag das rote Birett und die Titelkirche S. Pietro in Vincoli.

Er starb am 1. März 1998 in Lyon und wurde in der dortigen Kathedrale beigesetzt.

Tettamanzi, Dionigi (1934)
Tettamanzi wurde am 14. März 1934 in Renate in der Lombardei im Königreich Italien, heute Republik Italien, geboren. Er trat in das Priesterseminar der Erzdiözese Mailand in Venegono Inferiore ein, wo er seine Studien mit dem Lizentiat in Theologie abschloss.

Am 28. Juni 1957 wurde er von Erzbischof Giovanni Battista Montini von Mailand im Mailänder Dom zum Priester geweiht. Bis 1960 hielt er sich in Rom zu weiteren Studien an der Päpstlichen Universität Gregoriana auf, wo er in Theologie promoviert wurde. Nach seiner Rückkehr wirkte er bis 1966 in der Seelsorge des Erzbistums Mailand und als Lehrer der Knabenseminare von Masnago und Seveso. 1966–1986 war er Dozent am Priesterseminar von Venegono und engagierte sich weiter als Dozent am lombardischen Pastoralinstitut, als Mitglied des wissenschaftlichen Komitees des internationalen Zentrums für Familienstudien und Richter am regionalen kirchlichen Gericht der Lombardei. Er war Seelsorger der katholischen Mediziner und Berater der nationalen Vereinigung der katholischen Familienräte. Neben seinen vielfältigen Aufgaben war er 15 Jahre lang als Kaplan in Turate in der Seelsorge tätig. An der Bischofssynode von 1980 nahm er als Experte und an der Bischofssynode von 1987 als Assistent des Spezialsekretärs teil. 1987–1989 war er Regens des Päpstlichen Lombardischen Seminars in Rom. Er schrieb er regelmäßig Beiträge für die Zeitungen „Avvenire" und „L'Osservatore Romano" und wurde im April 1989 Vorsitzender des Aufsichtsrates für die katholische Zeitschrift „Avvenire".

Am 1. Juli 1989 wurde er zum Erzbischof von Ancona-Osimo ernannt und empfing am 23. September 1989 in Mailand vom Mailänder Erzbischof Kardinal Carlo Maria Martini die Bischofsweihe. Am 14. März 1991 wurde er zum Generalsekretär der italienischen Bischofskonferenz gewählt und verzichtete deshalb am 6. April 1991 auf die Leitung seiner Erzdiözese. Am 20. April 1995 wurde er zum Erzbischof von Genua ernannt und wurde im Mai 1995 stellvertretender Vorsitzender der italienischen Bischofskonferenz.

Papst Johannes Paul II. kreierte ihn im Konsistorium vom 21. Februar 1998 zum Kardinalpriester und verlieh ihm am gleichen Tag das rote Birett und die Titelkirche SS. Ambrogio e Carlo. Er nahm an den Bischofssynoden von 1991, 1994, 1999 und 2001 teil. Am 11. Juli 2002 wurde er zum Erzbischof von Mailand ernannt. Im April 2005 nahm er am Konklave teil, welches Papst Benedikt XVI. wählte. Am 28. Juni 2011 legte er die Leitung des Erzbistums Mailand aus Altersgründen nieder. 2012–2013 war er Apostolischer Administrator der Diözese Vigevano. Im März 2013 nahm er am Konklave teil, welches Papst Franziskus wählte. Am 14. März 2014 verlor er mit der Vollendung des 80. Lebensjahres das Recht der Teilnahme am Konklave.

Pengo, Polycarp (1944)
Pengo wurde am 5. August 1944 in Mwazye in Britisch-Ostafrika, heute Tansania, geboren. Er trat in das Priesterseminar Kipalapala bei Sumbawanga ein.

Am 20. Juni 1971 wurde er von Bischof Charles Msakila von Sumbawanga in Sumbawanga zum Priester geweiht. Bis 1973 war er Sekretär des Bischofs von Sumbawanga. Danach ging er bis 1977 nach Rom und spezialisierte sich an der Accademia Alfonisana der Redemptoristen und an der Päpstlichen Lateranuniversität in Moraltheologie. In diesem Fach wurde er 1977 promoviert.

Nach der Rückkehr wurde er bis 1978 Dozent am Priesterseminar von Kipalapala. 1978–1983 war er Regens, Dozent und Ökonom des Priesterseminars von Segerea und für die Seelsorge an den Laien sowie für die Berufungspastoral verantwortlich.

Am 11. November 1983 wurde er zum Bischof von Nachingwea ernannt. Die Bischofsweihe empfing er am 6. Januar 1984 in der Petersbasilika des Vatikans von Papst Johannes Paul II. Nach der Teilung der Diözese wurde er am 17. Oktober 1986 Bischof von Tunduru-Masasi. Am 22. Januar 1990 wurde er Erzbischof-Koadjutor *c.i.s.* von Daressalam. Am 22. Juli 1992 wurde er Erzbischof von Daressalam. 1994 nahm er an der ersten Bischofssynode für Afrika teil und war Mitglied des Rates für die Sondersynode für Afrika beim Generalsekretariat der Bischofssynode.

Papst Johannes Paul II. kreierte ihn im Konsistorium vom 21. Februar 1998 zum Kardinalpriester und verlieh ihm am gleichen Tag das rote Birett und die Titelkirche Nostra Signora de La Salette. Im April 2005 nahm er am Konklave teil, welches Papst Benedikt XVI. wählte. 2007 wurde er zum Präsidenten des Symposiums der Bischofskonferenzen von Afrika und Madagaskar (SECAM) gewählt und nahm in Rom an den Bischofssynoden von 2008, 2009 und 2012 teil. Im März 2013 nahm er am Konklave teil, welches Papst Franziskus wählte.

Schönborn O.P., Christoph (1945)
Schönborn wurde am 22. Januar 1945 in Skalsko in Böhmen in der damals von Deutschland besetzten Tschechoslowakei, heute Tschechien, geboren. Er entstammt einer alten Adelsfamilie, von denen viele Mitglieder Bischöfe und Kardinäle waren. Seine Familie flüchtete im September 1945 nach Österreich und ließ sich in Vorarlberg

nieder. 1963 trat er in den Dominikanerorden ein und studierte nach dem Noviziat in Warburg in den dominikanischen Studienhäusern Walberberg bei Bonn, Deutschland, und Le Saulchoir bei Paris.

Am 27. Dezember 1970 wurde er durch den Erzbischof von Wien, Kardinal Franz König, in Wien zum Priester geweiht und ging anschließend zu einem Promotionsstudium an das Institute Catholique nach Paris. 1972/73 war er zu einem Studienaufenthalt in Regensburg, wo er Professor Ratzinger hörte und seither zu seinem Schülerkreis gezählt wird. 1974 wurde er in Paris in Theologie promoviert. 1973 wurde er Studentenseelsorger in Graz und war 1976–1991 zunächst Dozent und dann Professor für Dogmatik und Ostkirchenkunde an der Universität Fribourg, Schweiz. 1980–1991 war er Mitglied der Internationalen Theologenkommission und 1984–1991 Mitglied der Stiftung „Pro Oriente". 1985 nahm er an der Bischofssynode als Assistent des Spezialsekretärs Professor Dr. Walter Kasper teil. Er dozierte zusätzlich an der Philosophischen Hochschule der Zisterzienserabtei Heiligenkreuz bei Wien, und war 1987–1992 Redaktionssekretär der Kommission für den Weltkatechismus der Katholischen Kirche bei der Glaubenskongregation in Rom.

Am 11. Juli 1991 wurde er zum Titularbischof von Sutri und Weihbischof in Wien ernannt. Die Bischofsweihe empfing er am 29. September 1991 im Wiener Stephansdom von Kardinal Hans Hermann Groer O.S.B., dem Erzbischof von Wien. Am 13. April 1995 wurde er zum Erzbischof-Koadjutor von Wien *c.i.s.* ernannt und trat als Nachfolger Groers als Erzbischof von Wien sein Amt am 14. September 1995 an. Am 5. November 1995 wurde er Ordinarius für die Katholiken des byzantinischen Ritus in Österreich ernannt. 1996 war er Prediger der Fastenexerzitien der Römischen Kurie.

Papst Johannes Paul II. kreierte ihn im Konsistorium vom 21. Februar 1998 zum Kardinalpriester und verlieh ihm am gleichen Tag das rote Birett und die Titelkirche Gesù Divin Lavoratore. 1998 wurde er Vorsitzender der österreichischen Bischofskonferenz und seither immer wieder bestätigt. Er nahm an mehreren Bischofssynoden teil. Im April 2005 nahm er am Konklave teil, welches Papst Benedikt XVI. wählte. Im März 2013 nahm er am Konklave teil, welches Papst Franziskus wählte.

Rivera Carrera, Norberto (1942)
Rivera wurde am 6. Juni 1942 in La Purísima in der Region Tepehuanes in Mexiko geboren. Er besuchte das Priesterseminar von Durango und ging anschließend an die Päpstliche Universität Gregoriana in Rom, wo er ein Lizentiat in Theologie erwarb.

Am 3. Juli 1966 wurde er in der Petersbasilika des Vatikans von Papst Paul VI. zum Priester geweiht. 1967–1985 arbeitete er in der Seelsorge in Durango am Río Grande Zacatecas und war 18 Jahre Dozent am Seminar von Durango. Er war Gründer und geistlicher Assistent der kirchlichen Bewegung „Jornadas de Vida Cristiana" sowie Diözesanassistent des „Movimiento Familiar Cristiano" und der Jugend der Katholischen Aktion. Darüber hinaus war er Mitglied und Koordinator des Priesterrates, Sekretär der erzbischöflichen Pastoralkommission, Direktor der sozialen Kommunikationsmittel und Kathedralkanoniker. 1982–1985 war er Professor an der Päpstlichen

Mexikanischen Universität in Mexiko City. 1983–1985 war er Exekutivsekretär für die Familienpastoral. und Mitglied der bischöflichen Kommission für das Laienapostolat.

Am 5. November 1985 wurde er zum Bischof von Tehuacán ernannt und empfing am 21. Dezember 1985 in Tehuacán von Erzbischof Antonio López Aviña von Durango die Bischofsweihe. Er wirkte als Apostolischer Visitator für die diözesanen und ordenseigenen Seminare Mexikos und wurde am 13. Juni 1995 zum Erzbischof von Mexiko-City und Primas von Mexiko ernannt. 1997 nahm er an der Bischofssynode für Amerika teil und war seither Teilnehmer mehrerer Bischofssynoden.

Papst Johannes Paul II. kreierte ihn im Konsistorium vom 21. Februar 1998 zum Kardinalpriester und verlieh ihm am gleichen Tag das rote Birett und die Titelkirche S. Francesco d'Assisi a Ripa Grande. Im April 2005 nahm er am Konklave teil, welches Papst Benedikt XVI. wählte. 2007 gehörte er zu den Teilnehmern der V. Generalkonferenz des lateinamerikanischen Episkopates in Aparecida in Brasilien. Im März 2013 nahm er am Konklave teil, welches Papst Franziskus wählte.

George O.M.I., Francis Eugene (1937)

George wurde am 16. Januar 1937 in Chicago im Bundesstaat Illinois in den USA geboren. Er trat 1957 in den Orden der Oblaten der unbefleckten Gottesmutter Maria (OMI) ein und legte 1958 seine Profess in Godfrey ab. Danach studierte er am Pine Hills Scholasticate und der Universität von Ottawa in Kanada.

Am 21. Dezember 1963 wurde er in der Kirche St. Pascal in Chicago von Weihbischof Raymond Hillinger aus Chicago zum Priester geweiht. Danach studierte er an der Katholischen Universität von Amerika in Washington, wo er 1965 einen Master in Philosophie erwarb, und ging dann bis 1970 an die Tulane University in New Orleans, wo er 1970 zum Doktor phil. promoviert wurde. 1971 erhielt er noch einen Master an der Universität von Ottawa. Während seiner Studienjahre lehrte er 1964–1969 Philosophie am Oblaten-Seminar in Pass Christian in Mississippi, 1968 an der Tulane University in New Orleans in Lousiana und 1969–1973 an der Creighton University in Omaha in Nebraska.

1973–1974 war er Provinzial seines Ordens für die USA und ging anschließend bis 1986 als Generalvikar seines Ordens nach Rom. Während dieser Jahre studierte er auch an der Päpstlichen Universität *Urbaniana* und wurde 1988 mit einer Arbeit über Ekklesiologie zum Dr. theol. promoviert. Nach seiner Rückkehr in die USA 1986 wurde er bis zu seiner Bischofsernennung 1990 Mitglied und Koordinator des „Circle of Associates of Cambridge Center for the Study of Faith and Culture" in Boston.

Am 10. Juli 1990 wurde er zum Bischof von Yakima ernannt und am 21. September 1990 in der Kathedrale von Yakima von Erzbischof Agostino Cacciavillan, dem Pro-Nuntius in den USA, zum Bischof geweiht. Am 30. April 1996 wurde er zum Erzbischof von Portland in Oregon ernannt, am 8. April 1997 zum Erzbischof von Chicago. Er nahm als Spezialsekretär der Bischofssynode für Amerika 1997 und an der Bischofssynode von 2008 teil und wurde anschließend Mitglied des Generalsekretariates der Bischofssynode.

Papst Johannes Paul II. kreierte ihn im Konsistorium vom 21. Februar 1998 zum Kardinalpriester und verlieh ihm am gleichen Tag das rote Birett und die Titelkirche

S. Bartolomeo all'Isola. 2001 war er Prediger bei den Fastenexerzitien des Papstes und der Kurie. Im April 2005 nahm er am Konklave teil, welches Papst Benedikt XVI. wählte. Am 13. November 2007 wurde er für drei Jahre zum Vorsitzenden der US-amerikanischen Bischofskonferenz gewählt. Im März 2013 nahm er am Konklave teil, welches Papst Franziskus wählte.

Shan Kuo-Hsi S.J., Paul (1923 – 2012)

Shan wurde am 3. Dezember 1923 in Puyang in der Provinz Hebei in Festland-China geboren. Er trat nach ersten Studien 1946 in Peking in den Jesuitenorden ein und legte 1948 die ersten Gelübde ab. In diesen Jahren studierte er bis 1951 Philosophie am Berchmans Kolleg in Manila auf den Philippinen. Dort erwarb er das Lizentiat in Philosophie. Danach studierte er bis 1956 Theologie am Bellarmin Kolleg in Baguio auf den Philippinen und schloss mit dem Lizentiat in Theologie ab.

Am 18. März 1955 wurde er in Baguio zum Priester geweiht. Es folgten weitere Studien in Baguio und bis 1957 an der theologischen Fakultät von Novaliches auf den Philippinen. Danach leitete er bis 1959 die chinesische Sektion der Herz-Jesu-Schule von Cebu und ging anschließend bis 1961 nach Rom an die Päpstliche Universität Gregoriana und promovierte 1961 in Theologie. Danach war er bis 1963 Hausoberer und Assistent des Novizenmeisters in Thuduc, Vietnam, wo er selbst am 2. Februar 1963 seine letzten Gelübde für den Orden ablegte. 1963 – 1970 war er Novizenmeister und Rektor des Hauses Manresa in Changhua auf der Insel Taiwan, 1970 – 1976 war er Rektor des St. Ignatius Instituts in Taipeh, Taiwan, und 1972 – 1976 Präsident der Vereinigung katholischer Schulen in Taiwan. 1976 – 1979 war er Bischofsvikar in Taipeh.

Am 15. November 1979 wurde er zum Bischof von Hwalien in Taiwan ernannt und empfing am 14. Februar 1980 von Erzbischof Matthew Kia Yen-wen von Taipeh die Bischofsweihe. 1987 – 1999 war er Vorsitzender der regionalen Bischofskonferenz Chinas für Taiwan. Am 4. März 1991 wurde er Bischof von Kaohsiung. 1998 nahm er als Generalrelator an der Bischofssynode für Asien teil und wurde Mitglied des postsynodalen Rates.

Papst Johannes Paul II. kreierte ihn im Konsistorium vom 21. Februar 1998 zum Kardinalpriester und verlieh ihm am gleichen Tag das rote Birett und die Titelkirche S. Crisogono. Er nahm an der Bischofssynode von 2005 teil. Am 3. Dezember 2003 verlor er mit Erreichen des 80. Lebensjahres das Recht auf Teilnahme am Konklave. Am 5. Januar 2006 legte er aus Altersgründen die Leitung seiner Diözese nieder.

Er starb am 22. August 2012 in New Taipeh und wurde auf dem katholischen Friedhof in Kaohsiung beigesetzt.

Kozlowiecki S.J., Adam (1911 – 2007)

Kozlowiecki wurde am 1. April 1911 in Huta Komorowska bei Przemýsl im von Russland regierten Königreich Polen (Kongresspolen), heute Republik Polen, geboren und trat nach der Schulzeit 1929 in Stara Wies in den Jesuitenorden ein. Er absolvierte das

Noviziat in Brzozów und studierte anschließend Philosophie in Krakau und Chyrów. Daran schloss sich das Studium der Theologie an der theologischen Fakultät der Universität Lublin an. Die letzten Gelübde legte er 1945 in Rom ab.

Am 24. Juni 1937 wurde er in Lublin von Bischof Karol Niemira, dem Weihbischof in Pinsk, zum Priester geweiht. Am 10. November 1939 wurde er von der Gestapo verhaftet und in Krakau inhaftiert. 1940 war er im Konzentrationslager Auschwitz interniert. Danach wurde er bis zur Befreiung durch die Amerikaner am 29. April 1945 im Konzentrationslager Dachau gefangen gehalten. Danach lebte er an der Jesuitenhochschule Pullach und ging anschließend in die Jesuitenmission nach Nordrhodesien, das heutige Sambia. Dort war er 1946–1950 in der Erziehungsarbeit in Kasisi tätig. 1950 wurde er Apostolischer Administrator des Apostolischen Vikariates Lusaka.

Am 4. Juni 1955 wurde er zum Titularbischof von Diospolis Inferioris und zum Apostolischen Vikar von Lusaka in Nordrhodesien ernannt Die Bischofsweihe spendete ihm am 11. September 1955 Erzbischof James Robert Knox, der Apostolische Delegat für das britische Afrika. Am 25. April 1959 wurde er zum ersten Erzbischof von Lusaka ernannt. Er nahm 1962–1965 am II. Vatikanischen Konzil und 1967 an der I. Ordentlichen Bischofssynode teil. Am 29. Mai 1969 trat er vom Amt des Erzbischofs von Lusaka zurück und wurde zum Titularerzbischof von Potenza Picena ernannt. Danach war er bis 1989 Direktor des päpstlichen Missionswerkes in Sambia und arbeitete danach noch als Missionar. 1994 nahm er an der ersten Afrikasynode teil.

Papst Johannes Paul II. kreierte ihn im Konsistorium vom 21. Februar 1998 zum Kardinalpriester und verlieh ihm am gleichen Tag das rote Birett und die Titelkirche S. Andrea al Quirinale. Da er zu diesem Zeitpunkt bereits über 80 Jahre alt war, hatte er nie das Recht zur Teilnahme am Konklave.

Er starb am 28. September 2007 in Lusaka und wurde in der Kathedrale von Lusaka beigesetzt.

Cheli, Giovanni (1918–2013)

Cheli wurde am 4. Oktober 1918 in Turin in Piemont im Königreich Italien, heute Republik Italien, geboren. Er studierte am Priesterseminar in Asti.

Am 21. April 1942 wurde er in der Kathedrale von Asti von Bischof Umberto Rossi von Asti zum Priester geweiht und war anschließend bis 1949 in der Jugendarbeit der Katholischen Aktion tätig und war Dozent und Präfekt am Seminar von Asti. 1949 ging er nach Rom zum Studium an das Päpstliche *Athenaeum* des Laterans, wo er in kanonischem Recht promoviert wurde und ein Lizentiat in Theologie erwarb. Er studierte weiter an der Päpstlichen Diplomatenakademie. 1952 trat er in den vatikanischen diplomatischen Dienst ein und war bis 1955 Mitarbeiter an der Nuntiatur von Guatemala und Dozent an der Katholischen Universität Santa María in Guatemala-Stadt. 1953 wurde er päpstlicher Geheimkämmerer. 1955 wurde er Sekretär der Nuntiatur in Spanien, 1962 Nuntiaturrat der Nuntiatur von Italien und 1965 päpstlicher Hausprälat. 1967 war er Mitarbeiter der Kongregation für die öffentlichen Angelegenheiten der

Kirche im Staatssekretariat und wurde am 25. Juli 1973 ständiger Vertreter des Heiligen Stuhls bei der UNO.

Am 8. September 1978 wurde er zum Titularerzbischof von Santa Iusta und Apostolischen Nuntius ernannt. Die Bischofsweihe spendete ihm am 16. September 1978 in der Petersbasilika des Vatikans Kardinalstaatssekretär Jean Villot. Am 18. September 1986 wurde er Pro-Präsident der Päpstlichen Kommission für die pastorale Sorge der Auswanderer und Touristen. Die Kommission wurde am 28. Juni 1988 in „Päpstlichen Rat für die Migranten und die Menschen unterwegs" umbenannt, und Cheli wurde am 1. März 1989 zum Präsidenten des Rates ernannt. Er nahm in den Jahren seiner Amtszeit am Vatikan an allen Bischofssynoden teil.

Papst Johannes Paul II. kreierte ihn im Konsistorium vom 21. Februar 1998 zum Kardinaldiakon und verlieh ihm am gleichen Tag das rote Birett und die Kirche SS. Cosmas e Damiano als Titeldiakonie. Am 15. Juni 1998 legte er aus Altersgründen die Leitung des Rates nieder. Am 4. Oktober 1998 verlor er mit Erreichen des 80. Lebensjahres das Recht auf Teilnahme am Konklave. Am 1. März 2008 optierte er für die Klasse der Kardinalpriester und die Erhebung seiner Titeldiakonie zur Titelkirche.

Er starb am 8. Februar 2013 in Rom und wurde in der Kathedrale von Asti beigesetzt.

Colasuonno, Francesco (1925 – 2003)
Colasuonno wurde am 2. Januar 1925 in Grumo Appula in der Provinz Bari im Königreich Italien, heute Republik Italien, geboren. Er besuchte die Seminare von Bari und Molfetta.

Am 28. September 1947 wurde er in der Pfarrkirche von Grumo Appula von Erzbischof Marcello Mimmi von Bari zum Priester geweiht. Er ging anschließend zu weiteren Studien nach Rom an die Päpstliche Universität Gregoriana, wo er in Theologie und kanonischem Recht promoviert wurde, sowie an die Päpstliche Diplomatenakademie. Danach trat er in den vatikanischen diplomatischen Dienst ein und arbeitete 1960 – 1962 in der Kongregation für die öffentlichen Angelegenheiten der Kirche. 1961 wurde er päpstlicher Geheimkämmerer und war 1962 – 1967 zunächst Nuntiatursekretär und später Auditor der Apostolischen Delegatur in den USA. 1968 – 1972 war er Auditor der Nuntiatur von Indien. 1971 wurde er päpstlicher Ehrenprälat. 1972 – 1974 wirkte er als Nuntiaturrat und Geschäftsträger der Nuntiatur in China auf der Insel Taiwan.

Am 6. Dezember 1974 wurde er zum Titularerzbischof von Tronto und Apostolischen Delegaten in Mozambique ernannt. Die Bischofsweihe spendete ihm am 9. Februar 1975 in der Kathedrale von Bari der Erzbischof von Neapel, Kardinal Corrado Ursi. Am 7. März 1981 wurde er Pro-Nuntius in Simbabwe und am 8. Januar 1985 Pro-Nuntius in Jugoslawien. Am 9. April 1986 wurde er zum Nuntius im besonderen Auftrag und Chef der Delegation des Heiligen Stuhls für den dauernden Kontakt mit der Regierung der Volksrepublik Polen ernannt. Am 15. März 1990 wurde er Repräsentant des Heiligen Stuhls bei der Sowjetunion und nach deren Ende bei der Russischen Föderation. Am 12. November 1994 wurde er Nuntius in Italien und am 22. April 1995 zusätzlich Nuntius in San Marino.

Papst Johannes Paul II. kreierte ihn im Konsistorium vom 21. Februar 1998 zum Kardinaldiakon und verlieh ihm am gleichen Tag das rote Birett und die Kirche S. Eugenio als Titeldiakonie.

Er starb am 31. Mai 2003 in Grumo Appula bei Bari, Italien, und wurde in der Pfarrkirche Santa Maria Assunta in Grumo Appula beigesetzt.

Monduzzi, Dino (1922 – 2006)
Monduzzi wurde am 2. April 1922 in Brisighella in der Provinz Ravenna im Königreich Italien, heute Republik Italien, geboren. Er studierte am Priesterseminar von Faenza.

Am 22. Juni 1945 wurde er in Faenza von Bischof Guiseppe Faglia von Faenza zum Priester geweiht. Er setzte seine Studien in Rom am Päpstlichen *Athenaeum* des Laterans fort, wo er das Lizentiat in beiderlei Rechten (*utriusque iuris*) erwarb. Anschließend war er Mitarbeiter der Katholischen Aktion bei sozialen Missionen in verschiedenen Regionen, besonders in Kalabrien und Sardinien. 1959 bis 1967 war er als beigeordneter Sekretär zuständig für die Audienzen im Büro des Maestro di Camera. 1961 wurde er päpstlicher Geheimkämmerer. 1967 – 1986 arbeitete er als Sekretär und Regente der Präfektur des päpstlichen Haushaltes. 1970 wurde er päpstlicher Ehrenprälat.

Am 18. Dezember 1986 wurde er zum Titularbischof von Capri und Präfekten des Päpstlichen Haushaltes ernannt. Die Bischofsweihe empfing er am 6. Januar 1987 in der Petersbasilika im Vatikan durch Papst Johannes Paul II.

Papst Johannes Paul II. kreierte ihn im Konsistorium vom 21. Februar 1998 zum Kardinaldiakon und verlieh ihm am gleichen Tag das rote Birett und die Kirche S. Sebastiano al Palatino als Titeldiakonie. Am 2. April 2002 verlor er mit Erreichen des 80. Lebensjahres das Recht auf Teilnahme am Konklave.

Er starb am 13. Oktober 2006 im Vatikan und wurde auf dem Friedhof von Brisighella beigesetzt.

Jaworski, Marian (1926)
Jaworski wurde am 21. August 1926 in Lwow in Polen (Lemberg), heute Lviv in der Ukraine, geboren. Er besuchte das lateinische Priesterseminar von Lwow, welches nach Kalwaria Zebrzydowska bei Krakau in Polen verlegt worden war.

Am 25. Juni 1950 wurde er in Kalwaria Zebrzydowska von Erzbischof Eugeniusz Baziak, dem Erzbischof von Lwow für die Lateiner, zum Priester geweiht. 1950 wurde er Kaplan. Nebenbei studierte er an der Jagellonenuniversität Krakau, wo er 1952 in Theologie promoviert wurde. 1954 – 1965 studierte er an der Katholischen Universität Lublin, wo er 1954 den Dr. phil erwarb, sowie an der Theologischen Akademie in Warschau, wo er 1965 in Religionsphilosophie promoviert wurde. 1970 – 1984 war er Sekretär der Wissenschaftskommission des polnischen Episkopates, 1976 – 1981 Dekan der Päpstlichen Theologischen Fakultät in Krakau und 1981–1987 Rektor der Päpstlichen Theologischen Akademie in Krakau.

Am 21. Mai 1984 wurde er zum Titularbischof von Lambesi und Apostolischen Administrator des lateinischen Erzbistums Lwow für den jetzt in Polen liegenden Teil des Erzbistums mit Sitz in Lubachiv ernannt. Die Bischofsweihe empfing er am 23. Juni 1984 in der Wawelkathedrale in Krakau vom Krakauer Erzbischof Kardinal Franciszek Macharski. Am 16. April 1991 wurde er zum Erzbischof der lateinischen Erzdiözese Lviv ernannt und siedelte in die Ukraine um. Er nahm an den Bischofssynoden von 1991, 1994, 1999 und 2001 in Rom teil und wurde 1992 Vorsitzender der der römisch-katholischen Bischofskonferenz der Ukraine. 1996–1998 war er zusätzlich Apostolischer Administrator von Lutsk, 1997 wurde er Rektor des Priesterseminars von Lviv -Briuhovychi.

Papst Johannes Paul II. kreierte ihn im Konsistorium vom 21. Februar 1998 zum Kardinal und reservierte ihn *in pectore*. Am 21. Februar 2001 wurde die Kreation zum Kardinalpriester veröffentlicht und der Papst verlieh ihm am gleichen Tag das rote Birett und die Titelkirche S. Sisto. Im April 2005 nahm er am Konklave teil, welches Papst Benedikt XVI. wählte. Am 21. August 2006 verlor er mit Erreichen des 80. Lebensjahres das Recht auf Teilnahme am Konklave. Am 21. Oktober 2008 trat er von der Leitung der Erzdiözese Lviv aus Altersgründen zurück.

Pujats, Janis (1930)

Pujats wurde am 14. November 1930 in Nautreni in Landkreis Rēzekne in der Republik Lettland, später UdSSR, heute wieder Lettland, geboren.

Er besuchte das theologische Seminar von Riga, bis das Seminar von den sowjetischen Behörden 1951 geschlossen und die katholische Kirche zerschlagen wurde. Erzbischof Antonijs Springovics von Riga erhielt die päpstliche Erlaubnis, alle Studenten ab dem 3. Studienjahr aufwärts zu Priestern zu weihen.

Am 29. März 1951 wurde er geheim in der Privatkapelle von Erzbischof Antonijs Springovics zum Priester geweiht. Er war anschließend Kaplan. 1954–1966 war er Kaplan und Pfarrer in verschiedenen Pfarreien. 1966–1979 lehrte er Kirchengeschichte und Liturgik am theologischen Seminar in Riga und war Vikar an der Seminarkirche. 1979–1984 war er Generalvikar der Erzdiözese Riga und seit 1981 auch Erzpriester der Kathedrale von Riga, 1989 wurde er Sekretär der liturgischen Kommission und Pfarrer in Riga. Er hatte als Vorsitzender der Kommission für die Einführung der Liturgiereform des II. Vatikanischen Konzils in die lettischen Pfarreien maßgeblichen Anteil an der Ausarbeitung neuer liturgischer Bücher und der Umsetzung der Liturgiereform des II. Vatikanischen Konzils. Er veröffentlichte das erste Messbuch in lettischer Sprache.

Am 8. Mai 1991 wurde er zum Erzbischof von Riga ernannt. Die Bischofsweihe spendete ihm am 1. Juni 1991 in der Kathedrale von Riga Erzbischof Francesco Colasuonno, der Repräsentant des Heiligen Stuhls in der Sowjetunion. Er nahm an den Bischofssynoden von 1991, 1994, 1997, 2001 und 2005 teil, wo er vor allem dadurch auffiel, dass er seine Beiträge ausschließlich in Latein vortrug. Nachdem im November

1997 die lettische Bischofskonferenz errichtet worden war, wurde er am 29. Juni 1998 zu deren ersten Vorsitzenden gewählt.

Papst Johannes Paul II. kreierte ihn im Konsistorium vom 21. Februar 1998 zum Kardinal und reservierte ihn *in pectore*. Am 21. Februar wurde die Kreation zum Kardinalpriester veröffentlicht, und der Papst verlieh ihm am gleichen Tag das rote Birett und die Titelkirche S. Silvia. Im April 2005 nahm er am Konklave teil, welches Papst Benedikt XVI. wählte. Am 19. Juni 2010 legte er die Leitung seiner Erzdiözese aus Altersgründen nieder und wurde Kaplan der Gemeinde Sāpju Dievmātes in Riga. Am 14. November 2010 verlor er mit Erreichen des 80. Lebensjahres das Recht auf Teilnahme am Konklave.

Re, Giovanni Battista (1934)

Re wurde am 30. Januar 1934 in Borno, Provinz Brescia in der Lombardei im Königreich Italien, heute Republik Italien, geboren. Er studierte am Priesterseminar von Brescia.

Am 3. März 1957 wurde er in Brescia von Bischof Giacinto Tredici von Brescia zum Priester geweiht. Es folgte bis 1960 ein Promotionsstudium im Fach Kirchenrecht. In diesen Jahren lebte er am Lombardischen Seminar in Rom und studierte an der Päpstlichen Universität Gregoriana. Danach kehrte er nach Brescia zurück und war Dozent am Priesterseminar von Brescia und in der Seelsorge tätig. Er besuchte die Päpstliche Diplomatenakademie in Rom und trat am am 1. Juli 1963 in den diplomatischen Dienst des Vatikans ein. 1963–1967 war er Nuntiatursekretär in Panama. 1964 wurde er päpstlicher Geheimkämmerer. 1967–1971 war er Nuntiatursekretär im Iran. Danach wurde er in den Vatikan zurückberufen und zum Auditor befördert. Er arbeitete 1971–1977 im Staatssekretariat als persönlicher Sekretär von Erzbischof Giovanni Benelli, dem Substituten des Staatssekretariates. Am 1. Dezember 1979 wurde er zum Assessor im Staatssekretariat ernannt.

Am 9. Oktober 1987 wurde er zum Titularerzbischof von Vescovio und Sekretär der Bischofskongregation ernannt und erhielt von Papst Johannes Paul II. am 7. November 1987 die Bischofsweihe in der Petersbasilika des Vatikans.

Am 12. Dezember 1989 ernannte ihn der Papst zum Substituten des Staatssekretariates für die Allgemeinen Angelegenheiten. Am 16. September 2000 wurde Re Präfekt der Bischofskongregation und Präsident der Päpstlichen Kommission für Lateinamerika.

Papst Johannes Paul II. kreierte ihn im Konsistorium vom 21. Februar 2001 zum Kardinalpriester und verlieh ihm am gleichen Tag das rote Birett und die Titelkirche SS. XII Apostoli. 2001 war er delegierter Präsident der Bischofssynode; er nahm 2001–2009 an allen Bischofssynoden teil. Am 1. Oktober 2002 wurde er zum Kardinaltitularbischof des suburbikarischen Bistums Sabina-Poggio Mirteto ernannt. Im April 2005 nahm er am Konklave teil, welches Papst Benedikt XVI. wählte. Er wurde vom neuen Papst in seinen Ämtern am 21. April 2005 bestätigt. Am 30. Juni 2010 trat er von seinen Ämtern als Präfekt der Bischofskongregation und als Präsident der Päpstlichen Kommission für Lateinamerika aus Altersgründen zurück. Als dienstältester Kardinalbischof unter 80 Jahren leitete er das Konklave vom März 2013, welches Papst Franziskus wählte. Am 30. Januar 2014 verlor er mit der Vollendung des 80. Lebensjahres das Recht der Teilnahme am Konklave.

Nguyên Van Thuân, François-Xavier (1928 – 2002)

Nguyên Van Thuân wurde am 17. April 1928 in Huê in Vietnam als Neffe des früheren Präsidenten der Republik Süd-Vietnam, Ngo Dinh Diem, und als Neffe von Erzbischof Pierre Martin Ngô Đình Thuc von Huê geboren. Seine Familie gehörte zum katholischen Adel Vietnams. Er studierte Philosophie und Theologie am Priesterseminar von Phu Xuan in Huê.

Am 11. Juni 1953 wurde er in Huê von Bischof Jean-Baptiste Urrutia M.E.P, dem Apostolischen Vikar von Huê, zum Priester geweiht. Er wirkte anschließend in der Seelsorge von Huê und ging 1955 nach Rom. Dort wurde er 1959 in kanonischem Recht promoviert. 1959 – 1967 war er Dozent und dann Regens des Seminars von Nha Trang.

Am 13. April 1967 wurde er zum Bischof von Nha Trang ernannt und empfing am 4. Juni 1967 in Huê von Erzbischof Angelo Palmas, dem Apostolischen Delegaten in Vietnam, die Bischofsweihe. Am 24. April 1975 wurde er zum Titularerzbischof von Vadesi und Koadjutor von Thanh-Pho Ho Chi Minh ernannt. Von den Machthabern wurde er 1975 gefangen genommen und bis 1988 in Haft gehalten, davon 9 Jahre in strenger Isolation, ohne Möglichkeit des Kontakts nach außen. Am 21. November 1988 wurde er freigelassen und während eines Romaufenthaltes vom Regime von Vietnam zur *Persona non grata* erklärt. Er blieb daraufhin in Rom und wurde 1992 Mitglied der Internationalen Katholischen Kommission für Immigration in Genf, Schweiz. Am 24. November 1994 legte er sein Amt als Koadjutor nieder und wurde Vizepräsident des Päpstlichen Rates *Iustitia et Pax*. Am 24. Juni 1998 wurde er zum Präsidenten des Rates *Iustitia et Pax* ernannt. Er nahm 1998 und 2001 an Bischofssynoden teil und war Prediger bei den Fastenexerzitien des Papstes und der Römischen Kurie im Jahr 2000.

Papst Johannes Paul II. kreierte ihn im Konsistorium vom 21. Februar 2001 zum Kardinaldiakon und verlieh ihm am gleichen Tag das rote Birett und die Kirche S. Maria della Scala als Titeldiakonie.

Er starb am 16. September 2002 in Rom und wurde auf dem römischen Friedhof Campo Verano begraben. Am 16. September 2007 wurde der Seligsprechungsprozess für ihn eröffnet.

Cacciavillan, Agostino (1926)

Cacciavillan wurde am 14. August 1926 in Novale di Valdagno, Provinz Vicenza in Venetien im Königreich Italien, heute Republik Italien, geboren. Er studierte am Priesterseminar von Vicenza und an der Päpstlichen Universität Gregoriana, wo er das Lizentiat in Sozialwissenschaften erwarb.

Am 26. Juni 1949 wurde er zum Priester geweiht und war anschließend Kaplan in Colle bei Bassano del Grappa in der Provinz Vincenca. 1957 ging er nach Rom und promovierte an der Päpstlichen Lateranuniversität in kanonischem Recht und absolvierte die Päpstliche Diplomatenakademie. An der staatlichen Universität Roms wurde er in Zivilrecht promoviert. 1960 trat er in den diplomatischen Dienst des Vatikans ein, arbeitete kurze Zeit im vatikanischen Staatssekretariat und war anschließend bis 1964 Nuntiatursekretär auf den Philippinen. 1964–1968 war er in gleicher Funktion an der Nuntiatur von Spanien und 1968 an der Nuntiatur von Lissabon. 1969 bis 1974 arbeitete er als Abteilungsleiter für Information und Dokumentation im Staatssekretariat und wurde 1973 päpstlicher Ehrenprälat.

Am 17. Januar 1976 wurde er zum Titularerzbischof von Amiterno, zum Pro-Nuntius von Kenia und Apostolischen Delegaten auf den Seychellen ernannt. Die Bischofsweihe empfing er am 28. Februar 1976 in der Petersbasilika des Vatikans durch Kardinalstaatsekretär Jean Villot. In Kenia war er zusätzlich auch ständiger Beobacher der UN-Organe für Entwicklungshilfe, Flüchtlingshilfe und Umweltschutz. Am 9. Mai 1981 wurde er Pro-Nuntius in Indien und am 30. April 1985 erster Pro-Nuntius in Nepal. Am 13. Juni 1990 wurde er Pro-Nuntius in den USA und ständiger Beobachter bei der Organisation Amerikanischer Staaten (OAS) und Vertreter des Heiligen Stuhls bei der World Association of Jurists. Am 5. November 1998 wurde er Präsident der Güterverwaltung des Heiligen Stuhls.

Papst Johannes Paul II. kreierte ihn im Konsistorium vom 21. Februar 2001 zum Kardinaldiakon und verlieh ihm am gleichen Tag das rote Birett und die Kirche Ss. Angeli Custodi a Città Giardino. als Titeldiakonie. Am 1. Oktober 2002 verzichtete er auf die Leitung der Güterverwaltung des Heiligen Stuhls. Im April 2005 nahm er am Konklave teil, welches Papst Benedikt XVI. wählte. Am 14. August 2006 verlor er mit Erreichen des 80. Lebensjahres das Recht auf Teilnahme am Konklave. Am 1. März 2008 wurde er Kardinalprotodiakon. Am 21. Februar 2011 optierte er für die Klasse der Kardinalpriester und die Erhebung seiner Titeldiakonie zur Titelkirche.

Sebastiani, Sergio (1931)
Sebastiani wurde am 11. April 1931 in Montemonaco, Region Ripatransone-Montalto in den Marken im Königreich Italien, heute Republik Italien, geboren. Er besuchte das bischöfliche Seminar von Ascoli Piceno und studierte am erzbischöflichen Seminar von Fermo und als Seminarist des Collegio Capranica an der Päpstlichen Universität Gregoriana in Rom, wo er das Lizentiat in Theologie erwarb.

Am 15. Juli 1956 wurde er in Fermo zum Priester geweiht. Er ging bis 1960 erneut nach Rom und absolvierte an der Päpstlichen Lateranuniversität ein Promotionsstudium für kanonisches Recht und die Diplomatenausbildung an der Päpstlichen Diplomatenakademie. Anschließend trat er in den diplomatischen Dienst des Heiligen Stuhls ein und war 1960–1962 Nuntiatursekretär in Peru und 1962–1966 in Brasilien. 1966–1967 war er Auditor der Nuntiatur von Chile und wurde in den Vatikan zurückberufen, wo er bis 1974 als persönlicher Sekretär der Kardinalstaatssekretäre Amleto Giovanni Cicognani und Jean Villot sowie später als Bürovorsteher des Sekretariates des Substitutes wirkte. 1974 wurde er Nuntiaturrat in Frankreich mit spezieller Beauftragung beim Europarat. 1974 wurde er auch päpstlicher Ehrenprälat.

Am 27. September 1976 wurde er zum Titularerzbischof von Caesarea Mauritania, zum Pro-Nuntius in Madagaskar und Mauritius sowie zum Apostolischen Delegaten von La Reunion und den Comoreninseln ernannt. Die Bischofsweihe empfing er am 30. Oktober 1976 in der Petersbasilika im Vatikan durch Kardinalstaatssekretär Jean Villot. Am 8. Januar 1985 wurde er Nuntius in der Türkei. Am 16. November 1994 wurde er zum Generalsekretär des Zentralkommitees für die Vorbereitung des Heiligen Jahres 2000 ernannt. Am 3. November 1997 wurde er Präsident der Präfektur für die wirtschaftlichen Angelegenheiten des Heiligen Stuhls. Er nahm an den Bischofssynoden von 1998, 1999, 2001 und 2005 teil.

Papst Johannes Paul II. kreierte ihn im Konsistorium vom 21. Februar 2001 zum Kardinaldiakon und verlieh ihm am gleichen Tag das rote Birett die Kirche S. Eustachio als Titeldiakonie. Im April 2005 nahm er am Konklave teil, welches Papst Benedikt XVI. wählte. Der neue Papst bestätigte ihn in seinem Amt. Am 12. April 2008 verzichtete er aus Altersgründen auf die Leitung der Wirtschaftspräfektur. Am 21. Februar 2011 optierte er für die Klasse der Kardinalpriester und die Erhebung seiner Titeldiakonie zur Titelkirche. Am 11. April 2011 verlor er mit Erreichen des 80. Lebensjahres das Recht auf Teilnahme am Konklave.

Grocholewski, Zenon (1939)

Grocholewski wurde am 11. Oktober 1939 in Brsdicki, Provinz Posen im vom deutschen Reich besetzten Polen, heute Republik Polen geboren. Er studierte Theologie und Philosophie am erzbischöflichen Seminar von Posen.

Am 27. Mai 1963 wurde er in der Kathedrale zu Posen von Erzbischof Antoni Baraniak S.D.B. von Posen, zum Priester geweiht und war anschließend bis 1966 Kaplan in Posen. Danach ging er nach Rom, um an der Päpstlichen Universität Gregoriana zu studieren, wo er 1972 in Kirchenrecht promoviert wurde. Er studierte weiter an der Studieneinrichtung der Römischen Rota und erhielt die Zulassung zum Anwalt der Römischen Rota. Er absolvierte Sprachkurse in Deutschland und Frankreich.

Seit 1972 war er am obersten Gerichtshof der Apostolischen Signatur in Rom tätig, zunächst bis 1977 als Notar, 1977–1980 als geschäftsführender Kanzler und 1980–1982 als Kanzler sowie 1982–1998 als Sekretär.

Am 21. Dezember 1982 wurde er zum Titularbischof von Agropoli ernannt und empfing am 6. Januar 1983 in der Petersbasilika des Vatikans durch Papst Johannes Paul II. die Bischofsweihe. Am 16. Dezember 1991 wurde er zum Erzbischof ernannt. Am 5. Oktober 1998 wurde er zum Präfekten der Apostolischen Signatur und Präsident des Kassationsgerichtes der Vatikanstadt ernannt. Am 15. November 1999 wurde er Präfekt der Kongregation für das katholische Erziehungswesen und gleichzeitig auch Großkanzler der Gregoriana und des Bibelinstitutes sowie Großkanzler der Institute für die Kirchenmusik, christliche Archäologie sowie arabische und islamische Studien.

Papst Johannes Paul II. kreierte ihn im Konsistorium vom 21. Februar 2001 zum Kardinaldiakon und verlieh ihm am gleichen Tag das rote Birett und die Kirche S. Nicola in Carcere als Titeldiakonie. Er nahm seit 1999 an allen Bischofssynoden teil. Im April 2005 nahm er am Konklave teil, welches Papst Benedikt XVI. wählte. Der neue Papst bestätigte ihn am 21. April 2005 in seinem Amt. Am 21. Februar 2011 optierte er für die Klasse der Kardinalpriester und die Erhebung seiner Titeldiakonie zur Titelkirche. Im März 2013 nahm er am Konklave teil, welches Papst Franziskus wählte. Der neue Papst bestätigte ihm am 16. März vorläufig und am 30. November 2013 endgültig in seinem Amt.

Saraiva Martins C.M.F., José (1932)

Saraiva wurde am 6. Januar 1932 in Gagos in der Provinz Guarda in Portugal geboren. Er trat nach Abschluss der Schulzeit in den Claretinerorden ein, wo er nach dem Noviziat in Carvalhos 1950 die Profess ablegte.

Danach ging er zum Studium nach Rom, wo er an der Päpstlichen Universität Gregoriana studierte und das Lizentiat in Theologie erwarb. An der Päpstlichen Universität St. Thomas von Aquin (*Angelicum*) wurde er 1958 in Theologie promoviert. Außerdem war er zu Studienaufenthalten an der Universität Louvain in Belgien und der freien Universität „Gabriele d'Annunzio" in Chieti.

Am 16. März 1957 wurde er in der römischen Kirche Sacro Cuore an der Piazza Navona von Erzbischof Ettore Cunial, dem zweiten Viceregente der Diözese Rom, zum Priester geweiht. 1958–1959 war er Dozent für Metaphysik am Seminar der italienischen Clarentinerprovinz in Marino. 1959–1969 war er Professor für Fundamentaltheologie und Dogmatik am „Claretianum" der Päpstlichen Lateranuniversität in Rom und 1969–1988 Professor für Dogmatik und Sakramententheologie an der Päpstlichen Universität *Urbaniana* in Rom; 1974–1977 war er Dekan der theologischen Fakultät an der *Urbaniana* und Präsident der Dekanekonferenz der theologischen Fakultäten in Rom. 1977–1983 und 1986–1988 war er *Rector Magnificus* der *Urbaniana*. 1978–1983 und 1986–1988 war er Präsident des Rektorenkomitees der Päpstlichen Universitäten und Athenaeen in Rom. 1983 war er Spezialsekretär der Bischofssynode.

Am 26. Mai 1988 wurde er zum Titularerzbischof von Tuburnica und Sekretär der Kongregation für das katholische Bildungswesen ernannt. Die Bischofsweihe spendete ihm am 2. Juli 1988 in der Basilika SS. XII Apostoli in Rom Kardinalstaatssekretär Agostino Casaroli. Er nahm an den Bischofssynoden von 1990, 1999, 2001 und 2005 teil. Am 30. Mai 1998 wurde er zum Präfekten der Kongregation für die Heiligsprechungen ernannt.

Papst Johannes Paul II. kreierte ihn im Konsistorium vom 21. Februar 2001 zum Kardinaldiakon und verlieh ihm die Kirche Nostra Signora del Sacro Cuore als Titeldiakonie. Im April 2005 nahm er am Konklave teil, welches Papst Benedikt XVI. wählte. Der neue Papst bestätigte ihn in seinen Ämtern. Durch die Neuordnung des Seligsprechungsverfahrens nahm er immer wieder im Auftrag des Papstes Seligsprechungen vor. Am 9. Juli 2008 legte er die Leitung seiner Kongregation aus Altersgründen nieder. Am 24. Februar 2009 wurde er zum Kardinaltitularbischof des suburbikarischen Bistums Palestrina ernannt. Am 6. Januar 2012 verlor er mit Erreichen des 80. Lebensjahres das Recht auf Teilnahme am Konklave.

Sepe, Crescenzio (1943)

Sepe wurde am 2. Juni 1943 in Carinaro, Provinz Caserta im Königreich Italien, heute Republik Italien, geboren. Er studierte Philosophie am Päpstlichen Regionalseminar von Salerno und anschließend Theologie am Päpstlich-Römischen Seminar und an der Päpstlichen Lateranuniversität.

Am 12. März 1967 wurde er in Aversa von Bischof Antonio Cece von Aversa zum Priester geweiht. Er studierte weiter an der Lateranuniversität und erwarb dort ein Lizentiat in kanonischem Recht und wurde in Theologie promoviert. Er studierte darüber hinaus an der staatlichen Universität La Sapienza in Rom, wo er zum Dr. phil. promoviert wurde und absolvierte eine Ausbildung an der Päpstlichen Diplomatenakademie. Er war Dozent an der Lateranuniversität und der Universität Urbaniana. 1972 trat er in den vatikanischen diplomatischen Dienst ein und wurde als Nuntiatursekretär bis 1975 nach Brasilien entsandt. 1975 rief ihn Erzbischof Benelli ins Staatssekretariat nach Rom zurück, und er wurde in der ersten internationalen Sektion damit beauftragt, die Kontakte zu den internationalen Organisationen zu pflegen. Danach war er im Büro für Information und Dokumentation tätig. 1987–1992 war er Assessor für die allgemeinen Angelegenheiten des Staatssekretariates und wurde 1987 päpstlicher Ehrenprälat.

Am 2. April 1992 wurde er zum Titularerzbischof von Grado und Sekretär der Kongregation für den Klerus ernannt Die Bischofsweihe spendete ihm am 26. April 1992 in der Petersbasilika des Vatikans Papst Johannes Paul II. Am 3. November 1997 wurde er zum Generalsekretär des Zentralkomitees für das Heilige Jahr 2000 ernannt.

Papst Johannes Paul II. kreierte ihn im Konsistorium vom 21. Februar 2001 zum Kardinaldiakon und verlieh ihm am gleichen Tag das rote Birett und die Kirche Dio Padre misericordioso als Titeldiakonie. Am 9. April 2001 wurde er zum Präfekten der Kongregation für die Evangelisierung der Völker ernannt. Gleichzeitig wurde er Großkanzler der Päpstlichen Universität *Urbaniana*. Er nahm seither an den Bischofssynoden von 2001, 2005 und 2008 teil. Im April 2005 nahm er am Konklave teil, welches Papst Benedikt XVI. wählte. Der neue Papst bestätigte ihn am 21. April 2005 in seinen Ämtern. Am 20. Mai 2006 wurde er zum Erzbischof von Neapel ernannt. Gleichzeitig wurde er der Klasse der Kardinalpriester zugeordnet und seine Titeldiakonie zur Titelkirche erhoben. Im März 2013 nahm er am Konklave teil, welches Papst Franziskus wählte.

Mejía, Jorge María (1923)

Mejía wurde am 31. Januar 1923 in Buenos Aires in Argentinien geboren. Er studierte am Seminar von Villa Devoto in Buenos Aires.

Am 22. September 1945 wurde er mit Dispens in Buenos Aires zum Priester geweiht und wirkte anschließend kurz in der Seelsorge in Buenos Aires. Danach ging er zu weiteren Studien nach Rom an die Päpstliche Universität St Thomas von Aquin (*Angelicum*), wo er in Theologie promoviert wurde. Weitere Studien absolvierte er am Päpstlichen Bibelinstitut und erwarb ein Lizentiat in Bibelwissenschaften. Danach wurde er Dozent für Bibelwissenschaften und neutestamentliches Griechisch, für Hebräisch und Archäologie an der theologischen Fakultät der Katholischen Universität von Argentinien in Buenos Aires. Er war Professor für Exegese am „Instituto de Cultura Religiosa Superior" und am „Instituto de Ciencias Sagradas" der Maristenbrüder. 1956–1977 war er Direktor eines katholischen Journals. Er betrieb weitere Studien an der von den Dominikanern geführten und dem *Angelicum* angeschlossenen École Biblique in Jerusalem und war Gastprofessor am Ökumenischen Institut Tantur bei Bethlehem. 1962–1965 nahm er als Experte am II. Vatikanischen Konzil teil. 1966 wurde er Vorsitzender der Ökumenekommission der Erzdiözese Buenos Aires und 1967 Sekretär der Abteilung für Ökumene des lateinamerikanischen Bischofsrates (CELAM). 1969–1972 war er Präsident des Exekutivkomitees der katholischen Weltbibelgesellschaft. 1977 wurde er Sekretär der Päpstlichen Kommission für die Beziehungen zwischen Juden und Christen im Sekretariat für die Einheit der Christen und 1978 päpstlicher Ehrenkaplan.

Am 8. März 1986 wurde er zum Titularbischof von Apollonia und zum Vizepräsidenten der Päpstlichen Kommission *Iustitia et Pax* ernannt. Die Bischofsweihe spendete ihm am 12. April 1986 in Rom Kardinal Roger Etchegaray, der Präsident der Päpstlichen Kommission *Iustitia et Pax* und des Päpstlichen Rates Cor Unum. 1992 nahm er an der IV. Generalkonferenz des lateinamerikanischen Episkopates in Santo Domingo tei. Am 5. März 1994 wurde er zum Erzbischof und Sekretär der Kongregation für die Bischöfe sowie Sekretär des Kardinalskollegiums ernannt. Am 7. März 1998 erfolgte die Ernennung zum Archivar und Bibliothekar *S.E.R.*

Papst Johannes Paul II. kreierte ihn im Konsistorium vom 21. Februar 2001 zum Kardinaldiakon und verlieh ihm am gleichen Tag das rote Birett und die Kirche S. Girolamo della Carità als Titeldiakonie. Am 31. Januar 2003 verlor er mit Erreichen des 80. Lebensjahres das Recht auf Teilnahme am Konklave. Am 24. November 2003 trat er von seinen Ämtern aus Altersgründen zurück. Am 21. Februar 2011 optierte er für die Klasse der Kardinalpriester und die Erhebung seiner Titeldiakonie zur Titelkirche.

Daoud, Ignace Moussa I. (1930–2012)
Daoud wurde am 18. September 1930 in Meskané bei Homs im französischen Mandatsgebiet, heute Syrien, geboren. Er besuchte das syrisch-katholische Seminar von Charfet bei Beirut im Libanon, wo er Philosophie und Theologie studierte.

Am 17. Oktober 1954 wurde er in der syrisch-katholischen Kathedrale von Beirut von Kardinal Ignatius Gabriel I. Tappouni, dem syrisch-katholischen Patriarchen von Antiochien, zum Priester geweiht. 1955 kehrte er nach Homs zurück und war dort als Lehrer, Gemeindepriester, Schuldirektor und Sekretär des Erzbischofs tätig. Schließlich wurde er Generalvikar. 1960 – 1964 war er zu weiteren Studien an der Päpstlichen Lateranuniversität in Rom, wo er das Lizentiat in kanonischem Recht erwarb. 1965 – 1977 war er Sekretär der syrisch-katholischen Patriarchen Tappouni und Hayek in Beirut und Ehebandsverteidiger am patriarchalen Gericht in Beirut.

Am 2. Juli 1977 wurde er von der syrisch-katholischen Synode in Charfet zum syrisch-katholischen Bischof von Kairo gewählt. Seiner Wahl wurde am 22. Juli von Papst Paul VI. zugestimmt. Die Bischofsweihe empfing er am 18. September 1977 in Charfet im Libanon durch den syrisch-katholischen Patriarchen von Antiochien, Ignace Antoine II Hayek. Sein Bischofsname war Moran Mar Basilius Moussa Daoud. Am 1. Juli 1994 wurde er durch die syrisch-katholische Synode zum syrisch-katholischen Erzbischof von Homs, Hama und Nabk gewählt und am 6. Juli 1994 durch Papst Johannes Paul II. bestätigt.

Am 13. Oktober 1998 wählte ihn die syrisch-katholische Synode zum syrisch-katholischen Patriarchen von Antiochien. Papst Johannes Paul II. gewährte am 20. Oktober 1998 die *Ecclesiastica Communio*. Am 25. Oktober 1998 wurde er als als Ignace Moussa I. Daoud inthronisiert.

Am 25. November 2000 wurde er zum Präfekten der Kongregation für die Ostkirchen und Großkanzler des Päpstlichen Orientalischen Instituts ernannt. Am 8. Januar 2001 verzichtete er auf das Patriarchat und erhielt den Titel eines Patriarchen *ad personam* verliehen.

Papst Johannes Paul II. kreierte ihn im Konsistorium vom 21. Februar 2001 zum Kardinal-Patriarchen und verlieh ihm am gleichen Tag die Urkunde. Er nahm an den Bischofssynoden von 2001 und 2005 teil und übernahm vor allem im Bereich der katholischen Ostkirchen viele Vertretungen des Papstes. Im April 2005 nahm er am Konklave teil, welches Papst Benedikt XVI. wählte. Der neue Papst bestäigte ihn am 21. April 2005 in seinen Ämtern. Am 9. Juni 2007 trat er von seinen Ämtern aus Altersgründen zurück. Am 18. September 2010 verlor er mit Erreichen des 80. Lebensjahres das Recht auf Teilnahme am Konklave.

Er starb am 7. April 2012 in Rom und wurde in Charfet im Libanon beigesetzt.

Pompedda, Mario Francesco (1929 – 2006)

Pompedda wurde am 18. April 1929 in Ozieri auf Sardinien im Königreich Italien, heute Republik Italien, geboren. Er studierte Philosophie am Regionalseminar von Cagliari und Theologie als Seminarist des Collegio Capranica in Rom an der Päpstlichen Universität Gregoriana, wo er in Theologie promoviert wurde.

Am 23. Dezember 1951 wurde er in Rom zum Priester geweiht und in die Diözese Rom inkardiniert. Nach weiteren Studien am Päpstlichen Bibelinstitut, wo er ein Lizentiat in Bibelwissenschaften erwarb, und an der Päpstlichen Lateranuniversität wurde er dort in beiderlei Rechten (*utriusque iuris*) promoviert. An der Studienanstalt der Römischen Rota absolvierte er eine Ausbildung zum Anwalt der Rota und trat 1955 als Ehebandsverteidiger in die Römische Rota ein. 1969 – 1993 war er dort Auditor-Prälat und wurde am 11. Dezember 1993 Dekan der Römischen Rota. Im November 1993 wurde er Präsident des Appelationsgerichtes der Vatikanstadt. Er lehrte über 20 Jahre als Dozent an der Studieneinrichtung der Römischen Rota und als Dozent für kanonisches Recht an den Päpstlichen Universitäten Gregoriana und Santa Croce (Universität des Opus Dei). Pastoral engagierte er sich 30 Jahre lang in einer römischen Pfarrei und als geistlicher Beirat der römischen Union der katholischen Juristen.

Am 29. November 1997 wurde er zum Titularerzbischof von Bisarcio ernannt. Die Bischofsweihe spendete ihm am 6. Januar 1998 in der Petersbasilika des Vatikans Papst Johannes Paul II. Am 16. November 1999 wurde er Präfekt der Apostolischen Signatur und Präsident des Kassationsgerichtes des Vatikanstaates.

Papst Johannes Paul II. kreierte ihn im Konsistorium vom 21. Februar 2001 zum Kardinaldiakon und verlieh ihm am gleichen Tag das rote Birett und die Kirche Annunciazione della B.V.M. a Via Ardennia als Titeldiakonie. Am 27. Mai 2004 legte er aus Altersgründen die Leitung des Gerichtshofes nieder. Im April 2005 nahm er am Konklave teil, welches Papst Benedikt XVI. wählte.

Er starb am 18. Oktober 2006 in der Gemelli Klinik in Rom und wurde auf dem Friedhof seines Heimatortes Ozieri beigesetzt.

Kasper, Walter (1933)

Kasper wurde am 5. März 1933 in Heidenheim/Brenz im Deutschen Reich, heute Bundesrepublik Deutschland, geboren und wuchs in Wangen im Allgäu auf. Er trat in das Wilhelmsstift in Tübingen ein und studierte an den Universitäten Tübingen und München.

Am 6. April 1957 wurde er in Rottenburg/Neckar von Bischof Carl Joseph Leiprecht von Rottenburg zum Priester geweiht und war anschließend bis 1958 Kaplan in Stuttgart. Danach wurde er Repetent am Wilhelmsstift und Assistent an der Universität in Tübingen und 1961 in Theologie promoviert. Er war Assistent der Professoren Dr. Leo Scheffczyk (zum Kardinal im gleichen Konsistorium kreiert) und Dr. Hans Küng in Tübingen. 1964 wurde er in Dogmatik habilitiert und bis 1969 Professor für Dogmatik an der Universität Münster, wo er 1969 Dekan der katholisch-theologischen Fakultät war. 1970 wurde er als Nachfolger von Professor Ratzinger Professor für Dogmatik in Tübingen. 1983 war er Gastprofessor an der Katholischen Universität Washington, USA. 1985 wurde er Mitglied der Internationalen Theologenkommission im Vatikan und Mitglied der Heidelberger Akademie der Wissenschaften. 1985 war er Spezialsekretär der Außerordentlichen Bischofssynode in Rom.

Am 4. April 1989 wurde er vom Domkapitel in Rottenburg zum Bischof von Rottenburg-Stuttgart gewählt und am 17. April 1989 vom Papst ernannt. Die Bischofsweihe spendete ihm am 17. Juni 1989 im Rottenburger Dom der Freiburger Erzbischof Oskar Saier. In der deutschen Bischofskonferenz war er Vorsitzender der Kommission für die Weltkirche und stellvertretender Vorsitzender der Glaubenskommission. Am 25. März 1999 wurde er zum Sekretär des Päpstlichen Rates für die Einheit der Christen ernannt und verzichtete am 31. Mai 1999 auf seine Diözese. Am 31. Oktober 1999 unterzeichnete er in Augsburg die Gemeinsame Erklärung zur Rechtfertigungslehre zwischen dem Vatikan und dem Lutherischen Weltbund mit.

Papst Johannes Paul II. kreierte ihn im Konsistorium vom 21. Februar 2001 zum Kardinaldiakon und verlieh ihm am gleichen Tag das rote Birett und die Kirche Ognissanti in Via Appia Nuova als Titeldiakonie. Am 3. März 2001 wurde er zum Präsidenten des Päpstlichen Rates für die Einheit der Christen ernannt. Er war häufig in Fragen der Ökumene und der Beziehungen zum Judentum zu Vorträgen und Konferenzen in aller Welt und nahm in Rom an den Bischofssynoden von 2001, 2005, 2008 und 2009 teil. Im April 2005 nahm er am Konklave teil, welches Papst Benedikt XVI. wählte. Der neue Papst bestätigte ihn in seinen Ämtern. Am 1. Juli 2010 legte er die Leitung des Rates für die Förderung der Einheit der Christen aus Altersgründen nieder. Am 21. Februar 2011 optierte er für die Klasse der Kardinalpriester und die Erhebung seiner Titeldiakonie zur Titelkirche. Am 5. März 2013 verlor er mit Erreichen des 80. Lebensjahres das Recht auf Teilnahme am Konklave. Da er aber zum Zeitpunkt des Amtsverzichts von Papst Benedikt XVI. am 28. Februar 2013 noch nicht die Altersgrenze erreicht hatte, nahm er im März 2013 als ältester und einziger Kardinal, der bereits das 80. Lebensjahr vollendet hatte, am Konklave teil, welches Papst Franziskus wählte.

Degenhardt, Johannes Joachim (1926 – 2002)

Degenhardt wurde am 31. Januar 1926 in Schwelm im Deutschland der Weimarer Republik, heute Bundesrepublik Deutschland, geboren und wuchs in Hagen in Westfalen auf. Während der Nazizeit war er für einige Wochen in strenger Einzelhaft inhaftiert, da er Predigten von Bischof von Galen in Umlauf gebracht und eine Kundgebung für den neuen Erzbischof von Paderborn, Lorenz Jäger, mitorganisiert hatte. Nach seiner Entlassung wurde er des Gymnasiums verwiesen. Er war während des Zweiten Weltkrieges als Flakhelfer täig und geriet in Gefangenschaft, aus der er 1946 entlassen wurde. Nach dem Krieg schloss er seine Schulausbildung ab und studierte Theologie und Philosophie in Paderborn und München.

Am 6. August 1952 wurde er im Dom zu Paderborn von Erzbischof Lorenz Jäger von Paderborn zum Priester geweiht. Er war zunächst bis 1959 als Vikar, Pfarradministrator und Pfarrverweser im Erzbistum Paderborn tätig. 1959 wurde er Präfekt am Theologenkonvikt Leoninum in Paderborn und arbeitete an seiner Promotion im Fach Neues Testament, die er 1964 an der Universität Würzburg bei Professor Schnackenburg erfolgreich abschloss. Er war zunächst Assistent an der Ruhr-Universität in Bochum, 1965 dann Studentenpfarrer in Paderborn, 1966 Regionaldekan der Region „Hochstift Paderborn" und 1967 Diözesanverantwortlicher für das Katholische Bibelwerk.

Am 12. März 1968 wurde er zum Titularbischof von Vico di Pacato und Weihbischof in Paderborn ernannt. Die Bischofsweihe empfing er am 1. Mai 1968 im Paderborner Dom von Kardinal Lorenz Jäger, dem Erzbischof von Paderborn. 1973 – 1974 verwaltete er als Kapitularvikar die Erzdiözese Paderborn und wurde nach der Wahl durch das Domkapitel am 4. April 1974 zum Erzbischof von Paderborn ernannt. Er nahm an den Bischofssynoden von 1977 und 1999 teil.

Papst Johannes Paul II. kreierte ihn im Konsistorium vom 21. Februar 2001 zum Kardinalpriester und verlieh ihm am gleichen Tag das rote Birett und die Titelkirche S. Liborio.

Er starb am 25. Juli 2002 in Paderborn und wurde in der Bischofsgruft des Doms von Paderborn beigesetzt.

González Zumárraga, Antonio José (1925 – 2008)

González Zumárraga wurde am 18. März 1925 in Pujilí in Ecuador geboren. Er studierte am Priesterseminar „San José" in Quito.

Am 29. Juni 1951 wurde er in Quito von Erzbischof Carlos María de la Torre von Quito zum Priester geweiht. Er war anschließend Kaplan in zwei Gemeinden Quitos und nahm 1954 – 1957 ein Promotionsstudium an der Päpstlichen Universität Salamanca in Spanien auf, wo er in kanonischem Recht promoviert wurde. Danach war er Vizerektor einer Jungenschule, Vizesekretär der Metropolitankurie in Quito und Dozent an der Päpstlich-Katholischen Universität von Ecuador. 1961 – 1969 war er Kanonikus an der Kathedrale, 1964 – 1969 Kanzler der erzbischöflichen Kurie. 1961 – 1969 war er Rektor einer Schule.

Am 17. Mai 1969 wurde er zum Titularbischof von Tagarata und Weihbischof in Quito ernannt. Die Bischofsweihe spendete ihm am 15. Juni 1969 in Quito Kardinal Pablo Muñoz Vega S.J., der Erzbischof von Quito. 1976 – 1978 war er Apostolischer Administrator von Machala und wurde am 30. Januar 1978 Bischof von Machala. Am 28. Juni 1980 wurde er zum Erzbischof-Koadjutor *c.i.s.* von Quito ernannt und kehrte nach Quito zurück, wo er am 1. Juni 1985 Erzbischof wurde. 1987 – 1993 war er Vorsitzender der ecuadorianischen Bischofskonferenz. Vom Heiligen Stuhl wurde ihm am 11. November 1995 der Titel Primas von Ecuador verliehen. Er nahm 1968 an der II. Generalkonferenz des lateinamerikanischen Episkopates in Medellin in Kolumbien, 1979 an der III. Generalkonferenz des lateinamerikanischen Episkopates in Puebla, Mexiko, und 1992 an der IV. Generalkonferenz des lateinamerikanischen Episkopates in Santo Domingo in der Dominikanischen Republik teil. In Rom war er Teilnehmer an den Bischofssynoden von 1983 und 1997.

Papst Johannes Paul II. kreierte ihn im Konsistorium vom 21. Februar 2001 zum Kardinalpriester und verlieh ihm am gleichen Tag das rote Birett und die Titelkirche S. Maria in Via. Am 21. März 2003 legte er die Leitung der Erzdiözese Quito aus Altersgründen nieder. Am 18. März 2005 verlor er mit Erreichen des 80. Lebensjahres das Recht auf Teilnahme am Konklave.

Er starb am 13. Oktober 2008 in Valle de los Chillos in Sangulqui bei Quito und wurde in der Kathedrale von Quito beigesetzt.

Dias, Ivan (1936)

Dias wurde am 14. April 1936 in Bombay (seit 1996: Mumbay), in British-Indien, heute Republik Indien, geboren und studierte am Priesterseminar in Bombay.

Am 8. Dezember 1958 wurde er in Bombay von Kardinal Valerian Gracias, dem Erzbischof von Bombay, zum Priester geweiht. Er übernahm zunächst seelsorgerliche Aufgaben in der Erzdiözese Bombay, bevor er 1961–1964 nach Rom ging, um an der Päpstlichen Lateranuniversität in kanonischem Recht zu promovieren und sich in der Päpstlichen Diplomatenakademie auf den diplomatischen Dienst beim Heiligen Stuhl vorzubereiten. Er trat in den diplomatischen Dienst des Heiligen Stuhls ein und wurde 1964 päpstlicher Geheimkämmerer. Im Staatssekretariat des Vatikans war er intensiv an der Vorbereitung des Besuchs Papst Pauls VI. in Indien anläßlich des Internationalen Eucharistischen Weltkongresses in Bombay 1964 beteiligt. Von 1965 bis 1973 war er Sekretär der Nuntiaturen in Dänemark, Norwegen und Schweden, Island, und Finnland, in Indonesien und in Madagaskar, La Reunion, auf den Comoren und Mauritius. Von 1973 bis 1982 war er im Staatssekretariat Leiter der Abteilung für die Sowjetunion mit Polen und Bulgarien und war für China, Vietnam, Laos und Kambodscha sowie für die afrikanischen Staaten Südafrika, Namibia, Lesotho, Swaziland, Simbabwe, Äthiopien, Ruanda, Burundi, Uganda, Sambia, Kenia und Tansania zuständig.

Am 8. Mai 1982 wurde er zum Titularerzbischof von Rusubisir und Pro-Nuntius in in Ghana, Togo und Benin ernannt. Die Bischofsweihe empfing er am 19. Juni 1982 in der Petersbasilika des Vatikans von Kardinalstaatssekretär Agostino Casaroli. Am 20. Juni 1987 wurde er zum Nuntius in Korea ernannt, am 28. Oktober 1991 zum Nuntius in Albanien. Zusätzlich war er 1992–1996 Apostolischer Administrator für Südalbanien. Am 8. November 1997 wurde er zum Erzbischof von Mumbay ernannt und nahm an der Bischofssynode von Asien teil.

Papst Johannes Paul II. kreierte ihn im Konsistorium vom 21. Februar 2001 zum Kardinalpriester und verlieh ihm am gleichen Tag das rote Birett und die Titelkirche Spirito Santo alla Ferratella. Er war delegierter Präsident der Bischofssynode von 2001 und nahm an den Bischofssynoden von 2005, 2008, 2009 und 2010 teil. Im April 2005 nahm er am Konklave teil, welches Papst Benedikt XVI. wählte. Am 20. Mai 2006 wurde er zum Präfekten der Kongregation für die Evangelisierung der Völker und zum Großkanzler der Päpstlichen Universität *Urbaniana* ernannt. Am 10. Mai 2011 trat er von der Leitung der Kongegation aus Altersgründen zurück. Im März 2013 nahm er am Konklave teil, welches Papst Franziskus wählte.

Agnelo, Geraldo Majella (1933)
Agnelo wurde am 19.10.1933 in Juiz de Fora im Staat Minas Gerais in Brasilien geboren. Er studierte am Priesterseminar von Ipiranga bei São Paulo.

Am 27. Juni 1957 wurde er in der Kathedrale von São Paulo von Erzbischof António Maria Alves de Siqueira, dem Koadjutor-Erzbischof von São Paulo, zum Priester geweiht. 1958 wurde er Kaplan und war 1959 Seelsorger und Spiritual am Seminar „Sao Cura d'Ars". 1960–1963 war er Dozent am Philosophischen Seminar von Aparecida und 1964–1967 Spiritual und Dozent am Priesterseminar von Ipiranga. Gleichzeitig war er auch Dozent für Philosophie an der Päpstlich-Katholischen Universität von São Paulo. 1967–1969 absolvierte er ein Promotionsstudium in Liturgiewissenschaft an der

Benediktinerhochschule St. Anselmo in Rom. 1970–1974 war er Koordinator für die diözesane Seelsorge und Professor für Liturgiewissenschaft und Pastoraltheologie und 1975–1978 Rektor der theologischen Fakultät „Nossa Senhora da Assunção" in São Paulo. Dem Kathedralkapitel von São Paulo gehörte er 1964–1978 an.

Am 5. Mai 1978 wurde er zum Bischof von Toledo in Brasilien ernannt und empfing am 6. August 1978 in São Paulo von Kardinal Paulo Evaristo Arns, dem Erzbischof von São Paulo, die Bischofsweihe. Am 4. Oktober 1982 wurde er zum Erzbischof von Londrina ernannt. Am 16. September 1991 erfolgte die Ernennung zum Sekretär der Kongregation für den Gottesdienst und die Sakramentendisziplin an der Römischen Kurie. 1992 nahm er an der IV. Generalkonferenz des lateinamerikanischen Episkopates in Santo Domingo in der Dominikanischen Republik teil. Am 13. Januar 1999 wurde er zum Erzbischof von São Salvador da Bahia und Primas von Brasilien ernannt.

Papst Johannes Paul II. kreierte ihn im Konsistorium vom 21. Februar 2001 zum Kardinalpriester und verlieh ihm am gleichen Tag das rote Birett und die Titelkirche St. Gregorio Magno alla Magliana Nuova. Er nahm an den Bischofssynoden von 1999, 2001 und 2005 teil. 2003–2007 leitete er als Vorsitzender die Bischofskonferenz von Brasilien. Im April 2005 nahm er am Konklave teil, welches Papst Benedikt XVI. wählte. Er war 2007 einer der drei Präsidenten der V. Generalkonferenz des lateinamerikanischen Episkopates in Aparecida in Brasilien. Am 12. Januar 2011 trat er von der Leitung seines Erzbistums aus Altersgründen zurück. Im März 2013 nahm er am Konklave teil, welches Papst Franziskus wählte. Am 19. Oktober 2013 verlor er mit Erreichen des 80. Lebensjahres das Recht auf Teilnahme am Konklave.

Rubiano Saenz, Pedro (1932)

Rubiano Saenz wurde am 13. September 1932 in Cartago in der Provinz Cali in Kolumbien geboren. Er studierte Philosophie am Priesterseminar von Popayán und Theologie an der Universität von Laval in Québec, Kanada. Weiterführende Studien absolvierte an der Katholischen Universität von Amerika in Washington, USA, und an der Einrichtung ILADES in Santiago de Chile, Chile.

Am 8. Juli 1956 wurde er in Cali von Erzbischof Julio Caicedo y Téllez von Cali zum Priester geweiht. In den folgenden Jahren bis 1971 wirkte er als Kaplan und Pfarrer in mehreren Gemeinden, von denen er selbst einige gründete; er war Kaplan in der Militärseelsorge und in der Klinikseelsorge und schließlich Finanzchef und Verantwortlicher für die Seelsorge der Erzdiözese Cali sowie stellvertretender Direktor eines Gymnasiums.

Am 2. Juni 1971 wurde er zum Bischof von Cúcuta ernannt und empfing am 11. Juli 1971 in Cali von Erzbischof Angelo Palmas, dem Apostolischen Nuntius in Kolumbien, die Bischofsweihe. Am 26. März 1983 wurde er zum Erzbischofkoadjutor *c.i.s.* von Cali und am 7. Februar 1985 zum Erzbischof von Cali ernannt. 1990–1996 war er Vorsitzender der kolumbianischen Bischofskonferenz. 1992 nahm er an der IV. Generalkonferenz des lateinamerikanischen Episkopates in Santo Domingo teil. Am 27. Dezember 1994 wurde er Erzbischof von Bogotá und Primas von Kolumbien.

Papst Johannes Paul II. kreierte ihn im Konsistorium vom 21. Februar 2001 zum Kardinalpriester und verlieh ihm am gleichen Tag das rote Birett und die Titelkirche Trasfigurazione di Nostro Signore Gesù Cristo. Er nahm an den Bischofssynoden von 2001 und 2005 teil und war 2002–2008 erneut Vorsitzender der kolumbianischen Bischofskonferenz. Im April 2005 nahm er am Konklave teil, welches Papst Benedikt XVI. wählte. 2007 gehörte er zu den Teilnehmern der V. Generalkonferenz des lateinamerikanischen Episkopates in Aparecida, Brasilien. Am 8. Juli 2010 legte er aus Altersgründen das Amt des Erzbischofs von Bogotá nieder. Am 13. September 2012 verlor er mit Erreichen des 80. Lebensjahres das Recht auf Teilnahme am Konklave.

McCarrick, Theodore Edgar (1930)
McCarrick wurde am 7. Juli 1930 in New York im Bundesstaat New York in den USA geboren. Nach der Schulzeit studierte er zunächst für ein Jahr in Europa und kehrte an die Fordham Universtiy in New York zurück. Nachdem er sich entschieden hatte, Priester zu werden, trat er in das Priesterseminar „Saint Joseph" in Dunwoodie in New York ein und studierte Theologie und Philosophie. Neben dem Bachelor in Theologie erwarb er noch einen Master in Geschichtswissenschaften.

Am 31. Mai 1958 wurde er in New York von Kardinal Francis Spellman, dem Erzbischof von New York, zum Priester geweiht. Er ging anschließend bis 1963 an die Katholische Universität von Amerika in Washington und erwarb dort einen Master in Sozialwissenschaften und wurde in Soziologie promoviert. Danach wurde er Studentenseelsorger an der Katholischen Universität in Washington und 1965 Präsident der Katholischen Universität Puerto Rico in Ponce, wo er für die Entwicklung der Schule zu einer bedeutenden Einrichtung verantwortlich war. 1965 wurde er zum päpstlichen Geheimkämmerer ernannt. 1969–1971 war er stellvertretender Leiter des Referates für die Bildungsarbeit in der Erzdiözese New York und gleichzeitig in der Gemeindeseelsorge tätig. 1971–1977 war er Sekretär von Kardinal Terence James Cooke.

Am 24. Mai 1977 wurde er zum Titularbischof von Rusubisir und Weihbischof in New York ernannt und empfing die Bischofsweihe am 29. Juni 1977 in New York von Kardinal Terence James Cooke, dem Erzbischof von New York. In der Erzdiözese New York war er als Bischofsvikar für das Erziehungswesen verantwortlich. Am 19. November 1981 wurde er erster Bischof der neuerrichteten Diözese Metuchen in New Jersey, am 30. Mai 1986 Erzbischof von Newark. 1997 nahm er an der Bischofssynode für Amerika teil und wirkte an der Formulierung ihrer Schlussbotschaft mit. Am 21. November 2000 wurde er zum Erzbischof von Washington ernannt.

Papst Johannes Paul II. kreierte ihn im Konsistorium vom 21. Februar 2001 zum Kardinalpriester und verlieh ihm am gleichen Tag das rote Birett und die Titelkirche SS. Nereo ed Achilleo. Er nahm im April 2005 am Konklave teil, welches Papst Benedikt XVI. wählte. Am 16. Mai 2006 legte er die Leitung der Erzdiözese Washington aus Altersgründen nieder. Am 7. Juli 2010 verlor er mit Erreichen des 80. Lebensjahres das Recht auf Teilnahme am Konklave.

Connell, Desmond (1926)

Connell wurde am 24. März 1926 in Phibsboro bei Dublin in der Republik Irland geboren. Nach der Schulzeit trat er in das Holy Cross College (Priesterseminar der Erzdiözese Dublin) ein. Er studierte am University College in Dublin, wo er einen Bachelor und einen Master of Arts erwarb, und an der Universität Maynooth bei Dublin.

Am 19. Mai 1951 wurde er in Dublin von Erzbischof John Charles McQuaid von Dublin zum Priester geweiht. Bis 1953 studierte er an der Katholischen Universität Louvain in Belgien, wo er in Philosophie promoviert wurde. Von 1953 an war er an der Universität Dublin am Institut für Metaphysik zunächst Dozent und ab 1972 Professor für Metaphysik. In diesen Jahren betreute er als Hausgeistlicher 1953–1955 die Klarissen in Donnybrook, 1955–1966 die Karmelitinnen in Drumcondra und seit 1966 die Karmelitinnen in Blackrock. 1983 wurde er Dekan der Fakultät für Philosophie und Soziologie. 1981 erhielt er die Ehrendoktorwürde der National University of Ireland. Er war Mitglied der Theologischen Kommission der irischen Bischofskonferenz und der Ökumenekommission der Erzdiözese Dublin. 1984 wurde er zum päpstlichen Ehrenprälaten ernannt.

Am 21. Januar 1988 wurde er zum Erzbischof von Dublin ernannt. Die Bischofsweihe spendete ihm am 6. März 1988 in Dublin Erzbischof Gaetano Alibrandi, der Nuntius in Irland. Er wurde zum stellvertretenden Vorsitzenden der der irischen Bischofskonferenz gewählt und nahm an den Bischofssynoden von 1990, 1991, 1994, 1999 und 2001 teil.

Papst Johannes Paul II. kreierte ihn im Konsistorium vom 21. Februar 2001 zum Kardinalpriester und verlieh ihm am gleichen Tag das rote Birett und die die Titelkirche S. Silvestro in Capite. Am 26. April 2004 legte er die Leitung des Erzbistums aus Altersgründen nieder. Im April 2005 nahm er am Konklave teil, welches Papst Benedikt XVI. wählte. Am 24. März 2006 verlor er mit Erreichen des 80. Lebensjahres das Recht auf Teilnahme am Konklave.

Backis, Audrys Juozas (1937)

Backis wurde am 1. Februar 1937 in Kaunas in Litauen geboren und wuchs in Paris auf, wo seine Familie seit 1938 lebte und wo sein Vater als Diplomat tätig war. Nach der sowjetischen Besetzung Litauens blieb die Familie in Frankreich.und ließ sich in Paris nieder.

Er erhielt seine philosophische Ausbildung am Seminar von Saint-Sulpice in Issy-les-Moulineaux bei Paris. 1957 ging er nach Rom an das litauische Kolleg St. Casimir und studierte Theologie an der Päpstlichen Universität Gregoriana, wo er zum Abschluss ein Lizentiat in Theologie erwarb.

Am 18. März 1961 wurde er in Rom von Kardinal Luigi Traglia, dem Kardinalvikar der Diözese Rom, zum Priester für die Erzdiözese Kaunas geweiht. Zunächst diente er in der Seelsorge der litauischen Gemeinden in den USA, ging aber nach Rom zurück und wurde nach erfolgreichem Aufbaustudium an der Päpstlichen Lateranuniversität in kanonischem Recht promoviert. Er trat in die Päpstliche Diplomatenakademie und

1964 in den diplomatischen Dienst des Heiligen Stuhls ein. 1964 – 1965 war er Nuntiatursekretär der Nuntiaturen auf den Philippinen und Costa Rica, 1967 – 1970 in der Türkei und 1970 – 1973 in Nigeria. 1965 war er zum päpstlichen Geheimkämmerer ernannt worden. 1973 wurde er in den Rat für die öffentlichen Angelegenheiten des Staatssekretariates berufen und vertrat 1975 den Heiligen Stuhl als Delegierter auf der UNO-Konferenz in Wien. 1979 wurde er Vizesekretär des Rates für die öffentlichen Angelegenheiten der Kirche und päpstlicher Ehreprälat. Seit 1979 war er auch Lehrbeauftragter an der Päpstlichen Lateranuniversität.

Am 5. August 1988 wurde er zum Titularerzbischof von Meta und Nuntius in den Niederlanden ernannt am und empfing am 4. Oktober 1988 in der Petersbasilika des Vatikans von Papst Johannes Paul II. die Bischofsweihe. Am 24. Dezember 1991 wurde er Erzbischof von Vilnius in Litauen. 1993 – 1999 und 2002 – 2005 war er Vorsitzender der litauischen Bischofskonferenz, 1999 – 2002 stellvertretender Vorsitzender. Er nahm an der Bischofssynode von 1999 teil und wurde in das Generalsekretariat der Bischofssynode berufen.

Papst Johannes Paul II. kreierte ihn im Konsistorium vom 21. Februar 2001 zum Kardinalpriester und verlieh ihm am gleichen Tag das rote Birett und die Titelkirche Natività di Nostro Signore Gesù Cristo a Via Gallia. Im April 2005 nahm er am Konklave teil, welches Papst Benedikt XVI. wählte. Im März 2013 nahm er am Konklave teil, welches Papst Franziskus wählte. Am 5. April 2013 legte er die Leitung seines Erzbistums aus Altersgründen nieder.

Errázuriz Ossa, Schönstattpatres, Francisco Javier (1933)
Errázuriz wurde am 5. September 1933 in Santiago de Chile in Chile geboren. Nach der Schulzeit studierte er zunächst Ingenieurswesen und erwarb das Diplom in Mathematik an der Päpstlich-Katholischen Universität von Chile in Santiago. Er war acht Jahre lang Mitglied des Studentenzentrums und der Studentenföderation und trat in die Universitätsgruppe der Schönstattbewegung ein. Er organisierte mit anderen Studenten die Schönstattbewegung in Chile. Danach ging er zum Studium der Philospophie und Theologie an die Universität in Fribourg in der Schweiz, wo er in Theologie promoviert wurde.

Am 16. Juli 1961 wurde er in Fribourg von Bischof Manuel Larraín Errázuriz von Talca zum Priester für die Gemeinschaft von Schönstatt geweiht. Nach einem weiteren Studienjahr in Fribourg war er 1963 – 1965 Begleiter von Jugend- und Studentengruppen der Schönstattbewegung in verschiedenen Städten Chiles. 1965 – 1971 war er Regionalsuperior der Schönstattpatres von Chile. Er leitete auch die Niederlassungen in anderen lateinamerikanischen Ländern. Als Regionalsuperior nahm er an der Konferenz der Ordensoberen des Landes teil und wurde zum Vizepräsidenten gewählt. Er arbeitete in diesen Jahren eng mit Kardinal Raúl Silva Henríquez zusammen, der in der Phase des Aufbaus der Schönstattpatres diese in seine Erzdiözese holte. 1971 – 1974 war er Mitglied des Generalrates der Schönstattpatres mit Sitz in Vallendar bei Koblenz. 1974 – 1990 war er Generaloberer der Schönstattpatres und Präsident des internationalen Rates des Schönstattwerkes mit Sitz in Vallendar bei Koblenz in der Bundesrepublik Deutschland. Während dieser Jahre unternahm er viele Reisen in alle Kontinente, und das Schönstattwerk erlebte eine große Ausweitung.

Am 22. Dezember 1990 wurde er zum Titularerzbischof von Hólar und Sekretär der Kongregation für die Institute des gottgeweihten Lebens und des Apostolischen Lebens ernannt. Die Bischofsweihe spendete ihm am 6. Januar 1991 in der Petersbasilika des Vatikans Papst Johannes Paul II. Am 24. September 1996 wurde er Bischof von Valparaíso in Chile mit dem persönlichen Titel eines Erzbischofs. Am 24. April 1998 wurde er zum Erzbischof von Santiago de Chile ernannt. Er wurde zum Großkanzler der Päpstlichen Universität von Chile und im November 1998 zum Vorsitzenden der chilenischen Bischofskonferenz gewählt. 1999 wurde er erster Vizepräsident des lateinamerikanischen Bischofsrates CELAM. Er nahm an den Bischofssynoden von 1994, 1997, 2001 und 2005 teil.

Papst Johannes Paul II. kreierte ihn im Konsistorium vom 21. Februar 2001 zum Kardinalpriester und verlieh ihm am gleichen Tag das rote Birett und die Titelkirche S. Maria della Pace. Am 16. Mai 2003 wurde er für die Periode 2003–2007 zum Präsidenten des lateinamerikanischen Bischofsrates CELAM gewählt. 2005 nahm er am Konklave teil, welches Papst Benedikt XVI. wählte. 2007 war er einer der drei Präsidenten der V. Generalkonferenz des lateinamerikanischen Episkopates in Aparecida, Brasilien. Am 15. Dezember 2010 legte er die Leitung der Erzdiözese aus Altersgründen nieder. Im März 2013 nahm er am Konklave teil, welches Papst Franziskus wählte. Am 13. April 2013 ernannte ihn Papst Franziskus zum Mitglied einer Gruppe von acht Kardinälen, die den Papst bei der Reform der Kurie und der Überarbeitung der Konstitution *Pastor Bonus* von 1988 und in der Leitung der katholischen Weltkirche beraten sollen. Am 5. September 2013 verlor er mit Erreichen des 80. Lebensjahres das Recht auf Teilnahme am Konklave.

Terrazas Sandoval C.SS.R., Julio (1936)
Terrazas wurde am 7. März 1936 in Vallegrande, Provinz Santa Cruz de la Sierra in Bolivien, geboren. 1952 trat er in San Bernardo in Chile in den Redemptoristenorden ein. Das Noviziat absolvierte er in Salta in Argentinien. 1957 legte er die Profess ab. Danach studierte er Theologie und Philosophie am Redemptoristeninstitut von Córdoba, Argentinien.

Am 29. Juli 1962 wurde er zum Priester geweiht. Er absolvierte ein Aufbaustudium in Sozialpädagogik an der EMACAS Universität in Lille in Frankreich. 1973 wurde er Delegierter seiner Provinz beim Generalkapitel in Rom. Er war bis 1978 Oberer der Redemptoristenkommunität von Vallegrande und wirkte in der Seelsorge.

Am 8. Juni 1978 wurde er zum Titularbischof von Apisa Maius und Weihbischof in La Paz ernannt und empfing am 15. April 1978. in Vallegrande von Kardinal José Clemente Maurer C.SS.R., dem Erzbischof von Sucre, die Bischofsweihe. Er nahm an den Bischofssynoden von 1980, 1985, 1987 und 1997 teil. Am 9. Januar 1982 wurde er Bischof von Oruro. 1985–1991 und 1998–2012 war er Vorsitzender der bolivianischen

Bischofskonferenz, 1992–1998 stellvertretender Vorsitzender. Am 6. Februar 1991 wurde er zum Erzbischof von Santa Cruz de la Sierra ernannt. 1992 nahm er an der IV. Generalkonferenz des lateinamerikanischen Episkopates in Santo Domingo teil.

Papst Johannes Paul II. kreierte ihn im Konsistorium vom 21. Februar 2001 zum Kardinalpriester und verlieh ihm am gleichen Tag das rote Birett und die Titelkirche S. Giovanni Battista de' Rossi. Er nahm im April 2005 am Konklave teil, welches Papst Benedikt XVI. wählte. Im März 2013 nahm er am Konklave teil, welches Papst Franziskus wählte. Am 25. Mai 2013 legte er die Leitung der Erzdiözese aus Altersgründen nieder.

Napier O.F.M., Wilfrid Fox (1941)

Napier wurde am 8. März 1941 in Swartberg in der Region um Kokstad in Südafrika geboren. 1960 trat er in Irland in den Franziskanerorden ein und absolvierte das Noviziat in Killarney. Er studierte an der Universität Galway, wo er einen Bachelor in Literaturwissenschaften erwarb, und anschließend an der Katholischen Universität Louvain in Belgien, wo er Theologie und Philosophie studierte.

Am 25. Juli 1970 wurde er in Kokstadt von Bischof John Evangelist McBride O.F.M. von Kokstad zum Priester geweiht. Anschließend war er bis 1978 Kaplan in verschiedenen Gemeinden. Er beherrscht verschiedene afrikanische Sprachen unterschiedlicher Stämme. 1978–1980 verwaltete er als Apostolischer Administrator die Diözese Kokstad.

Am 29. November 1980 wurde er zum Bischof von Kokstad ernannt. Die Bischofsweihe spendete ihm am 28. Februar 1981 in Kokstad Erzbischof Dennis Eugene Hurley O.M.I. von Durban. Er nahm an den Bischofssynoden von 1983, 1987, 1994 und 1998 teil. Auf der Bischofssynode für Afrika war er Präsident der Kommission für die sozialen Kommunikationsmittel. Zeitweilig war er Mitglied des Generalsekretariates der Bischofssynode. 1987–1994 war er Vorsitzender der südafrikanischen Bischofskonferenz (SACBC). Am 29. Mai 1992 wurde er zum Erzbischof von Durban ernannt. 1999–2007 war er erneut Vorsitzender der südafrikanischen Bischofskonferenz (SACBC).

Papst Johannes Paul II. kreierte ihn im Konsistorium vom 21. Februar 2001 zum Kardinalpriester und verlieh ihm am gleichen Tag das rote Birett und die Titelkirche S. Francesco d'Assisi ad Acilia. Er nahm im April 2005 am Konklave teil, welches Papst Benedikt XVI. wählte. 2009 war er delegierter Präsident der Bischofssynode für Afrika. Im März 2013 nahm er am Konklave teil, welches Papst Franziskus wählte.

Rodríguez Maradiaga S.D.B., Oscar Andrés (1942)

Rodríguez Maradiaga wurde am 29. Dezember 1942 in Tegucigalpa in Honduras geboren. Er trat 1961 in den Orden der Salesianer Don Boscos ein und studierte anschließend katholische Theologie, Pianoforte und Komposition, Physik, Mathematik, Chemie, Philosophie und Psychologie in Tegucigalpa, Rom und Innsbruck. Er wurde am Institut „Don Rua" in El Salvador zum Doktor der Philosophie, an der Päpstlichen

Universität der Salesianer in Rom zum Doktor der Theologie und an der Päpstlichen Lateranuniversität in Rom zum Doktor der Moraltheologie promoviert. Anschließend erlangte er an der Klinik für Psychiatrie der Universität Innsbruck ein Diplom in Klinischer Psychologie und Psychotherapie.

Am 28. Juni 1970 wurde er in Guatemala von Erzbischof Girolamo Prigione, dem Apostostolischen Nuntius in Guatemala und El Salvador, zum Priester geweiht. Anschließend war er 13 Jahre Dozent für Kirchenmusik. Er war 1971–1972 Lehrer für Chemie an der Salesianerschule in Guatemala und gleichzeitig bis 1975 Dozent für Moraltheologie und Ekklesiologie am salesianischen theologischen Institut in Guatemala; 1974–1976 war er Sekretär der theologischen Fakultät der Universität „Francisco Marroquín" in Guatemala und 1975–1978 Rektor des philosophischen Instituts der Salesianer in Guatemala.

Am 28. Oktober 1978 wurde er zum Titularbischof von Pudenziana und Weihbischof in Tegucigalpa ernannt. Die Bischofsweihe spendete ihm am 8. Dezember 1978 in Tegucigalpa Erzbischof Gabriel Montalvo, der Apostolische Nuntius in Honduras. 1981–1984 war er Apostolischer Administrator der Diözese Santa Rosa de Copán. Er nahm an den Bischofssynoden von 1983, 1987, 1990 1994, 1997 und 2008 teil und war zeitweilig Mitglied des Generalsekretariates der Bischofssynode. 1992 war er unter den Teilnehmern der IV. Generalkonferenz des lateinamerikanischen Episkopates in Santo Domingo. Am 8. Januar 1993 wurde er Erzbischof von Tegucigalpa und verwaltete 1993–1995 zusätzlich als Apostolischer Administrator die Diözese San Pedro Sula. 1987–1991 war er Generalsekretär des lateinamerikanischen Bischofsrates (CELAM) und 1995–1999 dessen Präsident. 1997 wurde er Vorsitzender der Bischofskonferenz von Honduras.

Papst Johannes Paul II. kreierte ihn im Konsistorium vom 21. Februar 2001 zum Kardinalpriester und verlieh ihm am gleichen Tag das rote Birett und die Titelkirche S. Maria della Speranza. Im April 2005 nahm er am Konklave teil, welches Papst Benedikt XVI. wählte. 2007 nahm er an der V. Generalkonferenz des lateinamerikanischen Episkopates in Aparecida, Brasilien, teil. Am 5. Juni 2007 wurde er zum Präsidenten von Caritas Internationalis gewählt und 2011 wiedergewählt. Im März 2013 nahm er am Konklave teil, welches Papst Franziskus wählte. Am 13. April 2013 ernannte ihn Papst Franziskus zum Mitglied einer Gruppe von acht Kardinälen, die den Papst bei der Reform der Kurie und der Überarbeitung der Konstitution *Pastor Bonus* von 1988 und in der Leitung der katholischen Weltkirche beraten sollen.

Agré, Bernard (1926)
Agré wurde am 2. März 1926 in Monga in Französisch-Westafrika, der heutigen Elfenbeinküste, geboren. Am 2. September 1932 wurde er getauft. Er studierte 1947–1948 Philosophie am Priesterseminar von Bingerville und 1948–1953 Theologie am Priesterseminar von Quidah in Dahomey, heute Benin.

Am 20. Juli 1953 wurde er in der Kirche des Knabenseminars von Bingerville von Bischof Jean Baptiste Boivin S.M.A., dem Apostolischen Vikar von Abidjan, zum Priester geweiht. Er war anschließend bis 1956 Kaplan und Lehrer und Rektor einer

Schule. 1956–1957 war er Rektor des Knabenseminars von Bingerville. 1957–1960 ging er zu einem Promotionsstudium nach Rom und wurde dort 1960 an der Päpstlichen Universität *Urbaniana* der Kongregation *Propaganda Fide* in kanonischem Recht promoviert. Nach seiner Rückkehr an die Elfenbeinküste war er 1960–1962 Pfarrer und 1963–1968 Generalvikar von Abidjan, wo er besonders für Erziehungsfragen zuständig war und ihm die Verantwortung für die Seminare anvertraut wurde.

Am 8. Juni 1968 wurde er zum Bischof von Man ernannt. Die Bischofsweihe empfing er am 3. Oktober 1968 in Abidjan von Erzbischof Bernard Yago von Abidjan. Am 6. März 1992 wurde er erster Bischof der neu gegründeten Diözese Yamoussoukro. Am 19. Dezember 1994 wurde er Erzbischof von Abidjan. 1985–1991 war er Präsident der Bischofskonferenz des französisch-sprachigen Westafrika (CERAO), 1972–1996 Vorsitzender des pan-afrikanischen Bischofskomitees für soziale Kommunikation (CEPACS).

Papst Johannes Paul II. kreierte ihn im Konsistorium vom 21. Februar 2001 zum Kardinalpriester und verlieh ihm am gleichen Tag das rote Birett und die Titelkirche S. Giovanni Chrysostom al Monte Sacro Alto. 2001 war er delegierter Präsident der Bischofssynode. Im April 2005 nahm er am Konklave teil, welches Papst Benedikt XVI. wählte. Am 2. März 2006 verlor er mit Erreichen des 80. Lebensjahres das Recht auf Teilnahme am Konklave. Am 2. Mai 2006 legte er aus Altersgründen die Leitung seine Erzdiözese nieder. 2009 war er Teilnehmer der Bischofssynode für Afrika.

Billé, Louis-Marie (1938–2002)

Billé wurde am 18. Februar 1938 in Fleury-lès-Aubrais bei Orléans in der Republik Frankreich geboren. Er studierte Theologie- und Philosophie am Priesterseminar von Luçon und erwarb das Lizentiat in Theologie an der Katholischen Universität Angers.

Am 25. März 1962 wurde er in Luçon zum Priester geweiht. Anschließend studierte er 1963–1965 am Päpstlichen Bibelinstitut in Rom, wo er das Lizentiat in Bibelwissenschaften erwarb. 1965–1966 war er zu Studien an der École Biblique in Jerusalem. Nach seiner Rückkehr war er 1966–1972 Dozent am Priesterseminar von Luçon und 1972–1977 am Seminar von La Roche-sur-Yon. 1977–1980 war er in der Laienarbeit führend tätig und Leiter des nationalen Fortbildungswerkes für den Klerus. 1980–1984 war er Bischofsvikar und Archidiakon von Haut Bocage.

Am 10. März 1984 wurde er zum Bischof von Laval ernannt und empfing die Bischofsweihe am 19. Mai 1984 in Laval von Bischof Charles Paty von Luçon. Am 5. Mai 1995 erfolgte die Ernennung zum Erzbischof von Aix, Arles und Embrun. 1996–2001 war er Vorsitzender der französischen Bischofskonferenz. Am 10. Juli 1998 wurde er zum Erzbischof von Lyon und Primas von Gallien ernannt.

Papst Johannes Paul II. kreierte ihn im Konsistorium vom 21. Februar 2001 zum Kardinalpriester und verlieh ihm am gleichen Tag das rote Birett und die Titelkirche S. Pietro in Vincoli.

Er starb am 12. März 2002 in Bordeaux und wurde in der Kathedrale von Lyon beigesetzt.

Velasco García S.D.B., Antonio Ignacio (1929 – 2003)

Velasco García wurde am 17. Januar 1929 in Acarigua in Venezuela geboren. Er trat 1944 in den Orden der Salesianer Don Boscos ein und absolvierte sein Noviziat am Salesianernoviziat Santa María in Los Teques. 1945 legte er die erste Profess ab. Er studierte an der Philosophischen Schule der Salesianer in Boleía (Caracas), wo er während der Studienzeit auch Disziplinarpräfekt war. Anschließend ging er an die Salesianeruniversität Turin wo er zum Dr. phil. promoviert wurde und zusätzlich eine Promotion in Sozialpädagogik erwarb. 1951 legte er in Valdoco bei Turin seine ewige Profess ab. Weitere Studien führten ihn schließlich nach Rom an die Päpstliche Universität Gregoriana, wo er 1979 in Theologie promoviert wurde.

Am 17. Dezember 1955 wurde er in Rom von Erzbischof Antonio Samorè, dem Sekretär der Kongregation für die außerordentlichen Angelegenheiten der Kirche, zum Priester geweiht. Nach dem Abschluss der Studien in Rom 1956 kehrte er in seine Heimat zurück und wirkte bis 1958 als Lehrer am Lyzeum in Los Teques. Danach war er bis 1963 Lehrer in Valencia, Venezuela. 1963 – 1964 war er Lehrer und Professor für Philosophie am Salesianerseminar von Altamira bei Caracas, 1964 – 1967 Rektor des „Colegio Santo de Aquino" in Valera und 1967 – 1972 Rektor des „Colegio San José". 1978 – 1979 hielt er sich noch einmal zu Studien in Rom auf und wurde nach seiner Rückkehr bis 1984 Rektor des „Colegio Don Bosco" in Valencia. Er war Delegierter beim XXII Generalkapitel seines Ordens für die lateinamerikanisch-pazifisch-karibische Region und 1984 – 1989 Mitglied des Generalrates seines Ordens.

Am 23. Oktober 1989 wurde er zum Titularbischof von Utimmira und Apostolischen Vikar von Puerto Ayacucho ernannt. Die Bischofsweihe spendete ihm in der Petersbasilika des Vatikans am 6. Januar 1990 Papst Johannes Paul II. Am 27. Mai 1992 wurde er Apostolischer Administrator der Diözese San Fernando de Apure. Er nahm 1992 an der IV. Generalkonferenz des lateinamerikanischen Episkopates in Santo Domingo in der Dominikanischen Republik teil, ebenso an den Bischofssynoden 1994 und 1997 in Rom. Am 27. Mai 1995 wurde er zum Erzbischof von Caracas ernannt. 1998 war er Gründer und Kanzler der Universität „Santa Rosa de Lima" in Caracas.

Papst Johannes Paul II. kreierte ihn im Konsistorium vom 21. Februar 2001 zum Kardinalpriester und verlieh ihm am gleichen Tag das rote Birett und die Titelkirche S. Maria Domenica Mazzarello.

Er starb am 6. Juli 2003 in Caracas und wurde in der Kathedrale von Caracas beigesetzt.

Cipriani Thorne, Juan Luis (1943)

Cipriani Thorne wurde am 28. Dezember 1943 in Lima, Peru, geboren. Er studierte zunächst Ingenieurswissenschaften an der Universidad Nacional de Ingenierma (UNI) in Lima und wurde zum Dr. ing. promoviert. Danach arbeitete er einige Zeit als Ingenieur. Er gehörte der peruanischen Basketball-Nationalmannschaft an und wurde mit dieser Mannschaft in Montevideo, Uruquay, südamerikanischer Meister. Mit seiner Mannschaft nahm er auch am pan-amerikanischen Turnier in Winnipeg, Kanada, teil.

Am 10. Juni 1962 trat er in Lima in die Priestergemeinschaft des Heiligen Kreuzes (Opus Dei) ein. Es folgte das Studium am Internationalen Seminar des Opus Dei in Rom und an der Universität von Navarra in Pamplona in Spanien, wo er in Theologie und Philosophie promoviert wurde.

Am 21. August 1977 wurde er in Madrid in Spanien zum Priester geweiht. Er war anschließend Dozent an der Päpstlichen und an der Staatlichen Theologischen Fakultät in Lima und Spiritual des Priesterseminars von Lima. Er war Kaplan und Dozent an der Escuela de Alta Direccisn und an der Escuela Superior Montemar in Lima. Von 1986 bis 1988 war er Regionalvikar des Opus Dei in Perú und Vizekanzler der Universität von Piura.

Am 3. Juli 1988 wurde er zum Titularbischof von Turuzi und Weihbischof in Ayacucho ernannt und empfing die Bischofsweihe am 3. Juli 1988 von Kardinal Juan Landázuri Ricketts O.F.M., dem Erzbischof von Lima. Am 23. Mai 1991 wurde er Apostolischer Administrator von Ayacucho. 1992 nahm er an der IV. Generalkonferenz des lateinamerikanischen Episkopates in Santo Domingo teil. Am 13. Mai 1995 wurde er zum Erzbischof von Ayacucho ernannt. Am 9. Januar 1999 erfolgte die Ernennung zum Erzbischof von Lima und Primas von Peru sowie zum Großkanzler der Päpstlichen und Staatlichen Theologischen Fakultät von Lima. Am 24. März 1999 wurde er Großkanzler der Päpstlichen Katholischen Universität von Peru.

Papst Johannes Paul II. kreierte ihn im Konsistorium vom 21. Februar 2001 zum Kardinalpriester und verlieh ihm am gleichen Tag das rote Birett und die Titelkirche S. Camillo de Lellis. Er nahm an den Bischofssynoden von 2001 und 2005 teil. Im April 2005 nahm er am Konklave teil, welches Papst Benedikt XVI. wählte. 2007 war er unter den Teilnehmern der V. Generalkonferenz des lateinamerikanischen Episkopates in Aparecida, Brasilien. Im März 2013 nahm er am Konklave teil, welches Papst Franziskus wählte.

Álvarez Martinez, Francisco (1925)

Álvarez Martinez wurde am 14. Juli 1925 in Santa Eulalia de Ferroñes in Asturien im Königreich Spanien geboren. Nach dem Besuch des Seminars von Oviedo studierte er an der Päpstlichen Universität von Salamanca und an der Päpstlichen Universität von Comillas, wo er in kanonischem Recht promoviert wurde.

Am 11. Juni 1950 wurde er in Oviedo zum Priester geweiht. Anschließend wirkte er in der Seelsorge der Erzdiözese, war sieben Jahre Privatsekretär des Erzbischofs und später Kanzler und stellvertretender Generalvikar der Erzdiözese Oviedo.

Am 13. April 1973 wurde er zum Bischof von Tarazona ernannt und am 3. Juni 1973 in Tarazona von Erzbischof Luigi Dadaglio, dem Apostolischen Nuntius in Spanien, zum Bischof geweiht. Am 7. Juli 1975 wurde er zum Apostolischen Administrator von Calahorra-La Calzada y Logroño und am 20. Dezember 1976 zum Bischof von Calahora y La Calzada-Logroño ernannt. Am 12. Mai 1989 wurde er Bischof von Orihuela-Alicante und am 23. Juni 1995 Erzbischof von Toledo und Primas von Spanien.

Papst Johannes Paul II. kreierte ihn im Konsistorium vom 21. Februar 2001 zum Kardinalpriester und verlieh ihm am gleichen Tag das rote Birett und die Titelkirche S. Maria Regina Pacis a Monte Verde. Am 24. Oktober 2002 legte er aus Altersgründen sein Amt als Erzbischof von Toledo nieder. Im April 2005 war er der älteste Teilnehmer am Konklave, welches Papst Benedikt XVI. wählte. Am 14. Juli 2005 verlor er mit Erreichen des 80. Lebensjahres das Recht auf Teilnahme am Konklave.

Hummes O.F.M., Cláudio (1934)

Hummes wurde am 8. August 1934 in Montenegro im Bundesstaat Rio Grande do Sul in Brasilien geboren. 1952 trat er in den Franziskanerorden ein. Seine feierliche Profess legte er 1956 ab. Er besuchte das Seminar Seráfico São Francisco in Taquari und studierte Philosophie am Konvent São Boaventura, Daltro Filho in Garibaldi und Theologie im Konvent von Divinópolis.

Am 3. August 1958 wurde er in Divinópolis von Erzbischof João Batista Resende Costa S.D.B., dem Koadjutor-Erzbischof *c.i.s.* von Belo Horizonte, zum Priester geweiht. 1959–1963 absolvierte er ein Promotionsstudium in Rom am Päpstlichen *Athenaeum* Antonianum und wurde zum Dr. phil. promoviert. Nach seiner Rückkehr wurde er Dozent für Philosophie am franziskanischen Seminar von Garibaldi und arbeitete in einer Pfarrei seelsorgerlich mit. 1965–1968 beriet er die brasilianische Bischofskonferenz in ökumenischen Fragen und ging 1968 an das Ökumenische Institut des Weltrates der Kirchen in Bossey bei Genf, Schweiz, wo er sich in ökumenischer Theologie spezialisierte. 1969–1972 war er Professor und Rektor der philosophischen Fakultät von Viamão, und Professor für Philosophie an der Päpstlichen Katholischen Universität von Porto Alegre sowie Berater der Franziskanerstudenten für Philosophie. 1972–1975 war er Provinzoberer der Provinz von Rio Grande do Sul in Porto Alegre.

Am 22. März 1975 wurde er zum Titularbischof von Carcabia und Koadjutor *c.i.s.* von Santo André ernannt. Die Bischofsweihe empfing er am 25. Mai 1975 in Porto Alegre von Erzbischof Aloísio Lorscheider von Fortaleza. Am 29. Dezember 1975 wurde er Bischof von Santo André. Er nahm an den Bischofssynoden von 1980, 1997, 2001, 2005, 2008 und 2009 teil. 1992 gehörte er zu den Teilnehmern der IV. Generalkonferenz des lateinamerikanischen Episkopates in Santo Domingo. Am 29. Mai 1996 wurde er Erzbischof von Fortalezza, am 15. April 1998 Erzbischof von Sao Paolo und Großkanzler der Päpstlichen Universität von São Paulo.

Papst Johannes Paul II. kreierte ihn im Konsistorium vom 21. Februar 2001 zum Kardinalpriester und verlieh ihm am gleichen Tag das rote Birett und die Titelkirche S. Antonio da Padova in Via Merulana. 2002 war er Prediger der Fastenexerzitien für Papst und Römische Kurie im Vatikan. Im April 2005 nahm er am Konklave teil, welches Papst Benedikt XVI. wählte. Am 31. Oktober 2006 wurde er zum Präfekten der Kongrgation für den Klerus ernannt und legte die Leitung seiner Erzdiözese nieder. 2007 nahm er an der V. Generalkonferenz des lateinamerikanischen Episkopates in Aparecida in Brasilien teil. Am 7. Oktober 2010 legte er die Leitung der Kongregation für den Klerus aus Altersgründen nieder. Im März 2013 nahm er am Konklave teil, welches Papst Franziskus wählte.

Vithayathil C.SS.R., Varkey (1927–2011)
Vithayathil wurde am 29. Mai 1927 in Parur im Bundesstaat Kerala in Britisch-Indien, heute Republik Indien, geboren. Er trat nach der Schulzeit in den Redemptoristenorden ein und legte 1947 seine Profess ab. Er studierte Theologie und Philosophie an Häusern des Ordens in Indien.

Am 12. Juni 1954 wurde er von Erzbischof Thomas Pothacamury, dem lateinischen Erzbischof von Bangalore, zum Priester geweiht. 1955–1959 absolvierte er ein Promotionsstudium in kanonischem Recht an der Päpstlichen Universität St. Thomas von Aquin (*Angelicum*) in Rom. Anschließend war er für 25 Jahre Professor für kanonisches Recht und andere Fächer am Priesterseminar der Redemptoristen in Bangalore. 1971–1972 studierte er an der Universität Karnataka und erwarb einen Master in Philosophie. 1978–1984 war er Provinzial seines Ordens für die Provinz Indien und Sri Lanka. 1984–1985 stand er der Konferenz der indischen Ordensoberen vor und leitete 1990–1996 als Apostolischer Administrator das Benediktinerkloster Asirvanam in Bangalore.

Am 11. November 1996 wurde er zum Titularerzbischof von Acrida und Apostolischen Administrator von Ernakulam-Angamaly der Syromalabaren ernannt. Die Bischofsweihe spendete ihm am 6. Januar 1997 in der Petersbasilika des Vatikans Papst Johannes Paul II. Am 19. April 1997 erfolgte die Ernennung zum Titularerzbischof von Antinoe. 1998 nahm er an der Bischofssynode für Asien teil. Am 23. Dezember 1999 wurde er zum Großerzbischof von Ernakulam-Angamaly der Syro-Malabaren ernannt.

Papst Johannes Paul II. kreierte ihn im Konsistorium vom 21. Februar 2001 zum Kardinalpriester und verlieh ihm am gleichen Tag das rote Birett und die Titelkirche S. Bernardo alle Terme. Er nahm an den Bischofssynoden von 2001, 2005 und 2008 teil. Im April 2005 nahm er am Konklave teil, welches Papst Benedikt XVI. wählte. Am 29. März 2007 verlor er mit Erreichen des 80. Lebensjahres das Recht auf Teilnahme am Konklave. 2008–2010 war er Vorsitzender der Bischofskonferenz von ganz Indien.

Er starb am 1. April 2011 in Ernakulam und wurde in der Kathedrale von Ernakulam beigesetzt.

Bergoglio S.J., Jorge Mario (1936) – **Papst Franziskus**
Bergolio wurde am 17. Dezember 1936 in Buenos Aires in Argentinien geboren. Nach dem Berufsabschluss als Chemietechniker besuchte er zunächst das Seminar von Villa Devoto bei Buenos Aires. Am 11. März 1958 trat er in den Jesuitenorden ein und absolvierte das Noviziat in Chile. Das Philosophiestudium absolvierte er am Colegio Máximo San José de San Miguel bei Buenos Aires und schloss mit dem Lizentiat in Philosophie ab. Anschließend war er für einige Zeit Dozent für Literatur und Psychologie am Colegio de la Imaculada in Santa Fe und am Colegio del Salvador in

Buenos Aires. Dann studierte er Theologie am Colegio Máximo de San Miguel in Buenos Aires.

Am 13. Dezember 1969 wurde er von Erzbischof Ramón José Castellano zum Priester geweiht. Auf weitere Studien folgte 1971–1972 das jesuitische Terziat in Alcalá de Henares in Spanien. 1972–1973 war er Novizenmeister in Villa Barilari bei San Miguel. Er wurde Dozent an der theologischen Fakultät, Provinzrat und Rektor am Colegio Máximo. Am 22. April 1973 legte er die feierlichen Gelübde ab und wurde am 31. Juli 1973 zum Provinzial der argentinischen Jesuitenprovinz gewählt. Nach Beendigung seiner Amtszeit 1979 leitete er 1980–1986 die theologische Fakultät von San Miguel in Buenos Aires. Danach ging er nach Deutschland und verbrachte einige Monate an der Theologisch-Philosophischen Hochschule St. Georgen in Frankfurt am Main. Nach der Rückkehr wurde er dem Colegio del Salvador in Córdoba, Argentinien, zugeteilt und war dort als Direktor und Beichtvater der Jesuitenkirche tätig.

Am 20. Mai 1992 wurde er zum Titularbischof von Auca und Weihbischof in Buenos Aires ernannt und empfing am 27. Juni 1992 in Buenos Aires von Kardinal Antonio Quarracino, dem Erzbischof von Buenos Aires, die Bischofsweihe. Am 3. Juni 1997 wurde er zum Erzbischof-Koadjutor *c.i.s.* von Buenos Aires ernannt und wurde am 28. Februar 1998 Erzbischof von Buenos Aires. Am 30. November 1998 wurde er auch Ordinarius für die Gläubigen der orientalischen Riten, die keinen eigenen Ordinarius haben. Zudem wurde er Großkanzler der Katholischen Universität von Argentinien und stellvertretender Vorsitzender der argentinischen Bischofskonferenz.

Papst Johannes Paul II. kreierte ihn im Konsistorium vom 21. Februar 2001 zum Kardinalpriester und verlieh ihm am gleichen Tag das rote Birett und die Titelkirche S. Roberto Bellarmino. Er nahm an den Bischofssynoden von 1994, 1997, 2001 – als stellvertretender Generalrelator – und 2005 teil. Im April 2005 nahm er am Konklave teil, welches Papst Benedikt XVI. wählte. 2005–2011 war er Vorsitzender der argentinischen Bischofskonferenz. 2007 nahm er an der V. Generalkonferenz des lateinamerikanischen Episkopates in Aparecida, Brasilien, teil.

Im März 2013 nahm er am Konklave teil und wurde am 13. März 2013 zum Papst gewählt. Er nahm den Namen Franziskus an. Seine Amtseinführung fand am 19. März 2013 statt.

Am 31. Oktober 2013 kündigte das Vatikanische Presseamt an, dass Papst Franziskus am 22. Februar 2014 erstmals Kardinäle kreieren wolle.

Policarpo, José da Cruz (1936)
Policarpo wurde am 26. Februar 1936 in Alvorninha in der Region Lissabon in Portugal geboren. Er studierte am Priesterseminar „Cristo-Rei" in Olivais. Anschließend ging er nach Rom und studierte an der Päpstlichen Universität Gregoriana, wo er zunächst mit dem Lizentiat in Theologie abschloss.

Am 15. August 1961 wurde er in Lissabon von Kardinal Manuel Gonçalves Cerejeira, dem Patriarchen von Lissabon, zum Priester geweiht. Es folgten weitere Studien in Rom an der Päpstlichen Universität Gregoriana, wo er in Theologie promoviert wurde.

Danach wurde er Dozent und 1970–1997 Regens des Seminars von Olivais. 1970–1986 war er Dozent an der Theologischen Fakultät der Katholischen Universität von Portugal und zweimal Dekan der theologischen Fakultät. Weiter war er Mitglied des Leitungsrates der Katholischen Universität von Portugal.

Am 26. Mai 1978 wurde er zum Titularbischof von Caliabria und Weihbischof in Lissabon ernannt. Die Bischofsweihe spendete ihm am 29. Juni 1978 in Lissabon Kardinal António Ribeiro, der Patriarch von Lissabon. 1988–1992 und 1992–1996 war er Rektor der Katholischen Universität von Portugal in Lissabon. Am 27. März 1997 wurde er Erzbischof-Koadjutor *c.i.s.* von Lissabon und wurde am 24. März 1998 Patriarch von Lissabon und. Großkanzler der Katholischen Universität von Portugal. 1998–2005 war er Vorsitzender der portugiesischen Bischofskonferenz. Er nahm an den Bischofssynoden von 1987, 1999 und 2001 teil.

Papst Johannes Paul II. kreierte ihn im Konsistorium vom 21. Februar 2001 zum Kardinalpriester und verlieh ihm am gleichen Tag das rote Birett und die Titelkirche S. Antonio in Campo Marzio. Er nahm am Konklave von April 2005 teil, welches Papst Benedikt XVI. wählte. Am 3. Mai 2011 wurde er erneut zum Vorsitzenden der portugiesischen Bischofskonferenz gewählt. Im März 2013 nahm er am Konklave teil, welches Papst Franziskus wählte. Am 18. März 2013 legte er aus Altersgründen die Leitung des Patriarchates nieder.

Poletto, Severino (1933)
Poletto wurde am 18. März 1933 in Salgareda in der Region Venetien im Königreich Italien, heute Republik Italien, geboren. Er besuchte das Seminar von Treviso und studierte am Priesterseminar von Casale Monferrato. An der „Accademia Alfonsiana" an der Päpstlichen Lateranuniversität erwarb er das Lizentiat in Moraltheologie.

Am 29. Juni 1957 wurde er in Casale Monferrato von Bischof Giuseppe Angrisani von Casale Monferrato zum Priester geweiht. 1957–1961 war er Kaplan. 1961–1965 wirkte er als Präfekt am Priesterseminar von Monferrato und Direktor des diözesanen Zentrums für geistliche Berufungen. 1965–1980 war er Pfarrer. Während dieser Zeit sammelte er Erfahrungen als Arbeiterpriester, als er über einen längeren Zeitraum hinweg einer Teilzeitarbeit in einer Fabrik nachging. 1973 gründete er das Diözesanzentrum für Familienpastoral. 1974 war er der Organisator der großen Stadtmission anlässlich der Feiern des 500. Gründungsjahres der Diözese Casale Monferrato. 1977 wurde er Bischofsvikar für die Organisation der Seelsorge im Bistum.

Am 3. April 1980 wurde er zum Koadjutor-Bischof *c.i.s.* von Fossano ernannt und empfing am 17. Mai 1980 in Casale Monferrato von Kardinal Anastasio Alberto Ballestrero, dem Erzbischof von Turin, die Bischofsweihe. Am 29. Oktober 1980 wurde er Bischof von Fossano. Am 16. März 1989 wurde er zum Bischof von Asti ernannt, am 18. Juni 1999 erfolgte die Ernennung zum Erzbischof von Turin.

Papst Johannes Paul II. kreierte ihn im Konsistorium vom 21. Februar 2001 zum Kardinalpriester und verlieh ihm am gleichen Tag das rote Birett und die Titelkirche S. Giuseppe in via Trionfale. Im April 2005 nahm er am Konklave teil, welches Benedikt XVI. wählte. Am 11. Oktober 2010 legte er die Leitung der Erzdiözese aus Altersgründen nieder. Am 12./13. März 2013 nahm er am Konklave teil, welches Papst Franziskus wählte. Am 18. März 2013 verlor er mit Erreichen des 80. Lebensjahres das Recht auf Teilnahme am Konklave.

Murphy-O'Connor, Cormac (1932)
Murphy-O'Connor wurde am 24. August 1932 in Reading, Berkshire in England im Vereinigten Königreich Großbritannien, geboren. 1950 ging er nach Rom an das englische Kolleg und studierte an der Päpstlichen Universtät Gregoriana, wo er mit Lizentiaten in Philosophie und Theologie seine Studien abschloss.

Am 28. Oktober 1956 wurde er in Rom von Kardinal Valerio Valeri, dem Präfekten der Religiosenkongregation, zum Priester geweiht. Nach seiner Rückkehr war er 1957–1963 Kaplan in Portsmouth und bis 1966 in Fareham und wurde Diözesanverantwortlicher für die geistlichen Berufungen.

1966–1969 war er Sekretär von Bischof Worlock. 1970 wurde er Pfarrer in Southampton. Von 1971 bis zu seiner Bischofsernennung war er Regens des englischen Kollegs in Rom. 1972 wurde er päpstlicher Ehrenprälat. 1977 beherbergte er den anglikanischen Erzbischof von Canterbury, Dr. Donald Coggan, während dessen Besuches bei Papst Paul VI.

Am 17. November 1977 wurde er zum Bischof von Arundel und Brighton ernannt. Die Bischofsweihe empfing er am 21. Dezember 1977 in Arundel von Erzbischof Michael Bowen von Southwark. 1983–2000 war er einer der stellvertretenden Vorsitzenden der Anglikanisch-katholischen Internationalen Kommission (ARCIC). Am 15. Februar 2000 wurde er zum Erzbischof von Westminster ernannt und im November 2000 zum Vorsitzenden der Bischofskonferenz von England und Wales gewählt. Im Jahr 2000 bekam er vom Erzbischof von Canterbury zur Anerkennung seiner Verdienste um die Einheit zwischen Katholiken und Anglikanern die Ehrendoktorwürde verliehen.

Papst Johannes Paul II. kreierte ihn im Konsistorium vom 21. Februar 2001 zum Kardinalpriester und verlieh ihm am gleichen Tag das rote Birett und die Titelkirche S. Maria sopra Minerva. Im Januar 2002 predigte er als erster katholischer Bischof seit 1680 vor einem englischen Monarchen in Sandringham während des anglikanischen Morgengottesdienstes. Er nahm an mehreren Bischofssynoden teil. Im April 2005 nahm er am Konklave teil, welches Benedikt XVI. wählte. Am 3. April 2009 legte er die Leitung der Erzdiözese aus Altersgründen nieder. Nach dem Missbrauchsfällen in der irischen Kirche wurde er am 31. Mai 2011 zum Apostolischen Visitator der Erzdiözese Armagh und deren Suffragandiözesen bestimmt. Am 24. August 2012 verlor er mit Erreichen des 80. Lebensjahres das Recht auf Teilnahme am Konklave.

Egan, Edward Michael (1932)
Egan wurde am 2. April 1932 in Oak Park im Bundesstaat Illinois in den USA geboren. Er studierte Philosophie am Seminar Our Lady of the Lake in Mundelein, Illinois, und

ging anschließend an das nordamerikanische Kolleg in Rom, um an der Päpstlichen Universität Gregoriana sein Theologiestudium aufzunehmen, welches er mit einem Lizentiat in Theologie 1958 abschloss.

Am 15. Dezember 1957 wurde er in Rom im nordamerikanischen Kolleg von Bischof Martin John O'Connor, dem Rektor des nordamerikanischen Kollegs, zum Priester geweiht. Nach einem weiteren Studienjahr und dem Abschluss des Lizentiats ging er nach Chicago zurück und war bis 1960 Kaplan der Kathedralpfarrei und Sekretär des Erzbischofs von Chicago, Kardinal Albert Gregory Meyer. 1960 – 1964 studierte er bis zur Promotion kanonisches Recht an der Päpstlichen Universität Gregoriana und war während dieser Zeit Vizerektor des nordamerikanischen Kollegs. 1964 – 1968 war er Sekretär des neuen Erzbischofs von Chicago, Kardinal John Patrick Cody. Danach war er erzbischöflicher Vizekanzler und Referent für Ökumene und soziale Beziehungen. 1972 wurde er Auditor der Römischen Rota und lehrte zusätzlich als Dozent an der Studieneinrichtung der Rota und an der Gregoriana. Er war einer der Kanonisten, die den neuen *Codex Iuris Canonici* überprüften und überarbeiteten, bevor er 1983 promulgiert wurde.

Am 1. April 1985 wurde er zum Titularbischof von Alleghany und Weihbischof in New York ernannt. Die Bischofsweihe empfing er in der römischen Basilika SS. Giovanni e Paolo am 22. Mai 1985 von Kardinal Bernardin Gantin, dem Präfekten der Bischofskongregation. Am 5. November 1988 wurde er Bischof von Bridgeport und am 11. Mai 2000 Erzbischof von New York.

Papst Johannes Paul II. kreierte ihn im Konsistorium vom 21. Februar 2001 zum Kardinalpriester und verlieh ihm am gleichen Tag das rote Birett und die Titelkirche SS. Giovanni e Paolo. Er war Generalrelator der Bischofssynode 2001. Im April 2005 nahm er am Konklave teil, welches Benedikt XVI. wählte. Am 23. Februar 2009 legte er aus Altersgründen die Leitung der Erzdiözese New York nieder. Am 2. April 2012 verlor er mit Erreichen des 80. Lebensjahres das Recht auf Teilnahme am Konklave.

Husar M.S.U., Lubomyr (1933)
Husar wurde am 26. Februar 1933 in Lwow in der Republik Polen, heute Lviv in der Ukraine, geboren. Er flüchtete 1944 während des Zweiten Weltkrieges mit seinen Eltern nach Salzburg in Österreich. 1949 emigrierten sie in die USA. Kurz nach der Ankunft trat er in das St. Basil's College in Stamfort ein und studierte dort Philosophie. Danach ging er an die Katholische Universität Amerikas in Washington zum Theologiestudium und schloss dieses mit dem Lizentiat ab. Er studierte Philosophie auch an der Fordham University in New York.

Am 30. März 1958 wurde er in Stamford für die Eparchie Stamford der griechisch-katholischen Ukrainer zum Priester geweiht. 1958 – 1969 war er Dozent am St. Basil's College Seminary in Stamford. 1966 – 1969 war er Pfarrer in Kerhonkson. Es folgten 1969 – 1972 weitere Studien in Rom an der Päpstlichen Universität Urbaniana, wo er 1972 in Theologie promoviert wurde. 1972 – 1984 lehrte er dann an der Päpstlichen Universität *Urbaniana* Ekklesiologie. 1972 trat er in das Studienkloster Grottaferrata bei Rom ein und legte am 24. Juni 1972 die Gelübde ab. Im Mai 1974 wurde er Oberer des Studitenklosters in Grottaferrata.

Am 2. April 1977 wurde von Kardinal Josyf Slipyi, dem Großerzbischof von Lwow der Ukrainer, der in Rom im Exil lebte, ohne päpstliche Erlaubnis zum Bischof geweiht. Als Ursache für dieses Verhalten Slipys gelten Meinungsverschiedenheiten über die damalige Ostpolitik des Vatikans und Papst Pauls VI. Am 23. Juli 1978 wurde er zum Archimandriten für die Studitenmönche in Europa und Amerika ernannt. Er wurde Protosyncellos (Generalvikar) des Großerzbischofs von Lwow, Kardinal Myroslav Lubachivsky in Rom. 1993 kehrte er mit seiner Gemeinschaft in die Ukraine zurück und gründete und baute 1994 ein neues Studitenklosters in der Eparchie Ternopil auf. 1995 wurde er von der Bischofssynode der Ukrainischen Kirche zum Exarchen der erzbischöflichen Exarchie Kyiv-Vyshorod, Ukraine, gewählt. Der Papst bestätigte diese Wahl und damit auch seine Bischofsweihe am 22. Februar 1996 mit der Ernennung zum Titularbischof von Nysa in Lycia. Am 14. Oktober 1996 wurde er von der Synode der ukrainischen Bischöfe zum Weihbischof des Großerzbischofs von Lviv und Koadjutor mit speziellen Befugnissen für die Regierung der Erzdiözese gewählt. Er nahm an der Bischofssynode für Europa 1999 teil und wurde am 23. Dezember 2000 vom Papst zum Apostolischen Administrator der Großerzeparchie Lviv ernannt. Am 25. Januar 2001 wurde er von der ukrainischen Bischofssynode zum Großerzbischof von Lviv gewählt. Seine Wahl wurde am 26. Januar 2001 durch den Papst bestätigt.

Papst Johannes Paul II. kreierte ihn im Konsistorium vom 21. Februar 2001 zum Kardinalpriester und verlieh ihm am gleichen Tag die Titelkirche S. Sofia a Via Boccea. Er nahm an der Bischofssynode von 2005 teil. Am 6. Dezember 2004 wurde er nach der Neuordnung der ukrainischen griechisch-katholischen Kirche in der Ukraine zum Großerzbischof von Kyiv und Halyc ernannt. Im April 2005 nahm er am Konklave teil, welches Benedikt XVI. wählte. Am 10. Februar 2011 legte er das Amt des Großerzbischofs von Kyiv und Halyc vor allem aus gesundheitlichen Gründen nieder. Am 26. Februar 2013 verlor er mit Erreichen des 80. Lebensjahres das Recht auf Teilnahme am Konklave.

Lehmann, Karl (1936)
Lehmann wurde am 16. Mai 1936 in Sigmaringen, Hohenzollern im Deutschen Reich, heute Bundesrepublik Deutschland, geboren. Er studierte nach der Schulzeit in Sigmaringen ab 1956 zunächst am Freiburger Priesterseminar Philosophie und ging 1958 nach Rom an das *Collegium Germanicum et Hungaricum*. An der Päpstlichen Universität Gregoriana studierte er Philosophie und Theologie. 1962 wurde er in Rom in Philosophie promoviert.

Am 10. Oktober 1963 wurde er in der römischen Kirche S. Ignazio di Loyola a Campo Marzio durch Kardinal Julius Döpfner, den Erzbischof von München und Freising, zum Priester geweiht. Während des II. Vatikanischen Konzils 1962–1965 war er Mitarbeiter von Prof. Dr. Karl Rahner S.J., dessen wissenschaftlicher Assistent er 1964–1967 zunächst am Seminar für Christliche Weltanschauung und Religionsphilosophie an der Universität München und danach in Münster am Lehrstuhl für Dogmatik und Dogmengeschichte wurde. 1967 wurde er an der Päpstlichen Universität Gregoriana in Theologie promoviert. 1968–1971 war er Professor für Dogmatik an der katholisch-theologischen Fakultät der Universität Mainz (Nachfolger von Prof. Dr. Friedrich Wetter). 1968 erhielt er ein Habilitationsstipendium der Deutschen Forschungsgemeinschaft (DFG). 1971–1983 war er Professor für Dogmatik und ökumenische Theologie in Freiburg und einer der führenden Theologen bei der Würzburger Synode 1973–1975. 1979 wurde er päpstlicher Ehrenprälat.

Am 21. Juni 1983 wurde er nach der vorherigen Wahl durch das Mainzer Domkapitel zum Bischof von Mainz ernannt. Die Bischofsweihe empfing er am 2. Oktober 1983 im Mainzer Dom von Kardinal Hermann Volk, dem Bischof em. von Mainz. 1985 wurde er zum stellvertretenden Vorsitzenden der deutschen Bischofskonferenz gewählt und war 1987–2008 deren Vorsitzender. Er nahm an den Bischofssynoden von 1991 (als Sondersekretär), 1994, 1999, 2001 und 2005 in Rom teil und war 1993–2001 Vizepräsident des Rates der Europäischen Bischofskonferenzen.

Papst Johannes Paul II. kreierte ihn im Konsistorium vom 21. Februar 2001 zum Kardinalpriester und verlieh ihm am gleichen Tag das rote Birett und die Titelkirche S. Leone I. Im April 2005 nahm er am Konklave teil, welches Benedikt XVI. wählte. Am 20. Februar 2008 trat er von seinem Amt als Vorsitzender der deutschen Bischofskonferenz aus gesundheitlichen Gründen zurück. Im März 2013 nahm er am Konklave teil, welches Papst Franziskus wählte.

Ghattas C.M., Stéphanos II (1920–2009)

Ghattas wurde am 16. Januar 1920 in Sheich Zein-el-Dine in Ägypten geboren. Sein Taufname ist Andraos. Seine Studien absolvierte er am Päpstlichen *Athenaeum Urbaniana* der Kongregation *Propaganda Fide* in Rom und wurde in Philosophie und Theologie promoviert.

Am 25. März 1944 wurde er in Rom zum Priester geweiht. 1944–1952 war er Dozent für Philosophie und Dogmatik an den Priesterseminaren Tahta und danach Tanta in Ägypten. 1952 trat er in Paris in die Priestergemeinschaft der Missionare von hl. Vinzenz von Paul (Lazaristen) ein und absolvierte sein Noviziat in Paris. Es folgten einige Jahre Missionsarbeit im Libanon. Danach war er 1958–1967 zunächst Ökonom, dann Oberer der Lazaristen in Alexandria.

Am 8. Mai 1967 wurde er zum koptisch-katholischen Bischof von Luxor ernannt und empfing am 9. Juni 1967 in der Lazaristenkirche von Alexandria von Kardinal Stéphanos I Sidarouss C.M., dem koptisch-katholischen Patriarchen von Alexandrien, die Bischofsweihe. Am 24. Februar 1984 wurde er zum Apostolischen Administrator des Patriarchates von Alexandria ernannt. Am 9. Juni 1986 wurde er zum koptisch-katholischen Patriarchen von Alexandria gewählt und nahm den Namen Stéphanos II. an. Er erhielt von Papst Johannes Paul II. die *Ecclesiastica Communio* am 23. Juni 1986. Er nahm an den Bischofssynoden von 1985, 1987, 1990, 1994, 1995, 2001 und 2005 teil.

Er empfing den Papst während dessen Ägyptenreise im Jahr 2000. Er war Vorsitzender der gesamtkatholischen Bischofskonferenz in Ägypten.

Papst Johannes Paul II. kreierte ihn im Konsistorium vom 21. Februar 2001 zum Kardinal-Patriarchen und verlieh ihm am gleichen Tag die Urkunde. Da er bereits das 80. Lebensjahr überschritten hatte, hatte er nie das Recht zur Teilnahme am Konklave. Er trat aus Altersgründen am 30. März 2006 vom Amt des koptisch-katholischen Patriarchen zurück.

Er starb am 20. Januar 2009 in Kairo und wurde in der koptisch-katholischen Kathedrale in Kairo beigesetzt.

Honoré, Jean Marcel (1920 – 2013)
Honoré wurde am 13. August 1920 in Saint-Brice-en-Coglès in der Bretagne in der Republik Frankreich geboren. Nach der Schulzeit trat er zum Studium in das Priesterseminar von Rennes ein. Später studierte er am Institute Catholique in Paris, wo er mit einer Arbeit über die Spiritualität von Kardinal John Henry Newman promoviert wurde.

Am 29. Juni 1943 wurde er zum Priester geweiht. Nach weiteren Studien in Paris wurde er 1945 Dozent für Literatur in den Kollegs von Saint-Vincent in Rennes und 1946 – 1947 in Saint-Malo. 1948 – 1958 war er Dozent für Dogmatik und Katechetik am Priesterseminar von Rennes. 1958 – 1964 wirkte er als Generalsekretär der nationalen Kommission für religiöse Erziehung und Direktor des nationalen Zentrums für Religionsunterricht. 1964 wurde er päpstlicher Hausprälat und war 1964 – 1972 Rektor der Katholischen Universität von Angers.

Am 24. Oktober 1972 wurde er zum Bischof von Évreux ernannt. Die Bischofsweihe empfing er am 17. Dezember 1972 in Evreux durch Kardinal Paul-Joseph-Marie Gouyon, den Erzbischof von Rennes. Am 13. August 1981 wurde er zum Erzbischof von Tours ernannt. Er war Mitglied des Redaktionskomitees des Katechismus der katholischen Kirche, der 1992 veröffentlicht wurde. Am 23. Juli 1997 legte er die Leitung der Erzdiözese Tours aus Altersgründen nieder.

Papst Johannes Paul II. kreierte ihn im Konsistorium vom 21. Februar 2001 zum Kardinalpriester und verlieh ihm am gleichen Tag das rote Birett und die Titelkirche S. Maria della Salute a Primavalle. Da er bereits das 80. Lebensjahr überschritten hatte, hatte er nie das Recht zur Teilnahme am Konklave. 2001 nahm er an der römischen Bischofssynode teil.

Er starb am 28. Februar 2013 in Tours und wurde in der Kathedrale von Tours beigesetzt.

Tucci S.J., Roberto (1921)
Tucci wurde am 19. April 1921 in Neapel im Königreich Italien, heute Republik Italien, geboren. Sein Vater war Italiener, seine Mutter Engländerin und gehörte der anglikanischen Kirche an. Er wurde in der anglikanischen Kirche getauft und konvertierte als Kind zum Katholizismus. Aus diesem Anlass wurde er *sub conditione* in der ka-

tholischen Kirche erneut getauft. 1936 trat er in den Jesuitenorden ein und absolvierte das Noviziat in Vico Equense bei Neapel. Danach studierte er in jesuitischen Häusern in Gallarate, wo er das Lizentiat in Philosophie erwarb, und in Neapel, wo er in Philosophie promoviert wurde. An der Katholischen Universität Louvain in Belgien erwarb er ein Lizentiat in Theologie.

Am 24. August 1950 wurde er zum Priester geweiht und absolvierte anschließend ein Promotionsstudium in Theologie an der Päpstlichen Universität Gregoriana in Rom. Danach war er Dozent an der theologischen Fakultät „San Luigi" in Neapel. Er widmete sich den Medien, war Gründer und Herausgeber einer Zeitschrift und wurde 1956 Mitglied der Redaktion von La Civiltà Cattolica und 1959 deren Chefredakteur. Er war Mitglied der Vorbereitungskommission für das Laienapostolat auf dem II. Vatikanischen Konzil und nahm 1962–1965 am II. Vatikanischen Konzil als Experte teil. Er leitete in den letzten drei Sessionen die tägliche Pressekonferenz für die beim vatikanischen Pressebüro akreditierten Journalisten. Nach dem Konzil wurde er Mitglied des postkonziliaren Komitees für das Laienapostolat, welches bis zur Errichtung des Rates für die Laien existierte. 1965–1989 war er Konsultor des Päpstlichen Rates für die sozialen Kommunikationsmittel. 1965–1966 nahm er an der XXI. Generalkongregation, 1974–1975 an der XXII. Generalkongregation und 1983 an der XXIII. Generalkongregation der Jesuiten teil und war 1967–1969 Generalsekretär der italienischen Jesuitenprovinz. 1968 war er Gast bei der IV. Generalversammlung des Weltrates der Kirchen in Uppsala, Schweden, und 1975 bei der V. Generalversammlung in Nairobi. Er gehörte dem Herausgebergremiun der Fachzeitschrift „Concilium" an und fungierte bei den Bischofssynoden 1967, 1969 und 1971 als Pressesprecher. 1961–1982 war er Vizepräsident der Italienischen Katholischen Pressevereinigung (UCSI) und 1970–1975 Berater für ökumenische Fragen des Jesuitengenerals Pedro Arrupe. 1973–1985 war er Direktor von Radio Vatikan, 1973–1989 Konsultor des Sekretariates für die Einheit der Christen. 1977–1983 war er Mitglied der Direktion der Georgetown University in Washington, USA. 1980 wurde er päpstlicher Reisemarschall und am 1. Januar 1986 Vorsitzender des Aufsichtsrates von Radio Vatikan.

Papst Johannes Paul II. kreierte ihn im Konsistorium vom 21. Februar 2001 zum Kardinaldiakon und verlieh ihm am gleichen Tag das rote Birett und die Kirche S. Ignazio di Loyola a Campo Marzio als Titeldiakonie. Er wurde aufgrund seines Alters von der Verpflichtung zum Empfang der Bischofsweihe dispensiert. Am 19. April 2001 verlor er mit Erreichen des 80. Lebensjahres das Recht auf Teilnahme am Konklave. Am 21. Februar 2011 optierte er für die Klasse der Kardinalpriester und die Erhebung seiner Titeldiakonie zur Titelkirche.

Scheffczyk, Leo (1920–2005)
Scheffczyk wurde am 21. Februar 1920 in Beuthen in Schlesien, damals im Deutschland der Weimarer Republik, heute in der Republik Polen gelegen, geboren. Er begann 1938 sein Studium an der Universität Breslau, wurde aber 1941 zum Militärdienst eingezogen

und geriet 1945 in norwegische Kriegsgefangenschaft. Nach der Entlassung setzte er sein Studium an der Philosophisch-Theologischen Fakultät Freising fort.

Am 29. Juni 1947 wurde er in Freising von Kardinal Michael v. Faulhaber zum Priester für die Erzdiözese Breslau geweiht. Er wurde zunächst 1947–1948 als Kaplan und 1948 als Pfarrvikar tätig. 1948–1951 war er Subregens des Seminars in Königstein im Taunus und wurde 1950 promoviert. 1952–1957 wirkte er als Dozent an der Philosophisch-Theologischen Hochschule in Königstein. 1957 wurde er in München habilitiert und wirkte bis 1959 weiter in Königstein. 1959–1965 war er Professor für Dogmatik in Tübingen und 1965–1985 Professor für Dogmatik an der Universität München. Zu seinen Doktoranden gehören Leonardo Boff und Walter Kasper. Er wurde 1978 päpstlicher Ehrenprälat. 1980 wurde er Mitglied der Päpstlichen Internationalen Marianischen Akademie und der Päpstlich-Römischen Theologischen Akademie.

Papst Johannes Paul II. kreierte ihn im Konsistorium vom 21. Februar 2001 zum Kardinaldiakon und verlieh ihm am gleichen Tag das rote Birett und die Kirche S. Francesco Saverio alla Garbatella als Titeldiakonie. Da er bereits das 80. Lebensjahr überschritten hatte, hatte er nie das Recht zur Teilnahme am Konklave und wurde aufgrund seines Alters von der Verpflichtung zum Empfang der Bischofsweihe dispensiert.

Er starb am 8. Dezember 2005 in München und wurde auf dem Friedhof des Klosters Thalbach bei Bregenz in Österreich beigesetzt.

Dulles S.J., Avery Robert (1918–2008)

Dulles wurde am 24. August 1918 in Auburn im Bundesstaat New York, USA, geboren. Sein Vater war der 1953–1959 amtierende Außenminister der USA, John Foster Dulles. Er wurde in der presbyterianischen Kirche getauft und erzogen. 1936 begann er sein Studium an der Harvard University. Während seines Studiums konvertierte er 1940 zum Katholizismus. Nach dem Abschluss des Studiums war er in der Armee im Nachrichtendienst eingesetzt. Im August 1946 trat er in den Jesuitenorden in der New Yorker Provinz ein und studierte an der Fordham Universität Theologie und Philosophie. 1951–1953 war er Instructor für Philosophie an der Fordham Universität in Bronx, New York.

Am 16. Juni 1956 wurde er an der Fordham University in New York von Kardinal Francis Spellman, dem Erzbischof von New York, zum Priester geweiht. 1951 wurde er Dozent für Philosophie an der Fordham University. Später war er Professor am Woodstock College und an der Katholischen Universität von Amerika. 1960 wurde er an der Päpstlichen Universität Gregoriana in Theologie promoviert. 1991–1997 war er Mitglied der Internationalen Theologenkommission. Er war Konsultor der Glaubenskommission der amerikanischen Bischofskonferenz.

Papst Johannes Paul II. kreierte ihn im Konsistorium vom 21. Februar 2001 zum Kardinaldiakon und verlieh ihm am gleichen Tag das rote Birett und die Kirche SS. Nomi di Gesù e Maria in Via Lata als Titeldiakonie. Da er bereits das 80. Lebensjahr überschritten hatte, hatte er nie das Recht zur Teilnahme am Konklave und wurde aufgrund seines Alters von der Verpflichtung zum Empfang der Bischofsweihe dispensiert.

Er starb am 12. Dezember 2008 in New York und wurde auf dem Jesuitenfriedhof Auriesville bei New York beigesetzt.

Tauran, Jean-Louis (1943)

Tauran wurde am 3. April 1943 in Bordeaux in der Republik Frankreich geboren. Er studierte Theologie und Philosophie in Toulouse.

Am 20. September 1969 wurde er in Bordeaux durch Erzbischof Marius Maziers zum Priester geweiht. Danach arbeitete er kurze Zeit in der Diözese Bordeaux als Kaplan, bevor er zu weiteren Studien nach Rom an die Päpstliche Universität Gregoriana ging und dort 1973 im kanonischen Recht promoviert wurde. Danach besuchte er die Päpstliche Diplomatenakademie und trat 1975 in den diplomatischen Dienst des Heiligen Stuhles ein. 1975–1978 war er Sekretär der Nuntiatur in der Dominikanischen Republik, 1979–1983 Nuntiatursekretär an der Nuntiatur im Libanon. 1983 wurde er Mitarbeiter des Staatssekretariates in der Abteilung für die Beziehung zu den Staaten. Hier wirkte er in den folgenden Jahren bei wichtigen Missionen mit und war Mitglied der vatikanischen Delegation bei mehreren internationalen Konferenzen.

Am 1. Dezember 1990 wurde er zum Titularerzbischof von Telepte und Sekretär im Staatssekretariat für die Beziehungen zu den Staaten ernannt. Papst Johannes Paul II. spendete ihm am 6. Januar 1991 in der Petersbasilika des Vatikans die Bischofsweihe.

Papst Johannes Paul II. kreierte ihn im Konsistorium vom 21. Oktober 2003 zum Kardinaldiakon und verlieh ihm am gleichen Tag das rote Birett und die Kirche S. Apollinare alle Terme Neroniane-Alessandrine als Titeldiakonie. Am 24. November 2003 wurde er zum Archivar und Bibliothekar *S.E.R.* ernannt. Er nahm an den Bischofssynoden von 2005, 2008, 2009, 2010 und 2012 teil. Er nahm im April 2005 am Konklave teil, welches Papst Benedikt XVI. wählte. Der neue Papst bestätigte ihn in seinen Ämtern. Am 1. September 2007 ernannte ihn Benedikt XVI. zum Präsidenten des Päpstlichen Rates für den Interreligiösen Dialog. Am 21. Februar 2011 wurde er von Papst Benedikt XVI. als Kardinalprotodiakon bestätigt. Im März 2013 nahm er am Konklave teil, welches Papst Franziskus wählte und verkündete als Kardinalprotodiakon das *Habemus Papam* und seine Namenswahl. Papst Franziskus bestätigte ihn am 16. März 2013 vorläufig in seinem bisherigen Amt.

Martino, Renato Raffaele (1932)

Martino wurde am 23. November 1932 in Salerno, Region Kampanien im Königreich Italien, heute Republik Italien, geboren. Er studierte Theologie und Philosophie an der Universität Gregoriana.

Am 27. Juni 1957 wurde er in Salerno durch Erzbischof Demetrio Moscato zum Priester geweiht. Danach spezialisierte er sich im Fach Kirchenrecht, welches er an der Lateranuniversität studierte und in dem er promovierte. Er absolvierte weiter eine Spezialausbildung an der Studieneinrichtung der Römische Rota sowie an der Päpstlichen Diplomatenakademie. Am 1. Juli 1962 trat er in den diplomatischen Dienst des Heiligen Stuhls ein und wurde Mitarbeiter an der Nuntiatur in Nicaragua. 1963 erhielt er den Titel eines päpstlichen Geheimkämmerers und wurde Nuntiatursekretär der Nuntiatur auf den Philippinen, später Auditor der Nuntiatur im Libanon. 1970–1975 arbeitete er im Staatsekretariat in Rom, 1975–1980 wirkte er an der Nuntiatur in Brasilien.

Am 14. September 1980 wurde er zum Titularerzbischof von Segerme, Pro-Nuntius in Thailand und Apostolischen Delegaten für Laos, Malaysia und Singapur ernannt. Die Bischofsweihe empfing er am 14. Dezember 1980 von Kardinalstaatssekretär Agostino Casaroli in der römischen Basilika SS. XII Apostoli. 1983 wurde er Apostolischer Delegat in Brunei und 1986 ständiger Beobachter des Heiligen Stuhls bei der UNO in New York. Am 1. Oktober 2002 wurde er Präsident des Päpstlichen Rates *Iustitia et Pax* in Rom.

Papst Johannes Paul II. kreierte ihn im Konsistorium vom 21. Oktober 2003 zum Kardinaldiakon und verlieh ihm am gleichen Tag das rote Birett und die Kirche San Francesco di Paola ai Monti als Titeldiakonie. Er war Teilnehmer der Bischofssynoden von 2005, 2008 und 2009. Im April 2005 nahm Martino am Konklave teil, welches Papst Benedikt XVI. wählte. Der neue Papst bestätigte ihn in seinen Ämtern. Zusätzlich zu dem Amt des Präsidenten von *Iustitia et Pax* wurde er am 11. März 2006 noch Präsident des Päpstlichen Rates für die Seelsorge für die Migranten und Menschen unterwegs. Am 28. Februar 2009 nahm der Papst sein Rücktrittsgesuch vom Amt des Präsidenten des Päpstlichen Rates der Seelsorge für die Migranten und Menschen unterwegs und am 24. Oktober 2009 sein aus Altersgründen vorgebrachtes Rücktrittsgesuch vom Amt des Präsidenten des Päpstlichen Rates *Iustitia et Pax* an. Am 23. November 2012 verlor er mit Erreichen der Altersgrenze von 80 Jahren das Recht zur Teilnahme am Konklave.

Marchisano, Francesco (1929)
Marchisano wurde am 25. Juni 1929 in Racconigi in Piemont im Königreich Italien, heute Republik Italien, geboren. Er besuchte die Seminare in Turin, Chieri und Rivoli bei Turin.

Am 29. Juni 1952 wurde er in Turin durch Kardinal Maurilio Fossati zum Priester geweiht und ging anschließend bis 1956 zum Studium nach Rom, wo er im lombardischen Seminar lebte. In dieser Zeit erwarb er am Päpstlichen Bibelinstitut 1954 das Lizentiat in Bibelwissenschaften und bereitete seine Dissertation vor, die er 1957 an der Päpstlichen Universität Gregoriana erwarb.

1956 war er für kurze Zeit Dozent am Seminar von Rivoli, denn bereits im gleichen Jahr rief ihn Kardinal Giuseppe Pizzardo als Mitarbeiter an die Studienkongregation. Zuerst war er für die Studieneinrichtungen der europäischen Länder zuständig, später für die der lateinamerikanischen Länder. 1961 wurde er päpstlicher Geheimkämmerer, 1968 Büroleiter der Abteilung für die Seminare und 1969–1988 Untersekretär der nun „Bildungskongregation" genannten Kurienbehörde. 1971 wurde er päpstlicher Ehrenprälat.

Am 6. Oktober 1988 wurde er zum Titularbischof von Populonia und Sekretär der Kommission für die Bewahrung des künstlerischen und kulturellen Erbes der Kirche ernannt. Die Bischofsweihe spendete ihm am 6. Januar 1989 Papst Johannes Paul II. in der Petersbasilika des Vatikans. 1993 wurde er Präsident der neu eingerichteten Päpstlichen Kommission für die Kulturgüter der Kirche. 1994 wurde er zum Erzbischof ernannt, 1995 zum Präsidenten der künstlerisch-kulturellen Kommission des Jubiläumsjahres 2000. Er nahm an den Bischofssynoden von 1998; 1999 und 2001 teil. Am 24. April 2002 ernannte ihn der Papst zum Erzpriester von St. Peter, Generalvikar für die Vatikanstadt und Präsidenten der Dombauhütte von St. Peter. Seit März 2003 war er auch Präsident der ständigen Kommission für die Erhaltung der historischen und künstlerischen Güter des Heiligen Stuhls. Im Oktober 2003 verzichtete er auch auf das Amt des Präsidenten der Päpstlichen Kommission für die Kulturgüter der Kirche.

Papst Johannes Paul II. kreierte ihn im Konsistorium vom 21. Oktober 2003 zum Kardinaldiakon und verlieh ihm am gleichen Tag das rote Birett und die Kirche S. Lucia del Gonfalone als Titeldiakonie. Am 28. August 2004 verzichtete er auf das Amt des Präsidenten der Päpstlichen Kommission für Archäologie. 2005 wurde er Präsident des Arbeitsamtes des Heiligen Stuhls. Am 5. Februar 2005 verzichtete er auf das Amt des Generalvikars der Vatikanstadt und des Präsidenten der Dombauhütte von St. Peter. Er nahm am Konklave von April 2005 teil, welches Papst Benedikt XVI. wählte. 2006 legte er das Amt des Erzpriesters von St. Peter nieder. Am 3. Juli 2009 verlor er mit dem Erreichen der Altersgrenze von 80 Jahren das Recht zur Teilnahme am Konklave und verzichtete auf alle weiteren Ämter.

Herranz Casado, Julián (1930)

Herranz Casado wurde am 31. März 1930 in Baena in der Region Cordoba in Spanien geboren. Schon 1949 schloss er sich während seines Medizinstudiums in Madrid der Gemeinschaft vom Heiligen Kreuz, der Priestergemeinschaft des Opus Dei an. Er promovierte in Medizin, studierte Theologie und promovierte weiter im kanonischen Recht.

Am 7. August 1955 wurde er in Madrid zum Priester geweiht. Er war anschließend Professor für Kirchenrecht an der Universität Navarra und arbeitete später in Rom in der Konzilskongregation. Während des II. Vatikanischen Konzils war er Studienassistent der Kommission für die Disziplin des Klerus. Er wurde Untersekretär der Päpstlichen Kommission für die Interpretation des kanonischen Rechtes. 1984 wurde er Sekretär der Päpstlichen Kommission für die Interpretation für die Gesetzestexte. Er war Konsultor der Bischofskongregation und Berater vieler anderer Kommissionen an der Römischen Kurie. Darüber hinaus engagierte er sich in der Seelsorge des Opus Dei.

Am 15. Dezember 1990 wurde er zum Titularbischof von Vertara ernannt, und am 6. Januar 1991 empfing er von Papst Johannes Paul II. die Bischofsweihe. Am 19. Dezember 1994 wurde er zum Erzbischof befördert und zum Präsidenten des Päpstlichen Rates zur Interpretation der Gesetzestexte ernannt. Er nahm an den Bischofssynoden von 1997, 1998, 1999, 2001 und 2005 teil. Am 3. Dezember 1999 wurde er Präsident der Disziplinarkommission der Römischen Kurie.

Papst Johannes Paul II. kreierte ihn im Konsistorium vom 21. Oktober 2003 zum Kardinaldiakon und verlieh ihm die Kirche S. Eugenio als Titeldiakonie. Er nahm am Konklave vom April 2005 teil, welches Papst Benedikt XVI. wählte. Der neue Papst bestätigte ihn in seinen Ämtern. Am 15. Februar 2007 legte er sein Amt als Präsident des Rates zur Interpretation der Gesetzestexte aus Altersgründen nieder. Mit der Vollendung des 80. Lebensjahres am 31. März 2010 verlor er das Recht der Teilnahme am Konklave. Am 11. Mai 2010 legte er auch sein Amt als Präsident der Disziplinarkommission der Römischen Kurie nieder. Am 24. April 2012 ernannte ihn Papst Benedikt XVI. zum Mitglied der dreiköpfigen Kardinalskommission mit Spezialmandat zur Untersuchung der sog. Vatileaks-Affäre.

Lozano Barragán, Javier (1933)
Lozano Barragán wurde am 26. Januar 1933 in Toluca im Bundesstaat Mexiko in Mexiko geboren. Seine Studien absolvierte er am Seminar von Zamora in Mexiko und an der Päpstlichen Universität Gregoriana. Er lebte in dieser Zeit im lateinamerikanischen Seminar in Rom und schloss seine Studien mit einem Lizentiat in Philosophie und einem Doktorat in Theologie ab.

Am 30. Oktober 1955 wurde er in der Kapelle des lateinamerikanischen Seminars von Erzbischof Carlo Confalonieri zum Priester geweiht. Er kehrte nach Mexiko zurück und wirkte in der Diözese Zamora als Dozent und Präfekt am Seminar, wo er auch mit der Fortbildung des Diözesanklerus betraut war. Weiter wirkte er als Präsident der Mexikanischen Gesellschaft für Theologie und später als Direktor für das Institut für Pastoraltheologie des lateinamerikanischen Bischofsrates CELAM in Medellin, Kolumbien. Er gehörte einem Team von Theologen an, die die CELAM berieten, und war als Experte an der III. Generalkonferenz des lateinamerikanischen Episkopates in Puebla, Mexiko, im Jahre 1979 zugegen.

Am 5. Juni 1979 wurde er zum Titularbischof von Thinisia in Numidia und Weihbischof in Mexiko City ernannt. Seine Bischofsweihe empfing er am 15. August 1979 in der Basilika von Guadalupe durch den Erzbischof von Mexiko City, Kardinal Ernesto Corripio Ahumada. Am 28. Oktober 1984 wurde er Bischof von Zacatecas. 1992 nahm er an der IV. Generalkonferenz des lateinamerikanischen Episkopates in Santo Domingo, Dominikanische Republik teil. Am 31. Oktober 1996 wurde er als Präsident des Päpstlichen Rates für die Pastoral im Krankendienst an die Römische Kurie berufen. Im Januar 1997 verzichtete er auf sein Bischofsamt und wurde zum Erzbischof ernannt. Er war Teilnehmer der Bischofssynoden von 1994, 1997, 1998, 1999, 2001, 2005 und 2008.

Papst Johannes Paul II. kreierte ihn im Konsistorium vom 21. Oktober 2003 zum Kardinaldiakon und verlieh ihm am gleichen Tag das rote Birett und die Kirche S. Michele Arcangelo als Titeldiakonie. Im April 2005 nahm er am Konklave teil, welches Papst Benedikt XVI. wählte. Der neue Papst bestätigte ihn in seinen Ämtern. Er nahm an der V. Generalkonferenz des lateinamerikanischen Episkopates in Aparecida, Brasilien, teil.

Am 18. April 2009 nahm Papst Benedikt XVI. sein Rücktrittsgesuch vom Amt des Präsidenten des Päpstlichen Rates für die Pastoral im Krankendienst aus Altersgründen an. Am 26. Januar 2013 verlor er wegen Erreichen der Altersgrenze das Recht zur Teilnahme am Konklave.

Hamao, Stephen Fumio (1930 – 2007)

Hamao wurde am 9. März 1930 in der japanischen Hauptstadt Tokio geboren. Seine Studien absolvierte er an der staatlichen Universität Tokio, am interdiözesanen Priestersemiar der japanischen Hauptstadt sowie am Päpstlichen *Athenaeum Urbaniana* der Kongregation *Propaganda Fide* in Rom.

Am 21. Dezember 1957 wurde Hamao in Rom von Papst Pius XII. zum Priester geweiht und kehrte nach Tokio zurück. Dort übernahm er mehrere Aufgaben in der Diözesanverwaltung und wirkte als Pfarrer der Kathedralpfarrei.

Am 5. Februar 1970 wurde er zum Titularbischof von Oreto und Weihbischof in Tokio ernannt und empfing am 29. April 1970 die Bischofsweihe durch den Apostolischen Pronuntius in Japan, Erzbischof Bruno Wüstenberg. Am 30. Oktober 1979 wurde er Bischof von Yokohama. In den achtziger Jahren war er auch Vorsitzender der japanischen Bischofskonferenz. Am 15. Juni 1998 wurde er zum Präsidenten des Päpstlichen Rates für die Seelsorge für die Migranten und Menschen unterwegs an der Römischen Kurie ernannt und zum Erzbischof erhoben. Mit gleichem Datum verzichtete er auf sein Amt als Bischof von Yokohama. Er nahm an den Bischofssynoden von 1983, 1998, 2001 und 2005 teil.

Papst Johannes Paul II. kreierte ihn im Konsistorium vom 21. Oktober 2003 zum Kardinaldiakon und verlieh ihm am gleichen Tag das rote Birett und die Kirche S. Giovanni Bosco in via Tuscolana als Titeldiakonie. Im April 2005 nahm er am Konklave teil, welches Benedikt XVI. wählte. Am 11. März 2006 legte er aus Altersgründen sein Amt an der Kurie nieder und kehrte nach Japan zurück.

Er starb am 8. November 2007 in Tokio und wurde in der Kathedrale von Yokohama beigesetzt.

Nicora, Attilio (1937)

Nicora wurde am 16. März 1937 in Varese in der Lombardei im Königreich Italien, heute Republik Italien, geboren. Er besuchte das Theologische Seminar von Venegono in Mailand und studierte weiter an der Päpstlichen Universität Gregoriana in Rom. In dieser Zeit lebte er am Päpstlichen Lombardischen Seminar. In Rom erwarb er ein Lizentiat in Kirchenrecht, in Mailand an der Katholischen Universität ein juristisches sowie ein theologisches Lizentiat.

Am 27. Juni 1964 wurde er in Mailand durch Erzbischof Giovanni Colombo zum Priester geweiht. Er wirkte am Theologischen Seminar von Venegono als Dozent für kanonisches Recht; ab 1970 war er auch Regens des Seminars.

Am 16. April 1977 wurde er zum Titularbischof von Furnos Minor und Weihbischof in Mailand ernannt. Die Bischofsweihe empfing er am 28. Mai 1977 vom Mailänder Erzbischof Kardinal Giovanni Colombo. 1984 überarbeitete er das Konkordat zwischen Italien und dem Heiligen Stuhl und wurde 1987 von seinem Amt als Weihbischof freigestellt, um dem Präsidium der italienischen Bischofskonferenz zur Verfügung zu stehen. Er war Präsident der Kommission für organisatorische Probleme und für kirchliche Güter bei der italienischen Bischofskonferenz und wurde 1990 Präsident der Kommission für die caritativen Dienste. Am 30. Juni 1992 wurde Nicora zum Bischof von Verona ernannt. Er war Italiens Vertreter bei der Europäischen Kommission der Bischöfe für Fragen der Europäischen Gemeinschaft. Er nahm an den Bischofssynoden von 1999, 2005, 2008 und 2009 teil. Am 1. Oktober 2002 wurde er zum Präsidenten der Güterverwaltung des Heiligen Stuhls ernannt und in den Rang eines Erzbischofs erhoben.

Papst Johannes Paul II. kreierte ihn im Konsistorium vom 21. Oktober 2003 zum Kardinaldiakon und verlieh ihm am gleichen Tag das rote Birett und die Kirche S. Filippo Neri in Eurosia als Titeldiakonie. Er nahm am Konklave vom April 2005 teil, welches Papst Benedikt XVI. wählte. Der neue Papst bestätigte ihn in seinem Amt. Am 19. Januar 2011 wurde er zum Präsidenten der neu errichteten Finanzaufsichtsbehörde ernannt und am 7. Juli 2011 vom Präsidentenamt der Güterverwaltung des Heiligen Stuhls, dessen Mitglied er weiter blieb, entbunden. Im März 2013 nahm er am Konklave teil, welches Papst Franziskus wählte. Der neue Papst bestätigte ihn am 16. März 2013 vorläufig in seinem Amt.

Scola, Angelo (1941)

Angelo Scola wurde am 7. November 1941 in Malgrate in der Lombardei in Italien geboren. Er studierte an der Katholischen Universität Mailand und erwarb dort 1967 ein Doktorat in Philosophie. Er studierte Theologie an den Mailänder Seminaren von Saronno und Venegono. Während seines Studiums kam er mit der Bewegung „Communione e Liberatione" in Berührung und steht ihr seither nahe.

Am 18. Juli 1970 wurde Scola in Teramo durch Bischof Abele Conigli von Teramo-Atri zum Priester geweiht. Es folgten weitere Studien in Fribourg, Schweiz, wo er in Theologie promoviert wurde. Weitere Studien führten ihn auch nach Monaco und Paris. Bis 1991 arbeitete er aktiv in der Bewegung „Communione e Liberazione" mit und war Mitglied der italienischen Herausgeberschaft der internationalen Zeitschrift „Communio". 1982–1991 war er Professor für theologische Anthropologie am Päpstlichen Johannes-Paul-II.-Institut für Studien für Ehe- und Familienfragen an der Lateranuniversität in Rom.

Am 20. Juli 1991 wurde er zum Bischof von Grosseto ernannt. Die Bischofsweihe empfing er am 21. September 1991 in der römischen Basilika S. Maria Maggiore von Kardinal Bernardin Gantin, dem Präfekten der Bischofskongregation. Im Juli 1995 wurde er *Rector Magnificus* der Lateranuniversität und Präsident des Päpstlichen Institutes Johannes-Paul-II. für Ehe- und Familienfragen. Er verzichtete deshalb auf sein Bischofsamt in Grosseto am 14. September 1995. Am 5. Januar 2002 wurde er zum Patriarchen von Venedig ernannt.

Papst Johannes Paul II. kreierte ihn im Konsistorium vom 21. Oktober 2003 zum Kardinalpriester und verlieh ihm am gleichen Tag das rote Birett und die Titelkirche SS. XII Apostoli. 2004 gründete er in Venedig ein Forschungsinstitut zur Verbesserung der muslimisch-christlichen Beziehungen. Im April 2005 nahm er am Konklave teil, welches Papst Benedikt XVI. wählte. 2005 war er Generalrelator der Bischofssynode und nahm auch an den Bischofssynoden von 2008 und 2012 teil. Am 28. Juni 2011 wurde er zum Erzbischof von Mailand ernannt. Im März 2013 nahm er am Konklave teil, welches Papst Franziskus wählte.

Okogie, Anthony Olubunmi (1936)

Okogie wurde am 16. Juni 1936 in Lagos in Britisch-Westafrika, heute Nigeria, geboren. Er studierte Theologie und Philosophie am Priesterseminar von Ibadan sowie ab 1963 an der Päpstlichen Universität *Urbaniana* in Rom, wo er 1966 ein Lizentiat in Theologie erwarb.

Am 11. Dezember 1966 wurde er in Lagos durch Erzbischof John Kwao Amuzu Aggey von Lagos zum Priester geweiht. Er war Kaplan u. a. an der Kathedrale von Lagos und darauf Diözesandirektor für die katholischen Schulen sowie die Berufungspastoral. Er arbeitete im Medienbereich und war Mitglied des Bischöflichen Rates sowie der Pastoralkommission der Erzdiözese Lagos.

Am 5. Juni 1971 wurde er zum Titularbischof von Mascula und Weihbischof in Oyo ernannt. Die Bischofsweihe spendete ihm am 29. August 1971 in Oshogbo Bischof Owen McCoy von Oyo. Am 13. April 1973 wurde er zum Erzbischof der nigerianischen Hauptstadt Lagos ernannt. 1994–2000 war er Vorsitzender der nigerianischen Bischofskonferenz. Er nahm an den Bischofssynoden von 1994 und 2009 teil.

Papst Johannes Paul II. kreierte ihn im Konsistorium vom 21. Oktober 2003 zum Kardinalpriester und verlieh ihm am gleichen Tag das rote Birett und die Titelkirche Beata Virgine Maria del Monte Carmelo a Mostacciano. Er nahm am Konklave von April 2005 teil, welches Papst Benedikt XVI. wählte. Am 25. Mai 2012 trat er von seinem Amt als Erzbischof aus Altersgründen zurück. Im März 2013 nahm er am Konklave teil, welches Papst Franziskus wählte.

Panafieu, Bernard Louis Auguste Paul (1931)

Panafieu wurde am 26. Januar 1931 in Châtellerault bei Poitiers in der Republik Frankreich geboren. Seine Studien absolvierte er an den Priesterseminaren von Albi und von Issy-les-Moulineaux bei Paris.

Am 22. April 1956 empfing er für die Erzdiözese Albi die Priesterweihe. Es folgten Jahre als Kaplan in verschiedenen Gemeindestellen und in Schulen sowie in der Studentenseelsorge. Er war darüber hinaus auch Generalsekretär des Priesterrates der Erzdiözese Albi.

Am 18. April 1974 wurde er zum Titularbischof von Tibilis und Weihbischof in Annecy ernannt. Die Bischofsweihe am 9. Juni 1974 spendete ihm in Albi Erzbischof Claude Marie Josep Dupuy von Albi. Am 30. November 1978 wurde er Erzbischof von Aix en Provence. Am 24. August 1994 wurde er Koadjutor *c.i.s.* von Marseille; am 22. April 1995 wurde er Erzbischof von Marseille. Als Marseille am 16. Dezember 2002 zum Metropolitanerzbistum erhoben wurde, wurde er zum Metropolitanerzbischof ernannt und erhielt 2003 das Pallium.

Papst Johannes Paul II. kreierte ihn im Konsistorium vom 21. Oktober 2003 zum Kardinalpriester und verlieh ihm am gleichen Tag das rote Birett und die Titelkirche S. Gregorio Barbarigo alle Tre Fontane. Im April 2005 nahm er am Konklave teil, welches Papst Benedikt XVI. wählte. Am 12. Mai 2006 wurde sein Rücktritt vom Amt aus Altersgründen angenommen. Mit der Vollendung des 80. Lebensjahres am 26. Januar 2011 verlor er das Recht zur Teilnahme am Konklave.

Zubeir Wako, Gabriel (1941)

Zubeir Wako wurde am 27. Februar 1941 in Mboro in der damaligen anglo-ägyptischen Kolonie Sudan, heute Republik Sudan, geboren. Er studierte 1956–1959 Philosophie am St. Paul's National Seminary in Tore River in Yei und dort anschließend 1960–1963 Theologie.

Am 21. Juli 1963 wurde er in Wau im Sudan vom Apostolischen Vikar von Bahr-Ghazal, Bischof Edoardo Mason, zum Priester geweiht. Er wirkte zunächst in der Seelsorge und im Schulwesen und in der Verwaltung seiner Heimatdiözese Wau im Sudan, bevor er von 1968 bis 1971 in Rom an der Päpstlichen Universität *Urbaniana* und an der Päpstlichen Universität am Lateran studierte, sich in Pastoraltheologie spezialisierte und mit einem Lizentiat abschloss. Nach seiner Rückkehr arbeitete er wieder als Jugend- und Schulseelsorger.

Am 12. Dezember 1974 wurde er zum ersten Bischof von Wau, das bisher Apostolisches Vikariat war, ernannt. Die Bischofsweihe empfing er am 6. April 1975 in Juba von Kardinal Agnello Rossi, dem Präfekten der Kongregation für die Evangelisierung der Völker. Er nahm an den Bischofssynoden von 1977, 1980, 1981, 1983, 1985, 1987, 1994 und 2009 teil. Am 30. Oktober 1979 wurde er Koadjutorerzbischof von Khartum und am 10. Oktober 1981 Erzbischof von Khartum. 1992 wurde er Vorsitzender der sudanesischen Bischofskonferenz.

Papst Johannes Paul II. kreierte ihn im Konsistorium vom 21. Oktober 2003 zum Kardinalpriester und verlieh ihm am gleichen Tag das rote Birett und die Titelkirche S. Atanasio a Via Tiburtina. Er nahm am Konklave von April 2005 teil, welches Papst Benedikt XVI. wählte. Im März 2013 nahm er am Konklave teil, welches Papst Franziskus wählte.

Amigo Vallejo O.F.M., Carlos (1934)
Amigo Vallejo wurde am 23. August 1934 in Medina de Rioseco in Kastilien in der Nähe von Valladolid geboren. Er studierte zunächst in Valladolid Medizin, trat aber sehr bald in den Franziskanerorden ein. Er absolvierte die üblichen Studien in franziskanischen Häusern.

Am 17. August 1960 wurde er von Bischof Miguel Nóvoa Fuente, dem Weihbischof in Santiago de Compostela, zum Priester geweiht. Es schlossen sich weitere Studien der Philosophie in Rom sowie der Psychologie in Madrid an. Nach deren Abschluss war er Dozent für Philosophie und Anthropologie an verschiedenen franziskanischen Bildungseinrichtungen, bevor er 1970 Provinzial der Franziskanerprovinz Santiago de Compostela wurde.

Am 17. Dezember 1973 wurde er zum Erzbischof der marokkanischen Erzdiözese Tanger ernannt. Er empfing die Bischofsweihe am 28. April 1974 durch den Erzbischof von Toledo und spanischen Primas Kardinal Marcelo Gonzales Martin. Als Erzbischof von Tanger wirkte er mehrfach als Mediator bei der Lösung von zwischenstaatlichen Konflikten zwischen den nordafrikanischen Ländern des Magreb und Spanien. Am 22. Mai 1982 wurde er zum Erzbischof von Sevilla ernannt. Er nahm an den Bischofssynoden von 1977, 1983 und 1994 teil. 1992 nahm er als Gast an der IV. Generalkonferenz der lateinamerikanischen Bischöfe in Santo Domingo, Dominikanische Republik, teil.

Papst Johannes Paul II. kreierte ihn im Konsistorium vom 21. Oktober 2003 zum Kardinalpriester und verlieh ihm am gleichen Tag das rote Birett und die Titelkirche S. Maria in Montserrato degli Spagnoli. Er nahm am Konklave vom April 2005 teil, welches Benedikt XVI. wählte. Am 5. November 2009 legte er aus Altersgründen sein Amt als Erzbischof von Sevilla nieder. Im März 2013 nahm er am Konklave teil, welches Papst Franziskus wählte.

Rigali, Justin Francis (1935)
Rigali wurde am 19. April 1935 in Los Angeles im Bundesstaat Kalifornien, USA, geboren. Er studierte am Seminar von Los Angeles Theologie und Philosophie.

Am 25. April 1961 wurde er in Los Angeles von Kardinal James Francis McIntyre, dem Erzbischof von Los Angeles, zum Priester geweiht. Nach einer kurzen Kaplansvertretung studierte er 1961–1964 in Rom an der Päpstlichen Universität Gregoriana und wurde dort 1964 in kanonischem Recht promoviert. 1964–1966 absolvierte er die Päpstliche Diplomatenakademie. Neben seinen Studien wirkte er während des II. Vatikanischen Konzils als Dolmetscher und trat 1964 in die englisch-sprachige Sektion des vatikanischen Staatssekretariates ein. 1966–1970 war er Nuntiatursekretär an der Nuntiatur für Madagaskar und die Inseln des indischen Ozeans La Reunion und Mauritius. Im Februar 1970 kehrte er nach Rom zurück und wurde Leiter der englisch-sprachigen Sektion im Staatssekretariat. Er wirkte bei vielen Gelegenheiten als Übersetzer für Papst Paul VI. und begleitete ihn in dieser Funktion auch auf dessen Reisen nach Asien und Australien. Ebenso begleitete er als Übersetzer auch Papst

Johannes Paul II bei dessen Reisen, u. a. in die USA 1979 und 1987. In Rom war er 1972–1973 zusätzlich Dozent an der Päpstlichen Diplomatenakademie und wurde 1980 päpstlicher Ehrenprälat.

Am 8. Juni 1985 wurde er zum Titularerzbischof von Bolsena und zum Präsidenten der Päpstlichen Diplomatenakademie ernannt. Die Bischofsweihe empfing er am 14. September 1985 von Papst Johannes Paul II. in der Kathedrale von Albano. Am 2. Januar 1990 wurde er zum Sekretär der Bischofskongregation und zum Sekretär des Kardinalskollegiums ernannt. Am 25. Januar 1994 wurde er Erzbischof von St. Louis in den USA. Er nahm an den Bischofssynoden 1997, 2001 und 2005 teil. Am 15. Juli 2003 wurde er Erzbischof von Philadelphia.

Papst Johannes Paul II. kreierte ihn im Konsistorium vom 21. Oktober 2003 zum Kardinalpriester und verlieh ihm am gleichen Tag das rote Birett und die Titelkirche S. Prisca. Im April 2005 nahm er am Konklave teil, welches Papst Benedikt XVI. wählte Am 19. Juli 2011 nahm Papst Benedikt XVI. sein Rücktrittsgesuch aus Altersgründen an. Im März 2013 nahm er am Konklave teil, welches Papst Franziskus wählte.

O'Brien, Keith Michael Patrick (1938)

O'Brien wurde am 17. März 1938 in Ballycastle, Region Down and Connor in Irland im Vereinigten Königreich Großbritannien und Irland, heute Republik Irland, geboren. Als Kind emigrierte er mit seinen Eltern nach Schottland. Nach seiner Schulzeit studierte er Chemie, Mathematik und Philosophie an der Universität von Edinburgh. Danach studierte er Theologie am Seminar von Edinburgh.

Am 3. April 1965 wurde er in Edinburgh durch Erzbischof Gordon Joseph Gray von Saint Andrews und Edinburgh zum Priester geweiht. Er war zunächst als Kaplan und Pfarrer in der Erzdiözese Edinburgh tätig und arbeitete auch als Schulleiter und Mathematiklehrer. 1978–1980 war er Spiritual des St. Andrew's College in Drygrange und 1980–1985 Schulleiter des St. Mary's College in Blairs.

Am 30. Mai 1985 wurde er zum Erzbischof von Saint Andrews und Edinburgh ernannt und empfing am 5. August 1985 die Bischofsweihe von Kardinal Gordon Joseph Gray, dem Erzbischof em. von Saint Andrews und Edinburgh. 1996 leitete er als Apostolischer Administrator zusätzlich die Diözese Argyll. 1999 nahm er an der Bischofssynode teil, und übernahm 2001 den Vorsitz der schottischen Bischofskonferenz.

Papst Johannes Paul II. kreierte ihn im Konsistorium vom 21. Oktober 2003 zum Kardinalpriester und verlieh ihm am gleichen Tag das rote Birett und die Titelkirche SS. Gioacchino e Anna al Tuscolano. Er nahm am Konklave von 2005 teil, welches Papst Benedikt XVI. wählte. Am 18. Februar 2013 legte er sein Amt als Erzbischof aus Altersgründen nieder. Am Konklave vom März 2013 nahm er nicht teil.

Scheid S.C.I., Eusébio Oscar (1932)

Scheid wurde am 8. Dezember 1932 in Luzerna im Bundesstaat Santa Catarina in Brasilien geboren. Nach seiner Schulzeit trat er in die Kongregation der Herz-Jesu-

Priester (Dehonianer) ein und studierte zunächst am Seminar der Kongregation in Corupá, Brasilien. Später führten ihn seine Studien nach Rom an die Päpstliche Universität Gregoriana, wo er in Theologie promoviert wurde.

Am 3. Juli 1960 wurde er in Rom von Bischof Inácio João Dal Monte von Guaxupe zum Priester geweiht. Nach seiner Rückkehr nach Brasilien lehrte er 1964–1965 Dogmatik und Liturgie in Recife und später am Theologischen Institut von Taubaté, wo er später Rektor der theologischen Fakultät war, sowie an der Päpstlichen Katholischen Universität von São Paulo.

Am 11. Februar 1981 wurde er zum Bischof von São José dos Campos ernannt. Die Bischofsweihe empfing er am 1. Mai 1981 durch den Nuntius in Brasilien, Erzbischof Carmine Rocco. Am 23. Januar 1991 wurde er Erzbischof von Florianópolis. 1992 nahm er an der IV. Generalkonferenz der lateinamerikanischen Bischöfe in Santo Domingo, Dominikanische Republik, teil. 1994 und 2001 war er Teilnehmer von Bischofssynoden im Vatikan. Am 25. Juli 2001 wurde er Erzbischof von São Sebastião do Rio de Janeiro.

Papst Johannes Paul II. kreierte ihn im Konsistorium vom 21. Oktober 2003 zum Kardinalpriester und verlieh ihm am gleichen Tag das rote Birett und die Titelkirche SS. Bonifacio e Alessio. Im April 2005 gehörte er zu den Teilnehmern des Konklaves, welches Papst Benedikt XVI. wählte. 2007 war er Teilnehmer der V. Generalkonferenz der lateinamerikanischen Bischöfe in Aparecida, Brasilien. Am 27. Februar 2009 nahm Benedikt XVI. seinen Amtsverzicht vom Amt des Erzbischofs aus Altersgründen an. Am 8. Dezember 2012 verlor er mit dem Erreichen der Altersgrenze von 80 Jahren das Recht zur Teilnahme am Konklave.

Antonelli, Ennio (1936)

Antonelli wurde am 18. November 1936 in Todi in Umbrien im Königreich Italien, heute Republik Italien, geboren. Er studierte nach der Schulzeit zunächst am Regionalseminar in Assisi, bevor er in Rom an der Lateranuniversität weiterstudierte und dort mit dem Lizentiat in Theologie abschloss. Es folgten weitere Studien an der staatlichen Universität in Perugia, wo der Doktorate in Philosophie und Literaturwissenschaften erwarb.

Am 2. April 1960 wurde er in Rom durch Erzbischof Illario Alcini zum Priester für die Diözese Todi geweiht. Er war zunächst Dozent und Subregens, später Regens des Seminars in Perugia und wurde später Dozent am Regionalseminar in Assisi.

Am 25. Mai 1982 wurde er zum Bischof von Gubbio ernannt. Am 29. August 1982 empfing er in Todi die Bischofsweihe durch Bischof Decio Lucio Grandoni von Orvieto und Todi. Am 6. Oktober 1988 erfolgte die Ernennung zum Erzbischof von Perugia-Città della Pieve. Am 25. Mai 1995 wurde er Generalsekretär der italienischen Bischofskonferenz und verzichtete auf das Amt des Erzbischofs. Er nahm an den Bischofssynoden von 1999, 2008 und 2009 teil. Am 21. März 2001 wurde er Erzbischof von Florenz.

Papst Johannes Paul II. kreierte ihn im Konsistorium vom 21. Oktober 2003 zum Kardinalpriester und verlieh ihm am gleichen Tag das rote Birett und die Titelkirche S. Andrea delle Fratte. Im April 2005 nahm er am Konklave teil, welches Benedikt XVI. wählte. Am 7. Juni 2008 wurde er zum Präsidenten des Päpstlichen Rates für die Familie ernannt. Am 26. Juni 2012 legte er die Leitung des Rates aus Altersgründen nieder. Im März 2013 nahm er am Konklave teil, welches Papst Franziskus wählte.

Bertone S.D.B., Tarcisio (1934)
Bertone wurde am 2. Dezember 1934 in Romano Canavese in Piemont im Königreich Italien, heute Republik Italien, geboren. Er trat früh in den Orden der Salesianer Don Boscos ein und legte 1950 die erste Profess ab. Anschließend studierte er an den salesianischen Universtäten in Turin und Rom, wo er nach dem Lizentiat in Theologie und dem Doktorat im kanonischen Recht auch in Theologie promoviert wurde.

Am 1. Juli 1960 wurde er in Ivrea von Bischof Albino Mensa zum Priester geweiht. Nach seinen weiterführenden Studien wurde er 1967 Professor für Moraltheologie an der Salesianeruniversität in Rom; von 1976 bis 1991 lehrte er dort kanonisches Recht. Er war Oberer der Salesianerkommunität an der Universität und Dekan der kirchenrechtlichen Fakultät. Er arbeitete in der Endphase der Erstellung des neuen Codex des kanonischen Rechtes mit und leitete die Arbeitsgruppe, die den neuen *CIC* ins Italienische übersetzte. Seit den 1980iger Jahren war er Konsultor mehrerer Behörden der Römischen Kurie, so auch der Glaubenskongregation. Am 1. Juni 1989 wurde er *Rector Magnificus* der Salesianeruniversität in Rom.

Am 4. Juni 1991 wurde er zum Erzbischof von Vercelli ernannt und empfing am 1. August 1991 von Erzbischof em. Albino Mensa von Vercelli die Bischofsweihe. Am 13. Juni 1995 wurde er zum Sekretär der Glaubenskongregation ernannt und verzichtete auf sein Amt als Erzbischof von Vercelli. Am 10. Dezember 2002 wurde er zum Erzbischof von Genua ernannt.

Papst Johannes Paul II. kreierte ihn im Konsistorium vom 21. Oktober 2003 zum Kardinalpriester und verlieh ihm am gleichen Tag das rote Birett und die Titelkirche S. Maria Ausiliatrice in Via Tuscolana. Im April 2005 nahm er am Konklave teil, welches Benedikt XVI. wählte. Er nahm an den Bischofssynoden von 2008, 2009, 2010 und 2012 teil. Am 2. Juli 2006 wurde er zum Kardinalstaatssekretär ernannt, am 4. April 2007 zum Camerlengo *S.E.R.* und am 10. Mai 2007 zum Kardinaltitularbischof von Frascati. Mit dem Amtsverzicht von Papst Benedikt XVI. am 28. Februar 2013 verlor er das Amt des Kardinalstaatssekretärs. Während der darauf folgenden Sedisvakanz leitete er die Geschäfte des Heiligen Stuhls als Camerlengo. Im März 2013 nahm er am Konklave teil, welches Papst Franziskus wählte. Der neue Papst bestätigte ihn am 16. März 2013 vorläufig in seinem Amt, nahm dann aber am 31. August 2013 sein formelles Rücktrittsgesuch an. Das Amt des Kardinalstaatssekretärs übte er bis zum 15. Oktober 2013 aus.

Turkson, Peter Kodwo Appiah (1948)
Turkson wurde am 11. Oktober 1948 in Wassaw Nsuta in British-Westafrika, heute Ghana, geboren. Er studierte zunächst Philosophie am St. Peter's Seminar in Pedu, danach Theologie in St. Anthony-on-Hudson in Rensselaer im Bundesstaat New York, USA.

Am 20. Juli 1975 wurde er in Cape Coast von Erzbischof John Kodwo Amissah zum Priester geweiht. Nach einer kurzen Zeit als Lehrer am St. Teresa's Minor Seminary in Amisano ging Turkson 1976–1980 nach Rom an das Päpstliche Bibelinstitut, wo er ein Lizentiat erwarb. Danach war er Dozent für Neues Testament und später Subregens am Priesterseminar seines Heimatbistums Cape Coast und wirkte als Seelsorger. 1987–1992 war er erneut am Päpstlichen Bibelinstitut in Rom, wo er einen Doktortitel erwarb.

Noch in seiner römischen Studienzeit wurde er am 6. Oktober 1992 zum Erzbischof von Cape Coast in Ghana ernannt und erhielt am 27. März 1993 die Bischofsweihe in Cape Coast durch Erzbischof Dominic Kodwo Andoh von Accra. Er war Vorsitzender der Bischofskonferenz von Ghana und Kanzler der Katholischen Universität von Ghana.

Papst Johannes Paul II. kreierte ihn im Konsistorium vom 21. Oktober 2003 zum Kardinalpriester und verlieh ihm am gleichen Tag das rote Birett und die Titelkirche S. Liborio. Im April 2005 nahm er am Konklave teil, welches Papst Benedikt XVI. wählte. Er nahm an den Bischofssynoden von 1994, 2005, 2008 und 2009 als Generalrelator sowie 2010 und 2012 teil. Er war zeitweilig Mitglied des Generalsekretariates der Bischofssynode. Am 24. Oktober 2009 wurde er zum Präsidenten des Päpstlichen Rates *Iustitia et Pax* ernannt. Mit dem Amtsverzicht von Papst Benedikt XVI. am 28. Februar 2013 verlor er sein Kurienamt. Im März 2013 nahm er am Konklave teil, welches Papst Franziskus wählte. Der neue Papst bestätigte ihn am 16. März 2013 vorläufig in seinem Amt. Am 24. September 2013 bestätigte ihn der Papst bis Oktober 2014 in seinem Amt.

Toppo, Telesphore Placidus (1939)
Toppo wurde am 15. Oktober 1939 in Chainpur in British-Indien, heute Bundesstaat Jharkhand in der Republik Indien, geboren. Nach seiner Schulzeit studierte zunächst am St. Xaviers College in Ranchi, bevor er an die Päpstliche Universität *Urbaniana* nach Rom zum Studium ging, wo er ein Lizentiat in Theologie erwarb.

Am 3. Mai 1969 wurde er von Bischof Franziskus von Streng, dem Bischof em. von Basel, zum Priester geweiht. Es folgten einige Jahre in der Seelsorge sowie im Hochschuldienst.

Am 8. Juni 1978 wurde er zum Bischof von Dumka ernannt und am 7. Oktober 1978 durch Erzbischof Pius Kerketta S.J. von Ranchi in Dudhani zum Bischof geweiht. Am 8. November 1984 wurde er Koadjutorerzbischof von Ranchi und am 7. August 1985 Erzbischof von Ranchi. Er nahm an den Bischofssynoden von 1990, 1998, 1999, 2001 und 2005 als einer der delegierten Präsidenten teil.

Papst Johannes Paul II. kreierte ihn im Konsistorium vom 21. Oktober 2003 zum Kardinalpriester und verlieh ihm am gleichen Tag das rote Birett und die Titelkirche Sacro Cuore di Gesù agonizzante a Vitinia. 2004 wurde er für zwei Jahre zum Vorsitzenden der indischen Bischofskonferenz gewählt. Im April 2005 nahm er am Konklave teil, welches Papst Benedikt XVI. wählte. Im März 2013 nahm er am Konklave teil, welches Papst Franziskus wählte.

Pell, George (1941)

Pell wurde am 8. April 1941 in Ballarat in Australien geboren. Er studierte zunächst am Seminar in Melbourne, bevor er nach Rom an die Päpstliche Universität *Urbaniana* wechselte.

In Rom wurde er am 16. Dezember 1966 von Kardinal Gregoire-Pierre Agagianian, dem Präfekten der Kongregation für die Evangelisierung der Völker, zum Priester geweiht. Sein römisches Studium schloss er 1967 mit dem Lizentiat in Theologie ab. Es folgte ein weiteres Studium an der Universität Oxford in Grossbritannien, wo er 1971 in Philosophie promoviert wurde. Danach kehrte er nach Australien zurück und wirkte in der Seelsorge in verschiedenen Gemeinden und im katholischen Erziehungswesen. 1982 erwarb er an der Monash University in Clayton, Australien, einen Master in Pädagogik.

Am 30. März 1987 wurde er zum Titularbischof von Scala und Weihbischof in Melbourne ernannt. Die Bischofsweihe spendete ihm am 21. Mai 1987 der Melbourner Erzbischof Frank Little. Er war in der Folgezeit Beauftragter für die Caritas in Australien und wirkte massgeblich an der Gründung einer katholischen Universität in Australien mit. Zunächst war er deren Prokanzler, später Präsident der Universität. Er nahm an den Bischofssynoden von 1990, 1999, 2001, 2005, 2008, 2009, 2010 und 2012 teil Im Auftrag des Vatikans visitierte er als Apostolischer Visitator die Seminare in Neuseeland, Papua Neu Guinea und auf den Salomon Inseln sowie im ganzen pazifischen Raum. Am 16. Juli 1996 wurde er Erzbischof von Melbourne. 2002 wurde er Präsident des „Vox Clara" Komitees, das sich mit der englischen Übersetzung liturgischer Texte beschäftigt. Am 26. März 2001 wurde er Erzbischof von Syndey.

Papst Johannes Paul II. kreierte ihn im Konsistorium vom 21. Oktober 2003 zum Kardinalpriester und verlieh ihm am gleichen Tag das rote Birett und die Titelkirche S. Maria Domenica Mazzarello. Im April 2005 nahm er am Konklave teil, welches Papst Benedikt XVI. wählte. 2007 war er Gastgeber des Weltjugendtages in Syndey. Im März 2013 nahm er am Konklave teil, welches Papst Franziskus wählte. Am 13. April 2013 ernannte ihn Papst Franziskus zum Mitglied einer Gruppe von acht Kardinälen, die den Papst bei der Reform der Kurie und der Überarbeitung der Konstitution *Pastor Bonus* von 1988 und in der Leitung der katholischen Weltkirche beraten sollen.

Bozanić, Josip (1949)

Bozanić wurde am 20. März 1949 in Rijeka, im damaligen Jugoslawien und heutigen Kroatien, geboren. Nach der Schulzeit studierte er Theologie in Rijeka und Zagreb.

Am 29. Juni 1975 wurde er in Krk von Bischof Karmelo Zazinovic von Krk zum Priester geweiht und wirkte anschließend als Sekretär des Bischofs von Krk und Kaplan in der Gemeindeseelsorge. 1979–1985 studierte er in Rom an der Päpstlichen Universität Gregoriana und an der Päpstlichen Lateranuniversität. An der Gregoriana wurde er in Theologie promoviert, am Lateran erwarb er einen Abschluss im kanonischen Recht.

Nach seiner Rückkehr in die Heimat war er zunächst Kanzler und schließlich 1987–1989 Generalvikar der Diözese Krk. In dieser Zeit wirkte er auch als Dozent für kanonisches Recht am Seminar in Rijeka.

Am 10. Mai 1989 wurde er zum Koadjutorbischof von Krk ernannt und am 25. Juni 1989 vom Erzbischof von Zagreb, Kardinal Franjo Kuharic, zum Bischof geweiht. Am 14. November 1989 wurde er Bischof von Krk. 1996 verwaltete er zusätzlich einige Monate als Apostolischer Administrator die Erzdiözese Rijeka-Senj. Am 5. Juli 1997 wurde er Erzbischof von Zagreb und Vorsitzender der kroatischen Bischofskonferenz. Er nahm an den Bischofssynoden von 1999, 2008 und 2012 teil.

Papst Johannes Paul II. kreierte ihn im Konsistorium vom 21. Oktober 2003 zum Kardinalpriester und verlieh ihm am gleichen Tag das rote Birett und die Titelkirche S. Girolamo dei Croati. Er nahm am Konklave vom April 2005 teil, welches Papst Benedikt XVI. wählte. Im März 2013 nahm er am Konklave teil, welches Papst Franziskus wählte.

Pham Minh Mân, Jean-Baptiste (1934)

Pham Minh Mân wurde 1934 in Ca Mau in Vietnam geboren. Er studierte Theologie am Seminar im damaligen Saigon und heutigen Ho chi Minh Stadt.

Am 25. Mai 1965 wurde er durch den Bischof Jacques Nhuyen Ngoc Quang von Can Tho zum Priester geweiht. Er wirkte zunächst als Lehrer in Can Tho, bevor er 1968–1971 in den USA Pädagogik studierte und in diesem Fach einen Studienabschluss erwarb. Nach seiner Rückkehr nach Vietnam wurde er wieder Lehrer in Can Tho. Er musste viele Jahre im Untergrund arbeiten. Nach Entspannung der politischen Lage und der Wiedereröffnung einiger Seminare wirkte er 1989–1993 als Regens und Dozent des Priesterseminars von Can Tho, welches für drei Diözesen zuständig war.

Am 22. März 1993 wurde er zum Koadjutorbischof von My Tho ernannt und empfing am 11. August 1993 durch den Bischof von Can Tho, Emmanuel Lê Phong Thuân, die Bischofsweihe. Am 1. März 1998 wurde er Erzbischof von Than-Pho Ho Chi Minh Stadt. Er nahm an der Bischofssynode von 2001 teil.

Papst Johannes Paul II. kreierte ihn im Konsistorium vom 21. Oktober 2003 zum Kardinalpriester und verlieh ihm am gleichen Tag das rote Birett und die Titelkirche S. Giustino. Seine Ernennung führte zu kurzfristigen politischen Verstimmungen zwischen Vietnam und dem Vatikan. Er nahm am Konklave von April 2005 teil, welches Papst Benedikt XVI. wählte. Im März 2013 nahm er am Konklave teil, welches Papst Franziskus wählte.

Quezada Toruño, Rodolfo (1932–2012)

Quezada Toruño wurde am 8. März 1932 in Guatemala-Stadt in Guatemala geboren. Er studierte zunächst am Seminar von San Salvador in El Salvador Philosophie, bevor er in Innsbruck Theologie studierte und dort 1959 auch ein Lizentiat erwarb.

Am 21. September 1956 wurde er in Guatemala durch Erzbischof Mariano Rossell y Arellano von Guatemala Stadt zum Priester geweiht. Nach seinem Studienabschluss in Innsbruck studierte er weiter an der Päpstlichen Universität Gregoriana in Rom, wo er 1962 in Kirchenrecht promoviert wurde. Nach seiner Rückkehr in seine Heimat war er zunächst Vikar der Kathedralgemeinde von Guatemala-Stadt und wirkte als Vizekanzler der Diözese sowie Ehebandsverteidiger am erzbischöflichen Gerichtshof. Er war Studentenpfarrer und Hochschulprofessor an mehreren Universitäten sowie Regens verschiedener Seminare.

Am 5. April 1972 wurde er zum Titularbischof von Gadiaufala und Weihbischof in Zacapa ernannt. Die Bischofsweihe empfing er am 13. Mai 1972 in Guatemala-Stadt durch den damaligen Nuntius in Guatemala, Erzbischof Girolamo Prigione. Am 11. September 1975 wurde er Koadjutor *c.i.s.* von Zacapa. Die Ernennung zum Bischof von Zacapa erfolgte am 16. Februar 1980. Am 24. Juni 1986 wurde er zusätzlich Prälat von Santo Cristo de Esquipulas. 1988 – 1992 war er Vorsitzender der Bischofskonferenz von Guatemala. Er spielte eine Schlüsselrolle bei den Verhandlungen zur Beendigung des mehr als dreißig Jahre dauernden Bürgerkrieges in seiner Heimat. Gemeinsam mit Bischof Juan Gerardi, der 1998 ermordet wurde, war er Mitglied der nationalen Versöhnungskommission und offizieller Vermittler zwischen den verfeindeten Parteien. Am 19. Juni 2001 wurde er Erzbischof von Guatemala Stadt.

Papst Johannes Paul II. kreierte ihn im Konsistorium vom 21. Oktober 2003 zum Kardinalpriester und verlieh ihm am gleichen Tag das rote Birett und die Titelkirche S. Saturnino. 2004 wurde er erneut Vorsitzender der Bischofskonferenz von Guatemala. Im April 2005 nahm er an dem Konklave teil, welches Benedikt XVI. wählte. Er nahm an der V. Generalversammlung des lateinamerikanischen Episkopates in Aparecida, Brasilien 2007, teil. Am 2. Oktober 2010 legte er sein Amt als Erzbischof von Guatemala Stadt aus Altersgründen nieder. Am 8. März 2012 verlor er mit dem Erreichen der Altersgrenze von 80 Jahren das Recht zur Teilnahme am Konklave.

Er starb am 4. Juni 2012 in Guatemala und wurde in der Kathedrale von Guatemala-Stadt beigesetzt.

Barbarin, Philippe Xavier Christian Ignace Marie (1950)

Barbarin wurde am 17. Oktober 1950 in Rabat in Marokko geboren. Nach seiner Schulzeit in Frankreich trat er in das Priesterseminar „Des Carmes" in Paris ein und wurde nach dem Militärdienst an der Universität La Sorbonne in Paris in Philosophie promoviert. Er studierte Theologie am Institute Catholique und am Seminar „Des Carmes", wo er in Theologie ein Lizentiat erwarb.

Am 17. Dezember 1977 wurde er von Bischof Robert-Marie-Joseph François de Provenchères von Creteil für dessen Diözese zum Priester geweiht und wirkte anschließend als Kaplan und Pfarrer sowie in vielen weiteren Zusammenhängen. 1994 – 1998 wirkte er als Dozent am Seminar von Vohitsoa in der Missionsarbeit in Madagaskar.

Am 1. Oktober 1998 wurde er zum Bischof von Moulins in Frankreich ernannt. Die Bischofsweihe empfing er in Moulins am 22. November 1998 von Erzbischof Philibert

Randriambololona von Fianarantsoa auf Madagaskar. Am 16. Juli 2002 wurde er zum Erzbischof von Lyon und Primas von Gallien ernannt.

Papst Johannes Paul II. kreierte ihn im Konsistorium vom 21. Oktober 2003 zum Kardinalpriester und verlieh ihm am gleichen Tag das rote Birett und die Titelkirche Ss. Trinità al Monte Pincio. Er nahm im April 2005 am Konklave teil, welches Papst Benedikt XVI. wählte. 2008 nahm er an der Bischofssynode teil. Im März 2013 nahm er am Konklave teil, welches Papst Franziskus wählte.

Erdö, Péter (1952)
Erdö wurde am 25. Juni 1952 in Budapest in der damaligen Volksrepublik, heute Republik Ungarn geboren. Er studierte Theologie in Esztergom und Budapest und wurde in Theologie promoviert.

Am 18. Juni 1975 wurde er in Budapest von Erzbischof Laszlo Lekai von Esztergom, zum Priester geweiht. Er wirkte zunächst als Kaplan und studierte 1977–1980 in Rom an der Lateranuniversität kanonisches Recht, worin er auch promoviert wurde. Nach seiner Rückkehr aus Rom wirkte er 1980–1988 als Dozent für kanonisches Recht am Priesterseminar von Esztergom. 1986 führte ihn eine Gastprofessur an die Fakultät für kanonisches Recht der Päpstlichen Universität Gregoriana nach Rom; 1988 wurde er ordentlicher Professor an der theologischen Fakultät der Katholischen Peter-Pazmany-Universität in Budapest, deren Dekan er 1997 und deren Rektor er 1998–2003 war. An der Bischofssynode 1999 nahm er als Experte teil.

Am 5. November 1999 wurde er zum Titularbischof von Puppi und Weihbischof in Székesfehérvár ernannt. Die Bischofsweihe empfing er am 6. Januar 2000 von Papst Johannes Paul II. in der Petersbasilika des Vatikans. Am 7. Dezember 2002 wurde er zum Erzbischof von Esztergom-Budapest und Primas von Ungarn ernannt. Kurz darauf wurde er auch Vorsitzender der ungarischen Bischofskonferenz.

Papst Johannes Paul II. kreierte ihn im Konsistorium vom 21. Oktober 2003 zum Kardinalpriester und verlieh ihm am gleichen Tag das rote Birett und die Titelkirche S. Balbina. Als damals jüngster Kardinal nahm er am Konklave vom April 2005 teil, welches Papst Benedikt XVI. wählte. 2006 und 2011 wurde er jeweils zum Präsidenten des Rates der Europäischen Bischofskonferenzen gewählt. Er nahm an den Bischofssynoden von 2005, 2008, 2009 und 2012 teil. Im März 2013 nahm er am Konklave teil, welches Papst Franziskus wählte. Papst Franziskus ernannte ihn zum Generalrelator der Außerordentlichen Bischofssynode 2014.

Ouellet P.S.S., Marc (1944)
Ouellet wurde am 8. Juni 1944 in Lamotte in Kanada geboren. Nach seiner Schulzeit studierte er zunächst an der Universität von Laval Pädagogik und anschließend 1964–1968 Theologie am Seminar von Montréal, was er mit dem Lizentiat in Theologie abschloss.

Am 25. Mai 1968 wurde er in Amos in Kanada von Bischof Gaston Hains, dem Koadjutorbischof von Amos, zum Priester geweiht. Er war zunächst Kaplan in mehreren Gemeinden, bevor er 1972 in die Priestergemeinschaft von Saint Sulpice eintrat. Anschließend studierte er in Rom an der Päpstlichen Universität St. Thomas von Aquin (*Angelicum*) Philosophie und erwarb 1974 das Lizentiat in Philosophie. Anschließend war er Dozent und Regens an mehreren Seminaren – u. a. in Kolumbien – und wurde 1983 an der Päpstlichen Universität Gregoriana in Rom in dogmatischer Theologie promoviert. Danach war er wieder in seiner Heimat Kanada Regens und Professor an verschiedenen Seminaren. 1997 kehrte er nach Rom zurück und leitete bis 2001 das Päpstliche Institut Johannes Paul II. für Studien zu Ehe- und Familienfragen an der Päpstlichen Lateranuniversität.

Am 3. März 2001 wurde er zum Titularbischof von Agropolis und zum Sekretär des Päpstlichen Rates für die Förderung der Einheit der Christen ernannt. Die Bischofsweihe empfing er am 19. März 2001 von Papst Johannes Paul II. Am 15. November 2002 wurde er zum Erzbischof von Québec und Primas von Kanada ernannt.

Papst Johannes Paul II. kreierte ihn im Konsistorium vom 21. Oktober 2003 zum Kardinalpriester und verlieh ihm am gleichen Tag das rote Birett und die Titelkirche S. Maria in Traspontina. Er nahm am Konklave vom April 2005 teil, welches Benedikt XVI. wählte. Er nahm an den Bischofssynoden von 2005, 2008 als Generalrelator, 2010 und 2012 teil. Zeitweilig war er Mitglied des Generalsekretariates der Bischofssynode. 2007 nahm er an der 5. Generalkonferenz der lateinamerikanischen Bischöfe in Aparecida, Brasilien, teil. Am 30. Juni 2010 wurde er zum Präfekten der Kongregation für die Bischöfe und Präsidenten der Päpstlichen Kommission für Lateinamerika ernannt und verzichtete zum gleichen Datum auf die Erzdiözese Québec. Mit dem Amtsverzicht von Papst Benedikt XVI. am 28. Februar 2013 verlor er sein Kurienamt. Im März 2013 nahm er am Konklave teil, welches Papst Franziskus wählte. Der neue Papst bestätigte ihn am 16. März 2013 vorläufig und am 16. Dezember 2013 endgültig in seinem Amt.

Cottier O.P., Georges Marie Martin (1922)

Cottier wurde am 25. April 1922 in Céligny, Schweiz, geboren. 1945 trat er in den Dominikanerorden ein und studierte in Fribourg und Rom Theologie.

Am 2. Juli 1951 wurde er in Rom zum Priester geweiht. Es folgte eine akademische Laufbahn an den Universitäten Genf und Fribourg. In den 1980iger Jahren arbeitete er bei vielen Gelegenheiten mit Kardinal Joseph Ratzinger zusammen und hatte wesentlichen Anteil an der Ausarbeitung zahlreicher Dokumente. 1989–2003 leitete Cottier als Generalsekretär die Internationale Theologische Kommission und nahm die Aufgabe des Theologen des Päpstlichen Haushalts wahr. Im März 1990 hielt er die Fastenexerzitien im Vatikan für Papst und Kurie.

Am 7. Oktober 2003 wurde er zum Titularerzbischof von Tullia ernannt und empfing in der römischen Kirche S. Sabina von Kardinal Christoph Schönborn O.P., dem Erzbischof von Wien, am 20. Oktober 2003 die Bischofsweihe.

Papst Johannes Paul II. kreierte ihn im Konsistorium vom 21. Oktober 2003 zum Kardinaldiakon und verlieh ihm am gleichen Tag das rote Birett und die Kirche SS. Domenico e Sisto als Titeldiakonie. Da er bei seiner Kardinalserhebung bereits über 80 Jahre alt war, war er nicht mehr zur Teilnahme am Konklave berechtigt.

Joos, Gustaaf (1923 – 2004)

Joos wurde am 5. Juli 1923 in Sint-Niklaas in Gent im Königreich Belgien geboren. Er studierte Theologie am Priesterseminar in Gent.

Am 28. April 1946 wurde er zum Priester geweiht und ging anschließend nach Rom in das belgische Kolleg, von wo aus er an der Päpstlichen Universität Gregoriana Kirchenrecht studierte und 1949 in diesem Fach promoviert wurde.

1949 wurde er Kaplan und 1951 Dozent in Aalst. 1959 wurde er Dozent für Kirchenrecht am Seminar in Gent und Notar des Kirchengerichtes der Diözese Gent. 1961 wurde er Ehrenkanoniker des Kathedralkapitels von Gent, 1967 ordentlicher Kanoniker. 1970 wurde er zusätzlich zum Pfarrer der Landgemeinde Landskouter ernannt, die er bis zu seinem Tod auch als Kardinal noch betreute. Er war bis 1984 Vizeoffizial und Offizial der Diözese Gent und ab 1984 Richter am interdiözesanen Gerichtshof in Amberes.

Am 7. Oktober 2003 wurde er zum Titularerzbischof von Yper ernannt und am 11. Oktober in Gent von Bischof Arthur Luysterman zum Bischof geweiht.

Papst Johannes Paul II. kreierte ihn im Konsistorium vom 21. Oktober 2003 zum Kardinaldiakon und verlieh ihm am gleichen Tag das rote Birett und die Kirche S. Pietro Damiani ai Monti di San Paolo als Titeldiakonie. Er war bei seiner Kreation schon über 80 Jahre alt und hatte deshalb kein Recht zur Teilnahme am Konklave mehr.

Er starb am 2. November 2004 in seiner Pfarrei Landskouter, wo er auf dem örtlichen Friedhof begraben wurde.

Spidlik S.J., Tomas (1919 – 2010)

Spidlik wurde am 17. Dezember 1919 in Boskovice in Mähren in der Tschechoslowakei, heute Tschechien, geboren. Nach seiner Schulzeit begann er zunächst, Philosophie 1938/39 an der Universität Brünn zu studieren. 1939 trat er in den Jesuitenorden ein und begann sein Noviziat 1940 zunächst in Benesov bei Prag. 1942 wurde das Noviziat nach Velehrad verlegt, wo er seine Gelübde 1942 ablegte. 1942–1945 studierte er weiter Philosophie in Velehrad und anschließend Theologie in Maastricht.

Am 22. August 1949 wurde er in Maastricht zum Priester geweiht. 1950 legte er in Florenz seine letzten Ordensgelübde ab. Ab 1951 war er für die tschechisch-sprachige Abteilung von Radio Vatikan tätig und berichtete in osteuropäischen Sprachen. Nach einem Studium am Päpstlichen Orientalischen Institut in Rom wurde er 1955 in Theologie promoviert. Er wurde Dozent für Patristik und ostkirchliche Spiritualität am Päpstlichen Orientalischen Institut und lehrte an der Päpstlichen Universität Gregoriana und an verschiedenen anderen Universitäten. Zudem war er 38 Jahre lang Spiritual des früheren böhmischen und heutigen tschechischen Seminars in Rom. 1995 hielt er die Fastenexerzitien für Papst und Römische Kurie im Vatikan.

Papst Johannes Paul II. kreierte ihn im Konsistorium vom 21. Oktober 2003 zum Kardinaldiakon und verlieh ihm am gleichen Tag das rote Birett und die Kirche S. Agata de' Goti als Titeldiakonie. Aufgrund seines hohen Alters wurde er vom Empfang der Bischofsweihe dispensiert und hatte aufgrund seines Alters von über 80 Jahren auch nicht mehr das Recht zur Teilnahme am Konklave. Beim Konklave vom April 2005, welches Benedikt XVI. wählte, hielt am 18. April 2005 vor Beginn der Abstimmungen eine spirituelle Reflexion vor den Kardinälen, bevor er den Wahlort verlassen musste.

Er starb am 16. April 2010 in Rom und wurde in der Wallfahrtskirche Velehrad beigesetzt.

Nagy S.C.I., Stanislaw Kazimierz (1921 – 2013)
Nagy wurde am 30. September 1921 in Bieruniu Starym bei Wadowice in der Republik Polen geboren. 1937 trat er in die Ordensgemeinschaft der Herz-Jesu Priester (Dehonianer) ein und studierte anschließend in Krakau und Lublin Theologie und Philosophie.

Am 8. Juli 1945 wurde er von Bischof Stanislaw Rospond, dem Weihbischof in Krakau, zum Priester geweiht. Er arbeitete 1947 – 1952 als Regens des Knabenseminars seines Ordens in Krakau und wurde 1952 an der Katholischen Universität Lublin in Moraltheologie promoviert. 1952 – 1958 war er Regens des Priesterseminars seines Ordens in Tarnow. Er wirkte an der Katholischen Universität Lublin lange als Lehrbeauftragter und Privatdozent, 1968 wurde er außerordentlicher Professor für Moraltheologie, 1970 ordentlicher Professor und zusätzlich Direktor der neu gegründeten Abteilung für vergleichende Religionswissenschaften und ökumenische Theologie. Ab 1973 nahm er auch einen Lehrauftrag an der Katholischen Universität in Wroclaw (Breslau) wahr. 1985 war er als Assistent des Spezialsekretärs an der Bischofssynode in Rom beteiligt, 1991 als Auditor.

Am 7. Oktober 2003 wurde er zum Titularerzbischof von Holar ernannt. Die Bischofsweihe spendete ihm am 13. Oktober 2003 in der Kathedrale am Wawel in Krakau Kardinal Franciszek Macharski, der Erzbischof von Krakau.

Papst Johannes Paul II. kreierte ihn im Konsistorium vom 21. Oktober 2003 zum Kardinaldiakon und verlieh ihm am gleichen Tag das rote Birett und die Kirche S. Maria della Scala als Titeldiakonie. Da er bereits über 80 Jahre alt war, hatte er nicht mehr das Recht zur Teilnahme am Konklave.

Er starb am 5. Juni 2013 in Krakau im Konvent der Dehonianer und wurde in der Kirche Krypta der dem sel. Johannes Paul II. geweihten Kirche beigesetzt.

Die Kardinäle von Papst Benedikt XVI. (2005 – 2013)

Levada, William Joseph (1936)

Levada wurde am 15. Juni 1936 in Long Beach im Bundesstaat Kalifornien, USA, geboren. Nach der Schulzeit begann er sein Theologiestudium am Seminar der Erzdiözese Los Angeles und wurde 1958 zu weiteren Studien nach Rom geschickt, wo er am nordamerikanischen Kolleg lebte und Theologie an der Päpstlichen Universität Gregoriana studierte.

Am 20. Dezember 1961 wurde er in der Petersbasilika des Vatikans vom amerikanischen Kurienerzbischof Martin John O'Connor zum Priester geweiht. Danach kehrte er in die USA zurück und wirkte einige Jahre in der Seelsorge der Erzdiözese Los Angeles. Er kehrte kurz nach Rom zurück, um seine Promotion abzuschließen, und lehrte danach am St. John's Seminary School of Theology der Erzdiözese Los Angeles in Camarillo. In diesen Jahren war er auch für die Weiterbildung des Klerus in der Erzdiözese verantwortlich. 1976 wurde er Mitarbeiter der Kongregation für die Glaubenslehre und wirkte in den folgenden Jahren auch als Lehrbeauftragter an der Päpstlichen Universität Gregoriana. 1980 wurde er zum Päpstlichen Ehrenkaplan ernannt. 1982 kehrte er in die USA zurück und wirkte bei der kalifornischen Bischofskonferenz.

Am 24. März 1983 wurde er zum Titularbischof von Capri und Weihbischof in Los Angeles ernannt und empfing am 12. Mai 1983 in der Kathedrale von Los Angeles von Kardinal Timothy Manning, dem Erzbischof von Los Angeles, die Bischofsweihe. Im Erzbistum Los Angeles arbeitete er zunächst als Bischofsvikar für die Region Santa Barbara County und wurde 1986 zum Kanzler und Moderator der Kurie ernannt. Am 1. Juli 1986 wurde er zum Erzbischof von Portland in Oregon ernannt. Von 1986 bis 1993 wirkte er als einziger US-amerikanischer Bischof im Redaktionsausschuss der Vatikanischen Kommission für den Katechismus der katholischen Kirche. Am 17. August 1995 wurde er Koadjutorerzbischof *c.i.s.* von San Francisco und wirkte seit dem 27. Dezember 1995 als Erzbischof von San Francisco. Er war 1997 Teilnehmer der Bischofssynode für Amerika und wurde in den Synodalrat gewählt. 1999 – 2000 verwaltete er als Apostolischer Administrator zusätzlich das Bistum Santa Rosa. Papst Benedikt XVI. ernannte ihn am 13. Mai 2005 zu seinem Nachfolger als Präfekt der Kongregation für die Glaubenslehre. Als Präfekt der Kongregation für die Glaubenslehre nahm er 2005, 2008, 2009 und 2010 an der Bischofssynode teil.

Papst Benedikt XVI. kreierte ihn im Konsistorium vom 24. März 2006 zum Kardinaldiakon und verlieh ihm am gleichen Tag das rote Birett und die Kirche S. Maria in Domnica als Titeldiakonie. Im Mai 2007 nahm er an der V. Generalkonferenz der lateinamerikanischen Bischöfe in Aparecida, Brasilien, teil. Am 8. Juli 2009 wurde er zusätzlich zum Präsidenten der Päpstlichen Kommission *Ecclesia Dei* ernannt und war Leiter der Kommission für die Gespräche mit der traditionalistischen Piusbruderschaft. Am 1. Juli 2012 legte er sein Amt als Präfekt aus Altersgründen nieder. Im März 2013 nahm er am Konklave teil, welches Papst Franziskus wählte.

Rodè C.M. Franc (1934)

Rodè wurde am 23. September 1934 in Rodica, Jugoslawien, in der heutigen Republik Slowenien geboren. 1945 flüchtete seine Familie nach Österreich und emigrierte 1948 nach Argentinien. 1952 trat er in den Lazaristenorden ein und legte 1957 seine ewigen Gelübde ab. Sein Orden sandte ihn zum Studium an die Päpstliche Universität Gregoriana nach Rom und an das Institute Catholique nach Paris, wo er 1968 zum Doktor der Theologie promoviert wurde.

Am 29. Juni 1960 wurde er durch den aus Frankreich stammenden und aus China vertriebenen Bischof André-Jean-François Defebvre C.M. zum Priester geweiht. 1965 kehrte er auf Wunsch seiner Vorgesetzten nach Jugoslawien zurück. Dort arbeitete er in der Seelsorge, als Studiendirektor seiner Kongregation sowie als Provinz-Visitator und als Professor für Fundamentaltheologie und Missiologie an der theologischen Fakultät von Ljubljana. 1978 wurde er Konsultor des Sekretariates für die Nichtgläubigen und wurde 1981 Mitarbeiter dieses Rates sowie 1982 Untersekretär. Er half, einige bedeutende Dialogsitzungen mit europäischen Marxisten zu organisieren. 1993 vereinte der Papst den bisherigen Rat für die Nichtgläubigen mit dem Päpstlichen Rat für die Kultur und ernannte ihn zum Sekretär des Päpstlichen Rates für die Kultur.

Am 5. März 1997 wurde er zum Erzbischof von Ljubljana ernannt und am 6. April 1997 in der Kathedrale von Ljubljana durch seinen Vorgänger, Erzbischof em. Alojzij Sustar von Ljubljana, zum Bischof geweiht. Er führte die Verhandlungen für ein neues Konkordat zwischen Slowenien und dem Heiligen Stuhl bis zur erfolgreichen Ratifizierung 2004. Am 11. Februar 2004 wurde er zum Präfekten der Kongregation für die Institute geweihten Lebens und für die Gesellschaften Apostolischen Lebens ernannt. Als solcher nahm er an den Bischofssynoden von 2005, 2008 und 2009 teil.

Papst Benedikt XVI. kreierte ihn im Konsistorium vom 24. März 2006 zum Kardinaldiakon und verlieh ihm am gleichen Tag das rote Birett und die Kirche S. Francesco Saverio Alla Garbatella als Titeldiakonie. Im Mai 2007 nahm er in Aparecida in Brasilien an der Generalversammlung der lateinamerikanischen Bischöfe teil. Am 4. Januar 2011 nahm Papst Benedikt XVI. seinen Rücktritt vom Amt des Präfekten der Kongregation für die Institute geweihten Lebens und die Gesellschaften Apostolischen Lebens aus Altersgründen an. Im März 2013 nahm er am Konklave teil, welches Papst Franziskus wählte.

Vallini, Agostino (1940)

Vallini wurde am 17. April 1940 in Poli in Latium im Königreich Italien, heute Republik Italien, geboren und wuchs in Neapel auf. Seine theologischen Studien absolvierte er am Priesterseminar von Neapel und an der theologischen Fakultät von Süditalien, S. Tommaso d'Aquino in Neapel, wo er ein Lizentiat in Theologie erwarb. Danach studierte er an der Päpstlichen Lateranuniversität in Rom Kirchenrecht und erwarb einen Doktor in beiderlei Rechten (*utriusque iuris*).

Am 19. Juli 1964 wurde er in Neapel durch Bischof Vittorio Longo, dem Weihbischof in Neapel, zum Priester geweiht. Anschließend wirkte er als Dozent für kanonisches

Recht in Neapel und später in Rom an der Lateranuniversität sowie als Regens des Priesterseminars von Neapel und Berater der Katholischen Aktion.

Am 23. März 1989 wurde er zum Titularbischof von Tortiboli und Weihbischof in Neapel ernannt und am 13. Mai 1989 in der Kathedrale von Neapel durch Kardinal Michele Giordano, den Erzbischof von Neapel, zum Bischof geweiht. Am 13. November 1999 wurde er Bischof von Albano, am 27. Mai 2004 Präfekt des Obersten Gerichtshofs der Apostolischen Signatur, womit auch seine Erhebung zum Erzbischof verbunden war. Am gleichen Tag legte er sein Amt als Bischof von Albano nieder. 2005, 2008, 2009 und 2012 nahm er an Bischofssynoden teil.

Papst Benedikt XVI. kreierte ihn im Konsistorium vom 24. März 2006 zum Kardinaldiakon und verlieh ihm am gleichen Tag das rote Birett und die Kirche S. Pietro Damiani ai Monti di San Paolo als Titeldiakonie. Am 27. Juni 2008 wurde er Kardinalvikar des Papstes für das Bistum Rom, Erzpriester der Lateranbasilika und Großkanzler der Lateranuniversität. Am 24. Februar 2009 wurde er zum Kardinalpriester und seine Titeldiakonie zur Titelkirche erhoben. Im März 2013 nahm er am Konklave teil, welches Papst Franziskus wählte. Der neue Papst bestätigte ihn am 18. Mai 2013 als Kardinalvikar der Diözese Rom.

Savino Urosa, Jorge Liberato (1942)

Savino Urosa wurde am 28. August 1942 in Caracas in Venezuela geboren. Nach der Schulzeit und Studien (1962–1965) in seiner Heimat und in Toronto, Kanada, ging er 1965–1971 nach Rom an die Päpstliche Universität Gregoriana, wo er in Dogmatik promoviert wurde. Er lebte in dieser Zeit im lateinamerikanischen Kolleg in Rom.

Am 15. August 1967 wurde er in Caracas von Kardinal José Humberto Quintero, dem Erzbischof von Caracas, zum Priester geweiht. Nach seiner Rückkehr aus Rom wirkte er als Dozent und Regens sowohl des diözesanen als auch des interdiözesanen Seminars in Caracas und war auch einige Zeit Präsident der Organisation der lateinamerikanischen Seminare. Er war darüber hinaus in der pastoralen Arbeit engagiert und wurde schließlich Generalvikar der Erzdiözese Caracas.

Am 6. Juli 1982 wurde er zum Titularbischof von Vegesela in Bizacena und Weihbischof in Caracas ernannt. Am 22. September 1982 empfing er in der Kathedrale von Caracas durch Erzbischof José Alí Lebrún Moratinos von Caracas die Bischofsweihe. Am 16. März 1990 erfolgte seine Ernennung zum Erzbischof von Valencia de Venezuela. Er nahm an der Bischofssynode für Amerika 1997 teil und wurde am 19. September 2005 zum Erzbischof von Caracas ernannt. Am 10. Januar 2006 wurde er Vizepräsident der Bischofskonferenz von Venezuela.

Papst Benedikt XVI. kreierte ihn im Konsistorium vom 24. März 2006 zum Kardinalpriester und verlieh ihm am gleichen Tag das rote Birett und die Titelkirche S. Maria ai Monti. Im Mai 2007 nahm er in Aparecida in Brasilien an der V. Generalkonferenz der lateinamerikanischen Bischöfe teil. Im März 2013 nahm er am Konklave teil, welches Papst Franziskus wählte.

Rosales, Gaudencio Borbon (1932)

Rosales wurde am 10. August 1932 in Batangas City auf den Philippinen geboren, die damals eine Kolonie der USA waren. Er studierte 1951–1958 Theologie und Philosophie am Priesterseminar in Manila.

Am 23. März 1958 wurde er in der Kathedrale von Lipa durch Bischof Alejandro Olalia von Lipa zum Priester geweiht und war anschließend 1958–1966 als Präfekt des Knabenseminars in Lipa und später als Rektor desselben tätig. 1966–1970 war er Spiritual und Dozent am Priesterseminar von Lipa. 1970–1975 wirkte er als Spiritual der Legio Mariae in Lipa und Pfarrer in Batangas City.

Am 12. August 1974 wurde er zum Titularbischof von Esco und Weihbischof in Manila ernannt und empfing am 28. Oktober 1974 die Bischofsweihe durch den Apostolischen Nuntius auf den Philippinen, Erzbischof Bruno Torpigliani. Er wirkte als Bischofsvikar für die Region Ost Antipolo in Rizal und war Nationaldirektor des Päpstlichen Missionswerkes sowie Regens des San Carlos Seminars in Manila. Am 9. Juni 1982 wurde er zum Koadjutorbischof von Malaybalay und am 14. September 1984 zum Bischof von Malaybalay ernannt. 1984–1999 war er Apostolischer Visitator der Seminare auf den Philippinen. 1990, 1998 und 2001 nahm er an Bischofssynoden in Rom teil. Am 30. Dezember 1992 wurde er Erzbischof von Lipa und war 1997–1999 stellvertretender Vorsitzender der Bischofskonferenz der Philippinen. Am 15. September 2003 wurde er zum Erzbischof von Manila ernannt.

Papst Benedikt XVI. kreierte ihn im Konsistorium vom 24. März 2006 zum Kardinalpriester und verlieh ihm am gleichen Tag das rote Birett und die Titelkirche SS. Nome di Maria Via Latina. Papst Benedikt XVI. nahm am 13. Oktober 2011 seinen Rücktritt aus Altersgründen vom Amt des Erzbischofs von Manila an. Am 10. August 2012 verlor er mit dem Erreichen der Altersgrenze von 80 Jahren das Recht der Teilnahme am Konklave.

Ricard, Jean-Pierre (1944)

Richard wurde am 25. September 1944 in Marseille in der Republik Frankreich geboren. Er studierte zunächst Literaturwissenschaften, bevor er am Seminar von Marseille das Theologiestudium begann. Dieses setzte er, unterbrochen durch einen einjährigen Auslandsaufenthalt in Bamako in der Republik Mali, in Paris am Seminar „Des Carmes" und am Institute Catholique fort.

Am 5. Oktober 1968 wurde er in Marseille durch Erzbischof Georges Jacquot von Marseille zum Priester geweiht. Es folgten 1968–1993 Jahre der pastoralen Arbeit in der Erzdiözese Marseille als Kaplan, Pfarrer und als religionspädagogischer Studienleiter. Er war Ökumenebeauftragter und Bischofsvikar der Erzdiözese Marseille. 1988–1993 war er Generalvikar von Erzbischof und Kardinal Robert Coffy.

Am 17. April 1993 wurde er zum Titularbischof von Pulcheriopolis und Weihbischof in Grenoble ernannt und empfing am 6. Juni 1993 durch Kardinal Robert Coffy, den Erzbischof von Marseille, in Marseille die Bischofsweihe. Am 4. Juli 1996 wurde er zum Koadjutorbischof von Montpellier ernannt und übernahm das Bistum Montpellier am

6. September 1996. Am 9. November 1999 wurde er stellvertretender Vorsitzender der französischen Bischofskonferenz, deren Vorsitzender er 2001–2007 war. Am 21. Dezember 2001 wurde er zum Erzbischof von Bordeaux ernannt. Er nahm an den Bischofssynoden von 2001 und 2005 teil.

Papst Benedikt XVI. kreierte ihn im Konsistorium vom 24. März 2006 zum Kardinalpriester und verlieh ihm am gleichen Tag das rote Birett und die Titelkirche S. Agostino. 2006 wurde er zu einem der beiden Vizepräsidenten des Rates der Europäischen Bischofskonferenzen gewählt. Im März 2013 nahm er am Konklave teil, welches Papst Franziskus wählte.

Cañizares Llovera, Antonio (1945)
Cañizares Llovera wurde am 10. Oktober 1945 in Utiel in der Provinz Valencia in Katalonien, im Spanien unter General Franco, im heutigen Königreich Spanien, geboren. Er studierte Theologie in Valencia und Salamanca, wo er auch promovierte. Er spezialisierte sich in Katechese.

Am 21. Juni 1970 wurde er in Valencia durch Erzbischof José María García De La Higuera von Valencia zum Priester geweiht. Es folgten Jahre der pastoralen Arbeit in der Erzdiözese Valencia, danach wirkte er als Dozent für Katechese in der Erzdiözese Madrid und Professor für Fundamentaltheologie in Madrid und schließlich als Professor in Salamanca. Er war Mitglied mehrerer Kommissionen der spanischen Bischofskonferenz, 1985–1992 war er Sekretär der Glaubenskommission der spanischen Bischofskonferenz. Er war Gründer und erster Präsident der Gesellschaft Spanischer Katecheten, Mitglied der Europäischen Katecheten und war Direktor einer Fachzeitschrift für Katechese.

Am 6. März 1992 wurde er zum Bischof von Ávila ernannt und empfing in der Kathedrale von Ávila am 25. April 1992 durch den Apostolischen Nuntius in Spanien, Erzbischof Mario Tagliaferri, die Bischofsweihe. Am 10. Dezember 1996 wurde er zum Erzbischof von Granada ernannt. 1998 verwaltete er als Apostolischer Administrator das Bistum Cartagena. 1999 wurde er Vorsitzender der Kommission für Bildung und Katechese der spanischen Bischofskonferenz. Am 24. Oktober 2002 wurde er zum Erzbischof von Toledo und Primas von Spanien ernannt. 2005–2008 war er stellvertretender Vorsitzender der Spanischen Bischofskonferenz.

Papst Benedikt XVI. kreierte ihn im Konsistorium vom 24. März 2006 zum Kardinalpriester und verlieh ihm am gleichen Tag das rote Birett und die Titelkirche S. Pancrazio. Er nahm an den Bischofssynoden von 2008, 2009, 2010 und 2012 teil. Am 9. Dezember 2008 ernannte ihn Benedikt XVI. zum Präfekten der Kongregation für den Gottesdienst und die Sakramentenordnung. Durch den Amtsverzicht Benedikts XVI. verlor er sein Kurienamt. Im März 2013 nahm er am Konklave teil, welches Papst Franziskus wählte. Der neue Papst bestätigte ihn am 16. März vorläufig in seinem Amt.

Cheong Jin-Suk, Nicholas (1931)

Cheong Jin-Suk wurde am 7. Dezember 1931 in Seoul in Korea, damals japanische Kolonie, heute Republik Südkorea, geboren. Nachdem er zunächst ein Studium als Chemieingenieur angefangen hatte, wechselte er in die Theologie und studierte am Seminar in Seoul. Später studierte er noch Soziologie in Hongkong.

Am 18. März 1961 wurde er in der Kathedrale von Seoul durch Erzbischof Paul Marie Kinam Ro von Seoul zum Priester geweiht. Es folgten Jahre in der Pastoral und Verwaltung der Erzdiözese von Seoul, bevor er von 1968 bis zu seiner Bischofsernennung 1970 kanonisches Recht an der Päpstlichen Universität Urbaniana in Rom studierte.

Am 25. Juni 1970 wurde er zum Bischof von Ch'ongju in Korea ernannt und am 3. Oktober 1970 in Ch'ongju durch den emeritierten Erzbischof von Seoul, Paul Maria Kinam Ro, zum Bischof geweiht. 1996–1998 war er Vorsitzender der koreanischen Bischofskonferenz. Am 29. Mai 1998 wurde er zum Erzbischof von Seoul ernannt, am 6. Juni 1998 erfolgte zusätzlich noch die Ernennung zum Apostolischen Administrator von Pjöngjang in Nordkorea. Er nahm an der Bischofssynode von 1998 teil.

Papst Benedikt XVI. kreierte ihn im Konsistorium vom 24. März 2006 zum Kardinalpriester und verlieh ihm am gleichen Tag das rote Birett und die Titelkirche S. Maria Immacolata di Lourdes in Boccea. Mit der Vollendung des 80. Lebensjahres am 7. Dezember 2011 verlor er das Recht der Teilnahme am Konklave. Am 12. Mai 2012 legte er sein Amt als Erzbischof nieder.

O'Malley O.F.M. Cap., Seán Patrick (1944)

O'Malley wurde am 29. Juni 1944 in Lakewood im Bundesstaat Ohio, USA, geboren. Sein Taufname war Patrick. Er trat in den Kapuzinerorden ein und legte am 14. Juli 1965 seine Profess ab. Dabei erhielt er den Ordensnamen Seán. Seine Studien absolvierte er am St. Fidelis Seminary in Butler, Pennsylvania, am Kapuziner College in Washington, D.C. und an der katholischen Universität von Amerika, Washington, D.C., wo er einen Magister in Religionspädagogik und später eine Promotion in Romanistik erwarb.

Am 29. August 1970 wurde er in St. Augustine, Pittsburgh, durch Bischof John Bernard McDowell, den Weihbischof in Pittsburgh, zum Priester geweiht. Während seines Promotionsstudiums in Washington, D.C. an der dortigen Katholischen Universität wirkte er als wissenschaftlicher Mitarbeiter und war für das Centro Catolico Hispano des Erzbistums Washington zuständig Später war er bischöflicher Vikar der spanisch- und portugiesisch-sprachigen Katholiken sowie der Haitianer.

Am 2. Juni 1984 wurde er zum Koadjutorbischof von St. Thomas auf den zu den USA gehörenden amerikanischen Jungferninseln in der Karibik ernannt und empfing am 2. August 1984 in der Kathedrale von St. Thomas durch Bischof Edward John Harper C.SS.R.R. von Saint Thomas die Bischofsweihe. Am 16. Oktober 1985 wurde er Bischof von Saint Thomas. Am 16. Juni 1992 wurde er Bischof von Fall River, Massachusetts. 1998 nahm er an der Bischofssynode für Ozeanien im Vatikan teil. Er wirkte auch als Apostolischer Visitator für mehrere Seminare in Zentralamerika und der Karibik. Am

3. September 2002 wurde er zum Bischof von Palm Beach, Florida, ernannt. Als Kardinal Bernard Francis Law in der Folge der Missbrauchsfälle im Erzbistum Boston zurücktreten musste, wurde er am 1. Juli 2003 zum Erzbischof von Boston in Massachusetts, ernannt. Um die Forderungen von mehr als 75 Millionen Euro aufbringen und die Opfer entschädigen zu können, verkaufte er unter anderem das erzbischöfliche Palais Bostons und zog in eine einfache Wohnung.

Papst Benedikt XVI. kreierte ihn im Konsistorium vom 24. März 2006 zum Kardinalpriester und verlieh ihm am gleichen Tag das rote Birett und die Titelkirche S. Maria della Vittoria. Am 31. Mai 2010 wurde er zum Apostolischen Visitator der Erzdiözese Dublin und seiner Suffraganbistümer ernannt, um den Umgang in den bekannt gewordenen Missbrauchsfällen und den Umgang mit den Opfern zu untersuchen sowie nach Lösungen für Präventionsmaßnahmen sowie effektivere Methoden im Umgang mit Missbrauch von Kindern und Jugendlichen zu finden. Im März 2013 nahm er am Konklave teil, welches Papst Franziskus wählte. Am 13. April 2013 ernannte ihn Papst Franziskus zum Mitglied einer Gruppe von acht Kardinälen, die den Papst bei der Reform der Kurie und der Überarbeitung der Konstitution *Pastor Bonus* von 1988 und in der Leitung der katholischen Weltkirche beraten sollen.

Dziwisz, Stanisław (1939)

Dziwisz wurde am 27. April 1939 in Raba Wyżna in der Republik Polen geboren. 1957 trat er in das Krakauer Priesterseminar ein und studierte dort und an der Krakauer Theologischen Fakultät Theologie. 1967 erwarb er das theologische Lizentiat. 1981 wurde er an der mittlerweile zur Päpstlichen Fakultät erhobenen Lehranstalt in Theologie promoviert.

Sein Lebensweg ist aufs engste mit Karol Wojtyła, dem späteren Johannes Paul II., verbunden. Karol Wojtyła weihte ihn, als er noch Titularbischof von Ombi und Kapitularvikar des Erzbistums Krakau war, am 25. März 1963 zum Diakon und am 23. Juni 1963 in der Wawelkathedrale von Krakau zum Priester. Nach Kaplansjahren 1963–1965 ging er zu weiteren Studien nach Krakau und war 1966–1978 Privatsekretär von Erzbischof (und ab 1967 Kardinal) Wojtyła. Gleichzeitig lehrte er Liturgie am katechetischen Institut und redigierte das Amtsblatt der bischöflichen Kurie von Krakau. Darüber hinaus arbeitete er in mehreren diözesanen Gremien und Kommissionen mit. Er begleitete Kardinal Wojtyła zu den beiden Konklaven des Jahres 1978. Im Konklave vom Oktober 1978 wurde Wojtyła zum Papst gewählt. 1978–2005 war Dziwisz Privatsekretär von Papst Johannes Paul II.

Am 7. Februar 1998 wurde er zum Titularbischof von San Leone und beigeordneten Präfekten des Päpstlichen Hauses ernannt und blieb weiterhin Privatsekretär des Papstes. Die Bischofsweihe spendete ihm am 19. März 1998 im Petersdom Papst Johannes Paul II. persönlich. Am 29. September 2003 wurde er zum Titularerzbischof von San Leone ernannt. Nach dem Tod von Johannes Paul II. wurde er am 3. Juni 2005 zum Erzbischof von Krakau ernannt.

Papst Benedikt XVI. kreierte ihn im Konsistorium vom 24. März 2006 zum Kardinalpriester und verlieh ihm am gleichen Tag das rote Birett und die Titelkirche S. Maria del Popolo. Als Erzbischof von Krakau fühlt er sich besonders dem Erbe Johannes Pauls II. verpflichtet, dessen Seligsprechung am 1. Mai 2011 und Heiligsprechung am 24. April 2014 er eifrig betrieb. Im Oktober 2008 nahm er an der Bischofssynode in Rom teil. Im März 2013 nahm er am Konklave teil, welches Papst Franziskus wählte.

Caffarra, Carlo (1938)
Caffarra wurde am 1. Juni 1938 in Samboseto di Busseto in der Provinz Parma im Königreich Italien, heute Republik Italien, geboren. Seine Studien absolvierte er am Priesterseminar in Fidenza.

Am 2. Juli 1961 wurde er in Samboseto von Bischof Guglielmo Bosetti von Fidenza zum Priester geweiht. Es folgten Studienjahre in Rom an der Päpstlichen Universität Gregoriana, an der er in Kirchenrecht promovierte, und der Universität Alfonisiana, an der er sich in Moraltheologie spezialisierte.

Nach der Rückkehr in seine Diözese 1965 unterrichtete er Moraltheologie in den Priesterseminaren von Fidenza und Parma und später an der Katholischen Universität von Mailand und an der Theologischen Fakultät von Norditalien. 1974–1984 war er Mitglied der Internationalen Theologenkommission und 1983 Konsultor der Kongregation für die Glaubenslehre. 1980 wurde er Präsident des Päpstlichen Instituts „Johannes Paul II" für das Studium von Ehe und Familie an der Päpstlichen Lateranuniversität in Rom. Er gründete Niederlassungen des Instituts in den Vereinigten Staaten, Spanien und Mexiko.

Am 8. September 1995 wurde er zum Erzbischof von Ferrara-Comacchio ernannt und am 21. Oktober 1995 in der Kathedrale von Fidenza durch Kardinal Giacomo Biffi, den Erzbischof von Bologna, zum Bischof geweiht. Am 16. September 2003 wurde er zum Erzbischof von Bologna ernannt.

Papst Benedikt XVI. kreierte ihn im Konsistorium vom 24. März 2006 zum Kardinalpriester und verlieh ihm am gleichen Tag das rote Birett und die Titelkirche S. Giovanni Battista dei Fiorentini. Im März 2003 nahm er am Konklave teil, welches Papst Franziskus wählte.

Zen Ze-Kiun S.D.B. Joseph (1932)
Zen Ze-Kiun wurde am 13. Januar 1932 in Shanghai in der Republik China, heute Volksrepublik China, geboren. Nach seiner Schulzeit trat er in den Orden der Salesianer Don Boscos ein. Er absolvierte das Noviziat in Hongkong und studierte Theologie an den Universitäten der Salesianer in Turin und Rom. Dort erwarb er ein Lizentiat in Theologie und promovierte in Philosophie.

Am 11. Februar 1961 wurde er in Turin von Kardinal Maurilio Fossati, O.Ss.G.C., dem Erzbischof von Turin, zum Priester geweiht. Es folgten weitere Studien in Rom. Nach seiner Rückkehr nach Hongkong lehrte er Theologie und Philosophie in salesianischen Einrichtungen und wurde 1971 ordentlicher Professor am Priesterseminar von Hong Kong. 1978 – 1983 war er Provinzial der Salesianer für Festlandchina, Hongkong, Macau und Taiwan. Von 1984 bis 1991 war er Dekan der philosophischen Fakultät des Priesterseminars in Hongkong und von 1986 bis 1989 Direktor der salesianischen Gemeinschaft von Aberdeen in Hong Kong. Von 1989 bis 1996 lehrte er zeitweise auch in chinesischen Seminaren sowohl der offiziellen Kirche als auch der Untergrundkirche Philosophie und Theologie.

Am 13. September 1996 wurde er zum Koadjutorbischof von Hongkong ernannt und am 9. Dezember 1996 in der Kathedrale von Hongkong durch Kardinal John Baptist Wu Cheng-Chung, den Bischof von Hongkong, zum Bischof geweiht. 1998, 2005 und 2008 nahm er an Bischofssynoden teil und war zeitweilig Mitglied des Generalsekretariates der Bischofssynode. Am 23. September 2002 erfolgte seine Ernennung zum Bischof von Hongkong.

Papst Benedikt XVI. kreierte ihn im Konsistorium vom 24. März 2006 zum Kardinalpriester und verlieh ihm am gleichen Tag das rote Birett und die Titelkirche S. Maria Madre del Redentore a Tor Bella Monaca. Am 15. April 2009 nahm Papst Benedikt XVI. sein Rücktrittsgesuch vom Amt des Bischofs von Hongkong aus Altersgründen an. Am 13. Januar 2012 verlor er mit Vollendung des 80. Lebensjahres das Recht der Teilnahme am Konklave.

Cordero Lanza di Montezemolo, Andrea (1925)

Cordero Lanza di Montezemolo wurde am 27. August 1925 in Turin in Piemont im Königreich Italien, heute Republik Italien, geboren. Sein Vater war Oberst Giuseppe Cordero Lanza di Montezemolo, der als Mitglied des Widerstandes gegen die Deutschen von diesen am 24. März 1944 in Rom erschossen wurde. Er begann seine Studien in Turin. Während des Zweiten Weltkriegs war er als Freiwilliger in der „Montezemolo Battallion" – benannt nach seinem Vater – eingetragen. Nach dem Krieg studierte er Architektur. Das Studium schloss er 1949 ab. Er entschied sich für den kirchlichen Beruf und studierte in Rom an der Päpstlichen Universität Gregoriana. In diesen Jahren war er Seminarist am Collegio Capranica. Er erwarb Lizentiate in Theologie und Philosophie.

Am 13. März 1954 wurde er in Rom durch Erzbischof Luigi Traglia, den Viceregente der Diözese Rom, zum Priester geweiht. Er wirkte kurz als Seelsorger und studierte 1957 – 1959 an der Päpstlichen Diplomatenakademie und erwarb in diesen Jahren ein Doktorat in Kirchenrecht an der Lateranuniversität. 1960 trat er in den diplomatischen Dienst des Heiligen Stuhls ein. Er war 1960 – 1964 Sekretär der Apostolischen Delegation in Mexiko und 1964 – 1966 in gleicher Funktion an der Internuntiatur in Japan sowie 1966 – 1968 an der Apostolischen Nuntiatur in Kenia und in der Apostolischen Delegation in Ostafrika. 1968 – 1972 arbeitete er in Rom im Staatssekretariat im Rat für öffentliche Angelegenheiten der Kirche als Auditor für die Nuntiaturen, 1972 – 1975 war er Untersekretär der Päpstlichen Kommission *Iustitia et Pax*, deren Pro-Sekretär er 1975 – 1976 und Sekretär er 1976 – 1977 war.

Am 5. April 1977 wurde er zum Titularerzbischof von Anglona und Pro-Nuntius in Papua-Neuguinea sowie Apostolischen Delegaten der Salomon-Inseln ernannt. Kardinalstaatssekretär Jean Villot spendete ihm in der Petersbasilika des Vatikan am 4. Juni 1977 die Bischofsweihe. Am 25. November 1980 wurde er Nuntius in Honduras und Nicaragua, am 1. April 1986 Nuntius in Uruguay. Am 28. April 1990 wurde er Apostolischer Delegat in Jerusalem und Palästina. Am 13. April 1991 erhielt er das Titularbistum Tuscania. In Jerusalem war er wesentlich am Zustandekommen der Grundlagenvereinbarung beteiligt, durch welche die Beziehungen zwischen dem Heiligen Stuhl und dem Staat Israel 1993 normalisiert wurden. So konnte er am 28. Juni 1994 zum ersten Nuntius in Israel ernannt werden. Am 7. März 1998 wurde er zum Nuntius in Italien und bei der Republik San Marino ernannt und trat im April 2001 in den Ruhestand. Nach der Wahl Benedikts XVI. im April 2005 entwarf er dessen Papstwappen. Am 31. Mai 2005 wurde er zum ersten Erzpriester der Basilika S. Paolo fuori le mura ernannt.

Papst Benedikt XVI. kreierte ihn am 24. März 2006 zum Kardinaldiakon und verlieh ihm am gleichen Tag das rote Birett und die Kirche S. Maria in Portico Campitelli als Titeldiakonie. Da er zu diesem Zeitpunkt bereits älter als 80 Jahre war, war er nicht mehr zur Teilnahme an einem Konklave berechtigt. In seine Amtszeit fiel das Paulusjahr 2008. Am 3. Juli 2009 nahm der Papst sein Rücktrittsgesuch aus Altersgründen vom Amt des Erzpriesters der Päpstlichen Basilika S. Paolo fuori le mura an.

Dery, Peter Poreku (1918 – 2008)

Dery wurde am 10. Mai 1918 in Ko in Britisch-Westafrika, heute Ghana, in einer nichtchristlichen Familie geboren. Sein Onkel war Fetischpriester, und er wurde als Junge sein Assistent, der ihm bei den Kulthandlungen behilflich war. Durch die Begegnung mit christlichen Missionaren kam er mit dem Christentum in Berührung und ließ sich 1933 in Jirapa taufen. Seine Ausbildung empfing er im Knabenseminar von Navrongo. Anschließend folgte das Studium am Priesterseminar in Wiagha.

Am 11. Februar 1951 wurde er in Nandom von Bischof Gerard Betrand M. Afr. von Tamale zum Priester geweiht. Danach wirkte er zunächst als Seelsorger. 1958 erwarb er einen Abschluss in Sozialwissenschaften an der Saint Francis Xavier University in Antigonish in Kanada und wurde am Internationalen Institut für Katechese und Pastoralausbildung *Lumen Vitae* in Brüssel in Theologie promoviert. 1959 wurde er Generalvikar der Diözese Tamale.

Am 16. März 1960 wurde er zum ersten Bischof von Wa ernannt. Die Bischofsweihe empfing er am 8. Mai 1960 in der Petersbasilika des Vatikans von Papst Johannes XXIII. Als Bischof förderte er die Inkulturation und übersetzte mit Erlaubnis Roms die Messtexte in die lokale Sprache sowie komponierte die erste Messe in der Dagare-Sprache. Er nahm am II. Vatikanischen Konzil 1962–1965 teil. Nachdem er als Apostolischer Administrator das Bistum Tamale zusätzlich mitverwaltet hatte, wurde er am 18. November 1974 zum Bischof von Tamale ernannt. Er wurde erster Metropolitanerzbischof, als Tamale am 30. Mai 1977 zum Erzbistum erhoben wurde. Von 1982 bis

1988 war er Vorsitzender der Bischofskonferenz von Ghana. Er nahm an den Bischofssynoden von 1985 und 1987 teil. Am 26. März 1994 wurde sein Rücktritt vom Amt des Erzbischofs von Tamale aus Altersgründen angenommen.

Papst Benedikt XVI. kreierte ihn am 24. März 2006 zum Kardinaldiakon und verlieh ihm am gleichen Tag das rote Birett und die Kirche S. Elena Fuori Porta Prenestina als Titeldiakonie. Da er bei seiner Kardinalskreation bereits älter als 80 Jahre war, war er nicht mehr zur Teilnahme an einem Konklave berechtigt.

Er starb am 6. März 2008 in Tamale und wurde in der Kathedrale von Tamale beigesetzt.

Vanhoye S.J., Albert (1923)
Vanhoye wurde am 24. Juli 1923 in Hazebrouck in der Republik Frankreich geboren. Er trat 1941 in den Jesuitenorden ein. Das Juniorat absolvierte er 1944–1946 in Yzeure (Allier), das Scholastikat 1947–1950 in Vals-Prés-le Puy (Haute-Loire). Während dieser Zeit erwarb er das ordensübliche Lizentiat in Philosophie. Er studierte 1951–1955 in Enghien, Belgien, wo er das Lizentiat in Theologie erwarb.

Am 25. Juli 1954 wurde er in Enghien von Bischof Henri Dupont, dem Weihbischof in Lille, zum Priester geweiht. 1956–1958 verbrachte er am Päpstlichen Bibelinstitut in Rom und erwarb dort das Lizentiat in Bibelwissenschaft. 1963 wurde er am Päpstlichen Bibelinstitut in Rom in Bibelwissenschaft promoviert. Ab 1963 war er Professor für Exegese des Neuen Testaments am Päpstlichen Bibelinstitut in Rom, 1969–1990 deren Dekan. 1990 wurde er Konsultor der Kongregation für die Glaubenslehre. 1978–1999 war er Konsultor der Kongregation für das katholische Bildungswesen, 1980–1996 Konsultor des Päpstlichen Rates für die Förderung der Einheit der Christen, 1984–1990 Mitglied der Päpstlichen Bibelkommission, 1990–2001 deren Sekretär unter dem Vorsitz von Kardinal Joseph Ratzinger. Er ist Mitglied mehrerer Vereinigungen zur Erforschung des Neuen Testamentes und engagierte sich in der Ökumene. Bei der Bischofssynode 1987 war er Assistent des Synodensekretärs.

Papst Benedikt XVI. kreierte ihn am 24. März 2006 zum Kardinaldiakon und verlieh ihm am gleichen Tag das rote Birett und die Kirche S. Maria della Mercede e Sant'Adriano in Villa Albani als Titeldiakonie. Da er bei seiner Kardinalskreierung die Altersgrenze von 80 Jahren bereits überschritten hatte, war er nie zur Teilnahme am Konklave berechtigt. Aufgrund seines hohen Alters wurde er vom Papst vom Empfang der Bischofsweihe dispensiert. 2008 hielt er die Fastenexerzitien für den Papst und die Römische Kurie. Er nahm an der Bischofssynode von 2008 teil.

Sandri, Leonardo (1943)
Sandri wurde am 18. November 1943 in Buenos Aires in Argentinien geboren. Seine Familie stammt ursprünglich aus Italien. Nach der Schulzeit trat er in das Priesterseminar der Erzdiözese Buenos Aires ein und studierte Theologie und Philosophie an der theologischen Fakultät von Buenos Aires, wo er mit einem Lizentiat in Theologie abschloss.

Am 2. Dezember 1967 wurde er in der Seminarkapelle des Priesterseminars von Buenos Aires durch Erzbischof Juan Carlos Aramburu, den Koadjutor des Erzbischofs von Buenos Aires, zum Priester geweiht. Anschließend wirkte er kurz als Kaplan und danach als Sekretär von Erzbischof Juan Carlos Aramburu, der ihn 1970 nach Rom zum Aufbaustudium schickte. Er lebte in diesen Jahren im lateinamerikanischen Kolleg und studierte an der Päpstlichen Universität Gregoriana, wo er in kanonischem Recht promovierte. Er trat 1972 in die Päpstliche Diplomatenakademie ein und trat nach deren Abschluss 1974 in den diplomatischen Dienst des Heiligen Stuhls. Zunächst wirkte er in den Nuntiaturen von Madagaskar und Mauritius. Von 1977 bis 1989 war er im Staatssekretariat des Heiligen Stuhls tätig und 1989–1991 an der Nuntiatur in den USA und als ständiger Beobachter des Heiligen Stuhls vor der Organisation amerikanischer Staaten. Nach seiner Rückkehr nach Rom 1991 wurde er Regent der Präfektur des Päpstlichen Hauses und 1992 zusätzlich Assessor im Staatssekretariat in der Sektion für allgemeine Angelegenheiten. 1976 war er päpstlicher Ehrenkaplan, 1989 päpstlicher Ehrenprälat geworden.

Am 22. Juli 1997 wurde er zum Titularerzbischof von Cittanova und Nuntius in Venezuela ernannt. Am 11. Oktober 1997 empfing er in der Petersbasilika des Vatikans durch Kardinalstaatssekretär Angelo Sodano die Bischofsweihe. Am 1. März 2000 erfolgte die Ernennung zum Nuntius in Mexiko und am 16. September 2000 wurde er zum Substituten im Staatssekretariat und damit zum Leiter der Sektion für die allgemeinen Angelegenheiten der Kirche ernannt. In den letzten Jahren des Pontifikats von Papst Johannes Paul II. las er oft seine Texte, da der Papst wegen seiner Krankheit nicht mehr sprechen konnte. Am 2. April 2005 war es seine Aufgabe, den Tod von Papst Johannes Paul II. der Öffentlichkeit zu verkünden. Am 9. Juni 2007 wurde er zum Präfekten der Kongregation für die orientalischen Kirchen ernannt.

Papst Benedikt XVI. kreierte ihn im Konsistorium vom 24. November 2007 zum Kardinaldiakon und verlieh ihm am gleichen Tag das rote Birett und die Kirche St. Biagio e Carlo ai Catinari als Titeldiakonie. Er nahm seither an den Bischofssynoden von 2008, 2009, 2010 und 2012 teil. Durch den Amtsverzicht von Benedikt XVI. am 28. Februar 2013 verlor er sein Kurienamt. Im März 2013 nahm er am Konklave teil, welches Papst Franziskus wählte. Der neue Papst bestätigte ihn am 16. März 2013 vorläufig in seinem Amt.

Foley, John Patrick (1935 – 2011)

Foley wurde am 11. November 1935 in Darby im Bundesstaat Pennsylvania, USA, geboren. Nach seiner Schulzeit studierte er zunächst am Saint Joseph's College in Philadelphia Geschichte und am St. Charles Borromeo Seminary in Wynnewood Theologie und Philosophie.

Am 19. Mai 1962 wurde er in Philadelphia von Erzbischof John Joseph Krol von Philadelphia zum Priester geweiht. Anschließend wirkte er als Kaplan. 1963 wurde er stellvertretender Chefredakteur der Bistumszeitung für Philadelphia und zum Zusatzstudium an die Päpstliche Universität St. Thomas v. Aquin (*Angelicum*) nach Rom gesandt. In dieser Zeit berichtete er 1963–1965 als Rom-Korrespondent für Tageszeitungen über die Ereignisse des II. Vatikanischen Konzils; 1964 erwarb er ein Lizentiat in Philosophie am *Angelicum* in Rom und studierte nach seiner Rückkehr aus Rom zusätzlich Journalismus an der Columbia University School of Journalism, wo er 1966 einen Master of Science im Fach Journalismus erwarb. Anschließend war er Kaplan und Lehrer an der Kardinal Dougherty High School in Philadelphia. 1967 wurde er erneut stellvertretender Chefredakteur der Bistumszeitung und zum Dozent für Philosophie am St. Charles Borromeo Seminary ernannt. 1970–1984 war er Chefredakteur der Bistumszeitung für Philadelphia. 1969–1984 war er als Pressesekretär der katholischen Bischofskonferenz in den USA tätig und fungierte 1979 während des Besuches von Papst Johannes Paul II. in Irland und den USA als Verbindungsmann für die englischsprachige Presse. 1980 wirkte er bei der Bischofssynode in Rom in der Pressearbeit. Am 18. Januar 1976 wurde er zum päpstlichen Ehrenprälaten ernannt.

Am 5. April 1984 wurde er zum Titularbischof von Neapolis in Proconsolare und zum Präsidenten der Päpstlichen Kommission für soziale Kommunikationsmittel ernannt. Die Kommission wurde bei der Kurienreform von 1988 in einen Päpstlichen Rat umgewandelt. Die Bischofsweihe empfing Foley am 8. Mai 1984 in der Kathedrale von Philadelphia durch Erzbischof John Joseph Kardinal Krol von Philadelphia. Er war 1984–1989 Präsident des Verwaltungsrates des Vatikanischen Fernsehens und auch verantwortlich für das vatikanische Filmarchiv. Er nahm an den Bischofssynoden von 1985, 1987, 1990, 1991, 1994, 1997, 1998, 2001, 2005, 2008 und 2010 teil. Durch den Tod von Papst Johannes Paul II. verlor er am 2. April 2005 sein Kurienamt. Papst Benedikt XVI. bestätigte ihn am 21. April 2005 in seinem Amt als Präsident des Rates für die sozialen Kommunikationsmittel. Am 27. Juni 2007 wurde er zum Pro-Großmeister des Ritterordens vom Heiligen Grab zu Jerusalem ernannt.

Papst Benedikt XVI. kreierte ihn im Konsistorium vom 24. November 2007 zum Kardinaldiakon und verlieh ihm am gleichen Tag das rote Birett und die Kirche S. Sebastiano al Palatino als Titeldiakonie. Mit der Aufnahme in das Kardinalskollegium wurde er Großmeister des Ritterordens vom Heiligen Grab zu Jerusalem. Er erkrankte an Leukämie und bat den Papst um Entpflichtung von seinem Amt. Papst Benedikt XVI. nahm seinen Rücktritt am 29. August 2011 an. Foley kehrte nach Darby im Erzbistum Philadelphia zurück.

Er starb am 11. Dezember 2011 in der Villa St. Joseph in Darby und wurde in der Krypta der Kathedrale von Philadelphia beigesetzt.

Lajolo, Giovanni (1935)
Lajolo wurde am 3. Januar 1935 in Novara in Piemont im Königreich Italien, heute Republik Italien, geboren. Nach der Schulausbildung trat er zunächst in das Priesterseminar von Novara ein und ging anschließend an das Priesterseminar der Diözese Rom. In Rom studierte er an der Päpstlichen Universität Gregoriana und erwarb dort 1955 das Lizentiat in Philosophie und 1959 in Theologie.

Am 29. April 1960 wurde er von Bischof Ugo Poletti, dem Weihbischof in Novara, zum Priester für das Bistum Novara geweiht. Anschließend studierte er an der Ludwig-Maximilians-Universität in München Kirchenrecht und wurde in diesem Fach dort 1965 promoviert. 1965 – 1968 absolvierte er die Päpstliche Diplomatenakademie und trat 1970 in den Dienst des Heiligen Stuhls ein. 1970 – 1974 arbeitete er unter Nuntius Corrado Bafile in der Apostolischen Nuntiatur Deutschlands in Bonn. 1974 kehrte er nach Rom zurück und arbeitete im Staatssekretariat als Mitarbeiter des Rates für öffentliche Angelegenheiten der Kirche. 1976 wurde er Leiter der Mittel- und Nordeuropa-Abteilung im Staatssekretariat. Er war ein enger Mitarbeiter von Kardinalstaatssekretär Agostino Casaroli. 1979 – 1985 war er Sekretär der vatikanischen Delegation bei den Verhandlungen über die Anpassung des Konkordats mit Italien. 1985 – 1989 war er Dozent an der Päpstlichen Diplomatenakademie.

Am 3. Oktober 1988 wurde er zum Titularerzbischof von Caesariana und Sekretär der Güterverwaltung des Apostolischen Stuhls (APSA) ernannt. Am 6. Januar 1989 empfing er in der Petersbasilika des Vatikans durch Papst Johannes Paul II. die Bischofsweihe. 1995 – 2003 war er Nuntius in Deutschland. In diese Zeit fiel die Verlegung der Apostolischen Nuntiatur von Bonn nach Berlin. Ein weiterer Schwerpunkt war die Aushandlung von diplomatischen Vereinbarungen zwischen dem Heiligen Stuhl und den neuen Bundesländern: 1996 mit Sachsen; 1997 mit Mecklenburg-Vorpommern und Thüringen; 1998 mit Sachsen-Anhalt; und 2003 mit Brandenburg; außerdem 2003 auch mit der Hansestadt Bremen. Am 7. Oktober 2003 wurde er Sekretär für die Beziehungen mit den Staaten im Staatssekretariat und leitete die Abteilung für äußere Angelegenheiten. Am 21. April 2005 wurde er durch den neuen Papst Benedikt XVI. in seinem Amt bestätigt. Am 22. Juni 2006 wurde er zum Präsidenten der Päpstlichen Kommission für den Staat Vatikanstadt und Präsident des Governatorates der Vatikanstadt ernannt.

Papst Benedikt XVI. kreierte ihn im Konsistorium vom 24. November 2007 zum Kardinaldiakon und verlieh ihm am gleichen Tag das rote Birett und die Kirche S. Maria Liberatrice a Monte Testaccio als Titeldiakonie. 2008 nahm er an der Bischofssynode im Vatikan teil. Am 1. Oktober 2011 wurde sein Rücktrittsgesuch aus Altersgründen vom Amt des Präsidenten der Päpstlichen Kommission für den Staat Vatikanstadt und Präsident der Governatorates von Papst Benedikt XVI. angenommen. Im März 2013 nahm er am Konklave teil, welches Papst Franziskus wählte.

Cordes, Paul Josef (1934)

Cordes wurde am 5. September 1934 in Kirchhundem im Sauerland im Deutschen Reich, heute Bundesland Nordrhein-Westfalen, Bundesrepublik Deutschland, geboren. 1955 studierte er zunächst zwei Semester Medizin in Münster, bevor er Philosophie und Theologie in Paderborn und Lyon studierte.

Am 21. Dezember 1961 wurde er von Erzbischof Lorenz Jaeger von Paderborn im Dom zu Paderborn zum Priester geweiht und war 1962 – 1966 als Präfekt des Studienheims St. Clemens in Driburg, welches Spätberufene der Diözesen Paderborn und

Münster begleitet. Anschließend wurde er 1966–1969 Präfekt des Priesterseminars der Erzdiözese Paderborn. 1969 begann er ein Promotionsstudium und wurde 1971 an der Universität Mainz als erster Doktorand von Prof. Dr. Karl Lehmann in Theologie promoviert. 1972 wurde Cordes in das Sekretariat der Deutschen Bischofskonferenz nach Bonn berufen und übernahm die Aufgaben eines Referenten für pastorale Fragen und eines Sekretärs der Pastoralkommission.

Am 27. Oktober 1975 wurde er zum Titularbischof von Naissus und Weihbischof in Paderborn ernannt. Am 1. Februar 1976 empfing er im Dom zu Paderborn durch Erzbischof Johannes Joachim Degenhardt von Paderborn die Bischofsweihe. Am 11. März 1980 ernannte ihn Papst Johannes Paul II. zum Vizepräsidenten des Päpstlichen Rates für die Laien. In diesem Amt entwickelte er das Konzept der Weltjugendtage, die zu einem Markenzeichen des Pontifikates von Johannes Paul II. wurden. Am 2. Dezember 1995 wurde er zum Präsidenten des Päpstlichen Rates *Cor Unum* ernannt und in den Erzbischofsstand erhoben. Als päpstlicher Sondergesandter besuchte er viele Krisenregionen in aller Welt und organisierte die vatikanischen Hilfsprojekte. Er nahm an den Bischofssynoden von 1997, 1999, 2001, 2005, 2008, 2009 und 2010 teil. Durch den Tod von Papst Johannes Paul II. verlor er am 2. April 2005 sein Kurienamt. Nach der Wahl von Papst Benedikt XVI. wurde er von diesem am 21. April 2005 in seinem Amt bestätigt.

Papst Benedikt XVI. kreierte ihn im Konsistorium vom 24. November 2007 zum Kardinaldiakon und verlieh ihm am gleichen Tag das rote Birett und die Kirche S. Lorenzo in Piscibus als Titeldiakonie. Am 7. Oktober 2010 nahm Benedikt XVI. seinen Amtsverzicht aus Altersgründen vom Amt des Präsidenten des Päpstlichen Rates *Cor Unum* an. Im März 2013 nahm er am Konklave teil, welches Papst Franziskus wählte.

Comastri, Angelo (1943)
Comastri wurde am 17. September 1943 in Sorano in der Toscana im Königreich Italien, heute Republik Italien, geboren. Nach der Schulzeit trat er in das Regionalseminar in Viterbo ein und ging anschließend nach Rom, wo er Theologie und Philosophie an der Päpstlichen Lateranuniversität studierte und im Päpstlich-Römischen Seminar lebte. Seine Studien schloss er mit dem Lizentiat der Theologie ab.

Am 11. März 1967 wurde er in Sorano von Bischof Luigi Boccadoro von Montefiascone, der damals auch Apostolischer Administrator von Sovana-Pitigliano war, zum Priester geweiht. Er wurde zunächst Subregens des Knabenseminars von Pitigliano und wirkte gleichzeitig in der Seelsorge. 1969 ging er als Mitarbeiter der Bischofskongregation nach Rom und wirkte als Seelsorger in römischen Gefängnissen. 1971 wurde er als Regens des Seminars von Pitigliano in seine Heimatdiözese zurückberufen. 1979 wurde er Pfarrer in Porto S. Stefano bei Grosseto.

Am 25. Juli 1990 wurde er zum Bischof von Massa Marittima-Piombo ernannt und empfing am 12. September 1990 in Porto S. Stefano durch den Präfekten der Bischofskongregation, Kardinal Bernardin Gantin, die Bischofsweihe. Am 3. März 1994 trat er von seinem Bischofsamt aus gesundheitlichen Gründen zurück. Nach seiner Genesung wurde er 1994 zum Präsidenten des italienischen Vorbereitungskomitees für das Heilige Jahr 2000 ernannt. Am 9. November 1996 erfolgte die Ernennung zum Erzbischof *ad personam* und Prälaten der Territorialprälatur Loreto sowie zum Päpstlichen Gesandten für Loreto. Am 5. Februar 2005 wurde er zum Koadjutor des Erzpriesters der Basilika von St. Peter sowie zum Generalvikar des Papstes für den Staat Vatikanstadt und Präsidenten der Dombauhütte von St. Peter ernannt. In der Fastenzeit 2005 hielt er die Exerzitien für Papst Johannes Paul II. und die Römische Kurie. Am 31. Oktober 2006 wurde er Erzpriester von St. Peter.

Papst Benedikt XVI. kreierte ihn im Konsistorium am 24. November 2007 zum Kardinaldiakon und verlieh ihm am gleichen Tag das rote Birett und die Kirche S. Salvatore in Lauro als Titeldiakonie. Im März 2013 nahm er am Konklave teil, welches Papst Franziskus wählte.

Ryłko, Stanisław (1945)

Ryłko wurde am 4. Juli 1945 in Andrychów in der Republik Polen geboren. Er trat in das Priesterseminar in Krakau ein und studierte Theologie und Philosophie an der Päpstlichen Theologischen Fakultät von Krakau, wo er ein Lizentiat in Moraltheologie erwarb.

Am 30. März 1969 wurde er von Erzbischof Karol Kardinal Wojtyła von Krakau in der Kathedrale von Krakau zum Priester geweiht. Nach einem ersten Einsatz als Kaplan wurde er zu weiteren Studien nach Rom gesandt, wo er an der Päpstlichen Universität Gregoriana eine Promotion in Sozialwissenschaften erwarb. Nach seiner Rückkehr nach Polen war er Subregens des Krakauer Priesterseminars und Dozent für Pastoraltheologie an der päpstlichen theologischen Fakultät Krakau. 1987 wurde er an den Päpstlichen Rat für die Laien nach Rom berufen und war dort für die Abteilung der Jugendpastoral zuständig. In dieser Funktion koordinierte er verschiedene Weltjugendtage. 1992 wechselte er in die polnische Abteilung des vatikanischen Staatssekretariates.

Am 20. Dezember 1995 wurde er zum Titularbischof von Novica und Sekretär des Päpstlichen Rates für die Laien ernannt. Die Bischofsweihe empfing er am 6. Januar 1996 in der Petersbasilika des Vatikans durch Papst Johannes Paul II. Am 4. Oktober 2003 wurde er Präsident des Päpstlichen Rates für die Laien und in den Rang eines Erzbischofs erhoben. Durch den Tod von Papst Johannes Paul II. verlor er am 2. April 2005 sein Kurienamt. Papst Benedikt XVI. bestätigte ihn am 21. April 2005 in seinem Amt. 2005, 2008, 2009, 2010 und 2012 nahm er an Bischofssynoden teil.

Papst Benedikt XVI. kreierte ihn im Konsistorium vom 24. November 2007 zum Kardinaldiakon und verlieh ihm am gleichen Tag das rote Birett und die Kirche S. Cuore di Cristo Re als Titeldiakonie. Durch den Amtsverzicht von Benedikt XVI. am 28. Februar 2013 verlor er sein Kurienamt. Im März 2013 nahm er am Konklave teil, welches Papst Franziskus wählte. Der neue Papst bestätigte ihn am 16. März 2013 vorläufig in seinem Amt. Am 24. September 2013 bestätigte ihn der Papst bis zum Ende der regulären Amtszeit am 24. Januar 2014.

Farina S.D.B., Raffaele (1933)
Farina wurde am 24. September 1933 in Buonalbergo in der Provinz Benevent in der Campania im Königreich Italien, heute Republik Italien, geboren. Er trat bereits mit 16 Jahren in das Noviziat des Ordens der Salesianer Don Boscos ein. Am 25. September 1954 legte er seine Gelübde ab und begann sein Studium der Theologie an der theologischen Fakultät der Salesianeruniversität Turin, welches er 1958 mit dem Lizentiat in Theologie abschloss.

Am 1. Juli 1958 wurde er in Turin von Bischof Michele Albert Arduino S.D.B. von Shiuchow in China, zum Priester geweiht. Es folgten in den Jahren 1958–1968 weitere Studien, in denen er sich in Kirchengeschichte spezialisierte und 1965 an der Fakultät für Kirchengeschichte der Päpstlichen Universität Gregoriana in Rom promovierte. Anschließend war er für drei Jahre für weitere Studien als Stipendiat der deutschen „Humboldt-Stiftung" in Freiburg und Bonn.

Nach seiner Rückkehr nach Italien war er ab 1968 Professor für Kirchengeschichte (Alte Kirche/Patristik) an der Salesianer-Universität in Rom, 1972–1974 war er Dekan der Theologischen Fakultät und zweimal Rektor der Universität. 1978–1988 war er Sekretär des Päpstlichen Komitees für Kirchengeschichte. Sechs Jahre lang war er zudem Untersekretär des Päpstlichen Rates für Kultur. Am 25. Mai 1997 wurde er zum Präfekten der Vatikanischen Bibliothek ernannt.

Am 15. November 2006 wurde er zum Titularbischof von Opitergium ernannt. Die Bischofsweihe empfing er am 16. Dezember 2006 durch Kardinalstaatssekretär Tarcisio Bertone S.D.B. in der Petersbasilika des Vatikans. Am 25. Juni 2007 wurde er zum Archivar und Bibliothekar *S.E.R.* ernannt und in den Rang eines Erzbischofs erhoben.

Papst Benedikt XVI. kreierte ihn im Konsistorium vom 24. November 2007 zum Kardinaldiakon und verlieh ihm am gleichen Tag das rote Birett und die Kirche S. Giovanni della Pigna als Titeldiakonie. Er nahm an der Bischofssynode von 2008 teil. Am 9. Juni 2012 nahm Papst Benedikt XVI. sein Rücktrittsgesuch vom Amt des Archivars und Bibliothekars der Heiligen Römischen Kirche aus Altersgründen an. Im März 2013 nahm er am Konklave teil, welches Papst Franziskus wählte. Am 26. Juni 2013 wurde er zum Präsidenten der Untersuchungskommission für die Vatikanbank ernannt. Am 24. September 2013 verlor er mit Vollendung des 80. Lebensjahres das Recht der Teilnahme am Konklave.

García-Gasco Vicente, Agustín (1931–2011)
García-Gasco Vincente wurde am 12. Februar 1931 in Corral de Almaguer in der Provinz Toledo in der Republik Spanien, heute Königreich Spanien, geboren. Nach seiner Schulzeit trat er in das Priesterseminar des Bistums Madrid-Alcalá ein und studierte Theologie und Philosophie.

Am 26. Mai 1956 wurde er in Madrid von Bischof Leopoldo Eijo y Garay von Madrid-Alcalá zum Priester geweiht. Er wurde Pfarrer und begann weiterführende Studien an der Päpstlichen Universität Comillas. Dort erwarb er 1969 ein Lizentiat in Theologie. 1970 erwarb er noch ein Diplom in Arbeitssoziologie und Personalwesen am Instituto

Jaime Balmes. 1966 wurde er Dozent am Priesterseminar von Madrid sowie Pfarrer einer Gemeinde in Madrid. 1976 beendete er in Barcelona sein Studium in Betriebswirtschaft und 1977 in Gruppendynamik am Zentrum für Psychologie in Madrid. 1977 wurde er zum Bischofsvikar des III. Vikariats von Madrid ernannt. 1979 wurde er Professor am Instituto Teologico „San Damaso" der Institución Arzobispo Claret.

Am 20. März 1985 wurde er zum Titularbischof von Nona und Weihbischof in Madrid ernannt. Am 11. Mai 1985 empfing er in Madrid durch Erzbischof Ángel Suquía Goicoechea von Madrid die Bischofsweihe. 1988 wurde er für fünf Jahre Generalsekretär der spanischen Bischofskonferenz. 1990 wurde er Präsident des Internationalen Theologischen Instituts für Fernstudien (Instituto Internacional de Teología a Distancia); parallel lehrte er an der Nationalen Fernuniversität (UNED). Am 24. Juli 1992 wurde er zum Erzbischof von Valencia ernannt. Als Erzbischof von Valencia war er Gastgeber des fünften Welttages für die Familien in Valencia 2006.

Papst Benedikt XVI. kreierte ihn im Konsistorium vom 24. November 2007 zum Kardinalpriester und verlieh ihm am gleichen Tag das rote Birett und die Titelkirche S. Marcello. Am 8. Januar 2009 nahm Benedikt XVI. sein Rücktrittsgesuch vom Amt des Erzbischofs von Valencia aus Altersgründen an. Am 12. Februar 2011 verlor er mit der Vollendung seines 80. Lebensjahres das Recht der Teilnahme am Konklave.

Am 1. Mai 2011 starb er in Rom, wohin er anlässlich der Seligsprechung von Papst Johannes Paul II. gereist war, und wurde in der Kathedrale von Valencia beigesetzt.

Brady, Seán Baptist (1939)

Brady wurde am 16. August 1939 in Laragh in der Provinz Ulster im Autonomen Freistaat Irland im Vereinigten Königreich Großbritannien und Irland, heute Republik Irland, geboren. Nach der Schulzeit studierte er zunächst Theologie am St. Patrick's College in Maynooth und ging dann an das Päpstliche Irische Kolleg in Rom, von wo aus der an der Päpstlichen Lateranuniversität sein Studium fortsetzte.

Am 22. Februar 1964 wurde er in Rom am Päpstlichen Irischen Kolleg durch Kardinal Luigi Traglia, den Kardinalvikar der Diözese Rom, zum Priester geweiht. Anschließend blieb er weiter in Rom, um sich in kanonischem Recht zu spezialisieren. 1967 promovierte er in diesem Fach an der Päpstlichen Lateranuniversität und kehrte anschließend nach Irland zurück. Dort war er 1967–1980 Dozent am St. Patrick's College in Cavan. 1980 wurde er zum Subregens des Päpstlichen Irischen Kollegs in Rom ernannt, dessen Regens er 1987–1993 war. Er kehrte nach Irland zurück und war 1993–1994 Pfarrer in der Diözese Kilmore.

Am 13. Dezember 1994 wurde er zum Koadjutor-Erzbischof von Armagh in Nordirland (Vereinigtes Königreich Großbritannien) ernannt und erhielt am 19. Februar 1995 in der Kathedrale St. Patrick in Armagh von Kardinal Cahal Brendan Daly, dem Erzbischof von Armagh, die Bischofsweihe. Nach dem Rücktritt von Kardinal Daly wurde er am 1. Oktober 1996 Erzbischof von Armagh und Primas von Irland. Er wurde Vorsitzender der irischen Bischofskonferenz und nahm an den Bischofssynoden 1999, 2005 und 2008 teil.

Papst Benedikt XVI. kreierte ihn im Konsistorium vom 24. November 2007 zum Kardinalpriester und verlieh ihm am gleichen Tag das rote Birett und die Titelkirche Santi Quirico e Giulitta. Durch die Missbrauchsskandale in der irischen Kirche stand er in der Kritik und erhielt im Januar 2013 einen Koadjutor. Im März 2013 nahm er am Konklave teil, welches Papst Franziskus wählte.

Martínez Sistach, Lluís (1937)
Sistach wurde am 29. April 1937 in Barcelona in Katalonien in der Republik Spanien, heute Königreich Spanien, geboren. 1954 trat er in das Priesterseminar Barcelona ein und absolvierte seine Studien in Theologie und Philosophie an der Universität Barcelona.

Am 17. September 1961 wurde er in Barcelona von Erzbischof Gregorio Modrego Casaus, dem Bischof von Barcelona, zum Priester geweiht. Anschließend absolvierte er an der Päpstlichen Lateranuniversität in Rom 1962–1967 ein Zusatzstudium in Kirchenrecht und wurde 1967 in beiderlei Rechten (*utriusque iuris*) promoviert. Nach seiner Rückkehr nach Barcelona wirkte er in der Seelsorge und im Bildungswesen seiner Heimatdiözese und wurde zum Richter am Kirchengericht von Barcelona ernannt. Später war er auch stellvertretender Offizial und übernahm viele Aufgaben, für die kirchenrechtliche Sachkenntnis erforderlich war. 1975–1987 unterrichtete er als Professor kanonisches Recht an der theologischen Fakultät von Katalonien. 1979–1991 war er Generalvikar des Erzbistums Barcelona und Koordinator der Kurie. 1983–1988 war er Präsident der Vereinigung spanischer Kanonisten.

Am 6. November 1987 wurde er zum Titularbischof von Aliezira und Weihbischof in Barcelona ernannt. Die Bischofsweihe empfing er am 27. Dezember 1987 in der Kathedrale von Barcelona durch Kardinal Narciso Jubany Arnau, den Erzbischof von Barcelona. Am 17. Mai 1991 wurde er zum Bischof von Tortosa ernannt, am 20. Februar 1997 erfolgte die Ernennung zum Erzbischof von Tarragona. Am 15. Juni 2004 wurde er zum Erzbischof von Barcelona ernannt.

Papst Benedikt XVI. kreierte ihn im Konsistorium vom 24. November 2007 zum Kardinalpriester und verlieh ihm am gleichen Tag das rote Birett und die Titelkirche San Sebastiano alle Catacombe. Im März 2013 nahm er am Konklave teil, welches Papst Franziskus wählte.

Vingt-Trois, André (1942)
Vingt-Trois wurde am 7. November 1942 in Paris in der Republik Frankreich geboren. 1962 trat er in das Priesterseminar Saint-Sulpice in Issy-Les-Moulineaux bei Paris ein. Seine Studien wurden durch seinen Militärdienst 1964–1965 in Deutschland unterbrochen. Anschließend setzte er seine Studien am Institute Catholique in Paris fort, wo er ein Lizentiat in Moraltheologie erwarb.

Am 28. Juni 1969 wurde er in Paris von Kardinal François Marty, dem Erzbischof von Paris, zum Priester geweiht. 1969 bis 1974 war er Kaplan in Paris und wirkte dort vorrangig in der Katechese und in der Bildung von Laien. 1974–1981 leitete er als

Regens das Seminar von Saint-Sulpice und war dort Dozent für Moraltheologie und Sakramententheologie. Er beteiligte sich an der Arbeit der Familienpastoral und der Fortbildung des Klerus. 1981–1999 war er Generalvikar der Erzdiözese Paris. Er war in der Diözese für Aus- und Fortbildung (Domschule und Priesterseminar), für Kommunikationsmittel und Öffentlichkeitsarbeit und für Familienpastoral zuständig.

Am 25. Juni 1988 wurde er zum Titularbischof von Thibilis und Weihbischof in Paris ernannt. Die Bischofsweihe empfing er am 14. Oktober 1988 in der Kathedrale von Paris durch Kardinal Jean-Marie Lustiger, den Erzbischof von Paris. Sein Amt als Generalvikar behielt er bei. Am 21. April 1999 wurde er zum Erzbischof von Tours ernannt, am 11. Februar 2005 zum Erzbischof von Paris und Ordinarius für die Katholiken der orientalischen Riten ohne eigenen Ordinarius in Frankreich. 2007–2013 war er Vorsitzender der französischen Bischofskonferenz.

Papst Benedikt XVI. kreierte ihn im Konsistorium vom 24. November 2007 zum Kardinalpriester und verlieh ihm am gleichen Tag das rote Birett und die französische Nationalkirche in Rom, San Luigi dei Francesi, als Titelkirche. Er nahm an den Bischofssynoden von 2008, 2009 und 2012 teil. Im März 2013 nahm er am Konklave teil, welches Papst Franziskus wählte.

Bagnasco, Angelo (1943)

Bagnasco wurde am 14. Februar 1943 in Pontevico in der Lombardei im Königreich Italien, heute Republik Italien, geboren. Seine Familie stammte ursprünglich aus Genua und kehrte dorthin nach Ende des Zweiten Weltkrieges wieder zurück. Nach seiner Schulzeit trat er ins Priesterseminar der Erzdiözese Genua ein und studierte Theologie und Philosophie.

Am 29. Juni 1966 wurde er von Kardinal Guiseppe Siri, dem Erzbischof von Genua, zum Priester geweiht. 1966–1985 war er Kaplan in Genua und studierte währenddessen weiter Philosophie. 1979 schloss er dieses Studium an der Universität Genua ab. 1980–1998 war er Dozent für Metaphysik und zeitgenössischen Atheismus an der Niederlassung der theologischen Fakultät von Norditalien in Genua. Zusätzlich war er 1980–1995 Diözesanassistent bei der Föderation katholischer italienischer Universitäten. 1985–1996 leitete er das katechetische Büro der Erzdiözese Genua und Liguriens und war regionaler Beauftragter für die Schulpastoral. 1986–1994 war er Präsident und Dozent am Istituto Superiore di Scienze Religiose di Genova. 1987 wurde er zum päpstlichen Ehrenkaplan ernannt. 1990–1996 wirkte er als Direktor des Bildungsbüros des Erzbistums Genua, das die Aus- und Weiterbildung von Religionslehrern koordiniert, und 1993–1996 als Direktor des diözesanen Werkes Apostolato Liturgico. 1995 wurde er Bischofsvikar und Spiritual des erzbischöflichen Priesterseminars in Genua.

Am 3. Januar 1998 wurde er zum Bischof von Pesaro ernannt und erhielt am 7. Februar 1998 in Genua von Erzbischof Dionigi Tettamanzi von Genua die Bischofsweihe. Mit der Erhebung der Diözese Pesaro zur Metropolitan-Erzdiözese am 11. März 2000 wurde er zum Metropolitan-Erzbischof von Pesaro erhoben. 2001 wurde er Vorsitzender des Verwaltungsrates der italienischen katholischen Tageszeitung „Avenire". Am 20. März 2003 wurde er zum Militärerzbischof für Italien ernannt, am 29. August 2006 zum Erzbischof von Genua. Papst Benedikt XVI. ernannte ihn am 7. März 2007 zum Präsidenten der italienischen Bischofskonferenz.

Papst Benedikt XVI. kreierte ihn im Konsistorium vom 24. November 2007 zum Kardinalpriester und verlieh ihm am gleichen Tag das rote Birett und die Titelkirche Gran Madre di Dio. Er nahm an der Bischofssynode von 2008 teil. Am 30. September 2011 wurde er zum Vizepräsidenten des Rates der Europäischen Bischofskonferenzen für den Zeitraum 2011–2016 gewählt. 2012 erfolgte die erneute Ernennung zum Vorsitzenden der italienischen Bischofskonferenz durch den Papst. Im März 2013 nahm er am Konklave teil, welches Papst Franziskus wählte.

Sarr, Théodore-Adrien (1936)

Sarr wurde am 28. November 1936 in Fadiouth in Französisch-Westafrika, heute Republik Senegal, geboren. Er trat in das Priesterseminar von Sebikhotane ein, wo er Philosophie und Theologie studierte.

Am 28. Mai 1964 wurde er in N'Gasobil von Erzbischof Hyacinthe Thiandoum von Dakar zum Priester geweiht. Anschließend studierte er klassische Sprachen an der Universität von Dakar und schloss dieses Studium mit dem Lizentiat ab. Er arbeitete in der Katholischen Aktion mit und war als Priester in einer Gemeinde in Dakar tätig. Später lehrte er klassische Sprachen am Seminar von N'Gasobil. 1970–1974 war er Regens dieses Seminars.

Am 1. Juli 1974 wurde er zum Bischof von Kaolack ernannt und erhielt am 24. November in Kaolack durch Erzbischof Hyacinthe Thiandoum von Dakar die Bischofsweihe. Am 2. Juni 2000 wurde er zum Erzbischof von Dakar ernannt. Er wurde Vorsitzender der Bischofskonferenz von Senegal, Mauretanien, Kap Verde und Guinea-Bissau sowie Erster Vizepräsident des Symposiums der Bischofskonferenzen von Afrika und Madagaskar.

Papst Benedikt XVI. kreierte ihn im Konsistorium vom 24. November 2007 zum Kardinalpriester und verlieh ihm am gleichen Tag das rote Birett und die Titelkirche S. Lucia a Piazza d'Armi. Am 14. Februar 2009 ernannte ihn Benedikt XVI. zum delegierten Präsidenten der Bischofssynode für Afrika. Im März 2013 nahm er am Konklave teil, welches Papst Franziskus wählte.

Gracias, Oswald (1944)

Gracias wurde am 24. Dezember 1944 in Bombay in Britisch-Indien, heute Mumbai in der Republik Indien, geboren. Er studierte Theologie und Philosophie am Priesterseminar St. Pius X. in Bombay.

Am 20. Dezember 1970 wurde er in Bombay durch Kardinal Valerian Gracias, den Erzbischof von Bombay, zum Priester geweiht. In den Jahren 1971–1976 war er Kanzler und Sekretär des Bischofs von Jamshedpur. 1976–1982 studierte er an der Universität

Urbaniana in Rom und wurde im Fach Kirchenrecht promoviert. 1982 kehrte er nach Bombay zurück und wurde Kanzler der Erzdiözese sowie Richter am Metropolitangericht und Justitiar. Ab 1991 war er Gastprofessor am Seminar von Bombay und an den Päpstlichen Theologischen Hochschulen von Poona und Bangalore. In diesen Jahren war er auch Vorsitzender Präsident der Gesellschaft für kanonisches Recht in Indien.

Am 28. Juni 1997 wurde er zum Titularbischof von Bladia und Weihbischof in Bombay ernannt. Die Bischofsweihe empfing er am 16. September 1997 in Bombay von Erzbischof Ivan Dias von Bombay. Am 7. September 2000 wurde er zum Erzbischof von Agra ernannt. In diesen Jahren war er Vorsitzender der Bischofskonferenz von Indien (CCBI) für den lateinischen Ritus, Berater der indischen Catholic Press Association und nahm an der Bischofssynode von 2005 teil. Am 14. Oktober 2006 wurde er zum Erzbischof von Bombay (Mumbai) ernannt.

Papst Benedikt XVI. kreierte ihn im Konsistorium vom 24. November 2007 zum Kardinalpriester und verlieh ihm am gleichen Tag das rote Birett und die Titelkirche S. Paolo della Croce a „Corviale". Am 19. Februar 2008 wurde er von der gesamtindischen Bischofskonferenz zum ersten stellvertretenden Vorsitzenden gewählt. Am 24. Juni 2008 wurde er von Papst Benedikt XVI. als einer der drei delegierten Präsidenten der Bischofssynode von Oktober 2008 ernannt. Am 9. September 2008 wurde durch den vatikanischen Pressesaal verkündet, dass er wegen antichristlicher Ausschreitungen in Indien absagen müsse. Am 4. März 2010 wurde er zum Vorsitzenden der gesamtindischen Bischofskonferenz gewählt. Im März 2013 nahm er am Konklave teil, welches Papst Franziskus wählte. Am 13. April 2013 ernannte ihn Papst Franziskus zum Mitglied einer Gruppe von acht Kardinälen, die den Papst bei der Reform der Kurie und der Überarbeitung der Konstitution *Pastor Bonus* von 1988 und in der Leitung der katholischen Weltkirche beraten sollen.

Robles Ortega, Francisco (1949)
Robles Ortega wurde am 2. März 1949 in Mascota in Mexiko geboren. Er trat nach der Schulausbildung in das Priesterseminar von Guadalajara ein und studierte dort Philosophie. Sein Theologiestudium absolvierte er am Seminar von Zamora.

Am 20. Juli 1976 wurde er für die Diözese Autlán de Navarro in Mascota von Bischof Maclovio Vázquez Silos von Autlán de Navarro zum Priester geweiht. 1976–1979 studierte er in Rom an der Päpstlichen Universität Gregoriana, wo er ein Lizentiat in Dogmatik erwarb. Nach seiner Rückkehr war er in der Seelsorge tätig und Regens des Priesterseminars von Autlán de Navarro. Am Seminar unterrichtete er Philosophie und Theologie. 1995 wurde er Generalvikar des Bistums Autlán-Navarro. Nach dem Tod von Bischof Vazquez Silos, im Juli 1990, wurde er zum Diözesanadministrator berufen.

Am 30. April 1991 wurde er zum Titularbischof von Bossa und Weihbischof in Toluca ernannt. Die Bischofsweihe empfing er am 5. Juni 1991 in der Kathedrale von Toluca durch Bischof Alfredo Torres Romero von Toluca. Am 15. Juni 1996 wurde er zum Bischof von Toluca ernannt. Er nahm an der Bischofssynode von 1997 teil. Am 25. Januar 2003 erfolgte die Ernennung zum Erzbischof von Monterrey. Er nahm im Mai

2007 an der V. Generalversammlung des lateinamerikanischen Bischofsrates (CELAM) in Aparecida, Brasilien, teil.

Papst Benedikt XVI. kreierte ihn im Konsistorium vom 24. November 2007 zum Kardinalpriester und verlieh ihm am gleichen Tag das rote Birett und die Titelkirche S. Maria della Presentazione. Am 7. Dezember 2011 wurde er zum Erzbischof von Guadalajara ernannt. Er nahm als einer der delegierten Präsidenten an der Bischofssynode 2012 teil. Im März 2013 nahm er am Konklave teil, welches Papst Franziskus wählte.

Dinardo, Daniel Nikolaus (1949)

Dinardo wurde am 23. Mai 1949, in Steubenville im Bundesstaat Ohio, USA, geboren. Nach der Schulzeit besuchte er 1967–1969 das Priesterseminar von Pittsburgh und die dortige Universität. Ab 1969 war er Student an der Katholischen Universität von Amerika in Washington, wo er seine Studien mit einem Master der Philosophie abschloss.

Am 16. Juli 1977 wurde er in Pittsburgh von Bischof Vincent Leonard von Pittsburgh zum Priester geweiht. Anschließend war er einige Jahre Kaplan. 1981 wurde er Vizekanzler der Diözese Pittsburgh. 1984–1991 lebte er in Rom und arbeitete an der Kongregation für die Bischöfe. In dieser Zeit erwarb er ein Lizentiat in Theologie an der Päpstlichen Universität Gregoriana und studierte Patrologie am patristischen Institut der Augustiner, dem *Augustinianum*. Er war gleichzeitig auch Direktor der Villa Stritch, der Residenz der US-amerikanischen Bischöfe in Rom und außerordentlicher Professor am Päpstlichen Nordamerikanischen Kolleg. Nach seiner Rückkehr nach Pittsburgh wurde er stellvertretender Leiter des Sekretariates für die katholischen Schulen im Generalvikariat und Seelsorger in Swissvale. 1994 wurde er Pfarrer der neuen Gemeinde St. Peter and Paul in Franklin Park Borough.

Am 19. August 1997 wurde er zum Koadjutor-Bischof von Sioux City im Bundesstaat Iowa ernannt. Die Bischofsweihe empfing er am 7. Oktober 1997 von Bischof Lawrence Donald Soens von Sioux City. Am 28. November 1998 wurde er Bischof von Sioux City. Am 16. Januar 2004 wurde er zum Koadjutor-Bischof von Galveston-Houston in Texas ernannt und bei der Erhebung der Diözese zur Metropolitan-Erzdiözese am 29. Dezember 2004 in den Rang eines Erzbischofs erhoben. Am 28. Februar 2006 erfolgte die Ernennung zum Erzbischof von Galveston-Houston.

Papst Benedikt XVI. kreierte ihn im Konsistorium vom 24. November 2007 zum Kardinalpriester und verlieh ihm am gleichen Tag das rote Birett und die Titelkirche S. Eusebio. Er nahm an der Bischofssynode von 2008 teil. Im März 2013 nahm er am Konklave teil, welches Papst Franziskus wählte.

Scherer, Odilo Pedro (1949)

Scherer wurde am 21. September 1949 in São Francisco de Sul im Bundesstaat Rio Grande do Sul in Brasilien geboren. Seine Familie stammt von deutschen Einwanderern aus dem Saarland ab, und er ist weitläufig mit Kardinal Alfredo Vicente Scherer (1969 kreiert) verwandt. Nach der Schulzeit trat er in das Priesterseminar von Toledo in Brasilien ein. Er studierte an der Universität Paraná und in Curitiba Philosophie und Theologie.

Am 7. Dezember 1976 wurde er von Bischof Armando Círio O.S.I., von Toledo zum Priester geweiht. Nach seiner Priesterweihe wurde er nach Rom geschickt, um sich weiter zu qualifizieren. An der Päpstlichen Universität Gregoriana erwarb er ein Lizentiat in Philosophie und promovierte in Theologie. Während dieser Jahre lebte er im Päpstlichen Brasilianischen Seminar in Rom. Nach seiner Rückkehr nach Brasilien war er 1977–1979 Direktor und Lehrer am Knabenseminar von Cascavel (Paraná) und 1979–1982 Regens und Dozent am Priesterseminar von Toledo. Er wirkte weiter als Dozent am Theologischen Institut Londrina; er war Rektor des Theologischen Seminars von Cascavel und Professor für Philosophie an der Universität von Toledo sowie Direktor und Professor der Theologie der interdiözesanen theologischen Lehranstalt Cascavel. Als Seelsorger wirkte er in einer Pfarrei in Toledo und später als Pfarrer der Kathedrale. Er war Mitglied des Priesterrates und koordinierte in der regionalen Bischofskonferenz des Bundesstaates Paranà die Fortbildungen für die Priester. Von 1994 bis 2001 war er Mitarbeiter der Bischofskongregation im Vatikan. Während dieser Zeit arbeitete er in der Seelsorge einer römischen Pfarrei mit.

Am 28. November 2001 wurde er zum Titularbischof von Novi und Weihbischof in São Paulo ernannt. Die Bischofsweihe empfing er am 2. Februar 2002 in der Kathedrale von Toledo durch Kardinal Cláudio Hummes O.F.M, dem Erzbischof von São Paulo. Im Mai 2003 wurde er zum Generalsekretär der nationalen Bischofskonferenz von Brasilien für den Zeitraum 2003–2007 gewählt. Am 12. Dezember 2006 wurde er von Papst Benedikt XVI. zum beigeordneten Generalsekretär für die V. Generalversammlung des lateinamerikanischen Episkopates in Aparecida im Mai 2007 nominiert. Am 21. März 2007 wurde er zum Erzbischof von São Paulo ernannt.

Papst Benedikt XVI. kreierte ihn im Konsistorium vom 24. November 2007 zum Kardinalpriester und verlieh ihm am gleichen Tag das rote Birett und die Titelkirche S. Andrea al Quirinale. Im Oktober 2008 war er delegierter Präsident der im Vatikan tagenden Bischofssynode. 2012 leitete er die vatikanische Delegation beim Klimagipfel in Rio di Janiero. Im März 2013 nahm er am Konklave teil, welches Papst Franziskus wählte.

Njue, John (1944)

Njue wurde 1944 in Embu in Britisch-Afrika, heute Republik Kenia, geboren. 1948 empfing er die Taufe. Er studierte am Priesterseminar von Meru und wurde anschließend nach Rom gesandt, wo er 1967–1974 lebte. Er studierte dort an der Päpstlichen Universität *Urbaniana*, wo er ein Lizentiat in Philosophie erwarb.

Am 6. Januar 1973 wurde er in der Petersbasilika des Vatikans durch Papst Paul VI. zum Priester geweiht. Er studierte weiter Pastoraltheologie an der Päpstlichen Lateranuniversität und erwarb dort das Lizentiat der Pastoraltheologie. Danach kehrte er nach Kenia zurück und wirkte zunächst in einer Pfarrei in Meru. 1975 wurde er Dozent für Philosophie am Priesterseminar Mabanga in Bungoma, dessen Regens er 1982 wurde. 1985 wurde er Dozent für Philosophie am St. Josephs Seminar in Nairobi.

Am 9. Juni 1986 wurde er zum ersten Bischof der neuerrichteten Diözese Embu ernannt und am 20. September 1986 durch den Präfekten der Kongregation für die Evangelisierung der Völker, Kardinal Jozef Tomko zum Bischof geweiht. Er nahm an den Bischofssynoden von 1994, 2008 und 2009 teil. 1997–2003 war er Präsident der kenianischen Bischofskonferenz. Am 9. März 2002 wurde er zum Erzbischof-Koadjutor von Nyeri ernannt. Von 2005 bis 2006 war er zudem Apostolischer Administrator des Apostolischen Vikariates Isiolo und 2007–2009 Apostolischer Administrator des Bistums Muranga. Am 6. Oktober 2007 erfolgte die Ernennung zum Erzbischof von Nairobi.

Papst Benedikt XVI. kreierte ihn im Konsistorium vom 24. November 2007 zum Kardinalpriester und verlieh ihm am gleichen Tag das rote Birett und die Titelkirche Preziossisimo Sangue di Nostro Signore Gesù Cristo. Im März 2013 nahm er am Konklave teil, welches Papst Franziskus wählte.

Delly, Emanuel III. (1927)
Delly wurde am 6. Oktober 1927 in Telkaif bei Mossul im Königreich Irak, heute Republik Irak, geboren.

Er ging zum Studium nach Rom und lebte im Kolleg der Kongregation *Propaganda Fide*, der heutigen Kongregation für die Evangelisierung der Völker, dem Collegio Urbaniano de Propaganda Fide. Er studierte am Päpstlichen *Athenaeum Urbaniana* der Kongregation *Propaganda Fide* Theologie und Philosophie. Am 21. Dezember 1952 wurde er im Collegio Urbaniano de Propaganda Fide in Rom, von Kardinal Pietro Fumasoni Biondi, dem Präfekten der Kongregation *Propaganda Fide*, zum Priester geweiht. Anschließend blieb er noch in Rom und promovierte in Theologie an der Päpstlichen Universität Gregoriana und in kanonischem Recht an der Päpstlichen Lateranuniversität. 1960 kehrte er in den Irak zurück und wurde Sekretär von Patriarch Paulus II. Cheiko.

Am 7. Dezember 1962 wurde er von der chaldäischen Bischofssynode zum Titularbischof von Palempolis in Asia und Weihbischof in Bagdad der Chaldäer gewählt. Seine Wahl wurde am 26. Dezember 1962 durch den Papst bestätigt. Am 19. April 1963 empfing er die Bischofsweihe in Bagdad durch den Patriarchen von Babylon der Chaldäer, Paulus II. Cheikho. Er nahm 1963–1965 am II. Vatikanischen Konzil teil. Am 6. Mai 1967 wurde er zum Titularerzbischof von Kaskar der Chaldäer und Patriarchalvikar ernannt. Am 24. Oktober 2002 wurde er im Alter von 75 Jahren emeritiert.

Bei der Wahl eines Nachfolgers für den verstorbenen Patriarchen Raphael I. Bidawid konnte sich die zunächst in Bagdad tagende Synode der chaldäisch-katholischen Kirche auf keinen Kandidaten einigen. Bei einem erneuten Anlauf im Vatikan wurde er am 3. Dezember 2003 zum Patriarchen gewählt. Er nahm den Namen Emmanuel III. an. Papst Johannes Paul II. verlieh ihm am gleichen Tag die *Ecclesiastica Communio*. Er nahm an den Bischofssynoden von 2005 und 2010 teil.

Papst Benedikt XVI. kreierte ihn im Konsistorium vom 24. November 2007 zum Kardinal-Patriarchen und verlieh ihm am gleichen Tag die Urkunde. Da er zu diesem Zeitpunkt bereits die Altersgrenze von 80 Jahren überschritten hatte, war er nicht mehr zur Teilnahme an einem Konklave berechtigt. Am 19. Dezember 2012 trat er aus Altersgründen vom Amt des Patriarchen der Chaldäischen Kirche zurück.

Coppa, Giovanni (1925)
Coppa wurde am 9. November 1925 in Alba in der Provinz Cuneo im Königreich Italien, heute Republik Italien, geboren. Nach der Schulzeit trat er in das Priesterseminar von Alba ein und studierte Philosophie und Theologie.

Am 2. Januar 1949 wurde er zum Priester geweiht. Anschließend studierte er in Mailand an der Katholischen Universität und schloss dieses Studium mit der Promotion in Theologie ab. In seiner Heimatdiözese war er für die Katholische Aktion zuständig. 1952 wurde er an die Römische Kurie berufen und arbeitete in der Apostolischen Kanzlei. 1958 wechselte er in das Staatssekretariat. Während des II. Vatikanischen Konzils wirkte er als Latinist. Neben seinen Aufgaben an der Kurie arbeitete er als Seelsorger für Ordensfrauen. 1963 wurde er zum päpstlichen Geheimkämmerer ernannt, 1965 wurde er Ehrendomherr des Kapitels der Petersbasilika im Vatikan und 1967 Apostolischer Protonotar. 1970 wurde er zum Büroleiter im Staatssekretariat und Sekretär für die Treffen der Leiter der Behörden der Römischen Kurie ernannt. Am 19. November 1975 wurde er Assessor im Staatssekretariat.

Am 1. Dezember 1979 wurde er zum Titularerzbischof von Serta ernannt. Die Bischofsweihe empfing er am 6. Januar 1980 in der Petersbasilika des Vatikans von Papst Johannes Paul II. Er wirkte fortan im Staatssekretariat als Beauftragter für die diplomatischen Vertretungen des Heiligen Stuhls in aller Welt. Am 30. Juni 1990 wurde er Nuntius in der Tschechoslowakei, nach der Trennung des Landes in zwei Staaten war er ab dem 1. Januar 1993 Nuntius in der Tschechischen Republik und der Slowakei mit Residenz in Prag. Seine Aufgabe als Nuntius in der Slowakei wurde am 2. März 1994 beendet. Am 19. Mai 2001 trat er als Apostolischer Nuntius der Tschechischen Republik in den Ruhestand und kehrte nach Rom zurück. In Rom wurde er Mitglied der Kongregation für die Selig- und Heiligsprechungsprozesse sowie Kanoniker des Kapitels der Petersbasilika und Berater des vatikanischen Staatssekretariats.

Papst Benedikt XVI. kreierte ihn im Konsistorium vom 24. November 2007 zum Kardinaldiakon und verlieh ihm am gleichen Tag das rote Birett und die Kirche S. Lino als Titeldiakonie. Da er zu diesem Zeitpunkt bereits die Altersgrenze von 80 Jahren überschritten hatte, war er nicht mehr zur Teilnahme an einem Konklave berechtigt.

Karlic, Estanislao Esteban (1926)
Karlic wurde am 7. Februar 1926 in Oliva in Argentinien geboren. 1947 trat er in das Priesterseminar von Córdoba in Argentinien ein und studierte 1948–1954 an der Päpstlichen Universität Gregoriana in Rom, wo er mit dem Lizentiat der Theologie sein Studium abschloss.

Am 8. Dezember 1954 wurde er zum Priester geweiht. Anschließend war er 1955–1963 Dozent für Philosophie am Priesterseminar von Córdoba. 1964 wurde er in Rom an der Päpstlichen Universität Gregoriana promoviert und war anschließend Theologieprofessor an der Katholischen Universität von Córdoba.

Am 6. Juni 1977 wurde er zum Titularbischof von Castrum und Weihbischof in Córdoba ernannt. Am 15. August 1977 empfing er die Bischofsweihe durch Kardinal Raul Francisco Primatesta, den Erzbischof von Córdoba. Am 19. Januar 1983 wurde er zum Koadjutor-Erzbischof und Apostolischen Administrator von Paraná ernannt, am 1. April 1986 wurde er Erzbischof von Paraná. Er war 1986–1992 Mitglied der Kommission für die Redaktion des Weltkatechismus der katholischen Kirche. 1996–2002 war er für zwei Perioden Präsident der argentinischen Bischofskonferenz. 1997 und 2001 nahm er an der Bischofssynode teil. Am 29. April 2003 trat er aus Altersgründen von seinem Amt als Erzbischof von Paraná zurück.

Papst Benedikt XVI. kreierte ihn im Konsistorium vom 24. November 2007 zum Kardinalpriester und verlieh ihm am gleichen Tag das rote Birett und die Titelkirche Beata Maria Vergine Addolorata a Piazza Buenos Aires. Er war älter als 80 Jahre zum Zeitpunkt seiner Kreierung zum Kardinal und somit nicht zur Teilnahme an einem Konklave berechtigt.

Navarrete Cortés S.J., Urbano (1920–2010)
Navarrete wurde am 25. Mai 1920 in Camarena de la Sierra im Königreich Spanien geboren. 1937 trat er in den Jesuitenorden ein. Das Noviziat verbrachte er in Italien, wohin das Noviziat der Jesuiten-Provinz von Aragon aufgrund des spanischen Bürgerkrieges verlegt worden war. 1939 kehrte er nach Spanien zurück und studierte Philosophie am jesuitischen Institut Quimic de Sarrià bei Barcelona und Theologie am Colegio Máximo de Oña in Burgos. Er erwarb Doktortitel in Philosophie und Theologie und durchlief die ordensübliche Ausbildung.

Am 31. Mai 1952 wurde er in Barcelona durch Erzbischof Federico Melendro Gutiérrez S.J. von Anking zum Priester geweiht. Anschließend ging er nach Rom, um an der Päpstlichen Universität Gregoriana ein Promotionsstudium in kanonischem Recht zu absolvieren. Nach weiteren Aufbaustudien lehrte er am Centro del Monasterio de Veruela. 1958 wurde er Professor für kanonisches Recht – insbesondere für Eherecht – an der Päpstlichen Universität Gregoriana in Rom. Er war von 1965 bis 1980 und 1986 bis 1995 Dekan der Rechtsfakultät. Papst Johannes Paul II. ernannte ihn für die Periode 1980–1986 zum Rektor der Gregoriana.

1962–1965 nahm er als Experte am II. Vatikanischen Konzil teil. Er beteiligte sich aktiv bei der Revision des Codex des kanonischen Rechts. Er war Mitglied der Arbeitsgruppe für die Revision des Eherechts im Codex der lateinischen Kirche und der orientalischen Kirchen; später wurde er Mitglied der Päpstlichen Kommission für die Redaktion der Instruktion *Dignitas Connubii* über die ehelichen Prozesse. Er wirkte als Konsultor der Kongregation für den Gottesdienst und die Sakramentenordnung, der Glaubenskongregation, der Apostolischen Signatur und des Päpstlichen Rates für die Gesetzestexte.

Papst Benedikt XVI. kreierte ihn im Konsistorium vom 24. November 2007 zum Kardinaldiakon und verlieh ihm am gleichen Tag das rote Birett und die Kirche

S. Pontianus als Titeldiakonie. Aufgrund seines Alters erhielt er vom Papst den Dispens von der Verpflichtung zum Empfang der Bischofsweihe. Da er bereits über 80 Jahre alt war, war er nicht mehr zur Teilnahme an einem Konklave berechtigt.

Er starb am 22. November 2010 und wurde auf dem römischen Friedhof Campo Verano beigesetzt.

Betti O.F.M., Umberto (1922 – 2009)

Betti wurde am 7. März 1922 in Pieve San Stefano in der Toscana im Königreich Italien, heute Republik Italien, geboren. 1937 trat er in den Franziskanerorden ein und begann sein Noviziat in der Franziskanerprovinz San Francesco Stigmatizzato in der Toskana. 1938 legte er seine erste Profess, 1943 seine feierliche Profess ab. Seine Studien absolvierte er am Päpstlichen *Athenaeum Antonianum* der Franziskaner in Rom. Dort erwarb er 1946 einen Doktortitel in dogmatischer Theologie.

Am 6. April 1946 wurde er zum Priester geweiht. Nach Lehrtätigkeit in der Franziskanerprovinz Toskana in Siena und Fiesole absolvierte er 1952 – 1954 ein Aufbaustudium an der Katholischen Universität Louvain in Belgien. 1954 wurde er Dozent am *Antonianum* in Rom; nach der Erhebung zur Universität wurde er Professor für Fundamentaltheologie und Dogmatik und wirkte dort bis 1991. 1966 – 1969 war er dort Dekan der Theologischen Fakultät, 1975 – 1978 Rektor der Universität. Seit 1961 wirkte er auch als Professor an der Päpstlichen Lateranuniversität. Er war Konsultor der vorbereitenden Kommission für das II. Vatikanische Konzil und wirkte auf diesem als Experte besonders an den Dokumenten *Dei Verbum* und *Lumen gentium* mit. Während des Konzils war er theologischer Berater des Erzbischofs von Florenz, Ermenegildo Florit. Er wirkte als Konsultor an der Glaubenskongregation und war 1991 – 1995 Rektor der Lateranuniversität. Eine Zeit lang war er auch katholisches Mitglied der Kommission „Faith and Order" beim Ökumenischen Rat der Kirchen in Genf.

Papst Benedikt XVI. kreierte ihn im Konsistorium vom 24. November 2007 zum Kardinaldiakon und verlieh ihm am gleichen Tag das rote Birett und die Kirche S. Vitus, Modestus et Crescencia als Titeldiakonie. Aufgrund seines hohen Alters von über 80 Jahren wurde er von der Verpflichtung zum Empfang der Bischofsweihe dispensiert und war auch zur Teilnahme an einem Konklave nicht mehr berechtigt.

Er starb am 1. April 2009 im Kloster San Francesco in Fiesole in der Nähe von Florenz, und wurde in der Gruft der Franziskaner auf dem Friedhof von La Verna beigesetzt.

Amato S.D.B., Angelo (1938)

Amato wurde am 8. Juni 1938 in Molfetta in der Provinz Bari im Königreich Italien, heute Republik Italien, geboren. Nach seinem Eintritt in die Ordensgemeinschaft der Salesianer Don Boscos (S.D.B.) studierte er an der Päpstlichen Salesianeruniversität in Rom, wo er ein Lizentiat in Philosophie erwarb und an der Päpstlichen Universität Gregoriana. Dort erwarb er 1974 ein Doktorat in Philosophie.

Am 22. Dezember 1967 wurde er zum Priester geweiht. Er studierte weiter und wurde nach seiner Promotion ordentlicher Professor für Dogmatische Theologie an der Päpstlichen Salesianeruniversität in Rom, wo er später Dekan der theologischen Fakultät und 1997–2000 Vizerektor der Universität war. In den siebziger Jahren lebte er für einige Zeit in Griechenland, um seine Kenntnisse in orthodoxer Theologie und Spiritualität zu vertiefen. Er war Konsultor der Glaubenskongregation, des Einheitsrates und des Rates für den interreligiösen Dialog. Er war außerdem Berater der Internationalen Päpstlichen Marianischen Akademie.

Am 19. Dezember 2002 wurde er zum Titularerzbischof von Sila und Sekretär der Glaubenskongregation ernannt. Die Bischofsweihe empfing er am 6. Januar 2003 von Papst Johannes Paul II. in der Petersbasilika des Vatikans. Am 9. Juli 2008 wurde er zum Präfekten für die Kongregation für die Selig- und Heiligsprechungen ernannt.

Papst Benedikt XVI. kreierte ihn im Konsistorium vom 20. November 2010 zum Kardinaldiakon und verlieh ihm am gleichen Tag die Kirche S. Maria in Aquiro als Titeldiakonie. Durch den Amtsverzicht von Papst Benedikt XVI. am 28. Februar 2013 verlor er sein Kurienamt. Er nahm im März 2013 am Konklave teil, welches Papst Franziskus wählte. Der neue Papst bestätigte ihn vorläufig am 16. März 2013 in seinem Amt. Am 19. Dezember 2013 bestätigte ihn der Papst „donec aliter providetur" („solange nichts anderes vorgesehen ist") in seinem Amt.

Naguib, Antonios (1935)
Naguib wurde am 18. März 1935 in Samalout im Königreich Ägypten, heute Republik Ägypten, geboren. Er studierte nach der Schulzeit zunächst am Seminar von Maadi in Kairo. 1953–1958 studierte er in Rom am Päpstlichen *Athenaeum Urbanianum* der Kongregation *Propaganda Fide*.

Am 30. Oktober 1960 empfing er die Priesterweihe und war anschließend in der Seelsorge tätig. Er kehrte wieder nach Rom zurück, um seine Studien fortzusetzen. 1962 erwarb er ein Lizentiat in Theologie, 1964 ein Lizentiat in Exegese. Nach seiner Rückkehr nach Ägypten war er ab 1964 Dozent für Bibelwissenschaft am Seminar von Maadi. Er arbeitete mit einer Gruppe orthodoxer und protestantischer Spezialisten an der Vorbereitung der arabischen Übersetzung der biblischen Texte.

Am 26. Juli 1977 wurde er zum Bischof der koptisch-katholischen Eparchie Minya ernannt und empfing in Minya am 9. September 1977 die Bischofsweihe durch den koptisch-katholischen Patriarchen Kardinal Stephános I. Sidarouss C.M. Am 29. September 2002 wurde er aus Gesundheitsgründen von seinem Amt entpflichtet. Am 30. März 2006 wurde er zum koptisch-katholischen Patriarchen von Alexandria durch die koptisch-katholische Synode gewählt. Papst Benedikt XVI. gewährte ihm am 7. April 2006 die *Ecclesiastica Communio* (kirchliche Gemeinschaft). 2010 war er Generalrelator der Bischofssynode für den Nahen Osten und wurde zum Mitglied des Generalsekretariates der Bischofssynode gewählt.

Papst Benedikt XVI. kreierte ihn am 20. November 2010 zum Kardinal-Patriarchen und verlieh ihm am gleichen Tag die Urkunde. Im Jahre 2012 erlitt er einen Schlaganfall, der ihn in der Amtsführung stark einschränkte. Die koptisch-katholische Synode wählte daraufhin einen Administrator für das Patriarchat. Am 18. Januar 2013 trat er vom Amt des Patriarchen zurück. Im März 2013 nahm er am Konklave teil, welches Papst Franziskus wählte.

Sarah, Robert (1945)

Sarah wurde am 15. Juni 1945 in Ourous in Französisch-Westafrika und heutigem Guinea geboren. Er studierte ab 1957 in Ourous und trat 1958 in das Seminar Bingerville an der Elfenbeinküste ein. Durch die politischen Umstände der folgenden Jahre studierte er anschließend an Seminaren in Guinea, Frankreich und Senegal. 1964 wurde er nach Rom an die Päpstliche Universität Gregoriana gesandt und promovierte dort in Theologie.

Am 20. Juli 1969 wurde er in Conakry von Erzbischof Raymond-Maria Tchidimbo CSSp. von Conakry zum Priester geweiht. Es folgten weitere Studien in Rom und Jerusalem, wo er am *Studium Biblicum Franciscanum* das Lizentiat in Biblischer Theologie erwarb. 1974 kehrte er nach Guinea zurück. 1974–1976 war er zunächst Pfarrer und wirkte 1976–1978 als Direktor und Dozent am Seminar Johannes XXIII. in Kindia. Im April 1978 wurde er Privatsekretär des Apostolischen Administrators von Conakry. Desweiteren war er Pfarrer mehrerer Gemeinden.

Am 13. August 1979 wurde er zum Erzbischof von Conakry ernannt und empfing am 8. Dezember 1979 die Bischofsweihe in der Kathedrale in Conakry von Kardinal Giovanni Benelli, dem Erzbischof von Florenz. Später wurde er Vorsitzender der Bischofskonferenz von Guinea und Vorsitzender der Bischofskonferenz des frankophonen Westafrika (CERA) sowie Leiter der Katholischen Bibelföderation für Afrika und Madagaskar (BICAM). Am 1. Oktober 2001 wurde er zum Sekretär der Kongregation für die Evangelisierung der Völker ernannt und verzichtete zum gleichen Termin auf das Erzbistum Conakry. Am 7. Oktober 2010 wurde er Präsident des Päpstlichen Rates *Cor Unum*.

Papst Benedikt XVI. kreierte ihn im Konsistorium vom 20. November 2010 zum Kardinaldiakon und verlieh ihm am gleichen Tag das rote Birett und die Kirche S. Giovanni Bosco in Via Tuscolana als Titeldiakonie. Durch den Amtsverzicht von Papst Benedikt XVI. am 28. Februar 2013 verlor er sein Kurienamt. Er nahm im März 2013 am Konklave teil, welches Papst Franziskus wählte. Der neue Papst bestätigte ihn vorläufig am 16. März 2013 in seinem Amt.

Monterisi, Francesco (1934)

Monterisi wurde am 28. Mai 1934 in Barletta in Apulien im Königreich Italien, heute Republik Italien, geboren. Nach der Schulzeit studierte er 1951–1958 als Seminarist des Priesterseminars des Bistums Rom an der Päpstlichen Lateranuniversität Theologie und Philosophie.

Am 16. März 1957 wurde er in der Kathedrale von Barletta zum Priester geweiht, kehrte nach Rom zurück, um dort sein Studium mit einer Promotion in Theologie abzuschließen. Nach seiner Rückkehr in seine Heimatdiözese war er 1958–1961 Subregens und Spiritual des Priesterseminars von Biscelgie und zusätzlich 1960–1961 Dozent am regionalen Seminar von Molfetta. 1961 trat er in die Päpstliche Diplomatenakademie ein und studierte gleichzeitig an der Päpstlichen Lateranuniversität kanonisches Recht, worin er 1964 promoviert wurde. Am 1. Juli 1964 trat er in den diplomatischen Dienst des Heiligen Stuhls ein. Er wurde Mitarbeiter an der Apostolischen Delegatur in Madagaskar und ab 1966 Sekretär der Nuntiatur in Ägypten. Ab 1970 arbeitete er im Rat für öffentliche Angelegenheiten der Kirche im vatikanischen Staatssekretariat.

Am 24. Dezember 1982 wurde er zum Titularerzbischof von Alba Marittima und Nuntius in Südkorea ernannt und empfing am 6. Januar 1983 in der Petersbasilika des Vatikans von Papst Johannes Paul II. die Bischofsweihe. 1987–1990 wirkte er im Staatssekretariat in der Abteilung für Beziehungen zu den Staaten und als Professor an der Päpstlichen Diplomatenakademie. 1990 wurde er Delegat für die päpstlichen Vertretungen. Als solcher hatte er die Kontakte zu den einzelnen Nuntiaturen und päpstlichen Vertretungen im Ausland zu unterhalten. 1993–1998 war er Nuntius in Bosnien und Herzegowina unter Beibehaltung seiner Aufgabe als Delegierter für die päpstlichen Vertretungen. Er wurde jedoch 1995 aus Bosnien und Herzegowina nach dem Ende des Krieges nach Rom zurückgerufen. 1998 wurde er zum Sekretär der Kongregation für die Bischöfe und zum Sekretär des Kardinalskollegiums ernannt. 2005 war er Sekretär des Konklaves, welches Benedikt XVI. wählte. Am 3. Juli 2009 wurde er zum Erzpriester der Päpstlichen Basilika S. Paolo fuori le mura ernannt.

Papst Benedikt XVI. kreierte ihn im Konsistorium vom 20. November 2010 zum Kardinaldiakon und verlieh ihm am gleichen Tag das rote Birett und die Kirche S. Paolo alla Regola als Titeldiakonie. Er verzichtete am 23. November 2012 aus Altersgründen auf sein Amt als Erzpriester. Im März 2013 nahm er am Konklave teil, welches Papst Franziskus wählte.

Baldelli, Fortunato (1935–2012)
Baldelli wurde am 6. August 1935 in Valfabbrica bei Assisi im Königreich Italien, heute Republik Italien, geboren. 1957 schickte ihn der Bischof in das Priesterseminar der Diözese Rom und er studierte an der Päpstlichen Lateranuniversität Theologie und Philosophie. Seine Studien schloss er mit dem Lizentiat in Theologie ab.

Am 18. März 1961 wurde er in Assisi von Kardinal Luigi Traglia, dem Kardinalvikar der Diözese Rom, zum Priester geweiht. 1961–1964 war er Prorektor des Knabenseminars von Assisi. 1964 ging er auf Wunsch seines Bischofs erneut nach Rom und trat in die Päpstliche Diplomatenakademie ein und absolvierte ein Promotionsstudium im kanonischen Recht. 1966 trat er in den diplomatischen Dienst des Heiligen Stuhls ein und wurde zunächst für ein Jahr Mitarbeiter der Nuntiatur in Kuba, deren Nuntiatursekretär er 1967–1970 war. 1970–1974 wirkte er als Nuntiatursekretär an der Nuntiatur in Ägypten und kehrte 1974 in das Staatssekretariat zurück. Dort wirkte er im Rat für die öffentlichen Angelegenheiten der Kirche. 1979 wurde er zum ständigen Beobachter des Heiligen Stuhls beim Europarat in Straßburg ernannt.

Am 12. Februar 1983 wurde er zum Titularerzbischof von Mevania (heute: Bevagna) und zum Apostolischen Delegaten in Angola ernannt. Am 23. April 1983 wurde er in der Basilika von Assisi durch Kardinalstaatssekretär Agostino Casaroli zum Bischof geweiht. Am 4. Mai 1985 wurde er zusätzlich zu seinem Dienst in Angola noch zum Pro-Nuntius von São Tomé und Príncipe ernannt. Am 20. April erfolgte die Ernennung zum Nuntius der Dominikanischen Republik und Apostolischen Delegaten in Puerto Rico. Am 23. April 1994 wurde er Nuntius in Peru und schließlich am 19. Juni 1999 Nuntius in Frankreich. Am 2. Juni 2009 wurde er zum Großpönitentiar ernannt.

Papst Benedikt XVI. kreierte ihn im Konsistorium vom 20. November 2010 zum Kardinaldiakon und verlieh ihm am gleichen Tag das rote Birett und die Kirche S. Anselmo all'Aventino als Titeldiakonie. Am 5. Januar 2012 nahm der Papst seinen Rücktritt aus Altersgründen an.

Er starb am 20. September 2012 in Rom und wurde auf dem Friedhof von Valfabbrica beigesetzt.

Burke, Raymond Leo (1948)

Burke wurde am 30. Juni 1948 in Richland Center im Bundesstaat Wisconsin, USA, geboren und wuchs in Stratford, Wisconsin, auf. 1966 trat er in das Holy Cross Seminary in La Crosse in Wisconsin ein und besuchte anschließend die Katholische Universität von Amerika in Washington, D.C., wo er 1970 einen Bachelor of Arts in Philosophie erwarb. 1971 erfolgte der Magister-Abschluss in Philosophie. Anschließend studierte er 1971–1975 an der Päpstlichen Universität Gregoriana in Rom.

Am 29. Juni 1975 wurde er in der Petersbasilika des Vatikans von Papst Paul VI. zum Priester geweiht. Danach kehrte er in seine Heimat zurück und wirkte ab 1975 an der Kathedrale in La Crosse sowie darüber hinaus 1977–1980 als Religionslehrer in La Crosse. 1980–1984 war er erneut in Rom, um an der Päpstlichen Universität Gregoriana kanonisches Recht zu studieren. 1982 erwarb er zunächst ein Lizentiat in kanonischem Recht, und 1984 wurde er in diesem Fach promoviert. Danach kehrte er wieder in seine Heimat zurück und war in der Diözesanverwaltung als Moderator der Kurie und Vize-Kanzler seiner Heimatdiözese La Crosse tätig. 1989 wurde er als erster Amerikaner Ehebandsverteidiger am Obersten Gerichtshof der Apostolischen Signatur und Mitglied des dortigen Richterkollegiums. 1993 erfolgte die Ernennung zum päpstlichen Ehrenprälaten.

Am 10. Dezember 1994 wurde er zum Bischof von La Crosse ernannt und empfing am 6. Januar 1995 in der Petersbasilika des Vatikans von Papst Johannes Paul II. die Bischofsweihe. Am 2. Dezember 2003 wurde er zum Erzbischof von St. Louis ernannt und war 2005–2006 Apostolischer Visitator der Seminare in den USA. Am 27. Juni 2008 ernannte ihn Papst Benedikt XVI. zum Präfekten des Obersten Gerichtshofs der Apostolischen Signatur in Rom, gleichzeitig legte er sein Amt als Erzbischof von St. Louis nieder.

Benedikt XVI. kreierte ihn im Konsistorium vom 20. November 2010 zum Kardinaldiakon und verlieh ihm am gleichen Tag das rote Birett und die Kirche S. Agata dei Goti als Titeldiakonie. Durch den Amtsverzicht von Papst Benedikt XVI. am 28. Februar 2013 verlor er sein Kurienamt. Er nahm im März 2013 am Konklave teil, welches Papst Franziskus wählte. Der neue Papst bestätigte ihn vorläufig am 16. März 2013 in seinem Amt.

Koch, Kurt (1950)
Koch wurde am 15. März 1950 in Emmenbrücke im Kanton Luzern in der Schweiz geboren. Nach seiner Schulzeit studierte er Theologie an der Universität Luzern und an der Ludwig-Maximilians-Universität in München. 1975 erwarb der das theologische Diplom und arbeitete 1975–1976 als Laientheologe in Sursee. 1976–1981 war er wissenschaftlicher Mitarbeiter an der theologischen Fakultät der Universität Luzern.

Am 20. Juni 1982 wurde er in der Kirche St. Eusebius in Grenchen von Bischof Otto Wüst von Basel zum Priester geweiht. Anschließend wirkte er 1982–1985 als Kaplan in Bern. 1986 wurde er Dozent für Dogmatik und Moraltheologie am katechetischen Institut der Universität Luzern und 1987 promoviert. 1989 erfolgte die Habilitation. 1989–1996 war er Professor für Dogmatik, Liturgie und ökumenische Theologie an der theologischen Fakultät der Universität Luzern.

Am 21. August 1995 wurde er als Nachfolger von Bischof Hansjörg Vogel, der Vater wurde und deshalb sein Bischofsamt niederlegte, vom Domkapitel des Bistums Basel zum Bischof von Basel gewählt. Die päpstliche Bestätigung erfolgte nach einigen Wirren schließlich am 6. Dezember 1995. Am 6. Januar 1996 empfing er in der Petersbasilika des Vatikans durch Papst Johannes Paul II. die Bischofsweihe. Am 23. Februar 1996 nahm er sein Bistum in Besitz und wurde am 29. Februar 1996 zum Honorarprofessor an der theologischen Fakultät der Universität Luzern ernannt. 2007–2009 war er Vorsitzender der Schweizer Bischofskonferenz, nachdem er zuvor neun Jahre deren stellvertretender Vorsitzender war. 2002 wurde er Mitglied des Päpstlichen Rates für die Förderung der Einheit der Christen. Er wurde auch Mitglied der internationalen katholisch-orthodoxen theologischen Kommission und Mitglied der internationalen katholisch-lutherischen Dialogkommission. Am 1. Juli 2010 wurde er zum Präsidenten des Päpstlichen Rates für die Förderung der Einheit der Christen ernannt und in den Rang eines Erzbischofs *ad personam* erhoben. Bis zur Wahl seines Nachfolgers als Bischof von Basel verwaltete er sein bisheriges Bistum als Apostolischer Administrator.

Papst Benedikt XVI. kreierte ihn im Konsistorium vom 20. November 2010 zum Kardinaldiakon und verlieh ihm am gleichen Tag das rote Birett und die Kirche Nostra Signora del Sacro Cuore in Circo Agonale als Titeldiakonie. Durch den Amtsverzicht von Papst Benedikt XVI. am 28. Februar 2013 verlor er sein Kurienamt. Er nahm im März 2013 am Konklave teil, welches Papst Franziskus wählte. Der neue Papst bestätigte ihn vorläufig am 16. März 2013 in seinem Amt.

Sardi, Paolo (1934)
Sardi wurde am 1. September 1934 in Ricaldone in Piemont im Königreich Italien, heute Republik Italien, geboren. Nach der Schulzeit trat er in das Priesterseminar von Turin

ein und begann sein Studium der Theologie und Philosophie. Ab Oktober 1954 studierte er Theologie und Philosophie an der Päpstlichen Universität Gregoriana in Rom und schloss sein Studium 1958 mit dem Lizentiat in Theologie ab.

Am 29. Juni 1958 wurde er zum Priester geweiht. Anschließend absolvierte er ein Aufbaustudium in kanonischem Recht und Zivilrecht an der Katholischen Universität Sacro Cuore in Mailand und beendete dieses 1963 mit der Promotion. 1963–1976 lehrte er Moraltheologie an der theologischen Fakultät in Turin. 1976 trat er in das Staatssekretariat im Vatikan ein und wurde 1978 zum päpstlichen Ehrenkaplan und 1987 zum päpstlichen Ehrenprälaten ernannt. 1992 wurde er stellvertretender Assessor und 1997 Assessor der Sektion für die allgemeinen Angelegenheiten im Vatikanischen Staatssekretariat.

Am 10. Dezember 1996 erfolgte die Ernennung zum Titularerzbischof von Sutri und Apostolischen Nuntius für besondere Aufgaben. Am 6. Januar 1997 empfing er von Papst Johannes Paul II. in der Petersbasilika des Vatikans die Bischofsweihe. Am 23. Oktober 2004 wurde er zum Vize-Camerlengo der Heiligen Römischen Kirche ernannt. Er war zudem langjähriger Leiter der Übersetzungsabteilung und über dreißig Jahre für die Papstansprachen zuständig. Am 6. Juni 2009 wurde er zum Pro-Patron des souveränen Malteserordens ernannt.

Papst Benedikt XVI. kreierte ihn im Konsistorium vom 20. November 2010 zum Kardinaldiakon und verlieh ihm am gleichen Tag das rote Birett und die Kirche S. Maria Ausiliatrice in Via Tuscolana als Titeldiakonie. Am 30. November 2010 wurde er Patron des Malteserordens. Am 22. Januar 2011 nahm Benedikt XVI. seinen Rücktritt vom Amt des Vize-Camerlengo der Heiligen Römischen Kirche aus Altersgründen an. Er nahm im März 2013 am Konklave teil, welches Papst Franziskus wählte. Der neue Papst bestätigte ihn vorläufig am 16. März 2013 in seinem Amt.

Piacenza, Mauro (1944)
Piacenza wurde am 15. September 1944 in Genua in Ligurien im Königreich Italien, heute Republik Italien, geboren. Nach dem Abschluss seiner Schulausbildung trat er 1964 in das Priesterseminar der Erzdiözese Genua ein und studierte in Genua Theologie und Philosophie.

Am 21. Dezember 1969 wurde er in Genua von Kardinal Giuseppe Siri, dem Erzbischof von Genua zum Priester geweiht. Anschließend ging er nach Rom, wo er an der Päpstlichen Lateranuniversität kanonisches Recht studierte und in diesem Fach promovierte. 1973–1978 war er Dozent am erzbischöflichen Priesterseminar von Genua. Er wurde Studentenseelsorger und später erzbischöflicher Delegierter der Universität Genua und schließlich Professor für Kirchenrecht an der theologischen Fakultät von Ligurien. Gleichzeitig war er Richter am diözesanen kirchlichen Gericht und an anderen kirchlichen Gerichten in der Region Ligurien. Weiter wirkte er als Pressesprecher des Erzbischofs. Weitere Aufgaben waren das Amt des Diözesan-Assistenten für die Kultur und des Professors für zeitgenössische Kultur und Geschichte des Atheismus am ligurischen Institut für höhere religiöse Studien. Er unterrichtete Dogmatik am diözesanen Institut für Theologie für die Laien und an verschiedenen staatlichen Gymnasien. 1986 wurde er zum

Kanoniker am Metropolitankapitel der Kathedrale von Genua ernannt. 1990 trat er in den Dienst der Römischen Kurie ein und war zunächst Büroleiter und schließlich Untersekretär der Kongregation für den Klerus.

Am 13. Oktober 2003 wurde er zum Titularbischof von Vittoriana und zum Präsidenten der Päpstlichen Kommission für die Kulturgüter der Kirche ernannt. Die Bischofsweihe empfing er am 15. November 2003 in der Kathedrale von Genua durch Kardinal Tarcisio Bertone S.D.B., den Erzbischof von Genua. Am 28. August 2004 erhielt er zusätzlich das Amt des Präsidenten der Päpstlichen Kommission für die sakrale Archäologie. Am 7. Mai 2007 wurde er zum Sekretär der Kongregation für den Klerus ernannt und in den Rang eines Erzbischofs erhoben. Am 7. Oktober 2010 wurde er Präfekt der Kongregation für den Klerus.

Papst Benedikt XVI. kreierte ihn im Konsistorium vom 20. November 2010 zum Kardinaldiakon und verlieh ihm am gleichen Tag das rote Birett und die Kirche S. Paolo alla Tre Fontane als Titeldiakonie. Am 7. Dezember 2011 wurde er zum Präsidenten der Stiftung „Kirche in Not" ernannt. Durch den Amtsverzicht von Papst Benedikt XVI. am 28. Februar 2013 verlor er seine Kurienämter. Er nahm im März 2013 am Konklave teil, welches Papst Franziskus wählte. Der neue Papst bestätigte ihn vorläufig am 16. März 2013 in seinem Amt. Am 21. September 2013 ernannte ihn der Papst zum Kardinalgroßpönitentiar.

De Paolis C.S., Velasio (1935)

De Paolis wurde am 19. September 1935 in Sonnino in Latium im Königreich Italien, heute Republik Italien, geboren. Nach seiner Schulzeit trat er in die Congregatio Scalabriniana (Gemeinschaft der Scalabriner) ein und durchlief die ordensüblichen Studien an ordenseigenen Seminaren. 1955 legte er seine zeitliche Profess ab, 1958 seine ewige Profess.

Am 18. März 1961 wurde er in Piacenza zum Priester geweiht und ging anschließend zu weiteren Studien nach Rom. An der Päpstlichen Universität Gregoriana promovierte er 1965 in kanonischem Recht. Weiter erwarb er ein Lizentiat in Theologie an der Päpstlichen Universität St. Thomas v. Aquin (*Angelicum*), studierte Rechtswissenschaften an der Universität La Sapienza in Rom und schloss an der Päpstlichen Universität Alphonsiana einen Kurs in Moraltheologie ab.

1965–1970 war er Professor für Moraltheologie und kanonisches Recht am Priesterseminar seines Ordens in Piacenza. 1970–1974 war er Rektor des Internationalen Kollegs seines Ordens in Rom und Provinzial für Italien. 1974 wurde er in die Generalleitung seines Ordens als Generalprokurator berufen. 1971–1980 war er außerordentlicher Professor, ab 1983 ordentlicher Professor der Fakultät für kanonisches Recht an der Päpstlichen Universität Gregoriana. 1987 wurde er zusätzlich zum Professor an der Päpstlichen Universität *Urbaniana* ernannt und wurde dort 1998 Dekan der theologischen Fakultät.

Am 30. Dezember 2003 wurde er zum Titularbischof von Telepte und Sekretär des Obersten Gerichtshofs der Apostolischen Signatur ernannt. Die Bischofsweihe empfing er am 21. Februar 2004 in der Petersbasilika des Vatikans von Kardinalstaatssekretär Angelo Sodano. Benedikt XVI. ernannte ihn am 12. April 2008 zum Präsidenten der Präfektur für die ökonomischen Angelegenheiten des Heiligen Stuhls und erhob ihn in den Rang eines Erzbischofs. Zusätzlich wurde er am 9. Juli 2010 zum Päpstlichen Delegaten für die Kongregation der Legionäre Christi, wo er für die strukturellen und geistlichen Veränderungen der Ordensgemeinschaft zuständig war, die die vorangegangene Apostolische Visitation aufgrund des Missbrauchsskandals um den Ordensgründer Marcial Maciel Degollado gefordert hatte.

Papst Benedikt XVI. kreierte ihn im Konsistorium vom 20. November 2010 zum Kardinaldiakon und verlieh ihm am gleichen Tag das rote Birett und die Kirche Gesù Buon Pastore alla Montagnola als Titeldiakonie. Am 21. September 2011 nahm der Papst sein Rücktrittsgesuch aus Altersgründen vom Amt des Präsidenten der Präfektur für die ökonomischen Angelegenheiten des Heiligen Stuhls an. Im März 2013 nahm er am Konklave teil, welches Papst Franziskus wählte.

Ravasi, Gianfranco (1942)

Ravasi wurde am 18. Oktober 1942 in Merate in der Lombardei im Königreich Italien, heute Republik Italien, geboren Nach der Schulzeit besuchte er das Priesterseminar der Erzdiözese Mailand in Venegono, wo er das Lizentiat der Theologie erwarb.

Am 28. Juni 1966 wurde er in Mailand von Kardinal Giovanni Colombo, dem Erzbischof von Mailand, zum Priester geweiht. Danach ging er nach Rom und studierte an der Päpstlichen Universität Gregoriana und am Päpstlichen Bibelinstitut, wo er das Lizentiat in Bibelwissenschaften erwarb. In diesen Jahren verbrachte er den Sommer meist in Syrien, Jordanien, Irak und der Türkei, um archäologische Studien zu betreiben und mit Gelehrten wie Kathleen Kenyon und Roland de Vaux zusammen zu arbeiten. Nach dem Ende seiner Ausbildung kehrte er nach Mailand zurück und wurde Professor für Exegese des Alten Testaments an der theologischen Fakultät von Norditalien. 1980–2002 kommentierte er im Rahmen einer Veranstaltung, die sich *Lectio Divina* nannte und im Studienzentrum „San Fedele" in Mailand durchgeführt wurde, während der Fasten- und Adventszeit eines jeden Jahres die Bücher des Alten und Neuen Testamentes. 1989–2007 war er Präfekt der *Bibliotheca Ambrosiana* in Mailand. Zusätzlich war er Professor für biblische Exegese am Priesterseminar von Mailand und an der theologischen Fakultät von Norditalien in Mailand. Darüber hinaus war er seit 1995 Mitglied der Päpstlichen Bibelkommission. 1995 wurde er zum Apostolischen Protonotar ernannt. Auf Bitten von Papst Benedikt XVI. schrieb er für Karfreitag 2007 die Meditationen für den Kreuzweg am Kolosseum. Er schrieb regelmäßig in zahlreichen renommierten Zeitungen und Zeitschriften und war langjähriger Kommentator der liturgischen Lesungen zum Sonntag im italienischen Fernsehen.

Am 3. September 2007 wurde er zum Titularerzbischof von Villamagna di Proconsolare und zum Präsidenten des Päpstlichen Rates für Kultur und Präsidenten der Päpstlichen Kommission für das kulturelle Erbe der Kirche sowie der Päpstlichen

Kommission für die sakrale Archäologie ernannt. Am. 29. September 2007 empfing er von Papst Benedikt XVI. in der Petersbasilika des Vatikans die Bischofsweihe.

Papst Benedikt XVI. kreierte ihn im Konsistorium vom 20. November 2010 zum Kardinaldiakon und verlieh ihm am gleichen Tag das rote Birett und die Kirche S. Giorgio in Velabro als Titeldiakonie. In der Fastenzeit 2013 hielt er die Fastenexerzitien für Papst Benedikt XVI. und die Römische Kurie. Durch den Amtsverzicht von Papst Benedikt XVI. am 28. Februar 2013 verlor er sein Kurienamt. Er nahm im März 2013 am Konklave teil, welches Papst Franziskus wählte. Der neue Papst bestätigte ihn vorläufig am 16. März 2013 in seinem Amt.

Mazombwe, Medardo Joseph (1931–2013)

Mazombwe wurde am 24. September 1931 in Chundamira in der Region M'bang'Ombe in der damaligen britischen Kolonie Nordrhodesien und heutigen Republik Sambia geboren. Nach der Schulausbildung studierte er Philosophie und Theologie am Priesterseminar von Kachebere im heutigen Malawi sowie an der Universität Lovanium in Léopoldville, dem heutigen Kinshasa im Kongo, wo er einen Bachelorabschluss in Theologie erwarb. Zusätzlich durchlief er eine Ausbildung in Pädagogik und hat sich auch nach seiner Priesterweihe in weiteren Studien in Erziehungswissenschaften an der Universität Lusaka spezialisiert.

Am 4. September 1960 wurde er in Katete Boma zum Priester geweiht. Er wirkte als Lehrer und Rektor einer kirchlichen Schule, als Beauftragter seiner Diözese für kirchliche Berufungen und als Religionslehrer am Staatlichen Gymnasium in Chadiza.

Am 11. November 1970 wurde er zum Bischof von Chipata ernannt. Die Bischofsweihe empfing er am 7. Februar 1971 von Erzbischof Emmanuel Milingo von Lusaka. Er war mehrfach (1972–1975, 1988–1990 und 1999–2002) Vorsitzender der Bischofskonferenz von Sambia. 1979–1986 war er Präsident der Vereinigung der Bischofskonferenzen Ostafrikas. 1994 nahm er an der Bischofssynode teil. Am 30. November 1996 erfolgte seine Ernennung zum Erzbischof von Lusaka. Am 28. Oktober 2006 legte er dieses Amt aus Altersgründen nieder.

Papst Benedikt XVI. kreierte ihn im Konsistorium vom 20. November 2010 zum Kardinalpriester und verlieh ihm am gleichen Tag das rote Birett und die Titelkirche des S. Emerenziana a Tor Fiorenza. An seinem 80. Geburtstag am 24. September 2011 verlor er das Recht zur Teilnahme am Konklave.

Er starb am 29. August 2013 in Lusaka und wurde in der dortigen Kathedrale beigesetzt.

Vela Chiriboga, Raúl Eduardo (1934)

Chiriboga wurde am 1. Januar 1934 in Riobamba in Ecuador geboren. Er trat nach der Schulzeit in das Priesterseminar San Jose der Erzdiözese Quito ein. Er studierte zeitweise auch in Bogotá in Kolumbien, in Madrid in Spanien und in Buenos Aires in Argentinien.

Am 28. Juli 1957 wurde er von dem prominenten Vertreter der Befreiungstheologie und häufig als „Bischof der Armen" oder „Bischof der Indios" genannten Bischof Leonidas Eduardo Proaño von Riobamba zum Priester geweiht und in das Bistum Riobamba inkardiniert. Er wirkte anschließend in der Seelsorge und war gleichzeitig 1957–1967 Generalsekretär der bischöflichen Kurie von Riobamba. 1967–1968 wirkte er als Caritasdirektor seiner Diözese und anschließend bis 1972 als Sekretär der Bischofskonferenz Ecuadors, deren Generalsekretär er 1972–1975 als Weihbischof war.

Am 20. April 1972 wurde er zum Titularbischof von Ausafa und Weihbischof in Guayaquil ernannt und am 21. Mai 1972 in der Kathedrale von Quito von Kardinal Pablo Muñoz Vega S.J., dem Erzbischof von Quito, zum Bischof geweiht. Am 29. April 1975 wurde er zum Bischof von Azogues ernannt. 1979 war er Delegierter der ecuadorianischen Bischofskonferenz bei der III. Generalkonferenz der lateinamerikanischen Bischöfe in Puebla in Mexiko und 1981–1989 Mitglied des lateinamerikanischen Bischofsrates (CELAM). Am 8. Juli 1989 wurde er Militärbischof für Ecuador und erhielt das Titularbistum Pauzera, welches er bei der Übernahme des Titels der Militärdiözese 1998 wieder abgab. Am 21. März 2003 wurde er zum Erzbischof von Quito ernannt. Am 11. September 2010 verzichtete er aus Altersgründen auf die Leitung des Erzbistums.

Papst Benedikt XVI. kreierte ihn im Konsistorium vom 20. November 2010 zum Kardinalpriester und verlieh ihm am gleichen Tag das rote Birett und die Titelkirche S. Maria in Via. Im März 2013 nahm er am Konklave teil, welches Papst Franziskus wählte. Am 1. Januar 2014 verlor er mit der Vollendung des 80. Lebensjahres das Recht der Teilnahme am Konklave.

Monsengwo Pasinya, Laurent (1939)
Monsengwo Pasinya wurde am 7. Oktober 1939 in Mongobele, Bezirk Bandundu in der ehemals belgischen Kolonie Kongo, heute Demokratische Republik Kongo, geboren. Er gehört einer der königlichen Familien von Basakata an; sein zweiter Name, Monsengwo, bedeutet „Enkel des traditionellen Häuptlings". Nach der Schulzeit studierte er 1957–1960 Philosophie am Priesterseminar des Erzbistums Kananga und wurde 1960 zum Theologiestudium nach Rom geschickt, wo er am Kolleg der *Propaganda Fide* lebte und an der Päpstlichen Universität *Urbaniana* studierte.

Am 21. Dezember 1963 wurde er in Rom durch den Präfekten der Kongregation *Propaganda Fide*, Kardinal Agagianian, zum Priester für das Bistum Inongo geweiht. 1964 erwarb an der Päpstlichen Universität *Urbaniana* das Lizenziat in Theologie. 1964–1970 studierte er am Päpstlichen Bibelinstitut in Rom. Dort studierte er u.a. beim späteren Kardinal Carlo Maria Martini S.J. 1968 weilte er für ein Semester in Jerusalem und erlernte die moderne hebräische Sprache (er spricht insgesamt 14 Sprachen). 1970 wurde er am Päpstlichen Bibelinstitut zum Doktor der Theologie promoviert. Er war der erste Afrikaner, der im Fach Biblische Exegese am Päpstlichen Bibelinstitut promoviert wurde. Danach kehrte er in seine Heimat zurück und wirkte zunächst als Dozent an der theologischen Fakultät der Universität Lovanium und als Dozent für biblische Exegese am Priesterseminar Johannes XXIII. in Kinshasa. 1971–

1972 war er Professor für Exegese des Alten Testamentes und Hebräisch an der Universität von Zaire und 1972–1980 Professor an der theologischen Fakultät von Kinshasa. Zusätzlich war er 1972–1975 beigeordneter Generalsekretär der Bischofskonferenz von Zaire, deren Generalsekretär er 1976–1980 war. 1976 gehörte er zu den Mitbegründern des Journées Bibliques Africaines (JBA).

Am 13. Februar 1980 wurde er zum Titularbischof von Acquae Novae in Proconsulari und Weihbischof in Inongo ernannt. Die Bischofsweihe empfing er von Papst Johannes Paul II. am 4. Mai 1980 in Kinshasa. Am 7. April 1981 wurde er zum Weihbischof der Erzdiözese Kisangani ernannt. 1981–1990 war er Vorsitzender des Bibelkomitees des Symposions der Bischofskonferenzen von Afrika und Madagaskar und wurde bereits als Weihbischof 1984 zum Vorsitzenden der Bischofskonferenz von Zaire gewählt, ein Amt, welches er bis 1992 innehatte. Am 1. September 1988 folgte die Ernennung zum Erzbischof von Kisangani. Im politischen Kontext wirkte er 1991–1992 als Präsident des Büros der Nationalkonferenz. Am 6. Dezember 1992 wurde er Präsident des Haut Conseil de la République (HCR) und war 1994–1996 Präsident des Haut Conseil de la République-Parlement de Transition (HCR-PT). Somit war er maßgeblich an politischen Entscheidungsprozessen beteiligt.

Er nahm an den Bischofssynoden von 1994, 1997, 2008 als Spezialsekretär, 2009 und 2012 als delegierter Präsident teil und war zeitweilig Mitglied des Generalsekretariates der Bischofssynode. Als Mitglied des Generalsekretariates der Bischofssynode bereitete er ab 1994 die erste Bischofssynode für Afrika mit vor, welche 1997 stattfand. 1994–1997 war er Vizepräsident des Symposiums der Bischofskonferenzen von Afrika und Madagaskar (SECAM), von 1997 bis 2003 deren Präsident. 2004–2008 wurde er erneut zum Vorsitzenden der kongolesischen Bischofskonferenz gewählt. Am 3. November 2007 wurde er zum Präsidenten von Pax Christi Internationalis gewählt, deren Vizepräsident er seit 2002 war. Am 6. Dezember 2007 erfolgte die Ernennung zum Erzbischof von Kinshasa. Er ist Autor zahlreicher Veröffentlichungen, insbesondere zur Frage der Inkulturation des Glaubens. Er ist Mitglied der Studiorum Novi Testament Societas und war der Initiator der Panafrikanischen Vereinigung der katholischen Exegeten (APEC).

Papst Benedikt XVI. kreierte ihn im Konsistorium vom 20. November 2010 zum Kardinalpriester und verlieh ihm am gleichen Tag das rote Birett und die Titelkirche Regina Pacis in Ostia Mare. Zu Beginn der Fastenzeit 2012 hielt er die Fastenexerzitien für Papst Benedikt XVI. und die Römische Kurie. Im März 2013 nahm er am Konklave teil, welches Papst Franziskus wählte. Am 13. April 2013 ernannte ihn Papst Franziskus zum Mitglied einer Gruppe von acht Kardinälen, die den Papst bei der Reform der Kurie und der Überarbeitung der Konstitution *Pastor Bonus* von 1988 und in der Leitung der katholischen Weltkirche beraten sollen.

Romeo, Paolo (1938)
Romeo wurde am 20. Februar 1938 in Acireale auf Sizilien im Königreich Italien, heute Republik Italien, geboren. Er begann seine Studien am bischöflichen Seminar von

Acireale. 1959 wurde er als Seminarist an das Collegio Capranica nach Rom gesandt und studierte an der Päpstlichen Lateranuniversität und an der Päpstlichen Universität Gregoriana, wo er das Lizentiat in Theologie erwarb.

Am 18. März 1961 wurde er in der Kapelle des bischöflichen Priesterseminars von Acireale zum Priester geweiht. Danach setzte er seine Studien in Rom fort, wo er in kanonischem Recht promovierte. Nebenbei arbeitete er in der Seelsorge in Rom. Von 1964 an besuchte er die Päpstliche Diplomatenakademie und trat 1967 in den diplomatischen Dienst des Heiligen Stuhls ein. Er wirkte in den Nuntiaturen auf den Philippinen, in Belgien-Luxemburg und bei der EU, in Venezuela, Ruanda und Burundi. 1976 kehrte er nach Rom zurück und arbeitete im Staatssekretariat des Vatikans.

Am 17. Dezember 1983 wurde er zum Titularerzbischof von Vulturia und Nuntius in Haiti ernannt. Die Bischofsweihe empfing er am 6. Januar 1984 in der Petersbasilika des Vatikans von Papst Johannes Paul II. Am 24. April 1990 wurde er zum Nuntius in Kolumbien ernannt. 1992 nahm er an der IV. Generalversammlung des lateinamerikanischen Episkopates in Santo Domingo, Dominikanische Republik, teil. Am 5. Februar 1999 wurde er Nuntius in Kanada. Am 17. April 2001 erfolgte die Ernennung zum Nuntius in Italien und San Marino. Am 19. Dezember 2006 wurde er zum Erzbischof von Palermo ernannt. Am 14. Februar 2007 wurde er zum Vorsitzenden der Sizilianischen Bischofskonferenz, gewählt.

Papst Benedikt XVI. kreierte ihn im Konsistorium vom 20. November 2010 zum Kardinalpriester und verlieh ihm am gleichen Tag das rote Birett und die Titelkirche S Maria Odigitria dei Siciliani. Im März 2013 nahm er am Konklave teil, welches Papst Franziskus wählte. Am 8. April 2013 wurde er zum Apostolischen Administrator der Eparchie Piana degli Albanesi auf Sizilien ernannt.

Wuerl, Donald William (1940)

Wuerl wurde am 12. November 1940 in Pittsburgh im Bundesstaat Pennsylvania, USA, geboren. Nach der Schulausbildung trat er in das Saint Gregory Priesterseminar in Cincinnati ein, wo er einen Bachelor in Philosophie erwarb. Anschließend studierte er an der Katholischen Universität von Amerika in Washington D.C. und erwarb einen Master in Philosophie. Danach ging er nach Rom, wo er am Päpstlichen Nordamerikanischen Kolleg lebte und Theologie an der Päpstlichen Universität Gregoriana studierte.

Am 17. Dezember 1966 wurde er für die Diözese Pittsburgh in Rom von Bischof Francis Frederick Reh, dem Rektor des nordamerikanischen Kollegs in Rom, zum Priester geweiht und ging für ein Jahr als Kaplan nach Pittsburgh zurück. 1968 wurde er Sekretär des Bischofs von Pittsburgh, John Joseph Wright. Als Bischof Wright 1969 zum Präfekten der Kongregation für den Klerus ernannt und zum Kardinal erhoben wurde, folgte ihm Wuerl als Mitarbeiter an die Kongregation für den Klerus. Zusätzlich arbeitete er an seiner Dissertation und wurde 1974 an der Päpstlichen Universität St. Thomas v. Aquin (*Angelicum*) promoviert. 1980 kehrte er nach Pittsburgh zurück und wurde dort zunächst Subregens, später Regens des St. Pauls Seminary.

Am 30. November 1985 wurde er zum Titularbischof von Rossmarkaeum und Weihbischof in Seattle ernannt. Die Bischofsweihe empfing er von Papst Johannes Paul II. am 6. Januar 1986 in der Petersbasilika des Vatikans. Der Vatikan übertrug ihm etliche Aufgaben seines Erzbischofs Raymond Hunthausen, gegen den wegen umstrittener Äußerungen zur Sexualmoral und zur Friedenspolitik eine kirchliche Untersuchung eingeleitet worden war. Am 26. Mai 1987 legte Wuerl sein Amt als Weihbischof nieder und wurde von Seattle abberufen. Danach pausierte er einige Zeit und wurde am 12. Februar 1988 zum Bischof von Pittsburgh ernannt. Als Verantwortlicher der US-Bischofskonferenz für Glaubensunterweisung gab er den neuen US-Katechismus heraus, noch bevor der Weltkatechismus erschien. Am 16. Mai 2006 erfolgte die Ernennung zum Erzbischof von Washington D.C. 2008 war er Gastgeber von Papst Benedikt XVI., im September 2010 wurde er von der Römischen Kongregation für die Glaubenslehre zum Delegaten für die Umsetzung der Apostolischen Konstitution *Anglicanorum Coetibus* in den Vereinigten Staaten ernannt, welche konvertierte Anglikaner in die Römisch-Katholische Kirche eingliedern soll.

Papst Benedikt XVI. kreierte ihn im Konsistorium vom 20. November 2010 zum Kardinalpriester und verlieh ihm am gleichen Tag das rote Birett und die Titelkirche S. Pietro in Vincoli. Am 22. Oktober 2011 wurde er zum Generalrelator der Bischofssynode über die Neuevangelisierung ernannt, die im Oktober 2012 stattfand. Im März 2013 nahm er am Konklave teil, welches Papst Franziskus wählte.

Assis, Raymundo Damasceno (1937)

Assis wurde am 15. Februar 1937 bei Capela Nova im Bundesstaat Minas Gerais in Brasilien geboren. Er trat nach der Schulzeit in das Priesterseminar der Erzdiözese Mariana ein, wo er zunächst Philosophie studierte. Nach der Errichtung der Erzdiözese Brasilia im April 1960 sandte ihn sein Erzbischof Oscar de Oliveira von Mariana dorthin, um künftig als Priester für diese neue Erzdiözese zu arbeiten. 1961 schickte ihn Erzbischof José Newton de Almeida Baptista von Brasilia nach Rom zum Studium der Theologie an der Päpstlichen Universität Gregoriana, wo er mit dem Lizentiat abschloss. Als Seminarist des brasilianischen Kollegs erlebte er in diesen Jahren das II. Vatikanische Konzil. Nach seinem Lizentiatsabschluss 1965 ging er nach München, um sich dort in Katechetik am Katechetischen Institut zu spezialisieren. 1968 kehrte er nach Brasilien zurück.

Am 19. März 1968 wurde er in Conselheiro Lafaiete von Erzbischof José Newton de Almeida Baptista von Brasília zum Priester geweiht. Er absolvierte anschließend neben seinen pastoralen Aufgaben noch ein Philosophiestudium an der Universität von Brasília und an der Päpstlichen Katholischen Universität von Mina Gerais. Als Priester des Erzbistums Brasília wirkte er als Koordinator für die Katechese, als Pfarrer und als Mitbegründer und Professor des Priesterseminars Nossa Senhora de Fatima und Professor für Philosophie der Universität von Brasília. Zuletzt arbeitete er als erzbischöflicher Kanzler des Erzbistums Brasilia.

Am 18. Juni 1986 wurde er zum Titularbischof von Nova Petra und Weihbischof in Brasília ernannt. Die Bischofsweihe empfing er am 15. September 1986 in der Kathedrale von Brasília von Erzbischof José Freire Falcão von Brasília. 1991–1995 war er Generalsekretär des lateinamerikanischen Bischofsrates (CELAM); in diesen Jahren residierte er mit Erlaubnis des Erzbischofs in Bogotá, Kolumbien. Von Papst Johannes Paul II. wurde er zum Generalsekretär der IV. Generalkonferenz des lateinamerikanischen Episkopats ernannt, welche 1992 in Santo Domingo, Dominikanische Republik, stattfand. Er nahm an den Bischofssynoden von 1994, 1997, 2009 und 2010 teil. 1995–2003 war er Generalsekretär der brasilianischen Bischofskonferenz. Am 28. Januar 2004 wurde er als Nachfolger von Kardinal Lorscheider zum Erzbischof von Aparecida ernannt. Als solcher war er Gastgeber der V. Generalkonferenz des lateinamerikanischen Episkopats (CELAM) im Mai 2007 in Aparecida, zu der auch Papst Benedikt XVI. erschien. 2007–2011 war er Präsident des lateinamerikanischen Bischofsrates (CELAM).

Papst Benedikt XVI. kreierte ihn im Konsistorium vom 20. November 2010 zum Kardinalpriester und verlieh ihm am gleichen Tag das rote Birett und die Titelkirche Immacolata al Tiburtino. Am 13. Mai 2011 wurde er für vier Jahre zum Vorsitzenden der brasilianischen Bischofskonferenz gewählt. Im März 2013 nahm er am Konklave teil, welches Papst Franziskus wählte.

Nycz, Kazimierz (1950)

Nycz wurde am 1. Februar 1950 in Stara Wies in der Volksrepublik Polen, heute Republik Polen, geboren. Nach der Schulzeit trat er 1967 in das Priesterseminar von Krakau ein, um Theologie und Philosophie zu studieren.

Am 20. Mai 1973 wurde er von Bischof Julian Groblicki, dem Weihbischof in Krakau, zum Priester geweiht. Er wirkte in mehreren Gemeinden in der Seelsorge, setzte nebenher sein Studium fort und erhielt 1976 das Lizentiat für Theologie an der theologischen Fakultät von Krakau. 1977 begann er sein Promotionsstudium an der katholischen Universität Lublin, wo 1981 promoviert wurde. Danach arbeitete er an der erzbischöflichen Kurie von Krakau und wurde 1987 Subregens des Krakauer Priesterseminars.

Am 14. Mai 1988 wurde er zum Titularbischof von Villa Regia und Weihbischof in Krakau ernannt. Die Bischofsweihe empfing er am 4. Juni 1988 in der Kathedrale von Krakau von Kardinal Franciszek Macharski, dem Erzbischof von Krakau. 1988–2004 war er Generalvikar der Erzdiözese Krakau. Er organisierte drei Besuche von Papst Johannes Paul II. in seiner ehemaligen Diözese Krakau. Er engagierte sich für das katholische Bildungswesen; im November 1999 wurde er Vorsitzender des Ausschusses für das katholische Bildungswesen der polnischen Bischofskonferenz und bemühte sich besonders darum, den neuen Katechismus der katholischen Kirche (Weltkatechismus) in Polen einzuführen. Am 9. Juni 2004 wurde er zum Bischof von Koszalin-Kołobrzeg ernannt. Am 26. November 2004 wurde er Präsident der Kommission für Katholische Erziehung der polnischen Bischofskonferenz und im Dezember 2004 Mitglied des Ständigen Rates der polnischen Bischofskonferenz. Am 3. März 2007 wurde er zum Erzbischof von Warschau ernannt, am 9. Juni 2007 zum Ordinarius für die Gläubigen der katholischen Ostkirchen, die keinen eigenen Ordinarius haben.

Papst Benedikt XVI. kreierte ihm im Konsistorium vom 20. November 2010 zum Kardinalpriester und verlieh ihm am gleichen Tag das rote Birett und die Titelkirche Santi Silvestro e Martino ai Monti. Im März 2013 nahm er am Konklave teil, welches Papst Franziskus wählte.

Patabendige Don, Albert Malcolm Ranjith (1947)

Patabendige Don wurde am 15. November 1947 in Polgahawela auf Ceylon, heute Sri Lanka, geboren. Nach der Schulzeit trat er 1965 in das St. Aloysius Seminar in Borella ein. 1966–1970 studierte er Theologie und Philosophie am Seminar in Kandy und wurde daraufhin vom Erzbischof von Colombo, Kardinal Thomas Cooray, nach Rom zum Studium an der Päpstlichen Universität *Urbaniana* geschickt.

Am 29. Juni 1975 wurde er zusammen mit über 300 weiteren Diakonen im Rahmen des Heiligen Jahres auf dem Petersplatz in Rom von Papst Paul VI. zum Priester geweiht. Nach seiner Priesterweihe studierte er am Päpstlichen Bibelinstitut in Rom und schloss sein Studium 1978 mit einem Lizentiat in Biblischer Theologie ab. Er weilte zu Studienzwecken auch zeitweise an der Hebräischen Universität von Jerusalem. 1978 kehrte er nach Sri Lanka zurück und wirkte zunächst als Kaplan und später als Pfarrer. 1983 wurde er zum Direktor der Nationalen Päpstlichen Missionsgesellschaft ernannt.

Am 17. Juni 1991 wurde er zum Titularbischof von Cabarsussi und Weihbischof in Colombo ernannt. Die Bischofsweihe empfing er am 31. August 1991 von Erzbischof Nicholas Marcus Fernando von Colombo. 1995 wurde er Generalsekretär der Bischofskonferenz Sri Lankas und Vorsitzender der Bischöflichen Kommission für Gerechtigkeit und Frieden (*Iustitia et Pax*). Er war Vorsitzender des Organisationskomitees für den Besuch von Papst Johannes Paul II. in Sri Lanka im Januar 1995. Am 2. November 1995 wurde er Bischof von Ratnapura. Am 1. Oktober 2001 wurde er zum Sekretär der Kongregation für die Evangelisierung der Völker und Präsident der Päpstlichen Missionsgesellschaften in Rom ernannt und legte sein Amt als Bischof von Ratnapura nieder. Gleichzeitig wurde er in den Rang eines Erzbischofs erhoben. Am 29. April 2004 wurde er zum Nuntius für Indonesien und Osttimor und zum Titularerzbischof von Umbriatica ernannt. Am 10. Dezember 2005 erfolgte die Ernennung zum Sekretär der Kongregation für den Gottesdienst und die Sakramentenordnung. Am 16. Juni 2009 wurde er zum Erzbischof von Colombo ernannt.

Papst Benedikt XVI. kreierte ihm im Konsistorium vom 20. November 2010 zum Kardinalpriester und verlieh ihm am gleichen Tag das rote Birett und die Titelkirche S. Lorenzo in Lucina. Im März 2013 nahm er am Konklave teil, welches Papst Franziskus wählte.

Marx, Reinhard (1953)
Marx wurde am 21. September 1953 in Geseke im Bundesland Nordrhein-Westfalen, Bundesrepublik Deutschland, geboren. Ab 1972 studierte er Theologie und Philosophie an der theologischen Fakultät Paderborn und am Institute Catholique in Paris.

Am 2. Juni 1979 wurde er im Dom zu Paderborn durch Erzbischof Johannes Joachim Degenhardt zum Priester geweiht. Anschließend war er bis 1981 Kaplan in Arolsen. 1981–1989 absolvierte er ein Zusatzstudium an den Universitäten Bochum und Münster und wurde 1989 in Theologie promoviert. 1981–1986 war er kirchlicher Assistent des Sozialinstituts „Kommende" der Erzdiözese Paderborn in Dortmund. 1986–1988 war er Kaplan in Witten. Nach seiner Promotion 1989 wurde er Direktor der „Kommende" und Kaplan in Dortmund-Aplerbeck. 1993 wurde er zum päpstlichen Ehrenkaplan ernannt. 1996 erfolgte die Ernennung zum Professor für Christliche Gesellschaftslehre an der theologischen Fakultät Paderborn.

Am 23. Juni 1996 wurde er zum Titularbischof von Pedena und Weihbischof in Paderborn ernannt. Die Bischofsweihe empfing er am 21. September 1996 im Dom zu Paderborn von Erzbischof Johannes Joachim Degenhardt von Paderborn. 1999–2008 war er Vorsitzender der deutschen Kommission *Iustitia et Pax*. Am 20. Dezember 2001 wurde er zum Bischof von Trier ernannt. 2004 wurde er Vorsitzender der Kommission für gesellschaftliche und soziale Fragen der deutschen Bischofskonferenz. 2006 wurde er Delegierter der Deutschen Bischofskonferenz bei der Kommission der Bischofskonferenzen der Europäischen Gemeinschaft (COMECE), deren Vizepräsident er 2009 wurde. 2006 wurde er Großprior der deutschen Statthalterei des Ritterordens vom Heiligen Grab in Jerusalem. Am 30. November 2007 wurde er zum Erzbischof von München und Freising ernannt. Mit diesem Amt ist auch der Vorsitz der Freisinger Bischofskonferenz verbunden.

Papst Benedikt XVI. kreierte ihn im Konsistorium vom 20. November 2010 zum Kardinalpriester und verlieh ihm am gleichen Tag das rote Birett und die Titelkirche S. Corbiniano. Am 23. März 2012 wurde er zum Präsidenten der Kommission der Bischofskonferenzen der Europäischen Gemeinschaft (COMECE) gewählt. Im März 2013 nahm er am Konklave teil, welches Papst Franziskus wählte. Am 13. April 2013 ernannte ihn Papst Franziskus zum Mitglied einer Gruppe von acht Kardinälen, die den Papst bei der Reform der Kurie und der Überarbeitung der Konstitution *Pastor Bonus* von 1988 und in der Leitung der katholischen Weltkirche beraten sollen.

Estepa Llaurens, José Manuel (1926)
Estepa wurde am 1. Januar 1926 in Andujar in Andalusien im Königreich Spanien geboren. Nach der Schulzeit studierte er zunächst Philosophie an der Päpstlichen Universität Salamanca und anschließend Theologie an der Päpstlichen Universität Gregoriana in Rom, wo er in Pastoraltheologie promoviert wurde.

Am 27. Januar 1954 wurde er in Madrid zum Priester für das Bistum Madrid geweiht. Daran schloss sich ein Studium am Institute Catholique in Paris an, wo er 1956 das Lizentiat in Katechetik erwarb. Danach kehrte er nach Madrid zurück und wurde 1956–

1960 Studentenseelsorger und 1956–1964 Dozent am lateinamerikanischen Seminar in Madrid. 1958–1967 wirkte er als Berater und Gutachter des lateinamerikanischen Bischofsrates (CELAM). 1965–1971 war er Verantwortlicher der spanischen Bischofskonferenz für die Katechese und arbeitete in der Bischöflichen Kommission für Bildung mit. 1971 wurde er zum Konsultor der vatikanischen Kleruskongregation ernannt.

Am 5. September 1972 erfolgte die Ernennung zum Titularbischof von Tisili und Weihbischof in Madrid. Die Bischofsweihe empfing er am 15. Oktober 1972 in Madrid von Kardinal Vicente Enrique y Tarancón, dem Erzbischof von Madrid. 1972–1983 war er Generalvikar für den südlichen Teil des Erzbistums Madrid und wurde 1977 zusätzlich Regens des Priesterseminars der Erzdiözese. 1977 war er auch Sondersekretär der Bischofssynode im Vatikan. In der spanischen Bischofskonferenz war er 1981–1998 Vorsitzender der Unterkommission für die Katechese.

Am 30. Juli 1983 wurde er zum Militärvikar für Spanien und Titularerzbischof von Velebusdo ernannt. Mit Inkrafttreten der Apostolischen Konstitution *Spirituali militum curae* wurde er 1986 Militärerzbischof von Spanien und am 18. November 1989 Titularerzbischof von Italica. Am 7. März 1998 verzichtete er auf sein Titularerzbistum und übernahm den Titel der Militärerzdiözese. Am 30. Oktober 2003 trat er von seinem Amt aus Altersgründen zurück. In Rom war er Mitglied der Kommission der sechs Bischöfe, die den Katechismus der katholischen Kirche redigierten.

Papst Benedikt XVI. kreierte ihn im Konsistorium vom 20. November 2010 zum Kardinalpriester und verlieh ihm am gleichen Tag das rote Birett und die Titelkirche S. Gabriele Arcangelo all'Acqua Traversa. Bei seiner Berufung in das Kardinalskollegium war er bereist älter als 80 Jahre und somit nicht mehr zur Teilnahme an einem Konklave berechtigt.

Sgreccia, Elio (1928)
Screggia wurde am 6. Juni 1928 in Arcevia in den Marken im Königreich Italien, heute Republik Italien, geboren. Nach der Schulzeit studierte er Theologie und Philosophie am Theologischen Seminar von Fano.

Am 29. Juni 1952 wurde er durch Bischof Vincenzo Del Signore zum Priester geweiht. 1952–1954 war er geistlicher Assistent der Katholischen Aktion. 1954–1972 war er Prorektor, Professor und schließlich Rektor des Päpstlichen Regionalen Seminars „Pio XI." für die Region Marken in Fano, welches später nach Ancona verlegt wurde. Zusätzlich zu seinen Aufgaben als Priester absolvierte er weitere Aufbaustudien und wurde 1963 an der Universität von Bologna in Literatur und Philosophie promoviert. Darüber hinaus studierte er auch Bioethik und spezialisierte sich in diesem Fach. 1972 wechselte er in die Diözese Fossombrone und war 1972–1973 Generalvikar dieser Diözese. 1972 wurde er zum päpstlichen Ehrenprälaten ernannt. 1974 ging er nach Rom und war dort bis 1984 Spiritual der Fakultät für Medizin und Chirurgie der Katholischen Universität in Rom und gab eine medizinethische Zeitschrift heraus. Ab 1984 lehrte er Bioethik in der Fakultät für Medizin und Chirurgie an der Katholischen Universität Sacro Cuore in Mailand und am 1. November 1990 wurde er zum ordentlichen Professor für Bioethik ernannt. 1992–2000 war er dort auch Direktor des Instituts der Bioethik. 1990 – 2006 war er Mitglied des nationalen Ausschusses für Bioethik in Italien.

Am 5. November 1992 wurde er zum Titularbischof von Zama Minore und Sekretär des Päpstlichen Rates für die Familie ernannt. Die Bischofsweihe empfing er am 6. Januar 1993 von Papst Johannes Paul II. in der Petersbasilika des Vatikans. Am 1. Juni 1994 wurde er bei der Gründung der Päpstlichen Akademie für das Leben deren Vizepräsident, am 3. Januar 2005 wurde er deren Präsident. Am 17. Juni 2008 trat er vom Amt des Präsidenten der Päpstlichen Akademie für das Leben aus Altersgründen zurück. Er gilt als Begründer der Schule der personalen Bioethik.

Papst Benedikt XVI. kreierte ihn im Konsistorium vom 20. November 2010 zum Kardinaldiakon und verlieh ihm am gleichen Tag das rote Birett und die Kirche S. Angelo in Pescheria als Titeldiakonie. Er war bei seiner Berufung in das Kardinalskollegium bereits älter als 80 Jahre und somit nicht mehr zur Teilnahme an einem Konklave berechtigt.

Brandmüller, Walter (1929)

Brandmüller wurde am 5. Januar 1929 in Ansbach im Freistaat Bayern im Deutschland der Weimarer Republik, heute Bundesrepublik Deutschland, geboren. Protestantisch getauft, konvertierte er im Jugendalter zum Katholizismus. Nach dem Abitur in Ansbach studierte er Theologie und Philosophie in Bamberg.

Am 26. Juli 1953 wurde er im Bamberger Dom durch Erzbischof Joseph Otto Kolb von Bamberg zum Priester geweiht. Anschließend wirkte er 1953 – 1957 als Kaplan in Kronach und 1957 – 1960 als Kaplan in Bamberg. 1960 wurde er für weitere Studien freigestellt und spezialisierte sich in Kirchengeschichte. Bei Hermann Tüchle promovierte er 1963 an der Ludwig-Maximilians-Universität München; dort wurde er auch 1967 habilitiert.

Am 30. Oktober 1969 wurde er Professor für Kirchengeschichte und Patrologie an der Theologischen Hochschule Dillingen. Nach deren Auflösung lehrte er von 1970 bis zu seiner Emeritierung 1997 neuere und mittelalterliche Kirchengeschichte an der Universität Augsburg. Gleichzeitig wirkte er 1971 – 1998 als Pfarrer in Walleshausen bei Augsburg. Er ist Spezialist für die Geschichte der Konzilien. 1981 wurde er Mitglied der Päpstlichen Kommission der historischen Wissenschaften und 1998 – 2009 Präsident des Päpstlichen Komitees für Geschichtswissenschaft in Rom. 1983 wurde er päpstlicher Ehrenprälat, 1997 Apostolischer Protonotar und Kanoniker an der Petersbasilika des Vatikans. 1998 – 2006 war er Präsident der Internationalen Kommission für vergleichende Kirchengeschichte.

Am 4. November 2010 wurde er zum Titularerzbischof von Caesarea in Mauretania ernannt und am 13. November 2010 in der deutschen Nationalkirche in Rom, S. Maria dell'Anima, durch Kardinal Raffaele Farina S.D.B. zum Bischof geweiht.

Papst Benedikt XVI. kreierte ihn im Konsistorium vom 20. November 2010 zum Kardinaldiakon und verlieh ihm am gleichen Tag das rote Birett und die Kirche S. Giuliano dei Fiaminghi als Titeldiakonie. Er war bei seiner Berufung in das Kardinalskollegium bereits älter als 80 Jahre und somit nicht mehr an der Teilnahme an einem Konklave berechtigt.

Bartolucci, Domenico (1917 – 2013)
Bartolucci wurde am 7. Mai 1917 in Borgo San Lorenzo in der Toscana im Königreich Italien, heute Republik Italien, geboren. Er studierte in Florenz Theologie und Philosophie sowie Musik am dortigen Konservatorium, wo er 1939 das Diplom in Komposition erwarb.

Am 23. Dezember 1939 wurde er in Florenz von Kardinal Elia Dalla Costa, dem Erzbischof von Florenz, zum Priester geweiht. Nach dem Tod seines Meisters, Francesco Bagnoli, folgte Bartolucci ihm als Leiter des Domchores von Florenz nach. In diesen Jahren begann er, Motetten, Orgelmusik, Madrigale und Kammermusik zu komponieren. 1942 wurde Bartolucci nach Rom entsandt, um seine Kenntnisse im Fach Kirchenmusik zu vertiefen, und erwarb das Diplom am Päpstlichen Institut für Kirchenmusik. In dieser Zeit war er stellvertretender Leiter des Chores der Lateranbasilika; 1947 wurde er Leiter der Cappella Musicale Liberiana an der Basilika Santa Maria Maggiore. 1952 wurde er auf Wunsch und Anraten von Lorenzo Perosi zum stellvertretenden Leiter der Capella Sistina ernannt. Als Perosi 1956 starb, wurde er von Papst Pius XII. zum „Direttore Perpetuo della Cappella Musicale Pontificia" ernannt. Am 21. Januar 1965 erfolgte die Ernennung zum päpstlichen Hausprälaten. In den Jahren seiner Leitung der Capella Sistina unternahm er auch viele Konzertreisen mit seinem Chor. 1997 wurde er als Leiter der Cappella Sistina abgelöst.

Papst Benedikt XVI. kreierte ihn im Konsistorium vom 20. November 2010 zum Kardinaldiakon und verlieh ihm am gleichen Tag das rote Birett und die Kirche SS. Nomi de Gesù e Maria in Via Lata als Titeldiakonie. Er war bei seiner Berufung in das Kardinalskollegium bereits 93 Jahre und somit nicht mehr berechtigt, an einem Konklave teilzunehmen. Aufgrund seines hohen Alters wurde er von der Verpflichtung zum Empfang der Bischofsweihe dispensiert. Er starb am 11. November 2013 in Rom und wurde in der Pfarrkirche von Pieve beigesetzt.

Filoni, Fernando (1946)
Filoni wurde am 15. April 1946 in Manduria in Apulien in der Republik Italien geboren. Nach seiner Schulzeit studierte bis zur Priesterweihe in den Seminaren von Molfetta und Viterbo.

Am 3. Juli 1970 wurde er in seiner Heimat Galatone von Bischof Antonio Rosario Mennonna von Nardo zum Priester geweiht. Nach seiner Priesterweihe ging er zum Studium an die Päpstliche Lateranuniversität in Rom, wo er zunächst ein Lizenziat in Dogmatischer Theologie erwarb und später in Kirchenrecht promovierte; zur gleichen Zeit erwarb er einen Doktortitel in Philosophie an der staatlichen Universität La Sapienza in Rom sowie ein Diplom in Kommunikationswissenschaft an der Libera Università Pro Deo, jetzt Libera Università Internazionale Degli Studi Sociali (LUISS) in

Rom. 1970–1978 war er Religionslehrer an staatlichen Gymnasien in Rom und Kaplan in einer römischen Pfarrei. 1979 wurde er in die Päpstliche Diplomatenakademie aufgenommen und trat am 3. April 1981 in den diplomatischen Dienst des Heiligen Stuhls ein. Im Mai 1981 wurde er Mitarbeiter der Nuntiatur in Sri Lanka und später deren Sekretär. 1983–1985 war er an der Apostolischen Nuntiatur im Iran und arbeitete 1985–1989 im Staatssekretariat. 1989–1992 war er an der Nuntiatur in Brasilien, 1992–2001 an der Nuntiatur auf den Philippinen und von dort aus für Hongkong zuständig.

Am 17. Januar 2001 wurde er zum Titularerzbischof von Volturno und Nuntius in Jordanien und dem Irak ernannt. Papst Johannes Paul II. weihte ihn am 19. März 2001 in der Petersbasilika des Vatikans zum Bischof. Am 25. Februar 2006 wurde er Nuntius auf den Philippinen. Am 9. Juni 2007 wurde er Substitut im Staatsekretariat und am 10. Mai 2011 Präfekt der Kongregation für die Evangelisierung der Völker.

Papst Benedikt XVI. kreierte ihn am 18. Februar 2012 zum Kardinaldiakon und verlieh ihm am gleichen Tag das rote Birett, den Kardinalsring und die Kirche Nostra Signora di Coromoto in S. Giovanni di Dio als Titeldiakonie. Durch den Amtsverzicht von Papst Benedikt XVI. am 28. Februar 2013 verlor er sein Kurienamt. Er nahm im März 2013 am Konklave teil, welches Papst Franziskus wählte. Der neue Papst bestätigte ihn vorläufig am 16. März 2013 in seinem Amt. Am 21. September 2013 bestätigte ihn der Papst in seinem Amt.

Monteiro de Castro, Manuel (1938)

Monteiro de Castro wurde am 29. März 1938 in Santa Eufemia de Prazins in der Provinz Guimarares, Republik Portugal, geboren Er absolvierte seine Studien am Priesterseminar des Erzbistums Braga.

Am 9. Juli 1961 wurde er in der Kathedrale von Braga durch Erzbischof Antonio Bento Junior von Braga zum Priester geweiht. Nach seiner Priesterweihe studierte er an der Päpstlichen Universität Gregoriana in Rom kanonisches Recht. Er trat in die Päpstliche Diplomatenakademie ein und wurde im Juni 1967 an der Päpstlichen Universität Gregoriana in Kirchenrecht promoviert. 1967 trat er in den diplomatischen Dienst des Heiligen Stuhls ein und war 1967–1969 Sekretär der Nuntiatur in Panama. Im Februar 1969 wurde er Anwalt an der Römischen Rota. 1969–1972 wirkte er als Sekretär der Nuntiatur in Guatemala, 1972–1975 war er Sekretär der Apostolischen Delegationen in Vietnam und Kambodscha und 1975–1978 Sekretär der Nuntiatur in Australien. 1978–1981 wirkte er als Sekretär der Nuntiatur in Mexiko. Dann kehrte er kurz in das vatikanische Staatssekretariat zurück, wo er von Juni bis November 1981 arbeitete und in dieser Zeit zum päpstlichen Ehrenprälaten ernannt wurde. Anschließend war er bis 1985 an der Nuntiatur in Belgien tätig.

Am 16. Februar 1985 wurde er zum Titularerzbischof von Beneventum und zum Pro-Nuntius in Trinidad und Tobago, Bahamas, Barbados, Belize, Dominica, Jamaika, Grenada, St. Lucia sowie zum Apostolischen Delegaten in den Antillen mit Sitz in Port of Spain in Trinidad und Tobago ernannt. Die Bischofsweihe spendete ihm am 23. März 1985 in der Basilika von Samheiro in Braga, Portugal, Kardinalstaatssekretär Agostino

Casaroli. Am 25. April 1987 wurde er Pro-Nuntius in Antigua und Barbuda, am 21. August 1990 Apostolischer Nuntius in El Salvador und Honduras. Am 2. Februar 1998 wurde er Apostolischer Nuntius in Südafrika, Namibia und Swasiland, am 7. März 1998 noch zusätzlich von Lesotho. Am 1. März 2000 wurde er zum Apostolischen Nuntius in Spanien und Andorra ernannt. Am 3. Juli 2009 folgte die Ernennung zum Sekretär der Kongregation für die Bischöfe und am 21. Oktober 2009 die zum Sekretär des Kardinalskollegiums. Am 5. Januar 2012 wurde er zum Großpönitentiar ernannt.

Papst Benedikt XVI. kreierte ihn am 18. Februar 2012 zum Kardinaldiakon und verlieh ihm am gleichen Tag das rote Birett, den Kardinalsring und die Kirche San Domenico di Guzman als Titeldiakonie. Durch den Amtsverzicht von Papst Benedikt XVI. am 28. Februar 2013 verlor er sein Kurienamt nicht, da der Großpönitentiar auch in einer Sedisvakanz im Amt bleibt. Er nahm im März 2013 am Konklave teil, welches Papst Franziskus wählte. Am 21. September 2013 verzichtete er aus Altersgründen auf das Amt des Kardinalgroßpönitentiars.

Abril y Castelló, Santos (1935)

Abril y Castelló wurde am 21. September 1935 in Alfambra bei Teruel in der Republik Spanien, heute Königreich Spanien, geboren. Er studierte am Seminar von Teruel.

Am 19. März 1960 wurde er zum Priester geweiht. 1961–1967 weilte er zu Aufbaustudien in Rom, die er mit einem Doktor in Sozialwissenschaften an der Päpstlichen Universität S. Thomas von Aquin (*Angelicum*) sowie einem Doktor im kanonischen Recht an der Päpstlichen Universität Gregoriana beschloss. 1967 trat er in den diplomatischen Dienst des Heiligen Stuhls ein und arbeitete in den Nuntiaturen in Pakistan und in der Türkei sowie später im Staatssekretariat, wo er in den 1980er Jahren die spanisch-sprachige Abteilung leitete und Papst Johannes Paul II. als Dolmetscher bei mehreren Reisen in spanisch-sprachige Länder begleitete.

Am 29. April 1985 wurde er zum Titularerzbischof von Tamada und Apostolischen Nuntius in Bolivien ernannt. Die Bischofsweihe spendete ihm am 16. Juni 1985 in der Kathedrale von Teruel Kardinalstaatssekretär Agostino Casaroli. Am 2. Oktober 1989 erfolgte die Ernennung zum Pro-Nuntius in Kamerun, Gabun und Äquatorial-Guinea, am 24. Februar 1996 die Ernennung zum Nuntius im ehemaligen Jugoslawien. Am 4. März 2000 wurde er zum Apostolischen Nuntius in Argentinien ernannt. Am 9. April 2003 erfolgte die Ernennung zum Nuntius in Slowenien und in Bosnien und Herzegowina, am 12. April 2003 zusätzlich zum Nuntius in Mazedonien. Im Jahre 2005 ging er im Alter von 70 Jahren als Nuntius in den Ruhestand. Am 22. Januar 2011 wurde er zum Vize-Camerlengo der Heiligen Römischen Kirche und Mitglied der Kongregation für die Bischöfe ernannt; am 21. November 2011 erfolgte die Ernennung zum Erzpriester der Päpstlichen Basilika S. Maria Maggiore.

Benedikt XVI. kreierte ihn 18. Februar 2012 zum Kardinaldiakon und verlieh ihm am gleichen Tag das rote Birett, den Kardinalsring und die Kirche San Pontianus als Titeldiakonie. Er nahm im März 2013 am Konklave teil, welches Papst Franziskus wählte.

Vegliò, Antonio Maria (1938)

Vegliò wurde am 3. Februar 1938 in Macerata Feltria in der Provinz Pesaro in den Marken im Königreich Italien, heute Republik Italien, geboren und studierte am Priesterseminar in Pesaro.

Nach seinen Studien wurde er am 18. März 1962 in Pesaro von Bischof Luigi Carlo Borromeo von Pesaro zum Priester geweiht. Er ging anschließend nach Rom zum Aufbaustudium und trat in die Päpstliche Diplomatenakademie ein. Er erwarb einen Doktortitel im kanonischem Recht sowie den Abschluss der Päpstlichen Diplomatenakademie. 1968 trat er in den diplomatischen Dienst des Heiligen Stuhls ein und arbeitete in den Nuntiaturen in Peru, auf den Philippinen und im Senegal. Für ein Jahr war er im Staatssekretariat tätig, bevor er an die Nuntiatur von Großbritannien berufen wurde.

Am 27. Juli 1985 wurde er zum Titularerzbischof von Aeclanum und zum Pro-Nuntius in Papua-Neuguinea und den Salomon-Inseln ernannt. Die Bischofsweihe am 6. Oktober 1985 spendete ihm in der Kathedrale von Pesaro Kardinalstaatssekretär Agostino Casaroli. Am 21. Oktober 1989 wurde er zum Pro-Nuntius in Kap Verde, Guinea-Bissau, Mali und im Senegal ernannt, im Dezember 1994 zum Nuntius dieser Länder. 1997–2001 war er Nuntius im Libanon und zusätzlich 1998–1999 Nuntius in Kuwait. Am 11. April 2001 wurde er zum Sekretär der Kongregation für die Orientalischen Kirchen ernannt, am 28. Februar 2009 zum Präsidenten des Päpstlichen Rates für die Seelsorge der Migranten und Menschen unterwegs.

Benedikt XVI. kreierte ihn am 18. Februar 2012 zum Kardinaldiakon und verlieh ihm am gleichen Tag das rote Birett, den Kardinalsring und die Kirche San Cesareo in Palatio als Titeldiakonie. Durch den Amtsverzicht von Papst Benedikt XVI. am 28. Februar 2013 verlor er sein Kurienamt. Er nahm im März 2013 am Konklave teil, welches Papst Franziskus wählte. Der neue Papst bestätigte ihn vorläufig am 16. März 2013 in seinem Amt.

Bertello, Giuseppe (1942)

Bertello wurde am 1. Oktober 1942 in Foglizzo in Piemont im Königreich Italien, heute Republik Italien, geboren. Er absolvierte die üblichen Studien.

Am 29. Juni 1966 wurde er in Ivrea von Bischof Albino Mensa von Ivrea zum Priester geweiht. Es folgten weitere Studien in Rom, und er trat in die Päpstliche Diplomatenakademie ein. In Rom erwarb er ein Lizentiat in Pastoraltheologie und wurde in Kirchenrecht promoviert. Am 1. Februar 1971 trat er in den diplomatischen Dienst des Heiligen Stuhls ein und wirkte in den päpstlichen diplomatischen Vertretungen im Sudan, der Türkei, in Venezuela und im Büro der Organisation der Vereinten Nationen in Genf.

Am 17. Oktober 1987 wurde er zum Titularerzbischof von Urbisaglia und Pro-Nuntius in Ghana, Togo und Benin ernannt. Die Bischofsweihe spendete ihm am 28. November 1987 in der Pfarrkirche seines Heimatortes Foglizzo Kardinalstaatssekretär Agostino Casaroli. Am 12. Januar 1991 wurde er zum Nuntius in Ruanda ernannt, im März 1995 zum ständigen Beobachter des Büros der Vereinten Nationen und der internationalen Institutionen in Genf, wo er die Verhandlungen um die Aufnahme des

Heiligen Stuhls als ständigen Beobachter in der Welthandelsorganisation führte und zu dessen ersten Vertreter ernannt wurde. Im Jahr 2000 führte er die Vatikandelegation der Zehnten Konferenz der Vereinten Nationen für Handel und Entwicklung (Unctad X) in Bangkok, Thailand. Am 27. Dezember 2000 wurde er zum Nuntius in Mexiko ernannt, am 11. Januar 2007 zum Nuntius in Italien und in der Republik San Marino. Am 3. September 2011 wurde er der Präsident der Päpstlichen Kommission für die Vatikanstadt und damit Gouverneur der Vatikanstadt.

Papst Benedikt XVI. kreierte ihn im Konsistorium vom 18. Februar 2012 zum Kardinaldiakon und verlieh ihm am gleichen Tag das rote Birett, den Kardinalsring und die Kirche S. Vito Modesto e Creszenzia als Titeldiakonie. Er nahm im März 2013 am Konklave teil, welches Papst Franziskus wählte. Am 13. April 2013 ernannte ihn Papst Franziskus zum Mitglied einer Gruppe von acht Kardinälen, die den Papst bei der Reform der Kurie und der Überarbeitung der Konstitution *Pastor Bonus* von 1988 und in der Leitung der katholischen Weltkirche beraten sollen.

Coccopalmerio, Francesco (1938)
Coccopalmerio wurde am 6. März 1938 in San Giuliano Milanese in der Lombardei im Königreich Italien, heute Republik Italien, geboren. Er studierte 1957–1962 am Seminar von Mailand.

Am 29. Juni 1962 wurde er in Mailand von Kardinal Giovanni Battista Montini, dem Erzbischof von Mailand, zum Priester geweiht. Es folgten weitere Studien an der theologischen Fakultät von Norditalien in Mailand, wo er 1963 das Lizentiat der Theologie erwarb. Anschließend ging er nach Rom, um an der Päpstlichen Universität Gregoriana zu studieren, wo er 1968 in Kirchenrecht promoviert wurde. Er erwarb in dieser Zeit auch ein Diplom in Moraltheologie an der Päpstlichen Universität Alphonsiana der Redemptoristen. 1976 erwarb er einen weiteren Doktortitel in Rechtswissenschaften an der Katholischen Universität Mailand. In seiner Heimatdiözese Mailand war er bis 1994 als Kirchenjurist in verschiedenen Arbeitsbereichen tätig. 1966–1999 war er Professor für kanonisches Recht an der theologischen Fakultät von Norditalien. Ab 1981 war er Gastprofessor an der Fakultät des kanonischen Rechts von der Päpstlichen Universität Gregoriana.

Am 8. April 1993 wurde er zum Titularbischof von Celiana und Weihbischof in Mailand ernannt. Die Bischofsweihe spendete ihm am 22. Mai 1993 in der Mailänder Kathedrale Kardinal Carlo Maria Martini S.J., der Erzbischof von Mailand. Er wirkte ab 1993 als Bischofsvikar für die Kultur und leitete ab 1998 die Kommission für Ökumene und interreligiösen Dialog. Im August 2000 wurde er Mitglied des Obersten Gerichtshofs der Apostolischen Signatur in Rom, Am 15. Februar 2007 wurde er an die Römische Kurie als Präsident des Päpstlichen Rates für die authentische Interpretation der Gesetzestexte berufen und zum Erzbischof ernannt.

Papst Benedikt XVI. kreierte ihn im Konsistorium vom 18. Februar 2012 zum Kardinaldiakon und verlieh ihm am gleichen Tag das rote Birett, den Kardinalsring und die Kirche San Guiseppe e Falegnami als Titeldiakonie. Durch den Amtsverzicht von

Papst Benedikt XVI. am 28. Februar 2013 verlor er sein Kurienamt. Er nahm im März 2013 am Konklave teil, welches Papst Franziskus wählte. Der neue Papst bestätigte ihn vorläufig am 16. März 2013 in seinem Amt.

Braz de Aviz, João (1947)

Braz de Aviz wurde am 24. April 1947 in Mafra im Bundesstaat Santa Catarina in Brasilien geboren. 1964 wurde er Seminarist der neu gegründeten Diözese Apucarana und studierte am Seminar von Curitiba Philosophie. 1967–1972 studierte er Theologie an der Päpstlichen Universität Gregoriana in Rom.

Am 26. November 1972 wurde er in Kathedrale von Apucarana zum Priester geweiht. Er war 1972–1984 zuständig für die Bibelpastoral in mehreren Gemeinden der Diözese Apucarana sowie Spiritual des Seminars Iplranga. 1984–1985 wirkte er als Regens des Priesterseminars von Seminars Apucarana, 1986–1988 als Regens des Priesterseminars in Londrina. 1989–1992 lebte er wieder in Rom, wo er an der Päpstlichen Lateranuniversität in Dogmatik promoviert wurde. Nach seiner Rückkehr nach Brasilien wurde er Kathedralpfarrer in Apucarana und Dozent für Dogmatik am theologischen Seminar „Pablo VI" in Londrina.

Am 6. April 1994 wurde er zum Titularbischof von Flenucleta und Weihbischof in Vitória ernannt. Am 31. Mai 1994 empfing er in der Kathedrale von Apucarana durch Bischof Domingos Gabriel Wisniewski von Apucarana die Bischofsweihe. Am 12. August 1998 wurde er zum Bischof von Ponta Grossa ernannt, am 17. Juli 2002 zum Erzbischof von Maringa und schließlich am 28. Januar 2004 zum Erzbischof von Brasília. Benedikt XVI. ernannte ihn am 4. Januar 2011 zum Präfekten der Kongregation für die Institute geweihten Lebens und für die Gesellschaften Apostolischen Lebens. Am selben Tag trat er von seinem Amt als Erzbischof von Brasilia zurück.

Benedikt XVI. kreierte ihn am 18. Februar 2012 zum Kardinaldiakon und verlieh ihm am gleichen Tag das rote Birett, den Kardinalsring und die Kirche S. Elena fuori Porta Prenestina als Titeldiakonie. Durch den Amtsverzicht von Papst Benedikt XVI. am 28. Februar 2013 verlor er sein Kurienamt. Er nahm im März 2013 am Konklave teil, welches Papst Franziskus wählte. Der neue Papst bestätigte ihn vorläufig am 16. März 2013 in seinem Amt.

O'Brien, Edwin Frederick (1939)

O'Brien wurde am 8. April 1939 in Bronx in New York im Bundesstaat New York, USA, geboren. Nach seiner Schulzeit trat er in das erzbischöfliche St. Joseph's Seminary in Yonkers ein.

Am 29. Mai 1965 wurde er in der St. Patricks-Kathedrale von New York von Kardinal Francis Joseph Spellman, dem Erzbischof von New York, zum Priester geweiht. Er wirkte zunächst als Kaplan in einer Gemeinde und an der United States Military Academy in West Point, New York. 1970–1973 war er Militärkaplan der US-Army, u. a. bei der 1. Kavalleriedivision in Vietnam während des Vietnamkrieges. 1973 verließ er das Militär und begann in Rom ein Promotionsstudium, welches er 1976 mit dem Doktorgrad in Moraltheologie an der Päpstlichen Universität St. Thomas von Aquin (*Angelicum*) beendete. In diesen Jahren wohnte er am nordamerikanischen Kolleg in Rom. Nach seiner Rückkehr aus Rom wurde er zum Vize-Kanzler der Erzdiözese New York und Pfarrer der Kathedrale ernannt. 1979 koordinierte er den Besuch von Papst Johannes Paul II. in New York und wirkte anschließend als Medienbeauftragter der Erzdiözese. 1985–1989 und 1994–1997 war er Regens des St. Joseph's Seminars in Yonkers, New York. Zwischen diesen beiden Amtszeiten war er 1990–1994 als Rektor des nordamerikanischen Kollegs in Rom.

Am 6. Februar 1996 wurde er zum Titularbischof von Tizica und Weihbischof in New York ernannt. Die Bischofsweihe spendete ihm am 25. März 1996 in der New Yorker Kathedrale Kardinal John Joseph O'Connor, der Erzbischof von New York. Am 8. April 1997 wurde er zum Koadjutorerzbischof der Militärdiözese und Titularerzbischof von Tizica ernannt, am 12. August 1997 wurde er Erzbischof der Militärdiözese. Am 12. Juli 2007 wurde er zum Erzbischof von Baltimore ernannt. Am 29. August 2011 erfolgte die Ernennung zum Pro-Großmeister des Ordens der Ritter vom Heiligen Grab.

Papst Benedikt XVI. kreierte ihn am 18. Februar 2012 zum Kardinaldiakon und verlieh ihm am gleichen Tag das rote Birett, den Kardinalsring und die Kirche S. Sebastiano al Palatino als Titeldiakonie. Mit der Aufnahme in das Kardinalskollegium wurde er Großmeister des Ordens der Ritter vom Heiligen Grab. Er nahm im März 2013 am Konklave teil, welches Papst Franziskus wählte.

Calcagno, Domenico (1943)

Calgagno wurde am 3. Februar 1943 in Parodi Ligure in Ligurien im Königreich Italien, heute Republik Italien, geboren. Er studierte anschließend am Priesterseminar von Genua. Im Oktober 1962 ging er an das lombardische Seminar nach Rom und studierte an der Päpstlichen Universität Gregoriana. 1963 wurde er in Theologie promoviert.

Am 25. Februar 1967 wurde er in der Kapelle des Priesterseminars von Genua von Kardinal Giuseppe Siri, dem Erzbischof von Genua, zum Priester geweiht. 1968 wurde er Kaplan und Dozent am Priesterseminar in Genua, zunächst für Hebräisch, später für Moraltheologie, Fundamentaltheologie und Dogmatik. Viele Jahre war er Sekretär des Priesterrates der Erzdiözese Genua. Nach der Veröffentlichung des neuen Kirchenrechtscodex wurde er Mitglied der Expertengruppe, die den neuen *Codex Iuris Canonici* für die Erzdiözese Genua adaptieren sollten. 1980–1985 lehrte er Moraltheologie in Alessandria. Er arbeitete in vielen diözesanen und nationalen Gremien auf der Ebene der italienischen Bischofskonferenz mit und war ein enger Mitarbeiter der Erzbischöfe Siri und Canestri.

Am 25. Januar 2002 wurde er zum Bischof von Savona-Noli ernannt und am 9. März 2002 in der Kathedrale von Genua von Kardinal Dionigi Tettamanzi, dem Erzbischof von Genua, zum Bischof geweiht. Am 31. August 2007 wurde er zum Sekretär der Güterverwaltung des Apostolischen Stuhls und Titularerzbischof ernannt; am 7. Juli 2011 wurde er Präsident der Güterverwaltung des Apostolischen Stuhls.

Papst Benedikt XVI. kreierte ihn am 18. Februar 2012 zum Kardinaldiakon und verlieh ihm am gleichen Tag das rote Birett, den Kardinalsring und die Kirche Annunciazione della Beata Vergine Maria a Via Ardeatina als Titeldiakonie. Durch den Amtsverzicht von Papst Benedikt XVI. am 28. Februar 2013 verlor er sein Kurienamt. Er nahm im März 2013 am Konklave teil, welches Papst Franziskus wählte. Der neue Papst bestätigte ihn vorläufig am 16. März 2013 in seinem Amt.

Versaldi, Giuseppe (1943)
Versaldi wurde am 30. Juli 1943 in Villarboit in Piemont im Königreich Italien, heute Republik Italien, geboren. Seine Studien absolvierte er am Seminar von Vercelli.

Am 29. Juni 1967 wurde er in Vercelli von Erzbischof Albino Mensa von Vercelli zum Priester geweiht und wirkte danach zwei Jahre als Kaplan einer Gemeinde in Vercelli. Anschließend war er Schulpfarrer in Vercelli. 1972–1976 studierte er in Rom an der Päpstlichen Universität Gregoriana, wo er das Lizentiat in Psychologie erwarb und in Kirchenrecht promoviert wurde. Danach kehrte er nach Vercelli zurück und wirkte in der Familienpastoral der Diözese. 1977 wurde er Pfarrer in Vercelli. 1980 wurde er erneut nach Rom geschickt, um an der Päpstlichen Universität Gregoriana kanonisches Recht und Psychologie zu lehren. 1981 erhielt er den Titel eines Anwalts bei der Römischen Rota. 1985 wurde er zum Referendar des Obersten Gerichtshofs der Apostolischen Signatur ernannt. Er lehrte Anthropologie an der Studieneinrichtung der Römischen Rota. Am 25. März 1994 ernannte ihn Erzbischof Tarcisio Bertone S.D.B. von Vercelli zum Generalvikar der Erzdiözese. In diesem Amt wurde er auch von Bertones Nachfolger Erzbischof Enrico Masseroni bestätigt.

Am 4. April 2007 wurde er zum Bischof von Alessandria ernannt und in Vercelli am 26. Mai 2007 von Erzbischof Enrico Masseroni von Vercelli zum Bischof geweiht. In der italienischen Bischofskonferenz wurde er Mitglied des Rates für juristische Angelegenheiten. Am 21. September 2010 ernannte ihn Benedikt XVI. zum Präsidenten der Präfektur für die ökonomischen Angelegenheiten des Heiligen Stuhls und erhob ihn zum Erzbischof.

Papst Benedikt XVI. kreierte ihn am 18. Februar 2012 zum Kardinaldiakon und verlieh ihm am gleichen Tag das rote Birett, den Kardinalsring und die Kirche Sacro Cuore di Gesù a Castro Pretorio als Titeldiakonie. Durch den Amtsverzicht von Papst Benedikt XVI. am 28. Februar 2013 verlor er sein Kurienamt. Er nahm im März 2013 am Konklave teil, welches Papst Franziskus wählte. Der neue Papst bestätigte ihn vorläufig am 16. März 2013 in seinem Amt.

Alencherry, George (1945)
Alencherry wurde am 19. April 1945 in Thuruthy in Kottayam im Bundesstaat Kerala in British Indien, heute Republik Indien, geboren. Er studierte zunächst Wirtschaftswissenschaften an der Universität von Kerala, wo er 1965 mit einem Bachelor of Arts

in Wirtschaftswissenschaften sein Studium beendete. Anschließend trat er in das Päpstliche St. Joseph's Seminar in Aluva ein.

Am 19. November 1972 wurde er in Thuruthy von Erzbischof Antony Padiyara von Chanagancherry zum Priester geweiht. Er war zunächst in der Erzeparchie als Kaplan eingesetzt und wurde anschließend zum Aufbaustudium nach Alwaye gesandt. Während dieser Zeit wirkte er auch als Kaplan in der Erzeparchie Ernakulam-Angamaly. 1976–1978 war er Sekretär der Kommission für die Katechese bei der Bischofskonferenz von Kerala. 1978–1986 führten ihn weitere Studien nach Paris an das Institute Catholique und die Universität La Sorbonne, wo er in Theologie promoviert wurde. 1986–1993 war er stellvertretender Sekretär der katholischen Bischofskonferenz Kerala. Er war gleichzeitig 1986–1991 Direktor des „Pastoral Orientation Center" in Palarivattam und 1986–1997 Dozent am Saint Thomas Apostolic Seminary in Vadavathoor bei Kottayam. 1994–1997 war er Protosyncellus (Generalvikar) der Erzdiözese von Changanacherry.

Am 11. November 1996 wurde er zum Bischof der syro-malabarischen Diözese Thuckalay ernannt und empfing am 2. Februar 1997 in Padanthalummoodu von Erzbischof Joseph Powathil von Changanacherry die Bischofsweihe. Am 24. Mai 2011 wählte ihn die in Cochi (Ernakulam) tagende syro-malabarische Synode zum Großerzbischof von Ernakulam-Angamali. Papst Benedikt XVI bestätigt die Wahl am 25. Mai 2011. Er wurde am 27. Mai 2011 in sein neues Amt installiert. Er wurde damit das erste frei von der Synode gewählte Oberhaupt seiner Kirche.

Benedikt XVI. kreierte ihn am 18. Februar 2012 zum Kardinalpriester und verlieh ihm am gleichen Tag das rote Birett, den Kardinalsring und die Titelkirche S. Bernardo alle Terme Diocleziane. Er nahm 2012 an der Bischofssynode teil. Er nahm im März 2013 am Konklave teil, welches Papst Franziskus wählte.

Collins, Thomas Christopher (1947)

Collins wurde am 16. Januar 1947 in Guelph in der Provinz Ontario in Kanada geboren. Zunächst studierte er Anglistik und ging danach zum Studium der Theologie und Philosophie an das St. Peter's Seminary in London in Ontario, Kanada. Dort erwarb er 1973 einen Bachelor in Theologie.

Am 5. Mai 1973 wurde er in Hamilton in Kanada durch Bischof Paul Reding von Hamilton zum Priester geweiht. Er wurde zunächst Kaplan in einigen Pfarreien, bevor er nach Rom geschickt wurde, um am Päpstlichen Bibelinstitut ein Aufbaustudium zu absolvieren. 1978 erwarb er dort das Lizentiat in Bibelwissenschaften. Auch seine Promotion, die er 1986 an der Päpstlichen Universität Gregoriana in Rom erwarb, beschäftigt sich mit einem exegetischen Thema. 1978, nach seiner Rückkehr aus Rom, wurde er Dozent für Englisch am Institut für Anglistik am King's College der Universität von West Ontario. Gleichzeitig unterrichtete er Exegese am St. Peter's Seminary in London, Ontario. 1985 wurde er an der Universität von West Ontario zunächst außerordentlicher Professor für Exegese und später ordentlicher Professor sowie Dekan der theologischen Fakultät. 1995–1997 war er zunächst Vizerektor und schließlich Rektor der Universität.

Am 25. März 1997 wurde er zum Koadjutorbischof von Saint Paul in der Provinz Alberta in Kanada ernannt und empfing am 14. Mai 1997 in der Kathedrale von Hamilton durch Bischof Anthony Frederick Tonnos von Hamilton die Bischofsweihe. Am 30. Juni 1997 wurde er Bischof von Saint Paul in Alberta. Er wurde im gleichen Jahr zum Mitglied des theologischen Ausschusses der kanadischen Bischofskonferenz bestellt. Am 18. Februar 1999 wurde er zum Koadjutor-Erzbischof von Edmonton in Alberta ernannt und am 7. Juni 1999 Erzbischof von Edmonton. 1999–2007 war er Vorsitzender der Konferenz der katholischen Bischöfe der Provinz Alberta. 1999–2003 war er Vorsitzender der Theologischen Kommission der kanadischen Bischofskonferenz und Mitglied des Ständigen Rates der kanadischen Bischofskonferenz. 2001 wirkte er zusätzlich als Apostolischer Administrator von St. Paul, Alberta. 2001–2003 war er Vorsitzender der Ökumenekommission der kanadischen Bischofskonferenz. Am 16. Dezember 2006 wurde er zum Erzbischof von Toronto ernannt. 2008 wurde er zum Vorsitzenden der Bischofskonferenz von Ontario gewählt. Er nahm an mehreren Bischofssynoden, u. a. 2010, teil.

Benedikt XVI. kreierte ihn am 18. Februar 2012 zum Kardinalpriester und verlieh ihm am gleichen Tag das rote Birett, den Kardinalsring und die Titelkirche S. Patrizio. Er nahm im März 2013 am Konklave teil, welches Papst Franziskus wählte.

Duka O.P., Dominik Jaroslav (1943)

Duka wurde am 26. April 1943 in Hradec Kralove (Königsgrätz) in der damaligen Tschechoslowakei und heutigen Tschechischen Republik geboren. Nach dem Abitur 1960 versuchte er Theologie zu studieren, was aber aus politischen Gründen verboten war. Er machte deshalb 1960–1962 eine Mechanikerlehre, absolvierte 1962–1964 seinen Wehrdienst und kehrte an seinem Arbeitsplatz zurück. 1965 konnte er das Studium der Philosophie und Theologie an der theologischen Fakultät St. Cyril und Methodius in Litomerice (Leitmeritz) aufnehmen. Am 5. Januar 1968 trat er heimlich in den Dominikanerorden ein und erhielt den Ordensnamen Dominik. 1969 legte er seine zeitliche Profess ab.

Am 22. Juni 1970 wurde er von Bischof Stepan Trochta von Litomerice zum Priester geweiht. Fünf Jahre lang arbeitete er anschließend als Seelsorger in Pfarreien. 1972 legte er die feierlichen Gelübde im Dominikanerorden ab. 1975–1989 wurde ihm die staatliche Genehmigung zur Ausübung seines priesterlichen Dienstes entzogen. Dennoch konnte er 1979 das Lizentiat in Theologie an der Päpstlichen Theologischen Fakultät in Warschau, Polen erwerben. Offiziell arbeitete er während dieser fünfzehn Jahre des Berufsverbotes beim Autohersteller Skoda in Pilsen als Designer. Im Untergrund wirkte er jedoch als Provinzvikar (1975–1986) und Novizenmeister (1976–1981) seines Ordens. 1981–1982 war er deshalb in Haft im Gefängnis von Pilsen-Bory. Hier lernte er den künftigen Präsidenten der Tschechischen Republik, Vaclav Havel, kennen, mit dem er bis zu dessen Tod eng befreundet war und für den er 2011 die

Totenmesse als Erzbischof von Prag feierte. 1986–1998 war er Provinzial der Dominikaner in Böhmen und Mähren. Nach der Wende wurde er Vorsitzender der Konferenz höherer Ordensoberer. Er unterrichtete Biblische Wissenschaften an der theologischen Fakultät St. Cyril und Methodius der Palacky Universität in Olmouce (Olmütz). 1992–1996 war er Vizepräsident der europäischen Konferenz höherer Ordensoberer.

Am 6. Juni 1998 wurde er zum Bischof von Hradec Kralove (Königsgrätz) ernannt. Die Bischofsweihe spendete ihm am 26. September 1998 in Hradec Kralove Erzbischof Karel Otcenášek, Bischof em. von Hradec Kralove. 2004–2008 leitete er zusätzlich als Apostolischer Administrator die Diözese Litomerice (Leitmeritz). Am 13. Februar 2010 wurde er zum Erzbischof von Prag ernannt. 2000–2004 war er stellvertretender Vorsitzender der tschechischen Bischofskonferenz; am 21. April 2010 wurde er zu deren Vorsitzenden gewählt. Neben vielen anderen Ämtern ist er Präsident des Exekutivrates des Tschechischen Katholischen Biblischen Instituts und Mitglied des Zentrums für Biblische Studien an der evangelisch-theologischen Fakultät der Karls-Universität in Prag sowie Mitglied der internationalen katholischen Zeitschrift „Communio".

Papst Benedikt XVI. kreierte ihn am 18. Februar 2012 zum Kardinalpriester und verlieh ihm am gleichen Tag das rote Birett, den Kardinalsring und die Titelkirche Ss. Marcellino e Pietro. Er nahm im März 2013 am Konklave teil, welches Papst Franziskus wählte.

Eijk, Willem Jacobus (1953)

Eijk wurde am 22. Juni 1953 in Duivendrecht in der Provinz Nordholland im Königreich der Niederlande geboren. Er studierte zunächst Medizin in Amsterdam. Danach trat er in das Priesterseminar der Diözese Roermond in Rolduc ein, wo er Philosophie und Theologie studierte.

Am 1. Juni 1985 wurde er in Roermond durch Bischof Joannes Baptist Matthijs Gijsen von Roermond zum Priester geweiht. 1985–1987 war er als Kaplan in Venlo tätig. 1987 wurde er in Medizin promoviert, anschließend ging er nach Rom und promovierte dort an der Päpstlichen Universität St. Thomas v. Aquin (*Angelicum*) 1989 in Philosophie. 1990 erwarb er das Lizentiat in katholischer Theologie an der Päpstlichen Lateranuniversität. 1990–1994 lehrte er Moraltheologie an den Priesterseminaren von Rolduc und 's-Hertogenbosch. Später war er Präsident des Instituts *Mater Ecclesiae Domesticae* in Rolduc, welches sich mit Familienfragen beschäftigt. 1996–1999 wirkte er zusätzlich zu seinen bisherigen Aufgaben als Professor für Moraltheologie an der theologischen Fakultät von Lugano. 1997–1999 war er Mitglied der Internationalen Theologenkommission.

Am 17. Juni 1999 wurde er zum Bischof von Groningen-Leeuwarden ernannt und empfing am 6. November 1999 in der Kathedrale von Groningen durch den Erzbischof von Utrecht, Kardinal Adrianus Johannes Simonis, die Bischofsweihe. Als Bischof wirkte er als Berater der Päpstlichen Akademie für das Leben mit. Am 11. Dezember 2007 wurde er zum Erzbischof von Utrecht ernannt.

Papst Benedikt XVI. kreierte ihn am 18. Februar 2012 zum Kardinalpriester und verlieh ihm am gleichen Tag das rote Birett, den Kardinalsring und die Titelkirche S. Callisto. Er nahm im März 2013 am Konklave teil, welches Papst Franziskus wählte.

Betori, Giuseppe (1947)

Bertori wurde am 25. Februar 1947 in Foligno in Umbrien in der Republik Italien, geboren. Nach der Schulzeit studierte er Theologie und Philosophie an der Päpstlichen Universität Gregoriana, Rom, wo er mit dem Lizentiat in Theologie abschloss.

Am 26. September wurde er in Rom für die Diözese Foligno zum Priester geweiht. Er absolvierte ein Aufbaustudium am Päpstlichen Bibelinstitut und schloss dieses mit der Promotion ab. Seine weitere Laufbahn führte ihn nach Assisi als Dozent für Bibelwissenschaft und Rektor des dortigen theologischen Institutes. Später wurde er Pfarrer in Foligno, Diözesanassistent der Katholischen Aktion, Direktor des regionalen Pastoralzentrums sowie Assistent am Institut für Jugendpastoral in Foligno. Er engagierte sich als Vize-Präsident des Ausschusses für den fünfzehnten italienischen Weltjugendtag. Für die italienische Bischofskonferenz wirkte er als Leiter des Katechismusbüros sowie als Sekretär der italienischen Bischofskonferenz bis 2001.

Am 5. April 2001 wurde er zum Titularbischof von Falerone ernannt und wurde Generalsekretär der italienischen Bischofskonferenz. Am 6. Mai 2001 wurde er vom Generalvikar des Papstes für das Bistum Rom und Präsidenten der italienischen Bischofskonferenz, Kardinal Camillo Ruini, in der Kirche S. Feliciano in Foligno zum Bischof geweiht. Am 8. September 2008 wurde er zum Erzbischof von Florenz ernannt. Er nahm an mehreren Bischofssynoden, u. a. 2010, teil.

Papst Benedikt XVI. kreierte ihn am 18. Februar 2012 zum Kardinalpriester und verlieh ihm am gleichen Tag das rote Birett, den Kardinalsring und die Titelkirche S. Marcello. Er nahm im März 2013 am Konklave teil, welches Papst Franziskus wählte.

Dolan, Timothy Michael (1950)

Dolan wurde am 6. Februar 1950 in Saint Louis im Bundesstaat Missouri, USA, geboren. Nach der Schulzeit erwarb er am Cardinal Glennon College in St. Louis den Bachelor of Arts in Philosophie und ging 1972 nach Rom. Dort lebte er am nordamerikanischen Kolleg und studierte an der Päpstlichen Universität S. Thomas von Aquin (*Angelicum*), wo er mit dem Lizentiat in Theologie abschloss.

Am 19. Juni 1976 wurde er in Rom für die Erzdiözese Saint Louis zum Priester geweiht. Bis 1979 war er anschließend Kaplan. 1979–1983 studierte er an der Katholischen Universität von Amerika, Washington, D.C., wo er in amerikanischer Kirchengeschichte promoviert wurde. Nach seiner Rückkehr nach Saint Louis wirkte er bis 1987 als Priester in der Gemeindeseelsorge. Während dieser Zeit koordinierte er auch für Erzbischof John Lawrence May die Restrukturierung der Studienprogramme für die Colleges und Seminare des Erzbistums. 1987 wurde er für eine fünfjährige Amtszeit als Sekretär der Apostolischen Nuntiatur in Washington, D.C. ernannt. Nach seiner Rückkehr nach Saint Louis im Jahre 1992 wurde er Subregens und Spiritual des Kenrick-Glennon Seminary sowie Dozent für Kirchengeschichte. 1994–2001 leitete er als Rektor das Päpstliche Nordamerikanische Kolleg in Rom. Während dieser Zeit war er auch Gastprofessor für Kirchengeschichte an der Päpstlichen Universität Gregoriana und Mitglied der Abteilung für ökumenische Theologie an der theologischen Fakultät der Päpstlichen Universität St. Thomas von Aquin (*Angelicum*).

Am 19. Juni 2001 wurde er zum Titularbischof von Natchez und Weihbischof in Saint Louis ernannt. Am 15. August 2001 wurde er in der Kathedrale von Saint Louis von Erzbischof Justin Francis Rigali von Saint Louis zum Bischof geweiht. Am 25. Juni 2002 erfolgte seine Ernennung zum Erzbischof von Milwaukee. Am 23. Februar 2009 wurde er zum Erzbischof von New York ernannt. Am 16. November 2010 wurde er für drei Jahre zum Vorsitzenden der Bischofskonferenz der Vereinigten Staaten von Amerika gewählt.

Papst Benedikt XVI. kreierte ihn am 18. Februar 2012 zum Kardinalpriester und verlieh ihm am gleichen Tag das rote Birett, den Kardinalsring und die Titelkirche Nostra Signora di Guadalupe a Monte Mario. 2012 nahm er an der Bischofssynode teil. Er nahm im März 2013 am Konklave teil, welches Papst Franziskus wählte.

Woelki, Rainer Maria (1956)

Woelki wurde am 18. August 1956 in Köln-Mülheim im Bundesland Nordrhein-Westfalen, Bundesrepublik Deutschland, geboren. Nach dem Abitur 1977 absolvierte er bis 1978 seinen Militärdienst. Danach studierte er 1978–1983 als Priesteramtskandidat des Erzbistums Köln Philosophie und Theologie an der theologischen Fakultät der Universität Bonn, wo er im Theologenkonvikt *Albertinum* des Erzbistums Köln lebte. Zwei weitere Semester verbrachte er an der Universität Freiburg im Breisgau.

Am 14. Juni 1985 wurde er von Kardinal Joseph Höffner, dem Erzbischof von Köln, im Kölner Dom zum Priester geweiht. 1985–1989 war er Kaplan in Neuss. 1989 war er für ein halbes Jahr Militärkaplan in Münster und wurde anschließend zum Kaplan in Ratingen ernannt. 1990–1997 war er erzbischöflicher Geheimkaplan und persönlicher Sekretär des Kölner Erzbischofs Kardinal Joachim Meisner. 1997–2003 war er Direktor des *Collegium Albertinum*, des Konvikts für die Priesteramtskandidaten des Erzbistums Köln, die an der theologischen Fakultät der Universität Bonn studieren. 1999 wurde er päpstlicher Ehrenkaplan (Monsignore). Im Jahr 2000 wurde er in Theologie an der Pontificia Università della Santa Croce des Opus Dei in Rom promoviert.

Am 24. Februar 2003 wurde er zum Titularbischof von Scampa und Weihbischof in Köln ernannt. Die Bischofsweihe empfing er im Kölner Dom am 30. März 2003 durch Kardinal Joachim Meisner, den Erzbischof von Köln. Im November 2003 wurde er Domkapitular des Metropolitankapitels von Köln. Ab 2005 war er Bischofsvikar für den ständigen Diakonat des Erzbistums Köln und seit dem 1. Januar 2006 für den Pastoralbezirk Nord des Erzbistums zuständig. Am 2. Juli 2011 wurde er nach vorheriger Wahl durch das Berliner Metropolitankapitel zum Erzbischof von Berlin ernannt.

Bereits wenige Wochen später empfing er den Papst als Gastgeber während dessen Deutschlandreise in Berlin.

Papst Benedikt XVI. kreierte ihn im Konsistorium vom 18. Februar 2012 zum Kardinalpriester und verlieh ihm am gleichen Tag das rote Birett, den Kardinalsring und die Titelkirche S. Giovanni Maria Vianney. Er nahm im März 2013 am Konklave teil, welches Papst Franziskus wählte.

Tong Hon, John (1939)

Tong Hon wurde am 31. Juli 1939 in der britischen Kronkolonie Hongkong, heute Volksrepublik China, in einer nichtchristlichen Familie geboren. Als Kind und junger Mann lebte er in Huadu, Guangzhou, China, kehrte dann nach Hongkong zurück. Nach dem Zweiten Weltkrieg wurde er getauft. Nach seiner Schulzeit studierte er Philosophie und Theologie am Heilig-Geist-Seminar in Hongkong und an der chinesischen Universität von Hongkong, wo er einen Master in Philosophie erwarb. 1964 ging er nach Rom und studierte an der Päpstlichen Universität *Urbaniana*, wo er ein Lizentiat in Theologie erwarb und in Dogmatik promoviert wurde.

Am 6. Januar 1966 wurde er in der Petersbasilika des Vatikans von Papst Paul VI. zum Priester geweiht. Nach Abschluss seines Promotionsstudiums und der Rückkehr nach Hongkong wurde er 1970 Dozent für Theologie an der theologischen Ausbildungsstätte in Hong Kong und diente in den folgenden Jahren in verschiedenen Ämtern, zuletzt als Direktor des Heilig-Geist-Seminars. 1992 wurde er Generalvikar seiner Heimatdiözese Hong Kong, was zusätzliche Ämter mit sich brachte.

Am 13. September 1996 wurde er zum Titularbischof von Bossa und Weihbischof in Hongkong ernannt. Die Bischofsweihe empfing er am 9. Dezember 1996 in der Kathedrale von Hong Kong von Kardinal John Baptist Wu Cheng-Chung, Bischof von Hongkong. 1999–2009 war er zusätzlich Rektor des Heilig-Geist-Seminars in Hongkong. Am 30. Januar 2008 erfolgte die Ernennung zum Koadjutor-Bischof von Hongkong und am 15. April 2009 übernahm er das Bischofsamt von Hongkong.

Papst Benedikt XVI. kreierte ihn im Konsistorium vom 18. Februar 2012 zum Kardinalpriester und verlieh ihm am gleichen Tag das rote Birett, den Kardinalsring und die Titelkirche Regina Apostolorum. 2012 war er delegierter Präsident der Bischofssynode. Er nahm im März 2013 am Konklave teil, welches Papst Franziskus wählte.

Mureşan, Lucian (1931)

Mureşan wurde am 23. Mai 1931 in Ferneziu im Königreich Rumänien, heute Republik Rumänien, geboren. Seine Familie gehörte der rumänisch-griechisch-katholischen Kirche des byzantinischen Ritus an. Da die rumänisch-griechisch-katholische Kirche seit 1948 verboten war, konnte er zunächst nicht seine Ausbildung zum Priester aufnehmen.

Am 19. Dezember 1964 wurde er heimlich von Bischof Ioan Dragomir, dem Weihbischof in Maramureş zum Priester geweiht. Er übte neben seiner Arbeit als Schreiner sein Priesteramt zunächst heimlich aus, später wirkte er öffentlich in der Eparchie von Maramureş. Er wurde vom Klerus der Eparchie gebeten, die Seelsorge zu reorganisieren. Nach dem Tod von Bischof Dragomir übte er 1985–1986 das Amt des vorläufigen Ordinarius der Eparchie Maramureş aus und wurde 1986 offiziell als Kapitularvikar installiert.

Nach der Wende wurde er am 14. März 1990 zum Bischof von Maramureş der Rumänen ernannt und am 27. Mai 1990 in Baia Mare von Erzbischof Alexandru Todea von Făgăras und Alba Iulia der Rumänen zum Bischof geweiht. Am 4. Juli 1994 wurde er zum Erzbischof von Făgăras und Alba Iulia der Rumänen ernannt. Als Papst Benedikt XVI. die rumänisch-griechisch-katholische Kirche zu einer Kirche *sui iuris* erhob, die ein eigenes Oberhaupt hat und eine eigene Synode, wurde er am 16. Dezember 2005 zum Großerzbischof und Oberhaupt der rumänisch-griechisch-katholischen Kirche ernannt. Seine Metropolie Făgăras und Alba Iulia wurde in den Rang eines Großerzbistums erhoben.

Papst Benedikt XVI. kreierte ihn im Konsistorium vom 18. Februar 2012 zum Kardinalpriester und verlieh ihm am gleichen Tag das rote Birett, den Kardinalsring und die Titelkirche S. Athanasius. Da er bei seiner Erhebung in den Kardinalsstand bereits über 80 Jahre alt war, war er nicht mehr zur Teilnahme an einem Konklave berechtigt.

Ries, Julien (1920–2013)
Ries wurde am 19. April 1920 in Fouches in der Nähe von Arlon im Königreich Belgien geboren. Ab 1939 studierte er klassische Philologie und Philosophie an der Universität Namur. 1941 trat er in das Priesterseminar der Diözese Namur ein und studierte Theologie und Philosophie.

Am 12. August 1945 wurde er in der Kathedrale von Namur von Bischof André Charue von Namur zum Priester geweiht. Er wurde als Kaplan eingesetzt und absolvierte gleichzeitig ein Studium an der Katholischen Universität von Louvain. Dort erwarb er 1948 das Lizentiat in Theologie und 1949 in orientalischer Philologie und Geschichte. 1953 promovierte er in Theologie. 1950–1959 war er Kaplan und Religionslehrer, 1959–1968 Pfarrer der Pfarrei St. Jakob in Messancy und 1968–2000 Pfarrer der Gemeinde von Saint Materne in Suarlée. 1960–1985 war er Professor für Religionsgeschichte an der Katholischen Universität von Louvain und nach seiner Pensionierung war er 1985–1990 Gastprofessor. 1970 gründete er gemeinsam mit Philippe Delhaye und Gustave Thils die Revue Théologique de Louvain, die er bis 1976 als Sekretär betreute. 1975–1980 war er Leiter des Instituts für Orientalistik und Gründer des Zentrums für Religionsgeschichte an der Universität Heidelberg. 1979–1985 war er Mitglied des Päpstlichen Rates für den Interreligiösen Dialog. 2000 wurde er Kaplan der religiösen Familie „Das Werk" in Villers-Saint-Amand. Im Jahr 2009 spendete er seine Bücher und Papiere der Katholischen Universität Sacro Cuore von Mailand, wo er

2010 einen Ehrendoktortitel erhielt. 2010 ernannte ihn der Papst zum päpstlichen Ehrenkaplan (Monsignore).

Am 23. Januar 2012 wurde er zum Titularerzbischof von Belcastro ernannt. Die Bischofsweihe empfing er am 11. Februar 2012 in der Pfarrkirche Notre-Dame de la Visitation in Villers-Notre-Dame durch Erzbischof Giacinto Berloco, den Nuntius in Belgien.

Papst Benedikt XVI. kreierte ihn im Konsistorium vom 18. Februar 2012 zum Kardinaldiakon und verlieh ihm am gleichen Tag das rote Birett, den Kardinalsring und die Kirche San Antonio di Padova a Circonvallazione Appia als Titeldiakonie. Da er bei seiner Erhebung in den Kardinalsstand bereits über 80 Jahre alt war, war er nicht mehr zur Teilnahme an einem Konklave berechtigt.

Er starb am 23. Februar 2013 in Tournai und wurde auf dem Friedhof von Villers Saint-Amand beigesetzt.

Grech O.S.A., Prosper (1925)

Grech wurde am 24. Dezember 1925 in Vittoriosa auf der Insel Malta, damals Teil des Vereinigten Königreichs Großbritannien, heute Republik Malta, geboren und auf den Namen Stanley getauft. Nach der Schulzeit studierte er zunächst an der University of London in England und später ab 1942 an der Royal University of Malta Medizin, beendete dieses Studium aber nach einem Jahr und wirkte bei der Home Guard der Universität als Flak-Helfer. Noch während des Zweiten Weltkriegs trat er 1943 in den Orden der Augustinereremiten (Provinz Malta) ein und legte 1944 seine Profess ab. Dabei erhielt er den Ordensnamen Prosper. Anschließend studierte er für zwei Jahre Philosophie am Priorat St. Markus in Rabat, Malta. 1946 wurde er nach Rom gesandt und studierte bis 1950 Theologie in Rom. Während dieser Zeit lebte er am Collegio Internazionale Agostiniano S. Monica.

Am 25. März 1950 wurde er in der Lateranbasilika in Rom zum Priester geweiht und blieb für weitere Studien bis 1954 in Rom. 1953 wurde er an der Päpstlichen Universität Gregoriana promoviert. 1954 erwarb er das Lizentiat in Bibelwissenschaften am Päpstlichen Bibelinstitut. 1954 kehrte er nach Malta zurück und unterrichtete für zwei Jahre an Einrichtungen seines Ordens in Malta. 1957–1958 weilte er zu Forschungen in semitischen Sprachen an der Universität Oxford und 1958–1959 an der Universität Cambridge. 1959 kehrte er für zwei Jahre nach Malta zurück, um wieder an ordenseigenen Einrichtungen zu unterrichten.

1961 wurde er erneut nach Rom entsandt, um seine Promotion in Bibelwissenschaften abzuschließen. In Rom wurde er von dem päpstlichen Sakristan und Generalvikar für die Vatikanstadt, Bischof Petrus Canisius van Lierde O.S.A., zum Sekretär des vatikanischen Generalvikariates ernannt. Als solcher nahm er am Konklave von 1963 teil, welches am 21. Juni 1963 Papst Paul VI. wählte. 1965 wurde er Präsident des Istituto Teologico Augustinianum und lehrte dort als ordentlicher Professor. 1970 gründete er zusammen mit P. Agostino Trapé O.S.A. das Istituto Patristico Augustinianum in Rom und wurde 1971 zu seinem ersten Präsidenten gewählt, eine Position, die er bis 1979 innehatte. 1970 – 2002 lehrte er Biblische Hermeneutik am Päpstlichen Bibelinstitut in Rom, 1971 – 1989 Biblische Theologie an der Päpstlichen Lateranuniversität. Er ist Mitglied der Societas Novi Testamenti und der Association Internationale Patristique. 1984 wurde er Konsultor der Kongregation für die Glaubenslehre. 1998 besuchte er als Apostolischer Visitator die Seminare in Indien. 2003 wurde er durch Kardinalstaatssekretär Angelo Sodano zum Mitglied der Päpstlichen Theologischen Akademie ernannt. 2004 wurde er Mitglied der Päpstlichen Bibelkommission.

Am 21. Januar 2012 wurde er zum Titularerzbischof von San Leone ernannt. Die Bischofsweihe empfing er am 8. Februar 2012 in der Konkathedrale von Valleta von Erzbischof Paul Cremona von Malta.

Papst Benedikt XVI. kreierte ihn im Konsistorium vom 18. Februar 2012 zum Kardinaldiakon und verlieh am gleichen Tag das rote Birett, den Kardinalsring und die Kirche S. Maria Goretti als Titeldiakonie. Da er bei seiner Erhebung in den Kardinalsstand bereits über 80 Jahre alt war, war er nicht mehr zur Teilnahme an einem Konklave berechtigt.

Beim Konklave 2013, welches Papst Franziskus wählte, hielt er vor Beginn der ersten Abstimmung die vorgeschriebene Meditation und musste anschließend das Konklave verlassen.

Becker S.J., Karl Joseph (1928)

Becker wurde am 18. April 1928 in Köln im Deutschland der Weimarer Republik, heute Bundesrepublik Deutschland, geboren. Nach dem Abitur studierte er 1946 – 1948 Altphilologie an der Universität Köln. 1948 trat er in den Jesuitenorden ein. Nach dem Noviziat studierte er 1950 – 1953 an der Jesuitenhochschule Pullach (heute München) Philosophie und 1955 – 1959 Theologie an der Philosophisch-Theologischen Hochschule Sankt Georgen in Frankfurt/Main.

Am 31. Juli 1958 wurde er in Frankfurt zum Priester geweiht. 1963 wurde er promoviert. Anschließend lehrte er bis 1969 Dogmatik an der Philosophisch-Theologischen Hochschule Sankt Georgen. Ab 1969 lehrte er an der Päpstlichen Universität Gregoriana und wurde 1971 zum außerordentlichen Professor ernannt. 1975 – 2003 war er ordentlicher Professor für Dogmatik. Papst Paul VI. berief ihn 1977 zum Konsultor der Kongregation für die Glaubenslehre, in der er seit 1982 mit deren damaligem Präfekten Joseph Ratzinger zusammen arbeitete. Er war an der Vorbereitung der Gemeinsamen Erklärung zur Rechtfertigungslehre der Römisch-Katholischen Kirche und des Lutherischen Weltbundes beteiligt und nahm seit 2009 an den Gesprächen zwischen dem Heiligen Stuhl und der Pius-Bruderschaft teil.

Papst Benedikt XVI. kreierte ihn im Konsistorium vom 18. Februar 2012 zum Kardinaldiakon und verlieh ihm am gleichen Tag das rote Birett, den Kardinalsring und die Kirche San Gioliano Martire als Titeldiakonie. Da er bei seiner Erhebung in den Kardinalsstand bereits über 80 Jahre alt war, war er nicht mehr zur Teilnahme an einem Konklave berechtigt und wurde von der Verpflichtung zum Empfang der Bischofsweihe dispensiert.

Harvey, James Michael (1949)

Harvey wurde am 20. Oktober 1949 in Milwaukee im Bundesstaat Wisconsin, USA, geboren. Das Theologie- und Philosophiestudium begann er am Saint Francis Seminar in Milwaukee. Er wurde von seinem Erzbischof William Edward Cousins von Milwaukee zum Studium nach Rom an die Päpstliche Universität Gregoriana gesandt, wo er am nordamerikanischen Kolleg wohnte.

Am 29. Juni 1975 wurde er von Papst Paul VI. während des Heiligen Jahres für das Erzbistum Milwaukee zum Priester geweiht. Anschließend studierte er an der Diplomatenakademie und verfasste seine Dissertation in kanonischem Recht an der Gregoriana.

Am 25. März 1980 trat er in den diplomatischen Dienst des Heiligen Stuhls ein. 1980–1981 war er Mitarbeiter der Nuntiatur in der Dominikanischen Republik, 1981–1982 dort Nuntiatursekretär. 1982 trat er in das Staatssekretariat in Rom ein und wurde dort 1997 Auditor.

Am 7. Februar 1998 wurde er zum Titularbischof von Memphis und zum Präfekten des Päpstlichen Hauses ernannt. Die Bischofsweihe empfing er von Papst Johannes Paul II. in der Petersbasilika des Vatikans am 19. März 1998. Am 20. September 2003 wurde er zum Erzbischof erhoben. Am 23. November 2012 erfolgte die Ernennung zum Erzpriester der Basilika St. Paul Vor den Mauern in Rom.

Papst Benedikt XVI. kreierte ihn im Konsistorium vom 24. November 2012 zum Kardinaldiakon und verlieh am gleichen Tag das rote Birett, den Kardinalsring und die Kirche S. Pio V a Villa Carpegna als Titeldiakonie. Im März 2013 nahm er am Konklave teil, welches Papst Franziskus wählte.

Raï O.M.M., Béchara Boutros (1940)

Raï wurde am 25. Februar 1940 in Himlaya, welches damals auf französischem Mandatsgebiet lag, heute in der Republik Libanon, geboren. Nach der Schulzeit trat er in den maronitischen Orden der Seligen Jungfrau Maria (O.M.M.) ein und wurde von seinem Orden zum Studium für acht Jahre nach Rom geschickt. Er studierte Philosophie und Theologie an der Päpstlichen Lateranuniversität Rom, wo er das Lizentiat der Theologie und ein Doktorat in Kirchenrecht erwarb. Während seiner Zeit in Rom war er verantwortlich für die Programme in arabischer Sprache bei Radio Vatikan.

Am 3. September 1967 wurde er in Rom zum Priester geweiht. Mehrere Jahre leitete er das Scholastikat seines Ordens in Rom in der Zeit, als im Libanon der Bürgerkrieg tobte. Nach seiner Rückkehr gründete er das Fremdspracheninstitut in Louayzé. Er war Direktor der St. Rita School in Dbayé und Richter am Patriarchalgericht.

Die Patriarchalsynode der maronitischen Kirche wählte ihn am 2. Mai 1986 zum Patriarchalvikar und Titularbischof von Caesarea Philippi. Seine Bischofsweihe empfing er am 12. Juli 1986 in Bkerké vom maronitischen Patriarchen von Antiochien, Nasrallah Pierre Sfeir. Am 9. Juni 1990 wurde er zum ersten Bischof der neu errichteten maronitischen Eparchie Jbeil (Byblos) und Mitglied der Synode der maronitischen Kirche. 2003 wurde er Sekretär der Synode. Ab 2009 war er Präsident der Kommunikationskommission der maronitischen Kirche und als solcher verantwortlich für den Sender TeleLumiere/NourSat. Er nahm an der römischen Bischofssynode für den Nahen Osten im Oktober 2010 im Vatikan teil. Am 15. März 2011 wurde er von der Wahlsynode aller Bischöfe der maronitischen Kirche, welche sich in Bkerke versammelt hatte, zum 77. Patriarch von Antiochien der Maroniten gewählt. Am 24. März 2011 wurde die Wahl bestätigt und am 25. März 2011 verlieh ihm Papst Benedikt XVI. die *Ecclesiastica Communio*. Am selben Tag wurde er inthronisiert und übernahm die Patriarchatseparchie Joubbé, Sarba und Jounich. Er nahm im Oktober 2012 an der Bischofssynode im Vatikan teil.

Papst Benedikt XVI. kreierte ihn im Konsistorium vom 24. November 2012 zum Kardinal-Patriarchen und verlieh ihm am gleichen Tag die Urkunde und den Kardinalsring. Im März 2013 nahm er am Konklave teil, welches Papst Franziskus wählte.

Thottunkal, Baselios Cleemis (1959)

Thottunkal wurde am 15. Juni 1959 in Nedungadappally im Bundesstaat Kerala in der Republik Indien geboren und auf den Namen Isaac getauft. Er gehört der syromalankarisch-katholischen Kirche an. Seine ersten Studien absolvierte er am St. Berchmans College in Changanacherry. Dann wurde er für die philosophischen Studien an das Päpstliche St. Josephs Seminar nach Aluva gesandt, ein Jahr nach dem Abschluss zu den theologischen Studien an das Päpstliche Seminar nach Poona.

Am 11. Juni 1986 wurde er für die syro-malankarische Eparchie Battery von Bischof Cyril Baselios Malancharuvil O.I.C. von Battery zum Priester geweiht. Anschließend wurde er zum Masterstudium an das Dharmaram College in Bangalore gesandt, wo er 1988 den Master erwarb. Während dieser Zeit wirkte er als Vikar der syro-malankarischen Katholiken in Bangalore. Nach seiner Rückkehr nach Battery wurde er Rektor des St. Thomas Knabenseminars und Pfarrer der St. Thomas Kathedrale in Battery. Daraufhin wurde er zum Weiterstudium der ökumenischen Theologie nach Rom an die Päpstliche Universität St. Thomas von Aquin (*Angelicum*) nach Rom gesandt, wo er 1997 promoviert wurde. Nach seiner Rückkehr nach Battery wurde er Spiritual des Knabenseminars, Kanzler der Diözese und später Protosyncellus (Generalvikar).

Am 18. Juni 2001 wurde er zum Titularbischof von Chayal der Syro-Malankaren und Weihbischof in Thiruvananthapuram der Syro-Malankaren ernannt. Die Bischofsweihe empfing er am 15. August 2001 in Thiruvananthapuram von Erzbischof Cyril Baselios Malancharuvil O.I.C. von Thiruvananthapuram der Syro-Malankaren und nahm den Bischofsnamen Isaac Cleemis an. Er war zusätzlich bis 2003 Apostolischer Visitator der Syro-Malankaren in Europa und Nordamerika. Am 11. September 2003 wurde er zum Bischof von Tiruvalla der Syro-Malankaren ernannt. Im Februar 2006 wurde er zum stellvertretenden Vorsitzenden der Bischofskonferenz von Indien gewählt. Als am 15. Mai 2006 die Eparchie Tiruvalla zur Erzeparchie erhoben und zum Sitz einer Metropolitanprovinz wurde, wurde er am 10. Juni 2006 als Metropolitan-Erzbischof eingeführt. Die Synode der syro-malankarischen Kirche wählte ihn am 8. Februar 2007 zum Großerzbischof von Thiruvananthapuram. Papst Benedikt XVI.

bestätigte die Wahl am 10. Februar 2007. Als Großerzbischof nahm er den Namen Baselios Cleemis an und wurde am 5. März 2007 inthronisiert. Er nahm an der Bischofssynode im Vatikan von Oktober 2012 teil.

Papst Benedikt XVI. kreierte ihn im Konsistorium vom 24. November 2012 zum Kardinalpriester und verlieh ihm am gleichen Tag den Kardinalsring und die Titelkirche S. Gregorio VII. Im März 2013 nahm er am Konklave teil, welches Papst Franziskus wählte.

Onaiyekan, John Olorunfemi (1944)

Onaiyekan wurde am 29. Januar 1944 in Kabba in Britisch-Westafrika, heute Republik Nigeria, geboren. 1963–1965 studierte er Philosophie am Priesterseminar St. Peter und Paul in Bodija, Ibadan. Danach studierte er in Rom an der Universität *Urbaniana* und lebte in dieser Zeit auch im Kolleg an der *Urbaniana*. Dort erwarb er ein Lizentiat in Theologie.

Am 3. August 1969 wurde er in Kabba durch Bischof Auguste Delisle CSSp. von Lokoja zum Priester geweiht. Danach lehrte er Bibelwissenschaft und Französisch an der St. Kizito Schule in Isanlu. 1971 wurde er Rektor des St. Clemens-Knabenseminars von Lokoja. 1971 ging er wieder nach Rom und studierte am Päpstlichen Bibelinstitut, wo er mit dem Lizentiat abschloss. An der Universität *Urbaniana* wurde er 1976 mit einer exegetischen Arbeit promoviert. Nach seiner Rückkehr aus Rom wurde er erneut zum Rektor des Knabenseminars von Lokoja ernannt. 1977 wurde er Professor für Biblische Exegese am St. Peter und Paul Priesterseminar von Ibadan und dessen Prorektor. 1980 bis 1985 war er Mitglied der Internationalen Theologenkommission im Vatikan und wirkte 1981–1991 als Mitglied der Methodistisch/Römisch-Katholischen Kommission mit.

Am 10. September 1982 wurde er zum Titularbischof von Tunusuda und Weihbischof in Ilorin ernannt. Die Bischofsweihe empfing er am 6. Januar 1983 durch Papst Johannes Paul II. in der Petersbasilika des Vatikans. Am 7. Juli 1990 wurde er zum Koadjutor-Bischof von Abuja ernannt und übernahm das Bistum als Bischof von Abuja am 28. September 1992. Bei der Erhebung der Diözese zur Metropolitanerzdiözese wurde er am 26. März 1995 zum Metropolitan-Erzbischof erhoben. Von 1994 bis 2000 war er stellvertretender Vorsitzender der nigerianischen Bischofskonferenz, 2000 wurde deren Vorsitzender. 2001 wurde er Präsident der Vereinigung der Bischofskonferenzen des anglophonen Westafrika; 2003–2007 war er Präsident des Symposiums der Bischofskonferenzen von Afrika und Madagaskar (SECAM); 2007 wurde er zum Präsidenten von Christian Association of Nigeria (CAN) gewählt. Im Jahr 2012 war er Kandidat für den Friedensnobelpreis zusammen mit dem muslimischen Sultan von Sokoto, Alhaji Muhammed Sa'ad Abubakar III., für ihre Initiativen zur Bekämpfung des Fundamentalismus. Er nahm an der Bischofssynode von 2012 teil. Am 31. Oktober 2012 erhielt er den Prix de la Pax von Pax Christi International.

Papst Benedikt XVI. kreierte ihn im Konsistorium vom 24. November 2012 zum Kardinalpriester und verlieh ihm am gleichen Tag das rote Birett, den Kardinalsring und die Titelkirche S. Saturnino. Im März 2013 nahm er am Konklave teil, welches Papst Franziskus wählte.

Salazar Gómez, Rubén (1942)

Salazar Gómez wurde am 22. September 1942 in Bogotá in Kolumbien geboren. Er studierte am Seminar von Ibagué Philosophie und anschließend Theologie an der Päpstlichen Universität Gregoriana in Rom, wo er in Dogmatik ein Lizentiat erwarb. Am Päpstlichen Bibelinstitut erwarb er ein Lizentiat in Bibelwissenschaften.

Am 20. Mai 1967 wurde er von Bischof José Joaquín Flórez Hernández von Ibagué zum Priester geweiht. Anschließend wurde er Spiritual und Dozent am Collegio Tolimenze in Ibagué. Ab 1968 war er zusätzlich Kaplan. 1987–1990 wirkte er in Bogotá als Direktor des nationalen Sekretariats für Sozialpastoral der kolumbianischen Bischofskonferenz. Er wurde Mitglied des Päpstlichen Rates *Cor Unum* und Vertreter von Kolumbien im Exekutivrat von Caritas Internationalis. 1990 wurde er Pfarrer in Ibagué und Bischofsvikar für die Pastoral.

Am 11. Februar 1992 wurde er zum Bischof von Cúcuta ernannt. Die Bischofsweihe empfing er am 25. März 1992 von Nuntius Paolo Romeo. Am 18. März 1999 wurde er zum Erzbischof von Barranquilla ernannt. 2008–2011 war er Vorsitzender der kolumbianischen Bischofskonferenz. Am 8. Juli 2010 wurde er zum Erzbischof von Bogotá ernannt. Er nahm an der Bischofssynode von 2012 teil.

Papst Benedikt XVI. kreierte ihn im Konsistorium vom 24. November 2012 zum Kardinalpriester und verlieh ihm am gleichen Tag das rote Birett, den Kardinalsring und die Titelkirche S. Gerardo Maiella. Im März 2013 nahm er am Konklave teil, welches Papst Franziskus wählte.

Tagle, Luis Antonio Gokim (1957)

Tagle wurde am 21. Juni 1957 in Manila auf den Philippinen geboren. Er studierte Philosophie am St. José Seminar in Manila und Theologie an der theologischen Fakultät der Universität Manila.

Am 27. Februar 1982 wurde er in der Kathedrale von Imus von Bischof Felix Paz Perez von Imus zum Priester geweiht und in die Erzdiözese Manila inkardiniert. Anschließend war er 1982 bis 1983 Kaplan in Imus und Spiritual des Priesterseminar Imus, 1983–1985 war er dessen Regens. 1987–1991 absolvierte er ein Promotionsstudium an der Catholic University of America, Washington, D.C., USA. Nach seiner Rückkehr wirkte er u. a. ab 1993 als Bischofsvikar für die Ordensleute und war 1998–2001 Pfarrer der Kathedrale von Imus. Außerdem war er Mitglied des Konsultorenkollegiums der Diözese und des Priesterrates sowie Berater der Kommission für die Glaubenslehre der philippinischen Bischofskonferenz, deren Präsident er als Bischof wurde. 1997–2002 war er Mitglied der Internationalen Theologenkommission und wirkte 15 Jahre in der Redaktion des von Guiseppe Alberigo begründeten Projektes „History of Vatican II" mit.

Am 22. Oktober 2001 wurde er zum Bischof von Imus ernannt und empfing am 12. Dezember 2001 in der Kathedrale von Imus durch den Erzbischof von Manila, Kardinal Jaime Lachica Sin, die Bischofsweihe. Am 13. Oktober 2011 wurde er zum

Erzbischof von Manila ernannt. Im Oktober 2012 nahm er an der Bischofssynode teil und wurde in den Rat der Bischofssynode gewählt.

Papst Benedikt XVI. kreierte ihn im Konsistorium vom 24. November 2012 zum Kardinalpriester und verlieh ihm am gleichen Tag das rote Birett, den Kardinalsring und die Titelkirche S. Felice da Cantalice in Centocelle. Im März 2013 nahm er am Konklave teil, welches Papst Franziskus wählte.

Glossar wichtiger Begriffe und Einrichtungen

Abbreviatore de parco maggiore

Abbreviatoren waren Beamte der mittlerweile aufgehobenen Apostolischen Kanzlei, die die Niederschriften von päpstlichen Dokumenten und Akten zu erledigen hatten. Sixtus IV. organisierte diese in drei Kategorien, welche *parco* genannt wurden. Parco bedeutet Raum und Parco wurde jener Teil des Saales der Apostolischen Kanzlei genannt, der für die Abbreviatoren durch eine Balustrade abgetrennt war. Zum Parco maggiore gehörten 12 Abbreviatoren, die die Niederschriften der päpstlichen Dokumente zu besorgen hatten. Das Abbreviatorenkollegium wurde im Rahmen der Kurienreform von Pius X. 1908 aufgelöst und dessen Aufgaben gingen auf das Kollegium der Apostolischen Protonotare *de numero participantium* über.

Acta Apostolicae Sedis

Diesen Namen trägt das offizielle Amtsblatt des Heiligen Stuhls, in dem die Dokumente des Papstes und aller kurialen Behörden veröffentlicht werden. Es wird vom Staatssekretariat des Heiligen Stuhls herausgegeben. Alle in den *Acta Apostolicae Sedis* abgedruckten Dokumente erhalten nach Canon 8 § 1 des CIC drei Monate später Rechtskraft, falls nichts anderes verfügt wird. 1908 wurden mit der Kurienreform von Pius X. die *Acta Apostolicae Sedis* als offizielles Amtsblatt eingeführt. Bis heute sind sie in Latein abgefasst.

Adiutante di Studio

Adiutante di Studio ist ein höherer Dienstgrad innerhalb der Römischen Kurie. Ihre Arbeit gleicht der eines Fachreferenten. Ihre Aufgabe ist es, die Entscheidungen der jeweiligen Behörde vorzubereiten und Beschlussvorlagen zu erarbeiten. Von ihnen wird die Promotion in Theologie oder ein gleichwertiger akademischer Grad erwartet.

Almo Collegio Capranica

Das Collegio Capranica ist das älteste päpstliche Kolleg zur Ausbildung von Priesteramtskandidaten in Rom und nach seinem Gründer Kardinal Capranica benannt. Im 19. Jahrhundert entwickelte sich das Kolleg zu einer hervorragenden Ausbildungsstätte und arbeitete eng mit der Gregoriana und der Päpstlichen Diplomatenakademie zusammen. Aus ihm entstammen viele hohe Würdenträger der katholischen Kirche, so die Päpste Benedikt XV. und Pius XII.

Almosenier seiner Heiligkeit

Der Almosenier des Papstes ist der Leiter des päpstlichen Almosenamtes und ist stets im Rang eines Erzbischofs. Während einer Sedisvakanz bleibt er im Amt. Das Almosenamt unterstützt Einzelpersonen und Familien, die sich direkt an den Papst wenden. Die Einnahmen erhält das Almosenamt durch den Verkauf der Pergamenturkunden mit dem päpstlichen Segen.

Annuario Pontificio

Das Annuario Pontificio ist faktisch das „Who is Who" der katholischen Kirche und erscheint jährlich. Es gibt Auskunft über die weltweite Hierarchie der katholischen Kirche und bietet einige statistische Daten. Das Annuario Pontificio, welches unter diesem Namen seit 1912 durchgehend erscheint, hat mehrere Vorläufer, die mit Unterbrechungen seit 1716 in verschiedenen Formaten und mit unterschiedlichen Namen erschienen.

Apostolisches Breve/Bulle

Ein **Breve** ist eine besondere Form eines päpstlichen Dokumentes, welches seit dem 14. Jahrhundert in der päpstlichen Kanzlei, später im Sekretariat der Breven ausgestellt wird. Mit ihm werden Privilegien oder Indulte gewährt. Sie waren sehr geheim und fielen durch Weglassung von langen Formel und Klauseln wesentlich kürzer aus als Bullen. Sie wurden *ad viam breviam* (auf kurzem Wege) expediert. Eine **Bulle** ist eine Urkunde, mit der Papst in feierlicher Form einen Rechtsakt verkündet. Sie haben ihren Namen nach dem Siegel (lat. *bulla*), mit dem sie versehen waren. Heute wird eine Bulle fast nur noch bei der Ernennung von Bischöfen gebraucht.

Apostolische Kammer

Die Anfänge der Apostolischen Kammer gehen in das 4. Jahrhundert zurück. Sie war im Mittelalter für die gesamte Finanzverwaltung und die weltlichen Angelegenheiten des Heiligen Stuhls zuständig. Heute tritt sie nur noch während einer Sedisvakanz in Erscheinung. Im Falle des Todes eines Papstes muss sie dessen Beisetzung organisieren, in der Zeit der Sedisvakanz hat sie die Güter des Heiligen Stuhls zu verwalten sowie das Konklave zu organisieren. Die Apostolische Kammer wird von einem Kardinal, der den Titel **Camerlengo** trägt, geleitet. Sein Stellvertreter ist der **Vizecamerlengo,** der in der Regel ein an der Kurie tätiger Erzbischof ist.

Apostolische Kanzlei

Die Apostolische Kanzlei war eine der frühesten Behörden des Heiligen Stuhls und ihre Ursprünge liegen im 4. Jahrhundert. Die Kanzlei war für die Vorbereitung, Ausfertigung und den Versand päpstlicher Dokumente zuständig und hatte ihr Vorbild im römischen

Kanzleiwesen. Der Kanzler war auch der Notar des Konsistoriums. Nachdem sie zeitweilig mit dem Archiv und der Bibliothek verbunden war, wurde sie später wieder eine eigenständige Behörde und von einem Kardinalkanzler geleitet. 1973 löste Paul VI. die Apostolische Kanzlei auf und übertrug ihre Aufgaben dem Staatssekretariat.

Apostolische Konstitution/Motu Proprio

Bei einer **Apostolischen Konstitution** handelt es sich um ein päpstliches Schreiben, mit dem der Papst meist einen kirchenrechtlich relevanten Sachverhalt regelt, so z. B. den Ablauf des Konklaves oder die Gliederung der Kurie. Die in ihr erlassenen Vorschriften sind verbindlich. Ein **Motu Proprio** (lat. „aus eigenem Anlass") ist ein päpstliches Dokument, mit dem der Papst aus eigenem Willen und Anlass Gesetze und Verwaltungsvorschriften erlässt. Ein Motu Proprio wird nach den beiden ersten Worten zitiert (z. B. Motu proprio *Normas nonnullas* vom 22. Februar 2013).

Apostolischer Nuntius/Pronuntius/Internuntius/Apostolischer Delegat

Da der Heilige Stuhl ein völkerrechtliches Subjekt ist, kann er Gesandte entsenden. Den päpstlichen Gesandten zu Staaten, mit denen der Heiligen Stuhl reguläre diplomatische Beziehungen pflegt, nennt man **Apostolischer Nuntius.** Er ist immer im Erzbischofsrang. Seit dem Wiener Kongress ist der Apostolische Nuntius von Rechts wegen gleichzeitig auch Doyen des diplomatischen Corps, aber die Staaten sind nicht verpflichtet, sich daran zu halten. Ein Nuntius wird sowohl zur Regierung eines Staates entsandt als auch zu der Ortskirche eines Landes. So werden z. B. die Bischofsernennungen eines Landes i. d. R. von dem zuständigen Nuntius vorbereitet. Wird ein päpstlicher Gesandter im Bischofsrang allein zu einer Ortskirche gesandt, ohne bei der Regierung des Staates akkreditiert zu sein, nennt man ihn **Apostolischen Delegaten.** Als **Pro-Nuntius** bezeichnet man den päpstlichen Gesandten im Bischofsrang dort, wo er nicht von Rechts wegen Doyen des diplomatischen Corps ist. Ist die rechtliche Situation einer päpstlichen Vertretung noch nicht geklärt, wurde früher dorthin ein Geistlicher im Bischofsrang als **Internuntius** gesandt, heute entsendet man in solche Gebiete einen Missionschef, d. h. einem hochrangigen päpstlichen Diplomaten, der nicht zwingend im Bischofsrang sein muss. Die Titel Pronuntius und Internuntius wurden mittlerweile abgeschafft.

Apostolischer Palast

Als Apostolischen Palast bezeichnet man die Gebäude, in denen der Papst seine Residenz hat, so den Vatikanpalast und den Palast in der päpstlichen Sommerresidenz Castel Gandolfo.

Apostolische Pönitentarie

Als Apostolische Poenitentarie wird der Gerichtshof der Kurie bezeichnet, der sich mit Gewissensfragen – dem sogenannten *forum internum* – und Ablässen beschäftigt. Seine Existenz wird erstmals im 13. Jahrhundert erwähnt. Für den Bereich des *Forum internum* gewährt die Poenitentarie Absolutionen und Dispense sowie den Nachlass von zeitlichen Sündenstrafen und die Umwandlung von Verpflichtungen aus Gelübden. Außerdem ist die Poenitentarie für die Ablässe zuständig, die nicht in den Zuständigkeitsbereich der Glaubenskongregation fallen, die für die theologischen Fragen des Ablasswesens zuständig ist.

Wenn der Papst einen Ablass gewährt, stellt die Poenitentarie ein entsprechendes Dekret aus. Sie ist für die Beichtväter in den Papstbasiliken zuständig, die mit allen Befugnissen ausgestattet sind.

Die Leitung der Poenitentarie hat ein Kardinal – Kardinalgoßpoenitentiar genannt. Sein Amt bleibt während einer Sedisvakanz bestehen und auch im Konklave muss dafür gesorgt werden, dass er die notwendigen Informationen erhält, die zur Entscheidungsfindung notwendig sind. Sein Stellvertreter wird Regent (*regente*) genannt.

Apostolische Präfektur

Eine Apostolische Präfektur nennt man ein Territorium, welches sich auf der ersten Stufe im Prozess der Heranbildung einer kirchlichen Organisationsstruktur befindet. Es wird von einem Apostolischen Präfekten geleitet, welcher nicht zwangsläufig Bischof sein muss. Er leitet im Auftrag des Papstes dieses Territorium.

Ist ein bestimmter Organisationsgrad erreicht, wird aus der Apostolischen Präfektur ein Apostolisches Vikariat. Der Abschluss der Organisationsausbildung bedeutet die Errichtung einer Diözese bzw. Bistums, welches der Normalfall eines kirchlichen Verwaltungsbezirkes ist. Eine Präfektur errichtet man entweder in Missionsgebieten oder wo die Herausbildung von Diözesen aus politischen Gründen inopportun ist, z. B. in der Volksrepublik China.

Apostolischer Protonotar

Als Apostolische Protonotare bezeichnet man zwei Personengruppen. Die erste Personengruppe nennt man Apostolische Protonotare di Numero Partecipanti. Zu dieser Gruppe gehören 7 Prälaten, welche die Notare des Papstes sind. Sie sind für die ordnungsgemäße Abfassung von Urkunden und Akten jeglicher Art, so z. B. Ernennungsurkunden, Urkunden zu Beginn und Ende eines Konklaves oder zu Selig- und Heiligsprechungen bis hin zur Feststellung von Tod oder Rücktritt eines Papstes verantwortlich.

Zur zweiten Gruppe gehören diejenigen Priester, die diesen Titel ehrenhalber verliehen bekommen und deswegen Apostolische Protonotare *supra numerum*, „überzählige" Apostolische Protonotare genannt werden. Dieser Titel ist der höchste der drei Ehrentitel, die vom Papst Priestern verliehen werden. Er wird entweder *ad vitam* (lebenslang) verliehen (das betrifft verdienstvolle Priester ebenso wie die Kanoniker der päpstlichen Basiliken in Rom) oder *durante munere* für die Dauer eines Amtes, welches sie ausüben. Zu diesem Personenkreis gehört u.a. der Rektor der Hofkapelle in Wien.

Apostolische Signatur
Die Apostolische Signatur ist das oberste Berufungsgericht der katholischen Kirche und heute in drei Sektionen unterteilt, die sich mit gerichtlichen Angelegenheiten (z. B. Nichtigkeitserklärungen, Kompetenzkonflikte), Verwaltungsgerichtsbarkeit (z. B. Berufungen gegen Entscheidungen der einzelnen kurialen Behörden) und administrativer Gerichtsbarkeit (z. B. Überwachung von Amtsführungen) beschäftigen. In ihrer jetzigen Form wurde sie 1908 von Pius X. eingerichtet und seither gab es immer wieder Kompetenzveränderungen. Ihre Vorläufer waren der bis zum Ende des Kirchenstaates 1870 existierende oberste weltliche Gerichtshof des Kirchenstaates, der „Apostolische Signatur der Gerechtigkeit" genannt wurde. Bis 1908 gab es in Form einer Kongregation auch die „Apostolische Signatur der Gnade", welche die Aufgabe hatte, Rechtsschwierigkeiten zu überwinden und persönliche Gnade zu gewähren. Sie wurde vom Papst persönlich geleitet.
Die heutige Apostolische Signatur wird von einem Kardinal als Präfekten geleitet.

Apostolischer Administrator
Ein Apostolischer Administrator ist entweder der Leiter einer Apostolischen Administratur oder der vom Papst eingesetzte Leiter einer Diözese oder eines anderen kirchlichen Verwaltungsbezirkes. Eine Apostolische Administratur ist eine kirchliche Verwaltungseinheit, die einer Diözese ähnlich ist, aber nicht als Diözese existiert.

Archivar und Bibliothekar *S.E.R.*
Als Archivar der Heiligen Römischen Kirche (*S.E.R.*) bezeichnet man den Leiter des vatikanischen Geheimarchivs, der aber meist die faktische Leitung vom Präfekten des vatikanischen Geheimarchivs wahrnehmen lässt. Der Titel „Archivar *S.E.R.*" wurde 1879 von Leo XIII. erstmals eingeführt. Seit 1919 ist dieser Titel mit dem Titel „Bibliothekar S.E.R." verbunden, dem die oberste Verwaltung der vatikanischen Bibliothek anvertraut ist. Auch die vatikanische Bibliothek wird von einem Präfekten geführt. Der „Archivar und Bibliothekar *S.E.R.*" ist heute i.d.R. im Kardinalsrang.

Assessor
Assessoren wurden bis Februar 1966 die höheren Prälaten des Heiligen Offiziums, der Konsistorialkongregation und der Kongregation für die Ostkirchen genannt. Präfekt dieser Kongregationen war der Papst selbst. Die faktische Leitung lag in den Händen des jeweiligen Kardinal-Sekretärs der Kongregation. Das Amt der Assessoren war

vergleichbar mit dem heutigen Amt des Sekretärs einer Kongregation. Heute haben die oben genannten Kongregationen einen Kardinalpräfekten und einen Sekretär im Erzbischofsrang als Leiter.

1967 wurde das Amt des Assessors im Staatssekretariat eingeführt. Es entspricht dem Rang der Untersekretäre in den Kongregationen und ist der Stellvertreter des Substituten im Staatssekretariat.

Bis zur Auflösung des Kirchenstaates 1870 gab es in der weltlichen Verwaltung des Kirchenstaats auch sogenannte Zivilassessoren, die vor allem in der Justiz tätig waren.

Athenaeum
Siehe **Päpstliche Universität/Päpstliche Hochschule/*Athenaeum***

Auditor
Im kirchlichen Prozesswesen ist der Auditor der Vernehmungs- oder Untersuchungsrichter. Er wird meist als Kirchenanwalt bezeichnet.

Im römischen Kontext werden und wurden mit diesem Titel mehrere Prälaten bezeichnet. Bis 1968 gab es das Amt des *Auditors seiner Heiligkeit,* dessen Inhaber ursprünglich der persönliche juristische Berater des Papstes war. Im Laufe der Jahrhunderte wurde dieses Amt immer mehr modifiziert, seine Aufgaben mit anderen Ämtern verbunden und schließlich ganz abgeschafft.

Weiter werden die Mitglieder des Richterkollegiums der Römischen Rota Auditoren genannt und bilden das Kollegium der Auditorenprälaten. Sie müssen Priester und in beiderlei Rechten promoviert sein.

Weiter gibt es den Generalauditor der Apostolischen Kammer, welcher direkt hinter dem Camerlengo und Vizecamerlengo kommt, heute aber ein Ehrenamt ist.

Im päpstlichen Gesandtschaftswesen ist und war der Auditor – meist Uditore genannt – die rechte Hand des Nuntius, einem Botschaftsrat oder Legationsrat vergleichbar.

B.A.
Kürzel für den melkitischen Basilianerorden von Aleppo (*Ordo Basilianus Aleppensis Melcitarum*)

Birett
Siehe **Pileolus/Birett/Mitra**

Bischof, Titularbischof, Erzbischof, Koadjutor *c.i.s.*, Metropolit
Der **Bischof** ist der Träger des höchsten sakramentalen Weiheamtes in der katholischen Kirche. Auch der Papst hat keine höhere Weihe. Alle anderen Titel beziehen sich auf die Jurisdiktionsvollmacht eines Bischofs. Der Leiter einer Diözese wird **Bischof** genannt. Wenn seine Diözese Sitz einer Kirchenprovinz (Metropolie, Erzbistum) ist, trägt er den Titel **Erzbischof** oder **Metropolit** oder **Metropolitan-Erzbischof**. Ist ein Bischof kein Leiter einer Diözese oder Erzdiözese, sondern hat eine Funktion als Hilfsbischof (Weihbischof, Auxiliarbischof) oder als Diplomat des Heiligen Stuhls, so wird er auf eine Titulardiözese geweiht und trägt den Titel **Erzbischof** oder **Bischof**.

Ein **Koadjutorbischof** *c.i.s.* ist ein im Bischofsrang stehender Geistlicher, der mit besonderen Vollmachten ausgestattet sein kann und im Falle des Verzichts oder Todes eines Diözesanbischofs sofort seine Nachfolge übernimmt. Der CIC – *Codex Iuris Canonici* (Codex des kanonischen Rechts) – von 1983 kennt nur noch diese Form. Der CIC von 1917 kannte auch den **Koadjutor** *sedi datus*, d. h. es handelte sich um eine Person im Bischofsrang mit vom Bischof oder Papst gewährten besonderen Vollmachten, aber ohne Nachfolgerecht.

Bischofskonferenz
Eine Bischofskonferenz setzt sich i. d. R. aus den Bischöfen, Weihbischöfen, Diözesanadministratoren und Koadjutoren einer Nation oder Region zusammen. Sie dient der Koordination und Kooperation der Mitgliedsdiözesen. Ihre Kompetenzen sind im *Codex Iuris Canonici* in den Canones 447–459 geregelt. Im Bereich ihrer Konferenz besitzt sie Lehrautorität, Beschlüsse gewinnen aber erst dann Gültigkeit, wenn die Diözesanbischöfe diese in ihren entsprechenden Diözesen im Amtsblatt veröffentlichen und umsetzten.

Bischofssynode
Die Bischofssynode geht zurück auf das II. Vatikanische Konzil und wurde vom Papst Paul VI. 1965 eingerichtet. Sie wird vom Papst einberufen und hat beratende, jedoch keine gesetzgebende oder lehramtliche Gewalt, es sei denn, der Papst gewährt diese Rechte.

Man unterscheidet zwischen ordentlichen und außerordentlichen Bischofssynoden. Eine ordentliche Bischofssynode beschäftigt sich mit einem vom Papst festgelegten Thema und zu ihr werden Delegierte aus allen Bischofskonferenzen entsandt. Außerordentliche Bischofssynoden bzw. Sondersynoden beschäftigen sich mit speziellen Problemen oder mit einzelnen Kontinenten, zu der Delegierte der betroffenen Bischofskonferenzen entsandt werden. Darüber hinaus beruft der Papst weitere Delegierte und Experten.

Zur Vor- und Nachbereitung einer Bischofssynode wird jeweils ein Synodenrat gebildet, deren Mitglieder von Bischofssynode gewählt und teilweise vom Papst berufen werden.

Die Organisation und Durchführung einer Bischofssynode wird von einem ständigen Synodensekretariat in Rom wahrgenommen, an deren Spitze ein Generalsekretär im Bischofsrang und ein Untersekretär stehen.

Camerlengo/Vizecamerlengo
Der **Camerlengo** ist der Leiter der Apostolischen Kammer, sein **Stellvertreter** ist der **Vizecamerlengo**. Der Camerlengo, der immer im Kardinalsrang ist, hat vor allem in der Sedisvakanz, d. h. in der Zeit nach dem Tod oder Amtsverzicht eines Papstes eine zentrale Stellung. Im Falle des Todes eines Papstes stellt er offiziell seinen Tod fest und stellt die Todesurkunde aus. Er ist für die Verwaltung der Kirche während der Sedisvakanz, für die Vernichtung des Rings und des Bleisiegel des Papstes sowie die Versiegelung der päpstlichen Amtsräume und Privaträume und die Inbesitznahme der Apostolischen Paläste zuständig. Er muss das Konklave für die Wahl eines Papstes organisieren und im Falle des Todes eines Papstes dessen Beisetzung.

Codex Iuris Canonici (CIC)/*Codex Canonum Ecclesiarum Orientalium* (CCEO)
Das kirchliche Gesetzbuch wird **Codex Iuris Canonici** – kurz CIC – genannt. Der aktuell gültige CIC wurde 1983 promulgiert und in Kraft gesetzt und löste den CIC von 1917 ab. Der CIC von 1983 enthält 1752 Einzelvorschriften (Canones), welche in sieben Bücher gegliedert sind. Er ist für die gesamte lateinische – römisch-katholische – Kirche gültig. Für die mit Rom unierten katholischen Ostkirchen gibt es ein eigenes Gesetzbuch, der **Codex Canonum Ecclesiarum Orientalium** (CCEO), welcher 1990 promulgiert wurde.

C.S.B.
Kürzel für die Kongregation der Basiliuspriester (*Congregatio Sancti Basilii*).

C.I.C.M.
Kürzel für Scheut-Missionare oder Scheutvelder Missionare (*Congregatio Immaculati Cordis Mariae*).

C.M.
Kürzel für die Kongregation der Lazaristen (*Congregatio Missionis*).

C.M.F.
Kürzel für die Kongregation der Söhne des Herzens Mariens – Claretiner (*Cordis Mariæ Filii – Congregatio Missionariorum Filiorum Cordis Mariæ*).

C.O.
Kürzel für die Gemeinschaft der Oratorianer des Philip Neri (*Congregatio Oratoriani*), häufig auch als **O.R.** oder **Orat.** abgekürzt.

C.P.P.S.
Kürzel für die Kongregation der Missionare vom Kostbaren Blut (*Congregatio Pretiosissimi Sanguinis*).

C.R.S.
Kürzel für den Orden Regularkleriker von Somasca (*Ordo Clericorum Regularium a Somascha*).

C.R.S.P.
Kürzel für die Regularkleriker von St. Paul = Barnabiten (*Clerici Regulares Sancti Pauli*).

C.R.S.A.
Kürzel für Augustinerchorherren (*Canonici Regulares Sancti Augustini*), gelegentlich auch als **Can. Reg. Aug.** abgekürzt.

C.R.S.I.E.
Kürzel für die portugiesischen Regularkanoniker Johannes des Evangelisten (portug. „Conegos de S. João Evangelista", lat. *Canonici Regulares Sancti Ioannes Evangelistae*).

C.S.
Kürzel für die Kongregation der Scalabriner (*Congregatio Scalabriniana*).

C.S.C.
Kürzel für die Kongregation vom Heiligen Kreuz (*Congregatio Sanctae Crucis*).

CSsR.
Kürzel für den Redemptoristenorden (*Congregatio Sanctissimi Redemptoris*).

Diözese/Bistum

Als Diözese bzw. im deutschprachigen Raum als Bistum bezeichnet man die Vollform eines kirchlichen Verwaltungsbezirkes, der von einem Bischof geleitet wird. In seiner Diözese hat der Bischof volle Leitungs- und Lehrgewalt. Die Errichtung bzw. Änderung der territorialen Umschreibung einer Diözese obliegt dem Heiligen Stuhl. Mehrere Diözesen bilden eine Kirchenprovinz, diese wird von einem Erzbischof bzw. Metropoliten geleitet, der einer Erzdiözese bzw. Metropolitandiözese vorsteht.

Dombauhütte/Fabrik von St. Peter

Die Fabrik von St. Peter oder die Dombauhütte von St. Peter ist aus der früheren Kongregation der Fabrica di S. Pietro hervorgegangen und hat die Aufgabe, alle baulichen Unterhaltungsmaßnahmen am Petersdom zu koordinieren. Sie wird von einem Präsidium mit dem Erzpriester von St. Peter an der Spitze geleitet und beschäftigt über 100 Spezialisten, Bauarbeiter, Reinigungskräfte etc. Sie verfügt über ein umfangreiches Archiv.

Dr. *utriusque iuris*

Der Doktor *utriusque iuris* (beiderlei Recht), gelegentlich auch *Doctor in utroque iure* oder *Juris utriusque doctor* genannt, basiert auf der an den mittelalterlichen Universitäten gemachten Unterscheidung zwischen zivilem (*Corpus iuris civilis*) und kanonischem Recht (*Corpus iuris canonici*). Ein Kandidat, der bei seiner Promotionsprüfung sowohl in zivilem als auch in kanonischem Recht Leistungen erbracht hat, erhält an heute nur noch sehr wenigen Universitäten und Hochschulen den Dr. *utriusque iuris*. In Rom wurde 1853 von Pius IX. an der heutigen Lateranuniversität – damals nach dem Ort, dem Palazzo S. Apollinare meist auch Institut S. Apollinare genannt – neben der Fakultät für kanonisches Recht auch das Päpstliche Institut *Utriusque Iuris* gegründet, an welchem viele Kirchenjuristen ausgebildet wurden und einen Dr. *utriusque iuris* erwarben.

Erzpriester und Kapitel von St. Peter

Das **Kapitel von St. Peter** setzt sich aus Geistlichen zusammen, welche für die regelmäßigen Gottesdienste der Basilika zuständig sind. Sie haben im Gegensatz zu Domkapiteln keine exekutive Gewalt. Dem Kapitel steht der **Erzpriester von St. Peter** vor, der im Range eines Kardinals ist. Es existieren auch Kapitel an Päpstlichen Basiliken St. Johannes im Lateran und S. Maria Maggiore, die jeweils von einem Erzpriester geleitet werden. Kein Kapitel existiert an der Päpstlichen Basilika St. Paul vor den Mauern, die seit 2006 auch von einem Erzpriester geleitet wird.

Galero

Siehe **Kardinalshut/Galero/roter Hut**

Geheimkämmerer, päpstlicher, Kaplan seiner Heiligkeit (päpstlicher Ehrenkaplan)

Der Titel „Kaplan seiner Heiligkeit" ist die niedrigste Stufe der päpstlichen Ehrentitel für Priester. Die Anrede ist „Monsignore". Der Titel „Kaplan seiner Heiligkeit" wurde von Paul VI. eingeführt und löste den Titel „Geheimkämmerer seiner Heiligkeit" oder „Päpstlicher Geheimkämmerer" ab.

Güterverwaltung des Heiligen Stuhls (APSA)/Präfektur für wirtschaftliche Angelegenheiten des Heiligen Stuhls

Dieses Amt, das nach seinem lateinischen Namen *Administratio Patrimonii Sedis Apostolicae* auch abgekürzt APSA genannt wird, ist die Finanzverwaltung des Heiligen Stuhls. Sie ist zuständig für die Verwaltung der Güter und Immobilien, die Lohn- und Gehaltszahlungen sowie die Unterhaltung der diplomatischen Vertretungen des Heiligen Stuhls. Sie wird von einem Präsidenten im Kardinalsrang geleitet.

Die **Präfektur für die wirtschaftlichen Angelegenheiten des Heiligen Stuhls** koordiniert und verwaltet die gesamten Finanz- und Wirtschaftsangelegenheiten aller Organe des Heiligen Stuhls und gleicht einem Rechnungshof oder einem Finanzamt. Sie wird von einem Präsidenten im Kardinalsrang geleitet.

Hausprälat, päpstlicher; päpstlicher Ehrenprälat

Als päpstlichen Hausprälaten und seit 1968 als päpstlichen Ehrenprälaten bezeichnet man die zweite Stufe der päpstlichen Ehrentitel.

Heiliger Stuhl/Apostolischer Stuhl

Als Heiligen Stuhl oder Apostolischen Stuhl bezeichnet man das Amt des Papstes als die oberste Leitung der katholischen Kirche weltweit und letztlich auch den Papst und seine Römische Kurie als die in seinem Namen tätigen Organe. Der Heilige Stuhl ist weiter ein Völkerrechtssubjekt, er pflegt mit vielen Staaten der Welt diplomatische Beziehungen und entsendet Botschafter. Als Relikt früherer Zeiten, wo mehrere Bischofssitze den Titel „Heiliger Stuhl" trugen, wird heute noch der Bischofssitz von Mainz „Heiliger Stuhl von Mainz" genannt.

in commendam

Mit diesem Begriff ist der Vorgang bezeichnet, dass eine Person die wirtschaftlichen Einkünfte z. B. einer Kirche oder eines Klosters erhält, ohne dort zu residieren oder den Titel innezuhaben. Kardinäle z. B. konnten, wenn sie in die Klasse der Kardinalbischöfe aufrückten, ihre bisherigen Titelkirchen und -diakonien *in commendam* behalten und treuhänderisch weiter verwalten. Gleiches gilt für den **Kommendatarabt**, der nicht in einem Kloster lebt, sondern die Einkünfte eines Klosters erhält. Der Konvent wird i. d. R. dann von einem Prior geleitet.

Kardinaldatar

Dieses Amt, welches 1968 abgeschafft wurde, gehörte zu den ältesten Ämtern der Römischen Kurie und hatte seinen Namen daher, dass neben der Unterschrift des Papstes eine andere Person dieses Dokument zu datieren hatte. Im Laufe der Zeit kamen weitere Kompetenzen hinzu, so konnte er Gnadenbewilligungen, Dispense und Benefizien zu gewähren. Seit dem 17. Jahrhundert stand der Pro-Datar im Kardinalsrang.

Kardinal *in pectore*

Als Kardinal *in pectore* (lat. „in der Brust") bezeichnet man einen Geistlichen, der zwar vom Papst zum Kardinal kreiert ist, dessen Name aber aus politischen oder kirchenpolitischen Erwägungen heraus noch nicht bekannt gegeben wurde. Nach der Veröffentlichung seines Namens erhält ein so kreierter Kardinal die Rangstellung seit seiner *in pectore* Kreierung. Falls der Papst vor der Namensnennung verstirbt oder zurücktritt, verfällt eine solche Kreierung faktisch.

Kardinalshut/Galero/roter Hut

Als Kardinalshut bezeichnet man den bis 1963 bei der Kardinalskreierung den Kardinälen aufs Haupt gesetzten **roten Hut** mit breiter Krempe und 15 Quasten. Dieser Hut wurde auch **Galero** genannt. Der Kardinalshut wurde nach der Kreierung vom Kardinal nicht mehr benutzt. Erst nach dem Tode des Kardinals wurde er diesem auf dessen Sarg gelegt und später über dessen Grab gehängt. Der Kardinalshut kommt aber bis heute im Wappen eines Kardinals vor.

Kardinaldekan

Der Kardinaldekan ist der Vorsitzende des Kardinalskollegiums. Er gehört der Klasse der Kardinalbischöfe an, wird nur von diesen gewählt und anschließend vom Papst bestätigt. Zusätzlich zu seinem Titularbistum übernimmt er noch das Bistum Ostia, welches von der Diözese Rom mitverwaltet wird. Er hat keinerlei Rechte über die anderen Kardinäle, sondern ist *primus inter pares*. Mit Eintritt der Sedisvakanz hat er die Kardinäle nach Rom zu den von ihm geleiteten Generalkongregationen zu berufen und das Konklave zu leiten. Im Falle des Todes eines regierenden Papstes leitet er dessen Beisetzung.

Kardinalprotodiakon

Der Kardinalprotodiakon ist der ranghöchste Kardinal der Klasse der Kardinaldiakone. Seine prominenteste Aufgabe ist es, nach erfolgreicher Papstwahl dem Volk den Namen des neuen Papstes zu verkünden und ihm bei dessen Amtseinführung das Pallium umzulegen.

Kardinalsklassen

Die Kardinäle werden aus historischen Gründen bis heute in Kardinaldiakone, Kardinalpriester und Kardinalbischöfe unterteilt. Indem den Kardinalpriestern und den Kardinaldiakonen in Rom eine Kirche als Titelkirche bzw. Titeldiakonie zugeteilt wird, gehören sie faktisch dem römischen Klerus an.

Die Kardinalbischöfe sind Titularbischöfe der in der Bannmeile von Rom liegenden Bistümer, den sogenannten suburbikarischen Bistümern. Kardinaldiakone und Kardinalbischöfe sind meist an der Römischen Kurie tätig, Kardinalpriester meist Erzbischöfe und Bischöfe in Diözesen in aller Welt.

Kardinalstaatssekretär

Der Kardinalstaatssekretär ist der Leiter des Staatssekretariates, damit quasi der Regierungschef der katholischen Weltkirche und der ranghöchste Kurienprälat. Er führt die alltäglichen Geschäfte der Römischen Kurie, er führt im Namen des Papstes politische Verhandlungen und empfängt die beim Heiligen Stuhl akkreditierten Diplomaten, die Staatsoberhaupter und Regierungschefs und ist verantwortlich für das Gesandtschaftswesen des Heiligen Stuhls. Von Amts wegen ist er Mitglied der wichtigsten römischen Behörden und hat das Recht, die Kardinalpräfekten und Leiter der kurialen Behörden zu regelmäßigen Versammlungen einzuberufen. 1984 übertrug Johannes Paul II. dem Kardinalstaatssekretär auch die weltliche Macht und die Verantwortung über den Vatikanstaat. Im Falle der Sedisvakanz verliert er sein Amt und das Staatssekretariat wird vom Substituten kommissarisch geleitet.

Das Amt des Kardinalstaatssekretärs hat sich aus dem des päpstlichen Haussekretärs (*Secetarius domesticus*), der für die Breven und die Korrespondenz in lateinischer Sprache verantwortlich war und dem Amt des persönlichen Sekretärs, welcher meist ein Verwandter war und später als Kardinalnepot bezeichnet wurde, entwickelt. Letzterer hatte die diplomatische Korrespondenz zu führen und die Kontakte zu den Nuntiaturen zu halten.

Der Kardinalstaatssekretär hat seine Wohnung und seine Amtsräume im Apostolischen Palast.

Kardinalvikar

Der Kardinalvikar ist der Generalvikar des Papstes für das Bistum Rom, welches er in seinem Auftrag leitet. Er wird unterstützt vom **Viceregente**, einem bischöflichen Stellvertreter und mehreren Weihbischöfen. Er residiert im Lateranpalast und ist Erzpriester der Lateranbasilika. Während der Sedisvakanz bleibt der Kardinalvikar im Amt.

Kirchenstaat/Vatikanstaat

Als **Kirchenstaat** bezeichnete man jenes weltliche Territorium, welches der Papst vom 8. Jahrhundert bis 1870 regierte. Dieses Gebiet umfasste mittelitalienische Gebiete und hatte im Laufe der Jahrhunderte eine unterschiedliche Ausdehnung, zuletzt umfasste er nur noch Rom und die umliegende Region Latium. 1870 wurden die letzten Reste des Kirchenstaates vom neuen italienischen Staat annektiert. Der Papst zog sich als „Gefangener" in den Vatikan zurück. 1929 wurde die sogenannte „römische Frage" durch die Lateranverträge geregelt und der **Staat der Vatikanstadt** wurde gegründet. Er umfasst den Vatikan, die Päpstliche Sommerresidenz Castel Gandolfo und einige exterritoriale Gebäude auf römischem Stadtgebiet. Der Staat der Vatikanstadt ist zwar ein souveräner Staat, aber er ist Teil des Heiligen Stuhls, der ein völkerrechtliches Subjekt ist.

Koadjutor *c.i.s.*
Siehe **Bischof**

Kongregation

Als Kongregation bezeichnet man die aktuell neun Kurienbehörden, die im Auftrag des Papstes und auf dessen Anweisung hin die ordentliche Regierungsgewalt in der katholischen Weltkirche wahrnehmen. Ihre Ursprünge reichen teilweise sehr weit zurück. Ursprünglich war es die Versammlung (*congregatio*) der Kardinäle, welche den Papst bei Regierungsgeschäften beriet und im Konsistorium zeitweise unregelmäßig, zeitweise regelmäßig zusammenkam. Papst Sixtus V. (1585–1590) richtete bei seiner Kurienreform die Kongregationen als dauerhafte kuriale Institutionen ein. Es gab Kongregationen für die Regierung des Kirchenstaates und die Regierung der katholischen Weltkirche. Im Laufe der Zeit wurden immer wieder Kongregationen aufgelöst oder neu eingerichtet und Zuständigkeiten der einzelnen Kongregationen verändert und modifiziert. Eine Kongregation besteht auch heute aus mehreren Kardinälen und Bischöfen, sie wird von einem Präfekten, der i.d.R. im Kardinalsrang ist, geleitet, dem ein Sekretär im Rang eines Erzbischofs und ein bis mehrere Untersekretäre zur Seite stehen. Dazu kommen Konsultoren, die die Kongregationen beraten.

Aktuelle Kongregationen

Seit der Kurienreform von 1988 gibt es an der Römischen Kurie neun Kongregationen:

Kongregation für die Glaubenslehre
Sie wurde 1542 als *Congregatio Romanae et Universalis Inquisitionis* gegründet und wurde 1908 in die *Suprema Congregatio de Sanctae Officii* umbenannt. 1965 wurde sie in „Kongregation für die Glaubenslehre" umbenannt. Sie ist in die Sektionen für Lehre, Disziplin und Ehefragen unterteilt. Seit 2010 ist ihr auch die Päpstliche Kommission *Ecclesia Dei*, welche sich um die traditionsverbundenen Gruppen kümmert, angegliedert. Darüber hinaus ist ihr die Päpstliche Bibelkommission

und die internationale Theologenkommission angegliedert. Ihr Leiter trägt den Titel „Präfekt" und ist i. d. R. ein Kardinal.

Kongregation für die orientalischen Kirchen
Sie wurde 1917 aus der *Congregatio de Propaganda Fide per gli Affari del Rito Orientale* als „Kongregation für die Ostkirche" gegründet. 1967 erhielt sie den heutigen Namen. Sie ist für alle Belange, die die katholischen Ostkirchen betreffen, zuständig. Ihr Leiter trägt den Titel „Präfekt" und ist i. d. R. ein Kardinal.

Kongregation für den Gottesdienst und die Sakramentenordnung
In der heutigen Form existiert diese Kongregation seit 1988 und ist aus den ehemaligen Kongregationen für Sakramentenordnung und Gottesdienst (die wiederum aus der bisherigen Ritenkongregation hervorging) hervorgegangen. Sie ist für Fragen der Liturgie (z. B. Genehmigung liturgischer Bücher oder Benennung von Schutzheiligen) und die ordnungsgemäße Spendung der Sakramente zuständig. Ihr Leiter trägt den Titel „Präfekt" und ist i. d. R. ein Kardinal.

Kongregation für die Selig- und Heiligsprechungsprozesse
Diese Kongregation ist aus der früheren „Ritenkongregation" hervorgegangen und wurde 1969 gegründet. Ihr obliegt die Prüfung und Durchführung von Selig- und Heiligsprechungsverfahren. Ihr Leiter trägt den Titel „Präfekt" und ist i. d. R. ein Kardinal.

Kongregation für die Bischöfe
Diese Kurienbehörde hat als Vorläufer die frühere Konsistorialkongregation. Sie ist zuständig für die Ernennungsverfahren für Bischöfe (außer den Gebieten, wo die Kongregation für die Evangelisierung der Völker und die Kongregation für die orientalischen Kirchen zuständig ist) und hat an der Errichtung von Kirchenprovinzen, Diözesen und Personalprälaturen mitzuwirken. 1967 erhielt sie ihren heutigen Namen. Ihr Leiter trägt den Titel „Präfekt" und ist i. d. R. ein Kardinal. Er ist gleichzeitig Präsident der Päpstlichen Kommission für Lateinamerika.

Kongregation für die Evangelisierung der Völker
Diese Kongregation ist für die sogenannten Missionsgebiete zuständig und hat in diesen Regionen weitreichende Kompetenzen, z. B. die Ernennung von Bischöfen und die Errichtungen von kirchlichen Verwaltungsbezirken. Sie ist weiter für die Missionswerke und die Förderung der missionarischen Impulse und die Inkulturation indigener Gebräuche in die Liturgie zuständig. Sie ist außerdem für die Päpstliche Universität *Urbaniana* zuständig. Sie ist aus der 1599 gegründeten Kongregation *Propaganda Fide* hervorgegangen und wurde in Folge des II. Vatikanischen Konzils umbenannt. Ihr Leiter trägt den Titel „Präfekt" und ist i. d. R. ein Kardinal.

Kongregation für den Klerus
Diese Kongregation ist aus der ehemaligen 1564 gegründeten „Konzilskongregation" hervorgegangen und erhielt 1967 ihren jetzigen Namen. Sie ist für alle Belange (Versorgungsfragen, Disziplinarfragen, Dispensen, Laisierungen) des Weltklerus (Priester und Diakone, die zu einem Bistum gehören) zuständig, sie hat eine Abteilung für die Katechese und eine Abteilung für die Verwaltung der Kulturgüter der Kirche. Ihr Leiter trägt den Titel „Präfekt" und ist i. d. R. ein Kardinal.

Kongregation für die Institute des gottgeweihten Lebens und die Gemeinschaften des Apostolischen Lebens
Diese Kongregation trägt diesen Namen seit 1988 und ist aus der früheren Ordens- bzw. Religiosenkongregation hervorgegangen. Sie ist für alle Fragen von Orden, Kongregationen und Säkularinstituten sowie neueren Formen kommunitären Lebens in Bezug auf Leben, Regierung, Disziplin, Studien, Güter, Rechte und Privilegien oder Dispens von Gelübden zuständig. Ihr Leiter trägt den Titel „Präfekt" und ist i. d. R. ein Kardinal.

Kongregation für das katholische Bildungswesen
Diese Kongregation ist für alle Fragen der Priesterseminare und sonstigen Seminare, der katholischen Universitäten und Fakultäten sowie der katholischen Schulen und Bildungseinrichtungen zuständig. Sie ist aus der 1588 errichteten Studienkongregation hervorgegangen und erhielt 1988 ihren heutigen Namen. Ihr Leiter trägt den Titel „Präfekt" und ist i. d. R. ein Kardinal.

Aufgelöste Kongregationen

Zu den aufgelösten Kongregationen für den Kirchenstaat gehörten u. a.:

Kongregation für Gewässer und Straßen (Congregatione delle Aque e Strade)
Zuständig für Wasserleitungen, Straßen und Brücken im Kirchenstaat sowie die Trockenlegung der pontinischen Sümpfe.

Kongregation für eine gute Regierung (Congregatione del Kongregation Buon Governo)
Schutz der wirtschaftlichen Interessen der einzelnen Kommunen des Kirchenstaates und Beaufsichtigung der Verwaltung und des Finanzwesens.

Kongregation der hl. Consulta (Congregatione della Sacra Consulta)
Zuständig für Beschwerden gegen die Regierenden, die Wahlen der Magistrate des Kirchenstaates und des Gesundheitswesens im Kirchenstaat.

Kongregation für die Ökonomie *(Congregatione Economica)*
Zuständig für die Verwaltung der öffentlichen Finanzen.

Kongregation der Rechnungsprüfung *(Congregatione dei Conti)*
Diese Kongregation war für die Revision der Bilanzen der Apostolischen Kammer und weiterer Verwaltungseinheiten zuständig.

Kongregation für Loreto *(Congregatio Lauretana)*
Zuständig für die Verwaltung des Wallfahrtsortes Loreto und der dortigen Wallfahrt.

Kongregation der Aufsicht *(Congregatione di Vigilanza)*
Diese 1826 gegründete Kongregation war für die Überwachung des Lebenswandels der Angestellten der Verwaltung des Kirchenstaates zuständig und nahm Beschwerden von Privatleuten auf.

Diese aufgelösten Kongregationen beschäftigten sich mit der Regierung der katholischen Kirche weltweit:

Kongregation für die Examen der Bischöfe *(Congregatione dell Esame dei Vescovi)*
Diese Kongregation nahm die Eignungsprüfung von Kandidaten für Bischofssitze vor.

Kongregation für die kirchliche Immunität
(Congregatione dell'Immunita Ecclesiastica)
Die Aufgabe dieser Kongregation war die Vermittlung in Fragen der Verletzung der Jurisdiktion und der Privilegien der katholischen Kirche von seiten weltlicher Gerichte.

Kongregation für den Index *(Congregatione dell'Indice)*
Die Indexkongregation hatte die Buchzensur vorzunehmen. Diese Aufgabe wurde 1908 der Kongregation des Heiligen Offiziums übertragen.

Kongregation für Ablässe und Reliquien
(Congregatione delle Indulgenze e delle Reliquie)
Die Aufgabe dieser Kongregation war die Prüfung von Ablässen auf ihre Rechtmäßigkeit und von Reliquien auf ihre Authentizität hin.

Kongregation der Propaganda Fide für die Angelegenheiten des orientalischen Ritus *(Congregatione de Propaganda Fide per gli Affari del Rito Orientale)*
Siehe oben: **Kongregation für die orientalischen Kirchen**

Kongregation für die Residenz der Bischöfe
(Congregatione della Residenza dei Vescovi)
Diese Kongregation behandelte Fragen im Zusammenhang der Residenzpflicht von Bischöfen und anderen Klerikern.

Kongregation der Fabrik von St. Peter *(Congregatione della Fabrica di San Pietro)*
Die Leitung der Unterhaltung und der Baumaßnahmen an der Petersbasilika des Vatikans waren Aufgaben dieser Kongregation. Siehe auch **Fabrik von St. Peter.**

Kongregation für die Revision der Provinzkonzilien
(Congregatione per la Revisione dei Concili Provinciali)
Diese 1849 von Pius IX. gegründete Kongregation war die Überprüfung der Provinzialsynoden und -konzile.

Ritenkongregation (Congregatione dei Riti)
Diese Kongregation behandelte Fragen der Liturgie, des Eherechts und der Heilig- und Seligsprechungen. Heute werden ihre Aufgaben von den Kongregationen für Gottesdienst und Sakramentenordnung und für die Selig- und Heiligsprechungen wahrgenommen.

Kongregation für den Status der Ordensleute
(Congregatione sopra lo Statu dei Regolari)
Diese Kongregation überprüfte die Verwaltung aller Klöster und Orden und die Lebensführung ihrer Mitglieder. Im Falle von Konflikten, Missbräuchen und Nichtbeachtung der Regeln war sie befugt, einzugreifen.

Kongregation „Super Statu Ecclesiarum"
Diese Kongregation hatte die Aufgabe, die regelmäßigen Berichte über den Zustand der einzelnen Diözesen entgegenzunehmen und zu bearbeiten.

Kongregation für die Bischöfe und Ordensleute *(Congregatione dei Vescovi e Regolari)*
In dieser Kongregation wurden alle Fragen geprüft, die mit der Kompetenz von Bischöfen und Ordensleuten zusammenhingen und vor allen die gemeinsame Jurisdiktion betrafen.

Kongregation für die Apostolischen Besuche *(Congregatione della Visita Apostolica)*
Diese Kongregation bereitete die Besuche des Papstes in Kirchen, Klöstern und Wallfahrtsorten im Bereich der Stadt Rom vor.

Zeremonialkongregation (Congregatio del Ceremoniale)
Zuständig für päpstliche liturgische Zeremonien und das päpstliche Protokoll.

Konklave

Mit Konklave bezeichnet man den von der Außenwelt abgeschlossenen Ort, wohin die Kardinäle zur Wahl eines neuen Papstes zusammenkommen. Der Begriff bezeichnet auch den Vorgang der Papstwahl selbst. Papst Gregor X. führte 1274 mit seiner Konstitution *ubi periculum* das Konklave als Ort und Form der Papstwahl ein. Die Konklavevorschriften wurden im Laufe der Zeit immer wieder verändert und modifiziert, zuletzt von Papst Benedikt XVI. am 22. Februar 2013.

Konkordat

Ein Staatsvertrag zwischen dem Heiligen Stuhl und einem Staat wird Konkordat genannt. In ihm werden die für beide Vertragsseiten relevanten Fragen geregelt.

Konsistorium

Die Versammlung von Kardinälen unter dem Vorsitz des Papstes bezeichnet man als Konsistorium. Im Laufe der Zeit machte die Einrichtung des Konsistoriums verschiedene Entwicklungen mit. Heute unterscheidet man in ordentliche und außerordentliche Konsistorien. Als ordentliche Konsistorien bezeichnet man die Kardinalsversammlungen, die alle Kardinäle, die in Rom anwesend sind, zusammenkommen lässt. In ihm werden z. B. Dekrete zur Heiligsprechung verabschiedet. Papst Benedikt XVI. verkündete am 11. Februar 2013 seinen Rückzug vom Amt des Papstes im Rahmen eines ordentlichen Konsistoriums. Sie sind halböffentlich, d. h., sie finden im Apostolischen Palast statt und neben den Kardinälen sind auch Gäste und andere Geistliche zugelassen. Die Aufnahme neuer Mitglieder in das Kardinalskollegium findet in einem öffentlichen ordentlichen Konsistorium statt.

Daneben gibt es auch außerordentliche Konsistorien, zu denen alle Kardinäle nach Rom einberufen werden, um den Papst zu beraten. Sie dauern meist mehrere Tage und sind i. d. R. einem bestimmten Thema gewidmet.

Konsulta/Konsultor

Konsulta oder **Consulta** nennt man die Versammlung in den einzelnen Kongregationen und kurialen Behörden, die dem Prüfen konkreter Einzelfälle gilt. An ihr nehmen neben einer Person aus der Leitung der Behörde die **Konsultoren**, d. h. die Fachberater teil. Die Konsultoren sind Experten, die vom Papst jeweils für fünf Jahre zur Beratung in einer kurialen Behörde ernannt werden.

Konzil

Mit Konzil wird eine Versammlung von Bischöfen zur Beratung und Beschlussfassung von theologischen und kirchenrechtlich relevanten Fragen bezeichnet. Das katholische Kirchenrecht unterscheidet zwischen Provinzialkonzilien, an welcher mehrere

Bischöfe einer Provinz oder Region teilnehmen, Plenarkonzilien, an welchem alle Bischöfe einer Bischofskonferenz teilnehmen und dem ökumenischen Konzil, welches alle Bischöfe und Ordinarien der gesamten katholischen Kirche unter dem Vorsitz des Papstes vereint. Mit dem II. Vatikanischen Konzil (1962–1965) fand zuletzt ein ökumenisches Konzil der katholischen Kirche statt. Ökumenisch bedeutet hier nicht, dass Bischöfe anderer Kirchen voll stimmberechtigt teilnehmen dürfen. Sie sind allenfalls als Beobachter eingeladen. Alle Beschlüsse eines Konzils bedürfen der Zustimmung des Papstes. Somit steht der Papst über dem Konzil und nicht umgekehrt.

Lateinamerikanischer Bischofsrat (CELAM)
Der lateinamerikanische Bischofsrat (span. „Consejo Episcopal Latinoamericano" abgekürzt: CELAM) wurde 1955 in Rio de Janeiro gegründet und will das Zusammenwachsen der lateinamerikanischen Ortskirchen fördern. Seine Gründung war ein Ausdruck der bewussteren Wahrnehmung sozialer Fragen. Die II. Generalkonferenz in Medellin, Kolumbien, 1968 war stark von der Befreiungstheologie geprägt und sprach sich für eine „Option für die Armen" aus. An der Spitze steht ein Diözesanbischof als gewählter Präsident, das operative Geschäft leitet von dem in der kolumbianischen Hauptstadt Bogotá ansässigen Generalsekretariat ein Generalsekretär im Bischofsrang. Der CELAM angegliedert ist das lateinamerikanische Pastoralinstitut IPLA.

Magister des Heiligen Palastes/Theologe des päpstlichen Hauses
Der **Theologe des päpstlichen Hauses,** der früher **Magister des Heiligen Palastes** genannt wurde, ist der theologische Berater des Papstes. Er gehört immer dem Dominikanerorden an. Er hat alle theologisch relevanten Texte des Papstes zu lesen und ist immer auch Konsultor der Glaubenskongregation, der Päpstlichen Bibelkommission und der Kongregation für die Selig- und Heiligsprechungsprozesse.

M.Afr.
Kürzel für die Kongregation der Afrikamissionare, meist Weiße Väter genannt (*Missionarii Africae*).

M.I.C.
Kürzel für die Missionare von der Unbefleckten Empfängnis/Marianer (*Congregatio Missionariorum Immaculatae Conceptionis B.M.V.*).

Mitra
Siehe **Pileolus/Birett/Mitra**

Motu Proprio
Siehe **Apostolische Konstitution/Motu Proprio**

M.S.S.P.
Kürzel für die Missionsgesellschaft des Heiligen Paulus (*Missionalis Societas Sancti Pauli*).

M.S.U.
Kürzel für den ukrainisch-griechisch-katholischen Studitenorden (*Monaci Studiti Ucraini*).

Nuntius
Siehe **Apostolischer Nuntius**

O.C.D.
Kürzel für den Orden der unbeschuhten Karmeliter (*Ordo Carmelitarum Discalceatorum*).

O.E.S.A., O.S.A.
Kürzel für die Augustinereremiten (*Ordo Eremiti Sancti Augustini; Ordo Sancti Augustini*) heute wird nur noch O.S.A. gebraucht.

O.de M.
Kürzel für die Mercediarer (*Ordo Beatae Mariae de Mercede redemptionis captivorum*).

O.F.M.
Kürzel für den Franziskanerorden (*Ordo Fratres Minorum*).

O.F.M.Cap.
Kürzel für den Kapuzinerorden (*Ordo Fratres Minorum Capuccinorum*).

O.F.M.Conv.
Kürzel für den Minoriten (*Ordo Fratres Minorum Conventualium*).

O.F.M.Disc.
Kürzel für die unbeschuhten Franziskaner, auch Diskazeaten genannt (*Ordo Fratrum Minorum Discalceatorum*). Dieser Orden wurde 1897 mit den Franziskanern vereint.

O.F.M.Obs.
Kürzel für Franziskaner-Observanten (*Ordo Fratrum Minorum Observantiae*). Dieser Orden wurde 1897 mit den Franziskanern vereint.

O.M.I.
Kürzel für die Oblaten der unbefleckten Jungfrau Maria – Hünfelder Oblaten (*Congregatio Missionarium Oblatorum Beatae Mariae Virginis Immaculatae*).

O.M.M.
Kürzel für den maronitischen Orden der Seligen Jungfrau Maria, auch Aleppiner oder Mariamiten genannt (*Ordo Maronita Beatae Mariae Virginis*).

O.P.
Kürzel für Dominikanerorden (*Ordo Praedicatorum*).

Orat. oder **O.S.F.N.**
Nicht mehr gebräuchliche Kürzel für Oratorianer, siehe **C.O.**

O.S.B.
Kürzel für Benediktinerorden (*Ordo Sancti Benedicti*).

O.S.B.Cas.
Kürzel für den Benediktinerorden der Kongregation von Monte Cassino (Cassiensische Kongregation).

O.S.B.Oliv.
Kürzel für die Olivetaner Benediktinerorden der Kongregation von Oliveti (*Ordo Sancti Benedicti de Monte Oliveti*).

O.S.M.
Kürzel für Servitenorden (*Ordo Servorum Mariae*).

O.S.s.A.C.
Kürzel für Oblaten der Heiligen Ambrosius und Karl (*Congregatio Oblatorum Sancti Ambrosii et Caroli*).

O.S.s.G.C.N.
Kürzel für die Oblaten der Heiligen Karl und Gaudentius von Novara (*Congregatio Oblatorum Sancti Gaudentii et Caroli Novariae*).

Päpstliches Haus/Präfekt des Päpstlichen Hauses/Maiordomus/
Regente des Päpstlichen Hauses/Maestro di Camera
Das **Päpstliche Haus (Casa Pontifica)** ist seit 1968 der Oberbegriff für alle Einrichtungen und Personen, die den Papst umgeben und in seinem Amt unterstützen. Früher bezeichnete man diese Größe als päpstlichen Hofstaat. Die Leitung hat der **Präfekt des Päpstlichen Hauses** inne, der für die Organisation des offiziellen päpstlichen Hauses und deren Zeremonien, den Empfang von Staatsgästen etc. zuständig ist. Er ist faktisch auch der Protokollchef des Papstes. Bis zur Reform 1968 hatte diese Aufgabe der **Maiordomus seiner Heiligkeit**, auch wenn es in den Aufgabenbeschreibungen Modifikationen gegeben hat. Der **Maestro di Camera** bearbeitete die Audienzgesuche und versandte Einladungen für Audienzen. Heute werden diese Aufgaben auch vom päpstlichen Haus wahrgenommen, meist vom Vertreter des Präfekten, der den Titel **Regente des Päpstlichen Hauses** trägt.

Päpstliche Diplomatenakademie/Päpstliche Akademie für den kirchlichen Adel
An der **Päpstlichen Diplomatenakademie** werden die künftigen Mitarbeiter des diplomatischen Dienstes des Heiligen Stuhls ausgebildet. Die Ausbildung erfolgt in Form eines zweijährigen Aufbaustudiums in Diplomatie, Fremdsprachen sowie Staats- und Völkerrecht. Das Ausbildungsinstitut wurde ursprünglich für adelige Kleriker gegründet und war lange nur für Adelige zugängig, weshalb sie auch **Akademie für den kirchlichen Adel** hieß. Pius XI. gab der Akademie ihren aktuellen Namen. Bereits länger vorher war sie für Nichtadelige geöffnet.

Päpstliche Universität/Päpstliche Hochschule/*Athenaeum*
Als **Päpstliche Universität** darf sich eine katholische Bildungseinrichtung mit mehreren Fakultäten nennen, die diesen Titel vom Apostolischen Stuhl verliehen bekam. In Rom tragen sieben Einrichtungen diesen Titel. Andere Bildungseinrichtungen, die primär

theologische und philosophische Fächer lehren, tragen den Titel **Päpstliche Hochschule.** Ihre Träger sind häufig Ordensgemeinschaften, die dort ihren eigenen Nachwuchs ausbilden, aber auch für externe Studentinnen und Studenten offen sind. Für diese Einrichtung wurde früher häufig der Name *Athenaeum* gebraucht.

Zu den päpstlichen Universitäten und Hochschulen gehören u.a:

Die 1551 von Ignatius von Loyola gegründete **Päpstliche Universität *Gregoriana*,** die bis 1873 den Namen **Collegio Romano** trug. Ihr angeschlossen sind das Päpstliche Bibelinstitut und das Päpstliche Orientalische Institut.

Die 1773 gegründete **Päpstliche Lateranuniversität**, die die Universität des Bistums Rom ist und der das Institut „Johannes Paul II." für Studien für Ehe und Familie angeschlossen ist. Sie hat einen Schwerpunkt in Sozialwissenschaften und Bioethik. Wegen seines ursprünglichen Sitzes an der Piazza S. Apollinare wurde das ihr früher inkorporierte Institut für kanonisches Recht auch häufig **S. Apollinare** genannt. Heute befindet es sich am Lateran.

Die 1627 gegründete **Päpstliche Universität *Urbaniana*,** die von der Kongregation *Propaganda Fide* als Ausbildungsseminar für Missionare gegründet wurde und ab dem 19. Jahrhundert auch Studenten aus den sogenannten Missionsgebieten ausbildete. Ihm angeschlossen war ein Seminar für Priesteramtskandidaten aus den Missionsländern.

Die 1580 als Dominikanerhochschule gegründete **Päpstliche Hochschule S. Thomas von Aquin,** welche meist *Angelicum* genannt wird. Sie hat einen philosophischen Schwerpunkt und war Zentrum der Neuscholastik.

Die 1940 gegründete und ursprünglich in Turin und später nach Rom übergesiedelte **Päpstliche Salesianeruniversität** hat neben den theologischen Fächern einen Schwerpunkt in Erziehungswissenschaften und Kommunikationswissenschaften.

Die **Päpstliche Universität Antonianum**, die von den Franziskanern geführt wird, wurde 1933 gegründet und hat als Schwerpunkte Kirchengeschichte und Bibelwissenschaften.

Die **Päpstliche Hochschule Sant'Anselmo** ist die Benediktinerhochschule in Rom. Sie wurde 1887 gegründet und hat einen Schwerpunkt in Liturgiewissenschaften.

Päpstlicher Rat

Seit der Kurienreform von 1988 bezeichnet man verschiedene Einrichtungen, die teils aus Kommissionen, teils aus Sekretariaten der Kurie hervorgegangen sind, als Päpstliche Räte. Päpstliche Räte haben keine ordentliche Jurisdiktion, sondern dienen dem Dialog und Informationsaustausch. Sie werden von einem Präsidenten geleitet, der nicht zwangsläufig Kardinal sein muss.

Aktuell gibt es 12 Päpstliche Räte:

Päpstlicher Rat für die Förderung der Einheit der Christen
Zuständig für die Kontakte zu den anderen christlichen Kirchen. Er ist auch für die Kontakte zum Judentum zuständig.

Päpstlicher Rat für die Familie
Zuständig u. a. für alle Fragen der Familienpastoral und deren Förderung im politischen Bereich sowie für bioethische Fragen, die Familie und Ehe tangieren.

Päpstlicher Rat für den interreligiösen Dialog
Zuständig für die Kontakte zu den verschiedenen Religionen außer des Judentums.

Päpstlicher Rat für die Laien
Zuständig u. a. für die Mitwirkung der Laien am Leben der Kirche und die Koordination der Weltjugendtage.

Päpstlicher Rat für Gerechtigkeit und Frieden
Zuständig u. a. für Fragen der Soziallehre und -politik und die Förderung der Menschenrechte.

Päpstlicher Rat Cor Unum
Zuständig u. a. für die Koordination der caritativen Arbeit und Entwicklungshilfefragen.

Päpstlicher Rat für die Migranten und Menschen unterwegs
Zuständig u. a. für Asylsuchende, Flüchtlinge, aber auch für die Tourismusseelsorge.

Päpstlicher Rat für die authentische Interpretation von Gesetzestexten
Zuständig u. a. für Fragen der authentischen Interpretation des kanonischen Rechts und der Überprüfung von Partikularrecht.

Päpstlicher Rat für die Kultur
Zuständig u. a. für den Dialog von Kirche und Kultur und der Koordination von kulturellen Aktivitäten des Heiligen Stuhls.

Päpstlicher Rat für die Pastoral im Krankendienst
Zuständig u. a. für die Arbeit und Ausbildung im Gesundheitswesen und den Kontakt zu den verschiedenen katholischen Einrichtungen im Gesundheitswesen.

Päpstlicher Rat für die sozialen Kommunikationsmittel
Zuständig u. a. für medienethische Fragen und die Präsens der Kirche in der Welt der Medien.

Päpstlicher Rat für die Förderung der Neuevangelisierung
Zuständig u. a. für die Koordination der Projekte, die dem Ziel der Neuevangelisierung dienen. Dieser Rat wurde erst 2010 gegründet.

Patriarch/Großerzbischof/unierte Kirchen

Der Titel **Patriarch** wird in den orthodoxen und altorientalischen Kirchen meist für deren Oberhäupter gebraucht. Bis zum Pontifikat von Papst Benedikt XVI. trug auch der Papst den Titel „Patriarch des Abendlandes". Seit 2006 wird er nicht mehr gebraucht. In der lateinischen (d. h. römisch-katholischen) Kirche tragen die Erzbischöfe von Venedig, Lissabon und Jerusalem den Titel „Patriarch" als Ehrentitel, mit dem aber keinerlei jurisdiktionelle Rechte verbunden sind.

Besonders im Orient und Osteuropa gibt es neben der lateinischen römisch-katholischen Kirche auch sogenannte **unierte Kirchen**, die aus den orthodoxen und altorientalischen Kirchen hervorgegangen sind. Sie erkennen den Papst als Oberhaupt der Kirche an, folgen aber in Liturgie und anderen Lebensvollzügen ihren angestammten Bräuchen. Einige Oberhäupter dieser Kirchen tragen den Titel „Patriarch" und sind in Patriarchaten organisiert. Die Patriarchen werden von Synoden gewählt und erbitten anschließend vom Papst die kirchliche Gemeinschaft (*Ecclesiastica Communio*). Diese **Patriarchen** haben eigene Jurisdiktionsgewalt und stehen Kirchen *sui iuris* (eigenen Rechts) vor. Bei ihnen handelt es sich um folgende Patriarchate:

koptisch-katholisches Patriarchat von Alexandrien
syrisch-katholisches Patriarchat von Antiochien und dem ganzen Orient
maronitisch-katholisches Patriarchat von Antiochien und dem ganzen Orient
melkitisch-griechisch-katholisches Patriarchat von Antiochien, Alexandrien, Jerusalem und dem ganzen Orient
chaldäisch-katholisches Patriarchat von Babylon
armenisch-katholisches Patriarchat von Kilikien

Weitere unierte Kirchen, die ebenfalls Kirchen eigenen Rechts sind, haben dagegen **Großerzbischöfe** als Oberhäupter. Sie werden ebenfalls meist von ihren Synoden gewählt und anschließend vom Papst bestätigt. Großerzbischöfe haben folgende unierte Kirchen:

griechisch-katholische Kirche der Ukraine: Großerzbischof von Kiew und Halytsch
rumänisch-griechisch-katholische Kirche: Großerzbischof von Făgăraș und Alba Iulia

syro-malankarische-katholische Kirche (Indien): Großerzbischof von Trivandrum (Thiruvananthapuram)

syro-malabarische-katholische Kirche (Indien): Großerzbischof von Ernakulam-Angamaly

Personalprälatur
Siehe **Prälatur *nullius*/Abtei *nullius*/Territorialabtei, Territorialprälatur/Personalprälatur**

Pileolus/Birett/Mitra
Der **Pileolus** ist das kreisrunde Scheitelkäppchen, welches für Priester in schwarzer, für Bischöfe in violetter, für Kardinäle in roter und den Papst in weißer Farbe ist. Einen Pileolus in violetter oder weißer Farbe tragen auch Ordensobere in verschiedenen Orden, z. B. bei den Zisterziensern, Prämonstratensern und bei den Augustiner-Chorherren. Das **Birett** ist eine quadratisch geformte steife Kopfbedeckung hat oben vier Stege, das römische und damit auch das der Kardinäle nur drei. Es wird den Kardinälen bei ihrer Kreierung vom Papst aufgesetzt. Der Papst selbst trägt kein Birett. Als **Mitra** bezeichnet man die liturgische Kopfbedeckung des Papstes, der Kardinäle und Bischöfe. Auch Äbte und bestimmten Prälaten ist das Tragen der Mitra erlaubt. Sie besteht aus zwei miteinander verbundenen, nach oben spitz zulaufenden Schilden und zwei hinten herunterfallenden Bändern.

P.I.M.E.
Kürzel für das Päpstliche Institut für die auswärtigen Missionen (*Pontifcatum Institutum pro Missionibus Exteris*).

Prälatur *nullius*/Abtei *nullius*/Territorialabtei, Territorialprälatur/Personalprälatur
Eine **Prälatur *nullius*** und eine **Abtei *nullius*** nannte der CIC von 1917 kirchliche Verwaltungseinheiten, die keinem Bischof unterstehen und der Prälat bzw. der Abt die Rechte eines Bischofs hat. Sie werden im CIC von 1983 als **Territorialprälatur** und **Terriorialabtei** bezeichnet. Territorialprälaturen gibt es vor allem in Lateinamerika. Territorialabteien sind u. a. Einsiedeln in Schweiz und Montecassino in Italien.

Eine **Personalprälatur** ist zwar auch keinem Bischof unterstellt, aber auch an kein Territorium gebunden. Dieser Prälatur gehört man durch persönliche Mitgliedschaft an und der Prälat einer Personalprälatur hat die Rechte eines Ordinarius (Bischofs).

Präkonisierung

Unter Präkonisierung versteht man die Bestätigung der Nominierung einer Person zum Bischof (die bis ins 20. Jahrhundert teilweise durch die Landesherren geschah) durch den Papst. Dies geschah meist im Konsistorium, wo der Papst seine Zustimmung zu dieser Ernennung ausdrückte.

Prediger des päpstlichen Hauses

Das Amt des Predigers des päpstlichen Hauses ist aus dem Amt des Apostolischen Predigers entstanden. Seit 1743 nimmt dieses Amt ein Angehöriger des Kapuzinerordens wahr. Seine Aufgabe ist es, für Papst und Kurie im Advent und in der Fastenzeit sowie am Karfreitag Predigten zu halten.

Primas

Der Titel **Primas** ist heute ein Ehrentitel, der in der Regel nur einen Ehrenvorrang zur Folge hat. Früher waren damit z. B. das Recht zur Einberufung von Synoden verbunden, in Polen galt er als Vertreter des Königs. Der Titel eines Primas ist meist an einen herausragenden Bischofssitz eines Landes gebunden. Der Primas von Ungarn und Erzbischof von Esztergom (heute Esztergom-Budapest) führte bis zum Untergang der Habsburgermonarchie den Titel **Fürstprimas.** Heute führen diesen Titel neben dem Papst als Primas von Italien die Erzbischöfe von Gnesen für Polen, Esztergom-Budapest für Ungarn, Armagh für Irland, Lyon für Frankreich, aber auch Salvador di Bahia für Brasilien und Quebec für Kanada u.w.m. Der Erzbischof von Salzburg trägt den Ehrentitel eines *Primas Germaniae.*

Promotor fidei

Der *Promotor fidei* ist ein Theologe der Kongregation für die Selig- und Heiligsprechungen, der im Rahmen der dort anhängigen Prozesse die Aufgabe hat, Argumente pro und contra einer Selig- bzw. Heiligsprechung zu formulieren und einzubringen. Bis 1968 wurden solche Prozesse in der damaligen Ritenkongregation geführt und das Amt des *Promotor Fidei* wurde volkstümlicher als *advocatus diaboli* bezeichnet.

Promotor iustitiae

Der *Promotor iustitiae* nimmt in kirchlichen Rechtsverfahren die Funktion eines Staatsanwaltes ein und ist heute in der Apostolischen Signatur, in der Römischen Rota und der Glaubenskongregation zu finden. Seine Aufgabe entwickelte sich durch die Inquisitionsprozesse des Mittelalters.

P.S.S.
Kürzel für die Sulpizianerpatres (*Societas Presbiterorum a S. Sulpitia*).

Referendariatsprälat
Als Referendariatsprälat bezeichnete man die Prälaten, die am Gericht der Apostolischen Signatur arbeiteten. Als der Kirchenstaat noch existierte, waren damit auch Juristen an der Signatur der Justiz gemeint, die nicht im Klerikerstand waren. Heute sind es die zwölf Referendare der Apostolischen Signatur.

Relator/Generalrelator
Mit **Relatoren** sind Geistliche, die die Prozessakten in Heilig- und Seligsprechungsprozessen vorbereiten und den Mitgliedern der Kongregation vorzulegen haben. Dem Kollegium der Relatoren (Berichterstatter) steht der **Generalrelator** vor, der auch den Versammlungen der Historikerkommission der Kongregation für die Selig- und Heiligsprechungen vorsteht.

Davon zu unterscheiden ist der **Generalrelator der Bischofssynode.** Er ist i. d. R. ein vom Papst ernannter Kardinal, der zu Beginn einer Bischofssynode die programmatische Rede (*Relatio ante disceptationem*) zu halten hat und nach der ersten Phase die zentralen Themen und Thesen in einer weiteren Rede (*Relatio post disceptationem*) zusammenzufassen hat. Damit ist er einer der entscheidenden Impulsgeber einer Bischofssynode.

Römische Rota
Die Römische Rota ist heute der ordentliche Appelationsgerichtshof und nach der Apostolischen Signatur das zweithöchste Gericht in der katholischen Kirche.

Sie ist heute in erster Linie dritte und letzte Instanz in Ehenichtigkeitsverfahren und anderen gerichtlichen Verfahren, aber nicht für Verwaltungsangelegenheiten und Fragen des Glaubens und der Sitte zuständig. Sie ist weiter erste Instanz für Streitigkeiten von und mit Bischöfen und Ordensoberen.

Die Rota entscheidet immer kollegial und ist in Senate eingeteilt. Ihre Richter werden Auditoren genannt und vom Papst ernannt. Der Leiter des Auditorenkollegiums ist der Dekan der Römischen Rota, der im Bischofsrang sein kann, aber nicht zwingend muss. Anwälte müssen u. a. eine Ausbildung an der Studieneinrichtung der Römischen Rota, dem *Studio Rotale* absolviert haben.

Die Geschichte der Römischen Rota reicht bis ins hohe Mittelalter zurück. 1870 wurde sie aufgelöst, 1908 von Pius X. wieder begründet und neu errichtet. Ihre heutigen Kompetenzen und Zuständigkeiten wurden im Laufe der Zeit immer wieder modifiziert.

Man nennt dieses Gericht auch deswegen die „Römische Rota", weil es historisch in verschiedenen Städten des Kirchenstaates auch Rotae als reine Appelationsinstanzen gab. Auch die spanische Rota in Madrid war ein reines Appellationsgericht.

S.C.I.
Kürzel für die Gesellschaft der Herz Jesu Priester, auch Dehonianer genannt – man findet für diese Gemeinschaft auch das Kürzel S.C.J. (*Congregatio Sacerdotum a sacro Corde Iesu*).

Sch.P.
Wenig gebräuchliches Kürzel für die Piaristen – siehe **S.P.**

S.D.B.
Kürzel für den Orden der Salesianer Don Boscos (*Salesiani Don Bosco*).

Sekretär der Breven
Der Sekretär der Breven leitete das Sekretariat der Breven und stand in einer besonders engen Vertrauensstellung zum Papst, weshalb er auch im Apostolischen Palast wohnte. Das Sekretariat bearbeitete Gnadengewährungen, Ablässe und Dispensen und wurde 1908 abgeschafft. Seine Aufgaben wurden dem Staatssekretariat überstellt. Der Sekretär der Breven war häufig ein Kardinal.

Sekretär der Memorialien
Der Sekretär der Memorialien leitete das Sekretariat für die Memorialien, welches Beschwerden und Einsprüche entgegen nahm. Das Sekretariat wurde somit zu einer Art Kontrollbehörde für alle kurialen Behörden. Es besaß zwei von Substituten geleitete Abteilungen. Das Amt des Sekretärs der Memorialien, welcher meist ein Kardinal war, wurde häufig einem Bruder oder Neffen des Papstes im Kardinalsstand oder einem Kardinal aus adeligem Geschlecht übertragen. Seit 1894 blieb das Amt unbesetzt und wurde 1904 endgültig abgeschafft.

Sekretär für die Beziehungen zu den Staaten
Der Sekretär für die Beziehungen zu den Staaten ist der Leiter der 2. Sektion des Staatssekretariates und er ist immer im Erzbischofsrang. Er wird häufig auch als „Außenminister" bezeichnet, da er für die Koordination des diplomatischen Dienstes und die Kontakte zu den Staaten und internationalen Organisationen zuständig ist.

Sekretär und Untersekretär einer Kurienbehörde
Der Sekretär ist der zweite Mann in der Hierarchie einer Kurienbehörde nach dessen Leiter. Er ist in der Regel bei den Kongregationen im Erzbischofsrang, bei den Räten meist im Bischofsrang. Die dritte Person in der Hierarchie einer kurialen Behörde

bezeichnet man als Untersekretär. Die Untersekretäre sind i.d.R. Priester im Prälatenrang, in der Ordenskongregation ist eine Ordensfrau Untersekretär, in manchen Päpstlichen Räten können es auch Laien sein.

Sekretariate des Apostolischen Stuhls

Die ersten Sekretariate entstanden mit der Kurienreform von Pius X., der 1908 das Sekretariat für die Breven an die Fürsten und andere Staatsoberhäupter sowie das Sekretariat für die lateinischen Briefe errichtete. Beide Sekretariate wurden mit der Kurienreform Pauls VI. 1967 ins Staatssekretariat eingegliedert.

Im Umfeld des II. Vatikanischen Konzils entstanden ebenfalls neue Sekretariate, die keine ordentliche Jurisdiktion hatten, sondern Kontakte zu den anderen Kirchen, den Nichtchristen und anderen Religionen pflegten. Diese wurden 1988 zu Päpstlichen Räten erhoben.

Seminario Romano

Der römische Klerus wurde im *Seminario Romano*, welches 1585 gegründet wurde, ausgebildet. Es ist heute noch das Priesterseminar der Diözese Rom und befindet sich neben der Lateranbasilika.

S.E.R.

Abkürzung für: *Sancta Ecclesia Romana* (Heilige Römische Kirche).

Sigillatore

Mit diesem Namen und unter dem Namen *Plombatore* oder *custos bullae* wurden die Personen bezeichnet, die die Aufgabe hatten, die päpstlichen Dokumente mit dem Bleisiegel (*bulla*) zu versehen und für ihre Versendung zu sorgen. Weiter wurden auch Personen, die die Aufgabe der Siegelung von kurialen Dokumenten hatten und zu höchster Verschwiegenheit verpflichtet waren, Sigillatore genannt.

S.J.

Kürzel für den Jesuitenorden (*Societas Jesu*).

S.M.

Kürzel für die Gemeinschaft der Maristen (*Societas Maristae*).

S.P.
Kürzel für die Piaristen (*Ordo Clericorum Regularium Pauperum Matris Dei Scholarum Piarum*) – gelegentlich auch als **Sch.P.** abgekürzt.

S.V.D.
Kürzel für den Orden der Steyler Missionare (*Societas Verbi Divini*).

Synodalexaminator/Prosynodalexaminator
Dem Synodal- bzw. Prosynodalexaminator oblag die Prüfung der Kapläne beim Pfarrerexamen. Dieses Amt ist im CIC von 1983 nicht mehr aufgeführt.

Substitut
Ein Substitut ist zunächst einmal der Stellvertreter des Vollziehers eines Verwaltungsaktes. An der Römischen Kurie bezeichnet man als Substituten den engsten Mitarbeiter des Kardinalstaatssekretärs. Er ist heute immer im Erzbischofsrang und leitet die erste Sektion des Staatssekretariates. Er wird häufig auch „Innenminister" der Kirche genannt. Er fungiert als Verbindungsmann zwischen dem Papst und allen, die sich an ihn wenden müssen. Der Titel taucht erstmals 1814 auf. Zwischen 1831 und 1846, als es zwei Staatssekretariate gab, gab es auch zwei Substitute. Ab 1851 wurde wieder jeweils nur eine Person zum Substituten ernannt. Während einer Sedisvakanz bleibt er im Amt.

Territorialabtei, Territorialprälatur
Siehe **Prälatur *nullius*/Abtei *nullius*/Territorialabtei, Territorialprälatur/Personalprälatur**

Theologe des päpstlichen Hauses
Siehe **Magister des Heiligen Palastes/Theologe des päpstlichen Hauses**

Thronassistent, Päpstlicher
Dieser Titel ist ein päpstlicher Ehrentitel, welcher hohen Prälaten und auch weltlichen Persönlichkeiten bis ins 20. Jahrhundert hinein verliehen wurde. Thronassistenten gehörten zu den päpstlichen Ehrenprälaten und erfreuten sich bestimmter Privilegien. Ihr Name rührt von dem Recht her, bei den päpstlichen Zeremonien direkt hinter den Kardinälen in der Nähe des päpstlichen Throns sitzen zu dürfen.

Titelkirche/Titeldiakonie/suburbikarisches Bistum

Als **Titelkirche** bezeichnet man die einem Kardinalpriester bei seiner Kreierung zugewiesene Kirche in Rom, als **Titeldiakonie** die einem Kardinaldiakon zugewiesene Kirche. Die Kardinalbischöfe erhalten eine der in der Bannmeile Roms liegenden sogenannten **suburbikarischen Bistümer** (Ostia, Albano, Frascati, Palestrina, Porto-Santa-Rufina, Sabina-Poggio-Mirteto, Velletri-Segni) als Titulare, wobei der Kardinaldekan zusätzlich zu seinem Bistum noch das Bistum Ostia übernimmt.

Verwendete Literatur

Acta Apostolicae Sedis. Rom: Typis Polyglottis Vaticanis, 1909–2012.

Acta Sanctae Sedis. Rom 1870–1908.

Adler, Joseph. *Ceremonien und Feierlichkeiten nach dem Tode, bei der Wahl und der Krönung eines Papstes.* Wien: Wimmer, 1823.

Annuario Pontificio. Roma: Libr. Ed. Vaticana, 1912–1929; Città del Vaticano: Libr. Ed. Vaticana, 1930–2013.

L'Osservatore Romano. Città del Vaticano: Osservatore Romano, 1861–2013.

L'Osservatore Romano: Wochenausgabe in deutscher Sprache. Vatikanstadt: Osservatore Romano, 1971–2013.

Allen, John L. *Conclave: The Politics, Personalities and Process of the Next Papal Election.* New York: Image, 2002.

---,*All the Pope's Men: The Inside Story of How the Vatican Really Thinks.* New York: Doubleday, 2004.

---,*Das neue Gesicht der Kirche: Die Zukunft des Katholizismus.* Gütersloh: Gütersloher Verlagshaus, 2011.

Andrieu, Michel. „L'origine du titre de cardinal dans l'Église romaine," in *Miscellanea Giovanni Mercati* 5 (Città del Vaticano: Biblioteca Apostolica Vaticana, 1946): 113–144.

Baumgarten, Paul Maria. *Rom: das Oberhaupt, die Einrichtung und Verwaltung der Gesamtkirche.* Bd. 1, *Die Katholische Kirche unserer Zeit und ihre Diener in Wort und Bild.* München/Wien: Allgemeine Verlagsgesellschaft, 1899.

---,*Die römische Kurie um 1900*, hg. v. Christoph Weber. Köln/Wien: Böhlau, 1986.

Bautz, Friedrich-Wilhelm, Hg. *Biographisch-Bibliographisches Kirchenlexikon. Fortgeführt von Traugott Bautz.* Band I–XXV, Hamm: Bautz, 1993–2006. Band XXVI–XXXIV, Nordhausen: Bautz, 2006–2013.

Bellenger, Dominic Aidan, und Stella Fletcher. *Princes of the Church: A History of the English Cardinals.* Stroud, Gloucestershire: Sutton, 2001.

Betz, Hans Dieter et al., Hg. *Religion in Geschichte und Gegenwart. Handwörterbuch für Theologie und Religionswissenschaft.* 4. Auflage, 8 Bde., Tübingen: Mohr Siebeck, 1998–2005.

Boberski, Heiner. *Die Divisionäre des Papstes.* Salzburg: Müller, 1992.

---,*Habemus Papam. Papstwahlen von Petrus bis Benedikt XVI.* Wien: Edition Atelier, 2005.

Burke-Young, Francis A. *Passing the Keys*, Lanham, Md.: Madison Books, 1999.

Butterweck, Helmut. *Österreichs Kardinäle: Von Anton Gruscha bis Christoph Schönborn.* Wien: Ueberreuter, 2000.

Codex Canonum Ecclesiarum Orientalium: Gesetzbuch der katholischen Ostkirchen. Lateinisch-deutsche Ausgabe, hg. v. Libero Gerosa et al. Paderborn: Bonifatius, 2000.

Codex Iuris Canonici Pii X. Pontificis Maximi iussu digestus Benedicti Papae XV Auctoritate promulgatus [Codex Iuris Canonici von 1917]. Freiburg i. Br.: Herder, 1923.

Codex Iuris Canonici – Codex des kanonischen Rechtes. Lateinisch-deutsche Ausgabe mit Sachverzeichnis, hg. im Auftrag der Deutschen Bischofskonferenz, der Österreichischen Bischofskonferenz, der Schweizer Bischofskonferenz, der Erzbischöfe von Luxemburg und Straßburg sowie der Bischöfe von Bozen-Brixen, von Lüttich und von Metz. 5. neugestaltete und verbesserte Auflage [Codex Iuris Canonici von 1983]. Kevelaer: Butzon & Bercker, 2001.

Del Re, Niccolò. *Vatikanlexikon.* Augsburg: Pattloch, 1998.

Dendorfer, Jürgen und Ralf Lützelschwab, Hg. *Geschichte des Kardinalats im Mittelalter.* Stuttgart: Hiersemann, 2011.

Eichmann, Eduard und Klaus Mörsdorf, Hg. *Lehrbuch des Kirchenrechts auf Grund des Codex Iuris Canonici.* Band 1, 6. Auflage. Paderborn: Ferdinand Schöningh, 1969.

Erbacher, Jürgen. *Der Vatikan: Das Lexikon.* Leipzig: Benno, 2009.

Fürst, Carl Gerold. *Cardinalis: Prolegomena zu einer Rechtsgeschichte des römischen Kardinalskollegiums*. München: Fink, 1967.

Ganzer, Klaus. „Der ekklesiologische Standort des Kardinalskollegiums in seinem Wandel – Aufstieg und Niedergang einer Institution," *RQ* 88 (1993): 114–133.

---, *Kirche auf dem Weg durch die Zeit: Institutionelles Werden und theologisches Ringen*. Münster: Aschendorff, 1997.

---, „Kardinäle als Kirchenfürsten? Eine wechselvolle Geschichte mit zahlreichen Merkwürdigkeiten." *Stimmen der Zeit* 229 (2011): 313–323.

Gatz, Erwin, Hg. *Die Bischöfe der deutschsprachigen Länder 1785/1803 bis 1945: Ein biographisches Lexikon*. Berlin: Duncker und Humblot, 1983.

---, „Kardinal/Kardinalskollegium." In: *TRE* 17 (Berlin/New York: De Gruyter, 1988): 628–635.

---, „Zur Geschichte des Kardinalates," *Communio* 30 (2001): 195–199.

Gatz, Erwin und Franz Xaver Bischof, Hg. *Die Bischöfe der deutschsprachigen Länder 1945 bis 2001: Ein biographisches Lexikon*. Berlin: Duncker und Humblot, 2002.

Haering, Stephan und Heribert Schmitz, Hg. *Lexikon des Kirchenrechts*. Freiburg i. Br./Basel/Wien: Herder, 2004.

Hasler, August Bernhard. *Pius IX. (1846–1878): Päpstliche Unfehlbarkeit und I. Vatikanisches Konzil. Dogmatisierung und Durchsetzung einer Ideologie*. 2 Bde., Stuttgart: Hiersemann, 1977.

Hebblethwaite, Peter. *The Next Pope*. London: Fount, 1995.

Hierarchia Catholica Medii et Recentioris Aevi sive Summorum Pontificum, S.R.E. Cardinalium Ecclesiarum Antistitum Series, hg. v. Konrad Eubel et al., 8 Bde., München: Libr. Regensburgiana /Padua: Il Messagero di S. Antonio, 1898–1968.

Karsten, Arne, Hg. *Künstler und Kardinäle: Vom Mäzenatentum römischer Kardinalnepoten im 17. Jahrhundert*. Köln/Wien: Böhlau, 2003.

---, Hg. *Jagd nach dem roten Hut: Kardinalskarrieren im barocken Rom*. Göttingen: Vandenhoeck & Ruprecht, 2004.

Karsten, Arne und Volker Reinhard, Hg. *Kardinäle, Künstler, Kurtisanen: Wahre Geschichten aus dem päpstlichen Rom*. 2. Auflage. Darmstadt: Wissenschaftliche Buchgesellschaft 2012.

Kasper, Walter et al., Hg. *Lexikon für Theologie und Kirche*, 12 Bde., Freiburg i.Br./Basel/Rom/Wien: Herder, 1993–2001.

Kittler, Glenn D. *The Papal Princes: A History of the Sacred College of Cardinals*. New York: Funk & Wagnalls, 1960.

Klewitz, Hans-Walter. *Reformpapsttum und Kardinalkollegium*. Darmstadt: Gentner, 1957.

Kramer von Reißwitz, Christa. *Die Papstmacher: Die Kardinäle und das Konklave*. München: Pattloch, 2001.

Kuttner, Stephan. „Cardinalis: The history of a canonical concept." *Traditio* 3 (1945): 129–214.

Lentz, Harris M. *Popes and Cardinals of the 20th Century: A Biographical Dictionary*. Jefferson, NC: McFarland, 2002.

Melloni, Alberto. *Das Konklave. Die Papstwahl in Geschichte und Gegenwart*. Freiburg i.Br.: Herder, 2002.

Müller, Gerhard et al., Hg. *Theologische Realenzyklopädie*, 36 Bände, Berlin/New York: De Gruyter: 1976–2004.

Nersinger, Ulrich. *Liturgien und Zeremonien am Päpstlichen Hof*, 2 Bde., Bonn: Nova & Vetera, 2010.

Puza, Richard, Hg. *Lexikon kirchlicher Amtsbezeichnungen der Katholischen, Evangelischen und Orthodoxen Kirchen in Deutschland*. Stuttgart: Hiersemann, 2007.

Quisinsky, Michael und Peter Walter, Hg. *Personenlexikon zum Zweiten Vatikanischen Konzil*. Freiburg i. Br.: Herder, 2012.

Rahner, Karl und Herbert Vorgrimler, Hg. *Kleines Konzilskompendium: Sämtliche Texte des Zweiten Vatikanums*. 18. Auflage. Freiburg i.Br./Basel/Wien: Herder, 1985.

Reisinger, Philipp. *Sanctae Ecclesiae Cardinales – Peculiaris Episcoporum Coetus: Neue kirchenrechtliche Perspektiven für die Kardinäle und das Kardinalskollegium.* Sankt Ottilien: Eos, 2012.

Riedel-Spangenberger, Ilona. *Leitungsstrukturen der katholischen Kirche: Kirchenrechtliche Grundlagen und Reformbedarf.* Freiburg i. Br./Basel/Wien: Herder, 2002.

Rossi, Agnelo. *Il collegio cardinalizio.* Città del Vaticano: Libreria editrice vaticana, 1990.

Rossi, Fabrizio. *Der Vatikan: Politik und Organisation.* 3. Auflage, München: C. H. Beck, 2006.

Reese, Thomas. *Im Inneren des Vatikan: Politik und Organisation der katholischen Kirche.* Frankfurt a.M.: Fischer, 1998.

Spätling, L. „Zur institutionellen Erneuerung des Kardinalates im Hohen Mittelalter," *ThPQ* 115 (1967): 360–364.

Squicciarini, Donato. *Die Apostolischen Nuntien in Wien.* Città del Vaticano: Libreria editrice vaticana, 1999.

Van Lierde, Petrus Canisius und André Giraud. *Das Kardinalskollegium.* Aschaffenburg: Pattloch, 1965.

Weber, Christoph. „Das Kardinalskollegium in den letzten Jahren Pius' IX. Ein ‚Tableau des Cardinaux' des österreichisch-ungarischen Botschafters beim Hl. Stuhl aus dem Jahre 1874." *Archivum Historiae Pontificiae* 11 (1973): 323–351.

---, *Kardinäle und Prälaten in den letzten Jahrzehnten des Kirchenstaates: Elite-Rekrutierung, Karriere-Muster und soziale Zusammensetzung der Kurialen Führungsschicht zur Zeit Pius' IX. (1846–1878),* 2 Bde., Stuttgart: Hiersemann, 1978.

---, *Senatus Divinus. Verborgene Strukturen im Kardinalskollegium der frühen Neuzeit (1500–1800).* Frankfurt a.M.: Lang, 1996.

Weber, Christoph und Michael Becker. *Genealogien zur Papstgeschichte.* Stuttgart: Hiersemann, 1999–2002.

Verwendete Internetquellen

The Cardinals of the Holy Roman Church: http://www2.fiu.edu/~mirandas/cardinals.htm (abgerufen am 24.07.2013)

The Hierarchy of the Catholic Church: http://www.catholic-hierarchy.org/ (abgerufen am 24.07.2013)

Presseamt des Heiligen Stuhls. Das Kardinalskollegium, Aufgearbeitet am 20.07.2013
http://www.vatican.va/news_services/press/documentazione/documents/cardinali_index_ge.html (abgerufen am 24.07.2013)

Vatican History, http://www.vaticanhistory.de/vh/index.html (abgerufen am 24.07.2013)

Biographisch-Bibliographisches Kirchenlexikon (Online-Version). http://www.bautz.de/bbkl/ (abgerufen am 25.07.2013)

Personenregister

Abril y Castelló, Santos   692
Agagianian, Grégor-Petrus XV.   30, 299, 479, 501, 637, 681
Agliardi, Antonio   177, 220
Agnelo, Geraldo Majella   602
Agostini, Domenico   124, 201
Agré, Bernard   609
Aguirre Garcia O.F.M., Gregorio María   204
Agustoni, Gilberto   562
Aiuti, Andrea   196
Alameda y Brea O.F.M.Obs., Cirilo de   61, 204
Albareda O.S.B., Joaquín Anselmo María   373
Alencherry, George   697
Alfrink, Bernardus Johannes   360, 515
Alimonda, Gaetano   115, 187, 233, 245
Almaraz Santos, Enrique   217
Aloisi Masella, Benedetto   142, 300
Aloisi Masella, Gaetano   128, 142, 218, 300
Álvarez Martinez, Francisco   612
Amato S.D.B., Angelo   322, 409, 671
Ambrozic, Aloysius Matthew   581
Amette, Léon-Adolphe   215, 277
Amigo Vallejo O.F.M., Carlos   632
Andrieu, Pierre-Paulin   209, 240
Angelini, Fiorenzo   544
Annibale, Giuseppe d'   147
Antici Mattei, Ruggero Luigi Emidio   93
Antonelli, Ennio   634
Antonelli, Giacomo   12, 38, 55, 68, 99
Antonelli O.F.M., Ferdinando Giuseppe   447
Antonetti, Lorenzo   576 f.
Antoniutti, Ildebrando   367, 448, 456
Antonucci, Antonio Benedetto   62
Apolloni, Achille   150
Aponte Martinez, Luis   445
Apuzzo, Francesco Saverio   103
Aramburu, Juan Carlos   461, 655
Araújo, Serafim Fernandes de   579
Arce Ochotorena, Manuel   313
Arinze, Francis   501
Arns O.F.M., Paulo Evaristo   454, 603
Arriba y Castro, Benjamín de   331
Arteaga y Betancourt, Manuel   30, 311, 458
Ascalesi C.PP.S., Alessio   29, 239
Assis, Raymundo Damasceno   684
Astros, Paul-Thérèse-David d'   39

Bacci, Antonio   363
Bacilieri, Bartolomeo   193
Backis, Audrys Juozas   605
Bafile, Corrado   462, 657
Baggio, Sebastiano   429, 484
Bagnasco, Angelo   663
Baldelli, Fortunato   674
Balland, Jean   581
Ballestrero O.C.D., Anastasio Alberto   484, 616
Baluffi, Gaetano   35
Barbarin, Philippe Xavier Christian Ignace Marie   639
Barbieri O.F.M.Cap., Antonio María   342
Barili, Lorenzo   81
Barnabò, Alessandro   60
Barrio y Fernández, Mariano Benito   90
Bartolini, Domenico   99
Bartolucci, Domenico   690
Battaglini, Francesco   135
Baudrillart Orat., Alfred-Henri-Marie   286
Bauer, Franziskus von Sales   215
Baum, William Wakefield   466
Bausa O.P., Agostino   145
Bea S.J., Augustin   357
Becker S.J., Karl Joseph   706
Bedini, Gaetano   68
Bégin, Louis-Nazaire   223
Bello, António Mendes   210
Beltrami, Giuseppe   394
Benavides y Navarrete, Francisco de Paula   103
Benelli, Giovanni   474, 514, 591, 596, 673
Bengsch, Alfred   407
Benlloch y Vivó, Juan   247–249
Beran, Josef   378, 472
Berardi, Giuseppe   82, 127
Beras Rojas, Octavio Antonio   458, 541
Bergoglio S.J., Jorge Mario – Papst Franziskus   614
Bernadou, Victor-Félix   138
Bernardin, Joseph Louis   491
Bertello, Giuseppe   24, 693
Bertoli, Paolo   428, 556
Bertone S.D.B., Tarcisio   635, 660, 678, 697
Bertram, Adolf   240
Betori, Giuseppe   701
Betti O.F.M., Umberto   671
Bettinger, Franziskus A. von   226, 247, 316

Bevilacqua, Anthony Joseph   546
Bevilacqua Orat., Giulio   392
Bianchi, Angelo   127, 173
Biayenda, Emile   453
Biffi, Giacomo   518, 651
Bilio C.R.S.P., Luigi Maria   78
Billé, Louis-Marie   610
Billiet, Alexis   66
Billot S.J., Louis   17, 221
Binet, Charles-Henri-Joseph   269, 324
Bisleti, Gaetano   219
Bizzarri, Giuseppe Andrea   72
Boetto S.J., Pietro   293, 327
Bofondi, Giuseppe   37, 46, 133
Boggiani O.P., Tommaso Pio   238
Bonaparte, Lucien-Louis-Joseph-Napoléon   79
Bonel y Orbe, Juan José   40
Bonnechose, Henri-Marie-Gaston Boisnormand de   75
Bonzano, Giovanni   253, 339
Borgongini Duca, Francesco   323
Borromeo, Edoardo   84, 176
Boschi, Giulio   192
Bourne, Francis   214
Bourret Orat., Joseph-Christian-Ernest   166
Bovone, Alberto   575
Boyer, Jean-Pierre   175
Bozanić, Josip   637
Bracci, Francesco   350
Brady, Seán Baptist   661
Brandmüller, Walter   689
Braz de Aviz, João   695
Brennan, Francis James   411
Brossais-Saint-Marc, Godefroy   101
Browne O.P., Michael   372
Brunelli, Giovanni   50, 63, 69, 73, 82, 85
Bruno, Giuseppe   318
Bueno y Monreal, José María   347
Burke, Raymond Leo   675

Caccia Dominioni, Camillo   289
Cacciavillan, Agostino   585, 592
Caffarra, Carlo   651
Caggiano, Antonio   30, 317
Cagiano de Azevedo, Ottavio   203
Cagliero S.D.B., Giovanni   233
Calcagno, Domenico   696
Callegari, Giuseppe   201
Callori di Vignale, Federico   390
Câmara, Jaime de Barros   30, 310

Camassei, Filippo   242
Canali, Nicola   289
Canestri, Giovanni   525, 696
Cañizares Llovera, Antonio   648
Capalti, Annibale   85
Capecelatro, Orat., Alfonso   135
Capotosti, Luigi   264
Caprio, Giuseppe   479
Carberry, John Joseph   423, 466
Cardijn, Joseph-Léon   391
Carles Gordó, Ricardo María   566
Caro Rodríguez, José María   30, 308
Carpino, Francesco   399
Carter, Gerald Emmett   485
Casali del Drago, Giovanni Battista   182
Casañas y Pagès, Salvador   175
Casanova y Marzol, Vicente   261
Casariego C.R.S., Mario   419
Casaroli, Agostino   478, 521, 595, 602, 625, 657, 675, 692f.
Cascajares y Azara, Antonio María   173
Casoria, Giuseppe   490
Cassetta, Francesco di Paola   182, 207, 272, 275
Cassidy, Edward Idris   539
Castaldo, Alfonso   345
Castillo Lara S.D.B., Rosalio José   512
Castrillón Hoyos, Darío   575
Caterini, Prospero   53
Cattani, Giacomo   119, 207
Cattani Amadori, Federico   291
Cavagnis, Felice   194
Cavalcanti, Joaquim Arcoverde de Albuquerque   202, 275
Cavallari, Aristide   204, 295
Caverot, Louis-Marie-Joseph-Eusèbe   106
Cavicchioni, Beniamino   196
Cé, Marco   480
Celesia O.S.B.Cas., Pietro Michelangelo   129
Cento, Fernando   312, 339
Cerejeira, Manuel Gonçalves   271, 437, 615
Cerretti, Bonaventura   261
Charost, Alexis-Armand   254
Cheli, Giovanni   587f.
Cheong Jin-Suk, Nicholas   649
Chiarlo, Carlo   340, 413
Chigi, Flavio   87, 127, 144, 155
Ciappi O.P., Mario Luigi   477
Ciasca O.E.S.A., Agostino   185

Cicognani, Amleto Giovanni   320, 340, 354,
   385, 404, 416, 434, 447, 474, 489, 500,
   503, 520, 522, 538, 554, 577, 593
Cicognani, Gaetano   320, 340, 390
Cintra, Sebastião Leme da Silveira   29, 275
Cipriani Thorne, Juan Luis   611
Ciriaci, Pietro   323
Civardi, Ernesto   481
Clancy, Edward Bede   528
Coccopalmerio, Francesco   694
Cody, John Patrick   405, 618
Coffy, Robert   540, 647
Colasuonno, Francesco   588, 590
Collins, Thomas Christopher   698
Colombo, Giovanni   388, 518, 628f., 679
Comastri, Angelo   658
Concha Córdoba, Luis   364
Confalonieri, Carlo   343, 406, 422, 556, 627
Congar O.P., Yves-Marie-Joseph   573
Connell, Desmond   605
Consolini, Domenico   79
Conway, William   389, 548
Cooke, Terence James   424, 604
Cooray O.M.I, Thomas Benjamin   377
Copello, Santiago Luis   29, 288
Coppa, Giovanni   669
Cordeiro, Joseph Marie Anthony   441
Cordero Lanza di Montezemolo, Andrea   652
Cordes, Paul Josef   22, 657
Corripio Ahumada, Ernesto   482, 627
Cos y Macho, José María   211
Cosenza, Giuseppe   41, 104
Costantini, Celso   319, 439
Cottier O.P., Georges Marie Martin   641
Coullié, Pierre-Hector   180
Coussa O.S.B.M.A., Gabriel Acacius   369
Cremonesi, Carlo   286
Cretoni, Serafino   178
Cristofori, Carlo   137
Csernoch, János   225
Cullen, Paul   76, 117, 126, 136
Cushing, Richard James   344, 428
Czacki, Włodzimierz   127, 302

D'Acquavella Sanfelice O.S.B.Cas., Guglielmo   128
Dadaglio, Luigi   500, 566, 612
Dalbor, Edmund   246
Dalla Costa, Elia   281, 690
D'Alton, John Francis   328, 389

Daly, Cahal Brendan   548, 661
D'Andrea, Girolamo   48, 129
Daniélou S.J., Jean-Guinolé-Marie   435
Danneels, Godfried   494
Dante, Enrico   386
Daoud, Ignace Moussa I.   597
Darmaatmadja S.J., Julius Riyadi   27, 559
Darmojuwono, Justinus   407, 559f.
D'Avazano, Bartolomeo   102
De Giorgi, Salvatore   578
De la Torre, Carlos María   325
De Lai, Gaetano   210
De Luca, Antonino Saverio   71
De Paolis C.S., Velasio   678
De Silvestri, Pietro   64
Dearden, John Francis   416, 530, 567
Dechamps C.SS.R.R., Victor-Auguste-Isidore   97
Decourtray, Albert   512
Degenhardt, Johannes Joachim   600, 658, 687
Del Mestri, Guido   551
Delargey, Reginald John   467
Della Chiesa, Giacomo Giovanni Battista –
   Papst Benedikt XV.   225
Della Volpe, Francesco Salesio   188
Dell'Acqua O.SS.C.A., Angelo   402
Delly, Emanuel III.   668
Dery, Peter Poreku   653
Deskur, Andrzej Maria   510
Desprez, Florian-Jules   113
Dezza S.J., Paolo   552
Di Canossa, Luigi   106
Di Pietro, Angelo   157f.
Di Pietro, Camillo   55, 95
Dias, Ivan   601, 665
Diepenbrock, Melchior von   45
Dinardo, Daniel Nikolaus   666
Doi, Peter Tatsuo   359
Dolan, Timothy Michael   701
Dolci, Angelo Maria   278
Donnet, François-Auguste-Ferdinand   47
Döpfner, Julius August   348, 407, 619
Dougherty, Dennis Joseph   29, 248
Dubillard, François-Virgil   217
Dubois, Louis-Ernest   238, 286, 298, 307, 327
Dubourg, Auguste-René   237, 255
Duka O.P., Dominik Jaroslav   699
Dulles S.J., Avery Robert   623
Dunajewski, Albin   153
Dupont, Jacques-Marie-Antoine-Célestin   37

Dusmet O.S.B.Cas., Giuseppe Benedetto   146
Duval, Léon-Etienne   381
Dziwisz, Stanisław   650

Echeverría Ruiz O.F.M., Bernardino   570
Egan, Edward Michael   617
Ehrle S.J., Franziskus   256
Eijk, Willem Jacobus   700
Ekandem, Dominic Ignatius   472
Enrique y Tarancón, Vicente   420, 526, 688
Erdö, Péter   640
Errázuriz Ossa, Schönstattpatres, Francisco Javier   606
Estepa Llaurens, José Manuel   687
Etchegaray, Roger   483, 597
Etsou-Nzabi-Bamungwabi C.I.C.M., Frédéric   540
Eyt, Pierre   562

Fagiolo, Vincenzo   555
Falcao, Jose Freire   523
Falcinelli Antoniacci O.S.B.Cas., Mariano   89, 110
Falconio O.F.M., Diomede   212
Falloux du Coudray, Frédéric de   109
Farina S.D.B., Raffaele   660, 689
Farley, John Murphy   214, 260
Fasolino, Nicolás   393
Faulhaber, Michael von   247, 476, 573, 623
Felici, Angelo   521
Felici, Pericle   403, 473
Feltin, Maurice   324, 380, 384, 405, 449
Ferrari, Andrea Carlo   170, 255, 274, 289, 344
Ferrata, Domenico   177
Ferretto, Giuseppe Antonio   365
Ferrieri, Innocenzo   80
Fietta, Giuseppe   338
Filipiak, Boleslaw   473
Filoni, Fernando   690
Fischer, Anton Hubert   199, 228, 250
Flahiff C.S.B., George Bernard   418
Florit, Ermenegildo   382, 671
Foley, John Patrick   655
Fornari, Raffaele   36
Forni, Efrem   368, 491, 570
Fossati O.SS.G.C.N., Maurilio   280
Foulon, Joseph Alfred   148
Franchi, Alessandro   87, 99, 121, 127, 129, 143, 156, 158

Francica-Nava di Bontifè, Giuseppe   184
Franzelin S.J., Johannes Baptist   102
Freeman, James Darcy   455, 528
Fresno Larrain, Juan Francisco   502
Frings, Joseph   312, 427, 476
Frühwirth O.P., Andreas Franz   233
Fumasoni Biondi, Pietro   278, 352, 367f., 393, 452, 468, 668
Furno, Carlo   556, 565
Fürstenberg, Maximilien de   397, 483

Gagnon P.S.S., Edouard   515
Galeati, Sebastiano   152
Galen, Clemens August Graf von   315–317, 600
Galimberti, Luigi   161, 200, 286
Galli, Aurelio   259
Gamba, Giuseppe   266, 280
Ganglbauer O.S.B., Cölestin   131, 161
Gantin, Bernardin   474, 618, 629, 658
García Cuesta, Miguel   67, 104
García-Gasco Vicente, Agustín   660
García Gil O.P., Manuel   104
Garibi Rivera, José   341, 453
Garrone, Gabriel-Marie   395
Gasparri, Enrico   10, 208, 243, 262
Gasparri, Pietro   10, 208, 243, 262, 272, 276, 284, 296, 300, 320, 323, 338, 340
Gasquet O.S.B., Francis Aidan   230
Gaude O.P., Francesco   58
Geissel, Johannes von   43
Gennari, Casimiro   191
George O.M.I., Francis Eugene   585
Gerlier, Pierre-Marie   298, 510
Ghattas C.M., Stéphanos II   620
Giannelli, Pietro   93
Gibbons, James   29, 139
Gilroy, Norman Thomas   30, 307, 415, 455, 539
Giobbe, Paolo   333, 338, 361
Giordani, Luigi   143
Giordano, Michele   524, 646
Giorgi, Oreste   242
Giraud, Pierre   37
Giustini, Filippo   229
Glemp, Józef   497
Glennon, John Joseph   29, 299
Godfrey, William   343, 383, 414
Gomá Tomás, Isidro   288
Gonella, Matteo Eustachio   81
Gonzales Martin, Marcelo   448, 632

González y Díaz Tuñón O.P., Zeferino   131
González Zumárraga, Antonio José   601
Goossens, Pierre-Lambert   149
Gori-Merosi, Carmine   132
Gotti O.C.D., Girolamo Maria   174, 243
Gousset, Thomas   42
Gouveia, Teódosio Clemente de   309
Gouyon, Paul   419, 621
Gracias, Oswald   24, 664
Gracias, Valerian   30, 333, 526, 602, 664
Granito Pignatelli di Belmonte, Gennaro   213, 293
Granniello C.R.S.P., Giuseppe Maria   166
Grano, Carlo   401
Grassellini, Gaspare   61
Gray, Gordon Joseph   414, 633
Grech O.S.A., Prosper   705
Gregoire, Paul   522, 637
Grente, Georges-François-Xavier-Marie   327
Griffin, Bernard William   313
Grillmeier S.J., Alois   573
Grocholewski, Zenon   594
Groer O.S.B., Hans Hermann   532 f., 584
Gruscha, Anton Joseph   154
Guarino, Giuseppe   156
Guerri, Sergio   434
Guevara, Juan Gualberto   30, 312, 369
Guibert O.M.I., Joseph Hippolyte   88, 139, 148, 165, 167, 180, 216
Guidi O.P., Filippo Maria   74, 169
Guilbert, Aimé-Victor-François   149
Guisasola y Menéndez, Victoriano   222
Gulbinowicz, Henryk Roman   507
Gusmini, Giorgio   235
Gut O.S.B., Benno Walter   411
Guyot, Louis-Jean   449

Haller, Johannes   173, 198
Hamao, Stephen Fumio   628
Hamer O.P., Jean Jerome   506
Hartmann, Felix von   227, 246
Harvey, James Michael   707
Hassoun, Andon Bedros   29, 121
Haulik Váralyai, Juraj   59
Hayes, Patrick   29, 260, 329, 396
Haynald, Lajos   114
Heard, William Theodore   357
Heenan, John Carmel   383, 470
Hengsbach, Franz   533
Hergenröther, Joseph   118

Herranz Casado, Julián   626
Herrera Oria, Ángel   390
Herrero y Espinosa de los Monteros, Orat., Sebastián   197
Hickey, James Aloysius   529
Hinsley, Arthur   296
Hlond S.D.B., Augustyn   29, 267, 330, 473
Höffner, Joseph   425, 427, 702
Hohenlohe-Schillingsfürst, Gustav Adolf von   77
Honoré, Jean Marcel   621
Hornig, Károly   222
Howard of Norfolk, Edward Henry   104
Hume O.S.B., George Basil   470
Hummes O.F.M., Cláudio   613
Husar M.S.U., Lubomyr   618

Ilundain y Esteban, Eustaquio   261
Innitzer, Theodor   282, 532
Innocenti, Antonio   502

Jacobini, Angelo   120, 126
Jacobini, Domenico Maria   176
Jacobini, Ludovico   120, 126, 153, 178
Jäger, Lorenz   377, 600
Javierre Ortas S.D.B., Antonio María   525
Jaworski, Marian   589
Jong, Jan de   305
Joos, Gustaaf   642
Jorio, Alberto di   350
Jorio, Domenico   290
Journet, Charles   391
Jubany Arnau, Narciso   456, 662
Jullien P.S.S., André-Damien-Ferdinand   352

Kakowski, Aleksander   29, 245, 251, 267
Karlic, Estanislao Esteban   669
Kaspar, Karel   29, 287
Kasper, Walter   25, 584, 599, 623
Katschthaler, Johannes Baptist   198
Keeler, William Henry   564
Khoraiche, Antoine-Pierre   375, 487
Kim, Stephen Sou Hwan   424
Kitbunchu, Michael Michai   492
Knox, James Robert   439, 452, 465, 587
Koch, Kurt   676
Koliqi, Mikel   572
Kominek, Boleslaw   443
König, Franz   21, 347, 532, 584
Kopp, Georg von   164, 240

Korec S.J., Ján Chyzostom 549
Kozlowiecki S.J., Adam 586
Krementz, Philipp 159f., 199
Krol, John Joseph 404, 655f.
Kuharic, Franjo 489, 638
Kung Pin-Mei, Ignatius 487
Kutschker, Johann Rudolf 110, 154

La Fontaine, Pietro 235, 337
La Puma, Vincenzo 291
Labouré, Joseph-Marie-Guillaume 181
Laghi, Pio 538f., 567
Lajolo, Giovanni 656
Landázuri Ricketts O.F.M., Juan 369, 612
Langénieux, Benoît-Marie 139
Larraona y Saralegui C.M.F., Arcadio María 355
Lasagni, Pietro 123
Lastra y Cuesta, Luis de la 73, 202
Laurenti, Camillo 252
Laurenzi, Carlo 122, 192
Lauri, Lorenzo 265
Lavigerie M.Afr., Charles-Martial-Allemand 124
Lavitrano, Luigi 273
Law, Bernard Francis 517, 650
Lebrún Moratinos, José Alí 490, 646
Lecot, Victor-Lucien-Sulpice 165
Ledochowski, Mieczysław Halka 94
Lefèbvre, Joseph-Charles 277, 360
Lega, Michele 230
Léger P.S.S., Paul Émile 332, 485, 522
Lehmann, Karl 619, 658
Lékai, László 469
Lépicier O.S.M., Alexis-Henri-Marie 267
Lercaro, Giacomo 329
Levada, William Joseph 644
Lewicki, Mihail 59
Liènart, Achille 277, 410
Lluch y Garriga O.C.D., Joaquín 125
Locatelli, Achille 253
Logue, Michael 162, 263, 274
Lopez Rodriguez, Nicolas de Jesus 541
López Trujillo, Alfonso 493
Lorenzelli, Benedetto 205
Lorscheider O.F.M., Aloísio 467
Lourdusamy, Duraisamy Simon 500
Lozano Barragán, Javier 627
Lualdi, Alessandro 206
Lubac S.J., Henri-Marie de 499
Lubachivsky, Myroslav Ivan 376, 509, 619

Lucciardi, Domenico 47
Luciani, Albino – Papst Johannes Paul I. 436
Lucidi, Evaristo 259
Luçon, Louis-Henri-Joseph 209, 227, 270
Lugari, Giovanni Battista 219
Luque Sánchez, Crisanto 333
Lustiger, Jean-Marie 16, 496, 663

Mac Rory, Joseph 274
Macchi, Luigi 63, 147
Macharsky, Franciszek 486
Maffi, Pietro 206
Maglione, Luigi 285, 336, 394
Mahony, Roger Michael 545
Maida, Adam Joseph 566
Malagola, Amilcare 157, 250, 264
Malula, Joseph-Albert 421, 541
Manara, Achille 175
Manning, Henry Edward 44, 96, 163
Manning, Timothy 644, 450
Marchetti Selvaggiani, Francesco 275, 348, 358, 405, 416, 423, 427f., 477, 551
Marchisano, Francesco 625
Marella, Paolo 352, 434, 451, 498, 533
Margeot, Jean 535
Mariani, Domenico 292
Marini, Nicolò 36, 241
Marini, Pietro 36, 49, 241
Marmaggi, Francesco 284
Martin, Jaques 533
Martin, Joseph-Marie-Eugène 380
Martín de Herrera y de la Iglesia, José María 180, 223
Martinelli O.E.S.A., Sebastiano 190, 237
Martinelli O.E.S.A., Tommaso Maria 92, 190
Martínez Sistach, Lluís 662
Martínez Somalo, Eduardo 519
Martini S.J., Carlo Maria 495, 547, 582, 681, 694
Martino, Renato Raffaele 624
Marty, François 417, 435, 484, 496, 511, 662
Marx, Reinhard 24, 687
Masotti, Ignazio 133
Massaia O.F.M.Cap., Guglielmo 130
Massimi, Massimo 291
Mastai Ferretti, Giovanni Maria – Papst Pius IX. 34
Mathieu, François-Désiré 41, 186
Mathieu, Jacques-Marie-Adrien-Césaire 106
Matteucci, Antonio 78

Maurer C.SS.R., José Clemente   400, 607
Mauri O.P., Egidio   168
Maurin, Louis-Joseph   240
Mayer O.S.B., Paul Augustin   504
Mazombwe, Medardo Joseph   680
Mazzella S.J., Camillo   141
Mc Closkey, John   95
McCabe, Edward   126, 263
McCann, Owen   380
McCarrick, Theodore Edgar   604
McGuigan, James Charles   29, 303, 418, 440, 581
McIntyre, James Francis   329, 632
McKeefry, Thomas Peter   414
Medeiros, Humberto Sousa   454
Medici di Ottaiano, Francesco de'   61
Medina Estevez, Jorge Arturo   574
Meglia, Pier Francesco   119
Meignan, Guillaume-René   159, 181, 186
Meisner, Joachim   498, 702
Mejía, Jorge María   596
Melchers S.J., Paul Ludolf   134
Melo, Pedro Paulo de Figuereido da Cunha e   44
Meouchi, Mar Paul Pierre   374, 553
Mercati, Giovanni   293
Mercier, Desiré-Félicien-François-Joseph   207, 266, 392
Mermillod, Gaspard   29, 152
Merry del Val y Zulueta, Rafael   200
Mertel, Theodolfo   12, 28, 54 f., 65, 137, 208
Meyer, Albert Gregory   354, 618
Micara, Clemente   266, 301, 382, 398
Mihalovic, Josip   109
Milesi Pironi Ferretti, Giuseppe   64
Mimmi, Marcello   325, 588
Mindszenty, József   314, 469
Minoretti, Carlo Dalmazio   273, 327
Miranda y Gomez, Miguel Darío   415
Missia, Jakob   187
Mistrangelo SCH.P., Alfonso Maria   232
Mocenni, Mario   156
Monaco la Valletta, Raffaele   83, 93, 135–137, 147, 154, 156, 166, 172, 175, 178, 184, 190, 212
Monduzzi, Dino   589
Monescillo y Viso, Antolín   130
Monsengwo Pasinya, Laurent   681
Monteiro de Castro, Manuel   691
Monterisi, Francesco   673

Montini, Giovanni Battista – Papst Paul VI.   271, 336, 389, 392, 438, 474, 582, 694
Mooney, Edward Aloysius   29, 302
Morais Cardoso, Inácio tun Nascimento   85
Moran, Francis Patrick   29, 76, 136
Morano, Francesco   356
Moreno y Maisonave, Juan De La Cruz Ignacio   83, 169
Moretti, Vincenzo   111
Mori, Giuseppe   256
Morichini, Carlo Luigi   49
Morlot, François-Nicholas-Madeleine   52
Motta, Carlos Carmelo de Vasconcellos   30, 306
Mozzoni, Umberto   440
Muench, Aloisius Joseph   354, 459
Mundelein, William George   29, 260
Muñoz Duque, Aníbal   442, 493, 527
Muñoz Vega S.I., Pablo   326, 421, 601, 681
Mureşan, Lucian   703
Murphy-O'Connor, Cormac   617

Nagl, Franz Xaver   218
Naguib, Antonios   672
Nagy S.C.I., Stanislaw Kazimierz   643
Napier O.F.M., Wilfrid Fox   608
Nasalli Rocca di Corneliano, Giovanni Battista   257, 325, 433
Nasalli Rocca di Corneliano, Mario   257, 433
Nascimento, Alexandre do   492
Navarrete Cortés S.J., Urbano   670
Neto O.F.M.Disc., José Sebastião   128
Neves O.P., Lucas Moreira   528
Newman, John Henry, Orat.   44, 77, 117, 621
Nguyên Van Thuân, François-Xavier   592
Nicora, Attilio   628
Nina, Lorenzo   108
Njue, John   667
Nobili Vitelleschi, Salvatore   98, 122
Nocella, Carlo   195
Noe, Virgilio   542
Nsubuga, Emmanuel Kiwanuka   463, 563
Nunes, José da Costa   366
Nycz, Kazimierz   685

Ó Fiaich, Thomás   485
Obando Bravo S.D.B., Miguel   503
O'Boyle, Patrick Aloysius   396
O'Brien, Edwin Frederick   695
O'Brien, Keith Michael Patrick   27, 633

O'Connell, William Henry   216, 344, 428
O'Connor, John Joseph   517, 696
Oddi, Silvio Angelo Pio   430
O'Donnell, Patrick   263
O'Hara C.S.R., John Francis   346
Okogie, Anthony Olubunmi   630
Olio, Donato Maria   189
O'Malley O.F.M. Cap., Seán Patrick   649
Onaiyekan, John Olorunfemi   709
Oreglia di Santo Stefano, Luigi   90, 134, 241
Orfei, Enrico   63
Ortega y Alamino, Jaime Lucas   560
Ottaviani, Alfredo   334–336, 383, 562
Otunga, Maurice Michael   451
Ouellet P.S.S., Marc   640
Oviedo Cavada O. de M., Carlos   557

Pacca, Bartolomeo   101
Pacelli, Eugenio Maria Giuseppe Giovanni – Papst Pius XII.   53, 247, 272, 275, 294, 297, 308, 336, 368
Pacini, Alfredo   394
Padiyara, Antony   522, 698
Palazzini, Pietro   444
Pallotti, Luigi   145
Panafieu, Bernard Louis Auguste Paul   630
Panebianco O.F.M.Conv., Antonio Maria   70
Panico, Giovanni   367
Pappalardo, Salvatore   447
Parecattil, Joseph   416
Parente, Pietro   401
Parocchi, Lucido Maria   111, 141, 168, 170, 174, 182, 186, 192, 197, 206, 216, 233, 253
Parrado García, Agustín   304
Paskai O.F.M., Laszlo   531
Patabendige Don, Albert Malcolm Ranjith   686
Paupini, Giuseppe   431, 503
Pavan, Pietro   519
Payá y Rico, Miguel   105
Pecci, Giuseppe   45, 116
Pecci, Vincenzo Gioacchino Raffaele Luigi – Papst Leo XIII.   45, 54, 116, 118, 122, 155
Pecci S.J., Giuseppe   116
Pell, George   24, 637
Pellegrinetti, Ermenegildo   296
Pellegrini, Antonio   112
Pellegrino, Michele   409
Pengo, Polycarp   583
Pentini, Francesco   75
Perosi, Carlo   264

Perraud Orat., Adolphe-Louis-Albert   164
Persico O.F.M.Cap., Ignazio   160
Petit de Julleville, Pierre-André-Charles   307
Pham Dinh Tung, Phaolo-Giuse   568
Pham Minh Mân, Jean-Baptiste   638
Philippe O.P., Paul-Pierre   443
Piacenza, Mauro   677
Piazza O.C.D., Adeodato Giovanni   295, 332, 337, 364, 397, 399, 430, 438, 440, 478
Picachy S.J., Lawrence Trevor   464
Pie, Louis-Edouard-François-Désiré   114
Pierotti O.P., Raffaele   179
Piffl C.C.R.S.A., Friedrich Gustav   228
Pignedoli, Sergio   438, 440, 453
Pimenta, Simon Ignatius   526
Piovanelli, Silvano   514
Pironio, Eduardo Francisco   468
Pitra O.S.B., Jean-Baptiste-François   73
Pizzardo, Giuseppe   297, 315, 545, 625
Pla y Deniel, Enrique   310
Place, Charles-Philippe   140
Poggi, Luigi   554
Poletti, Ugo   449, 657
Poletto, Severino   616
Policarpo, José da Cruz   615
Poma, Antonio   422
Pompedda, Mario Francesco   598
Pompilj, Basilio   220, 273, 295, 309, 334, 358, 367, 411, 425
Portanova, Gennaro   184
Posadas Ocampo, Juan Jesús   546
Poupard, Paul   510
Preysing Lichtenegg-Moos, Konrad von   315
Primatesta, Raúl Francisco   446, 670
Prisco, Giuseppe   179
Puente y Primo de Rivera, Fernando de la   69
Pujats, Janis   590
Puljic, Vinko   567
Puzyna, Jan   144, 193, 302

Quaglia, Angelo   69
Quarracino, Antonio   543, 615
Quezada Toruño, Rodolfo   638
Quintero Parra, José Humberto   364, 513
Quiroga Palacios, Fernando   331

Ragonesi, Francesco   246, 248, 254, 311
Raï O.M.M., Béchara Boutros   707
Raimondi, Luigi   439
Rakotomalala, Jérôme   418

Rampolla del Tindaro, Mariano   10, 91, 144, 182, 185, 190, 193–195, 200, 203–206, 213, 225
Randi, Lorenzo Ilarione   100
Ranuzzi de Bianchi, Vittorio Amedeo   236
Ratti, Achille – Papst Pius XI.   251, 257, 344
Ratzinger, Joseph – Papst Benedikt XVI.   15, 247, 475, 575, 584, 599, 641, 654, 706
Rauscher, Joseph Othmar von   56, 89, 110
Ravasi, Gianfranco   679
Razafimahatratra S.J., Victor   470, 568
Razafindratandra, Armand Gaétan   568
Re, Giovanni Battista   15, 28, 591
Recanati O.F.M.Cap., Giusto   52
Régnier, René-François   86, 113
Reig y Casanova, Enrique   254
Reisach, Karl August von   57, 97, 145
Renard, Alexandre-Charles   410
Respighi, Pietro   186, 236, 271, 277, 304, 328, 349
Revollo Bravo, Mario   527
Ribeiro, António   437, 616
Riberi, Antonio   393, 487, 505
Riboldi, Agostino Gaetano   192
Ricard, Jean-Pierre   647
Ricci Paracciani, Francesco   122
Richard de la Vergne, François-Marie-Benjamin   148
Richaud, Paul-Marie   346, 419
Richelmy, Agostino   187
Ries, Julien   704
Rigali, Justin Francis   632, 702
Righi-Lambertini, Egano   480
Rinaldini, Aristide   205
Ritter, Joseph Elmer   363, 406
Rivera Carrera, Norberto   584
Roberti, Francesco   351
Roberti, Roberto Giovanni F.   28, 46
Robles Ortega, Francisco   665
Rodè C.M. Franc   645
Rodrigues da Silva C.R.S.J.E., Manuel Bento   65
Rodríguez Maradiaga S.D.B., Oscar Andrés   608
Roey, Jozef-Ernest van   266, 371, 398
Romeo, Paolo   682, 710
Romo y Gamboa, Judas José   41
Roncalli, Angelo Giuseppe – Papst Johannes XXIII.   19, 321, 395, 431
Roques, Clément-Émile   305

Rosales, Gaudencio Borbon   647
Rosales y Ras, Julio   413
Rossi, Agnelo   387, 455, 525, 529, 536, 631
Rossi, Opilio   371, 459
Rossi O.C.D., Raffaele Carlo   276, 309, 341, 343
Rossum C.SS.R., Willem Marinus van   29, 221, 268, 280, 302, 307
Rotelli, Luigi   154
Rouco Varela, Antonio María   580
Rouleau O.P., Felix-Raymond-Marie   268
Rovérié de Cabrières, François-Marie-Anatole de   218
Roy, Maurice   379, 511
Rubiano Saenz, Pedro   603
Rubin, Wladyslaw   486
Ruffini, Ernesto   315
Ruffo-Scilla, Fulco Luigi   155
Rugambwa, Laurean   30, 362, 463, 551
Ruggiero, Gaetano de   151
Ruini, Camillo   548, 701
Ryłko, Stanisław   659

Sabattani, Aurelio   489
Sacconi, Carlo   66, 105, 197
Salazar Gómez, Rubén   710
Salazar López, José   452
Saldarini, Giovanni   547
Sales, Eugênio de Araújo   426
Saliège, Jules-Géraud   303
Salotti, Carlo   280
Samassa, József   201
Samorè, Antonio   398, 442, 536, 569, 611
Sancha y Hervás, Ciriaco María   169
Sanchez, José Tomas   542
Sandoval Íñiguez, Juan   569
Sandri, Leonardo   654
Sanguigni, Domenico   121
Sanminiatelli Zabarella, Alessandro   183
Santos, Rufino Jiao   361
Santos O.F.M., Alexandre José María dos   524
Santucci, Vincenzo   54
Sanz y Forés, Benito   158, 244
Sapieha, Adam Stefan   302
Sarah, Robert   673
Saraiva Martins C.M.F., José   595
Sardi, Paolo   676
Sarr, Théodore-Adrien   664
Sarto, Giuseppe – Pius X.   10, 167, 193

Satolli, Francesco di Paola 172, 204, 216, 248, 278
Satowaki, Joseph Asajirô 483
Savelli, Domenico 53
Savino Urosa, Jorge Liberato 646
Sayegh S.M.S.P., Maximos IV. 374
Sbarretti, Donato Raffaele 108, 237, 265, 322
Sbarretti, Enea 108, 237
Scapinelli di Leguigno, Raffaele 234
Scheffczyk, Leo 599, 622
Scheid S.C.I., Eusébio Oscar 633
Scherer, Alfredo Vicente 413, 467, 666
Scherer, Odilo Pedro 413, 666
Schiaffino O.S.B.Oliv., Placido Maria 136
Schlauch, Lörlnc 167
Schönborn, Franziskus von Paula 150
Schönborn O.P., Christoph 532, 583, 641
Schotte C.I.C.M., Jan Pieter 561
Schröffer, Joseph 464
Schulte, Karl Joseph 249
Schuster O.S.B., Alfredo Ildefonso 270, 353, 518, 547
Schwery, Henri 550
Scitovszky, János 51, 91, 114
Scola, Angelo 480, 629
Sebastiani, Sergio 593
Segna, Francesco 171
Segura y Sáenz, Pedro 269
Sembratowicz, Sylwester 171
Sensi, Giuseppe Maria 460
Sepe, Crescenzio 596
Šeper, Franjo 382
Sepiacci O.E.S.A., Luigi 155
Serafini, Giulio 196, 277
Serafini, Luigi 107
Serafini O.S.B., Domenico 224, 239, 279
Serédi O.S.B., Jusztinian Györg 270
Sévin, Hector-Irénée 227
Sfeir, Nasrallah Pierre 553, 707
Sgreccia, Elio 688
Shan Kuo-Hsi S.J., Paul 586
Shehan, Lawrence Joseph 385
Shirayanagi, Peter Seiichi 555
Sibilia, Enrico 282–284, 309
Siciliano di Rende, Camillo 141, 143
Sidarouss C.M., Stephanos I. 375, 620, 672
Silj, Augusto 208, 243
Silva, Augusto Àlvaro da 319
Silva dos Santos, Americo Ferreira 115
Silva Henríquez S.D.B., Raúl 370, 606

Silvestrini, Achille 520
Simeoni, Giovanni 99, 151, 170, 177
Simonis, Adrianus Johannes 515, 700
Simor, János 91, 167, 201, 222, 226
Sin, Jaime Lachica 465, 710
Sincero, Luigi 258
Siri, Giuseppe 327, 329, 663, 677, 696
Skrbenský z Hriste, Lev 191
Sladkevicius M.I.C., Vincentas 534
Slipiy, Josyf Ivanovycè 376
Sodano, Angelo 15, 536, 573, 575, 655, 679, 706
Soldevilla y Romero, Juan 244, 355
Sommerau Beeckh, Maximilian Joseph Gottfried 42
Sourrieu, Guillaume-Marie-Romain 181, 216
Spellman, Francis Joseph 29, 308, 329, 347, 396, 424, 445, 604, 623, 695
Spidlik S.J., Tomas 642
Spínola y Maestre, Marcelo 202
Staffa, Dino 403, 477
Stafford, James Francis 577
Steinhuber S.J., Andreas 165
Stepinac, Alojzije 326, 382
Sterzinsky, Georg Maximilian 550
Stickler S.D.B., Alfons Maria 516
Stritch, Samuel Alphonse 304
Suarez Rivera, Adolfo Antonio 558
Suenens, Leo-Jozef 371, 391, 494
Suhard, Emmanuel Célestin 287
Suquia Goicoechea, Angel 505
Svampa, Domenico 170
Swiatek, Kazimierz 571
Szoka, Edmund Casimir 530

Tabera Araoz C.M.F., Arturo 425
Tacci Porcelli, Giovanni 250, 321
Tagle, Luis Antonio Gokim 710
Taguchi, Paul Yashigoro 451
Taliani, Emidio 197
Taofinu'u S.M., Pio 457
Tappouni, Ignace-Gabriel I. 29, 282, 597f.
Tarancón y Morón, Manuel Joaquín 63
Tardini, Domenico 336, 349, 520
Tarnoczy, Maximilian Joseph von 86
Tarquini S.J., Camillo 92
Taschereau, Elzéar-Alexandre 138
Tauran, Jean-Louis 624
Tecchi, Scipione 229
Tedeschini, Federico 279, 314, 401

Terrazas Sandoval C.SS.R., Julio   607
Testa, Gustavo   353
Tettamanzi, Dionigi   582, 663, 696
Theodoli, Augusto   140
Thiandoum, Hyacinthe   462, 664
Thomas, Léon-Benoit-Charles   159
Thottunkal, Baselios Cleemis   708
Tien-Ken-Sin S.V.D., Thomas   317
Tisserant, Eugène-Gabriel-Gervais-Laurent
    294, 336, 373, 391, 411f., 416, 429, 475
Todea, Alexandru   537, 704
Tomášek, Frantisek   379, 471
Tomko, Jozef   24, 508, 668
Tong Hon, John   703
Tonini, Ersilio   571
Tonti, Giulio   232
Toppo, Telesphore Placidus   636
Tosi O.SS.C.A., Eugenio   255
Touchet, Stanislas-Arthur-Xavier   255
Traglia, Luigi   358, 387, 446f., 519, 525, 548,
    564, 579, 605, 652, 661, 674
Trevisanato, Giuseppe Luigi   71, 204
Trinh Van-Can, Joseph-Marie   481
Tripepi, Luigi   194
Trịnh-Nhu-Khuê, Joseph-Marie   472
Trochta S.D.B., Stepán   435
Trombetta, Luigi   188
Tucci S.J., Roberto   621
Tumi, Christian Wiyghan   531
Turcotte, Jean-Claude   565
Turkson, Peter Kodwo Appiah   635
Tzadua, Paulos   507

Urbani, Giovanni   236, 337
Ursi, Corrado   406, 588

Vachon, Louis-Albert   511
Vagnozzi, Egidio   396, 517
Vaivods, Julijans   498
Valeri, Valerio   322, 431, 460, 617
Valfrè di Bonzo, Teodoro   244
Vallini, Agostino   645
Vanhoye S.J., Albert   654
Vannutelli, Serafino   131, 141, 151, 224
Vannutelli, Vincenzo   141, 151, 232, 257
Vargas Alzamora S.J., Augusto   564
Vaszary O.S.B., Kolos Ferenc   162
Vaughan, Herbert   163, 215
Vegliò, Antonio Maria   693

Vela Chiriboga, Raúl Eduardo   680
Velasco García S.D.B., Antonio Ignacio   611
Verde, Alessandro   263
Verdier P.S.S., Jean   274
Verga, Isidoro   133
Versaldi, Giuseppe   697
Veuillot, Pierre   405
Viale-Prelà, Michele   50
Vico, Antonio   207, 212, 261
Vidal, Ricardo J.   289, 506
Vidal y Barraquer, Francisco de Asís   247–
    249, 289
Vilela, Avelar Brandão   441
Villecourt, Clément   58, 124
Villeneuve O.M.I., Jean-Marie-Rodrigue   281, 379
Villot, Jean   384, 520, 539, 588, 593f., 653
Vingt-Trois, André   662
Violardo, Giacomo   432
Vithayathil C.SS.R., Varkey   614
Vives y Tutó O.F.M.Cap., José de Calasanz   189
Vizzardelli, Carlo   39
Vlk, Miloslav   553
Volk, Hermann   457
Von Fürstenberg, Friedrich Egon   113

Wamala, Emmanuel   563
Wendel, Joseph   334
Wetter, Friedrich   513, 620
Willebrands, Johannes Gerardus Maria   21, 432
Williams, Thomas Stafford   313, 494
Winning, Thomas Joseph   558
Wiseman, Nicholas   44, 69, 96, 105, 117
Woelki, Rainer Maria   702
Wojtyla, Karol Jozef – Papst Johannes Paul II.
    302, 408, 486
Wright, John Joseph   428, 683
Wu Cheng-Chung, John Baptist   535, 652, 703
Wuerl, Donald William   683
Wyszynski, Stefan   330, 507

Yago, Bernard   488, 610
Yü Pin, Paul   412

Zen Ze-Kiun S.D.B., Joseph   651
Zerba, Cesare   387
Zigliara O.P., Tommaso   118
Zougrana M.Afr., Paul   385
Zubeir Wako, Gabriel   631

www.ingramcontent.com/pod-product-compliance
Lightning Source LLC
Chambersburg PA
CBHW060255240426
43661CB00060B/2798